中国社会科学年鉴

中国地方志

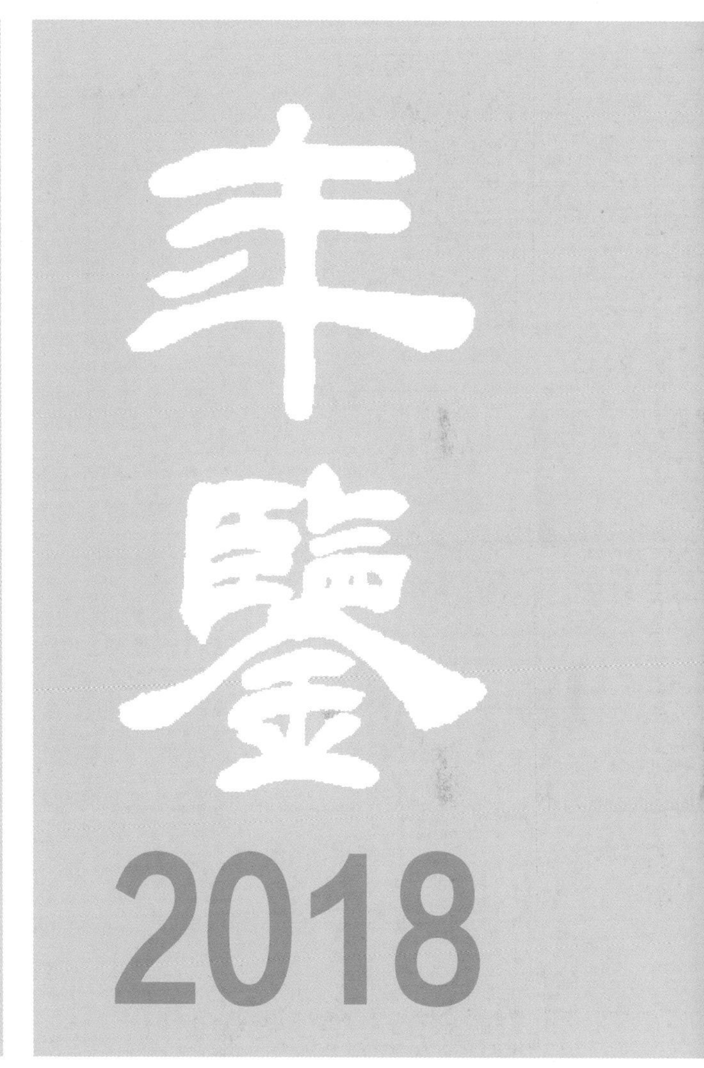

YEARBOOK OF CHINESE LOCAL RECORDS

中国地方志指导小组办公室 主办

中国社会科学出版社

图书在版编目（CIP）数据

中国地方志年鉴．2018／中国地方志指导小组办公室主办．—北京：中国社会科学出版社，2020.9

ISBN 978－7－5203－6723－3

Ⅰ．①中…　Ⅱ．①中…　Ⅲ．①地方志—编辑工作—中国—2018—年鉴　Ⅳ．①K290－54

中国版本图书馆 CIP 数据核字(2020)第 113316 号

出 版 人　赵剑英
责任编辑　王鸣迪
责任校对　林福国
责任印制　张雪娇

出　　版　中国社会科学出版社
社　　址　北京鼓楼西大街甲 158 号
邮　　编　100720
网　　址　http://www.csspw.cn
发 行 部　010－84083685
门 市 部　010－84029450
经　　销　新华书店及其他书店

印刷装订　三河市东方印刷有限公司
版　　次　2020 年 9 月第 1 版
印　　次　2020 年 9 月第 1 次印刷

开　　本　889×1194　1/16
印　　张　36
插　　页　16
字　　数　1069 千字
定　　价　318.00 元

编辑说明

一、《中国地方志年鉴》是经国家新闻出版广电总局批准、由中国地方志指导小组办公室主办、国内外公开发行的正式出版物，是一部全面系统地记述中国地方志事业发展状况的专业年鉴，从2002年创刊起，每年出版一卷。

二、《中国地方志年鉴（2018）》的编纂，坚持以马克思列宁主义、毛泽东思想、邓小平理论、“三个代表”重要思想、科学发展观、习近平新时代中国特色社会主义思想为指导，客观翔实记述2017年全国及各省（自治区、直辖市）、市（地、州、盟）、县（市、区、旗）三级地方志编纂委员会（办公室），新疆生产建设兵团志办公室、国务院有关部委局史志机构等地方志工作的基本情况。

三、为了更好地反映全国地方志系统的工作情况，结合地方志工作的实际，《中国地方志年鉴（2018）》除特载、特辑、大事记、文献等部分外，设中国地方志指导小组及其办公室工作、志书编纂与出版、旧志整理与出版、年鉴编纂与出版、地方志资源开发与利用、信息化与方志馆建设、理论研究与期刊出版、依法治志与督促检查、工作会议、专业培训与考察交流、机构队伍、人物类目。

四、《中国地方志年鉴（2018）》采用分类编辑法，类目下设分目，分目下设条目，以条目为主体。各部分一般依行政区划排列，同一行政区域内再按时间排序。全书使用规范的语体文记述，文字言简意赅。

五、为便于读者查阅，卷首设中、英文目录，卷末有索引。索引采用主题分析法，包括地方志工作机构名和书名，按汉语拼音音序排列。

六、本年鉴所采用的文字内容和数据，除特载和理论研究与期刊出版类目的研究综述、论文索引为特约稿件外，其他资料由各级地方志工作机构提供，并经单位领导审定。对部分遗漏和不完整的资料，则从全国地方志系统期刊简报摘录补充，不一一注明。

《中国地方志年鉴（2018）》主要撰稿人名单

中国地方志指导小组办公室： 刘永强　冷晓玲　朱文清　杨卓轩　朱　海　范锐超　宿万涛　武　斌

北京市： 姜　坤　王韧洁

天津市： 唐　旗　刘　新

河北省： 赵　斌　鲍秋芬　张耀鑫　张　海　郑小明　张亚滨　樊春楼　贺江涛　姜海明　魏　新　张书芳　武新海　尤春兴　聂春辉　闫雪卿　郑晓云　洪铉子　赵　辉　潘贵存　苑守满　卢光宇

石家庄市： 肖海军

山西省： 张瑞琴　武　岭　王　婷

太原市： 刘雁珍　张裕晋

内蒙古自治区： 李　洋

呼和浩特市： 徐曼雅　孙志杰

辽宁省： 梁忠音　杜祥武　由林鹏　丁玉恒　赵　丹

沈阳市： 俄文亮　沈阳“九·一八”历史博物馆

大连市： 宫宗缘　刘　成　汪海军　孙建宏　阎　利

吉林省： 赵德新　周玉顺　高　岩　肖志刚　寇旭华　冯占文　张成训　任　帅　刘士宏　李　雯　闫佳函　常京锁　于泳生　李　刚　李　铮　张圣祺

黑龙江省： 徐　萍　由岳峰

哈尔滨市： 刘新惠

上海市： 窦鸿雨　顾亚峰　吴　韵　赵明明　翟　辉　王师师　宗　仁　杨　婧　陈　畅　童庆荣　沪　鉴　年鉴学会秘书处

江苏省： 吉　祥　武文明　朱崇飞　焦寨军　朱莉萍　张　丽　顾久芬　周文燕　李海宏

南京市： 王艳荣

浙江省： 段　愿　浙江省志办　温州市志办　湖州市志办　嘉兴市志办　绍兴市志办　衢州市志办　台州方志办　丽水方志办　舟山市志办　金华市志办　台州市志办

杭州市： 袁啸马　高　丹　冯跃民　金利权　黎似玖　郦　晶　王惟惟　李定楹　俞美娜　马琦敏　吴　铮　杭州市志办　杭州市方志馆　临安区志办　滨江区志办　余杭区志办　萧山区志办　淳安县志办　杭州市交通运输局

有关组织机构及文件全称、简称对照表

全称	简称
中国共产党中央委员会	中共中央
全国人民代表大会	全国人大
中国人民政治协商会议	政协
中国共产党中央军事委员会	中央军委
国家发展和改革委员会	国家发展改革委
国家民族事务委员会	国家民委
人力资源和社会保障部	人社部
卫生和计划生育委员会	卫计委
国家新闻出版广播电影电视总局	新闻出版广电总局
中国民用航空总局	民航总局
中国人民解放军	解放军
中国人民武装警察部队	武警部队
新疆生产建设兵团	兵团
中国共产党××省（自治区、直辖市）、市（地、州、盟）、县（市、区）委员会	××省（自治区、直辖市）、市（地、州、盟）、县（市、区）委
××省（自治区、直辖市）、市（地、州、盟）、县（市、区）人民代表大会	××省（自治区、直辖市）、市（地、州、盟）、县（市、区）人大
中国人民政治协商会议××省（自治区、直辖市）、市（地、州、盟）、县（市、区）委员会	××省（自治区、直辖市）、市（地、州、盟）、县（市、区）政协
中国地方志指导小组	中指组
中国地方志指导小组办公室	中指办
××省（自治区、直辖市）、市（地、州、盟）、县（市、区）地方志编纂委员会	××省（自治区、直辖市）、市（地、州、盟）、县（市、区）地方志编委会
××省（自治区、直辖市）、市（地、州、盟）、县（市、区）地方志编纂委员会办公室	××省（自治区、直辖市）、市（地、州、盟）、县（市、区）志办

××省（自治区、直辖市）、市（地、州、盟）、县（市、区）人民政府地方志办公室	××省（自治区、直辖市）、市（地、州、盟）、县（市、区）志办
××省（自治区、直辖市）、市（地、州、盟）、县（市、区）地方志办公室	××省（自治区、直辖市）、市（地、州、盟）、县（市、区）志办
××省（自治区、直辖市）、市（地、州、盟）、县（市、区）地方志工作办公室	××省（自治区、直辖市）、市（地、州、盟）、县（市、区）志办
××省（自治区、直辖市）、市（地、州、盟）、县（市、区）地方史志办公室	××省（自治区、直辖市）、市（地、州、盟）、县（市、区）史志办
《全国地方志事业发展规划纲要（2015—2020年）》	《规划纲要》

中指组领导活动

◀1月14日，“南海主权与地方志论坛”在海口召开。中国社会科学院院长、中指组组长王伟光（左四），中国社会科学院副院长、中指组常务副组长李培林（右三），海南省委常委、宣传部长许俊（左三），中指办主任冀祥德（右二），副主任刘玉宏（左二）、邱新立（右一）等出席开幕式

▶1月14日，海南省地方志工作座谈会在海口召开。中国社会科学院院长、中指组组长王伟光（左四），中国社会科学院副院长、中指组常务副组长李培林（右三），海南省副省长王路（左三），中指办主任冀祥德（右二），副主任邱新立（左一）等出席座谈会

▶9月1日至4日，第二次全国方志馆工作会议暨方志馆业务培训班在丽水召开。中国社会科学院院长、中指组组长王伟光（左五），中国社会科学院副院长、中指组常务副组长李培林（右五），浙江省副省长成岳冲（左四），中指组秘书长，中指办党组书记、主任冀祥德（右四），中指办副主任刘玉宏（右三）等出席开幕式

◀9月1日，浙江省地方志工作汇报会在丽水召开。中国社会科学院院长、中指组组长王伟光，中国社会科学院副院长、中指组常务副组长李培林听取汇报并讲话。浙江省副省长成岳冲，中指组秘书长，中指办党组书记、主任冀祥德等出席汇报会

▶2月3日，中国社会科学院副院长、中指组常务副组长李培林（左二），到国家方志馆看望中指办、国家方志馆、方志出版社全体干部职工，向大家致以新春祝福。中指办主任冀祥德（右二），副主任刘玉宏（右三）、邱新立（左三）陪同看望

◀7月31日，中国社会科学院副院长、中指组常务副组长李培林（右二）赴新疆方志馆（新疆地情展示中心）调研建设情况。新疆维吾尔自治区副主席吉尔拉·依沙木丁，中指组秘书长，中指办党组书记、主任冀祥德，中国社会科学院办公厅副主任胥锦成，中指办副主任邱新立等陪同调研

▶9月13日，中国社会科学院副院长、中指组常务副组长李培林（右三）赴北京市国际文化创意产业博览会“京津冀运河文化展”展区参观指导

◀9月19日至20日，“走向世界的中国方志文化”国际学术研讨会在北京召开。中国社会科学院副院长、中指组常务副组长李培林（左三），美国哈佛大学哈佛燕京图书馆馆长郑炯文（左二），中指组秘书长，中指办党组书记、主任冀祥德（右二），中指办副主任刘玉宏（右一）、邱新立（左一）等出席开幕式

▶ 9 月 22 日，《中国影像志·福建名镇》暨《八闽历史文化名镇名村影像志》开机仪式在龙岩市上杭县古田镇举行。中国社会科学院副院长、中指组常务副组长李培林（左四），中指组秘书长，中指办党组书记、主任冀祥德（右四）等出席开机仪式

◀ 12 月 26 日，中国社会科学院副院长、中指组常务副组长李培林（左二）在出席在济南召开的 2018 年全国地方志机构主任工作会议、第二次全国地方志工作经验交流会和中国名山志文化工程启动仪式期间，查阅山东省志办地方志成果。山东省副省长王随莲（右一）等陪同参加

▶ 12 月 26 日，齐鲁名镇名村志丛书新闻发布会暨赠书仪式在济南举行。中国社会科学院副院长、中指组常务副组长李培林（左三），山东省副省长王随莲（右三），中指组秘书长，中指办党组书记、主任冀祥德（左二），中指办副主任邱新立（左一）出席会议

◀12月26日，山东省全省首家“方志书苑”揭牌仪式在济南市舜耕街道舜华社区举行。中国社会科学院副院长、中国地方志指导小组常务副组长李培林（前排左一），山东省副省长王随莲（前排右一）为“方志书苑”揭牌

▶12月29日，首届中国地情论坛、首届全国名村论坛在北京举办。中国社会科学院副院长、中指组常务副组长李培林（中排左三），中国社会科学院科研局局长马援（中排右三），中指组秘书长，中指办党组书记、主任冀祥德（中排左二），中指办副主任刘玉宏（中排右二）、邱新立（中排左一）等出席开幕式

中指办领导活动

◀1月4日，江苏省志办一行到国家方志馆座谈并捐赠《江苏历代方志全书》。中指办主任冀祥德（左五）、副主任刘玉宏（右四）等出席捐赠仪式

▶3月2日，新疆维吾尔自治区地方志编委会一行到到国家方志馆座谈并捐赠新疆地方志书籍。中指办主任冀祥德（左四）、副主任邱新立（右三）等出席捐赠仪式

◀4月21日，中国苏州文化创意设计产业交易博览会“方志中国”展览在苏州国际博览中心开展。中指组秘书长，中指办党组书记、主任冀祥德（右三），副主任刘玉宏（右二）等参加活动

►8月11日，中指组秘书长，中指办党组书记、主任冀祥德（左四），中指办副主任刘玉宏（左二）一行赴黑龙江省漠河县调研地方志工作

◄9月13日，中指组秘书长，中指办党组书记、主任冀祥德（右一）赴杭州调研方志馆建设情况

►10月9日，方志出版社博士后科研工作站揭牌仪式暨首届方志学博士后进站典礼在国家方志馆举行。中指组秘书长，中指办党组书记、主任冀祥德（左四），中指办副主任刘玉宏（左三）、邱新立（右三）等参加活动

◀10月27日，中指组秘书长，中指办党组书记、主任冀祥德（左二）到湖北省调研地方志工作并召开座谈会。图为冀祥德在会议间隙查阅志鉴成果

工作会议

▶1月10日，2017年全国地方志系统通讯工作座谈会暨《关于加强全国地方志系统通讯工作的意见》等文件征求意见会在北海召开。图为会议开幕式

◀7月8日至9日，2017年全国地方志系统信息化工作会议暨信息化研究会年度会议在丹东召开。图为会议开幕式

► 8 月 8 日至 9 日，2017 年全国年鉴工作会议暨年鉴研究会年度会议、精品年鉴与年鉴编纂创新研讨会在齐齐哈尔召开。图为会议开幕式

◄ 12 月 26 日至 27 日，2018 年全国地方志机构主任工作会议、第二次全国地方志工作经验交流会、中国名山志文化工程启动仪式在济南举行。图为会议开幕式

业务培训

▶5 月 19 日至 24 日，2017 年第一期全国地方志工作机构新任负责人培训班在延安举办。图为培训班开班式

◀7 月 18 日至22 日，第二期援藏志鉴编纂业务培训班开班式在山南举办。图为培训班开班式

▶ 9 月 11 日至 15 日，2017 年第二期全国地方志工作机构新任负责人培训班开班式在遵义举办。图为培训班开班式

◀ 10 月 29 日至 31 日，转型升级：地方志走进新时代——中国地方志学会方志学分会 2017 年年会暨第二期全国年鉴主编培训班、《中国年鉴研究》创刊发布座谈会在常州召开。图为培训班开班式

▶ 11 月 24 日至 26 日，全国地方志资源开发利用工作会议暨第二期全国地方志信息化业务培训班在广州召开。图为培训班开班式

学术研讨

◀2 月 28 日至 3 月 2 日，全国第二轮省级志书（政法）编纂业务研讨会在石家庄召开。图为研讨会开幕式

▶4 月 21 日，首届全国方志馆馆长论坛在苏州举行。图为论坛开幕式

◀4月25日，全国第一次《汶川特大地震抗震救灾志》编纂工作经验交流会暨地方志质量建设研讨会议在汉中召开。图为研讨会开幕式

▶5月10日至13日，全国第二轮志书（政治部类）编纂业务研讨会、第二次《汶川特大地震抗震救灾志》编纂工作经验交流会在成都召开。图为会议开幕式

◀5月26日至27日，地方志转型升级理论与实践探索——第七届中国地方志学术年会在重庆召开。图为会议开幕式

重大工程成果发布

▶ 4 月 19 日，中国名酒志文化工程启动会议在宿迁召开。图为会议开幕式

◀ 4 月 22 日，中国名镇志文化工程：中国名镇影像志启动仪式在周庄举行。

▶ 11 月 24 日至 25 日，贯彻落实十九大精神“中国梦·方志情”首届全国方志馆讲解员大赛在广州举办。图为大赛闭幕式

◀ 12 月 21 日至 22 日，首届全国年鉴论坛暨《中国方志发展报告（2017）》《中国年鉴发展报告（2017）》出版座谈会在深圳召开。图为首批中国精品年鉴颁发奖牌和证书仪式

各省（自治区、直辖市）地方志工作

▶2 月 16 日，山西省副省长王赋（左二）到省地方志办公室调研指导工作

◀10 月 27 日，《知家乡爱延边三字经》发行式在延吉举行

▶9月8日，浙江省副省长成岳冲（左七）一行到省方志办调研指导

▶2月4日，广东省省长马兴瑞（前排右二）、副省长邓海光（前排右一）、省政府秘书长李锋一行到广东省志办看望慰问干部职工

◀5月18日，广西壮族自治区主席陈武（前排左三）、副主席黄伟京（前排左四）在广西史志博物馆考察

▶ 11 月 6 日，青海省地方志编纂“两全目标”工作推进会召开

◀ 5 月 24 日，中德莱布尼茨研究中心成立仪式暨“莱布尼茨与中国文化”国际学术研讨会在济南召开，该中心由山东省史志办倡议发起，德国下萨克森州州长斯特凡·威尔带队的政府代表团成员以及来自德国、美国、日本等国家的莱布尼茨研究学者参加活动

▶ 10 月 16 日，广东省副省长黄宁生（左二）到省志办调研，并慰问地方志工作人员

目　　录

特　　载

特　　辑

大事记

中国地方志指导小组及其办公室工作

志书编纂与出版

● 编纂进展

● 省级志书出版

• 地市级志书出版

• 县级志书出版

旧志整理与出版

● 工作开展

● 旧志出版

年鉴编纂与出版

• 年鉴创刊出版

地方志资源开发利用

● 地情书编写与出版

• 信息咨询与服务

信息化与方志馆建设

• 网站建设

● 数字化建设

理论研究与期刊出版

· **通讯简报**

依法治志与督促检查

• **依法治志**

● **督促检查**

工作会议

专业培训与考察交流

• 专业培训

机构队伍

• 机构设置

人　物

文　献

• 领导讲话摘要

附　表

索　引

Contents

特　　载

·王伟光工作讲话

坚定自信　放大格局　拓展功能
助推实现中华民族伟大复兴中国梦

——在“南海主权与地方志论坛”上的讲话

（2017 年 1 月 14 日）

王伟光

今天在美丽的“椰城”——海口召开“南海主权与地方志论坛”，这是全国地方志系统围绕国家重大发展战略、服务中心工作的一项重要举措。海南省委、省政府高度重视本次论坛的举办，论坛还得到了全国地方志系统和有关科研机构、高等院校的大力支持和积极配合，在此，我代表中国地方志指导小组向有关方面和人士表示衷心的感谢和诚挚的问候！

我国一贯致力于维护南海地区的和平稳定，坚定维护自身在南海的主权和相关权利，始终坚持将南海建设成为和平之海、友谊之海、合作之海。论坛的举办，目的是通过整理、挖掘历朝历代和当代关于南海的史料，以志书为载体，全面梳理中国人民发现、开发利用、管辖南海的资料，用无可辩驳的事实，证明南海诸岛自古以来就是中国的领土，铁证如山，神圣不可侵犯。同时，也是进一步明确地方志事业发展在全面贯彻落实习近平总书记系列重要讲话精神和治国理政新理念新思想新战略，统筹推进“五位一体”总体布局和协调推进“四个全面”战略布局，坚持文化自信，激发民族自豪感和自信心，坚定全体人民振兴中华的信心和决心，实现“两个一百年”奋斗目标和中华民族伟大复兴中国梦进程中不可或缺的地位和作用，以及地方志如何围绕国家经济社会发展战略与时俱进、创新发展的一次重要研讨会议。

当前，在党中央、国务院的关心支持下，全国地方志事业发展正处于转型升级的关键时期。新时期的地方志事业发展，最显著的成就是转型发展，最突出的标志是与时俱进，最鲜明的特征是更加富有生命力、创造力、感召力。数千年的积累沉淀，留存了汗牛充栋的地方志成果；前赴后继的方志人，创造了不可磨灭的文化财富。据不完全统计，全国留存的古志有 8000 多种、10 万多卷，约占现存古籍的十分之一；新中国成立以来，推出了数以百亿字计的地方志成果，打造了我国有史以来规模最大的社会科学成果群，成为中华文化弥足珍贵的地情资料宝库。新时期的地方志工作，必须按照国务院办公厅印发的《全国地方志事业发展规划纲要（2015—2020 年）》和

“一纳入、八到位”的要求，牢牢把握优势，找准定位，创新方法路径，让地方志这一独一无二的文化宝藏，迸发出新的生机与活力。

一、坚定自信，明确方志文化的“五个定位”

习近平总书记指出：“坚定中国特色社会主义道路自信、理论自信、制度自信，说到底是要坚定文化自信。文化自信是更基本、更深沉、更持久的力量。”当今世界，国与国之间的竞争日趋激烈，“你方唱罢我登场”。除了经济实力、科技实力、国防实力外，文化软实力越来越成为综合国力的重要因素，越来越成为民族凝聚力和创造力的重要源泉。一个没有精神力量的民族难以自立自强，一项没有文化支撑的事业难以持续长久。文化战略不仅走向历史的前台，而且越来越进入国家政策的中心，成为国家发展战略的重要组成部分。面对错综复杂的国际国内形势，我们党始终坚持社会主义先进文化的前进方向，以坚定的文化自信和高度的文化自觉，大力建设社会主义文化强国，不断提升国家文化软实力。地方志作为中华民族绝无仅有的文化瑰宝，理应以更加清晰的定位、更加积极的姿态、更加坚定的信心，在文化强国建设中发挥更加突出的作用。

一是要进一步明确方志文化在传承中华优秀传统文化中的定位。中华民族创造了源远流长的中华文明，薪火相传，代代相承，成为国人安身立命的精神家园。地方志反映了不同地域的自然地理、风土物产、民风习俗、文学艺术、行为规范、价值追求等，记录了中国人民自古以来自强不息的奋斗历程，留存了丰富多彩的地域文化。在博大精深、浩如烟海的中华文化中，作为传统文化的精华，方志文化独树一帜，价值卓著，承载着传承中华文明、弘扬历史传统的重任，是中华民族延续文脉的重要载体。

二是要进一步明确方志文化在服务经济社会发展中的定位。当前，国家发展正处于大变革时代，改革已经进入深水区，步入新常态，站在新起点。党中央审时度势，推出了一系列重大发展战略，如“一带一路”“京津冀协同发展”“长江经济带”等，各地、各领域具有四梁八柱性质的改革主体框架已经基本确立。历史是一个民族、一个国家形成、发展及其盛衰兴亡的真实记录，是前人的“百科全书”。今天的发展，需要向历史学习，从历史中汲取营养，吸收智慧。经世致用，是方志文化的价值取向。各级地方志工作机构要充分发挥好智库的作用，以服务全国和各地的改革发展为目标，不仅要当好各级党委政府的宣传员、服务员、记录员，还要当好参谋和助手，让地方志成果成为最好的历史教科书和营养剂，为治国理政提供源源不断的历史智慧。

三是要进一步明确方志文化在弘扬社会主义核心价值观中的定位。社会主义核心价值观以马克思主义为指导思想，以共产主义远大理想为最高追求，以中国特色社会主义共同理想为实现目标，体现了以爱国主义为核心的民族精神和以改革创新为核心的时代精神，是社会主义核心价值体系的内核，是对社会主义核心价值观的高度凝练和集中表达，代表的是国家、民族的理想信念和精气神。培育和弘扬社会主义核心价值观，必须立足中华传统文化。方志学家章学诚说：“史志之书，有裨风教者，原因传述忠孝节义，凛凛冽冽，有声有色，使百世而下，怯者永生，贪者廉立。”不论是古代志书，还是当代方志，不仅蕴含着尊士、崇德、向善、忠义、孝亲等传统价值，还旗帜鲜明地弘扬爱国、敬业、诚信、友善等社会主义核心价值，反映了中华民族宝贵的精神品格和崇高的价值追求，应该成为培育和弘扬社会主义核心价值观的肥沃土壤。

四是要进一步明确方志文化在中华文化“走出去”战略中的定位。“只有民族的，才是世界的。”地方志作为中华民族独有的文化载体，引起世界各国的广泛关注，包括美国国会图书馆、哈佛燕京图书馆、日本国立国会图书馆等世界各国图书馆大量收藏地方志。而作为资料性文献，志书以其横排门类、纵述史实、述而不论、生不立传等本质特征和体例规范，述、记、志、传、图、表、录等多种体裁运用的编纂形式，客观、全面地展现了事物的全貌，成为反映事物发展过程与现状的信史，体现了鲜明的继承性和真实性、全面性，为社会各界和国际社会所广泛接受。利用方志文化服务国家文化“走出去”战略，用地方志成果发声，展示中国智慧、讲好中国故事，事半而功倍。

五是要进一步明确方志文化在宣示中华人民共和国国家主权中的定位。我国幅员辽阔，疆界绵长。因为历史的原因，在部分地区出现了边界争端。中国坚持和平发展，坚决捍卫主权，老祖宗留下来的基业我们不能丢。任何侵犯中国主权和相关权益的行为，中国人民都不会答应。任何指望我们拿自己的核心利益做交易，指望我们吞下损害主权、安全、发展利益苦果的企图，都只会破灭。地方志自古以来就是“官修”，是一种政府文化行为，也是一种软实力。作为权威的历史文献，通过文化搭台、志书唱戏，用传统文化载体发声，用软实力宣示我们对边界行使国家主权和行政管辖权，具有十分重要的意义，是让历史说话并传至后世最好的介质。因此，编修地方志不仅是文化工程，更是政治工程、战略工程、固边工程。

二、放大格局，强化地方志的“三种意识”

地方志资源极为丰富，但从现状来看，社会影响力还不够大，还处于有资源没开发，有理说不出，说了传不开的境地。“凡贵通者，贵其能用之也。”广大地方志工作者不能“不识庐山真面目，只缘身在此山中”，要走出深山看世界，面向社会出成果。开发利用好地方志资源，关键是要方向正确。真正做到有所作为，重点是要强化发展地方志应秉承的“三种意识”。

一是要有政治意识。“夫道不欲杂，杂则多，多则扰，扰则忧，忧而不救。”地方志资源开发利用，不能迷失方向，不能丢失灵魂，要始终保持清醒的政治头脑、敏锐的政治观察力和鉴别力，坚持以马克思列宁主义为指导，全面贯彻落实习近平总书记系列重要讲话精神和治国理政新理念新思想新战略，坚持理论同具体实际相结合，运用马克思主义的立场、观点、方法了解地情，用实事求是的态度研究问题、解决问题，真正做到围绕中心、服务大局，真正做到深入基层、扎根百姓，让方志文化产品有感召力、吸引力、亲和力，形成地域文化品牌，让最广大人民群众共享方志文化成果。

二是要有学术意识。地方志成果要真正做到堪存堪鉴，推得开、叫得响，关键在于学术质量。“为学之道，必本于思。”“不深思则不能造于道，不深思而得者，其得易失。”一部部地方志，不仅仅是资料性文献，更是一部部信史。强本才能固基，成果的学术质量，决定了地方志资源开发利用的社会价值和影响力、生命力。因此，对于地方志资源的开发利用，要有敬畏之心，要有崇尚精品、严谨治学、注重诚信、讲求责任的优良学风，要有博学、审问、慎思、明辨、笃行的价值追求，要有“板凳要坐十年冷，文章不写一句空”的执着坚守，要把学术思考、学术品位、学术精品等内化为价值追求，以学术为本、质量求胜。

三是要有服务意识。地方志资源开发利用不到位，开发水平较低，归其一个重要原因还是服务意识不足，服务手段单一，服务面较窄。要实现地方志事业的转型升级，关键是要实现方志文化公共服务的转型升级。新时期地方志事业发展，必须自觉将各项工作纳入国家和各地经济社会发展战略当中，纳入本地的公共文化服务体系当中，提高服务意识，加强顶层设计，转变工作作风，创新服务方式，拓宽服务领域，把服务作为推进地方志事业发展的本能动力。要以问题为导向，查找薄弱环节，深入分析症结所在，拉伸长板，补齐短板，转被动为主动，全面提升方志文化的公共服务能力和水平。

三、拓展功能，坚持利用地方志“五个拓宽”

地方志资源开发利用是一篇大文章。最近几年，各级地方志工作机构紧紧围绕“存史、资治、教化”功能，努力构建和完善开发利用模式，收到了良好的社会效益。新时期的地方志资源开发利用，要以改革图发展，以创新为动力，不断提高思想认识，不断提升服务水平，不断拓宽开发路径，建立起真正适应世情、国情、党情、民情的资源开发利用体系。

一要拓宽资政辅治路径。地方志要为治国理政服务，其服务的主体是党和国家、各级党委和政府机关。地方志资源开发利用要紧紧围绕国家的重大发展战略，围绕各级党委政府在政治、经济、文化、社会、生态等领域建设的重大决策，提供资政辅治之参考，推动方志成果进机关，让各级党委政府领导在决策时了解历史，从当地发展历史中汲取智慧，紧扣地情，符合规律，以便做到科学决策。

二要拓宽地情教育路径。“以古为镜，可以知兴替；以人为镜，可以明得失。”地方志资源，不仅全面系统记述了本行政区域方方面面的历史和现状，还记录了本地的名人贤士、公序良俗、民风民情等。读史使人明智，鉴往才能知今，爱乡才能爱国。地方志资源开发利用，要通过推广干部读本、乡土教材，开展地情培训等，在广大干部群众、中小学生中开展地情教育，让他们了解当地历史之厚重、山水之迤逦、人物之贤达、民风之淳朴，用真实的历史教育人，用身边的榜样感召人，让当地的名特优势、传统的道德礼仪、先进人物的事迹功业等入脑入心，培育爱国、敬业、诚信、友善等社会主义核心价值追求。

三要拓宽社会服务路径。当前，以方志馆、报刊、简讯等为平台，通过举办地情展览、提供咨询服务，围绕重大活动、重大节庆开展地情宣传，赠送地方志成果给部队、企业、社区等，已经成为地方志服务社会的多种路径，取得了良好的效果，要继续坚持。但还应看到，这些服务手段还比较单一、比较碎片化，受众面还不够广泛，还没有形成成熟的服务体系。需要针对不同的群体，开发出不同的文化产品，以不同的服务形式、服务手段吸引更多的受众，不断拓宽社会服务领域。

四要拓宽科研利用路径。从记述内容看，地方志资源包罗万象，不论是对于政治学、经济学、历史学，还是社会学、法学、人类学等社会科学学科研究，甚至是对于自然科学研究，都有基础性作用，都可以在地方志中找到素材和依据，可资利用。但目前，地方志还存在对科研利用工作重视不够、学术能力和水平不高、人才储备不足等问题，总体为科研服务能力还较弱。要拓宽地方志资源的科研利用路径，一方面，要勤修内功，在地域文化研究、方志学学科建设等方面出成果、出精品；另一方面，要提高地方志资源的学术质量，让学界能用、爱用，才能吸引更多的专家、学者，才能受到更广泛的关注。

五要拓宽数字化开发路径。当今社会，数字化、网络化成为不可逆转的潮流。近几年，“互联网+地方志”“微信公众号”“地方志数据库”等数字化建设成果成为推介、宣传、普及方志文化十分重要的媒介。但相比于社会需求和数字化发展步伐来说，地方志数字化开发工作才刚刚起步，资源整合力度还不够，社会效益还不够明显，结合地方志特性开发的数字产品还不多，社会影响力还不够大，还应进一步加强。

同志们，拥有数千年历史积淀和独一无二的地方志资源，是中华文明屹立于世界文化之林的深厚底蕴和坚实根基，地方志资源开发利用已经整装待发，一定要以时不我待、只争朝夕的精神，早日形成完善高效的开发利用体系，为全面建成小康社会，实现“两个一百年”奋斗目标和中华民族伟大复兴中国梦作出新贡献。最后，希望大家高度重视此次论坛的举办，紧紧围绕党中央关于南海的战略部署，深入挖掘南海诸岛及其海域的史料，为把南海建设成为和平之海、友谊之海、合作之海，为维护好我国的主权和相关权利建言献策，提供历史智慧。预祝论坛取得圆满成功。

在重庆市地方志办公室调研时的讲话

（2017 年 6 月 16 日，根据录音整理）

王伟光

这次我与中国社会科学院党组其他成员一同率领中国社科院学部委员调研组到重庆学习考察，进行国情调研，借此机会到重庆市志办来看望大家。

党中央、国务院历来高度重视地方志工作。新中国成立之初，百废待兴，老一代党和国家领导人就将地方志工作提上日程，开始着手建立地方志工作系统，组织方志的收集、整理和撰写工作。志书一直是党和国家领导人以及各级党委和政府领导干部掌握地情、熟悉国情的重要工具。毛泽东主席每到一个地方，都要借阅研读当地志书，把志书作为了解国情的重要途径。为了加强地方志工作，周恩来总理对地方志工作作出了一系列重要指示。以习近平同志为核心的党中央高度重视地方志工作。党的十八大以来，为了落实中央要求，加强地方志建设，我和培林同志与中指办的同志们一起多次到全国各地调研地方志工作。记得在一个地区，一位多年从事地方志工作的女同志含泪说："地方志是冷部门，我们坐的是冷板凳，但干的是热心事，需要执着地投入。尽管很辛苦、很清苦，有很多困难，但我对地方志事业充满了感情。"能够在地方志静下心，坐得住，献身地方志事业，热心干好地方志事业，是一件很了不起的事。在此，我代表中国地方志指导小组向你们并通过你们向重庆市全体从事地方志工作的同志们表示诚挚的慰问和衷心的感谢！同志们长期呆在冷部门、坐着冷板凳编纂地方志，为地方经济社会发展服务，很高尚，值得我们学习。市志办的同志一定要把我的问候转达到全市地方志系统一线的同志们，我给大家加油、鼓劲、打气。

在北京时，我听了重庆方志工作的介绍，也看了你们的材料，对重庆的情况有所了解，刚才又听了你们的汇报，给我留下了深刻印象。重庆的地方志工作总体做得不错，有三个特点：一是思路正确。按照党中央、国务院和第五次全国地方志工作会议的要求，你们确定了"着眼全局，突出重点，服务发展，补齐短板"的工作思路。这四句话的工作思路切合重庆实际，要坚持下去，按照这一思路持之以恒地抓好工作。二是目标明确。你们提出了"坚决完成'两个全覆盖'任务，一年一小步，两年一大步，力争三年进入全国先进行列"的战略目标。这一目标很清晰，方向正确，要全力以赴完成这一目标。三是成绩显著。重庆市地方志系统按照以上思路和目标，扎扎实实地做了大量具体工作，取得了明显成绩。

在这里，我也对重庆市地方志工作提三点希望：一是要加强理论学习，提高思想政治水平。做好地方志工作关键在人，根本在思想。抓好地方志工作，最首要的是抓好人的理论武装。认识提高了，思想到位了，自觉性增强了，也就抓住了关键。要学习马克思主义理论，坚持以马克思主义立场观点方法指导方志编纂工作。当前要特别深入学习贯彻习近平总书记系列重要讲话精神和治国理政新理念新思想新战略，认真学习落实李克强总理、刘延东副总理关于地方志工作的重要批示和讲话精神。习近平总书记系列重要讲话也包括对地方志工作的重要论述，早在宁德担任地委书记时，他就对地方志工作做过专门论述；他在视察首都博物馆时也对地方志工作提出了明确的要求。大家要把习近平总书记系列重要讲话精神和中央领导的指示学习好、理解透，融会贯通，并落实到实际工作中。二是按照第五次全国地方志工作会议的要求，切实做到“一纳入、八到位”。中国地方志指导小组办公室由国务院委托中国社科院代管。中央办公厅副主任兼中央档案馆馆长曾三任第一届中指组组长，中国社科院院长李铁映、陈奎元分别任第二、三、四届组长，我是第五届组长，培林同志任常务副组长。我们这届中指组在充分调研的基础上形成了五次全会报告。五次全会报告精神集中到一句话就是“一纳入、八到位”。“一纳入、八到位”反映了地方志事业发展的规律，也是刘延东同志代表国务院对地方志工作提出的总要求。“一纳入”就是把地方志工作纳入各地国民经济和社会发展规划、地方各级政府工作任务。“八到位”中，“认识到位”解决的是思想理念问题，“领导到位”解决的是领导重视问题，机构、编制、经费等到位解决的是基本的工作条件问题。据说，重庆还有一个区没有专门的地方志工作机构，这在全国除西藏以外是没有的，希望在党的十九大以前能落实。机构没有，工作怎么开展呢？三是抓紧推动工作落实，坚决实现“两个全覆盖”。用你们的话说，实现“两个全覆盖”就要打歼灭战、攻坚战，务必确保“两个全覆盖”如期实现，用优异的成绩迎接党的十九大胜利召开。

当前，你们要对照党中央和国务院的要求，对照你们的目标任务，对各项工作进行梳理，看还有哪些任务没有完成，哪些短板需要补上，在有限的时间内尽全力拼上去。

加强方志馆建设　树立方志文化自信
为建设社会主义文化强国而努力

——在第二次全国方志馆工作会议上的讲话

(2017年9月1日)

王伟光

今天，非常高兴来到山水秀丽、生态宜居的浙江省丽水市参加第二次全国方志馆工作会议。首先，我代表中国地方志指导小组（以下简称中指组）向各位代表，并通过你们向全国广大方志馆工作者表示诚挚的问候!

丽水物华天宝，人杰地灵，龙泉宝剑、龙泉青瓷、青田石雕闻名于世。特别是丽水作为“国家级生态示范区”“中国最佳生态发展城市”，生态环境保护更是全国学习的样板。习近平总书记在浙江工作期间，曾经八次深入丽水调研，并提出了“绿水青山就是金山银山，对丽水来说尤为如此”的重要论断，强调了保护生态环境、实现“绿色发展”的重大战略意义。十年来，丽水市深入贯彻落实“两山”重要思想，初步走出了一条“绿水青山就是金山银山”的绿色生态发展之路，实践充分证明了习近平总书记关于丽水发展重要论断的英明和正确。今天，我们在丽水召开全国方志馆工作会议，同样是要把习近平总书记系列重要讲话精神和治国理政新理念新思想新战略，把习近平总书记“7·26”重要讲话精神深入贯彻到全国地方志事业发展中去，加快建设中国特色方志文化，为党的十九大献礼，因此具有十分重要的意义。

党的十八大以来，党中央国务院高度重视地方志事业发展。习近平总书记、李克强总理、刘延东副总理多次就地方志工作作出重要指示、批示。2015 年 8 月，国务院办公厅印发《全国地方志事业发展规划纲要（2015—2020 年）》（以下简称《规划纲要》），对全国地方志事业发展作出了科学的顶层设计。2016 年 3 月“加强修史修志”被写入国家“十三五”规划；2017 年 1 月，中共中央办公厅（以下简称中办）、国务院办公厅（以下简称国办）联合印发《关于实施中华优秀传统文化传承发展工程的意见》，特别提出要“做好地方史志编纂工作，巩固中华文明探源成果，正确反映中华民族文明史”；2017 年 5 月中办、国办印发的《国家“十三五”时期文化发展改革规划纲要》，明确强调“加强地方史编写和边疆历史地理研究。完成省、市、县三级地方志书出版工作。开展旧志整理和部分有条件的镇志、村志编纂”。2017 年 5 月，中共中央印发《关于加快构建中国特色哲学社会科学的意见》，提出坚持马克思主义在哲学社会科学领域的指导地位，加快构建中国特色哲学社会科学学科体系、学术体系、话语体系，对于作为中国特色哲学社会科学组成部分的地方志，具有重要指导意义。在党中央国务院的亲切关怀和高度重视下，全国广大地方志工作者坚持马克思主义指导，坚持党的领导，坚持正确政治方向，坚持依法治志，坚持“一纳入，八到位”，坚持志、鉴、库、馆、网、用、会、刊、研、史“十业并举”，坚持发扬“修志问道，直笔著史”的方志人精神，按照中央、中指组的顶层设计，抢抓机遇，锐意进取，实现了全国地方志事业的跨越式发展，并保持高位运行态势，取得了显著的发展成就。

在地方志事业发展的大格局中，作为事业发展重要依托和新的增长点的全国各级方志馆建设，可以说是异军突起，如火如荼。为指导、规范全国各级方志馆建设，2017 年 6 月中指组印发《方志馆建设规定（试行）》，对各级方志馆建设的功能定位、申报立项、设计布局、建设发展等加以明确规定。与此同时，中国地方志指导小组办公室（以下简称中指办）、国家方志馆、中国地方志学会还组织开展了全国方志馆业务培训，成立了中国地方志学会方志馆研究会，大力推进国家方志馆分馆建设，积极做好方志馆建设的引导、服务和保障工作。在全国各级地方志工作机构的共同努力下，截至 2017 年 8 月，全国已经建成各级方志馆 470 余家。建筑面积 2 万多平方米的现代化国家方志馆黄河分馆布展工作全面展开；占地面积 200 多亩、突出园林式特色的国家方志馆长江分馆已经正式批复，进入实质性建设阶段。两个分馆在各级方志馆建设中发挥出了引领、示范作用。河北、山西、内蒙古、吉林、上海、安徽、福建、海南、四川、西藏、新疆等省级方志馆获得立项或正在施工建设中。其他各地各级方志馆也在积极申报筹建。已经建成的各级方志馆，坚持围绕中心、服务大局，以完善自身职能、提高业务水平、提升服务能力为导向，不断加强馆藏资源体系建设，充分展示地情特色，全力参与当地公共文化服务体系建设。全国各级方志馆建设呈现出建设速度不断加快、自身实力日益提升、社会影响力不断提高的良好发展势头。

为进一步推动全国各级方志馆建设，切实发挥各级方志馆在社会主义文化强国建设中的重要作用，今天，中指办、国家方志馆组织召开第二次全国方志馆工作会议，总结一年来的工作成绩，共商方志馆建设大计，值得充分肯定。在此，我就方志馆建设与发展问题谈几点意见：

一、方志馆建设要立足增强国家文化软实力，坚持正确发展方向，全力助推社会主义文化强国建设。

习近平总书记指出：“中华文化是我们提高国家文化软实力最深厚的源泉，是我们提高国家文化软实力的重要途径。”地方志事业发展是社会主义文化建设的重要组成部分，全国各级方志馆是社会主义文化建设的重要平台。方志馆建设与发展，要深入学习贯彻习近平总书记系列重要讲话精神和治国理政新理念新思想新战略，特别是要把习近平总书记关于弘扬优秀传统文化、加强社会主义核心价值观建设、加强哲学社会科学工作等方面的重要论述，自觉地运用到方志馆建设与发展的实践中去，牢牢把握社会主义文化发展方向不动摇，紧紧围绕“四个全面”战略布局不放松，坚持以人民为中心，坚持服务群众与教育引导群众相结合，更好地保障人民群众基本文化权益，不断满足人民群众日益增长的文化需求，大力提升人民群众的文化自信和文化认同，全力助推社会主义文化强国建设。

二、方志馆建设要立足构建公共文化服务体系，秉持服务至上理念，全面提升公共文化服务水平。

习近平总书记指出："要紧紧围绕建设社会主义核心价值体系、建设社会主义文化强国，完善文化管理体制和文化生产经营机制，建立健全现代公共文化服务体系、现代文化市场体系来做好工作，以此推动社会主义文化大发展大繁荣。"党的十八大明确将公共文化服务体系建设作为全面建成小康社会的重要内容。2015 年，中办、国办专门印发《关于加快构建现代公共文化服务体系的意见》，对构建现代公共文化服务体系作出全面部署。各级方志馆作为集收藏保护、展览展示、编纂研究、专业咨询、信息服务、开发利用、宣传教育、业务培训、文化交流等功能于一身的公共文化服务机构，决定了方志馆积极参与公共文化服务体系建设，大力提升公共文化服务水平，让人民群众共享社会主义文化发展成果，是方志馆建设与发展的重要使命所在。因此，各级方志馆建设要着力强化办馆特色，突出全方位地情展览展示和地情信息服务特点，把方志馆建设成为真正的地情信息中心；着力提升方志馆服务能力，大力开拓服务空间，积极开发多层次、多样性的服务形式，广泛开展和参与公益性文化活动，加快方志馆数字化、网络化、信息化建设步伐，不断提高公共文化服务现代传播能力，建立健全需求反馈机制，为社会各界提供具有地方志特色的切切实实的文化享受；着力构建从国家到省、市、县的方志馆服务网络，集中塑造方志馆服务品牌，在全国公共文化服务体系建设中充分发挥出全国各级方志馆的能量和作用。

三、方志馆建设要立足展示国情地情，培育家国情怀，切实践行社会主义核心价值观。

习近平总书记指出："要在展览的同时高度重视修史修志，让文物说话、把历史智慧告诉人们，激发我们的民族自豪感和自信心，坚定全体人民振兴中华、实现中国梦的信心和决心。"国家方志馆是国情馆，是国情信息中心，各级方志馆是地情馆，是地情信息中心。方志的地域性特点和方志馆作为国情馆、地情馆的基本定位，决定了方志馆的建设与发展必须紧紧围绕国情、地情加以展开。各级方志馆要在充分掌握国情、地情资源的基础上，深入挖掘馆藏文物、古籍、文字资料、音像资料等各种资源蕴含的重要信息，努力提升对国情、地情资源的研究咨询、开发利用、展示推介水平，积极传播地情信息、宣传地域文化，为本区域之外的人们了解当地地情提供服务窗口和资源保障，为当地群众更加全面、深刻地认识自己生活的这片热土提供认知平台和文化支撑，特别是要以此为依托，注重用地域文化、优良传统的魅力去教育、感染、鼓舞人们，留住乡思乡愁乡音乡俗，培育家国情怀，凝练文化认同，增强文化自信，激发人们热爱家乡、建设家乡的激情和热情，大力营造出积极践行社会主义核心价值观的良好社会氛围，为实现中华民族伟大复兴的中国梦提供强大的精神动力。

四、方志馆建设要立足弘扬中华优秀传统文化，树立方志文化自信，全力打造中国方志文化传播平台。

习近平总书记指出："中华优秀传统文化是中华民族的精神命脉，是涵养社会主义核心价值观的重要源泉，也是我们在世界文化激荡中站稳脚跟的坚实根基。增强文化自觉和文化自信，是坚定道路自信、理论自信、制度自信的题中应有之义。"地方志全面翔实地记录了中华民族自强不息、绵延辉煌的悠久历史，记录了中国共产党领导全国各族人民谋求民族独立解放、国家繁荣昌盛的奋斗历程，记录了我国革命建设和改革开放的宏伟历程，记录了中国特色社会主义发展的伟大历程，是展示当代中国风范的载体，是中华民族优秀文化的瑰宝。弘扬中华优秀传统文化，特别是弘扬中国方志文化，是各级方志馆存在的基本依据之一，是方志馆建设与发展的根本职责所在。方志馆建设要注重讲清楚方志文化的历史渊源、发展脉络、基本走向，注重讲清楚方志文化在中华优秀传统文化中的独特地位、鲜明特色、价值理念等，特别是要注重向社会各界展示社会主义新编地方志的辉煌成果，展示地方志的新思想、新理念、新观点、新材料、新内容，切实提高方志文化的社会认知度和社会影响力，并通过方志文化的传播，有力提升方志文化自信。同时，方志馆建设与发展要着眼未来，放眼世界，积极开展对外学术交流，实施中国方志文化走向世界工程，开展与国外相关机构的学术交流与业务合作，宣传方志文化，讲好中国故事，传好中国声音，进一步扩大我国方志文化的国际影响力。

五、方志馆建设要立足推动地方志事业长远发展，坚持乘势而上，不断夯实地方志事业发展基础。

经过近年来的建设与发展，方志馆已经成为地方志工作的重要延伸和地方志事业实现长远发展的重要阵地。各级地方志工作机构要在充分认识方志馆功能、定位基础上，进一步树立并强化建设方志馆的“阵地意识”、责任意识和发展眼光，既不能在方志馆建设和发展问题上模模糊糊，更不能将方志馆建设视为可有可无之事；要在各级党委政府领导、支持下，深刻领会并严格依照《规划纲要》提出的总体目标和《方志馆建设规定（试行）》提出的建设要求，将方志馆建设纳入当地经济社会发展、文化建设和城市建设总体规划加以统筹推进，所需经费列入同级人民政府财政预算，不断加大对实体方志馆与数字方志馆的建设投入，同时确保机构人员到位，做好规划布局，有序施工建设，全力推动方志馆在公共文化服务体系建设中“弯道超车”，迎头赶上。中指办、国家方志馆要加强组织引导，注重方志馆体系建设，推动沟通交流，形成整体合力，努力实现方志馆在我国各类文化场馆建设中独树一帜，健康发展。

刚才，我们还举行了方志出版社绍兴工作站揭牌仪式。2013 年 8 月以来，作为全国唯一以出版志鉴类图书为主的国家级出版机构，方志出版社围绕建成全国地方志专业出版基地的目标，凝心聚力，开拓创新，发生了根本性变化，实现了社会效益和经济效益双丰收，成绩有目共睹。目前，已经在四川成都、山西太原、湖南长沙、黑龙江哈尔滨、山东潍坊设了 5 个工作站。绍兴工作站的设立，标志着方志出版社向建成全国地方志专业出版基地的目标又迈进了坚实的一步。希望方志出版社继续保持良好发展势头，为进一步推动全国地方志事业发展提供更加优质的编辑保障。

同志们，习近平总书记多次强调，忘记了传统，就等于割断了民族的血脉。方志文化是中华民族优秀传统文化的重要组成部分，方志馆正是地方志工作传承、弘扬中华民族优秀传统文化的重要载体，是展示国情地情文化、开展爱国爱乡爱家教育、培育社会主义核心价值观的重要媒介。希望广大方志馆工作者继续坚持科学办馆、特色办馆、开放办馆的理念，解放思想，开拓创新，争取在我国公共文化服务体系建设和社会主义文化强国建设进程中，在实现中华民族伟大复兴中国梦的进程中，最大限度地展示出中国方志馆的巨大能量和独特魅力，以优异成绩向十九大献礼！

· 李培林工作讲话

聚焦主业　履职尽责　用优异的成绩迎接党的十九大胜利召开

——在全国地方志系统“两全目标”工作推进会暨援藏援疆工作座谈会、“继承中华传统，弘扬方志文化”论坛暨2017年全国地方史志期刊工作会议上的讲话

（2017年8月1日）

李培林

习近平总书记在省部级主要领导干部专题研讨班“7·26”重要讲话中强调，中国特色社会主义是改革开放以来党的全部理论和实践的主题，全党必须高举中国特色社会主义伟大旗帜，牢固树立中国特色社会主义道路自信、理论自信、制度自信、文化自信，确保党和国家事业始终沿着正确方向胜利前进。作为承担重要文化工作的全国地方志系统，今天在美丽的边陲要地新疆伊犁召开全国地方志系统“两全目标”工作推进会暨援藏援疆工作座谈会等会议，是深入贯彻习近平总书记系列重要讲话精神和治国理政新理念新思想新战略，用实际行动迎接党的十九大胜利召开的一次重要安排。新疆维吾尔自治区人民政府副主席吉尔拉·衣沙木丁同志代表自治区党委、政府到会致辞，西藏自治区人民政府副主席德吉同志，新疆生产建设兵团党委常委、秘书长、直属机关工委书记李冀东同志，伊犁州州长库尔玛什·斯尔江同志，国务院办公厅督查室陈翁翔同志到会指导，我代表中国地方志指导小组和王伟光组长，向国务院办公厅督查室，向新疆、西藏、兵团党委政府，向伊犁州党委政府对地方志工作的大力支持表示衷心感谢；向自治区地方志编委会、伊犁哈萨克自治州党委政府为承办此次会议付出的艰辛努力表示衷心感谢，向参加此次会议的各地代表表示热烈欢迎和亲切问候！刚才，中国地方志指导小组秘书长，中国地方志指导小组办公室党组书记、主任冀祥德通报了截至2017年第一季度“两全目标”的推进情况，同时还宣布即将成立中国地方志指导小组及其办公室完成“两全目标”工作任务督查组，就是要表明态度，中指组及其办公室对按时保质完成“两全目标”，目标不变、要求不变、标准不变，我们将以最大的信心和决心，大力推进，确保到2020年完成省省有志鉴、市市有志鉴、县县有志鉴的伟大的世界文化创举！希望与会的各地各单位代表高度重视，按照党中央、国务院对地方志工作的要求，切实担负起职责，把完成“两全目标”当作全国地方志系统的政治任务来抓，按时保质完成。

党的十八大以来，以习近平同志为核心的党中央高度重视地方志工作，继2015年国办印发《全国地方志事业发展规划纲要（2015—2020年）》，2016年“加强修史修志”被写入“十三五”规划后，2017年以来，中办、国办印发的《关于实施中华优秀传统文化传承发展工程的意见》《国家“十三五”时期文化发展改革规划纲要》中，再次强调要“做好地方史志编纂工作，巩固中华文明探源成果，正确反映中华民族文明史，推出一批研究成果”，“完成省、市、县三级地方

志书出版工作。开展旧志整理和部分有条件的镇志、村志编纂”。三年来，全国地方志工作总的趋势是在国家发展战略中定位更加清晰、要求更加明确，顶层设计更加完善，工作任务更加明确，地方志事业发展正处于关键时期。如果没有撸起袖子加油干的劲头，就会错失良机。这次在新疆伊犁召开会议，目的是进一步统一思想、明确目标、凝聚力量、抓好落实，既要全面促进完成“两全目标”，又考虑到西藏、新疆、兵团的实际困难组织商讨援助机制、模式，同时通过论坛和理论研讨进一步明确地方志工作的定位等，这是新形势下深入贯彻中央精神的具体举措，意义重大、影响深远。下面，讲几点意见：

一、深刻认识按时保质完成“两全目标”的重大意义

全面完成第二轮修志规划任务，实现省、市、县三级综合年鉴全覆盖，到2020年实现省省有志鉴、市市有志鉴、县县有志鉴，这在中华文明史上是绝无仅有的，在世界文明史上也是罕见的，是地方志事业实现文化价值、社会价值和历史价值的重中之重，意义重大。

一是从全面建成小康社会看“两全目标”。全面建成小康社会，是几代中国人的共同梦想。衡量是否实现全面实现小康，关键在于经济、政治、文化、社会、生态文明建设达到新高度、新水平。地方志事业是社会主义先进文化的重要组成部分，为增强国家文化软实力，培育和弘扬社会主义核心价值体系和核心价值观，建设中国特色社会主义文化强国发挥了重要作用。志鉴编修是基础性文化工程，是地方志工作的主业，“两全目标”的完成，将为社会主义文化建设提供重要和极为丰富的公共文化产品，是全国地方志系统为全面建成小康社会的献礼工程。

二是从树立文化自信看“两全目标”。坚持道路自信、理论自信、制度自信，最根本的还有一个文化自信，这是以习近平同志为核心的党中央审时度势提出的重要论断。文化自信是一个民族、一个国家以及一个政党对自身文化价值的充分肯定和积极践行，并对其文化的生命力持有的坚定信心，体现的是文化的凝聚力、向心力。作为世界上唯一从未中断过文明的国家，中国人民的文化自信，植根于五千年华夏文明的深厚积淀，植根于党和人民伟大斗争中孕育的革命文化和社会主义先进文化。“以古人之规矩，开自己之生面”，地方志传承数千年而不断，在中华文明的传承和发展中扮演着重要角色。志鉴成果，记录的是本行政区域自然、政治、经济、文化和社会的历史和现状，蕴含的是当地祖祖辈辈人民积淀的历史智慧，对培育民众归属感、认同感、尊严感、荣誉感意义重大，是建立文化自信的最重要载体，从某种意义来说，也是我国主权、管辖权的文化宣示。

三是从传统文化的传承发展看“两全目标”。中华民族世世代代形成和积累的优秀传统文化，是中华文化的精华和魅力所在，积淀着中华民族最深沉的精神追求，代表着中华民族独特的精神标识，是当代中国发展的突出优势。代代相继编修地方志，是中国独有的文化传统，是最为久远的赓续中华文明的重要载体之一。要揭示中华文化的历史渊源、发展脉络、基本走向，构建有中国底蕴、中国特色的思想体系、学术体系和话语体系，离不开志鉴成果。在当代中国，志鉴成果已经成为中华文化继承发展的重要支点，蕴含的方方面面的重要国情、地情信息，在传承发展优秀传统文化中扮演着重要角色。这次“继承中华传统，弘扬方志文化”论坛，要围绕这个主题进行深入研讨，进一步明确方志文化在传统文化中的地位作用。

四是从地方志事业发展看“两全目标”。要认清地方志事业发展，就必须清楚地判断从哪里来、到哪里去。与古代地方志编修相比，当代地方志事业发展，可以说是旧貌换新颜，有了翻天覆地的变化。回顾地方志事业发展历程，根基在于志书编纂。“问渠那得清如许，为有源头活水来。”正是经过古代从地记、图经、宋代志书定型、元明清古方志的繁荣，到民国的转型，一直到

新中国成立后开始的每一本志书编纂，到综合年鉴编纂纳入地方志工作范畴，一直到目前的“志、鉴、库、馆、网、用、会、刊、研、史”十业并举，地方志事业发展的原生动力在于志鉴编纂，地方志事业发展的根基在于志鉴编纂，没有志鉴编纂就没有地方志事业的诞生、发展、繁荣、升华。

二、清醒认识完成“两全目标”存在的困难和问题

“两全目标”的提出，截至目前已经两年。两年来，各地各级党委政府、地方志工作机构采取多项措施、多种手段，坚持依法治志，认真贯彻“一纳入、八到位”，全面开展宣传、提高认识，加强顶层设计，依靠党委政府出台规划和设定时间表、路线图，利用行政督查、年度考核、表彰先进等多种手段强力推进“两全目标”，取得了重要的成绩，部分省份有了重大突破，预计在2017、2018年可以全面完成。为了全面摸底、实时掌握各地“两全目标”推进情况，2017年初，中国地方志指导小组专门发文就“两全目标”的完成情况进行细致统计。从统计情况和这次会议各地上报的材料看，按时保质完成“两全目标”，形势不容乐观，存在不少困难和问题。

一是进度推进还不够理想。截至2017年第一季度末，全国第二轮三级志书规划5652部，其中省级志书2346部、地市级志书390部、县级志书2916部。三级志书共出版2464部，占规划总数的44%。规定的334部地级市综合年鉴编纂，324部实现一年一鉴，5%没有实现一年一鉴，12.75%没有实现公开出版。规定的2844种县级综合年鉴，2543种启动编纂，尚有21个省区市的301种未启动编纂工作。距完成《规划纲要》提出的目标任务还剩三年左右的时间，必须下大力气、大决心推进。

二是工作措施还不够得力。近三年来，在党委政府的高度重视下，为完成“两全目标”各地采取了不少办法措施，有不少创新，出台了包括行政督查、编纂规范、志书评审、行文准则等一系列的规章制度，以强有力的工作手段推进。但同时还要看到，部分地区还存在重视不够、措施不得力、进展缓慢等情况，比如有的还没有上报党委政府出台本地的规划纲要，有的没有明确完成“两全目标”的时间表、路线图，有的面对进度缓慢状况一筹莫展、听之任之，有的以存在机构、人员、经费等问题为理由畏难不前，等等。思想不够重视、措施不够到位，已经严重影响了“两全目标”的推进进度。

三是区域发展还不够平衡。根据统计结果，全国31个省区市和新疆生产建设兵团，第二轮三级志书出版总完成率超过50%的只有10个省市，完成率在40%—49%的有5个省区，完成率在30%—39%的有8个省份，完成率低于30%的还有8个省区市和新疆生产建设兵团。可以看出，“两全目标”总完成率区域发展不平衡现象十分突出，而且这种不平衡跟经济发展现状不存在因果关系，有的西部省区市抓得紧，进度反而快；有的中东部省区市因为种种原因，情况反而不容乐观。当然，如果从机构、编制、人员、经费来看，西部、中部和东部的区域发展不平衡现象仍然十分突出，特别是西藏、新疆、兵团存在的困难更多。

四是质量建设还不够完善。质量是志鉴编纂出版的生命线和底线，中指组及其办公室一直强调，在确保进度的同时，要保障志鉴质量，以“为党立言、为国存史、为民修志”的责任感和担当，为后世留下堪存堪鉴的志鉴成果。这几年，各地强化志鉴质量的流程控制，出台了不少规章制度，在质量建设上取得了很大成绩。但还应看到，志鉴质量建设仍然在路上，甚至有些志稿都已通过终审了，还存在政治问题、史实问题、体例问题、资料问题、行文规范问题等，把关不严、审查不实等现象时有发生。这些志鉴成果如果正式公开出版，不仅不能给地方志系统带来荣誉，相反，会给地方志工作带来不利的影响，为国家和地区发展带来麻烦，需要敲敲警钟，引起重视。

五是队伍素质还不够过硬。人始终是决定工作和事业发展的核心因素。最近几年，通过公务员招录、人才引进、临时聘用等，地方志系统补充了新鲜血液，特别是培养了不少年轻的业务骨干，队伍素质总体有所提升。志鉴编纂需要有专业要求、专业知识、专业技能，这就决定参与的人员必须具有专业的水平，才能够胜任岗位的需求，才能编纂出高质量的志鉴成果。虽然，这几年的队伍建设取得了不少成果，但学科带头人、业务骨干缺乏，人员流动性大，志鉴编纂人员知识基础不够扎实等现象还未彻底扭转，需要花大力气改变。

三、把完成“两全目标”当作头等大事来抓

当前，距离2020年只剩下三年多的时间，完成“两全目标”时间紧、任务重，没有踏石留印、抓铁有痕的信心和决心，没有顽强拼搏的劲头和毅力，没有科学的工作规划和手段措施，要完成任务难度较大。这次新疆会议，是对完成“两全目标”的再动员、再部署，是对地方志系统援藏援疆工作的动员部署，务必引起高度重视，把这两件全国地方志系统的大事办好。

一是要狠抓思想认识。现在已经到了能否完成“两全目标”最为关键的阶段，各地各级地方志工作机构要树立大局意识，充分认识完成“两全目标”对国家、地区基础性文化建设的重大意义，充分认识肩负的职责与使命，充分认识志鉴成果的重大社会价值、历史意义，把困难想得更多一些，把工作安排得更细致一些，用只争朝夕的精神加快完成“两全目标”。

二是狠抓依法治志。按时保质完成“两全目标”，是党和国家对各级党委、政府的法定任务，也是硬指标，务必完成。各级地方志工作机构负责人一方面要向党委政府主动汇报，争取支持，依法将完成“两全目标”纳入本级政府的工作任务当中；另一方面要明确自身承担的法定职责，依法治志，把按时保质完成“两全目标”作为最核心、最重要的工作来抓，尽职履职，不辱使命。

三是狠抓“一纳入、八到位”。把地方志工作纳入国民经济和社会发展规划、各级政府工作任务之中，做到认识到位、领导到位、机构到位、编制到位、经费到位、设施到位、规划到位、工作到位，是党中央国务院对建立地方志工作保障体系的明确要求。现在，还有个别地方没有出台地方志工作规划，要尽快出台；各级政府也要按照要求为完成“两全目标”提供相应的机构、人员、经费、设施等保障，才能确保按时保质完成。

四是狠抓“时间表、路线图”。“人无远虑，必有近忧”，没有一个明确的时间表、路线图，没有对每一部志书完成进度的精确掌握，就难以切实推进“两全目标”的完成。目前还没有对第二轮规划内志书、年鉴编纂情况进行全面摸底的地区，要尽快结合实际，特别是围绕到2020年剩余的时间，拿出切实可行的“时间表、路线图”，按照计划全力推进。对于“时间表、路线图”要做到分级管理、上下联动、认真执行。中指办也要建立相应的统计分析系统，实时掌握全国地方志系统“两全目标”推进情况；各省区市地方志工作机构要统筹协调、靠前指导，精确掌握每一部志书、每一部年鉴的进度安排，加强管理，全力推进。

五是狠抓行政督查。实践证明，行政督查是推进志鉴编纂的十分有力的工作手段。这次国务院办公厅督查室的同志专程到会对全国地方志系统督查工作进行指导，中指组及其办公室也要建立督查机制，在全国开展定期督查通报。“两全目标”是党中央、国务院确定下来的工作任务，不能听之任之，要纳入各级政府的督查工作内容，强化督查手段，建立督查通报机制，明确责任追究，提升工作效能。还没有开展“两全目标”督查工作的地区，务必在2017年全面开展。

六是狠抓质量控制。没有堪存堪鉴的高质量志鉴成果，地方志事业发展就失去安身立命之本，强身健体之基。在加快推进“两全目标”完成的同时，务必绷紧志鉴质量控制这根弦，常抓不懈，真正编修出堪存堪鉴的志鉴成果。志鉴成果质量控制是个系统工程，既要做好编纂流程控制，还

要严格审核把关；既要抓好志稿撰写细节，还要严格把好政治关、史实关；既要提升编纂人员的业务素质，还要严格建立系列规章制度。质量建设，是全国地方志工作常抓常新的命题，特别是在完成“两全目标”进程中，更要紧抓不懈，丝毫不能放松。

七是狠抓援藏援疆工作。完成“两全目标”，关键在西藏、新疆。两个地区的志鉴编纂工作，有些地方是从零开始，难度较大。这次中指组及其办公室专门组织召开援藏援疆工作座谈会，就是要总结经验做法、全面摸清对口支援的需求、探索建立对口支援的模式，举全国地方志系统之力，切实帮助解决西藏、新疆、兵团地方志工作中存在的困难和问题。中央确定的各对口支援地区要积极作为、主动作为，结合两地的实际做好援助工作；其他虽没有被中央列入对口支援的地区，在条件允许的情况下，也要伸出援手。对口支援西藏、新疆，责任重大，使命光荣，一定要以高度的政治责任感，围绕维护西藏、新疆的社会稳定和长治久安这个总目标，认真做好援助工作。

八是狠抓理论研究和业务培训。一支高素质的地方志工作队伍，是事业长盛不衰的根本保障。当前正处于“两全目标”推进最为关键的时期，面对队伍建设存在的困难和问题，需要不断加强理论研究和队伍培训加以解决。这次全国地方史志期刊工作会，要进一步统一思想，充分发挥期刊的理论阵地作用，引导全国地方志系统就志鉴编纂进行深入研究，切实提升理论研究水平，为队伍建设提供理论支持。同时，各地要加大培训力度，针对不同的培训对象、不同的工作阶段，在培训内容、课程设计等做到有的放矢。理论研究和业务培训是提升地方志从业人员业务素质、业务水平、业务能力的有效手段，越是关键阶段，越要坚持，越要常抓不懈。

同志们，“会当凌绝顶，一览众山小”。“两全目标”是全国地方志事业发展的主峰，只有把主峰拿下，我们才能有事业发展的跨越，希望大家同心协力、众志成城，努力以最高的标准、最好的状态、最大的努力，按时保质完成“两全目标”。

在《中国影像志·福建名镇》暨《八闽历史文化名镇名村影像志》开机仪式上的致辞

（2017年9月22日）

李培林

今天，我们在中国共产党建军史上具有重要历史意义的古田会议旧址，也是中国著名的历史文化名镇——上杭县古田镇举行《中国影像志·福建名镇》暨《八闽历史文化名镇名村影像志》开机仪式，在此，我谨代表中国地方志指导小组及其办公室向福建省地方志编纂委员会表示热烈的祝贺！向积极参与和大力支持拍摄工作的龙岩市委、市政府及龙岩市地方志编纂委员会，上杭县委、县政府及上杭县地方志编纂委员会，以及古田镇党委、镇政府等表示衷心的感谢！向与会的各位嘉宾表示热烈的欢迎。

编修地方志是中华民族独有的优秀文化传统，历史悠久，连绵不断。随着时代变迁，地方志的内容和呈现形式也在与时俱进，不断扩展、转变。在互联网和信息技术高度发达的今天，如何贯彻落实好刘延东副总理提出的“各级地方志工作机构要发挥优势，创新服务手段和方式，拓宽服务渠道，用人们喜闻乐见的方式利用地方志、传播地方志”的指示精神，开发好、利用好方志资源，围绕让地方志走进千家万户进行开拓创新，让地方志接地气，让方志文化走进寻常百姓家，为地方经济社会发展大局服务，是摆在全国地方志工作者面前的一项非常紧迫的时代课题。影像志运用现代影像技术，以影像形式再现历史场景，用影像替代文字或图片，其所造成的视觉冲击力是任何其他载体形式无法实现的，可以说是让地方志走进千家万户的一种非常好的形式。拍摄《中国影像志》，以更加直观、形象、立体的方式介绍一定行政区域的方方面面，这种从文字到图像的突破，代表的是新时期地方志内容呈现形式的变革创新和拓展延伸。可以说，影像志在传承弘扬方志文化方面具有无可比拟的独特优势，昭示着影像志将在未来的地方志事业发展中占据重要位置，具有巨大的发展前景和空间。

近年来，为更好地传承乡土历史文化，保存乡土文化记忆和乡音、乡思、乡愁、乡风，挖掘历史智慧，促进正在推进的城乡一体化和正在兴起的乡村休闲旅游，中国地方志指导小组办公室不断强化顶层设计，用科学规划引领发展，先后实施了中国名镇志文化工程、中国名村志文化工程，去年5月份，在人民大会堂举行首届中国名镇论坛，包括福建省石狮市《永宁镇志》在内的首批11部中国名镇志首发，取得良好的社会效益。今年年底前将分别举办第二届中国名镇论坛和首届中国名村论坛，发布第二批中国名镇志、首批中国名村志。今年4月，为进一步开发利用地方志文化资源，便于统筹和宣传推广，发挥整体优势，打造文化品牌，中国地方志指导小组办公室启动中国影像志工作，并即将由中国地方志指导小组出台《关于做好影像志工作的意见》，《中国影像志·名镇系列》《中国影像志·名村系列》被纳入其中。今年早些时候，首批中国名镇志之一的《周庄镇志》已经启动影像志拍摄工作。今天，《中国影像志·福建名镇》暨《八闽历史文化名镇名村影像志》在古田镇开拍，这是开拍的第一家省（区、市）名镇影像志系列，具有特别重要的意义。

当前，全国地方志系统的综合性影像志开发尚处于起步阶段，福建省地方志编纂委员会拍摄《八闽历史文化名镇名村影像志》，可以说是走在了前面。根据2015年底的统计，福建省拥有的国家级、省级历史文化名镇名村及传统村落数量达170余个，位居全国前列，形成了底蕴深厚的历史文化资源体系。福建省地方志编纂委员会高度重视名镇志、名村志编纂工作，着力完善工作机制，充分调动乡镇村积极性，编纂工作稳步推进，取得了显著的成绩。我们相信，福建省所积累的宝贵经验也将对今后全国其他省份的名镇影像志拍摄工作起到非常重要的引领和带动作用。

上杭县古田镇是中国历史文化名镇和著名的“古田会议”会址所在地，是中国共产党确立建党建军原则和新型人民军队定型的地方，习近平总书记在福建工作期间曾7次到古田调研，大力倡导和弘扬古田会议精神，2014年10月30日又在古田出席全军政治工作会议并作重要讲话。我们将古田镇定为《中国影像志·福建名镇》暨《八闽历史文化名镇名村影像志》首个拍摄的名镇，就是要弘扬古田会议精神，从地方志角度拍摄、展示古田红色文化，让更多的人了解、认识古田会议精神，使古田会议精神永放光芒。我们也相信，在这块红色圣地上，一定能打响拍摄《中国影像志·福建名镇》暨《八闽历史文化名镇名村影像志》的头炮，开个好头。

各位嘉宾，《中国影像志·福建名镇》暨《八闽历史文化名镇名村影像志》的开机，是全国地方志系统的大事、喜事。希望摄制人员在拍摄过程中努力做到三点：一是要注重挖掘福建名镇名村悠久深厚的文化底蕴和改革开放特别是党的十八大以来福建取得的巨大发展成就，展示名镇名村的“名”“特”风采，将八闽传统历史文化在当代的传承与发展充分展现出来。二是要确保拍摄质量，在细节上精益求精，在质量上严格把关，努力打造出集“思想性、文化性、观赏性”于一体、堪存堪鉴、大气精美的精品力作。三是要认真总结有益经验，为在全国范围内开展中国影像志工作发挥好示范带动作用。

在下一步的拍摄和传播过程中，中国地方志指导小组及其办公室一方面要全力提供支持和帮助，并适时对福建省的经验加以推广。另一方面要加强与中央电视台等新闻媒体的合作，多措并举，传播好包括名镇影像志在内的中国影像志系列，不断扩大地方志的社会影响。

最后，预祝《中国影像志·福建名镇》暨《八闽历史文化名镇名村影像志》拍摄顺利，取得圆满成功!

为中国特色社会主义文化建设作出新贡献

——在第二届全国名镇论坛暨第二批中国名镇志丛书出版座谈会上的讲话

(2017年12月12日)

李培林

在举国上下深入学习贯彻习近平新时代中国特色社会主义思想和党的十九大精神之际，我们在美丽的西江苗寨召开第二届全国名镇论坛暨第二批中国名镇志丛书出版座谈会，这是全国地方志系统深入学习贯彻党的十九大精神的具体举措。党的十九大是在全面建成小康社会决胜阶段、中国特色社会主义进入新时代关键时期召开的一次十分重要的大会，具有划时代、里程碑意义。当前和今后一个时期，全国地方志系统的首要任务，是深入学习贯彻十九大精神，特别是习近平新时代中国特色社会主义思想。要用习近平新时代中国特色社会主义思想统一思想和行动，坚定不移在思想上政治上行动上同以习近平同志为核心的党中央保持高度一致。

刚才，贵州省人大李岷副主任和黔东南州肖明龙副州长分别致辞，我代表中国地方志指导小组及其办公室对贵州省委省政府、省地方志办公室，黔东南州委州政府、州地方志办公室，以及雷山县委县政府对此次会议的召开给予的大力支持表示衷心感谢。近年来，贵州省把生态资源作为优势战略资源加以保护和利用，将生态优势作为最大的发展优势加以培植，把脱贫攻坚作为头等大事和第一民生工程，大力推进生态文明示范区建设，通过绿色发展带动脱贫攻坚，取得了明显成效，成功走出了一条生态文明建设与扶贫开发融合发展的道路，真正实现了把绿水青山变成金山银山。2016年，贵州GDP增长在全国增速排名第二；2017年上半年，又实现了10.4%的增速。与贵州的经济社会发展取得的成就一样，在省委、省政府的高度重视下，贵州省地方志工作近几年取得了重要突破，第二轮修志工作扎实开展、地情资料利用与旧志整理成效明显、方志馆建设取得实质性进展、依法治志能力不断加强，编出第一本全省的减贫志，希望再接再厉，按期保质完成“两全目标”。

中国名镇志文化工程自2015年启动以来，已经出版37部名镇志，连续举办了两届全国名镇论坛，引起了社会的广泛关注，广泛宣传了方志文化和各个名镇，社会效益不断凸显。启动中国名镇志文化工程的初衷，就是要以创新驱动地方志事业的转型升级，让方志文化深入基层、走进寻常百姓家。从实际效果看，这步棋是走对了，给了我们很多启示。当前和今后一个时期，全国地方志系统深入学习贯彻党的十九大精神，就是要把方志文化做大做强，夯实根基，重点突破，实现全面发展。下面，我就新时代方志文化建设谈几点意见。

一、站在新时代看待方志文化在中国特色社会主义文化建设中的地位和作用

一是要充分认识中国特色社会主义文化的重要地位。改革开放以来我们取得一切成绩和进步的根本原因，归结起来就是：开辟了中国特色社会主义道路，形成了中国特色社会主义理论体系，确立了中国特色社会主义制度，发展了中国特色社会主义文化。坚定中国特色社会主义道路自信、理论自信、制度自信，说到底是要坚定文化自信，文化自信是更基本、更深沉、更持久的力量。

二是要充分认识方志文化在中国特色社会主义文化建设中的重要地位。中国特色社会主义文化，源自于中华民族五千多年文明所孕育的中华优秀传统文化，熔铸于党领导人民在革命、建设、改革中创造的革命文化和社会主义先进文化，植根于中国特色社会主义伟大实践。在中国特色社会主义文化建设当中，没有一种文化载体像方志文化如此特殊。

三是要充分认识方志文化在意识形态领域中的重要地位。当前，意识形态领域的斗争复杂而尖锐，一些错误思潮暗流涌动，此起彼伏，竞相发声。“灭人之国，必先去其史”，鼓吹历史虚无主义，通过丑化历史人物、歪曲历史事件、美化反面反动历史等，是意识形态领域斗争中敌对势力惯用的手段。方志文化在守护意识形态安全中，不仅仅只是记录历史，还起到正本清源，破除历史虚无主义的重要作用，是意识形态领域安全的重要支点。

二、站在新时代看待方志文化的发展方向

新时代对方志文化的发展提出了新要求，全国地方志系统学习贯彻十九大精神，关键是要把握方向，实事求是，因地制宜，落到实处，在做实上下大功夫。任何一项事业的发展，方向尤为重要。最近几年，第五届中国地方志指导小组大力推进地方志事业的转型升级，就是要引导迈上更高层次、更有价值、更有影响力的方志文化。新时代的方志文化发展，要把握好几个重点。

一是要始终坚持正确的政治方向。当前，方志人要用习近平新时代中国特色社会主义思想武装头脑，坚守中华文化立场，立足当代中国现实，结合当今时代条件，坚持面向现代化、面向世界、面向未来，坚持民族的科学的大众的发展方向，使方志文化更有活力、更有创造力、更有传播力。

二是要始终坚持夯实发展基础。要打牢方志文化的发展基础，关键在于形成地方志编修体系、理论研究和学科建设体系、质量保障体系、资源开发利用体系、工作保障体系“五位一体”的地方志事业发展综合体系。最近几年，全国地方志系统持续发力，出版了一系列高质量志鉴成果，积极打造以方志馆为依托的一系列基础设施，努力构建以网站、数据库为平台的新型传播渠道，取得了重要突破。但总体看，方志文化发展水平区域不平衡、基础不牢固的局面还没有彻底扭转，特别是到了基层，受限于编制、经费、人员等，基础尤为薄弱，问题尤为突出，需要继续加强。

三是要始终坚持以服务大局为导向。地方志工作既要有铁肩担道义、秉笔写春秋的责任担当，同时还要坚持为人民服务、为经济社会发展大局服务，坚持创造性转化、创新性发展，才能铸就新辉煌。中国名镇志文化工程、中国名村志文化工程在启动之初，就始终坚持以服务大局为导向，创新记述方式、传播方式，深入基层接地气，深入百姓提人气，收到良好的效果。地方志文化资源是一座世界绝无仅有的文化宝库，应该得到更好的运用。方志文化做好服务，既要做到紧紧围绕各级党委政府的中心工作，服务大局，促进经济社会发展；还要做到深入基层、深入百姓家，让人民群众共享方志文化成果。

四是要始终坚持弘扬社会主义核心价值观。社会主义核心价值观是当代中国精神的集中体现，

凝结着全体人民共同的价值追求。不论是古代志书，还是当代方志，不仅蕴含着尊士、崇德、向善、忠义、孝亲等传统价值，还旗帜鲜明地弘扬爱国、敬业、诚信、友善等社会主义核心价值，反映了中华民族宝贵的精神品格和崇高的价值追求，应该成为培育和弘扬社会主义核心价值观的肥沃土壤。方志文化要把民族复兴作为着眼点，把社会主义核心价值观融入方方面面，深入挖掘中华优秀传统文化蕴含的思想观念、人文精神、道德规范，结合时代要求继承创新，让中华文化展现出永久魅力和时代风采。

三、站在新时代看待方志文化建设

目标明确，方向明确，关键就在于如何做实。新时代的方志文化，要在总结改革开放近四十年来工作经验的基础上不断深化，在继承的基础上不断创新，力争在全面建成小康社会时，呈现新面貌，展现新成果，提升到新地位，在中国特色社会主义文化的大发展大繁荣中争得一席之地，成为一家之言。最近几年，方志文化的发展不论是在思路上、内容上、成果上，各地都有了很多很好的探索，有了很好的上升势头。新时代下的方志文化建设，就是要把好的经验固化下来，充实内涵、完善体系、形成合力，打造出具有国家影响力、社会影响力，乃至世界影响力的中华优秀传统文化传承发展的典范。

一是在完善工作体系上下功夫。地方志工作体系的完善，包括要按照“一纳入、八到位”的要求，建立起工作保障体系；按照不断延伸工作触角的新形势，打造新的地方志编修体系；按照堪存堪鉴的要求，形成质量保障体系。方志文化是肌体，工作体系则是筋络，筋络顺畅，才能身强体健。要建立完善的工作体系，全国地方志系统要上下联动，发挥整体优势。中国地方志指导小组及其办公室要充分发挥“统筹规划、组织协调、督促指导”的职能，抓好顶层设计；省级地方志工作机构要发挥中枢和纽带作用，抓好政策落实和根据本区域的实际作出相应的工作部署；市县级地方志工作机构要因地制宜，让各项工作安排落地生根，防止政策空转，同时发挥主观能动性，拿出实实在在的成果。当前，全国地方志工作难在基层，特别是县级地方志工作机构，缺编少人现象突出，要通过诸如购买社会服务、引进社会力量等着力加以解决。在发挥系统整体优势的同时，关键还在于争取各级党委政府领导的支持。千难万难，领导重视就不难，要不断巩固和发展“党委领导、政府主持、各级地方志工作机构组织实施，社会各界广泛参与”的工作体制机制。

二是在完善成果体系上下功夫。方志文化的发展根基，在于有志书、年鉴、地情资料等一系列高质量成果，这是安身立命之本。就现阶段来说，核心任务就是按期保质完成“两全目标”，到2020年实现省省有志鉴、市市有志鉴、县县有志鉴。在此基础上，不断延伸志鉴编纂触角，形成以综合志鉴为龙头，以部门志、行业志、乡镇村志为重要组成部分的成果体系。

三是在完善服务体系上下功夫。方志文化要提升社会效益、扩大社会影响力，构建完善的服务体系是关键。最近几年，通过方志馆建设，创新资政服务形式，开展便民服务，以及地方志成果进企业、进农村、进机关、进校园、进社区、进军营“六进”活动等，各级地方志工作机构在提升面向社会、面向民众的服务方面作了很多探索，有了很多创新。从调查的结果来看，最近几年方志文化的社会认知度在不断提升，受众面在不断拓展。但相比方志文化在中国特色社会主义文化建设中的地位和作用，当前地方志系统的总体服务水平、服务能力并不高，还需要在服务平台、服务手段、服务内容等方面进行创新。

四是在完善传播体系上下功夫。现代社会，信息传播已经成为提升社会影响力的重要途径。受限于主要成果为传统纸质载体、内容时效性不强等因素，方志文化的传播力还不强，影响还不大，还难以适应新时代的需求。我一直强调一句话——“不能守着青山要饭吃”，要把方志文化这一“绿水青山”，变成中国特色社会主义文化建设的“金山银山”。提升方志文化传播力，一方面要顺应时代发展，运用新技术，创新传播方式，建立数据库、网站、数字方志馆等，构建起现代传播体系，占领信息传播的制高点，掌握网络空间的话语权。与此同时，还要加强与媒体的合作，尤其是电视台和网络媒体，在全面深入挖掘方志文化蕴含的极为丰富的地情信息资料、展现历史智慧的同时，充分发挥媒体的传播优势，实现优势互补、互利共赢。

同志们，新时代是新的起点，迎来新的征程，开启新的希望。让我们紧密团结在以习近平同志为核心的党中央周围，以习近平新时代中国特色社会主义思想为指导，不忘初心、牢记使命、振奋精神、勇于担当、砥砺前进，为决胜全面建成小康社会，为建设中国特色社会主义现代化国家，为方志文化的繁荣发展作出新的更大的贡献。

以习近平新时代中国特色社会主义思想为指导
为实现地方志“两个一百年目标”而奋斗

——在2018年全国地方志机构主任工作会议、第二次全国地方志工作经验交流会暨中国名山志文化工程启动仪式上的讲话

（2017年12月26日）

李培林

今天，大家欢聚一堂，相聚在美丽的泉城，召开2018年全国地方志机构主任工作会议、第二次全国地方志工作经验交流会，同时还要参加中国名山志文化工程启动仪式。在此，我谨代表中国地方志指导小组（以下简称中指组）和王伟光组长，向各位代表表示热烈的欢迎！向给予本次会议大力支持的山东省委、省政府，以及为承办会议付出艰辛劳动的山东省地方史志办公室的同志们表示衷心的感谢！

这次会议的主题是：深入学习贯彻习近平新时代中国特色社会主义思想和党的十九大精神，按照《全国地方志事业发展规划纲要（2015—2020年）》（以下简称《规划纲要》）要求，总结第五届中国地方志指导小组成立以来全国地方志工作取得成绩和经验，研究中国特色社会主义进入新时代地方志事业发展的新形势、新内涵、新要求，统一思想，凝心聚力，在新的历史起点上，进一步在全国范围内全面推进地方志工作转型升级，为实现国家“两个一百年”奋斗目标、实现中华民族伟大复兴的中国梦贡献方志人的力量。

一、四年来全国地方志的主要工作回顾

第五届中指组于2013年12月成立，至今整整四年时间。四年来，在党中央、国务院的正确领导和高度重视下，全国地方志系统全面贯彻党的十八大精神，深入学习贯彻习近平新时代中国特色社会主义思想和党的十九大精神，贯彻习近平总书记系列重要讲话精神、李克强总理重要批示精神和刘延东副总理重要讲话、重要批示精神，紧紧围绕党和国家利益要求，以经济社会发展

和人民诉求为中心，深化地方志改革，创新地方志发展，一面抓规划、抓落实，一面抓指导、抓督查，把2015年确定为调研培训年，把2016年确定为顶层设计年，把2017年确定为督查年、落实年，凝心聚力，稳扎稳打，持续发力，步步为营，久久为功。在全国范围内全面推动地方志工作转型升级。四年来，全国地方志形势和地方志工作者精神面貌发生了深刻的变化，取得了卓越的成绩。主要表现在：

（一）立梁架柱健全体系，突出五大亮点

四年来，王伟光组长和我走遍全国31个省（区、市）及新疆生产建设兵团，深入进行调查研究，在弄清形势、摸对问题、找准原因的基础上，制定规划，采取措施，精准发力，效果显著。

第一，顶层设计绘蓝图。四年来，中指组及其办公室出台了一系列新政策新规划新制度。一是提出“一纳入、八到位”。即把地方志工作纳入国民经济与社会发展规划、各级政府工作任务中，做到认识到位、领导到位、机构到位、编制到位、经费到位、设施到位、规划到位、工作到位。二是协助国务院办公厅出台《全国地方志事业发展规划纲要（2015—2020年）》。规定到2020年，必须实现省、市、县三级志书和年鉴的双覆盖，一个都不能少。三是把地方志纳入国家经济和社会发展规划，明确发展道路。2016年3月，《中华人民共和国国民经济和社会发展第十三个五年规划纲要》将地方志工作纳入国民经济和社会发展规划，纳入党中央、国务院部署的工作任务。2017年1月，中共中央办公厅、国务院办公厅印发《关于实施中华优秀传统文化传承发展工程的意见》，在重点任务中明确要求“做好地方史志编纂工作，巩固中华文明探源成果，正确反映中华民族文明史，推出一批研究成果”，将地方志工作纳入了中华优秀传统文化传承发展工程。2017年5月，中共中央办公厅、国务院办公厅印发《国家“十三五”时期文化发展改革规划纲要》，强调“加强中国共产党史、中华人民共和国史编修，加强地方史编写和边疆历史地理研究。完成省、市、县三级地方志书出版工作。开展旧志整理和部分有条件的镇志、村志编纂”，将地方志工作纳入社会主义文化强国建设任务之中。四是制定一系列全国性规范文件，规划地方志发展。例如制定《全国年鉴事业发展规划（2016—2020年）》《全国地方志信息化发展规划（2016—2020年）》《方志馆建设规定（试行）》等全国性规范文件。五是召开若干第一次全国性专业性会议。例如召开第一次全国年鉴工作会议、第一次全国地方志基层基础工作会议、第一次全国方志馆工作会议、第一次全国地方志科研工作会议、第一次全国地方志信息化工作会议、第一次全国地方史志期刊工作会议、第一次全国地方志工作经验交流会，以及首届全国名镇论坛、首届全国方志馆馆长论坛、首届全国年鉴论坛等。六是成立若干学术专业委员会，强化理论研究。四年来，先后成立中国地方志学会方志学研究分会、年鉴分会、方志馆分会、信息化分会、史志期刊分会、编辑出版分会等，聚合高校、科研机构人才、凝聚社会各界力量，强化方志学理论研究与实践探索。

第二，依法治志固根本。四年来，按照法治国家、法治政府、法治社会一体建设要求，地方志工作全面落实依法治志。一是地方志法规体系不断健全。以《地方志工作条例》为参照，除天津、辽宁、重庆外，已有28个省（区、市）出台省级地方志法规规章。以《规划纲要》为参照，截至目前，除重庆以外的所有省级地方志工作机构，均已出台本地地方志事业发展的规划性文件，实现了有法可依。二是依法履职严格规范。北京、上海、福建、江西、广东、广西、四川等省（区、市）政府正式公布本省（区、市）地方志工作机构权力清单、责任清单。北京市规范行政许可工作程序，加强执法检查调研工作。四川省依法梳理行政执法依据，加强地方志行政权力依法规范公开运行平台建设。河北、辽宁、黑龙江、江苏、山东、海南、四川、贵州等省依法对第二轮市县志编修工作进行督促检查。三是法治环境不断优化。上海、福建、宁夏坚持每年开展地方志法规宣传活动；辽宁、广西、海南、陕西、新疆等省（区）组织开展纪念《地方志工作条例》颁布施行10周年纪念活动，开展法规宣传。各地把法治教育纳入方志系统培训内容，通过组织法治培训班、法治宣讲团、知识竞赛、法治内容考试等方式，不断提升各级政府和地方志部门对《规划纲要》贯彻的自觉性，增强地方志工作者运用法治思维和法治方式开展地方志工作的能力。

第三，开拓创新见成效。四年来，全国地方志机构按照国家全面深化改革的战略布局，围绕三大方向开拓创新，陆续推出全国地方志“十大工程”。三大方向：一是以地方志国家利益为导向开拓创新。利用地方志连绵不断记载地方自然、经济、政治、文化、社会的优势，维护国家主权，捍卫国家利益。如举行南海主权与地方志论坛，启动《中国南海志》《三沙市志》编纂，通过整理、挖掘历朝历代和当代关于南海的史料，用无可辩驳的事实证明南海诸岛自古以来就是中国的领土；启动国家社科基金抗日战争研究专项工程项目《中国抗日战争志》及地方抗日战争志编纂工作，全面系统、客观真实记述中国抗日战争基本情况，引导国际社会正确认识中国人民抗日战争在世界反法西斯战争中的地位和作用。二是地方志以经济社会发展为中心开拓创新。四年来，我们相继启动中国名镇志、中国名村志、中国名酒志等，今天还要启动中国名山志；启动中国影像方志、中国名镇影像志拍摄工作，向世界展示中国多姿多彩的地域文化和独具特色的华夏文化；围绕政治生态建设，开展中华家训文化建设、中国官箴文化建设，编纂出版《中华家训精编100则》《中国古代为官箴言》等。三是地方志以人民为中心开拓创新。如开通中国国情网、中国地情网，推出《中国地情报告》《中国方志发展报告》《中国年鉴发展报告》，谋划编纂社区志、居民小区志，建立村史馆、村情网等，利用“三网一馆两平台”建设，让地方志走进寻常百姓家。开展十大工程，即民族地区与贫困地区志书出版资助工程、中国精品志书工程、中国精品年鉴工程、中国名镇志文化工程、中国名村志文化工程、全国地方志“一体两翼”用志工程、全国信息方志与数字方志建设工程、方志馆研究建设及全国地方志专业出版基地建设工程、中国地方志学科建设与人才队伍建设工程、中国方志文化走向世界工程。

第四，直笔著史树精神。四年来，广大方志人凝聚力、向心力不断增强，精神面貌焕然一新。主要包括三个方面：一是“修志问道，直笔著史”的方志人精神。习近平总书记近年来多次提出弘扬中华优秀传统文化精神。2014年以来李克强总理三次对地方志作出重要批示，其中，“修志问道，以启未来”，是对新时代地方志工作的新定位；“为当代提供资政辅治之参考，为后世留下堪存堪鉴之记述”，是对新时代方志人的新定位。《规划纲要》把“修志问道，直笔著史”明确为方志人精神，既是对千百年来无数代方志人精神风骨和价值追求的总结凝练，又明确了方志人的时代自觉和当代使命。二是冷部门的奉献精神。地方志是一个冷部门，但方志人有使命感和热心肠，甘于淡泊、甘于坐冷板凳。四年来，广大地方志工作者不断把地方志功能向社会各界和千家万户拓展，使地方志的影响力越来越大。三是方志担当精神。四年来，方志人自我加压、主动担当，考问“在中华民族伟大复兴的中国梦的实现进程中，什么是我们方志人的贡献?”全国地方志机构和广大地方志工作者充分发挥地方志存史、育人、资政的功能，加强方志资源开发利用，服务国家经济社会事业发展，在社会主义文化强国建设中勇挑重担，在引领中华文化走向世界进程中积极作为，在小部门干出了大事业，展现出方志人强烈的担当精神。

第五，推动方志文化走向世界。四年来，中指组及其办公室团结率领全国广大地方志工作者，积极采取措施，推动方志文化走向世界。一是实施中华文化“走出去”战略，推介一批高质量地方志成果。首部中英文版名镇志《中国名镇志·乌镇志》亮相世界互联网大会，充分展示地方志的当代价值及永恒魅力。二是召开国际性会议，扩大方志文化影响力。如举行走向世界的中国方志文化国际学术研讨会，来自中国、美国、德国、日本、越南等国家和地区的代表150多人与会，各国学术精英相聚一堂讨论中国方志文化，不同的观点交流碰撞，激荡出新的思想火花。三是加强与中国香港、台湾地区以及欧洲文化机构的交流与合作。中指办，山东、上海、浙江、内蒙古等地方志机构与中国香港、台湾地区及德、英、法等国开展多次学术交流活动，宣传中国方志文化，讲述中国故事，传播中国声音，推动中国方志文化走向世界。

（二）统筹引领强化支撑，推动十业并举

“不谋全局者，不足谋一域。”四年来，中指组牢牢把握统筹战略思想，统筹兼顾、突出重点，强力突出“志鉴馆网库用刊会研史”十业并举，带来地方志事业发展综合效应。

第一，三级志书编修总量翻番。四年来，第二轮志书编修取得丰硕成果，全国出版规划内三级地方志书1200余部，累计出版2610部，较2013年年底总量翻番。广东省已提前数年全面完成第二轮修志规划任务，吉林、江苏、安徽、山东、湖北、湖南、四川、西藏、宁夏等省（区）第二轮省、市、县三级志书编修任务完成过半，安徽、湖北等省的市、县两级志书规划任务已完成，河北、吉林等省的市、县两级志书规划任务完成90%以上，西藏的市级志书规划任务已完成。少数民族文字志书编译出版工作稳步推进。部门志、行业志、专题志编修成果丰富，累计出版约24100部。乡镇志、村志编修方兴未艾，累计出版5200多部。

中指组及其办公室加强业务指导，多次组织召开志书编纂工作经验交流会议，总结交流经验，研究解决存在问题，推动《地方志书质量规定》贯彻落实。各地狠抓志书质量，健全和落实质量责任体系，严格志稿编写、审查验收、质量评估等制度，采取加大业务培训力度、建立健全评审专家库、开展质量建设年、举办优秀志书评比活动等措施，千方百计提高志书编纂质量。

第二，地方综合年鉴提高覆盖率。进一步理顺地方综合年鉴管理体制，多措并举推动年鉴编纂提速保质，扩大中国年鉴对外影响力。截至目前，全国省市县三级共启动综合年鉴2760种，较2013年年底增加62.4%。其中，31个省（区、市）和新疆生产建设兵团中，有28种省级综合年鉴和新疆生产建设兵团的兵团级综合年鉴实现公开出版；353个市级行政区划全部启动综合年鉴编纂，实现一年一鉴的有307种，实现公开出版的有296种；2844个县级行政区划中，2379个县编纂县级综合年鉴，其中1938种实现一年一鉴，1705种年鉴实现公开出版。

中指组及其办公室加大指导和规范年鉴编纂力度，定期召开全国年鉴工作会议部署落实各项工作；启动中国年鉴精品工程，修订《地方综合年鉴编纂出版规定（试行）》，提升年鉴质量；举办中国地方志学会年鉴研究会年度会议，创刊《中国年鉴研究》，提高年鉴理论研究水平。各地积极制定年鉴编纂规范，印制编纂教材和编辑手册，开展队伍培训，建立会议点评、互评互审、集中审读制度，对提高年鉴编纂质量起到了促进作用。

第三，旧志成果不断攀升。四年来，各地通过成立旧志整理工作机构、建立完善旧志整理办法制度、开展旧志普查工作、联系高校科研机构开展深度合作等方式加大旧志整理力度。截至目前，四年来共整理旧志1100余种，累计整理3100多种。目前，广东在完成《广东历代方志集成》基础上开始了新一轮旧志整理工作；上海点校出版《上海府县旧志丛书》；江苏、四川分别影印《江苏历代方志全书》《四川历代方志集成》；北京制订旧志整理规划；黑龙江与国家图书馆出版社签订《黑龙江旧志》战略合作协议。福建、山东、河南、广东、贵州、陕西、宁夏等省（区）继续推进《闽台历代方志集成》《山东省历代方志集成》《河南历代方志集成》《民国广东年鉴资料汇编》《贵州历代方志集成》《陕西历代旧志文库》《宁夏旧方志丛书》编辑、出版工作。福建、江西、湖南、广西、重庆、四川、云南等省（区、市）出版部分旧志点校本、影印本。

第四，方志馆建设成果丰硕。中指组印发《方志馆建设规定（试行）》，创刊出版《中国方志馆研究》年刊，举办首届全国方志馆馆长论坛，指导全国方志馆建设；举行首届全国方志馆讲解员大赛，提升方志馆服务能力和水平；推动国家方志馆基础设施建设，国家方志馆布展完成，黄河分馆展陈深入进行，长江分馆选址完成。运行中的北京、吉林、黑龙江、上海、江苏、江西、山东、湖南、广西、陕西等省级方志馆不断丰富馆藏，举办各种专题展，提升服务力，增强影响力。湖北等省级方志馆完成改扩建，福建、广东、海南等省级方志馆开始布展，辽宁省内方志馆建设实现零的突破。天津、河北、山西、吉林、重庆、四川、西藏、新疆等省级方志馆建设也取得实质性进展。各地市、县级方志馆逐渐增多。截至目前，全国共建成方志馆586个，其中，国家方志馆1个，省级方志馆17个，地市级方志馆140个，县区级方志馆428个。

第五，信息化建设突飞猛进。全国地方志系统按照“互联网＋地方志”的新理念，加快推进网站、数据库、微信平台等建设。中指组印发《全国信息方志与数字方志建设工程实施方案》，指导各地信息化工作。全国地方志网站群覆盖面进一步扩大，河北省情网、内蒙古区情网蒙文版、内蒙古区情网手机版、宁夏方志网、重庆地情网正式上线；吉林、黑龙江、山东、湖北、广西、四川、贵州、陕西等省完成网站改版升级。数字方志馆建设稳步推进，国家数字方志馆正式揭牌；国家数字方志馆平台建设稳步推进；北京、江苏、陕西、湖南等省数字方志馆已经建成并投入运营，一些市县的数字方志馆陆续建成上线。方志新媒体初具规模，天津、河北、山西、内蒙古、湖北、湖南、福建、宁夏、四川、安徽、重庆、广西、陕西、江苏等省（区、市）新开设微信公众号；内蒙古、贵州开通手机报，湖北、河北、江苏、广西、四川开通今日头条号或一点资讯号。办公平台和编纂业务系统建设取得新进展，《浙江通志》在线编纂信息系统用户达2400余名，收录的资料超过6亿字，数据规模超过1T；吉林省方志委办公自动化（OA）系统正式应用于实际办公，实现了无纸化网上办公；安徽开始使用“中国通”年鉴在线编纂云平台编纂《安徽年鉴》。地情资源开发利用实现新突破，山东史志地理信息系统——俯瞰齐鲁上线运行，实现了“地理信息＋地方史志”的深入融合和创新发展；上海以“地方志知多少”网络和微信知识竞赛活动为依托，开展地方志社会认知度调查。截至目前，全国31个省（区、市）和新疆生产建设兵团，省市县三级地情网站建成总数为844个，较2013年年底增加21.3%，其中省级地情网站30个、市级地情网站220个、县级地情网站594个。数字方志馆（数据库）建成总数为222个，其中省级数字方志馆（数据库）21个、市级数字方志馆（数据库）51个、县级数字方志馆（数据库）150个。新媒体建成总数为373个，其中省级新媒体29个、市级新媒体130个、县级新媒体214个。

第六，地方志理论研究持续深入。四年来，中指组及其办公室依托中国地方志学会及分会，定期召开年会或学术会议，充分发挥学会的学术引领作用。定期组织全国地方志科研工作会议，多次举办中华一统志编修可行性相关会议，积极制定《地方史工作规定》《地方史编写基本规范》等基础性文件。提出地方志学科建设，与中国社会科学院研究生院联合举办公共管理硕士（MPA）（地方志方向）专业学位研究生班；联合中国社会科学院、北京大学在方志出版社设立博士后科研工作站，招收第一批方志学博士后。推进《中国地方志》名刊建设，组织全国期刊工作会议和主编培训会，充分发挥方志期刊的理论阵地和引导作用。各级地方志工作机构和地方志学会积极举办学术年会和理论研讨会，设立专项研究课题，组织优秀论文评选，编辑出版论文集，努力推动地方志基础理论研究、编纂理论研究、应用理论研究和工作管理研究。其中，河北、安徽两省联合举办三届“冀皖方志理论研讨会”，吉林推进“方志理论研究三百工程”；北京健全科研工作体制，发布年度地方志课题；广东推行课题研究制度化，公开向社会征集研究成果；上海主办地方志与地方史理论研讨会，深化地方志理论认识。四年来，全国地方志系统共出版著作、教材180余部，可谓成果丰硕。

第七，全国地方志专业出版基地建设卓有成效。四年来，按照中指组把方志出版社建设成全国地方志专业出版基地的要求，方志出版社全体职工勠力同心，攻坚克难，确定“团结立社，制度治社，质量强社，效益兴社”的方针，提出“一年一小步、三年一大步”的目标，制定《方志出版社发展规划（2014—2020年）》，建章立制，依法治社，陆续在成都、长沙、太原、哈尔滨、潍坊、绍兴成立6个分支机构，今天又将揭牌成立济南工作站，为地方志机构志鉴编辑出版提供优质服务。四年来，出版总量、销售码洋、利润年年创历史新高，2017年出版总量达579种图书，再创历史最高水平。全国地方志专业出版基地初具规模。

四年来各项成绩的取得，离不开党中央国务院的高度重视和亲切关怀，离不开地方各级党委政府的大力支持和强力推动，离不开有关部门和社会各界的协同配合和积极参与，更是各级地方志工作机构和广大地方志工作者团结一致、勇于担当、开拓创新、辛勤奉献的结果。在此，我谨代表中国地方志指导小组，代表王伟光组长，向长期以来一直关心、支持地方志事业发展的有关方面、有关部门、有关人士表示衷心的感谢！向全国广大地方志工作者致以崇高的敬意和亲切的慰问！特别是，我要代表中指组，向在座的全国各省市区的地方志机构主任们表示衷心的感谢。

回顾四年所取得的成绩，我们也应清醒地看到，《规划纲要》任务的完成还任重道远，地方志事业发展还面临诸多“瓶颈”问题。如一些地区机构、编制、经费落实还不到位，事业发展水平地区差别明显，第二轮志书编修进度形势逼人、质量参差不齐，理论研究亟须加强，服务大局能力还需提升，方志人才青黄不接，等等。面对这些制约事业发展的难题，我们必须高度重视，要以改革的精神、创新的理念、实干的作风认真加以解决。

二、深入学习贯彻习近平新时代中国特色社会主义思想和党的十九大精神，引领地方志事业转型升级

全国地方志系统要把学习贯彻落实习近平新时代中国特色社会主义思想和十九大精神作为当前和今后一个时期的首要政治任务，指导地方志事业的繁荣发展。

（一）挖掘新内涵，深刻理解地方志事业转型升级的重要意义

全国地方志系统应以党的十九大精神为指引，跟上时代、与时俱进，不断提升发展理念，挖掘新时代地方志事业的科学内涵，以回应时代的要求。

第一，明确地方志事业转型升级新方位。自20世纪50年代以来，中指组引导全国地方志事业逐步发展壮大，使地方志不再是一个可有可无的部门，不再是一项可有可无的工作，而是一项为党立言、为国存史、为民修志的伟大事业。新时代新要求，地方志面临承前启后、继往开来新局面，将继续推进“十业并举”，推动转型升级，实现地方志事业的大局化、全面化、法治化、社会化、信息化、国际化。通过这“六化”，使地方志成为记录、传承中华民族文化的重要载体，成为展示中国国情、地情的重要窗口，成为“为当代提供资政辅治之参考、为后世留下堪存堪鉴之记述”的智慧宝库。

第二，确立实现地方志“两全”奋斗新目标。根据《规划纲要》，到2020年地方志系统将全面完成第二轮修志规划任务，实现省、市、县三级综合年鉴全覆盖，即“两全目标”，是一个近在咫尺即将实现的短期目标。这个目标完成之后，我们将着手开展中华一统志编修工作，争取到2030年左右，全面建成国志、省志、市志、县志、乡镇志、村（社区）志、居民小区志和综合年鉴从中央到基层社会的完整志书体系和数据库。这是一个长期目标。

第三，强化地方志资源开发利用新能力。修志为用，地方志存在的价值就是“为当代提供资政辅治之参考，为后世留下堪存堪鉴之记述”，就是围绕党委政府中心工作，服务经济社会发展大局。进入新时代，全国方志人要不懈奋斗、开拓创新，让地方志的影响“强起来”，不断开拓地方志的功能，让每一个中国人都能在地方志中找到自己的位置。

第四，展现勠力同心、奋发向上新风貌。“新时代，新气象，新作为。”全国方志人携手为共

同的目标努力奋斗，以更高的方志效率、更快的方志速度、更崇高的方志情怀、更昂扬的方志精神、更坚定的方志自信、更勇敢的方志担当，助推中国特色社会主义文化强国建设。

第五，肩负弘扬中华文化、贡献中国智慧新使命。审视世界不同文明的源流演变，只有中国建立了专门机构，以官修志书的方式把民族文化真实客观地记载下来并代代相传。方志具有民族性、地域性、包容性、功能性、资料性、权威性等特点，这些特殊属性彼此交融、相互作用，形成方志文化的独特魅力，成为方志文化自信的生成原因与牢固基础。未来，我们要以国际视野谋划地方志发展，推动方志文化走向世界文化舞台。

（二）明确新要求，牢牢把握地方志事业转型升级的“五个坚持”

地方志事业全面转型升级，绝不是轻轻松松、敲锣打鼓就能实现的。我们必须明确新要求，以钉钉子精神，持之以恒地抓落实。

第一，坚持以人民为中心。要深入贯彻以人民为中心的发展思想，不忘初心，为民修志，积极发挥地方志存史、资政、育人功能，不断满足人民群众日益增长的美好生活需要。一是牢记使命，用地方志忠实记录党领导人民全面建成小康社会、夺取新时代中国特色社会主义伟大胜利的光辉历程。二是紧紧围绕服务大局，以人民的需求为导向，始终坚持修志为用，全面提升方志资源开发利用能力与水平，推动地方志更加服务经济社会，更接地气。三是发挥地方志优势，推动培育和践行社会主义核心价值观，深化中国特色社会主义和中国梦宣传教育，加强爱国主义、集体主义、社会主义教育，引导人们树立正确的历史观、民族观、国家观、文化观。

第二，坚持依法治志。依法治志是依法治国的应有内涵，是依法治国方略在地方志事业中的必然体现，也是开拓地方志事业发展新局面的根本要求。要抓住历史机遇，注重运用法治思维、法治方式推动地方志事业。要加快《地方志工作条例》的修改和完善，加快推进全社会依法治志良好环境的形成。

第三，坚持创新发展。近几年地方志在服务大众方面取得了一些成绩，但仍然面临着“藏在深山无人识”的尴尬，必须立足传统、突破传统，依托现实、推动变革，在继承基础上创新，利用创新驱动，抓重点、补短板、强弱项，确保地方志事业发展永葆活力；要进一步拓宽服务渠道，增强服务功能，创新服务手段，加快方志馆建设，充分利用“互联网+地方志”平台，推动方志文化进机关、进农村、进社区、进校园、进企业、进军营，更好地满足人民美好生活需求。

第四，坚持协调推进。各级地方志机构要根据《规划纲要》要求，认真贯彻“一纳入、八到位”，健全地方志事业发展体制机制，为各地方志事业发展提供良好基础。要切实推动十业并举，必须多种业务均衡发展，除了修志编鉴主业，方志馆建设、信息化建设、方志学学科建设等齐头并进，以地方志编修体系、理论研究和学科建设体系、质量保障体系、资源开发利用体系、工作保障体系为核心，打造科学、完善、成熟的“五位一体”地方志事业发展综合体系。要做好援藏援疆工作，保证在完成“两全目标”、向全面建成小康社会献礼时，全国一个县都不能少。

第五，坚持开放治志。方志文化作为绵延2000余年的具有中国特色的传统文化，应当具备高度的文化自觉，推动方志文化走向世界，增强方志文化影响力。要采用多种形式，加强与国内外的高等院校、科研机构、档案机构与图书馆等单位的学术交流与合作。要服务国家文化“走出去”战略，推介一批高质量地方志成果，充分展示方志文化的当代价值及永恒魅力。

三、明年及未来五年地方志工作设想

未来五年，全国地方志系统要继续深入学习贯彻习近平新时代中国特色社会主义思想和党的十九大精神，在学通、弄懂、做实上下功夫，并以此指导五年地方志工作实践。全国地方志工作总的趋势是要在国家发展战略中定位更加清晰，位置更加重要，要求更加明确，顶层设计更加完善，工作任务更加具体。未来五年，要继续围绕贯彻落实《规划纲要》，以决胜“两全目标”为中心，为全面建成小康社会献礼。要在总结地方志经验的基础上，科学规划下一阶段主要工作，编制《全国地方志事业发展规划纲要（2021—2025 年)》（以下简称《规划纲要（2021—2025 年)》），做好《中华人民共和国志》、省市县第三轮修志、乡镇志、村（社区）志、居民小区志启动准备工作，着手实现从中央到地方综合年鉴、行业年鉴全覆盖，把地方史纳入地方志工作范畴，继续夯实方志馆、信息化、方志学理论、人才队伍等地方志基础建设，为实现地方志事业全面繁荣奠定坚实的基础。

（一）稳中求进，按时保质完成“两全目标”

按时保质完成“两全目标”，是党和国家对各级党委、政府下达的法定任务，是依法治志的硬指标，法定职责必须为。当前，距离 2020 年只剩下 3 年时间，倒计时的钟声已然敲响，完成“两全目标”时间紧、任务重，要以踏石留印、抓铁有痕的信心和决心、科学有效的工作规划和手段措施推动“两全目标”任务完成。一是要狠抓“时间表、路线图”。各地要尽快拿出切实可行的“时间表、路线图”，分级管理、上下联动、认真执行。中指办要统筹指导，建立相应的统计分析系统，实时掌握全国地方志系统“两全目标”推进情况；各省（区、市）地方志工作机构要统筹协调、靠前指导，精确掌握每一部志书、每一部年鉴的进度安排，加强管理，全力推进。二是要狠抓行政督查。要将“两全目标”完成情况纳入各级政府的督查工作内容，强化督查手段，建立督查通报机制，明确责任追究，提升工作效能。三是要狠抓援藏援疆工作。完成“两全目标”，全国一个县都不能少。目前西藏、新疆志鉴完成率整体低于其他省（区、市），是完成“两全目标”的短板，必须补齐这块短板。中央确定的各对口支援地区要积极作为、主动作为，结合两地实际做好援助工作；其他没有被中央列入对口支援的地区，在条件允许的情况下，也要伸出援手；西藏、新疆地方志工作者要明确“两全目标”责任主体意识，主动作为。对口支援西藏、新疆，责任重大，使命光荣，一定要以高度的政治责任感，围绕维护西藏、新疆社会稳定和长治久安这个总目标，认真做好援助工作。

（二）科学部署，制定《规划纲要（2021—2025 年)》

地方志事业发展规划纲要是关乎地方志全局的发展计划方案，是事业健康、有序发展的顶层设计。《规划纲要（2015—2020 年)》总结了发展基础与机遇，阐明了发展的目的与方向，明确了主要任务和重大举措，解决了发展中面临的一些突出矛盾和主要问题。全国性的规划纲要出台之后，各地纷纷出台本地规划纲要，以上带下，层层推进，有效指导了全国地方志事业转型升级。“凡事预则立，不预则废。”《规划纲要（2015—2020 年)》主要任务完成以后，我们的工作要如何开展，这是必须提前考虑的问题，因此及时起草新一轮规划纲要势在必行。要在总结前一阶段工作的基础上，根据新时代的要求、新矛盾的变化明确 2020 年以后的主要工作任务，制定新一轮规划纲要，科学部署全面建成小康社会以后开局阶段的地方志工作。编制草案过程中要注意把握好方向性、科学性和可操作性，坚持问题导向，充分吸收以往经验，突出新形势、新问题，在深入调研的基础上广泛征集各方意见，问计求策，使《规划纲要（2021—2025 年)》具有可操作性，真正发挥指导全局的作用，推进地方志依法治志进入新时代。

（三）依法治志，适时启动国志、第三轮修志

根据《规划纲要》要求，我们将于 2020 年完成第二轮修志任务。目前我们正处于两轮修志的交汇期，一方面要全力完成二轮修志任务，另一方面要制定第三轮修志规划。在第三轮修志正式启动之前，要强本固基，做好相关基础性工作。一是要建立系统的资料年报制度。加大依法收（征）集地方志资料力度，建立和完善地方志资料收（征）集、保存、管理制度，推行地方志资

料年报制度并形成常态机制，为第三轮修志打下坚实的资料基础。二是要切实强化质量建设。在第一、二轮修志过程中，我们积累了丰富的经验，在第三轮修志正式开始之前，认真总结提炼这些经验教训，并融入第三轮修志。要围绕《地方志书质量规定》《地方综合年鉴编纂出版规定（试行）》，规范志书编纂各环节，严格把好质量关，真抓实干、稳扎稳打，积小胜为大胜，全面提高志书、年鉴质量。

（四）修志为用，进一步提高地方志资源开发利用水平

提高地方志资源开发利用水平是《地方志工作条例》《规划纲要》规定的主要任务之一，是建设中国特色社会主义文化、展示文化自信的名片，更是修志编鉴的“出口”。提高地方志资源开发利用水平是地方志事业永远的课题，未来五年，要加强地方志开发利用平台建设。一是要加强方志馆建设。各级方志馆要立足构建公共文化服务体系、展示国情地情、培育家国情怀、弘扬中华优秀传统文化、树立方志文化自信，全力打造中国方志文化传播平台。要着力强化办馆特色，突出全方位地情展览展示和地情信息服务特点；着力提升方志馆服务能力，广泛开展和参与公益性文化活动，加快方志馆数字化、网络化、信息化建设步伐；着力构建从国家到省、市、县的方志馆服务网络，集中塑造方志馆服务品牌，在全国公共文化服务体系建设中充分发挥出全国各级方志馆的能量和作用。二是要加强信息化建设。对照党中央国务院对信息化建设的新要求、新部署，以及《信息化发展规划》确定的目标，地方志信息化建设还有很大的提升空间，如全国信息方志与数字方志建设工程的推进力度不够，信息化标准建设亟待新突破，信息报送制度亟待建立，信息化队伍整体素质亟待提高等。未来五年，信息化工作要立足地方志实际，坚持互联网思维，准确把握新形势，从单一纸媒体志向广泛运用数字媒体志转变。明确工作思路，以贯彻落实《规划纲要》和《信息化发展规划》为主线，以全国信息方志与数字方志建设工程为抓手，进一步推进顶层设计，深入推进“三网一馆两平台”建设，在制度体系、标准体系建设等方面取得新突破。突出工作重点，有序推进全国信息方志与数字方志建设工程，加快信息化相关标准规范的制定，大力加强信息化业务培训，探索信息化研究会发挥作用的有效途径，扎实推进地方志信息化建设转型升级，让人们共享地方志成果。

（五）夯实基础，加强地方志理论研究和学科建设

地方志理论研究和学科建设是推动地方志修志编鉴实践工作的理论基础，也是地方志实践的升华。目前，方志学科的理论研究、学科建设仍是地方志事业发展中的薄弱环节，远远落后于地方志实践。未来五年，我们要抓住推动地方志理论建设的“牛鼻子”，做好以下三方面的工作：一是充分发挥方志期刊和各级地方志学会的作用。定期召开年会或学术会议，活跃学术研讨，推动理论建设，为方志实践提供最坚实的理论基础和不竭的动力。二是大力推进学科建设。目前，方志理论研究及学科体系建设有机制优势、人员优势和平台优势，数以万计的地方志工作者参与方志理论研究，各级地方志学会、各级地方史志期刊也为方志学研究提供了舞台，但是学科定位、地位不够清晰，虽然有个别院校曾在其历史学学科招生中设置了方志学本科专业，但没有一个能够坚持连续招生。接下来，我们考虑利用中国社会科学院大学等平台，推动方志学学科建设。三是继续开展《中华人民共和国志》可行性研究。《中华人民共和国志》是国家兴盛在文化领域中的充分体现，是涉及多部门、多系统的浩大工程，必须有科学的理论指导、周密的计划部署、详细的规划论证、完备的实施方案才能正式启动。目前该项目已经开过两次可行性论证会议，但是方案还很不成熟，还需要加大调研论证力度。四是稳妥开展地方史工作。《规划纲要》指出：“具备条件的，可将地方史编写纳入地方志工作范畴，统一规范管理。”目前，中指办已经陆续开展了一些工作，起草了《地方史工作规定（征求意见稿）》《地方史编写基本规范（征求意见稿）》，接下来要与有关部门积极沟通，争取尽早出台相关文件，规范地方史活动，开拓国家史志工作新

领域。

（六）提高素质，加强人才队伍建设

人才队伍素质是地方志事业发展的决定性因素。未来五年，要坚定不移将加强人才队伍建设摆在重要位置，打造一支政治素质、理论素质、文化素质、专业素质兼备的地方志队伍，为地方志事业的长远发展奠定坚实基础。要建立健全分级分类培训制度，尤其是注重对地方志高端人才的培养储备和基层地方志工作者的培训。要拓宽、加大与高校、科研机构人才培养的方式、力度，鼓励和支持地方志工作者参加继续教育。要探索适合地方志事业发展的人才政策和机制，重视人才的选拔、引进和任用。要不断优化人才成长环境，鼓励各级地方志工作机构开展多种形式的人才交流活动，建立科学的人才评价和激励机制。

（七）服务大局，建设全国地方志专业出版基地

未来五年，方志出版社要牢记，为全国各级地方志工作机构提供高端出版服务是方志出版社的中心工作，编辑出版高质量的志鉴图书是方志出版社的独具优势，创建全国地方志专业出版基地是方志出版社的发展目标，着力推进出版社向强社、大社发展，向规模化、集团化发展，建成全国地方志专业出版基地。

新春新气象，新年新作为。2017 年马上过去了，2018 年即将到来。新的目标激励我们承前启后、继往开来；新的征程需要我们开拓进取、拼搏奋进。让我们以更饱满的热情、更昂扬的斗志、更务实的作风，更强烈的担当，创造无愧于党、无愧于人民、无愧于时代的新业绩，共同谱写好中华民族伟大复兴中国梦的地方志新篇章！

把握新时代　助力中国梦
推动方志文化创造性转化、创新性发展

——在首届中国地情论坛、首届全国名村论坛开幕会上的讲话

（2017 年 12 月 29 日）

李培林

2018 年是贯彻党的十九大精神的开局之年，是改革开放 40 周年，是决胜全面建成小康社会、实施“十三五”规划承上启下的关键一年。在这关键的时期，今天在北京人民大会堂召开首届中国地情论坛、首届全国名村论坛，意义重大。刚才，播放了名镇志宣传片，刘玉宏、邱新立同志分别代表中指办作了名村志文化工程的阶段性总结、地情报告 2017 年编纂出版情况介绍以及中国历史文化名镇保护性发展评估指数发布，枫泾镇、开弦弓村分别作了经验交流，还有绩溪县县长黄德泉谈了美丽乡村建设。“一体两翼”用志工程、名村志文化工程自启动以来，在中指办和各级地方志工作机构的共同努力下，取得了重要阶段性成果，我代表中指组，代表王伟光院长对取得的成绩给予充分肯定，向各方面人士给予的关心、支持表示感谢。

习近平总书记在党的十九大报告中明确指出，“推动中华优秀传统文化创造性转化、创新性发展”。“一体两翼”用志工程、名村志文化工程正是地方志以国家利益为导向、以经济社会发展为中心、以服务人民为宗旨的开拓创新，是传统方志文化的“创造性转化、创新性发展”，是地方志

拓展领域、延伸触角、主动走进千家万户、与现实相融相通的积极尝试。守正才能出奇，继往才能开来。借此机会，就结合学习贯彻党的十九大精神，谈谈方志文化“创造性转化、创新性发展”问题。

一、进入新时代、开启新征程，迎来地方志“创造性转化、创新性发展”新机遇

不久前召开的党的十九大，确立了习近平新时代中国特色社会主义思想的指导地位，为地方志进入新时代、开启新征程指明了方向。当前和今后一个时期全国地方志系统的首要政治任务，就是学习贯彻党的十九大精神，为推动地方志“创造性转化、创新性发展”提供强大思想武器。前几天我们在济南召开的2018年全国地方志机构主任工作会议、第二次全国地方志工作经验交流会和中国名山志文化工程启动仪式就是全国地方志系统深入贯彻学习十九大精神的一次重要会议。

党的十九大报告将“坚定文化自信，推动社会主义文化繁荣兴盛”作为开启全面建设社会主义现代化国家新征程的重要路径之一，明确文化在“五位一体”总体布局和“四个全面”战略布局中的重要位置，给新时代地方志事业的发展提供了新的定位。

地方志是中国特色社会主义文化事业的重要组成部分，方志连接着中华文化的过去、现在与未来，千百年来代代相传，历久弥新。站在新的历史方位，地方志要展现地方志事业的当代历史价值、社会价值和文化价值，在“四个全面”战略布局中找准定位，在全面建成小康社会和实现中华民族伟大复兴中国梦的进程中体现价值，肩负起方志人的历史使命和责任担当。在前几天济南召开的会议上，在全系统范围内我们明确了地方志事业发展的新内涵：即事业转型升级的新方位，“两全”奋斗的新目标，资源开发利用的新能力，勠力同心奋发向上的新风貌，弘扬中华文化、贡献中国智慧的新使命。所以，走进新时代，面对新征程、新使命、新问题，地方志要助推中华民族伟大复兴中国梦的实现，致力社会主义文化强国建设，发挥存史、资政、育人功能和为党立言、为国存史、为民修志作用，就必须进一步“创造性转化、创新性发展”。

二、立足新时代、扎根人民，拓展地方志“创造性转化、创新性发展”新领域

党的十八大以来，党中央、国务院高度重视地方志工作。几年来，中央领导同志和中央重要文件对地方志工作密集作出重要指示、提出明确要求，前所未有。这对我们地方志工作也提出了更高的要求。新的时代要求地方志工作不能墨守成规、停滞僵化，不能脱离实际、脱离群众，必须勇于变革、勇于创新，必须扎根实际、扎根人民，拓展修志用志新领域，这样才能推进地方志创造性转化、创新性发展，不辜负党和人民的重托。

当前地方志的创造性转化、创新性发展就是要将“创新、协调、绿色、开放、共享”的新发展理念融入地方志工作，在坚守地方志优秀传统的同时，不断创新地方志发展理念，转变发展思路。新时代地方志工作不能成为“关在书斋”“藏在深山”默默无闻的一项工作，而应该以人民的需求为导向，始终坚持修志为用，全面提升服务水平，推动地方志更加贴近群众，更接地气。

近年来，中指组及其办公室围绕服务中心、服务大局，围绕地方志走进千家万户，主动作为，不断探索，在扎实推进主体业务的同时，积极探索编纂各类专门志。例如为了落实习近平总书记加强家庭、家教、家风建设的指示，更好地传承中华优秀文化，在很短时间内编纂出版了《中华家训精编100则》《中国古代为官箴言》等，在社会上引起了很大反响。为了走进千家万户，服务人民群众，我们以中国名镇志文化工程、中国名村志文化工程为龙头，先后推出了名街志、名酒志、名水志等系列工程。前几天在济南，我们还启动了中国名山志文化工程。为了进一步贯彻落

实习近平总书记的重要讲话精神，维护国家利益，我们启动《中国抗日战争志》暨中国地方抗日战争志工程，服务中心工作。为了拓宽修志用志领域，我们启动以《中国地情报告》为体，以《中国方志发展报告》《中国年鉴发展报告》为两翼的“一体两翼”用志工程。今天我们着力推出的《中国地情报告（2017）》、首批名村志，也是全国地方志工作者立足自身优势，以创新思维、开拓进取精神参与现代国家治理体系建设，不断拓展地方志的领域，创新地方志修志用志模式，提升地方志影响力的有益尝试。我们就是要通过这些努力，完成党和人民的重托，做到“直笔著信史，彰善引风气”“为当代提供资政辅治之参考，为后世留下堪存堪鉴之记述”，让老百姓对地方志有实实在在的获得感。

同志们，新时代在召唤我们，地方志迎来前所未有的发展契机，我们要不断开拓思路、不断变革创新、不断奋力前行，真正实现“创造性转化、创新性发展”，为决胜全面建成小康社会，中国特色社会主义现代化新征程做出地方志的贡献。

祝首届中国地情论坛、首届全国名村论坛取得圆满成功！在2018年新年即将到来之际，祝同志们新年快乐、工作顺利、身体健康、万事如意！

特　　辑

·中指组领导与地方志工作

【王伟光、李培林出席“南海主权与地方志论坛”】　1月14日，“南海主权与地方志论坛”在海口市召开。中国社会科学院院长、中指组组长王伟光出席开幕式并讲话。王伟光指出，举办“南海主权与地方志论坛”是全国地方志系统围绕国家重大发展战略、服务中心工作的一项重要举措。他强调，我国一贯致力于维护南海地区的和平稳定、坚定维护自身在南海的主权和相关权利，始终坚持将南海建设成为和平之海、友谊之海、合作之海。针对新时期的地方志资源的开发利用工作，王伟光提出三点要求：一是坚定自信，明确“五个定位”，即进一步明确方志文化在传承中华优秀传统文化中的定位；进一步明确方志文化在服务经济社会发展中的定位；进一步明确方志文化在弘扬社会主义核心价值观中的定位；进一步明确方志文化在中华文化“走出去”战略中的定位；进一步明确方志文化在宣示中华人民共和国国家主权中的定位。二是服务大局，强化地方志的“三种意识”，即政治意识、学术意识和服务意识。三是拓展功能，坚持利用地方志“五个拓宽”，即拓宽资政辅治路径、拓宽地情教育路径、拓宽社会服务路径、拓宽科研利用路径、拓宽数字开发路径。李培林在主持会议时指出，大家要深入学习王伟光同志讲话精神，真正把地方志资源开发利用这一篇文件做好，充分发挥地方志资源的价值和优势，普及方志文化，普及地方志成果，进一步提升地方志的社会影响力和社会效益，让地方志走进千家万户。（朱文清）

【王伟光、李培林到海南省调研地方志工作】

1月14日，中国社会科学院院长、中指组组长王伟光，中国社会科学院副院长、中指组常务副组长李培林一行，到海南省调研地方志工作并在海口市召开海南省地方志工作座谈会。海南省副省长王路出席会议。王伟光首先对海南省地方志工作所取得的成绩给予充分肯定，并对下一步海南省地方志工作提出要求：一是要认真学习习近平总书记系列重要讲话精神和治国理政新理念新思想新战略，提高地方志工作者的政治觉悟和理论素质；二是要树立服务意识，围绕中心，服务大局，为地方志的经济社会发展作出更大贡献；三是要强化管理，推动地方志工作的规范化、制度化、科学化建设；四是要采取多种手段，充分收集、保护、挖掘、开发利用好海南的方志资源。李培林对海南省下一步地方志工作提出三点要求：一是要全面落实《规划纲要》提出的“两全目标”；二是要采取多种举措，充分利用好地方志文化资源；三是要进一步加强地方志人才队伍建设。（朱文清）

【李培林接见山东省史志办主任刘爱军一行】

2月16日，中国社会科学院副院长、中指组常务副组长李培林接见山东省政府办公厅党组成员、省史志办公室主任刘爱军一行。李培林指出，近年来，山东省史志办抓住机遇，主动作为，勇挑重担，组织编纂《山东纪念抗战胜利70周年丛书》，提出到2018年完成“两全目标”，地方志工作走在全国前列、形成了“山东经验”，得到中指组及中指办和山东省委省政府的充分肯定。他希望山东省史志办再接再厉，探索镇村志的编纂模式，为全国贡献更

多经验和智慧。（朱文清）

【李培林接见重庆市地方志办公室主任姚红一行】 2月17日，中国社会科学院副院长、中指组常务副组长李培林接见重庆市志办主任姚红一行。李培林在讲话中指出，重庆市志办可以利用志书权威可信的优势，充分展示、大力宣传全市经济社会发展中的热点、重点，比如可以策划编纂《重庆转型升级志》，全面反映进入经济新常态的重庆。他指出，重庆市志办要加强对全市镇村志编修的指导，加大支持帮助的力度，确保志书质量。同时，要把镇村志编修和全市经济社会发展、文化建设结合起来，编纂旅游文化产品，拉动乡村旅游。

（朱文清）

【李培林听取辽宁、宁夏地方志工作汇报】 4月7日，中国社会科学院副院长、中指组常务副组长李培林接见辽宁省志办主任鄢钢城和宁夏回族自治区社会科学院副院长刘天明、自治区志办主任负有强一行，听取工作汇报并讲话。李培林指出，全国各级地方志工作机构目前的核心任务是如期完成《规划纲要》提出的“两全目标”。各省区市要力争将“两全目标”纳入当地党委政府督办任务，纳入年度考核目标；要制定完成“两全目标”的时间表、路线图，科学规划，确保到2020年实现省、市、县三级地方志书、地方综合年鉴编纂出版的全覆盖。李培林强调，各地要积极推动地方志工作向广度和深度延伸，服务经济社会发展大局，如实施中国名镇志文化工程、中国名村志文化工程和国家社科基金抗日战争研究专项工程《中国抗日战争志》项目，中国地方抗日战争志工程，就是很成功的做法。各地要调动广大地方志工作者的积极性，进一步推动地方志事业健康快速发展。（朱文清）

【李培林出席中国抗日战争志工作启动会议】 4月8日，《中国抗日战争志》项目暨中国地方抗日战争志工程启动会议在北京市召开。中国社会科学院副院长、中指组常务副组长李培林出席会议并作题为《志记历史，不忘初心，为实现中华民族伟大复兴中国梦而奋斗》的讲话。李培林指出，《中国抗日战争志》是国家社科基金抗日战争研究专项工程项目的重要组成部分，由中指办牵头组织编纂。启动《中国抗日战争志》项目和中国地方抗日战争志工程，编纂抗日战争志，可以使中华儿女铭记抗战历史，弘扬伟大抗战精神；可以汲取历史智慧，为治国理政提供借鉴；可以真正做到用史实说话，以事实批驳歪曲历史、美化侵略战争的错误言论；可以推动国际社会正确认识中国人民抗日战争在世界反法西斯战争中的地位和作用；是落实习近平总书记海峡两岸共享史料、共写史书重要讲话的重要举措。要努力把抗日战争志打造成传世精品，要坚持质量第一的原则，将精品意识贯穿于编纂出版全过程；积极推进抗日战争志项目和工程，按计划快速推进编纂工作。（朱文清）

【李培林出席全国地方志系统“两全目标”工作推进会】 8月1日，全国地方志系统“两全目标”工作推进会暨援藏援疆工作座谈会、“继承中华传统，弘扬方志文化”论坛暨2017年全国地方史志期刊工作会议在伊宁市召开。中国社会科学院副院长、中指组常务副组长李培林出席会议并作题为《聚焦主业，履职尽责，用优异的成绩迎接党的十九大胜利召开》的讲话。新疆维吾尔自治区党委书记陈全国、自治区政府主席雪克来提·扎克尔等会见李培林一行，并就地方志工作进行交流；李培林一行还到新疆方志馆施工现场调研指导工作。李培林在讲话中指出，党的十八大以来，以习近平同志为核心的党中央高度重视地方志工作。当前全国地方志工作总的趋势是，在国家发展战略中定位更加清晰、要求更加明确、顶层设计更加完善、工作任务更加明确，全国地方志事业发展正处于在全国范围内全面推进地方志从一项工作向一顶事业转型升级的关键时期。对于下一步推进“两全目标”，李培林提出三点要求：一是要深刻认识按时保质完成“两全目标”的重大意义。李培林强调，要从全面建成小康社会、树立文化自信、传统文化的传承发展、地方志事业发展四个角度来审视和把握“两全目标”的重大意义。二是要清醒认识完成“两全目标”存在的困难和问题。三是要把完成“两全目标”当作头等大事来抓。要狠抓思想认识、依法治志、“一纳入、八到位”、“时间表、路线路”、行政督查、质量控制、援藏援疆工作、理论研究和业务培训，努力以最高的标准、最好的状态、最大的努力，同心协力，众志成城，按时保质完成“两全目标”，向全面建成小康社会贡献“志”礼。

（朱文清）

【王伟光、李培林听取浙江省及丽水市地方志工作汇报】 9月1日，浙江省地方志工作汇报会在丽水市召开。中国社会科学院院长、中指组组长王伟光，中国社会科学院副院长、中指组常务副组长李培林听取浙江省及丽水市地方志工作汇报并讲话。浙江省副省长成岳冲等出席。王伟光对下一步工作提出几点建议：一是要坚持质量第一，全力实现“两全目标”，坚决不能让质量低劣的志书贻误后世子孙，一定要将质量至上原则作为实现“两全目标”的核心。二是要找短板，补短板，加快地方志事业的转型升级，实现从一本书到十业并举、从一项工作到一项事业的转型。三是要发展繁荣中国特色社会主义方志文化，为中国特色社会主义文化事业服务，真正做到修志问道，修志存史，修志资政，修志育人。李培林要求，一是要围绕“两全目标”，再上一个新台阶，如期完成《规划纲要》提出的志书、年鉴全覆盖任务。二是要积极发挥地方志在浙江省文化发展中的重要作用，积极参与打造浙江文化名片，如设立章学诚方志学奖，让社会更深地认识方志文化；编纂《乌镇志》中英文版，让世界了解当地深厚的文化底蕴，为推动地方志为经济社会发展服务。三是要积极探索传播方志文化的新路子，借助数字化、网络化平台，通过新媒体、自媒体等多种方式，使地方志资料为更多的人阅读利用，充分实现地方志自身的价值。（朱文清）

【李培林参观指导北京市国际文化创新产业博览会“京津冀运河文化展”】 9月13日，中国社会科学院副院长、中指组常务副组长李培林到“京津冀运河文化展”展区参观指导。李培林在观看展览后指出，落实京津冀协同发展国家战略，三地地方志工作机构要进一步挖掘地方志资源，为大运河文化的保护、传承和利用，为首都文化中心建设和国家软实力的提升做更多工作，发挥更大作用。（朱文清）

【李培林听取福建省地方志工作汇报】 9月14日，中国社会科学院副院长、中指组常务副组长李培林接见福建省地方志编委会主任陈秋平一行，并听取福建省地方志工作汇报。李培林首先对福建省地方志工作取得的成绩给予充分肯定，并对福建省下一步地方志工作提出几点要求：一是要坚持服务中心、服务大局的理念，借助数字化、网络化平台，通过新媒体、自媒体等多种方式，使厚重的地方志资料为更多的人阅读利用，努力满足人民群众的文化需求，充分彰显地方志自身的价值。二是要实现地方志从“一本书主义”向“十业并举”，由一项工作向一项伟大事业的转型升级，下活下好地方志事业这盘大棋。三是希望福建省地方志编委会新一届领导充分发挥自身优势，带领全省地方志工作者走出一条新路子。（朱文清）

【李培林出席方志文化国际学术研讨会】 9月19日，以“走向世界的中国方志文化”为主题的方志文化国际学术研讨会在北京市召开。中国社会科学院副院长、中指组常务副组长李培林出席会议开幕式并致辞。李培林指出，编修地方志是中华民族优秀的文化传统，历史悠久，绵延不断。地方志横陈百科、纵贯古今。方志文化作为中华优秀传统文化的重要组成部分，是传承中华文化、弘扬历史传统的重要方法和载体，承担着存史、育人、资政的重要功能。他指出，当前，地方志事业正呈现出勃勃生机，正在实现跨越式发展，地方志在建设社会主义文化强国、坚定文化自信，提升国家文化软实力，实现中华民族伟大复兴中国梦过程中的地位更加重要、作用更加凸显。李培林强调，研讨会以“走向世界的中国方志文化”为主题，就是希望通过这样一系列平台，不断加强与海内外科研机构、高等院校、志鉴收藏机构以及有关组织和个人的交流合作，分享海内外相关研究成果，整合资源、汇聚力量，共同推动方志文化以其独特的载体形式和丰富的人文内涵走向世界，讲好中国故事，与各国人民分享中国智慧、中国经验。最后，他希望海内外嘉宾能利用好此次国际学术研讨会这个平台，互学互鉴，共享共赢，共谱方志文化世界篇章，共同推动建设人类命运共同体。（朱文清）

【李培林出席福建省“与历史同行”喜迎十九大“方志之夜”文艺晚会活动】 9月20日，中国社会科学院副院长、中指组常务副组长李培林在福州分别会见福建省委常委、宣传部部长高翔，副省长杨贤金，就如何发掘福建资源、推动地方志事业发展，弘扬中华优秀传统文化等进行交谈。会后，李培林观看了由福建省地方志编委会主办的“与历史同行”喜迎十九大“方志之夜”文艺晚会。演出贯穿了地方志元素，以艺术表现手法让写在方志典籍里的文字“活”起来，充分展示了地方志与福建地域文化之间的渊源关系，具有福建地方特色，融政治性、艺术性、观赏性于一体，是用人们喜闻乐见的方式利用地方志、传播地方志的有益探索和积极尝试，在全国首开用文艺晚会形式表现方志文化的先河。（朱文清）

【李培林出席《中国影像志·福建名镇》暨《八闽历史文化名镇名村影像志》开机仪式】 9月22日，《中国影像志·福建名镇》暨《八闽历史文化名镇名村影像志》开机仪式在龙岩市上杭县古田镇举行。中国社会科学院副院长、中指组常务副组长李培林出席开机仪式并致辞。李培林指出，如何开发好、利用好方志资源，围绕让地方志为经济社会服务开拓创新，让地方志接地气，让方志文化走进寻常百姓家，是一项非常紧迫的时代课题。拍摄《中国影像志》是新时期地方志内容呈现形式的变革创新和拓展延伸。《中国影像志·福建名镇》暨《八闽历史文化名镇名村影像志》是开拍的第一家省（区、市）级名镇影像志系列，具有特别重要的意义。李培林对拍摄好福建影像志提出三点要求：一是要注重挖掘福建名镇名村悠久深厚的文化底蕴和改革开放特别是党的十八大以来福建取得的巨大发展成就，展示名镇名村的“名”“特”的风采。二是要确保拍摄质量，努力打造精品力作。三是要认真总结有益经验，为在全国范围内开展中国影像志工作发挥好示范带动作用。（朱文清）

【李培林出席全国地方志机构主任工作会议暨第二次全国地方志工作经验交流会】 12月26日，2018年全国地方志机构主任工作会议暨第二次全国地方志工作经验交流会暨中国名山志文化工程启动仪式在济南市召开。中国社会科学院副院长、中指组常务副组长李培林出席会议并讲话。李培林在讲话中对第五届中指组成立以来全国地方志工作取得的成绩和经验进行了系统的梳理和总结。李培林指出，在党中央、国务院的正确领导和高度重视下，全国地方志系统全面贯彻落实党的十八大精神，深入学习贯彻党的十九大精神和习近平新时代中国特色社会主义思想，贯彻落实习近平总书记系列重要讲话、李克强总理重要批示和刘延东副总理重要讲话、重要批示精神，紧紧围绕党和国家利益要求，以经济社会发展和人民诉求为中心，深化地方志改革，创新地方志发展，在全国范围内全面推动地方志事业转型升级。全国地方志事业发展形势和地方志工作者精神面貌发生了深刻的变化，取得了卓越的成绩。李培林对全国地方志系统未来五年的工作进行了谋划部署。他指出，全国地方志系统要继续紧紧围绕深入学习贯彻党的十九大精神和习近平新时代中国特色社会主义思想，在学通、弄懂、做实上下功夫，并以此指导未来五年地方志工作实践。全国地方志事业发展总的趋势是要在国家发展战略中定位更加清晰，位置要更加重要，要求更加明确，顶层设计更加完善，工作任务更加具体。未来五年，要继续围绕《规划纲要》，以决胜“两全目标”为中心，为全面建成小康社会贡献“志”礼，为实现国家“两个一百年”奋斗目标、实现中华民族伟大复兴的中国梦贡献方志人的力量。（朱文清）

【李培林出席齐鲁名镇名村志丛书新闻发布会和“方志书苑”揭牌仪式】 12月26日，齐鲁名镇名村志丛书新闻发布会暨赠书仪式在济南市举行。中国社会科学院副院长、中指组常务副组长李培林，山东省副省长王随莲等出席会议，为“齐鲁名镇名村志文化工程”标识揭牌，向编纂单位颁发奖牌和证书，向山东省档案馆、山东省图书馆、山东大学图书馆、山东师范大学图书馆、济南市图书馆等藏书单位赠送志书。新闻发布会后，山东省首家“方志书苑”揭牌仪式在济南市舜耕街道舜华社区举行。李培林、王随莲等与会领导为“方志书苑”揭牌，为山东省史志办捐赠的首批成果揭幕，并参观舜华社区文化活动场所。（朱文清）

【李培林出席首届中国地情论坛、首届全国名村论坛】 12月29日，首届中国地情论坛、首届全国名村论坛在北京人民大会堂开幕。中国社会科学院副院长、中指组常务副组长李培林出席开幕式并讲话。李培林指出，习近平总书记在党的十九大报告中明确指出，“推动中华优秀传统文化创造性转化、创新性发展”。“一体两翼”用志工作、中国名村志文化工程正是地方志以国家利益为导向、以经济社会发展为中心、以服务人民为宗旨的开拓创新之举，是传统方志文化的“创造性转化、创新性发展”，是地方志拓展领域、延伸触角、主动走进千家万户、与现实相融相通的积极尝试。李培林强调，地方志是中国特色社会主义文化事业的重要组成部分，方志连接着中华文化的过去、现在与未来，千百年来代代相传，历久弥新。站在新的历史方位，地方志要展现当代历史价值、社会价值和文化价值，在“四个全面”战略布局中找准定位，在全面建成小康社会和实现中华民族伟大复兴中国梦的进程中体现价值，肩负起方志人的历史使命和责任担当，不断创新地方志发展理念，转变发展思路，始终坚持修志为用，全面提升服务水平，推动地方志更加贴近群众，更接地气。

（朱文清）

·省部级领导与地方志工作

【北京市市长蔡奇对受到表彰的地方志先进集体和个人致贺信】 4月28日，2017年北京市地方志工作会召开，会上表彰过去五年在全市地方志工作中作出突出成绩的先进集体和先进个人。会前，北京市市长、市地方志编委会主任蔡奇致贺信。蔡奇在贺信中指出，做好首都地方志工作，推动地方志事业健康发展，对于服务首都核心功能，加快全国文化中心建设，发挥国家文化软实力作用，具有重要的意义。全市各级政府要认真贯彻习近平总书记关于高度重视修史修志的重要指示精神，关心和支持地方志事业，把地方志工作纳入国民经济和社会发展规划、各级政府工作任务之中，做到认识、工作、力量到位，为推动地方志事业健康发展供良好的环境和条件。希望全市地方志工作者牢记习近平总书记、李克强总理等中央领导同志关于地方志工作的重要指示精神，提高政治站位，坚定文化自信，大力弘扬直笔著史、修志问道的方志人精神，不忘初心、奋力前行，存史、育人、资政，以强烈的事业心和责任感进一步做好地方志组织编纂、管理和开发利用工作，全面落实《北京市地方志事业发展规划纲要（2016—2020年）》提出的各项任务，忠实记录首都快速发展的历程，延续首都城市历史文脉，把历史智慧告诉人们，为首都发展提供历史借鉴，为建设国际一流的和谐宜居之都、谱写中华民族伟大复兴的北京篇章作出积极贡献，以优异的成绩迎接党的十九大胜利召开。（姜坤）

【上海市委常委、宣传部部长董云虎祝贺《上海滩》杂志创办30周年】 1月，上海市委常委、宣传部部长、市地方志编委会主任委员董云虎祝贺《上海滩》杂志创办 30 周年，发表题为《讲好上海故事，传播上海精彩》一文。文章指出，《上海滩》杂志自 1987 年由上海市志办创办以来，始终坚持正确的政治方向和出版导向，坚持“以介绍上海地方知识和各方面现代化建设成就为己任”的办刊宗旨，力求集沪滨风貌之总汇，融上海古今于一炉，形成雅俗共赏的鲜明特色，赢得海内外广大读者的欢迎，在讲好上海历史风情和当代上海精彩故事，让世界了解上海、让全国了解上海、让上海人了解上海方面，作出重要贡献。(窦鸿雨)

【上海市委常委、宣传部部长董云虎调研上海市地方志工作】 2 月 13 日，上海市委常委、宣传部部长、市地方志编委会主任委员董云虎赴上海市志办调研。他肯定上海市地方志工作取得的重大成绩，强调上海地方志工作要紧紧围绕“存史、育人、资政”要求，努力争当地方志事业改革开放排头兵、创新发展先行者。他提出坚持聚焦主业，特别是必须按期高质量完成二轮修志任务。坚持围绕中心、服务大局，加强地方志资源的开发利用，发挥智库作用。坚持深化研究和普及宣传，充分发挥育人作用的要求。希望上海市地方志工作要继续发挥“存史、育人、资政”重要作用，为上海经济社会发展提供历史借鉴和智力支持，为培育和践行社会主义核心价值观提供优秀精神文化产品，开创具有时代特征、上海特点和全国影响的地方志事业新局面。(窦鸿雨)

【上海市政协副主席赵雯赴上海市志办调研】 10 月 10 日，上海市政协副主席赵雯赴上海市志办调研。她指出，地方志系统要全力做好地方志的编纂和开发利用工作。高质量的志书是“立言”的载体，是存史的保障；只有文化强盛、文化自信、文脉传承，才能够标志着一个国家和民族的真正强大。领导干部应当带头学好中国优秀传统文化、学习和读懂地方志。她强调，要高度重视地方志学科建设。学科建设事关地方志人才建设、事关地方志事业的长远发展。她表示，市政协将积极支持地方志工作，帮助协调解决具体问题，加强市政协文史委与市志办的协作，通过“政协提案”等形式，推进上海市地方志事业发展。(窦鸿雨)

【江苏省委书记李强、省长吴政隆重视《江苏援藏援疆建设志》编纂工作】 8 月 18 日，江苏省委书记李强在江苏省志办报送的《关于编纂江苏援藏援疆建设志的建议》上作出批示，赞同编纂《江苏援藏援疆建设志》。8 月 26 日，李强在省志办报送的《江苏援藏援疆建设志编纂工作建议方案》上再次作出批示，表示赞同总体工作思路。江苏省省长吴政隆亲自审定《江苏援藏援疆建设志编纂工作建议方案》，并担任《江苏援藏援疆建设志》编委会主任。

(武文明)

【江苏省委副书记、常务副省长黄莉新安排部署《江苏援藏援疆建设志》编纂工作】 8 月 23 日，江苏省委副书记、常务副省长黄莉新召集省政府办公厅、省志办等单位主要负责人，研究制定《江苏援藏援疆建设志》编纂方案和组织架构。9 月 28 日，江苏省委、省政府召开全省扶贫协作和对口支援工作推进会，黄莉新就《江苏援藏援疆建设志》编纂工作作出重要部署，强调编纂《江苏援藏援疆建设志》意义重大。(武文明)

【江苏省委、省政府领导参观“方志中国”展】 4 月 21 日，中指办、国家方志馆主办，江苏省志办协办，苏州市志办承办的中国苏州文化创意设计产业交易博览会“方志中国”展在苏州市举办。文化部副部长项兆伦，江苏省委常委、宣传部部长、统战部部长王燕文，江苏省委常委、苏州市委书记周乃翔等参观“方志中国”展览，对“方志中国”展览全面立体的方志文化展示给予充分肯定，认为方志文化与文化创意产业的融合是对宣传弘扬传承方志等优秀传统文化的有益探索和创新。(武文明)

【江苏省副省长张敬华调研省地方志工作】 3

月24日，江苏省副省长张敬华调研省地方志工作，省政府办公厅主任谢润盛陪同调研。张敬华参观江苏省方志馆“方志之乡”展厅、乡镇村志和民间艺术文化展厅等功能区，在听取工作情况汇报后，对全省地方志工作取得的丰硕成果给予充分肯定。张敬华强调，要从围绕弘扬中华传统文化，抓好优秀文化的传承和创新；围绕服务中心工作，抓好志鉴资源开发利用；围绕落实《规划纲要》，抓好第二轮修志和综合年鉴编纂工作；围绕法治政府建设，抓好依法治志和地方工作机构建设等四个方面加强地方志工作。张敬华要求，各地各有关部门要大力支持地方志工作，为地方志事业发展提供保障。张敬华表示，省政府将在《江苏省地方志工作条例》立法、江苏名镇名村志、“乡愁记忆”传承保护、“智慧方志”信息化建设、江苏家（族）谱文化资源普查与整理、干部队伍建设等方面继续关心支持地方志工作。

（武文明）

【江苏省副省长王江调研省地方志工作】　10月20日，江苏省副省长王江调研省地方志工作，省政府办公厅主任谢润盛陪同调研。王江参观江苏省方志馆“方志之乡”展厅、乡镇村志和民间艺术文化展厅功能区，在听取工作情况汇报后，对全省地方志工作取得的成果给予充分肯定。王江强调，全省地方志工作要突出以人民为中心的导向要求，要加强优秀传统文化的传承创新，要强化政府重点工作的督查落实，要推进方志管理工作的能力建设。王江要求各地各有关部门大力支持地方志工作，为地方志事业发展提供保障。江苏省政府将在《江苏省地方志工作条例》立法、编纂江苏名镇名村志、“智慧方志”信息化建设、江苏家（族）谱文化资源普查与整理、《江苏援藏援疆建设志》编纂等方面关心支持地方志工作。

（武文明）

【江苏省副省长王江出席《江苏援藏援疆建设志》编纂工作会议】　11月8日，江苏省政府在南京召开《江苏援藏援疆建设志》编纂工作会议，安排布置《江苏援藏援疆建设志》编纂工作。江苏省副省长王江出席会议并讲话。王江指出，编纂《江苏援藏援疆建设志》意义重大，要以党的十九大精神指导编纂援藏援疆建设志；要创新记录形式，以影像形式全面直观地展示江苏援藏援疆取得的丰硕成果；要深入挖掘援藏援疆干部的先进典型。王江强调，各地、各有关部门和单位要明确工作责任，强化统筹协调，确保时序进度。（武文明）

【江苏省人大常委会副主任许仲梓调研省地方志工作】　10月23日，江苏省人大常委会副主任许仲梓带领部分省人大常委会委员、省人大代表到省方志馆调研地方志工作，推动《江苏省地方志工作条例》立法进程。许仲梓一行参观“方志之乡”展厅等功能区，观看《传承文明　服务当代》宣传片，对地方志工作取得的丰硕成果给予充分肯定。参观结束后，视察调研组与省志办、南京市志办人员进行座谈。在听取汇报后，许仲梓指出，将把制定《江苏省地方志工作条例》纳入立法调研项目。

（武文明）

【浙江省委书记车俊为《浙江通志》作序】　4月，新修《浙江通志》第一批志书《浙江通志·盐业志》《浙江通志·烟草业志》《浙江通志·方言志》和《浙江通志·天目山专志》等4部志书由浙江人民出版社出版。浙江省委书记车俊为之作序。车俊在序言中指出，《浙江通志》的编纂出版，既提供了丰富宝贵的往昔经验，也提供了可资借鉴的历史启示。他指出，要采用各种方式重视用志工作，使地方志在推进全省各项事业的建设与发展，在“秉持浙江精神，干在实处、走在前列、勇立潮头”的征程中发挥更为重要的作用。（浙江省志办）

【浙江省副省长成岳冲调研省地方志工作】　3月16日，浙江省副省长成岳冲到省社科院调研，听取全省地方志工作情况汇报。成岳冲对全省及省志办近年来工作取得的成绩给予肯定。他指出，修志工作既是一项任务，又是一项挑战，要求全省方志工作者发扬前辈们甘守清苦、无私奉献的修志精神，恪守实事求是的修志原则，充分发挥修志工作在全省文化建设中的重要作用，确保全省第二轮志书编纂达到高质量高水平。（浙江省志办）

【浙江省副省长成岳冲听取全省地方志工作汇报】　4 月 28 日，浙江省副省长成岳冲专题听取全省地方志工作汇报。成岳冲对全省地方志事业发展情况，特别是《浙江通志》编纂工作取得的初步成绩给予充分肯定。成岳冲强调，浙江历代方志成果突出、方志理论氛围浓厚，是名副其实的方志之乡，浙江有条件、有责任成为全国新时期修志工作的模范，因此，做好《浙江通志》编纂工作意义重大。他指出，一是要营造任务氛围，明确刚性目标，对于全省参与这项工作的单位和个人要进一步强化任务意识；二是要进一步落实工作，坚持目标不变、任务不减、要求不降、体系格局不动，确保编纂工作扎实推进；三是要进一步落实责任，明确领导职责，稳定修志队伍，落实编纂任务，加强机制创新；四是要采取行政督查、工作约谈、政府通报和目标责任考核等有效措施，切实加大依法修志、依法治志的力度；五是要采取必要的激励措施，对先进单位给予一定的奖励。（浙江省志办）

【浙江省副省长成岳冲出席《浙江通志》第二次终审会】　5 月 19 日，《浙江通志》第二次终审会召开。浙江省副省长成岳冲出席会议并讲话。成岳冲充分肯定《浙江通志》编纂工作所取得的成绩，强调《浙江通志》编纂意义重大，工程浩大，责任巨大。他指出，这是省委省政府决定的一项刚性任务，是一项不能拖的硬任务，必须保质保量如期完成。他还就如何做好下一步工作提出明确要求。（浙江省志办）

【浙江省副省长成岳冲到浙江省志办调研指导】　9 月 8 日，浙江省副省长成岳冲到浙江省志办调研指导。在看望慰问《浙江通志》编纂委员会及省志办工作人员后，成岳冲与省志办有关人员进行座谈。成岳冲首先强调地方志工作在中国历史发展中的重要作用，充分肯定省志办近期所做工作，并对有关工作提出具体要求。他强调，一是要坚持目标不变、任务不减、要求不降、体系格局不动的要求，进一步落实责任，确保按期、高质量地完成以《浙江通志》编纂工作为重点的全省“两全目标”；二是要充分发扬浙江作为“方志之乡”的优良学术传统，以纪念章学诚诞辰 280 周年为契机，适时举办有关会议、开展有关活动，并按要求向中指组等上级部门做好汇报工作，与有关市及省直部门做好沟通协调工作；三是要进一步强化内部管理，建立责任追究机制，切实加大依法修志、依法治志的力度，营造良好修志氛围，努力为文化浙江建设作出更大贡献。（浙江省志办）

【浙江省副省长成岳冲对全省方志系统援藏援疆工作作批示】　12 月 18 日，浙江省副省长成岳冲在省志办报送的《浙江省方志系统援藏援疆志书编纂业务培训班情况汇报》上作出批示：“方志援藏援疆工作早谋划、早启动，很好。希望省志办协调省内力量，按计划推进目标任务，真正把各项工作做实。”（浙江省志办）

【浙江省政协副主席、杭州市市长张鸿铭对市地方志工作作出批示】　1 月 6 日，浙江省政协副主席、杭州市市长张鸿铭对杭州市志办呈报的《杭州市地方志办公室 2016 年工作总结和 2017 年工作思路》作出批示：“过去一年，在市志办全体同志共同努力下，G20 峰会服务保障有力，方志馆顺利开馆并广受赞誉，志书编撰扎实推进，《杭州年鉴》屡获荣誉，成绩应予充分肯定，谨向同志们表示衷心感谢并致以新年问候。新的一年，各级各部门要更多关心和支持地方志事业发展，全市地方志工作者要以昂扬向上、奋发有为的精神面貌，全力以赴推动我市地方志工作迈上新台阶，为地方经济社会发展作出更大贡献。”（冯跃民）

【杭州市人大常委会主任于跃敏到杭州市方志馆调研】 9月19日，浙江省杭州市人大常委会党组书记、主任于跃敏一行赴杭州市方志馆开展调研。于跃敏肯定方志馆取得的成果，建议方志馆进一步补充开馆之后杭州发生的一些大事、要事，尤其是2016年G20杭州峰会的情况，加强对杭州当代重点企业的展示，要求方志馆进一步发挥地方志存史、资政、育人等功能与优势，充分利用现代科技手段，建设好智慧化、数字化的方志馆，向市民多渠道展示杭州地方历史文化，将杭州市方志馆打造成杭州市民共有的精神家园。（黎似玖）

【宁波市市长裘东耀到宁波市志办调研】 9月26日，宁波市委副书记、宁波市市长裘东耀一行到宁波市委党史研究室（宁波市志办）调研指导党史地方志工作，听取近年来全市党史地方志工作的情况汇报。裘东耀对取得的成绩给予充分肯定。他强调，宁波作为国家历史文明名城，有着“史志之乡”的美誉，党史地方志工作要适应新形势，贯彻市委、市政府的系列决策部署，做好史志编纂管理和开发利用，为加快“名城名都”建设提供强有力的文化支撑。他要求，一是提高站位，更好地服务大局，以高度的责任感和使命感做好修史修志工作；二是严谨细致，坚持高质量、高要求、高标准，多出精品佳作；三是与时俱进，加大史志宣教力度，不断扩大辐射影响；四是练好内功，加强专业化人才队伍建设，努力打造一支勇立潮头、勇争一流的史志铁军。（高曙明）

【江西省委常委、常务副省长毛伟明看望慰问省志办干部职工】 8月17日，江西省委常委、常务副省长、省地方志编委会副主任毛伟明到省志办看望慰问全体干部职工。毛伟民勉励大家以饱满的姿态、踏实的作风做好本职工作，为江西省地方志事业发展作出新贡献。（朱岳）

【江西省副省长李利出席《江西省志》编纂工作第三次调度会】 12月7日，第二轮《江西省志》编纂工作第三次调度会召开。江西省副省长李利出席会议并讲话。李利指出，地方志是“一方之全史”，编纂好第二轮《江西省志》，是落实《江西省地方志事业发展规划纲要（2016—2020年）》的重大任务，是江西省“十三五规划”的一项重大工程，是承上启下、继往开来、服务当代、有益后世的重要事业。针对省志编纂工作进度，他提出：一是统一思想，提高认识，切实增强省志编纂工作的责任感和使命感；二是按时保质完成省志编纂工作，加快推进，打造精品，服务发展；三是强化领导、强化保障，切实做到“一纳入、八到位”。（朱岳）

【江西省副省长李利对全省地方志工作作出批示】 12月28日，江西省副省长李利对全省地方志工作作出批示。批示说，2017年，全省地方志系统围绕中心、服务大局，改革创新，狠抓落实，在志、鉴、馆、网、用以及方志理论研究等方面齐头并进，信息化和方志馆建设取得积极成效，整体工作走在全国前列，呈现全面发展的良好势头，向全省地方志工作者表示问候和敬意！批示强调，新的一年，全省地方志系统要深入学习贯彻党的十九大精神，以习近平新时代中国特色社会主义思想为指导，紧紧扭住“两全目标”这个硬任务，发扬“修志问道、直笔著史”的精神，加快全省地方志事业转型升级步伐，确保到2020年省、市、县全面完成第二轮志书编修规划任务，实现“一年一鉴”全覆盖，推动全省地方志工作迈上新台阶，为决胜全面小康、建设富裕美丽幸福现代化江西作出新贡献。（朱岳）

【山东省委书记刘家义对省史志工作作出批示】 12月14日，山东省委书记刘家义对省史志工作作出批示，对山东省史志工作取得的成绩给予充分肯定。批示指出，“地方史志是中华民族延续文脉的重要载体，是党和国家的一项重要工作”，要求全省广大史志工作者“再接再厉，深入学习贯彻党的十九大精神，以习近平新时代中国特色社会主义思想为指导，牢牢把握走在前列目标定位，推动我省史志事业转型升级、创新发展，为决胜全面建成小康社会、夺取新时代中国特色社会主义伟大胜利提供历史智慧”，强调“全省各级党委要高度重视修史修志，关心支持史志事业，推动社会主义文化繁荣兴盛，奋力开创经济文化强省建设新局面”。（山东省史志办）

【山东省省长郭树清对省史志工作作出批示】 1月14日，山东省省长郭树清对山东省史志办《关于〈山东省对口支援新疆志〉〈山东省对口支援西藏志〉编纂工作情况的报告》作出批示：“现代人修现代史要注意避免人为因素干扰，尽最大可能客观叙事、记载重要活动，充分体现实事求是。另外，编后是否先以内部文稿征求意见，持续时间尽量长一些，对象范围尽可能广一些。”1月24日，郭树清对《山东省史志办关于2016年工作总结和2017年工作打算的报告》作出批示：“我省史志工作取得较好成绩，望能在此基础上更上层楼。修史编志一定要静得下心来，内容材料务必扎实，不能只注重数量，更要注重质量，请各相关部门都要关心支持史志工作。”（山东省史志办）

【山东省省长龚正对省史志工作作出批示】 12月14日，山东省省长龚正对省史志事业作出批示：“各级各部门要深入学习贯彻党的十九大精神，坚持以习近平新时代中国特色社会主义思想为指导，切实把史志工作摆在重要位置，全面落实省史志事业发展规划纲要，做到‘一纳入、八到位’，尽快完成第二轮修志、综合年鉴‘一年一鉴’全覆盖、方志馆建设等目标任务。全省广大史志工作者要牢记使命，勇于担当，再接再厉，不断推动编史修志工作再上新台阶、再创新辉煌，为实现由大到强战略性转变作出新的更大的贡献。”

（山东省史志办）

【山东省委常委、常务副省长孙伟对省史志工作作出批示】 1月23日，山东省委常委、常务副省长孙伟对省史志工作作出批示：“近年来，我省史志工作围绕中心，服务大局，开拓创新，积极进取，取得了丰硕成果，走在了全国前列。望再接再厉，创造新的更大的成绩。各级政府和有关部门都要高度重视史志工作，深入贯彻落实省史志事业发展规划纲要，切实做到‘一纳入、八到位’，尽快完成第二轮修志、综合年鉴‘一年一鉴’全覆盖、方志馆建设等目标任务，充分发挥史志‘存史、资政、教化’作用，为加快经济文化强省建设作出应有贡献。”（山东省史志办）

【山东省副省长王随莲对省史志工作作出批示】 1月23日，山东省副省长王随莲对省史志工作作出批示。批示说，2016年省史志办在省委、省政府的坚强领导下，加强组织领导，完善工作措施，狠抓任务落实，第二轮修志加快推进，“一年一鉴”全覆盖工作稳步开展，方志馆建设得到进一步加强，各项工作都取得了新的明显成绩。特别是，结合山东实际，突出山东特色，在全国率先出台乡镇村志编修工作意见，启动援疆志、援藏志编纂，推出抗战研究丛书和电视专题片，出版《山东省历史地图集》《山东简史》和一批旧志整理成果，《山东年鉴》获得全国最高奖项，史志工作的整体水平、影响力进一步提升。批示强调，2017年是实施“十三五”规划的重要一年，希望全省史志系统，全面贯彻党的十八大和十八届三中、四中、五中、六中全会精神，深入贯彻习近平总书记系列重要讲话精神，以走在全国前列为目标，狠抓“三全目标”落实，围绕中心、服务大局，勇于担当，主动作为，创造经得起实践和历史检验的实绩，不断开创史志工作新局面，以优异成绩迎接党的十九大和省第十一次党代会胜利召开。（山东省史志办）

【山东省副省长赵润田对省史志工作作出批示】 1月26日，山东省副省长赵润田对省史志工作作出批示：“祝贺《山东年鉴》获得全国最高奖项，山东史志工作走在全国前列，感谢省史志办诸同志辛勤努力，使我们不断读到好书，从中获取教益，期盼奋发努力，有更多好书问世。”（山东省史志办）

【湖北省副省长郭生练出席《湖北省地方志工作规定》颁布实施10周年座谈会】 3月28日，湖北省政府召开《湖北省地方志工作规定》颁布实施10周年座谈会。副省长、省地方志编委会副主任郭生练出席会议并讲话。郭生练充分肯定《湖北省地方志工作规定》颁行10年来，湖北省地方志工作取得的突出成效，并就做好今后一个时期的地方志工作提出要求。他强调，做好地方志工作是各级政府的一项法定职责，各有关部门要加强对地方志工作的组织领导，切实解决地方志事业发展遇到的问题和困难，为湖北省地方志事业科学发展创造良好环境。（湖北省志办）

【湖南省委常委、宣传部部长蔡振红对编修《湖南历代方志集成》作出批示】 3月13日，湖南省委常委、宣传部部长蔡振红对省政协文史学习委员会呈报的《关于组织编纂〈湖南历代方志集成〉的建议》作出批示，要求省地方志编委会牵头做好该提案的相关办理工作，并指示由省地方志编委会负责组织有关编修工作。（张征远）

【广东省省长马兴瑞、副省长邓海光到省志办看望慰问干部职工】 2月4日，广东省省长马兴瑞、副省长邓海光、省政府秘书长李锋到省志办看望慰问干部职工。马兴瑞充分肯定省志办近年来的工作，并对做好下一步工作提出要求。他勉励大家进一步重视地方志资源开发利用，把地方志工作与经济社会发展结合得更加紧密，多下功夫，多想办法，不仅讲好举世瞩目的“广东故事”，更要弘扬打动人心的“广东精神”，多出有利于人民群众“看”和“用”的地方志成果。要带头加强读志用志，充分发挥好地方志在经济社会发展中的作用。省志办主任温捷香、党组书记陈华康向马兴瑞一行汇报全省自然村落历史人文普查、南粤古驿道调查、年鉴编纂、地方史、地方志资源开发利用、地方志信息化和方志馆建设等方面的情况，并向省长赠送第一、二轮《广东省志》。（广东省志办）

【广东省副省长黄宁生到省志办调研】 10月16日，广东省副省长黄宁生到省志办调研，走访慰问地方志工作人员，召开座谈会。他强调，地方志工作要建立健全两个体系，做到两手抓。即建立健全省市县区地方志工作机构体系，加强联动协调；建立健全数字方志体系，充分利用新媒体、新技术，增进互动交流。一手抓修志编鉴，一手抓开发利用。要坚持有为有位，树立“融通发展”理念，推动地方志工作与教育、旅游、文化、广播电视等行业部门结合，发挥更大作用。下一步，要认真贯彻落实党的十九大精神，推动地方志工作取得更大成绩。省志办主任陈华康汇报全省地方志工作相关情况，省政府办公厅及省志办有关负责人参加活动。（广东省志办）

【广东省副省长黄宁生出席全省市县地方志工作专题培训班】 12月14日，广东省市县地方志工作专题培训班在广州市举行，副省长黄宁生出席会议并围绕主题“贯彻落实党的十九大精神，坚定文化自信，推动地方志事业全面转型升级”发表讲话。他指出，各地要明确做好地方志工作责任担当，扩大地方志产品有效供给，满足存史、资政、育人需求，讲好广东故事，大力提升地方志文化软实力，加快建设方志强省。重点要做好修志编鉴、地方志资源开发利用、自然村落历史人文普查、依法治志、方志文化交流、组织保障等方面工作。（广东省志办）

【广西壮族自治区主席陈武、副主席黄伟京到自治区志办调研】 5月18日，广西壮族自治区主席陈武、副主席黄伟京到自治区志办调研。陈武在考察广西史志博物馆、广西方志馆古籍书库后主持召开座谈会，充分肯定自治区地方志工作取得的成绩，对地方志系统和广大地方志工作者表示慰问和敬意，希望大家切实增强责任感和使命感，继续秉持崇高信念和“工匠精神”，以更加饱满的热情、以求真存实的作风做好地方志工作，全面提升广西地方志事业科学化水平，为广西经济社会发展贡献智慧和力量。他指出，做好地方志工作，是落实中央要求，统筹做好经济社会发展各项工作的一项重要任务，是传承弘扬中华民族优秀传统文化的需要，是各级领导干部学习、了解、把握国情、地情的需要，是各级政府的法定职责和各级地方志工作机构服务发展的职能。他强调，要深入学习贯彻习近平总书记系列重要讲话精神特别是视察广西重要讲话精神，把握正确的政治方向，坚定"四个自信"，毫不动摇地确保地方志工作为发展中国特色社会主义服务、为最广大人民群众服务。要坚定干事创业信心，迎难而上，不断把志鉴编修等工作推上新的高度。要强化质量为上意识，切实把好志鉴的政治关、史实关、体例关、保密关，全面、客观、准确地记载历史，努力打造经得起历史检验的精品佳志。要树立服务全局意识，提高服务改革发展能力，做好重要史料的宣传推广，提升全自治区干部群众干事创业的信心和决心，让更多人认识广西、了解广西。要抓好队伍建设，打造一支高水平的地方志人才队伍。他对自治区志办提出的启动广西方志馆二期建设、修订《广西壮族自治区实施〈地方志工作条例〉办法》、把地方志工作列入自治区政府专项督查范围等请示事项表示同意。

（孙仿）

【广西壮族自治区副主席黄伟京到自治区志办调研】　2月3日，广西壮族自治区副主席黄伟京到自治区志办调研并看望慰问干部职工，向大家致以新春祝福，对进一步做好地方志工作提出要求。黄伟京在考察广西史志博物馆、广西方志馆古籍书库后主持召开座谈会，自治区志办党组书记、主任李秋洪作工作汇报。黄伟京对自治区志办在抓志鉴编修、地情网建设、方志惠民、馆库建设、志鉴质量、影像志编修等方面的工作取得的成效表示赞许，希望再接再厉，再立新功。他要求，自治区地方志系统全体干部职工要放眼全局，切实抓好志鉴编修工作，努力实现志鉴编修"两全目标"任务的早日完成。要积极谋划，为党政领导部门决策提供更多的参考资料。地方志工作要更为积极主动地贴近中心，融入发展大局，在服务大局中体现地方志的责任与价值，在服务大局中找准地方志工作的位置，在服务大局中发挥地方志的社会功用。要创新发展，推进地情信息化建设。要完善制度，落实好依法治志。要加强党风廉政建设，落实好党政同责、一岗双责、齐抓共管。

（孙仿）

【广西壮族自治区副主席黄伟京出席传承弘扬中华优秀传统文化暨《广西通志（1979—2005）》出版座谈会】　2月21日，传承弘扬中华优秀传统文化暨《广西通志（1979—2005）》出版座谈会在南宁市召开。广西壮族自治区副主席黄伟京出席会议并讲话。黄伟京指出，《广西通志（1979—2005）》是广西地方志历史上的一项标志性成果，也是广西的一件文化盛事，更是传承中华优秀传统文化发展工程的具体体现。要充分认识做好地方志工作对传承弘扬中华优秀传统文化的重要意义。要科学规划，突出重点，提升地方志工作科学化水平。要加强宣传推介，扩大地方志资源的社会认知度和影响；顺应"互联网+"发展趋势，推动地方志工作信息化发展；深入挖掘志书资源，更好服务经济社会发展大局；明确职责分工，确保完成"两全目标"任务；加强组织协调，形成关心支持地方志工作的合力，为传承弘扬中华优秀传统文化作出更大的贡献。

（孙仿）

【广西壮族自治区副主席黄伟京出席广西地方志工作推进会】　11月2日，广西地方志工作推进会召开。自治区副主席黄伟京出席会议并讲话。黄伟京强调，2020年实现"两全目标"任务是国家制定的法定任务，"两全目标"是一项硬指标、约束性指标，必须按期保质完成。进度相对较慢的有关市和厅局要坚持问题导向，认真查找和分析原因，进一步增强责任意识，加快推进地方志编纂工作进度，创新地方志编纂工作方式方法，注重提高地方志编纂工作质量，切实抓紧抓好志鉴编修工作，确保如期完成"两全目标"。要加强组织领导，切实做到“一纳入、八到位”；树立法治意识，大力推进依法治志；筑牢事业根基，加强地方志人才队伍建设；加强跟踪督查，加大问责追责力度。自治区政府将组织有关部门对2018年未完成评稿任务的辖区市、区直有关部门进行问责追责。（孙仿）

【海南省委书记刘赐贵对省地方志工作作出批示】　6月21日，海南省委书记刘赐贵在《海南省史志工作汇报》上作出批示：“史志馆的布展应和特区三十周年展结合为好，不要多头布展，否则各成体系整体合力形不成。”批示要求，由省委常委、省委秘书长胡光辉为主牵头统筹，时间也需抓紧。批示还对史志工作成绩给予肯定。（郑昕）

【海南省委常委、省委秘书长胡光辉专题听取全省史志工作汇报】　1月11日，海南省委常委、省委秘书长胡光辉主持召开省委秘书长会议，专题听取史志工作汇报，研究全省史志工作。胡光辉指出，党史工作是党的事业的重要组成部分，地方志工作是各级政府的重要工作，史志工作在党和国家工作大局中具有不可替代的重要地位和作用，做好新形势下史志工作，具有重要意义；要紧紧围绕省委、省政府中心工作，及时记载海南全面深化改革、决战决胜全面小康、推进国际旅游岛建设新的实践和积累的新鲜经验，努力形成一批有分量有价值有说服力的研究成果，切实让史志工作走进省委、省政府决策实施过程，真正做到“党有所需，‘史’有所为”；要进一步将资政思路变成方案、把方案变成举措、把举措转化成实实在在的效果，为省委、省政府决策提供历史借鉴和智慧力量；要发挥好史志在地方公共文化服务中的重要作用，传承历史文脉，讲述海南故事，体现史志担当；要加强与有关部门的沟通对接，全力以赴做好海南史志馆布展相关工作，更好地履行史志育人的职责使命，全面推进党史工作重心转移和方志工作转型升级，以优异的成绩迎接党的十九大胜利召开。（郭城）

【海南省委常委、省委秘书长胡光辉对省地方志工作作出批示】　1月16日，海南省委常委、省委秘书长胡光辉在海南省史志办呈报的《省室（办）2016年工作总结和2017年工作安排》上作出批示。批示说，2016年海南省史志工作者围绕中心、服务大局，辛勤耕耘、默默奉献，取得不俗成绩，可喜可贺。值此新年到来之际，谨向全省广大史志工作者致以敬意和问候！希望新的一年，继续奋发有为、创新实干，以优异的成绩迎接党的十九大胜利召开。（郑昕）

【海南省委常委、省委秘书长胡光辉专题调研省史志工作】　3月14日，海南省委常委、省委秘书长胡光辉到海南省委史志办专题调研，听取史志工作汇报。胡光辉对全省近年来取得的成绩和下一步的工作思路予以肯定，对当前和今后一个时期的工作尤其是巡视整改工作提出具体要求。胡光辉指出，要高度重视巡视整改工作，坚决落实巡视整改要求，确保整改到位；史志工作要始终坚持正确的政治方向。胡光辉强调，要增强“四个意识”，确保中央和省委的决策部署在史志工作中政令畅通、生根落地；要坚持从严治办，不断开创党风廉政建设和反腐败斗争新局面；要坚持聚焦编研，统筹推进史志各方面工作；要坚持团结和谐，营造风清气正、干事创业的良好氛围。（郑昕）

【海南省委常委、省委秘书长胡光辉对地方志工作作出批示】　9月12日，海南省委常委、省委秘书长胡光辉在《关于拟请省委督查室对〈海南省志〉分志落后单位发督办通知的请示》上作出批示。批示同意发出督办通知，要求各相关部门和相关单位领导重视和关注此项工作，按要求完成各项任务。（郑昕）

【海南省副省长王路对省地方志工作作出批示】

1月5日，海南省副省长王路对省地方志工作作出批示：“2016年工作服务大局，突出亮点，取得成效。望2017年继续努力，以高度的历史责任感为青史留史，为时代服务。”9月

1日，王路在《关于启动〈海南抗日战争志〉编纂工作有关情况的报告》上作出批示，同意开展海南抗日战争志编纂工作，要求依法依规办理。（郑昕）

【重庆市副市长屈谦到市志办慰问调研】 2月8日，重庆市副市长屈谦到市志办调研地方志工作，慰问市志办干部职工，听取全区史志工作情况汇报并讲话。屈谦肯定全市史志工作取得的成绩，他指出，要树立信心，以对历史负责的态度对待地方志工作；要明确目标，突出重点，逐步跟进，做好全市第二轮修志规划调整和迎接重庆直辖20周年的有关工作，要确保到2020年全面完成市、区（县）综合志书编纂出版和地方综合年鉴实现一年一卷、公开出版的目标任务，逐步开展地方志学术研究和旧志点校工作；要完善机制，强化指导，点上突破，紧跟中央、国务院出台的相关政策，学习借鉴周边省市先进经验，建立健全组织协调机制，加强对区（县）、部门地方志工作的指导和督查，特别要在帮助区（县）提高志鉴编修质量上下功夫；要坚持问题导向，对存在的问题要有思路、讲方法、守纪律，解决问题要区分轻重缓急，分步实施，稳步推进，推动全市地方志事业迈向新台阶。（殷智 邹川）

【四川省省长尹力对省地方志工作作出批示】 1月11日，中国社会科学院副院长、中指组常务副组长李培林在《关于四川省方志馆·四川省国学馆项目尽快立项的请示》上作出批示，指出四川省方志馆项目已经省发改委审定，现已报省政府请示尽快立项，建议四川省省长尹力予以指导和支持。同日，尹力作出批示："请四川省委常委、常务副省长王宁同志阅处"。1月12日，王宁作出批示，要求省发改委按照基本建设程序报审。（黄绚）

【西藏自治区党委常务副书记、政法委书记邓小刚到自治区志办检查指导工作】 1月22日，西藏自治区党委常务副书记、政法委书记、自治区政协党组书记邓小刚到自治区志办检查指导工作，看望慰问史志干部。邓小刚指出，近年来区志办紧紧围绕区党委、政府的中心工作，立足于史志工作基本职能，按照"党史姓党""党有所需，史有所为""直笔著信史，彰善引风气"的要求，加强体制机制建设，不断深化党史研究，切实加大志鉴编修力度，编辑出版多部志书和年鉴，在"三服务"中充分体现了史志工作的价值和意义，为全区长足发展和长治久安作出了积极贡献。他强调，要进一步认清当前面临的新形势、新任务，牢固树立政治意识、大局意识、核心意识和看齐意识，牢记"五个坚持"，始终保持昂扬向上的精神面貌和求真务实的工作作风，深入贯彻落实党的十八大、十八届三中、四中、五中、六中全会精神和中央第六次西藏工作座谈会精神，深入贯彻落实习近平总书记系列重要讲话精神和治国理政新理念新思想新战略，深入贯彻落实习近平总书记治国必治边、治边先稳藏的重要战略思想和加强民族团结、建设美丽西藏的重要指示以及关于党的历史和党史工作的重要论述精神，按照中共党史研究室和中指组的统一要求，紧密结合西藏实际，坚持"一突出，两跟进"，紧盯"两全目标"任务，抓好《西藏自治区党史工作规划（2016—2020年）》《西藏自治区贯彻落实〈全国地方志事业发展规划纲要（2015—2020年）〉的实施意见》和《西藏自治区实施〈地方志工作条例〉办法》的贯彻落实，真正发挥出史志工作"存史、资政、育人"的作用，在西藏长足发展和长治久安的伟大实践中再创佳绩、再立新功，以优异的成绩迎接党的十九大胜利召开。

（达瓦扎西 王梅洁）

【西藏自治区党委常委、自治区副主席、自治区地方志编委会副主任房灵敏出席全区地方志工作推进会】 4月26日，西藏自治区地方志工作推进会在拉萨市召开。西藏自治区党委常委、自治区副主席、自治区地方志编委会副主任房灵敏出席会议并讲话。房灵敏指出，2016年区党委、政府坚决贯彻落实党中央和国务院的决策部署要求，高度重视地方志工作，深刻领会习近平总书记、李克强总理的重要指示精神，切实把地方志作为稳藏的重要史料、治藏的重要依据、兴藏的重要内容、建藏的重要任务，提升战略定位，强化组织领导，在地方志事业发展规划编制、责任落实、法治建设、规范创新等方面作出重要的谋划部署，并将地方志工作任务完成情况纳入各级党委、政府督查工作计划，全覆盖式地开展2016年度全区地方志工作督查考核活动，形成强有力推动地方志事业创新发展的良好态势。各地市、县（区）和各志书承编单位深入贯彻落实区党委、政府的决策部署要求，统一思想认识，明确目标任务，强化工作落实，改善保障条件，涌现出一批先进典型和经验，推动和促进了地方志事业迈入大推进、大发展的新的历史阶段，呈现出组织领导更加强化、责任落实严格到位、工作条件不断改善、工作思路不断拓展、编纂进度明显加快、传志用志成效喜人等显著特点。关于下一步工作，他要求，一要进一步强化组织领导，二要进一步提升质量标准，三要进一步优化保障条件，四要进一步推进创新发展。（杨卓轩）

【西藏自治区人大常委会副主任许雪光主持召开地方志专题会议】　7月11日，西藏自治区人大常委会副主任许雪光主持召开专题会议，研究部署并推进《西藏自治区志·人大志（2001—2010年）》和《西藏人大年鉴（2017）》编纂工作。（达瓦扎西　王梅洁）

【甘肃省副省长、省地方史志编委会主任夏红民出席省地方史志工作会议】　2月21日，甘肃省地方史志工作会议暨《舟曲特大山洪泥石流灾害抢险救灾和恢复重建志》首发式在兰州举行。甘肃省副省长、省地方史志编委会主任夏红民出席会议并讲话。夏红民强调，地方史志工作是甘肃省文化大省建设和华夏文明传承创新区建设的重要组成部分。各地、各有关部门要认真学习习近平总书记有关重要讲话精神，积极贯彻落实省委省政府重大工作部署，提高思想认识，坚定信心做好地方史志工作。要明确任务目标，坚持依法治志，加快工作进度，提高编纂质量，加快推进地方史志信息化建设，不断提高地方史志服务经济社会发展的能力。要加强组织领导，加大宣传力度，努力建设一支专兼职结合、具有较高素质的地方史志工作队伍，扎实做好地方史志编纂、管理和开发利用工作，打造能够信今传后、服务当代、惠及子孙的精品良志。（王文生）

【甘肃省委常委、常务副省长、省地方史志编委会主任黄强出席《甘肃省志》终审会议】

10月12日，《甘肃省志》终审会议在省政府召开。甘肃省委常委、常务副省长、省地方史志编委会主任黄强出席并主持会议。黄强强调，要提高政治站位，牢固树立“四个意识”，将精品意识贯穿编纂工作全过程，编纂出版经得起历史检验、具有鲜明时代特征和甘肃特色的精品佳作。会议同意《农业志》《出版志》《检验检疫志》《档案志》《人口和计划生育志》5部省志分卷通过终审。

（王文生）

【青海省省长王建军对按时保质完成“两全目标”工作提出要求】　10月，青海省省长、省地方志编委会主任王建军对按时保质完成“两全目标”工作作出批示。批示指出，盛世修志，志载盛世。修志编鉴是一项为党立言、为国存史、为民构筑精神家园的重要工作。党的十八大以来，以习近平同志为核心的党中央高度重视地方志工作，提出了一系列修志编鉴的新要求。他要求，当前，青海省地方志工作的头等大事，是按时保质完成党中央、国务院提出的“两全目标”。各级政府和有关部门要切实增强政治意识，强化责任担当，综合运用执法检查、行政督察、工作约谈、政府通报和目标责任考核等手段，求真务实、不推不拖，解决好完成“两全目标”过程中存在的薄弱环节和突出问题，确保与全国同步实现“两全目标”。修志编鉴工作很辛苦，全省各级党委、政府要关心支持地方志工作机构建设，关心支持地方志工作者的工作生活，为他们聚精会神修志编鉴创造良好条件。全省地方志工作机构和广大地方志工作者要不忘初心，再接再厉，为谱写青海修志编鉴辉煌篇章作出新的更大贡献。（马渊）

【青海省副省长杨逢春对省地方志工作作出批示】 1月13日，青海省副省长杨逢春在省志办呈报的《关于全省市州地方志机构主任工作会议情况的报告》上作出批示。批示指出，2016年省地方志工作成效显著，广大地方志工作者为此付出了辛劳，作出了积极贡献。希望2017年再接再厉，采取花钱买服务等多种方式缓解“三缺”困难，推进“两全目标”如期完成。（马渊）

【青海省副省长杨逢春就省地方志体制机制问题进行调研】 5月27日，根据青海省省长王建军关于地方志工作体制机制进行调研的批示要求，副省长杨逢春与省编办、财政厅、人社厅负责人到青海省志办就省地方志工作体制机制问题进行调研。会议就是否将地方志工作纳入全省事业单位分类改革工作进行深入研商，并就相关部门在人力、财力上对地方志工作进一步给予支持方面达成共识。（马渊）

【青海省副省长杨逢春调研省地方志工作】 9月22日，青海省副省长杨逢春到西宁市城北区专题调研地方志工作。杨逢春与城北区志办干部职工进行座谈，听取西宁市志办工作汇报。他指出，地方志是传承文明、育人资政的重要载体，是传播和弘扬中华优秀传统文化、培育和践行社会主义核心价值观、宣传和推介地情的重要精神文化产品。当前，地方志工作的核心任务，是要扎实推进“两全目标”工作，确保到2020年全面完成规划任务。他强调，各级政府要按照党中央、国务院和省委、省政府的要求，认真履行主体责任，切实把编纂地方志作为一项经常性工作，列入议事日程，给予应有关注和支持。要紧盯目标进度，明确时间节点，创新方式方法，解决突出问题，强力抓好落实。针对城北区通过采取购买社会服务的方式推进“两全目标”落实的做法，杨逢春表示，实现“两全目标”是一项系统工程，需要政府各个部门及社会各界的积极参与和广泛支持，要注重发挥老专家、老同志的作用，善于用市场经济的办法解决缺人少编的问题，积极探索购买社会服务等新型修志编鉴模式。他指出，地方志工作很辛苦，各级政府要进一步解放思想，实事求是，既要通过行政督查、签订目标责任书、召开工作推进会等方式推进“两全目标”的落实，又要为地方志工作创造宽松的环境、提供必要的条件。全体地方志工作者要大力弘扬“修志问道、直笔著史”的方志人精神，坚持正确方向，努力开拓进取，积极争取支持，在坚持质量第一的前提下，勠力完成“两全目标”，以优异的成绩迎接党的十九大的胜利召开。（马渊）

【青海省副省长杨逢春出席全省地方志编纂“两全目标”工作推进会】 11月6日，青海省政府召开全省地方志编纂“两全目标”工作推进会。青海省副省长、省地方志编委会副主任杨逢春出席会议并讲话。他指出，地方志是中华民族文化自信的重要来源。省政府召开这次会议，就是要以党的十九大精神为指导，以推动地方志事业转型升级为目的，贯彻落实全国地方志系统“两全目标”工作推进会精神，确保与全国同步实现“两全目标”。他要求，要认清形势和责任，切实增强推动“两全目标”落实的紧迫感和责任感。要清醒认识到，完成“两全目标”是法定职责，是国务院下达的硬任务，完成“两全目标”形势非常严峻。要明确工作重点和方法，进度要加快、质量要保证、工作要创新，扎扎实实推动“两全目标”的落实。要完善保障措施和工作机制，为实现“两全目标”创造良好条件。要健全完善地方志工作体制机制，为地方志工作提供必要的物质保障，培养一支政治强、业务精、作风正的修志队伍。各地、各部门要以习近平新时代中国特色社会主义思想和党的十九大精神为指引，全面贯彻落实党中央国务院的安排部署和省委省政府的工作要求，落实好“领导重视、做明白人、人力物力财力保障”三个关键词，解决好“有人管、有人写、有钱用”的问题，按期完成“两全目标”。（马渊）

【青海省副省长杨逢春听取省志办工作汇报】

12月20日，青海省副省长杨逢春听取省志办工作汇报。他指出，2017年省志办聚焦实现地方志编纂“两全目标”和推动全省地方志事业转型升级，统筹谋划各项工作，敢于直面困难和问题，敢于啃硬骨头，敢于较真使劲，重运筹、强措施、出实招、抓落实，整个工作实现明显突破，取得较好成绩，体现攻坚克难、主动作为的良好精神状态。做好地方志工作，前提是要做明白人，要熟谙党中央、国务院和省委、省政府关于地方志工作的要求，要认清地方志工作的形势，要增强政治意识、大局意识和法治意识，强化责任担当，统筹协调推进。他强调，党的十九大对坚定文化自信、推动社会主义文化繁荣兴盛提出了明确要求，地方志工作在推动中华优秀传统文化创造性转化、创新性发展中肩负着重要的使命。要认真研究地方志工作的规律，积极探索更好地发挥地方志为党立言、为国存史、为民构筑精神家园作用的新途径，主动作为，攻坚克难，为新青海建设作出新的贡献。（马渊）

【宁夏回族自治区人大常委会副主任袁进琳、自治区政协副主席安纯人出席“5·18地方志宣传日活动”】 5月18日至19日，宁夏回族自治区志办举行“5·18地方志宣传日活动”。宁夏回族自治区人大常委会副主任袁进琳、自治区政协副主席安纯人出席活动，并为《宁夏通志》首发式揭幕。（张明鹏）

【新疆维吾尔自治区副主席、自治区地方志编委会副主任吉尔拉·衣沙木丁对自治区地方志工作作出批示】 4月6日，新疆维吾尔自治区副主席、自治区地方志编委会副主任吉尔拉·衣沙木丁对自治区地方志工作作出批示。批示指出，近几年来，自治区地方志编委会做了大量工作，特别是在地情研究、志书出版方面，取得了很大成绩，值得肯定，自治区主席雪克来提·扎克尔也很满意。从事地方志工作，特别是在新疆从事地方志工作，一定要讲政治。新疆的区情与内地不同，有自己的特点，地方志工作也是意识形态领域的重要工作，要体现和宣传“五个认同”。地方志干部要树立“四个意识”，特别是地方志系统的领导干部，要树立政治意识、大局意识、核心意识、看齐意识。（陈忠）

【新疆生产建设兵团党委常委、秘书长李冀东调研兵团史志工作】 5月5日，新疆生产建设兵团党委常委、秘书长李冀东到兵团史志办调研，看望全体工作人员。李冀东听取兵团史志工作情况汇报，详细了解兵团史志工作开展情况、主要任务落实情况和史志队伍建设以及存在主要问题和困难等。他强调，兵团史志工作过去很重要，现在更加重要。他指出，要认真贯彻落实中央对兵团的战略定位和要求，把记述好兵团维稳戍边的历史作为兵团史志工作者庄严的政治责任和历史使命。兵团史志工作使命光荣、任务艰巨，是传承兵团光荣传统和辉煌历史的重要环节。当前兵团史志工作正处于爬坡上坎、冲刺的关键时期，要抓住国务院办公厅《规划纲要》提出的省、市、县二轮修志和省、市、县综合年鉴编辑出版“双覆盖”任务的有利时机，充分利用对口援疆的人力、智力、财力优势，抓住机遇、乘势而上，为全面完成兵团史志工作“十三五”规划任务而积极工作。（曹宇）

【新疆生产建设兵团党委常委、秘书长李冀东出席兵团史志工作业务培训班结业仪式】 6月15日，新疆生产建设兵团党委常委、秘书长李冀东出席兵团史志工作业务培训班结业仪式并讲话。他指出，兵团各级史志部门要牢牢把握党史姓党的根本原则，深入贯彻落实以习近平同志为核心的党中央治疆方略和对兵团工作的定位要求，更好发挥史志工作以史鉴今、资政育人，修志问道、以启未来的积极作用；要立足兵团丰富的历史资源，创新史志传播途径和方式，努力开创兵团史志工作新局面。结业仪式上，李冀东代表兵团史志编委会与各师分管史志工作的领导签订“两全目标”责任书，要求各师在 2020 年前全面完成兵、师、团三级志书和兵、师两级综合年鉴编纂出版工作。（曹宇）

大 事 记

1月

4日 上海市志办印发《关于贯彻落实〈上海市地方志事业发展规划纲要（2016—2020年）〉的通知》。

4—6日 福建省城市区志编纂研讨培训会召开。

5日 海南省副省长王路就省地方志工作作出批示。

是日 西藏自治区党委办公厅、自治区政府办公厅印发《2016年度地方志工作督查考核实施方案的通知》。

6日 浙江省政协副主席、杭州市市长张鸿铭在市志办呈报的《杭州市地方志办公室2016年工作总结和2017年工作思路》上作出批示。

10日 2017年全国地方志系统通讯工作座谈会暨《关于加强全国地方志系统通讯工作的意见》《全国地方志系统通讯工作先进单位和优秀通讯员评选办法（试行）》征求意见会在北海市召开。

10—11日 全国地方志事业顶层设计暨中国地方志指导小组办公室制度建设研讨会在河北廊坊召开。

11日 江苏省地方志工作会议召开。

是日 海南省委常委、省委秘书长胡光辉专题听取史志工作汇报，研究全省史志工作。

11—12日 中国社会科学院副院长、中指组常务副组长李培林，四川省省长尹力，四川省委常委、常务副省长王宁先后在《关于四川省方志馆·四川省国学馆项目尽快立项的请示》上作出批示。

11—12日 浙江省各市方志机构负责人年度工作会议召开。

12日 北京市地方志编纂委员会办公室印发《北京市地方志资源开发利用规划（2017—2020年）》。

是日 河北省地方志机构主任会议召开。

13日 青海省副省长杨逢春在对省志办呈报的《关于全省市州地方志机构主任工作会议情况的报告》上作出批示。

13—15日 中国社会科学院院长、中指组组长王伟光，中国社会科学院副院长、中指组常务副组长李培林一行到海南调研地方志工作并在海口召开海南省地方志工作座谈会。

14日 “南海主权与地方志论坛”在海口市举办。中国社会科学院院长、中指组组长王伟光出席开幕式并讲话。中国社会科学院副院长、中指组常务副组长李培林主持开幕式。海南省委常委、宣传部部长许俊出席开幕式并致辞。随后，王伟光、李培林一行到海南省调研地方志工作并在海口市召开海南省地方志工作座谈会，海南省副省长王路出席会议。

是日 山东省省长郭树清对省史志办《关于〈山东省对口支援新疆志〉〈山东省对口支援西藏志〉编纂工作情况的报告》作出批示。

16日 广东省地方志工作机构主任会议召开。

是日 海南省委常委、省委秘书长胡光辉在省委党史研究室（省志办）呈报的《省室（办）2016年工作总结和2017年工作安排》上作出批示。

20日 河北省地方志编委会印发《关于做好乡（镇、街道）、村（社区）志编修工作的通知》。

22 日 西藏自治区党委常务副书记、政法委书记、自治区政协党组书记邓小刚到自治区志办检查指导工作。

23 日 山东省委常委、常务副省长孙伟就省史志工作作出批示。

是日 山东省副省长王随莲就省史志工作作出批示。

24 日 山东省省长郭树清在《山东省史志办关于 2016 年工作总结和 2017 年工作打算的报告》上作出批示。

是日 广东省 2016 年度地方志工作总结会议召开。

25 日 中共中央办公厅、国务院办公厅印发《国家“十三五”时期文化发展改革规划纲要》，其第八部分传承弘扬中华优秀传统文化专栏 19“中华文化传承发展工程”中明确强调：“加强中国共产党史国史及相关档案编修，做好地方史志编纂工作，巩固中华文明探源成果，正确反映中华民族文明史，推出一批研究成果。”

26 日 山东省副省长赵润田在《山东省史志办关于 2016 年工作总结和 2017 年工作打算的报告》上作出批示。

是月 中共中央办公厅、国务院办公厅印发《关于实施中华优秀传统文化传承发展工程的意见》。第三部分重点任务第一项“深入阐发文化精髓”中明确强调：“加强党史国史及相关档案编修，做好地方史志编纂工作，巩固中华文明探源成果，正确反映中华民族文明史，推出一批研究成果。”

是月 辽宁省志办专项课题组《加快方志立法 推进依法治志》结项并纳入辽宁省政府法制办 2018 年立法计划。

是月 浙江省诸暨市史志办资政刊物《史志参阅》创刊。

2 月

3 日 李培林到国家方志馆看望中指办、国家方志馆、方志出版社全体干部职工。

是日 广西壮族自治区副主席黄伟京到自治区志办调研并对进一步做好地方志工作提出要求。

4 日 广东省省长马兴瑞、副省长邓海光一行到省志办看望慰问干部职工。

6 日 国家社科基金重大专项课题《中国抗日战争志》研究实施方案研讨会在北京召开。

是日 江苏省省长石泰峰在省第十二届人大第五次会议上所作《政府工作报告》中要求“实施文脉整理与研究工程，做好地方志和年鉴的编修工作”。

是日 山东省省长郭树清在省第十二届人大第六次会议上所作《政府工作报告》中强调“继续抓好第二轮修志”。

7 日 吉林省政府决定，省长刘国中兼任省地方志编委会主任。

是日 甘肃省史志办印发《关于继续开展二轮省志编纂工作集中攻坚行动的通知》。

8 日 重庆市副市长屈谦到市志办慰问调研。

10 日 中指办印发《全国信息方志与数字方志建设工程实施方案》。

是日 辽宁省委决定，任命鄢钢城为辽宁省志办主任。

13 日 上海市委常委、宣传部部长、市地方志编委会主任委员董云虎到市志办调研并召开座谈会。

14 日 中指组印发《关于制定到 2020 年实现“两全”目标“时间表”“路线图”及转发西藏、青海相关材料的通知》。

16 日 中国社会科学院副院长、中指组常务副组长李培林接见山东省政府办公厅党组成员、省史志办公室主任刘爱军一行。

是日 山西省副省长王赋到省志办调研指导工作。

是日 山西省志办召开干部职工大会，会上宣布省委省政府决定，任命张志仁担任省志办主任。

17 日 中国社会科学院副院长、中指组常务副组长李培林接见重庆市志办主任姚红一行。

是日 吉林省政府决定，任命谢奎江为省地方志编委会副巡视员。

21 日 甘肃省地方史志工作会议召开，副省长、省地方史志编委会主任夏红民出席并讲话。

是日 河南省全省地方史志工作会议召开。

23 日 山西省政府办公厅转发省志办《关于进一步加强地方志工作的实施意见》。

是日 吉林省地方志工作机构主任会议召开。

24 日 贵州省地方志工作会议召开。

是日 中指组印发《关于制定到 2020 年实现“两全”目标“时间表”“路线图”及转发西藏、青海相关材料的通知》。

26 日 厦门市政府决定，任命李志宏为市志办主任。

27 日 西安市政府办公厅印发《关于做好我市地方志事业发展工作的通知》。

28 日 杭州市志办主任会议召开。

28 日至 3 月 2 日 全国第二轮省级志书（政法）编纂业务研讨会暨全国《方志馆建设规定》研讨会在石家庄市召开。

是月 吉林省地方志编委会开展的“‘感动吉林’年度人物评选”系列活动获 2016 年度吉林省直机关建功“十三五”主题实践活动突出业绩一等奖。

是月 山东省史志办整理的《山东省历代方志集成》（省卷、济南卷）由齐鲁书社出版。

3 月

1 日 中国社会科学院院长、中指组组长王伟光听取山东省政府办公厅党组成员、省史志办公室主任刘爱军关于山东省史志工作情况的汇报。

是日 哈尔滨市方志馆文史书馆对外开放。

2 日 中国社会科学院副院长、中指组常务副组长李培林在京接见新疆维吾尔自治区地方志编委会党组书记、副主任廖运建一行。

是日 贵阳市地方志工作会议召开。

2—3 日 陕西省地方志年度工作会议暨修志工作经验交流现场会召开。

3 日 宁波市政府印发《关于加快推进宁波市地方志事业发展的若干意见》。

8 日 中国名村志文化工程篇目论证会暨编纂业务培训班在上海市召开。

10 日 山西省政府办公厅印发《关于全省修志编鉴工作“两全目标”完成情况的通报》。

15 日 国家方志馆长江分馆选址讨论会在铜陵市召开。

是日 山东省政协主席刘伟在《山东省史志办关于 2016 年工作总结和 2017 年工作打算的报告》上作出批示。

16 日 浙江省副省长成岳冲到省社科院调研地方志工作。

20 日 中指组、中国地方志学会印发《全国地方志优秀成果（年鉴类）评审活动实施方案》。

是日 宁波市党史地方志工作会议召开。

20—21 日 安徽省辖市志办主任会议召开。

21 日 湖南省市州志办主任会议召开。

24 日 江苏省副省长张敬华调研省地方志工作。

28 日 山西省政府办公厅印发《关于调整山西省地方志编纂委员会的通知》。

30 日 经中国社会科学院党组会议研究决定，任命冀祥德为中指组秘书长、中指办党组书记。

是日 北京市第一家区级方志馆——房山方志馆正式开馆。

是日 辽宁省各市志（史志）办主任会议召开。

4 月

5 日 北京市志办与市委督查室、市政府督查室联合印发《〈北京市地方志事业发展规划纲要（2016—2020 年）任务分工方案〉2017 年度重点任务督查落实预案》。

6 日　杭州市志办印发《关于实施方志文化六大工程助推历史文化名城建设的意见》。

是日　福建省地方志机构主任会议召开。

是日　新疆维吾尔自治区志办党组书记廖运建、副主任刘星向自治区副主席、自治区地方志编委会副主任吉尔拉·衣沙木丁汇报近期新疆地方志工作开展情况。

7 日　中国社会科学院副院长、中指组常务副组长李培林听取辽宁省志办主任鄢钢城一行和宁夏社会科学院副院长刘天明、自治区志办主任负有强一行的工作汇报。

是日　山西省政府督查室印发《关于对全省志鉴“两全”目标完成情况开展专项督查的通知》。

8 日　《中国抗日战争志》项目暨中国地方抗日战争志工程启动会议在北京召开。中国社会科学院副院长、中指组常务副组长李培林出席会议并讲话。

10 日　甘肃省史志办印发《关于进一步规范地方综合年鉴编辑审核工作有关问题的通知》。

19 日　中国名酒志文化工程启动会议举行。

是日　辽宁省政府办公厅印发《关于加快地方志编修进度的通知》。

21 日　中国苏州文化创意设计产业交易博览会“方志中国”展览在苏州国际博览中心开展。

是日　首届全国方志馆馆长论坛在苏州市召开。

是日　宁波市政府召开全市地方志工作推进会。

22 日　中国名镇志文化工程中国名镇影像志启动仪式在昆山市周庄镇举行。

25 日　全国第一次《汶川特大地震抗震救灾志》编纂工作经验交流会暨地方志质量建设研讨会在汉中市召开。

25—28 日　2017 年广西第一期地方志业务培训班举办。

26 日　山东省政府办公厅印发《关于 2016 年度山东省优秀史志成果的通报》。

是日　西藏全区地方志工作推进会议在拉萨市召开。西藏自治区副主席、政府秘书长、自治区地方志编纂委员会副主任房灵敏出席会议并讲话。

27 日　宁夏回族自治区政府办公厅印发《宁夏回族自治区地方志事业发展实施方案（2016 年—2020 年）》。

28 日　2017 年北京市地方志工作会议召开。

是日　浙江省副省长成岳冲专题听取全省地方志工作汇报。

是月　新修《浙江通志》第一批 4 部志书由浙江人民出版社出版，省委书记、《浙江通志》编纂委员会主任车俊作序。

5 月

4 日　山西省地方志“两全目标”推进会召开，副省长王赋出席会议并讲话。

是日　山西省地方志工作机构负责人会议召开。

是日　内蒙古自治区人民政府召开全区地方志工作电视电话会议。

5 日　《广东省地方志工作规定》立法后评估论证暨《广东省地方志工作条例（草案）》征求意见会召开。

8 日　黑龙江省方志馆全景模拟展馆正式开通。

是日　《上海地方志外文文献丛书》首本《上海故事》新书发布会举行。

9 日　湖南省地方志编委会印发《关于建立省级方志专家库的通知》。

10 日　河南省政府决定，任命冯普友为省史志办副主任、党组成员，周慧杰（女）为省方志馆副馆长。

10—11 日　黑龙江省地方志机构主任工作会议召开。

10—13 日　全国第二轮志书（政治部类）编纂业务研讨会、第二次《汶川特大地震抗震救灾志》编纂工作经验交流会在成都市召开。

17 日　中指办印发《中国年鉴精品工程实

施方案》《关于启动民族地区与贫困地区年鉴资助工程的通知》。

是日 江苏省政府办公厅转发《“6·23”特大龙卷风冰雹盐城抢险救灾暨灾后重建志编纂工作方案》。

是日 广州市地方志新馆开馆仪式举行。

是日 贵州省政府办公厅印发《关于全面加快推进第二轮贵州省志编纂工作的通知》。

18 日 中指办印发《关于公布入选中国年鉴精品工程“中国精品年鉴”的通知》。

是日 广西壮族自治区主席陈武到自治区志办调研并召开座谈会，就进一步做好地方志工作提出要求。

是日 宁夏回族自治区“5·18 地方志宣传日活动”暨《宁夏通志》首发式举办。

19—24 日 2017 年第一期全国地方志工作机构新任负责人培训班在延安市举办。

20—21 日 国家社科基金抗日战争研究专项工程《中国抗日战争志》分卷《大事记》《人物志》《文献辑录》编写（纂）研讨会在延安市召开。

24 日 西藏自治区党委常委、秘书长房灵敏到自治区志办调研史志工作。

25 日 湖北省委决定，任命吴凤端为省志办党组书记、主任。

26 日 “重庆地情网”正式开通。

26—27 日 第七届中国地方志学术年会召开。

27 日 青海省副省长杨逢春到省志办调研。

29 日 黑龙江省委书记张庆伟专门听取全省地方志工作情况和黑龙江历史文化的汇报。

31 日 云南省志办印发《关于进一步加强和推进地方志工作的意见》。

是月 中共中央办公厅、国务院办公厅印发的《国家“十三五”时期文化发展改革规划纲要》（以下简称《纲要》）。《纲要》第八部分传承弘扬中华优秀传统文化和专栏 19“中华文化传承工程”中明确强调：“加强中国共产党史、中华人民共和国史编修，加强地方史编写和边疆历史地理研究。完成省、市、县三级地方志书出版工作。开展旧志整理和部分有条件的镇志、村志编纂。”

是月 《重庆地方志》创刊。

6 月

7 日 首届北京市地方志开发利用暨方志馆建设论坛举办。

9 日 山西省志办印发《山西省地方志办公室志鉴质量检查办法》。

12 日 中指组印发《方志馆建设规定（试行）》。

13 日 2017 年全国地方史志期刊主编培训班在晋城市举办。

14—15 日 中国名街志、中国名山志、中国名水志编纂工作研讨会在扬州市召开。

16 日 河南省史志办、省新闻出版广电局联合印发《关于进一步做好地方史志编纂出版工作的意见》。

20 日 第一期吉林省地方志系统信息化建设培训班举办。

20—22 日 湖南省地方志系统业务培训班举办。

21 日 海南省委书记刘赐贵，海南省委常委、省委秘书长胡光辉分别在《海南省史志工作汇报》上作出批示。

26—27 日 山东省全省史志系统信息化建设培训会召开。

27—28 日 哈尔滨市区、县（市）志办主任会议召开。

27—29 日 2017 年辽宁省年鉴编纂业务培训班举办。

28 日 黑龙江省委办公厅、省政府办公厅印发《关于开展全省第二轮修志工作和地方综合年鉴编纂工作督查的通知》。

28—29 日 福建省地方综合年鉴编辑培训班举办。

28—30 日 吉林省年鉴业务研讨班（2017）举办。

7 月

1 日　海南省副省长王路在《关于启动〈海南抗日战争志编纂工作〉有关情况的报告》上作出批示。

6—7 日　福建省地方志学会常务理事（扩大）会议召开。

7 日　厦门市政府办公厅印发《厦门市地方志事业发展规划纲要（2016—2020 年）》。

8—9 日　2017 年全国地方志系统信息化工作会议暨信息化研究会年度会议在丹东市召开。

8 日　中国地方志学会专家顾问委员会成立大会在丹东市召开。

9 日　中国地方志学会编辑出版研究会成立大会在丹东市召开。

10 日　江西省志办印发《江西省志办贯彻落实〈全国年鉴事业发展规划（2016—2020 年）〉实施意见》。

11 日　山西省志鉴编纂培训班举办。

是日　广东省地方志机构新任主任暨能力提升培训班举办。

是日　西藏自治区人大常委会副主任许雪光主持召开地方志专题会议，研究部署推进《西藏自治区志 · 人大志（2001—2010 年）》《西藏人大年鉴（2017 年）》编纂工作。

12 日　海南省委常委、省委秘书长胡光辉在《关于拟请省委督查室对〈海南省志〉分志落后单位发督办通知的请示》上作出批示。

13—16 日　全国地方志优秀成果（年鉴类）评审系列会议暨《中国抗日战争志 · 军事志》编写研讨会在龙口市召开。

13 日　山西省政府办公厅印发《关于成立〈山西抗日战争志〉编纂委员会的通知》。

是日　广东省政府决定，任命陈华康为省志办主任。

是日　中国年鉴精品工程试点单位 2017 年卷年鉴篇目研讨会在龙口市召开。

18—22 日　第二期援藏志鉴编纂业务培训班在山南市举办。

19 日　辽宁省政府决定，省长陈求发担任省地方志编委会主任，副省长崔枫林担任省地方志常务副主任。

25 日　云南省地方志系统业务培训班举办。

26 日　福建省副省长杨贤金到省方志委调研指导地方志工作。

28 日　吉林省政府第七次常务会议讨论通过《吉林省地方志工作条例修正案（草案）》。

30 日　安徽省档案文史方志馆建设项目封顶仪式举行。

是日　新疆生产建设兵团党委决定，任命陈旭为兵团党委党史研究室（兵团史志办公室）副主任。

31 日　中国社会科学院副院长、中指组常务副组长李培林到新疆方志馆（新疆地情展示中心）调研建设情况。

8 月

1 日　山东省全省各市史志办主任工作会议召开。

1—2 日　全国地方志系统“两全目标”工作推进会暨援藏援疆工作座谈会、“继承中华传统，弘扬方志文化”论坛暨 2017 年全国地方史志期刊工作会议在伊宁市召开。中国社会科学院副院长、中指组常务副组长李培林出席会议并讲话。

4 日　中国社会科学院院长、中指组组长王伟光一行到青海省地方志办公室看望慰问干部职工。

是日　新疆生产建设兵团党委决定，任命曹蕾为兵团党委党史研究室（兵团史志办公室）副主任。

5 日　中指组、中国地方志学会印发《关于对全国地方志优秀成果（年鉴类）的通报表扬》。

8—9 日　2017 年全国年鉴工作会议暨年鉴研究会年度会议、精品年鉴与年鉴编纂创新研讨会在齐齐哈尔市召开。

8—10 日　广东省地方志信息化与方志资

源开发业务培训（第一期）开班。

17 日 江西省委常委、常务副省长毛伟明到江西省地方志办公室看望慰问全体干部职工。

18 日 江苏省委书记李强在《关于编纂江苏援藏援疆建设志的建议》上作出重要批示。

19 日 2017 年地方志与地方史理论研讨会召开。

21—24 日 第二次全国地方志科研工作会议暨中华一统志编修可行性论证会议在通辽市召开。

23 日 江苏省委副书记、常务副省长黄莉新召集省政府办公厅、省志办等单位主要负责人，研究制定《江苏援藏援疆建设志》编纂方案和组织架构。

是日 重庆市全市“两全目标”滞后区县工作促进会召开。

27 日 上海通志馆新馆开工建设。

28—31 日 福建省第二轮市、县（区）志编纂业务培训班举办。

是月 京网主体由原来的北京市经济和信息化委员会变更为北京市志办。

9 月

1 日 中国社会科学院院长、中指组组长王伟光，中国社会科学院副院长、中指组常务副组长李培林在丽水市听取浙江省及丽水市地方志工作汇报并讲话。浙江省副省长成岳冲出席汇报会。

1—4 日 第二次全国方志馆工作会议暨方志馆业务培训班在丽水市举办。

5 日 黑龙江省志办、省地方志协会举办推进“两全目标”任务落实志鉴编纂业务培训班。

6 日 广州市第九次地方志工作会议召开。

7 日 天津市委书记李鸿忠、市长王东峰分别就第十二届中国北京国际文化创意产业博览会中由京津冀三地地方志工作者联合完成的“京津冀运河文化展”作出批示。

7—8 日 重庆市志办印发《关于印发重庆市地方综合年鉴编纂出版细则的通知》《关于印发第二轮重庆市志出版指导意见的通知》《关于印发重庆市综合志书志稿评审量化标准的通知》。

8 日 2017 年辽宁省“两全目标”推进会暨志鉴编纂业务培训会议召开。

是日 浙江省副省长成岳冲到省志办调研指导。

10 日 中国名酒志文化工程新闻发布会举行。

11—15 日 2017 年第二期全国地方志工作机构新任负责人培训班在遵义市举办。

12 日 第十二届中国北京国际文化创意产业博览会“文化创意产业重点项目——省市文化合作项目”签约仪式上，京津冀三地志办主任共同签署《京津冀地方志事业协同发展框架协议》。

13 日 中国社会科学院副院长、中指组常务副组长李培林到“京津冀运河文化展”展区参观指导。

14 日 中国社会科学院副院长、中指组常务副组长李培林接见福建省地方志编委会主任陈秋平一行，并听取福建省地方志工作汇报。

19—20 日 以“走向世界的中国方志文化”为主题的方志文化国际学术研讨会在北京市召开。中国社会科学院副院长、中指组常务副组长李培林出席会议开幕式并致辞。

20 日 中国社会科学院副院长、中指组常务副组长李培林在福州分别会见福建省委常委、宣传部部长高翔，副省长杨贤金，就如何发掘福建资源、推动地方志事业发展，弘扬中华优秀传统文化等进行交谈。

20—22 日 河南省乡镇志编纂业务培训班举行。

22 日 《中国影像志 · 福建名镇》暨《八闽历史文化名镇名村影像志》开机仪式在龙岩市上杭县古田镇举行。中国社会科学院副院长、中指组常务副组长李培林出席仪式并致辞。

是日 青海省副省长杨逢春到西宁市城北区专题调研地方志工作。

27 日　中指组印发《关于做好影像志工作的意见》。

是日　吉林省人大常委会第三十七次会议审议通过《吉林省地方志工作条例修正案（草案)》。

是日　江苏省政府办公厅印发《江苏援藏援疆建设志编纂工作方案》。

28 日　江苏省委副书记、常务副省长黄莉新就《江苏援藏援疆建设志》编纂工作作出部署。

10 月

2 日　广西地方志工作推进会召开。

10 日　上海市政协副主席赵雯到市志办调研。

12 日　西安市委决定，免去曹永辉市志办党组书记职务。

13 日　河南省机构编制委员会办公室印发《关于调整省史志办内设机构的通知》。

16 日　广东省副省长黄宁生到省志办调研并召开座谈会。

17 日　辽宁省副省长崔枫林到省志办开展工作调研并召开座谈会。

20 日　江苏省副省长王江到省方志馆调研地方志工作。

23 日　江苏省人大常委会副主任许仲梓调研地方志工作。

23—26 日　江苏省人大常委会地方志立法调研组赴南京、扬州、宿迁开展立法调研。

25 日　《中国地情报告（2017)》编纂业务研讨会、中国名水志文化工程实施方案论证会暨第三次《汶川特大地震抗震救灾志》编纂工作经验交流会在西宁市召开。

26 日　拉萨市地方志工作推进会议召开。

27 日　山东省政府办公厅决定，任命李刚为省史志办副主任。

28 日　云南省州市地方志机构主任会议召开。

29—31 日　中国地方志学会方志学分会 2017 年年会、第二期全国年鉴主编培训班暨《中国年鉴研究》创刊发布会在常州市举办。

30 日　重庆市政府决定，免去姚红市志办（市志编委会总编辑室）主任（总编辑）职务。

是月　浙江省台州市黄岩区志办主办的《黄岩方志》创刊。

是月　青海省省长王建军对按时保质完成地方志“两全目标”工作作出批示。

11 月

1 日　河北省志办印发《关于将十九大精神贯彻落实到方志事业有关问题的通知》。

是日　上海市区级地方志办公室负责人会议召开。

2 日　广西全区地方志工作推进会在南宁市召开。广西壮族自治区人民政府副主席黄伟京出席会议并讲话。

6 日　中指办印发《关于民族地区与贫困地区年鉴资助工程 2017 年首批资助的通知》。

是日　山东省政府办公厅印发《全省方志馆建设管理规范》。

是日　青海省全省地方志编纂“两全目标”工作推进会召开。副省长杨逢春出席会议并讲话。同日青海省政府办公厅印发《关于全省地方志编纂“两全目标”进展情况的通报》。

8 日　江苏省副省长王江出席《江苏援藏援疆建设志》编纂工作会议并讲话。

8—10 日　西藏自治区全区地方志工作业务培训班举办。

7 日　山东省全省方志理论研讨会召开。

7—8 日　安徽省地方志系统信息化和方志馆工作培训班举办。

14 日　国土资源部部长姜大明就认真做好国土资源系统史志年鉴工作作出批示。

15 日　山东省全省方志期刊座谈会在淄博市召开。

22—23 日　陕西省市县（区）志综合业务培训班举办。

24—25 日　“贯彻落实十九大精神，‘中国梦·方志情’首届全国方志馆讲解员大赛”在广州市举办。

24—26日 全国地方志资源开发利用工作会议暨第二期全国地方志信息化业务培训班在广州市举办。

25日 《粤港澳大湾区城市群年鉴(2017)》创刊号及《粤港澳大湾区概览》出版。

30日 黑龙江省志办新改版的“中国龙志”网站正式上线运行。

12月

1日 中国地情网二期开通。

4日 中国社会科学院党组决定，免去刘玉宏中指办副主任职务，另有任用。

6日 安徽省委、省政府决定，任命郭德成为省志办党组书记、主任。

7日 成都市志办印发《成都市地方志资源开发项目管理办法》。

7—8日 安徽省年鉴编纂业务培训班举办。

8日 “杭州数字方志馆”平台依托杭州地情网正式上线。

11日 西安市政府决定，免去曹永辉市志办主任职务。

12日 第二届全国名镇论坛暨第二批中国名镇志丛书出版座谈会在黔东南州举办，中国社会科学院副院长、中指组常务副组长李培林出席开幕式并讲话。

13日 2017年湖北省地方志系统新任主任和业务骨干培训班举办。

14日 江苏省志办印发《关于做好全省地方志系统援藏援疆工作的意见》。

是日 山东省委书记刘家义、省长龚正分别对全省史志工作作出批示。

18日 浙江省副省长成岳冲在省志办报送的《浙江省方志系统援藏援疆志书编纂业务培训班情况汇报》上作出批示。

是日 山东省政府办公厅印发《关于全省第二轮市、县（市、区）志编纂工作进展情况的通报》《关于第二轮〈山东省志〉编纂工作进展情况的通报》。

20日 青海省副省长杨逢春听取省志办工作汇报。

21日 中指组印发《地方综合年鉴编纂出版规定》。

是日 广西壮族自治区党委决定，任命梁金荣为自治区志办党组书记。

21—22日 首届全国年鉴论坛暨《中国方志发展报告（2017）》《中国年鉴发展报告(2017)》出版座谈会在深圳市举办。

23日 山东省史志编纂委员会印发《山东省地方综合年鉴编纂出版业务规范》。

26—27日 2018年全国地方志机构主任工作会议、第二次全国地方志工作经验交流会暨中国名山志文化工程启动仪式在济南市召开。中国社会科学院副院长、中指组常务副组长李培林出席会议并讲话。山东省副省长王随莲出席会议并致辞。

是日 中国社会科学院副院长、中指组常务副组长李培林，山东省副省长王随莲出席山东省首家“方志书苑”揭牌仪式。

27日 山东省全省各市史志办主任工作会议召开。

28日 2018年江西省设区市志办公室主任会议召开。

是日 2017年度江西省方志理论研讨会召开。

29日 首届中国地情论坛、首届全国名村论坛在北京人民大会堂举行。中国社会科学院副院长、中指组常务副组长李培林出席开幕式并讲话。

是月 天津市志办印发《全国年鉴事业发展规划（2016—2020年）》实施意见。

是月 天津市《蓟州年鉴》创刊。

是月 河北省《张家口市桥西区年鉴》《滦南年鉴》《涿鹿年鉴》《遵化年鉴》《曲周年鉴》《涉县年鉴》《肥乡年鉴》《成安年鉴》《复兴区年鉴》《邯山年鉴》《武安年鉴》《柏乡年鉴》《南和年鉴》《新河年鉴》创刊。

是月 黑龙江省《平房年鉴（2017）》创刊。

是月 东莞市桥头镇《桥头年鉴（2017）》创刊。

中国地方志指导小组及其办公室工作

·中国地方志指导小组工作

【开展全国地方志优秀成果（年鉴类）评审活动】 3月20日，中指组出台《全国地方志优秀成果（年鉴类）评审活动实施方案》印发全国地方志工作机构，启动评审工作。评审范围是全国地方志系统2015—2016年编纂并公开出版的各级各类年鉴。据统计，全国地方志系统2015—2016年编纂并公开出版各级各类年鉴共3512部。在各地各部门评选推荐的384部年鉴基础上，经专家小组评审、全国地方志优秀成果（年鉴类）评审活动领导小组办公室复审与领导小组终审，在省级综合年鉴、地市级综合年鉴、县区级综合年鉴、专业年鉴中确定特等年鉴31部，一等年鉴58部，二等年鉴87部，三等年鉴114部，提名年鉴80部。8月5日，中指组印发《对全国地方志优秀成果（年鉴类）的通报表扬》的通知，对以上获评年鉴进行通报表扬。（朱文清）

【中指组出台《方志馆建设规定（试行）》】 6月12日，中指组印发《方志馆建设规定（试行）》。该规定共20条，从制定的依据与原则、方志馆概念与功能、方志馆建设规划与规模、方志馆建筑选址与设计、方志馆建筑标准与机构人员等方面作出明确规定。特别需要指出的是，该规定对方志馆建设的个别条款作了弹性化处理，各地在建设方志馆时既能够有所遵循，又不作强制性要求。同时，部分条款又有适度提高，使《建设规定》具有一定的前瞻性和引领性。（杨卓轩）

【中指组出台《关于做好影像志工作的意见》】 9月27日，中指组出台《关于做好影像志工作的意见》。影像志工作是实现全国地方志事业转型升级的新内容，是地方志工作适应时代发展和社会需求的新突破，是宣传普及方志文化的新手段。各级地方志工作机构务必高度重视，根据国务院《地方志工作条例》和国务院办公厅《全国地方志事业发展规划纲要（2015—2020年）》有关要求，将其纳入工作范畴。（朱文清）

【中指组出台《地方综合年鉴编纂出版规定》】 12月21日，中指组对2012年7月起实施的《地方综合年鉴编纂出版规定（试行）》进行修订，正式印发《地方综合年鉴编纂出版规定》。这次修订在规模和篇幅上都属于微调，修改后的规定文本共48条、2500余字，较原稿的46条、2100余字增加2条、400余字。（杨卓轩）

·中国地方志指导小组办公室工作

【中指办召开八一镇志篇目论证会】 1月4日，中指办召开《八一镇志》篇目论证会。中指办主任冀祥德出席会议并讲话，中指办副主任刘玉宏出席会议，中指办副主任邱新立主持会议。冀祥德在讲话中指出，《八一镇志》是纳入中指办援助西藏地方志工作的一项重要内容，编纂意义重大，影响深远。他要求，参与编纂的人员要认真对待，明确分工，处理好专项工作和本职工作的关系，力争编纂出一部具有典型示范意义的名镇志。会上，西藏自治区地方志办公室、林芝市、八一镇的与会人员对八一镇的基本情况作了介绍。在专家研讨的基础上，会议明确《八一镇志》的篇目和撰稿人员分工，全面启动编写工作。（朱文清）

【中指办领导听取四川省地方志工作汇报】 1月6日，中指办主任冀祥德，副主任刘玉宏、邱新立听取四川省志办工作汇报。冀祥德在听取汇报后对四川省地方志工作提出要求：一是要按时完成《规划纲要》规定的目标任务，特别是“两全目标”。二是要以“一纳入、八到位”为标准，去检查、衡量和要求相关地方志工作机构和地方志工作者。三是希望四川省志办要在参与地方志立法的工作中发挥更大的作用。四是四川省志办今后的工作要以积极参与全国地方志“十大工程”为抓手，争取率先实现地方志工作的转型升级。（朱文清）

【中指办领导听取苏州市志办工作汇报】 1月6日，中指办主任冀祥德，副主任刘玉宏、邱新立听取苏州市志办工作汇报。冀祥德在听取汇报后对苏州市志办下一步工作提出两点要求：一是希望苏州志办能够再推出一批叫得响、过得硬、流传下去，经得住历史检验的精品。二是希望苏州市志办能够找准定位，根据自身实际，在方志馆和信息化建设等方面实现全面发展、跨越发展。座谈会后，举行捐赠仪式，冀祥德代表中指办、国家方志馆接受赠书并向苏州市志办颁发捐赠证书。（朱文清）

【中指办领导出席2017年全国地方志系统通讯工作座谈会】 1月10日至11日，由中指办主办，广西壮族自治区志办、北海市志办承办的2017年全国地方志系统通讯工作座谈会暨《关于加强全国地方志系统通讯工作的意见》《全国地方志系统通讯工作先进单位和优秀通讯员评选办法（试行）》征求意见会在北海市召开。中指办主任冀祥德出席会议并讲话。中指办副主任邱新立主持会议。广西壮族自治区志办主任李秋洪、北海市副市长蔡昌出席会议并致辞。冀祥德对新方志编修以来的通讯工作进行总结，并针对这次会议召开和下一步工作提出几点要求：一是要做好“千里眼、顺风耳”；二是要充分认识会议召开的重要意义，将这次会议作为督促检查各地《规划纲要》贯彻落实的一个重要方面；三是要以会议召开为契机，制定出台一项符合实际、规范科学、指导性强的专项规划，逐步实现顶层设计的全覆盖；四是要加强交流。李秋洪介绍广西壮族自治区的区情，以及广西地方志在志鉴编纂、信息化建设、方志馆建设、依法治志、为经济社会发展服务以及通讯工作等方面取得的成绩。会上，中指办领导等为8家通讯工作先进单位和10个优秀通讯员颁发荣誉证书。来自全国27个省（自治区、直辖市）地方志工作机构、新疆生产建设兵团志办公室、武警部队政治工作部编研部的通讯工作者70余人参加会议。

（朱文清）

【中指办领导调研广西地方志工作】 1月11日，中指办主任冀祥德，副主任邱新立，就《规划纲要》贯彻落实情况到广西调研并在北海市召开座谈会。冀祥德对下一步广西地方志工作提出要求：一是要紧紧围绕《规划纲要》“两全目标”，毫不动摇地坚决完成任务；二是要积极参与全国地方志“十大工程”，以“十大工程”为抓手，加快推进《规划纲要》的贯彻落实；三是要以依法治志为保障，积极推动地方志各项工作；四是地方志工作要紧紧围绕党委政府的中心工作开展；五是要想方设法让地方志走入寻常百姓家。（朱文清）

【中指办召开地方志事业顶层设计暨中指办制度建设研讨会】 1月10日至11日，地方志事业顶层设计暨中指办制度建设研讨会在廊坊市召开。中指办副主任刘玉宏出席会议并讲话。刘玉宏指出，建立健全中指办、国家方志馆各项制度，做好地方志事业顶层设计，直接关系到中指办担负的统筹规划、组织协调、督促指导全国地方志工作的职能的发挥。会上，与会代表就涉及地方志事业顶层设计的“定职能、定职责、定岗位、定措施”的“四定”方案，以及中指办党务人事、行政后勤、财务基建、保密与安全、科研、网络与宣传等方面的制度展开讨论，并就各项制度的修改完善提出意见。（朱文清）

【中指办领导出席中国精品志书《北辰区志（1979—2009）》首发式】 1月12日，首批入选中国志书精品工程的《北辰区志（1979—2009）》首发式在天津市北辰区举行。中指办主任冀祥德出席首发式并讲话。冀祥德指出，《北辰区志（1979—2009）》是中国志书精品工程实施以来结出的第一批方志文化硕果，也是全国获得志书精品荣誉称号的第一部城市区志，更是天津市北辰区重视社会主义文化建设的重要标志。他指出，《北辰区志（1979—2009）》出版后，下一步的重点工作就是要开发利用好这部志书，充分发挥志书在公共文化建设中的作用，在爱国主义教育、革命传统教育、乡土教育中的作用。（朱文清）

【中指办领导听取甘肃省史志办工作汇报】 1月22日，中指办主任冀祥德，副主任刘玉宏、邱新立听取甘肃省史志办工作汇报。冀祥德在听取汇报后，对甘肃省史志办下一步工作提出要求：一是要紧紧围绕《规划纲要》的要求，扎实推进“两全目标”任务的完成。二是要保持2016年的良好态势，使2017年的工作再上一个新台阶。三是要高举依法治志大旗，充分取得各级党委政府的大力支持，有效调动社会各界的力量，在甘肃省史志办的统一协调下，全面推进史志工作转型升级。四是要进一步开展好读志用志工作，切实结合本地经济社会发展中心工作开拓创新地方志工作。五是要把地方志工作向基层延伸，想方设法让地方志走进千家万户。（朱文清）

【中指办领导出席腾冲市《和顺镇志》、固东镇《江东村志》编纂启动会】 1月24日，中指办主任冀祥德出席云南省申报中国名镇志文化工程、中国名村志文化工程的《和顺镇志》《江东村志》编纂工作启动会并讲话。冀祥德指出，中国名镇志文化工程、中国名村志文化工程是中指办实施的地方志改革创新工程，是留住乡愁、记住乡思、牵住乡俗、拉住乡音的乡村文化抢救工程，也是地方志的基层基础工程。他强调，云南省、保山市、腾冲市地方志工作要以名镇志、名村志编纂的启动为借鉴，不断提高创新能力、服务能力，推进协调发展，进一步促进地方志事业的转型升级；省市县三级地方志工作机构要高度重视两部志书的编纂，在实践中总结经验，在实践中提高水平，为云南省地方志事业的发展探索出新经验。（朱文清）

【中指办领导听取山东省史志工作汇报】 2月16日，中指办主任冀祥德，副主任刘玉宏、邱新立听取山东省史志办工作汇报。冀祥德指出，近年来，山东省史志工作实现了突飞猛进跨越式发展，成绩突出，志、鉴、馆、网以及队伍建设等各方面工作全面发展，已经成为全国史志系统的一面旗帜，史志工作的“山东经验”已经形成，值得总结、学习和推广。同时，冀祥德对下一步山东省史志工作提出要求：一是要抓工作核心，切实完成《规划纲要》确定的目标任务。二是要进一步加大史志工作围绕山东省经济社会发展的中心工作开拓创新的力度。三是要让地方志进入寻常百姓家。四是要抓工作弱项，拉长短板，在全省范围内全面实现地方志从一项工作向一项事业转型升级。（朱文清）

【中指办领导听取重庆市志办工作汇报】 2月17日，中指办主任冀祥德，副主任刘玉宏、邱新立听取重庆市志办工作汇报。冀祥德在听取汇报后，对重庆市志办下一步工作提出要求：一是要摆正位置，找准定位，把重庆市地方志工作和全国地方志工作结合起来开展。二是要认清形势，抓住机遇。三是摸准问题，制定方案。四是要加强与中指组及中指办的交流，加强与其他省（市区）地方志工作机构的

学习、交流，积累经验，提升水平。（朱文清）

【中指办领导到海南省督导《三沙市志》编纂工作】 2月20日，中指办副主任刘玉宏到海口市督导《三沙市志》编纂工作，并出席《海南史志馆布展大纲》第二次研讨会。刘玉宏在督导时指出，《三沙市志》的编纂十分重要，要当作一项政治任务来抓。一是要切实解决影响编纂工作进度、质量等存在的问题，理顺管理机制、加强人力物力保障，以按期保质完成为核心目标，高效推进各项工作；二是要加强领导，进一步明确时间表、路线图，做到有安排、有落实、有监督；三是要建立三沙市、海南省、中指办三方协调机制，共同推进编纂工作按期完成。（朱文清）

【中指办领导出席《铜仁地区通志》首发式】 2月20日，中指办主任冀祥德出席《铜仁地区通志》首发式暨铜仁市二轮修志总结大会。冀祥德在讲话中指出，《铜仁地区通志》详载铜仁全境的自然与社会，以及数千年的文明史，全面记录和展示了铜仁的历史演进和发展。铜仁市已在贵州省率先全面完成第二轮修志规划，为进一步推动地方志事业的转型升级奠定了坚实的基础。他希望，铜仁市要抓住机遇、大胆创新，全面推进地方志事业转型升级，不断满足地方经济社会发展的文化需求。（朱文清）

【中指办领导出席《广西通志（1979—2005）》出版座谈会】 2月21日，传承弘扬中华优秀传统文化暨《广西通志（1979—2005）》出版座谈会在南宁市召开。中指办主任冀祥德出席会议并讲话。冀祥德对广西地方志下一步工作提出要求：一是要全面贯彻落实习近平总书记系列重要讲话精神和治国理政新理念新思想新战略，围绕中心、服务大局，自觉将各项工作纳入国家和各地经济社会发展战略当中，纳入本地的公共文化服务体系当中，提高服务意识，创新服务方式，全面提升方志文化的公共能力和水平。二是要全面落实《规划纲要》提出的"两全目标"，坚定方志文化自信，以依法治志为重要保障。三是要做好《广西通志（1979—2005）》编纂经验总结，为今后志鉴编修提供借鉴和参考。四是要继续发扬修志问道、直笔著史的文化人精神，抓住实施中华优秀传统文化传承发展工程的契机，紧紧围绕全国地方志"十大工程"，全面推动广西地方志从一项工作向一项事业转型升级。（朱文清）

【中指办领导出席吉林省地方志工作机构主任会议】 2月23日，2017年度吉林省地方志工作机构主任会议在长春市召开。中指办主任冀祥德出席会议并讲话。冀祥德指出，吉林省地方志工作要全面贯彻落实《规划纲要》，确保"两全目标"任务的顺利完成；坚定方志文化自信，确保地方志工作在中华传统文化传承发展中有所作为；努力实现"六个转变"，力争率先完成地方志事业的全面转型升级；大力推进依法治志，积极探索地方志工作向现代法治化治理体系转型发展；坚持修志为用，切实发挥地方志在振兴吉林、促进经济社会发展中的重要作用。同日，吉林省地方志编委会专家学术报告会在长春市举办，冀祥德以"推进依法治志"为题，为吉林省地方志工作者作报告。（朱文清）

【全国第二轮省级志书（政法）编纂业务研讨会召开】 2月28日至3月2日，全国第二轮省级志书（政法）编纂业务研讨会在石家庄市召开。中指办主任冀祥德出席会议并讲话。冀祥德指出，这次研讨会既是一次业务研讨和培训，更是一次针对省级志书编纂的动员和促进会，各省（区、市）、新疆生产建设兵团要把握好工作节奏，真抓实干，抓出成果，抓出实效，确保按期保质完成"两全目标"。研讨会期间，专门邀请河北、湖北、四川三个省介绍第二轮省级志书（政法）的篇目设置模式、组织管理机制、编纂业务规范等，还邀请熟悉政法理论和具有丰富实践经验的专家对《湖北省志·检察志》《河北省志·公安志》《四川省志·司法行政志》进行点评。来自各省（市、

区)、新疆生产建设兵团志办以及特邀专家近100人参加会议。（朱文清）

【中指办领导听取新疆维吾尔自治区地方志编委会工作汇报】 3月2日，中指办主任冀祥德、副主任邱新立听取新疆维吾尔自治区地方志编委会工作汇报。冀祥德听取新疆地方志编委会党组书记、副主任廖运建的工作汇报后，对新疆地方志下一步工作提出要求：一是要全力以赴完成《规划纲要》的任务，特别是“两全目标”。二是要立足现实，坚持地方志工作围绕新疆经济社会的中心工作不断开拓创新。三是要加大地方志工作向基层延伸的力度，让地方志更接地气，走进千家万户。四是要进一步克服困难，在新疆范围内全面实现地方志从一项工作向一项事业转型升级。五是要抓住特色，总结推广地方志工作的“新疆经验”。（朱文清）

【中指办领导出席陕西省地方志工作会议】 3月2日至3日，陕西省地方志工作会议暨经验交流现场会在陕西省渭南市召开。中指办副主任刘玉宏出席会议并讲话。刘玉宏对陕西省地方志下一步工作提出意见：一是要全力以赴，按期保质完成《规定纲要》确定的“两全目标”；二是要多措并举，全面提高地方志质量；三是提高认识，加快推进方志馆和信息化建设；四是要拓展思路，大力开发利用地方志资源；五是凝心聚力，进一步弘扬方志人精神。（朱文清）

【中指办领导听取国家方志馆长江分馆筹建情况汇报】 3月6日，中指办主任冀祥德、副主任刘玉宏听取安徽省志办巡视员刘成典，铜陵市委常委、副市长罗云峰，铜陵市史志办主任朱淑玲一行关于筹建国家方志馆长江分馆的专题汇报。冀祥德听取汇报后针对长江分馆筹建工作，提出三个原则：一是要坚持好事办好的原则，二是要坚持高标准原则，三是坚持稳步推进原则。同时，针对长江分馆下一步的工作安排，提出要求：一是要确定立项。二是要尽快确定选址。三是要签署协议。四是要立足实际，成立领导机构、各项目机构等，各司其职。五是要将设计、建筑、布展大纲制定、资料物品征集等各个环节同步开展，协调推进。（朱文清）

【中国名村志文化工程篇目论证会暨编纂业务培训班举办】 3月8日至10日，中国名村志文化工程篇目论证会暨编纂业务培训班在上海市金山区举办。中指办主任冀祥德出席会议并讲话。冀祥德指出，要充分认识中国名村志文化工程实施的重大意义，第一，名村志文化工程是《规划纲要》明确要求开展、财政部专项资金支持的国家级工程。第二，名村志文化工程的实施，就是要把农村承载的历史文化信息完整地记录保存下来，让百姓记得住乡思、留得下乡愁、听得见乡音、传承下乡俗，让农村能够传承文脉、重塑特色。第三，名村志文化工程突破了传统志书编纂的组织形式、体例体裁运用、内容记述方法等，突出“名”和“特”，采取群众喜闻乐见的方式记述农村事物、传播方志文化，对于普及地方志成果具有重要作用。第四，名村志是中华优秀传统文化的传承发展工程。第五，名村志文化工程的实施，把地方志工作的触角向基层、村庄、千家万户延伸，是地方志的接地气工程。他要求，要把名村志的编纂当作政治任务来抓，切实把握好工作节奏，按期保质完成编纂任务。会上，上海市志办主任洪民荣介绍上海市地方志工作的开展情况。中共金山区委副书记、区长胡卫国全面介绍金山区经济社会发展情况和地方志工作取得的成绩，特别是乡镇村志编修情况。开幕式上，为确保第一批名村志编纂按期完成，与每部申报的名村志签订责任状，在完成时间、质量标准、责任追究等方面明确相关要求，北京市、黑龙江省、上海市、江苏省、山东省、重庆市地方志工作机构分管名村志的领导代表签订了责任状。来自31个省（市、区）和香港特别行政区地方志工作机构分管名村志的领导，部分名村志主编、总纂、联络员和特邀专家共150余人参加会议。（朱文清）

【中指办领导听取铜仁市万山区地方志工作汇报】 3月14日，中指办主任冀祥德听取贵州省铜仁市万山区副区长李永娟、万山区志办主任杨雪花的工作汇报。冀祥德在听取汇报后对《万山区转型发展志》编纂工作提出要求：一是要高度重视《万山区转型发展志》编纂的重大意义，要从引领和标杆的角度定位该项活动。二是要精心组织、系统部署，成立专门的领导小组，科学统筹安排工作。三是要抓住时机。四是要充分借助外力，发挥各方优势，编纂出一部精品志书。 （朱文清）

【中指办领导出席国家方志馆长江分馆选址讨论会】 3月15日，国家方志馆长江分馆选址讨论会在铜陵市召开。中指办副主任刘玉宏出席会议并讲话。刘玉宏指出，国家方志馆长江分馆建设要坚持弘扬长江文化、展示铜陵魅力的原则，努力把馆舍建设成为铜陵市乃至长江流域的文化名片；建设要立足为铜陵经济文化建设服务，为铜陵市的经济社会发展提供重要的文化支撑。 （朱文清）

【中指办领导到昆山市周庄镇调研地方志工作】 3月17日，中指办副主任刘玉宏到江苏省苏州市昆山市周庄镇调研地方志工作。调研期间，刘玉宏听取苏州市、昆山市和周庄镇地方志工作情况汇报。刘玉宏指出，苏州市积极开展乡镇志编修，并有多种镇志入选中国名镇志文化工程，给全国地方志系统树立了榜样，工作取得了丰硕成果，走在了全国前列，发挥了引领作用。同日，刘玉宏出席2017年第六届中国苏州文化创意设计产业交易博览会“方志中国”布展研讨会。刘玉宏在听取苏州市志办关于创博会方志馆展区布展及首届全国方志馆馆长论坛筹备情况后，对展览设计给予肯定，并就如何改进展览设计提出指导性意见。

（朱文清）

【中指办领导听取河北省志办工作汇报】 3月29日，中指办主任冀祥德、副主任刘玉宏听取河北省志办主任杨洪进一行工作汇报。冀祥德在听取汇报后对河北省地方志工作给予充分肯定，并对下一步河北省地方志工作提出要求：一是要把法治手段与行政手段相结合，使工作更加科学、细化、有力、强硬、实效。二是河北省各市县方志队伍要团结一致，齐心聚力、把各项工作做好。以“平常心对待清苦”“以责任心对待辛苦”“以事业心对待艰苦”，这种以“三心”对待“三苦”的河北方志人精神的树立和实践，值得学习推广。三是要把志书的数量和质量有机结合起来，编纂出一批精品佳志。四是要切实重视方志馆建设，拓展地方志事业阵地。 （朱文清）

【中指办领导听取威海市史志办工作汇报】 3月31日，中指组秘书长，中指办党组书记、主任冀祥德听取威海市史志办主任耿祥星一行工作汇报。冀祥德在听取汇报后对下一步威海市史志工作提出要求：一是《威海市志》是入选中国志书精品工程的精品志书，在全国范围内具有标杆性示范作用，一定要保证质量，打造精品。二是《威海市志》的编纂出版，最好能与地级威海市成立30周年这一重大事件相结合，为地级威海市成立30周年献礼。三是记录古村落变迁发展的《志说威海——古村落的前世今生》项目，要契合“齐鲁名镇名村志文化工程”“中国名村志文化工程”，要制定规划，做好威海市乡村文化的抢救工程。

（朱文清）

【中指办领导听取首届方志馆馆长论坛、苏州创博会方志中国展、周庄古镇影像志启动会议筹备情况汇报】 4月6日，中指组秘书长，中指办党组书记、主任冀祥德，中指办副主任刘玉宏听取苏州市志办主任陈兴南一行关于首届方志馆馆长论坛、苏州创博会方志中国展、周庄古镇影像志启动会议筹备情况的汇报。冀祥德在讲话中指出，首届全国方志馆馆长论坛、苏州创博会方志中国展览和周庄古镇保护与旅游发展影像志·口述史文化工程启动仪式的开展，是三件具有开创性的大事，一定要分解任务、明确责任，周密严谨、全面细致地做

好相关工作。（朱文清）

【中指办领导听取宁夏地方志工作汇报】 4月7日，中指组秘书长，中指办党组书记、主任冀祥德，中指办副主任邱新立听取宁夏社会科学院副院长刘天明、宁夏回族自治区志办主任负有强一行工作汇报。冀祥德在讲话中对下一步宁夏地方志工作提出要求：一是要明确《规定纲要》的“两全目标”。二是要明确“方志文化自信”“地方志从一项工作向一项事业转型升级”“依法治志”等理念的形成。三是要将工作紧紧围绕宁夏经济社会发展的中心工作进行，不断扩大地方志的影响力。四是要克服目前人员编制少、机构级别低的困难，做出宁夏地方志工作特色，创造和总结出“宁夏经验”。五是要加快推进信息化和方志馆建设等方面的工作。六是要加强交流、联系，取长补短，共同提高。（朱文清）

【中指办领导听取辽宁省地方志工作汇报】 4月7日，中指组秘书长，中指办党组书记、主任冀祥德，中指办副主任邱新立听取辽宁省志办主任鄢钢城一行工作汇报。冀祥德在听取辽宁省地方志工作汇报后提出要求：一是希望辽宁省志办新一届领导班子能与辽宁省领导积极沟通与汇报，克服困难，主动作为，把辽宁省地方志事业发展壮大。二是希望辽宁省方志办开阔视野，进一步加强与全国地方志系统的沟通交流。三是希望辽宁省志办利用当前地方志事业发展的大好时机，开拓创新，奋起直追，不断推动辽宁省地方志工作再上新台阶。（朱文清）

【中指办领导调研济宁市史志工作】 4月10日至11日，中指组秘书长，中指办党组书记、主任冀祥德到济宁市调研史志工作，并为济宁市史志编修培训班授课。冀祥德在听取济宁市地方志工作汇报后对近年来济宁市史志工作所取得的成绩给予肯定，并要求济宁市进一步加强组织领导，强化工作保障，推动地方史志事业不断迈上新台阶。冀祥德在授课中从文化建设的高度分析了当前史志事业面临的大好形势。他强调，地方志是中华民族优秀传统文化的有机组成部分，地方志书是具有真实性、权威性的“官书”。全国地方志工作者要充分认识地方志工作的重要性，围绕中心，服务大局，坚定方志文化自信。（朱文清）

【中指办召开中国名酒志文化工程启动会议】 4月19日，中国名酒志文化工程启动会议在江苏宿迁召开。中指组秘书长，中指办党组书记、主任冀祥德出席会议并讲话。冀祥德指出，在新的形势下，地方志事业要发展，一方面需要政府加大重视力度，另一方面也需要地方志工作机构开拓创新，以国家利益为导向，围绕国家中心工作，服务经济社会发展。“功崇惟志，业广为勤”。经过勤奋努力做出的伟大业绩，需要用志书记述下来。这次启动中国名酒志文化工程，就是发挥地方志功能，为企业、为社会提供服务的有益尝试。中指办副主任邱新立对《中国名酒志文化工程实施方案（讨论稿）》（以下简称《实施方案》）中的主要任务、编纂要求和申报程序等作说明，希望各地对《实施方案》提出建设性意见和建议，共同将之打造好，并进一步提高认识、明确任务，以实际行动参与到中国名酒志文化工程中来，使中国名酒志文化工程出精品、成品牌，做成社会影响大、认知度高、公信力强的放心工程。会议分成两个小组，对《实施方案》进行讨论。来自全国14个省市的80余位代表参加会议。（朱文清）

【中指办领导为中国苏州文化创意设计产业交易博览会“方志中国”展览揭幕】 4月21日至22日，中国苏州文化创意设计产业交易博览会“方志中国”展览在苏州国际博览中心开展。中指组秘书长，中指办党组书记、主任冀祥德和江苏省志办党组书记、主任漆冠山共同为展览揭幕。中指办副主任刘玉宏主持开幕式。“方志中国”展览从传承历史、古今名人、地理疆域、科学研究、乡风民俗等多个板块，采用拟人手法从不同角度，形象地展示出方志的独特作用和文化魅力。展会现场还展示了500多本来自全国各省市的志书，让各地观众感受到家乡的气息。此次展览是方志文化与文化创意产业的融合，是宣传弘扬传承方志优秀传统文化的有益探索和创新。（朱文清）

【中指办领导到苏州工业园区调研地方志工作】 4月21日，中指组秘书长，中指办党组书记、主任冀祥德到苏州工业园区管理委员会档案管理中心调研，并考察苏州工业园区规划展示馆。冀祥德在听取工作后对档案管理中心的工作给予充分肯定，并对下一步档案管理中心的地方志工作提出要求：一是要注重年鉴编纂的持续性，力争一年一鉴。二是继续与其他部门保持优势互补，实现资源共享。三是要加强地方志工作的宣传推广力度。四是要擦亮地方志品牌，不断拓宽发展空间，从资料、网站建设等方面，把地方志工作与档案等工作更有效地结合起来。五是要创造出更多好的经验，在各类园区地方志工作中积极发挥示范作用。

（朱文清）

【首届全国方志馆馆长论坛在苏州召开】 4月21至22日，首届全国方志馆馆长论坛在苏州市召开。中指组秘书长，中指办党组书记、主任冀祥德出席开幕式并讲话。中指办副主任刘玉宏主持会议。冀祥德指出，《规划纲要》和中共中央办公厅、国务院办公厅联合印发的《关于实施中华优秀传统文化传承发展工程的意见》，都指明了方志馆的发展方向。此次论坛主要目的就是围绕这两个文件精神，解决以下问题：一是方志馆功能和定位，论证其不可或缺的特殊性。二是探讨建成怎样的方志馆。三是如何解决博物馆等其他场馆遇到的门可罗雀问题。四是通过方志馆这一方志基地建设，推动地方志从一项工作向一项事业转型。国家方志馆黄河分馆、北京市方志馆等16家方志馆馆长及有关代表作主旨演讲。此次会议是全国方志馆界召开的第一次馆长论坛，达到了统一思想、提高认识、明确任务的目的。

（朱文清）

【中国名镇影像志启动仪式在周庄召开】 4月22日，中国名镇志文化工程中国名镇影像志启动仪式会议在周庄召开。中指组秘书长，中指办党组书记、主任冀祥德出席会议并讲话。中指办副主任刘玉宏主持会议。冀祥德阐释了开展拍摄中国名镇影像志工作的重要意义。一是拍摄中国名镇影像志是地方志书文本形式的创新与革命。二是中国名镇影像志中国名镇志的延伸，二者相辅相成，相得益彰，将共同推动中国名镇志文化工程的建设与发展。三是拍摄中国名镇影像志可助推方志文化大众化，让地方志走进寻常百姓家，使人们熟知方志文化。同时强调，影像志是新时代的产物，要加强理论研究与攻关，要在理论与实践的良性互动中开展，要确保质量合格并力争上乘，切实拍摄制作出堪存堪鉴、形式新颖、为群众喜爱的影像志。来自全国各地方志工作机构的代表、特邀专家学者、昆山市和周庄镇的部分老领导及代表共70余人参加会议。（朱文清）

【全国第一次《汶川特大地震抗震救灾志》编纂工作经验交流会暨地方志质量建设研讨会召开】 4月25日至26日，全国第一次《汶川特大地震抗震救灾志》编纂工作经验交流会暨地方志质量建设研讨会在汉中市召开。中指组秘书长，中指办党组书记、主任冀祥德出席会议并讲话。中指办副主任邱新立主持会议。冀祥德指出，质量是地方志生命之所在，关乎事业的发展兴衰。中指办通过抓志书、年鉴、期刊、信息、方志馆等一系列培训，提升地方志队伍素质水平，进而促进地方志质量建设。地方志资料工作是质量建设的重要环节，要高度认识地方志资料工作的重要性，不注重地方志的资料工作，地方志的可信性、有用性、证据性就大打折扣，质量建设也就是首先地方志资料工作要制度化、法治化；其次地方志资料工作要系统化；再次地方志资料工作要信息化，要与地方志网站、数据库、微信平台有机结合，齐头并进，重点发展。只有将资料工作做深、做透，才能确保资料的真实可信，准确可用，地方志资料的价值才能体现。会议介绍了陕西省省情、《汶川特大地震陕西抗震救灾志》编纂情况和汉中市市情、《汶川特大地震汉中抗震救灾志》编纂情况。来自全国省市县三级地方志工作机构、新疆生产建设兵团的地方志工作者100余人参加研讨会。（朱文清）

【中指办领导到咸阳市调研地方志工作】 4月25日，中指组秘书长，中指办党组书记、主任冀祥德到咸阳市调研，听取咸阳市地方志工作汇报。冀祥德在听取汇报后对咸阳市下一步工作提出要求：一是要认真贯彻落实好《规划纲要》确定的“两全目标”；二是要不断推进咸阳市地方志事业转型升级；三是要创造出更多好的经验，通过不同的平台宣传推广出去；四是要采取办培训班、以会代训、以评代训等方式，加强业务培训，不断提高队伍素质；五是加强与中指办的沟通联系，取得更大的支持。（朱文清）

【中指办领导为广西全区地方志业务培训班授课】 4月26日，中指组秘书长，中指办党组书记、主任冀祥德以“志鉴编纂出版常见法律错误及其纠正”为题，为2017年广西第一期地方志业务培训班学员授课。冀祥德在授课中从我国的法律渊源谈起，向学员讲授我国法治建设历程，阐明《地方志工作条例》《规划纲要》的法律效力位阶，论述依法治志提出的背景与意义、内涵与外延、目标及其实现路径。最后，冀祥德对第二轮地方志书中“政法篇”和综合年鉴中“法治”类目的名称及其结构提出改革性意见。（朱文清）

【中指办领导调研柳州市地方志工作】 4月26日，中指组秘书长，中指办党组书记、主任冀祥德调研柳州市地方志工作。冀祥德在听取情况介绍后对柳州市、三江县下一步地方志工作提出要求：一是要明确任务，保质保量地完成《规划纲要》确定的“两全目标”；二是要结合实际，围绕当地经济社会发展的中心任务，开拓创新地方志工作；三是要重视和推进方志馆和信息化建设，利用新理念、新技术、充分发挥地方志的重要作用。（朱文清）

【全国第二轮志书（政治部类）编纂业务研讨会、第二次《汶川特大地震抗震救灾志》编纂工作经验交流会召开】 5月10日至13日，全国第二轮志书（政治部类）编纂业务研讨会、第二次《汶川特大地震抗震救灾志》编纂工作经验交流会在成都市召开。中指组秘书长，中指办党组书记、主任冀祥德出席开幕式并讲话。中指办副主任邱新立主持开幕式并作总结讲话。冀祥德指出，《汶川特大地震抗震救灾志》是新中国成立以来第一部由国家层面组织编纂的专题性志书，系统客观地记述了汶川特大地震灾害，全景式地展示了抗震救灾和恢复重建的历史过程，为后人、为世界留存了宝贵的文化财富，全国地方志系统一定要把编纂经验交流好、总结好、宣传好。冀祥德要求，要充分认识政治部类在全志中的重要地位。政治部类是志书的灵魂，是志书时代特色的方向标，是志书实现社会价值的依托。要始终把增强“政治意识、大局意识、核心意识、看齐意识”贯穿于政治部类编纂的全过程，进一步突出政治部类的政治性、时代性、引领性。会议认为，编纂《汶川特大地震抗震救灾志》对四川省的芦山强烈地震抗救灾和灾后恢复重建提供了非常重要的借鉴，也必将对全国同类自然灾害的救援和重建提供范本，具有重要的现实意义和深远的历史意义。来自全国省市县三级地方志工作机构的代表130余人参加会议。（朱文清）

【中指办领导调研成都地方志工作】 5月11日，中指组秘书长，中指办党组书记、主任冀祥德到成都市方志馆调研，听取成都市志办主任高志刚关于成都市方志馆建设和地方志工作情况汇报。冀祥德在听取汇报后对成都市的工作给予充分肯定，并对成都市地方志下一步工作提出要求：一是要明确中心任务，在2017

年底全面完成“两全目标”，争取更多的志鉴进入全国的精品志鉴工程。二是要继续通过服务成都经济社会发展、以有为谋有位的同时，进一步抓好方志惠民工程，让地方志工作贴近百姓生活。三是要继续抓好队伍建设，优化队伍人员结构，强化知识结构，发挥方志人的“仙人掌”精神，让地方志事业越耕越大。

（朱文清）

【中指办领导出席宁夏回族自治区 5 · 18 地方志宣传日活动暨《宁夏通志》首发式】 5 月 18 日，中指组秘书长，中指办党组书记、主任冀祥德出席宁夏回族自治区 5 · 18 地方志宣传日活动暨《宁夏通志》首发式并讲话。冀祥德就进一步做好宁夏地方志工作提出要求：一是要深刻认识地方志工作的重大价值和意义。二是要坚定方志文化自信，在中华文化走出去的战略中充分发挥地方志的引领作用。三是要深入贯彻国家顶层设计，准确把握当前地方志事业的发展大势。四是要深刻认识完成“两全目标”，推动地方志从一项工作向一项事业转型升级的重大意义。希望宁夏各级党委、政府要深刻认识完成任务的艰巨性、紧迫性，加快推进宁夏“两全目标”的完成。（朱文清）

【中指办领导为宁夏回族自治区地方志工作者授课】 5 月 18 日，中指组秘书长，中指办党组书记、主任冀祥德为宁夏回族自治区地方志工作者 200 余人授课。冀祥德就当前全国地方志事业的发展态势和依法治志的提出背景、价值、内涵、外延、目标及实现路径作了详细阐述。指出，依法治志契合了我国当前依法治国的基本方略，是依法治国的重要组成部分，这一理念为在全国范围内全面实现地方志从一项工作向一项事业转型升级提供了根本保障。地方志工作者只有充分理解依法治志的价值和意义才能把工作做好，才能提高认识、开阔视野，推动地方志事业的健康持续发展。（杨海峰）

【2017 年第一期全国地方志工作机构新任负责人培训班举办】 5 月 19 日至 24 日，2017 年第一期全国地方志工作机构新任负责人培训班在延安市举办。中指组秘书长，中指办党组书记、主任冀祥德出席开幕式并讲话。冀祥德指出，举办培训班的目标，就是全面贯彻落实习近平总书记、李克强总理、刘延东副总理关于地方志工作的重要讲话精神，贯彻落实《规划纲要》要求，进一步提高各地各部门地方志工作机构新任负责人的政治素质和业务水平。冀祥德强调，当好地方志工作机构新任负责人和作好地方志工作，一是要明确新时期方志工作和方志工作者的定位。方志工作的定位就是“修志问道，以启未来”。方志工作者的定位就是“直笔著信史，彰善引风气”。二是要认清地方志事业不断进入国家的顶层设计、地方志事业迎来了千载难逢的重大发展机遇期的大好形势。三是要在倡导文化自信的时代背景下，打造和树立方志文化自信，让方志文化走出国门、走向世界，是方志人的自豪与担当。四是要在把握规律的过程中把依法治志作为强有力的手段和保障措施，推动地方志工作从行政化转向法治化，全力培育全社会依法治志的意识。五是要发扬耐炎热、耐干旱、耐贫瘠但生命力非常顽强的“仙人掌”精神。冀祥德要求，各地各级地方志工作机构新任负责人都是地方志系统的“关键少数”，一定要明确定位，认清形势，牢记使命，坚定信心，把握规律，发扬精神，不辱使命，手拉手、肩并肩，共同把方志事业做大做强。来自全国各省（自治区、直辖市）、新疆生产建设兵团以及部分市、县（区）地方志工作机构新任负责人 130 余人参加培训。

（朱文清）

【中指办领导到延安市梁家河村调研】 5 月 20 日，中指组秘书长，中指办党组书记、主任冀祥德到延安市延川县文安驿镇梁家河村调研，并就《梁家河村志》编纂召开座谈会。冀祥德在讲话中指出，梁家河是习近平总书记当年作为知青工作生活过的地方，编纂《梁家河村志》具有重要历史意义和现实价值。他就下一步编纂好《梁家河村志》提出要求：一是要抓住当前的历史机遇，用志书的形式记载梁家河村的社会变迁，反映农村面貌的变化，体现时代特征。二是要提高思想认识，编修好《梁家河村志》，对指导全国各地编修名镇名村志具有十分重要的借鉴作用。三是要突出梁家河村的自然、民俗、经济、文化等方面的地方特色，反映梁家河村人艰苦奋斗、自力更生的创业精神，客观真实记载梁家河村的发展变化。四是要克服各种困难，采取调查走访、查阅档案等多种形式搜集整理文字及图片资料。冀祥德要求，要成立《梁家河村志》编纂工作小组，扎实稳步推进人物访谈、资料征集、篇目设计等工作，要高度重视，积极推进。中指办、陕西省志办、延安市志办、延川县志办有关人员以及梁家河主要负责人参加会议。

（朱文清）

【中指办领导在重庆作“地方志转型升级与依法治志”讲座】　5月26日，中指组秘书长，中指办党组书记、主任冀祥德为重庆市地方志工作者作“地方志转型升级与依法治志”讲座，对地方志转型升级提出的背景、意义，以及转型升级与依法治志的关系进行了阐述。他指出，地方志工作者只有充分理解依法治志的价值和意义，才能把工作做好，才能提高认识，开阔视野，推动地方志事业的健康持续发展。　（朱文清）

【第七届中国地方志学术年会在重庆召开】　5月25日至28日，地方志转型升级理论与实践探索——第七届中国地方志学术年会在重庆市召开。中指组秘书长，中指办党组书记、主任，中国地方志学会副会长兼秘书长冀祥德出席开幕式并讲话。中指办副主任、中国地方志学会副会长邱新立主持开幕式。冀祥德对地方志转型升级的内涵，以及如何认识、定位、构建地方志转型升级作了详细阐述，并对发挥方志理论研究和方志学学科建设在转型升级中应有的作用提出更高要求。会议研讨围绕地方志转型升级理论与实践探索、方志学在中国特色哲学社会科学中的地位及方志学学科体系建设、方志文化自信、方志人与方志工作定位、志鉴编纂理论创新、地方史与地方文化传承、志鉴数字化以及方志馆功能与定位等多个方面展开深入研讨。来自全国地方志系统、高等院校、科研院所的专家学者80余人以文与会，重庆市志办及所属区县地方志工作机构工作人员80余人参加会议。　（朱文清）

【中指办领导为四川地方志系统领导干部培训班授课】　6月4日，中指办副主任刘玉宏、邱新立为四川地方志系统领导干部培训班学员授课。刘玉宏以“方志馆研究与探讨”为题，从国家方志馆的建设情况入手，介绍了当前全国方志馆建设的总体情况，从方志馆的概念、方志馆的功能、方志馆与其他场馆的区别、方志馆建设的重要性和必要性以及当前方志馆建设过程中遇到的问题等方面进行讲授。邱新立以“地方志的现状与面临的发展机遇”为题，介绍全国地方志事业的发展情况，重点介绍中指组及其办公室近几年开展的重点工程，包括地方史编写工程、名志工程、制度建设工程、理论建设和学科建设工程、《中国抗日战争志》工程等工作的开展情况。来自四川省21个市（州）和26个区（县）志办负责人、5个省级部门方志机构负责人共60余人参加。

（朱文清）

【中指办领导出席首届北京市地方志开发利用暨方志馆建设论坛】　6月7日，首届北京市地方志开发利用暨方志馆建设论坛在北京市房山区举办。中指办副主任刘玉宏出席论坛并讲话。刘玉宏首先对北京市地方志工作给予充分肯定，并就北京市地方志开发利用和方志馆建设提出要求：一是要紧紧抓住机遇，迎难而上，全力推进方志馆建设和地方志事业发展。二是要对方志馆的定位、功能以及建设的重要性和必要性等这些基础问题进行系统深入的研究。三是要提升理念，在开发利用上要紧跟时代的步伐，充分利用现代化信息手段，助推地方志事业快速向前发展。四是要解决好地方志事业发展中的瓶颈问题。在下一步工作中，要在顶层设计上下功夫，要在规划、论证上下功夫，要在宣传、展示方志文化上下功夫。

（朱文清）

【中指办领导听取临朐县史志办工作汇报】 6月9日，中指组秘书长，中指办党组书记、主任冀祥德，中指办副主任刘玉宏听取临朐史志办主任张孝友一行工作汇报。冀祥德在听取汇报后指出，临朐县史志办提出编纂《东镇沂山志》《西镇吴山志》《南镇会稽山志》《北镇医巫闾山志》《中镇霍山志》的“中华五镇志”的设想很有意义。临朐县史志办要做好方案、资料整理等前期工作，报上级单位，经批准后进行组织实施。同时，冀祥德对下一步临朐史志工作提出要求：一是要保持先进；二是要紧扣经济社会发展大局，为临朐的中心工作服务；三是要加强与全国其他先进单位的交流沟通；四是要干出特色，并把新的特色、新的经验总结好、推广好。刘玉宏提出：一是编修“中华五镇志”是一件非常有意义的事情；二是要利用方志馆宣传方志文化，讲好临朐故事，要抓好机遇，乘势而上，不断总结经验，全面做好临朐的史地工作；三是要发挥国情调研基地的作用。（朱文清）

【中指办领导出席湖南省地方志资料年报工作经验现场推介会】 6月9日，湖南省地方志资料年报工作经验现场推介会在长沙市举办。中指办副主任邱新立出席会议并讲话。邱新立首先对湖南省地方志工作给予充分肯定，并就如何做好地方志资料工作提出建议：要充分认识地方志资料工作的重要性，地方志工作30年来取得的丰硕成果，其基础就是客观、真实、系统的资料；要积极推动地方志资料年报工作，强化工作举措，大力推进相关工作。

（朱文清）

【中指办领导调研晋城市地方志工作】 6月14日，中指组秘书长，中指办党组书记、主任冀祥德到晋城市方志馆参观并与晋城市志办全体人员座谈，听取晋城市志办主任邵俊生关于晋城市方志馆建设和地方志工作情况汇报。冀祥德听取汇报后首先对晋城率先完成“两全目标”给予充分肯定，并对晋城下一步地方志工作提出要求：一是要抓住机遇，积极争取市委市政府的大力支持。二是要在完成“两全目标”的基础上，拉长晋城地方志工作的短板，向全国先进看齐，尤其要打造精品年鉴。三是要加强名镇志、名村志的编纂，积极参与中国影像志的拍摄，做好晋城宣传工作。四是要加强信息化建设。五是要加强人才的培训和建设。六是要拓宽视野，走出山西。（朱文清）

【中指办领导听取郑州市史志办工作汇报】 6月14日，中指组秘书长，中指办党组书记、主任冀祥德，中指办副主任刘玉宏听取郑州市史志办主任朱军一行工作汇报。冀祥德在听取汇报后对郑州市下一步史志工作提出要求：一是要抓住重点，史志工作任务的重点就是实现年鉴全覆盖，必须积极推动，加大工作力度，保证2020年实现“一年一鉴、公开出版”。二是志鉴编纂要保证质量，要争取进入中指办推出的中国志书精品工程和中国年鉴精品工程，提升志鉴质量，多出精品。三是要积极主动参加全国地方志“十大工程”。四是要切实提高队伍培训的针对性和时效性。五是要立足郑州本地，围绕经济社会发展中心工作开拓创新，做出郑州特色。（朱文清）

【中国名街志、名山志、名水志编纂工作研讨会在扬州召开】 6月14日至15日，中国名街志、名山志、名水志编纂工作研讨会在扬州市召开。中指办副主任邱新立出席会议并讲话。邱新立指出，实施名志系列工程是中指办贯彻落实《规划纲要》的重要举措，是地方志事业发展的必然要求。会议对《中国名街志文化工程实施方案》《中国名山志文化工程实施方案》《中国名水志工程实施方案》讨论稿进行研讨，并交流部分地区专业志、特色志的编纂情况及经验。（朱文清）

【中指办领导赴德国、法国、英国进行学术交流】 6月19日至28日，应德国哥廷根大学、英国牛津大学和法国拉罗谢尔大学孔子学院的邀请，由中指办副主任刘玉宏带队的学术交流团一行赴德国、法国和英国开展学术交流，学习借鉴图书馆、博物馆建设，文献资料收藏、收集等方面的经验，着手建立长期合作与交流机制，推动方志文化在欧洲的传播。（朱文清）

【中指办领导出席湖南省地方志系统业务培训班】 6月20日，中指组秘书长，中指办党组书记、主任冀祥德出席湖南省地方志系统业务培训班并为学员授课。冀祥德围绕方志文化自信、推进“依法治志”和“一纳入、八到位”、全面深入推进地方志事业发展的转型升级，特别是要紧紧围绕到2020年全面完成“两全目标”核心任务等内容为学员授课。（朱文清）

【中指办领导调研浏阳市地方志工作】 6月20日，中指组秘书长，中指办党组书记、主任冀祥德到浏阳市调研地方志工作并召开座谈会，听取工作汇报。冀祥德在听取汇报后，对浏阳市下一步地方志工作提出要求：一是要紧紧围绕市委市政府的中心工作，开拓创新。二是要接好地气，既要做好服务党委、政府中心工作，又要让地方志走进寻常百姓家。三是要拓宽视野，把握从传统的“一本书主义”到“十业并举”的地方志事业转型升级的使命担当和创新要求。四是要多出精品，加强名镇志、名村志的编纂。五是要创出经验。

（朱文清）

【中指办领导出席山东省精品志书编修培训班开班式并授课】 6月26日，山东省精品志书编修培训班在济南市开班。中指组秘书长，中指办党组书记、主任冀祥德出席开班式并以“新形势、新定位、新目标、新举措”为题为学员授课。冀祥德指出：一、全国地方志事业正处于高位运行的发展态势。二、要充分认识新时期地方志工作定位和地方志工作者定位。三、当前最根本、最核心的目标就是“两全目标”。四、为了完成新目标，要从抓住机遇、打造队伍、围绕中心、紧接地气、构建学科、弘扬精神等举措入手，加快实现地方志事业的转型升级。（朱文清）

【中指办领导听取安丘市史志办编纂《景芝酒志》等工作汇报】 6月29日，中指组秘书长，中指办党组书记、主任冀祥德，中指办副主任刘玉宏听取山东省安丘市史志办主任林卫成一行工作汇报。冀祥德在听取汇报后，对《景芝酒志》申报中国名酒志提出要求：一是要抓住机遇，二是要提升质量，三是夯实基础，把工作做实做细，把《景芝酒志》打造成全国第一本中国名酒志。刘玉宏在听取汇报后，就《景芝酒志》申报中国名酒志和安丘方志馆工作提出意见：一是要保证质量，二是要突出特色，三是要提升理念。7月3日，《景芝酒志》出版发布会在安丘市举行，刘玉宏出席发布会并讲话。（朱文清）

【中指办领导听取黑龙江省地方志工作汇报】 7月5日，中指组秘书长，中指办党组书记、主任冀祥德，中指办副主任刘玉宏、邱新立在国家方志馆听取黑龙江省志办主任隋岩一行工作汇报。冀祥德在听取汇报后，对黑龙江省下一步地方志工作提出要求：一是要抓住重点，二是要抓住机遇，三是要抓住生命，四是要抓住特色。刘玉宏、邱新立也分别对黑龙江省下一步地方志工作提出建议。（朱文清）

【中国地方志学会专家顾问委员会成立大会在丹东市召开】 7月8日，中国地方志学会专家顾问委员会成立大会在丹东市召开。中指组秘书长，中指办党组书记、主任，中国地方志学会副会长兼秘书长冀祥德出席会议并讲话。中指办副主任、中国地方志学会副会长刘玉宏主持会议。会上，冀祥德为专家顾问委员会主席、副主席分别颁发聘书并参加座谈。专家顾问委员会的成立是对《规划纲要》有关要求的贯彻落实，有利于有效整合社会资源，发挥专家学者、退休老同志的作用，有利于推进中国地方志学会各项工作，有利于地方志事业的科学规划与长远发展。（朱文清）

【全国地方志系统信息化工作会议暨信息化研究会年度会议在丹东市召开】 7月8日，全国地方志系统信息化工作会议暨信息化研究会年度会议在丹东市召开。中指组秘书长，中指办党组书记、主任冀祥德出席会议并讲话。中指办副主任刘玉宏主持开幕式。会上，冀祥德作题为《立足地方志实际坚持互联网思维扎实推进地方志信息化建设转型升级》的讲话。冀祥德指出，2017年是贯彻落实《信息化发展规划》的开局之年，是深入实施全国信息方志与数字方志建设工程的关键之年，做好地方志信息化工作意义重大。全国地方志系统信息化工作者要牢固树立"互联网+地方志"理念，把握规律科学干，撸起袖子加油干，落实责任务实干，为提高地方志信息化工作水平，树立方志文化自信，提高方志文化自觉，全面推进地方志转型升级贡献应有的力量。刘玉宏宣读《关于通报表扬全国地方志信息化工作单位和个人的决定》，对北京市志办等21个单位和40名个人进行通报表扬，并颁发荣誉证书。会议通过交流典型经验，分组研讨相关数据标准和工作方案、现场演示中国地情网等方式，对地方志信息化工作进行深入研讨。来自全国省市县三级地方志工作机构的代表140余人参加会议。 （朱文清）

【中国地方志学会编辑出版研究会成立大会在丹东市召开】 7月9日，中国地方志学会编辑出版研究会成立大会在丹东市召开。中指组秘书长，中指办党组书记、主任，中国地方志学会副会长兼秘书长冀祥德出席会议并讲话。中指办副主任、中国地方志学会副会长刘玉宏出席会议并宣读中指办《关于成立中国地方志学会编辑出版研究会请示的批复》和中国地方志学会的《关于同意设立中国地方志学会编辑出版研究会的批复》。会议表决通过《中国地方志学会编辑出版研究会规程》《中国地方志学会编辑出版研究会第一届理事会理事、常务理事、会长、副会长、秘书长、副秘书长产生办法》，审议《中国地方志学会编辑出版研究会会员登记办法》，产生编辑出版研究会第一届理事会，共有理事89名。一届一次理事会选举产生常务理事40名。各省、区、市，新疆生产建设兵团地方志工作机构，副省级地方志工作机构，中国社会科学院、北京大学、人民大学等相关部门的专家学者约100人参加会议。 （朱文清）

【中指办领导调研丹东市地方志工作】 7月9日，中指组秘书长，中指办党组书记、主任冀祥德到丹东市调研地方志工作并召开座谈会。冀祥德在听取汇报后，对丹东市下一步地方志工作提出要求：一是要求丹东市地方志工作一定要围绕实现"两全目标"进行科学谋划，积极工作，争取早日实现综合志书、综合年鉴在丹东的全覆盖。二是要求丹东市地方志工作要紧紧围绕中心工作，开拓创新，服务大局。三是要求丹东市地方志工作要解放思想、开拓思路、走向国门，多宣传方志文化，为中国文化走向世界贡献力量。四是要求丹东市地方志工作要更加关注人民群众的需求，推动方志文化走进寻常百姓家。 （朱文清）

【中指办领导听取新疆地方志工作汇报】 7月9日，新疆维吾尔自治区地方志编委会党组书记、副主任廖运建一行在辽宁丹东参加中国地方志学会编辑出版研究会成立大会期间向中指办领导汇报新疆地方志工作情况。中指组秘书长，中指办党组书记、主任冀祥德，中指办副主任刘玉宏听取汇报。冀祥德听取汇报后对新疆地方志主动作为、积极开拓的精神给予充分肯定并对新疆地情展示中心（新疆方志馆）建设工作提出要求，建议由国家方志馆选派专家进行实地考察，对设计规划提供指导性意见，同时要求做好《新疆通志简志》编纂出版工作。 （朱文清）

【中指办领导出席山西省志鉴编纂培训班并授课】 7月11日，中指组秘书长，中指办党组书记、主任冀祥德出席山西省志鉴编纂培训班，并以"新形势、新定位、新目标、新举措"为题为晋志讲堂开讲。他强调，要从抓住机遇、打造队伍、围绕中心、紧接地气、构建学科、弘扬精神等新举措入手，充分发挥“修志问道、直笔著史”的方志人精神，树立方志文化自信，推进地方志事业的转型升级，向全面建成小康社会贡献“志”礼。（朱文清）

【全国地方志优秀成果（年鉴类）评审系列会议召开】 7月13日至16日，全国地方志优秀成果（年鉴类）评审系列会议在龙口市召开。中指组秘书长，中指办党组书记、主任冀祥德出席开幕式并讲话。中指办副主任邱新立主持开幕式。冀祥德对会议提出要求，要高度重视评审工作的重要意义，要严守年鉴评审工作纪律，要秉持公心做好评审工作，要认真完成评审任务。此次评审活动共计评审年鉴384部，包括省级综合年鉴30部、地市级综合年鉴62部、县区级综合年鉴214部、专业年鉴78部。各评审小组通过整体评估与分项打分、分工审读与集中研讨相结合的方式，有序组织开展评审工作。通过评审，形成评审建议名单。（朱文清）

【中指办领导调研招远市史志工作】 7月13日，中指组秘书长，中指办党组书记、主任冀祥德到招远市调研史志工作并召开座谈会。冀祥德对招远市下一步地方志工作提出要求：一是要围绕宣传招远、打造招远的方志文化名片创新思路，在提升政治生态、文化生态、招商引资、黄金旅游等方面多下功夫。二是要进一步在打造精品上下功夫。三是要进一步在拓展地方志功能上下功夫。四是要进一步在争创全国先进上下功夫。（朱文清）

【中指办领导调研莱山区史志工作】 7月14日，中指组秘书长，中指办党组书记、主任冀祥德到山东省烟台市莱山区调研史志工作并召开座谈会。冀祥德对莱山区下一步地方志工作提出要求：一是要把莱山区打造成为烟台“典范之区”上下功夫。二是要牢固树立精品意识，精心打造一批精品志鉴成果。三是要在拓展地方志功能上下功夫。（朱文清）

【第二期援藏志鉴编纂业务培训班举办】 7月18日至22日，中指办第二期援藏志鉴编纂业务培训班在山南市举办。中指组秘书长，中指办党组书记、主任冀祥德出席开班仪式并讲话。开班仪式后，冀祥德以“治边稳藏修志鉴 守土护疆启未来”为题为学员授课。中指办副主任刘玉宏以“方志馆研究”为题为学员授课。中指办副主任邱新立主持开班仪式并以“志书编纂理论基础与方法”为题为学员授课。培训班是中指办援藏工作的重要组成部分，邀请了方志界的多位专家，围绕志鉴编纂的基础知识、质量控制、志鉴稿点评等编纂实务进行培训。来自西藏自治区、市（州）、县三级志鉴编纂单位业务骨干160余人参加培训。培训班间隙，冀祥德、邱新立听取西藏自治区和山南市、昌都市、日喀则市、那曲市、拉萨市、林芝市、阿里地区七个地市志办代表工作汇报。（朱文清）

【中指办领导调研西藏阿里地区地方志工作】 7月19日至20日，中指组秘书长，中指办党组书记、主任冀祥德，中指办副主任邱新立到普兰、札达、日土等县实地调研地方志工作并召开座谈会。冀祥德对阿里地区地方志工作提出要求：一是要以完成“两全目标”为核心任务，强化“一纳入、八到位”的贯彻落实，努力开创工作新局面。二是要借鉴其他省市区好的经验做法，利用各方力量推进地方志工作。三是要结合实际，妥善解决第一轮和第二轮修志的关系，扎实做好第二轮修志工作。四是要围绕党委、政府的中心工作，围绕广大人民群众的文化需求，充分体现出地方志工作的意义和价值。五是要克服困难，继续努力，以对历史负责的态度，扎实做好各项工作，全力推动阿里地方志事业不断向前发展。（朱文清）

【中指办领导调研秦皇岛市地方志工作】 7月25日，中指组秘书长，中指办党组书记、主任冀祥德到河北省秦皇岛市山海关区北营子村、秦皇岛市方志馆实地调研地方志工作，听取北营子村史馆建设情况的汇报，参观“北辰星拱——王岳辰史地治学之路展”和“山海关百姓生活展”，并与秦皇岛市、山海关区、抚宁区、卢龙县、秦皇岛经济技术开发区地方志工作机构负责人、市方志馆馆长进行座谈。

（朱文清）

【中指办领导听取《茅台酒志》申请加入中国名酒志文化工程情况汇报】 7月29日，中指组秘书长，中指办党组书记、主任冀祥德，中指办副主任刘玉宏、邱新立在国家方志馆听取贵州省志办副主任归然一行关于《茅台酒志》申请加入中国名酒志文化工程及编纂工作的情况汇报。听取汇报后，冀祥德对编纂《茅台酒志》的下一步工作提出要求：一是要把《茅台酒志》的编纂工作组织好、规划好，细化方案，狠抓落实，确定按时保质完成；二是《茅台酒志》篇目设计要体现出“名”的特点，要组织专家学者进行篇目论证，使篇目更为科学合理；三是要做好《茅台酒志》的开发利用。

（朱文清）

【全国地方志系统“两全目标”工作推进会暨援藏援疆工作座谈会等“新疆四会”在伊犁召开】 8月1日至2日，全国地方志系统“两全目标”工作推进会暨援藏援疆工作座谈会、“继承中华传统，弘扬方志文化”论坛暨2017年全国地方史志期刊工作会议在新疆维吾尔自治区伊犁哈萨克自治州伊宁市召开。中国社会科学院副院长、中指组常务副组长李培林出席会议并作题为《聚焦主业，尽职尽责，用优异的成绩迎接党的十九大胜利召开》的讲话。中指组秘书长，中指办党组书记、主任冀祥德出席会议并通报全国地方志系统“两全目标”工作推进情况。中指办副主任邱新立主持开幕式。各省市区地方志工作机构及深圳市史志办主要负责人，西藏、新疆受援地市州地方志工作有关负责人，以及论坛作者和地方史志期刊工作会议代表共计160余人参加会议。

（朱文清）

【2017年中国地方志学会年鉴研究会年度会议召开】 8月8日，中国地方志学会年鉴研究会召开理事会议，改选研究会会长和常务副会长。会议选举通过年鉴研究会原常务副会长冀祥德担任会长，刘玉宏担任年鉴研究会常务副会长。冀祥德对年鉴研究会下一步工作提出要求：一是要以理论与实践相结合为着眼点，稳步落实年鉴研究会的工作任务。二是要全面加强理论研究阵地建设。三是要着重加强人才队伍建设。四是要切实加强年鉴研究会自身建设。五是要推动年鉴研究会创新发展。刘玉宏主持会议。年鉴研究会秘书长、常务理事、理事和会员代表100余人参加会议。 （朱文清）

【全国年鉴工作会议暨年鉴研究会年度会议、精品年鉴与年鉴编纂创新研讨会议召开】 8月8日至9日，2017年全国年鉴工作会议暨年鉴研究会年度会议、精品年鉴与年鉴编纂创新研讨会在齐齐哈尔市召开。中指组秘书长，中指办党组书记、主任冀祥德出席会议并讲话。冀祥德指出，要用系统思维把握全局，进一步提升年鉴工作服务大局的意识和能力。要用创新思维促发展，进一步增强年鉴事业发展的内生动力。要用精准思维抓落实，进一步推动年鉴事业发展举措落地生根见成效。中指办副主任刘玉宏主持会议并宣读中指组、中国地方志学会印发的《关于对全国地方志优秀成果（年鉴类）的通报表扬》。会上，与会代表总结交流“年鉴全覆盖”推进工作，讨论修改《地方综合年鉴编辑出版规定（试行）》，围绕精品年鉴与年鉴编纂创新开展学术探讨。会议向参会的38家获通报表扬的年鉴编辑单位颁发证书。

（朱文清）

【中指办领导到大兴安岭调研地方志工作】 8月10日，中指组秘书长，中指办党组书记、主任冀祥德，中指办副主任刘玉宏到黑龙江省大兴安岭地区调研地方志工作，并在加格达奇听取大兴安岭地区地方志工作汇报。听取汇报后，冀祥德对大兴安岭地区下一步地方志工作提出要求：一是要紧跟形势，二是要明确目标，三是要树立自信，四是要敢于担当，五是要开拓创新。8 月 11 日，冀祥德、刘玉宏到大兴安岭地区漠河县调研地方志工作，并从地方志的档案工作、志鉴编纂工作、信息化建设、方志馆建设等方面对漠河县下一步地方志工作提出要求。（朱文清）

【中指办领导听取山西省地方志工作汇报】 8 月 30 日，中指组秘书长，中指办党组书记、主任冀祥德，中指办副主任邱新立在国家方志馆听取山西省志办党组书记、主任张志仁一行工作汇报。冀祥德听取汇报后，对下一步山西省地方志工作提出要求：一是要认清形势，把握机遇；二是要坚定目标，树立自信；三是要发扬精神，提升地位。邱新立听取汇报后，希望山西省志办再接再厉，在推进“两全目标”的同时，确保志书年鉴质量，在质量建设上狠下功夫。（朱文清）

【中指办领导听取《北大仓酒志》《雁窝岛酒志》申请加入中国名酒志文化工程情况汇报】 8 月 30 日，中指组秘书长，中指办党组书记、主任冀祥德，中指办副主任邱新立在国家方志馆听取黑龙江省志办副主任袁建勋一行关于《北大仓酒志》《雁窝岛酒志》申请加入中国名酒志文化工程及编纂情况的汇报。听取汇报后，冀祥德、邱新立对《北大仓酒志》《雁窝岛酒志》的下一步编纂工作提出要求：一是要谋划好，二是要组织好，三是要编纂好，四是要申报好，五是要宣传好。（朱文清）

【第二次全国方志馆工作会议暨方志馆业务培训班在丽水召开】 9 月 1 日至 4 日，第二次全国方志馆工作会议暨方志馆业务培训班在浙江丽水召开。来自全国各省（自治区、直辖市）、新疆生产建设兵团地方志工作机构的代表 170 余人参加会议和培训。中国社会科学院院长、中指组组长王伟光出席开幕式并作题为《加强方志馆建设，树立方志文化自信，为建设社会主义文化强国而努力》的讲话。中国社会科学院副院长、中指组常务副组长李培林出席开幕式并宣读全国方志馆工作通报表彰决定。中指组秘书长，中指办党组书记、主任冀祥德出席开幕式并主持会议。中指办副主任刘玉宏出席开幕式并作全国方志馆工作总结。会议期间，学员分三组，就如何进一步贯彻实施《方志馆建设规定（试行）》，如何更好地推进方志馆建设，如何做好方志馆业务培训等方面进行学习讨论，明确了方志馆在社会主义文化强国战略中的重要地位和意义。（朱文清）

【中指办领导听取亳州市志办工作汇报】 9 月 4 日，中指组秘书长，中指办党组书记、主任冀祥德，中指办副主任邱新立听取安徽省亳州市志办主任时明鑫一行关于《古井贡酒》申请加入中国名酒志文化工程、亳州市申报国情调研基地前期筹备、旧志点校整理以及年鉴编纂等工作的情况汇报。冀祥德在听取汇报后，对亳州市志办下一步工作提出要求：一是要夯实基础，二是要吃透政策，三是要提升质量。（朱文清）

【中指办领导到贵阳市调研地方志工作】 9 月 10 日，中指组秘书长，中指办党组书记、主任冀祥德一行到贵阳市调研地方志工作，听取息烽县副县长冯劲锋、贵阳市志办主任邓忠元关于息烽县和贵阳市地方志工作情况汇报。听取汇报后，冀祥德对贵阳市下一步地方志工作提出要求：一是要全力推进地方志工作从修一本书向“十业并举”转变，推进地方志从一项工作向一项事业转型升级；二是要不折不扣坚决完成“两全目标”；三是要提升质量，争创精品志鉴；四是要拉长短板，齐头并进。（朱文清）

【第二期全国地方志工作机构新任负责人培训班在遵义举办】 9 月 11 日至 15 日，2017 年第二期全国地方志工作机构新任负责人培训班在遵义举办。中指组秘书长，中指办党组书记、主任冀祥德出席开班仪式并以“地方志转型升级与依法治志”为题为学员授课。中指办副主任刘玉宏出席培训班，以“方志馆建设的形势与任务”为题为学员授课，并在培训班结业式上作总结讲话。中指办副主任邱新立主持开班仪式并以“方志发展史及志书编纂规范”为题为学员授课。培训班采取集中学习和分组讨论进行。来自全国各省（自治区、直辖市）及新疆生产建设兵团、市、县三级地方志工作机构新任负责人100余人参加培训。（朱文清）

【中指办领导为杭州市地方志业务培训班学员授课】 9月13日，中指组秘书长，中指办党组书记、主任冀祥德以“新形势 新定位 新目标 新要求”为题在杭州市地方志业务培训班上授课。课后，冀祥德到杭州调研，会见杭州市政府秘书长丁狄刚，交流全国地方志工作形势和杭州市地方志工作情况。（朱文清）

【中指办领导听取福建省地方志工作汇报】 9月14日，中指组秘书长，中指办党组书记、主任冀祥德，中指办副主任邱新立听取福建省地方志编委会陈秋平主任一行工作汇报。听取汇报后，冀祥德对下一步福建省地方志工作提出要求：一是要抓住机遇，二是要盯紧目标，三是要确保质量，四是要放大格局，五是要干出特色。（朱文清）

【中指办领导到遵义市汇川区、仁怀市调研方志馆建设工作】 9月16日，中指办副主任刘玉宏到遵义市汇川区、仁怀市调研方志馆建设工作。刘玉宏在参观和听取情况介绍后，对汇川区、仁怀市下一步方志馆工作提出要求：一是要合理处理好地方志展览和档案展览二者之间的关系，二是要高度重视党史和地方史的展览设计，三是要加强馆藏资料的收集、整理工作。（朱文清）

【中指办领导听取深圳市史志工作汇报】 9月18日，中指组秘书长，中指办党组书记、主任冀祥德，中指办副主任刘玉宏听取深圳市史志办主任黄玲一行工作汇报。听取汇报后，冀祥德对深圳市史志办下一步工作提出要求：一是要坚持正确方向，二是要服务中心工作，三是要打造精品年鉴，四是要重视实体方志馆和数字方志馆同步建设，五是要总结经验。（朱文清）

【中指办领导听取赣州市地方志工作汇报】 9月18日，中指组秘书长，中指办党组书记、主任冀祥德，中指办副主任邱新立听取赣州市志办主任陈昌保一行工作汇报。听取汇报后，冀祥德对下一步《赣州市志》编修工作提出要求：一是要提高质量，二是要组织评审，三是要加快节奏，四是要借鉴经验。（朱文清）

【走向世界的中国方志文化国际学术研讨会在北京召开】 9月19日至20日，以“走向世界的中国方志文化”为主题的方志文化国际学术研讨论在北京召开。中国社会科学院副院长、中指组常务副组长李培林出席开幕式并致辞。美国哈佛大学哈佛燕京图书馆馆长郑炯文作为外宾代表致辞。中指组秘书长，中指办党组书记、主任冀祥德主持开幕式。中指办副主任刘玉宏、邱新立出席开幕式。会议旨在通过国际学术研讨会这个平台，互学互鉴，共享方志文献，促进方志数字化资源开发利用，共同推动方志文化在海外的传播与发展，共谱方志文化世界篇章。来自中国、美国、德国、日本、越南等国家和地区的代表150多人参加会议。（朱文清）

【中指办领导听取邢台市内丘县地方志工作汇报】 9月27日，中指组秘书长，中指办党组书记、主任冀祥德在河北省邢台市第三届冀皖方志理论研讨会期间，听取邢台市内丘县地方志工作汇报，并对做好下一步工作提出要求：一是要加强组织领导，二是要齐头并进、协同发展，三是要不断拓宽视野。（朱文清）

【“一体两翼”工程专家聘任仪式暨《中国地情报告（2017）》编纂研讨会在京召开】 10月11日，中指办“一体两翼”工程专家聘任仪式暨《中国地情报告（2017）》编纂研讨会在北京召开。中指组秘书长，中指办党组书记、主任冀祥德出席会议并讲话。中指办副主任刘玉宏出席会议。中指办副主任邱新立主持会议。会上，冀祥德、刘玉宏代表中指办为聘任专家颁发聘书。与会专家分别就《中国地情报告（2017）》篇目设计及编写要求，首届中国地情论坛暨《中国地情报告（2017）》出版座谈会活动方案提出意见和建议。（朱文清）

【中指办领导听取常州市地方志工作汇报】 10月12日，中指组秘书长，中指办党组书记、主任冀祥德，中指办副主任邱新立听取常州市志办主任李亚雄一行关于中国地方志学会方志学分会2017年年会暨第二期全国年鉴主编培训班以及中国志书精品工程入选志书《常州市志（1986—2010）》首发式暨表彰会等筹备工作的情况汇报。听取汇报后，冀祥德对下一步常州市地方志工作提出要求：一是要以贯彻十九大精神为主线，二是要严格按照中央八项规定精神办会，三是要加强沟通与交流，四是要及时总结经验。（朱文清）

【《中国地情报告（2017）》编纂业务研讨会、中国名水志文化工程实施方案论证会暨第三次《汶川特大地震抗震救灾志》编纂工作经验交流会在西宁召开】 10月25日，《中国地情报告（2017）》编纂业务研讨会、中国名水志文化工程实施方案论证会暨第三次《汶川特大地震抗震救灾志》编纂工作经验交流会在西宁召开。中指办副主任邱新立出席开幕式并作题为《不忘初心，继续前行，全面推进地方志事业转型升级》的讲话。会议对《中国地情报告（2017）》的编纂，《中国名水志文化工程实施方案》《地方志书审查验收办法》等相关议题进行分组讨论。来自全国30个省、区、市地方志工作机构、新疆生产建设兵团志办公室的代表及部分特邀专家共120余人参加会议。（朱文清）

【中指办领导到湖北省调研地方志工作】 10月27日，中指组秘书长，中指办党组书记、主任冀祥德到湖北省调研地方志工作并召开座谈会。会上，冀祥德对下一步湖北省地方志工作提出要求：一是要用习近平新时代中国特色社会主义思想指导地方志工作；二是要乘党的十九大东风，树立方志文化自信；三是要坚决保质保量完成“两全目标”；四是要围绕中心，服务大局，积极拓展功能，扩大地方志影响力；五是要发扬方志人精神。（朱文清）

【中国精品志书《常州市志（1986—2010）》首发式暨表彰会在常州召开】 10月29日，中国精品志书《常州市志（1986—2010）》首发式暨表彰会在常州召开。中指组秘书长，中指办党组书记、主任冀祥德出席会议并讲话。中指办副主任刘玉宏出席会议。会议宣读了《常州市志（1986—2010）》立功表彰名单，常州市志办荣立集体二等功，13家单位受到集体嘉奖，8人获个人嘉奖。与会领导为常州颁发“中国志书精品工程”入选证书和铜牌。同时举行了赠书仪式，向国家方志馆、江苏省方志馆、江苏省图书馆、江苏省档案馆、常州市图书馆、常州市档案馆、南京大学、常州大学等受赠单位捐赠《常州市志（1986—2010）》。中国地方志学会方志学分会2017年年会的代表、第二期全国年鉴主编培训班的代表、受嘉奖集体和个人、志书受赠单位、《常州市志（1986—2010）》出版单位及特邀志评专家、常州相关承编单位及各区志办代表等近400人参加会议。（朱文清）

【《中国年鉴研究》创刊发布座谈会在常州召开】 10月29日，《中国年鉴研究》创刊发布座谈会在江苏常州召开。中指组秘书长，中指办党组书记、主任冀祥德出席会议并讲话。中指办副主任刘玉宏主持会议。与会人员围绕《中国年鉴研究》期刊的学术定位、编辑视野、栏目设置、组稿选题、引领学科建设、提高影响力以及培育高水平作者队伍等问题提出很多具有建设性的意见。《中国年鉴研究》编辑部人员，全国各省、市、县三级综合年鉴或专业年鉴主编、年鉴编辑部主任、年鉴社社长等120余人参加会议。（朱文清）

【“转型升级：地方志走进新时代”的中国地方志学会方志学分会2017年年会、第二期全国年鉴主编培训班暨《中国年鉴研究》创刊发布座谈会在江苏召开】 10月29日至30日，“转型升级：地方志走进新时代”的中国地方志学会方志学分会2017年年会、第二期全国年鉴主编培训班暨《中国年鉴研究》创刊发布座谈会在江苏常州市召开。中指组秘书长，中指办党组书记、主任冀祥德出席开幕式并作题为《深入学习贯彻党的十九大精神，以习近平新时代中国特色社会主义思想为指导，全面推进地方志转型升级》的讲话。中指办副主任刘玉宏主持开幕式，并在闭幕式上做总结发言。与会代表围绕“转型升级：地方志走进新时代”主题，就方志学学科建设、地方志功能拓展、地方志资源开发利用、村镇志编纂、发扬“仙人掌精神”等多个方面进行交流与讨论。年会采取大会发言和分组讨论相结合的形式。来自各省（自治区、直辖市）地方志工作机构负责人，中国地方志方志学分会常务理事、方志学分会2017年年会论文作者，省、市、县三级综合年鉴主编，年鉴编辑部主任，年鉴社社长，以及部分期刊专家200余人参加会议。

（朱文清）

【中指办领导为第二期全国年鉴主编培训班学员授课】 10月29日，中指组秘书长，中指办党组书记、主任冀祥德以“志鉴编纂及出版常见法律错误及其纠正”为题，为第二期全国年鉴主编培训班学员授课。冀祥德从志鉴存史、资政、教化的价值谈起，讲述提高志鉴编纂质量的重大意义，并要求学员要紧跟时代步伐，及时更新观念，认真学习地方志专业知识和相关学科知识，夯实业务基础，提高知识素养，增强业务水平，与时俱进地做好地方志工作。

（朱文清）

【中指办领导为安徽省地方志系统信息化和方志馆工作培训班授课】 11月7日，中指办副主任刘玉宏出席安徽省地方志系统信息化和方志馆工作培训班并就方志馆的历史和发展趋势等内容为学员授课。刘玉宏指出，方志馆建设是我国文化建设的重要组成部分，是方志文化建设的一项重要工程，担负着普及地情知识、宣传方志文化、延续文化血脉、助力实现中华民族伟大复兴中国梦的重要使命。来自安徽省各级地方志工作机构的110多名学员参加培训。

（朱文清）

【中指办领导出席第十四届湖北·武汉台湾周“情”系楚天——湖北文史两岸交流座谈会】

11月8日，中指办副主任邱新立出席第十四届湖北·武汉台湾周“情”系楚天——湖北文史两岸交流座谈会并致贺词。邱新立指出，开展湖北文史两岸交流座谈，是顺应两岸文史发展的需要，有助于进一步增进两岸同胞的文化交流，提升地方志在文化事业中的重要地位。

（朱文清）

【中指办领导听取日照市地方志工作汇报】

11月9日，中指组秘书长，中指办党组书记、主任冀祥德，中指办副主任刘玉宏听取日照市史志办主任李世恩一行关于《日照市志》编纂出版和方志馆建设情况的工作汇报。在听取汇报后，冀祥德希望日照市史志办走出一条地方志工作发展新路径，形成日照特色。刘玉宏对日照市方志馆建设提出意见。 （朱文清）

【中指办领导听取江西省地方志工作汇报】

11月9日，中指组秘书长，中指办党组书记、主任冀祥德，中指办副主任刘玉宏听取江西省志办主任梅宏、赣州市志办主任陈晶保一行的工作汇报。在听取汇报后，冀祥德希望江西省志办认清形势，坚定信心，毫不松懈，继续保持江西省地方志工作高位运行态势，紧密结合江西省经济社会发展实际，努力拓展地方志功能，不断扩大地方志影响。刘玉宏对江西省方志馆建设提出意见。 （朱文清）

【中指办领导到重庆市调研地方志工作】 11月14日，中指办副主任刘玉宏一行到重庆市调研地方志工作并召开座谈会。刘玉宏在讲话中指出，重庆市地方志工作要与党的十九大精神紧密结合起来，抓住机遇，坚决完成“两全目标”，进一步提升方志馆建设理念。

（朱文清）

【中指办领导到琼海市调研地方志工作】 11月18日，中指组秘书长，中指办党组书记、主任冀祥德，中指办副主任邱新立到海南省琼海市调研地方志工作并召开座谈会。冀祥德在讲话中指出，此次调研主要是要摸清海南省“两全目标”和名镇志推进情况，并对下一步海南省和琼海市地方志工作提出要求：一是要上挂天线，二是要中连中心，三是要下接地气。

（朱文清）

【“中国梦·方志情”首届全国方志馆讲解员大赛在广州举办】 11月24日至25日，贯彻落实十九大精神“中国梦·方志情”首届全国方志馆讲解员大赛在广州举办。中指组秘书长，中指办党组书记、主任冀祥德出席会议并讲话，中指办副主任刘玉宏主持开幕式。此次比赛分初赛、决赛两个阶段进行。赵媛媛等10名选手获得“全国方志馆十佳讲解员”称号，谭艳妮等10名选手获得“全国方志馆优秀讲解员”称号，北京市志办等10个单位获得“优秀组织奖”。

（朱文清）

【全国地方志资源开发利用工作会议暨第二期全国地方志信息化业务培训班在广州召开】

11月24日至26日，全国地方志资源开发利用工作会议暨第二期全国地方志信息化业务培训班在广州召开。中指组秘书长，中指办党组书记、主任冀祥德出席开幕式并作题为“深入学习贯彻十九大精神，地方志助推中华民族伟大复兴中国梦实现”的讲话，中指办副主任刘玉宏主持开幕式。会议总结近年来全国地方志系统开发利用地方志资源和信息化建设方面的经验，指出工作中存在的问题，并就如何打造地方志资源开发利用与信息化建设出成果、见实效方面提出明确要求。来自全国各省（自治区、直辖市）地方志编委会（办公室）、新疆生产建设兵团志办公室的分管领导，地方志信息化工作者，各省级地方志工作机构统计工作联络员及相关人员170多人参加会议。

（朱文清）

【中指办领导到东莞市调研地方志工作】 11月26日至27日，中指组秘书长，中指办党组书记、主任冀祥德到广东省东莞市调研地方志工作。调研期间，冀祥德一行与东莞市委常委、副市长张冠梓座谈，就如何推进东莞市地方志工作向基层延伸、地方志资源开发利用、东莞市方志馆建设等进行深入交流。（朱文清）

【中指办领导听取莱芜市地方志工作汇报】

11月28日，中指组秘书长，中指办党组书记、主任冀祥德听取莱芜市副市长张桂爱、市史志办主任李贞锋一行关于莱芜市地方志工作、国家方志馆冶炼分馆和全国方志文化主题公园申报建设等工作的汇报。冀祥德在听取汇报后对下一步莱芜市地方志工作提出要求：一是要紧紧抓住党的十九大全国地方志事业腾飞发展的黄金时期；二是要凝心聚力推进各项工作；三是要结合地方实际，循序渐进开展工作，积累经验。

（朱文清）

【中指办领导听取湖北省地方志工作汇报】

11月29日，中指组秘书长，中指办党组书记、主任冀祥德在国家方志馆听取湖北省志办主任吴凤端、咸宁市志办主任陈冬民一行关于湖北省地方志工作、国家方志馆茶叶分馆申报建设等情况汇报。冀祥德在听取汇报后对咸宁市申报建设国家方志馆茶叶分馆事宜进行宏观指导和对相关政策进行解读。

（朱文清）

【中指办领导出席《象山县志》终审会】 12月1日，《象山县志》终审会在浙江省宁波市象山县召开。中指组秘书长，中指办党组书记、主任冀祥德出席会议并讲话，同时对《象山县志》志稿涉及的法律篇目提出修改意见。

（朱文清）

【中指办领导出席2017年《云南省志》编纂业务培训班并授课】 12月6日，《云南省志》编纂业务培训班在昆明市开班。中指组秘书长，中指组党组书记、主任冀祥德出席开班式并致辞。开班式后，冀祥德以“志鉴编纂中应注意的若干法律问题”为题，给培训班学员授课。（朱文清）

【中指办领导出席《新疆抗日战争志》编纂工作启动会议】 12月10日，《新疆抗日战争志》编纂工作启动会在乌鲁木齐市召开。中指组秘书长，中指办党组书记、主任冀祥德出席会议并致辞。冀祥德指出，要以编修《新疆抗日战争志》为契机，利用志书记载中华文化的“根”与“魂”的独特优势，推动地方志为边疆少数民族地区的社会稳定和长治久安发挥更大作用。启动会议后，冀祥德以“新时代、新定位、新目标、新举措”为题给《新疆抗日战争志》参编人员作专题讲座。（朱文清）

【中指办领导为2017年湖北省地方志系统新任主任和业务骨干培训班授课】 12月13日，2017年湖北省地方志系统新任主任和业务骨干培训班在武汉市举办。中指办副主任刘玉宏出席培训班并以“方志馆建设研究”为题为学员授课。（朱文清）

【中指办领导听取安徽省地方志工作汇报】 12月15日，中指组秘书长，中指办党组书记、主任冀祥德，中指办副主任刘玉宏、邱新立听取安徽省志办党组书记、主任郭德成，黄山市志办主任胡劲松一行的工作汇报。冀祥德在听取汇报后对安徽省、黄山市下一步地方志工作提出要求：一是要认清形势，二是要抓住机遇，三是要找准定位，四是要把握重点，五是要做出特色。（朱文清）

【中指办召开解放军军事志工作座谈会】 12月15日，中指办召开解放军军事志工作座谈会。中指组秘书长，中指办党组书记、主任冀祥德，中指办副主任邱新立出席会议并讲话。军事科学院军队政治工作研究院解放军党史军史研究中心主任郭志刚、副主任翟清华及军事志研究室主任李涛一行来中指办座谈交流。冀祥德对中指办与军事志研究室下一步合作事宜提出意见：一是要全面贯彻落实党的十九大精神，以习近平新时代中国特色社会主义思想为指导，做实、做活包括军事志在内的方志事业；二是深刻理解中国特色社会主义的内涵；三是要继续保持密切联系，加强深度合作。（朱文清）

【中指办领导听取青州市地方志工作汇报】 12月15日，中指组秘书长，中指办党组书记、主任冀祥德听取青州市史志办主任刘洪昌一行工作汇报。冀祥德在听取汇报后对青州市下一步工作提出要求：一是要抓住地方志事业千载难逢的发展机遇，二是要紧紧围绕中指办的顶层设计来开展青州的史志工作，三是要处理好点和面、质量和速度、“走出去”“请进来”等各种关系。（朱文清）

【中指办领导赴台湾地区进行学术交流】 12月18日至22日，由中指办副主任刘玉宏带队的学术交流团赴台湾地区交流地方志文献工作。其间，学术交流团先后与台湾国际资讯整合联盟协会、台北“故宫博物院”图书文献处、台湾汉学研究中心、台湾图书馆、台湾文献馆、台湾公共资讯图书馆、苗栗图书馆、台湾大学档案馆、台北图书馆北投分馆等多家志鉴收藏机构进行交流。双方以方志为媒，进一步加深了解，并互相学习借鉴宝贵经验。（朱文清）

【首届全国年鉴论坛暨《中国方志发展报告（2017）》《中国年鉴发展报告（2017）》出版座谈会在深圳召开】 12月21日至22日，首届全国年鉴论坛暨《中国方志发展报告（2017）》《中国年鉴发展报告（2017）》出版座谈会在深圳召开。中指组秘书长，中指办党组书记、主任冀祥德出席开幕式并讲话。开幕式上，举行首批中国精品年鉴颁发奖牌和证书仪式，向山西、温州、海淀3家中国精品年鉴编纂单位颁发奖牌和证书。会议围绕“年鉴进入新时代与年鉴事业转型升级”主题进行学术研讨，并分别就《中国方志发展报告（2017）》出版座谈及《中国方志发展报告（2018）》《中国年鉴发展报告（2018）》编写进行研讨。首届全国年鉴论坛的论文作者，《中国方志发展报告》《中国年鉴发展报告》撰稿人或执笔人、中国年鉴精品工程各试点单位代表等共150余人参加会议。（朱文清）

【2018年全国地方志机构主任工作会议、第二次全国地方志工作经验交流会暨中国名山志文化工程启动仪式在济南召开】 12月26日至27日，2018年全国地方志机构主任工作会议、第二次全国地方志工作经验交流会暨中国名山志文化工程启动仪式在济南召开。中国社会科学院副院长、中指组常务副组长李培林出席开幕式并讲话。李培林在讲话中对第五届中指组成立以来全国地方志工作取得的成绩和经验进行系统的梳理和总结，并对全国地方志系统未来五年的工作进行谋划部署。山东省副省长王随莲出席开幕式并致辞。中指组秘书长，中指办党组书记、主任冀祥德主持会议并讲话。中指办副主任邱新立出席并分阶段主持会议。会议分阶段先后举行中国名山志文化工程启动仪式。颁奖仪式上，李培林代表中指组向山西省方志办原主任李茂盛颁发“你真方志”牌匾和荣誉证书。还举行了方志出版社济南工作站揭牌仪式。全国各省（自治区、直辖市）地方志工作机构和新疆生产建设兵团志办公室、解放军党史军史研究中心主要负责人，部分市、县两级地方志工作机构主要负责人，中国名山志文化工程特邀代表，以及中指办相关部门负责人150余人参加会议。（朱文清）

【齐鲁名镇名村志丛书新闻发布会暨赠书仪式在济南举行】 12月26日，齐鲁名镇名村志丛书新闻发布会暨赠书仪式在济南举行。中国社会科学院副院长、中指组常务副组长李培林，山东省副省长王随莲，中指组秘书长，中指办党组书记、主任冀祥德，中指办副主任邱新立，山东省史志办主任刘爱军出席会议，山东省史志办副主任李刚主持会议。与会领导为“齐鲁名镇名村志文化工程”标识揭牌，向编纂单位颁发奖牌和证书，向山东省档案馆、山东省图书馆、山东大学图书馆、山东师范大学图书馆、济南市图书馆等藏书单位赠送志书。（朱文清）

【山东省首家“方志书苑”揭牌仪式举行】 12月26日，山东省首家“方志书苑”揭牌仪式在济南市舜耕街道舜华社区举行。中国社会科学院副院长、中指组常务副组长李培林，山东省副省长王随莲，中指组秘书长，中指办党组书记、主任冀祥德，中指办副主任邱新立，山东省史志办主任刘爱军出席新闻发布会和揭牌仪式。山东省史志办副主任李刚主持仪式。与会领导为“方志书苑”揭牌，并参观舜华社区文化活动场所。（朱文清）

【全国地方志系统旧志整理座谈会在北京召开】 12月28日，全国地方志系统旧志整理座谈会在北京召开。中指办副主任刘玉宏主持会议并讲话。会议交流了旧志整理工作的经验和做法，通过成立旧志整理工作机构、建立完善旧志整理办法制度、开展旧志普查工作、联系高校科研机构开展深度合作等方式，不断加大旧志整理力度。来自全国22个省（自治区、直辖市）的70余名地方志工作者及国家方志馆相关工作人员参加会议。（朱文清）

【首届中国地情论坛、首届全国名村论坛在人民大会堂举行】 12月29日，首届中国地情论坛、首届全国名村论坛在人民大会堂开幕。中国社会科学院副院长、中指组常务副组长李培林出席开幕式并讲话。中指组秘书长，中指办党组书记、主任冀祥德主持开幕式并讲话。中指办副主任刘玉宏、邱新立出席开幕式并讲话。冀祥德指出，地方志围绕国家利益、围绕服务经济社会中心工作、围绕走进千家万户开拓创新的路还很长，我们一定不能因为今天所取得这一点成绩而骄傲自大，一定要更加奋力拼搏。希望大家在论坛召开期间，围绕李培林同志讲话精神，认真进行交流，在会后将李培林同志讲话精神及时传达落实，进一步推进方志文化“创造性转化、创新性发展”。中指办副主任刘玉宏代表中国名村志编纂委员会向大会介绍中国名村志文化工程阶段性工作成果。中指办副主任邱新立介绍了《中国地情报告(2017)》编辑出版情况，并发布了中国历史文化名镇保护性发展评估指数。来自各省（自治区、直辖市）地方志机构主要负责人，首批出版的27部名村志主编或名村主要领导、名村所在的县（市、区）领导，中国地情报告、中国名村志文化工程联络员及特邀专家学者等240余人出席了开幕式。（朱文清）

【方志出版社工作】 年内，方志出版社作为全国唯一以出版志鉴类图书为主的专业出版社，始终坚守“为全国各级地方志工作机构提供高端出版服务是方志出版社的中心工作，编辑出版高质量的志鉴图书是方志出版社的独具优势，创建全国地方志专业出版基地是方志出版社的发展目标”这一使命，始终秉承精益求精的工匠精神，积极推进全国地方志“十大工程”项目的出版工作，通过树立“中国名镇志丛书”“中国名村志丛书”以及各类方志品牌图书，影响力不断扩大，品牌效应日益显现，出版的志鉴精品逐步成为践行文化自信，传承中华优秀传统文化的重要载体。严格执行广电总局重大选题备案制度，“法治中国论坛”丛书入选“十三五”重点图书出版规划。加强与全国地方志工作机构的沟通联系，开展多渠道合作，新成立济南和绍兴工作站。推进图书出版“走出去”战略，努力实现“稳增长、提品质、建平台、促发展”的全年工作目标。全年出版总量首次突破500种，销售码洋、利润再创历史新高。（方志出版社）

志书编纂与出版

· 编纂进展

【北京市志书编纂进展】 年内，北京市第二轮修志2部志书启动编纂，10部志书通过初审，10部通过复审，15部通过终审。（姜坤）

【天津市志书编纂进展】 年内，天津市《西青区志》编修推动暨村村建档修志工程启动大会召开。《天津市志·爱国卫生志》《天津市志·海关志》《天津市志·开发区志》《天津市志·水务志》《天津市志·卫生志》《天津市志·高新区志》《天津市志·妈祖文化志》复审会召开。《南开区志（1979—2010）》《滨海新区志》《河西区志（1979—2010）》《和平区志（1979—2010）》《河北区志（1979—2010）》《红桥区志（1979—2010）》、北辰区《双街村志》、西青区《王兰庄村志》《津南区志（1979—2010）》终审会召开。

（唐旗 刘新）

【河北省志书编纂进展】 年内，第二轮《正定县志》《栾城县志》《新乐市志》《鹿泉市志》《平山县志》《井陉县志》《井陉矿区志》《赵县志》《赞皇县志》《长安区志》《裕华区志》《晋州市志》《元氏县志》《行唐县志》《桥东区志》《藁城市志》16部志书出版。石家庄市长安区全面整体启动村镇志编纂，封庄、北铜冶、闫同、莲花营、南海山、南新城、四街等33部村志大多以内部资料形式印刷出版，其中《封庄村志》由河北人民出版社公开出版；石井乡9个村的村志全部完成；年内，全区208个村共有195个村开展村志编写，91个村的83部村志出版。（张海）

【山西省志书编纂进展】 年内，《山西省志》之《工会志》《民用航空志》《统计志》《烟草志》《开发区志》《人口志》6部出版，累计出版42部，出版率45%。《偏关县志》《芮城县志》《永济市志》《怀仁县志》《灵石县志》《寿阳县志》《昔阳县志》《太原市晋源区志》《大宁县志》9部市县志出版，累计出版65部，出版率50%。太原市《晋源区志》交付印制，《娄烦县志》送山西省志办进行终审；《尖草坪区志》《杏花岭区志》《清徐县志》《古交市志》完成资料收集工作；《阳曲县志》完成初稿编辑的90%，《万柏林区志》完成初稿编辑的80%，《迎泽区志》完成初稿编辑的80%。

（武岭 刘雁珍 张裕晋）

【辽宁省志书编纂进展】 年内，辽宁省规划出版的《辽宁省志》84部分志中，已出版8部，移交出版或终审后修改7部，完成复审、初审16部，正在编纂30部，其余23部处于资料收集、制定篇目、部署动员阶段；规划出版的57部市志中，已出版18部；规划出版的100部县区志中，已出版64部。第二轮省志中，《水利志》《公路水运志》《地震志》《军事志》《外事志》《财政志》6部分志完成终审；《人民政协志》《社会科学志》《民政志》《文化志》《审计志》5部分志完成复审；《卫生志》《人事志》《文物志》《档案志》《人民防空志》《测绘志》《铁道志》《邮政志》《国土资源志》《工会志》《共青团志》《体育志》《少数民族志》13部分志及《税务志》的国税部分完成初稿撰写。第二轮市志中，《铁岭市志》第三卷、《抚顺市志》第三卷、《朝阳市志·政治卷》3部完成复审；《丹东市志·政治卷》《丹东市志·综合卷》、《阜新市志》第二卷、《辽阳市志》第二卷4部完成总纂；《大连市志·文化卷》《大连市志·政治卷》《鞍山市志·附录卷》《鞍山市志·政治卷》《丹东市志·经济卷》《丹东市志·文化卷》《丹东市志·社会卷》《锦州市志·政治卷》、《营口市志》第一卷、《铁岭市志》第四卷、《朝阳市志·经济卷》《朝阳市志·综合卷》12部及《沈阳市志》第二卷（下册）正在编纂；《本溪市志》第三卷、《本溪市志》第四卷、《阜新市志》第三卷3部启动编纂。第二轮县区志中，《法库县志（2006—2010）》出版；《新民市志》《大东区志》《西岗区志》处于印刷环节；《沈阳市和平区志（1986—2005）》《宽甸满族自治县志》《大洼县志（1996—2005）》《盘山县志（1991—2005）》通过评审。（杜祥武）

【吉林省志书编纂进展】 年内，吉林省地方志编委会完成《吉林省志》9部分志出版、8部分志终审、8部分志复审和8部分志初稿。截至年底，《吉林省志》第二轮规划的60部分志，出版30部，占总数的50%；通过终审10部，约占总数的16.7%；通过复审7部，约占总数的11.7%；正在编纂的13部，约占总数的21.6%。吉林省规划的68部市（州）、县（市、区）志书，出版60部，约占总数的88%；通过终审7部，约占总数的10%；正在编纂的1部，占总数的2%。（高岩 肖志刚）

【上海市志书编纂进展】 1月，《上海市闵行区志（1992—2011）》通过上海市志办审查验收，8月，进入出版印刷阶段，计划分为上、下两册出版，全书300余万字。年内，上海市商务委、市粮食局、市食药监局等单位全面推进《上海市志》的《商业分志》（6卷）、《服务业分志》（5卷）、《外资经济分志》《对外经济贸易分志》共13部志书的编纂工作。其中，《商业分志·日用消费品商业卷》完成编纂实施方案并报市志办；《商业分志·综述卷》《服务业分志·餐饮业卷》《服务业分志·住宿业卷》《服务业分志·商务和居民服务业卷》篇目大纲较为完善，各卷编纂人员开展档案查阅、资料搜集、人物采访、大事记编纂等基础工作；《商业分志·日用消费品商业卷》《服务业分志·餐饮业卷》分别完成大事记初稿，并各自收集几十万字的资料；市商务委承编的《外资经济分志》《对外经济贸易分志》两部分志完成总纂稿，并送市志办进行内部审核；市粮食局承编的《商业分志·粮油盐业卷》，召开初稿研讨会，深入推进初稿撰写工作；市食药监局承编的《商业分志·药品医疗器械业卷》，加快编纂工作进度，完成初稿三分之一以上。上海市交通委、上海铁路局、上海海事局、华东民航管理局等单位推进《上海市志·交通运输分志》（8卷）编纂工作，其中《公路运输卷》《航空运输卷》完成一评；《城市公共交通卷》《海洋运输卷》《江河运输卷》《公路运输卷》《航空运输卷》完成二审；《城市公共交通卷》《海洋运输卷》《江河运输卷》《公路运输卷》完成验收，进入出版阶段；《港口卷》于7月出版。（吴韵 翟辉）

【江苏省志书编纂进展】 年内，江苏省志办按照《江苏省政府2017年度十大主要任务百项重点工作责任分工方案》要求，分解第二轮省志编纂年度目标任务，进一步落实工作责任。省政府办公厅转发《第二轮江苏省志编纂工作调整方案》，优化调整省志篇目设置、篇幅规模。列入省政府考核的15本省志分（专）志，全部完成年度目标任务。年内，通过终审和终审后进入修改阶段的有机械、卫生、电力、海关、检验检疫、财政、人民团体、外事港澳台侨、军事、民防、民政等分志，提交出版的有石油、国内贸易、对外贸易、央行银行、保险、价格、质监、民主党派工商联、人事管理、江苏著述志、江苏江河湖泊志、江苏老字号志等分志和专志，出版资源、环境、水利、交通运输、教育5部分志。至年底，60本省志分（专）志中，共出版15本、交付出版5

本、完成（提交）终审 13 本，剩余 32 部处于编纂的各阶段。年内，江苏省第二轮市县志方面出版《常州市志（1986—2010）》等 23 部（含签字付印），交付出版 7 部，完成《盐城市志（1983—2005）》《淮安市志（1978—2008）》等 6 部终审。截至年底，江苏省 109 部市县志中，已出版 89 部，其中南京、苏州、常州、镇江全面完成第二轮修志任务，《常州市志（1986—2010）》入选中指办“中国精品志书”。名镇名村志方面，年内江苏省志办共组织申报苏州市《金庭镇志》《斜塘镇志》《开弦弓村志》《陆巷村志》《三山村志》《杨湾村志》，南通《栟茶镇志》，扬州《邵伯镇志》《瓜州镇志》等 9 部中国名镇志、中国名村志；对苏州市《塘桥镇志》《金港镇志》《光福镇志》《镇湖街道志》《唯亭街道志》《梅李镇志》《杨舍镇志》《凤凰镇志》《开弦弓村志》《陆巷村志》《三山村志》《杨湾村志》等 12 部中国名镇志、中国名村志进行终审；苏州《沙家浜镇志》《虞山镇志》《千灯镇志》《东山镇志》《巴城镇志》《阳澄湖镇志》《震泽镇志》《黎里镇志》《浏河镇志》《锦丰镇志》以及扬州《湾头镇志》等 11 部中国名镇志（占第二批出版的 26 部的 40% 多）、1 部中国名村志《开弦弓村志》出版。行业志方面，年内《江苏名酒志》的《洋河酒志》《汤沟酒志》《高沟酒志》《双沟酒志》4 部分志已完成初稿，进入初审阶段。《中国东海水晶志》初稿基本完成，进入初审阶段，口述史及影像志编纂工作在积极筹划之中。《“6 · 23”特大龙卷风冰雹盐城抢险救灾暨灾后重建志》编纂工作启动，截至年底，已经完成大部分资料收集工作。《中国淮扬菜志》编纂工作启动，计划 2 年内完成。

（朱崇飞　焦寨军　朱莉萍　武文明）

【浙江省志书编纂进展】　年内，《浙江通志》编纂工作总体进展顺利，有 4 卷出版，10 卷通过终审交付出版，还有数十卷正按计划分别通过（或即将进入）初审、复审和终审。市县志方面，杭州市所属 13 个区（县、市）中，首轮及第二轮修志均完成的为萧山、余杭、富阳、临安、桐庐、淳安、建德 7 家，其中萧山区着手第三轮志书编纂工作，篇目几易其稿。仅完成首轮志书出版的为上城、江干 2 家。截至年底，上城、下城、江干、拱墅、西湖、滨江 6 区均召开第二轮志书编纂工作启动大会，各项工作有序进行。其中，上城区全部初稿基本完稿，进入分纂阶段；下城区初稿基本完稿；江干区基本完成资料长编，开始编写初稿；拱墅区部分初稿已完稿；西湖区完成资料长编，部分初稿已完稿并开展初审；滨江区基本完成资料长编，部分初稿已完稿并修改。《象山县志（2008）》通过终审，即将出版。《宁海县志（1987—2008）》进入终审阶段。《瑞安市志（1997—2002）》进入评审阶段；《永嘉县志（1991—2010）》《平阳县志（1989—2012）》《安吉县志（1989—2012）》《海宁市志（1991—2010）》《桐乡市志（1991—2010）》《绍兴市志（1979—2010）》《台州市路桥区志》通过复审；《泰顺县志》《诸暨市志》通过初审；《温州市志》《嘉兴市志（1991—2010）》《东阳市志》《丽水市志》志稿修改工作有序开展；《绍兴县志（1990—2013）》通过修改总纂稿，基本形成 450 万字的初审稿；《衢州市志（1985—2005）》音像版文稿修改完成。乡镇村志方面，《中国名镇志 · 乌镇志》《中国名村志 · 白沙村志》通过终审；《溪口名镇志》通过初审。

（浙江省志办）

【安徽省志书编纂进展】　年内，安徽省志办召开《安徽省志》推进会；《安徽省志》88 部分志中 32 部进入出版印刷阶段，《人事志 · 劳动保障志》《工业志》2 部进入终审阶段，《总述》《茶业志》《市县概览（1986—2015）》等 9 部评议后修改中，1 部完成初稿待评议，尚有 1 部正在编纂中。安徽省在全部完成 132 部第二轮市、县志编纂出版任务的基础上，全面启动乡镇村志编纂出版工作。其中，六安市实现乡镇村志编纂工作全覆盖，淮北、阜阳、淮南、铜陵、宣城、安庆、黄山、亳州、肥西、金寨、广德、霍邱、岳西、舒城等市县大面积启动乡镇村志编纂工作。省志办指导10余部镇村志编纂工作，组织10部乡镇村志申报中国名镇志文化工程、中国名村志文化工程。《汤池镇志》作为入选名镇志已出版。各地积极推进名企志、名校志、特色志的编纂工作。其中，亳州市启动《古井贡酒志》《黄鹤楼酒志》《安徽金不换酒业志》《高炉家酒志》，滁州市启动《大圹圩农场志》，宣城市启动《安徽劳动大学志》《宣纸志》，黄山市启动《徽州府署志》《徽州建筑志》《徽州文房四宝志》等9部特色志编纂工作。（章慧丽）

【福建省志书编纂进展】 年内，《福建省志》编纂有序推进。其中，《台湾同胞联谊会志》《民政志（1995—2005）》《发展计划志（1991—2005）》《华侨志（1991—2005）》《船舶工业志（1991—2005）》《人物志（下）》通过验收，进入出版阶段；《华侨志（1991—2005）》《建设志（1998—2005）》《福州海关志（1990—2005）》进入复审阶段；《政协志（1998—2007）》《冶金工业志（1998—2005）》进入初审阶段。市、县志方面，《漳州市志（1991—2007）》《罗源县志（1991—2005）》《平潭县志（1996—2008）》等进一步修改志稿。乡镇志方面，德化县18个乡镇全部开编乡镇志，已出版6部。行业志方面，《福建寿山石志》通过初审。（欧长生 孙洁斐）

【江西省志书编纂进展】 年内，江西省第二轮省志102部分志中，完成初审的24部，其中15部完成复审；完成初审稿修改，准备复审的5部；完成初稿编纂，准备初审的22部；基本完成资料长编和初稿的17部；基本完成初稿，未完成资料长编的5部。第二轮市、县（市、区）志编纂进入收尾阶段。11个设区市有9个完成第二轮志书编纂出版任务，《赣州市志》通过中国志书精品工程评审，即将出版；《景德镇市志》于9月完成初审，正在修改。全省100个县（市、区）有96部完成编纂出版任务。其中，《铅山县志》完成初审，正在修改；《乐安县志》下限延至2016年，正在加紧编纂；《德安县志》完成复审；《贵溪市志》完成终审，正在修改。村镇志和专志方面，列入中国名镇志文化工程、中国名村志文化工程的吉安市青原区《富田镇志》即将出版，宁都县《小布镇志》完成篇目设计，《东龙村志》召开评审会。九江市的《九江市冶金煤炭志》《永修县政协志》《武宁县甫田乡志》《袁如岗湾村志》《长潭村志》《敖厦村志》《马当镇志》《胜利村志》等出版。新余市的《仙女湖志》编纂工作启动，《新余烟草志（1991—2010）》进入审稿阶段。赣州市年内出版《赣州监狱志》《龙南县森林公安志》《信丰县公安志（1987—2013）》《兴国鼎龙乡志》《于都医保志》《会昌县教育志》《赣县金融志》《赣县组织志》《石城统计志》《石城民俗日志》《赣县乡土志》等。宜春市村级志书编纂深入拓展，出版《宏岗社区志》《台上村志》《坪上村志》等。（朱岳）

【河南省志书编纂进展】 年内，河南省第二轮三级志书全部按计划评审完结。《河南省志》15卷49篇135个编写单元约1530万字，移交出版社12卷45篇128个单元1310万字。尚缺的7个单元特约志稿中，《编纂始末》《市县概况》正在审定，《总述》经过内部评审，《人物》正在做评审前的准备工作，《姓氏》《民主制度建设》《法制建设》3个单元正在征求意见、补充内容。此外，省史志办联合新乡市史志局编纂《平原省志》，这是中华人民共和国成立初期撤销的8个省中率先编纂的省志。市、县志方面，18个省辖市有12个业已编竣，分别是鹤壁、三门峡、洛阳、安阳、郑州、焦作、新乡、濮阳、平顶山、周口、信阳、济源。10个省直管县有8个完成出版任务，分别是邓州、滑县、永城、巩义、汝州、固始、长垣、兰考。新乡市还组织编纂《新乡地区志》等。年内，河南史志系统加大乡镇村志编修力度。郑州市编纂乡镇（街道）图志、洛阳市编纂各乡（镇）概览；汤阴县乡镇志全覆盖、郑州市郑东新区村（区）志全覆盖，金水区基本实现都市村庄志全覆盖。此外，各地还积极开展中国名镇志、中国名村志申报工作，开封市同时申报2部中国名镇志，周口鹿邑县申报1部；郑州市金水区申报中国名村志1部，南阳唐河县申报1部。专业志、行业志、部门志发展势头强劲，《河南省水利志》《郑州铁路局志》《小浪底水利枢纽志》等一批专业志书公开出版，濮阳市审查验收《濮阳市政协志》，驻马店组织编写《广播电视志》《交通运输志》《供销社志》，洛阳所辖县区组织编写《新安县政协志》《伊川县烟草志》《嵩县烟草志》，固始编纂《茶叶志》《水利志》，汝州编纂《汝州文物志》，三门峡、周口、邓州、淇县等地也编纂或指导出版多部特色志书。

（程茜　汪朝霞）

【湖北省志书编纂进展】　年内，湖北省全面推进第二轮三级志书编纂出版工作。截至12月，《湖北省志》83部专志校样审核基本完成。9月，召开全省“两全目标”工作推进会，明确志书出版任务必须完成。全省规划的114部市、县志全部完成编纂任务，累计出版110部，4部正在付型印刷。乡镇村志编纂工作深入开展，武汉市、宜昌市等地先后召开全市乡镇（街道）志编纂工作推进会。截至年底，全省累计出版乡镇村志300多部。积极参与中国名镇志文化工程、中国名村志文化工程。继京山县《三阳镇志》入选中国名镇志第一批出版的志书后，大冶市《保安镇志》顺利列入中国名镇志第二批出版的志书。宜都市《青林寺村志》入选中国名村志第一批出版的志书。

（湖北省志办）

【湖南省志书编纂进展】　年内，《湖南省志(1978—2002)》规划编纂分志66部，累计出版48部。此外，初审《铁路志》稿，评议《妇女团体志》稿，完成《政协志》《有色金属工业志》的初稿撰写，《人大志》《文化事业志》《人事志》《劳动和社会保障志》《卫生志》《人口与计划生育志》《工商行政管理志》《海关志》等初稿正在撰写，《邮政志》《民航志》《人物志》《卷首》启动编纂。《湖南省志(综合本)》各篇编纂有序进行。市、县志方面，先后评审《邵东县志》《株洲市天元区志》等2部县区志稿；终审验收《株洲市志》《湘西州志》《古丈县志》等3部市州、县志稿的终审验收工作；出版《安乡县志》《岳阳市岳阳楼区志》《汨罗市志》《涟源市志》《永顺县志》等5部志书。截至年底，第二轮市县两级志书：已出版市州志6部，终审验收2部，评审1部，出版、验收、评审计9部；出版县市区志95部，验收3部，评审11部，出版、验收、评审计109部。乡镇志方面，《湖南乡镇简志》各市州分卷有序推进。《湘西州卷》《张家界市卷》已出版；《郴州市卷》已经出版社审定，即将付印；《常德市卷》已出版；《衡阳市卷》《湘潭市卷》已经评审。《长沙市卷》已总纂成稿，即将评审。其他大部分分卷均在编纂之中。专业志方面，《洞庭湖志》《岳阳楼志》已出版。4月评议《炎帝陵志》初稿，6月评议《舜帝陵志》初稿，10月评审《炎帝陵志》送审稿。《武陵源志》《南岳衡山志》《沩山志》《岳麓山志》《韶山灌区志》等启动编纂。

（蔡素云　阳雍悦）

【广东省志书编纂进展】　年内，广东省组织申报、指导、终审中国名镇志、中国名村志10多部，出版《小榄镇志》《松口镇志》及首部名村志《上岳村志》。《北京街志》《石牌村志》《石塘村志》进入出版程序；《茶阳镇志》完成终审。年内，《广东省简志》出版；《惠能志》《冼夫人志》《罗浮山志》等一批特色志书相继启动编修；广州市启动101部部门志、行业志丛书编修；《湛江市百部地方志丛书》编修工作取得阶段性成果；汕头市澄海区先后有8个镇、村，17个部门编写志书；龙川县先后编纂出版8部镇志、10多部村志。

（广东省志办）

【广西壮族自治区志书编纂进展】　年内，广西壮族自治区省级志书进入评稿的有《妇联志》《商业志》《侨务志》《科学技术志》《城乡建设志》《劳动和社会保障志》；完成审查验收的有《医疗卫生志》《金融志》《机构编制志》《价格志》《文物志》《政协志》；公开出版的有《铁路志》《行政区划志》《地税志》《方志志》。地市级志进入评稿的有《柳州市志》《梧州市志》《玉林市志》《贺州市志》；完成审查验收的有《防城港市志》。县级志书进入评稿的有《上林县志》《武宣县志》《柳江县志》《兴业县志》《合山市志》《钟山县志》《靖西县志》《东兰县志》《昭平县志》《贵港市港南区志》《覃塘区志》《凌云县志》《融安县志》《象州县志》《岑溪市志》《藤县志》《富川瑶族自治县志》；完成审查验收的有《合浦县志》《桂平市志》《防城港市港口区志》《来宾市兴宾区志》《梧州市万秀区志》《横县志》《灵山县志》《蒙山县志》《马山县志》；公开出版的有《南宁市城北区志》《都安瑶族自治县志》《宁明县志》《金秀瑶族自治县志》。乡镇村志公开出版的有《扬美村志》。部门（行业、专题）志公开出版的有《南宁体操世锦赛志》。（苏麟忠）

【海南省志书编纂进展】 年内，海南省省级志书进入编审的有《总述·大事记》《旅游志》《人事劳动志》《报业志》《测绘志》《文化志》《工青妇志》《渔业志》《安全生产监督志》《国土资源志》《气象志》《地震志》《民政志》《外事侨务志》《民族·民俗·宗教志》《经济管理志》《商务志》《粮食志》《林业志》《教育志》《科学技术志》《琼剧志》《体育志》《广播电视志》《卫生志》《工业志》《交通志》《物价志》《邮政通信志》《人大志》《政协志》《城乡建设志》《检察志》《公安志》《司法行政志》《地名志》《人口与人民生活志》《工商管理志》《农业志》《税务志》《金融志》《社会科学志》《政府志》《军事志》《监察志》《海关志》《统计管理志》《洋浦开发区志》《审计志》。市级志书进入编审的有《海口市志》《三亚市志》《三沙市志》。县级志书进入编审的有《海口市秀英区志》《海口市龙华区志》《海口市琼山区志》《海口市美兰区志》《儋州市志》《琼海市志》《文昌市志》《万宁市志》《东方市志》《五指山市志》《乐东黎族自治县志》《澄迈县志》《临高县志》《定安县志》《屯昌县志》《陵水黎族自治县志》《昌江黎族自治县志》《保亭黎族苗族自治县志》《琼中黎族苗族自治县志》《白沙黎族自治县志》。乡镇志进入编审的有《兴隆镇志》《崖城镇志》《博鳌镇志》。（郑昕）

【重庆市志书编纂进展】 年内，重庆市第二轮省级志书部署启动的有《旅游景区志》；制定篇目的有《林业志》《农特产品志》《扶贫开发志》《人大志》；初稿撰写的有《总述》《建置沿革》《民俗图志》《农业农村工作志》《市政管理志》《国土资源和房屋管理志》《旅游志》《重庆银行志》《中国共产党志》《政府志》《机构编制志》《民盟重庆地方组织志》《广播影视志》《文物志》《教育考试院志》《宗教志》；进入编审的有《商贸志》《出版志》《残疾人事业志》《民进重庆地方组织志》；移交出版的有《九三学社重庆地方组织志》《法院志》《环境保护志》《政协志》《科学技术志》《煤炭工业志》《城乡规划志》；公开出版的有《卫生志》《民政志》《乡镇企业志》《劳动教养志》《体育志》《风景园林志》《工业经济志》。市区县综合志书制定篇目的有《武隆县志（1996—2016）》；进行资料收集的有《奉节县志（1991—2016）》；初稿撰写的有《重庆市黔江区志（1986—2017）》《重庆市涪陵区志》《重庆市沙坪坝区志（1986—2015）》《巫溪县志（1989—2016）》；进入评审的有《重庆市大渡口区志（1989—2008）》《重庆市巴南区志（1995—2011）》《重庆市北碚区志（1986—2005）》《潼南县志（1986—2005）》《秀山县志（1912—1949）》《彭水苗族土家族自治县志（1986—2005）》《重庆市万盛区志（1986—2011）》；完成出版审批的有《酉阳土家族苗族自治县志（1986—2005）》。

（重庆市志办）

【四川省志书编纂进展】 年内，四川省省级志书启动编纂的有《出入境检验检疫志》《海关志》；编纂初稿的有《民航志》《武警志》《盐业志》《通信志》《文化艺术志》《人口和计划生育志》《宗教志》《都江堰志》《武侯祠志》《人物志》《总述》《附录》；完成初审的有《共青团志》《九寨沟志》《乐山大佛志》《食品药品监督志》；进入终审后修改的有《中共志》《人大志》《民政志》《农业志》《畜牧食品志》《哲学社会科学志》《大事纪述》《广播影视志》；通过终审验收的有《政协志》《审判志》《残疾人工作志》《国土资源志》《工业经济志》《信息产业志》《川酒志》《川剧志》《黄龙志》《市州概况》；进入出版流程的有《民主党派工商联志》《青城山志》《交通志》《农机志》《川茶志》《测绘志》《报业志》《民族志》《财政志》《烟草志》《政府志》《司法行政志》《军事志》《外事及港澳事务志》《侨务志》《审计志》《工商行政管理志》《国有资产管理志》《安全生产管理志》《环境保护志》《地震志》《体育志》《铁路志》《文物志》《出版志》《卫生志》《大熊猫志》。市级志书编纂初稿的有《眉山市志》《资阳市志》；进入复审的有《雅安市志》；审后修改的有《内江市志》；进入终审的有《成都市志》。县级志书编纂初稿的有《大邑县志》；进入初审的有《芦山县志》；进入复审的有《汉源县志》《广元市市中区志》《叙永县志》；审后修改的有《平武县志》《金阳县志》；移交出版的有《新都区志》《彭州市志》《苍溪县志》《射洪县志》《隆昌县志》；完成出版的有《青白江区志》《盐亭县志》《北川羌族自治县志》《剑阁县志》《蓬溪县志》《美姑县志》。另外，《汶川特大地震四川抗震救灾志》完成出版社审校工作和成品书校样制作，进入开机准备；完成《“4·20”芦山强烈地震大事辑要》《“4·20”芦山强烈地震文献辑存》补充与排版协调等工作，进入开机准备阶段。

（雷雨露　牛淼）

【贵州省志书编纂进展】　年内，贵州省省级志书进入复审的有《食品药品监督管理》《水利》《新闻出版》《报业》《广播电视》《物价》《大事记》《酒业》《科学技术》《环境保护》；进入终审的有《人物》《财政》《国土资源》《烟草》《政协》《公安》《审计》《司法行政》《军事》；公开出版的有《文学艺术》《农业》《海关检验检疫》《人口和计划生育》《人防战备》《史志档案》《教育》《铁路》《能源》《扶贫开发》。市级志书进入终审的有《贵阳市志》《黔南布依族苗族自治州志》《毕节地区通志》；公开出版的有《遵义市志》。县级志书进入终审的有《贞丰县志》《修文县志》《龙里县志》《水城县志》《长顺县志》《罗甸县志》《册亨县志》《普安县志》《大方县志》《织金县志》《关岭布依族苗族自治县志》；公开出版的有《剑河县志》《施秉县志》《荔波县志》《印江土家族苗族自治县志》。乡镇村志进入终审的有《旧州镇志》《西江千户苗寨志》《思旸镇志》《溅阳镇志》《花茂村志》；公开出版的有《德凤镇志》《魁胆村志》。

（贵州省志办）

【云南省志书编纂进展】　年内，云南省志办分别向省政府和省财政厅报告，申请解决《云南省志》的编纂出版专项经费，省志编纂出版经费纳入2018年至2020年省级财政预算。云南省第二轮志书编纂出版规划为：省志1部38卷68个分志，州（市）志16部，县（市、区）志129部。截至年底，《云南省志》68个分志完成审查验收37个，占省志规划数的54%；完成初稿8个；另有《名山志》《江河志》《名镇志》和《茶叶通志》等特色志在编纂过程中。全省16个州（市）志书公开出版6部，出版完成率38%；129个县（市、区）志书公开出版73部，出版完成率57%。曲靖市、红河州、迪庆州3个州市全面完成第二轮志书编纂任务。2017年，全年审查验收省志3部，编纂出版州市志1部、县志7部。　（郑灵琳）

【西藏自治区志书编纂进展】　年内，《西藏自治区志·工商联志》出版，《西藏自治区志·文艺志》《西藏自治区志·妇女志》进行评审，《西藏自治区志·农业志》等20余部志书编纂大纲通过审查，《西藏自治区志·大事记》正在稳步推进。《日喀则市志》《曲水县志》《堆龙德庆县志（2001—2010年）》《墨脱县志》《当雄县志》《白朗县志》《洛隆县志》《康马县志》等9部志书出版。《康马县志》《措勤县志》《仁布县志》《仲巴县志》《吉隆县志》等5部志书编纂完成。《达孜县志（2001—2010年）》《当雄县志（2001—2010年）》《曲水县志（2001—2010年）》通过终审，《西藏自治区志·商业志》《类乌齐县志（2001—2010年）》《左贡县志（2001—2010年）》通过复审。《那曲地区志（2001—2017年）》《拉萨市城关区志（2001—2010年）》《林周县志（2001—2010年）》《尼木县志（2001—2010年）》《加查县志（2001—2010年）》《隆子县志（2001—2010年）》《贡觉县志（2001—2010年）》《察雅县志》等8部志书通过初审。（邹廷波）

【陕西省志书编纂进展】 年内，陕西省第二轮三级志书编纂工作加快推进。《陕西省志》的《科学技术志（1990—2005）》《共青团志（1990—2010）》《质量技术监督志（1989—2010）》《民用航空志（1995—2010）》《监察志》《地震志（1987—2012）》《发展改革志（1992—2011）》《民族宗教志（1990—2010）》《金融志（1990—2010）》《审判志（1990—2014）》《工商行政管理志（1990—2010）》通过终审，《体育志（1990—2010）》《残疾人事业志（1989—2010）》通过初审。西安市出台《做好我市地方志事业发展工作的通知》，制订市志分卷总纂工作方案。宝鸡市建立市志总纂责任制。咸阳市以市志为主体，《艺文志》《民俗志》为两翼，“一体两翼”同步推进。铜川市成立第二轮修志督查小组，对未完成市级部门志的单位督促检查指导；每月召开市志协调推进会。延安市联合市政府督查室通报点名督促进度缓慢的县区。榆林市召开两次市志推进会，确保2部县区志当年终审，当年进入出版环节。汉中市坚持每月召开市志责任编辑座谈会。安康市志采用“专职兼职结合、分纂总纂衔接、主编主审同步、质量进度双保”方法，畅通渠道。商洛市召开全市地方志暨市志编纂推进会，工作部署和业务培训同步进行。杨凌示范区志稿报送终审。截至年底，陕西省规划的117部市、县（市、区）志，出版27部，25部进入出版环节，通过终审62部，6部报终审。完成初稿的95部，占规划总数的81%。市级志书除渭南、延安和杨凌示范区外，西安、咸阳、宝鸡、榆林、汉中、安康基本完成初稿。县（市、区）志中，西安市除周至县外，即将进入收尾；宝鸡市各县区志全部报送终审，咸阳市各县区志全部进入审稿环节，铜川市各县区志报送终审；汉中、安康、商洛三市除个别县区外，全部进入审稿环节；延安、榆林二市各县区志初稿完成过半。（丁喜）

【甘肃省志书编纂进展】 年内，甘肃省史志办复审《甘肃省志》分卷《审判志》《人口和计划生育志》《档案志》《出版志》等19部。对篇目大纲设置不够合理的《金融志》《报业志》《通信志》三部志稿，根据现有资料基础，重新制定或调整篇目大纲；全年督促《人物志》《审判志》《国土资源志》等10部省志稿完成复审后修改工作，进入终审程序，其中《人物志》《国土资源志》《农业志》《水产畜牧志》《审判志》5部志书完成终审；全年终审或通过评议《陇南市志》《清水县志》《秦州区志》等15部市、县（区）志。全省完成省志编纂19部，初步改变第二轮省志编纂严重滞后的局面。截至年底，全省累计编纂完成并通过复审省志分卷13部，通过终审17部，出版16部，合计编纂完成省志分卷46卷，占规划任务72部的64%；市（州）志完成编纂和形成初稿13部，占规划任务14部的93%；县（市、区）志完成编纂和形成初稿共61部，占规划任务85部的72%；全年终审或通过评议市、县志16部。《甘肃抗日战争志》完成篇目大纲，进入资料收集阶段。（王文生）

【青海省志书编纂进展】 年内，《青海省志》的《工业经济志（1996—2010）》《民政志

（1990—2010）》《铁路交通志（1996—2005）》《纪检监察志（1991—2005）》　《统计志（1986—2005）》通过终审，《林业志（1986—2005）》《司法行政志（1991—2005）》《邮政电信志·邮政（1986—2010）》　《民政志（1990—2010）》《工业经济志（1996—2010）》通过验收。市级志书方面，《海北藏族自治州志（1991—2010）》通过验收。专业志方面，《河湟文明志·历史卷》《丝绸之路青海道志》《青海石玉志》《青海民间手工艺品志》《三江源生态文化志》通过终审，《玉树大地震救灾重建志》分卷《总述·大事记》《图志》《英雄模范志》《灾情灾害志》《抢险救灾志》《医疗防疫志》《社会赈灾志》《灾后重建志》进入评审阶段。（马渊）

【宁夏回族自治区志书编纂进展】　年内，宁夏回族自治区志办明确第二轮志书编修、年鉴编纂工作责任部门和完成时限，要求银川市兴庆区、金凤区、吴忠市、利通区、青铜峡市、同心县、中卫市、沙坡头区8个没有完成第二轮志书的市、县（区），在规定时间2020年底前，结合自身实际，保障经费，组织力量，高质量编纂完成志书任务。《银川市志（1979—2005）》《大武口区志（1993—2014）》进入出版环节；吴忠市拟定《吴忠市志编修工作方案（草案）》和《吴忠市志篇目大纲》，并组织相关部门和专家进行初审；中卫市制定《中卫市志编修实施方案》，筹备召开《中卫市志》编修工作启动大会。宁夏志办先后指导启动《利通区志》《青铜峡市志》《宁夏环保志》《宁夏保险志》《红寺堡扬水工程志》《陕甘宁扶贫扬黄工程管理志》《金凤区志》《宁夏体育志》《贺兰山志》《闽宁扶贫协作志》编修工作。截至年底，《红寺堡扬水工程志》《陕甘宁扶贫扬黄工程管理志》《贺兰山志》《闽宁扶贫协作志》完成稿件撰写任务。《宁夏物价志》《银川艺文志》《乾隆银川小志（文白对照本）》《彭阳县移民志》《吴忠市强制隔离戒毒志》《宁夏哈巴湖国家自然保护区志》《吴忠市公安志》《吴忠市残联志》《盐池县检察志》《泾源县检察志》《永宁县王团志》《永宁县非公有制企业志》《石嘴山市创建全国文明城市志》《石嘴山市中医院志》《石嘴山市公积金发展年谱》《石嘴山市检察院志》《石嘴山市中级人民法院志》等行业部门志出版。（张明鹏）

【新疆维吾尔自治区志书编纂进展】　年内，第二轮《新疆通志》规划出版40部，累计出版25部，完成规划任务的62%。其中，《新疆通志（1986—2005）》（简志）完成初评，后进入统稿和终评阶段，《外事侨务志》完成出版，《工商行政管理志》《政府志》完成终审，《银行业志》《文化事业志》《科技志》完成初审和复审，《农业志》《审判志》召开评审会并送审，《监狱志》《农村信用社志》《审计志》《食药志》《兵团志》正在编纂，《质量技术监督志》《卫生志》《粮食志》《残疾人事业志》启动编纂。第二轮市、县两级志书规划出版79部，评审出版43部，完成规划任务54%。年内，完成《伊吾县志》《尉犁县志》《阿合奇县志》《库车县志》《伊宁市志》《鄯善县麻扎村志》等5部志书终审，完成《轮台县志》《博湖县志》《拜城县志》《昌吉市志》《博乐市志》等志稿复审。全年召开《克拉玛依市志》《木垒县志》《塔城市志》《乌苏市志》等14部志稿篇目评审会，召开《奎屯市志》《阿勒泰市志》《克拉玛依市志》《阿克苏地区志》（再版）《和布克赛尔蒙古自治县志》《乌尔禾区志》《鄯善县麻扎村志》《巩留县志》《昭苏县志》等9部志稿评审会，审定《和硕县志》《阿克陶县志》《温泉县志》《阿拉山口市志》等21部志稿篇目。《新疆抗日战争志》启动编纂。（陈忠）

【新疆生产建设兵团志书编纂进展】　年内，新疆生产建设兵团史志办全面加快推进兵团第二轮修志工作。《新疆生产建设兵团志》完成总纂工作。师、团两级纳入规划内志书159部，其中师市级志15部，团级志144部，截至年底，共出版师市级志1部，团级志13部，年内《六团志》《一〇一团志》《芳草湖农场志》

出版。第一师阿拉尔市《六团志》出版；《四团志》《七团志》《十三团志》3部志书已通过兵师团三级评审，正在修改和申办书号；《十一团志》《五团志》《八团志》《十四团志》4部志书已通过师级审查；《十二团志》《第一师阿拉尔市志》2部志书，正在审查修改之中。《第二师铁门关市志（1991—2015）》启动修编工作。二十二团、二十九团、二二三团、三十一团4个团场志书均进入出版社审稿环节；《三十四团志（1998—2015）》通过团内初审；二十七团、三十团、三十三团、三十七团基本完成志书初稿；二十一团、二十四团、二十五团正在做资料收集、分类、整理工作。《第三师图木舒克市志（1995—2010）》正在征稿阶段。四十八团召开修志工作启动会，《五十团志》完成初稿修改，《四十五团志》进入印刷阶段。第五师双河市完成师市志书初稿编纂的70%。9部团场志书完成初稿，进度较快的达到75%，较慢的达到20%。第六师五家渠市完成《六师五家渠市志（2001—2015）》资料收集、整理工作。《一〇一团志（1999—2010）》《芳草湖农场志（2001—2010）》出版。第七师各团场志书正在编纂中。《石河子乡志（1951.3—2010.12）》通过兵团、师审查。《第九师志（1997—2016）》完成撰写初稿。《十师志》100个供稿单位中84个单位完成稿件上报。一八四团志已通过师团评审；一八五团志已完成统稿；一八一团、一八二团、一八六团、一八七团、一八八团仍在边收稿边撰定初稿。《建工师志》通过兵团终审。完成《建工集团志》的初稿审读；完成与一师史志办对五团（沙河镇）史志工作移交。《兵团五建志》完成初稿。第十二师一〇四团志书初稿已编修完成22章内容（共计25章）；五一农场已初步形成资料长编，完成断限内大事记初稿19.6万字的编写；三坪农场现已完成初稿65%；头屯河农场搜集文字资料已达60%以上，图片资料基本搜集全；西山农牧场志搜集整理资料约90%；二二二团开始撰写志书初稿，目前已完成4章。《农十三师志》年内编纂师志初稿100余万字，占志书总篇幅的80%以上。红星一场、红星二场2个团场已经完成初稿，开始征求意见及团级评审；火箭农场、红星四场、红山农场、黄田农场、柳树泉农场、淖毛湖农场等6个团场志书初稿撰写和资料搜集同步进行中。10月，兵团第十四师启动《兵团第十四师志》的编纂工作。《二二四团志》送机关各部门做出版前最后的审改。 （王兴鹏）

【全国铁路系统志书编纂进展】 年内，《中国铁路志》召开《综合管理志（上）》《综合管理志（下）》《党群政法志》《工业多元经营志》《建设志（一）组织管理》《建设志（三）桥梁隧道》《建设志（四）车站枢纽》《科技教育志》《文体生卫志》《运输志（上）》《运输志（下）》《人物志》12卷志稿审核会。中国铁路总公司所属的哈尔滨、沈阳、北京、太原、郑州、西安、上海、南昌、南宁、成都、昆明、兰州铁路局和广州铁路（集团）公司、青藏铁路公司14个单位续修省（区）志中的铁路志（铁路篇）或单位志。《黑龙江省志·铁路志（1986—2005）》初稿编纂任务完成60%。继续开展《齐齐哈尔市志·铁路志（1986—2005）》编修工作。沈阳铁路局继续修改补充《沈阳铁路局志（1996—2015）》部分篇目的内容。西安铁路局根据《陕西省志·铁路志》终审会议提出的修改意见和建议，对志书内容进行修改完善。北京铁路局完成《北京志·交通志》“铁路运输篇”终审稿编辑修改工作。太原铁路局继续修改、校对《太原铁路分局志》初稿。上海铁路局《上海铁路局志》（1996—2017）编纂工作启动，至年底形成大纲第二稿。《上海市志·铁路运输卷》（1978—2010）形成初稿。南昌铁路局编写《江西省志·铁路运输志（1991—2010）》中的编辑说明、江西铁路大事记、概述、铁路建设、人物、附录等内容；编辑《江西省志·人民政府志》有关铁路部分的内容。《福建铁路志（1996—2005）》通过福建省验收，按照福建省地方志编委会验收组意见进行修改完善。广州铁路（集团）公司《广铁集团志》编修工作按计划对各单位上报材料进行修改和编纂。截至年底，《广铁集团志》初稿完成90%；《南宁铁路局志》完成入志初稿，进入资料补充、初稿修改阶段。兰州铁路局收集各承编单位资料，编纂《甘肃省志·铁路志》，完成《甘肃省志·铁路志》初稿约100万字。青藏铁路公司按照青海省志办初审意见，补充《青海省志·铁路交通志》彩页部分有关铁路运输、管理、生活等方面内容的照片10余幅；文字部分增加企业文化、先进人物等内容，部分章下序进行修改，大事记增加49条，全书结构作部分调整，10月12日通过终审。（姚岳山）

·省级志书出版

【《天津市志·市容环卫志》出版】 11月，天津市志办、市市容和园林管理委员会编纂的《天津市志·市容环卫志》由方志出版社出版。全书88万字。（唐旗　刘新）

【《天津市志·检察志》出版】 11月，天津市志办、市人民检察院编纂的《天津市志·检察志》由天津社会科学院出版社出版。该志记述1990年至2012年天津检察事业改革发展的历程。全书120余万字。（唐旗　刘新）

【《天津市志·工会志》出版】 11月，天津市志办、市总工会编纂的《天津市志·工会志》由方志出版社出版。该志是天津市工会领域的首部志书，是列入市政府第二轮《天津市志》编修规划的分志，记述1866年至2008年天津工人运动与工会事业发展的历史与现状。全书186万字。（唐旗　刘新）

【《河北省志·人口与计划生育志（1979—2005）》出版】 11月，河北省地方志编委会编纂的《河北省志·人口与计划生育志（1979—2005）》由河北人民出版社出版。总纂龚焕文，主编张志逊。该志记述1979年至2005年河北省人口发展、分布、结构、素质变动和人口调查、人口管理等情况。全书约85万字。（张海）

【《河北省志·邮电志（1979—2005）》出版】 12月，河北省地方志编委会编纂的《河北省志·邮电志（1979—2005）》由河北人民出版社出版。总纂龚焕文，主编李志兴。该志上限1979年，下限2005年。全书约154万字。（张海）

【《河北省志·电力工业志（1979—2005）》出版】 11月，河北省地方志编委会编纂的《河北省志·电力工业志（1979—2005）》由河北人民出版社出版。总纂龚焕文，主编赵社宏。该志记述全国特有的一省两网管理格局。全书约60万字。（张海）

【《河北省志·财政志（1979—2005）》出版】 11月，河北省地方志编委会编纂的《河北省志·财政志（1979—2005）》由河北人民出版社出版。总纂龚焕文，主编赵文海、李杰刚。该志上限1979年，下限2005年。全书约94万字。（张海）

【《山西省志·工会志》出版】 11月，《山西省志·工会志》由中华书局出版。主编宋海兵、刘湧。该志上限为1978年，下限至2014年。全志设11编，全面、系统地记述改革开放以后山西工会组织的历史与现状。全书162.7万字。（武岭）

【《山西省志·民用航空志》出版】 11月，《山西省志·民用航空志》由中华书局出版。主编郝孝义。该志上限为1978年，个别事项追溯事物发端，下限为2010年。全书设13编，全面、系统、客观地记述中共十一届三中全会以后山西民用航空的机构设置、机场建设、航空器演变以及各项航空业务发展变化的情况，反映改革开放以后山西民用航空事业发展的历史进程、地域特征和时代特征。全书156万字。（武岭）

【《山西省志·统计志》出版】 11月，《山西省志·统计志》由中华书局出版。主编赵占明、王德才。该志上限为1978年，部分叙事上溯到中华人民共和国成立之初，下限为2013年末。全书设23章，记述全省统计系统大事要事，全面、客观、系统地展现改革开放以后山西省统计事业的发展总貌。全书72.5万字。

（武岭）

【《山西省志·烟草志》出版】 11月，《山西省志·烟草志》由中华书局出版。主编杨宝玉。该志上限为烟草种植引入山西之时，下限至2012年，部分内容适当下延。全书设11编，全面、真实地记述山西烟草发展的历史和现状。全书138.8万字。（武岭）

【《山西省志·开发区志》出版】 11月，《山西省志·开发区志》由中华书局出版。主编孙跃进。该志从1991年山西省成立第一家开发区写起，下限为2012年，部分章节及彩版的上限或下限适当延展。全书设25编，全面、客观、准确、系统地记述山西省开发区成立以后发展的历史和现状。全书139.6万字。

（武岭）

【《山西省志·人口志》出版】 11月，《山西省志·人口志》由中华书局出版。主编李跃珍。该志上限为1978年，下限至2013年底。全书设8编，记述改革开放以后山西省人口和计划生育事业的发展历史和现实状况。全书96.7万字。（武岭）

【《辽宁省志·公安志（1986—2005）》出版】 10月，辽宁省志办编纂的《辽宁省志·公安志（1986—2005）》由辽宁民族出版社出版。总纂鄢钢城，副总纂麻志杰、林燕燕，主编白月先、关耀林，副主编田玉明、张殿有、赫凯。该志全面客观记述1986年至2005年辽宁省各级公安机关加强公安建设和履行刑事与经济侦查，行使治安、户政、道路交通、出入境、信息网络安全等行政管理、安全保卫职责，维护辽宁国家安全和社会稳定、保障改革开放和经济建设顺利进行等情况。该志设概述、公安机构篇、公安侦查篇、公安行政管理篇、安全保卫篇、法制建设与控申工作篇、公安信息与公安科技篇、公安政治工作篇、纪检监察与审计督察篇、警务保障篇、附录9篇27章90节。全书72万字。（杜祥武）

【《吉林省志（1986—2000）·民政志》出版】 5月，吉林省民政厅编纂的《吉林省志（1986—2000）·民政志》由吉林大学出版社出版。该志设16篇57章，全面记述1986年至2000年全省各级民政部门紧紧围绕党的中心工作，以保障民政对象基本生活与广大群众基本权益为宗旨，以建立与完善城乡社会保障制度为目标，以加强社会管理、维持社会稳定为己任，实现各项民政工作整体推进的情况。全书80万字。（高岩）

【《吉林省志（1986—2000）·财政志》出版】 7月，吉林省财政厅编纂的《吉林省志（1986—2000）·财政志》由吉林人民出版社出版。该志设4篇35章，记述1986年至2000年吉林省财政工作体制和机制不断改革创新，在财政收入、支出管理等方面的经验举措。全书100万字。（寇旭华）

【《吉林省志（1986—2000）·司法行政志》出版】 8月，吉林省司法厅编纂的《吉林省志（1986—2000）·司法行政志》由吉林人民出版社出版。该志设11篇38章，记述1986年至2000年吉林省司法行政事业改革、创新、发展的历程，吉林省司法系统在发挥法制宣传、法律保障、法律援助、司法鉴定等方面采取的措施。全书67万字。（高岩）

【《吉林省志（1986—2000）·粮食志》出版】 8月，吉林省粮食局编纂的《吉林省志（1986—2000）·粮食志》由吉林人民出版社出版。该志分12章，记述1986年至2000年吉林省粮食部门在探索粮食流通体制改革、做好粮食流通各项工作，平衡粮食供求关系，稳定全省粮食市场，确保国家出口需要，保障全省

人民粮食需求等方面采取的措施。另有概述及附录。全书54万字。（冯占文）

【《吉林省志（1986—2000）·邮政志》出版】 12月，中国邮政集团公司吉林省分公司编纂的《吉林省志（1986—2000）·邮政志》由吉林文史出版社出版。该志设6章31节，记述1986年至2000年吉林省邮政事业深化邮政管理体制、经营体制改革，调整邮政业务结构等方面取得的重要成果，以及加大邮政投资力度、邮政收入持续、稳定增长的情况。全书64万字。（张成训）

【《吉林省志（1986—2000）·中共志》出版】 12月，吉林省委办公厅编纂的《吉林省志（1986—2000）·中共志》由吉林人民出版社出版。该志设11篇59章，记述1986年至2000年中共吉林省委带领全省各行各业推动各项事业快速健康发展的历史过程以及省委各部门工作的发展变化与取得成绩。另有概述及附录。全书110万字。（寇旭华）

【《吉林省志（1986—2000）·水利渔业志》出版】 12月，吉林省水利厅编纂的《吉林省志（1986—2000）·水利渔业志》由吉林文史出版社出版。该志分15篇47章，记述1986年至2000年吉林省水利事业发展和改革的全貌。另有概述及附录。全书86.6万字。（冯占文）

【《吉林省志（1986—2000）·妇联志》出版】 12月，吉林省妇女联合会编纂的《吉林省志（1986—2000）·妇联志》由吉林文史出版社出版。该志设12章，反映1986年至2000年在改革开放过程中吉林省妇女状况发生的深刻变化，记述全省妇女组织积极发动妇女参与改革和经济建设、代表妇女参政议政、推动和促进全社会为妇女和儿童提供各种服务等内容。另有概述及附录。全书35万字。（冯占文）

【《黑龙江省志·妇联志》出版】 1月，黑龙江省地方志编委会编纂、省妇女联合会承编的《黑龙江省志·妇联志》由黑龙江人民出版社出版。主编钱铃、关静杰。该志分8篇29章96节，文前图片27幅，文中照片9幅，文中表格49张。该志上限1986年，下限2005年，记述断限内黑龙江省妇女联合会带领全省妇女投身社会主义现代化建设，维护自身权益，促进男女平等的实践活动和事业发展历程。全书约56万字。（由岳峰）

【《黑龙江省志·科学技术志》出版】 2月，黑龙江省地方志编委会编纂、省科学技术厅承编的《黑龙江省志·科学技术志》由黑龙江人民出版社出版。主编杨廷双。该志上限1986年，下限2005年，个别事物记述有所上溯。该志设8篇35章173节。内容分为两大部分：第一部分为总纲，包括文前照片、目录、概述；第二部分为专志，是志书的主体。全书186万字。（由岳峰）

【《黑龙江省志·公安志》出版】 2月，黑龙江省地方志编委会编纂、省公安厅承编的《黑龙江省志·公安志》由黑龙江人民出版社出版。主编明志伟、兰学忠、洪松。该志上限1986年，下限2005年，分14篇54章164节。全书90.4万字。（由岳峰）

【《黑龙江省志·物价志》出版】 3月，黑龙江省地方志编委会编纂、省物价监督管理局承编的《黑龙江省志·物价志》由黑龙江人民出版社出版。主编刘清海。该志分4篇20章64节，记述1986年至2005年黑龙江省价格改革全程及物价事业发展变化全貌。全书57万字。（由岳峰）

【《黑龙江省志·旅游志》出版】 7月，黑龙江省地方志编委会编纂、省旅游局承编的《黑龙江省志·旅游志》由黑龙江人民出版社出版。主编李学瑶。该志记述1986年至2005年黑龙江省旅游业的历史发展过程及客观情况。全书69万字。（由岳峰）

【《黑龙江省志·电信志》出版】 8月，黑龙江省地方志编委会编纂、省通信管理局承编的《黑龙江省志·电信志》由黑龙江人民出版社出版。主编孙明海。该志上限1986年，下限2005年，设8篇36章173节，随正文附以相关照片、图、表等。卷首设图片34幅，文中照片176幅，图71幅，表格223个。全书80万字。（由岳峰）

【《黑龙江省志·石油工业志》出版】 11月，黑龙江省地方志编委会编纂、大庆油田有限责任公司承编的《黑龙江省志·石油工业志》由黑龙江人民出版社出版。主编李勇。该志记述1986年至2005年大庆油田的客观情况。该志设5篇27章117节。全书41.2万字。（由岳峰）

【《上海市级专志·瑞金医院志》出版】 9月，上海市地方志编委会编纂的《上海市级专志·瑞金医院志》由上海科学技术文献出版社出版。该志以瑞金医院和瑞金医疗集团为范围，记述医院的历史沿革、组织机构、业务科室、医疗管理、医学教育、科学研究、人事管理、后勤保障、党群工作、医院文化、人物等。卷首图照270余幅，随文图照近200幅，彩色印刷。全书143万字。（赵明明）

【《上海市级专志·上海银行志》出版】 9月，上海市地方志编委会编纂的《上海市级专志·上海银行志》由上海社会科学院出版社出版。该志记录1995年至2015年末上海银行各类业务发展情况，其中信用社历史追溯至1986年，上市相关工作记述延伸至2016年末。全志除序言、总述、大事记、附录外，设机构沿革、公司治理、金融服务、经营管理、信息科技、人力资源、内部管理、党群工作、企业文化、控股子公司与参股机构、分支行概况11篇，下设46章186节，卷首图照130余幅，随文图照200余幅。全书125万字。（范锐超）

【《上海市级专志·上海建工集团志》出版】 10月，上海市地方志编委会编纂的《上海市级专志·上海建工集团志》由上海社会科学院出版社出版。该志记述1978年至2010年重点为1994年建工集团成立后上海建工集团发展的历史。全书136万字。（赵明明）

【《江苏省志（1978—2008）·教育志》出版】 5月，江苏省教育厅编纂的《江苏省志（1978—2008）·教育志》由江苏凤凰教育出版社出版。主编沈健。该志设组织机构与宏观管理、学前教育、特殊教育、义务教育、普通高中教育、中等职业教育、高职高专教育、普通本科教育、学位与研究生教育、成人高等教育和社会教育、学校体育卫生与艺术教育、国防教育、教师队伍、教育经费、教育基本建设与技术装备、国际及港澳台教育合作交流、教育招生与考试、教育督导与评估、教育宣传与教育研究、国家通用语言文字普及与提高19章。全书约80万字。（朱莉萍）

【《江苏省志（1978—2008）·环境志》出版】 5月，江苏省环保厅牵头，省气象局、省地震局、省海洋渔业局、省林业局以及中科院南京地理与湖泊研究所、中科院南京土壤研究所等7家单位共同编纂的《江苏省志（1978—2008）·环境志》由江苏凤凰科学技术出版社出版。主编秦亚东。该志设自然与经济社会环境、淡水环境、海洋环境、大气环境、土壤环境、声环境、辐射环境、气象、地震、自然生态环境、环境法制建设、环境综合治理、环境监测、产业环境管理、环境宣传教育、环境科学技术和对外交流、机构建设17章。全书109万字。（朱莉萍）

【《江苏省志（1978—2008）·资源志》出版】 5月，江苏省国土资源厅牵头，省海洋与渔业局、省地质矿产勘查局、省农业资源开发局、省林业局、省有色金属华东地质勘探局、省测绘局等7家单位共同编纂的《江苏省志（1978—2008）·资源志》由江苏凤凰科学技术出版社出版。主编李闽。该志设土地、森林、海洋、地质、矿产、保障6章。文前彩页丰富多样，附有江苏省地势图、江苏省土地利用现状图、江苏省海洋概况图、江苏省地质略图、江苏省主要矿产分布图5幅地图。全书82万字。（朱莉萍）

【《江苏省志（1978—2008）·水利志》出版】 5月，江苏省水利厅编纂的《江苏省志（1978—2008）·水利志》由江苏凤凰教育出版社出版。主编为李陆玖。该志设水利自然环境，规划、水文与勘测设计，淮河流域治理，长江流域治理，区域治理，跨流域调水，农村水利，城市水利，防汛防旱，水资源与水环境，建设管理，工程与河湖管理，水利改革，依法治水，水利经济，科研、信息化建设，教育、国际交往，机构与队伍18章。全书约70万字。（朱莉萍）

【《江苏省志（1978—2008）·交通运输志》出版】 5月，江苏省交通厅，协同民航江苏监管局编纂的《江苏省志（1978—2008）·交通运输志》由江苏凤凰教育出版社出版。该志设管理体制、发展规划、基础设施、运输服务、行业管理、产业发展、科技教育及文明行业创建8章。全书约128万字。（朱莉萍）

【《江苏省志·粮食流通志》出版】 3月，江苏省粮食局编纂的《江苏省志·粮食流通志》由江苏凤凰出版传媒股份有限公司出版。主编张生彬。该志设粮食流通管理机构、粮食流通体制改革、粮食收购与销售、食油（油料）收购与销售、粮油价格、粮食储备与应急保供、粮油仓储建设与管理、粮油加工业、军粮供应、粮食财务、粮食市场、粮食法制建设、粮食流通监督检查、粮油信息化、粮食行政监察、粮食教育、社会团体17章。全书约60万字。（朱莉萍）

【《浙江通志》第一批志书出版】 4月，《浙江通志》第一批志书《浙江通志·盐业志》《浙江通志·烟草业志》《浙江通志·方言志》和《浙江通志·天目山专志》等由浙江人民出版社出版。省长、《浙江通志》编委会主任车俊作序。（浙江省志办）

【《福建省志·青年运动志》出版】 年内，福建省方志委编纂、共青团福建省委承编的《福建省志·青年运动志》由鹭江出版社出版。该书全面记述上自辛亥革命、下迄2005年近一个世纪福建青年运动的历史进程，反映福建青年在国家救亡图存和振兴建设时期的进取、牺牲与贡献。全书50余万字。

（欧长生 孙洁斐）

【《山东省志·证券志（1880—2005)》出版】 7月，中国证券监督管理委员会山东监管局编纂的《山东省志·证券志（1880—2005)》由山东人民出版社出版。主编赵洪军。该志记述1880年至2005年山东证券行业的发展历程，重点记述早期证券与期货，证券发行，证券、期货经营与服务机构，证券业务，期货业务，监督管理等方面内容。全书40万字。

（山东省史志办）

【《山东省志·海关志（1993—2005)》出版】 8月，山东省青岛海关编纂的《山东省志·海关志（1993—2005)》由山东人民出版社出版。主编牟家骏。该志记述1993年至2005年山东海关事业的发展历程，重点记述监管、征税、缉私、统计、科技应用、机构与管理等方面内容。全书33万字。（山东省史志办）

【《山东省志·煤炭工业志（1991—2005)》出版】 10月，山东省煤炭工业局编纂的《山东省志·煤炭工业志（1991—2005)》由山东人民出版社出版。主编郭强。该志记述1991年至2005年山东省煤炭工业的改革发展的历程，重点记述管理体制与管理机构、煤炭资源与勘探、煤矿建设、煤炭生产、煤矿安全、非煤产业、经营管理、环境保护与节能减排、科学技术与教育培训等方面内容。全书48万字。

（山东省史志办）

【《山东省志·冶金工业志（1986—2005）》出版】 10月，山东省冶金工业总公司编纂的《山东省志·冶金工业志（1986—2005）》由山东人民出版社出版。主编耿庆山。该志记述1986年至2005年山东省冶金工业改革发展的历程，重点记述冶金矿山与耐火原材料、黑色金属冶炼加工和焦化碳素制品生产、有色金属生产与加工、多元化生产经营、冶金节能与环境保护、科技与教育、行政管理与改革、冶金企业等方面内容。全书44.1万字。

（山东省史志办）

【《山东省志·供销合作社志（1991—2005）》出版】 10月，山东省供销合作社联合社编纂的《山东省志·供销合作社志（1991—2005）》由山东人民出版社出版。主编侯成君。该志记述1991年至2005年山东省供销合作事业改革发展的历程，重点记述业务经营、企业管理、农村社会化服务、现代流通服务网络、组织机构等方面内容。全书43万字。

（山东省史志办）

【《山东省志·共青团志（1994—2005）》出版】 12月，共青团山东省委编纂的《山东省志·共青团志（1994—2005）》由山东人民出版社出版。主编陈必昌。该志记述1994年至2005年山东省共青团事业的发展历程，重点记述团的组织、团的建设、思想引领、建功奉献、服务维权、统战外事、团校教育和理论研究、其他青少年组织等方面内容。全书38万字。（山东省史志办）

【《山东省志·出入境检验检疫志（19世纪后期至2005年）》出版】 12月，山东出入境检验检疫局编纂的《山东省志·出入境检验检疫志（19世纪后期至2005年）》由山东人民出版社出版。主编姚志杰。该志记述19世纪后期至2005年山东出入境检验检疫事业的发展历程，重点记述进出口商品检验鉴定、国境卫生检疫、进出境动植物检验检疫、检验检疫科技与实验室、监督管理等方面内容。全书52万字。（山东省史志办）

【《山东省志·建设志（1986—2005）》出版】 12月，山东省住房和城乡建设厅编纂的《山东省志·建设志（1986—2005）》由山东人民出版社出版。主编潘岚君。该志记述1986年至2005年山东省建设事业改革发展的历程，重点记述城市规划、城市建设、住宅与房地产业、村镇建设、建筑业与工程建设、勘察设计与抗震救灾、建设科技与人才培养、法制建设、组织机构等方面内容。全书67万字。

（山东省史志办）

【《山东省志·电力工业志（1986—2005）》出版】 12月，国网山东省电力公司编纂的《山东省志·电力工业志（1986—2005）》由山东人民出版社出版。主编蒋斌、孙可奇。该志记述1986年至2005年山东省电力工业的发展历程，重点记述电力建设、发电、供电、用电与营销、电网调度、农电、科技与教育、管理等方面内容。全书53.7万字。

（山东省史志办）

【《山东省志·教育志（1991—2005）》出版】 12月，山东省教育厅编纂的《山东省志·教育志（1991—2005）》由山东人民出版社出版。主编荆戈。该志记述1991年至2005年山东省教育事业的发展历程，重点记述基础教育、职业教育与成人教育、普通高等教育、教师、教育法制建设与教育督导、教育行政、科学研究与教育研究、交流合作与宣传、招生与考试等方面内容。全书58万字。（山东省史志办）

【《山东省志·旅游志（1994—2005）》出版】 12月，山东省旅游发展委员会编纂的《山东省志·旅游志（1994—2005）》由山东人民出版社出版。主编于风贵。该志记述1994年至2005年山东省旅游事业的发展历程，重点记述

旅游资源、旅游规划与法制建设、市场开发、旅游服务与监管、机构队伍等方面内容。全书35万字。（山东省史志办）

【《山东省志·粮食志（1986—2005）》出版】 12月，山东省粮食局编纂的《山东省志·粮食志（1986—2005）》由山东人民出版社出版。主编温洪镭。该志记述1986年至2005年山东省粮食事业的发展历程，重点记述粮油购销、储备保管、军粮供应、企业改革与产业发展、财务管理、机构人员、教育培训、理论研讨等方面内容。全书38万字。（山东省史志办）

【《山东省志·卫生志（1986—2005）》出版】 12月，山东省卫生和计划生育委员会编纂的《山东省志·卫生志（1986—2005）》由山东人民出版社出版。主编龚燕。该志记述1986年至2005年山东省卫生事业的发展历程，重点记述卫生行政、卫生监督、药品与医疗器械监督管理、疾病预防控制、中医、西医、城乡基层卫生、妇幼保健、教育、科研、团体与科技期刊（医学类）等方面内容。全书60万字。

（山东省史志办）

【《湖南省志（1978—2002）·粮食流通志》出版】 12月，湖南省地方志编委会编纂的《湖南省志（1978—2002）·粮食流通志》由湖南科学技术出版社出版。该志以记述粮食流通工作为主线，以全省政企合一的粮食流通各环节的政策措施、业务技术、改革发展为主要内容，加上行业财务、教育、科技、管理等相关内容，设置粮油收购、粮油销售、粮油储运、粮油工业、粮食财务会计、粮食教育与粮油科技、粮食行业管理共7篇，计26章88节。全书58万字。（刘仲秋）

【《广东省简志》出版】 9月，广东省志办编纂的《广东省简志》由广东人民出版社出版。该书从第一、二轮近亿字《广东省志》中精炼资料，辅以《广东年鉴》《广东省情读本》《数说广东六十年（1949—2009）》《广东改革开放纪事》《广东印记》《简明广东通史》《岭南纪事》等。全书按自然、经济、政治、文化、社会、人物、综合方面分篇，并设有总述、大事记、索引、附录等；记述时限以事物发端为上限，主体内容以2000年为下限，附录适当下延至2015年。全书130万字。

（广东省志办）

【《广西通志·铁路志（1991—2005）》出版】 2月，广西壮族自治区地方志编委会编纂、南宁铁路局承编的《广西通志·铁路志（1991—2005）》由广西人民出版社出版。该志记录原柳州铁路局以及广西铁路“八五”“九五”“十五”期间铁路建设、运输生产、经营管理、科学技术以及党群工作取得的成绩和广大铁路职工的精神风貌。全志收录240幅照片和示意图，179张表格。全书约93万字。

（苏麟忠）

【《广西通志·行政区划志（1990—2005）》出版】 5月，广西壮族自治区地方志编委会编纂、广西民政厅承编的《广西通志·行政区划志（1990—2005）》由广西人民出版社出版。该志设行政区划调整、市县行政区划、行政区域界线管理、行政区划名称及政府驻地迁移管理4篇，前有概述，后设大事纪略、附录、索引及后记；收录有2005年行政区划图103幅，单列有乡镇以上地名索引、目和子目索引、地图索引、表格索引。全书约125万字。

（苏麟忠）

【《广西通志·地方税务志（1994—2005）》出版】 6月，广西壮族自治区地方志编委会编纂、广西地方税务局承编的《广西通志·地方税务志（1994—2005）》由广西人民出版社出版。该志设卷首照片、概述，后置大事纪略、附录、索引、后记；正文采用篇、章、节、目体，设地方税税种与收入、地方税体系与征管、税收法制与服务、行政管理、队伍建设等5篇18章。全书37万字。（苏麟忠）

【《广西通志·方志志》出版】 9月，广西壮族自治区地方志编委会编纂、自治区志办承编的《广西通志·方志志》由广西人民出版社出版。全志设6篇20章62节，着重记述中华人民共和国成立后尤其是改革开放以来广西地方志事业的发展历史与现状，反映地方志这一优秀传统文化在广西发端、流传、发展的历史轨迹和总体概况。全书70余万字。 （苏麟忠）

【《重庆市志·乡镇企业志（1986—2002）》出版】 3月，重庆市中小企业发展指导局（乡镇企业局）编纂的《重庆市志·乡镇企业志（1986—2002）》由西南师范大学出版社出版。主编尹华川、朱建。全志设组织机构、改革与经济技术合作、产业布局、主要产业产品、经营管理、重点乡（镇）村和园区建设、荣誉榜和区县乡镇企业简介等，记述1986年至2002年重庆直辖前后乡镇企业的基本情况，是集重庆乡镇企业16年发展、人物、事件于一体的综合性文献。全书85万字。 （重庆市志办）

【《重庆市志·风景园林志（1986—2005）》出版】 3月，重庆市园林事业管理局编纂的《重庆市志·风景园林志（1986—2005）》由重庆出版社出版。主编况平。全志分上下两卷，设综合、风景名胜区、城市园林绿化3篇84章，含彩图300余幅。该志是继1993年四川大学出版社出版的《重庆市园林绿化志》后，重庆风景园林事业发展史上的又一部专志，记载1986年至2005年重庆城市园林绿化和风景名胜区事业发展历程。全书264万字。

（重庆市志办）

【《重庆市志·工业经济志（1986—2005）》出版】 5月，重庆市经济和信息化委员会编纂的《重庆市志·工业经济志（1986—2005）》由西南师范大学出版社出版。主编郭坚。全志设工业经济运行、工业规划与投资、国有工业企业改革、工业对外开放、工业科技、工业节能与资源综合利用、特色工业园区、工业品营销以及汽车、摩托车工业9章，含彩图22幅。该志以改革发展为主线，记载1986年至2005年重庆工业经济的发展历程。全书200万字。

（重庆市志办）

【《重庆市志·民政志（1986—2005）》出版】 6月，重庆市民政局编纂的《重庆市志·民政志（1986—2005）》由西南师范大学出版社出版。主编蒋志强、何亚雄、许建华。全志设民政机构，救灾工作，社会救助，社会福利和公益慈善事业，基层政权和社区建设，抚恤优待，复员退伍军人、军队离退休人员安置和军供保障工作，双拥工作，区划地名界线管理，民间组织管理，流浪乞讨人员救助，婚姻收养登记管理，殡葬管理服务，福利彩票，民政事业经费与民政统计，综合管理，区县（自治县、市）民政事业等17篇，含彩图33幅。该志记载1986年至2005年重庆民政工作及相关史实。全书111万字。

（重庆市志办）

【《重庆市志·体育志（1986—2005）》出版】 8月，重庆市体育局编纂的《重庆市志·体育志（1986—2005）》由西南师范大学出版社出版。主编丁洪、辛世杰。全志设体育项目，群众体育，竞技体育，运动竞赛，体育产业，宣传、科教、法规、外事，机构、经费、场地，体育社会团体，区县（自治县、市）、开发区体育等9篇，彩图93幅。该志记载1986年至2005年重庆体育事业的发展历程。全书188万字。 （重庆市志办）

【《四川省志·残疾人工作志（1986—2005）》出版】 2月，四川省地方志编委会编纂的《四川省志·残疾人工作志（1986—2005）》由方志出版社出版。主编毛大付。该志记述1986年至2005年四川残疾人工作的历史与现状，注重突出残疾人事业的发展是随着全省经济社会的发展而发展的主线，注重总结四川残疾人事业20年发展的基本经验，注重资料的系统性、真实性。全书69.1万字。 （雷雨露）

【《四川省志·政协志（1986—2005）》出版】 2月，四川省地方志编委会编纂的《四川省志·政协志（1986—2005）》由方志出版社出版。主编张邦凯。该志通过对政协四川省委员会简介、组织机构及其职能、各届主要工作、各届重要会议、所属各专门委员会工作、事业工作等记述，展现1986年至2005年间政协四川省委员会在政治协商、民主监督、参政议政职能方面的工作与发展历史。全书70.8万字。（雷雨露）

【《四川省志·国土资源志（1986—2005）》出版】 6月，四川省地方志编委会编纂的《四川省志·国土资源志（1986—2005）》由方志出版社出版。主编杨冬升。该志记载1986年至2005年四川省国土资源开发、利用、管理工作历程及取得的成就，抓住国土资源开发、利用、管理这条主线，围绕行业改革发展的历史轨迹和时代脉络，突出四川省国土资源管理地方特色、行业特色和时代特色。全书92.1万字。（雷雨露）

【《贵州省志（1978—2010）·文学艺术》出版】 9月，贵州省地方志编委会编纂的《贵州省志（1978—2010）·文学艺术》由贵州人民出版社出版。主编李雯，副主编赵旭、李晶、甄波。全志由卷首图照、序、凡例、编辑说明、概述、大事记、正文、附录、编纂始末组成；正文设文学、美术、音乐、戏剧、民族民间文艺、书法篆刻、摄影、舞蹈、曲艺、杂技、电影、电视文艺、交流与合作、机构与队伍14章。全书95万字。（贵州省志办）

【《贵州省志（1978—2010）·农业》出版】 9月，贵州省地方志编委会编纂的《贵州省志（1978—2010）·农业》由贵州人民出版社出版。主编景亚翔、吴宗建，副主编张戈、李志良。全志由卷首图照、序、凡例、编辑说明、概述、大事记、正文、附录、编纂始末组成；正文设农业自然环境、农村经济、种植业、畜牧业、水产业、国营农牧场、农业机械化、教育、宣传、对外交流、机构队伍9篇。全书90万字。（贵州省志办）

【《贵州省志（1978—2010）·海关检验检疫》出版】 9月，贵州省地方志编委会编纂的《贵州省志（1978—2010）·海关检验检疫》由贵州人民出版社出版。全志由海关、检验检疫两个志组成。海关部分由贵阳海关负责纂写，主编李忠尧，副主编向明友、李东乾；由卷首图照、序、凡例、编辑说明、概述、大事记、正文、附录、编纂始末组成；正文设机构队伍、海关监管、征收税费、查缉走私稽查、海关统计、科技应用、行政后勤管理7篇。检验检疫部分由贵州出入境检验检疫局负责纂写，主编田虹，副主编王志文、赵小祥、潘曲光、郑义生、郑世洪；由卷首图照、序、凡例、编辑说明、概述、大事记、正文、附录、编纂始末组成；正文设机构及队伍、商品检验、动植物检验检疫、卫生检验检疫、监管认证、综合管理6篇。全书80万字。（贵州省志办）

【《贵州省志（1978—2010）·人口和计划生育》出版】 9月，贵州省地方志编委会编纂的《贵州省志（1978—2010）·人口和计划生育》由贵州人民出版社出版。主编黄忠，副主编黄平，执行主编周省来，执行副主编黄成华、陈昌国。全志由卷首图照、序、凡例、编辑说明、概述、大事记、正文、附录、编纂始末组成；正文设人口、计划生育、机构与队伍3篇。全书80万字。（贵州省志办）

【《贵州省志（1978—2010）·人防战备》出版】 9月，贵州省地方志编委会编纂的《贵州省志（1978—2010）·人防战备》由贵州人民出版社出版。主编陈果，副主编陈端飞，执行主编鲍玉成，执行副主编张定嵩。全志由卷首图照、序、凡例、编辑说明、概述、大事记、正文、附录、编纂始末组成；正文设防空组织指挥、防空通信与警报、防空工程、国防交通建设、国防交通保障、火箭落区、法制建设及宣传教育、机构与管理8篇。全书70万字。（贵州省志办）

【《贵州省志（1978—2010）·史志档案》出版】 12 月，贵州省地方志编委会编纂的《贵州省志（1978—2010）·史志档案》由贵州人民出版社出版。全志由党史、地方志、文史馆、档案四个分志组成。党史部分由中共贵州省委党史研究室编写，主编杜丹，副主编余雄、覃爱华；由卷首图照、序、凡例、编辑说明、概述、大事记、正文、附录、编纂始末组成；正文设机构及队伍建设、党史编研及作品审核、党史科研管理、党史宣传教育、党史专项工作 5 章。地方志部分由贵州省档案局（省志办省档案馆）编写，主编田洪、王传福，副主编归然、张异莲、黄发政；由卷首图照、序、凡例、编辑说明、概述、大事记、正文、附录、编纂始末组成；正文设志书编纂、年鉴编辑、旧志整理与研究、地方志机构、地方志事业管理、方志资源开发利用、学术活动理论研究 7 章。文史馆部分由贵州省文史研究馆编写，主编顾久，执行主编靖晓莉，副主编王任索、罗珍琼；由卷首图照、序、凡例、编辑说明、概述、大事记、正文、附录、编纂始末组成；正文设机构与管理、馆员、文史研究、书画艺术活动、主办刊物、文化交流、社团两校 7 章。档案部分由贵州省档案局（省志办省档案馆）编写，主编田洪、王传福，副主编归然、张异莲、蒋国生；全志由卷首图照、序、凡例、编辑说明、概述、大事记、正文、附录、编纂始末组成；正文设档案信息资源、档案基础业务、档案与现行文件利用、档案基础设施建设、档案事业管理、机构队伍、档案学术交流与学会工作 7 章。全书 160 万字。

（贵州省志办）

【《贵州省志（1978—2010）·教育》出版】

12 月，贵州省地方志编委会编纂的《贵州省志（1978—2010）·教育》由贵州人民出版社出版。编辑部主任吴作然、赵敏、汪际。全志由卷首图照、序、凡例、编辑说明、概述、大事记、正文、附录、编纂始末组成；正文设基础教育、职业教育、普通高等教育、成人教育、少数民族教育、体育卫生艺术和国防教育、民办教育捐资助学、教师、教学设施、基础教育研究与语言文字工作、教育行政管理 11 篇。全书 100 万字。

（贵州省志办）

【《贵州省志（1978—2010）·铁路》出版】

12 月，贵州省地方志编委会编纂的《贵州省志（1978—2010）·铁路》由贵州人民出版社出版。主编吴胜光，副主编付建忠。全志由卷首图照、序、凡例、编辑说明、概述、大事记、正文、附录、编纂始末组成；正文设铁路建设、铁路运输、运输装备、运营管理、铁路工业、机构体制、铁路科技队伍建设 7 篇。全书 130 万字。

（贵州省志办）

【《贵州省志（1978—2010）·能源》出版】

12 月，贵州省地方志编委会编纂的《贵州省志（1978—2010）·能源》由贵州人民出版社出版。总纂凌慧明，副总纂薛为民、郭信英。全志由卷首图照、序、凡例、编辑说明、概述、大事记、正文、附录、编纂始末组成；正文设能源资源、煤炭、电力、石油燃气、科技与教育、机构与队伍 6 篇。全书 140 万字。

（贵州省志办）

【《贵州省志（1978—2010）·扶贫开发》出版】 12 月，贵州省地方志编委会编纂的《贵州省志（1978—2010）·扶贫开发》由贵州人民出版社出版。主编叶韬、李建。全志由卷首图照、序、凡例、编辑说明、概述、大事记、正文、附录、编纂始末组成；正文设扶贫方略、智力扶贫、基础设施建设、产业扶贫、党建扶贫、社会扶贫、国际协作扶贫、毕节试验、地方扶贫、机构队伍 10 篇。全书 90 万字。

（贵州省志办）

【《西藏自治区志·工商联志》出版】 5 月，西藏自治区地方志编委会编纂的《西藏自治区志·工商联志》由方志出版社出版。该志设 4 篇 15 章，记述 1951 年至 2013 年间西藏工商联（总商会）形成发展历程，客观展示西藏非公有制经济逐步发展的历史进程和取得的成就。

全书61万字。　（达瓦扎西　王梅洁）

【《陕西省志·文物志》出版】　1月，陕西省文物局编纂的《陕西省志·文物志》由陕西人民出版社出版。该志全面系统地记述陕西文物、考古和博物馆的发展历程，全志除序、凡例、概述、大事记、附录、索引、编后记外，设4编34章，涉及文物条目5900余则，配图3600余幅。全书360万字。　（丁喜）

【《陕西省志·共青团志（1990—2010）》出版】　12月，陕西省地方志编委会编纂的《陕西省志·共青团志（1990—2010）》由三秦出版社出版。该志上限1990年，下限2010年。全志由图照、概述、组织篇、建设篇、活动篇、表彰篇等10部分组成，照片126幅。全书约73万字。　（丁喜）

【《陕西省志·测绘志（1990—2010）》出版】　12月，陕西省测绘地理信息局编纂的《陕西省志·测绘志（1990—2010）》由西安地图出版社出版。该志上限1990年，下限至2010年，设篇、章、节、目4层构架，包括序言、凡例、概述、目录、正文、大事记、附录、索引、编后记等内容，图片98幅。全书100万字。　（丁喜）

【《甘肃省志·教育志（1987—2005）》出版】　3月，甘肃省史志办、甘肃省志教育志编委会编纂的《甘肃省志·教育志（1987—2005）》由甘肃教育出版社出版。主编旦智塔。该志设19章，客观记述甘肃教育事业的历史进程，全面反映全省不同层次教育的发展全貌。全书140万字。　（高天成）

【《甘肃省志·建制志（春秋时期—2008）》出版】　9月，甘肃省史志办、甘肃省志建制志编委会编纂的《甘肃省志·建制志（春秋时期—2008）》由甘肃人民出版社出版。主编李虎、张军利。该志设3篇15章，记述春秋时期至2008年期间甘肃建置沿革，为甘肃历史沿革的研究提供了详备的文献资料，为行政区划的科学调整提供历史借鉴。全书81万字。　（高天成）

【《甘肃省志·工商行政管理志（1986—2008）》出版】　4月，甘肃省史志办、甘肃省志工商行政管理志编委会编纂的《甘肃省志·工商行政管理志（1986—2008）》由甘肃文化出版社出版。主编白春鸣。该志设13章50节，反映1986年至2008年间甘肃省工商业大发展、大繁荣，工商行政管理事业大发展、大变革，工商行政管理部门的职能实现从监管有形的集贸市场到服务社会主义市场经济制度的建立的变化。全书101万字。　（高天成）

【《青海省志·人民代表大会志（1995—2012）》出版】　5月，青海省地方志编委会、省人大常委会办公厅编纂的《青海省志·人民代表大会志（1995—2012）》由青海人民出版社出版。主编曹多珠。全书共10章45节，全面、客观反映断限内青海省人民代表大会发展的历程及取得的成就。全书50万字。　（马渊）

·地市级志书出版

【《抚顺市志（1986—2005）》（第三卷）出版】　12月，辽宁省抚顺社会科学院、抚顺市志办编纂的《抚顺市志（1986—2005）》（第三卷）由辽宁民族出版社出版。主编李栋，副主编王玉军、关晶。该志设概述、科学技术、社会科学、教育、文化、传媒、卫生、体育7篇51章，记述1986年至2005年抚顺市科学技术、社科研究、教育、文化、传媒、医疗卫生、体育等各项事业的发展变化。全书118万字。　（杜祥武）

【《长春市志（1989—2000）》出版】　1月，吉林省长春市地方志编委会编纂的《长春市志（1989—2000）》由长春出版社出版。该志计39篇，记述1989年至2000年长春市自然、政治、经济、文化和社会等方面取得的成就及发展脉络。该志将汽车、电影、高校及开发区等长春特色内容单独设篇进行记述。另设总述、大事记和附录。全书451万字。 （任帅）

【《哈尔滨市志（1991—2005）·索引》卷出版】 10月，黑龙江省哈尔滨市志办编纂的《哈尔滨市志（1991—2005）·索引》卷由黑龙江人民出版社出版。主编宋希斌。该书标引范围为《哈尔滨市志（1991—2005）》第一至八卷的正文（含注释、表格、图、照）及总叙、人物、附录、大事辑要。标引对象有检索价值的条目、事件、表格、人名、地名、组织机构、法律法规、产品设备、科技成果、名优特产、报刊论著、文学艺术作品、民俗风情、文件文献等。其中，法律法规为当地颁布实施的；产品设备、科技成果、文学艺术作品为当地研发、生产、创作的；民俗风情、名优特产为当地独有。全书130万字。 （刘新惠）

【《常州市志（1986—2010）》出版】 1月，江苏省常州市志编委会编纂的《常州市志（1986—2010）》由方志出版社出版。该志分自然环境、经济、政治、文化、社会、人物6大部类，设置乡镇企业民营经济、文化、艺文、文化遗产、望族谱牒、方言、风俗等49卷，下设花木业、新材料和橡胶工业、生物技术和医药产业、新能源和环保产业等326章，收录照片539幅、表格884张。全书530万字。

（张丽）

【《杭州市志（1986—2005）》索引、志余两卷出版】 12月，《杭州市志（1986—2005）》索引、志余两卷由方志出版社出版。索引卷采用分析内容的综合性关键词索引形式，标引范围为《杭州市志（1986—2005）》主体各卷中的正文、大事记、专记、人物传、图片、照片、表格、附录等内容；标引对象为标引范围内具有检索意义的地名、人名、组织机构名，反映或体现杭州地域特色的各类事物、事件、活动，以及体现杭州地域特色的风景名胜、文物古迹、民情风俗、名优特产等。志余卷系在《杭州市志（1986—2005）》主体各卷未收录资料的基础上补充辑成，设导读（两轮市志导读）、综述（政治、经济、文化）、口述（共23人）、课题（6个）、附录（杭州历史纪略）5个部分。该卷资料上下限扩展为1978年至2008年，既与《杭州市志（1986—2005）》主体各卷相配套，又是相对独立的单卷本资料性文献。

（高丹）

【《青岛市志·经济卷（1978—2005）》出版】 3月，山东省青岛市史志办编纂的《青岛市志·经济卷（1978—2005）》由方志出版社出版。总编高克力，执行主编王现军、王书高。该志记述青岛市1978年至2005年工业、交通、邮政、通信等各个方面的经济发展历程。全书111.7万字。 （山东省史志办）

【《青岛市志·社会卷（1978—2005）》出版】 5月，山东省青岛市史志办编纂的《青岛市志·社会卷（1978—2005）》由方志出版社出版。总编高克力，执行主编王现军、王书高。该志记述青岛市1978年至2005年各项社会事业发展的历史与现状。全书81.7万字。

（山东省史志办）

【《威海市志》出版】 12月，山东省威海市地方史志编委会编纂的《威海市志》由方志出版社出版。主编毕吉玲、耿祥星。该志是地级威海市成立以来首次编修，内容包括威海市境域内的自然、经济、政治、文化和社会生活各个方面的历史资料。该志入选首批中国志书精品工程。全书621.6万字。 （山东省史志办）

【《遵义市志》出版】 4月，贵州省遵义市地方志编委会编纂的《遵义市志》由方志出版社出版。主编刘作会。全志由卷首图照、序、凡例、概述、大事记、正文、专记、人物、附录、索引组成；正文由政区建置、自然环境、环境保护、人口民族宗教、国土资源开发与保护、城乡建设、综合经济、农业、工业、能源开发与利用、烟草业酒业茶业、交通运输业、信息产业、商贸、旅游业、服务业、财税金融、中国共产党地方组织、党派群团、政权政协、综合政务、公安司法行政、检察法院、军事国防、红军长征在遵义、教育、科技气象水文、卫生体育、文化、文化遗产、社会生活、方言32篇组成，同时编者设播州土司、桐梓系军政集团、遵义“三线建设”、遵义经济技术开发区建设、“四在农家”创建活动5个专记。全书639.8万字。（贵州省志办）

【《日喀则市志》出版】 5月，西藏自治区日喀则市志办编纂的《日喀则市志》由方志出版社出版。该志设13篇48章，全面记述从事物发端至2000年，特别是西藏和平解放以来日喀则市各族人民在中国共产党的领导下各方面所取得的成就。全书74万字。（达瓦扎西）

【《金昌市志（1992—2010)》出版】 8月，甘肃省金昌市史志办编纂的《金昌市志（1992—2010)》由中州古籍出版社出版。主编郑天水。全志采用大编体结构，设6篇24章123节。全书160万字。（怡晓红）

·县级志书出版

【《北京市石景山区志（1996—2010)》出版】 10月，北京市石景山区地方志编委会编纂的《北京市石景山区志（1991—2010)》由北京出版社出版。该志上限始于1996年，下限至2010年，共收录图片284幅，表格332张，下设30编，突出社区建设、首钢搬迁、农转居等地域特点和时代特色，是全市第二轮首部出版的区志。全书86万字。（姜坤）

【《天津市和平区志（1979—2010)》出版】 8月，天津市和平区地方志编委会编纂的《天津市和平区志（1979—2010)》由天津科学技术出版社出版。该志记述1979年至2010年间天津市和平区自然、经济、政治、文化、社会发展的历史和现状。全书120万字。（唐旗　刘新）

【《天津市宁河县志（1979—2014)》出版】 9月，天津市宁河区地方志编委会编纂的《天津市宁河县志（1979—2014)》由天津社会科学院出版社出版。全志共163章。全书110万字。（唐旗　刘新）

【《天津市红桥区志（1979—2010)》出版】 11月，天津市红桥区地方志编委会编纂的《天津市红桥区志（1979—2010)》由方志出版社出版。全书约112万字。（唐旗　刘新）

【《文安县志（1986—2008)》出版】 5月，河北省文安县地方志编委会编纂的《文安县志（1986—2008)》由九州出版社出版。该志记述文安县自然、政治、经济、文化、社会等内容。全书160余万字。（郑小明）

【《灵石县志（1978—2011)》出版】 8月，山西省灵石县志编委会编纂的《灵石县志（1978—2011)》由中华书局出版。主编温向雄。该志结构为章节体，分编、章、节、目4个层次，全面系统记述灵石县自然、经济、政治、文化和社会的发展变化。全书126.8万字。（武岭）

【《大宁县志（1986—2012)》出版】 5月，山西省大宁县志编委会编纂的《大宁县志（1986—2012)》由中州古籍出版社出版。主编樊宇。该志分上、下两册，设30篇134章469节，全面记述大宁县改革开放30年以来的经济社会发展情况。全书150万字。（武岭）

【《怀仁县志》出版】 7月，山西省怀仁县志编委会编纂的《怀仁县志》由方志出版社出版。主编杨志雁。该志通贯古今，上溯事物发端，下迄2012年12月底，略古详今，着重记述中华人民共和国成立以后，特别是改革开放以后的史实。全书127.7万字。（武岭）

【《永济市志》出版】 12月，山西省永济市志办编纂的《永济市志》由中华书局出版。主编何蕊霞。该志通贯古今，略古详今，上限一般追溯事物发端，下限至2011年末，记述永济境域自然、政治、经济、文化、社会各个方面的历史与现状。全书250万字。（武岭）

【《昔阳县志（1979—2010）》出版】 11月，山西省昔阳县志编委会编纂的《昔阳县志》由中华书局出版。该志上限为1979年，下限为2010年，大事记延续到2015年底，记述昔阳县境内自然、政治、经济、文化和社会等各方面的发展变化。全书267.2万字。（武岭）

【《寿阳县志（1985—2007）》出版】 11月，山西省寿阳县志编委会编纂的《寿阳县志》由中华书局出版。该志上限为1985年，下限止于2007年底，全面、系统记述寿阳自然、人文、社会的历史与现状。全书142.2万字。

（武岭）

【《法库县志（2006—2010）》出版】 5月，辽宁省法库县志办编纂的《法库县志（2006—2010）》由沈阳出版社出版。该志除概述、大事记外，共计有一级目23条、二级目175条、三级目476条、四级目149条。全书110万字。

（俄文亮）

【《辽源市龙山区志（1984—2004）》出版】 5月，吉林省辽源市龙山区地方志编委会编纂的《辽源市龙山区志（1984—2004）》由吉林文史出版社出版。该志设28篇，记述1984年至2004年间龙山区自然、政治、经济、文化和社会的历史与现状。全书约86万字。

（任帅）

【《绥化市北林区志》出版】 7月，黑龙江省绥化市北林区地方志编委会编纂的《绥化市北林区志》由黑龙江人民出版社出版。主编杜英海。该志与首部《绥化市志》相衔接，上限为1983年，下限为2005年，设置篇、章、节、目4级框架，15篇114章。全书233万字。

（由岳峰）

【《密山市志》出版】 8月，黑龙江省密山市志编委会编纂的《密山市志》由黑龙江人民出版社出版。主编刘晓军。该志共22篇，全面反映1986年至2005年密山人民在政治建设、经济建设、文化建设、社会建设、生态文明建设等各方面所取得的成就。全书120万字。

（由岳峰）

【《如皋市志》出版】 1月，江苏省如皋市地方志编委会编纂的《如皋市志》由方志出版社出版。该志上限追溯事物发端，下限至2010年末。该志分上、下两册，24卷，记述全市境域演变、政治沿革、经济发展、社会事业以及英烈人杰、风土人情等。全书约310万字。

（张丽）

【《靖江市志（1988—2007）》出版】 1月，江苏省靖江市志办编纂的《靖江市志（1988—2007）》由江苏人民出版社出版。该志分32篇，记述靖江行政区域内1988年至2007年间自然、经济、政治、文化、社会的状况。该志特设“开发区建设·跨江联动开发”“海洋工程”等卷章；设“餐饮业”篇目，记述靖江名菜、名点和业态；在“方言”章节中汇辑古语今用词、地方惯用语和俗成语，增加沙上话音系、词汇等，丰富靖江作为“吴语飞地”的语言文化；“家训”章节中收录优秀传承家训和原创家训，“风尚”章节中记载普通市民在敬业奉献、助人为乐、孝老爱亲、见义勇为等方面的感人事迹；“人物”篇中收录近百位人物的生平事迹和卓越成就等。全书140余万字。

（张丽）

【《泰州市高港区志》出版】 12月，江苏省泰州市高港区地方志编委会编纂、区史志档案办公室具体负责编写的《泰州市高港区志》由方志出版社出版。该志分上、下两册，志首彩图和随文图片共671张，该志是全面系统记述高港区自然、政治、经济、文化和社会的历史与现状的资料性文献。全书211.6万字。

（张丽）

【《扬州市维扬区志（1989—2011）》出版】 10月，江苏省扬州市邗江区地方志编委会编纂的《扬州市维扬区志（1989—2011）》由方志出版社出版。该志与1996年出版的《扬州市郊区志》相衔接，完整记录扬州市郊区、维扬区的发展历程。该志设置开发园区建设、城乡建设管理、毛绒玩具产业、名胜古迹、地名考录等编章。全书约165万字。（张丽）

【《永康市志》出版】 12月底，浙江省永康市地方志编委会编纂的《永康市志》由上海人民出版社出版。该志记述时间上起新石器时期，下至2007年，分6册，设50卷339章1256节，子目5800多条，3000多幅图片。全书600余万字。（金华市志办）

【重修《龙游县志》出版】 4月，浙江省龙游县志编委会编纂的《龙游县志》由方志出版社出版。该志分上、中、下三册，分为地理、居民、设施建置、经济、政治、文化、人物、丛录8个部类，共55卷。全书308.5万字。

（衢州市志办）

【《仓山区志（1990—2005）》出版】 7月，福建省福州市仓山区地方志编委会编纂的《仓山区志（1990—2005）》由方志出版社出版。该书设21卷，全面反映1990年至2005年间仓山区的经济社会发展情况。全书140万字。

（欧长生　孙洁斐）

【《福清市志（1989—2005）》出版】 2月，福建省福清市地方志编委会编纂的《福清市志（1989—2005）》由中国文史出版社出版。该书设39卷，全面反映1989年至2005年间福清市的经济社会发展情况。全书199万字。

（欧长生　孙洁斐）

【《思明区志》出版】 7月，福建省厦门市思明区志办编纂的《思明区志》由方志出版社出版。该志首冠彩页、序、总述、大事记，中设专志33卷，末缀附录和索引。该志记述上溯各类事物发端，下至2007年思明区千余年间自然、政治、经济、文化和社会的历史与现状，特别是改革开放30多年来所取得的成就。全书251万字。（欧长生　孙洁斐）

【《永安市志（1990—2005）》出版】 11月，福建省永安市地方志编委会编纂的《永安市志（1990—2005）》由方志出版社出版。该志设36卷，记述1990年至2005年永安市自然、经济、政治、文化、社会等方面的发展和建设成就。全书200万字。（欧长生　孙洁斐）

【《济南市历下区志（1986—2005）》出版】 1月，山东省济南市历下区志编委会编纂的《济南市历下区志（1986—2005）》由中国文史出版社出版。该志上限为1986年，下限至2005年，共设10篇，图片222幅，记述历下区断限范围内自然、政治、经济、文化和社会的历史与现状。该志专设《山泉湖河城》《区域中心》两篇，突出历下区的地方特色，凸显历下区的人文风貌、经济发展。全书105万字。（张阳）

【《济南市市中区志（1991—2006）》出版】 10月，山东省济南市市中区志编委会编纂的《济南市市中区志（1991—2006）》由方志出版社出版。主编侯江。该志记载1991年至2006年济南市市中区政治、经济、文化和社会各项事业的发展变化。全书91.7万字。（张阳）

【《济南市槐荫区志（1989—2006）》出版】 10月，山东省济南市槐荫区史志编委会编纂的《济南市槐荫区志（1989—2006）》由方志出版社出版。主编杨军。该志记述槐荫区自然、政治、经济、文化和社会的历史与现状。全书122.6万字。（张阳）

【《青岛市市南区志》出版】 9月，山东省青岛市市南区史志编委会编纂的《青岛市市南区志》由方志出版社出版。主编刘宇。该志记载青岛市市南区有明确历史记录以来至2012年自然、政治、经济、文化和社会发展情况，挖掘市南区的文化底蕴和杰出人物，展示市南区经济社会发展取得的成就。全书160.9万字。

（山东省史志办）

【《青岛市市北区志》出版】 12月，山东省青岛市市北区档案局编纂的《青岛市市北区志》由中国文史出版社出版。主编刘伟。该志记述青岛市市北区经济、政治、文化、社会、生态文明等各方面的发展变化状况。全书127.5万字。（山东省史志办）

【《胶州市志（1987—2013）》出版】 11月，山东省胶州市史志编委会编纂的《胶州市志（1987—2013）》由方志出版社出版。主编李兆进。该志记述1987年至2013年胶州市自然、政治、经济、社会和文化的历史和现状。全书152.6万字。（山东省史志办）

【《莱阳市志（1978—2005）》出版】 4月，山东省莱阳市史志编委会编纂的《莱阳市志（1978—2005）》由中国民主法制出版社出版。主编董明奎。该志记述1978年至2005年莱阳市经济、政治、文化、社会、生态文明等各方面的发展变化状况。全书128.5万字。

（山东省史志办）

【《寿光市志（1991—2010）》出版】 4月，山东省寿光市地方史志编委会编纂的《寿光市志（1991—2010）》由方志出版社出版。主编李鹏。该志记录寿光市1991年至2010年经济建设、文化建设、社会建设、生态文明建设、党的建设等方面取得的经验和成就。全书118.6万字。（山东省史志办）

【《昌邑县志（1986—2005）》出版】 11月，山东省昌邑市地方史志编委会编纂的《昌邑县志（1986—2005）》由方志出版社出版。主编于希群。该志记述1986年至2005年昌邑县自然、政治、经济、教育、科技、文化等各项事业的发展历程。全书173.6万字。

（山东省史志办）

【《禹城市志（1986—2010）》出版】 2月，山东省禹城市地方史志编委会编纂的《禹城市志（1986—2010）》由方志出版社出版。主编张仁庆。该志记述1986年至2010年禹城市经济社会发展的历史与现状、发展与变化。全书168万字。（山东省史志办）

【《惠民县志（1979—2005）》出版】 10月，山东省惠民县地方史志编委会编纂的《惠民县志（1979—2005）》由方志出版社出版。主编田德贵、刘宝乾、左修和。该志记述1979年至2005年惠民县经济社会的发展历程和发展轨迹。全书146.7万字。（山东省史志办）

【《邹平县志（1986—2005）》出版】 12月，山东省邹平县地方史志编委会编纂的《邹平县志（1986—2005）》由方志出版社出版。主编赵玉群、王青山。该志记述1986年至2005年邹平县域内自然和社会诸方面的发展变化。全书164.3万字。（山东省史志办）

【《偃师市志（1986—2000）》出版】 6月，河南省偃师市史志办编纂的《偃师市志（1986—2000）》由中州古籍出版社出版。该志上限为1986年，下限为2000年，全面、系统记述偃师市自然、政治、经济、文化、社会生活等方面的发展变化。全书采用章、节、目体，设39章189节，收录各类照片近千幅，内容丰富，资料翔实，图文并茂。全书约170万字。

（汪朝霞）

【《民权县志（1986—2000）》出版】 10月，河南省民权县志办编纂的《民权县志（1986—2000）》由中州古籍出版社出版。该志前设彩页、概述、大事记，次列编章节目，共28编113章441节。大事记以编年体为主，以纪事本末体为次，力求事件完整。各章以类系事，横排门类，纵述史实。书末为编纂始末，记述修志过程。重要图照集中于志首，其余图照和表格随文设置。章后设附录，收录志书内涉及的主要文件、事件过程及重要课题研究论文等。全书130万字。（汪朝霞）

【《荥阳市志》出版】 12月，河南省荥阳市地方史志编委会编纂的《荥阳市志（1986—2006）》由中州古籍出版社出版。该志共36卷162章728节，设置郑氏祖地、苌家拳、河阴石榴、名地名人等专卷，突出地方特色。全书200万字。（汪朝霞）

【《梁子湖区志》出版】 7月，湖北省鄂州市梁子湖区地方志编委会编纂的《梁子湖区志》由长江出版传媒出版。该志分为15章57节，从政治、经济、文化、社会等方面翔实记录梁子湖区成立以后19年间的巨大变化。全书83万字。（湖北省志办）

【《红安县志（1990—2007）》出版】 4月，湖北省红安县地方志编委会编纂的《红安县志（1990—2007）》由武汉大学出版社出版。该志计30卷，记述红安自然、经济、政治、文化及社会之实态。全书160万字。（湖北省志办）

【《南宁市城北区志》出版】 年内，广西壮族自治区南宁市西乡塘区地方志编委会编纂、西乡塘区志办承编的《南宁市城北区志》由广西人民出版社出版。该志记事时间上溯至有史可考的事物发端，最早为东晋大兴元年（318年），下限一般至2004年，机构记至2005年3月，个别事物适当下延。该志设31章199节，包括行政区划、自然环境、人口与计划生育、城乡规划建设与管理、国土资源管理、环境保护、交通邮电等。志末为附录、索引、后记。全书约73万字。（符松柏　钟婉悦）

【《宾阳县志（1986—2005）》出版】 9月，广西壮族自治区宾阳县地方志编委会编纂的《宾阳县志（1986—2005）》由广西人民出版社出版。该志记述宾阳县1986年至2005年自然、经济、政治、文化、社会等方面的历史和现状。全书设28章，包括行政区划、自然环境、工业、金融、名优特产、城乡建设、综合经济管理、精神文明建设、文化、历史文化遗产等。志末为附录（文辑、碑记等）、索引、编修始末。全书218.7万字。（钟婉悦）

【《都安瑶族自治县志（1988—2005）》出版】 6月27日，广西壮族自治区都安瑶族自治县志编委会编纂的《都安瑶族自治县志（1988—2005）》由广西人民出版社出版。该志记述1988年至2005年都安瑶族自治县自然环境、政治、经济、文化和社会发展情况。该志设24篇84章，是继1993年出版的《都安瑶族自治县志》的续志。全书203万字。（符松柏）

【《宁明县志（1986—2005）》出版】 年内，广西壮族自治区宁明县地方志编委会编纂、宁明县志办承编的《宁明县志（1986—2005）》由广西人民出版社出版。该志是《宁明县志》（1988年出版）的续修志书，于2007年5月启动，采用章节体，设41章。全书130万字。（符松柏）

【《金秀瑶族自治县志（1988—2005）》出版】 11月，广西壮族自治区金秀瑶族自治县志编委会编纂的《金秀瑶族自治县志（1988—2005）》由广西人民出版社出版。该志是来宾市第二轮修志工作计划编纂出版的第一部志书。全书143万字。（符松柏）

【《永川市志·政治卷（1989—2006）》出版】 12月，重庆市永川区地方志编委会编纂的《永川市志·政治卷（1989—2006）》由重庆出版社出版。主编袁心常。该志设中国共产党、人民代表大会、人民政府、政治协商会议、民主党派与人民团体、公安司法、军事、政治体制改革8篇，记录1989年至2006年永川解放思想，推进中国特色社会主义民主政治和法制建设，在民生、统筹城乡发展、构建和谐永川等方面取得的成就。全书57万字。

（重庆市永川区档案局）

【《永川市志·经济卷（1989—2006）》出版】 12月，重庆市永川区地方志编委会编纂的《永川市志·经济卷（1989—2006）》由重庆出版社出版。主编袁心常。该志设国民经济运行、第一产业、第二产业、第三产业、经济开发、城乡建设发展、经济体制改革7篇，记述1989年至2006年永川完善土地承包责任制，推进农业社会化服务体系及农村经济组织建设，金融体制、国有企业体制、流通体制等方面改革，建立和完善社会主义经济体制取得的系列成果。全书45.6万字。

（重庆市永川区档案局）

【《永川市志·文化卷（1989—2006）》出版】 12月，重庆市永川区地方志编委会编纂的《永川市志·文化卷（1989—2006）》由重庆出版社出版。主编袁心常。全志设教育科技、文化艺术、文物古迹、卫生体育、广播电视新闻出版、档案地方志、语言民俗风物、人物8篇，记述1989年至2006年间永川文化建设以发展城市文化和建设现代文明为目标，深化科教文卫体制改革，推进产业进步和历史文化传承、创新城市文化的发展历程。全书58.5万字。 （重庆市永川区档案局）

【《綦江县志（1986—2011）》出版】 3月，重庆市綦江县志编委会编纂的《綦江县志（1986—2011）》由方志出版社出版。主编李德祥、刘恩后。该志设建置区划、人口、自然地理、党派团体、政权政协、法治国防、民政、劳动人事、农业、工业、商贸旅游、交通邮电、城乡建设环境保护、金融财税、综合经济管理、科技教育卫生、文化体育、社会、人物19篇，记录1986年至2011年綦江县自然、政治、经济、文化、社会等方面发展情况。全书167.8万字。 （杨祖静）

【《大足县志（1986—2011）》出版】 11月，重庆市大足县志编委会编纂的《大足县志（1986—2011）》由方志出版社出版。主编聂坤健，常务副主编张划。该志采用篇、章、节、目体，除概述、大事记、特记、附录、索引外，设环境与社会、改革开放、经济、政治、文教科卫、人物6篇，计57章312节，图照200余幅。全书140万字。

（重庆市大足区志办）

【《荣昌县志（1986—2005）》出版】 12月，重庆市荣昌县志编委会编纂的《荣昌县志（1986—2005）》由四川科学技术出版社出版。该志设建置区划、自然地理、中共荣昌县地方组织、荣昌县人民代表大会、荣昌县人民政府、政协荣昌县委员会、民主党派工商联、群众团体、政法、军事、劳动人事、国土资源管理、综合经济管理、农业、工业、商贸旅游、交通运输、邮电信息、城建环保、财政税务、金融、人口、民政、科学技术、教育、文化体育、医药卫生、社会生活、人物等29篇148章，记述1986年至2005年荣昌县改革开放、经济建设和社会事业发展的历程，重点记述荣昌夏布织造技艺、荣昌陶器烧制技艺、荣昌折扇制扇技艺等国家级非物质文化遗产和荣昌猪特产。全书220万字。 （荣昌区志办）

【《青白江区志（1991—2005）》出版】 2月，四川省成都市青白江区志办编纂的《青白江区志（1991—2005）》由方志出版社出版。主编王凌蔚。该志记载1991年至2005年青白江区改革开放历程和取得的成就，分总述、大事记、政区、自然环境、资源、人口与控制、中共地方组织、地方人民代表大会、地方人民政府、地方政治协商会议、民主党派与人民团体、法治、经济管理、工业、农业、城乡建设、环境保护、房地产、交通运输、商贸服务与旅游、邮政电信、金融保险、教育、科学技术、医疗卫生、文化体育、社会保障、居民生活、民俗风情、人物、附录31卷，设卷目、类目、条目三级，以条目为记事单元，构成基本体例架构。全书121.8万字。 （雷雨露）

【《盐亭县志（1986—2007）》出版】 4月，四川省盐亭县党史志办编纂的《盐亭县志（1986—2007）》由北京燕山出版社出版。主编何希明、胥锡才、彭加卉。该志前设彩图，正文设概述、大事记、专题纪事，内设政区·地理、人口、经济总情、农业、工业、商业、交通·邮政通信、城乡建设、财税金融、政党群团、政权政协、军事·政法、人事·民政·劳动保障、科技·教育、文化·旅游、卫生·体育、社会风俗、镇乡概况、人物·荣誉19篇，后缀附录。全书151万字。（雷雨露）

【《北川羌族自治县志（1988—2007）》出版】 9月，四川省北川羌族自治县志编委会编纂的《北川羌族自治县志（1988—2007）》由方志出版社出版。主编黄宪礼。该志除卷首外，分概述、大事记、专志、人物、附录五个部类。概述综叙县情，总摄全书，排列于全志之首；大事记按时序略记断限年代内的大事要事，为全志之经；专志为志书主体，按事类立篇，分为33篇，篇以下设章、节、目等层次，从横的方面具体记述全县的历史、自然、政治、经济、社会、文化，为全志之纬；人物之后列附录。该志突出羌文化、羌族发展史、禹文化、民族风俗、红色文化、乡土文化以及各类历史人物，收录图片40余幅。全书110余万字。（雷雨露）

【《剑阁县志（1990—2006）》出版】 3月，四川省剑阁县地方志编委会编纂的《剑阁县志（1990—2006）》由方志出版社出版。主编孙元泰。该志为首部《剑阁县志》续编，前设卷首集束彩图，正文首设概述、大事记，内设政区·人口、自然环境、中国共产党、人民代表大会、政府、政协、人民团体、军事、政法、经济综述、经济管理、人事、劳动和社会保障、民政、农业、扶贫与协作、乡镇企业、工业、交通运输、邮政通讯、城乡建设、国土资源管理·环境保护、商业、供销·粮油·烟草·盐业、财政、税务、金融·保险、旅游、教育、科技、文化、广播电视·报纸、医疗卫生·计划生育、体育、社会风土、人物等36篇，后缀附录、索引、后记。全书115.7万字。（雷雨露）

【《美姑县志（1991—2009）》出版】 5月，四川省美姑县地方志编委会编纂的《美姑县志（1991—2009）》由方志出版社出版。主编孙学元。该志为中编体结构，前设卷首集束彩图，正文首设概述、大事记，后设建置、自然地理与环境保护、人口和计划生育、中国共产党地方组织、政权政协、人民团体、政务、武装、政法、经济管理、工业、农业、林业、畜牧、水电、交通运输、邮政电信、城乡建设、烤烟与烟草经营、粮食、财税、金融与保险、教育、科学技术、文化体育旅游、广播电视、语言文字和毕摩文化研究、卫生、人物等29篇，后缀附录、索引、编后记。全书130万字。（雷雨露）

【《贵阳国家高新技术产业开发区志》出版】 12月，贵阳国家高新技术产业开发区编纂的《贵阳国家高新技术产业开发区志》由开明出版社出版。该志上限始于1992年贵阳国家高新技术开发区建区时，下限止于2016年底，分地理、建区、科技、人才、政治、经济、组织机构等12个板块。全书60余万字。（韦俊帆）

【《剑河县志（1991—2011）》出版】 8月，贵州省剑河县史志编委会编纂的《剑河县志（1991—2011）》由贵州人民出版社出版。主编姜大福。全志由卷首图照、序、凡例、概述、大事记、正文、人物、附录、后记组成；正文由建置·地理、政治、移民建设、经济管理、经济建设、教科文卫、社会事业7篇组成。全书190万字。（贵州省志办）

【《施秉县志（1991—2010）》出版】 10月，贵州省施秉县地方志编委会编纂的《施秉县志（1991—2010）》由中国文史出版社出版。主编戴世光、蒋世银。全志由卷首图照、序、凡例、概述、大事记、正文、人物、附录、索引、编后记组成；正文由区划自然环境、人口民族宗教、政党群团、军事法治、劳动人事编制民政、经济行政管理、交通通信、工业商贸、农业、城乡建设与环境保护、旅游、财政金融、文化体育、教育、医药卫生16篇组成。全书158万字。 （贵州省志办）

【《荔波县志（1978—2008）》出版】 3月，贵州省荔波县地方志编委会编纂的《荔波县志（1978—2008）》由方志出版社出版。主编邓贤海。全志由卷首图照、序、凡例、概述、大事记、特记、正文、人物、附录、机构名称专用词汇全称与简称对照表、索引、编纂始末组成；正文由政区地理、中国南方喀斯特荔波世界自然遗产地、人口民族宗教、中国共产党地方组织、地方人民代表大会、地方政府、地方政协、社会团体、人力资源社会保障民政、政法军事、农业林业、“两瑶”扶贫与扶贫攻坚、工业乡镇企业、旅游业、商贸供销合作社、经济综合管理、财政税务金融、交通运输邮政通信、城乡建设环境保护、教育科学技术、文化传媒、卫生体育、社会生活23篇组成。志书专设中国南方喀斯特荔波世界自然遗产地、旅游业、“两瑶”扶贫与扶贫攻坚篇，并将此3篇的有关资料下延至2015年；在工业篇中突出“煤炭工业”记述。全书163万字。

（贵州省志办）

【《印江土家族苗族自治县志（1988—2008）》出版】 10月，贵州省印江土家族苗族自治县地方志编委会编纂的《印江土家族苗族自治县志（1988—2008）》由方志出版社出版。主编顾宗富。全志由卷首图照、序、凡例、概述、大事记、正文、人物、艺文拾遗、附录、专记、修志始末组成，正文由环境政区、人口民族、旅游、基础建设、农业、工业乡镇企业、经济管理、商贸招商引资、财税金融、政党群团、政权政协、综合政务、军事政法、教科文卫、民俗宗教15篇组成。该志特设艺文拾遗，收录皇颁印邑事旨、臣子涉邑奏疏、传记与铭文、清至民国《印江县志》修志始末、历史文化研究文献（选辑）、格律诗抄；设中国书法之乡、中国名茶之乡、中国长寿之乡3个专记。全书212.1万字。 （贵州省志办）

【《墨脱县志》出版】 1月，西藏自治区墨脱县志办编纂的《墨脱县志》由中国藏学出版社出版。该志设12篇53章，全面记述事物发端至2005年特别是西藏和平解放以来墨脱各族人民在中国共产党领导下政治、经济、社会、文化、生态等各方面所取得的成就。全书147万字。 （达瓦扎西）

【《当雄县志》出版】 6月，西藏自治区当雄县志办编纂的《当雄县志》由方志出版社出版。该志设16篇48章，记述从事物发端至2000年特别是西藏和平解放以来当雄县各族人民在中国共产党的领导下在政治、经济、社会、文化、生态等各方面所取得的成就。全书81万字。 （达瓦扎西）

【《白朗县志》出版】 8月，西藏自治区白朗县志办编纂的《白朗县志》由中国藏学出版社出版。该志设14篇48章171节，记述事物发端至2000年底特别是西藏和平解放以来白朗县各族人民在中国共产党的领导下各方面所取得的成就。全书75万字。 （达瓦扎西）

【《洛隆县志》出版】 9月，西藏自治区昌都市志办编纂的《洛隆县志》由中国藏学出版社出版。全志设15篇53章，记述从事物发端至2000年特别是西藏和平解放以来洛隆县各族人民在中国共产党的领导下各方面所取得的成就，突出展示在旧志编纂、文化遗址等方面的地域特色。全书105万字。 （达瓦扎西）

【《康马县志》出版】 12月，西藏自治区康马县志办编纂的《康马县志》由中国藏学出版社出版。该志设17篇51章，记述从事物发端至2000年底康马县的发展成就。全书96万字。

（达瓦扎西）

【《灞桥区志（1994—2010）》出版】　9月，陕西省西安市灞桥区地方志编委会编纂的《灞桥区志（1994—2010）》由西安出版社出版。全志设28个专业篇目，另设凡例、总述、大事记等。共设类目110条，条目432条，子目846条，历史和当代各类图照350幅。该志全面系统地记载改革开放时期，灞桥区坚持生态立区，在经济、社会发展诸多方面取得的新成就。全书146万字。　（黄立峰）

【《黄陵县志（1990—2009）》出版】　6月，陕西省黄陵县志编委会编纂的《黄陵县志（1990—2009）》由中国文史出版社出版。该志全面客观地记述1990年至2009年的黄陵县自然、经济、政治、文化和社会的历史与现状，尤其在煤炭、果业、旅游产业发展及文化、教育、黄帝陵、社会生活等方面凸显地方特色和时代特点。全志共30编164章581节。全书150万字。　（丁喜）

【《岐山县志（1990—2010）》出版】　5月，陕西省岐山县志编委会编纂的《岐山县志（1990—2010）》由三秦出版社出版。该志涵盖1990年至2010年岐山县自然、经济、政治、文化和社会的历史与现状，尤其是在经济总情与经济开发、文化遗产与艺文著述、民俗风情与方言特征等方面凸显地方特色和时代特色。全志共30编139章482节。全书140万字。　（丁喜）

【《丹凤县志（1991—2010）》出版】　12月，陕西省丹凤县志编委会编纂的《丹凤县志（1991—2010）》由三秦出版社出版。这是商洛市第二轮修志启动后首部出版的县志。全志共26编114章483节。全书144万字。　（丁喜）

【《清水县志（1991—2010）》出版】　10月，甘肃省清水县史志办编纂的《清水县志（1991—2010）》由陕西人民出版社出版。主编石渝。全志设22编106章468节。全书154万字。　（怡晓红）

【《高台县志（1989—2010）》出版】　1月，甘肃省高台县史志办编纂的《高台县志（1989—2010）》由方志出版社出版。主编常登成。全志设17编111章477节。全书99万字。　（怡晓红）

【《镇原县志（事物发端—2010）》出版】　8月，甘肃省镇原县史志办编纂的《镇原县志（事物发端—2010）》由方志出版社出版。主编包正刚。全志设50章302节。全书211万字。　（怡晓红）

【《康县志（1986—2010）》出版】　12月，甘肃省康县史志办编纂的《康县志（1986—2010）》由甘肃人民出版社出版。主编石正杰。该志人物资料丰富，重点记述康县农林特产等地方特色及“5·12”地震及灾后重建工作。全志设32编118章425节。全书138万字。　（怡晓红）

【《东乡族自治县志（1986—2005）》出版】　8月，甘肃省东乡县史志办编纂的《东乡族自治县志（1986—2005）》由甘肃文化出版社出版。主编汪左华。全志设6篇44章221节。全书89万字。　（怡晓红）

【《循化撒拉族自治县志（1991—2010）》出版】　9月，青海省循化县志办编纂的《循化撒拉族自治县志（1991—2010）》由三秦出版社出版。主编马海龙。该志设15编54章395节，记述1991年至2010年间全县经济、政治、文化、社会生活等各领域改革开放和现代化建设所取得的成就。全书95万字。　（马渊）

【《六团志》出版】　8月，新疆生产建设兵团第一师阿拉尔市六团史志编委会编纂的《六团志》由新疆生产建设兵团出版社出版。该志是1956年至1995年第一部《六团志》的续编，上限为1996年初，下限至2013年末。该志按照环境、经济、政治、文化、社会5部类，设

30章152节。全书80万字。

（第一师阿拉尔市史志办）

【《一〇一团志（1999—2010）》出版】 9月，新疆生产建设兵团第六师一〇一团史志编委会编纂的《一〇一团志（1999—2010）》由新疆生产建设兵团出版社出版。主编徐金石。该志客观记录1999年至2010年一〇一团场的发展变化。全书70万字。

（第六师五家渠市史志办）

【《芳草湖农场志（2001—2010）》出版】 12月，新疆生产建设兵团第六师芳草湖农场史志编委会编纂的《芳草湖农场志（2001—2010）》由新疆生产建设兵团出版社出版。主编张德洪。该志记载芳草湖农场2001年至2010年间地理、历史、经济、政治、社会、民生、人物等情况。全书88万字。

（第六师五家渠市史志办）

·乡镇村志出版

【《双街村志》出版】 12月，天津市北辰区双街镇双街村志编委会编纂的《双街村志》由方志出版社出版。全书分魅力双街、双街新市镇、名人与名村等16个类目，使用图、表、照300余幅，突出了现代化都市休闲农业、楼宇经济的飞速发展，鲍氏八极拳的传承发展、葡萄文化节的举办及运河文化等特色，成为首批中国名村志文化工程系列丛书27部中的一部。全书30万字。 （唐旗 刘新）

【《魅力武家沟镇》出版】 4月，河北省涿鹿县《魅力武家沟镇》由九州出版社出版。主编谷新声。该书属涿鹿史志丛书系列，记录武家沟镇绿色崛起的过程。全书26万字。

（郑小明）

【《石井乡志》出版】 11月，河北省石家庄市鹿泉区《石井乡志》由中国文史出版社出版。主编刘建立。该志为石井乡的第一部乡志，上限不限，下限至2017年11月，是鹿泉区第一部乡镇志。全书117.5万字。（肖海军）

【《封庄村志》出版】 9月，河北省石家庄市《封庄村志》由河北人民出版社出版。主编封志强。该书上限为事因发端，下限断至2016年底。其中记载村庄东北隅佛光山上以玉皇顶为轴心的古庙宇建筑群以及村内明清院落、石屋、拱桥、石碑等遗迹众多。2016年12月该村被列入“中国传统村落保护单位”名录。全书39.8万字。 （肖海军）

【《乔李村志》出版】 12月，山西省临汾市尧都区《乔李村志》由方志出版社出版。主编王中央。该志入选中国名村志文化工程，上限追溯至事物发端，下限至2013年编纂工作启动，个别重大事项延至搁笔，全面、客观、系统记述乔李村发展变化进程和改革开放成果。全书26.9万字。 （武岭）

【《沈阳街道乡镇志》（第一辑）出版】 12月，辽宁省沈阳市志办编纂的《沈阳街道乡镇志（第一辑）》由沈阳出版社出版。该书作为沈阳市、区两级志书的补充，收录和平区的街道志稿10部。该书在整理工作中，对志稿重新录入，对体例结构方面存在的问题，在基本保持原稿面貌的前提下予以适当调整，对文字上存在的诸如人称、句法、用字、数字等方面的错误予以改正。全书110万字。 （俄文亮）

【《獐岛村志》出版】 12月，辽宁省东港市北井子镇獐岛村志编委会编纂的《獐岛村志》由方志出版社出版。主编赵铭。该志设海角獐岛·魅力渔村、基本村情、海岛旅游、渔业生产、风情风物、艺文杂记、乡贤人物、大事纪略、附录等类目，下设38个分目、百余个条目。运用多种体裁，记述獐岛村建制以来到2016年该村政治、经济、文化、社会、生态文明建设成就。前置彩页12幅，内文附彩图近50幅。全书24.8万字。 （杜祥武）

【《防川村志》出版】 12月，吉林省珲春市敬信镇防川村志编委会编纂的《防川村志》由方志出版社出版。该志是中国名村志文化工程丛书第一批入选村志，设雁鸣闻三国、铁血防川等12个篇目，记录防川村的发展历程、改革开放成果。全书34万字。（任帅）

【《瑷珲镇志》出版】 11月，黑龙江省黑河市爱辉区瑷珲镇志编委会编纂的《瑷珲镇志》由方志出版社出版。主编田桂珍。该志为中国名镇志文化工程成果，突出记述特色文化、名胜古迹、民俗风情，图文并茂，记述瑷珲镇自然、政治、经济、文化和社会的历史与现状，传承和抢救乡土历史文化。全书32.1万字。

（由岳峰）

【《八岔村志》出版】 12月，黑龙江省同江市八岔赫哲族乡八岔村志编委会编纂的《八岔村志》由方志出版社出版。主编高学智。该志采用纲目体，设类目、分目、条目三个层次，记述神话传说“说服力”、说唱文学“伊玛堪”、诗词“嫁令阔”和民族欢庆节日“乌日贡”以及赫哲族民俗、习俗、婚俗、寿礼、葬礼等。全书31.5万字。（由岳峰）

【《华亭唐行合志（1993—2010）》出版】 6月，上海市嘉定区华亭唐行合志编委会编纂的《华亭唐行合志（1993—2010）》由上海三联书店出版。该志由《华亭镇志（1993—2001）》（卷一）、《唐行镇志（1993—2001）》（卷二）和《华亭镇志（2001—2010）》（卷三）组成，分55章，记录华亭、唐行两镇18年中各领域的发展历程和地方特色。全书72万字。

（吴韵）

【《高境镇志（1986—2006）》出版】 4月，上海市宝山区高境镇政府编纂的《高境镇志（1986—2006）》由上海书店出版社出版。该志设10编31章，附设专记，对江湾阻击、八一三淞沪抗战江湾争夺战等历史事件作详细叙述。甄选珍贵的历史和现代照片近百幅，图文并茂地记述1986年至2006年高境镇（江湾乡）在经济、社会、政治、文化及人民物质生活方面发生巨变的过程。全书53万字。

（吴韵）

【《南翔镇志》出版】 12月，上海市嘉定区南翔镇志编委会编纂的《南翔镇志》由方志出版社出版。该志入选中国名镇志文化工程，时间跨度从梁天监四年（505年）至2015年，设千年古镇银南翔、镇情概览、千年古镇、经济强镇、宜居城镇、南翔小笼、古镇旅游、地域文化、风土风情、名家巨匠、人物名录、诗文著述、艺文集锦、大事记略14个类目和篇后附录。全书49万字。（吴韵）

【《崔堡村志》出版】 2月，江苏省宝应县崔堡村民委员会编纂的《崔堡村志》由方志出版社出版。主编樊惠安。该志上限为1944年，下限为2014年，采用章、节、目结构，专志14章，志前设小引、大事记，志末设附录。全书38万字。（张丽）

【《苏庙社区志》出版】 2月，江苏省无锡市《苏庙社区志》编委会编纂的《苏庙社区志》由方志出版社出版。该志设16章91节，另外配图150余幅，收录苏庙社区历史沿革、自然地理、民俗风情，特别是先贤、清代名人支浩明为民请命开通显应坝等大量珍贵史料。全书约40万字。（张丽）

【《韩圩村志》出版】 5月，江苏省灌云县韩圩村村志编委会编纂的《韩圩村志》由中国文史出版社出版。该志上限为事物发端，下限至2016年末，设建置区划·人口姓氏、精神文明建设、农业、工商服务业、乡村建设、教育、卫生·体育、文化、民俗、人民生活与社会保障、人物11章。全书26万字。（张丽）

【《洪蓝镇志》出版】 7月，江苏省南京市溧水区《洪蓝镇志》编辑部编纂的《洪蓝镇志》由中国文史出版社出版。该志设洪蓝镇、渔歌

乡、合并后的洪蓝镇 3 篇 55 章。全书约 80 万字。（张丽　王艳荣）

【《宜陵镇志》出版】 9 月，江苏省扬州市江都区《宜陵镇志》由广陵书社出版。该志上限为 1995 年，下限至 2008 年，共 14 篇 50 章，反映宜陵镇自然、经济、社会等各个领域的发展变化，包括原七里镇的并入、集体经济的改制、农民承包土地的流转、工业集中区和农业园区的建设等，同时对前志中遗漏而又具有史料价值的内容作了适当补充。全书 53 万字。（张丽）

【《正红乡土志》出版】 10 月，江苏省盐城市滨海县正红籍退休老干部自发组织编纂的《正红乡土志》由中国文史出版社出版。正红镇于 2001 年由正红、獐沟、陈铸三乡合并而成。该志记述上溯黄河夺淮，正红地区淤海成陆，下迄 2000 年底撤乡并镇，载录 300 多幅图片。该志主体内容分为乡域概览、政事述要、经济发展、社会进步、面貌变迁、文化写真、人物春秋、乡土情愁 8 篇，设 37 章 142 节。第八篇的乡土情愁，收录众多鲜活的乡土回忆，与一般乡镇志尤为不同。全书 124.1 万字。（吉祥）

【《石浦镇志》出版】 4 月，浙江省象山县石浦镇志编委会编纂的《石浦镇志》由宁波出版社出版。该志记述作为全国六大中心渔港之一、国家一类临时开放口岸的象山县石浦镇有史以来自然港口、海防、经济、社会、人文等的发展过程，着重反映新中国成立后特别是改革开放以来的经济社会发展。全书 280 万字。（高曙明）

【《春晓镇志》出版】 4 月，浙江省宁波市北仑区春晓街道办事处以及《春晓镇志》编委会编纂的《春晓镇志》由浙江人民出版社出版。该志设工业、农业、商贸、交通、人口、政区、自然环境、科教文卫体等 17 篇，详载境域变迁、山川地貌、人口繁衍、历史沿革、社会变革、吏治政治、人物春秋、风土人情、经济发展等，共 62 章，时间跨度 1000 多年。全书约 52 万字。（高曙明）

【《鞍山村志》出版】 7 月，浙江省宁波市江北区洪塘街道《鞍山村志》编委会编纂的《鞍山村志》由中国文史出版社出版。该志记述时限上起事物发端，下迄 2015 年底，前置序、凡例、概述、大事记，中设专志 8 编，后附丛录、后记。全书约 45 万字。（高曙明）

【《乌镇志》出版】 12 月，浙江省桐乡市乌镇志编委会编纂的《乌镇志》由方志出版社出版。该志入选中国名镇志文化工程。该志以中宣部新闻局副局长刘汉俊的文章《有一个故事，叫乌镇》开篇，设越疆吴界、浙北古镇、古镇保护、枕水人家、“互联”天下、风情民俗、文坛双星、乡贤名人、翰墨清芬和大事纪略 10 个篇目，对乌镇的建制区划与自然环境、文物胜迹与商业文教、乌镇的古镇保护模式、景区物产、世界互联网大会·乌镇峰会、礼仪风俗、茅盾与木心两位文坛巨匠、乡贤名士望族及艺文作品进行介绍。图片 300 余幅。全书 41.5 万字。（范锐超）

【《赤水垟志》出版】 年内，浙江省乐清市白石街道《赤水垟志》编委会编纂的《赤水垟志》由中国文化出版社出版。赤水垟包括赤水垟和岙上两个行政村，地处白石街道北部，东南连乐成街道，西南接中雁荡山，北与永嘉县接壤，古称“灵山之原”。该志上限时间不限，下限 2016 年，篇首设序言、概述、大事记，编末为附录、后记，中设村情、生活、经济、文化 4 篇 15 章 43 节。全书 25 万字。（温州市志办）

【《西地村志》出版】 年内，浙江省泰顺县西地村志编委会编纂的《西地村志》由方志出版社出版。该志是泰顺县首部正式出版的村志。该志采用篇、章、节、目四层结构，篇首设概述、大事记，分地理、政治、经济、文化、社会5篇，分为19章67节，尾设人物、丛录。记述上限不限，下限至2013年，少数重要内容延至2014年。全书55.6万字。

（温州市志办）

【《禹越镇志》出版】 年内，浙江省德清县禹越镇志编委会编纂的《禹越镇志》由方志出版社出版。该志是德清县首部正式出版的镇志。该志记载禹越镇自然、社会、政治、经济、军事、文化、人文、风土等方面的历史和现状。篇首设序、凡例、概述，分建置、自然、人口、农业、水利、工业、商贸、城建、经管、中国共产党基层组织、乡镇政府、禹越国民党组织、军事、政法、民主、社会组织、文化、教育、卫生、体育、民生、习俗、宗教、乡贤等24卷94章225节，尾设丛录。上限大多始于民国，下限截至2013年。全书83.7万字。 （湖州市志办）

【《洪溪镇志》出版】 年内，浙江省嘉善县天凝镇志编委会编纂的《洪溪镇志》由中国文史出版社出版。该志编纂以“横排纵述、纵横结合、明古详今、古为今用”为原则，分章、节、目记述，全志共设29章139节，志首附清光绪、民国时期和中华人民共和国成立后洪溪行政区域图6张，以及反映洪溪建设发展成就的彩照73张；志末设专记3篇，分别记述洪溪的传统体育项目篮球及篮球文化的发展历程、省级非遗项目京砖的烧制技艺及文化传承、国家非遗项目嘉善田歌的代表作《五姑娘》在洪溪的挖掘与传唱。全书37万字。

（嘉兴市志办）

【《陶庄镇志》出版】 11月，浙江省嘉善县陶庄镇志编委会编纂的《陶庄镇志》由中华书局出版。该志首列概述、大事记统摄全书，并在志首附照片百余张、各时期行政区划图7幅；次以门类设章立节，分章、节、目、子目四个层次，辅以图表，设33章147节，横排纵述，明古详今。该志内容上溯春秋战国，下至改革开放；志末设专记一篇，讲述陶庄废钢铁市场自20世纪70年代末兴起后，历经初始形成、徘徊探索和稳固发展阶段，终于成为华东地区最大市场之一。全书98万字。

（嘉兴市志办）

【《姚庄镇志》出版】 年内，浙江省嘉善县姚庄镇志编委会编纂的《姚庄镇志》由中华书局出版。该志分章、节、目三个层次，全书设33章147节及3篇附录和4篇专记，志首配彩照120余张、各时期行政区划图6幅，后按地理、经济、政治、文化、社会排列。专记介绍境内省级文保单位大往遗址的发现发掘过程及其文化研究价值，以及蘑菇、黄桃、养猪等本地名优特色农业的发展壮大历程。全书102万字。

（嘉兴市志办）

【《钟埭镇志》出版】 11月，浙江省钟埭镇志编委会编纂的《钟埭镇志》由中华书局出版。该志上溯事物发端，下限至2004年5月，统计数据至2003年底，志余延伸至2004年12月31日。概述总摄全书，大事记纵贯古今。该志设专志22编96章319节，专志前置序、照片、地图、凡例、概述及大事记，后设志余、后记。全书140万字。 （嘉兴市志办）

【《盐官镇志》出版】 9月，浙江省海宁市《盐官镇志》编纂组编纂的《盐官镇志》由方志出版社出版。主编徐敏。该志设建置、自然环境、胜地陈迹、政党、政权、群众团体、军事·政法、农业、工业、商贸·金融、交通·邮电、民生、文化·教育、医疗·卫生、人物·世家等15编53章。全书75万字。

（嘉兴市志办）

【《黄湾镇（尖山新区）志》出版】 11月，浙江省海宁市黄湾镇（尖山新区）党委、黄湾镇政府、尖山新区管委会编纂的《黄湾镇（尖山新区）志》由中国文史出版社出版。主编陈益峰，执笔周景良。该志设17编59章233节，记录自夏商以来3000多年黄湾地域发生的行政区划变革和政治、经济、交通、文化、人民生活所发生的巨大变化。全书 110 万字。

（嘉兴市志办）

【《凤鸣街道志》出版】 11 月，浙江省嘉兴市凤鸣街道志编委会编纂的《凤鸣街道志》由方志出版社出版。主编俞尚曦。该志上溯事物发端，下限至 2011 年。全书 127.8 万字。

（嘉兴市志办）

【《棠一村志》出版】 8 月，浙江省绍兴市柯桥区漓渚镇棠一村志编委会编纂的《棠一村志》由方志出版社出版。该志设 26 章 53 节，记载柯桥区漓渚镇棠一村的村庄历史、自然环境、特色产业、组织建设、文物古籍、文化教育等各内容。全书 26 万字。 （绍兴市志办）

【《鳌头村志》出版】 12 月，浙江省江山市坛石镇鳌头村志编委会编纂的《鳌头村志》由中国文史出版社出版。主编王荣兰。该志上涉唐宋，下限至 2015 年底。志稿首页题词 4 幅，地图 3 幅，彩照 22 页，序言 2 篇，凡例及概述、大事记。正文 5 编 21 章 77 节，第一编环境，第二编产业，第三编政务，第四编社会，第五编人文。志末设编后记。全书 29.6 万字。

（衢州市志办）

【《箬横镇志》出版】 3 月，浙江省温岭市箬横镇志编委会编纂的《箬横镇志》由中华书局出版。主编林迪新。该志记事上溯唐大中二年（848 年），下限为 2013 年，记述地域以 2013 年箬横镇行政区域为主。该志由概述、大事记、专志、丛录四部分组成。以专志为主，概述以综述镇情，总揽全书；大事记以编年为体，专志纪事则本末体记述。按篇、章、节、目，横排门类，纵述史实。全书 125 万字。

（台州市志办）

【《南鉴志》出版】 4 月，浙江省温岭市新河镇南鉴志编委会编纂的《南鉴志》由中华书局出版。主编戴禹庭，执行主编李生盛。该志记述地域以 2011 年南鉴村行政区域为主，记事上溯事物发端，下限为 2015 年，记述当地自然和社会各方面的历史和现状。全书体裁由概述、大事记、专志、丛录四部分组成，前置概述大事记，结构层次采用编、章、节、目，分政区、经济、政治、文化、人物等。全书 72 万字。 （台州市志办）

【《汤家汇镇志》出版】 6 月，安徽省金寨县汤家汇镇志编委会编纂的《汤家汇镇志》由黄山书社出版。该志上限追溯至事物发端，下限一般断至 2015 年 12 月，个别重大事项延至搁笔，记录汤家汇镇政治、经济、人文历史的变迁和现状以及自然风貌和风土人情，记录正在消失和即将消失的红色记忆和乡土文化，再现传统村落、古寺、古祠、古迹，彰显改革开放 30 多年来发生的重大变化。全志配置图片 300 多张。全书约 60 万字。 （章慧丽）

【《榜头镇志》出版】 5 月，福建省仙游县榜头镇政府编纂的《榜头镇志》由鹭江出版社出版。该志记述唐置县至 2014 年榜头镇的自然、政治、经济、文化、社会的历史与现状。榜头镇是全国重点镇、全国建制镇示范点，也是福建省唯一“首届中国特色镇发展创新最佳案例奖”名镇，福建省首批镇级“小城市”培育试点镇。全书 102 万字。 （欧长生 孙洁斐）

【《大京村志》出版】 12 月，福建省霞浦县长春镇大京村志编委会编纂的《大京村志》由方志出版社出版。该志入选首批中国名村志丛书。该志突出“古城大京”，详细记录大京村历史人文变化和乡村社会发展历程。全书 40 万字。 （欧长生 孙洁斐）

【《袁如岗湾村志》出版】 2 月，江西省都昌县苏山乡苏山村委会编纂的《袁如岗湾村志》由江西高校出版社出版。主编袁银初。全书共 7 章 39 节，包括概述、大事记、附录，彩页有图 2 幅、照片 129 张。全书 26 万字。 （朱岳）

【《相城镇志》出版】 2 月，江西省高安市相城镇志编委会编纂的《相城镇志》由江西科技出版社出版。该志分38章201节，以自然、经济、政治、文化、社会为序，记载高安市相城镇的发展历史。全书653幅图照均为彩照。全书115万字。（朱岳）

【《桃园社区志》出版】 12月，山东省淄博市周村区青年路街道桃园社区志编委会编纂的《桃园社区志》由方志出版社出版。主编李传章、张群。该志记述桃园社区发展的基本情况以及取得的成绩。全书40万字。

（山东省史志办）

【《李家疃村志》出版】 12月，山东省淄博市周村区王村镇李家疃村志编委会编纂的《李家疃村志》由方志出版社出版。主编王焕尧。该志记载李家疃村村落建设、经济发展以及村民、村政等各方面的历史与现状。全书27.1万字。（山东省史志办）

【《奚村志》出版】 12月，山东省枣庄市薛城区陶庄镇奚村志编委会编纂的《奚村志》由方志出版社出版。主编张联东。该志记述奚村的历史沿革、社会变迁、灿烂文化、民风民俗、人物风采和盛世面貌。全书53.1万字。

（山东省史志办）

【《胜坨镇志》出版】 12月，山东省东营市垦利区胜坨镇志编委会编纂的《胜坨镇志》由方志出版社出版。主编种玉洪。该志记载胜坨镇自然和社会的历史和现状、发展与变化。全书39万字。（山东省史志办）

【《金东社区志》出版】 12月，山东省烟台经济技术开发区金东社区志编委会编纂的《金东社区志》由方志出版社出版。主编刘建国、陈政。该志记述金东社区由穷至富、后进变先进的典型史实，客观反映烟台开发区农村改革的发展历程。全书36.7万字。

（山东省史志办）

【《山口镇志》出版】 12月，山东省泰安市岱岳区山口镇志编委会编纂的《山口镇志》由方志出版社出版。主编张继銮。该志记述山口镇自中华人民共和国成立特别是改革开放以来城镇建设、工业、特色农业、文教宣传卫生、社会事业等各方面的发展变化情况。全书38万字。（山东省史志办）

【《陶家夼社区志》出版】 12月，山东省威海市环翠区竹岛街道陶家夼社区志编委会编纂的《陶家夼社区志》由方志出版社出版。主编谷佩贞、陶建军。该志反映陶家夼社区的发展变化历程。全书29.6万字。（山东省史志办）

【《九曲店志》出版】 4月，山东省临沂市河东区九曲店志编委会编纂的《九曲店志》由线装书局出版。主编曹传韵。该志内容涵盖了九曲店社区的自然地理、经济社会、文化教育、村民生活、人文风俗等方面，反映九曲店社区由贫穷落后的农村变成社区、市级小康示范村、省级文明村的发展历程。全书178.5万字。（山东省史志办）

【《西朱家庄志》出版】 1月，山东省沂水县西朱家庄志编委会编纂的《西朱家庄志》由中国文史出版社出版。主编郭庆文。该志记述西朱家庄村自然、社会诸方面历史与现状。全书70万字。（山东省史志办）

【《上冶镇志》出版】 12月，山东省费县上冶镇志编委会编纂的《上冶镇志》由方志出版社出版。主编于国宏。该志展示上冶镇的历史文化和社会发展历程。全书43.7万字。

（山东省史志办）

【《田庄村志》出版】 12月，山东省巨野县田庄镇田庄村志编委会编纂的《田庄村志》由方志出版社出版。主编朱传成。该志记述田庄村作为历史文化名村的发展历程与现状。全书40.8万字。（山东省史志办）

【《古店村志》出版】 12月，山东省肥城市新城街道古店村志编委会编纂的《古店村志》由方志出版社出版。主编贾安东。该志记述古店村的发展历史与现状。全书33.9万字。

（山东省史志办）

【《舞钢市武功乡志》出版】 4月，河南省舞钢市武功乡志编委会编纂的《舞钢市武功乡志》由中州古籍出版社出版。该志共计25章100节，全面系统记录武功乡的历史和现状。全书30万字。（汪朝霞）

【《石界河镇志》出版】 6月，河南省西峡县石界河镇志编委会编纂的《石界河镇志》由中州古籍出版社出版。全书设有自然资源、建置沿革、工业、商贸业、农业、文化、教育、卫生事业等13篇。全书46万字。（汪朝霞）

【《湖滨区崖底街道志》出版】 9月，河南省三门峡市湖滨区崖底街道志编委会编纂的《湖滨区崖底街道志》由中州古籍出版社出版。该志为三门峡市首部街道志，上限不限，下限断至2014年底，前置概述、大事记，后设编后记，正文共14章56节，收录图照152张（幅）、表108个，记述崖底街道自然、政治、经济、文化、社会等方面的历史和现状，重点记述其由一个郊区乡发展为城市中心区街道办事处，成为省辖市政治、文化、经济中心的历程，突出反映辖区城中村、棚户区改造情况，以及为城市建设、城市服务所做出的成就。全书53万字。（汪朝霞）

【《杨槐村志》出版】 10月，河南省郑州市金水区杨金路街道杨槐村志编委会编纂的《杨槐村志》由中州古籍出版社出版。主编为杨文森。该志上限追溯到公元前5000年，下限至2012年，前设大事记、概述，正文包括大河村遗址、杨槐村史话、自然环境、村落变迁、扩城融村、基础设施、人口、村民生活、姓氏家庭、杨家将族、民俗、党群组织、村民自治、甲生产队村民组、武装军事、土地、农业、经济、批发市场、科技、教育、卫生、文化、体育、文明创建、驻区单位企业选、人物共27章，后有附录、索引、编纂始末，记述杨槐村的历史变迁和社会风貌。全书138万字。

（程茜）

【《陈砦村志》出版】 12月，河南省郑州市金水区丰庆路街道陈砦村志编委会编纂的《陈砦村志》由方志出版社出版。主编陈根国。该志上限追溯至事物发端，下限至2015年，包括概述、基本村情、花卉产业、蔬菜产业、村域经济、村民生活、特色文化、风土民情、艺文杂记、名人与名村、大事纪略、附录、主要参考文献、跋、编纂始末共15部分。全书26.2万字。（程茜　汪朝霞）

【《杞县城关镇志》出版】 12月，河南省杞县城关镇志编委会编纂的《杞县城关镇志》由中州古籍出版社出版。全书26章126节，544张图片。该志记述从事物发端至2016年底城关镇的自然地理、水文气象、政治经济、社会历史、风土人情、宗教信仰、人民生活等内容。全书104万字。（汪朝霞）

【《鼓楼街道志》出版】 6月，湖北省麻城市《鼓楼街道志》由新疆文化出版社出版。主编王红灯。该志取材于麻城各个版本的县志、年鉴及辖区内各氏族宗谱族牒等文献资料，含序、图片、大事记、概述、专志、附录、后记等20卷247节。全书64万字。（湖北省志办）

【《青羊岗土家族村志》出版】 11月，湖北省公安县毛家港镇青羊岗土家族村志编委会编纂的《青羊岗土家族村志》由长江出版社出版。该志采用章节体，全书设12章53节，志首设序、前言、凡例、大事记、概述，志末设专记、附录、索引、后记，包括彩图及随文图片100多幅。全书24万字。（湖北省志办）

【《扬美村志》出版】 12月，广西壮族自治区南宁市江南区江西镇扬美村志编委会编纂的

《扬美村志》由方志出版社出版。主编王德宾。该志记录扬美村上下1000多年的历史和村民生活的发展，突出扬美村的“名”和“特”。该志入选中国名村志文化工程。全志收录图片224张、表格11个。全书31.8万字。

（符松柏　钟婉悦）

【《土坎镇志（1949—2015）》出版】　10月，重庆市武隆区土坎镇政府、武隆区地方志编委会编纂的《土坎镇志（1949—2015）》由北京燕山出版社出版。全志除设序、概述、大事记、附录、后记、索引外，含建置沿革、自然环境、人口、民族、中国共产党、群众团体、人大、政府、农业、工商业、财税金融、社会事业、民风民俗、人物等13章56节。全书31.4万字。（李才东）

【《拱市村志（1911—2015）》出版】　3月，四川省蓬溪县常乐镇《拱市村志》编委会、蓬溪县革命老区文化发展促进会编纂的《拱市村志（1911—2015）》由中国文史出版社出版。主编邓尚培。该志分建置区划、自然地理、人口综述、机构组织、村社政务、经济管理、农业水利、工商、金融、交通、通讯、医疗卫生、教育科技、地方文化、乡风民俗、人物介绍、附录和蒋乙嘉专题报道等篇目。全书30万字。（雷雨露）

【《锁口村志》出版】　11月，民盟营山县总支部委员会、四川省营山县志办编纂的《锁口村志》由吉林文史出版社出版。主编郑家治，执行副主编范虎。该志采用章节体，分序、凡例、大事记外，设自然环境、行政沿革、人口及迁徙、各组概况、家族概况、村落经济、科教文卫、基础设施、文物遗迹与民居村落、法制赋税与兵役、民间集会与社团组织、体育棋牌及游戏项目、村落民俗、民间文学、民间工匠、人物、八大姓氏简易族谱、锁口村百年简史等18章112节，后置参考文献、附录、后记。全书58.8万字。（雷雨露）

【《德凤镇志》出版】　11月，贵州省黎平县德凤镇志编委会编纂的《德凤镇志》由方志出版社出版。主编石干成。该志由序、卷首名录、凡例、卷首图照、侗乡之都·曙光之城、双凤朝阳、黔府楚卫、翘街古韵、侗乡之都、红色记忆、风景名胜、古城新貌、名镇名人、诗文荟萃、大事纪略、附录、主要参考文献、编纂始末组成。全书33.2万字。

（贵州省志办）

【《魁胆村志》出版】　12月，贵州省锦屏县平秋镇魁胆村志编委会编纂的《魁胆村志》由方志出版社出版。主编王宗勋。全志上限起于元代初年，下限至2016年年底，由序、凡例、卷首图照、林海明珠、魅力侗寨、村情寨貌、林海红旗、和谐村寨、人物、北侗风情、艺文杂记、大事纪略、主要参考文献、编纂始末组成。全书36.6万字。（贵州省志办）

【《哭泉乡志》出版】　2月，陕西省铜川市哭泉乡志编委会编纂的《哭泉乡志》由三秦出版社出版。该志是铜川市第一部乡镇志。全志有建置与政区、自然环境、人口、农业、乡村企业、商贸流通业、财政金融、社会发展事业、人物等14章65节。全书27万字。（丁喜）

【《南韩村志》出版】　12月，陕西省兴平市南韩村志编委会编纂的《南韩村志》由三秦出版社出版。这是咸阳市第一部公开出版的村志。该志设村史变革、村政发展、经济社会、人口、文化教育、卫生体育、民俗、重大历史变革、人物、逸闻趣事等10章33节，卷前彩图84幅，全面系统记述南韩村的历史沿革、社会现状。全书30万字。（丁喜）

【《东岭村志》出版】　12月，陕西省宝鸡市金台区东岭村志编委会编纂的《东岭村志》由方志出版社出版。志书采用纲目体，图文并茂，共14个类目61个分目278个条目。该志全面记述东岭村几百年间，特别是改革开放以后，抢抓机遇，艰苦创业，创新发展，迅速跃

入全国经济十强村之首的奋斗历程，突出体现了改革开放时代精神和人文村情乡音。全书27万字。（丁喜）

【《梁堡村志》出版】 12月，宁夏回族自治区隆德县奠安乡梁堡村志编委会编纂的《梁堡村志》由方志出版社出版。该志以梁堡村辖区为主，通过梁堡村情、文物胜迹、村域经济、村落文化、风土民情、村民生活、艺文杂记、名人与名村、大事记略等，记述该村在历史演变中经历的风雨沧桑。全书19万字。

（张明鹏）

·部门（行业、专题）志书出版

【《赤城县地名志》出版】 5月，河北省《赤城县地名志》由中国文史出版社出版。主编刘伯中。该志是赤城县在第二次地名普查和资料更新的基础上，汇集近30多年地名工作和研究成果编纂而成，是赤城县公开出版的第一部地名志书。全书约67万字。（郑小明）

【《怀来教育志》出版】 2月，河北省怀来教育志编委会编纂的《怀来教育志》由河北美术出版社出版。主编安国强、陈继合。该志上限为有文字记载，下限至2010年末，记载怀来县五千年的教育历程，以及耕耘在怀来教育战线上的上万个人物，是怀来县历史上第一部教育专志。全书约20万字。（郑小明）

【《昌图县中心医院志》出版】 5月，辽宁省昌图县中心医院编纂的《昌图县中心医院志》由辽宁科学技术出版社出版。主编王中华、李秀荣，副主编刘天民。该志上限1907年，下限2015年。（杜祥武）

【《东北抗战图志》出版】 8月，辽宁省《东北抗战图志》由辽宁民族出版社出版。主编范丽红。该志分9章，图片600余幅，记录东北军、东北义勇军、东北人民革命军、东北抗日联军的军事斗争，将东北各阶层民众、东北救亡群体、东北文化界、知识界以及东北特殊工人、英美盟军在东北被关押期间同中国工友一起对日斗争等抗日斗争史实加以披露和展现。其中沈阳“九君子”自发收集日本侵华罪证递交国联调查团等历史新发现，北大营东北军打死打伤日本关东军等珍贵的历史图片为首次面世。全书30万字。

（沈阳“九·一八”历史博物馆）

【《五常朝鲜民族志》出版】 8月，黑龙江省五常市朝鲜民族事业促进会编纂的《五常朝鲜民族志》由黑龙江人民出版社出版。主编黄彪。该志在概况、大事记、附录外，设民族·人口、朝鲜族的革命斗争、民族平等、朝鲜族农业生产、民族工商业及餐饮服务业、民族文化艺术、民族教育、民族体育、民族医药卫生、宗教信仰、民风民俗、民间团体、旅游休闲场所、人物等14章。另有彩页16幅、地图1幅、插图220余幅、人物标准像150余幅，各种统计表105个。全书62万字。

（刘新惠　由岳峰）

【《嘉定人民政协志（1956—2011）》出版】 7月，上海市嘉定区人民政协志编委会编纂的《嘉定人民政协志（1956—2011）》由上海三联书店出版。该志分11篇35章，记述嘉定政协56年的历史，总结嘉定政协工作的基本思路、工作特点和经验。全书127万字。（吴韵）

【《苏州丝绸志》出版】 6月，江苏省苏州丝绸志编委会编纂的《苏州丝绸志》由江苏凤凰科学技术出版社出版。主编钱小萍。该志上溯事情发端，正文内容下限为2012年，大事记延长至2014年，内容涉及苏州丝绸农业、工业、科研、教育以及文化产业诸多领域。全书138万字。（张丽）

【《如东史志志》出版】 12月，江苏省如东县委党史工作办公室编纂的《如东史志志》由江苏人民出版社出版。主编虞建宣。该志设机构队伍、中共地方史、地方志、地方年鉴、地情资料、理论研究、开发利用与服务、纪念设施与网站、人物·荣誉、附录9章，下设32节283目及部分子目，共收录50部史书、67部志书、23部年鉴、70部地情书，随文插图435幅。全书70万字。（吉祥　顾久芬）

【《慈溪市棉花志》出版】　4月，浙江省《慈溪市棉花志》编委会编纂的《慈溪市棉花志》由浙江古籍出版社出版。该志记述时限自唐代至2014年，以1954年至2000年集中产棉时期为重点，设概述、大事记、专业篇、附录，以棉花大田生产为主要内容，收购、检验、加工、销售等相对简略，记述慈溪市与棉花生产相关的历史沿革、自然环境、资源条件和棉农生活。该志以文字为主，适当辅以图表、照片。全书92万字。（高曙明）

【《宁海县财政税务志（1987—2010）》出版】　4月，浙江省《宁海县财政税务志》编委会编纂的《宁海县财政税务志（1987—2010）》由浙江人民出版社出版。该志系宁海县财税事业续志，记述时限上溯1987年，下至2010年，记载宁海县财税事业的发展情况。该志设有序言、凡例、概述、大事记、财政篇、税收篇、综合篇以及丛录、后记等24章108节。全书64.8万字。（高曙明）

【《温州市公路志》出版】　10月，浙江省《温州市公路志》编委会编纂的《温州市公路志》由方志出版社出版。该志是记载温州公路发展历程的行业专志，于2014年3月启动编纂工作。分古代道路、干线公路、农村公路、交通绿道、桥梁隧道、机构管理、养护管理、路政管理、安全保畅、文明建设和科技教育11章。全书90万字。（温州市志办）

【《泰顺县教育志》出版】　6月，浙江省《泰顺县教育志》编委会编纂的《泰顺县教育志》由方志出版社出版。主编林伟、蔡景祥。该志分14章52节，下限至2012年，记述泰顺教育的基础面貌和历史发展过程。全书65万字。

（温州市志办）

【《苍南县人民法院志》出版】　1月，浙江省苍南县人民法院志编委会编纂的《苍南县人民法院志》由线装书局出版。该志设上、中、下3编，分为18章67节，首列序言、凡例、概述、大事记，后设荣誉录、附录，志尾为后记。上编主要介绍地方人民法院建制，包括地方建制沿革和人员2章；中编详细介绍苍南法院审判与执行工作，主要分为刑事审判、民事审判、商事审判、行政审判与国家赔偿、执行工作、调解工作、立案信访、审判监督等8章；下编主要介绍法院的综合保障工作，主要包括组织建设、思想业务建设、人民法庭建设、行政管理与装备建设、信息宣传及调研工作、司法警察、自觉接受监督、社会治安综合治理8章。全书58.2万字。（温州市志办）

【《长兴县地名志》出版】　12月，浙江省长兴县地名委员会、县民政局编纂的《长兴县地名志》由中国文史出版社出版。主编范龙云。该志记述上限为事物发端，下限2013年，共15章87节，收录各类地名词条5510条。全书50万字。（湖州市志办）

【《嘉善县建设志》出版】　2月，浙江省嘉善县住建局《嘉善县建设志》编委会编纂的《嘉善县建设志》由中华书局出版。该志以建设环境、建设规划和成果、建设的人为线索，以城区为主、辐射乡镇的方式，设建设环境、城乡规划、市政建设、公用事业、城市建设、旧城改造、新区开发、园林绿化、环境卫生、镇（街道）建设、村庄建设、古建筑、建筑业、房地产、建设法规、城建档案、组织机构、人物、建设文苑、专记等20章105节514目，收录表格218张、图照330幅。全书47万字。

（嘉兴市志办）

【《嘉善县文化志》出版】　年内，浙江省嘉善县文化广电新闻出版局编纂的《嘉善县文化志》由浙江文艺出版社出版。该志采用编、章、节、目的结构。志首设彩照、地图、序、凡例、目录、概述、大事记；正文设行政管理、群众文化、图书管理发行、电影发行、剧场书场、表演团体、文艺社团、文博、非物质文化遗产、文化市场管理、习俗语言、人物传记等14编45章141节；志末设附录。配有地图2幅、志首照片75张，表格57张。全书约84万字。 （嘉兴市志办）

【《嘉善县广播电视志》出版】 年内，浙江省《嘉善县广播电视志》编委会编纂的《嘉善县广播电视志》由中华书局出版。该志采用编、章、节、目结构。志首设彩照131张以及地图、序、凡例、目录、概述、大事记；正文设收音站、有线广播·无线广播、无线电视台有线电视台、有线电视网络、数据信息网络等5编20章72节；志末设附录。全书75万字。
（嘉兴市志办）

【《嘉善县二轻工业志》出版】 年内，浙江省嘉善县国有城镇企业管理办公室编纂的《嘉善县二轻工业志》由中国文史出版社出版。该志志首配照片100余张，以概述和大事记总摄全志，后分历史上的手工业、解放后的手（二轻）工业、经济合作、二轻工业门类等11章48节，横排门类，纵述史实，以文为主，辅以图表。全书27万字。 （嘉兴市志办）

【《海盐县检察志》出版】 2月，浙江省海盐县检察志编委会编纂的《海盐县检察志》由方志出版社出版。该志以2011年为下限，设概述、大事记及专志9章26节。全书24.6万字。
（嘉兴市志办）

【《海盐县气象志》出版】 8月，浙江省《海盐县气象志》编委会编纂的《海盐县气象志》由方志出版社出版。该志以2014年为下限，设概述、大事记及专志5编20章79节。全书35万字。 （嘉兴市志办）

【《桐乡市财政税务志》出版】 3月，浙江桐乡市财政税务志编委会编纂的《桐乡市财政税务志》由方志出版社出版。主编俞尚曦。该志时间上限1996年、下限2010年。全书116.4万字。 （嘉兴市志办）

【《绍兴市国土资源志（1979—2013）》出版】 9月，浙江省绍兴市国土资源局编纂的《绍兴市国土资源志（1979—2013）》由中国文史出版社出版。该书系统回顾改革开放以后绍兴国土资源事业的改革与发展历程，从环境、矿产、管理等多个方面记载了1979年土地改革以来至2013年绍兴市被表彰为全国节约集约模范市，改革开放35年间全市上下严格保护资源、集约利用资源、尽力维护权益的生动实践。全书67.1万字。 （绍兴市志办）

【《绍兴县人口与计划生育志》出版】 11月，浙江省绍兴县人口与计划生育志编委会编纂的《绍兴县人口与计划生育志》由方志出版社出版。该志设10章48节，从机构人事、规划统计、科学技术、政策法规、流动人口、宣教教育等方面详细介绍绍兴县人口与计划生育工作。全书52.7万字。 （绍兴市志办）

【《诸暨市人民代表大会志》出版】 6月，浙江省诸暨市人大志编委会编纂的《诸暨市人民代表大会志》由浙江人民出版社出版。主编寿海平。该志主要记录1949年至2016年诸暨市人民代表大会发展进程。全书104万字。
（绍兴市志办）

【《方城小学校志》出版】 9月，浙江省温岭市方城小学校志编委会编纂的《方城小学校志》由中国言实出版社出版。主编莫云华，特聘总编金宗炳，特聘执编杨庆生。该志起于民国6年（1917年），迄于2017年7月，记述方城小学的历史和现状。志书按序言、前言、凡例、目录、正文、艺文志、图载历史、后记顺序排列，以专志为主体，分设12章，含大事记、历史沿革、管理、教学、科研、德育、体

育艺术卫生、人物、名录、荣誉、艺文志和图载历史。全书99.3万字。（台州市志办）

【《建瓯茶志》出版】 11月，福建省建瓯市地方志编委会编纂的《建瓯茶志》由福建科学技术出版社出版。该志是中华人民共和国成立以来福建省的第一部县（市、区）级茶志，也是建瓯市首部产业专门志。该志设13篇。全书58.8万字。（欧长生　孙洁斐）

【《德化县地名志》出版】 12月，福建省德化县志办编纂的《德化县地名志》由海峡书局出版。该书是德化首部全面系统记载地名的志书。全书112万字。（欧长生　孙洁斐）

【《九江冶金煤炭志》出版】 3月，江西省九江市冶金煤炭集团公司编纂的《九江冶金煤炭志》由方志出版社出版。该志上溯商周时期，下限2015年。该志设9篇33章，内容包括地矿资源、矿业沿革、生产企业、生产技术、企业管理、后勤保障、党群工作、经济体制改革和人物等。全书67.7万字。（朱岳）

【《桓台县公安志》出版】 12月，山东省桓台县公安志编委会编纂的《桓台县公安志》由方志出版社出版。主编张玉新。该志记录1949年至2016年桓台县公安工作的发展历程。全书135万字。（山东省史志办）

【《曲阜市卫生和计划生育志》出版】 6月，山东省曲阜市卫生和计划生育志编委会编纂的《曲阜市卫生和计划生育志》由煤炭工业出版社出版。主编熊宝玉。该志为中华人民共和国成立后曲阜市第一部卫生和计划生育志，记述曲阜市卫生和计划生育事业发展的历史和现状，重点记述中华人民共和国成立后曲阜市卫生和计划生育系统的发展历程和取得的成就。全书147.1万字。（山东省史志办）

【《泰安市体育志》出版】 8月，山东省泰安市体育志编委会编纂的《泰安市体育志》由方志出版社出版。主编苏有森。该志记述泰安市（地区）体育工作的历史发展与现状。全书148.2万字。（山东省史志办）

【《东平风物志》出版】 3月，山东省东平县史志办编纂的《东平风物志》由中国文化出版社出版。主编王圣雨。该志全面系统记述东平灿烂辉煌的历史沧桑、神奇瑰丽的风景名胜、底蕴深厚的遗址古迹、特色浓郁的地域文化、名垂丹青的先贤志士、美味可口的特产佳肴等。全书52万字。（山东省史志办）

【《莱芜金石志》出版】 9月，山东省莱芜市史志办编纂的《莱芜金石志》由线装书局出版。主编李贞锋。该志是莱芜市金石研究方面的首部专业性志书和展示莱芜市金石文字的史料文集。全书51.3万字。（山东省史志办）

【《东昌府区体育志》出版】 3月，山东省德州市东昌府区体育志编委会编纂的《东昌府区体育志》由线装书局出版。主编朱永春。该志记述东昌府区各个历史时期体育事业的兴衰起伏、发展变化。全书77.4万字。

（山东省史志办）

【《河南省水利志》出版】 8月，河南省水利厅编纂的《河南省水利志》由河南人民出版社出版。主编王仕尧。全书共18篇87章，分为上、下两卷，记述河南自然环境、地理和流域特点，包括流域、河流、水系、水资源以及水旱灾害情况。该志记述水事的发端上溯到公元前21世纪，下限至2015年年底。按照详今略古的原则，志书重点记述中华人民共和国成立后河南省防汛抗旱减灾、农村水利建设、水生态保护、南水北调工程和水利移民等重要水利工作，同时体现全省水利管理、水利改革、科技教育、机构沿革、精神文明建设和人物文化等方面的水利工作情况。全书261.1万字。

（程茜）

【《温县政协志（1997—2016)》出版】 2月，

河南省政协温县委员会编纂的《温县政协志（1997—2016）》由中州古籍出版社出版。该志上限1997年1月，下限2016年12月，设概述、大事记、政协组织机构、重要会议、政协职能和主要工作、人物和附录7部分。全书50万字。（汪朝霞）

【《枣阳著书志》出版】 2月，湖北省枣阳市史志办编纂的《枣阳著书志》由湖北科学技术出版社出版。该志时间断限从1919年5月（极少数作品上延至辛亥革命之年）起，至2016年12月，共收集到170余位作者310余部个人专著，100多家单位所编之各类书籍190余部，家族谱牒20余本（册）。全书190余万字。（湖北省志办）

【《大善寺志》出版】 9月，南岳佛教文化研究院编纂的《大善寺志》由宗教文化出版社出版。主编释怀恒，副主编田彦为。该志上限起于南朝陈宣帝光大二年（568年），下限止于2016年12月31日，按门类分为8卷，如实记录大善寺1400多年的兴衰起伏。全书约30万字。（张征远）

【《南宁体操世锦赛志》出版】 8月，广西壮族自治区南宁市志办、市档案局联合编纂的《南宁体操世锦赛志》由广西人民出版社出版。该志采用章节体，全面记载2012年至2014年广西壮族自治区、南宁市举全自治区、全市之力服务和承办第四十五届世界体操锦标赛的全过程。全志分组织机构、申办筹办、场馆建设与管理、竞赛、城市建设与管理、赛事宣传与文化活动、保障服务、市场开发、世锦赛财务9章，还设卷首图片、概述、大事记、专记、附录等内容。突破传统专业志以文字为主的表现方式，做到图文并茂，收录图照260余幅。全书35万字。（苏麟忠　钟婉悦）

【《攀枝花市人事志（1965—2010）》出版】 7月，四川省《攀枝花市人事志》编委会编纂的《攀枝花市人事志（1965—2010）》由四川科学技术出版社出版。主编刘忠杰，副主编贾幼谊，执行主编肖礼荣。该志采用章节体，卷首设彩图，紧接设序、凡例，正文首设概述、大事记，后设机构沿革、机构编制、人事制度改革、人事管理、人才工作、综合管理、县（区）人事人才工作、人物与表彰共8篇23章97节，后缀附录、编后记。全书76万字。（雷雨露）

【《泸州市煤炭工业志（1991—2015）》出版】 2月，四川省泸州市安全生产监督管理局、市煤炭管理局编纂的《泸州市煤炭工业志（1991—2015）》由中国文史出版社出版。主编牟远华，执行主编陈鑫明。该志设概述、大事记、资源、生产、安全、环保、科技、文化、人物、附录。全书45万字。（雷雨露）

【《“4·20”芦山强烈地震德阳援建图志》出版】 12月，四川省德阳市委党史研究室编纂的《“4·20”芦山强烈地震德阳援建图志》由新华出版社出版。主编冯发贵、王华蓉，执行主编李思源。该志采用图志形式，全彩印刷，记述“4·20”芦山强烈地震发生后，德阳参与抢险救灾和对口支援芦山县灾后恢复重建历程。该志以章节体为主，章下设目，主要由概述、大事记、灾情、抢险救灾、援建组织领导、项目援建、产业援建、智力援建、附录等组成，收录图照200余幅。全书11.8万字。（雷雨露）

【《罗江县政协志（1996—2016）》出版】 11月，四川省罗江县政协志编委会编纂的《罗江县政协志（1996—2016）》由方志出版社出版。主编白光裕、张胜虎，副主编古明水。该志包括概述、大事记、专志等部分，专志设组织机构、政治协商、民主监督、参政议政、重要活动、文史资料工作、自身建设、人物共8章29节，后缀设附录和编后记，收录图照71幅。全书80余万字。（雷雨露）

【《汶川特大地震朝天抗震救灾志》出版】 9月，四川省广元市朝天区志办编纂的《汶川特大地震朝天抗震救灾志》由现代出版社出版。主编张必莉。该志设卷首彩图、正文概述、大事记，内设灾情、抢险救灾、医疗防疫、赈灾、灾后重建、英模等篇，后缀附录、编后记。全书65万字。（雷雨露）

【《汉源花椒志（1950—2015）》出版】 9月，四川省汉源县志办编纂的《汉源花椒志（1950—2015）》由开明出版社出版。主编董必忠。该志设概述、大事记、建置区划、自然环境、花椒起源、花椒品种、生物学特性、花椒生产与发展、花椒栽培、花椒利用、花椒产业、管理机制、花椒文化、人物和附录等，反映汉源花椒发展历史和现状，收录图照200余幅。全书44万字。（雷雨露）

【《名山茶业志》出版】 12月，四川省雅安市《名山茶业志》编委会编纂的《名山茶业志》由方志出版社出版。主编高殿懋。该志时间断限上至雅安市名山区开创种茶历史的西汉甘露年间，下至2015年12月31日，采用篇章节目体结构，由卷首、专志、卷尾三部分组成。卷首为序、凡例、概述和大事记；专志设环境地理、茶史茶类、茶叶生产、茶叶产业、茶旅融合、蒙山茶文化、人物等7篇21章65节163目；卷尾分附录和编后。收录照片340余幅。全书69.8万字。（雷雨露）

【《阿坝州民兵志》出版】 7月，四川省阿坝州志办编纂的《阿坝州民兵志》由巴蜀书社出版。总编刘正香。该志上限明嘉靖三十四年（1555年），下限2015年，采用篇章节目体结构，卷首设序、凡例、目录、概述，正文设阿坝州民兵、黑水民兵、其他各县民兵和人物4章，卷末设附录、索引、编后记。全书40万字。（雷雨露）

【《花溪农商银行志》出版】 11月，贵州省贵阳市花溪农商银行志编委会办公室编纂的《花溪农商银行志》由方志出版社出版。该志上限民国29年（1940年），下限2016年12月，个别特殊、重大事项延至搁笔。该志以篇、章、节、目为层次，卷首置概述、大事记、专记，卷中设机构、员工、基础设施、业务、管理、党群组织、企业文化、人物、文献等9篇，卷末设附录。全书78.1万字。（贵阳市志办）

【《陕西帝王陵墓志》出版】 10月，陕西省志办编纂的《陕西帝王陵墓志》由三秦出版社出版。该书收录陕西境内现存的古代帝王陵墓，上至史前时期，下至明代，整理陕西各个历史时期的帝王陵墓资料。该书分先秦帝王陵、秦代帝陵、汉代帝陵、十六国北朝帝王陵、隋代帝陵、唐代帝陵以及明代藩王墓7章，下设50节，照片200余幅。从墓主人的生平、营建始末、遗迹和遗物、研究现状、保护状况等方面展现陕西帝王陵墓的历史与现状，集史料性、知识性、权威性和综合性于一体。全书38万字。（丁喜）

【《咸阳市煤炭工业志》出版】 9月，陕西省咸阳市煤炭工业局编纂的《咸阳市煤炭工业志》由三秦出版社出版。该志是咸阳市有史以来第一部全面系统反映境内煤炭工业发展历史与现状的专业志书，上限追溯至事物发端，下限2014年。全志设概述、大事记、煤田环境、煤炭地质与勘查、煤矿建设、煤炭生产、煤炭经营、煤电与煤化工业、煤矿安全、治理整顿与资源整合、煤矿环境保护、社会保障和福利卫生、科研与教育、企业文化与文娱体育、煤炭行业管理体制、党群组织、人物荣誉及附录等15编55章203节，前置彩图108幅。全书72万字。（丁喜）

【《咸阳市艺文志》出版】 10月，陕西省咸阳市艺文志编委会编纂的《咸阳市艺文志》由三秦出版社出版。咸阳市委书记岳亮、市长卫华分别作序。该志依照方志艺文志的体例，包括作品和著述两部分，分3章22节，作品部分分为诗歌、散文2章。《诗歌》章精选从《诗经·豳风》以来的各体诗歌776篇，为历代诗

人以咸阳为题材的诗歌萃编。全书120万字。（丁喜）

【《天华正业通公司志》出版】 11月，宁夏回族自治区银川市天华正业通公司志编委会编纂的《天华正业通公司志》由方志出版社出版，这是银川市首部公开出版的企业志。该志上限1984年，下限2012年，设9章39节，正文主要由公司治理、建设与运营、财务审计、工程咨询、企业文化等部分组成。该志全面系统记载天华正业通公司20多年的发展过程和工作实绩。全书48万字。（银川市志办）

【《郑州铁路局志（1992—2011）》出版】 12月，郑州铁路局编纂的《郑州铁路局志（1992—2011）》由中国铁道出版社出版。该志设路网建设、运输装备、铁路运输、铁路安全、经营管理、多元经济、社会化事业、机构体制、综合管理、党群组织、政法武装、企业科技、企业文化、局属（控股）单位、人物等15篇69章444节，以及概述、大事记、附录等部分。该志收录1200余张图照、343张表格。全书368万字。（姚岳山）

【《成都铁路局志（1989—2012）》出版】 4月，成都铁路局编纂的《成都铁路局志（1989—2012）》由中国铁道出版社出版。该志分为机构体制、铁路建设、铁路运输、运输装备、多元经济、经营管理、综合管理、科技教育、党建政工、群众团体、政法人武、直管单位、人物以及概述、附录15篇。全书记述1989年至2012年的24年期间成都铁路局铁路建设、运输经营、科技教育、机构体制、多元经济等各方面的发展轨迹，尤其是2005年以来路局强力推进和谐铁路建设和“十年三步走”等战略的辉煌历程，以及由此带来的铁路局从生产建设到职工生活等各个方面的变化。全书210万字。（姚岳山）

【《昆明铁路局20周年图志（1997—2017）》出版】 4月，昆明铁路局编纂的《昆明铁路局20周年图志（1997—2017）》由中国铁道出版社出版。该志设亲切关怀、机构与体制、铁路建设、装备提升、客货运输、安全管理、多元化经营、科技创新、合资（地方）铁路公司、对外交流、组织建设、队伍建设、社会担当、文化生活、高铁时代、展望未来、大事记17篇，分专业分系统记述自1997年昆明铁路局成立后20年来的大事、要事。该志收录图片670幅。全书10万字。（姚岳山）

旧志整理与出版

· 工作开展

【河北省旧志整理进展】　年内，河北省石家庄市志办规划整理旧志25部。石家庄市各县（市、区）也相继开展旧志整理工作，其中正定、行唐、井陉、赞皇4县完成旧志整理出版工作。（肖海军）

【吉林省旧志整理进展】　年内，吉林省地方志编委会继续开展旧志搜集工作。经吉林省图书馆古籍专家鉴定，省地方志编委会购买1套原版古籍《梨树县志》。省方志馆整理影印《满洲发达史》《民国安图县志》《民国凤城县志》《昌邑县志》《西安县志》等旧志5部，收集《上海通史》《泸水志》《镇越县志》《河西县志》等旧志电子版50余部；购买《宁国府志》（20卷）1部，《湖南省宁乡刘姓家谱》（25卷）1部。省方志馆馆内收藏吉林省及省外旧方志复制本220种、1070册，志书电子版1770余部。（刘士宏　李刚）

【黑龙江省旧志整理进展】　7月，黑龙江省志办召开《黑龙江历代方志集成》底本论证会，专家一致认定所征集到的底本版本符合旧志整理学术规范和出版要求，同意进入编辑出版环节。会后，省志办于11月底前将《黑龙江通省舆图总册》（清）、黑龙江通志采辑资料等内容补充完毕，底本总量达到100部，征集工作全部结束，《黑龙江历代方志集成》进入编辑阶段。（徐萍）

【江苏省旧志整理进展】　年内，《江苏艺文志》查核重复词条及编制索引、勘误等基础性工作全部完成，并统一体例进行重新编排，交付出版社；乾隆《江南通志》排版工作结束，并完成一校；光绪《丹徒县志》影印本64卷。累计完成30卷的点校工作。清光绪《无锡金匮县志》完成点校工作。《淮安文献丛刻》第15部明嘉靖《清河县志》、第16部清光绪《丙子清河县志》进入出版阶段。《淮安文献丛刻》第26部清光绪《盱眙县志稿》完成点校整理。（周文燕）

【浙江省旧志整理进展】　年内，浙江省宁波市志办整理的“宁波历史文献丛书”第六辑影印《宁波历代专志选刊（一）》由宁波出版社出版。镇海区“蛟川文史丛书”第五辑《蛟川杂记》出版；调研镇海历史上的家谱、大姓、大户人家的馆藏资料，并汇编出目录。鄞州区清康熙《鄞县志》、清乾隆《鄞志稿》、清咸丰《鄞县志》影印出版。慈溪市组织开展天启《慈溪县志》底本整理和影印出版工作。瑞安市志办完成民国《瑞安县志稿》7卷的加注标点工作。苍南县史志办开展3部《平阳县志》旧志整理工作。嘉兴市志办整理点校《光绪嘉兴府志》，完成全书初步点校工作。开化县志办通过购买社会服务的方式，完成雍正《开化县志》点校工作。（浙江省志办）

【福建省旧志整理进展】　年内，福建省福州市方志委重新刊印1960年版《福清县志》和民国《福清县志》；重刊清代《方成里乡志》。7月，厦门市同安区志办启动康熙版《大同志》的点校、注释工作。（欧长生　孙洁斐）

【河南省旧志整理进展】 年内，河南省旧志文献整理工作取得进展，《河南历代方志集成》出版问世，共收录存世河南历代旧志586种，成书565册。各地旧志整理工作方面，信阳市影印出版清乾隆十四年（1749年）《信阳州志》，点校清乾隆三十五年《光州志》，明嘉靖《固始县志》进入第八次点校。周口市沈丘县整理出版清乾隆《沈丘县志》，项城市整理清乾隆十一年《项城县志》，淮阳县整理清乾隆十二年《陈州府志》；商丘市点校明嘉靖《归德府志》；南阳市举办《明嘉靖南阳府志校注》评审会；驻马店市完成清嘉庆《重修汝宁府志》整理点校工作，遂平、确山、汝南等地也积极开展历史文献点校整理工作；济源市继续推进乾隆《济源县志》校注工作；开封市史志办与河南大学旧志校勘组举行《重修民国开封县志》项目签约仪式，兰考县对《兰考旧志汇编》进行翻印。 （汪朝霞　程茜　文清华）

【广西壮族自治区旧志整理进展】 年内，广西壮族自治区志办依照《古籍旧志民国典籍整理中长期规划（2013—2020年）》，组织整理旧志11种，分别为明嘉靖《广西通志》、清道光《义宁县志》、清光绪《百色厅志》、清光绪《镇安府志》、清光绪《平南县志》、清道光《罗城县志》、民国《广西通志稿》、民国《信都县志》、民国《上思县志》、民国《上金县志》、民国《象县志》，出版9种。罗城仫佬族自治县志办对清道光《罗城县志》进行点校。自治区志办对原18册约5000页民国《广西通志稿》逐页修版，重新整理成5册出版。崇左市志办完成民国《上金县志》底本扫描复制、修版及漫漶字迹修补、版本考证和介绍等工作。象州县史志办对民国《象县志》（手抄本）的30多个漫漶页面进行逐字修补。自治区志办采购《中国地方志集成》所含157种广西旧志，并与全国各地图书馆、档案馆联系，复制清乾隆《博白县志》等14种稀见广西旧志和收集1部珍贵古籍《先考景纯府君哀思录》（影印本）。截至年底，广西方志馆馆藏广西旧志220多种，约占现存旧志的88%。

（韦韩韫　王小霞）

【云南省旧志整理进展】 年内，云南省各地整理出版清康熙《云南府志校注》、民国《昆明近世社会变迁志略校注》、民国《昆明县志校注》、民国《续修昆明县志校注》《昭通旧志汇编》、清道光《永昌府志》、清乾隆《永北府志》旧志，另有清道光《昆明县志》、清光绪《永昌府志》《永北直隶厅志》等旧志在点校整理中。 （郑灵琳　字应军）

【陕西省旧志整理进展】 年内，陕西省整理出版各类旧志63部。西安市启动《西安地域存藏方志文献总目》编纂。宝鸡市影印清代3部旧志。渭南市整理出版明天启《同州志》《增订渭南县志》《华州旧志集成》（共17册）精装版。延安市校注《延安府志》三个版本。榆林绥德、米脂等县（区）完成县内历代旧志整理。汉中市开展明嘉靖《汉中府志》、清《忠武侯祠墓志》校注工作，《忠武侯祠墓志》出版。 （丁喜）

【甘肃省旧志整理进展】 4月，甘肃省史志办对甘肃省三部现存旧通志中编修时间最早、史料价值较高的清朝乾隆《甘肃通志》进行整理点校。年内，在全文标点、将旧志中繁体字、异体字统一为规范简化字的基础上，对原版本的残损缺佚、手抄本的错讹疏漏补充修订；对关键性的历史时间、古地名、人物、事件、典章典故及生僻字予以释义，对旧志中的一些历史遗留问题进行考证。截至年底，完成60%的初稿，约90万字。 （王文生）

·旧志出版

【《畿辅通志》影印出版】 8月，河北省保定市志办与新莲池书院合作、整理的《畿辅通志》由国家图书馆出版社出版。该书包含康熙、雍正、光绪三个版本，整理采用影印再造形式。全书共9函88册。 （郑小明）

【《雄安新区旧志集成》《保定旧志集成》出版】 8月，河北省保定市志办与新莲池书院合作整理的《雄安新区旧志集成》《保定旧志集成》由国家图书馆出版社影印出版。《雄安新区旧志集成》包括嘉靖《雄乘》、万历《雄乘》、康熙《雄乘》、光绪《雄县乡土志》、民国《雄县新志》、康熙《安州志》、道光《安州志》、康熙《新安县志》、乾隆《新安县志》、民国《新安县志》、康熙《容城县志》、乾隆《容城县志》、咸丰《容城县志》、光绪《容城县志》、民国《容城县志》15部；《保定旧志集成》包括《保定府志》和保定市各县（市、区）旧志，共计79部。全书50函494册。 （郑小明）

【嘉靖《山西通志》影印出版】 12月，山西省志办整理的明嘉靖《山西通志》由中华书局出版。该志纂修于明嘉靖四十三年（1564年），是山西省历史上编纂的第二部省志，详细记录了明代中期山西的地理、政治、经济、文化、军事及名胜古迹等。该志还保存了明代第一任山西巡抚、一代忠臣廉吏于谦等人的大量奏疏、诗文，有很高的史料价值和学术价值。山西省志办以国家图书馆所藏原刻本为底本，采用宣纸影印、手工线装的形式，将这一传世孤罕的善本加以复制影印。全书共12册。 （武岭）

【乾隆《太谷县志》影印出版】 11月，山西省太谷县史志研究室整理的清乾隆《太谷县志》（8册）由三晋出版社出版。该志由乾隆时太谷知县王泽沛与教谕王诏、训导李柡对没有刊印的雍正版《太谷县志》进行增补和修改而成。太谷县史志研究室以国家图书馆藏书为底本，宣纸原大影印，手工线装，计1函4册8卷。 （武岭）

【《建平县志（1903—1931）》校勘出版】 1月，辽宁省朝阳市建平县史志办校勘《建平县志（1903—1931）》出版。整理者王莉。该志卷首为序、编职人员名录、凡例等。卷一为大事年表，下设平乱和交涉两目；卷二舆地，下设沿革、疆域、晷度、山川、物产5目；卷三为建置，下设建置、义度、义仓3目；卷四为政事，下设政治、赋税、学校、警察、农业、工业、商业、矿业、民族、社会、宗教、交通、礼俗、方言14目；卷五秩官；卷六选举；卷七人物，下设人物列传、烈女姓氏、烈女列传3目。全书共6册9卷，各卷中共附图12幅，表34个，录5个。全书约18万字。 （杜祥武）

【民国《农安县志》影印出版】 12月，吉林省地方志编委会、吉林大学图书馆合作整理的民国《农安县志》由吉林文史出版社影印出版。整理者李正奎、于泳生、刘士宏。该志成书于民国17年（1928年），郑士纯监修，王继承、刘长清协修，朱衣点总纂，铅印本、线装1函8册。该志8卷，卷一为沿革、大事、象纬、舆地，卷二为交通、物产、实业、田赋，卷三为建置、职官、行政、司法，卷四为教育、祀典、选举、自治，卷五为军警、兵事、外交，卷六为税捐、度支钱币，卷七为乡村、氏族、户口、风俗、慈善、卫生、宗教，卷八为人物、古迹、金石、艺文等。影印装帧设计为1函8册，宣纸印刷，仿古线装。全书约38万字。 （刘士宏）

【民国《黑龙江志稿》影印出版】 1月，黑龙江省志办整理的民国《黑龙江志稿》由方志出版社影印出版。整理影印底本来自国家图书馆。该志稿是黑龙江省第一部通志，万福麟主修，张伯英总纂，民国21年（1932年）6月编讫，次年出版，线装铅印本。该志分地理志、经政志、物产志、财赋志、学校志、武备志、交涉志、交通志、职官志、选举志、人物志、艺文志诸门，总计62卷，附大事志4卷，4函32册。全书140万字。 （徐萍）

【《上海府县旧志丛书》（电子版）出版】 2月，上海市志办、上海通志馆整理的《上海府县旧志丛书》（电子版）由上海译文出版社、上海古籍出版社联合出版。该丛书是对上海市行政辖区内1949年之前成书的府志、县志资源进行系统整理、保护与数字化开发的成果，共11卷36册，辑有79种上海府县级方志资料，收录稿本、抄本和刻印孤本、珍本的内容。全书约3744万字。（吴韵）

【《江苏历代方志全书》常州府部、镇江府部出版】 年内，《江苏历代方志全书》出版《常州府部》和《镇江府部》80册，累计出版255册。江苏省志办先后向国家方志馆、国家图书馆、国家档案馆、中国社科院图书馆、清华大学、北京大学、中国人民大学、北京师范大学等10家单位赠送首批《江苏历代方志全书》175册，同时向全省110个市县志办等单位赠书。（周文燕）

【顺治《溧水县志》点校出版】 4月，清顺治《溧水县志》由上海古籍出版社出版。整理者傅章伟、吴大林。该志共10卷，记载溧水的历史沿革、山川形胜、文物古迹、风俗物产、赋税徭役、县邑建置等，后面《艺文志》收录东汉直至清顺治十三年与溧水有关的文学作品，如赞颂、碑铭、诗词、歌赋等。该志较为详尽地记述清顺治年间溧水的地情、民情、经情。点校本以横排、简体字形式重新呈现。全书约19万字。（李海宏）

【乾隆《摄山志》点校出版】 6月，江苏省南京市志办编纂的《南京稀见文献丛刊》之乾隆《摄山志》由南京出版社出版。该志由南京大学古典文献研究所程章灿、南京师范大学社会发展学院王志高点校。《摄山志》为乾隆时邑人陈毅所撰。全书共8卷，除首卷《天章》外，依次为卷一图说，卷二形胜创始·建置，卷三人物，卷四至卷七载录有关栖霞山寺的各体文学作品，卷八为考证·灵异·诗话·杂记。全志记述摄山山川形胜、自然胜迹、人文风貌、文化资产和历史掌故等。乾隆五十五年（1790年），《摄山志》8卷在苏州府署雕版印行，点校本即以此本为据。（周文燕）

【《南京历代名志》出版】 6月，江苏省南京市志办编纂的《南京历代名志》由南京出版社出版。该书是首部分类系统解读南京历代名志的普及读物。从南京现存的历代名志中，挑选出具有代表性的志书24种，包括《景定建康志》、万历《应天府志》、民国《首都志》等府志6种，涵盖宋、元、明、清、民国各时期；万历《上元县志》、同治《上江两县志》、正德《江宁县志》等县志7种，覆盖今南京区域存在过的各县；《摄山志》《秦淮志》《后湖志》等专志11种，涉及山、河、湖、陵、寺、塔、园、厂、校等方面。全书配图108幅，22万字。（周文燕）

【光绪《金坛县志》点校出版】 10月，江苏省常州市金坛区志办点校的清光绪《金坛县志》由方志出版社出版。点校者汤钟音、刘书明、许富春。该志是清光绪十一年（1885年）木活字刻印，江苏候补知府杨靖督修，金坛知县丁兆基、署金坛知县孙家澄、金坛知县夏宗彝纂修，礼部主事汪国凤总纂。该志记载金坛自设县至清光绪十年的政治变革、经济发展和社会风貌等史实。卷首收序文，其后分类撰写，包括舆地1卷，赋役3卷，职官、典礼、学校、选举各1卷，人物6卷，艺文2卷，杂志2卷，共16卷。全书约130万字。

（李海宏）

【万历《宿迁县志》点校出版】 11月，江苏省万历《宿迁县志》由广陵书社出版。该志是明万历五年（1577年）知县喻文伟发起编修宿迁第一部县志，同年付梓刊刻。这次以天一阁馆藏原刻本为底本进行点校、勘误，在点校过程中，对底本中漫漶不清、缺字漏字处进行修补订正。该书分影印（上、下册）、点校3册，宣纸仿古线装本出版，分为舆地志、建置志、典礼志、田赋志、秩官志、人物志、词翰志、杂志8卷。全书16万字。（朱崇飞）

【《武林梵志》整理出版】 年内，浙江省杭州市志办整理的《武林梵志》由浙江古籍出版社出版。该志由明吴之鲸纂，共12卷。卷一为城内梵刹，卷二、卷三为城外南山分脉，卷四、卷五为北山分脉，卷六为外七县梵刹，卷七为天朝宠锡，卷八为宰官护持，卷九、卷十、卷十一为古德机缘，卷十二为历朝勋绩。这次据钦定《四库全书》本整理出版，1函9册。　　(金利权)

【康熙《临安县志》影印】　1月，浙江省临安市志办影印完成清康熙十四年（1675年）《临安县志》。该志由清太子太保、礼部尚书王崇简，中宪大夫、江南常州知府骆钟麟，临安知县陆文焕作序，陆文焕负责具体编纂。全书设舆地、建置、官师、人物、选举、田赋、风土、杂记、艺文10卷。　　(临安区志办)

【《宁波历代专志选刊（一）》出版】　12月，浙江省宁波市志办整理的《宁波历史文献丛书》第六辑影印《宁波历代专志选刊（一）》由宁波出版社出版。该书分为4册：第一册为“山”志，包括《四明山志》，原2册9卷，清康熙四十年（1701年）刻本；《招宝山志》，原4册2卷，道光二十六年（1846年）木活字本。第二册名“水利”志，包括《甬上水利志》，原2册6卷，道光二十八年木活字本；《浙江全省舆图并水陆道里记·宁波府》，原2册不分卷（总20册），光绪二十年石印本。第三册系“湖”志，包括《杜白二湖全书》，原1册不分卷，嘉庆道光间刻本；《续刻杜白二湖全书》，原1册不分卷，民国铅印本；《牟山湖志》，原1册不分卷，光绪二十五年刻本；《东钱湖志》，原5册4卷，民国5年（1916年）刻本。第四册是其他志书类文献，包括《宁郡城河丈尺图志》，原4册（总）2卷，光绪七年刻本；《竹洲文献》，原1册2卷，民国25年刻本；征信录3种，包括《宁郡河工局征信录》《郡城浚河征信录》《宁郡巡防局征信录》，分别为咸丰六年（1856年）刻本、光绪七年（1881年）刻本、光绪二十九年石印本。　　(高曙明)

【康熙《德清县志》、嘉庆《德清县志》点校出版】　8月，清康熙《德清县志》、嘉庆《德清县志》点校合订本由中华书局出版。清康熙《德清县志》于康熙十二年（1673年）修成，侯元棐主修，王振孙编次，陈后方、陈元玺、蔡启份、虞徽、胡嘉生、蔡诒来、徐元正纂辑。点校许建平。该志分10卷8门，卷一、卷二为舆地志，卷三为宫室志，卷四为食货志，卷五为职官志，卷六为选举志，卷七为治行志，卷八、卷九为艺文志，卷十为杂志。清嘉庆《德清县志》于嘉庆十三年（1808年）修成，周绍濂主修，张凯、孔继洙编次，邵保初、吴曾贯、徐养原、邵保和、蔡蘗榜、戴高、蔡廷华、蔡梦炎纂辑，许宗彦覆审。点校许建平、陈兵兵。该志格局基本上承袭清康熙《德清县志》，分类略有改变或增损。

(湖州市志办)

【康熙重修《嘉善县志》影印出版】　12月，浙江省嘉善县史志办整理的清康熙重修《嘉善县志》由中华书局影印出版。该志于清康熙十六年（1677年）由知县杨廉重修，距建县247年。全志列12卷，共5册。　　(嘉兴市志办)

【乾隆《海盐县续图经》影印出版】　1月，清乾隆《海盐县续图经》由西泠印社影印出版。该书编纂于乾隆十二年（1747年），王如珪编，陈世倕、钱元昌纂，记载明天启至清乾隆十二年约120余年间之事。篇目仿照明胡震亨所编纂《海盐县图经》，并将清代彭孙贻、童申祉、杨鼎编纂的志稿删定增补，增加其后70余年的史实，叙事与《海盐县图经》衔接，人物资料丰富，风俗记载详细，是研究海盐历史文化风俗的重要参考资料。全书7卷12册，约40万字。　　(嘉兴市志办)

【道光《海昌备志》（点校本）出版】　10月，《海宁珍稀史料文献丛书》编委会整理的《海昌备志》（点校本）由方志出版社出版。该志纂修于道光二十五年（1845年），刊刻于道光二十七年，纂修钱泰吉。收录乾隆十八年

(1753年)蔡候其昌所辑的《都庄图说》，前志所无。其艺文志收罗之广为前志所未及。志后附《采访日记》4卷。点校所用底本为上海图书馆所藏道光二十七年(1847年)刻本，52卷。全书108.1万字。 (嘉兴市志办)

【《诸暨县志》(点校本)出版】 1月，浙江省诸暨市史志办整理的清康熙、乾隆、光绪《诸暨县志》(点校本)由浙江古籍出版社出版。点校杨士安。这次整理以清章平事、杨浣编修的康熙《诸暨县志》(20卷)，清楼卜瀍编修的乾隆《诸暨县志》(44卷)，以及清陈遹声、蒋鸿藻编撰的光绪《诸暨县志》(60卷)为底本，改繁体竖排为简体横排，修订若干错讹衍倒问题，其他一仍其旧。

(绍兴市志办)

【民国《上虞县新志稿》(点校本)出版】 11月，浙江省绍兴市上虞区委党史研究室罗兰芬、章建兴整理的民国《上虞县新志稿》(点校本)由中国文史出版社出版。该志由干人俊纂修。该志是上虞留存的唯一完整的民国志文本，以记民国为主，以多种旧志摘引为要务，为较为系统的上虞民国史料。点校本除个别可以确定的误字做更正外，悉如原文。

(绍兴市志办)

【万历《龙游县志》、康熙《龙游县志》、民国《龙游县志初稿》影印出版】 6月，浙江省龙游县志办整理的明万历《龙游县志》、清康熙《龙游县志》、民国《龙游县志初稿》由国家图书馆出版社影印出版。3部旧志均属于《龙游文库》之《龙游历史文献集成》，特殊16开本特种纸线装，共7册，一函盒装，共2260页。其中，明万历《龙游县志》(附《万历龙游县志辑佚》)2册550页，清康熙《龙游县志》3册1028页，民国《龙游县志初稿》2册682页。民国《龙游县志初稿》重印底本由国家图书馆提供，其余由浙江图书馆提供。重刊本每部志首增加龙游县志办名单、《龙游文库》专家组名单、《龙游文库》编辑部名单、龙游县委书记刘根宏总序；龙游县史志办撰写的提要。其余均与原刊本一样。(衢州市志办)

【弘治《赤城新志》(简注本)出版】 11月，浙江省台州市志办整理的《赤城新志》(简注本)由上海古籍出版社出版。该志由明谢铎纂。注释者林明达、严振非。该志是续志，上接南宋嘉定十六年(1223年)《赤城志》，下限至明弘治九年(1496年)。该志设16门类，凡23卷，16门类依次为：疆域图、沿革谱、官守人物表、风俗、版籍、水利、学校、公廨、人物、官守、职役、宫室、祠墓、典籍、补遗、考异。该简注本以注释为主，改直排繁体字为横排简化字，择要注释各类字词及人物，篇目略有调整。 (台州市志办)

【民国《丰南志》(点校本)出版】 年内，安徽省黄山市徽州区志办整理的民国《丰南志》(点校本)由黄山书社出版。该志于20世纪30年代末由西溪南村(旧称“丰南”)人吴吉祜编纂，内容包括舆地、人物、选举、艺文、杂志等共10卷，记载唐宋以降特别是由明迄清西溪南一地的自然、人文、社会诸方面历史。全书50余万字。 (史五一)

【顺治《亳州志》点校出版】 12月，安徽省亳州市志办组织点校整理的清顺治《亳州志》由方志出版社出版。全书共4卷，卷一分郡代纪、版舆图、郡县表、帝王表、秩官表、科贡表、建置、田赋考、土产9类；卷二分古迹考、学校、典礼、兵卫、材胥、商纪、魏纪、秩官列传8类；卷三分人物列传、忠义传、孝友传、节烈传、方外传、外传6类；卷四为艺文，集诗、文80余首(篇)。 (史五一)

【乾隆三年《亳州志》点校出版】 3月，安徽省亳州市志办组织点校整理的清乾隆三年(1738年)《亳州志》由黄山书社出版。该志由华度主修，共16卷，61个类目。(史五一)

【乾隆三十九年《亳州志》影印出版】 11月，

安徽省亳州市志办整理的清乾隆三十九年（1774 年）《亳州志》由黄山书社影印出版。该志由郑交泰主修，王云万编纂。该志采用平目体，全书共 12 卷（其中卷十二分为上、下两卷），分 24 类，2 函 9 册。该志内容丰富、资料翔实，详细记载亳州的历史沿革、物产民俗、名胜古迹等内容。（史五一）

【民国《平潭县志》点校出版】 3 月，福建省平潭综合实验区党史方志研究中心整理的民国版《平潭县志》（点校本）由海峡书局出版。该志以民国 12 年（1923 年）铅印本《平潭县志》为底本。（欧长生　孙洁斐）

【《兴化府志》影印出版】 3 月，福建省莆田市方志委、莆田市秀屿区方志委联合整理的《兴化府志》由海峡书局影印出版。该志由明代吕一静修，康大和纂。全书 58.5 万字。

（欧长生　孙洁斐）

【光绪《邵武府志》（点校本）出版】 12 月，福建省邵武市地方志编委会整理的清光绪《邵武府志》（点校本）由海峡书局出版。该志由光绪时邵武府知府王琛、徐兆丰修纂，光绪二十二年（1896 年）刊刻。该志按星野、沿革、山川、水利、城池、户口、物产、人物等内容分卷记载远古到光绪年间邵武府的历史。全书 30 卷，图 1 卷，约 117 万字。

（欧长生　孙洁斐）

【《山东省历代方志集成》（青岛卷、淄博卷、枣庄卷、东营卷、烟台卷）出版】 11 月，山东省史志办整理的《山东省历代方志集成》（青岛卷、淄博卷、枣庄卷、东营卷、烟台卷）由天津古籍出版社影印出版。该书收录中华人民共和国成立前历朝历代编纂、现存且可查、分散收藏在国内外的现青岛、淄博、枣庄、东营、烟台区域内的各种版本的府志、县志、乡土志、专志共 96 种，精装 33 册，42000 余筒子页，2000 余万字。（山东省史志办）

【乾隆《泰安府志》（点校本）出版】 11 月，山东省泰安市史志办点校整理的清乾隆《泰安府志》（点校本）由线装书局出版。该志始修于清乾隆二十四年（1759 年），次年成书，是泰安唯一的一部府志。全书含首末共计 34 卷，分 17 门 66 目，详细记录泰安的历史沿革、地理、风物等多方面内容。全书约 80 万字。

（山东省史志办）

【嘉庆《平阴县志》（点校本）出版】 11 月，山东省平阴县史志办点校整理的清嘉庆《平阴县志》（点校本）由中国文史出版社出版。该志共 29 卷，成书于嘉庆十三年（1808 年），主要记述星野、疆域、城池、赋役、山川、里社、风俗、物产、灾祥、艺文等。该志为平阴县新发现的旧志版本，改写了既往嘉庆《平阴县志》仅有 4 卷本、4 万字的记载。全书近 30 万字。（山东省史志办）

【康熙《济宁州志》（点校本）出版】 11 月，山东省济宁市史志办点校整理的清康熙《济宁州志》（点校本）由中国文史出版社出版。该志共 10 卷，上起古任国，下至康熙初年，包含疆舆、田赋、官秩、学校、人物、艺文六大部分，人物、艺文占幅达 5 卷。志书囊括了济宁州山川形胜、城池公署、祠庙楼阁、市集街巷、土产风俗，人物纵贯周汉明清，分宣纸线装和普通精装两种。（山东省史志办）

【《巨野县旧志集成》出版】 6 月，山东省菏泽市历史文化与中华古代文明研究会、巨野县史志办点校整理的《巨野县旧志集成》由线装书局影印出版。该志包含明天启三年（1623 年）、清康熙四十七年（1708 年）、清道光二十六年（1846 年）、民国 10 年（1921 年）的 4 部旧志，贯通巨野上下五千年的人文历史、地理地貌、风土人情和重要人物、重大事件。

（山东省史志办）

【万历《开封府志校注》出版】 9 月，河南省开封市史志办整理的万历《开封府志校注》

由中州古籍出版社出版。该书整理出版由市史志办牵头，河南大学专家力量进行点校和补注。工作底本为依据《四库全书存目丛书补编》录入而成的电子文本，该书大部分内容为日本内阁文库藏明万历十三年（1585 年）《开封府志》本与国内残卷辑录配补的影印本。全书 34 卷，近 40 万字。 （汪朝霞）

【同治《枝江县志》（校注本）出版】 6 月，湖北省枝江市史志办整理的《枝江记忆》丛书之一同治《枝江县志》（校注本）由湖北人民出版社出版。全书 70 余万字，其中原文 20 余万字，校注文字、增添史料约 50 万字。

（湖北省志办）

【嘉靖《长沙府志》点校出版】 9 月，湖南省长沙市志办整理的明嘉靖《长沙府志》由湖南师范大学出版社出版。点校者梁小进、范洁。该志共 6 卷，为现存最早长沙府综合志，潘镒修，张治、徐一鸣纂。正文分五谱十二纪，名宦纪下列十二述。卷首列序、目录、舆图 13 幅。该志体例别具一格，悉遵《史记》，谱表结合，图文并茂，详近略远，史料宏富，有明嘉靖十二年（1533 年）刻本。（曾牧野）

【万历《郴州志校注》出版】 10 月，湖南省郴州市志办整理的明万历《郴州志校注》由中州古籍出版社出版。整理者陈礼恒。全书 23.5 万字。 （余勇辉）

【嘉庆《宜章县志》点校出版】 12 月，湖南省宜章县史志办点校的清嘉庆《宜章县志》由中国文史出版社出版。该志共 24 卷，收录图片 20 幅。全书 77.5 万字。 （余勇辉）

【民国《广西通志稿》影印出版】 11 月，广西古籍丛书编辑委员会、广西壮族自治区志办整理的民国《广西通志稿》由广西人民出版社影印出版。主要整理者李秋洪、王小霞等。该志是广西通志馆纂修的未完稿，1949 年 6 月油印，共 18 册，重版后全套 5 册。篇目包括地理编、社会编、政治编、文化编、胜迹编、宦绩编等。该志主要是资料辑录，其中不少目录尚未落实。其中蒙起鹏的疆域、天度、面积、国界卷充分记录清末以后的科学勘探成果，资料较新。国界详细记述中越边界清光绪二十七年（1901 年）的情况，分会勘、东路界、西路界、收复金龙岗七隘、中法桂越界约、中法桂越界约图、沿边九县现势图等目，资料多来自档册。 （韦韩韫 王小霞）

【民国《信都县志》影印出版】 8 月，广西古籍丛书编辑委员会、广西壮族自治区志办、贺州市志办合作整理的民国《信都县志》由广西人民出版社影印出版。主要整理者唐中克、黄观壮、钟志环、谢锦玲等。该志由罗春芳修，王崑山、马扬辉纂，民国 25 年（1936 年）铅印，设地理、社会、政治、经济、前事、宦绩、列女传、耆寿、古迹名胜、杂记等 10 编，编首有 10 篇序言，其中有时任广西大学校长、广西省修志局总纂马君武序。社会编分析信都铺扶人的古音保留情况，详细记述信都居民的姓氏由来，可查阅到官府裁定移民的案例实录。耆寿是该志特色的部分，记述其时信都 5 万多人口中，80 岁以上 600 余人，其中杨屋寨杨陈氏 102 岁，奉“大总统”袁世凯奖给“蔚为人瑞”匾。 （韦韩韫 王小霞）

【道光《义宁县志》影印出版】 9 月，广西古籍丛书编辑委员会、广西壮族自治区志办、桂林市临桂区志办合作整理的清道光《义宁县志》由广西人民出版社影印出版。主要整理者唐中克、王玉才、韦韩韫等。该志纂修者为知县谢沄、朱象珽，道光元年（1821 年）刊刻。全志 6 卷，包括沿革表、舆图、官制、学校、知县、教职、荐举、艺文、碑记、旧志序等。

（韦韩韫 王小霞）

【光绪《平南县志》影印出版】 9 月，广西古籍丛书编辑委员会、广西壮族自治区志办、贵港市志办、平南县志办合作整理的清光绪《平南县志》由广西人民出版社影印出版。主要整理者唐中克、周朝宁、覃翠萍、韦韩韫等。该志由裘彬、向万鑅、江有灿修，周寿祺纂，光绪十年（1884 年）刊刻。全书 24 卷，首 1 卷，设图说、舆地、建置、经政、金石、艺文、职官、选举、耆寿、节孝、团防、宦绩、列传、杂志等。（韦韩韫　王小霞）

【光绪《百色厅志》影印出版】　11 月，广西古籍丛书编辑委员会、广西壮族自治区志办、百色市志办合作整理的清光绪《百色厅志》由广西人民出版社影印出版。主要整理者唐中克、赵文刊、王小霞、罗生福等。该志由陈如金主修，华本松编纂，清光绪八年（1882 年）夏敬颐刊刻。全书 8 卷首 1 卷，内容包括图说、舆地、建置、经政、人物、补录等。

（韦韩韫　王小霞）

【民国《上思县志》影印出版】　11 月，广西古籍丛书编辑委员会、广西壮族自治区志办、上思县志办合作整理的民国《上思县志》由广西人民出版社影印出版。主要整理者唐中克、林美晓、韦韩韫等。该志于民国 3 年（1914 年）由知县黄大受、张明善修，黄步青、胡燕宾纂，民国 4 年成书，南宁达时印务局刊行。该志共 6 卷 10 门，分别为舆地、食货、学校、武备、职官、选举、人物、建置、纪事、艺文等。（韦韩韫　王小霞）

【民国《上金县志》影印出版】　12 月，广西壮族自治区崇左市志办整理的民国《上金县志》由线装书局影印出版。主要整理者陆德宁、麻固强、李有权等。该志不分卷，无序、跋，纂修始末不详，凡 9 门 32 目及附录，分别为地理志、建置志、风土志、防御志、教育志、财政志、实业志、职官志、人物志。

（韦韩韫　王小霞）

【康熙《陵水县志》影印出版】　11 月，海南省陵水黎族自治县史志办整理的清康熙版《陵水县志》由九州出版社影印出版。影印本采用康熙二十七年（1688 年）刻本为底本影印，约 2 万余字（共 1 册），繁体竖排无标点，封皮纸张为仿古深蓝布纹卡纸，内文纸张为淡黄色的古籍专用护眼纸，线装装订，采用大 16 开本。该志由清知县高首标纂修，清琼州府抚黎同知、摄理陵水县事潘廷侯订补，分舆图志、沿革志、地理志、建置志、赋役志、学校志、兵防志、海黎志、秩官制、人物志、艺文志、杂志 12 卷。该志原书藏北京故宫博物院，民国 22 年（1933 年）5 月国立北平图书馆重抄。

（郑昕）

【乾隆《陵水县志》影印出版】　11 月，海南省陵水黎族自治县史志办整理的清乾隆《陵水县志》由九州出版社影印出版。该志采用清知县瞿云魁纂修的志书为底本影印，约 6 万余字（共 3 册），繁体竖排无标点。该志由瞿云魁乾隆五十六年（1791 年）着手续修，次年秋刻印，分地舆志、建置志、田赋志、祠寺志、职官志、人物志、选举志、海黎志、艺文志、杂志 10 卷。（郑昕）

【民国《南川县志》整理出版】　6 月，重庆市南川区党史志办整理的民国《南川县志》由中国文史出版社出版。主编周平，副主编刘先忠。全书除叙、在事姓氏、绪言、原版目录、名胜及区划图外，设方域、建置、职官、食货仓储、礼仪、风土、学校、选举、兵防警察、公善、人物、艺文、前事、杂述 14 卷。全书 90 万字。（杨祖静）

【乾隆、嘉庆、同治《璧山县志》（点校本）出版】　3 月，重庆市璧山区志办整理的清乾隆、嘉庆、同治《璧山县志》（点校本）由九州出版社出版。清乾隆《璧山县志》点校者傅应明，采用故宫珍本丛刊第 216 册本为底本。嘉庆《璧山县志》点校者赵兴中，采用石家庄图书馆藏清嘉庆十七年（1812 年）《璧山县志》手写本为底本。同治《璧山县志》点校者胡正好，采用明伦堂藏清同治《璧山县志》刻本为底本。全书采用繁体竖排，共 567 页，80.5 万字，大 16 开蓝纹布面精装。清代的

《璧山县志》现存乾隆、嘉庆、同治三种，其中乾隆《璧山县志》系刻印本，孤本，现存北京故宫博物院，为已知最早的璧山县志。

（罗杨）

【《开县志校注》出版】 1月，《开县志校注》由四川大学出版社出版。校注者曾毅、张华林。该书采用校勘、标点、注释等方式对清乾隆《开县志》、咸丰《开县志》进行整理。乾隆《开县志》不分卷，乾隆十一年（1746年）开县知县胡邦盛纂修，是清代开县首次编修的县志。清乾隆十一年（1746年）初刻本藏故宫博物院图书馆，海南出版社2001年据此影印，该书点校即以此为底本。咸丰《开县志》，李肇奎等修，陈昆等纂，共27卷，该书根据巴蜀书社影印咸丰三年（1853年）刻本进行点校和注释，并参考台湾成文出版社1976年影印本。全书61.8万字。（邓辉）

【《历代开州史志文献汇编》出版】 1月，《历代开州史志文献汇编》由四川大学出版社出版。编注者滕新才、曾毅、李俊。全书由私撰地理志、正史地理志、一统志、省通志、府志五部分构成，采用校勘、训诂、考证、笺注等方式进行整理。全书61.2万字。（邓辉）

【光绪《酆都县志》（点校本）出版】 5月，重庆市丰都县档案局联合四川天隆文化公司共同整理的清光绪《酆都县志》由中国文史出版社出版。该书采用点校的方式整理，简体竖排，标点符号原则依据中华书局《古籍点校通例》，分卷首、卷一、卷二、卷三、卷四（上、下）6本，约20万字。（杨佳音　王尔欢）

【《四川历代方志集成》（第四辑）出版】 12月，四川省志办整理的《四川历代方志集成》（第四辑）由国家图书馆出版社出版。该书采用影印方式，收录四川省内通志、乡土志、图志等中华人民共和国成立前旧志74部。

（朱丹）

【《宣汉历代县志集成》出版】 10月，四川省宣汉县志办整理的《宣汉历代县志集成》由线装书局出版。该书采用影印方式，分上、下两册，按“保持原貌、原版翻印”原则，将中华人民共和国成立前编纂的清乾隆《东乡县志》、清嘉庆《东乡县志》、清光绪《重修东乡县志》和民国《增修宣汉县志》等4部县志影印汇编。上册收录乾隆版、嘉庆和光绪县志，下册收录民国县志。正式编印时，用阿拉伯数字重新编定页码，重新编写目录，附序、专家点评、宣汉历史简介、主修知县简介及提要、编后记。全书93.9万字。（朱丹）

【民国《大邑县志》整理出版】 11月，四川省大邑县志办整理的民国《大邑县志》由巴蜀书社出版。该书共6册16卷，采用影印点校方式，一方面对原书进行数字化扫描，并进行线装影印，一方面进行点校注，采用现代装帧方式出版。（朱丹）

【道光《中江县志》点校出版】 10月，四川省中江县政府主持，中江县志办编辑、点校、整理的清道光《中江县志》由四川科学技术出版社出版。全书约26万字。（朱丹）

【《中江县志补遗》《中江乡土志》合辑出版】 11月，四川省中江县政府主持，中江县志办编辑、点校、整理的《中江县志补遗》《中江乡土志》合辑由四川科学技术出版社出版。该书资料来源于旧志文史资料，反映同治、光绪年间中江历史状况。全书约9万字。（朱丹）

【康熙《西充县志》整理出版】 4月，四川省西充县志办整理的清康熙《西充县志》由线装书局出版。该书采用标点校勘校注翻译方式。该志为清李棠等修，李昭治纂，分9门67目附2目，约8万字。艺文门占三分之一，约2.5万字，首载邑人及顺庆府属名人著书目录，其次再分文和诗收录。现存康熙六十一年（1721年）刻本和1960年传抄本。（朱丹）

【光绪《西充县志》整理出版】 4月，四川省西充县志办整理的清光绪《西充县志》由线装书局出版。该书采用标点校勘校注翻译方式。该志由高培谷修，刘藻纂。该志分10门15目附4目，约12万字，编排体例与康熙旧志出入不大。艺文和人物2门续增较多，各为3卷4万余字。（朱丹）

【宣统《西充县乡土志》整理出版】 4月，四川省西充县志办整理的清宣统《西充县乡土志》由线装书局出版。该书采用标点校勘校注翻译方式。该志由李琪章纂，成书于宣统元年（1909年），但编纂事宜均在光绪末年进行，未及刊印。该志分历史、地理、物产三部分，约2万字。历史部分记述较多，又多录自县志，主要为咸丰、同治年间太平天国革命和滇东北李、蓝起义军攻打四川各地之史料。（朱丹）

【民国《蓬安县志稿》点校出版】 7月，四川省蓬安县志办整理的民国《蓬安县志稿》由九州出版社出版。该志由伍彝章编纂。点校者金生杨。该书前设序言《伍彝章与〈蓬安县志稿〉》，正文设疆域（已佚）、建置、古迹、赋役、礼俗、职官、选举、官师列传、人物列传、农桑、工商业、交通、武备、自治、物产、艺文、金石、事纪、文征、前志（分2卷）等22卷，后设后记1篇。全书65万字。（朱丹）

【光绪《雅州府志》影印出版】 12月，四川省雅安市志办整理的清光绪《雅州府志》由开明出版社出版。该书以国学文献馆所存《雅州府志》光绪十三年（1887年）增刻本电子文稿为底本，影印成集，其中戡乱、西域内容远涉今昌都至拉萨。（朱丹）

【《刘赞廷康区36部图志点校》出版】 3月，四川省志办整理的《刘赞廷康区36部图志点校》由四川民族出版社出版。该书以重庆市图书馆所藏刘赞廷手稿为蓝本，与1960年民族文化宫图书馆油印本互为参照进行点校，原则上尽可能悉如其旧，主要进行断句和加标点工作。所选36种图志中，现属四川甘孜19种、西藏17种，排版以民国38年（1949年）西康省划分的行政督察区顺序为序。（朱丹）

【光绪《华州志校注》出版】 1月，《华州志校注》由陕西人民出版社出版。该书以清光绪《华州志》为底本，校注者闫广勤。全书32万字，其中原书9万字，注释4700余条，共18万字，序、前言等其他5万字。（丁喜）

【《沔县志·褒城县志》出版】 7月，《沔县志·褒城县志》由三秦出版社出版。该书大部分书稿为清代刻本首次出版，是研究沔县、褒城县以及周边地区历史的参考资料。该书包含《沔县乡土志》、清康熙《沔县志》、光绪《沔县志》和道光《褒城县志》四部分，50余万字。（丁喜）

【乾隆《洛南县志》校注出版】 9月，陕西省商洛市洛南县志办整理的清乾隆《洛南县志》（校注版）由三秦出版社出版。校注者张建辉。该校注版以清乾隆十一年（1764年）知县范启元纂修的《洛南县志》为版本。该志内容包括星野志、地域志、秩官志、食货志、典礼志、学校志、选举志、人物志、兵防志、事类志、艺文志、外志等12卷及原著影印版。全书56万字。（丁喜）

【乾隆《银川小志（文白对照本）》线装出版】 4月，宁夏回族自治区银川市志办整理的乾隆《银川小志》（文白对照本）线装版由方志出版社出版。该书为乾隆《银川小志》（文白对照本）平装本的姊妹版，以清汪绎辰编纂的乾隆《银川小志》为底本，在旧志校注的基础上推陈出新，将原志中的繁体字化为简体字、文言文翻译为白话文，在宁夏为首创。线装版共1函4册，其中第一至三册与平装本内容一致，为文白对照的部分，第四册为原作者汪绎辰的手稿进行全文影印装订。（银川市志办）

年鉴编纂与出版

·年鉴创刊出版

【《蓟州年鉴（2017）》创刊出版】 12月，天津市蓟州区政府主办、区史志办编纂的《蓟州年鉴（2017）》由吉林人民出版社创刊出版。该卷年鉴采用分类编辑法，设特载、特辑、专记、县情概览、大事记、中共蓟县委员会、蓟县人民代表大会、蓟县人民政府、政协蓟县委员会、中共蓟县纪律检查委员会（蓟县监察局）、人民团体、政法·军事、区域经济、新城建设、旅游业、宏观经济管理、城乡建设与管理、财税·金融、社会事业、人民生活、库区管理、镇乡街道、光荣榜、统计资料、附录25个类目，后附索引。全书78万字。

（唐旗　刘新）

【《灵寿年鉴（2017）》创刊出版】 12月，河北省灵寿县政府编纂的《灵寿年鉴（2017）》由人民出版社创刊出版。该卷年鉴设特载、大事记、县情概览、公共管理和社会组织、政法、军事、城乡建设和环境保护、信息产业、国内贸易·旅游等24个类目，下设分目（副分目）174个条目976个。为方便读者阅读，附《读鉴词典》。全书80余万字。（肖海军）

【《涉县年鉴（2017）》创刊出版】 12月，河北省涉县地方志编委会编纂的《涉县年鉴（2017）》由河北人民出版社创刊出版。该卷年鉴设特载、大事记、县情概况、县委、县人大、县政府、县政协、群团组织、军事、公检法司、综合经济管理、农业、园区建设、工业、商贸、交通邮电、旅游、城建·环保、财政·税务、金融·保险、科学技术、卫生·计划生育、文化、教育·体育、社会工作、街道乡镇概况、人物等类目，表21张，图501幅，后附索引。在特载、书首彩图和相关条目中，突出“7·19”抗洪救灾、美丽乡村建设两项内容。在封面设计、集束彩图、前后环衬等处彰显涉县女娲文化、红色文化等“露天博物馆”的地方文化特色，在“历史文化传承”分目中专设4处旧石器遗址、6处国宝、47项非遗等8个条目，在17个乡镇“基本情况统计表”中对308个行政村加设“村名由来简介”栏目，并在书尾附“涉县方言”。（樊春楼）

【《肥乡年鉴（2017）》创刊出版】 12月，河北省邯郸市肥乡区政府主办、区志办编纂的《肥乡年鉴（2017）》由天津古籍出版社创刊出版。肥乡于2016年9月30日撤县设区，为体现事物完整性，对部分资料在时间上进行追溯和延伸。该卷年鉴设特载、大事记、概况、区委、区人大、区政府、区政协、群众团体、军事、公安司法、综合管理、农业、园区建设、工业贸易、交通邮电、城乡建设、财税金融、文化、医疗卫生、乡镇概况、资料辑存等类目。

（贺江涛）

【《复兴区年鉴（2017）》创刊出版】 11月，河北省邯郸市复兴区政府主办、区志办编纂的《复兴区年鉴（2017）》由天津古籍出版社创刊出版。该卷年鉴设特载、大事记、概貌、区委、区人大、区政府、区政协、群团、公检法司、综合管理、农业、工业、商贸、乡镇等类目，卷末设附录。（魏新）

【《邯山年鉴（2017)》创刊出版】　12月，河北省邯郸市邯山区志办编纂的《邯山年鉴（2017)》由中州古籍出版社创刊出版。原邯郸县2016年9月30日撤销，部分划归邯山区。该卷年鉴设特载、大事记、概貌、区委、区人大、区政府、区政协、群众团体、公检法司、综合管理、农业、工业、商贸、乡镇（街道）等类目，卷末设资料辑存，附原邯郸县隶属沿革和行政区划变迁史、社会经济工作简述。全书80万字。　（张书芳）

【《成安年鉴（2017)》创刊出版】　12月，河北省成安县志办编纂的《成安年鉴（2017)》由中州古籍出版社创刊出版。该卷年鉴设特载、大事记、概貌、县委、县人大、县政府、县政协、纪检监察、群众团体工商联、军事、公检法司、综合管理、农业、工业、交通邮电、城市建设与环境保护、商贸、财政税务、金融保险、社会、教育体育、科学、卫生与计划生育、文化、乡镇概况、人物、资料辑存等类目，后附索引。　（姜海明）

【《柏乡年鉴（2017)》创刊出版】　12月，河北省柏乡县志办编纂的《柏乡年鉴（2017)》由中州古籍出版社创刊出版。该卷年鉴设特载、大事记、柏乡概况、党政群团、政法、军事、综合经济管理、财政税务、农业、工业、商业、交通邮电、城建环保、科学技术、文化体育、教育、卫生、社会生活、乡镇、年度人物、政府文件及附录等类目。全书33万字。　（武新海）

【《南和年鉴（2017)》创刊出版】　12月，河北省南和县地方志编委会编纂的《南和年鉴（2017)》由中州古籍出版社创刊出版。该卷年鉴设特载、大事记、县情概况、党政群团、国防·法制、经济管理、农业、工业、交通·邮政·通信、商贸服务、财税·金融·保险、教育、科技·气象、文体·广电·卫生、社会生活、乡镇、人物、附录18个类目。　（尤春兴）

【《新河年鉴（2017)》创刊出版】　12月，河北省新河县志办编纂的《新河年鉴（2017)》由河北人民出版社创刊出版。主编聂春辉。该卷年鉴设特载、大事记、党政群团、人民团体、政法、综合经济管理、财政税务、农业气象科技、工业、交通运输通讯、建设环保、商业贸易、金融保险、教育文化广播新闻体育、医疗卫生、社会生活、乡镇（区）概况17个类目。全书约30万字。　（聂春辉）

【《五寨年鉴（2017)》创刊出版】　8月，山西省五寨县史志办编纂的《五寨年鉴（2017)》由方志出版社创刊出版。该卷年鉴采用分类编排法，设28个类目119个分目952个条目。全书61万字。　（武岭）

【《左权年鉴（2017)》创刊出版】10月，山西省左权县志办编纂的《左权年鉴（2017)》由方志出版社创刊出版。该卷年鉴采用分类编排法，设30个类目129个分目30个次分目948个条目。全书55.6万字。　（武岭）

【《二道年鉴（2016)》创刊出版】　6月，吉林省长春市二道区政府主办、区地方志编委会编纂的《二道年鉴（2016)》由吉林人民出版社创刊出版。该卷年鉴采用分类编辑法，设二道概况、特载、大事记、聚焦二道、党政群团、法治、军事、城市建设、土地、环境保护、开发区、农业、工业、商业、公用事业、财政税收、综合经济管理、科技、教育、文体、卫生、社会、街（镇)、文献、专辑、附录26个类目，后附索引，下设101个分目735个条目，图片201幅。　（赵德新）

【《平房年鉴（2017)》创刊出版】　12月，黑龙江省哈尔滨市平房区政府主办、区志办编纂的《平房年鉴（2017)》由哈尔滨出版社创刊出版。主编王国辉。该卷年鉴采取分类编辑法，设特载、大事记、平房概况、中国共产党平房区委员会、平房区人民代表大会、平房区人民政府、政治协商会议平房区委员会、人民团体、法治·军事、经济监督管理、财政·税务、国民经济、城建·环保、教育·科技、文化·体育·旅游、医疗卫生、社会民生、街道·镇、人物、附录20个类目，后附索引。全书58万字。 （刘新惠、由岳峰）

【《南京年鉴（2016）》英文版创刊出版】 9月，江苏省南京市志办编纂的《南京年鉴（2016）》英文版由江苏凤凰科学技术出版社创刊出版。该卷年鉴以《南京年鉴（2016）》中文版为底本，重新设计框架结构，设城市概况、地方组织机构、南京江北新区、南京都市圈、城市建设、生态环境、农业、工业、商贸、房地产业、会展业、金融业、旅游业、软件和信息服务业、交通运输、经济管理与监督、教育、科技、文化、卫生、体育、法治、社会生活、民族宗教、外事侨务港澳台事务、大事记等篇章。根据国际读者需要，浓缩内文叙述。全书56万字。 （吉祥　王艳荣）

【《梁溪年鉴（2017）》创刊出版】 11月，江苏省无锡市梁溪区史志办编纂的《梁溪年鉴（2017）》由凤凰出版社创刊出版。该卷年鉴设29个类目。特载中收录《梁溪区国民经济和社会发展第十三个五年规划纲要》等。根据梁溪区的特点，“工业·农业·园区”类目在园区下设扬名传感信息园、无锡光电新材料科技园、广益家居园、无锡总部商务园、无锡食品科技园等副分目；“商贸·服务业”分目下设无锡市中山路商业街管理服务中心、江苏古运河投资发展有限公司、省级商贸流通创新发展示范区等副分目。“文化旅游”类目下设“公花园”分目。全书75.3万字。 （吉祥）

【《泉山年鉴（2016）》创刊出版】 11月，江苏省徐州市泉山区志办编纂的《泉山年鉴（2016）》由江苏人民出版社创刊出版。该卷年鉴设特载、区情概览、大事记、中共徐州市泉山区委员会、徐州市泉山区人民代表大会、徐州市泉山区人民政府、政协徐州市泉山区委员会、民主党派·工商联·群众团体、政法、军事、城乡建设与管理、财政·税务·金融、综合管理、农业·水利、工业、商业·服务业·旅游业、科技、教育、卫生、文化·体育、社会生活、街道、人物与荣誉、附录24个类目，其下设分目、条目。卷首彩页分设美丽泉山建设、实力泉山建设、民生泉山建设、知识泉山建设、勤廉泉山建设5个专题。附录收《中共泉山区委关于泉山区国民经济和社会发展第十三个五年规划的建议》等。 （吉祥）

【《天宁年鉴（2017）》创刊出版】 12月，江苏省常州市天宁区志办编纂的《天宁年鉴（2017）》由凤凰出版社创刊出版。该卷年鉴设特载、大事记、天宁概况、中共常州市天宁区委员会、区人大常务委员会、区人民政府、政协常州市天宁区委员会、中共常州市天宁区纪委、工商联与人民团体、军事、法治、城市建设与管理、区域经济、财政税务审计、综合管理开放型经济、科技创新、教育文化体育、卫生与计生、社会事务管理、开发区、镇和街道概况、人物、选录、附录24个类目，后附索引，图照222幅。单设“新城建设”分目，在各街道统设“消失的村落”条目，详述天宁区向郊外拓展建设新城和自然村大幅度拆迁实情。全书47万字。 （吉祥）

【《永联年鉴（2016）》创刊出版】 7月，江苏省张家港市南丰镇永联村编纂的《永联年鉴（2016）》由江苏凤凰科学技术出版社创刊出版。永联村有“华夏第一钢村”之称，被农业部树立为全国魅力乡村建设典型。该卷年鉴设专记·特载、大事记、概况、中共永联村委员会、永联村民委员会·永合社区居民委员会、永联村经济合作社、社会团体、文明永联建设、永联小镇建设、交通·水利·邮电、现代农业和农村工作、永钢集团、服务业、科技·教育、文化·卫生·体育、人力资源和社会保障、社会民生、先进个人·先进集体、附录19个类目，下设101个分目431个条目，表格20张，后附索引。“专记·特载”类目中突出吴栋材成为“中国好人”、获全国道德模范，永联村荣获“中国十大最美乡村”称号等重点内容。彩页以实力永联、文明永联、美丽永联、幸福永联为题，体现同乐村基本实现现代化的建设成效，后环衬设置“庆祝永联村建村45周年”专版。全书46.2万字。（吉祥）

【《清江浦年鉴（2017）》创刊出版】 12月，江苏省淮安市清江浦区志办编纂的《清江浦年鉴（2017）》由方志出版社创刊出版。清江浦区2016年10月8日正式成立。该卷年鉴设特载、专文、大事记、南船北马清江浦、生态家园、基础设施与项目建设、产业经济、公共服务、社会保障、法治建设、公共管理、地方组织机构、乡镇街道、人物、统计资料、附录、索引17个类目，彩页及随文图片300余幅。公益彩页56版，分“繁荣清江浦”“幸福清江浦”“美丽清江浦”“文明清江浦”4个专题和“南船北马清江浦”类目。“大事记”类目设“清江浦古今要事”分目。全书68万字。

（吉祥）

【《宁波机场与物流发展集团年鉴（2017）》创刊出版】 12月，浙江省宁波机场与物流发展集团有限公司编纂的《宁波机场与物流发展集团年鉴（2017）》由浙江人民出版社创刊出版。该卷年鉴采用分类编辑法，卷首设特载、专记、大事记、概览，正文设18个类目，卷末设附录。彩页部分采用年度特色性大事照片。全书19.1万字。（高曙明）

【《龙口年鉴（2017）》创刊出版】 11月，山东省龙口市政府主办、市史志办编纂的《龙口年鉴（2017）》由中华书局创刊出版。主编孙建义。该卷年鉴卷首设彩页20余幅，正文设25个类目，配有随文插图150余幅。全书46.6万字。（山东省史志办）

【《莱州年鉴（2017）》创刊出版】 12月，山东省莱州市政府主办、市史志办编纂的《莱州年鉴（2017）》由齐鲁电子音像出版社创刊出版。主编牟照旭。该卷年鉴设特载、大事记、大事纪要、莱州概览等29个类目。全书54万字。（山东省史志办）

【《岱岳区年鉴（2017）》创刊出版】 11月，山东省泰安市岱岳区政府主办、区党史史志办编纂的《岱岳区年鉴（2017）》由方志出版社创刊出版。该卷年鉴设特载、大事记、区情概览等25个类目，下设861个条目，收录照片182幅。全书51.6万字。（山东省史志办）

【《嘉祥年鉴（2017）》创刊出版】 12月，山东省嘉祥县政府主办、县史志办编纂的《嘉祥年鉴（2017）》由中国文史出版社创刊出版。主编杜贵斌、姜建华、梁玉桥。该卷年鉴设26个类目。全书55.4万字。（山东省史志办）

【《定陶区年鉴（2017）》创刊出版】 11月，山东省菏泽市定陶区史志办编纂的《定陶区年鉴（2017）》由中州古籍出版社创刊出版。主编朱向勇。该卷年鉴设特载、专记、大事记、区情概览、政党政务等27个类目。全书80万字。（山东省史志办）

【《宁远年鉴（2017）》创刊出版】 12月，湖南省宁远县委、县政府主办，县党史与地方志编纂办公室编纂的《宁远年鉴（2017）》由方志出版社创刊出版。该卷年鉴记录2016年宁远县各行业、部门的主要工作、重大事件。同步发行电子版年鉴。全书50余万字。

（阳雍悦）

【《桥头年鉴（2017）》创刊出版】 12月，广东省东莞市桥头镇政府编纂的《桥头年鉴（2017）》由岭南美术出版社创刊出版。该卷年鉴设彩页、大事记、特载、总述、党务·政务、群众团体·社会组织、政法·武装、城建·环保、工业·商贸、旅游产业、农业·林业·水利、财税·金融、经济监督管理、科技·信息化、教育、文化、体育·卫生、民生、村（社区）、附录等类目。该卷年鉴突出“城建·环保”内容，下设城市规划、国土资源管理、城市建设、建设工程招投标、房产管理、城市管理、市政管理、供气、供电、供水、交通运输、邮政、环境保护、重点工程建设、广东粤港供水15个分目，记述桥头镇年度特色。全书60万字。 （广东省志办）

【《粤港澳大湾区城市群年鉴（2017）》创刊出版】 11月，广东省志办组织广州、深圳、珠海、佛山、中山、东莞、惠州、江门、肇庆，以及香港、澳门11个城市合作编纂的《粤港澳大湾区城市群年鉴（2017）》由方志出版社创刊出版。该卷年鉴框架结构分为三大部分：第一部分为地区综述，设粤港澳大湾区基本情况、大事记、创新驱动、区域合作4篇；第二部分为湾区城市发展，设广州市、深圳市、珠海市、佛山市、江门市、东莞市、中山市、惠州市、肇庆市、香港特别行政区、澳门特别行政区11篇；第三部分为附录资料，设粤港澳大湾区九市统计资料、粤港澳发展研究成果、泛珠江三角洲基本情况、文献法规4篇；彩色图片专辑2辑，分别为"2016·粤港澳大湾区大事""粤港澳大湾区城市风采"。全书87.6万字。 （广东省志办）

【《七星年鉴（2014）》创刊出版】 5月，广西壮族自治区桂林市七星区委、区政府主办，区地方志编委会编纂的《七星年鉴（2014）》由广西人民出版社创刊出版。该卷年鉴分类目、分目、条目三个层次，设25个类目，下设102个分目555个条目，书前彩图插页43页，辑封和内文有插图138幅。全书近62万字。 （秧新明）

【《铁山港年鉴（2017）》创刊出版】 12月，广西壮族自治区北海市铁山港区地方志编委会编纂的《铁山港年鉴（2017）》由广西科学技术出版社创刊出版。该卷年鉴采用分类编辑法，内容分类目、分目、条目三个层次，设35个类目，部分条目设子目，书前有目录，书后有索引，随书配有电子版（光盘）。全书45万字。 （秧新明）

【《港北年鉴（2017）》创刊出版】 12月，广西壮族自治区贵港市港北区政府主办、区地方志编委会编纂的《港北年鉴（2017）》由中州古籍出版社创刊出版。该卷年鉴采用分类编辑法，设26个类目，书前有目录，书后有索引。全书27.5万字。 （秧新明）

【《罗城年鉴（2016）》创刊出版】 3月，广西壮族自治区罗城仫佬族自治县政府主办、县志编委会编纂的《罗城年鉴（2016）》由广西人民出版社创刊出版。该卷年鉴采用分类编辑法，分类目、分目、条目三个层次，内容分为综合情况、动态信息、辅助资料3个部分。其中，"综合情况"部分设特载、基本县情；"动态信息"部分设政治、军事、法制、经济、产业、建设·水利·环保、教育·科技、文化·体育·卫生、社会生活、乡镇概况等类目；辅助资料有大事记、附录、图片专辑等。全书60万字。 （秧新明）

【《海南年鉴（2017）》英文简本创刊出版】 12月，海南省政府主管、《海南年鉴》编委会编纂的《海南年鉴（2017）》英文简本由海南年鉴社创刊出版。该卷年鉴设海南概况、经济建设、政治建设、文化建设、社会建设、生态文明建设、大事记、附录8个类目。 （郑昕）

【《美兰年鉴（2015）》创刊出版】 5月，海南省海口市美兰区政府主办、区政府办公室编纂的《美兰年鉴（2015）》由南海出版公司创刊出版。该卷年鉴设图片专辑、要闻·大事、特载、总述、中国共产党海口市美兰区委员会、美兰区人大常委会、美兰区人民政府、纪检监察、民主党派·工商联、群众团体、政法、军事、城乡建设与管理、工业、农业、商贸业、经济综合、教育·科技、卫生、文体、社会民生、镇·街道·农场、人物、附录24个类目。全书53万字。 （郑昕）

【《贡井年鉴（2017）》创刊出版】 12月，四川省自贡市贡井区政府主办、区志办编纂的

《贡井年鉴（2017）》由四川科学技术出版社创刊出版。该卷年鉴设概貌、大事记、特载、专文、中共贡井区委、贡井区人大常委会、贡井区人民政府、政协贡井区委员会、纪检监察、民主党派·工商联、群众团体、法治、武装、工业、农业、商贸、财政·税务、金融、城乡建设、经济管理、文体旅游、教育、卫生和计划生育、劳动和社会保障、民政居民生活、民族宗教、镇乡街道、人物、附录 29 个类目，刊载图片 191 幅。全书 53 万字。　（雷雨露）

【《大安年鉴（2016）》创刊出版】　9 月，四川省自贡市大安区政府主办、区志办编纂的《大安年鉴（2016）》由开明出版社创刊出版。该卷年鉴设概况、大事记、专文、特载、政治、经济、城乡建设、文化、社会、乡镇、街道、人物、附录 13 个类目，图片 380 余幅。全书 73.6 万字。　（雷雨露）

【《沿滩年鉴（2017）》创刊出版】　12 月，四川省自贡市沿滩区政府主办、区志办编纂的《沿滩年鉴（2017）》由开明出版社创刊出版。该卷年鉴设区情概览、大事记、特载、专文、区委、区人大、区政府、政治协商、纪检监察、民主党派、群众团体、法治、武装·消防、环境保护、国土资源、城乡建设和管理、交通运输、水务、邮政·信息化、综合经济管理、工业、农业、商贸、对外贸易与经济合作、旅游、财政·税务、金融·保险、科技与知识产权、教育、文化、卫生·计生、体育工作、人力资源和社会保障、民政、民族·宗教、乡镇、人物、附录 38 个类目，图片 65 幅。全书 69.8 万字。　（雷雨露）

【《卡若区年鉴（2017）》创刊出版】　2 月，西藏自治区昌都市卡若区政府主管、区志办编纂的《卡若区年鉴（2017）》由九州出版社创刊出版。该卷年鉴主要包括特载、综述、大事记、政治、军事、经济、社会、乡镇概述、附录等内容。　（达瓦扎西）

【《洛隆年鉴（2017）》创刊出版】　12 月，西藏自治区洛隆县政府主管、县志办编纂的《洛隆年鉴（2017）》由中州古籍出版社创刊出版。该卷年鉴采用分类编辑法，设特载、综述、大事记、政治、武装、法治、人民团体、经济管理、社会事业、财税金融、城市建设·环保、文化教育、交通·通讯、乡（镇）概括、重要文献编选、先进名录 16 个类目。　（达瓦扎西）

【《尼玛县年鉴（2017）》创刊出版】　年内，西藏自治区尼玛县政府主管主办、县志办编纂的《尼玛县年鉴（2017）》由甘肃人民出版社创刊出版。该卷年鉴采用分类编辑法，彩插包括亲切关怀、党务政务、人大政协、精彩尼玛、乡镇风采，内容设综述、政治篇、法制篇、军事篇、经济和社会事业篇、乡镇篇、大事记、统计等。　（达瓦扎西）

【《革吉年鉴（2017）》创刊出版】　8 月，西藏自治区革吉县政府主管主办、县志办编纂的《革吉年鉴（2017）》由方志出版社创刊出版。该卷年鉴设特载、综述、大事记、政治、武装、法治、经济管理、社会事业、城市建设·环保、交通·通信、金融、乡（镇）概况、附录等，图片 335 幅。全书 49 万字。　（达瓦扎西）

【《普兰年鉴（2016）》创刊出版】　10 月，西藏自治区普兰县政府主管主办、县志办编纂的《普兰年鉴（2016）》由西藏人民出版社创刊出版。该卷年鉴设特载、普兰县综述、政治、军事、经济、社会事业、两乡一镇、大事记、统计资料等类目，图片 102 幅。全书 40 万字。　（达瓦扎西）

【《噶尔年鉴（2017）》创刊出版】　12 月，西藏自治区噶尔县政府主管、县委办公室主办、县志办编纂的《噶尔年鉴（2017）》由西藏人民出版社创刊出版。该卷年鉴采用分类编辑法，设特载、大事记、综述、政治、法治、军事、经济、社会事业、乡（镇）、附录、文献选辑、统计资料等类目，后附索引。

（达瓦扎西）

【《札达年鉴（2017）》创刊出版】 12月，西藏自治区札达县政府主管主办、县志办编纂的《札达年鉴（2017）》由西藏人民出版社创刊出版。该卷年鉴设特载、大事记、综述、政治、经济、军事、社会事业、乡（镇）、先进名录、统计资料等类目，后附索引。（达瓦扎西）

【《日土年鉴（2017）》创刊出版】 12月，西藏自治区日土县政府主管主办、县志办编纂的《日土年鉴（2017）》由中州古籍出版社创刊出版。该卷年鉴设特载、大事记、综述、政治、经济、军事、社会事业、乡（镇）、先进名录、统计资料等类目，后附索引。（达瓦扎西）

【《兴海年鉴（2015）》创刊出版】 12月，青海省兴海县委县政府主管、县志办编纂的《兴海年鉴（2016）》由九州出版社创刊出版。该卷年鉴设特载、概况、大事记、组织机构及领导目录、政治、法治·军事、综合经济管理、财政税务、金融保险、农牧业、林业·水利、交通·通信·旅游、城建环保、科技教育、文体卫生、社会民生、乡镇建设、附录18个类目，全面反映兴海县全县各项事业发展情况。全书40万字。（马渊）

【《贵德年鉴（2015）》创刊出版】 8月，青海省贵德县委县政府主管、县政府办公室主办、县志办编纂的《贵德年鉴（2016）》由青海民族出版社创刊出版。该卷年鉴设特载、概况、大事记、组织机构及领导目录、政治、军事、经济、社会事业、乡镇发展概况、附录、文学作品选录11个类目。全书32万字。

（马渊）

【《同德年鉴（2016）》创刊出版】 10月，青海省同德县委县政府主管、县志办编纂的《同德年鉴（2016）》由九州出版社创刊出版。同德县作为全省唯一列为特殊类型扶贫攻坚县，该卷年鉴重点记述扶贫攻坚领导视察、项目规划、项目实施、社会效益、项目成果等。该卷年鉴设特载、专记、概况、大事记、政治、群众团体、政法、经济、军事、金融保险、社会事业、社会生活、乡镇（牧场）、概览、附录15个类目。全书50万字。（马渊）

【《玉树市年鉴（2016）》创刊出版】 6月，青海省玉树市政府主办，市志办编纂的《玉树市年鉴（2016）》由吉林大学出版社创刊出版。该卷年鉴设特载、市情概览、大事记、组织机构和领导名录、政治、地方军事、经济、社会事业、乡镇街道发展、市属企业、附录11个类目。全书42万字。（马渊）

【《称多年鉴（2016）》创刊出版】 12月，青海省称多县政府主办、县志办编纂的《称多年鉴》由吉林大学出版社创刊出版。该卷年鉴设特载、县情概览、大事记、组织机构和领导名录、政治、地方军事、经济、社会事业、乡镇发展、企业概览、集体·人物、附录12个类目。全书44万字。（马渊）

【《六团年鉴（2015—2016）》创刊出版】 5月，新疆生产建设兵团第一师阿拉尔市六团史志办编纂的《六团年鉴（2015—2016）》由新疆生产建设兵团出版社创刊出版。该卷年鉴为2015年、2016年两年合并编纂，采用类目、分目、条目编辑体例，设22个类目。全书40万字。（第一师阿拉尔市史志办）

【《十四团年鉴（2016）》创刊出版】 8月，新疆生产建设兵团第一师阿拉尔市十四团史志编委会编纂的《十四团年鉴（2016）》由新疆生产建设兵团出版社创刊出版。该卷年鉴设25个类目，彩色图片专辑分重大活动、现代农业、魅力城镇等。全书68万字。

（第一师阿拉尔市史志办）

· 省级综合年鉴出版

【《北京年鉴（2017）》出版】 10月，北京市地方志编委会主管、市志办主办、北京年鉴社编纂的《北京年鉴（2017）》出版。该卷年鉴新增设城市副中心建设栏目。全书150万字。

（姜坤）

【《河北年鉴（2016）》出版】 4月，河北省志办编纂的《河北年鉴（2016）》由河北年鉴社出版。该卷年鉴设特载、河北概况、党政机关和人民团体、军事、政法、综合管理、农业、工业、国内贸易、对外开放、财政税务、金融、建设环保、交通邮电、旅游业、民营经济、科学技术、社会科学、教育、文化、卫生、体育、社会生活、市县概况、人物、法规规章、统计资料等类目，卷前设图片专题。

（鲍秋芬）

【《山西年鉴（2017）》出版】 11月，山西省志办编纂的《山西年鉴（2017）》由方志出版社出版。该卷年鉴采用分类编排法，设37个类目218个分目109个次分目2016个条目，收录图片和统计表288张，重点记载山西成为全国监察制度改革试点、山西转型综改试验区深入推进、山西省旅游发展委员会成立等事项。全书146万字。（武岭）

【《辽宁年鉴（2017）》出版】 10月，辽宁省政府主办、《辽宁年鉴》编辑部编纂的《辽宁年鉴（2017）》出版。该卷年鉴为其创刊出版以来的第35卷，设特载、大事记、概况、党政机关、民主党派·工商联、群众团体·社会团体、法制、军警·人防、经济发展与改革、农村经济、工业、投资·建设、环保·旅游、交通运输·邮电、国内贸易、对外经贸、经济社会管理、财政·税务、金融·保险、科学技术、教育、卫生·社保·生活、文化·体育、市县区概况和统计资料24个类目，彩图30页，统计表46个。全书145万字。（梁忠音）

【《吉林年鉴（2017）》出版】 9月，吉林省政府办公厅主管、省地方志编委会主办的《吉林年鉴（2017）》出版。该卷年鉴设精彩吉林、专文、大事记、概况、政治、法治、军事、经济调节与监管、经济建设、科技教育、文化卫生体育、社会生活、市县概况、人物、文献、附录16个类目，下设117个分目444个次分目，2892个条目。图片203幅。卷首用26个彩版反映党和国家领导人参加吉林省活动或考察情况及吉林省经济社会发展主要指标、砥砺奋进的5年、脱贫攻坚、抗击“狮子山”台风、“感动吉林”十大人物等方面的大事、新事；增加“专文”类目，对2016年度吉林省深化改革情况进行记述；“概况”类目增加推进供给侧结构性改革情况的记述；“政治”类目增加“深化改革”分目；“经济调节与监管”类目增加“黑土地保护”分目；“社会生活”类目增加“扶贫”分目；“市县概况”类目增加“长春新区”分目和各市（州）、县（市）产值情况表；书中表格和图片编入索引。

（闫佳函）

【《黑龙江年鉴（2016）》出版】 7月，黑龙江省政府主管、省志办主办的《黑龙江年鉴（2016）》由《黑龙江年鉴》编辑部出版。该卷年鉴设34个类目372个分目2849个条目。全书145万字。（由岳峰）

【《上海年鉴（2017）》出版】 11月，《上海年鉴》编委会编纂的《上海年鉴（2017）》出版。该卷年鉴设48个类目290个分目1787个条目（包括资料条目44个），收录表格183张、图片463幅，附主题索引。该卷年鉴设中国上海自由贸易试验区建设、深化建设具有全球影响力的科技创新中心特记；刊载上海推进供给侧结构性改革、上海公安全面深化改革、上海道路交通违法行为大整治、《辞海》编纂八十年和青龙镇遗址考古专文，上海世博会地区、上海虹桥商务区、上海国际旅游度假区专记；收录上海企业集团实施“一带一路”战略、上海企业集团科技创新和信息化建设情

况、上海小微企业发展情况等社会调查；设置黄浦江两岸变迁、八埭头、图录上海等图照专辑。全书150万字。（宗仁）

【《上海年鉴（2016）》英文版出版】 3月，上海市志办主管主办、《上海年鉴》编委会编纂的《上海年鉴（2016）》英文版出版。该卷年鉴增设历史大事年表、政党与政府、外国人在上海等内容，特色鲜明。英文版以中文版为资料基础，译稿请外籍专家审阅。赠送70余家驻沪领事馆、18个上海市国际文化交流基地、上海市外商投资企业协会等单位，通过上海图书馆“上海之窗”项目与国外公共图书馆和大学交流，在英文报纸《上海日报（Shanghai Daily）》刊登出版信息，方便有需求的单位、个人领取。全书约5万字。（宗仁）

【《江苏年鉴（2017）》出版】 11月，江苏省志办编纂的《江苏年鉴（2017）》出版。该卷年鉴为创刊出版以来的第32卷。该卷年鉴设图片专题、江苏省第十三次党代会专辑、文献、大事纪要、省情概览、政治、法治、公共管理、经济结构、农业、制造业、服务业、开放型经济、境外交流、基础设施、城乡发展、区域发展、生态环境、科学技术、教育、文化艺术、大众传媒、医疗卫生、体育、人力资源、收入与消费、社会保障、公共安全、军事、市县发展、附录31个类目，后附索引，收录条目2083个，表格、名录236份，图片293幅。该卷年鉴对全书的篇幅进行压缩，收录“延伸阅读”资料40条，引用参考文献28份；“图片专题”特设江苏要闻、幸福表情江苏力量、年度影像3个专题，选用彩图131幅；设中文目录，编制主题索引、图索引、表索引；对封面装帧设计、印刷工艺、内心版式等环节做调整和改进。全书160万字。（朱崇飞）

【《浙江年鉴（2017）》出版】 12月，浙江省政府主管、省委政策研究室编纂的《浙江年鉴（2017）》由浙江年鉴社出版。主编李火林、沈建明。该卷年鉴设特载、概况、经济建设、政治建设、文化建设、社会建设、生态文明建设、党的建设和市区县概况9个类目。特载部分专门收录G20杭州峰会等重点内容。全书约170万字。（温州市志办）

【《江西年鉴（2017）》出版】 11月，江西省政府主办、省志办编纂的《江西年鉴（2017）》由国家图书馆出版社出版。该卷年鉴篇目相对往年作局部调整：取消“民政”类目，设置社会救济、基层政权和社区建设、社会事务管理、优抚安置4个类目；保留“居民生活”类目，把住宅、消费者权益与保护、青年分别并入“城乡建设”类目中的建筑业与房地产业分目、“经济管理与监督”类目中的工商行政管理分目和“人民团体”类目中的共青团江西省委员会分目，计划生育放入卫生类目单列为分目等。全书157.6万字。（朱岳）

【《山东年鉴（2017）》出版】 6月，山东省政府办公厅主办、省史志办主办的《山东年鉴（2017）》由山东年鉴社出版。该卷年鉴是1987年创刊出版以来的第31卷，设特载、大事记、山东概况等32个类目，使用33个二维码，收录25个视频资料和8个一次性文献资料，随文图片136幅，表格107张。全书123万字。（山东省史志办）

【《河南年鉴（2017）》出版】 10月，河南省政府办公厅主管、省史志办主办、河南年鉴社编纂的《河南年鉴（2017）》出版。该卷年鉴以篇目为单元，下设类目、分目、条目，设特载、概览、政治、军事、法制、基础产业、现代农业、新型工业、建设环保、商务、旅游、财税金融、经济管理、教育科学、文化、社会事业、市县概况、附录18个篇目，约条目2100个，图片80余幅。全书185万字。

（马俊明）

【《湖北年鉴（2017）》出版】 10月，湖北省政府主管、省志办主编的《湖北年鉴（2017）》由湖北年鉴社出版。该卷年鉴有条目2059个，

图片 78 幅，前设目录，后附全书内容索引，附电子光盘。全书 180 万字。（湖北省志办）

【《湖南年鉴（2017）》出版】 11 月，湖南政府主办的《湖南年鉴（2017）》由湖南年鉴社出版。该卷年鉴设类目 31 个，与 2016 卷相比减少 1 个类目。“综合监督管理”类目中，煤矿安全监察升为分目，价格分目改为价格管理分目，统计分目改为统计管理分目；“区域开发与园区经济”类目增设省级及以上产业园区条目；“工业”类目增设冶金工业、石油化学工业、建材行业分目；“对外经济贸易”部类中贸易促进会分目改为贸易促进工作分目；“文学艺术”类目中戏剧·民间文艺·影视分目改为戏剧·民间文艺分目；“人物”类目增设中国青年五四奖章获得者分目。全书 166.1 万字。（黄为）

【《广东年鉴（2017）》出版】 10 月，广东年鉴编委会编纂的《广东年鉴（2017）》由广东年鉴社出版。该卷年鉴设广东概况、广东大事记、年度关注、政治、经济、文化、社会、人物、市县概况、文献专载·调研报告、统计资料、附录 12 个类目，下设 105 个分目 227 个次分目 1848 个条目。全书约 167 万字。

（广东省志办）

【《广西年鉴（2017）》出版】 12 月，广西壮族自治区地方志编委会编纂的《广西年鉴（2017）》由广西年鉴社出版。该卷年鉴分综合情况、动态信息、辅助资料 3 部分，设特载、概况、政治、法治、军事、经济、产业、国土资源·建设·环保、教育、科学、文化、医疗卫生·计划生育、体育、民族、社会生活、市县（区）、人物、大事记、统计资料、附录等类目。在书前图片专辑设“小康路上幸福乡村”专题，将“经济”类目“精准扶贫”内容升格为分目，在物价部分有针对性地选取五里亭市场物价进行记述。在书前设数说广西、年度要闻和图片专辑，配备书前目录、书后索引双重检索系统。还配套出版电子版（光盘），收录图照 400 余幅，表格近 140 张。全书 200 万字。

（秧新明）

【《海南年鉴（2017）》出版】 11 月，海南省政府主管、《海南年鉴》编委会主编的《海南年鉴（2017）》由海南年鉴社出版。该卷年鉴设特载、特辑、概况、经济、政治、文化、社会、生态建设、市县、人物、统计资料、大事记、附录 13 个类目，收录新闻图片 26 页、市县宣传图片 40 页。全书 182 万字。（郑昕）

【《贵州年鉴（2017）》出版】 12 月，贵州省志办主管、主办的《贵州年鉴（2017）》由《贵州年鉴》编辑部出版。该卷年鉴是自 1984 年创刊出版以来的第 33 卷，设特载、特辑、大事记、省概况等 38 个类目，新设脱贫攻坚、大数据产业等时代性和年度性更强的类目，彩页刊载 2016 年度贵州省实施大扶贫、大数据扶贫战略及加强大生态建设三方面图片专辑，正文 900 页，彩页 80 页。全书 234 万字。

（贵州省志办）

【《西藏年鉴（2016）》出版】 3 月，西藏年鉴编辑部编纂的《西藏年鉴（2016）》由西藏人民出版社出版。该卷年鉴设数字西藏、精彩西藏、特载、综述、大事记、政治、法治、人民团体、武装、经济与社会事业、地市县（区）、先进名录等类目。随文插图 145 幅，首页彩插 56 幅。全书 120 万字。（达瓦扎西）

【《甘肃年鉴（2017）》出版】 10 月，甘肃省政府主管、省史志办主办的《甘肃年鉴（2017）》由中国文史出版社出版。总编张军利，主编王文生。该卷年鉴卷首开设丝绸之路（敦煌）国际文化博览会、建设中的国家级开发区——兰州新区、旅游风光绚丽多姿、城市建设蓬勃发展、交通建设日新月异、民俗文化独具特色、美丽乡村欣欣向荣、农牧产品种类丰富 8 个专栏，刊载 50 幅反映各项建设成就的照片。正文设图、照、表 1800 多张（幅）。全书 152 万字。（王文生）

【《青海年鉴（2017）》出版】 12月，青海省地方志编委会主办、青海年鉴社编纂的《青海年鉴（2017）》出版。该卷年鉴设特载、专记、概况、大事记、政治、军事、法治、经济、社会事业、市州概览、集体·人物、统计资料、地方性法规13个类目。该卷年鉴对部分栏目结构层次、栏目名称、版面等进行微调，前设目录，后附索引；在动态信息中设置全面深化改革工作、“两学一做”学习教育、扶贫开发、三江源保护区管理等条目，在经济类目下设置“经济开发区”等分目。全书83万字。（马渊）

【《宁夏年鉴（2017）》出版】 10月，宁夏回族自治区政府主办、自治区志办编纂的《宁夏年鉴（2017）》由方志出版社出版。该卷年鉴设33个类目196个分目88个子目1978个条目。（张明鹏）

【《兵团年鉴（2017）》出版】 11月，新疆生产建设兵团办公厅主办、兵团年鉴编委会编纂的《兵团年鉴（2017）》由兵团年鉴社出版。该卷年鉴设图片专辑、特载、专文、大事记、兵团概况、对口支援、政治、农业、工业·信息化、农业产业化、非公有制经济、综合经济与管理、园区建设、上市公司、商贸·旅游、金融、法治、军事、科学技术、教育·体育、文化·传媒、卫生·食品药品监督、社会生活、城市、师·团场、人物、规范性文件、社会统计资料、附录29个部类，后附索引，彩页专辑4个板块、17个专题，收录彩页照片122幅；收录随文图片117幅，各类示意图、统计表109张。全书178万字。（王兴鹏）

·地市级综合年鉴出版

【《张家口年鉴》（2017）出版】 10月，河北省张家口市志办编纂的《张家口年鉴（2017）》由九州出版社出版。主编宋建军。该卷年鉴设特载、冬奥之窗、大事记、市情概况、政治、国防建设、政法、综合政务管理、农业、工业、贸易流通、财政·税务、金融·保险、建设·环保、交通运输、邮政通信、旅游业、民营经济、社会科学、科学技术、教育、文化、卫生·体育、县（区）概况、人物、附录26个类目。全书101万字。（闫雪卿）

【《唐山年鉴（2017）》出版】 9月，河北省唐山市志办编纂的《唐山年鉴（2017）》由新华出版社出版。主编果爱民。该卷年鉴设卷首彩页和特载、唐山概况、大事记、年度聚焦、对接京津协同发展、党政机关、人民团体、外事·侨务·台（港、澳）务、政法、国防建设、城乡建设、环境保护、综合管理、财政·税务、农业、工业、民营经济、商贸服务、开放与合作、口岸、金融、交通、邮政·通信、旅游、科学技术、教育、文化、新闻事业、卫生、体育、社会·民生、开发区建设新城建设、县（市、区）、人物、权威媒体看唐山、报道唐山新闻要目、附录、地方性法规·统计资料38个类目。全书120万字。（郑晓云）

【《沈阳综合年鉴（2017）》出版】 12月，辽宁省沈阳市志办编纂的《沈阳综合年鉴（2017）》由沈阳出版社出版。该卷年鉴设325个分目1319个条目（包括资料条目17条），收录图片227幅，统计表115张。该卷年鉴对《沈阳振兴发展战略规划》、“幸福沈阳共同缔造共谋共建”“共绘沈阳美好蓝图——我为政府建言献策”三项全市性活动中受表彰人员，“人物”类目辟专条重点记载；“文献”类目刊载《中国共产党沈阳市第十三次代表大会上的报告》；新设“旅游业”类目；“调研报告”类目刊载《沈阳机床集团以自主创新为引领推动装备制造业转型升级》等4篇调研报告。全书100余万字。（俄文亮）

【《大连年鉴（2017）》出版】 12月，辽宁省大连市委主管、市委党史研究室（市志办）主办的《大连年鉴（2017）》出版。该卷年鉴是自1990年创刊出版以来连续出版的第31卷。该卷年鉴采用分类编辑法，设特载、概貌、中共大连市委员会、大连市人民代表大会、大连市人民政府、政协大连市委员会、中共大连市纪律检查委员会、民主党派·人民团体、法制、军事、农业、工业、建筑业·房地产业、城市建设与管理、环境保护、交通·邮政、信息业、商贸服务业、会展·广告、旅游业、对外经济贸易、国内经济合作、口岸·海关、财政·税务、金融业、经济管理与监督、科学技术、社会科学、教育、文化、卫生·计划生育、体育、社会保障、社会生活、对外开放先导区、区市县、人物、大事记、经济社会统计资料和附录40个类目，下设229个分目2120个条目，图片154幅、表格159张，另附电子光盘。全书172万字。　（刘成）

【《鞍山年鉴（2017）》出版】　12月，辽宁省鞍山市政府主办、市史志办编纂的《鞍山年鉴（2017）》由沈阳出版社出版。主编赵国辉。该卷年鉴分类目、分目、条目三个层次，设特载、概况、中共鞍山市委员会、鞍山市人民代表大会、鞍山市人民政府、政协鞍山市委员会、党派·团体、法制、军事人防、工业、鞍山钢铁集团公司、农村经济、建筑业·房地产业、城建·环保、交通·邮政、信息业、商贸服务业·对外经济贸易、旅游业、财政·税务、金融、经济管理与监督、科技、教育、文化、卫生·计划生育、体育、社会生活、开发区建设、县（市）区、人物、大事记、社会经济统计资料和附录33个类目，下设189个分目52个子分目1454个条目，随文照片197幅、图表22张，后附索引。全书98.7万字。　（梁忠音）

【《本溪年鉴（2017）》出版】　10月，辽宁省本溪市志办编纂的《本溪年鉴（2017）》由辽海出版社出版。该卷年鉴设特载、专记、大事记、本溪概貌、中共本溪市委、本溪市人大、本溪市政府、本溪市政协、中共本溪市纪委（市监察局）、民主党派·工商联、人民团体、政法、军事·人防、综合管理、农业、工业、非公有制经济、城建·环保、交通运输、邮政·信息、财政·税务、金融、国内贸易、对外经济贸易、旅游、科技、教育、文化·新闻、卫生·体育、社会生活、县区·开发区、光荣榜、人物、重要文献、调研报告、统计资料、附录等类目，下设278个分目1911个条目，附有索引。全书137万字。　（梁忠音）

【《阜新年鉴（2017）》出版】　12月，辽宁省阜新市政府主办、市史志办编纂的《阜新年鉴（2017）》由中国文史出版社出版。该卷年鉴是阜新市连续出版的第32部年鉴。该卷年鉴采用分类编辑法，分为类目、分目、条目三个层次，设特载、大事记、概况、中国共产党、人民政权、人民政协、民主党派和工商联、群众团体、政法、军事、农业、工业、城乡建设·环境保护、交通·邮电·信息产业、国内外贸易、财政·税务、金融·保险、经济管理、科学、教育、文化、卫生·体育、社会生活、县区建设、高新技术产业开发区·高新技术产业园区、统计资料、附录、索引27个类目，下设132个分目1265个条目，彩页154页，后附索引。全书90万字。　（张晓春）

【《吉林市年鉴（2017）》出版】　12月，吉林省吉林市政府主办、市志办编纂的《吉林市年鉴（2017）》由吉林文史出版社出版。该卷年鉴卷前设公益彩页，主体内容分为类目、分目、条目三个层次，设专文、大事记、城市概貌、党政群团、法治、国防、经济调节与监督、农业、工业、城建环保、开发区建设、交通邮政通信、金融、商贸服务业、旅游、科技、教育、文化、卫生体育、社会民生、区县概况、人物、领导干部名录、文坛艺苑、市情研究、重要文献、附录27个类目，下设166个分目1550个条目，图表43张，随文照片201幅，设有目录、英文简目、页眉检索、主题索引等多重检索系统，全彩印刷并实现全新改版。全书99万字。　（赵德新）

【《四平年鉴（2017）》出版】　12月，吉林省四平市政府主办、市地方志编委会编纂的《四平年鉴（2017）》由吉林文史出版社出版。该卷年鉴采用三级结构，设精彩四平、特载、专文、大事记、市情概况、中国共产党四平市委员会、四平市人民代表大会、四平市人民政府、中国人民政治协商会议四平市委员会、中国共产党四平市纪律检查委员会、民主党派·工商联、群众团体、法治、地方武装、经济调节与监管、工业、商贸、交通·邮政、城建·环保、金融业、科技·教育、文化·卫生·体育、旅游、社会、县（市）区概况、开发区建设、人物、文献、附录等类目，下设162个分目1078个条目。卷首彩页设12个专题，收录图片88幅，正文中插入随文图片128幅。全书80万字。（赵德新）

【《哈尔滨年鉴（2017）》出版】 11月，黑龙江省哈尔滨市政府主管、市志办主办的《哈尔滨年鉴（2017）》由哈尔滨年鉴社出版。主编赵竹帛。该卷年鉴设33个类目，图片专辑60版；对原有栏目根据实际情况进行部分调整，增设俄文目录，新增哈尔滨新区选题，“哈尔滨概貌”类目将历史、地理、资源、人口、气候5个条目上升为分目。增加对俄罗斯交流与合作、非公有制经济两个分目。“行政区划”类目增加乡镇名录；“领导干部名录”由以往的正局级以上，增加到副局级以上。全书138万字。（刘新惠）

【《大兴安岭年鉴（2017）》出版】 11月，黑龙江省大兴安岭地区党委、地区行政公署、大兴安岭林业集团公司主办，大兴安岭地区志办编纂的《大兴安岭年鉴（2017）》由黑龙江人民出版社出版。该卷年鉴是1997年创刊出版以来连续出版的第22卷。该卷年鉴由彩页和正文两大部分组成，彩页部分设大兴安岭数字、领导活动、生态文明、项目建设、森林防火、全民创业、生态旅游、文化生活、社会民生9个专栏，新增大兴安岭“十佳文化品牌”“十佳旅游景区”“十佳旅游景点”“十佳摄影基地”专栏，彩版部分刊载图片171幅；正文部分设特载、概况、大事记、政治、军事、生态建设等25个类目，下设187个分目2100余个条目，文中插图200余幅，收录行业（部门）172个。前有目录（含英文目录），后有索引。全书121万字。（由岳峰）

【《盐城年鉴（2017）》出版】 10月，江苏省盐城市政府主办、市志办编纂的《盐城年鉴（2017）》由方志出版社出版。该卷年鉴采用编章节体辅以条目体，以图版、特载开卷，附录殿后。卷首图版以图说盐城为栏目，设城市名片、特别报道和年度要闻三个类别，围绕市委、市政府中心工作，以“6·23”纪实、党代会、开放交流、产业强市、生态立市、富民强市为主题；特载以《“6·23”特大龙卷风冰雹盐城抢险救援及灾后重建纪实》《“红色气质”的震撼彰显》《内环高架快速路网建设纪实》为专题。正文设盐城概况、沿海战略、城市功能、生态环境、产业结构、政治生活、文化强市、社会民生、区域发展、人物10编，下设50章235节505目609个条目。设计各类示意图11幅、表格95张。卷末附录设文献选编、文件目录、出版书目、媒体报道、荣誉榜、综合考评六个部分，附录年度综合资料。书后地图采用4K设计，地理标识扩至行政村，可灵活拆卸单独运用。采用更方便保存的U盘存储方式，采用二维码形式链接近10年年鉴全文及最新的盐城对外宣传片《大美湿地、水韵盐城》。全书121万字。（吉祥）

【《扬州年鉴（2017）》出版】 11月，江苏省扬州年鉴编委会编纂的《扬州年鉴（2017）》由广陵书社出版。主编陈楷竑、尤在晶。该卷年鉴设特载、专记、媒体聚焦、区域融合发展、大事纪要、概貌、中共扬州市委员会、扬州市人民代表大会及其常委会、扬州市人民政府、政协扬州市委员会、民主党派工商联人民团体、法治、军事、开发园区功能区、农业与农村经济、工业、建筑业、交通物流、信息化与软件服务业、商贸业、旅游业、金融业、财政税务、经济管理与监督、城乡建设与管理、历史文化名城保护、生态环境、水利、科学技术、教育、文化、卫生、体育、人力资源和社会保障、社会生活、区县市、人物、附录等类目，下设246个分目43个次分目2218个条目。该卷年鉴将原先的“开发区”类目调整为“开发区功能区”，收录生态科技新城、蜀冈——瘦西湖风景名胜区等功能区。单设“信息化与软件服务业”类目；增设“媒体聚焦”“区域融合发展”两个类目，“区域融合发展”类目下设跨江融合、长三角区域合作、宁镇扬同城化发展三个分目。此外，“专记”类目下设中共扬州市第七次代表大会、“两学一做”学习教育、“烟花三月”国际经贸旅游节、扬州入选全国小微企业创业创新基地城市示范、2016年度扬州“特别贡献奖”和工作创新奖、重大项目建设等分目。（吉祥）

【《杭州年鉴（2017）》出版】　10月，浙江省杭州市志办编纂的《杭州年鉴（2017）》由方志出版社出版。该卷年鉴按分类法编辑，主体内容分为类目、分目、条目三个层次，设44个类目274个分目2572个条目，随文图照285幅、表格113张。全书框架在上年的基础上主要有以下调整：新增“建筑业·房地产业”“文化创意产业”类目；“人民团体”类目更名为“工会·共青团·妇联”，“国防建设”类目更名为“军事”；“工业”类目取消轻工业分目，新增工艺美术产业分目；“国家级开发区·产业集聚区”类目取消之江国家旅游度假区分目；“文化”类目增加非物质文化遗产分目；“经济管理”类目增加国有资产监督管理分目。配套电子书光盘随书同步发行。全书142万字。（袁啸马）

【《宁波年鉴2017》出版】　12月，浙江省宁波市志办编纂的《宁波年鉴（2017）》由宁波出版社出版。该卷年鉴采用分类编辑法，设类目、分目（副分目）、条目等三至四个层次，设正文36个类目、附属6个类目，下设285个分目1591个条目，表格80张，随文插图182幅。该卷年鉴根据实际情况对上年篇目大纲作修改，涉及栏目撤并后新设（分设）类目，新设（撤销）分目（副分目），规范类目、分目名称，调整类目所属分目组成，改变类目所属分目关系等情况，对类目进行合理排序。首次制作U盘版。全书130万字。（高曙明）

【《亳州年鉴（2017）》出版】　12月，安徽省亳州市志办编纂的《亳州年鉴（2017）》由方志出版社出版。该卷年鉴首次采用全彩印刷，图文并茂。卷首彩页设置药都亳州、酒乡亳州、数字亳州、亳州要事4个栏目。正文设32个类目171个分目1191个条目，收录部门图片99幅，栏目图片32幅。全书71.5万字。（章慧丽）

【《厦门年鉴（2016）》出版】　3月，福建省厦门市政府主办、市志办编纂的《厦门年鉴（2016）》由方志出版社出版。该卷年鉴采取类目、分目、条目三级框架结构，设特载、大事记、市情总貌、环境·资源、城市建设、市政园林、政党·政权、社会团体、外事·侨务·港澳台事务、法治、国防建设、经济管理与监督、财政·税务、口岸管理、开放·开发、农业·水利、工业、交通·物流·邮政、信息化与通信保障、商贸·会展、旅游业、金融业、民营经济、科学技术、社会科学、教育、文化、卫生·人口计生·体育、社会·民生、市辖区、人物·名录、附录32个类目。全书157.6万字。（郑欣）

【《三明年鉴（2017）》出版】　12月，福建省三明市地方志编委会编纂的《三明年鉴（2017）》由方志出版社出版。该卷年鉴卷首设特载、海西三明生态工贸区专记、大事记、市情总貌；主体部分以各类事业条目和各县（市、区）概况条目为主要信息和基本内容，设32个类目273个分目2081个条目，表格42张、地图1幅及彩照135幅；卷末设先进个人和集体、附录（统计资料、重要文件选刊）、索引。全书110万字。（欧长生　孙洁斐）

【《九江年鉴（2017）》出版】　11月，江西省九江市政府主办、《九江年鉴》编委会编纂的

《九江年鉴（2017）》由武汉出版社出版。该卷年鉴设42个类目288个分目2088个条目；图片161幅，其中地图2幅、彩照95幅、黑白图照64幅；采用中英文双目录；使用大幅航拍照片反映城市建设；运用表格、增加索引等。全书134万字。（朱岳）

【《赣州年鉴（2017）》出版】 10月，江西省赣州市政府主办，市志办、《赣州年鉴》编委会编纂的《赣州年鉴（2017）》由国家图书馆出版社出版。该卷年鉴除设有通常类目外，增设“苏区振兴发展五周年工作”“赣州市2016年精准扶贫脱贫攻坚工作”专记，增设“李克强视察赣州”“两城两谷一带”项目启动实施等年度特辑内容。前彩页以年度最具特色的“六大攻坚战”为主题，分为主攻工业、脱贫攻坚、新型城镇化、现代农业、现代服务业、基础设施建设六大板块，内文配有随文图片。书中配备双重检索系统，书前刊有详细目录，卷末备有条目索引。全书128.4万字。（朱岳）

【《淄博年鉴（2017）》出版】 8月，山东省淄博市政府主办、市史志办编纂的《淄博年鉴（2017）》由中国文史出版社出版。该卷年鉴为创刊出版以来连续出版的第31卷，设特载、大事记、专记等26个类目。全书103万字。（山东省史志办）

【《平顶山年鉴（2017）》出版】 12月，河南省平顶山市政府主办、市史志办编纂的《平顶山年鉴（2017）》由中州古籍出版社出版。该卷年鉴采取分类编辑法，设25个类目147个分目1791个条目，文中收录表格13张，图片236幅。根据年度特色和地域特色，在“领导活动”“阅读鹰城”“经贸活动”几个固定板块基础上，紧紧围绕市委、市政府的重大决策部署，增设“市九次党代会”“脱贫攻坚”“环境污染防治攻坚”“工匠风采”“辉煌60年、魅力平顶山”等板块。（马俊明）

【《黄冈年鉴（2017）》出版】 11月，湖北省黄冈市政府主办、市志办编纂的《黄冈年鉴（2017）》由长江出版社出版。该卷年鉴设大事记、特载、专文、2016年黄冈市防汛救灾特辑、黄冈概貌、经济社会发展战略、党政机关、人民团体、军事、政法、经济综合管理、财政、税务、金融、城市建设管理、农业、工业、商业贸易、交通、通信、旅游、科学技术、教育、文化、卫生、体育、社会生活、市辖县市区、命名、表彰、人物、文献选辑、统计资料、单位选介等类目，后附索引。其中，新辟2016年全市防汛救灾特辑。部分公益图片选用2017年度照片。（湖北省志办）

【《长沙年鉴（2017）》出版】 年内，湖南省长沙市地方志编委会主办、市志办编纂的《长沙年鉴（2017）》由方志出版社出版。该卷年鉴设35个类目217个分目63个子目1536个条目，彩页12页。与上年相比，该卷年鉴撤销“人物”“统计资料”“文件选编”3个类目，“人物”“统计资料”相关内容归入“附录”；增设“建筑业”类目；将“区县（市）”“农业”“生态环境”“长沙市人民代表大会常务委员会”“社会团体”类目分别更名为“区县（市）概况”“农业·农村经济”“生态建设与环境保护”“长沙市人民代表大会”“人民团体”；对20余个类目下相关分目内容的归属进行适当调整。全书约130万字。（陈晓红）

【《深圳年鉴（2017）》出版】 12月，广东省深圳市史志办编纂的《深圳年鉴（2017）》出版。该卷年鉴设特载、总述、大事记、年度聚焦、特色深圳、党政机关、群众团体和社会组织、外事·侨务·港澳台事务、法治、军事、工业、支柱产业·新兴产业·未来产业、商业·服务业、金融业、现代农业和海洋经济管理、交通运输、信息业、城市建设和管理、人居环境、旅游业、对外（港澳台）经贸经济技术合作、前海蛇口自贸片区、口岸、民营经济、经济监督管理、财政·税务、科学、教育、文化、传播媒体、卫生·体育、人力资源和社会保险、社会生活、行政区、新区、人物、媒体看深圳、文献法规、调研报告、经济社会统计资料、附录、索引 41 个类目，下设 336 个分目 2200 余个条目，后附索引。在类目中首次增加相关内容二维码，通过视频、音频、网络链接扩展栏目内容，制作手机阅读版，探索年鉴内容网络化。全书 152 万字。

（广东省志办）

【《中山年鉴（2017）》出版】 10 月，广东省中山市政府主持编纂的《中山年鉴（2017）》由广东人民出版社出版。该卷年鉴设年度关注、中山之最、中山大事记、市情概览、党政机关、民主党派、社会团体、军事、政法、农业、工业、信息业、商贸业、邮政·物流、旅游业、金融业、财政·税收、经济监督管理、口岸、交通、城乡建设、科技·教育、文化、卫生·体育、社会民生、区镇概况、人物、经济社会统计资料、文献等类目，后附索引。全书 132.7 万字。（广东省志办）

【《南宁年鉴（2017）》出版】 9 月，广西壮族自治区南宁市地方志编委会编纂的《南宁年鉴（2017）》由广西人民出版社出版。该卷年鉴分综合情况、动态信息、辅助资料三部分，采用分类编辑法，设中国—东盟博览会·商务与投资峰会、南宁与东盟等 25 个类目，比上年减少 35.9%。版内设计按照政治文明、物质文明、精神文明、社会文明、生态文明及综合情况标志 6 个色块。首次设置“年度十大要闻”类目，增加中国—东盟博览会内容，以及南宁市发展数据与其他城市对比、南宁市非物质文化保护与传承等表格。收录图照 606 幅，表格 72 张。随书配有电子版（光盘）。全书 163.3 万字。（秧新明　钟婉悦）

【《桂林年鉴（2017）》出版】 12 月，广西壮族自治区桂林市地方志编委会编纂的《桂林年鉴（2017）》由广西师范大学出版社出版。该卷年鉴分类目、分目、条目三层次，设桂林国际旅游胜地建设、对外经济贸易·非公有制经济等 38 个类目，下设 233 个分目。该卷年鉴增设“桂林国际旅游胜地建设”类目，在图片专辑设“桂林国际旅游胜地建设”“文化名城魅力彰显”“漓江保护成效显著”“央视春晚桂林最美”等栏目。书前有中、英文目录，书末有索引。其中彩色插页 88 页，收录图照 248 幅。随书配有电子版（光盘）。全书 110 万字。

（秧新明）

【《海口年鉴（2017）》出版】 12 月，海南省海口市政府主办、市史志办主编的《海口年鉴（2017）》由南海出版公司出版。该卷年鉴设要闻·大事记、特载、总述、组织机构及负责人名录、创新发展、中共海口市委、海口市人民代表大会、海口市人民政府、政协海口市委员会、纪检监察、民主党派·工商联、群众团体、法治、军事、城市建设与管理、工业、农业、交通运输业、邮电·信息、商贸服务业、旅游、金融、经济监督管理、科技·教育、文化传媒、卫生·体育、社会民生、保税区·开发区·农场、市辖区、人物、附录、统计资料 32 个类目。全书 148 万字。（郑昕）

【《成都年鉴（2017）》出版】 10 月，四川省成都年鉴社编纂的《成都年鉴（2017）》出版。该卷年鉴采用分类编辑法编排，设总述、政治、城建环保、经济产业、综合经济与管理、社会、行政区域、附录 8 篇，下设 24 个类目 381 个分目 2551 个条目，另有文章 10 篇、图表 333 张、随文照片 300 幅，书前刊载反映社会主义建设成就的“影像成都”图片 30 页。全书 181 万字。（成都市志办）

【《自贡年鉴（2017）》出版】 10 月，四川省自贡市政府主办、《自贡年鉴》编委会编纂的《自贡年鉴（2017）》由方志出版社出版。该卷年鉴设市情概览、大事记、专文、特载、市委、人大、政府、政协、纪检监察、民主党派·工商联、群众·社团、法治、武装、环境保护、国土资源管理、城乡建设和管理、交通运输、水务、邮政·信息化、综合经济管理、工业、农业、商贸、对外贸易与经济合作、旅游、财政·税务、金融·保险·证券、科技与知识产权、教育、文化、卫生·计生、体育、人力资源和社会保障、民政·居民生活、民族·宗教、区县概况、人物、附录38个类目，刊载图片184幅。全书90.6万字。（雷雨露）

【《眉山年鉴（2017）》出版】 12月，四川省眉山市政府主办、市志办编纂的《眉山年鉴（2017）》由方志出版社出版。该卷年鉴设特载、大事记、眉山概况、中国共产党眉山市委员会、眉山市人民代表大会常务委员会、眉山市人民政府、中国人民政治协商会议眉山市委员会、纪检监察、国防建设、民主党派、群众团体、法治、经济管理、工业、农业、旅游业、商贸、财政·税务、金融·保险、交通运输、邮政·信息业、城乡建设与环境保护、教育·体育、科学技术、传媒、文化、卫生、人民生活与社会保障、区县概况、人物和附录31个类目，刊载图片74幅。全书70万字。（雷雨露）

【《贵阳年鉴（2017）》出版】 11月，贵州省贵阳年鉴编辑部编纂的《贵阳年鉴（2017）》出版。该卷年鉴设33个类目1900个条目，图片328幅，表格74张，文献资料9篇，法规2篇，调研报告3篇，公报2篇，统计资料3篇，并附主题词索引。全书150余万字。（李冬生）

【《昌都年鉴（2017）》出版】 11月，西藏自治区昌都市委办公室主办、市志办编纂的《昌都年鉴（2017）》由中州古籍出版社出版。该卷年鉴设特载、大事记、市情、县（区）概括、政治、军事、经济、社会事业、先进名录及附录10个类目。（达瓦扎西）

【《阿里年鉴（2017）》出版】 12月，西藏自治区阿里地区行署主管、阿里地委办公室主办、阿里地委史志办编纂的《阿里年鉴（2017）》由西藏人民出版社出版。该卷年鉴设特载、概况、大事记、中共阿里地委、纪检·监察、人大工委、地区行署、政协、人民团体、政法、武装、牧业林业水利、工商业旅游业、城建环保、交通邮政通讯、财政税务金融保险、经济综合监督管理、科技教育文化广电、医疗卫生、县（区）概况、文献选辑等类目，后附索引，图片104幅。全书62万字。（达瓦扎西）

【《西安年鉴（2017）》出版】 11月，陕西省西安市政府主办、市志办编纂的《西安年鉴（2017）》由世界图书出版公司出版。该卷年鉴设38个类目177个分目16个二级分目1590个条目。全书100万字。（黄立峰）

【《宝鸡年鉴（2017）》出版】 10月，陕西省宝鸡年鉴编纂委员会编纂的《宝鸡年鉴（2017）》由三秦出版社出版。该卷年鉴设40个类目270个分目2107个条目，表格48张，随文附图68幅。全书136万字。（丁喜）

【《兰州年鉴（2017）》出版】 12月，甘肃省兰州市政府主办、市史志办编纂的《兰州年鉴（2017）》由甘肃民族出版社出版。主编米琳。该卷年鉴全面记述2016年兰州市在自然、政治、经济、文化、社会、生态建设等方面的建设成就。全书92万字。（王文生）

【《甘南州年鉴（2017）》出版】 11月，甘肃省甘南藏族自治州政府主管、州史志办编纂的《甘南州年鉴（2017）》由甘肃文化出版社出版。主编牛述林。该卷年鉴全面记述2016年甘南州在自然、政治、经济、文化、社会、生态建设等方面的建设成就。全书96万字。（王文生）

【《海北年鉴（2017）》出版】 12月，青海省海北州地方志编委会主办、州志办编纂的《海北年鉴（2017）》由青海人民出版社出版。主编祁兴福。该卷年鉴设特载、州情概况、大事记、组织机构及负责人名录、政党·政务、群众团体、法治、军事、经济管理、农牧林水建设环保、交通电力邮政通信及财政税务金融、社会事业、科教文卫、县（场）概况、附录等

类目。全书56万字。（马渊）

【《玉树藏族自治州年鉴（2017）》出版】 12月，青海省玉树藏族自治州政府主管、州志办编纂的《玉树藏族自治州年鉴（2017）》由青海民族出版社出版。主编朱学义。该卷年鉴除彩页外，设特载、概况、大事记、组织机构和领导名录、政治、军事、经济、社会事业、市县概览、集体·人物、附录11个类目。全书60万字。（马渊）

【《银川年鉴（2017）》出版】 年内，宁夏回族自治区银川市政府主管、市志办主办、《银川年鉴》编辑部编纂的《银川年鉴（2017）》出版。该卷年鉴卷首设领导关怀、经济建设、美丽银川、社会民生等图片专辑；正文分特载、大事记、银川综述、党政机关、民主党派、社会团体、法治、军事、工业、开发区与园区建设、农业、城乡建设和住房保障、环境保护、交通·通信·邮政、商贸·物流、经济监督管理、财政·税务、金融、科学技术、教育、文化、出版传媒、体育·旅游、卫生和计划生育、社会民生、县（市）区概况、人物、政策法规选编、统计资料等类目，后设附录，下设181个分目1472个条目。（张明鹏）

【《北屯年鉴（2017）》出版】 12月，新疆生产建设兵团第十师北屯市政府主办、北屯年鉴编委会编纂的《北屯年鉴（2017）》由新疆大学出版社出版。该卷年鉴设33个类目约1600个条目，图片329幅。全书60万字。（严芹）

·县级综合年鉴出版

【天津市《河北年鉴（2017）》出版】 12月，天津市河北区志办编纂的《河北年鉴（2017）》由吉林人民出版社出版。该卷年鉴设重要会议、影像河北、统计图表、区情便览、大事记、特辑、专文、中共河北区委员会、河北区人大常委会、河北区人民政府、政协河北区委员会、中共河北区纪律检查委员会、民主党派、人民团体、街道、政法·武装、区域经济、经济管理、城市建设、城市管理、社会事业、社会生活、人物、统计资料、调研报告、传媒文摘、名录、附录28个类目。全书50余万字。（唐旗　刘新）

【《丰润年鉴（2017）出版》】 12月，河北省唐山市丰润区志办编纂的《丰润区年鉴（2017）》由新华出版社出版。主编潘贵存。全书设特载、大事记、丰润概况、中国共产党唐山市丰润区委员会、“两学一做”教育活动、唐山市丰润区人民代表大会、唐山市丰润区人民政府、政协唐山市丰润区委员会、民主党派·人民团体、武装、法治、城乡建设·环境保护、浭阳新城建设、综合管理、财政·税务、农业、工业·建筑业、唐山（丰润）·中国动车城、交通·邮电、商贸服务业、中国北方现代物流城、金融业、科学技术、教育、文化、卫生与计划生育、体育、社会生活、乡镇·街道、人物、文献文件辑存、统计资料32个类目。全书114万字。（潘贵存）

【《海港区年鉴（2016）》出版】 5月，河北省秦皇岛市海港区志办编纂的《海港区年鉴（2016）》由方志出版社出版。主编胡广设。该卷年鉴设特载、大事记、区情综述、中共海港区委员会、海港区人民代表大会、海港区人民政府、政协海港区委员会、法治·军事、民主党派工商联、社会团体、农业与农村经济、工业、邮电通信业、商贸·旅游业、交通运输业、金融业、口岸管理、城乡建设与管理、社会事业、镇·园区、街道、人物、荣誉专版、附录24个类目。全书77.6万字。（洪铉子）

【《迁安年鉴（2016）》出版】 11月，河北省迁安市地方志编委会编纂的《迁安年鉴（2016）》由方志出版社出版。主编郭伟强、赵辉。该卷年鉴前设特载、大事记，正文设迁安概况、政治、综合管理、政法·武装、农业、工业、交通·邮电、城建·环保、财政·税务、商贸服务·旅游、金融、科学技术、教育、文化·体育、黄帝文化研究与开发、卫生、社会生活、乡镇·街道、人物，卷尾为文献文件辑存和统计资料。全书约75万字。

（赵辉）

【《旅顺口年鉴（2017）》出版】 12月，辽宁省大连市旅顺口区委区政府主办、区史志办编纂的《旅顺口年鉴（2017）》由辽宁民族出版社出版。该卷年鉴采用分类编辑法，设特载、概貌、经济建设、政治建设、文化建设、社会建设、生态文明建设、附录8篇，下设40个类目162个分目924个条目，图片107幅。全书83万字。

（刘成）

【《瓦房店年鉴（2017）》出版】 12月，辽宁省瓦房店市委、市政府主办，市档案局、市委党史研究室（市志办）编纂的《瓦房店年鉴（2017）》由辽宁民族出版社出版。该卷年鉴采用分类编辑法，设特载、大事记、概貌、政党·政权、群众团体、法治·军事、农业、水产业、工业、交通·邮电、对外贸易、国内商贸、金融业、城建·环保、旅游、财政·税务、经济管理与监督、教育、科学技术、文化·体育、卫生·计划生育、社会生活、街道·镇·乡、附录24个类目，下设125个分目967个条目，图片72幅、表格65张。全书60万字。

（刘成）

【《抚顺县年鉴（2016）》出版】 12月，辽宁省抚顺县政府主办，县档案局、县志办编纂的《抚顺县年鉴（2016）》由辽宁民族出版社出版。总编柴凯，主编王继华、王晓。该卷年鉴采用分类编辑法，设特载、综览、政治、经济、文化、社会、乡镇、附录8篇，下设34个类目107个分目744个条目（表格、资料），配有双重检索系统，前有要目和中文目录，后有主题分析索引，范围详及条目和图表。全书82万字。

（梁忠音）

【《宽城年鉴（2017）》出版】 12月，吉林省长春市宽城区政府主办、区地方志编委会编纂的《宽城年鉴（2017）》由吉林人民出版社出版。该卷年鉴设精彩宽城、大事记、特载、综述、宽城概况、中国共产党宽城区委员会、宽城区人民代表大会常务委员会、宽城区人民政府、中国人民政治协商会议宽城区委员会、宽城区纪委监察局、民主党派·工商联、人民团体、地方军事、法治、综合经济管理和监督、农业、工业、服务业、民营经济、城建·环保、经济开发区、教育·科技·文化·卫生·体育、社会事务、街道·镇、文献、人物、附录等类目，下设131个分目831个条目。卷首使用彩色照片81幅，正文使用彩色照片73幅。“宽城概况”类目中的“社会概况”分目中增加“宽城子名称由来”条目，深层次展现宽城区历史；“中国共产党宽城区委员会”“宽城区人民政府”类目中均增加“重要工作”分目；撤销“附录”类目中的“调研报告”分目；将书中表格名称和图片说明编入索引中。

（赵德新）

【《桦甸年鉴（2017）》出版】 12月，吉林省桦甸市政府主办、市志办编纂的《桦甸年鉴（2017）》由吉林文史出版社出版。该卷年鉴设大事记、特载、总述、中国共产党桦甸市委员会、桦甸市人民代表大会、桦甸市人民政府、中国人民政治协商会议桦甸市委员会、纪检监察、人民团体和社会组织、法治、军事、经济监督管理、财政税收、工业、农业、商业和服务业、吉林桦甸市经济开发区、金融业、交通运输、邮政通信、城市建设管理、人居环境、旅游业、科学、教育、文化、卫生体育、人力资源管理和社会保障、社会生活、乡镇、街道、人物、媒体在说、领导干部名录、专文、文献、调研报告、附录38个类目，下设157个分目1327个条目（图表、资料），内文插图217幅（含篇题图，不含公益彩页），后附索引。该卷年鉴在保持基础框架相对稳定的前提下，删除“中国黄金第一矿矿史”类目，将“经济社会统计资料”并入附录，增加“专文”类目。全书63万字。

（赵德新）

【《公主岭年鉴（2017）》出版】　12月，吉林省公主岭市委市政府主办、市志办编纂的《公主岭年鉴（2017）》由吉林文史出版社出版。该卷年鉴采用分类编辑法，设大事记、概况、中国共产党公主岭市委员会、公主岭市人民代表大会、公主岭市人民政府、中国人民政治协商会议公主岭市委员会、民主党派·工商联、群众团体、军事·法治、开发区·园区、经济管理、工业、农村·农业、商贸、交通·邮政·通信、城建·环保、金融、科技、教育、文化·体育·卫生、乡镇·街道、人物、领导干部名录、文献、附录25个类目，下设176个分目1147个条目。正文使用图片168幅，使用表格44张。卷首用12个彩版集中反映省市领导视察检查、城市建设、交通运输、工业发展、现代农业、新农村建设、人文环境、玉米产业博览会、文体活动、全民运动会、民间美术、地方经济社会发展等。该卷年鉴“中国共产党公主岭市委员会”类目中增加常委（扩大）会议和常委会议内容。“市委（含与市政府共同召开）的其他会议”条目分解为各个专项会议条目；增设重点工作分目，记述决策部署、城市建设、项目建设、工业经济、现代农业、服务业发展、社会建设、深化改革、党的建设等内容；“乡镇·街道”类目增记各乡镇特色内容；“人物”类目中，增记15位2016年新任职副县级以上领导干部简介内容；附录中收录4篇专文。

（赵德新）

【《巴彦年鉴（2017）》出版】　12月，黑龙江省巴彦县地方志编委会主办的《巴彦年鉴（2017）》由北京燕山出版社出版。该卷年鉴采取分类编辑法，主体内容分为类目、分目、条目三个层次，部分分目下设子分目，设特载、2016大事记、综述、党政机关、政法、人民武装、经济综合管理、农业、工业·电业、交通·邮政·电讯、建设·环保、商贸·粮食、财政·税务、金融·保险、教育·气象、文化事业、卫生和计划生育、乡镇情况、人物19个类目，后附索引。全书50万字。（刘新惠）

【《让胡路年鉴（2017）》出版】　10月，黑龙江省大庆市让胡路区委区政府主办、区地方志编委会编纂的《让胡路年鉴（2017）》由黑龙江朝鲜民族出版社出版。该卷年鉴采用分类编辑法，以条目为主要记述形式，收录彩色照片20页75幅，黑白照片99幅。（由岳峰）

【《南翔年鉴（2017）》出版】　9月，上海市《南翔年鉴》编委会编纂的《南翔年鉴（2017）》由上海三联书店出版。该卷年鉴卷首设特载、南翔概貌、大事记、专文，“百科”部分设25个类目，下设183个分目895个条目，收录统计表格70张、卷首照片60幅、串文照片187幅。特设“图说南翔”专题彩页，收录照片109幅，配有电子版。全书50万字。

（宗仁）

【《海安年鉴（2017）》出版】　12月，江苏省海安县委县政府主办、海安年鉴编委会编纂的《海安年鉴（2017）》由方志出版社出版。该卷年鉴入选中国年鉴精品工程“中国精品年鉴”。该卷年鉴设特载、海安概貌、大事记、政治、经济管理、开发区与园区建设、对外及港澳台经济等类目，下设183个分目67个子分目1086个条目，按政治建设、经济建设、环境建设、文化建设、社会建设、街道、镇、场进行分类排序。该卷年鉴增设科技创新、就业创业分目，彰显海安全国县域经济最具创新力50强、中国中小城市创新创业（双创）百强县市的地位；增设新能源、新材料、输变电、丝绸、电梯部件等分目；“商贸服务业”增设电子商务、物流、中介服务等行业资料。在工业、科技、教育等类目增设阅读延伸；调整优化海安概貌栏目，设海安名片、区位状况、建置沿革、人口·民族、方言风俗、文化遗存、经济社会发展分目；创新彩页设计，改版栏目扉页，公益彩页方面，分设海安要闻、枢纽海安、活力海安、幸福海安等板块专题，单设海安县国家、省级荣誉板块，“海安要闻”板块选择县十三次党代会、“创新创业在海安”主题活动、纪念“角斜红旗民兵团”命名50周年，纪念苏中七战七捷70周年等有关海安的大事照片进行整版设计，每个栏目扉页采用图片剪影的形式进行创新设计。全书107.8万字。（吉祥）

【《江阴年鉴（2017）》出版】 9月，江苏省江阴市政府主办、市史志办编纂的《江阴年鉴（2017）》由方志出版社出版。主编吴海英。该卷年鉴设42个类目284个分目1683个条目，彩色插页58页，随文图片118幅，表格123张。“工业”“企业上市”“港口口岸”“开发区建设”四个类目体现江阴地方特色。“企业上市”类目下设国内上市公司动态、“新三板”挂牌企业动态、募集资金使用、经营业绩、上市（挂牌）后备企业动态、政府服务等分目。“经济总览”类目下设经济发展动态、经济结构、产业发展、居民收入与消费等分目。“公共安全”类目下设自然灾害防治、农产品质量安全、食品药品安全、公共卫生安全、生产安全、特种物品与设备安全、火灾事故与防范、域内安全技防、场所安保、信息安全、应急管理等分目。新设“媒体报道选辑”类目。附录中的经济发展排行榜对2016年江阴市开票销售收入前30名村（社区）、开票收入前50名工业企业、工业投入前50名工业企业、入库税金前30名服务业企业、自营出口前30名企业分别列表。彩色插页新设全国获奖荣誉、十件实事、农业新景、文明新风、体育新事、城市新貌、海澜之夜、2016年度上缴税金超亿元企业等专题。全书120.1万字。（吉祥）

【《靖江年鉴（2017）》出版】 10月，江苏省靖江市政府主办、靖江年鉴编委会编纂的《靖江年鉴（2017）》由方志出版社出版。主编王宇清。该卷年鉴设“沿江开发·跨江联动”“港口·口岸·开放型经济”“凡人善举·新人新事”“知名文化人”和“马洲史话”等类目，下设138个分目59个子目964个条目，随文图片138幅，彩页101页，表格89张，索引2246条，补白4篇。“专记”类目下设靖江中韩产业合作活动周、专题调查分目。彩页除宣传彩页外，设绿色生态、开发建设、转型升级、社会民生、文明风尚等专题。全书79.8万字。（吉祥）

【《鄞州年鉴（2017）》出版】 12月，浙江省宁波市鄞州区委区政府主办、区志办编纂的《鄞州年鉴（2017）》由方志出版社出版。该卷年鉴采用分类编辑法，图照200多幅，彩页部分突出区划调整，以“名城强区”战略为主题，有热点聚焦、创新引领、服务强区、品位都市、美丽乡村、先进文化和幸福民生7个板块。除纸版、光盘版外，首次设置微信二维码，通过手机扫码实现移动阅读。全书100万字。（高曙明）

【《北仑年鉴（2017）》出版】 12月，浙江省宁波市北仑区地方志（年鉴）编委会编纂的《北仑年鉴（2017）》由浙江人民出版社出版。该卷年鉴设37个类目230个分目1379个条目，根据区域内国家级开发区众多和拥有东方大港——北仑港等情况，列出开发区、港口口岸、外向型经济等类目进行重点记载。全书81.6万字。（高曙明）

【《镇海年鉴（2017）》出版】 12月，浙江省宁波市镇海区地方志编委会编纂的《镇海年鉴2017》由方志出版社出版。该卷年鉴采用分类编辑法，卷首设特载、大事记、概貌等，正文部分设类目、分目、条目三个层次，记述时限为2016年1月1日至12月31日。全书51.6万字。（高曙明）

【《象山年鉴（2017）》出版】 12月，浙江省象山县地方志编委会编纂的《象山年鉴（2017）》由方志出版社出版。该卷年鉴记述时限为2016年1月1日至12月31日。采用分类编辑法，由地图、照片、大事记、特载、专记、正文以及索引等组成。全书127万字。（高曙明）

【《龙湾年鉴（2017）》出版】 年内，浙江省温州市《龙湾年鉴》编辑部编纂的《龙湾年鉴（2017）》由方志出版社出版。该卷年鉴采用分类编辑法，以卷首、百科、卷尾为三个主要部分，注重图、表、文结合，设35个类目225个分目1050个条目，图、表309张。全书77万字。（温州市志办）

【《桐乡年鉴（2017）》出版】 12月，浙江省桐乡市委市政府主办、市地方志编委会编纂的《桐乡年鉴（2017）》由方志出版社出版。主编吴云峰、庄永明，执行主编谭晓杰。该卷年鉴设31个类目227个分目，附彩色插页31页，收录彩色随文照片226幅、穿插表格68张。全书68.9万字。（嘉兴市志办）

【《长兴年鉴（2017）》出版】 8月，浙江省长兴县史志办编纂的《长兴年鉴（2017）》由方志出版社出版。主编吴连意。该卷年鉴分卷首、百科、卷尾三部分，卷首设彩页、特载、大事记、县情概览；百科按类目、分目、条目三个结构层次编排，设27个类目213个分目1047个条目。卷尾设附录、索引、宣传画页。收录数据表94张，图片610幅。全书97.6万字。（湖州市志办）

【《台江年鉴（2017）》出版】 10月，福建省福州市《台江年鉴》编委会编纂的《台江年鉴（2017）》由海峡书局出版。该卷年鉴提炼台江城区文化内涵，创新出《台江年鉴（2017）》专属标识烫印在封面，展现出台江的历史和文化韵味。全书60万字。（欧长生　孙洁斐）

【《新建年鉴（2017）》出版】 11月，江西省南昌市新建区政府主办、区志办编纂的《新建年鉴（2017）》由江西人民出版社出版。该卷年鉴设置31个类目，图片近400幅，图表200余幅，展现新建区2016年度经济社会各项事业发展取得的成绩。全书110万字。（朱岳）

【《泰和年鉴（2017）》出版】 12月，江西省泰和县委县政府主办、《泰和年鉴》编委会编纂的《泰和年鉴（2017）》由江西科学技术出版社出版。该卷年鉴设地图及图片、综合情况、动态信息三大部分，动态栏目36个。全书68.3万字。（朱岳）

【《黄岛年鉴（2017）》出版】 7月，山东省青岛市黄岛区政府主编、区史志办编纂的《黄岛年鉴（2017）》出版。该卷年鉴设青岛西海岸新区（黄岛区）2016年概况、特载、特辑等34个类目。全书50万字。（山东省史志办）

【《东营区年鉴（2017）》出版】 8月，山东省东营市东营区政府主办、区史志办编纂的《东营区年鉴（2017）》由方志出版社出版。该卷年鉴前彩18页，内文收录图片124幅，表格28张。全书50.3万字。（山东省史志办）

【《沂水年鉴（2016）》出版】 5月，山东省沂水县史志办编纂的《沂水年鉴（2016）》出版。该卷年鉴设24个类目，记述2016年沂水县政治、经济、文化、社会、生态文明建设等方面情况。全书75万字。（山东省史志办）

【《杞县年鉴（2017）》出版】 12月，河南省杞县史志办编纂的《杞县年鉴（2017）》由中州古籍出版社出版。该卷年鉴设特载、大事记、全县概况等30个类目，下设160个分目，书前彩图62幅，文内插入291幅。全书99.6万字。（汪朝霞　马俊明）

【《越秀年鉴（2017）》出版】 12月，广东省广州市越秀区志办编纂的《越秀年鉴（2017）》由广东经济出版社出版。该卷年鉴设17个类目123个分目981个条目。其中“年度关注”类目以专文形式记述越秀经济发展和社会事业成果。全书104.1万字。（广东省志办）

【《南山年鉴（2017）》出版】 7月，广东省深圳市南山区志办编纂的《南山年鉴（2017）》由广东人民出版社出版。该卷年鉴设特载、概况、年度关注、党政机关、人民团体、法治人民武装、经济综合管理、前海蛇口自由贸易片区、上市公司总部与民营企业、特色产业与重点产业、工业、商业与现代服务业、对外（港澳台）经贸口岸、旅游业、财政税务、城区建设与管理、人居环境、科学技术、教育、文化体育、卫生与计划生育、社会保障、社会管理与服务、街道、人物、大事记、统计资料、文献选编、附录等类目。全书82万字。

（广东省志办）

【《三水年鉴（2017）》出版】 10月，广东省佛山市三水区志办、区档案局、三水年鉴编辑部编纂的《三水年鉴（2017）》由广东经济出版社出版。该卷年鉴设特辑、特载、专文、总述、2016年大事记等26个类目，下设150个分目943个条目，彩版96页。前设中、英文目录，后设主题索引。“专文”刊载19篇反映2016年三水区政治、经济、文化和社会各项事业发展的亮点工作的文章。全书82万字。

（广东省志办）

【《平南年鉴（2017）》出版】 11月，广西壮族自治区平南县政府主办、县地方志编委会编纂的《平南年鉴（2017）》由广西人民出版社出版。该卷年鉴分类目、分目、条目三个层次，设特载、概况、中国共产党平南县委员会、大事记、人物、统计资料、附录等类目。书前有中英文目录，书后有索引。其中书前彩色插页48页。全书63万余字。 （秧新明）

【《荔浦年鉴（2017）》出版】 9月，广西壮族自治区荔浦县政府主办、县地方志编委会编纂的《荔浦年鉴（2017）》由广西人民出版社出版。该卷年鉴设特辑、特载、总述、政治、群众团体、法治、军事、农林水利、工业、信息产业、商贸旅游、金融保险、交通运输、城建环保、经济管理与监督、财政税收、文体广电、科教卫计、乡镇等类目。书前有目录，书后有索引。其中，书前彩色插页60页。全书55万字。 （秧新明）

【《柳北年鉴（2016）》出版】 5月，广西壮族自治区柳州市柳北区委员会、区政府编纂的《柳北年鉴（2016）》由线装书局出版。该卷年鉴分类目、分目、条目三个层次，设概况等31个类目。“特载”部分调整为“重要文献”，增设“报纸剪辑”部分。书前设数字柳北、风采柳北、图片专辑等资料。书前有中英文目录，书后有索引。全书108万字。 （秧新明）

【《龙华年鉴（2016）》出版】 5月，海南省海口市龙华区政府主办、区政府办公室编纂的《龙华年鉴（2016）》由南海出版公司出版。该卷年鉴记载2015年度龙华区各级、各部门、各行业、各镇和各街道的基本情况、大事要闻及发展变化。全书57万字。 （海口市志办）

【《陵水年鉴（2017）》出版】 12月，海南省陵水黎族自治县政府主办、县史志办编纂的《陵水年鉴（2017）》由海南出版社出版。该卷年鉴设特载、概况、政治、法制、军事、经济、产业、资源·环保·建设、科技·教育、文化·卫生·体育、社会生活、乡镇·农林场、国际旅游岛先行试验区、大事记、人物、政策法规、统计资料、附录18个类目。全书126万字。 （郑昕）

【《万州年鉴（2017）》出版】 11月，重庆市万州区志办编纂的《万州年鉴（2017）》由团结出版社出版。该卷年鉴封面以渝东北开通的首条高铁——渝万高铁万州北站为背景，卷首彩页重点反映万州扶贫攻坚战、重庆三峡移民纪念馆、万州旅游精品和万州水陆空综合交通枢纽建设等，内页设有万州历史名人、万州特色旅游商品等专栏，设特载、万州概况、大事记、政治、法治、军事、经济、社会事业、开发区·新区、镇·乡·街道、附录11个部分25个类目。全书57万字。

（重庆市万州区志办）

【《璧山年鉴（2017）》出版】 10月，重庆市《璧山年鉴》编委会编纂的《璧山年鉴

（2017）》由方志出版社出版。主编董奕锋，副主编陈启江。该卷年鉴设特辑、璧山概况、经济、政治、法治、民兵与民防、文化与信息传播、社会事业、镇街、人物·光荣榜、大事记、文献、统计资料、附录、索引。全书79.3万字。（熊英）

【《梁平年鉴（2017）》出版】 11月，重庆市梁平区政府编纂的《梁平年鉴（2017）》由方志出版社出版。该卷年鉴框架结构同上年，设年度要闻、特辑、梁平概况、政治、经济、社会事业、乡镇（街道）、大事记、文献、统计资料、光荣榜、附录12个类目。全书62.3万字。（熊英）

【《武隆年鉴（2017）》出版】 12月，重庆市武隆区志办主编的《武隆年鉴（2017）》由中国文史出版社出版。该卷年鉴设大事记、专记、特辑、概貌、旅游、政治、经济、文化事业、社会、乡镇、人物、荣誉等类目，图片近百幅。全书81.2万字。（李才东）

【《云阳年鉴（2017）》出版】 12月，重庆市云阳县政府办公室、县志办主编的《云阳年鉴（2017）》由团结出版社出版。该卷年鉴设特载、云阳概况、政治与法治、经济、社会事业、街道乡镇、大事记、人物、荣誉表彰、附录等类目，后附索引。全书64万字。（熊英）

【《高新区年鉴（2017）》出版】 11月，四川省成都市高新区志办编纂的《高新区年鉴（2017）》由开明出版社出版。该卷年鉴采用分类编辑法，卷首设特载、专文、大事记、综述，卷尾设统计资料、文件存目、附录、索引。全书86万字。（成都市志办）

【《江油年鉴（2017）》出版】 11月，四川省江油市政府主办、市志办编纂的《江油年鉴（2017）》由方志出版社出版。该卷年鉴设特载、大事记、江油概览、政治、法治·军事、“三农”工作、工业、商贸·旅游、交通运输、通信、金融、财政·税收、综合监管、城乡建设·环境保护、科学技术、教育·体育·文化、卫生与计划生育、社会民生、办事处·乡镇、人物、统计资料、附录、索引23个类目，收录图照32幅。全书75万字。（雷雨露）

【《雅安市名山区年鉴（2017）》出版】 12月，四川省雅安市名山区政府主办、区志办编纂的《雅安市名山区年鉴（2017）》由开明出版社出版。该卷年鉴设特载、专记、大事记、概况、政治、经济、教科文、社会、生态文明、乡镇和附录11个类目，收录图照200余幅。全书53万字。（雷雨露）

【《江孜年鉴（2017）》出版】 年内，西藏自治区江孜县委县政府主办、县志办编纂的《江孜年鉴（2017）》由方志出版社出版。该卷年鉴由数字江孜2016、首页插图、编辑说明、编委会及编辑部组成、目录、正文、附录、索引、各单位图片等组成，正文设特载、综述、大事记、政治、援藏工作、武装、法治、经济管理、社会事业、城市建设·环保、交通·通讯、金融、乡（镇）况、附录等类目。

（达瓦扎西）

【《合阳年鉴（2017）》出版】 12月，陕西省合阳县政府编纂的《合阳年鉴（2017）》由西安出版社出版。该卷年鉴设32个类目165个分目830个条目，图片120余幅。全书65万字。

（丁喜）

【《三原年鉴（2017）》出版】 12月，陕西省咸阳市三原县政府主办、县志办编纂的《三原年鉴（2017）》由三秦出版社出版。该卷年鉴设34个类目142个分目12个子分目1213个条目。全书55万字。（丁喜）

【《金台年鉴（2017）》出版】 12月，陕西省宝鸡市金台区政府主办、区志办编纂的《金台年鉴（2017）》由三秦出版社出版。该卷年鉴设32个类目137个分目1261个条目，聚焦追赶超越，推进“四区”（产业转型先导区、创新创业引领区、城乡统筹示范区、共建共享幸福区）建设，实现“三个率先”（率先实现精准脱贫目标、率先建成最具幸福感城区、率先全面建成小康社会）的大事要事和奋斗历程。全书71万字。（丁喜）

【《门源年鉴（2016）》出版】 11月，青海省海北州门源回族自治县政府办公室主管、县志办编纂的《门源年鉴（2016）》由青海人民出版社出版。该卷年鉴设特载、门源县基本情况、大事记、组织机构和领导名录、政治、地方军事、经济、社会事业、乡镇简介、荣誉奖励、附录。全书50万字。（马渊）

【《刚察县年鉴（2016）》出版】 11月，青海省刚察县政府办公室主管、县志办编纂的《刚察县年鉴（2016）》由青海民族出版社出版。该卷年鉴首冠特载，中设组织机构和领导名录、县情概况、大事记、政治、群众团体、军事、法治、农牧水利渔政、城建交通电力、邮政通讯、财政税务金融保险、经济贸易管理与监督、社会事业、各乡镇（场）概况，后有附录。全书40万字。（马渊）

【《共和年鉴（2016）》出版】 12月，青海省共和县政府主管、县志办编纂的《共和年鉴（2016）》由中国图书出版社出版。该卷年鉴设特载、概况、大事记、组织机构、领导名录、政治、军事、经济、社会事业、乡镇发展概况、附录等。全书52万字。（马渊）

【《西夏区年鉴（2016）》出版】 7月，宁夏回族自治区银川市西夏区政府主办、区志办编纂的《西夏区年鉴（2016）》由宁夏人民出版社出版。该卷年鉴设专载、专记、组织机构和负责人、大事记、区情概要、中共西夏区委员会、西夏区人民代表大会常务委员会、西夏区人民政府、中国人民政治协商会议西夏区委员会、群众团体、民主党派与工商联、公安司法、国防军事、综合经济、商贸物流、财政税务、经济管理、城乡建设、交通管理、生态建设与环境保护、科学服务、教育、卫生·医疗、文化·体育·旅游、社会管理与服务、镇（街道）、表彰奖励、人物简介、附录29个类目，下设120个分目1000多个条目，后附索引。全书55.6万字。（张明鹏）

【《彭阳年鉴（2017）》出版】 10月，宁夏回族自治区彭阳县政府主办、县志办编纂的《彭阳年鉴（2017）》由宁夏人民出版社出版。该卷年鉴设专载、综述、机构和组成人员、大事记、政党政权、群众团体、政务服务、法治建设、军事、经济监管服务、农业和农村经济、工业和信息产业、财政税务、金融保险、商业贸易、交通运管和邮政快递、建设环保林业生态、科技卫生计生、教育文化旅游史志、乡镇、荣誉榜、附录22个类目。全书约70万字。（张明鹏）

·乡镇村街道年鉴出版

【《龙城街道年鉴（2017）》出版】 11月，广东省深圳市龙岗区龙城街道年鉴编委会编纂的《龙城街道年鉴（2017）》由中国文史出版社出版。该卷年鉴设特载、大事记、特色龙城、党务、政务、群众团体、经济发展、经济综合管理、城市建设、城市管理、法制、文化体育、教育科技、医疗卫生计划生育、社会民生、社区、人物荣誉、附录、统计资料19个类目，后附索引。全书35万字。（广东省志办）

【《寮步年鉴（2017）》出版】 9月，广东省东莞市寮步镇政府主办的《寮步年鉴（2017）》由广东人民出版社出版。该卷年鉴设大事记、特载、总述、党务·政务、社会团体、政法·军事、城建·环保、对外经济·招商引资、工业·商贸、汽车产业、香市文化产业、农业·林业·水利、财政·税务·金融、经济管理、科学技术·信息化、教育、文化、体育·卫生、民生、村（社区）、荣誉、附录等类目。专设“汽车产业”类目，从汽车产业、东莞国际汽车城、百业国际汽配城、东莞市汽车行业协会等4个分目，记载寮步镇汽车产业的发展概况；专设“香市文化产业”类目，从香市文化综述、香博会、香市文化事业与产业发展、东莞市沉香协会等4个分目，突出“中国沉香之乡”地方特色。全书72.6万字。

（广东省志办）

【《大朗年鉴（2017）》出版】 10月，广东省东莞市大朗镇政府主办的《大朗年鉴（2017）》由广东人民出版社出版。该卷年鉴设影像大朗、大事记、特载、镇情简述、党务·政务、群众团体·社会组织、政法·军事、城建·环保、对外经济·招商引资、工业·商贸服务业、毛织业、农业·林业·水务、财税·金融、经济管理、科学技术·信息化、教育、宣传·文化、体育·卫生、民生、社区（村）、附录等类目。专设“毛织业”类目，从“毛织业综述”“毛织产业服务管理”“中国（大朗）国际毛织产品交易会”“毛织＋电商”“时尚活动”“毛织商贸城建设”6个分目，突出“毛织重镇”。全书57万字。（广东省志办）

【《长安年鉴（2017）》出版】 10月，东莞市长安镇政府主办的《长安年鉴（2017）》由广东人民出版社出版。该卷年鉴设影像长安、大事记、特载、镇情简述、党务·政务、群众团体·社会组织、政法·军事、城建·环保、对外经济·招商引资、工业·商贸服务业、毛织业、农业·林业·水务、财税·金融、经济管理、科学技术·信息化、教育、宣传·文化、体育·卫生、民生、社区（村）、附录等类目。该卷年鉴长安镇建设广东省“大众创业、万众创新”示范基地、商事制度改革、体制改革3个分目记述长安镇年度特色。全书61.3万字。

（广东省志办）

【《虎门年鉴（2017）》出版】 11月，广东省东莞市虎门镇政府主办的《虎门年鉴（2017）》由广东人民出版社出版。该卷年鉴设大事记、特载、总述、党政机关、社会团体、政法·武装、城建·环保、交通·邮政、科学技术·信息服务、农林·渔业·水利、工业·能源、商贸流通、对外经济·招商引资、广东虎门集团、财政·税务·金融、经济管理、旅游·美食、教育、文化、医疗卫生·体育、社会生活、社区、荣誉、文献等类目。全书68万字。

（广东省志办）

·地方专业年鉴出版

【《天津水务年鉴（2017）》出版】 12月，天津市水务局编纂的《天津水务年鉴（2017）》由天津人民出版社出版。该卷年鉴设综述、重要文献、政策法规、水文水资源、水生态环境、城市供水、防汛抗旱、农村水利、规划计划、工程建设与管理、工程管理、引滦工程管理、南水北调工程、科技信息化、财务审计、人力资源及社会保障、综合管理、党建工团、各区水务、大事记、水务统计指标、附录22个类目，后附索引。（唐旗　刘新）

【《河北电子政务年鉴（2016）》出版】 2月，河北省电子政务学会编纂的《河北电子政务年鉴（2016）》由燕山大学出版社出版。该卷年鉴设特载、专题、大事记、河北省“一府两院”电子政务、省直及中直单位电子政务、各市县电子政务、政务网站·精品栏目、典型电子政务工程建设案例、相关机构及IT企业、人物、法规规章·政策文件、附录12个类目，下设100多个分目1000多个条目。全书131万字。

（鲍秋芬）

【《河北科技年鉴（2016）》出版】 7月，河北省科学技术研究所编纂的《河北科技年鉴（2016）》由河北人民出版社出版。该卷年鉴设特载、专文、大事记、科技管理、行业科技、高等院校、科研院所、区域科技、机构与团体、科技人物、附录和统计资料12个类目。

（鲍秋芬）

【《河北经济年鉴（2017）》出版】 11月，河北省统计局、省社会科学院编纂的《河北经济年鉴（2017）》由中国统计出版社出版。该卷年鉴设特载、综合篇、产业篇、区域经济篇、改革开放篇、统计资料篇及主要统计指标解释。全书105万字。 （苑守满）

【《鞍钢年鉴（2015）》出版】 2月，辽宁省鞍钢史志编委会编纂的《鞍钢年鉴（2015）》由冶金工业出版社出版。该卷年鉴是鞍钢连续编纂出版的第31部年鉴。该卷年鉴采用分类编辑法，设特辑、专文、大事志、概况、规划发展、财务运营与审计管理、人力资源管理、管理创新、科技创新、安全、环保与节能、信息化管理、国际事务、综合管理、企业文化与公共关系、党群管理、鞍山钢铁集团公司、攀钢集团有限公司、单位简介、人物、附录20个类目，配有彩色及黑白图片56幅。全书81.4万字。 （梁忠音）

【《沈阳铁路局年鉴（2017）》出版】 12月，沈阳铁路局年鉴编委会编纂的《沈阳铁路局年鉴（2017）》由沈阳铁路局年鉴社出版。该卷年鉴框架结构分类目、分目、条目三个层次，设特载、大事记、概况、运输生产、经营管理、综合管理、科教卫生、多元经济、党的建设、群团工作、政法武装、局属单位、荣誉记载、统计资料、文件辑存、附录16个类目，下设158个分目898个条目，彩色、黑白图片48幅。全书90万字。 （梁忠音）

【《吉林统计年鉴（2017）》出版】 11月，吉林省统计局编纂的《吉林统计年鉴（2017）》由中国统计出版社出版。该卷年鉴采用中英文对照的形式，设综合、国民经济核算、人口、从业人员和职工工资、固定在投资、对外经济贸易和旅游业、能源生产和消费、财政·金融·保险、价格指数、人民生活、市政公用事业和环境保护、农业、工业、建筑业、交通运输和邮电通信业、批发零售贸易和餐饮业、教育·科技·文化、体育·卫生·其他事业、市（州）县（市）概况、附录20个类目。全书130万字。 （赵德新）

【《长春汽车经济开发区年鉴（2017）》出版】 9月，吉林省长春汽车经济开发区管委会主办、区地方志编委会编纂的《长春汽车经济开发区年鉴（2017）》由吉林人民出版社出版。该卷年鉴采用分类编辑法，设专文、大事记、汽开区概况、城市建设与管理、招商引资及重点项目、支柱产业及重点企业、科技创新、综合经济管理、政务服务、依法治区、社会事业、农村（街道）工作、党群工作、精彩汽开、典型、干部名录、表彰、文献、附录19个类目，照片200余幅。全书35万字。 （赵德新）

【《黑龙江统计年鉴（2017）》出版】 9月，黑龙江省统计局、国家统计局黑龙江调查总队编纂的《黑龙江统计年鉴（2017）》由中国统计出版社出版。总编辑葛新、吴景峰。该卷年鉴收录黑龙江全省及各市（地）、县（市、区）2016年经济和社会各方面的统计数据。全书140万字。 （由岳峰）

【《浙江外事侨务年鉴（2016）》出版】 10月，浙江省外侨办主办的《浙江外事侨务年鉴（2016）》由浙江大学出版社出版。该卷年鉴设图记、特载、省级外事、部门外事、高校外事、企业外事、市县外事和附录8个类目，下设1500余个条目。条目一般按照事件发生时间的先后顺序排列。前有目录，配有光盘。 （浙江省志办）

【《宁波金融年鉴（2016）》出版】 5月，浙江省宁波金融年鉴编辑部编纂的《宁波金融年鉴（2016）》由中国金融出版社出版。该卷年鉴设改革与发展篇、统计篇、金融记事篇、机构名录篇以及附录。全书139万字。（高曙明）

【《宁波公安年鉴（2016）》出版】 8月，浙江省宁波公安史志编纂工作委员会编纂的《宁波公安年鉴（2016）》由浙江古籍出版社出版。

该卷年鉴采用分类编辑法，卷首设彩图、特载、综述、组织机构、特色中心工作、大事记等类目，百科设54个类目，卷尾设人物、发文目录（部分）和索引。全书71万字。

（高曙明）

【《宁波文化年鉴（2016）》出版】 10月，浙江省宁波文化年鉴编委会编纂的《宁波文化年鉴（2016）》由中国文史出版社出版。该卷年鉴采用栏目体，设综述、大事记、重大事件、艺术生产与研究、群众文化、非物质文化遗产、公共图书馆、文物保护与考古、博物馆、文化产业、文化市场、文化执法、行政审批、新闻出版、广播影视与科技、文化交流、文化管理、区县（市）文化工作以及文献辑存等内容。全书71万字。

（高曙明）

【《宁波大学年鉴（2016）》出版】 11月，宁波大学校长办公室编纂的《宁波大学年鉴（2016）》由科学技术文献出版社出版。该卷年鉴设学校概况、特载、重要文件和文献、党政机构设置、党建和思想政治工作、人才培养、教学工作、学科建设和科学研究、师资队伍建设、学生工作、国际交流与合作、港澳台工作、对外联络工作、办学条件保障、大事记和附录等类目。全书16.3万字。

（高曙明）

【《温州统计年鉴（2017）》出版】 9月，浙江省温州市统计局编纂的《温州统计年鉴（2017）》由中国统计出版社出版。该卷年鉴分为综合，人口和从业人员，农业，工业和能源，固定资产投资和建筑业，国内贸易、服务业和对外经济，交通运输和邮电通信业，财政、金融和保险，社会，价格，人民生活，附录12章，每章末附有各行业《主要指标解释》。内容涵盖全国、全省、全市及各县（市、区）主要经济社会指标，并收录历次人口普查、经济普查和农业普查等主要指标数据。

（温州市志办）

【《山东商务年鉴（2017）》出版】 6月，山东省商务厅编纂的《山东商务年鉴（2017）》由线装书局出版。该卷年鉴设特稿、大事记、业务统计、业务记述、市级商务、规范性文件等栏目，记述2016年度全省商务经济运行情况。全书52.7万字。

（山东省史志办）

【《山东食品药品监督管理年鉴（2017）》出版】 11月，山东省食品药品监督管理局编纂的《山东食品药品监督管理年鉴（2017）》由中国文史出版社出版。该卷年鉴设食品安全监督管理、药品化妆品监督管理、医疗器械监督管理等16个类目，记述2016年度全省食品药品领域的基本情况。

（山东省史志办）

【《山东人力资源和社会保障年鉴（2017）》出版】 12月，山东省人力资源和社会保障厅编纂的《山东人力资源和社会保障年鉴（2017）》由中国文史出版社出版。该卷年鉴设文献、全省人力资源社会保障工作、政策法规、大事记等7个类目，记述2016年度全省人力资源社会保障各项事业的发展状况。

（山东省史志办）

【《广东建设年鉴（2017）》出版】 12月，广东省住房和城乡建设厅主办、广东建设年鉴编委会组织编纂的《广东建设年鉴（2017）》由广东人民出版社出版。该卷年鉴设广东城乡建设风采、广东建设项目选辑、各市建设新貌等图片专辑，专题化、系列化地反映全省住房和城乡建设大事、要事及主要建设成就。全书150万字。

（广东省志办）

【《广东卫生和计划生育年鉴（2017）》出版】 12月，广东省卫生和计划生育委员会主办、省医学学术交流中心编纂的《广东卫生和计划生育年鉴（2017）》由广东人民出版社出版。该卷年鉴设2016年精彩回顾、概述、年度关注、大事记、工作进展、人事与干部、行业卫生和计划生育工作、各市卫生和计划生育工作、学术（群众）团体工作、卫生统计、重要会议报告、重要文件与法规、附录13个类目，后附索引。全书93万字。

（广东省志办）

【《中国—东盟统计年鉴（2017）》出版】 8月，国家统计局国际统计信息中心、广西统计局、国家统计局广西调查总队编纂的《中国—东盟统计年鉴（2017）》由中国统计出版社出版。该卷年鉴收录中国和东盟十国2016年和历史重要年份的主要统计数据，分综合篇和专题篇。综合篇主要收录2005年以来中国—东盟国家经济社会主要统计指标数据，专题篇主要收录中国和东盟各国的经济、贸易和投资等专题统计数据，资料数据主要来自世界银行数据库、东盟数据库、各国统计部门和东盟秘书处。全书45万字。（秧新明）

【《广西地税年鉴（2016）》出版】 7月，广西壮族自治区地方税务局编纂的《广西地税年鉴（2016）》由广西教育出版社出版。该卷年鉴刊载广西地方税收的法规、政策、信息资料和统计数据以及地方税务部门的工作情况，分重要文献、自治区地方税务工作、各市地方税务工作、税收法规选编、机构与人员、税收统计、大事记、附录8篇。全书97万字。

（秧新明）

【《广西国土资源年鉴（2016）》出版】 12月，广西壮族自治区国土资源厅主办、《广西国土资源年鉴》编委会编纂的《广西国土资源年鉴（2016）》由广西人民出版社出版。该卷年鉴以广西国土资源部门职能为主要分类依据，内容分类目、分目、条目三个层次，设17个类目。全书81万字。（秧新明）

【《西藏统计年鉴（2017）》出版】 9月，西藏自治区统计局、国家统计局西藏调查总队编纂的《西藏统计年鉴（2017）》由中国统计出版社出版。该卷年鉴设18个篇目，收录2017年西藏自治区的经济和社会发展等各方面的统计数据，以及西藏和平解放以来各个时期的主要统计数据。采用中英文对照形式，配有电子版光盘。全书86万字。（达瓦扎西）

【《兰州铁路局年鉴（2017）》出版】 11月，中国铁路兰州局集团有限公司主办、《兰州铁路局年鉴》编委会编纂的《兰州铁路局年鉴（2017）》由中国铁道出版社出版。主编王旺斌。该卷年鉴全面反映2016年兰州铁路局改革发展所取得的主要成就。全书128万字。

（王文生）

【《青海交通年鉴（2016）》出版】 11月，青海省交通厅主管、青海公路交通史志编审委员会主办、青海公路交通史志办编纂的《青海交通年鉴（2016）》由青海人民出版社出版。主编由林才让。该卷年鉴设特载、专文、大事记、省级交通运输行政管理、党群及精神文明建设工作、省级事业单位、各市州交通运输工作、政策法规和重要文件、干部名录、集体和人物、全省交通运输主要指标概述、交通绿化13个类目。卷首除常规图照栏目外，特设发展与成就，分10个板块简要记述全省公路交通发展概貌，凸显年度特点和行业特色。全书80万字。（马渊）

【《中国石油青海油田公司年鉴（2017）》出版】 12月，青海油田公司勘探开发研究院主管、中国石油青海油田公司年鉴编委会主办、青海油田公司勘探开发研究院编纂的《中国石油青海油田公司年鉴（2017）》由中国致公出版社出版。主编马建海、黄生远、刘义发。该卷年鉴设总述（综述、特载、专文、专稿），重要会议、重大活动、重大成果、油气勘探，油气田开发，油气储运炼化与销售，工程技术服务，科技、信息与外事工作，安全环保与质量节能，企业管理，基地后勤服务，精神文明建设，机构与人物，二级单位概览，大事记，先进荣誉，附录16个类目。全书67万字。

（马渊）

地方志资源开发利用

· 地情书编写与出版

【《北京繁昌记》出版】 7月，北京市方志馆组织翻译的《北京繁昌记》由北京联合出版公司出版。原作者日本作家中野江汉。该书真实呈现民国初期的北京，以一个日本记者的独特视角，带着读者观览北京著名的历史遗迹，可以说是老北京的写真。同时，它也有别于同时期其他日本学者更倾向主观臆断的游记感想文，客观呈现出20世纪初北京城或“繁昌”或“凋敝”的景象。作品内容涉及历史、社会、政治、经济、文化等多方面。 （王韧洁）

【《责任情怀——北京城市居住建设开发口述史》出版】 12月，北京市志办、北京首都开发控股（集团）有限公司编纂的《责任情怀——北京城市居住建设开发口述史》由北京出版社出版。该书是北京市哲学社会科学规划课题“北京城市居住建设开发”口述史项目的重要成果，通过口述访谈北京城市居住建设开发重大事件的亲历、亲见和亲闻者，发掘、留存北京城市建设开发过程中反映历史真实而又鲜为人知的细节和背后的故事，记录北京市各个重大历史时期重点工程的开发建设。全书17.5万字。 （王韧洁）

【《印象河西村》出版】 年内，北京市志办编著的《印象河西村》由北京联合出版公司出版。执笔李东明。该书介绍古北口镇及河西村的史地人文风貌。全书约10万字。 （王韧洁）

【《房山云居寺研究》（中译本）出版】 年内，北京市方志馆和北京联合出版公司翻译的《房山云居寺研究》（中译本）由北京联合出版公司出版。作者日本塚本善隆、长广敏雄、水野清一、小川茂树、森鹿三、太田喜久雄。原书于1935年3月出版，是东方文化学院京都研究所的塚本善隆等6人基于1934年前往北京房山云居寺进行的实地考察而撰述的，书中配有近百幅照片、插图和拓片，读者能够目睹房山云居寺与石经山的历史旧貌。 （王韧洁）

【《海上国门——大沽口炮台研究文集》出版】 6月，《海上国门——大沽口炮台研究文集》由天津社会科学院出版社出版。主编马文艳。该书收入精选的7个方面39篇论文。全书34.9万字。 （张岩）

【《史说石家庄》出版】 6月，河北省石家庄市委宣传部、市政府办公厅、市志办主编的《史说石家庄》由河北美术出版社出版。该书图片380多幅，以石家庄历史上曾经出现过的历史人物为主线，追忆曾经的帝王将相和名人豪杰的故事。全书约15万字。 （肖海军）

【《图说石家庄》出版】 6月，河北省石家庄市委宣传部、市政府办公厅、市志办主编的《图说石家庄》由河北美术出版社出版。该书以时间为主线，记述从远古到现代石家庄的历史、经济和文化中的亮点，内含图片1000多幅。全书15万字。 （肖海军）

【《学历史——做有爱心的清河人》出版】 7月，河北省清河县志办与县直第一小学编纂的德育教材《学历史——做有爱心的清河人》由中国文史出版社出版。该书为清河县直第一小学教材，力求以“身边事”教育当代青少年，收录人物包括历史上的清河籍人物、客居清河的外乡人物以及曾在清河工作生活过的人物，所述故事以发生在清河为主，也有部分发生在清河境外。分11讲133课。（郑小明）

【《辽宁大事记（2016）》出版】 9月，辽宁省志办编纂的《辽宁大事记（2016）》由辽宁民族出版社出版。主编鄢钢城，副主编麻志杰、林燕燕。该书记载2016年辽宁省政治、经济、社会、文化等领域发生的带有全局性、具有一定影响、意义和存史价值的大事、要事和特事。附录部分收录辽宁省委书记李希、辽宁省长陈求发在省委经济工作会议上的讲话，陈求发在辽宁省第十二届人民代表大会第八次会议上所作的政府工作报告，2016年辽宁省地方法规、规章及文件目录，2016年辽宁省国民经济和社会发展统计公报、环境状况公报、气候公报、气象灾害公报、生态质量气象评价报告、水资源公报、金融运行报告，以及统计指标与数据等重要省情内容。全书32万字。

（由林鹏）

【《回眸中的印迹》出版】 4月，辽宁省大连市旅顺口区史志办编纂的《回眸中的印迹》由辽宁民族出版社出版。主编张景范、刘圣君。该书在《旅顺图史》的基础上，以近代有关旅顺地区的影像资料为基础，细化和发掘旅顺口区历史街区、历史建筑、历史事件、历史人物，以及涉及社会生活的民俗事项，插图1500余幅。全书30万字。（孙建宏）

【《庄河抗战纪事》出版】 6月，辽宁省庄河市史志办编纂的《庄河抗战纪事》由中共党史出版社出版。主编孙卫东。该书设概述·沦陷时期庄河大事记，甲午、甲辰战争在庄河，东北沦陷时期日寇的奴役、掠夺与暴行，东北沦陷时期的抗日烈焰，八路军海上挺进东北庄河登陆，抗战英雄人物，回忆录7篇，记述1894年至1905年和1931年至1945年两个历史时期，特别是20世纪30年代发生在庄河的抗日斗争史实，插图50幅。全书25万字。

（孙建宏）

【《知家乡爱延边三字经》出版】 5月，吉林省地方志资源开发立项项目“知家乡爱延边三字经”由延边大学出版社出版。编纂桂剑峰。该书80阕，是吉林省地方志编委会启动“吉林省青少年‘知家乡爱家乡’系列方志读物”编纂工程后出版的第一部作品。该书借用中国传统启蒙教材《三字经》的形式，概述延边州自有人类活动以来的悠久历史，文字简洁、内涵丰富，结合少年儿童的阅读习惯，每组诗句配以漫画形式的插图和通俗易懂的释文辅助阅读，图文并茂、朗朗上口，以汉、朝双语文字印刷，地方特色十分鲜明。10月，该书发行仪式在延吉市举行。全书960字。（李雯）

【《长白文史拾粹》出版】 8月，吉林省地方志资源开发立项项目“长白文史拾粹”由吉林文史出版社出版。作者徐学毅。该书设考古与访古、文化与历史、考据与辨伪、舆地山水、历史人物、文博与收藏、关东风物、方域诗词8辑。收录作者35年间独自在渤海国、辽、金的考古新发现，发掘与荟萃长白山地区的人文历史、景观、习俗、风物等。（常京锁）

【《抗联歌曲研究》出版】 9月，吉林省地方志资源开发立项项目“抗联歌曲研究”由吉林文史出版社出版。作者刘贤。该书分抗联歌曲、抗战歌谣、抗联将领诗词和抗联歌曲研究4个部分。对挖掘、抢救到的抗日战争时期抗联歌曲、抗战歌谣的史料辑录和研究探讨，将原来流传80余年的抗联歌曲、抗战歌谣在大量采访调查、对不同版本校勘基础上进行辑录、编辑、优化。该书录入抗联歌曲68首、抗战歌谣90首、抗联将领诗词15首、抗联歌曲研究文章20篇，对抗联涉及的重要事件和历史人物作解读和说明，收录鲜为人知的采访过程。

（李雯）

【《万宝山事件史料辑录》出版】　12月，吉林省地方志资源开发立项项目“万宝山事件史料辑录”由吉林文史出版社出版。主编杨贵海。该书分万宝山事件始末（事件的地点、起因至最后对事件的审判等）、朝鲜排华惨案（蔡元培在中央党部纪念周对万宝山事件及朝鲜排华惨案之重要报告等七章）、中共满洲省委关于万宝山事件及朝鲜惨案宣传、吉林人民反对日本帝国主义制造万宝山事件的斗争4部分。全书24万字。（李雯）

【《关东大烟袋》出版】　12月，吉林省地方志资源开发立项项目“关东大烟袋”由吉林文史出版社出版。编著王松林、田佳训。该书分9章，分别是烟草史话，烟缕飘香的奇特嗜好，天下驰名的关东烟，烟铺行话、对联、谚语、歇后语，关东民间烟嗑趣话，千姿百态的北方民间烟俗，闻名遐迩的关东大烟袋，漫话烟斗，烟草500年大事记。该书记述关东大烟袋的命名、烟草的传入与传播，关东旱烟经历的各个时期及关东烟主要产地，烟具的发明与流传及关东大烟袋的构成。全书20万字。

（李雯）

【《船厂记忆》出版】　12月，吉林省地方志资源开发立项项目“船厂记忆”由吉林文史出版社出版。作者高振环。该书分沿江之城、龙兴之地、沧桑乌拉街、边外风情、将军故事、古城传奇6辑，对曹雪芹家世与吉林乌拉的历史渊源、采捕鲟鳇鱼故事、东珠传奇等一些长期被忽略的、具有一定历史价值的问题进行考略并有新的发现。全书44万字。（常京锁）

【《吉林省大事记——“十二五”时期》出版】　12月，吉林省地方志资源开发立项项目“吉林省大事记——‘十二五’时期”由吉林文史出版社出版。作者娄晶。该书以大事记为线，记述2011年至2015年吉林省各族人民在中共吉林省委、省政府的领导下，在经济、政治、文化、社会、生态和人民生活等方面发生的大事及取得的新成就。（李雯）

【《哈尔滨观览》出版】　5月，黑龙江省哈尔滨市志办编纂的《哈尔滨观览》由黑龙江人民出版社出版。主编赵竹帛。该书是一部中俄文对照的双语书籍，分北国明珠、历史传承、物华天宝、政通人和、物阜民丰、百花齐放、开放振兴7个部分，反映哈尔滨市的地理、历史、资源、人口、经济、文化和规划等内容。全书7万字。（由岳峰　刘新惠）

【《你所不知道的——佳木斯之最》出版】　1月，黑龙江省佳木斯市委宣传部、市志办编纂的《你所不知道的——佳木斯之最》由黑龙江人民出版社出版。主编富宏博。该书内容包括佳木斯镇、佳木斯市史实上之最早、最先、最大、唯一、第一的事物、事件、人物。全书20万字。（由岳峰）

【《上海故事》出版】　2月，《上海故事》由生活·读书·新知三联书店出版。作者朗格等，译者高俊。该书收录多形成于19世纪后半期的稀见上海开埠早期英文文献6部，包括游记、演讲、回忆录、日记等种类。其作者或为长期在上海等口岸城市生活的外侨，或为来华游历的外国人，他们所记录的在中国所经历的重要事件。该书设前言、上海游记、上海社会概况、上海故事——从开埠到对外贸易、远东生活回忆录、上海租界历史杂录（1842—1856）和小孩日记等部分。全书25万字。

（范锐超）

【《上海租界及老城厢素描》出版】　8月，上海社会科学院历史研究所、上海通志馆联合编译的《上海租界及老城厢素描》由生活·读书·新知三联书店出版。作者英国人麦克法兰。该书收录《文汇报》英文版自19世纪70年代末至90年代初发表的部分文章，以西方人的视角记录在已开埠近50年的上海社会日常生活状况。该书设译者前言、上海租界及老城厢素描、会审公廨、和平之神刘郇膏的人祀、竹镇上的马尼拉斗鸡场等章节。全书24.2万字。（杨婧）

【《海上红韵》出版】 8月，上海通志馆编纂的《海上红韵》由东方出版中心出版。该书选取的40多个革命遗址和红色旅游景点，设上海市人民英雄纪念塔、中国社会主义青年团中央机关旧址、中共一大会址、中国劳动组合书记部旧址、中共二大会址、中共三大后中央局机关三曾里遗址等部分。全书3万字。（杨婧）

【《文化名人笔下的上海风情》出版】 10月，上海通志馆编纂的《文化名人笔下的上海风情》由学林出版社出版，该书为《上海滩》杂志文章精选，作者中既有上海史的专家学者，也有经历上海史上重大事件的历史名人等，内容涉及上海历史的各个方面。全书13万字。

（杨婧）

【《江苏好家训》出版】 5月，江苏省志办编纂的《江苏好家训》由江苏凤凰教育出版社出版。主编漆冠山。该书列入江苏“十三五”重点出版规划项目，由名人名训和世家大族族谱中的家规族训两部分组成，图文并茂。收录江苏历代名人家训47则、世家大族的家训25则。全书30万字。（吉祥）

【《古代溧水名流》出版】 12月，江苏省南京市溧水区志办普及地方历史文化专项资金资助的《古代溧水名流》由团结出版社出版。编著潘惠明。该书精选俞栗、吴潜、濮文暹、齐泰等50位溧水乡贤和李白、白居易、韩熙载、周邦彦等30位在溧水为官、寓居、游历的文化名人，以通俗易懂的文字记述其生平事迹和文化成就。（张丽）

【《古泉村史》出版】 12月，江苏省南京市江宁区首部村史《古泉村史》由团结出版社出版。主编赵慕明。该书设村名由来、山水、温泉、文物古迹、名人游踪、山乡变迁、境内开发、人物等18篇，图片200幅，记录南京市江宁区汤山街道古泉村的形成。全书20余万字。

（张丽）

【《徐霞客研究文集》出版】 6月，江苏省江阴市史志办与市政协文史委、市徐霞客研究会编纂的《徐霞客研究文集》由古吴轩出版社出版。该文集为纪念徐霞客诞辰430周年，收录30年间江阴的徐学研究人士发表在全国各类报刊及正式出版的徐学著作中的论文152篇。

（张丽）

【《邗江史话》出版】 1月，江苏省扬州市邗江区史志办主编的《邗江史话》由广陵书社出版。该书应大型历史文化系列丛书“中国史话”邀约而编写。设区情概览、历史沿革、史海钩沉、地方名人、文化遗产、人文景观、地名掌故、现代风貌8个部分，配图40幅。该书吸收邗江历史文化的最新研究成果，包括隋炀帝墓的发现、广陵王玺的传奇故事、北湖画驴人施原的作品、瓜洲地下交通线的开通、淹贯经史的江藩、甘泉首任县令龚鉴、晚清名医夏春农、甘泉陈园等内容。全书约19万字。

（张丽）

【《宿迁抗战史料汇编》《新四军在宿迁》出版】 12月，江苏省宿迁市史志办编纂的《宿迁抗战史料汇编》《新四军在宿迁》由江苏人民出版社出版。两书分史略、文献、战斗、纪念、人物、专论6篇，记述宿迁军民浴血奋战的历程，彰显革命先烈和先辈大无畏的革命精神，同时收录大量珍贵的文献资料。

（李海宏）

【《杭州日记（2016）》出版】 6月，浙江省杭州市志办编纂的《杭州日记（2016）》由浙江人民出版社出版。该书以日为单位，记录杭州每一天的大事、要事，为“日记—月志—年鉴—市志”完整工作链中的基础一环，保存真实、权威、翔实的志鉴基础资料；图照273幅。全书55万字。（袁啸马）

【《杭州精览》出版】 12月，浙江省杭州市志办编纂的《杭州精览》由浙江人民出版社出版。该书分7个部分，图照398幅，为杭州市

情普及读物，其主要内容是反映杭州历史和杭州市情。全书41.4万字。（袁啸马）

【《辉煌十年》出版】 12月，浙江省杭州市志办编纂的《辉煌十年》由浙江人民出版社出版。该书以“延续二轮杭州市志、记录杭州辉煌成就”为目的，设总述、经济、政治、文化、社会、生态、城建、创新、荣誉、人物、数据11个部分，包括主题文章、案例、图照、名词解释等内容。（袁啸马）

【《近代期刊中的章太炎文献选辑》出版】 4月，浙江省杭州市余杭区史志办整理编纂的《余杭民国研究丛书》之《近代期刊中的章太炎文献选辑》由上海辞书出版社出版。该书系余杭区史志办以章太炎为中心，与华东师范大学历史系合作，收集民国时期《新民报》《教育潮》《社会新闻》《中医世界》《求是月刊》《中央时事周刊》等约150种期刊中有关章太炎的各种史料，包括与章太炎相关的书信、函电、诗文、演讲记录、轶事、评传、年谱等。收录的文献资料均按年代顺序编排，起自1911年，止于1949年。全书50万字。

（余杭区史志办）

【《〈申报〉中的章太炎文献选辑》出版】 10月，浙江省杭州市余杭区史志办编著的《余杭民国研究系列丛书》第五辑《〈申报〉中的章太炎文献选辑》由上海辞书出版社出版。这是余杭区史志办与华东师范大学、杭州师范大学等高校合作，搜集了近代中国发行时间最久、具有广泛社会影响的报纸《申报》中有关章太炎的各种史料，包括本人的著述、演说、函电、启事（告白），时人对章太炎的评论、记述，《申报》对章太炎的报道等，按照文献年代顺序编排，书中收录资料的时间上溯至1903年，下至1949年。全书37.2万字。

（余杭区史志办）

【《萧山清官廉吏》出版】 4月，浙江省杭州市萧山历史文化丛书之一的《萧山清官廉吏》由浙江人民出版社出版。作者莫艳梅。该书记载萧山历史上清官廉吏22人，其中唐代1人（贺知章）、宋代3人（王丝、杨时、张夏）、明代6人（魏骥、张嵿、祝瀚、朱仲安、来三聘、周之麟）、清代9人（朱珪、朱凤标、汤金钊、朱筠、任辰旦、汪辉祖、王绍兰、葛云飞、郁崑）、民国后3人（汤寿潜、周易藻、来裕恂）。图照200多幅。全书17.2万字。

（萧山区志办）

【《魏骥集》出版】 5月，浙江省杭州市萧山区志办编纂的浙江省社科规划课题成果《魏骥集》由浙江人民出版社出版。点校蔡堂根、舒仕斌。该书以《南斋摘稿》为重点，包括4个方面：《南斋摘稿》的点校，是本书的主体；《南宅摘稿》未收的魏骥诗文的汇编点校；同时代的相关酬唱，如于谦、杨士奇、杨溥等诸多人物与魏骥酬唱的诗文书札等，也包括后世较有影响的追念性诗歌、序记等；相关文献中较有代表性的魏骥传记和相关传说。最后是魏骥年谱。（萧山区志办）

【《跨过鸭绿江的岁月——临安抗美援朝老战士访谈录》出版】 7月，浙江省临安市方志办、市新四军历史研究会和浙江农林大学马克思主义学院共同编写的《跨过鸭绿江的岁月——临安抗美援朝老战士访谈录》由中国文化艺术出版社出版。该书设访谈录、来信来稿、档案文献和附录4个部分，其中访谈录是全书核心部分，主要通过对参加过抗美援朝战争的志愿军老战士的采访，以问答形式写成口述文稿。（临安区志办）

【《宁波文化名石——梅园石》出版】 1月，浙江省宁波市鄞州区志办编纂的《宁波文化名石——梅园石》由宁波出版社出版。编著杜建海（笔名：杜锺文）。梅园石被称为“宁波文化名石”。该书系梅园石研究专著，分为石事记要、石宕开采、石质特性、石材之用、石雕之美、石韵之咏六部分。该书系统梳理梅园石的采石文化、用石文化、品石文化，其中采石文化包括石宕、石质、露天采石方式及历史，用石文化包括石材、石作在古今的大量应用和东亚地区的运输、传播，品石文化包括世界石刻工艺。该书载入田野调查实录、科学测试报告和文献检索所得诗文，配石作等图照。

（高曙明）

【《宁海民国人文档案摭拾》出版】 1月，浙江省宁海县志办编纂的《宁海民国人文档案摭拾》由宁波出版社出版，编著薛家栓。该书系有关民国时期宁海人士的史料集，大部分内容为宁海县档案馆馆藏民国期间资料研究，分“人物”20篇和“史实”10篇，涉及当时的作家诗人、名医等以及奉海公路开通、宁海青年抗日等史实，每篇文章配照片。全书约20万字。（高曙明）

【《宁波方志文献史》出版】 3月，浙江省宁波市鄞州区志办包柱红和宁波市图书馆万湘容编纂的《宁波方志文献史》由浙江大学出版社出版。该书列入2013—2014年“宁波文化研究工程”项目。结合方志和文献两个研究点，阐述宁波方志源流，记述其产生、发展、鼎盛的历史过程，介绍各个历史时期方志文献的总量、种类及现存收藏情况。该书逐部介绍志书典籍的编修情况、主要内容、编纂特色和史料价值，考订不同志书版本的史料价值，介绍入载历代参与修志人员的生平概况及主要贡献，评价不同历史时期具有代表性的方志专家的贡献，制作文献索引，梳理各图书收藏机构所藏宁波方志情况。全书27万字。（高曙明）

【《传统文化村落庙岭》出版】 6月，浙江省宁海县委党史研究室编纂的《传统文化村落庙岭》由中国文史出版社出版。编著王兴满。该书分大事记、村风村训、古建余晖、古迹遗存、传统习俗、办学育人、诗文集锦等部分，介绍庙岭村的历史沿革。全书约32万字。

（高曙明）

【《蛟川杂记》出版】 6月，《蛟川文史丛书》第五辑《蛟川杂记》由宁波出版社出版。作者郑毓岚。该书分寻踪探幽、古村拾贝、古迹遗韵、海边渔事、农事漫录、蛟川往事等8个部分，涉及古迹、古村落拾遗，海边渔事和农事漫录，大族和人物往事记载。（高曙明）

【《王阳明的心路历程》出版】 10月，浙江省余姚市委宣传部、余姚日报社编纂的《王阳明的心路历程》由中国文史出版社出版。该书分“降生世家：立志学圣”等6章，记述王阳明人生不同时期发生的传说故事。10月31日，王阳明诞辰545周年纪念日，该书首发式在王阳明故居传习苑举行。（高曙明）

【《永嘉历代文献选编》出版】 年内，浙江省永嘉县志办编纂的《永嘉历代文献选编》由浙江古籍出版社出版。该书依托永嘉历史，上始南朝下至元朝，以涉永嘉现行政区域的地方为主，从以著者为主的角度收录《永嘉郡记》《太平经国之书》《黑鞑事略》《真腊风土记》等39篇历史经典佳作。全书约45万字。

（温州市志办）

【《魏大中评传》出版】 12月，浙江省嘉善县纪委、县委宣传部和县史志办编纂的《嘉善善学思想丛书》之二《魏大中评传》由上海三联书店出版。作者李勇。该书还原晚明忠臣才子魏大中的人物形象，魏大中是晚明东林党争的关键人物，是明代海瑞般的清正廉洁官员，被称为“大明三百年来忠烈刚强第一人”。与此同时，为读者展现晚明经济文化和社会生活，同时赋予嘉善善学思想新的内涵。

（嘉兴市志办）

【《中国国家人文地理·湖州》出版】 10月，浙江省湖州市志办编纂的《中国国家人文地理·湖州》由中国地图出版社出版。该书设湖州概况、历史溯源、文化之邦、名人荟萃等10个篇章，彩图300余幅，以地理为载体，展现湖州的历史文化、人文资源、地理民情、生态环境以及经济社会发展等方面。全书 35 万字。

（湖州市志办）

【《武义通史》出版】 9 月，《武义通史》由浙江古籍出版社出版。撰写朱连法。该书以《浙江通史》为范本，遵奉"直书实录"的史学基本原则，设史前、先秦、秦汉六朝、隋唐五代、宋代、元代、明代、清代、民国、共和国初期 10 章，附录有村落简史、村名源由等 8 种。图照 1500 幅。全书 230 万字。

（金华市志办）

【《衢州便览》（修订本）出版】 12 月，浙江省衢州市志办编纂的《衢州便览》（修订本）由中国文史出版社出版。主编胡锡明。该书在 2013 年版《衢州便览》基础上修订补充而成，设前言、衢州概览、锦绣山水、名优特产、城镇建设（旅游文化）、创业新篇、三衢人物及附录（空中看衢州）等。全书 8.9 万字。

（衢州市志办）

【《普陀山建筑艺术与宗教文化》（中译本）出版】 4 月，《普陀山建筑艺术与宗教文化》（中译本）由商务印书馆出版。作者德国人恩斯特·柏石曼。该书分 7 章，附照片 208 幅及插图 33 幅。1907 年 12 月至 1908 年 1 月，作者在普陀山考察 20 多天，采集大量照片及文字资料，精确测绘大量带比例尺的地图、房屋结构图，收录牌匾碑刻等。该书德文版是舟山籍旅日商人金滨耀于 2014 年初在德国觅得，并高价购买，当年夏天送舟山市档案馆保存。

（舟山市志办）

【《历代台州知府传略》出版】 8 月，《历代台州知府传略》由浙江大学出版社出版。主编卢如平，副主编徐三见、林大岳。该书记载三国吴至清代台州知府生平事迹。全书 48 万字。

（台州市志办）

【《玉环道教通览》出版】 4 月，浙江省玉环市道教协会编纂的《玉环道教通览》由中国文化出版社出版。主编袁英祥，副主编庄平来。该书记述上溯事物之发端，下限至 2015 年 12 月 30 日，分道教源流、活动场所、管理组织、道教仪规、道教活动、道教人物、道教文化、丛录 8 章，下设 38 节。全书 42.4 万字。

（台州市志办）

【《十大商帮与芜湖》出版】 8 月，安徽省芜湖市地情研究成果《十大商帮与芜湖》由安徽师范大学出版社出版。作者王东、董经飞。该书主要介绍山东商帮、徽商、洞庭商帮、宁波商帮、广东商帮、晋商陕商、福建商帮、江右商帮等与芜湖的商业渊源，通过对商帮与芜湖的关系研究，确立芜湖古代商业文明在中国商业史和江南市镇经济史中的地位。全书 15.1 万字。

（史五一）

【《芜湖通史（江北部分）》出版】 年内，安徽省芜湖市志办编纂的《芜湖通史（江北部分）》由黄山书社出版。该书分上、下册，包括古代部分、近现代部分（晚清到民国时期）、当代部分，分 17 章，详录芜湖江北（以 2011 年巢湖市撤销，划入芜湖市的无为县及和县沈巷镇部分为准，包含原芜湖市所辖裕溪口街道部分，统称芜湖市江北部分）从史前时代到当代的重要人文、历史等资料。全书 85 万字。

（史五一）

【《潜山概览》出版】 12 月，安徽省潜山县志办编纂的《潜山概览》由黄山书社出版。该书设县情概述、大事纪略、城乡建设、经济发展、全域旅游、社会民生、文化掠影、地方人物、艺文辑萃、乡镇风采 10 章。全书 16.8 万字。

（史五一）

【《晒家训，扬家风——长丰家风家训集锦》出版】 9 月，安徽省长丰县政协办公室、县委党史研究室（县志办）编纂的《晒家训，扬家风——长丰家风家训集锦》由安徽人民出版社出版。该书收集县内 51 个姓氏族谱中的家规家训、近年来权威媒体发表的有关家风建设文章，以及反映长丰县文明家风建设成果的相关图文资料。该书收集的家规家训大多出自各个家族的乡贤名人之手，采用格言警句、七言诗、五言诗、三字吟等形式。全书22万字。

（史五一）

【《皖江历史人物散记》出版】 4月，安徽省怀宁县志办编纂的《皖江历史人物散记》由合肥工业大学出版社出版。作者何诚斌。该书辑存文章93篇，分高洁特立之士、学养丰厚之士、艺技超逸之士、风流韵度之士、负异怀奇之士、慧识闳达之士、翰墨蕴藉之士、翘楚雄才之士、卓越俊雅之士9个部分，收录历史上有影响及在某个领域有独特表现、贡献的皖江籍邑人102人。全书37万字。（史五一）

【《大德不孤——回忆孙炳炎》出版】 年内，福建省厦门市教育基金会、集美区志办、集美大学人文学院编纂的《大德不孤——回忆孙炳炎》由中华书局出版。该书分亲友访谈、纪念诗文、悼挽伤逝三部分，记录陈嘉庚追随者——孙炳炎波澜壮阔的传奇人生和大德化人、大爱容人的人格风貌。（集美区志办）

【《仙游传奇故事》出版】 12月，福建省仙游县方志委、县委宣传部、县文联编纂的《仙游传奇故事》由海峡书局出版。该书分风云人物、仙踪神韵、物华轶事三部分。全书38.8万字。（欧长生　孙洁斐）

【《邵武便览》出版】 5月，福建省邵武市方志委编纂的《邵武便览》由海峡书局出版。该书设邵武概览、邵武人物、锦绣山水、风物特产、创业新篇5篇，配图103幅，记述邵武市自然、经济、文化、社会等方面发展的基本情况。全书5.4万字。（欧长生　孙洁斐）

【《铁骨忠魂——父辈的红军岁月》出版】 5月，江西省南昌市史志办、市委老干部局编纂的《铁骨忠魂——父辈的红军岁月》由江西高校出版社出版。该书收录部分在南昌市的老红军后代编写先辈们参加革命和走过长征的回忆文章58篇，图片233幅。全书38万字。

（南昌市史志办）

【《文游新余》出版】 5月，江西省新余市史志办、市旅游发展委员会编纂的《文游新余》由江西人民出版社出版。该书分自然风光、城乡风情、历史古迹、名人逸事、名俗特产5章，收录图片200多幅，展示新余的山水之美和人文魅力。全书22万字。（朱岳）

【《吉安登科考》出版】 2月，江西省吉安市志办编纂的《吉安登科考》由中华书局出版。著者汪泰荣。该书考证出有关吉安历代进士最为接近事实的人物：唐五代登科进士7人，宋代正奏名进士1248人，元明清登科进士1405人，合计2660人；收入本书的宋代特奏名进士162人，上舍释褐进士28人，元明清副榜进士75人，明代特用出身8人，以及历代恩赐进士5人、童子科34人，历代武进士35人。总计3007人。（朱岳）

【《山东简史》出版】 1月，《山东简史》由中国文史出版社出版。主编刘爱军。该书采用章目式体裁，分15章，按照朝代顺序系统记述从四五十万年前的“沂源人”到1949年中华人民共和国成立山东历史发展的主要历程。全书约10万字。（山东省史志办）

【《山东省情概览（2017）》出版】 4月，山东省史志办编纂的《山东省情概览（2017）》出版。该书设特载、十大新闻、省情概况、经济和社会发展、各市概况、统计数据和便览资料7个栏目，简要记述2016年度全省自然、经济、文化、社会等方面的发展情况，注重突出地方特点和年度特色。全书约11万字。

（山东省史志办）

【《山东地方治理历史经验参考》出版】 11月，《山东地方治理历史经验参考》由方志出版社出版。主编刘爱军。该书选介明清有代表性的山东著名地方官员施政事迹，在对山东巡抚施政进行量化研究的基础上，总结治省理政的历史规律，同时转录清代沂水县知县吴树声所著《沂水桑麻话》，反映县域治理特点规律。

（山东省史志办）

【《齐鲁历史名人传略》丛书出版】 11月，山东省史志办编纂的《齐鲁历史名人传略》丛书由中国文史出版社出版。该书包括政治卷、军事卷、思想卷、文学卷、艺术卷、学术文献卷、科技卷、教育卷、实业卷、英烈卷等10个分卷，收录1949年以前历代各类历史名人770个。全书300余万字。（山东省史志办）

【《济南笔记游记八种》出版】 12月，山东省济南市史志办整理的《济南笔记游记八种》由中国文史出版社出版。该书收录清代、民国期间陈秉灼、沈默撰《潭西精舍纪年》，王贤仪撰、王钟霖补记的《辙环杂录》，孙点撰《历下志游》，陈德征撰《济南游记》，范烟桥撰《历下烟云录》，李子全撰《山东省垣名胜记》，倪锡英撰《济南》，孙松龄撰《明湖客影录》等8种稀见文献，并对其进行点校整理，每篇均附点校说明，介绍文献作者、主要内容和创作背景。（张阳）

【《记忆中的市北》出版】 12月，山东省青岛市市北区史志办编写的历史文化丛书《记忆中的市北》（第八辑）由团结出版社出版。该书收录文章70篇，设载入红色史册的不熄薪火、市北城区村庄岁月剪影、时光中的童年记事、巡礼市北名企老校四个部分。全书20万字。（山东省史志办）

【《平度历史名人》出版】 9月，山东省平度市政协编纂的《平度历史名人》由中国文史出版社出版。该书收录在平度不同历史时期中具有代表性的历史名人150人，部分名人在全省的政治、经济、军事、科技、教育、文化、医疗、华侨、宗教等领域有重要影响力。

（山东省史志办）

【《博山区传统村落记忆》出版】 6月，山东省淄博市博山区史志办编纂的《博山区传统村落记忆》由中国文史出版社出版。该书收录文章92篇，照片600余幅，记录博山传统村落发展的历史和现状。全书46万字。

（山东省史志办）

【《张店乡村记忆》出版】 10月，山东省淄博市张店区政协委员会编纂的《张店乡村记忆》由线装书局出版。该书为《张店文史资料》第九辑，是一部记述张店地区乡村古迹、名人、传说等历史文化的典籍。该书选录记述153个村，插图260余幅，记录了张店乡村发展变化的历史。全书62万字。

（山东省史志办）

【《张店档案特藏图集》出版】 11月，山东省淄博市张店区档案局（馆）编纂的《张店档案特藏图集》由山东友谊出版社出版。该画册收录清朝以来较为珍贵的文字档案、照片档案、实物档案等图片160余幅。

（山东省史志办）

【《桓台地名故事》出版】 4月，山东省桓台县民政局编纂的《桓台地名故事》由光明日报出版社出版。该书设街巷、村庄、山水、庙宇、胜迹、撷英六部分，汇集地名故事131篇，照片71幅。全书35万字。

（山东省史志办）

【《沂源地名故事》出版】 4月，山东省沂源县民政局编写的《沂源地名故事》由线装书局出版。该书主要介绍沂源县地名的民间传说，设山水情怀、村名探源、史脉传承、神话传说、民间趣闻和附录，共收文133篇，50余幅图片。全书31.7万字。（山东省史志办）

【《丰碑》出版】 11月，山东省沂源县民政局编写的沂源革命史图集《丰碑》由华夏文艺出版社出版。该画册分78篇，图片424幅，附说明文字7万余字，重点介绍革命历史时期为中华人民共和国的成立神勇战斗的陈毅、罗荣桓、徐向前、粟裕等共和国将帅以及50多位战斗英模人物的鲜活事迹。 （山东省史志办）

【《东营区老照片》（第四辑）出版】 3月，山东省东营市东营区史志办编纂的《东营区老照片》（第四辑）由山东画报出版社出版。该辑延续前三辑的编辑风格，并根据内容作适当调整，设置战斗在清河渤海平原、广北风云、南下记忆三个板块，收文23篇，老照片139幅。全书12万字。 （山东省史志办）

【《黄河口抗日战争史》出版】 10月，山东省东营市垦利区党史志办组织策划的《黄河口抗日战争史》由中共党史出版社出版。编著薄文军。该书分10章，另设黄河口地区抗战大事记及相关附录，展现14年抗日战争期间，尤其是全国抗日战争爆发后，以现东营市为核心的黄河入海口地区的抗战画卷。全书62万字。 （山东省史志办）

【《田柳古今人物》出版】 2月，山东省寿光市田柳镇党委政府编纂的《田柳古今人物》由中国诗词楹联出版社出版。该书为寿光市第一部乡镇人物志，记述田柳籍在外游子和家乡知名人士的生平和业绩，是家乡人民与在外亲人联系的桥梁和纽带。 （山东省史志办）

【《使命——东平湖移民后扶10年回眸》出版】 3月，山东省东平县党史史志办、县东平湖移民管理局编写的《使命——东平湖移民后扶10年回眸》由中国文化出版社出版。该书展示2006年5月国务院出台《关于完善大中型水库移民后期扶持政策的意见》至2016年间东平县实施移民后期扶持政策及取得的一系列成就。全书29.8万字。 （山东省史志办）

【《记忆平阳河》出版】 11月，山东省新泰市地情书籍《记忆平阳河》由华龄出版社出版。该书分自然篇、历史篇、社会篇、经济篇、建设篇、人物篇、文化篇、综合篇，插图100余幅。全书60余万字。 （山东省史志办）

【《威海传统村落》出版】 11月，山东省威海市史志办编纂的《威海传统村落》（两辑）由中国文史出版社出版。该书从地理位置、村名由来、隶属沿革、历史文化、发展现状入手，记述威海古村落内在的文化肌理，收录186个村落资料，图片900余幅，展现古村落的历史风貌和现代变迁。全书91万字。

（山东省史志办）

【《德州史话（贰）》出版】 5月，山东省德州市史志办编纂的《德州史话（贰）》由中国文史出版社出版。该书分古庙宇·清真寺、古建筑、老行当·老风俗、古墓遗存、抗战纪事五个板块。全书37万字。 （山东省史志办）

【《怀庆方言》出版】 3月，韩德敏、韩晨晓编著的《怀庆方言》由中州古籍出版社出版。该书主要收集流行在怀庆府温县以及其他县市的方言土语。词条分为名词、动词、形容词、副词、代词、数量词、其他词、合音词、有音无字音节词九大类，收录方言词条4890条，以传统词语为主，兼收现当代方言词语。为增加词条的直观性，部分词条的后面还插入实物或活动场面图片。全书38.6万字。 （汪朝霞）

【《宜昌人物》（第一辑）出版】 1月，湖北省宜昌市委党史（地方志）办公室编纂的《宜昌人物》（第一辑）由武汉出版社出版。该书收录有史记载以来至1949年在宜昌历史上产生重大影响或对宜昌政治、经济、文化、军事、社会发展作出突出贡献的人物277人。全书29.6万字。 （湖北省志办）

【《黄冈地名摭谈》出版】 6月，湖北省黄冈市志办编写的《黄冈地名摭谈》由长江出版社出版。该书包括图片200余幅，收录市域内地名600多个。所有地名以县（市、区）为单位分别成篇，篇前写有概述，所含地名再按所属乡镇归类。所收录地名重点记述地名的由来、

蕴含的掌故传说、人文历史和现状。全书约 45 万字。（湖北省志办）

【《中心城市视角下的长沙历史文化》出版】 年内，湖南省长沙市志办编纂的《中心城市视角下的长沙历史文化》由湖南师范大学出版社出版。该书视角是国家中心城市，重点是长沙历史文化中与国家中心城市相关内容的挖掘与梳理，分别研究二者的内涵、特质及内在联系，对二者的关系进行理论考察，对长沙创建国家中心城市在历史文化领域的新情况、新问题进行分析探讨，提出有关对策建议。该建议荣获长沙城市总规划（2017—2035）“金点子”征集评选活动一等奖。（曾牧野）

【《广东历代官箴》出版】 6 月，广东省社科院张金超等编著的《广东历代官箴》由广东人民出版社出版。该书以广东各种地方志为主要材料，从资政辅政的角度精选一批积极向上、可供资鉴的官员箴言。该书以 1949 年前去世的广东籍官员和曾在广东任职的官员为对象，按生年为序收录他们的官箴 100 则，每人一则，每则含官箴原文、今译、探源、明鉴、人物小传、边批等部分。全书 20 万字。

（广东省志办）

【《广西图鉴（2016）》出版】 10 月，广西壮族自治区志办、广西年鉴社编纂的《广西图鉴（2016）》由广西师范大学出版社出版。该书以图片专栏形式，辅以文字，概貌式展示 2015 年广西经济建设、政治建设、文化建设、社会建设、生态文明建设等方面的基本情况、重要成就和深刻变化。全书分政治、法治 · 军事、经济、教科文卫体、民族宗教 · 社会生活、市县风采 6 章，收录图片 1700 幅。书前设有数说广西、年度要闻、广西地图栏目。图片专辑收录纪念抗战胜利 70 周年、重大项目建设、特色产业、城乡建设新面貌、居民生活新姿彩等有广西地方特色、年度特点的图片内容。书前有目录，书后有主题索引，配有电子版（U 盘）。全书 29 万字。（秧新明）

【《南宁地情手册（2017）》出版】 7 月，广西壮族自治区南宁市志办、市档案局编写的《南宁地情手册（2017）》由广西人民出版社出版。该书以图文方式反映 2016 年南宁市地情地貌的基本情况，内容包括南宁速览、南宁聚焦、产业发展、社会民生、文化南宁、区县概览、生活资讯等。（周珍朱　钟婉悦）

【《清代广西文人墨痕录》出版】 1 月，广西壮族自治区柳州市志办编纂的《清代广西文人墨痕录》由广西美术出版社出版。该书文图相兼，收录 128 名清代书家、画人的作品，以广西籍文人为主，兼收录虽未入籍却久居广西者。该书书画图影部分主要来源于文博机构馆藏图录、拍卖图录及石刻图录等，包括书画作品、摩崖、碑帖、版画、帖本等形式及其手迹；文字部分主要记述作者的平生履历、书画作品传藏内容。（周珍朱）

【《北海地情手册（2017）》出版】 12 月，广西壮族自治区北海市志办编写的《北海地情手册（2017）》由广西人民出版社出版。该书从北海荣誉、北海数字、北海聚焦、开放前沿、经济强市、产业发展、宜居北海、和谐家园、人民生活、便民资讯、年度要闻等方面记述 2016 年度北海地区经济和社会的发展。

（周珍朱）

【《钦州港经济技术开发区图志》出版】 7 月，广西壮族自治区钦州市志办编纂的《钦州港经济技术开发区图志》由广西人民出版社出版。该书记述钦州港经济技术开发区建立以来的发展历史，以图片形式记录钦州港经济技术开发区发展的基本历程，包括概貌、领导关怀、港口建设等内容。（周珍朱）

【《知青在海南史料选辑》出版】 12 月，海南省政协文史资料委员会编纂的《知青在海南史料选辑》由南方出版社出版。主编李朱全。该书分 10 卷，史料时限自 20 世纪 50 年代中期至 20 世纪 80 年代初，收录 690 余名亲历者和

见证人撰写知识青年在海南上山下乡的史料回忆文稿。全书420余万字。（郑昕）

【《大美丰都》出版】 10月，《大美丰都——〈丰都日报〉“丰都故事”“丰都人”栏目作品精选》由中国文史出版社出版。主编李永生，执行主编张学其。该书含人文丰都、长寿之星、创业精英、行业能手、德善人物5个方面，收录稿件145篇，图片180余幅。全书49万字。（杨佳音　王尔欢）

【《天彭牡丹史话》出版】 2月，四川省成都市志办、彭州市志办编纂的《天彭牡丹史话》由中国文史出版社出版。编者欧阳笑柳、杨文华、孙振中、王凤艳、曾勇、王玉岩。该书采用图文并茂、史评结合的形式，介绍牡丹的发展历史和文化特色，分花史、花谱、花录、花鉴、花俗5章，收录图照300余幅。全书12万字。（朱丹）

【《崛起：成华区域六十年实录》出版】 12月，四川省成都市成华区委区政府编纂、区志办主编的《崛起：成华区域六十年实录》由新华出版社出版。编者周孝明、曾维彬、黄章钧。该书分光影录和羊皮卷2章，收录图照300余幅。全书15万字。（朱丹）

【《天府文芯·武侯寻踪》出版】 12月，四川省成都市志办编纂的《天府文芯·武侯寻踪》由中国文史出版社出版。编者杨青林、王翔谦、徐敬国。该书分丝路华章、老城元素、路桥风韵、市井春秋、逸文杂谈5章，收录52篇文章。全书约12万字。（朱丹）

【《方志成华》出版】 12月，四川省成都市成华区志办编纂的《方志成华》由新华出版社出版。编者周孝明、黄海、罗兰。该书精选“方志成华”微信公众平台发布的成华区地情文献，以光影流年、街巷溢彩、远近留芳、民俗风韵、城市之根、蜀韵流长为内容，收录图照390余幅。全书约22万字。（朱丹）

【《绵阳建市三十周年大事记（1985—2015）》出版】 7月，四川省绵阳市志办主编的《绵阳建市三十周年大事记（1985—2015）》由成都时代出版社出版。编者余正道、曹玉琦、郭徽。该书以大事记的形式，收录大事1400余条，图照100余幅。从政治、经济、社会生活、文化教育、科学技术等各方面，反映绵阳建市30年来的发展历程。全书约25万字。（朱丹）

【《白马人之书》出版】 6月，四川省平武县志办编纂的《白马人之书》由花城出版社出版。作者阿贝尔。该书用花瓣式结构，描述白马部族的历史钩沉、文化习俗、方言、日常伦理、生活情态，勾勒出一幅立体的白马人生活图景。（朱丹）

【《德阳古镇》出版】 9月，四川省德阳市志办主编的《德阳古镇》由四川科学技术出版社出版。编者李思源、赖军、马联松、戴书文、冉艳、郑洪英。该书介绍29个古镇，每个古镇设古镇概览、历史沿革、一方风物和人文流韵4节。收录图照200余幅。全书45万字。（朱丹）

【《资阳资政史鉴之乡镇概览》出版】 6月，四川省资阳市志办主编的《资阳资政史鉴之乡镇概览》由开明出版社出版。编者李卫东、詹刚、喻雪刚、李万旭、康海燕、陈丽羽、付雪芳。该书涵盖市县区概况，从地理位置、历史沿革、行政区域、人口面积、自然条件、基础设施、经济状况、社会事业、文物古迹、历史人物等方面，记录全市4个街道办、116个乡镇的基本情况。（朱丹）

【《宜宾市精准脱贫图鉴（2017）》出版】 8月，四川省宜宾市志办主编的《宜宾市精准脱贫图鉴（2017）》由西南交通大学出版社出版。编者李勇、王卫义、潘大方、邱邦武、徐秋华、张聂熙。该书以图鉴形式，记述2016年度宜宾市精准脱贫攻坚战中的典型事例。

（朱丹）

【《西安史话》出版】 10月，陕西省西安市志办编纂的《西安史话》由社会科学文献出版社出版。该书是“十二五”国家重点图书出版规划项目——大型系列历史文化丛书《中国史话》的组成部分。该书设天府之国、秦中自古帝王州、中华文明摇篮、盛世长安、革命乐章、开放和包容、中国博物馆之城、宗教发源地8章。配图80余幅，收录73篇文章。全书10余万字。（黄立峰）

【《甘肃史地编研文选》出版】 8月，甘肃省史志办编纂的《甘肃史地编研文选》由甘肃文化出版社出版。该书从《甘肃史志》（2010年创刊到2016年6月改版）“史地考证”“史海钩沉”“乡土民情”等栏目中收录的300多篇文章中摘录54篇文章汇编而成。全书43万字。

（石战涛）

【《兰州市城关区历史文化丛书》出版】 2月，甘肃省兰州市城关区史志办编纂的《兰州市城关区历史文化丛书》由甘肃文化出版社出版。该丛书分《人物春秋》《土木之功》《街巷旧事》《太平鼓韵》《名札集束》《良风美俗》《工商辐辏》《千载芸香》《艺苑经典》《杏坛遗泽》《文博精藏》《金声玉振》12册，通过珍贵的档案、史料、鲜活的掌故、口述，全方面、展示城关作为西北重镇、历史名城的历史文化。每册约22万字。（石战涛）

【《新疆生产建设兵团历史文件选编（2008—2012年）》出版】 11月，新疆生产建设兵团史志办、兵团档案局编辑的《新疆生产建设兵团历史文件选编（2008—2012年）》由新疆生产建设兵团出版社出版。该书是《新疆生产建设兵团历史文件选编》系列丛书的组成部分，所选文稿均来自中央和兵团档案资料，以时为序编排，收入历史文稿41篇，其中部分文稿为首次公开发表。（王兴鹏）

【《新疆生产建设兵团史料选辑·兵团教育专辑》出版】 10月，新疆生产建设兵团史志办编辑的《新疆生产建设兵团史料选辑·兵团教育专辑》由新疆人民出版社出版。该书以兵团教育发展为主要内容，设文献资料、发展历程、纪实、回忆录、中小学校选介、大事记等栏目，反映兵团教育事业走过的奋斗历程。

（王兴鹏）

·信息咨询与服务

【北京方志文化“六进”巡展启动】 3月28日，北京市志办制作的“老北京商业民俗文化展”进驻北京市房山区文化活动中心，开启方志文化“六进”巡展之旅。此次巡展是地方志开发利用“进机关、进农村、进社区、进校园、进企业、进军营”工作的重要组成部分。“老北京商业民俗文化展”浓缩老北京商业民俗文化，包涵老字号、商业用具、坐商招幌、游商响器、包装广告五个方面的内容。

（王韧洁）

【北京市“方志角”首次亮相朝阳区“档案馆日”活动】 6月5日，北京市“方志角”亮相朝阳区第九届“档案馆日”宣传周活动。“方志角”展示首轮《北京朝阳区志》、10余年来《北京朝阳年鉴》和《豆各庄乡志》《朝阳统计局志》等多种志鉴类书籍，及记忆朝阳农村城市化画册等。朝阳区在“档案馆日”活动中设立“方志角”宣传地方志尚属首次。

（王韧洁）

【北京市“记住乡愁——房山历史文化图片展”开展】 9月28日，北京市房山区委宣传部、北京市志办主办，房山区史志办承办的“记住乡愁——房山历史文化图片展”在房山区长阳镇加州水郡东区社区正式展出。该展览以房山地区发展为明线，以北方农村发展历史脉络为暗线，分为乡史、乡土、乡韵、乡趣四个部分，通过100余幅图片及文字，展现以北京地区为主的农业文明的发展历程。（王韧洁）

【京华讲坛“一把手”系列讲座举办14期】 截至年底，北京市志办举办的京华讲坛“一把手”系列讲座举办14期，初步打造市、区机关领导面向公众的交流沟通平台。年中，对京华讲坛满意度进行调查，收回调查问卷126张，其中满意票118张，综合满意率93.65%。（王韧洁）

【“京津冀运河文化展”亮相文博会】 9月，文化部、国家新闻出版广电总局和北京市政府主办，北京市贸促会承办的第十二届中国北京国际文化创意产业博览会在北京中国国际展览中心举办。其中，北京市、天津市、河北省志办精心组织，联合推出“京津冀运河文化展”，通过志书、图片、视频等方式，全面展现大运河的历史脉络和深厚文化。（郑小明）

【央视大型纪录片《中国影像方志·定州篇》开机】 8月，中央电视台倾力打造的系列城市形象纪录片《中国影像方志·定州篇》在河北历史文化名城定州举行开机仪式。定州市四套班子主要领导和城区、乡镇及市直部门300多人出席开拍仪式，定州市志办及相关部门全力配合摄制组工作。（郑小明）

【山西省志办在多地设立“晋志专柜”】 年内，山西省志办在文化机构和相关部门开设“晋志专柜”，集中展陈近年来省志办编纂出版的志鉴图书，为读志用志提供平台。省志办先后向国家方志馆报送近几年省方志办出版的志鉴图书，先后在清华大学图书馆、山西省图书馆、山西省委大院阅览厅、右玉干部学院、应县方志馆设立“晋志专柜”，向省政府办公厅报送志鉴图书供编纂《山西省志·政务志》参考。“晋志专柜”集中展示省志办近年来编纂出版的志鉴成果和其他地情资料，为读志用志提供条件。（张瑞琴）

【呼和浩特市志办为各部门提供信息服务】 年内，内蒙古自治区呼和浩特市志办向市委组织部“北疆先锋红色展馆·呼和浩特馆”提供呼和浩特地区党史资料，包括重大历史事件、重要历史人物、革命烈士资料以及相关影视、视频资料；向市人防办提供《呼和浩特革命史》《呼和浩特史料》等书籍；配合市委宣传部完成八集电视纪录片《大青山记忆》的纲目审核工作，在《呼和浩特日报》上开辟专栏，刊登《呼和浩特革命遗址》有关内容；为呼和浩特关心下一代工作委员会提供资料，出版图书《奔向延安的故事》。（徐曼雅　孙志杰）

【辽宁省各级地方志工作机构积极开展信息咨询与服务工作】 年内，辽宁省沈阳市志办开展政务公开日、地方志现场宣传咨询、送书进基层等活动。鞍山市史志办开展史志“四进”活动，共捐赠各类书籍2000余册；宣传推介《鞍山党史大事记》《鞍山通史》《鞍山市情》《鞍山红色旅游指南》等重点书目；开展创建文明城宣传实践活动，利用史志网、期刊、微信等媒介同步宣传；印发《优化营商环境宣传手册》。抚顺市志办全年为组织、个人、党政机关提供资料查询数十次，提供资料100余万字。丹东市志办以《丹东抗美援朝志》作为工具，使丹东享受到比照革命老区的国家财政补贴政策。锦州市志办依托志鉴信息资料平台，向社会提供优质便捷服务，实现地方志资料共享。营口市史志办编纂出版《2016营口市情》，多次在招商引资等宣传工作中利用；《营口春秋》免费向社会发放；围绕纪念建军90周年、中共营口地方组织成立90周年、“七七事变”80周年、纪念雷锋等开展一系列纪念宣传活动；开展“党史知识、史志书籍进乡村、进社区”活动，免费向群众发放史志书籍近千册。辽阳市志办参与国家级历史文化名城创建工作，参与相关论证，提供历史文化资料。铁岭市志办为市领导和档案馆、图书馆、方志阅览室提供市志和年鉴，继续为中国铁岭政府门户网站、市直部门提供志鉴等地情资料。朝阳市史志办为纪念朝阳解放70周年，开展系列纪念活动。盘锦市志办结合盘锦历史文化，进行辽河口民俗、历史文化等宣传，主动为企业、为群众做好地情咨询服务工作。葫芦岛市志办参加市政府组织的活动，开展调查研究工作，撰写调研文章，服务中心工作。(由林鹏)

【沈阳市政务公开日宣传方志】 5月15日，辽宁省沈阳市志办、市地方志学会在北陵公园联合举办宣传咨询活动。该活动制作宣传横幅，印制《〈地方志工作条例〉问答》宣传资料，现场展示近年来市志办编纂出版的综合年鉴及《沈阳图志》《张氏帅府志》《沈阳十县简志》《沈阳华侨志》等图书。活动现场解答群众咨询近百人次，发放宣传材料150余份。

(俄文亮)

【沈阳开展送书进社区活动】 6月2日，辽宁省沈阳市志办和市地方志学会一行7人，由市志办主任吴歌带队，到于洪区迎宾路街道珍珠社区开展送志书进社区活动。该活动配合沈阳市全面打造国际化营商环境和践行“幸福沈阳共同缔造”的主题活动，向珍珠社区赠送《沈阳市志》《沈阳综合年鉴》《沈阳图志》《张氏帅府志》等地情书籍约60本。(俄文亮)

【大连市利用地方史志资源举办展览活动】 年内，辽宁省大连市委党史研究室（市志办）发掘中共党史、地方史、地方志资源，选取重要历史纪念日、重大活动等节点，举办“大连历史展（古代篇）”展览、“大连历史展（军事篇）——纪念中国人民解放军建军90周年”展览、“不忘初心 牢记使命——中国共产党历次全国代表大会回顾”展览。“大连历史展（古代篇）”展览以重大历史节点为主题，分远古与夏商西周、春秋战国、秦汉、魏晋南北朝隋唐、辽金元、明清7个部分，制作展板25块，展示大连古代历史。“大连历史展（军事篇）——纪念中国人民解放军建军90周年”展览选取中国共产党领导中国革命、建设和改革开放时期的珍贵图片，制作展板25块，展示大连人民为党、为国家、为人民军队作出的重要贡献。“不忘初心 牢记使命——中国共产党历次全国代表大会回顾”展览，选取中国共产党历次全国代表大会全景照片、重要史实资料，制作展板25块，展示历次会议基本情况、主要内容和历史意义。(阎利)

【周恩来总理在大连纪念展室对外开放】 1月8日，周恩来总理在大连纪念展室在大连市棒棰岛宾馆正式对外开放。该展室是继关向应纪念馆之后，大连市又一个中共党史专题宣传教育重要场馆。展室分两部分：第一部分通过图文展示形式，分“不畏艰险赴苏参加中共六大”“殚精竭虑规划大连建设蓝图”“高瞻远瞩关心军队国防建设”“纵横捭阖展示领袖外交风范”“艰苦朴素廉洁自律成就楷模”5个专栏，介绍周恩来1928年至1973年8次到大连的活动情况；第二部分通过展示棒棰岛宾馆保存的周总理曾用过的办公桌椅、通讯工具、笔墨砚台、书柜报架、床上用品等20余件历史实物，再现周恩来廉洁奉公、艰苦朴素、勤政为民的感人风貌。2015年9月，中共大连市委党史研究室、大连市档案局、棒棰岛宾馆等单位共同研究决定，在周总理曾经入住的棒棰岛宾馆3号楼3001房间，筹建周恩来总理在大连纪念展室，深切缅怀周恩来的业绩，弘扬老一辈无产阶级革命家无私奉献、全心全意为人民服务的精神。(刘成)

【“感动吉林”2017年度十大人物评选活动举办】 年内，吉林年鉴社与《新文化报》社联合举办“感动吉林”2017年度十大人物评选活动。该活动连续开展15届。年末，经过读者投票及专家评委综合评定，评选出2017年度“感动吉林”十大人物：世界著名地球物理学家、吉林大学地球探测科学与技术学院教授黄大年（已故），吉林森工集团三岔子林业局景山林场瞭望员牛胜国，理发店老板刘建军，汪清县鸡冠乡鸡冠村村民李才、石凤珍、李红颖，“洮宝”大学生创业团队，安图县公安局亮兵镇派出所民警曹志宇、王岩松（已故），长春市书山学府国学书画院院长、艺凡艺术教育培训学校校长张超凡，吉林市范淑霞气管炎专科门诊院长范淑霞，伊通满族自治县人民检察院民事行政检察部副部长王铁柱，著名天文学家、FAST工程总工程师兼首席科学家南仁东（已故）。此外，吉林农业大学精准扶贫团队获年度致敬人物称号。（闫佳函）

【“吉林省青少年‘知家乡爱家乡’系列方志读物”编纂工程被纳入吉林省“健康生活·悦动吉林”活动】 8月，“吉林省青少年‘知家乡爱家乡’系列方志读物”编纂工程被纳入吉林省委、省政府《关于开展“健康生活·悦动吉林”活动工作方案》中。该工程通过深入挖掘地方志资源，将地域历史文化以深入浅出、通俗易懂的形式推送给广大青少年，将优秀地域历史文化基因传承到青少年的文化血脉当中，激发他们热爱家乡、建设家乡的炽热情怀。全省规划完成9部作品，即全省9个市（州）各开发1部以青少年为对象，以上口的三字经、童谣或其他青少年喜闻乐见的编纂形式为载体，宣传当地历史文化为主旨的“青少年‘知家乡爱家乡’方志读物”，形成覆盖全省9个市（州）的青少年地域历史文化读物系列丛书。（李雯）

【上海市开展专题研究推动开发利用】 年内，上海市金山区志办启动“枫泾阻击战”课题研究，积极发掘历史资源，深入探寻上海抗日救亡中的金山记忆。该课题进一步完善相关资料和史实，进一步明晰战斗细节和有关事迹，受到媒体和社会的广泛关注。普陀区志办以建区70周年为契机，启动《普陀城区史（1947—2016)》编研工作，留存地方历史记忆，更好地服务区域发展大局，提升区域文化软实力。（杨婧）

【江苏省地方志系统围绕中心大局开展地情服务】 年内，江苏省志办参与省委宣传部主办的“砥砺奋进的江苏”大型主题图片展，提供图片和相关资料。南京市志办为市委、市政府接待外国政要、重要客商、举办国际南京周提供历史文化资料，为江苏发展成就展、南京工业博览馆、城市规划展览馆等提供图文资料支持，举办“雨花碧血映军魂”专题展览，组织“寻访抗战遗迹”活动。无锡市志办组织编撰“品读无锡”系列丛书。常州拍摄城市老符号、非遗、名人与历史街区等系列《常州影像志》。苏州市志办与新媒体合作推出苏州老街巷影像志，昆山在全国率先试点编纂《中国名镇周庄影像志暨周庄口述历史》。南通市志办编纂出版《上海北大门·南通故事》《江海骄子（院士篇)》，服务江海国际博览会暨首届通商大会、对接服务上海大会，摄制文献专题片《基石》《信仰的力量》《人民斗争的胜利》等。连云港市志办启动通史研究，为申报国家级历史文化名城提供佐证和理论支持。盐城市志办《市情手册》赠送市“两会”代表委员，为大洋湾风景区内部河、桥、亭、榭定名、定位，为串场河水岸景观带提供文化建设方案。扬州市志办举办“砥砺奋进的五年”地情图片展，方志文化编研成果参加2017江苏（南京）版权贸易博览会，启动编纂体育志、交通运输志、园林志，推进“扬州记忆”“扬州地情”系列丛书编纂工作。（武文明）

【江苏优秀方志文化成果亮相第七届江苏书展】 7月13日，江苏省政府主办，省委宣传部、省新闻出版广电局、苏州市政府、江苏凤凰出版传媒集团承办的第七届江苏书展在苏州国际博览中心开幕。《江苏历代方志全书》《江苏好家训》等作为优秀出版成果在精品图书区展示。该次书展专门设置“方志与书”主题展，展示省志办组织编纂的首轮《江苏省志简编》、第二轮《江苏省志》、《汶川特大地震江苏援建志》等专志、《江苏年鉴》中英文版、《江苏历代方志地图选》（线装本）、《江苏历代方志名胜图选》（线装本）、《江苏地方志》杂志等20多种优秀方志文化成果，以及苏州市志办等编纂的200多种500多册各类志书、年鉴、地情书。（武文明）

【江苏省方志馆举办“不忘初心、传承历史”长征图片展览】 3月，江苏省方志馆举办“不忘初心、传承历史”长征图片展览，共展

出117幅展板1500余幅重走长征路图片。活动期间邀请相关专家进行讲座。（周文燕）

【“江苏方志成果展”在常州举行】 10月28日至31日，江苏省志办主办、常州市志办承办的“江苏方志成果展”在中国地方志指导小组办公室举办的“转型升级：地方志走进新时代”中国地方志学会方志学分会2017年年会、第二期全国年鉴主编培训班暨《中国年鉴研究》创刊发布座谈会期间展出。成果展分设江苏省、13个省辖市的志鉴成果及全国年鉴共15个展台，分别陈列展示各类修志成果1000多册，并重点展出江苏文脉工程《江苏历代方志全书》已经出版的250余部和《常州市志（1986—2010）》。（武文明）

【南京市志办举行南京历史文化进高校活动】 5月10日，江苏省南京市志办、金陵科技学院和南京出版社在金陵科技学院召开南京历史文化进高校活动座谈会。市志办、南京出版社向金陵科技学院图书馆赠阅《金陵全书（甲编）》《南京市志》等一批方志书籍。与会人员参观南京历史文化展、历史文化进高校活动图片展、古籍专业学生古籍修复技术演示和大学生汉文化展演。2014年5月至2017年，南京市志办组织开设“南京历史文化名家讲坛”、开辟“金陵记忆”专栏、设立“方志书籍阅览专区”和创建“南京市大学生地方志志愿者服务基地”等主题活动，有2万人次学生参与活动，3000余名相关专业的学生参加方志志愿服务。（武文明、王艳荣）

【南京市志办参与“雨花碧血映军魂”专题展览暨座谈会活动】 7月26日，江苏省南京市委宣传部、市志办、市雨花台烈士陵园管理局联合主办的纪念建军90周年“雨花碧血映军魂”专题展览在雨花台烈士陵园纪念碑主峰东侧碑廊开幕。展览共展出38位雨花英烈近200张展现烈士生平事迹的历史照片和史料图片，其中部分图片是首次公开。展览开幕活动结束后，同主题座谈会接着举行。（武文明）

【南京市栖霞区志办举办“血色记忆——南京大屠杀死难者80周年祭”展览】 年内，江苏省南京市栖霞区志办深入挖掘地区历史文化资源，举办“血色记忆——南京大屠杀死难者80周年祭”展览。该展览分“习近平总书记在首个南京大屠杀死难者国家公祭仪式上的讲话”“告倒日本右翼分子的坚强中国‘老太’——夏淑琴”“纪念丹麦友人辛德贝格诞辰100周年”“侵华日军铁蹄下的江南水泥厂”等7个篇章。12月13日公祭日，该展板在燕子矶南京大屠杀死难者国家公祭分会场展出。（武文明）

【苏州市志办推出“苏州记忆·30年城市记忆”公益活动】 7月3日，江苏省苏州市志办与市政协文史委、苏州博物馆、市无党派知识分子联谊会联合推出“苏州记忆·30年城市记忆”公益活动。该活动通过“深度苏州”微信号向市民发布征集令，征集关于1978年至2008年的苏州记忆包括苏州老照片、影像，苏州老物件，刻骨铭心的老故事、青春记忆，那个时代家喻户晓的苏州地产名牌产品。该活动寻找苏州知名企业改制前的管理者、见证者，口述尘封已久的往事。意在唤醒苏州人近30年集体的城市记忆。（李海宏）

【苏州地方志文化进书院、进高校】 8月7日，江苏省苏州市志办向苏州高新区（虎丘区）马浜社区枫桥书院，赠送《苏州市志》《苏州老照片》《苏州丝绸志》《苏州纪事》《苏州史志资料选辑》等一系列志书和地情书籍。9月11日，苏州市志办向苏州大学社会学院2017级本科新生赠书，赠送《苏州老桥志》《苏州老街志》《苏州士绅》等300本地情书籍，并简要介绍苏州地情。

（李海宏　武文明）

【张家港市委史志办开展历史文化和基本市情专题讲座】 10月20日，江苏省张家港市委史志办负责人在市2017年新录用公务员暨事业单位工作人员初任培训班上作题为《张家港市历史文化和基本市情漫谈》的专题讲座。讲座围绕“知我港城、爱我家乡”主题，从区位交通、风土人情等9个方面展现张家港市的历史文化和基本市情。200余名新录用公务员暨事业单位工作人员聆听讲座。（武文明）

【苏州市方志馆开展主题社会活动】 年内，江苏省苏州市方志馆做好“e路成长”未成年人体验站的活动方案并开展“读方志，知苏州”体验活动，暑假期间共接待学生2700多人次。11月，苏州市方志馆开展“走进方志馆，寻找我们的根源”的主题社会实践活动。方志馆工作人员为参观学生介绍苏州市方志馆的概况、地方志的内涵、苏州的中国历史文化名镇等内容。（周文燕）

【常州市志办开展“史志进乡村”活动】 3月24日，江苏省常州市志办深入金坛区尧塘街道红旗村开展“史志进乡村”活动，红旗村村委班子及村民代表30余人参加。双方在红旗村委活动中心举行“史志进乡村”赠书仪式，赠送《中共常州历史大事记》《常州方志馆读本》《常州年鉴》《常州改革开放丛书》等史志、地情书籍34种100余册。（李海宏）

【常州市志办红色文化资源调研报告入选《常州蓝皮书2017：常州经济社会发展报告》】 8月，《常州蓝皮书2017：常州经济社会发展报告》由南京大学出版社出版。该书系统回顾总结2016年常州经济社会文化发展取得的新进展、新成绩，分析当前阶段面临的问题和挑战，对常州改革发展的趋势作相应分析并提出有关对策和建议。常州市志办红色文化资源课题组撰写的《常州红色文化资源保护、利用和开发》调研报告入选该书。（武文明）

【扬州档案方志亮相江苏（南京）版权贸易博览会】 9月15日至17日，扬州档案方志精品文化书籍亮相2017江苏（南京）版权贸易博览会。扬州市档案局（馆）、市志办作为参加展会的省内档案、方志部门唯一代表，展出近年来自有版权编研成果15种50多册。包括《清宫扬州御档》《明清以来江苏档案精品选·扬州卷》《扬州印迹》《民国扬州风情》《民国扬州旧事》《扬州市志》《嘉靖惟扬志》《（嘉庆）重修扬州府志》等以“档案”“方志”为标签的编研书籍。（李海宏）

【启东市志办开展设立县治90周年系列纪念活动】 3月，江苏省启东市志办启动设立县治90周年系列纪念活动。活动包括：一是开展知识竞赛，设计1000道知识竞赛题，并专门开发系统，利用微信公众号，吸引更多市民了解家乡、热爱家乡；二是开辟专题专栏，梳理并刊载90个启东“第一”；三是建设“启东历史名人园”；四是开展“大美启东”征文比赛，编纂纪念画册；五是学习宣传新时期“启东精神”。（李海宏）

【无锡市史志办推介寻访全市抗战遗址和纪念设施】 7月7日，江苏省无锡市史志办通过《江南晚报》向社会发布一批抗战遗址和纪念设施。无锡市有40处抗战遗址和纪念设施，此次重点推介15处，包括抗战纪念场馆5处、抗战遗址10处。市史志办还组织结对社区——新吴区硕放街道新锦园社区40余名党员干部寻访新四军六师师部旧址纪念馆。（武文明）

【无锡市方志年鉴学会参加广场社科普及活动】 9月16日，江苏省无锡市方志年鉴学会参加无锡市第十四届社科普及宣传周开幕式暨大型广场咨询活动，与近40家社科学会和社科普及示范基地在梁溪区崇安寺二泉映月广场开展社科普及和宣传。该活动围绕“服务‘两聚一高’新实践，建设‘强富美高’新无锡”主题展开。活动向市民赠送《无锡史志》期刊、2017年版《无锡市情》及《新四军在无锡》等近千份党史、地情读物，接受市民有关地方党史、地情知识的咨询，开展《无锡市志（1986—2005）》惠民推介。（李海宏）

【靖江市志办举办“靖江古今乡贤事迹展”】 12 月 12 日，江苏省靖江市志办在市档案馆举办“靖江古今乡贤事迹展”，以图文并茂的方式展示孔元虔、席上珍、朱勋、刘拜山、刘国钧等靖江历史上 13 位乡贤的主要事迹。

（武文明）

【宁波区（县、市）参与农村文化礼堂建设】 年内，浙江省宁波市各区（县、市）助力农村文化礼堂和家风建设。1 月，鄞州区志办报送的“以地情文化为基助力文化礼堂建设”、余姚市史志办报送的“岁月余姚”服务团队助推农村文化礼堂新发展两个案例入选全省方志系统服务农村文化礼堂建设双“十佳”服务典型案例。鄞州区自 2013 年起共派出 4 名骨干，指导联系农村文化礼堂的设施规划、展览展示和活动开展，深入挖掘本地自然、历史、人文遗存，展示村史村情、乡风民俗、生态保护等内容；成立鄞州区农村文化礼堂建设工作督导组和文案撰写专家指导组。余姚市抽调机关主要干部，聘用对余姚历史文化、风俗传统、理论宣教等方面有研究的专家共同参与，成立“岁月余姚”服务团队。　（高曙明）

【《中国影像方志》在宁海县拍摄】 10 月底，中央电视台《中国影像方志》栏目组赴浙江省宁海县摄制《浙江卷·宁海篇》。该片涵盖宁海十里红妆婚俗、前童古镇、平调艺术、长街蛏子、新兴产业、户外运动体验等内容，全方位展现宁海文化特色、自然资源、民俗风情等。年底，该片在中央电视台综合频道和科教频道黄金时段播出，片长 40 分钟。（高曙明）

【瑞安市志办全年接待咨询百余人】 年内，浙江省瑞安市志办接待来访咨询群众（单位及个人）100 余人；赠送《瑞安年鉴》585 份及《瑞安市志》相关书籍和光盘 64 份。

（温州市志办）

【永嘉县志办做好方志资源服务工作】 年内，浙江省永嘉县志办人员利用地方志知识做好接待工作和咨询服务。3 月 16 日，县志办人员接待美国哈佛大学历史系教授、上海华东师范大学历史系学者一行，讲述江心屿文化和历史、永嘉农村电影播放的历史和现状等；6 月 18 日，接待温州文史学者，在永嘉县古村落文化研究会上，讲解永嘉县芙蓉古村历史文化及今后的深化研究；7 月和 10 月，县志办人员前往县界坑乡界坑村、瓯北镇龙桥村等地开展“送志下乡”活动，向当地公共图书室赠送地方志书籍、资料等，并向村干部和群众普及地方志知识，弘扬方志文化；11 月 4 日，在接待香港科技大学商学院学者时，讲解温州文化、永嘉学派及楠溪江古村落发展脉络；12 月 6 日，接待北京大学景观设计学研究院学者，讲述枫林、岩头山水景观和古村落文化，介绍徐定超和京师大学堂医学馆的历史。　（温州市志办）

【文成县史志办做好文化推介工作】 年内，浙江省文成县史志办围绕文商回归、招商引资、乡村旅游等重点工作，积极提供方志资源，提升工作效果；利用重大节庆日，为来访嘉宾提供史志宣传小册子。　（温州市志办）

【泰顺县史志办做好方志资源服务工作】 7 月，浙江省泰顺县史志办组织材料向中央电视台大型纪录专题片《中国影像方志》栏目组提交选题，入选《中国影像方志》首批拍摄地之一。此外，县史志办还利用县委党校、乡镇周一夜学平台，面向县机关入党积极分子、全县新入伍的公务员与事业干部、司前镇村两级干部，宣讲泰顺史志，全年授课 26 次。

（温州市志办）

【湖州市志办积极为社会提供信息服务】 年内，浙江省湖州市志办接待查询人数 200 余人。为道场乡菰城村、和孚镇获港村、东林镇南山村等 10 多个乡村文化礼堂建设提供服务；为“溇港”和“桑基鱼塘”申报世界非物质文化遗产提供资料支持。　（湖州市志办）

【嘉兴市志办做好地情咨询服务工作】 年内，

浙江省嘉兴市志办为市委办宣传处提供《嘉兴简称“禾城”缘由》的有关史料；参加文化秀洲讨论会，帮助秀洲区档案局审查《秀洲区成立35周年展陈方案》；向嘉善县史志办提供“善文化”线索；参加《嘉兴市城市总体规划》编制工作座谈会并提出建议等。嘉善县史志办指导惠民街道推进了凡纪念公园建设，帮助陶庄中学策划了凡思想进校园活动方案。

（嘉兴市志办）

【绍兴市柯桥区史志办建设研究生实习基地】 7月6日，浙江省绍兴市柯桥区史志办与绍兴文理学院越文化研究院合作共建“研究生实习基地”揭牌仪式在柯桥方志馆举行。12月12日，浙江工业大学之江学院大学生社会实践基地在柯桥方志馆挂牌成立。基地的建立，按照“资源共享、互惠互利、双向受益”的原则，利用方志馆馆藏的1万余册全国志书和地情资料，作为学生国情教育、地情教育的现实教材，为师生进行历史科学研究提供便利条件和技术支持；借助高校优秀人才和先进理念，开展交流培训、专题研究等活动。

（绍兴市志办）

【衢州市志办为社会提供资料查阅服务】 年内，浙江省衢州市志办为各部门、单位和社会人士开展社科研究、编修志书、编修家谱、寻根问祖等提供资料查阅服务，全年接待查阅200余人次，提供查阅的地情资料300余册（卷）。 （衢州市志办）

【龙游县史志办信息咨询服务情况】 7月20日，浙江省龙游县委办公室、县政府办公室下发《关于面向县处级领导征集龙游县建国以来党史资料和实物的通知》，启动中华人民共和国成立以来在龙游工作过的县处级领导干部党史资料征集工作。县史志办人员走访61位领导干部，征集到1534件资料，其中实物1030件、电子资料504件，并及时整理归档入馆陈列；口述历史部分共走访10名正处级以上领导，根据采访录音整理成文字资料，并将整理成册。县史志办理清中共十一届三中全会以来龙游政治、经济、社会发展脉络，整理县委重要文件与县党代会、全会（扩大）报告与决定，历次五年计划等相关基础性资料，形成《龙游县改革开放纪事（1978—2015）》初稿，计25万字；与浙江人民出版社合作编纂出版《共产党宣言》华岗译本，发放到县各部门党组织学习与阅读；参与“龙游大南门”历史文化名城的规划，提供龙游城池文献记载资料，拟订《大南门旧事》《龙游匠作》《大南门琐忆》等书籍与视频的编纂与拍摄方案；协助龙洲街道山底村完成有关村史与余绍宋资料的撰稿；协助庙下乡严村村完成华岗纪念馆的布置；积极配合美丽乡村建设工作。

（衢州市志办）

【江山市史志办征集杜立特行动相关档案】 年内，浙江省江山市史志办人员多方征集杜立特行动相关档案。杜立特行动，即二战期间美军对日本东京实施的首次空袭行动。1月16日，市史志办人员前往青田采访92岁的忠义救国军老兵詹海峰。2月11日，市史志办征集到关于杜立特行动的英文书3本及3号机领航员查理·奥扎克的签名图片原件。4月29日，市史志办人员前往江西省上饶市广丰县壶桥镇流源村寻找到杜立特机组14号机飞机残片40余片。 （衢州市志办）

【常山县志办做好地方志信息咨询与服务工作】 年内，浙江省常山县志办为县政协开展乡镇历史文化研究提供史志文化服务，参与编辑《常山古道》《邹鼎山回忆录》相关资料的考证工作。县社会科学人士撰写17篇涉及常山历史人物、村史、古道、古建筑的文章，均查阅《常山县志》相关记载。《常山县教育志（2005—2014）》《球川镇志》《同弓乡志》《常山县林场志》等志书编纂均由县志办提供相关资料或查阅档案。 （衢州市志办）

【舟山市志办完成提案主办、协办答复工作】 年内，浙江省舟山市志办做好市党代会及市人大、市政协提案的主办、协办答复工作。完成政协提案131号《关于在厉志墓遗址立碑纪念的建议》主办答复。厉志是舟山的一位历史文化名人，在书画、文学创作上造诣颇深。完成政协提案《关于建设黄式三、黄以周国学纪念馆的建议》及市第七次党代会提案《关于积极弘扬“两黄文化”加强城市底蕴建设》的协办答复等。（舟山市志办）

【台州市路桥区志办做好咨询服务工作】 年内，浙江省台州市路桥区志办帮助路桥区螺洋街道岘头村打造“水心书院”。水心是南宋学者叶适的号，叶适晚年曾在螺洋讲学，对台州及路桥影响极大。1月，螺洋街道准备在岘头村设立“水心书院”，区志办编辑为此撰写《叶适与螺洋》《叶适与路桥商业》《叶适儒学渊源》等文章，供农村文化礼堂之用。此外，区志办还帮助路北街道松塘村查找历史文化资料，提供松塘村的历史沿革及相关历史人物的资料、老照片。（台州市志办）

【丽水市地方志系统开展信息服务工作】 年内，浙江省丽水市志办开展方志援疆工作，帮助指导新疆维吾尔自治区《新和县志》、新疆生产建设兵团《一师十三团志》的编纂工作。莲都区史志办开展农村文化礼堂“星期日活动”，精心设计活动主题和项目，为农村文化礼堂提供配送式服务；松阳县史志办编纂出版《田园松阳文化丛书》，运营“松阳史志”微信公众号，推送二十四节气文章，撰写《张玉娘》戏曲剧本等；青田县志办编纂发行《青田方志》系列图书与《青田华侨档案》系列丛书，编写《青田方言谜语集》《青田老古话》等方言专著，挂牌成立青田方志船寮采风编研基地，这是丽水市首个方志系统乡镇采风编研基地。（丽水市志办）

【芜湖市开展史志文化进校园活动】 3月10日，安徽省芜湖市党史志办负责人到芜湖荟萃中学和芜湖市二中分部开展“启迪智慧读出精彩”赠书活动，赠送《党史青少年读本》《江静听潮声》等史志地情书近百本。（史五一）

【福州市方志委提供信息咨询与服务工作】 年内，福建省福州市方志委参与福州市委组织部组织的党性教育基地建设，向“四知”广场、黄乃裳纪念馆、林觉民故居、上下杭街区等党性教育基地赠送《船政志》《三坊七巷志》等志书，并与各基地开展深入沟通，为其资料建设提供相应协助。（欧长生　孙洁斐）

【厦门市志办举办“厦门文史沙龙”活动】 年内，福建省厦门市志办与市图书馆、市政协文史宣委合作，先后以“厦门文物史迹漫谈”“厦语电影的流金岁月”“鼓浪屿西方宗教的传播与教堂”“陈嘉庚先生其人其事”“印尼糖王黄奕住的创业史”“厦门艺术家在台湾印记”“厦门地理环境变迁”“古同安 · 今厦门”“漫话侨史”为主题举办厦门文史沙龙活动，为文史研究者免费提供开放式学术交流平台，普及和共享地方史知识。（郑欣）

【《地理中国》栏目组到晋江、福鼎查阅资料】 4月18日，中央电视台第十频道《地理中国》栏目摄制组到晋江市志办查阅、拍摄乾隆、道光《晋江县志》等志书中关于金井围头的文献资料，并到金井围头实地拍摄。5月4日，栏目摄制组到福鼎市志委查阅、拍摄福鼎市沙埕港内莲花屿的有关历史资料。

（欧长生　孙洁斐）

【济南市第五届史志开放暨史志成果赠阅活动举行】 11月3日，山东省济南市第五届史志开放暨史志成果赠阅活动在济南举行。该活动展示市史志系统近年来服从服务市委市政府中心工作，突出发挥地方志“存史、资政、育人”的作用，大力开展志书、年鉴编修，以及收藏、整理、开发市情资料取得的工作成果，开展赠阅活动。（张阳）

【商河县史志办为企业申报“山东老字号”提供帮助】 4月，山东省商河县史志办受县内一老粗布生产企业委托，帮助其查找老粗布相关历史资料，为企业申报“山东老字号”提供帮助。县史志办分别查阅《商河县志》《商河年鉴（2007—2010）》以及明清《商河县志》等文献资料，深入查找有关该产品的历史记载。经查证，商河老粗布即志书中记载的商河大布，是商河县传统特产，在明清旧志、新版县志及其他相关地情资料中均有记载。

（山东省史志办）

【青岛市市北区史志办参与举办“市北印迹”大事记展】 1月2日至26日，山东省青岛市市北区档案馆（局）、区史志办联合举办“市北印迹”大事记展。展览共包含“健——体魄”“厚——家底”“耀——新姿”“惠——民生”“润——情怀”五个板块，着重以建区以来重大事件为脉络，通过文字、数据、照片，从全区党的建设、经济建设、城市管理、民生事业、文化科教等多方面反映建区以来市北区融合发展、创新突破的生动景象。

（青岛市史志办）

【青岛市市北区举办“九街通衢话市北”历史文化街区展览】 6月，山东省青岛市市北区史志办举办“九街通衢话市北”历史文化街区主题展览。展览以市北区九街口的历史文化为主题，搜集大量历史资料，充分展示因山海特色而形成的九街口街区的沧桑巨变，以及九街口街区在市北区历史上的重要地理意义和文化意义。展览全部采用互动投影形式，参观者可根据兴趣选择任意街区进行自助浏览，领略浓厚的历史文化风情。（青岛市史志办）

【东营市东营区史志办为创办全区“信仰讲堂”提供红色文化教育素材】 5月，山东省东营市东营区史志办为区委组织部创办“信仰讲堂”提供红色文化教育素材。东营区曾是清河区（后为渤海区）抗日根据地，抗战时期，中共清河区委（后为渤海区委）、八路军清河军区（后为渤海军区）带领军民在当地进行艰苦卓绝的抗日斗争。东营区史志办对当地抗日英雄人物和事迹进行系统整理，形成30余件红色文化素材，成为全区党员“信仰讲堂”的重要教育内容。（山东省史志办）

【潍坊市史志办为企业注册地理标志产品提供帮助】 3月，山东省潍坊市胜伟农产品技术中心派人到潍坊市史志办，就申请“潍坊黄须菜”地理标志产品一事寻求帮助。潍坊史志办整理、复印《潍坊市志》《寿光县志》《寒亭区志》《羊口镇志》中关于潍坊黄须菜的历史资料3万余字，为企业注册提供证明材料，赠送潍坊市史志办近年出版的系列图书。

（山东省史志办）

【肥城市史志办助力企业申报“山东老字号”】 4月，山东省肥城市史志办积极协助肥城康王酒业有限公司做好“山东老字号”申报工作，查询清代三个版本的《肥城县志》《肥城县乡土志》（光绪三十四年）、《肥城县志（清末—1987）》和《肥城市志（1988—2002）》、年鉴等地情文献中关于康王酒业的记载，并就申报材料中所需要的品牌起源及发展历程等资料进行详细查找，提供相关资料6份，为“康王河”品牌申报“山东老字号”提供资料支持。（山东省史志办）

【郓城县史志办为“山东老字号”申报提供查询服务】 4月，山东省黄泥岗酒业、小磨香油、仲堌堆西瓜酱等企业负责人陆续到郓城县史志办，查找其产品的历史资料，为申报“山东老字号”提供依据。郓城县史志办工作人员查阅《郓城县志》《郓城年鉴》《郓城乡村志》，在《郓城县志》里查找到黄泥岗酒业等企业发展历程的相关记载，并帮助企业提供证明材料。（山东省史志办）

【郓城县史志办为5A级景区——水浒好汉城提供史料支持】 12月26日，郓城5A级景区——水浒好汉城四期项目建设工作人员到郓城县史志办，查找与水浒文化相关的史料，为2018贺年灯会及水浒好汉城的建设、装饰、文化产品衍生提供相应的历史文化参考。郓城县史志办工作人员查阅《郓城县志》《郓城乡村志》《郓城民俗志》，提供帮助复印志书中关于水浒文化的记载。（山东省史志办）

【河南省史志办赴哈密开展对口援助活动并捐赠图书】 8月4日，河南省史志办赴新疆哈密市开展对口援助活动。对接、调研地方史志援建工作，从可操作层面上进一步设定工作目标，有针对性地、有效地开展援助和帮扶活动。河南省史志办向哈密市史志办赠送一套600多卷本《河南历代方志集成》以及《民族记忆——中原抗战实录》等资料丛书。（王颖）

【长沙市志办开展《长沙年鉴》年度人物、年度事件评选活动】 年内，湖南省长沙市志办开展《长沙年鉴》年度人物、年度事件评选活动。该活动以“将大事件存史、为小人物立传”为宗旨，评选出2016年度长沙市域范围内涌现的对全市经济社会发展有突出贡献的典型人物，以及长沙市域范围内发生的对推动全市经济社会发展具有典型意义的事件。最终，何江等10人获评年度人物，长沙获评“东亚文化之都”等10个事件获评年度事件。

（曾牧野）

【广东省自然村落历史人文普查取得新成效】 年内，广东省自然村落历史人文普查顺利完成进村入户调查工作任务。截至11月30日，汕尾市基本普查工作全面完成，标志全省基本普查工作全面完成。据统计，全省列入普查的自然村13.4万多个，自然村普查表填报完成率100%，其中9.7万多个自然村完成资料填报系统入库，完成率72.68%。《全粤村情》完成初稿12万多篇，完成初审近11万篇，完成复审8万余篇，完成终审4万余篇。其中广州、深圳、珠海、东莞、中山全面完成终审，广州、深圳、珠海、韶关、河源、梅州、惠州、东莞、中山、江门、阳江、湛江、清远、潮州14个地级以上市共46册送交出版，珠海、东莞在全省率先完成《全粤村情》报送出版任务。全省自然村落历史人文普查系统数据库采集数据约5.5亿字、图片24万幅、视频2048部，其中广州市志办建成村情展示平台，实现区区有村情展示平台。（广东省志办）

【广东省开展“爱家乡查村情”主题教育实践活动】 6月，广东省志办、省教育厅、团省委、省学联联合举办“爱家乡查村情”主题教育实践活动。截至9月30日，活动组委会共收到各类参赛作品1401组（含文章、照片、视频、综合），其中文章类811组、字数280万字，照片类420组、6801幅，视频类61组、时长490分钟。符合评选条件的作品740组，其中文章、照片、视频、综合分别为414组、238组、34组、54组。通过专家评审，评选出优秀作品单项和综合类一、二、三等奖共229个，优秀组织奖60个，优秀指导奖50个。

（广东省志办）

【2016年度入载广州地方志十件大事评选活动举办】 年内，广东省广州市志办组织2016年度入载地方志十件大事评选活动。活动期间，两批次向全市正局级单位及《广州年鉴》供稿单位（包括国有企业、中央驻穗机构、部分省级单位）等400多个单位发函征求对初选大事的意见；进行5轮大事条目内容编辑整理；通过《广州日报》和大洋网、广州市情网、“中国广州发布”平台等全媒体向社会发布30件候选大事，并进行为期一个月的网络投票；在网络投票结果排名的基础上，评委会委员以及市委政研室、市人大研究室、市政府研究室、市政协研究室再次充分讨论研究。最后，由市委、市政府主要领导及市相关领导对评委会初拟的十件大事进行审定，最终批准确定入选的十件大事。（郝红英）

【广州市自然村落历史人文普查工作提前完成】 9月底，广东省广州市自然村落历史人文普查工作完成全市11个区5446个自然村落普查文稿的审查验收。年底，《全粤村情（广州卷）》进入出版阶段。广州市自然村落普查实行“各级党委政府领导、地方志工作机构牵头、有关部门配合、以乡镇（街道）为单位组织实施”的工作机制，实现市、区、镇街联动，有5000多人参与普查。（李启伦）

【广西方志馆提供地情信息咨询与服务】 年内，广西方志馆接待党政机关、企事业单位、学校院所、社会人士等各类读者到馆查阅资料650人次，接待四川省南充市志办、四川省成都市志办、陕西省志办、海南省志办、广西财经学院、南宁市职业技术学院、南宁市公安局等单位及社会团体约300人次参观史志博物馆。（周珍朱）

【南宁市志办提供地情信息咨询与服务】 年内，广西壮族自治区南宁市志办为南宁市委、市政府科学决策提供地情信息，向市委信息办报送信息21条、被采用8条，向市政府信息办报送信息9条、被采用5条、上报自治区办公厅1条；派员参加南宁市政协文史资料汇编评审会、南宁市规划局组织的《关于征集第十二届中国（南宁）国际园林博览会广西特色元素》座谈会、《南宁市城市总体规划》《南宁市创建国家历史文化名城总体规划》部门对接会、市文新广局组织的王阳明文化研讨会等会议6次，提出意见建议。南宁地情网设置富有地方特色的南宁简介、南宁·北部湾、南宁·东盟、南宁视点、街巷故事、民风民俗、一周大事等栏目，为社会读志用志提供便捷渠道。南宁地情网及其每周更新一次的南宁市“一周大事”栏目，在同内容信息百度搜索中排位第一。3月3日，南宁市志办在金花茶公园北门开展南宁“地情宣传进社区”暨学雷锋志愿服务活动，向市民发放《南宁年鉴》《南宁地情手册2016》等书籍200册。（钟婉悦）

【影像志《广西长寿志》拍摄完成】 年内，广西壮族自治区志办、中国老年学学会联合编纂摄制，广西广电移动多媒体传播有限公司负责拍摄的影像志《广西长寿志》完成。《广西长寿志》确定为8集，即序、仁者乐山、智者乐水、天人合一、食益养生、血脉延年、惟仁者寿、仁寿河池，每集片长25分钟，解说词约4000字。7月，广西电视台移动频道《广西长寿志》摄制组先后到巴马、永福、东兰等25个长寿县进行实地拍摄；10月中旬，完成室外拍摄任务，进入视频后期处理阶段；12月，召开《广西长寿志》样片审片会。（周珍朱）

【海南省史志办积极推介史志成果】 年内，海南省志办依托海南史志宣讲团开展史志宣教“进机关、进院校、进企业、进军营、进社区、进乡村、进网络”活动，与省委组织部合作，将史志成果上传“海南干部在线学习网”予以推介。全年完成《孤岛奋战二十三年红旗不倒》《关于解放海南岛战役的几个问题》等5个特色课程录制，其中2个课程在“海南干部在线学习网”特色海南专栏上线。（郑昕）

【海口市史志办推出“党史e读”】 4月20日开始，海南省海口市史志在市政府办微信工作群和三服务群平台每日推出“党史e读”栏目。每日刊发革命先辈故事、历史重大事件等党史知识，让机关工作人员通过了解党史、学习党史，批判历史虚无主义，坚定中国特色社会主义信念，增强道路自信、理论自信、制度自信、文化自信。（郑昕）

【彭水县史志办助力文化纪录片《巴盐》拍摄】 1月6日，文化纪录片《巴盐》开机仪式在重庆市彭水苗族土家族自治县万足茶林坪古建筑“万寿宫”举行。彭水县史志办为文化纪录片《巴盐》提供“志力”支持，并协办开机仪式。（彭水苗族土家族自治县史志办）

【重庆市大渡口区志办举办史志档案图文展】 6月9日至11日，重庆市大渡口区志办在马桑溪古镇举办“大渡口二十年之变迁——史志档案图文展”。该展览以大渡口20年大事记为主线，采用225幅照片、68块展板，反映20

年大渡口经济、政治、文化、社会、生态文明和党的建设方面的突出成就。展览参观人数达2000余人次。（重庆市大渡口区志办）

【四川省地方志系统提供信息咨询与服务】 年内，四川省志办配合省纪委做好《巴山皓月，蜀水清风——四川革命先辈先烈及历代先贤名人家风家训辑要》编纂，与省水利厅、省住建厅、省环保厅、省林业厅协作推进江河志、名镇（村）志、自然保护区志相关工作；成都市志办与市纪委合作开设“廉说蓉城”专栏，制作《历史上的成都廉官》《一代廉官的治与智》等影视片，在成都电视台播放；巴中市将出版的志、鉴分送到465个建卡贫困村和296个社区；成都、眉山、南充、内江、自贡等市开展特色文化、名优经济发展研究，编写资政专报，为市委市政府提供决策参考；泸州、宜宾、绵阳、巴中、达州、广安、德阳、遂宁等市（州）积极参与历史文化街区保护利用、红色文化旅游、风景区打造及各类场馆的规划布展等工作；自贡、甘孜等市（州）坚持编纂大事记，为经济社会跨越发展提供历史智慧和智力支持；宜宾、泸州、内江、眉山、凉山等市编纂出版红色书刊，开展专题展、征文、史志沙龙、文艺演出、重走长征路等活动；绵阳、广安等市开展“五进”“七进”活动，宣传党的十九大精神、党的历史、方志文化知识。（雷雨露）

【贵阳信息咨询与服务情况】 年内，贵州省贵阳市志办服务贵阳市甲秀楼景区提升改造工程，针对贵阳市文物局提请关于甲秀楼史实资料、文物展品等18条征求意见的来函，通过翻查资料、联系咨询史志专家等方式，核实、甄别18条信息，整理汇总材料2次，回复贵阳市文物局。11月，贵阳市实施中国红十字会救护总队贵阳图云管抗战纪念园项目建设，市志办承担提供展品、资料收集、布展等工作，收集汇总文字资料4000余字，图片21幅，相关诗词题赋9篇。（曾一凇）

【云南省地方志系统提供资政服务】 年内，云南省文山州志办建立地情资源开发利用项目库；迪庆州志办参与迪庆建州60周年系列文化丛书编纂，推动当地地方志资源开发利用。（郑灵琳）

【安宁革命历史教育展览馆被命名为市国防教育基地】 8月23日，云南省安宁市革命历史教育展览馆被昆明市政府命名为昆明市国防教育基地。该展览馆占地面积672平方米，设3个展厅，主要展示安禄罗游击队开展革命活动的事迹，馆内通过图、文、声、光展览形式，展出革命历史实物近百件。（宇应军）

【西藏地方志系统提供信息咨询与服务】 年内，西藏自治区山南市贡嘎、扎囊、乃东、桑日、加查等县（区）为拉林（拉萨至林芝）铁路施工建设提供志鉴资料。琼结县开展志鉴进村（居）、进寺庙活动。林芝市志办积极参与“铭记历史、讲团结、爱祖国”和“追忆红色历史 点燃激昂青春”史志知识讲座活动。（达瓦扎西）

【青海省志办提供信息咨询与服务】 年内，青海省志办与各省（区、市）地方志工作机构及省内有关单位交换赠送各类志鉴共计880余册，搜集志鉴及地情资料240余册；整理上架图书资料800余册；向省内外25家单位40余人次提供地方志资料查阅服务工作，共查阅志鉴图书资料450册。（马渊）

【宁夏回族自治区志办举行“5·18地方志宣传日活动”】 5月18日至19日，宁夏回族自治区志办举行“5·18地方志宣传日活动”。自治区人大常委会副主任袁进琳，自治区政协副主席安纯人，中指组秘书长、中指办党组书记、主任冀祥德等出席活动。会上，举行《宁夏通志》（全25卷）首发式、“宁夏方志网”开通仪式，冀祥德代表中指组及其办公室向宁夏回族自治区政府赠送《汶川特大地震抗震救灾志》；张进海汇报《宁夏通志》编修工作情况，冀祥德作《依法治志》专题讲座。活动期间，自治区志办向全区各市、县（市、区）地方志工作机构及相关单位赠送《宁夏通志》。来自全区各市、县（市、区）志办、图书馆系统近200余人参加会议。（张明鹏）

【新疆生产建设兵团第四师可克达拉市史志办积极开展读志用鉴服务】 年内，新疆生产建设兵团第四师史志办共接待各类查阅咨询史料102人次。其中，接待来信、来电25件次，来访查阅历史人物、地名、事件等史料77人次。（第四师可克达拉市史志办）

【新疆生产建设兵团第十三师史志办参与师拟建市专名申报工作】 年内，新疆生产建设兵团第十三师史志办积极参与师拟建市专名申报工作，充分发挥师史志办掌握的地方志地名资源，为拟建市名称整理地名来由，撰写地名阐释文稿。全力协助师博物馆文物征集工作，深入追溯师前身“红星”名称的源头，基本理清“红星”名称的来由，并搜集到坚实的历史物证。（第十三师史志办）

信息化与方志馆建设

· 网站建设

【北京市地情网站建设情况】 7月至8月，京网主办单位由原来的北京市经济和信息化委员会变更为北京市志办。年内，由京网和16个区区情网组成的北京市地情网站群已经基本建设完成，待域名备案后正式上线运行。16个区情网作为京网的二级子网站，既能在京网的“各区地情”栏目中访问，又可访问独立的二级子域名。网站形式设计风格统一，形成完整的北京市地情网站群。（王韧洁）

【北京市乡（镇）村情网站建设进展】 年内，北京市继续推进乡（镇）村情网建设，陆续开展房山区石窝镇石窝村村情网、大兴区长子营镇镇情网和礼贤镇镇情网的建设工作，三个网站的页面设计和框架结构完成，正在进行后台建设和资料添加等工作。（王韧洁）

【天津地方志网站升级改版】 年内，天津市志办按照《全国地方志信息化发展规划(2016—2020年)》和《天津市政府网站管理办法》有关要求，对天津地方志网站进行升级改版，建成地情数据库，提供志鉴资料在线浏览查阅。发挥新媒体传播作用，微信公众号“方志天津”发布信息82期。（张岩）

【河北省地方志网站建设进展】 河北省志办门户网站——河北省情网自2016年12月正式上线后，每天进行动态更新，加强内容的完善与更新。截至年底，网站累计发布文章近千篇，图片10万多幅，2017年新增“学习贯彻党的十九大精神专栏”和十九大学习网站链接。（卢光宇）

【太原方志网升级改版】 年内，太原方志网栏目增加至50多个，升级改版后的“太原方志网”在功能提升和内容拓展等方面都有新突破，增设“市情摘报”“方志要闻”栏目。（刘雁珍　张裕晋）

【内蒙古区情网建设进展】 年内，内蒙古区情网汉文版累计上传稿件2046篇，约331万字，1828幅图片，访问量达1853万次，较2016年增长26%。内蒙古区情网蒙古文网站发布稿件660篇，合计文字28万字，图片696幅。其中，蒙古文翻译版占203篇。（李洋）

【呼和浩特地情网建设进展】 年内，呼和浩特地情网内设修志动态、党史工作、政务公开等8大板块；有关呼和浩特市志办工作的有机构设置、地情概览、年鉴工作等9大页面；滚动播放“首府风采”图片，友情链接全区各盟市地情网。网络实时发布党史、地方志业务及政务、党务工作进展情况，同时详细刊文介绍呼市地情区域概况等。（徐曼雅　孙志杰）

【辽宁省地方志网站建设进展】 年内，辽宁省志办注重更新“辽宁省地方志”网站栏目内容，全年新上传文章近800篇，日访问量达5000人次；加强网站的安全运行检查，对网站栏目的政治内容进行严格审核。鞍山市志办对现有史志网站进行升级改造，提升党的十九大精神宣传和地情资源服务的覆盖面，逐步实现信息市、县两级全覆盖，并建议有条件的县

（市、区）史志部门实现信息网络化，建立史志网站。营口市史志办网站全年更新内容100余条，增加图片200多幅，浏览量近万人次。葫芦岛市方志网结构优化，充实内容，提高利用性。（丁玉恒）

【大连党史网（地方志网）建设进展】 年内，大连市委党史研究室（市志办）发挥中共大连党史网（地方志网）在党史、地情等方面的宣传作用，上传文字消息110条、文字35万余字、图片108幅；更新充实常设栏目，形成方志期刊、大连志鉴、大连党史、党史期刊、新书推荐、成果展示、历史印记、光辉历程文件讲话、他山之石等栏目。在“历史图片”栏目上传“大连历史展（军事篇）——纪念中国人民解放军建军90周年”“不忘初心牢记使命——中国共产党历次全国代表大会回顾”展览图片48幅。新增“纪念中国人民解放军建军90周年”专栏，上传纪念文章10余篇。为迎接党的十九大召开，开设“中国共产党第十八届中央委员会第一至六次全体会议内容”专栏，宣传党的十八大以来建设成果和改革开放所取得的成就。宣传贯彻党的十九大精神，新增“学习贯彻党的十九大精神”专栏，上传图文资料20余篇，转载《人民日报》《光明日报》《辽宁日报》《大连日报》及人民网、中国共产党历史网相关报道。更新网络安全组织管理机构名单，完善应急预案，印发《中共大连市委党史研究室关于印发〈中共大连党史网（地方志网）〉信息系统安全管理规定的通知》等文件3个，编制《中共大连市委党史研究室网（地方志网）应急断网流程》《外联单位应急联系列表》。（阎利）

【吉林省地方志编委会网站完成第六次改版】 年内，吉林省地方志编委会按照吉林省政府网站管理部门的要求，对单位网站进行改版，主要规范网站域名，由原来吉林省情网（www. jlsq. gov. cn）更改为吉林省地方志编纂委员会（dfz. jl. gov. cn），对网站政务信息公开相关栏目进行调整，新版网站共设27个栏目，全年各栏目更新信息1300条。（于泳生）

【“中国龙志”网络改版升级】 年内，黑龙江省志办以“中国龙志”网站板块为基础，不断加强网站板块内容扩充。省志办利用2至3个月时间到电信公司对网站所有数据进行全面拷贝，确保“中国龙志”网站安全运行。网络信息发布数量和质量逐步提高，做到当日收文当日发布。全年共发布各类信息100余条，其中上传省内市（地）信息70余条、外埠动态信息30余条。截至年底，完成《伊春年鉴（2016）》《大兴安岭年鉴（2016）》的网站数字化录入工作。省志办完成“中国龙志”网站改版升级工作，积极完成网站改版方案、版面设计、技术问题及网站改版所需硬件设备的采购工作，召开网站改版研讨与论证会，新版“中国龙志”网站于11月30日正式上线投入运行。（徐萍）

【哈尔滨地情网强化服务功能】 年内，哈尔滨地情网进一步优化栏目设置，强化网站服务功能，加大市志办中心工作、两刊（《哈尔滨市情活页》《哈尔滨史志》）、周五学习大讲堂、主题活动的宣传力度。截至年底，网站录入文字90万字，更新信息275条，图片907幅。其中，动态类信息137条，图片819幅。（刘新惠）

【江苏省地方志网站完成迁移上线】 7月，“江苏省地方志”门户网站根据江苏省地方志智能信息检索系统和地情网一期项目建设要求进行改版，完成“江苏地情网”建设。根据江苏省政府办公厅《关于做好政府网站整合迁移工作的通知》要求，省志办将网站改版和平台迁移两项工作任务统筹规划，同时组织力量加强功能模块的开发，与政府门户网站管理中心和省政府办公厅电子政务办公室进行协调联系，与承接政府网站管理的大汉公司沟通进行网站前端页面平移、信息发布后台数据迁移、交换标准和数据接口参数设置。12月31日，“江苏地情网”上线并迁移成功。（李海宏）

【宁波市地方志系统网站建设继续完善】 年内，“宁波史志网”进行全新改版升级，提高网站的可读性和时效性，增强史料性、趣味性、可读性，成为了解宁波党史和地方志工作的重要窗口，以及宣传史志知识、展示史志文化、交流史志工作的平台。“鄞州史志网”及时更新内容，完成原“江东史志网”相关内容的整合并入。“奉化史志网”继续完善、补充，形成工作动态、党史天地、方志编研、地情史料、拾零藏宝等7个大栏目，近20个小栏目。“余姚史志网”和“慈溪史志网”数据库继续完善，地方史志资源基本实现共有共享。“宁海史志网”网站系统升级，更新图文内容，新增史志随笔、民俗风情等栏目，发挥网站宣传普及史志知识的主阵地作用。“象山史志网”做好维护工作。（高曙明）

【嘉兴市档案史志网建设进展】 截至年底，嘉兴市档案史志网总访问量超过560万人次。该网站于2003年6月开通运行，设党务公开、政务公开、信息动态、网上办事、法规标准、档案篇、党史篇、志鉴篇、学会工作、专题专栏10个栏目，其中“志鉴篇”栏目分设嘉兴概貌、风俗习惯、文献杂记、嘉兴名人、嘉兴年鉴、本地特产、老字号名企、历史文化名镇、主要旅游景点9个子栏目。该网站采用文字、图片、音频、视频等多种方式，刊载有关地方志法规、政策性文件，以及《嘉兴年鉴》《嘉兴市志》有关地情资料，实现档案史志编研成果社会共享。（嘉兴市志办）

【台州方志网各级栏目不断完善】 年内，台州方志网加快地方志编研成果的上网进程，及时完善充实更新各级栏目，并鼓励全市方志工作者、方志爱好者和地情研究者，积极向台州方志网供稿。（台州市志办）

【福州地情网建设进展】 年内，福州地情网更新完善全文数据库，新增志书20余部，整理上传信息617篇。（欧长生　孙洁斐）

【瑞昌市地方志网页开通】 8月15日，瑞昌市地方志网页正式开通。该网页与瑞昌市政府网站链接，单独建立网址。该网页设计分6个板块，分别为图片报道、动态信息、方志机构、政策宣传、修志编鉴和地情开发，全方位展现瑞昌地方志工作。（朱岳）

【山东省情网站第七次升级改版】 1月1日，山东省情网站完成第七次升级改版。改版后山东省情网从单纯的资源性网站转变成兼具山东省史志办官网职能的网站。网站重新调整优化栏目，设新闻中心、政务公开、山东概览、省情资料库、齐鲁方志、山东地方史六大板块，突出了网站交互性、服务性和拓展性。改版后山东省情网主站适合大屏显示器显示，字体字号相应调整，并在内容页面增加分享功能，兼容微信、QQ、微博，增强省情信息的传播能力。网站还专门建设手机站点，方便手机、笔记本等小屏幕手机用户浏览。（山东省史志办）

【枣庄市情网第五次升级改版】 4月15日，第五次改版的枣庄市情网发布运行。新版枣庄市情网主页和框架结构设计除保留常规栏目外，开设“地情资料库”，建设网络“枣庄方志馆”，列出全部馆藏书目，增强实用性；增设“历史上的今天”和“在线互动”栏目，增强网站的资料性、趣味性以及和社会各界的互动性。（山东省史志办）

【肥城市情网站升级改版】 3月，肥城市情网完成升级改版，正式上线运行。新版网站具有表现形式更加新颖、栏目设置更加合理、查阅内容更加丰富等特点。（山东省史志办）

【莱芜市情网站第四次升级改版】 11月，莱芜市情网站实现第四次升级改版并正式上线。新版莱芜市情网站主页面设新闻中心、莱芜概览、莱芜风采、信息公开、市情资料库、嬴牟风情六部分。其中，“莱芜概览”栏目添加俯瞰莱芜子栏目、“信息公开”栏目添加方志馆工作子栏目，进一步丰富内容、拓宽宣传功能

和地情资源开发利用新渠道。（山东省史志办）

【河南省情网建设进展】 年内，河南省史志办对河南省情网进行第三次改版，并于7月初顺利实现新老系统切换。升级改版后，网站设一级栏目6个、二级栏目30多个，专题10个，数据库实现更高效的全文检索。新开通“学习宣传贯彻十九大精神”专题网站。截至年底，省情数据库库容达11亿字，网站全年访问量达23万人次。（汪朝霞 文清华）

【湖北省志办、湖北日报传媒集团战略合作协议签约暨湖北方志网新版上线仪式举行】 2月15日，湖北省志办、湖北日报传媒集团战略合作协议签约暨湖北方志网新版上线仪式举行。根据协议，双方一致同意在地方志资源开发利用，平面媒体、新媒体及图书期刊出版，数据库、云平台建设，项目策划申报，宣传报道，以及重大活动等各方面开展全方位紧密合作。新版湖北方志网是省志办推进“互联网+方志”的重要举措，发布湖北省自然、经济、政治、文化、社会等权威地情资料。

（湖北省志办）

【湖南省地方志编委会网站建设进展】 年内，湖南省地方志编委会网站按照《国务院办公厅关于印发政府网站发展指引的通知》进行了梳理整改，全年新增政务信息308条（不含党建专题消息及首页漂浮消息，不含转发人民日报社、新华社、国务院、湖南省等网站的消息）。该网站属于湖南省政务网站群下的一个部门网站站点，一级栏目有机构职能、政务动态、通知公告、政策规划、图书检索等。（任璀洛）

【广东全省地情网络建设进展】 年内，广东省深入开展“互联网+地方志”行动。全省地情网站累计搜集地情信息已超过17万余条、图片7万余幅、音像资料近330部，数据库数据量过17亿字。广东省情网累计访问数超过1亿人次。大部分地级市和部分县级站点累计访问数过百万人次。其中，访问数排在前五位的市级地情网站是惠州、肇庆、珠海、清远和东莞，访问数排前五位的县级地情网站是广州市天河区、佛山市禅城区、高要市、兴宁市、新兴县。江门地情网创建“全民修志”栏目，加快开门办志步伐。东莞市、肇庆市地方志工作机构信息员获中指办通报表扬。（广东省志办）

【广西地情网改版】 1月，新版“广西地情网”上线，新域名 www. gxdfz. org. cn。改版后的广西地情网设8个一级栏目、53个二级栏目，按照政府网站普查工作要求，增设政务咨询、调查征集两个栏目。新版广西地情网日访问数超过5000人次，是改版前的5倍多。3月，广西地情网手机版开通上线。广西地情网（含手机版）全年采编发布信息4667条，约1230万字、图片1260幅、视频300分钟，年度广西地情网访问量超过196万人次。

（周珍朱）

【海南史志网扩容升级】 年内，海南史志网扩容升级，加快信息及图片更新频率，上传27部史志书籍，约2035万字。（郑昕）

【重庆地情网正式开通】 5月26日，重庆地情网正式开通。该网络设实时市情、市情概览、市情资料库、方志工作4个栏目及56个二、三级子栏目。网站建成开通后，成功与中国地情网链接，辐射到全国，实现地方志资源共享。（杨祖静）

【四川地方志网站群建设进展】 年内，四川省志办在网站改版基础上，继续建设“四川地方志网站群”，持续更新、增添内容。按四川省政府办公厅要求，省志办开展政务一体化网上服务平台建设、政务信息系统整合共享工作。成都、德阳、泸州、巴中、雅安、眉山等市（州）改版升级地方志网站。全年，四川省、市、县三级共建成地情网站34个。

（朱丹）

【贵州省地方志网站建设进展】 年内，按照

《贵州省各级地方志门户网站集约化建设方案》要求，贵州地方志信息网迁移到中国·贵州政府门户网站云平台，市、县级网站迁移到中国·贵州政府门户网站云平台，县级网站原则上不开设，集约到当地政府门户网站，成为其子网站、栏目、频道，完成迁移省级网站1个(贵州地方志信息网)、市级网站7个、县级网站20余个。（贵州省志办）

【临沧市地方志网站开通运行】 2月，临沧市地方志网站开通运行。该网站设机构职责、工作动态、政策法规、地方志书、地情资料、临沧年鉴、方志艺苑等栏目，以文字和图片的形式展示全市地理、历史、资源状况和政治、经济、社会、文化、生态文明建设情况，权威发布全市地方志工作动态、法规文件、志鉴编修成果等内容。（郑灵琳）

【陕西省地方志网站建设进展】 年内，陕西省贯彻落实《陕西省电子政务网络安全管理办法》《陕西省地情网站群管理规定》等规章制度，做好地情网站群的维护和安全运行。省志办改版“陕西省情网”网站。按照省政府要求，省志办督促指导县区完成地情网站向政府网站的迁移工作。西安市地情网点击量达到55.5万人次，全市11个区（县）建设地情网站。宝鸡对地情网站改版升级，制作动漫页面。渭南市及时更新网站信息，运行稳定高效。延安地情网改版迁至市政府门户网站，并建立独立的数据库。榆林市地情网更名为榆林市地方志办公室网，及时维护更新网站内容。汉中地情网完成向市信息中心迁移，实现工作有效衔接。商洛地方志网升级改版。宝塔区、延川县等几十个县（区）地情网站完成向政府网站的迁移工作。（丁喜　黄立峰）

【西安市志办完成地情网站整合】 7月，西安市志办对原有的“西安地情网”和“西安地方志办公室”两个网站进行整合，以“西安市地方志办公室”申请域名后，将页面设在市政府门户网站，原地情网站关停。同时，在网站首页添加政民互动、依申请公开、信息公开等政务公开类栏目。（黄立峰）

【甘肃省地方志网站建设进展】 截至年底，甘肃地方史志网累计实现数字转换3.1亿字，完成首轮省、市、县三级志书和第二轮部分省、市、县三级志书、年鉴、旧志、地情资料上传共382部，并实现全文检索。各市（州）、县（市、区）网站（网页）建设速度加快，全省有14个市（州）、50个县（市、区）开通地方史志网站或开设专门网页。年内，全省新开通临夏州志办网站，开通兰州市七里河区、兰州市西固区、兰州市安宁区、兰州市红古区、永靖县、康乐县、康县、卓尼县、夏河县、陇南市武都区等县级网站（页）10个，天水市麦积区由网页升级网站，兰州市志办开通微信公众号和手机客户端。（石战涛）

【青海省完善和提升地方志网站】 年内，青海省志办建立并完善《青海地方志网站管理制度》，规范网站的安全运行、信息发布、后台维护等工作程序和要求；及时更新网站内容，完善运行机制。全年共发布信息35条。（马渊）

【宁夏区情网上线运行】 5月18日，宁夏回族自治区志办开通宁夏区情网并正式上线运行。该网站主要功能是将宁夏地方历史文化、志书、年鉴及相关地情资料数据上传，达到宣传宁夏、推介宁夏的目的。同时，该网络与全国地方志系统实现资源共享。自治区志办适时关注网站发展动向，在重大节会期间，对网站运行情况实行24小时无间断管护，保证网络正常健康运行。（张明鹏）

【银川方志网更新栏目内容】 年内，银川方志网更新栏目内容29个。全年发布地方志政策、信息485条，更新照片12张，发布政务公开信息25条，上传《银川年鉴（2016）》《银川艺文志》《银川小志》（文白对照本）电子版共计150万字。（银川市志办）

·数字化建设

【北京市推进数字方志馆建设】 年内，北京市数字方志馆上传志鉴60余部，添加上线360度看北京的栏目内容，完成《北京地方志》杂志整理入库工作。 （王韧洁）

【太原市推进志鉴数字化建设】 年内，太原市志办完成首轮《太原市志》8册、县（区）志10部、《太原风景名胜志》《晋祠志》《太原年鉴（2017）》等共40余部志鉴的数字化和电子版制作工作，校验电子版2.4万页、280余万字，以仿真阅览形式向读者提供免费阅读服务。 （刘雁珍 张裕晋）

【辽宁省推进数字化建设】 年内，辽宁省志办完善数据库项目建设，对首轮、第二轮部分《辽宁省志》分志进行数据转换与录入。鞍山市史志办尝试“互联网+地方志”新模式。将地情资料扫描到电脑，形成地情数据网络资料库。 （丁玉恒）

【吉林省推进志鉴图书数字化】 年内，吉林省地方志编委会修订《数字化标准》，组织完成《吉林省志·煤炭志（1986—2000）》《二道河子区志（1989—2000）》《南关区志（1989—2003）》《西安区志》《长春年鉴（1988）》《长春年鉴（2000）》《沧桑偏脸城》《志说吉林风物》《辉发源流考》《江城四珍》《这里是白城》等100多部志鉴及地方志资源开发类图书的数字化，共4.47万页，数据全部追加到吉林省情数据库，吉林省地方志编委会网站提供上述图书的浏览及全文检索。

（于泳生）

【黑龙江省推进数字化建设】 4月6日，黑龙江省志办完成中国地情网二期工程建设资料征集工作。年内，完成13个市（地）、绥芬河市、抚远市基本概况、20余处名胜古迹图片及简介、8个市（地）宣传片、纪录片视频资料征集及报送工作。 （徐萍）

【《哈尔滨年鉴（2016）》完成数字化】 年内，《哈尔滨年鉴（2016）》光盘版制作完成。该光盘制作结合纸质书的编纂形式和读者的阅读习惯进行编排，采用关键词覆盖，实现全文检索，可正常复制、粘贴和打印。 （刘新惠）

【《上海滩》数字化工程开启】 年内，上海通志馆主办的《上海滩》杂志创办30周年。上海通志馆主持开启的“《上海滩》数字化工程”，将30年来每期杂志的目录条目与全文内容上载到数据库，并以此为基础进行后续开放查阅等公众服务性工作。 （杨婧）

【江苏省推进地方志数字化标准建设】 4月，2017年度第一批江苏省地方标准项目计划正式列入《地方志元数据规范》《地方志数字化处理规范》。为加快《地方志元数据规范》《地方志数字化处理规范》的制定和修改完善工作，根据省质监局地方标准立项程序和项目申报要求，江苏省地方志数据资源标准起草小组正式成立。6月21日，标准起草小组第一次会议召开，会上省标准化研究院标准化事务所介绍地方行业标准制定程序及标准草案的内容、框架和技术方案等，并对标准制定的相关流程、关键节点要求提出具体的意见和建议，起草小组进行任务分工。 （李海宏）

【江苏省数字方志馆建设完善内容】 年内，江苏省方志馆与江苏中江网传媒股份有限公司签订数字方志馆服务合同，完善数字方志馆相关内容，全年网站点击量增加1万多人次，网站总点击量为3.4万人次。数字方志馆设有馆藏书目数据库、新方志数据库、年鉴数据库、旧志数据库、工具书数据库、学术期刊数据库、博硕论文数据库、江苏方言库、中华再造善本数据库9个专题数据库，数据总规模近1.5TB。可实现书目在线查询、方志期刊博硕论文全文检索下载、省内三个方言区70个方言点的7400个方言词汇的在线试听。 （周文燕）

【江苏省地方志智能信息检索系统基本完成】　年内，江苏省地方志智能信息检索系统在江苏省地方志资源数据化处理基础上，构建江苏省地方资源全文数据库，建设省、市、县三级全覆盖的地方志系统网站群和地方志群，同时开发方志资源网上征集系统、检索系统、共享平台、志鉴编辑平台、期刊投稿平台、协同办公软件等。7月11日，省志办委托省政府采购中心对江苏省地方志智能信息检索系统建设二期项目进行公开招标。8月4日，江苏北斗卫星应用产业研究院有限公司中标成功，双方于8月28日签署合同。截至年底，具备江苏省标和地方特色的江苏省地方志智能信息检索系统基本建成。（李海宏）

【江苏省地方志资源数据进行规范化处理】　年内，江苏省志办对全省年鉴、地情书和地方志期刊等数据资源进行规范化处理。截至年底，完成412本地方志资源规范化处理（全部为年鉴）。成果包括地方志资源的著录数据、原书数据（原书影像文件）、目录数据、全文文本数据（段落级别）、图片数据、表格数据，文本信息约有796MB，图表有15.4GB。所有数据类型满足《地方志元数据规范（草稿）》中的编码、存储及关联规范，可直接挂接至地方志智能信息检索系统中，服务于地方志数据的存储、检索、下载、共享。同时，数据规范化后的文本展示的原书原貌，具有双PDF功能。（李海宏）

【浙江省志办完善数据库检索功能】　年内，浙江省志办推进《浙江通志》编纂信息系统后续服务开发工作，进一步完善现有《申报》《浙江省志丛书》《中国古籍方志库》、雍正《浙江通志》、民国《浙江通志稿》和《浙江日报》等数据库的检索功能。（浙江省志办）

【宁波市史志年报资料电子库投入运行建成】　1月至4月，宁波市史志年报资料电子库建成，进入试运行阶段。10月，正式运行。该电子库是为动态管理和长期保存各年度各单位的宁波市史志年报电子资料。年报电子资料按年度、按单位、按资料类型等条件属性进行分类，由管理员定期对各单位报送年报电子资料进行归类、整理。其中，年报电子资料录入部分，可标记资料年度、所属单位、资料特征类别等，图照和音像资料可添加多条、支持大容量文件上传等；检索部分可通过年度条件检索、所属单位检索、资料特征检索、动态组合方式检索，支持多条件组合查询；信息库部分，可建立独立的报送单位信息库，与资料相关的单位统一在单位信息库中管理，资料的录入关联选择所属单位、资料的查询选择查找单位，使单位管理统一化；资料附件实现自动备份功能，由系统自动将电子资料附件文件归类至备份硬盘中，用覆盖方式全量备份，一般由系统设置空闲时段自动备份。截至年底，完成2016年度市级各单位总结、大事记的文字录入和附件上传。（高曙明）

【鹿城方志数据库建成】　年内，温州市鹿城区志办根据工作需要，发挥同档案局合署办公的软件开发建设技术优势和专业特长，将《鹿城区志》《鹿城年鉴》《鹿城记忆》《鹿城方志》与《鹿城建区30年纪事》全部成果实现数字化加工，建成鹿城方志数据库，数据规模20GB，在鹿城方志网全文可查阅发布。（温州市志办）

【平阳县志办开展史志资料数字化转化工程】　年内，平阳县志办开展史志资料数字化转化工程，相继将《郑海啸纪念文集》《平阳史志》等纸质资料转化为电子文档，同时把《平阳党史二卷》等电子资料利用现代化设备进行输出，使得电子化文档和纸质文件互补互融。（温州市志办）

【苍南县史志办获评为温州市数字化规范单位】　年内，苍南县史志办逐步开展志鉴数字化工作，相继将《苍南县志（1981—2005）》、《苍南年鉴》2006年卷至2017年卷、隆庆《平阳县志》（影印本）、顺治《平阳县志》（影印

本)、康熙《平阳县志》(影印本)等实现数字化，并获评为2017年温州市数字化规范单位。 (温州市志办)

【湖州方志馆“志书一体机”开放】 年内，湖州市方志馆制作“志书一体机”，收集整理新旧志书58套供查询，同时整理旧志16套，上传“数字方志”供读者查阅。

(湖州市志办)

【湖州市志办建成3D方志馆】 年内，湖州市志办建成3D方志馆。该馆实现自动讲解，满足不出家门即可游览方志馆的需求。

(湖州市志办)

【《嘉兴年鉴(2017)》电子版发行】 12月，《嘉兴年鉴(2017)》电子版发行。嘉兴市志办为进一步提高编鉴、学鉴、用鉴的数字化、电子化、信息化水平，在出版纸质版年鉴的同时，制作出版电子版年鉴，并在市“两会”上赠送与会代表和委员。 (嘉兴市志办)

【《海宁年鉴(2017)》电子版发行】 年内，海宁市史志办在组织《海宁年鉴》编纂的同时，为方便阅读和利用，探索年鉴数字化开发，制作《海宁年鉴(2017)》电子版，在市“两会”上赠送与会代表和委员。

(嘉兴市志办)

【绍兴市柯桥区史志办启动史志资料数字化工程】 年内，绍兴市柯桥区史志办加速启动史志资料数字化工程，对浙江省内的首轮省、市、县志进行数字化加工处理，涉及文字量达15万页。 (绍兴市志办)

【金华市推进方志数字化工作】 年内，金华市志办推进地情资料库资源收集整理，完成近100GB地情资料数字化与整理，包括300多册书籍扫描数字化与150多册书籍电子书签目录制作，输出为PDF与WORD两种格式文件，共形成期刊、历史古籍资料、视频资料、金华历史资料4个资料库。资料库收录各类电子资料，期刊591种，历史古籍6025种，视频资料20000多条，容量达到10TB，包含《申报》合集与《四库全书》等大型资料合集。市志办完成金华历史资料近900册的数字化整理工作，以PDF格式与WORD格式分别存档，实现全文检索；完成金华要事视频资料关键词标签录入，实现视频关键词检索；完成《浙江日报》自创刊以来金华有关资料摘录工作。

(金华市志办)

【舟山网上方志馆改版启用】 年内，“舟山网上方志馆”在上年改版基础上，通过后期审核完善后，在9月开通启用，继续对体验不足与内容缺失等问题提出修改意见并落实调整。

(舟山市志办)

【玉环县增设“数字方志馆”】 8月，玉环县增设“数字方志馆”。该数字馆由玉环市委市政府信息中心提供技术支持，分党史纵览、志书古籍、历年年鉴3个二级栏目。发布《玉环抗日战争纪实》、《榴岛晨曦》、《南下干部在玉环》、《玉环县志》(1994年版)、《玉环古志》、《玉环胜迹图志》、《史说玉环》、《玉环人物志》、《玉环年鉴》2001年卷至2012年卷，总共20本。 (台州市志办)

【济南市史志办推进数字化建设】 年内，济南市情网站首页增加电子书模块，将市史志办近几年编辑出版的史志成果制作成电子书。《济南市志(1986—2010)》8册、《济南年鉴(2016)》1册、道光《济南府志》(点校版)3册、《济南泉水志》2册、《济南历代著述考》2册、《济南金石志》1册、《济南史志文萃》1册、《汶川特大地震济南援建救助志》1册陆续被制作成电子书并上传至网站，并且可以检索。 (张阳)

【青岛市史志办开发制作仿真电子书】 年内，青岛市史志办依托青岛市情网平台，引进和利用最新的网络多媒体技术，研究开发网络多媒体动态交互式仿真电子书，实现动态交互式翻页、交互式索引、内容搜索、选择复制、选择截图、添加标签与注释等实时在网查阅功能，创新地方志工作成果的网上展现方式，为社会公众读志用志提供更加生动直观、方便快捷的服务。市史志办完成第二轮《青岛市志》文化卷、城市卷、政治卷3部志书仿真电子书的研发制作，并在青岛市情网发布。

（青岛市史志办）

【东营市河口区完成部分志书数字化】 7月，东营市河口区地方史志编委会编纂的首部《河口区志》以及前期出版的《河口区志（2001—2010）》《河口区地方史志志》《河口街道志》《六合街道志》《新户镇志》《义和镇志》《仙河镇志》《孤岛镇志》《太平乡志》《新建村志》《河口年鉴》等12部书籍，由河南电子音像出版社完成数字化并制成电子光盘版发行。

（山东省史志办）

【潍坊市首轮社会主义新方志全部上网发布】 11月，潍坊市首轮县（市、区）志全部整理完毕，并上传省情资料库，同时完成《临朐县志（1988—2000）》《潍坊盐业志》《潍坊中医院志》《贾思勰志》的整理上传工作。包括《潍坊市志》在内，共上传省情资料库志书17部，入库总字数1900余万字。

（山东省史志办）

【《乳山年鉴（2016）》手机电子书上线发行】 2月，乳山市史志办主创、济南麦德森文化传媒有限公司开发，威海市第一个年鉴电子书产品《乳山年鉴（2016）》手机电子书正式登录手机平台。（山东省史志办）

【湖南省数字方志馆建设进展】 年内，湖南省地方志编委会实施数字方志馆（二期）项目。在一期项目的基础上，省地方志编委会对功能重复分展馆进行合并重组，统括为四大分馆，即省情馆、文献馆、专题馆、方志人馆。省情馆运用多媒体技术全方位展示湖南省情；文献馆下包含5个分馆（新编志书、综合年鉴、传统志书、史志期刊、特色志书）；专题馆运用全景拍摄技术和虚拟现实技术展示湖南名胜。文献馆已数字化总文献字数1.09亿字，已上传湖南传统志书FLASH格式动画101册，免费供广大方志研究爱好者查阅。湖南数字方志馆访问地址：http://218.76.24.115/index.html。

（任璀洛）

【广东数字方志馆建设通过验收】 年初，广东数字方志馆建设项目启动。9月19日完成第三方检测。9月21日，专家验收会议召开，项目通过验收。广东数字方志馆首期建设主要包括网站、微信、手机版网站以及实体馆信息化服务设施建设等。（广东省志办）

【广西地情资料库建设进展】 年内，广西地情资料库数字化并发布各类书籍215本（册），1.6亿字。广西地情资料库设于广西地情网一级栏目，设广西通志、市志、县（区）志、广西年鉴、市县年鉴、方志期刊、地情书、方志论著、乡村志、古籍旧志等10个子栏目。

（周珍朱）

【海南省史志办影像资料库建设进展】 年内，海南省史志办影像资料库收录历史照片由建设之初的1700幅增长至7000幅，包括党的十八大以来的照片4000余张，推进动态影像资料收录工作。（郑昕）

【重庆市地方志数据库初步建成】 年内，重庆市志办完成纸质版志书数据化扫描335册196600页，收集电子版志书47册，完成总计382册共101GB地方志数据资源，重庆市地方志数据库初步建成。（杨祖静）

【四川数字化方志馆建设进展】 年内，四川省志办完成四川省地方志省情信息资源数字化数据库项目（四川数字方志馆）第一期建设，实施前台阅读界面设计、与网站对接开发、会员功能开发以及全省使用许可授权等；启动第一期地方志资源数字化加工处理、建库、入库，处理完成300多册图书（包括第一轮《四川省志》65部79册、首轮市州县区志书、《四川年鉴》、部分市州年鉴和地情资料、方志期刊、旧志资源、家谱族谱）的数字化和入库。“四川省情信息库”与“四川地方志网站”进行链接，实现在电脑、手机上进行查询检索和阅读四川志书年鉴。成都市建成全国首家基于云平台的“数字方志馆”，上传志书、年鉴等1105部，图片6万余幅，各类音频资料475部、视频资料223部。双流区、成华区数字方志馆建设稳步推进。全年，四川省建成数字方志馆（数据库）5个。（朱丹）

【贵阳方志云平台建设项目进展】 年内，贵阳方志云平台项目租用贵州省“云上贵州·贵阳块数据平台”提供的IaaS服务完成贵阳方志云项目的服务器建设，通过使用大数据以及数据库技术建成贵阳地方志数据库，开发综合资源管理、数据比对分析、史实核查、协同修志、志汇共享5个应用模块。该平台辐射贵阳市辖区内的三县六区一市，容纳100万人注册，满足500个并发访问规模。贵阳方志云平台通过海量专业文献信息资源与社会信息实时数据的统一接入，丰富贵阳市志办资源库信息，为方志内部各业务系统以及地方志信息资源综合应用平台及情报信息综合应用平台提供社会数据信息，满足各类数据应用需求。年内，贵阳方志云平台项目编纂完成可研性报告和项目建议书、上报立项，编撰实施方案、通过专家评审。12月，项目在贵阳市公共资源交易中心进行公开招标，项目开始实施建设，总投资金额501万元。（曾一凇）

【甘肃省地方志数字化建设进展】 截至年底，甘肃省史志办重点对首轮省、市、县三级志书及省级年鉴、期刊、省级专（行）业志进行数字化转换、编辑整理、上传使用，加快对出版的部分第二轮三级志书、市县级年鉴、地情资料、旧志、村（镇）志等的数字化转化。全年录入省志85部6232万字、市（州）志71部7080.3万字、县（市、区）志93部9715.72万字。其中，首轮三级志书全部完成转化、上传，包括首轮省志71部4895.8万字、首轮市（州）志69部6845.3万字、首轮县（市、区）志87部9224.72万字，省级年鉴13部2027.2万字，期刊32本335.73万字，省级专（行）业志28部1883.7万字。网站录入志书、年鉴总计382部3.1亿字，实现全文检索，累计浏览127229人次。（石战涛）

【新疆地方志数字化建设进展】 年内，新疆维吾尔自治区志办搭建云平台，建设新疆数字地情馆、数字地情资料库，进一步扩大新疆方志文化的广泛传播。（陈忠）

·新媒体平台建设

【“方志北京”微信公众号运行】 年内，“方志北京”微信公众号推送134期合计273条信息。其中，志说北京栏目102条，工作动态栏目99条，特别关注栏目40条，领导讲话栏目12条，动态要闻栏目8条，法规规划栏目3条，方志要闻栏目3条，各区动态栏目2条，理论研讨栏目2条，媒体聚焦栏目2条。基本做到每周三次发布。（王韧洁）

【北京市方志馆微博运行】 年内，北京市方志馆微博全年共发布博文203条，粉丝数3208个，全年新增粉丝2220个。微博发布内容涉及重大参观简讯、京华讲坛预告信息、展览预告信息、征稿启事及微信原创小文等。

（王韧洁）

【北京市方志馆微信服务号、订阅号运行】 年内，北京市方志馆微信服务号完成2017年度微信年审认证，定期更新专题展览、京华讲坛等栏目及关键词回复的内容，共计发送信息47期，累计发送信息146期，粉丝数为2853个，全年新增粉丝515个。北京市方志馆微信订阅号，完成2017年度微信年审认证，定期更新专题展览、京华讲坛等栏目及关键词回复

的内容，累计发送信息 151 期，粉丝数为 7652 个，全年新增粉丝 6216 个。（王韧洁）

【河北省新媒体平台建设进展】 年内，“方志河北”微信公众号自 2016 年 7 月 1 日正式开通后，由专人负责每天推送微信公众号 2 至 3 条，累计推送文章 1000 余篇，点击量、转发量和关注人数都呈不断增长态势。邢台、邯郸地方志系统微信公众号已全覆盖，另有“张垣方志”“方志保定”等多家微信公众平台定期向社会发布优质的历史文化内容；“衡水方志”“方志安国”“方志沧州运河区”“方志香河”“方志新乐”“廊坊方志”“方志承德”等微信公众号开通。9 月，河北省志办主办的“方志河北”微信公众号获今日头条“悟空问答”颁发的荣誉纪念证书。“方志河北”积极使用“悟空问答”功能，总点赞数位列第五名。（卢光宇）

【“方志山西”微信公众号开通】 1 月 1 日，山西省志办开通“方志山西”微信公众号，加快推进山西方志系统信息化步伐，传播三晋文化，展示地域特色。（张瑞琴）

【内蒙古新媒体平台建设进展】 截至年底，内蒙古区情网蒙古文版、手机网站和“方志内蒙古”微信公众号、蒙古文版多功能数据库均开发完成投入使用。“方志内蒙古”微信公众号发布 379 期，文章 1521 篇，约 133 万字，4200 幅图片，音乐 76 首；“方志内蒙古”手机报于 2017 年 3 月正式开通。手机报采编并发送 17 期，文章 142 篇，约 85 万字。内蒙古地方志新媒体覆盖全区 12 个盟（市）、103 个旗（县、区）。（李洋）

【辽宁省新媒体平台建设进展】 年内，鞍山市史志办构建并完善鞍山史志微信群、“鞍山史志”微信公众号等新媒体宣传，形成横向到边、纵向到底的史志宣教网络。媒介宣传党的最新方针路线政策和史志研究成果，宣传创建文明城等活动。抚顺市志办负责维护的“抚顺社科”政务微博，全年发布微博 1591 条。营口市史志办通过“营口春秋”微信公众平台、“营口春秋”头条号等新媒体发布信息，扩大史志宣传的渠道，增强宣传效果。微信公众平台全年更新内容近 500 条、图片 800 多张，关注人数超 1000 人；头条号发布信息 200 多条，阅读量 120 万次，单篇文章最高阅读量达 15.4 万次。（丁玉恒）

【“方志吉林”微信公众号运行】 年内，“方志吉林”微信公众号不断创新，设置志鉴书香、东北方言、民俗风情、追忆抗联、吉林历史上的今天、吉林人物、吉林之最、志说吉林、吉林地名等栏目，全年累计推送图文信息 240 条，浏览人数 13.8 万人次；“今日头条”累计推送信息 144 条，浏览人数 231.6 万人次。（李　刚）

【“吉林家谱”微信公众号运行】 吉林省方志馆运行“吉林家谱”微信公众号，传播家谱知识和姓氏文化。该公众号累计推送图文信息 1800 余条，浏览人数 276 万人次。（李　刚）

【“方志哈尔滨”微信公众号运行】 年内，“方志哈尔滨”微信公众号加大“周五学习大讲堂”系列讲座的推送频率，增加照片的数量和视频的时间长度，及时推送哈尔滨市二轮志书编纂完成表彰大会、哈尔滨市地方志学会第五次会员代表大会、广播操比赛、重温入党誓言、《哈尔滨观览》问世等市志办中心工作、主题活动。全年共推送 34 期，阅读量 10000 余人次。（刘新惠）

【“留住城市的记忆”微信公众号运行】 年内，哈尔滨市方志馆官方微信公众号更名为“留住城市的记忆”，并进行改版认证。公众号对栏目、介绍文字、风格等进行统一调整，实现样式统一、风格统一、颜色统一、排版统一，使公众号形成自己的特色。全年发布文章 31 篇，阅读量 3.6 万余人次。（刘新惠）

【"哈尔滨市志办"新浪微博运行】 年内，"哈尔滨市志办"新浪微博利用多种宣传手段和话题，如"讲述哈尔滨自己的故事""方志微话题""方志微分享"等，弘扬方志文化，传递市志办声音。全年发布博文103条，关注人数7288人。 （刘新惠）

【"上海通志馆"APP启动开发】 年内，上海通志馆启动"上海通志馆"APP开发工作。截至年底，基本架构完成，后续将进行具体内容的填充及基于用户体验的功能完善，预计于2020年新馆建成之际完成推出。该APP的功能主要分为两方面：一是上海地方志书、年鉴资料的电子化检索、查阅，用户可通过移动端即时并根据其需要输入关键词进行条目检索；二是上海各条道路及其标志性景点的查询、导览，用户可搜索或定位上海某条道路的路名，以查看该条道路的历史变迁、位于该条道路的历史文化建筑等标志性景点，以及相关重大事件等信息。该APP针对专业用户和一般公众用户，计划以便捷的操作体验为其提供研究支持及科普导览，从而起到良好的地情资源开发与普及教育作用。 （杨婧）

【上海市打造地方志微信公众号矩阵】 年内，上海市地方志系统将上海市志办的"方志上海""上海通志馆""上海滩"等微信公众号，以及上海各区志办的"奉贤文史""i金山""嘉定档案志鉴""静安方志""松江微历史""杨浦史志""浦东文史""上海普陀档案"等微信公众号"集体打包"，以矩阵形式与"今日头条"合作，进一步提升地方志微信公众号的影响力和地方志宣传的关注度。"方志上海"与"上海发布"、《解放日报》《联合时报》等建立业务联系，供其摘选适宜的内容转载，进一步增强上海市地方志的影响力。 （杨婧）

【"方志江苏"微信公众号开通】 3月29日，江苏省志办主办的"方志江苏"微信公众号正式上线。该公众号发布主要内容包括：各级党政领导关于地方志工作的重要批示、讲话，有关地方志工作的重要通知、意见，地方志工作的新闻动态，各地修志编鉴的成功做法和先进经验，地方志资源开发利用新进展新成效，志鉴编纂、地情编研最新成果等。全年共发布信息63期213条。江苏省志办下发《关于做好微信"方志江苏"订阅号和"风雅江苏"公众号宣传推广的通知》。省志办推动《江苏地方志》杂志与新媒体融合，"风雅江苏"微信公众号正式上线，定期推送鉴赏性、可读性、文化性较强的地情文章，全年发布图文消息48期210条。该公众号粉丝1200余人次，阅读量单条最高达上百人次。 （李海宏）

【"方志南京"微信公众号开通】 4月，南京市志办开通"方志南京"微信公众号。该公众号以"弘扬方志文化、传播历史知识、传承古都文脉、讲述南京故事"为功能定位，下设方志动态、南京地情、馆媒服务三大栏目，以用户群体与方志文化为切入点，选取雅俗共赏、结合时节热点、充分接地气的素材。截至年底，发布信息155篇，其中原创信息63篇、工作信息65篇、转载27篇，报送90余篇。由此，南京市志办实现"方志南京"微信公众号与"南京地方志"网站、"方志南京"微博、头条号"四位一体"宣传服务的新模式。 （朱崇飞）

【无锡市史志办入驻"今日头条"新媒体平台】 2月27日，无锡市史志办在江苏省内史志系统率先入驻"今日头条"新媒体平台，创新开发无锡数字方志馆资源，做精、做实、做细新媒体宣传运营维护工作。2月27日至3月3日，无锡市史志办"今日头条"平台从全国3.8万个政务头条号近9万篇文章的评选中脱颖而出，代表江苏省参加全国政务类头条内容评选，获第四名。 （李海宏）

【"常州史志"微信公众号开通】 5月16日，常州市委党史工委、市志办创办的"常州史志"微信公众号开通运行。该公众号开设史话龙城、史志之窗、史志场馆等栏目，以宣传、介绍常州史志工作动态、编修成果、人文历史等为主要内容，向公众提供图文并茂、通俗易懂的史志文化知识及信息。公众号每周推送2次，每次推送2至3篇，逢重大纪念日等时间节点相应加大推送频次。截至年底，共推出65期，发布文章119篇，有20余条次被中国共产党历史网、“方志江苏”微信公众号、常州道德讲堂、今日头条等录用转发。公众号关注人数415人。（李海宏）

【“仪征史志”微信公众号开通】　8月3日，仪征市志办主办的“仪征史志”微信公众号上线运行。该公众号平台主要致力于向广大受众提供仪征党史知识、地情资料、史志动态等信息，分享史志文化知识及最新史志研究成果等资讯。上线首日，关注用户突破100人。公众号经常推出专题，约请作者供稿，如围绕仪征名人、名著、名宦、名园、名迹的“五名工程”，进行重点推介。所推送的文章中有多篇为搜狐网、中国纪检监察网等多家网站转载。截至年底，公众号共推送文章88篇，关注用户突破300人。（李海宏）

【淮安市志办政务头条号开通】　8月29日，淮安市志办主办的“淮安地方志”政务头条号上线运行，成为继淮安市志办2016年年初开通微信公众号后，在“互联网+地方志”领域又一新媒体平台。该平台推送的《淮安舰：扬我国威，淮安荣耀》等两篇文章入选政务头条号全国周十佳文章并得到重点推荐。（李海宏）

【“无锡史志”微信公众号运行】　年内，“无锡史志”微信公众号精确定位读者群，结合各类纪念活动、热点、节庆，发布48期史志文章，总阅读量2.9万次，平均每期阅读量约600次。其中，10期文章阅读量超1000次，13期文章阅读量为500至1000次。《无锡姓氏的来源和分布》《毛泽东在无锡二三事》阅读量分别达3215次、2392次，多篇文章被省其他媒体平台转发。（李海宏）

【“武进印记”微信公众号开通】　12月24日，常州市武进区委党史工作委员会主办的“武进印记”微信公众号开通运行。该公众号致力于介绍武进地区名人、轶事以及非遗、遗址古迹等内容，紧密结合历史遗存和时代亮点，反映武进最靓丽、最深厚的一面，让社会了解武进、熟悉武进。截至年底，发布文章8篇，关注人数百余人，阅读量达1.5万人次。（朱崇飞）

【“宁波党史地方志”专栏在“甬派”客户端上线】　10月，宁波市委党史研究室（市志办）与宁波日报报业集团在“甬派”新闻客户端推出“宁波党史地方志”专栏。该专栏以图文并茂方式介绍宁波党史、地方志相关内容，每周一下午推送地方党史内容，每周四下午推送地方志内容，每天早上推送“历史上的今天”，介绍当日较为重大的历史事件。上线后，每条点击量平均6万次，最高13万次，点赞和留言数百余人次。（高曙明）

【“岁月余姚”微信公众号推广】　1月21日，余姚市委宣传部、浙江日报报业集团宁波分社、余姚市网络文化协会主办的“余姚发布”粉丝节暨余姚市微信公众号联盟迎春送福活动举行。余姚市史志办创办的“岁月余姚”微信公众号参与活动，设置专门展位，制作宣传展板和宣传图册。市史志办开展扫码关注赠送地方史志书籍活动，活动现场扫码关注市民超过500人，发放各类史志书籍400余册。“岁月余姚”微信公众号成立于2015年4月，关注人数超万人。（高曙明）

【“缑乡史话”微信公众号试运行】　2月，宁海县注册开通“缑乡史话”微信公众号，进入试运行阶段。该公众号每周一期，年内累计推送40期130余个内容，连续推出红色记忆、革命烈士、缑乡风华、古戏台、宁海古桥、宁海老路等专栏，在纪念梅花村会议召开70周年、传统节日、二十四节气、日本投降日、潘天寿诞辰120周年等节点推送专题报道，阅读量

1.5 万余次。 （高曙明）

【“方志永嘉”微信公众号运行】 年内，永嘉县志办运行完善“方志永嘉”微信公众号。该公众号刊载方志文章，交流修志经验，讲述历史往事，传承永嘉文脉，将其作为提升地方志信息化建设、扩宽群众读志用志渠道的有力举措。 （温州市志办）

【“泰顺史志”微信公众号开通】 年内，泰顺县志办开通“泰顺史志”微信公众号，编发史志文章与史志信息 35 篇。全年向上级史志部门和县“两办”上报信息 20 条、微博 21 条，被温州市党史研究室（市志办）采用信息 7 条、微博 2 条。 （温州市志办）

【“苍南史志”微博日均浏览量达 1500 次】 截至年底，“苍南史志”微博累计发文 104 篇，日均浏览量 1500 次以上。该微博是苍南县史志办的官方微博，于 2015 年 6 月 3 日开通，开辟苍南文化、苍南人物、苍南非遗、史志工作动态、苍南历史的今天等板块，将地方志宣传教育与微博有机结合，图文并茂地展示苍南人物风采，关注地方志、年鉴、党史等方面的工作动态，介绍苍南地情。 （温州市志办）

【湖州市志办开设“方志湖州”微信公众平台】 年内，湖州市志办开设“方志湖州”微信公众平台，每周推送湖州地情历史小故事，共计 111 篇，关注人数达 4000 余人，已有 40 多万次点击和浏览。 （湖州市志办）

【嘉兴市地方志系统新媒体平台建设进展】 年内，嘉兴市档案局（市志办、市委党史研究室）做好“嘉兴档案”微信公众号推广，累计推送图文消息 2000 余条，100 余万字。嘉善县史志办 2016 年建立“了凡公众号”，主要有看了凡、学了凡、说了凡等栏目，2017 年推送 86 期。平湖市史志办全年发布“档案史志”彩信 12 期。海盐县史志办建有史志期刊、宣传栏、微博和讲坛 4 个宣传平台，推送相关海盐历史文化专题内容，大力弘扬地方优秀文化，年内发布微博 395 条，其中原创 370 条。 （嘉兴市志办）

【“柯桥纪事”微信公众号运行】 年内，“柯桥纪事”微信公众号立足稽山鉴水、越地名士、史志动态三个板块，每周更新一期内容。10 月 16 日至 20 日，该公众号组织“喜迎十九大党史知识竞答”微信活动。全区共有 1600 余人次参赛，共评选出一等奖 20 名、二等奖 50 名。该公众号累计发布史志微信 50 余条，为受众提供便捷的史志信息服务。

（绍兴市志办）

【龙游县史志办 2 个微信公众号开通】 年内，龙游县史志办开通“龙游史志办”“龙游党史征集群”2 个微信公众号，以促进史志工作互相交流。 （衢州市志办）

【“方志福州”微信公众号开通】 年内，福州市开通“方志福州”微信公众号，初期主要内容为方志动态、福州古桥、榕城文化、古地名由来四个部分，中期加入县区方志要闻、方志知识百科、福州古街古巷、闽都人杰等栏目，结合地方舆情，紧扣福州时政推出相应内容。全年编辑发布信息约 120 条。

（欧长生　孙洁斐）

【“方志江西”微信公众号运行】 年内，“方志江西”微信公众号在保持每个工作日都推送 2 至 3 篇文章的情况下，发布文章 610 篇，累计点击量达 60 万次，点赞 8 万次。该公众号文章的地域特色更加鲜明，编辑“文化遗产在江西”“江西佛教”“江西道教”等专题，在春节、端午节等时间节点上推出“江西年货”等专题；形式更加生动，图片、配乐等利用更加普遍；互动更加频繁，“方志江西”微信公众号靠内容吸引受众，目前核心粉丝量在 2000 以上，通过留言的方式，粉丝参与性进一步提高。 （朱岳）

【江西省部分市、县级微信公众号陆续开通】 3月，“宜春史志”微信公众号开通运营，高安市、宜春市袁州区、万载县、奉新县等也开通微信公众号。4月，九江市开通“九江史志”微信公众号，截至年底发布70期，关注量近1000人次；同月，新余市开通“新余史志”微信公众号。8月，抚州市开通“史志抚州”微信公众号。 （朱岳）

【“临淄史志”微信公众号开通】 6月，淄博市临淄区史志办开通“临淄史志”微信公众号，并利用微信端口共享“临淄区情”和“数字方志”数据，建成掌上史志微网站。 （山东省史志办）

【“济宁史志”微信公众号开通】 3月，济宁市史志办主办的“济宁史志”微信公众号正式开通运行。微信公众号的开通便于更好地宣传济宁地情文化，加强史志工作互动交流，打通史志服务社会最后一公里。 （山东省史志办）

【“日照史志”微信公众号开通】 8月，日照市史志办开通“日照史志”微信公众号。该微信公众号分为市情网、资料库、方志馆三个板块。其中，市情网、资料库板块和日照市情网的资源共享。 （山东省史志办）

【“南阳史志”微信公众号开通】 3月6日，南阳市史志办主办的“南阳史志”微信公众号正式开通上线。该公众号旨在传播南阳优秀历史文化，宣传当代南阳发展成果，开展史志年鉴理论研究，提供社会读志用志服务。“南阳史志”微信公众号（nysdfz）在为广大用户提供手机端服务的同时，与电脑端的“南阳市情网”（www.hnnysqw.com）交叉辉映，结合南阳市地情资料查询室的开放窗口，三者互为线上线下，形成纸质与电子信息的有效互通互补。 （汪朝霞）

【“鼓楼方志”微信公众号开通】 12月7日，开封市鼓楼区史志办主办的“鼓楼方志”微信公众号正式上线开通。该公众号发布有关史志文化、地情信息、名胜古迹、史志动态、历史故事等内容信息，向社会公众推介鼓楼区历史与发展新成就，普及史志知识。 （汪朝霞）

【“龙亭故事”微信公众号开通】 12月18日，河南省开封市龙亭区史志办主办的“龙亭故事”微信公众号正式上线运营。该公众号主要向社会公众推介龙亭区历史与发展新成就，内容涵盖史志文化、地情信息、名胜古迹、工作动态、历史故事等方面。 （汪朝霞）

【“顺河史志”微信公众号开通】 12月22日，河南省开封市顺河回族区史志办主办的“顺河史志”微信公众号正式上线。该公众号主要以文字、图片、视频等方式重点推送文物遗址、历史故事、志说顺河、民俗风情、工作动态等内容。 （汪朝霞）

【“方志湖南”微信公众平台建设】 截至年底，湖南省地方志编委会运营的“方志湖南”微信公众平台有关注用户312人。全年推送消息238组（每组1至7条消息不等），阅读量较高的推送消息有：《向力力副省长到省地方志编委会考察调研地方志工作》《关于表彰2017年“湘志杯”地方志理论研究征文获奖作者的通报》等。 （任璀洛）

【“肇庆地方志”微信公众号入驻“南方号”】 8月1日，肇庆市委和南方报业传媒集团联合主办的肇庆政务新媒体入驻“南方号”启动仪式在肇庆市举行，包括“肇庆地方志”在内的肇庆首批40个政务微信公众号正式入驻“南方号”。“肇庆地方志”微信公众号由肇庆市志办主办，致力于向社会推介肇庆市情资讯。 （广东省志办）

【“志说桂林”“来宾史志”“兴安县志”微信公众号开通】 年内，“志说桂林”“来宾史志”“兴安县志”3个微信公众号相继开通。“志说桂林”微信公众号由桂林市志办主办，旨在推介桂林风土人情、地貌风俗、民族特色、社会发展、建置沿革、历史人物等，全年发布34期；“来宾史志”微信公众号由来宾市史志办主办，主要用于发布方志动态，说来宾历史，阅来宾地情，展来宾风采。“兴安县志”微信公众号由兴安县志办主办，主要介绍兴安历史的发展变迁，推广地方志文化。至此，广西有5个方志微信公众号平台，其中“方志广西”“方志北海”微信公众号于2016年开通。

（周珍朱）

【“方志广西”微信公众号、头条政务号运行】 年内，“方志广西”微信公众号、“方志广西”头条政务号开启“方志文化+智能传播”工作新局面。“方志广西”微信公众号关注人数1900多人，发布消息144条，阅读量7.2万次。“方志广西”政务头条号关注人数1400多人，发布46期，阅读量35万次。（周珍朱）

【四川新媒体平台建设进展】 年内，四川省志办完成“方志四川”微信平台建设，“方志四川”政务账号入驻“今日头条”，成都、德阳、泸州、巴中、雅安、眉山等市（州）开通微信公众号或专用短信平台，全年，省、市、县三级地方志工作机构建设新媒体平台29个。

（朱丹）

【“方志云南”微信公众号平台开通】 10月，“方志云南”微信公众号开通。截至年底，该公众号发布文章34篇。（云南省志办）

【“史志宜良”微信公众号开通】 8月10日，“史志宜良”微信公众号开通。该公众号发布宜良县志、宜良年鉴、县情概况、民俗文化、历史文化、理论与调研文章等信息，增进社会各界和企业投资者对宜良的了解。全年发布宜良县地方志信息近100条，用户1000余人，点击阅读量10000余次，点赞1000余次。

（字应军）

【陕西省新媒体平台建设进展】 年内，陕西省开通“方志陕西”微信公众号，全面推介陕西方志和地情信息。西安市利用地方志门户网站、“西安地情”公众号、微信群等新媒体，提升信息化管理和服务水平。“方志宝鸡”手机频道开通。“咸阳地情网”“方志咸阳”微信公众号内容覆盖扩大。“史志铜川”“安康方志”微信公众号上线运行。“商洛方志”政务微博发布。

（丁喜）

【西安市“移动志鉴管理系统”完成迁移部署】 5月，西安市志办完成“移动志鉴管理系统”服务器迁移部署及调试工作。“移动志鉴管理系统”服务器数据内容包括书籍数字化再加工网络地情资料近2亿字符及原版地情资料10万页、掌上志鉴系统APP1套、移动地情网站1个、“西安地情”“西安方志”2个微信公众号、移动志鉴管理系统1套、西安地方志开放服务平台1个。西安市地情网数据库共有电子志书252部，约1.5亿字符。（黄立峰）

【宁夏地方志新媒体平台建设情况】 年内，“方志宁夏”微信公众号全年发布信息30次，关注人数200人。贺兰县、青铜峡市先后开通“贺兰史志”“史志青铜峡”微信公众号。

（张明鹏）

【“方志银川”微信公众号、官方微博运行】 3月，经过申请、认证环节，“方志银川”微信公众号通过年审。年内，“方志银川”微信公众号发布微信74条，关注对象300余人。“方志银川”官方微博以宁夏旧八景、银川历史人物、大美银川、银川古塔、新书推荐、花开塞上湖城、博动明媚银川、西部岁月等为主题，发布和转发146条信息。（银川市志办）

·方志馆建设

【北京市方志馆推进教育基地建设】 年内，北京市方志馆加快推进自身建设，积极向社会提供服务。主要有：北京市方志馆内的北京地情展升级改造。由原有可以自主点播9个系列纪录片增至 13 个；完成北京市级社会大课堂资源单位材料申报阶段各项工作；申报北京市科普基地项目，被评为首都文明单位；挂牌成立北京科技大学社会实践基地；与北京联合大学合作，方志展览首次走入校园；与东城区第二图书馆合作，通过现场讲座向市民宣传北京地情；与京澳经济文化交流促进会合作，承办澳门大学生暑期实践夏令营活动开营仪式，接待港澳大、中学生参观，全年接待来自团结湖三中、港澳等的学生团体共 20 批 857 人；同市老干部局合作，于 9 月 6 日挂牌成立北京首个北京离退休干部活动基地，基地活动建设提供登台讲座、主题参观、专业培训、阅览服务、志愿服务 5 种活动。与朝阳区社会大课堂基地课程设计与开发团队和朝阳区教委中小学教师实践活动课程设计能力培训团队合作，以方志馆资源为基础开发面向朝阳区中小学教师和学生的一日课程；与北京禁毒基地联合举办“我是禁毒小卫士之小小调研员”、禁毒志愿者培训活动，举办“古塔巡游图片分享会”。

（王韧洁）

【房山方志馆免费开放】　3 月 30 日，北京市第一家区级方志馆——房山方志馆正式开馆接待读者。房山方志馆位于房山区文化活动中心四层，面积 470 平方米，分综合展示、开放阅览、学术交流、古籍典藏、读者服务 5 个区。除采用传统的展板、实物等展品形式外，采用触摸式液晶显示器、电视虚拟演播设备、电子沙盘等高科技多媒体手段展示。馆内藏书涵盖北京地域各类地方志书、年鉴、地情文献、方志理论著作等，其中重点收藏历代房山方志、地情资料、影像资料、口述资料、图片资料及全国各地志书、年鉴等。读者只需持有效身份证件就可查阅。（王韧洁）

【山西（省情）方志馆项目进展加快】　年内，山西省地方志办在前期工作基础上，抓抢机遇，积极争取山西（省情）方志馆立项，建设资金全部到账。方志馆规划占地面积 44 亩，建筑面积 20900 平方米（其中室内建筑 18800 平方米，室外停车场等附属建筑 2100 平方米），总投资 7600 余万元。年底，方志馆进入勘察设计和征地阶段。（张瑞琴）

【内蒙古方志馆筹备进展】　3 月，内蒙古自治区召开会议，专题研究内蒙古方志馆建设工作，决定将内蒙古方志馆建设选址在呼和浩特市规划建设的地标性文化建筑群中。7 月，自治区志办与呼和浩特市政府、市发改委协调，正式将内蒙古方志馆并入呼和浩特市文化厅建设项目，确定落实 6 层馆体，建筑面积 16300 平方米，拟于 2019 年完成主体工程建设。

（李洋）

【呼和浩特方志馆开工建设】　年内，经呼和浩特市政府批准，呼和浩特方志馆列入呼和浩特市文化客厅项目，开工建设，拟建设规模 800 平方米。按计划 2019 年底项目完工。

（徐曼雅　孙志杰）

【辽宁省方志馆建设进展】　年内，辽宁省志办积极同省文化厅沟通协商，提出与省图书馆合作意向，在辽宁省图书馆内建立省级方志馆。省志办领导班子率队到省图书馆进行实地调研考察，制定初步建设方案及合作意向方案。省志办向各市地方志工作机构印发《关于为辽宁方志馆征集展示资料的通知》，得到各市的积极支持。截至年底，征集方志类、地情类图书和资料 2000 余册。鞍山市史志办积极探索方志馆建设途径，逐步开展方志馆建设计划，向市委、市政府提出申请，整合利用现有资源，与市档案馆、市图书馆、市博物馆等单位联合开发建设方志馆。抚顺方志馆年内搬迁至新馆，硬件条件得到改善，藏书类目、摆放方式进行系统完善，全年为广大市民提供查询、借阅、咨询等服务 100 余人次；营口市史志办负责筹建营口市党史馆和营口市方志馆。按照党史馆和方志馆布展要求，面向社会各界征集营口地区各类党史和地情方面的展品。

（丁玉恒）

【吉林省方志馆典藏进展】 年内，吉林省方志馆购买志书、年鉴及地情类图书3040部，接收报送图书3277册，交换图书242册；配（赠）送图书1018册，收集购买《刘氏家谱》等25册。与全国20个省（区、市）地方志工作机构建立志鉴交换关系。截至年底，吉林省方志馆馆藏图书达14万册，其中家谱200余册。全年接待政府机关、企事业单位、学校院所、报社等单位到馆参观、查阅、咨询信息718家、2305人次。 （李刚）

【吉林省方志馆新馆建设进展】 年内，吉林省方志馆新馆完成概念性设计招标工作，确定吉林省建苑概念设计方案；完成建设项目控制性详细规划调整公示；协调省档案局、省统建办、省工程咨询科技公司、省建苑完成《吉林省方志馆新馆建设工程可行性研究报告》编制，报告通过专家组论证、复核。省方志馆新馆规划区域面积9005平方米，建筑物占地面积2904.94平方米，建筑面积12004.48平方米（其中志鉴收藏保存区2588.6平方米、方志研究利用及业务用房区2588.6平方米、地情文化展区5930.34平方米、地下室及屋面水箱间896.94平方米）。在新馆建设工作中，吉林省方志馆参观调研长春市城市规划展览馆、伪满皇宫博物馆、东北民俗博物馆、北京市方志馆等全省、全国具有代表性、建设突出、设施完备、功能齐全的博物馆和方志馆，形成调研报告4篇；拟订方志馆新馆内部建设规划方案（征求意见稿），组织召开方志馆新馆内部规划方案研讨会。 （李刚）

【吉林省地方志系统资料基础建设评估】 6月，吉林省地方志编委会下发《关于印发2017年全省地方志系统资料基础建设评估工作方案的通知》。8月至11月，组织相关人员对2017年已建成并申报评估的白城市方志馆、长春市双阳区地方志资料室、长岭县地方志资料室进行实地检查评估，依照吉林省地方志系统方志馆（资料室）建设评估标准进行量化打分，最后经综合评定上述3家单位均达标通过验收。11月，省地方志编委会制定并印发《关于2017年全省地方志系统资料基础建设评估结果的通报》。 （于泳生）

【黑龙江省方志馆建设进展】 年内，黑龙江省方志馆加强馆内板块内容、电子设备维护、馆藏书籍的管理。板块内容以“与时俱进，实时增补”为原则，对馆内各板块进行常态化搜集整理与更换；对领导视察、省委书记名录、民族、发展之路等板块进行调整，共更换20余块，重点推出省第十二次党代会学习教育专题板块，真正发挥省方志馆“与时俱进，传递省情”的服务功能。对馆内展示柜内的实物进行部分更换，将2016年完成的《黑龙江志稿》作为主要展品进行推展。省志办与凤凰网进行联络，利用“五四”青年节之际，联合组织省内6所高校部分师生50余人，在省方志馆举办“弘扬‘五四精神’，热爱美丽家乡”为主题的参观直播活动。完成省方志馆全国劳模30余人视频资料的征集录入工作。为方便资料查询，在馆内增设4台电脑，通过无线连接，使查阅者能够轻松、便捷地查阅黑龙江省地方文献所有数据库。省志办积极协调各方，多次就数字方志馆建设方案及技术问题进行研讨论证，数字方志馆于11月末正式上线运行。省方志馆接待来自省总工会、省政协文史委、省信访局、省残联、省直机关事务管理局、省计生协等单位及机关团体400余人。 （徐萍）

【哈尔滨市方志馆建设进展】 年内，哈尔滨市方志馆重点围绕地情展示、地情研究、方志馆数字化等方面大力创新开展工作。辟建文史书馆，改造视频播放厅，增设立式触屏电脑。策划“历史·记忆·家园”口述历史系列访谈，建立口述历史制作中心，形成口述历史系列化成果，累计录制口述历史素材20部。与生活报小记者站达成合作，定期开展爱国主义教育活动。组织策划“哈尔滨历史文化主题展”道里篇，先后在哈尔滨市政府、道里区政府、某部队、黑龙江大学等地展出。在室内展基础上，推出中央大街和斯大林公园室外展，观展人数超 10 万人次，受到了社会各界的广泛关注及赞誉。与市国资委联合举办“马迭尔·老哈尔滨之魂暨哈尔滨俄侨历史文化展”，推动与俄罗斯开展交流合作。截至年底，馆藏志书 2 万余种（册），电子化资料 2 万余册，展厅面积 273 平方米，年接待参观者 4000 余人次。（刘新惠）

【江苏省方志馆馆藏建设】 年内，江苏省方志馆共入馆图书 27941 册，其中志书 5769 册、年鉴 565 册、旧志 18809 册、地情书 2285 册、工具书 513 册。入馆图书中，征集 1530 册，交换 44 册，省志办存放 25455 册，购买 912 册。入馆图书包括《地方志人物传记资料丛刊》《民国时期国情统计资料汇编》《武汉大学图书馆藏稀见方志丛刊》，保证馆藏的连续性和前瞻性。整理志书、年鉴资料集 78 盒。全年出库图书共 4147 册，其中江苏省三级志书 2066 册、年鉴 26 册、影印版旧志 909 册、《江苏好家训》1146 册。截至年底，省方志馆共藏图书 14 万册，其中录入书目数据库 39183 册，保存首轮省志 38185 册、第二轮省志 12417 册、历年江苏年鉴 8206 册、旧志影印本 26252 册。（周文燕）

【江苏省方志馆推进教育科研实习基地建设】 5 月 9 日，江苏省方志馆、江苏第二师范学院共建教育科研实习基地签约揭牌仪式在江苏省方志馆举行。该基地是江苏省方志馆与南京师范大学社会发展学院、南京大学历史系、金陵科技学院人文学院合作后建立的第四个教育科研实习基地。6 月，省方志馆接收南京金陵科技学院 4 位学生到馆实习。（周文燕）

【常州方志馆入选江苏省社科普及示范基地】 9 月 7 日，江苏省哲学社会科学界联合会公布江苏省社会科学普及示范基地和研发基地（2017—2019）名录，常州方志馆获评 2017—2019 年“江苏省社会科学普及示范基地”，并获得省级社科普及基地建设与管理专项经费资助。（周文燕）

【常州市打造“智慧方志馆”】 年内，常州市志办在建设实体方志馆的基础上，打造“智慧方志馆”，开发云观博 AR 智慧导览 APP，实现智慧讲解，智慧参观。馆内新增“常州方言测试”展项，把中国语委会常州库和国家非遗项目“常州吟诵”中的稀有资料纳入其中。（周文燕）

【苏州市方志馆充实馆藏】 年内，苏州市方志馆购置《国家图书馆藏地方志珍本丛刊》《故宫博物院藏稀见方志丛书》等。征集接收市各有关部门、各市（县）区及部分乡镇正式出版的地情书籍共计 1200 多册。市方志馆还利用中国苏州文化创意设计产业交易博览会“方志中国”展机会，接收全国各省（区、市）30 家单位 504 册志书。（周文燕）

【连云港市方志馆筹建进展】 年内，连云港市志办合理组建方志馆建设工作班子，主动争取市政府领导及相关部门的支持，推进馆址、立项等事宜。市志办按照“边建设、边征集”的思路，通过捐赠、交换、购买等方式，征集地情资料 4022 种 17155 册，其中志书资料 819 种 4450 册、年鉴资料 752 种 4600 册、地情及其他文献资料 2331 种 5805 册（张）、全国电子志书 120 种约 2300 册。（周文燕）

【镇江市方志馆进入立项阶段】 年内，镇江市史志办成立 3 个工作组，与市内多个部门、单位对接协调方志馆建设事宜。截至年底，市方志馆建设工程列入镇江市 2018 年市级政府 108 个项目投资计划之一，市史志办初步建立编写展陈大纲的专家团队，基本完成展陈大纲初步框架，正式进入立项阶段。（周文燕）

【浙江省方志馆建设工作进展】 6 月 15 日至 16 日，浙江省方志馆建设工作座谈会在湖州市召开，对上半年各项方志馆建设情况进行交流，并对下一步工作作出部署。省志办主任潘捷军以及全省有关市县志办负责人及方志馆负责人 50 余人参加会议。（浙江省志办）

【宁波市区县（市）方志馆建设继续推进】 3月2日，宁波市委党史研究室（市志办）组织召开《宁波市方志馆展陈大纲》专家评审会，讨论展陈大纲的框架结构、内容编排、设计风格、资料来源与取舍等。年内，宁波市海曙区党史（方志）馆进行选址规划，设在海曙区档案新馆一楼与档案部门联合规划，申请资金近400万元。奉化方志馆建设方案基本确定，在奉化区博物馆开辟400平方米布展，处于制订方志馆展示脚本阶段；溪口新建村桃花歌曲展览馆等建成开放，青云村史馆在建。宁海县跟进党史（方志）馆建设，在宁海县档案馆开辟约2000平方米专题馆。象山县乡村方志馆筹建，设在溪里方村。 （高曙明）

【湖州方志馆开馆】 1月9日，湖州方志馆开馆。年内，该馆先后举办湖州市地方志事业发展30周年成果展、湖州历代志书展、中小学生乡土知识竞赛和闹元宵、中秋灯谜等一系列活动；组织湖州地方志事业发展30周年座谈会、人文地理湖州名片研讨、马军巷历史文化研究、湖州民国史纲目编纂、弘扬湖州历史文化建设全国文明城市专家研讨会等学术交流会。市机关党工委发文组织市级机关干部参观方志馆。市教育部门将方志馆纳入湖州中小学生暑期社会实践基地，与湖州市大中小学校对接，结为爱国主义教育共建单位，与湖州市新风实验小学教育集团、湖州市第四中学教育集团、湖州市第二中学等学校签订馆校共建协议，并制定结对方案；与湖州师范学院、湖州职业技术学院、湖州第五中学教育集团等院校达成初步合作方案。全年共接待山东省方志馆、安徽宣城、江苏丹阳、四川、上海等省内外的史志部门26批次200余人次；著名学者章开沅、沈家本、徐迟和革命英雄钱壮飞的后人等专家学者考察团队共计90余批次600余人；参观者总人数近5万人次。12月，湖州方志馆被评为市爱国主义教育基地。 （湖州市志办）

【绍兴市柯桥区方志馆提供公共服务】 年内，绍兴市柯桥区方志馆累计接待社会各界查阅资料1000余人次，为100余个单位部门编修志书、规划建设、决策部署提供权威资料。该馆依托馆藏资料，运用现代化的手段和方式，为大众提供公共服务。 （绍兴市志办）

【余绍宋（越园）方志馆立项】 3月，龙游县博物馆正式立项。余绍宋（越园）方志馆属于龙游县博物馆项目之一。该项目计划于2018年底前完成主体工程并进行布展。余绍宋（越园）方志馆选址在龙洲街道宝塔路46号，与龙游民居苑毗邻，规划面积414平方米，投资约331万元。余绍宋（越园）方志馆展陈方案包括“贤达之路——余绍宋的生平”“方志新章——余绍宋的志书贡献”“翰墨丹青——余绍宋的书画成就”三个部分，计划陈列余氏家谱、日记手稿、捐赠的藏书、各种志书、碑刻、摩崖、书画作品、印章、照片、档案等珍贵资料。 （衢州市志办）

【江山市推进档案馆（方志馆）迁建项目】 年内，江山市史志办完成档案馆（方志馆）项目报告，和市政府办公室、市发改局、市文化局、市规划局、市国土局等部门协调对接，经过协调会、现场考察、专家咨询等。最终确定档案馆（方志馆）迁建工程选址，用地面积20亩左右。市发改局受理迁建项目立项的请示。 （衢州市志办）

【“舟山记忆”展厅开展】 2月，“舟山记忆”展厅在舟山市档案馆开展。该展厅历经3年多布展，分领导关怀、红色记忆、方志记忆、实业记忆、声像记忆、西洋记忆6个区块，其中方志记忆依照古代和近代志书与地情书籍中有关舟山的描述，反映自唐以来舟山地名、区域、军事、建置、文学（诗词）等有代表性的历史事件与传承。 （舟山市志办）

【安徽方志馆建设进展】 7月30日，安徽省档案文史方志馆建设项目封顶仪式举行。省行政中心4号楼为安徽省档案馆、省文史馆、安徽方志馆三馆一体建设项目，2016年4月开工建设。其中，安徽方志馆建筑面积近 1 万平方米，为安徽省地方志地情资料征集征订、馆藏整理、开发利用、省情展示、学术交流，以及开展多种形式公共服务的省情研究中心、地情展示中心、学术交流中心。年内，安徽省志办推进安徽方志馆展陈研讨工作，2 月召开《展陈大纲》编写研讨会议，9 月召开《展陈大纲》专家评审会议。（史五一）

【福建省方志馆建设进展】 8 月 22 日至 23 日，福建省部分市、县（区）方志馆（书库）建设工作推进会在泉州市泉港区召开。会议交流泉州市及泉港区方志馆建设经验，就《福建省方志馆（书库）建设指导意见（2017—2020)》进行讨论。省方志委主任陈秋平，副主任俞杰、林浩，副巡视员戴振华，各设区市方志委（办）及平潭综合实验区党史方志研究中心负责人，厦门、漳州、泉州、莆田、龙岩五市所辖县（市、区）方志委（办）主任 60 余人参会。（欧长生　孙洁斐）

【江西省方志馆地情文化普及基地挂牌】 10 月 31 日，江西省方志馆在宜春市万载县康乐镇十字布村和株潭镇亭下村创建江西省方志馆地情文化普及基地。该基地的创建得到宜春市史志办和万载县史志办的支持，也是省方志馆开门办馆，送文化下基层的一个新举措。省方志馆将每年给基地捐赠一定数量的图书，逐年完善基地的图书需要。（朱岳）

【江西省市级方志馆建设进展】 年内，江西省市级方志馆建设步伐加快，上饶市方志馆对所藏书籍全部重新分类整理登记并纳入市图书馆检索系统，加快推进志书走向社会的步伐；9 月，景德镇市方志馆获批景德镇市科普教育基地称号；宜春市史志馆项目经市政府常务会议原则通过立项；九江市方志馆完成全部报建程序，向社会公开施工招标；南昌市史志办向市政府提出《关于筹建南昌市方志馆的可行性报告》的立项申请。（朱岳）

【济南市方志馆建设进展】 年内，济南市方志馆建设进一步推进。市史志办针对方志馆建设多次进行专题调研，制定落实推进措施，向市政府分管领导作专题汇报，启动前期准备工作。市史志办完成与省会城市和中心城市 80 余家单位的志书、年鉴交换工作，进一步丰富馆藏资源。（张阳）

【青岛市市北区方志馆建设相关规定出台】 年内，青岛市市北区史志办出台《区方志馆项目负责制工作规程》《区方志馆建设实施方案》。《区方志馆项目负责制工作规程》分人员、主要职责、项目分工、项目要求四部分，将市北区方志馆建设过程中的方案策划、展厅建设、资料收集、招标采购、工作宣传等工作环节落实到人，确保方志馆建设稳步有序，高起点、高标准推进。《区方志馆建设实施方案》从项目概况、建设目标、建设标准、管理模式、推进步骤、责任分工、时间安排等方面提出明确要求。（青岛市史志办）

【日照市方志馆开馆】 12 月 12 日，日照市方志馆开馆仪式举行。该方志馆使用面积 4300 余平方米，共规划设计办公区、地情展示区、图书阅览区、古籍整理室、数字化信息室、多媒体报告厅、藏书区等多个区域。（山东省史志办）

【莱芜市编办批复设立莱芜市方志馆】 11 月 2 日，莱芜市编办批复设立莱芜市方志馆，为莱芜市史志办所属正科级公益一类事业单位。其方志馆主要职责是：收藏冶炼文化类、地方志类书籍及年鉴和地情文献；为政府提供资政服务，为社会各界提供冶炼类、方志类信息和地情专业咨询服务；开展冶炼及地方志资源开发利用和冶炼文化、方志理论及地情研究；建设门户网站、数据库、电子阅览系统，充分利用云计算、大数据等互联网技术为社会提供服务等。（山东省史志办）

【费县方志馆新馆建成启用】 4 月，费县方志馆正式对外开放，成为临沂市首家建成使用的县级方志馆。费县方志馆位于费县核心地段的颜真卿公园内，总建筑面积1600平方米，为三层楼阁式古建筑，视野好，环境优美。费县方志馆以征集、收藏、利用、开发、编辑地域和地情资料为主，兼顾历史、外地和其他，真实展示费县历史与现状。（山东省史志办）

【河南省方志馆建设进展】 年内，河南省方志馆改造基本竣工，在原有面积3200平方米的基础上又增加近400平方米。全省各市、县（市、区）方志馆建设也取得进展。三门峡市方志馆先后被命名为河南省中共党史教育基地、三门峡市爱国主义教育基地和市首批社会科学普及基地。自开馆以来，接待省内外嘉宾和社会各界参观者690余批15万余人次；洛阳方志馆建设载入洛阳市《政府工作报告》，被列为公共服务体系重大专项项目，该馆由市会展中心辟出专门空间，总面积约10000平方米，布展总投资计划1亿元；郑州、商丘、驻马店、平顶山等市的方志馆建设也都取得重大进展。孟津县方志馆面积1300平方米，进入布展设计阶段；商丘市睢阳区将原区委办公场所1000平方米改建为区方志馆。（汪朝霞　文清华）

【湖南方志馆建设进展】 年内，湖南方志馆通过购买、与外省方志馆及相关单位交流捐赠，共上架图书1643册、期刊381册；面向全国共征集161个姓氏的家谱313套，共497册；购置资料查阅专用电脑，完善借阅制度，做到全天候开馆。湖南方志馆还促进地方志理论研究和地方志资源开发利用，面向全国开展“湘志杯”2017年地方志理论研究征文活动。

（易可倩）

【广东省方志馆顺利完成省情馆布展工作】 年内，广东省方志馆完成省情馆布展、数字方志馆建设等各项工作，举办“名城精粹——全国历史文化名城展”专题展览，接待全国地方志信息化工作会议、全省市县地方志工作专题培训班等参会人员参观。在第二次全国方志馆工作会议暨方志馆业务培训班上，广东省方志馆获得“全国方志馆工作通报表扬单位”称号。（广东省志办）

【广州市地方志新馆开馆并建成方志阵地网络】 5月17日，广州市地方志新馆向公众开放，同步建成全国首批6个高校地方志分馆和全国首批27个方志驿站（包括12个街文化站、13个村农家书屋和2个公共文化场所方志驿站）。年内，广州市地方志新馆建成服务社会各界的省科普教育基地、广州市党员教育基地等10个地情教育基地，建成全国首个图书馆地方志分馆及全国首个24小时自助借阅的广州方志智慧图书室；与100多家单位签订战略合作协议，以市地方志新馆为阵地开展市情专题活动7次。除日常参观接待外，市地方志新馆接待全国地方志工作机构同行、省市相关单位人员、社区群众、大中小学生等团体参观100多批次近2万人次。（广东省志办）

【广西方志馆二期工程立项】 年内，广西方志馆二期工程启动立项和设计等工作。二期工程规划建设面积1.38万平方米，其中地上建筑面积1.18万平方米，地下建筑面积0.2万平方米。项目总投资1.3亿元。建设内容包括馆藏书库、广西史志博物馆（实物展示馆）、古籍文献修复中心、口述历史中心、历史人文讲堂、中国—东盟史志文化交流中心，以及“一带一路”沿线国家志鉴成果展示馆、广西地情网及公共数据库、图片资料珍藏馆、谱牒陈藏编修馆、设施附属用房等。（周珍朱）

【广西史志博物馆升级改造】 10月，广西史志博物馆升级改造正式开工建设。12月，广西史志博物馆改造工作全部完成。该馆位于广西方志馆一楼，建设面积约700平方米，内容分锦绣广西、源远流长、今日辉煌、逐梦未来、志在广西五部分，综合运用文字、图片、音像、沙盘、模型、实物、多媒体互动等形式，集中展示广西的锦绣山河、丰富资源、悠久文明、建设成就、美好未来等区情特色、特点，

记录广西历代志人足迹，宣传广西地方志编修成果。（周珍朱）

【广西方志馆馆藏进展】 年内，广西方志馆入藏上架志书、年鉴、地情书、志稿及其他参考工具书等共2881册，报刊595册（合订本）。接收各市、县（市、区）报送备案及个人捐赠图书、志稿共6559册，向自治区内外交换、配（赠）送图书1128册。与全国83种刊物建立期刊交换关系，其中史志类刊物49种。完成全国古籍普查登记工作，普查并著录212种4307册。截至年底，广西方志馆馆藏图书3.8万种8.2万册，报刊1000余种2.1万册（合订本）。年内，广西方志馆对部分书库进行重新整理、排架，做到科学分类、方便查找，创建具有地方志特色的书库。《龙州县新县志》《先考景纯府君哀思录》（影印本）等珍贵史料入藏广西方志馆。（周珍朱）

【南宁市方志馆竣工】 3月28日，南宁市方志馆竣工仪式举行。该方志馆位于五象新区玉洞大道北侧，与南宁市档案馆一并建设，2014年10月开工，2016年11月通过竣工验收，是广西首个市级方志馆。建成后的市方志馆集地方志编纂、文献收藏，地情展示、教育、服务、研究与交流等为一体，内设地情展厅、方志成果展厅、学术报告厅、地方志文献资料库、阅览室、地情编研室等，是南宁市地情展示中心，地情资料收藏、研究和咨询中心，地方文化对外交流中心及爱国主义教育基地。

（周珍朱）

【四川省方志馆建设进展】 年内，四川省方志馆·四川省国学馆建设可行性研究报告通过省发改委组织的专家组评审和省财政中心财务评价；四川省志办完成各类志书和地情资料600册接收、采购和编目入库工作，对馆藏近1000幅地图进行整理、修补，完成297幅民国地图装裱。成都市方志馆完成终审验收，6月开放运行，馆藏图书近10万册。中江县方志馆开馆。巴中市投入资金50万元，对方志馆布展进行提档升级。南充市、遂宁市编制完成方志馆布展设计方案。泸州市、简阳市方志馆完成立项、选址、设计等前期工作。绵阳9个县（市、区）将方志馆建设全部纳入本地规划。（朱丹）

【贵阳市方志馆建设进展】 年内，贵阳市志办根据《关于研究贵阳市档案馆（方志馆）项目建设有关问题会议纪要》要求，开展贵阳市方志馆前期筹备和设计工作。贵阳市方志馆位于观山湖区林城西路南侧文化山贵阳市档案馆新馆大楼内，总面积3000平方米。其中，需要设计布展的区域1540平方米，拟分为展览展示区、学术交流区、公共服务区、编纂研究区、行政办公区、临时展区等区域。（荣大王）

【陕西省方志馆建设进展】 年内，西安市方志馆组织召开方志馆建设专家咨询会，完成立项审批基础性工作。安康市方志馆获得“全国方志馆工作通报表扬单位”称号，一人荣获“全国方志馆优秀讲解员”。安康市方志馆进行二期建设，增加安康文化源流、方志源流、红色记忆展板，新建安康籍先贤画像馆、家谱家训馆，开馆以来接待市内外团体50余批次，个人2万人次。汉滨区方志馆、石泉县档案史志馆先后建成。延安市地情馆项目在2012年立项，2014年建成，市政府基于将延安市方志馆项目并入博物馆的考虑，列入延安市“十三五”规划纲要。榆林市地方志馆主体工程完成，整体面积约2300平方米。（丁喜）

【宁夏回族自治区方志馆建设进展】 年内，宁夏回族自治区志办在没有方志馆的情况下，把原有资料室开辟为方志资料展示室，集中展示最新的志书、年鉴、地情资料类书籍。吴忠方志馆继续发挥宣传作用，不断加强建设力度；吴忠市红寺堡区建成78平方米的方志精品屋，收集区内外各种史书400本，配备投影仪、电脑等设备，布置书法、绘画作品，定期播放微电影、非遗传承纪录片等影像资料。灵武市积极开展方志馆建设，对档案方志展进行规划，完

成《档案方志展览厅建设项目建议书》及布展大纲。石嘴山市惠农区整理现有馆存资料，筹划惠农区方志馆建设工作。（张明鹏）

【新疆方志馆（新疆地情展示中心）建成】 6月，新疆维吾尔自治区志办充分利用新疆国际传播中心的7—11层6327平方米的空间，建设新疆方志馆（新疆地情展示中心）。截至年底，主体工程完工，进入外墙及室内装修阶段。（陈忠）

理论研究与期刊出版

· 方志理论研究

2017 年方志理论研究综述

本文试就 2017 年方志理论研究的主要成果作梳理，从方志学基础理论、方志管理与实践、方志编纂、方志史与方志学史、志书（稿）研究与评介 5 个方面展开。对本年度公开发表的 405 篇论文作梳理。梳理的对象主要是国内公开发表的期刊论文，有关研究著作仅作简要介绍，有关学术研讨会议论文、论文集论文不在研究范围之内。

一、方志学基础理论

方志学研究是方志理论研究的首要重点内容。2017 年，这方面的研究主要集中于方志基础理论、方志学科建设，以及方志学与其他学科关系等方面。在这方面论文有 51 篇。

关于方志基础理论。迄今为止，地方志一些基本概念的内涵尚不够明晰，有必要进行较为系统的梳理。陈泽泓《地方志概念诠释观刍议》（《上海地方志》2017 年第 4 期）一文从定义观、时间观、语境观等方面对地方志概念进行了诠释。韩章训《论方志观念的嬗变》（《中国地方志》2017 年第 7 期）一文指出方志观念是方志性质、属性及发展规律的概括认识。并对笔事说、文本说、事业说三种方志观念的产生和流变进行考察。洪民荣《破解方志理论研究的难题》（《社会科学报》2017 年 10 月 12 日）一文认为地方志理论研究是地方志学科建设和发展、地方志编纂工作、凝聚地方志队伍的紧迫要求。难在缺乏深厚的研究积淀，缺乏严格的学术规范及成熟学科的规范研究和专业的人才资源。吉祥《中西方文化语境中“方”与“志”的比较研究》（《史志学刊》2017 年第 5 期）一文考察中西方语境中“志”与“方志”的语言转换和文化理解，比较了中国方志与西方地方史（志）、西方人类学民族志背后的文化生成机制及其特征特点，并探讨人类学民族志对方志转型的启示。邢培顺《论地志产生的原因》（《巢湖学院学报》2017 年第 4 期）一文认为地志产生是由于政治、乡土意识的影响、存史的需要、因注释经典而产生的专门之学、因记录出行而形成、博物志异、立言不朽意识等主要原因。梁滨久在《深入开展方志性质学术研究的必要性》（《广西地方志》2017 年第 2 期）一文分析了深入开展方志性质学术研究的缘由及其必要性，而后在《深入开展方志性质学术研究》（《上海地方志》2017 年第 3 期）一文对方志性质概念的涵义、方志性质所指为何、与方志性质相关的基本概念辨析、方志性质由什么决定等问题进行探讨。罗志《论方志学科建设中的若干关系》（《新疆地方志》2017 年第 4 期）一文对方志学科建设中的行政隶属和非隶属、行政和科研、大文化和小方志、方志和年鉴、新旧方志等若干关系进行研析。张晨《方志治理体系与方志治理能力现代化——以基层史志机构方志理论研究工作为视角》（《上海地方志》2017 年第 2 期）一文指出基层史志机构要重点通过责任主体和领导机制、评估考核和奖励机制、人才培养和梯队建设机制三个方面来加强、提升方志科研工作，促进方志部门向地方智库、智慧型机关升级和转型。

关于方志学科建设及与其他学科关系。方志学界致力于将方志学建成一级学科，不少学者对如何解决方志学学科体系建设中的问题提出了自己的想法。范洪涛《关于构建中国方志学史学科体系若干问题的探讨》（《上海地方志》2017年第4期）一文探讨构建中国方志学史学科体系的源头、内涵、总体结构等若干问题。一些学者也对方志学的分学科建设进行构想。颜小忠《试析地方志转型升级后方志学体系的门类结构及其内容》（《上海地方志》2017年第4期）一文论述地方志事业转型升级后分析方志学体系门类结构及其内容的必要性与紧迫性，提出方志学的基本结构由基础科学、技术科学、应用科学三个门类组成，分析方志基础理论学、方志编纂学、方志管理学、方志应用学的基本架构及其内容。沈永清《方志美学探论》（《史志学刊》2017年第2期）一文对方志美学的属性、效应、学科定位等课题作探索研究，认为方志美学已进入方志学学科的研究体系，为其下属的一级或二级分支学科已是不争的事实。余璐《浅议方志传播学的构建》（《上海地方志》2017年第3期）一文探讨方志传播学的提出和意义及其研究现状，并对推进方志传播学建设提出建设性意见。另外，一些学者注意到了其他学科对方志学研究的借鉴意义。李秋洪《地方志与社会学：传统学术与现代学科的结合》（《中国地方志》2017年第9期）一文认为社会学对方志学研究及方志编纂的影响主要表现在社会学理论的影响、社会学研究方法的渗透、社会学研究资料和研究成果的共享与借鉴等方面。于丽娟《方志应注重谱牒文化的记述与传承》（《黑龙江史志》2017年第10期）一文指出新时期方志承载着继承和发扬中华优秀传统文化的使命，地方志应充分利用这样的历史契机，走进千家万户，以助于功能发挥。以姓氏为单位，开展民众道德文化建设，实现方志文化的多元化发展，增强文化自信，助推地方志事业转型升级。

二、方志管理与实践

2017年，方志管理与实践研究主要包括依法治志、方志文化建设、方志创新与发展、方志开发与利用、人才管理、方志馆研究6个方面。在这方面论文有83篇。

关于依法治志。2015年8月25日，国务院办公厅印发《全国地方志事业发展规划纲要（2015—2020年）》，正式提出“依法治志”新概念。依法治志是在依法治国、建设社会主义法治国家的大背景下逐步形成的，是地方志事业发展的重要保障和必然要求，是依法修志发展的奋斗目标、必然路径。陈平军《由模糊逐步走向清晰——地方志立法浅识》（《广西地方志》2017年第6期）一文认为要实现依法治志，必须清楚认识当前地方志执法的困境与解决途径，促进地方志完善立法，法律条文要有具体可供执行的标准，尽力拓展地方志法的内涵与外延适应地方志发展需要。王德宾《行政法视野下的地方志事业法治化》（《广西地方志》2017年第6期）一文通过分析行政法视野下地方志事业法治化存在的主要问题，提出行政法视野下地方志事业法治化实现路径。张旭《大数据、云计算背景下的依法治志新内含》（《黑龙江史志》2017年第8期）一文以大数据时代所引发的新技术、新理念入手，从依法修志、依法管志和依法用志三个方面阐述在新形势下依法治志的新内涵。

关于方志文化建设。方志作为中华民族的“文化瑰宝”，应展现出自己的文化自信。近年来，方志文化研究逐渐兴起，亦有不少研究成果发表。冀祥德、宋丽亚《论方志文化自信》（《中国年鉴研究》2017年第1期）一文首次提出方志文化自信的概念，通过梳理中华文化、中华传统文化、方志文化之间的关系和文化自信重大命题提出的过程，系统研究方志文化自信提出的时代背景，以及方志文化自信的基础、内涵与价值，提出建立方志文化自信，在全国范围内形成对方志文化确信和肯定的一种稳定心理特征，建立方志文化自信具有重要的理论价值和时代意义。温益群《方志文化特点及功能之我见》（《中国地方志》2017年第11期）一文回顾有关方志文化的论述，探讨“深描”与“阐释”两种方法对方志文化研究的意义，并利用这两种方法对传统方志文化特点和传统方志文化功能进行研析。江万丰、高新伟《方志文化研究的兴起与意义》（《中国地方志》2017年第12期）一文梳理方志文化研究的发展和成果，探讨此研究的意义。金一超《浅谈网络自媒体环境下地方志文化的普及传播》（《上海地方志》2017年第3期）一文指出地方志文化普及传播需利用好网络自媒体以个体为核心，融合多种传播形式的特性，采用双向互动传播模式，采取“守株待兔”与“主动出击”相结合的传播策略。

关于方志发展与创新。近年来，地方志事业发展面临着机遇和挑战，地方志事业转型升级受到学界重视。冀祥德《以习近平新时代中国特色社会主义思想为指导全面推进地方志事业转型升级》（《中国地方志》2017年第12期）一文认为在当前和今后一个时期，全国地方志系统的首要任务就是，立足地方志工作实际，深入学习贯彻党的十九大精神，充分思考和认识党的十九大精神在全国地方志事业转型升级过程中的重大指导意义。潘捷军、章其祥、周祝伟、张勤、徐鹏《全国地方志事业转型升级评价体系的探索与实践——基于浙江“方志工作强省”评价指标体系的研究》（《中国地方志》2017年第4期）一文以浙江“方志工作强省”建设为目标，以相应评价指标体系和相关实践为范本，对中国地方志转型期升级的目标要求、评价体系等问题进行探索。游桃琴《大数据思维方式下地方志工作的开拓与创新》（《黑龙江史志》2017年第12期）一文认为地方志要从一项工作转变为一项事业，更好地发挥作用要在思维方式上进行创新，形成总体思维、容错思维、相关思维、智能思维。大数据时代形成与之相适应的思维方式成为开拓创新地方志事业的关键。刘星《地方志事业转型升级的思考》（《新疆地方志》2017年第2期）一文探讨地方志事业转型升级的必要性和目标要求，认为地方志事业的转型升级应包括志书、年鉴的转型升级、地方志整体工作的转型升级和地方志工作机构的转型升级三个层面的内容。刘善泳《浅析社会调查法在地方志事业运用的重要性》（《广西地方志》2017年第5期）一文认为在新的历史条件下，地方志领域应当加强社会调查方法的运用。

关于方志开发与利用。地方志是中华民族的优秀文化遗产，随着信息科技的不断进步，如何更深入地开展地方志资源的开发利用，使其健康有序发展，不断提高对地方志功能与价值重要意义的认识，是方志界亟待解决的问。刘益龄《地方志网站建设的现状、困境及对策——基于全国省级方志网站的分析研究》（《中国地方志》2017年第8期）一文通过论述地方志网站建设的重要作用，分析省级网站的现状，梳理省级网站建设的主要问题和不足，并制定提升网站建设水平的对策。刘京臣《他者视阈中的数字方志建设——以燕行录中的蓟州为中心》（《中国地方志》2017年第5期）一文认为未来数字方志建设应注重在与其他数据库实现数据交流的基础上，扩大文献范围、建立文献关联、发现隐含信息，进而实现自动分析。一些学者也指出方志信息化建设的不足之处，并提出相应的对策。余璐《Web3.0视角下的地方志信息化平台建设构想》（《广西地方志》2017年第6期）认为对Web3.0的含义及特点进行介绍，并结合方志工作本身的内容，以互联网未来发展趋势的视角来审视目前方志信息化平台建设中存在的问题，提出改进的对策。曾永志、毛文飞《“VR+方志”的可能路径初探》（《福建史志》2017年第4期）一文阐述了VR技术的基本概念，从VR技术的特点和地方志工作方面探析二者结合的可能路径。蔡丽华《开发省志在线编纂软件的设想与实践》（《福建史志》2017年第1期）一文分析了开发省志在线编纂软件的必要性和可行性，介绍省志在线编纂软件的设计和实践。周维《省级地方志微信公众平台的现状和发展探析》（《中国地方志》2017年第10期）一文通过对10家地方志微信公众平台2017年1—3月的相关数据进行统计，从推送内容、菜单设置、功能设置以及推送形式等几方面综合分析地方志微信公众平台的现状及存在的问题，并提出发展建议。蒙曼《〈中国影像方志〉：大手笔写大文章》（《中国新闻出版广电报》2017年6月21日）一文指出《中国影像方志》用影像的方式给中国的2300多个县立传，把目光的焦点定位到县，把内容定位为方志，把表现形式定位为影像，是文化传统与当代表现形式的结合。李论、梁娥、潘源《〈中国影像方志〉的艺术特征和审美研究》（《电影评介》2017年第11期）一文分析《中国影像方志》的内容题材、结构、艺术表现特征和审美特征，认为其无论在艺术表现和审美内涵上都有重大突破，内容与形式的审美价值对今后纪录片创作提供新的思路。李涛《创新发展军事志编纂成果的开发利用》（《军事历史》2017年第2期）一文指出，最大限度地挖掘军事志的资源价值，能够为创新发展先进军事文化提供重要的基础史料，为推动国防和军队建设提供有益参考与历史借鉴，为满足官兵文化需求和传承红色基因提供丰富资源。创新发展军事志编纂成果的开发利用，必须大力强化服务、主动、创新和具备精品意识，积极推动成果的系列化、实用化、大众化进程，科学把握修与用、内与外、长与短的关系。

关于人才管理。地方志事业转型升级，对编志、修志提出了新形势、新任务，如何进一步加强方志人才管理和队伍建设是摆在全国地方志工作者面前紧迫的任务。朱玺《谈修志人的视角问题》（《上海地方志》2017年第1期）一文提出要站在不同的角度去开展好续志工作。从主编角度而言，需要思考应修出一部什么样的志书。从续志者角度而言，如何承接前志而又能超越前志。从用志者角度而言，期望修志人修出什么样的志书。孙众超《试论新时期方志人的角色定位》（《广西地方志》2017年第6期）一文认为新时期方志人只有做历史和时代的记录者、优秀传统文化的传承者、社会发展的服务者、理论创新的推动者，才能在社会主义现代化的宏大事业中找到安身立命之根本，在推进地方志事业转型发展、实现全面升级的过程中找到切实有效之途径。曹斌《福建省地方志兼职队伍的现状及思考》（《中国地方志》2017年第8期）一文通过对近年来福建省直单位和省、市、县地方志工作机构聘用兼职人员参与修志、建设兼职队伍等情况的考察，提出了加强兼职队伍建设的对策建议。金雄波《试谈提升地方志编辑素质之途径——以〈萧山市志〉为例》（《新疆地方志》2017年第2期）一文认为必须精心组建志书编辑队伍，确保编辑队伍的高效率运转，是确保志书质量的必要条件，也是提升编辑队伍素质的基础性工作。

关于方志馆研究。2017年，有关方志馆的研究也开始受到学者的关注。周亚《方志馆研究的多元视角》（《上海地方志》2017年第4期）一文在分析当前方志馆研究现状的基础上，指出当前方志馆研究存在学科分布和研究群体单一化的问题。姚文文《论方志馆建设的新使命》（《黑龙江史志》2017年第11期）一文以黑龙江省方志馆为例，阐述在进入社会主义建设新时代后，方志馆该如何发挥方志文化的服务作用，如何更好地适应地方志事业的转型升级，提升方志的影响力，承担起方志馆建设的新使命。游桃琴《关于方志馆的定位与功能的思考——以江西省方志馆为例》（《新疆地方志》2017年第4期）一文基于在江西省方志馆工作六年的实践体验，认为方志馆可以定位为综合性展示地情国情的公共文化服务机构，且具备收藏、展示、爱国教育、交流研究及传承中华民族优秀传统文化五大突出功能。

三、方志编纂

方志编纂主要集中在方志编纂原则与方法、志书体例体裁、方志篇目设计、志稿编纂、志书资料、志书质量建设、志书审稿等方面进行论述，以期为今后方志编纂提供借鉴。在这方面论文有96篇。

关于方志编纂原则与方法。随着我国社会经济的快速发展和文化观念的深入，加强方志的编纂是我国地方志编纂工作的重中之重，在编纂过程中，遵守编纂原则，明确编纂目的，将方志编纂工作做到最好是近年来学者关注的重点。王翠《“不越境而书”考析》（《中国地方志》2017 年第 3 期）一文对“不越境而书”及其乃中国地方志传统编撰原则说法之滥觞进行考证，梳理了第二轮修志以来针对“不越境而书”产生的各种观点，分析了该讨论产生的原因与意义。任根珠《志书表格的数量与篇幅控制》（《中国地方志》2017 年第 2 期）一文通过多部志书用表的比较，探讨志书各部类表格的合理数量。在新方志的编纂中，图片得到了广泛的运用，一些学者也提出志书中图片设置的原则。满时新《志书图片的放置原则》（《黑龙江史志》2017 年第 2 期）一文提出志书图片设计放置必须遵守突出领导关怀、明确历史节点、决定必用精品、发挥资源优势、展现地域风光、摘取特殊事件、展示奇异景象、考虑潜质后放八项原则。勘误工作，是对志书工作者的认真、负责予以肯定。有错当勘，勘误表是志书的重要组成部分。钟来全、谢锦玲《溯源法是编写地方志挖掘资料的基本方法——以编修〈贺州市志〉为例》（《广西地方志》2017 年第 4 期）一文以《贺州市志》编纂的几个问题为例，论述溯源法在志书编写中的地位与作用。

关于志书体例体裁。志书编纂实践与理论研究中，离不开志书体裁、体例问题。体裁、体例是关系志书质量的重大问题，研究发现学者对其涵义有不同认识。因此，方志的体例向来是学者比较关注的问题。王柳《泛阅读时代地方志图志体发展探析》（《中国地方志》2017 年第 9 期）一文通过阐述读者阅读倾向变化的原因和过程，分析图志复兴的客观原因、发展源流及现状，总结出图志中图片设置的原则。孙众超《浅谈条目体在省志分志中的运用——以〈福建省志 · 文化艺术志〉为例》（《福建史志》2017 年第 5 期）一文通过分析条目体在以章节体为篇目框架的省志分志中的运用情况，探讨如何通过这种体例创新形式，提高省志分志的编纂质量。俞富江《对第二轮志书专记的几点思考》（《黑龙江史志》2017 年第 7 期）一文从专记设置的可行性、专记编写的内容、要点和注意的问题提出看法。

关于方志篇目设计。无论编史，还是修志，都须制定相关的体例，体例的制定与完善与否，在一定程度上影响志书的质量。张福平《也说方志的体例与篇目（设计）及二者的关系（随笔）——仅从通俗化、形象化角度谈起》（《黑龙江史志》2017 年第 3 期）一文分析志书的体例与篇目之间的关系。任根珠《新方志分志首编内容的设置与创新》（《上海地方志》2017 年第 3 期）一文从修志实践中归纳出新方志分志首编内容设置的五种创新模式。如何控制志书篇幅同样是修志中的较为重要问题，一些学者亦予以关注。田亮《省级志书框架设计刍议——基于一、二轮广东省志编修的思考》（《广西地方志》2017 年第 6 期）一文基于一、二轮广东省志编修实践及经验，在总结分析全国一、二轮省级志书框架设计的基础上，就第三轮省级志书的框架设计提出初步设想。

关于志稿编纂。编纂志书对守护历史，传承文明，建言资政，服务现实，教化育人，促进文化建设具有重要意义。不少学者就如何编纂志书各抒己见，相关论文逐年增加。陈泽泓《志书篇幅研究析论》（《中国地方志》2017 年第 1 期）一文提出文约事丰是理想的志书境界，讨论志书篇幅问题关键是要不要控制篇幅，何为篇幅适度。林靖《试析志书建置沿革编纂的若干问题——以厦门地方志为中心》（《中国地方志》2017 年第 1 期）一文通过对厦门 13 部地方志建置沿革文本进行梳理，分析主要问题，总结出这些问题产生的原因。朱虹《四川省部分新方志经济部类的篇目设置比较研究》（《卷宗》2017 年第 3 期）一文通过对一、二轮方志经济篇目设置重心的比较，管窥中国在不同时期的社会需求问题。张凤雨《地方志门类综述的设置与编写探讨》（《广西地方志》2017 年第 2 期）提出撰写门类综述应以门类专业为单位设置，突破志文记事范围，断限适当上溯，语言尽量活泼，每篇一般在

500—800 字为宜。吴静《地方志“政区”部类二轮编纂中存在的问题及修改建议》(《出版科学》2017 年第 1 期)一文指出第二轮地方志“政区”部类编纂中存在的问题，提出对“政区”部类篇章结构和章节内容设置的建议。此外，葛凤《浅议第二轮志书中服务业的编写》(《上海地方志》2017 年第 3 期)、钱玉洲《第二轮市县志军事部类编纂问题新探》(《广西地方志》2017 年第 4 期)、臧秀娟《第二轮市志文化卷编纂的思考——兼论〈艺文志〉的编纂》(《江苏地方志》2017 年第 2 期)、马亦男《浅谈城市区志中文化篇的撰写》(《上海地方志》2017 年第 4 期)、詹跃华《第二轮志书农业门类编纂管见》(《广西地方志》2017 年第 3 期)、吴静《地方志“政区”部类二轮编纂中存在的问题及修改建议》(《出版科学》2017 年第 1 期)等探讨了第二轮志书各部类编纂方法，并就编纂的体例等方面提出建议。尤为引人注意的是，有学者开始注意到港台志书的编纂问题。孙泽仙《台湾方志中海洋文化类方言词汇及其词义的隐喻引申》(《闽台文化研究》2017 年第 2 期)一文就台湾方志方言与海洋文化的相互关系，特别是就台湾海洋文化类隐喻词汇的情感倾向和认知背景作了考察和探析。

2015 年 8 月，国务院办公厅印发实施的《全国地方志事业发展规划纲要(2015—2020 年)》中指出“重视军事、武警及其他各类专业志鉴、民族地区地方志、乡镇村志和地方史编纂工作。”颜小忠《浅析街道志编纂应注意的若干问题》(《中国地方志》2017 年第 9 期)一文强调编纂街道志要注意选择适合街道操作的工作体制机制，确定好街道志记述的地域范围、断限和主体，要详记区(市、县)向街道延伸、补充和细化的内容，详街道所属，略区(市、县)所属。胡俭《关于如何做好乡镇街道村志编修的一些思考——以上海市编修情况调查分析为例》(《上海地方志》2017 年第 2 期)、王新玲《关于村志编写的几点思考》(《新疆地方志》2017 年第 2 期)等也对乡镇、街道和村志编纂进行论述。陈平军《行业志编修的几个误区及解决路径》(《史志学刊》2017 年第 3 期)，唐小磊《煤炭志书编辑出版过程中常见细节问题探讨》(《科技传播》2017 年第 18 期)，喻芳、喻同汉、邹文瑾《医院院志历史档案编纂整理浅析》(《中国继续医学教育》2017 年第 6 期)等均对各专业志论述编纂的基调和方法进行论述。

关于志书资料。资料的真实、准确是志书的根本。一部志书只有做到翔实地搜集资料、有效地组织资料，方能保证其质量。张作红《搜集编写部门资料的几点体会》(《黑龙江史志》2017 年第 8 期)一文指出部门资料质量的高低直接影响志书的质量，做好部门资料工作是编纂高质量志书的有力保障。高素质的业务人员是搜集上乘部门资料的关键。曾嫦珊《二轮志书资料运用探微》(《福建史志》2017 年第 4 期)一文从方法论角度就一般性资料，典型资料，口述、网络、调查资料，数据资料，图片、图表资料等 5 类资料在第二轮修志中的运用与处理阐述观点。

关于志书质量建设。地方志编纂要坚持质量第一，树立精品意识、提高志书质量、打造精品佳志，是志书编纂的发展方向。史天社《精品志书与精品方志》(《黑龙江史志》2017 年第 3 期)一文提出打造精品志书的目标任务，总结以往的基本经验，研究亟须解决的重要问题，探讨打造精品佳作的方法途径，组织实施精品志书工程，具有重要的价值意义。韩锴《史学理论视阈中的志书标准》(《浙江学刊》2017 年第 2 期)一文认为理解《地方志书质量规定》中八项对志书编纂者在志书质量方面的明确规定，是志书质量标准的视阈微显狭窄，不利于提升志书的总体质量。应该从史学理论的更高要求上去把握志书质量的八项规定，且要从更深层的要求上去解读八项要求。俞富江《第二轮志书编纂质量监控方略》(《黑龙江史志》2017 年第 8 期)一文提出如何把好组稿、编审、评稿和装帧四关质量监控策略。王雅戈、衡中青、李炜超、程拯华、郝建华《地方志索引的编制标准和质量管理——写在国家标准〈地方志索引编制规则〉完成之际》(《上海高校图书情报工作研究》2017 年第 4

期）一文评介在索引中采用参见功能，加强志书的内容挖掘和资料利用。总结中国地方志索引发达的主要原因。提议方志界、索引界、图书馆界合作编写索引标准参考手册。

关于志书审稿。审稿既是修志工作的一个重要阶段，又是志书加工成书的一个重要过程，也是确保志书质量的一个重要环节。张福平《方志撰写：如何把确凿的史实表述得更准确——从所阅的两轮志书之“表述失实句”谈起》（《黑龙江史志》2017 年第 8 期）就如何把确凿的史实表述得准确无误，提出解决办法。杨颖《关于开展志书评审的几点思考》（《史志学刊》2017 年第 3 期）一文强调评审工作应以取得实效为要务，力戒流于形式。要组好参评队伍，博采众长，多角度审稿，取得领导支持，为下一步志书修改出版打好基础。对评审意见应批判地吸收，评审会后仍应加强沟通。翁红霞《关于志稿审读的实践与思考——以镇江市辖市（区）为例》（《史志学刊》2017 年第 5 期）一文阐述志书审稿的必要性，从对志书终审的质量要求出发，提出重点围绕志稿的总体框架结构、篇幅长短、交叉重复、倾向性记述、重大缺漏、重要史实错误等方面进行审定，提出志稿终审中需注意处理的关键问题。苏毅、冯鹏、谢利娟《地方志总纂中内容的精编——基于二轮〈陕西省科技志〉的实践研究》（《黑河学刊》2017 年第 2 期）一文以二轮《陕西省科技志》编纂为例，认为内容精编需从行文规范、文字精练、交叉重复处理、特色彰显、上溯下延等方面着手和实践。蓝日基《认真做好志稿的总纂》（《广西地方志》2017 年第 3 期）提出总纂从制定总体设计、凡例（编辑说明）、篇目到搜集资料、分工编写、志稿评议等各个环节，都要亲自组织和参与，要全面了解，掌握进度，及时指导。要对初稿的总纂、评稿后的总纂和审查验收后的总纂特别认真。贾宏斌《地方志书应谨防“一子落错，满盘皆输”——浅析如何在地方志书编校过程中避免政治性差错》（《黑龙江史志》2017 年第 11 期）指出涉及党和国家的重要路线、方针、政策的记述及政治性事件，民主党派，民族和宗教信仰，港澳台，保密，敏感问题等 6 个方面注意地方志书中的政治性差错。

四、方志史与方志学史

2017 年，关于方志史与方志学史研究主要从方志史研究、方志收藏与整理、修志名家及其方志学思想、方志理论著作研究与评价等方面进行论述。在这方面论文有 125 篇，从选题、立论到研究方式、方法等较往年都有所创新。

关于历代方志史研究。中国的地方志有着悠久的历史。2017 年，学者主要研究分析历代方志理论、内容及编纂过程，兼及修志的启示及思想研究，试图从中找到一些带有规律或理论模型的东西，对今人认识方志学和研究地方史及修志活动提供借鉴。韩章训《论修志史上的四次高潮和两次变革》（《上海地方志》2017 年第 3 期）一文分别论述修志史上的四次高潮和两次变革。王忠敬《南宋地方志与风俗观的变迁——以南宋地方志〈风俗门〉为中心的考察》（《中国地方志》2017 年第 8 期）一文认为目前存世的南宋地方志普遍设有《风俗》这一门类，这与地方官和士人对于“风俗”的密切关注、地方官处理政务的需求、地方社会推行教化和宣扬地方形象的目的、前代志书体例的影响等因素有关。曹雪《古代地方志中存在的问题——以云南地方志为典型》（《昭通学院学报》2017 年第 2 期）一文以云南地方志为例，认为古代地方志中存在多相抄袭，无实地考察；感恩于天，颂扬当朝；重本抑末，观念明显；社会等第，以士为尊等问题。韩章训《论民国修志界对进化史观和唯物史观的运用》（《广西地方志》2017 年第 6 期）一文认为在民国时期，率先用进化史观审视方志的代表人物就是梁启超、李泰棻、傅振伦，率先用唯物史观审视方志的代表人物就是李泰棻、傅振伦。杨文华《从〈四川新地志〉看地方志的近代转型》（《中国地方志》2017 年第 6 期）一文探讨近代地方志在内容、编纂方法等方面的转型。王冰青《观念与体例：新史学思想与民国地方志纂修》（《开封教育学院学报》2017年第6期）一文指出受新史学思想的影响，方志学家开始摆脱前志关注社会精英、政治人物的做法，更注重民众衣食住行、风俗、教育、经济等方面。删减封建迷信内容，并采用照片、统计学等先进技术手段记述历史，使方志更具实用性和科学性。

关于区域方志史研究。2017年的区域方志史研究中，大多学者考察了各地区的旧志修志情况。尤为值得注意的是，有学者开始关注西方其他国家的修志。王通、白丽萍《历代安次地区方志述论》（《中国地方志》2017年第12期）一文述论历代安次地区方志的编纂情况、现存状况以及史料价值，并从历史沿革、河流变迁、土地流转及白银使用等方面对安次现存方志进行研究。韩章训《论宋元福建方志理论要点》（《福建史志》2017年第5期）一文指出福建现存宋元方志论文有42篇，其中宋有37篇，元有5篇（详见文末《附录》）。其要点大致可归纳为观念论、编纂论、文本论三部分，其中编纂论内容较为丰富和深刻。刘增强《近代化进程中云南地理志舆图演变》（《咸阳师范学院学报》2017年第2期）一文选取清代康熙至光绪朝200余年间的8种地理志中的云南舆图进行细致考察，从舆图疆界轮廓、表现内容数量种类及符号化水平、方位比例准确性3个方面对比研究，横向关照明末至清末国家主流地图的测绘技术，认为清代云南方志地图的绘图风格演变是一个逐步近代化以及脱离方志风格回归主流地图的过程。王丽歌《转型期的方志书写——民国河南方志编纂特点与成就分析》（《中国地方志》2017年第5期）一文指出，民国河南方志有87种，在体例上，章节体被广泛运用；内容上以求实为原则，时代和地域特色鲜明；思想上民主与科学性增强，并带有强烈的爱国情怀。但受思想和时代局限，大多体现了新旧社会交替时期编纂者在传统与现代、封建与民主之间摇摆挣扎的世界观。陈日华《近代早期英格兰的“乡绅修志”现象》（世界历史》2017年第4期）一文梳理近代早期英格兰地方志的编纂与发展，又分别从群体志视角、民族国家视野、郡共同体视角三方面探讨英格兰的“乡绅修志”。

关于方志整理。2017年，学者在探讨方志编纂、方志理论的同时，对方志展开整理和考证也是研究的重点。马天祥《清代西藏方志整理现状与走向》（《中国图书评论》2017年第8期）一文概述当前清代西藏方志文献的收录、整理与汇编情况，探讨清代西藏方志的类别划分及研究现状，并对未来清代西藏方志的整理工作作了展望。南江涛《中国旧志整理与出版概况》（《中国地方志》2017年第12期）一文从目录编纂、影印出版、点校和数据库4个方面，梳理新中国成立以来我国旧方志的整理与出版概况。严奇岩《贵州历代方志收集、整理的现状、回顾与展望——评〈贵州历代方志集成〉》（《中国地方志》2017年第11期）一文认为2016年中国文史出版社影印出版的《贵州历代方志集成》有三个特点：一是编排合理，阅读使用更方便；二是版本来源渠道多、质量高；三是收集影印的志书更多，在一定程度上弥补张新民《贵州地方志考稿》考证的不足，但仍有至少69种旧方志没有影印收录。涂庆红《巴蜀方志整理与研究综述》（《兰台世界》2017年第23期）一文论述巴蜀方志的纂修与保存情况，以及整理和研究现状。宋金芹《普陀山志整理、研究与编撰之管见》（《浙江海洋大学学报（人文科学版）》2017年第4期）一文在整理元明清普陀山志书的基础上，调研了专家学者对元明清普陀山志书的校雠考辨成果，研究了2015年版的《普陀山志》，提出新修普陀山志编撰方面的管见。刘显钊《钦廉地区旧志整理随想》（《公共图书馆》2017年第3期）一文通过自己利用旧志的实际作业，把研究过程中对地方史志资料的搜集不易、不同版本的变迁与鉴别之难以及史志整理研究工作的欠缺进行了思考与阐发，有利于图书馆更好地做好相关的地方文献工作。

在方志收藏方面，有学者开始关注其他国家对我国地方志的收藏情况。党斌《韩国现存中国地方志及其特征》（《中国地方志》2017

年第 6 期）一文通过考察韩国存藏中国地方志，认为韩国所存中国方志虽然数量不及欧美、日本等国，但仍有不少珍贵的版本，而编纂《韩国所存中国地方志总目提要》对于掌握韩国存藏情况，以及开发利用其文献价值十分有必要。

关于修志名家及其方志学思想。对方志名家进行学术思想研究，彰显他们精湛的学术风采，将其方志学术思想和编纂实践与方志编纂工作结合，对方志学的理论创新与学科建设具有积极的现实意义。张世民《试论陈元方对当代中国地方志事业的贡献》（《中国地方志》2017 年第 1 期）一文指出了陈元方坚持新编地方志必须记载“文化大革命”的观点，他有关人口、民族宗教、人物、重大事件、文献入志的意见或建议，以及关于地方志工作机构、制度建设和省志框架的顶层设计，对当代中国地方志编纂作出了理论贡献。韩锴《论荀悦史观对当今修志问道实践的启迪意义》（《中国地方志》2017 年第 3 期）一文强调荀悦侧重于治道为政道服务的修史问道理念。问道的关键在“明鉴”、问道的内容在“五志”、问道的方法在归类、问道的宗旨在“崇圣”、问道的重点在变通。刘耀《朱睦㮮与明代河南地方志编修》（《中国地方志》2017 年第 4 期）一文考察朱睦㮮参与编修的嘉靖《河南通志》、万历《开封府志》《皇朝中州人物志》等多部河南方志，分析其修志的原则与特点，探讨其修志思想及学术贡献。刘根发《明末清初方志家李世熊》（《福建史志》2017 年第 5 期）一文梳理李世熊的生平事迹和著述。陈郑云《于成龙的方志学思想探析》（《广西地方志》2017 年第 6 期）探讨于成龙的修志方法、修志目的及其所修志书的内容和文本特点。赵鹏团《略论戴震方志“地理专门”说的学术渊源及历史成因》（《中国地方志》2017 年第 10 期）一文梳理隋唐以来以方志为“地理专门”的学术思想源流，分析这一观念的历史成因，认为戴震方志“地理专门”说并非新论，自隋唐以来持此说法者不乏其人。孟凡松《张锳方志思想略谈》（《兴义民族师范学院学报》2017 年第 6 期）一文考察张锳的方志思想，认为其“方志即地方之史”“志书略古详今”等观点在咸丰《兴义府志》的纂修中得到体现。范猛《王志沂与〈陕西志辑要〉》（《史志学刊》2017 年第 2 期）一文考察王志沂的生平事迹，总结《陕西志辑要》一书的体例和结构安排，分析其编纂的特点。王昱淇《王棻修志思想探究》（《台州学院学报》2017 年第 2 期）一文通过王棻所修的志书探讨其体用思想、图表运用及舆地志的特点。崔助林《杨笃的修志实践和理论》（《史志学刊》2017 年第 2 期）一文考察杨笃的修志活动及其理论，认为他有独特的理论见解，强调“志即史”，在《山西通志》编纂中首创方志六门体例。

2017 年，学者对章学诚在方志学上的杰出贡献，给予了肯定，对其方志学理论体系进行了大量的卓有成效的研究与阐述。孔祥龙《章学诚方志“前志列传”思想对新旧志书编者署名的启示》（《中国地方志》2017 年第 4 期）考察章学诚前志列传思想的来源和内容，探讨该思想对新旧志书编者署名的启示。薛艳伟《论章学诚的方志学说在晚清之回响》（《中国地方志》2017 年第 7 期）考察章学诚的“方志为史”“方志立三书说”“四体说”“州县立志科议”“设立前志列传”和“阙访列传”等方志学说在晚清的回响。阚明娜《新旧史学视野下的章学诚方志学》（《北方文学》2017 年第 3 期）认为章学诚方志学思想与今天新史学视野下的地方志新概念有很大重合。

刘大胜《钱基博方志修撰的学术来源、贡献及不足》（《中国地方志》2017 年第 3 期）一文探讨钱基博方志修撰理念的来源和其对方志修撰的贡献，并指出其方志修撰理念的不足。张彬彬《再论黎锦熙的方志观》（《卷宗》2017 年第 27 期）一文重新探讨黎锦熙对方志性质、功用、体例、编纂方法及资料收集等方面的看法。莫超《黎锦熙先生在西北时期的汉语方言著述研究》（《民俗典籍文字研究》2017 年第 1 期）一文认为黎锦熙方言著述为方言志的编撰提供示范，具有方法论的意义，并对国语教学、国语推广具有针对性和指导性。郭达祥《论邬庆时的方志思想》（《广西地方志》2017年第3期、《上海地方志》2017年第1期）一文考察邬庆时的修志实践，认为其提出为保全民族文化的命脉计，志书“不惟不可不修，且不可不急修”；创新修志的方法，尝试“三不四最”法；因应时代的要求，对方志的体例、内容及表现形式不断进行创新。常方舟《鄂东学人王葆心生平概览与思想考述》（《散文百家》2017年第10期）一文考察王葆心的生平事迹，探讨其教育和学术思想。

关于方志理论著作研究与评介。这部分论文主要涉及评介、考释及订正3个方面。巴兆祥《公众史学视野下的区域方志史探索——读汪毅〈方志四川〉有感》（《中国地方志》2017年第10期）一文认为《方志四川》是一部受公众史学影响编写的区域方志史著述，其有三大特色：采用影像史学手段，展现公众文化资源面貌；运用口述史方法，强调官学互动和公众参与；深掘地方志精髓，提倡社会共同记忆构建。秦和平《评赵心愚〈清代西藏方志研究〉》（《民族研究》2017年第2期）一文指出，《清代西藏方志研究》具有分析西藏“修志”高潮揭示与内地的关系，靠镜源流解答困惑，深度解读考证重大事项，分析“演变”强调“图”及“图说”等特点，并指出该书的缺憾。努木《谈编译出版〈西藏七大艺术集成志书〉藏文版的必要性》（《西藏艺术研究》2017年第2期）一文指出《中国民族民间文艺集成志书·西藏卷》七大集成志书的编译出版，不仅具有重要的政治和现实意义，还能够使书写在集成志书中的艺术活起来，为保护、传承和发展西藏民族民间艺术起到不可估量的作用。沈永清《一部对志书编纂具有参考价值的方志论文集——解读〈陈曼平史志文丛·漫漫集（第二卷）·地方志研究〉》（《广西地方志》2017年第6期）一文认为陈曼平所著的《地方志研究》是一部编纂实践与理论相融的地方志研究文集，其内容涵盖志书编修、出版、评论等方面。文集中有关篇目创新和修订打磨，社会内容的以人为本，入志照片的文字说明，索引编制，评论志书中的见解，地方志编辑责任意识等论题对于指导志书编纂具有参考价值。姚文昌《〈中国地方志总目提要〉辨正》（《山东图书馆学刊》2017年第5期）一文对《中国地方志总目提要》存在的讹误进行梳理，其中以修纂者的讹误尤为突出。或作目验，或作考述，就其讹误予以刊正。侯倩《山水方志的宋诗辑佚价值——以〈中华山水志丛刊〉为中心》（《嘉兴学院学报》2017年第5期）一文通过调查以《中华山水志丛刊》为中心的历代山水志中的艺文材料，认为对《全宋诗》而言，山水方志具有新作者及佚诗的发现、已著录作者佚作的辑补、补足《全宋诗》著录不完整的篇目或残句，以及漏辑诗拾遗、在金石卷中也存留有一些“碎金”等重要的辑佚价值。

五、志书（稿）研究与评价

近年来，志书（稿）评价成果显著，但志书（稿）的研究和考证较为薄弱。志书（稿）研究与评价分关于中国人民共和国成立前的志书、关于中国人民共和国成立后的志书及志书辩误等部分。在这方面论文有101篇。

关于中国人民共和国成立前的志书。安大伟《明末东北方志文献〈辽东名胜志〉考述》（《辽宁工业大学学报（社会科学版）》2017年第4期）一文对《辽东名胜志》的作者、文献版本、内容、特点、价值等进行了考述，并与《辽东志》进行比较分析，认为该志具有较高的史料价值，有助于辽东历史地理、典故史实、辽事等方面的研究。段琼慧《康海〈武功县志〉与韩邦靖〈朝邑县志〉比较》（《新疆地方志》2017年第1期）一文对明代康海纂《武功县志》与韩邦靖纂《朝邑县志》的篇章结构、编辑体例、编纂目的等内容进行了比较研究。方从戎《明清时期广东省地方志中的音乐史料概览》（《岭南音乐》2017年第3期）一文考察明清时期广东省地方志中的祭祀和风俗音乐史料，并归纳了音乐史料的特点。郑益兵《论光绪〈滁州志〉的史料价值》（《滁州学院学报》2017年第6期）一文认为光绪

《滁州志》为人们提供了珍贵的历代滁州地区的经济、政治、军事、地理、文化、教育、人物、风俗等方面的史料，内容极其丰富，既有为其他文献载之不详的内容，也有为其他文献所未载的内容。朱湘铭、徐美珍《方志著录致误分析——以〈清史稿·艺文志〉著录方志条目为例》（《四川图书馆学报》2017 年第 2 期）一文归纳方志著录致误的三种类型，并以《清史稿·艺文志》著录之方志条目为例，通过稽考辨正以分析其致误原因主要在于著录方志条目时不详加审核、甄别，而简单照录前人的书目。李莉《清代通志序跋研究》（《中国地方志》2017 年第 11 期）以清代通志序跋为例，着重考察其中反映的方志是什么、为什么修、修什么、怎么修等方志理论问题，并从序言篇数、主要内容、行文记述等方面，对新方志序言撰写提出若干建议。赵卫平《乾隆年间陈琮〈永定河志〉考》（《史学史研究》2017 年第 4 期）一文通过对陈琮纂修《永定河志》的考察，纠正以往错误认识，正确认知陈琮《永定河志》的文献价值与历史地位。桂始馨《〈吴兴统记〉研究》（《中国地方志》2017 年第 3 期）一文考察《吴兴统记》的作者、成书年代、体例及其内容。罗玮《雍正、乾隆两朝〈临汾县志〉比较初探》（《暨南史学》2017 年第十三辑）一文对雍正八年、乾隆四十四年所修四部《临汾县志》的版本和内容进行比较研究。新修《邹平县志》有关旧志的论述，以及地方史志学者的讨论，均值得商榷。李明奎《在常见和稀见之间：中国方志中的环境史史料探析》（《中国地方志》2017 年第 8 期）从环境史的角度对方志中的史料进行初步探析，认为方志对各种物产、山川风物、灾害的记载，以及方志中辑录的诗文、图像均为环境史的研究提供丰富的史料。袁茵《河北方志所见民间演剧史料考论》（《戏曲艺术》2017 年第 4 期）一文梳理清代及民国所修河北地区方志中相关史料，并从民俗学、文化人类学等视角进行考察，分析河北地方演剧的社会功能，以及演剧活动与农事祈福、人生礼仪以及民间崇拜的关系。马前《〈长乐县志〉中的史料价值》（《黑龙江工业学院学报（综合版）》2017 年第 11 期）一文从整体上来研究《长乐县志》的史料价值，认为县志中关于当地民间抵抗海寇的记载可以补充正史史料的不足，民风民俗的叙述可以展示当地的社会生活状况，而地区时代沿革的描述则能够体现当地的历史变迁。

关于中国人民共和国成立后的志书。林金水《廿年磨一剑 存史以资政 读〈福建省志·宗教志〉》（《中国宗教》2017 年第 5 期）一文指出《福建省志·宗教志》内容着重记叙近现代福建各宗教的历史与现状，对五大宗教关于宗教组织、场所、机构、团体、人员、重要历史事件等方面所设计的图表是重要组成部分。巴兆祥《续修市志的经典之作——〈苏州市志（1986—2005）〉读后》（《中国地方志》2017 年第 4 期）一文认为《苏州市志（1986—2005）》是续修市志中的精品佳作，有全市、市区、属市（县级）协调得当，志稿撰写练达精致，特色把握与体现准确到位的特点。苗怀明《说唱艺术志书类文献研究述略》（《民族艺术研究》2017 年第 3 期）一文围绕《中国曲艺志》《中国曲艺音乐集成》这两套大型曲艺志书的编撰而进行说唱艺术志书类文献研究。《中国曲艺志》《中国曲艺音乐集成》搜集整理工作经历了 3 个阶段：20 世纪 80 年代为启动、准备阶段，20 世纪 90 年代为集中攻坚阶段，21 世纪前十年为完成收工阶段。这类文献涉及地域广泛，涵盖说唱艺术的各个方面。徐志民《修志存史 铭记抗战——〈中国抗日战争志〉编纂工作概述》（《中国地方志》2017 年第 10 期）一文探析《中国抗日战争志》编纂重点，讨论人物志、大事记、文献辑录的收录范围、收录标准及相关学术问题，获得广泛共识，既为深入开展编纂工作提供切实可行的指导意见与建议，也指明工作方向。

关于方志辨误。对方志的纠谬补阙、拾遗考辨，是方志研究的一个重要部分。王建国《新方志中的勘误》（《中国地方志》2017 年第 5 期）一文指出勘误的形式、内容，涉及的范围以及出现的原因。张传勇、宋淑兵《〈永乐大典〉本“邹平县志”小识》（《中国地方志》2017年第5期）一文指出，《永乐大典》残卷引自“邹平县志”的一条资料，能够证明元明之际邹平修过一部县志。该志至明嘉靖间已不为人所知。自嘉靖《邹平县志》以来，遂有邹平有志始自嘉靖之说。张全晓《清代武当山志著录疏误补正》（《宗教学研究》2017年第3期）一文指出，《四库全书总目》《湖北通志》《中国道观志丛刊》《三洞拾遗》《四库全书存目丛书》《中华山水志丛刊》等著录清修山志的常见疏误，并据相关文献予以订补。管仁波《〈（淳熙）新安志〉“嘉庆十七年刻本”质疑》（《图书馆工作与研究》2017年第12期）一文通过考察台湾所藏《新安志》丁杰刊本与“嘉庆十七年刻本”存在的矛盾，发现所谓的“嘉庆十七年刻本”并不存在。夏增民《任桐〈沙湖志〉之“沙湖”指谬》（《武汉文史资料》2017年第6期）一文考证任桐关于沙湖的说法有误，沙湖并非东湖，更非歌笛湖。

综观上述研究成果看出方志研究基本上保持着近年来稳中有进的局面，确实取得一些成果。学者开始将方志与语言、历史、文化、民俗、宗教、文学等学科结合进行研究，这类研究数量逐年递增，开启了方志研究的新方向。然而也有缺憾，将方志学建成一级学科之路依然任重而道远。同时理论研究存在一定不足：第一，论文的理论视域狭窄。一是旧志及旧志研究不断发展，但现当代方志研究较少，二是学者们更注重对单一书籍或单一问题的研究，忽视了通论研究，导致其没有宏观性的把握和发展研究。第二，学术规范有待加强。一是一稿多投现象仍然存在，二是论文写作规范急需注意，三是选题老生常谈，内容无新意。第三，研究失衡。一是学者多局限在图书馆、史志办、高校和研究所，不注重实地考察，二是学者构成单一，缺乏跨学科交流和研究。如能克服以上问题，必将有助于学者在甄采前人的基础上，对方志研究作进一步探究，从而最大程度地释放其在学术上的巨大能量，推动方志学学科建设，建立方志话语权。

·年鉴理论研究

2017年鉴理论研究综述

范锐超

本文分年鉴基础理论、年鉴编纂应用理论、年鉴创新与发展、年鉴工作保障体系四大部分，从年鉴学基础认识，外文年鉴研究，年鉴述评，编纂工作，框架设计，条目编写，年鉴大事记、图照、附录及装帧，数字化与网络化，开发和利用，年鉴质量，队伍建设和经验交流12个方面对2017年年鉴理论研究情况作简要梳理，梳理的主要对象是有关年鉴编纂与研究的国内公开发表的期刊论文。有关学术研讨会议论文、论文集论文，不在研究范围之内。

一、年鉴基础理论

任何专业学术理论研究都离不开与之相适应的学术理论研究的基本原则和方法，并遵循其基本原则和方法所规范的思想认识定式。对于中国年鉴理论研究而言，明确学术理论研究的原则，运用基本原则和方法所规范的思想，是促进年鉴事业理论发展的重要保证和基本前提。弄清年鉴基本理论问题，对年鉴编纂者和读者都有重要意义。

（一）年鉴学基础认识

关于年鉴学的基础理论，专家学者们主要围绕年鉴的性质、特点、功能、年鉴发展史以及年鉴与志书的关系等问题进行讨论。莫秀吉《年鉴实用性述论》（《中国年鉴研究》2017年第2期）指出，增强年鉴的实用性需要从内容与传播方式的结合、编纂者与使用者的结合、政府行为与社会效益的结合、为现实服务与存史功能的结合等视角，通过突出权威主流信息的记载，加大公共信息的反映力度，拓展深层次信息，增大有效信息含量，发挥现代信息网络的传播作用。许辰君《浅谈年鉴落实〈规划纲要〉修志为用原则》（《黑龙江史志》2017年第2期）认为年鉴工作是落实修志为用原则的重点。在年鉴中落实修志为用原则，需要树立质量意识、读者意识和开放合作意识。王淑红《如何提高地方年鉴的实用价值》（《黑龙江史志》2017年第8期、第10期）提出年鉴的价值体现在能够服务于社会现实。提高年鉴的价值要围绕地方政府的中心工作和社会热点谋篇立目，收录全面、翔实、权威、精准的地情信息，具备与时俱进的编纂思想。张凯《提高地方综合年鉴实用价值的途径——以桂林市为例》（《广西地方志》2017年第5期）通过调整框架结构，突出地方特色和优势；择优选题选材，突出年度地情资料工具书的特色和优势；严格规范撰稿和编辑内容，建立条目内容要素规范化；挖掘和拓展地方年鉴的深层次资料；加大公共信息的反映力度，突出政府主办年刊的特色和优势；增加便鉴性和实用性资料，突出县（区）地方综合年鉴的特色和优势等六个方面提高地方综合年鉴的实用价值。汪昕《浅析年鉴的作用和编纂——以〈山东新闻出版广电年鉴〉为例》（《现代视听》2017年第12期）梳理年鉴发展历程，明确年鉴有为决策提供依据、搭建了解当地人文环境平台、提供资源共享媒介载体和保存史实资料的作用。桑荟《提升地方综合年鉴文献价值的思考》（《江苏地方志》2017年第1期）指出，地方综合年鉴的文献价值是通过年鉴资料的系统性、年鉴内容的权威性、年鉴信息的综合性、年鉴记述的专业性等方面体现出来，通过科学设计篇目，拓展资料采编渠道，加强内容归纳整合，全面深入记述等多措并举，努力提高年鉴文献价值。姚敏杰《关于志书“沉淀说”的商榷——兼及志书、年鉴和史书的区别》（《广西地方志》2017年第1期）阐述理论界流行的志书“沉淀说”：一是成为一些论者区别志书与年鉴的重要标志；二是成为志书编纂时间上下限以及选择适当编纂时间的依据。认为“沉淀”对于反映事物本质、揭示事物发展规律的意义是相对的，并不是志书和年鉴的本质属性；志书质量取决于包括志书主编在内的编修人员的综合素质，而与“沉淀”关系不大。方书生《近代中国年鉴的特征与启示》（《上海地方志》2017年第4期）指出，近代中国年鉴源于英文《上海年鉴》与海关年报，出现英、中、日三个年鉴系列。大约在1934—1935年，中国年鉴的编撰水准初步赶上国际序列，形成中文年鉴系统，包括综合年鉴（全国或地方）和专业年鉴。在这一过程中，形成近代年鉴的基本属性（资料性与年度性）、价值属性（专业技术性、知识权威性、资政参考性）。牟国义《清末预备立宪时期年鉴编纂活动考察》（《中国年鉴研究》2017年第1期）指出，刊行统计年鉴作为清末预备立宪时期政治体制改革的一项目标和内容，清政府编纂年鉴活动的积极尝试，对民国以后的年鉴认知、年鉴体式、年鉴编例等产生广泛的影响。1907年为我国政府主持编纂年鉴活动的元年，是中国年鉴事业走上自主发展道路的开端和起点。冷晓玲《我国年鉴出版历程与发展态势》（《中国社会科学报》2017年5月23日）回顾我国年鉴编纂的历史，指出我国年鉴事业发展存在地区发展不平衡、年鉴质量参差不齐、年鉴的实用性不强以及信息化工作滞后等问题。该文强调，我国年鉴编纂出版和管理进入制度化、规范化轨道，年鉴的社会需求不断旺盛，影响力扩大，年鉴作为特殊信息的载体，其跨媒体发展前景广阔，年鉴的理论研究和学科建设将加强和完善。刘迪《中国博物馆机构年鉴刍议》（《中国年鉴研究》2017年第1期）指出，博物馆机构年鉴是博物馆年鉴的一种重要类型。具有博物馆史研究的史料作用、博物馆行业内的交流作用与社会监督的窗口作用。从博物馆机构特点出发规划有针对性的编纂思路，增强博物馆机构年鉴信息的可视性。范俊涛《博物馆年鉴与博物馆档案》（《自然博物》2017年第1期）提出博物馆的年鉴和档案是博物馆信息资源的重要组成部分，博物馆档案是年鉴编纂的基础，博物馆年鉴是强化的档案信息汇集。认为博物馆年鉴发挥丰富档案的馆藏、提高档案的利用和为博物馆服务的作用。黄梓根、何旭《中国高校年鉴研究的现状、问题及方向》（《高教探索》2017 年第 8 期）指出，高校年鉴研究水平同高校与日俱增的人才优势和科研优势不相匹配，与高等教育快速发展的理论需求与创新要求不相适应，年鉴研究队伍专业化不够，研究对象与内容单一固化等。切实提升年鉴研究意识，创新研究视角，壮大专业队伍，通过强化研究，为年鉴发展提供理论和实务指导，促使高校年鉴发挥好资政、育人和文化传播作用是高校年鉴的研究方向。

（二）外文年鉴研究

了解国外年鉴的编纂、出版概况，研究其语言情况，对我国的年鉴事业有参考作用，为年鉴工作者的深入思考提供帮助。陈敏《中美地方综合年鉴的语类差异比较研究》（《中国年鉴研究》2017 年第 1 期）以语类理论为基础，通过选取中美地方综合年鉴的平行栏目的两组对等语篇进行比较分析，分别得出其语篇结构及语类结构潜势公式，语篇的语类差异受制度惯例与意识形态这两个文化语境因素影响。田润宇《英文版年鉴编纂发行工作中存在的问题与对策论析——结合海南的实践》（《史志学刊》2017 年第 4 期）指出，国内英文版地方综合年鉴编纂工作存在目标与受众定位不够明确、内容安排不尽合理、翻译质量有待提高、发行渠道需要拓展等主要问题。科学、合理定位英文版地方综合年鉴，提升翻译质量，充分利用数字和互联网技术，拓展发行渠道，提高宣传效率和社会效益是解决这些问题的思路。王亿绵《〈大英百科年鉴 1994 · 中亚与南亚〉翻译实践报告》（《校园英语》2017 年第 27 期）在对《大英百科年鉴 1994 · 中亚与南亚》翻译的基础上完成翻译实践报告，从词汇、句法及文化方面着手，具体分析翻译中的细节。为研究 20 世纪 90 年代的中亚和南亚地区的外文年鉴提供译文。

（三）年鉴述评

相关研究研究论文有 31 篇，总量较去年增多，但在写作方式上以评介为主。张昊鹏《创意学术年鉴集合出版　开拓学术存史新境界——“中国社会科学年鉴系列”出版综述》（《中国年鉴研究》2017 年第 2 期）指出，出版学术年鉴精品是加快构建中国特色哲学社会科学的现实需要。在实施过程中，注重规范化建设，树立年鉴权威，发挥年鉴“交流互鉴”独特作用，争取学术话语制高点。王继杰《地方史料价值的认识与研究——〈上海年鉴（1854）〉整理与研究述要》（《中国年鉴研究》2017 年第 2 期）梳理中国大陆第一部城市年鉴——《上海年鉴（1854）》发现、整理的过程，表明其融原文影印与专题研究相结合的西文地方文献整理的特点。通过对《上海年鉴（1854）》体例、内容研究及其史料价值以及早期中西城市年鉴比较研究，对年鉴类地方文献的整理具有启发意义。郭淑敏《民国〈美术年鉴〉的编辑特色述评》（《设计艺术（山东工艺美术学院学报）》2017 年第 1 期）从编辑缘起、编辑团队、编辑理念、编辑内容、编辑方法等几个方面，分析民国《美术年鉴》的编辑特色，对当代美术年鉴的参考价值。该年鉴辑录清末至民国时期的美术发展史实，装帧精美、内容丰富，是近现代美术研究具有代表性的一部史册性工具书。李新祥、曾静平《论〈中国互联网年鉴〉的出版价值、框架设计与编纂组织》（《出版科学》2017 年第 1 期）指出，年鉴在编纂组织上，要明晰出版理念、创新体制、理顺机制、加强机构与编纂队伍建设、提高时效性、开展全媒体与全版权运营、精心选择条目、认真撰写条目、优化表现方式、践行社会责任、做好发行营销。杨丹玫、周钢、牛景琳《开中国新闻传播教育史先河——读〈中国新闻传播教育年鉴（2016）〉》（《新闻前哨》2017 年第 2 期）从研究时间、研究领域和研究方法三个维度，介绍《中国新闻传播教育年鉴（2016）》。认为其系国内第一本以新闻传播教育为主体的年鉴，时间跨度大、研究范围广。陈强《记录中国新闻传播教育历史与现实的著作——评〈中国新闻传播教育年鉴（2016）〉》（《新闻与写作》2017 年第 7 期）认为新闻传播年鉴中应添加外国新闻传播教育与中国新闻传播教育的互动影响；增设通讯录部分，介绍交流平台，制作随书附赠电子光盘，提供相关内容的电子档案，为后人的研究提供更形象的史料记载。王丽莎、李鹏《浅谈高校年鉴编纂工作——以〈沈阳农业大学年鉴〉编纂为例》（《文化学刊》2017 年第 11 期）以《沈阳农业大学年鉴》编纂为例，具体分析高校年鉴编纂工作的现状和经验，并将高校年鉴的涵义和价值加以阐释，寻求高校年鉴编纂方式方法的创新与应用，以适应互联网和大数据时代环境下的理论建构。陆奇《事业蓬勃发展文献特色鲜明——读〈山西师范大学年鉴（2013、2014）〉点评》（《黑龙江史志》2017 年第 9 期）论述大学年鉴编纂的重要性；认为《山西师范大学年鉴（2013、2014）》基本符合提高文化自觉，打造年鉴品牌，达到出版标准，逐步形成精品年鉴的编纂标准。杜丙旭《用照片记录城市发展——评〈中国建筑设计年鉴（2016）〉》（《全国新书目》2017 年第 7 期）以《中国建筑设计年鉴（2016）》以"年度"为切片，分 8 个方面内容，以记录中国建筑行业内优秀设计单位的典型作品为第一原则，把握优秀的建筑设计项目、新的设计理念以及中国建筑行业发展的新趋势。张月《抢抓机遇 开拓创新 全面推进年鉴编纂工作》（《图们江报》2017 年 6 月 13 日）指出，《珲春年鉴》从建立健全有力的机制体系推动年鉴编纂工作，依法编鉴加强年鉴编纂工作，开拓创新转型升级提升年鉴编纂工作质量，加强队伍建设强化地方年鉴编纂等方面向精品年鉴目标努力。

二、年鉴编纂应用理论

年鉴在社会经济发展中的地位和作用必将随着知识经济时代的到来而更加突出。改革开放以来我国编修与应用年鉴文化事业蓬勃发展，年鉴界发出构建中国特色年鉴学的呼声甚高，并正在积极推进且取得基础性成果。

（一）编纂工作

年鉴编纂是一项政治性、历史性、现实性很强的工作。年鉴编纂工作逐渐走上专业化、规范化发展道路，年鉴编纂从优化篇目设置、规范编纂流程、提高编校质量、改进装帧设计、积极开拓创新等方面都有较高水平的发展。桑荟《地方综合年鉴编纂的整体性思维》（《江苏地方志》2017 年第 5 期）认为地方综合年鉴编纂的整体性思维广泛地落实在具体条目编写中，运用整体思维、改变年鉴"碎片化"记述倾向、注重独家资料收录、加强历史分析提升地方综合年鉴的权威性、系统性和学术性。张新贵《地方综合年鉴编纂必须坚持以人为本》（《江苏地方志》2017 年第 2 期）指出，年鉴在框架结构设计时，把反映人民群众的生活及诉求作为出发点和落脚点；在内容选择上，把与人民群众生活密切相关的、普遍关心关注的内容作为重点；在表现形式上，力求全方位、多角度、深层次地反映社会、人文等内容，彰显以人为本。林忠玉《地方综合年鉴的组稿和编审》（《福建史志》2017 年第 2 期）认为年鉴资料的收集、鉴别、整理以及图片选用，是做好年鉴编辑和审稿工作的基础，应着力通过规范选条和行文处理，提高年鉴编纂质量。年鉴文稿编审要注重条目选材规范、条目选题原则、条目编审规范、条目名称设计和图照选用等方面。刘德元《论年鉴规范、创新与传播》（《新疆地方志》2017 年第 2 期）指出，年鉴编纂要规范得体，以提高整体质量为前提；要有创新意识，使其生命力得以不断延续和健康发展；要体现大众传播，为社会各界提供丰富、优秀的文化产品。刘树波、由岳峰《论地方综合年鉴的编纂创新》（《黑龙江史志》2017 年第 22 期）分析地方综合年鉴存在的因忽略著述性所造成的可读性不强，记述门类和内容不够综合、全面，地域特色不突出，服务能力不强，精品意识薄弱等问题，提出地方综合年鉴编纂从体现著述的鲜活性、内容的全面性、地域的特殊性、服务的实用性、质量的精品性和理论研究性 6 方面创新。齐凯、王爱凤《浅析互联网信息背景下年鉴的编纂出版》（《中国集体经济》2017 年第 3 期）指出在互联网背景下年鉴载体、组稿模式、传播途径都发生变革，推动整个年鉴编纂出版向着数字化、信息化方向发展。年鉴的权威性依然是年鉴编纂的关键，新时期的年鉴编纂出版工作需要进行综合的权衡和考量，既要与互联网深度融合，又要保障自身的权威性，打造年鉴编纂出版的健康生态环境。郭大勇《将年鉴做大做新做美》（《广西地方志》2017 年第 2 期）指出，年鉴做大，即把领导工作做大，把编纂队伍做大，动员各级领导和全区优秀撰稿人的力量共同参与。做新，即突出地方特色，突出年度创新工作和新生事物。做美，即文字精练美、生动美，二是插图美，三是包装美。李鑫《省级综合年鉴编纂的三重创新方向》（《史志学刊》2017 年第 5 期）指出，省级综合年鉴的编纂从政府视角的内容、社会视角的内容、编纂理念和工作机制三个方向创新。政府视角的内容创新包括在年鉴各传统部类开头以图表形式集中展现该省年度基本统计数据，及在各传统部类结尾设立专题阐述该省年度重大政策、项目、事件和活动两个方面。社会视角的内容创新是将民众在社会日常生活各方面所关注的百科信息知识集中设立为“百科”部类。编纂理念和工作机制的创新是为民众社会生活服务和为设立新内容进行调查研究。阳晓儒《省级综合年鉴与生态环境保护——以〈江苏年鉴（2014）〉〈山东年鉴（2014）〉〈广西年鉴（2014）〉为例》（《中国年鉴研究》2017 年第 1 期）通过对三部省级综合年鉴的生态环境保护等篇目内容的分析，发现省级综合年鉴在记述生态环境、环境保护等方面的内容时，采取相对集中、分散等记述方法进行记载，取得较好的成效。但还存在内容记述不全面、不系统、栏目设计不科学、内容要素缺失等问题。地方综合年鉴应重视生态环境保护内容的记载，全面反映区域生态环境的基本状况、发展特点和改善生态环境所采取的各项举措。王玉琴《县（区）年鉴编纂中存在的问题及应对措施——以宁夏为例》（《新疆地方志》2017 年第 3 期）指出，县（区）地方志工作机构在年鉴编纂过程中，要树立“依法治志”的信心，弘扬修志问道、直笔著史的方志人精神；坚持“一纳入、八到位”的工作机制，根据编纂实际改进工作方式方法；遵循年鉴体例与记述方法的特殊性，提高质量不断创新；提高编辑的业务能力，注重高素质人才的储备与队伍建设。郭琳《国有企业年鉴编纂中存在的问题及对策研究》（《企业改革与管理》2017 年第 20 期）阐述企业年鉴编纂的重要性，分析国有企业年鉴编纂过程中存在时效性差，内容单一、陈旧，年鉴编纂人才力量薄弱等问题，针对性地提出精选精编，强化服务功能，加强年鉴编纂人才专业化发展的应对措施。鲍玲莉、李燕、理文、顾伟、李银银《信息化背景下的高校年鉴编纂工作研究》（《办公室业务》2017 年第 19 期）从高校年鉴编纂工作的现状和问题出发，结合信息化的背景，指出信息化背景下高校年鉴的编纂工作要切合时代发展和高校自身特色，“编以实用”，合理调整年鉴内容结构，稳定高校年鉴的编纂队伍，提高编纂水平。郭嘉《地方性社科年鉴组稿工作中遇到的问题与对策探析》（《新疆社科论坛》2017 年第 4 期）指出，当前地方性社科年鉴组稿工作存在的问题：一是对组稿工作重要性的认识程度不够，工作难以推进；二是组稿方案缺乏创新思维，组稿要求不能紧跟时代发展；三是供稿单位的具体责任部门不固定，编纂工作沟通困难；四是供稿人员流动性大，撰稿水平参差不齐；五是所供稿件专业性内容撰写不规范、不准确。提出加强年鉴编辑部的自身建设，增强组稿供稿单位的责任意识的措施。邢秋萍《专业年鉴编写：如何储备充足的“鉴能”——拾零所阅专业年鉴内容为例》（《黑龙江史志》2017 年第 12 期）充分储备可被利用的内容之能源应从强化专业年鉴的鼓舞性撰起、以充分储备“鉴能”，强化专业年鉴的指导性撰起、充分储备“鉴能”，强化专业年鉴的统计性撰起、充分储备“鉴能”，强化专业年鉴的警戒性撰起、充分储备“鉴能”等方面。

（二）框架设计

年鉴的框架是承载年鉴内容的主体结构，是年鉴的骨架。编纂年鉴首先要进行框架结构设计，以便于搜集、选择和组织智联，组织作者撰稿。年鉴的框架设计，需要面向开放的社会。融入全新的思维，不断优化其结构，显示特色和个性，增强其生命力。在这方面研究论文有14篇。颜小忠《地方综合年鉴记述年度地情的思考》（《中国年鉴研究》2017年第2期）指出，地方综合年鉴在框架设计上，要加强体裁划分和形式、功能以及框架结构层次的系统研究；“行政区域概貌”应系统记述年度行政区域的概括面貌，在形式上可分成若干个板块分记若干部类事物的概貌；“综述”应综合记述大类事物的基本全貌；“概况”系统地概括分目所记事物的要项内容，囊括分目下没有条目记述的要项内容；条目遴选则应加强与分目概况、栏目综述系统配合反映年度地情的研究。阳晓儒《地方综合年鉴综合情况篇目编写探析——以8部地市级综合年鉴为例》（《史志学刊》2017年第1期）通过对2016年全国地方志优秀成果（年鉴类）地市级综合年鉴获特等奖的8部地市级综合年鉴考察，发现地方综合年鉴编纂综合情况篇目采取沿用、压缩归纳、增补、突出特色等方式方法进行编纂。认为地方综合年鉴编纂者应重视年鉴综合情况篇目的编纂，力求全面反映一个地方的自然、政治、经济、文化、社会等方面的基本情况，突出年度特色、时代特色和地方特色。焦学健《〈南通年鉴〉框架设计的自我演变与创新研究》（《江苏地方志》2017年第6期）提出框架的顶层设计是否完善，直接关系到年鉴的整体形象和编纂质量。年鉴框架应紧贴发展实际、强化框架设计的全面性，紧贴时代变化、提升框架设计的科学性，紧贴年度特点、凸显框架设计的特色性3个方面进行优化调整。詹跃华《谈地方综合年鉴框架设计》（《新疆地方志》2017年第3期）指出年鉴框架设计要拓宽思路，与时俱进，面向社会，选择适合该行政区域的结构形式，遵循全面系统、突出特色、稳定有变的基本原则，并处理好稳定与创新、全面与重点、共性与个性的关系，确保框架结构科学合理，为提高年鉴质量奠定基础。胡少诚、任一丁《高校年鉴框架设计的比较分析》（《中国年鉴研究》2017年第1期）结合作者工作交流情况，通过查询中国知网·年鉴网络出版总库以及在各校主页发布的信息，选取北京高校年鉴样本10种，京外高校年鉴样本11种，从年鉴的体裁和结构入手，对每一部分进行比较分析，试图形成层次和类目划分的规律性认识，并提出具有一定普遍性的框架设计方案。孙磊石《用为续修志书服务的理念定位铁路年鉴框架设计》（《黑龙江史志》2017年第5期）指出年鉴的“框架设计”是续修志书的重要源泉。在年鉴编纂中树立“为续修志书搜集和积累年度资料”的意识，突出时代特点、年度特点、工作特点，搞好年鉴的框架设计，成为编史修志资料的重要来源。石红英《〈山东水利年鉴〉栏目编排优化调整思路》（《山东水利》2017年第3期）认为专业年鉴突出的行业和地方特色应从准确定位原栏目、合理设置新栏目、科学整合原栏目三个方面，对内容进行重新整合，对栏目编排进行系统调整，使整体框架结构更加科学合理，应用更加方便。

（三）条目编写

条目是年鉴的细胞和基本单元，反映年鉴绝大部分实际内容。其编纂质量决定年鉴的编纂质量，影响年鉴的可读性、实用性和存史价值。在这方面研究论文有8篇。詹跃华《年鉴条目撰写应避免“四化”倾向》（《广西地方志》2017年第1期）指出年鉴撰稿人撰写年鉴条目出现总结化、新闻化、辞书化和志书化的“四化”现象。年鉴撰稿人要把好年鉴条目撰写关，分清年鉴与总结、新闻、辞书、志书的异同，杜绝条目出现“四化”现象，必须提高稿件质量。詹跃华《论地方综合年鉴条目的立体性》（《广西地方志》2017年第6期）指出年鉴的条目具有立体性，主要表现在三个方面：一是“点、线、面”的立体结构体系；二是“动态与静态相结合”的立体材料体系；三是“宏观、中观、微观”的立体记述体系。武晓敏《浅谈年鉴条目内容的编辑》（《黑龙江史志》2017年第8期）围绕年鉴编纂特点及条目的选取，首先，要每个单位和部门的基本条目每年入鉴，保证每部年鉴从内容上相互衔接，纵向编辑系统，便于读者连续检索利用，保证年鉴的连续性；保持主要数据连续记录，且保证连续记载的数据符合事物发展规律；注意基本内容记述上也要上下衔接，保证事物记述的连贯。谢华、刘赛宇《浅谈概况条目在湖南科技年鉴中的编撰应用——以产业园区及基地为例》（《科技创新导报》2017年第26期）分析产业园区及基地篇章概况条目的写法，通过分析查找出概况条目写法存在交代不清，具体有实用价值的信息含量少；空话套话多，影响年鉴信息使用价值；缺乏整体数据，反映具体综合信息程度不全；撰写产业园区及基地概况条目的启示等常见问题及原因。

（四）大事记、图照、附录、装帧及数字编辑

大事记、图照、附录及装帧构成年鉴的重要部分。大事记在全书中占有显著位置。是上年度区域内全貌的概括，是整部年鉴的提要，总纲。图照是年鉴体裁之一，年鉴所配图照应与相关文字同步，配图比例以图文并重为最佳。附录融信息性、知识性、实用性为一体，使年鉴的性能得到更好的发挥。装帧设计应与时俱进，既不背离年鉴作为政府刊物严谨、权威的要求，又要跟上时代审美潮流。在这方面研究论文有7篇。许家康《年鉴大事记脞议》（《广西地方志》2017年第3期）通过对年鉴大事记类型、作用、特点的分析，认为允许多种例式并存、完善收录原则和标准、规范记事的内容要素、严格控制记事数量及其篇幅，是提高地方年鉴大事记编写质量的当务之急。殷国富《年鉴随文图照选编的实践与思考》（《江苏地方志》2017年第3期）阐述随文图照编排质量的好坏，直接影响综合年鉴编纂质量的高低。编辑随文图照内容要真实可靠，画面清晰，构图简洁。在编排上，遵循图文相随、释文完整、疏密有致、各居其位的原则。年鉴栏目编辑要注意提高自身的政治洞察力、专业鉴赏力和社会协调能力，以确保地方综合年鉴常编常新。叶建维、许家康《关于年鉴附录的考察与思考》（《广西地方志》2017年第2期）通过对57种国内在版年鉴的考察与分析，认为年鉴附录内容具有实用性、便览性、超时空性的特点，并提出规范年鉴附录栏目设置、规范年鉴附录内容选择、规范年鉴附录表现形式的设想。葛玉峰《年鉴的装帧设计——以〈扬州年鉴〉为例》（《苏州工艺美术职业技术学院学报》2017年第4期）认为年鉴装帧设计在兼顾年鉴书籍特点的基础上，以年鉴所处的地方文化为切入点，不断提炼地方文化的视觉符号，用图案的语言来表达装帧之美。摆脱“老面孔”，树立年鉴自己的文化品牌。郑锦《年鉴数字编辑“七巧”》（《新闻传播》2017年第5期）阐述数字编辑“七巧”：一是巧排数列，让年鉴作为工具书其检索、查阅的功能更完备；二是巧作对比，让数字更能说明问题；三是巧排版，从细节出发，让检索少出差错；四是巧变形式，让数字更有魅力；五是巧目录，让数字检索更方便；六是巧梳理，让数字富含逻辑顺序；七是巧用数字，突出主旨。

三、年鉴创新与发展

年鉴的发展在于创新。创新是年鉴事业可持续发展的源动力。年鉴创新，符合地情实际，符合社会发展现状，贴近群众生活，满足读者求知欲望，使年鉴在激烈的市场竞争中更好地发展下去。年鉴发展，内涵丰富，涉及面广且杂，是一项艰巨的系统工程，需要树立年鉴可持续创新发展理念，长期坚持不懈的探索和追求。

（一）数字化与网络化

信息技术和人工智能得到空前的发展，尤其是网络技术和软件技术突飞猛进，给人类的工作、学习和生活带来深刻的变化。信息与技术成为一种不可或缺的资源。作为年鉴创新与发展的一项重要内容，现代信息技术应用的问题已经迫切地摆在年鉴工作者面前。除年鉴网络化和电子化外，现代信息技术在编纂中应用的方面还有很多，比如编纂流程自动化、各种信息数据库的应用等。国内年鉴行业有待于做更深入的研究和探索，以便能够迎头赶上科技发展的潮流，发挥年鉴信息资源优势，服务于社会。在这方面研究论文有13篇。游桃琴《大数据思维方式对地方综合年鉴工作创新的启示》（《史志学刊》2017 年第 4 期）认为创新思维方式成为驾驭大数据和实现价值的关键。着重建立以大数据整体性为支撑的总体思维，以大数据多样性为支撑的容错思维，以大数据关联性为支撑的相关思维，以大数据开放性为支撑的智能思维。林忠玉《浅议年鉴信息化的发展态势》（《中国年鉴研究》2017 年第 2 期）提出以信息技术社会化普遍应用为保障，逐步推进发展数字年鉴是年鉴未来的发展模式。建立和完善年鉴信息化的理论体系，探索年鉴信息化模式的发展趋势，统筹协调年鉴信息化过程中环境、技术和人才，使“互联网 + 地方志”成为开发利用地方志资源的重要手段。崔震《网络年鉴创新途径的探索》（《中国年鉴研究》2017 年第 2 期）指出，实现“互联网 +”是年鉴发展的新趋势，在此过程中出现的诸多问题与困境同样无法忽视。年鉴理论研究与实践者要以坚持年鉴基本属性为前提，以互联网思维全面改造年鉴工作为关键，以年鉴编纂实践为基础，推动网络年鉴的创新发展，实现年鉴事业在互联网时代的繁荣发展。欧长生《从方志微信公众号开发利用看志鉴数字化传播》（《福建史志》2017 年第 4 期）认为数字化发展是地方志融入信息社会的必然选择，通过微信公众号平台的资料传播和实现高度社会化的利用，是志鉴数字化传播利用的有效便捷的途径，人才队伍建设是实现微信公众号平台持续高效运营的重要基础和保证。张巍《互联网环境下年鉴营销之思考》（《出版参考》2017 年第 22 期）在对年鉴营销制约因素进行分析的基础上探讨网络环境下年鉴营销策略。指出网络影响下的年鉴的载体以及阅读的方式、内容、用户、出版时间、与读者之间的交流、营销与广告均发生变化。王永超、严文强 、汤淏、孙琳、王雪芬《“互联网 +”思维对提升科技年鉴编纂质量和信息资源利用率的研究》（《江苏科技信息》2017 年第 7 期）阐述制约科技年鉴编纂质量和信息资源利用率的因素。提出借助“互联网 +”思维，从编校人员管理和培训、编校流程等方面提升编纂质量。借助微媒体的优势，科技年鉴可以通过多种渠道提高信息资源利用率。张莹、刘迎春《高校档案数字化建设与年鉴编纂关系探析》（《沿海企业与科技》2017 年第 2 期）探讨高校档案数字化建设与年鉴编纂关系。提出搭建系统交流平台、建立档案资源分库、加强权限管理等可行性建议，将高校档案数字化建设与年鉴编纂工作有机统一起来。陈婉婉、李士进、胡金龙、高祥涛《一种新的水文年鉴数字化方法》（《计算机与现代化》2017 年第 1 期）提出基于版面分析的多特征融合数字识别方法，结合水文年鉴中数值的时间序列相关性提出后期纠错机制，来提高识别的正确率。对水文年鉴图像的实验结果表明，该方法具有较高的识别精度，并且能够还原误识结果的真实值。刘建军、邢小丽、郭宝群、田文君《水文年鉴数据入库方法介绍》（《东北水利水电》2017 年第 11 期）选用水文年鉴电子书作为水文数据库源数据，采用模块化方式设计水文年鉴数据入库软件，最大限度的保证水文数据库和水文年鉴数据的一致性。水文年鉴数据入库软件设计方法和当前的水文资料整理汇编工作模式相符并得到应用。张泉荣、谢运山、姚允龙《水文年鉴复刊过程中的数据处理》（《人民长江》2017 年第 12 期）论述江苏省水文年鉴复刊过程中数据处理的背景研究、水文年鉴复刊工作所需要的相关资料及其软件的准备过程、数据处理程序以及复刊过程中存在的问题及其处理方式等方面情况，着重对纸质版的水文资料整编成果生成最终的电子版年鉴文件过程中的数据处理情况进行分析。

（二）开发与利用

年鉴编纂，除存史的功能，更重要的是应开发其丰富的资源。开发年鉴资源，使丰富的信息为社会各阶层所利用，使年鉴在市场经济的竞争中立于不败之地。因此，要积极有效合法地开发年鉴中丰富的资源，从观念、措施、工作机制、宣传工作、应用新技术等方面提出推动年鉴资源利用。深度开发，正确有效地开发年鉴的资源，提高信息把握能力。努力开发推广年鉴资源，提高年鉴的整体效益是年鉴的主要发展方向，发现年鉴资源的利用要顺应时代要求，提高年鉴资源的利用效率，转变现行的年鉴管理与利用方式，积极同信息技术相融合，拓展发展空间。在这方面研究论文有38篇。田润宇《关于省级地方综合年鉴资源开发利用的思考——以海南省的年鉴情况为例》（《广西地方志》2017年第5期）总结海南省在地方综合年鉴资源开发利用方面取得的主要进展，分析海南省在年鉴资源开发利用工作中存在的问题，从观念、措施、工作机制、宣传工作、应用新技术等方面提出推动年鉴资源开发利用工作的对策。周训安《年鉴在“一带一路”建设中的意义及助力探究》（《新西部（理论版）》2017年第1期）从年鉴在“一带一路”建设中的意义入手，阐述年鉴在“一带一路”建设中发挥认识与实证、宣传与教育、交流与传播、资政、信息与史料留存五个方面的作用。年鉴工作者需担负起“一带一路”战略实施任务中的一部分。汤淏、王永超、孙琳《科技年鉴在地方科技志编修中的作用与思考》（《甘肃科技》2017年第6期）以科技年鉴与地方科技志的共同点为基础，结合科技年鉴和科技志编纂的工作实际介绍科技年鉴在科技志编修中的作用。分析在科技志编修实际过程中科技年鉴的不足之处。从增强科技年鉴为科技志续修服务的意识、合理优化科技年鉴篇目做好与科技志的衔接和加强“互联网+”在科技年鉴工作中的应用三个方面提出建议。曾志明《浅析年鉴为续志提供基础资料的依据和途径——以桂林续志和同期年鉴为例》（《广西地方志》2017年第5期）认为方志理论界对年鉴为续志提供基础资料有多种认识，年鉴为续志留存基础资料的依据是由二者所具有的内在共通性决定的。年鉴为续志提供基础资料的途径：一是一致性途径，包括直接一致性、间接一致性和非一致性途径；二是保障性途径，包括年鉴记述的连续性途径和年鉴框架结构、方志工作人员稳定性途径。金久仁《我国基础教育资源配置的省域差距研究——基于〈中国教育统计年鉴〉2013年数据分析》（《黑龙江教育学院学报》2017年第1期）根据《中国教育统计年鉴》2013年相关统计数据，分析当前我国省域间基础教育在人力、财力、物力等资源配置方面的差距，影响省域教育资源差距的实质性因素。汪建中、韩维柱《我国基础教育信息化发展的区域差异研究——基于中国教育统计年鉴2011年~2014年数据分析》（《内蒙古科技与经济》2017年第10期）以《中国教育统计年鉴》为信息源，对全国和天津等直辖市“十二五”期间基础教育信息化发展指标进行测评和比较分析。宋林佳《基于四川省统计年鉴的城镇职工基本养老保险参保情况及相关指标研究》（《四川劳动保障》2017年第5期）选取2007—2015年四川统计年鉴的10项统计数据，进行Pearson相关性分析，并进行双侧显著性检测。依据城镇职工基本养老保险参保人数的关键相关指标，进行曲线估计，确认模型各方程的拟合优度。闫志利、侯小雨、刘燕《职业培训发展的省际差异、关联因素及对策建议——基于2014年中国教育统计年鉴数据分析》（《河北科技师范学院学报（社会科学版）》2017年第2期）选取《中国教育统计年鉴》2014年职业培训机构数量、结业生数量、专任教师数量、固定资产总值4项指标，建立职业培训发展综合指数，对区域社会经济发展指标实施灰色关联分析。梅桂花、汪建中、宋文超《我国义务教育信息化基础设施建设城乡差异性研究——基于〈中国教育统计年鉴〉的统计与分析》（《科技经济导刊》2017年第20期）从文献计量学角度集中分析2006—2015年《中国教育统计年鉴》数据，以文献计量方式揭示我国义务教育信息化水平的年度变化、各城市间发展速度、城区镇区和乡村的区域差异。吴勋、王雨晨、高黎力《国家审计机关地位与审计功能的实现——基于〈中国审计年鉴〉的分析》（《西安财经学院学报》2017年第4期）以《中国审计年鉴》数据为基础，运用单因素方差分析和最小显著差法实证检验国家审计机关地位对于审计功能实现的影响情况。朱克朋、樊士德《劳动力成本变动与我国制造业产品的出口竞争力——基于WTO数据库和各统计年鉴数据库的匹配数据》（《产业经济评论》2017年第4期）以WTO数据库中的贸易数据及历年中国劳动统计年鉴和中国工业经济统计年鉴中的数据，计算近年来我国制造业的单位劳动力成本。李积鹏、叶长文《我国成人高校教师队伍的现状分析及对策研究——基于〈中国教育统计年鉴〉相关数据》（《西北成人教育学院学报》2017 年第 4 期）根据 2001—2015 年《中国教育统计年鉴》的记载，分析成人高校的发展现状并提出对策。那威、孙永宽、侯静、武涌《我国民用建筑时间序列面积统计年鉴数据分析》（《暖通空调》2017 年第 11 期）分析我国不同统计年鉴中民用建筑面积相关数据。确定我国现有宏观建筑面积统计数据的主要问题并给出建议。马晓雯、刘雄伟《基于统计年鉴的深圳市建筑终端能耗发布模型与计算方法》（《暖通空调》2017 年第 11 期）依据年鉴统计数据，给出居住建筑与公共建筑终端能耗计算方法。韩云环、郑子彦、肖宇、马柱国《基于统计年鉴和 MODIS 的中国区域土地利用/覆盖变化特征研究》（《气候与环境研究》2017 年第 6 期）利用中国统计年鉴和中分辨率成像光谱仪（MODIS）遥感观测资料，以行政区为研究单元对 3 种典型土地利用/覆盖类型（森林、城市和农田）的变化进行比较分析。李庆、郭慧《反射机制下半智能报表实现年鉴智能排版技术的研究与应用》（《电脑迷》2017 年第 2 期）以统计年鉴智能排版系统为例，提出切片导出的设计思路，形成智能导出算法，以实现年鉴报表的排版导出。钱伯章、李敏《能源市场处于转型期，长期转变正在进行中——2017 年世界能源统计年鉴解读》（《中国石油和化工经济分析》2017 年第 12 期）根据《世界能源统计年鉴》数据，得出石油是全球最重要的燃料，中国仍然是世界上最大能源消费国的结论。李媛、代益荣、潘小会、周雪、董媛《论陕西学前师范学院文化系 2015 年年鉴编撰的实践意义》（《新西部》2017 年第 18 期）围绕编撰文化系 2015 年年鉴，通过年鉴编撰分析其三点实践意义：一是增强自身能力，包括分工协作能力、文献检索和搜集资料能力、论文写作能力、计算机使用能力都得到提升；二是对所在系管理工作的促进作用，可以促进院系档案工作的规范化建设，增强系部领导和全体师生的荣誉感、责任心和进取精神；三是提升就业竞争力。

四、年鉴工作保障

分析年鉴的工作特点，总结年鉴的编纂经验及发展规律，发挥年鉴的功能和作用，是年鉴事业科学发展值得思考的问题。通过加强队伍保障和协作机制，以质量、进度为抓手，全方位推进年鉴事业科学发展

（一）年鉴质量

质量是年鉴生存和发展的基础和保证。相关论文以顺应时代需求，提高年鉴质量，树立精品意识，创新编辑模式和新媒体模式，适应图书市场、适应读者群体为研究方向。只有树立年鉴质量意识，打造品牌年鉴，年鉴才会更具生命力。李江《编纂出版精品年鉴要论》（《中国年鉴研究》2017 年第 2 期）认为从出版角度来看，编纂精品年鉴应从内容和形式两方面入手。在内容方面，应注重加大信息量、提高资料性，增加焦点性内容，写出年鉴的深度，打造独有的品牌栏目，突出年度特色、地方特色，以人为本，关注民生，精心锤炼标题，增强实用性等；在形式方面，要注重封面、彩页、书眉与内文的版式设计，增强年鉴的视觉效果。王世伟《试论年鉴编校合一的可行性》（《江苏地方志》2017 年第 4 期）指出，年鉴编辑出版机构的特殊性是实现年鉴编校合一的客观条件，年鉴编校质量下滑的趋势是要求年鉴编校合一的重要因素，年鉴原稿电子文本化的事实是实现年鉴编校合一的重要条件。年鉴编辑出版工作要严格遵循相关规定，年鉴编辑部要对编辑、校对人员的职责有明确的规定。年鉴编校合一要避免同一稿件责任编辑、校对人员同为一人。詹跃华《谈衡量年鉴编纂质量的几项重要指标》（《新疆地方志》2017 年第 1 期）指出，衡量年鉴编纂质量的要素最重要的是框架结构、信息资料、条目内容、行文表述。重视和提高年鉴编纂质量，是年鉴工作的核心之处，也是编纂人员的追求目标。只

有重视和提高年鉴编纂质量，才能有效推动年鉴事业可持续发展，充分发挥年鉴的功能。田瑞库《论如何提高志鉴编纂质量》（《黑龙江史志》2017 年第 5 期）认为提高志鉴编纂质量的必要条件包括四个方面，即领导重视是提高志鉴编纂质量的保障、选好主编是提高志鉴编纂质量的关键、文体严谨是提高志鉴编纂质量的基础、图文并茂是提高志鉴编纂质量的要素。许家康《再论专业（行业）年鉴内容质量控制要领》（《史志学刊》2017 年第 1 期）结合专业（行业）年鉴的编纂出版现状和存在的突出问题，提出专业（行业）年鉴编纂必须突出年鉴的记述重点，适当突破题材的时空范围，增加二次文献的品种和数量，进一步规范条目编写。俞慧军《提高地方综合年鉴质量的实践与思考》（《黑龙江史志》2017 年第 14 期）指出，举才荐贤，建立高素质复合型的年鉴人才队伍；创新分类，把握年鉴框架设置的三个关系；优化选题，彰显条目的时代特色与亮点，是提高地方综合年鉴编纂质量必须把握好的三个关节点。冯钰《关于进一步做好科协年鉴编纂工作的思考》（《科协论坛》2017 年第 11 期）提出提升科协年鉴编纂质量的主要原则，即创新工作理念、加强思想重视，加强培训交流、打造过硬队伍，优化篇目设置、突出科协特色，利用信息化手段、加快年鉴编辑出版效率，融合“互联网 +”思维、助力年鉴宣传利用。程立海《行业年鉴出版质量的流程管理研究——以〈中国测绘地理信息年鉴〉为例》（《新闻研究导刊》2017 年第 23 期）阐述行业年鉴编制出版全流程及其质量控制，建立并实施流程管理质量保障体系。行业年鉴的编校质量和出版流程是影响行业年鉴出版质量的主要因素，出版单位能够加强编校质量工作，普遍忽视出版流程管理对于提高出版质量的重要作用。郑雨苹、吴朝庭《年鉴精品建设的实践探索与启示——以〈福建科技年鉴〉精品工程试点为例》（《福建史志》2017 年第 6 期）回顾年鉴精品工程的背景及其重要意义，从行业管理、自身成长、读者使用三个方面阐述实施年鉴精品工程的重要性和必要性。结合福建省年鉴精品工程试点建设工作，提出年鉴要确立精品导向、提高精品意识、夯实精品质量、锻造精品特色、提升精品价值、保障精品落地六大方面的具体实践，表明对持续打造年鉴精品的长期性、艰巨性的认识。王德维、冉四清、胡必要《浅谈水文年鉴汇编及其质量控制》（《江苏水利》2017 年第 1 期）介绍水文年鉴的定义、特点及汇编的组织管理形式，从汇编说明、测站一览表、水沙对照表和各项目整编成果表 4 个方面阐述汇编资料的要求。提出正确执行规范、纠正不良习惯做法和采取有效审查技巧等 3 项可以严格控制水文年鉴汇编质量的措施。

（二）队伍建设

加强年鉴队伍建设，是提高年鉴质量的基础。人才队伍素质是年鉴事业发展的决定性因素。增强年鉴编纂工作的荣誉感、责任感和使命感，充分认识编修地方志工作的重要意义，真正将队伍建设当做一项重要工程是年鉴工作的重点。年鉴工作者要创新服务手段和方式，用人们喜闻乐见的方式利用年鉴和传播年鉴，推广得越多，运用得越好，年鉴的现实意义就越重大，贡献也越大。在这方面研究论文有 23 篇。马艾民《对年鉴编纂队伍建设的调查与思考——以吉林省地方志工作机构从业人员为调查对象》（《中国年鉴研究》2017 年第 2 期）利用吉林省年鉴编纂队伍的若干详实数据，反映我国现阶段年鉴编纂专业人才匮缺，后继乏人的现状。在高校增设年鉴专业、多渠道提升在职年鉴编纂人员专业水平、开辟聘用地情专家通道、为年鉴工作者搭建事业发展平台等举措对年鉴队伍建设将产生积极的推进作用。刘传仁《转型升级中的年鉴事业发展思考》（《史志学刊》2017 年第 6 期）提出年鉴工作者应适应转型升级需要，提高认识、明确责任、勇于担当、求精求新；配合转型升级发展，坚持创新理念，与时俱进，紧随经济社会发展的脉搏，形成信息密集、堪存堪鉴的实录；紧跟转型升级步伐，加强信息化建设，增强公共服务能力，提高年鉴利用率和影响力。张小莲《如何编写优质年鉴稿件》（《新疆地方志》2017

年第 2 期）认为年鉴稿件质量的优劣直接影响年鉴的质量，年鉴撰稿人应该熟知年鉴稿件撰写的流程，熟知年鉴条目撰写的要素规范，在资料收集方面也要做到重点突出，主次分明，同时加强个人的文学素养，有一个认真的工作态度，几者结合起来就能写出高质量的年鉴稿件。俞富江《提高年鉴编辑群体素质》（《黑龙江史志》2017 年第 8 期）指出，年鉴要提高质量关键是提高编辑群体素质。年鉴编辑群体要与时俱进，不断适应社会发展，应从政治意识、精品意识和品牌意识 3 方面提高年鉴编辑群体的素质，提高年鉴编辑群体素质包括切实把好入口关和建立继续教育制度两个途径。同时，需处理好年鉴编辑全体与撰稿人、年鉴主编与编辑人员、年鉴编辑群体与征集单位分管领导的三种关系。马艾民《年鉴主编应把握的几个重要数字》（《新疆地方志》2017 年第 4 期）认为年鉴主编的风格、品位、眼光、能力、水平决定一部年鉴的品质。只有主编对年鉴条目内容、栏目结构，特别是年鉴编纂中的几个重要“数字”把握恰当，才能编出符合年鉴体例和规范要求、入鉴内容丰富而合理、查询检索方便而实用的精品年鉴。杨波《企业年鉴的创新实践》（《科技视界》2017 年第 13 期）认为企业年鉴从创新编纂意识、创新框架结构、创新年鉴内容三个方面进行实践，提出年鉴编纂人员应该不断学习交流、提高观察力，与时俱进、了解企业年度特色；了解企业发展状况、调整框架结构，优化栏目设置、完善框架结构；年鉴内容要新颖、及时反映企业发展状况，文字简练、信息量大。杨波《企业年鉴编纂的研究与实践》（《江苏科技信息》2017 年第 36 期）结合年鉴工作实践，研究编纂企业年鉴的现实意义、要点以及对企业年鉴编纂人员的要求，提出年鉴要具有权威性，满足企业的需求，反映企业的发展变化；年鉴编纂人员要有政治意识、保密意识以及为企业服务的意识。孙明《推进志鉴工作创新助力企业发展》（《中国石化》2017 年第 9 期）志鉴工作者要在指导思想、编纂形式及出版创新，突出实用性特点，满足企业发展。在志鉴编纂过程中，把议稿审稿工作贯穿始终，加大志鉴应用力度，创新使用形式，对成果进行再开发。

（三）经验交流

学者就不同种类年鉴的编排与组稿，年鉴工作的关键与发展方向，创新与突出人文特色等方面研究和探讨，对工作中实践经验加以总结和交流，切磋琢磨，进一步提高各类年鉴的质量，促进年鉴的编纂出版的影响力，更好地为中国经济社会发展服务。在这方面研究论文有 27 篇。孙志红《浅谈如何做好市级综合年鉴组稿工作——打好提高年鉴时效和质量基础》（《福建史志》2017 年第 1 期）认为做好年鉴组稿工作，要明确年鉴框架内容，以部门供稿为主要渠道，选择最佳时机，采取足够力度和督促举措，及时有针对性地靶向培训和指导，保证部门组稿高质量按时完成。采取多元组稿方式收集信息、材料，提高年鉴信息的全面性。参与者要有责任感和足够信心与耐心，良好的沟通、合作素质；责任编辑要有过硬的业务指导能力和充分的准备并积极主动作为。蒋华、潘道德《树立供给侧意识创新综合年鉴编纂——〈滨海年鉴（2016）〉编纂工作的实践与思考》（《江苏地方志》2017 年第 1 期）指出编纂年鉴应建立和形成“供稿、征稿、撰稿”“三通”运行的编纂机制，有效保障年鉴编纂的时效和质效。即全新改革年鉴框架设计，全面记载县情年鉴史实，全力彰显本土人文精神。在封面设计上个性化，内容上凸显人文化，在章节上突出本土化。陈源发《浅谈如何突出地方综合年鉴的地方特色——以〈大田年鉴〉编写为例》（《福建史志》2017 年第 3 期）从大田县“山区特色”“人文特色”“经济特色” “编纂特色”四个方面入手，介绍《大田年鉴》在突出地方特色方面的主要做法和点滴经验。郭翠凤《综合年鉴编纂工作的关键——以〈招远年鉴（2011）〉为例》（《新疆地方志》2017 年第 4 期）认为年鉴编纂确立框架要科学论证，门类设置要齐全。要全面真实反映现实情况，突出地方特点和优势，以增强年鉴的可读性。扎实抓好资料征集，为年鉴编纂打下坚实基础。重视文字编辑工作，突出每个行业的工作主题。杨文宇《编撰企业年鉴建好“微型档案室”》（《中国石油企业》2017年第11期）以考核和奖惩提升年鉴工作组织水平，以良好工作机制确保年鉴工作的持续性，把创新发展作为培育年鉴核心竞争力的有效抓手。郑锦《高校年鉴工作可持续性初探》（《中国年鉴研究》2017年第2期）概述高校年鉴的特点、发展情况以及断编原因。对高校年鉴工作可持续性开展进行可行性分析，转变观念、优化体制设计，从制度上规范年鉴工作、建立一支精干的年鉴编纂队伍、巧妙地设计年鉴形式、研究高校年鉴的特征，注重创新，增强年鉴可读性、使用性，通过寻找、落实年鉴研究项目和年鉴合作单位，增强年鉴的生命力和活力，加大力度宣传推广等方面探索。吴玮《年鉴编纂对高校建设发展的意义及做法——以西安航空职业技术学院为例》（《郑州铁路职业技术学院学报》2017年第1期）提出年鉴编纂工作要加强顶层设计、材料筛选、科学立目、横向交流、队伍建设，以提升高校年鉴编纂的质量。林佐明《从服务金融业改革发展大局出发做好期刊年鉴出版工作》（《黑龙江金融》2017年第9期）认为应从把握正确的政治方向和舆论导向，不断满足社会对金融文化的需求；从服务金融业改革发展大局出发，做好期刊年鉴出版工作；找准自身定位，打造具有鲜明特色的独特品牌；坚持改革发展，不断开创工作新局面建立长效机制等方面做好期刊年鉴出版工作。黄谦《基于烟草企业发展视域下年鉴编写工作探讨》（《经贸实践》2017年第6期）指出烟草企业在编写企业年鉴时需要注意在编写的内容上要做到全面，在编写的形式上要做到有新意，凸显企业的特色化。企业领导要给予高度的重视与大力的支持，企业年鉴的编制要规范化，提高企业年鉴编纂人员队伍的职业素质。张勇、王静《坚持年鉴编纂正确方向 推动郭沫若研究蓬勃发展》（《中国社会科学报》2017年11月14日）提出《郭沫若研究年鉴》今后的编纂应注重对有关郭沫若以及同时代文化名人文献资料的抢救性保护，通过访谈、口述、约稿等方式让历史的参与者们留下珍贵的历史影像，要以精心细致的年鉴编纂工作不断丰富郭沫若纪念馆的史料收藏，推动郭沫若研究的蓬勃发展。

此外，在高校学位论文中年鉴作为重要的资料也得到广泛的重视和利用。覃玲《新时期我国公益广告价值观表述研究——基于历年〈IAI中国广告作品年鉴〉的考察》（华南理工大学硕士论文）阐述《IAI中国广告作品年鉴》旨在增强全社会对广告事业的关注与参与。该文以其为考察对象，采用多种方法，结合广告学等相关理论，总结新时期我国公益广告发展类型、特点，分析公益广告价值观表述的内容与规律。黄琳《文本类型学视角下联合国年鉴的翻译》（苏州大学硕士论文）以文本类型学为指导，以2011年联合国年鉴为例，具体从信息型文本翻译策略的角度出发，从忠实度和流畅性两方面探讨联合国年鉴的翻译方法。刘晨《〈2014年中国商务年鉴〉（节选）汉英翻译实践报告》（西南交通大学硕士论文）指出，《中国商务年鉴》英译对于促进信息交流，了解中国商务发展概况，制定相关决策具有重要意义。在目的论指导下，选取了《中国商务年鉴（2014）》“专文”“地方商务”和“国别（地区）经贸”专栏中的十篇报告作为翻译实践的素材，从词汇和句法层面对其英译具体分析，探讨相应翻译方法。王斌《〈海南年鉴2015〉（大事记）翻译报告》（海南大学硕士论文）认为，年鉴属于信息型文本，译文需在忠实原文的基础上适应目标读者的阅读习惯，满足读者获取信息的目的。翻译项目的原文本选自《海南年鉴（2015）》大事记部分，详细介绍2014年海南所发生的大事和取得的辉煌成就。

通过年鉴可以了解国内外发生的重大事件和时事动态，查找政策法规、人物生平、书刊论文等统计资料，获取行业、学科发展中最为详实准确的数据信息。综观2017年的研究成果，学者对年鉴的研究经历从“探索认知”到“广泛深入”和“细化研究”的阶段，并在年鉴编纂注意事项、存在的问题、质量提高、创新等方面取得一定数量的研究成果。有更多的专家学者积极参与中国特色年鉴学的讨论研究与构建。然而年鉴理论研究的现状不容乐观，主要表现为：高质量的文章数量较少；年鉴学研究的内容依然有局限性；高校科研单位与各省市方志办的学术交流较少。由此看来，年鉴学学科建设之路任重而道远。

“浩渺行无极，扬帆但信风。”我国自古就有“盛世修志”的传统，年鉴在我国的兴起，是时代的召唤，是改革开放的产物，是社会需求的必然。年鉴研究是年鉴学科体系建设的基础，学者应研究借鉴外国优秀年鉴的编纂与应用做法，将中国特色年鉴打造成为具有世界水准的文化作品，积极推进中国从世界年鉴大国向世界年鉴强国迈进。

· 方志论文索引

一　方志理论

王　翠　“不越境而书”考析　《中国地方志》2017年第3期

韩章训　论方志观念的嬗变　《中国地方志》2017年第7期

王　柳　泛阅读时代地方志图志体发展探析　《中国地方志》2017年第9期

温益群　方志文化特点及功能之我见　《中国地方志》2017年第11期

江万丰　高新伟　方志文化研究的兴起与意义　《中国地方志》2017年第12期

冀祥德　宋丽亚　论方志文化自信　《中国年鉴研究》2017年第1期

沈永清　方志美学探论　《史志学刊》2017年第2期

吉　祥　中西方文化语境中“方”与“志”的比较研究　《史志学刊》2017年第5期

邹琳琳　凡例对志书的统制作用　《黑龙江史志》2017年第11期

韩　卓　浅谈公文与志文　《黑龙江史志》2017年第12期

金雄波　志书章节体与条目体的比较研究　《上海地方志》2017年第1期

梁滨久　深入开展方志性质学术研究　《上海地方志》2017年第3期

余　璐　浅议方志传播学的构建　《上海地方志》2017年第3期

陈泽泓　地方志概念诠释观刍议　《上海地方志》2017年第4期

颜小忠　试析地方志转型升级后方志学体系的门类结构及其内容　《上海地方志》2017年第4期

程　洁　地方志：是“志库”“知库”，更是“智库”　《社会科学报》2017年6月8日

洪民荣　破解方志理论研究的难题　《社会科学报》2017年10月12日

洪民荣　地方志：既是“知库”，也应成为“智库”　《解放日报》2017年7月18日

韩　锴　史学理论视阈中的志书标准　《浙江学刊》2017年第2期

王　晖　方志　方向　方法——论方志理论的传承与创新　《广西地方志》2017年第4期

朱克雄　论地方志在“一带一路”中的信史文化作用　《西部发展研究》2017年第2期

刘　星　地方志事业转型升级的思考　《新疆地方志》2017年第2期

苏国萍　中华优秀传统文化发展传承背景下兵团方志文化的继承与弘扬　《新疆地方志》2017年第3期

罗　志　论方志学科建设中的若干关系　《新疆地方志》2017年第4期

段　红　中国地方志的起源和特征及史料价值之我见　《办公室业务》2017年第24期

二　方志编纂

陈泽泓　志书篇幅研究析论　《中国地方志》2017年第1期

林　靖　试析志书建置沿革编纂的若干问题——以厦门地方志为中心　《中国地方志》2017年第1期

任根珠　志书表格的数量与篇幅控制　《中国地方志》2017年第2期

王建国　新方志中的勘误　《中国地方志》2017年第5期

颜小忠　浅析街道志编纂应注意的若干问题　《中国地方志》2017年第9期

喻　芳　喻同汉　邹文瑾　医院院志历史档案编纂整理浅析　《中国继续医学教育》2017年第6期

张　军　关于地方志资料年报质量控制的几点体会——以Z省交通运输厅地方志工作为例　《办公室业务》2017年第4期

陈平军　行业志编修的几个误区及解决路径　《史志学刊》2017年第3期

杨　颖　关于开展志书评审的几点思考　《史志学刊》2017年第3期

翁红霞　关于志稿审读的实践与思考——以镇江市辖市（区）为例　《史志学刊》2017年第5期

俞富江　关于第二轮志书索引编制问题的思考　《黑龙江史志》2017年第2期

张作红　浅谈县志入传人物的标准与撰写特点　《黑龙江史志》2017年第2期

满时新　志书图片的放置原则　《黑龙江史志》2017年第2期

俞富江　县级第二轮志书编修现状及对策　《黑龙江史志》2017年第3期

史天社　精品志书与精品方志　《黑龙江史志》2017 年第 3 期
詹跃华　第二轮志书记述自然灾害和防灾救灾浅见　《黑龙江史志》2017 年第 4 期
江时宜　试论地方志编纂的辩证法　《黑龙江史志》2017 年第 5 期
俞富江　期第二轮志书编辑应具备的印刷知识　《黑龙江史志》2017 年第 5 期
詹跃华　第二轮志书应重视记述对外经济贸易　《黑龙江史志》2017 年第 6 期
俞富江　对第二轮志书专记的几点思考　《黑龙江史志》2017 年第 7 期
张福平　方志撰写：如何把确凿的史实表述得更准确——从所阅的两轮志书之“表述失实句”谈起　《黑龙江史志》2017 年第 8 期
俞富江　第二轮志书编纂质量监控方略　《黑龙江史志》2017 年第 8 期
张作红　搜集编写部门资料的几点体会　《黑龙江史志》2017 年第 8 期
詹跃华　第二轮志书应重视农民工的记述　《黑龙江史志》2017 年第 10 期
于丽娟　方志应注重谱牒文化的记述与传承　《黑龙江史志》2017 年第 10 期
陈　怡　树立志书精品意识 提高志书文化价值　《黑龙江史志》2017 年第 11 期
贾宏斌　地方志书应谨防“一子落错，满盘皆输”——浅析如何在地方志书编校过程中避免政治性差错　《黑龙江史志》2017 年第 11 期
韩明武　试谈篇目设置中如何做到科学分类　《黑龙江史志》2017 年第 12 期
王雨亭　克服编年体问题初探　《黑龙江史志》2017 年第 12 期
梁　辰　对续修市县志内容创新的思考　《黑龙江史志》2017 年第 12 期
朱永平　把村志打造成村民的“传家宝”工程——江苏省张家港市较大规模推进村志编纂的调查　《黑龙江史志》2017 年第 12 期
刘立坤　档案馆利用档案编修史志点滴谈　《黑龙江档案》2017 年第 1 期
苏　毅　冯　鹏　谢利娟　地方志总纂中内容的精编——基于二轮《陕西省科技志》的实践研究　《黑河学刊》2017 年第 2 期
林立光　刍议设区市区志篇目框架设计——兼谈《蕉城区志》的篇目框架　《福建史志》2017 年第 2 期
朱传成　地方志记述民俗文化刍议　《齐鲁师范学院学报》2017 年第 6 期
肖志方　档案编研人员参与编史修志的思考和实践　《菏泽学院学报》2017 年第 6 期
吴　静　地方志“政区”部类二轮编纂中存在的问题及修改建议　《出版科学》2017 年第 1 期
张凤雨　地方志门类综述的设置与编写探讨　《广西地方志》2017 年第 2 期
胡　俭　黄文雷　关于如何做好乡镇街道村志编修的一些思考——以上海市编修情况调查分析为例　《上海地方志》2017 年第 2 期
何成钢　地方志语体略论　《上海地方志》2017 年第 3 期
王广才　二轮志书编纂应注意的若干具体问题　《上海地方志》2017 年第 3 期
葛　凤　浅议第二轮志书中服务业的编写　《上海地方志》2017 年第 3 期
任根珠　新方志分志首编内容的设置与创新　《上海地方志》2017 年第 3 期
马亦男　浅谈城市区志中文化篇的撰写　《上海地方志》2017 年第 4 期
王雅戈　衡中青　李炜超　程拯华　郝建华　地方志索引的编制标准和质量管理——写在国家标准《地方志索引编制规则》完成之际　《上海高校图书情报工作研究》2017 年第 4 期
臧秀娟　第二轮市志文化卷编纂的思考——兼论《艺文志》的编纂　《江苏地方志》2017 年第 2 期
张玉良　姚家宁　省林业志史实记述的探讨与实践　《安徽林业科技》2017 年第 2 期
李升宝　祖训家规应列入志书记述　《福建史志》2017 年第 2 期
曾嫦珊　二轮志书资料运用探微　《福建史志》2017 年第 4 期
蔡丽华　开发省志在线编纂软件的设想与实践　《福建史志》2017 年第 1 期
何新春　陈　菁　方志纂修有计划与无计划相交织之略考——以抚州市辖九县二区为例　《东华理工大学学报（社会科学版）》2017 年第 4 期
王广才　河北省二轮市县修志改革创新研究　《广西地方志》2017 年第 1 期
陈希周　徐　艳　也谈照片入志问题　《广西地方志》2017 年第 1 期
张凤雨　市县志人物名表编写浅见　《广西地方志》2017 年第 1 期
张凤雨　市县志风俗篇编纂存在的问题及改正办法　《广西地方志》2017 年第 3 期
蓝日基　认真做好志稿的总纂　《广西地方志》2017 年第 3 期
詹跃华　第二轮志书农业门类编纂管见　《广西地方志》2017 年第 3 期
钟来全　谢锦玲　溯源法是编写地方志挖掘资料的基本方法——以编修《贺州市志》为例　《广西地方志》2017 年第 4 期
唐　凌　注重“乡村名片”在修志中的运用　《广西地方志》2017 年第 4 期

钱玉洲　第二轮市县志军事部类编纂问题新探　《广西地方志》2017 年第 4 期

张凤雨　市县志内容重复现象探讨　《广西地方志》2017 年第 4 期

张凤雨　关于第二轮市县志艺文篇的探索与实践撰写的思考　《广西地方志》2017 年第 5 期

任丽英　浅析如何记述志书中的"社会内容"　《广西地方志》2017 年第 5 期

刘善泳　浅析社会调查法在地方志事业运用的重要性　《广西地方志》2017 年第 5 期

田　亮　省级志书框架设计刍议——基于一、二轮广东省志编修的思考　《广西地方志》2017 年第 6 期

李春社　概述文本写作之我见　《广西地方志》2017 年第 6 期

田晓华　试析地方文献的开发与利用　《贵图学苑》2017 年第 3 期

申国华　浅谈村级志书的编纂　《遵义日报》2017 年 8 月 8 日

汤　淏　王永超　孙　琳　严文强　科技年鉴在地方科技志编修中的作用与思考　《甘肃科技》2017 年第 21 期

周　玮　牛艳华　史志类专著编修体系研究与实践　《陕西档案》2017 年第 4 期

孔润年　方志与方言　《宝鸡日报》2017 年 7 月 3 日

俞富江　第二轮志书编纂中的续、补、精、创　《新疆地方志》2017 年第 1 期

金雄波　第二轮志书全面系统记述信息化建设与应用之探索　《新疆地方志》2017 年第 1 期

王新玲　关于村志编写的几点思考　《新疆地方志》2017 年第 2 期

俞富江　浅谈照片、表格在第二轮志书中的应用　《新疆地方志》2017 年第 2 期

张佃鲁　浅议编纂精品佳志的几个要点　《新疆地方志》2017 年第 2 期

俞富江　浅谈突出第二轮志书的地域特色　《新疆地方志》2017 年第 3 期

朱太洋　尉亚春　浅谈志书的篇目创新及特色　《新疆地方志》2017 年第 6 期

何明来　浅析村志的编写　《档案天地》2017 年第 8 期

钟万梅　浅议机构志的编纂　《兰台世界》2017 年第 3 期

王秋艳　档案在编史修志中的作用探讨　《城建档案》2017 年第 3 期

唐小磊　煤炭志书编辑出版过程中常见细节问题探讨　《科技传播》2017 年第 18 期

三　方志管理与实践

潘捷军　章其祥　周祝伟　张　勤　徐　鹏　全国地方志事业转型升级评价体系的探索与实践——基于浙江"方志工作强省"评价指标体系的研究　《中国地方志》2017 年第 4 期

陈家传　浅谈地方志工作转型升级的优势　《中国地方志》2017 年第 7 期

曹　斌　福建省地方志兼职队伍的现状及思考　《中国地方志》2017 年第 8 期

张　勤　记忆视角下的史志研究及其实践意义　《中国地方志》2017 年第 8 期

廖运建　陈　忠　新常态下地方志转型升级实践探索　《中国地方志》2017 年第 8 期《新疆地方志》2017 年第 3 期

冀祥德　以习近平新时代中国特色社会主义思想为指导 全面推进地方志事业转型升级　《中国地方志》2017 年第 12 期

张　勇　干部教育培训应充分利用地方志资源　《学习时报》2017 年 8 月 18 日

李　静　王　源　地方志事业发展的思考——以北京市朝阳区地方志工作为例　《史志学刊》2017 年第 3 期

管仁富　论史志工作领域的供给侧结构性改革　《史志学刊》2017 年第 6 期

徐补生　为方志事业加把劲　《山西日报》2017 年 5 月 29 日

弓晓敏　在经济发展新常态下开展好编史修志工作　《经济师》2017 年第 4 期

游桃琴　试论地方志工作法治化进程　《黑龙江史志》2017 年第 7 期

张　旭　大数据、云计算背景下的依法治志新内含　《黑龙江史志》2017 年第 8 期

李宗柯　地方志与地方文化旅游资源开发利用的实践与思考——以常德市为例　《黑龙江史志》2017 年第 9 期

高　岩　白　银　从加强合作谈地方志工作创新发展　《黑龙江史志》2017 年第 10 期

游桃琴　大数据思维方式下地方志工作的开拓与创新　《黑龙江史志》2017 年第 12 期

郭思宝　对黑龙江垦区史志事业发展的思考　《农场经济管理》2017 年第 6 期

朱　玺　谈修志人的视角问题　《上海地方志》2017 年第 1 期

张　晨　方志治理体系与方志治理能力现代化——以基层史志机构方志理论研究工作为视角　《上海地方志》2017 年第 2 期

夏　飞　修好当代地方史 推动地方志工作再上新台阶　《上海地方志》2017 年第 3 期

李嘉路　"修志"亦修心　《成才与就业》2017 年增刊 2 期

王依群　志书不应该躺在图书馆里"睡大觉"　《解放日报》2017 年 8 月 8 日

邬才生　地方志事业可持续发展的思考和探索　《江苏地方志》2017 年第 1 期

李连秀　强化依法治志 推进地方省志编修转型升级——以全国部分省两轮省志编修实践为例　《福建史志》2017 年第 6 期

魏沛娜 为蚝修志，以蚝观史 《深圳商报》2017 年 7 月 11 日

陈平军 浅谈地方志工作的转型 《广西地方志》2017 年第 5 期

黄 铮 纪念民族英雄 倡议编纂《刘永福志》——兼谈人物专志是现代方志的必要补充形式 《广西地方志》2017 年第 5 期

王德宾 行政法视野下的地方志事业法治化 《广西地方志》2017 年第 6 期

陈平军 由模糊逐步走向清晰——地方志立法浅识 《广西地方志》2017 年第 6 期

孙众超 试论新时期方志人的角色定位 《广西地方志》2017 年第 6 期

杨开明 浅谈新时代依法治志 《云南经济日报》2017 年 8 月 6 日

张 权 弘扬优秀文化传统 推动地方志事业发展 《新疆地方志》2017 年第 3 期

尉亚春 朱太洋 乌鲁木齐市地方志工作现状及问题、对策 《新疆地方志》2017 年第 3 期

周 霞 围绕新疆工作总目标 实现《新疆地方志》事业转型升级——关于《新疆地方志》事业转型升级的思考 《新疆地方志》2017 年第 4 期

张 军 牢固树立地方志文化自信的思考 《新疆地方志》2017 年第 4 期

四 方志史与方志史学

丁国瑞 明代军事志的发展特点和价值研究 《中国地方志》2017 年第 2 期

韩 锴 论荀悦史观对当今修志问道实践的启迪意义 《中国地方志》2017 年第 3 期

刘大胜 钱基博方志修撰的学术来源、贡献及不足 《中国地方志》2017 年第 3 期

刘 耀 朱睦㮮与明代河南地方志编修 《中国地方志》2017 年第 4 期

孔祥龙 章学诚方志“前志列传”思想对新旧志书编者署名的启示 《中国地方志》 2017 年第 4 期

王丽歌 转型期的方志书写——民国河南方志编纂特点与成就分析 《中国地方志》2017 年第 5 期

杨文华 从《四川新地志》看地方志的近代转型 《中国地方志》2017 年第 6 期

薛艳伟 论章学诚的方志学说在晚清之回响 《中国地方志》2017 年第 7 期

曾 荣 论近代方志学的渊源与转变 《中国地方志》2017 年第 10 期

赵鹏团 略论戴震方志“地理专门”说的学术渊源及历史成因 《中国地方志》 2017 年第 10 期

李 论 巴兆祥 公众史学视野下的区域方志史探索——读汪毅《方志四川》有感 《中国地方志》2017 年第 10 期

王 通 白丽萍 历代安次地区方志述论 《中国地方志》2017 年第 12 期

陈日华 近代早期英格兰的“乡绅修志”现象 《世界历史》2017 年第 4 期

曾 荣 建国初期毛泽东关于方志文化的探索与实践 《毛泽东思想研究》2017 年第 2 期

张维阳 孟繁华 大东北的地方志和心灵史 《文艺报》2017 年 11 月 1 日

韩章训 谈清代修志作风和经验教训 《史志学刊》2017 年第 2 期

崔助林 杨笃的修志实践和理论 《史志学刊》2017 年第 2 期

樊春楼 弘扬“工匠精神”探究《文心雕龙》确保所修志书出特色上水平 《黑龙江史志》2017 年第 4 期

关 切 传承优秀传统文化 延续五千年的辉煌 《黑龙江史志》2017 年第 12 期

郭达祥 论邬庆时的方志思想 《上海地方志》2017 年第 1 期 《广西地方志》2017 年第 3 期

曾 荣 新视角、新思路与新趋势：近代方志转型视域下的方志学研究述论 《上海地方志》2017 年第 2 期

张 军 明代方志文化与滁州地方志编纂 《上海地方志》2017 年第 2 期

张晓彭 张澍方志学理论及实践述论 《上海地方志》2017 年第 2 期

韩章训 论修志史上的四次高潮和两次变革 《上海地方志》2017 年第 3 期

梅 森 章学诚《文史通义》及其修志境遇之杂谈 《上海地方志》2017 年第 3 期

范洪涛 关于构建中国方志学史学科体系若干问题的探讨 《上海地方志》2017 年第 4 期

曾 荣 近代方志转型研究的当务之急 《社会科学报》2017 年 4 月 6 日

王昱淇 王棻修志思想探究 《台州学院学报》2017 年第 2 期

邢培顺 论地志产生的原因 《巢湖学院学报》2017 年第 4 期

韩章训 郑樵《通志》义例对修志影响 《福建史志》2017 年第 3 期

许莹莹 明代福建儒学师生与地方志编纂 《福建史志》2017 年第 4 期

刘根发 明末清初方志家李世熊 《福建史志》2017 年第 5 期

韩章训 论宋元福建方志理论要点 《福建史志》2017 年第 5 期

张宁宁 论黄仲昭方志学与文学思想的融通 《莆田学院学报》2017 年第 6 期

赵晓强 20 世纪 60 年代贵州省图书馆复制刻印地方志书事略 《河南科技学院学报》2017 年第 5 期

卢兴国 修志世家邹平成氏家族 《寻根》2017 年第 3 期

王冰青　观念与体例：新史学思想与民国地方志纂修　《开封教育学院学报》　2017 年第 6 期

韩章训　论民国修志界对进化史观和唯物史观的运用　《广西地方志》2017 年第 6 期

陈郑云　于成龙的方志学思想探析　《广西地方志》2017 年第 6 期

张立新　志乃史体——论章学诚的方志学理论　《安顺学院学报》2017 年第 6 期

孟凡松　张镁方志思想略谈　《兴义民族师范学院学报》2017 年第 6 期

王小岩　从《寿宁待志》看冯梦龙的史学思想　《玉溪师范学院学报》2017 年第 6 期

刘增强　近代化进程中云南地理志舆图演变　《咸阳师范学院学报》2017 年

杨虎平　浅谈关学思想与地方志传承　《宝鸡日报》2017 年 9 月 25 日

曾　荣　论民国修志与图书馆事业的相互影响　《图书馆理论与实践》2017 年第 11 期

韩章训　论民国修志的创新成就和主要弊端　《新疆地方志》2017 年第 1 期

五　志书（稿）研究与评论

巴兆祥　续修市志的经典之作——《苏州市志（1986—2005）》读后　《中国地方志》　2017 年第 4 期

诸葛计　在探索与创新中打造的优质志书——评《杭州市志（1986—2005）》　《中国地方志》2017 年第 4 期

王培垠　谈《肥东县志（1986—2005）·人物》编纂的感悟　《中国地方志》2017 年第 4 期

郭凤岐　评《杭州市志（1986——2005）》　《中国地方志》2017 年第 6 期

徐志民　修志存史　铭记抗战——《中国抗日战争志》编纂工作概述　《中国地方志》2017 年第 10 期

林金水　廿年磨一剑　存史以资政读《福建省志·宗教志》　《中国宗教》2017 年第 5 期

张小飞　以现代学术视野编纂地方志新探索——评《德清文丛》的文献价值　《中国图书评论》2017 年第 9 期

《中国长城志》编纂始末　《中国长城博物馆》2017 年第 1 期

许嘉璐　盛世修志　为后世鉴　《中国长城志》序　《中国长城博物馆》2017 年第 1 期

吴晓煜　五部省级《煤炭地质局志》读后感　《中煤地质报》2017 年 7 月 31 日

郭东凡　结合续修《哈尔滨市志·中共地方组织》谈谈志书篇目的总体设计　《黑龙江史志》2017 年第 5 期

柳成栋　辽海松滨相忆久 碧空千里展华笺——代序邵长兴先生《志域求索》　《黑龙江史志》2017 年第 9 期

梁滨久　读《武庄 8 号楼群自管志》有感　《黑龙江史志》2017 年第 10 期

郭思宝　浅谈如何写好以事系人——以《黑龙江省志·农垦志（1986～2005）》为例　《黑龙江史志》2017 年第 12 期

沈秋农　严谨规范方出良志——读《沙家浜景区志》有感　《江苏地方志》2017 年第 4 期

诸葛计　对新方志中“民俗”篇的一点议论——兼及 2013 年版《萧山市志》等　《江苏地方志》2017 年第 5 期

李秉源　在创新中打造精品佳志——谈《石狮市志（1998—2010）》的编纂　《福建史志》2017 年第 3 期

孙众超　浅谈条目体在省志分志中的运用——以《福建省志·文化艺术志》为例　《福建史志》2017 年第 5 期

窦俊伟　屈建春　张　静　浅谈水利志编纂方法及需要注意的问题——以《山东省志·水利志》防汛抗旱篇为例　《山东档案》2017 年第 4 期

郑晓娟　林晓霞　陈丽敏　论新常态下地方志编纂的辩证法——以《广东省志·科学技术卷》为例　《广东科技》2017 年第 6 期

沈永清　一部翔实记载 15 年区情的第二轮城市区志——《柳州市柳北区志（1991－2005）》述评　《广西地方志》2017 年第 1 期

韦相伍　关于地方志书精神文明建设篇目设置和内容记述的思考——以《德庆县志（1979－2000）》和《怀集县志（1979－2000）》为例　《广西地方志》2017 年第 2 期

马国栋　谈谈《崇庆县志》增订本成功的经验　《广西地方志》2017 年第 3 期

沈永清　一部对志书编纂具有参考价值的方志论文集——解读《陈曼平史志文丛·漫漫集（第二卷）·地方志研究》　《广西地方志》2017 年第 6 期

缪　静　“志”存高远写春秋　《自贡日报》2017 年 9 月 17 日

努　木　谈编译出版《西藏七大艺术集成志书》藏文版的必要性　《西藏艺术研究》2017 年第 2 期

瞿政平　寒耕暑耘 硕果流芳——《铜仁地区通志》编纂历程　《知行铜仁》2017 年第 1 期

谢利娟　苏　毅　刘　薇　颜　玲　《陕西省志·科学技术志》中图表体裁的规范应用　《甘肃科技》2017 年第 11 期

陈平军　浅谈第二轮县志编纂坚守选材标准的必要性——以《丹凤县志（1991—2010）》终审稿为例　《新疆地方志》2017 年第 4 期

金雄波　试谈提升地方志编辑素质之途径——以《萧山市志》为例　《新疆地方志》　2017 年第 2 期

刘德元　一部又快又好的志书——《若羌县志（1986—2015）》述评　《新疆地方志》　2017 年第 4 期

为当代修良志 为后世留信史——各界专家学者评说新编《陕西省志·文物志》　《文博》2017 年第 1 期

袁仲由　史志编纂中的一朵奇葩——写在《湖北省志·民族

卷》出版之际　《民族大家庭》2017 年第 1 期

金雄波　试谈提升地方志编辑素质之途径——以《萧山市志》为例　《新疆地方志》　2017 年第 2 期

秉笔著春秋——《黑龙江省志·电信志（1986—2005）》编纂工作纪实　《黑龙江省志·电信志》编辑部《通信管理与技术》2017 年第 6 期

肖苏利　嘉禾县：首部村志《山田村志》出版　廖莉华《档案时空》2017 年第 8 期

席小鸿　《甘肃法院志》编修记　《人民司法（天平）》2017 年第 9 期

于泽翔　刘　英　资政 育人 存史 启新——写在《北方稀土志》出版发行之际　《稀土信息》2017 年第 9 期

六　旧志整理与研究

张传勇　宋淑兵　《永乐大典》本“邹平县志”小识　《中国地方志》2017 年第 5 期

莫艳梅　《诸蕃志》：中西文化交流与海上丝绸之路的志书《中国地方志》2017 年第 5 期

党　斌　韩国现存中国地方志及其特征　《中国地方志》2017 年第 6 期

李明奎　在常见和稀见之间：中国方志中的环境史史料探析《中国地方志》2017 年第 8 期

王　强　王汐牟　《闽大记》编纂特点与性质研究　《中国地方志》2017 年第 11 期

李　莉　清代通志序跋研究　《中国地方志》2017 年第 11 期

张　军　康熙《杏花村志》对名村志编纂的借鉴　《中国地方志》2017 年第 11 期

严奇岩　贵州历代方志收集、整理的现状、回顾与展望——评《贵州历代方志集成》　《中国地方志》2017 年第 11 期

南江涛　中国旧志整理与出版概况　《中国地方志》2017 年第 12 期

张　灵　略论如何继承旧方志的地理记述——以福州市新旧方志为例　《中国地方志》2017 年第 12 期

秦和平　评赵心愚《清代西藏方志研究》　《民族研究》2017 年第 2 期

马天祥　清代西藏方志整理现状与走向　《中国图书评论》2017 年第 8 期

郑秀君　许素鹏　《深州风土记》及其纂修者吴汝纶　《档案天地》2017 年第 11 期

刘月霞　关于明嘉靖《河间府志》的几点说明　《沧州师范学院学报》2017 年第 3 期

范　猛　王志沂与《陕西志辑要》　《史志学刊》2017 年第 2 期

常利兵　《晋水志》：乡绅刘大鹏和他的方志世界　《文史月刊》2017 年第 12 期

彭　勇　崔继来　《四镇三关志》概说　《晋阳学刊》2017 年第 6 期

安大伟　明末东北方志文献《辽东名胜志》考述　《辽宁工业大学学报（社会科学版）》2017 年第 4 期

李　申　《吉林通志》的历史贡献　《兰台内外》2017 年第 1 期

张蕾蕾　刘兴亮　新见云南旧方志未刊稿本两种述略　《兰台世界》2017 年第 5 期

涂庆红　巴蜀方志整理与研究综述　《兰台世界》2017 年第 23 期

沈永清　秦锡田与民国县志编纂——民国《上海县续志》《南汇县续志》《上海县志》探究　《黑龙江史志》2017 年第 8 期

朱正青　《（道光）徽州府志》初探　《齐齐哈尔大学学报（哲学社会科学版）》2017 年第 9 期

马　前　《长乐县志》中的史料价值　《黑龙江工业学院学报（综合版）》2017 年第 11 期

朱向红　乾隆时期的《庄浪县志》研究　《北方文学（下旬）》2017 年第 7 期

龙　麟　清代普洱方志考述　《上海地方志》2017 年第 1 期

何沛东　基于方志资料的清代内外洋划分方法的考证　《历史地理》2017 年辑刊

钱建中　江苏元代前佚志辑佚与研究综述　《江苏地方志》2017 年第 5 期

李丽芳　浅谈同地旧志责任者项、版本项及出版发行项的著录　《新世纪图书馆》2017 年第 3 期

宋金芹　普陀山志整理、研究与编撰之管见　《浙江海洋大学学报（人文科学版）》2017 年第 4 期

徐　超　嘉靖《海宁县志》舆图初探——兼谈方志舆图的版本与校勘　《杭州师范大学学报（社会科学版）》2017 年第 4 期

郑益兵　论光绪《滁州志》的史料价值　《滁州学院学报》2017 年第 6 期

岳　冰　吕景蒙《嘉靖颍州志》的特色及价值　《阜阳师范学院学报（社会科学版）》2017 年第 5 期

刘　颖　僧人修纂的《福清县志续略》　《福建史志》2017 年第 1 期

周修东　《粤海关志》修纂者及重纂本《叙例》新考——方东树《〈粤海关志〉叙例》及两篇代作《〈粤海关志〉序》解读　《海交史研究》2017 年第 2 期

刘国宣　（乾隆）《历城县志》纂修初考　《山东图书馆学刊》2017 年第 2 期

姚文昌　《中国地方志总目提要》辨正　《山东图书馆学刊》2017 年第 5 期

李沈阳　民国《续修惠民县志》的修纂与评价　《滨州学院学报》2017 年第 3 期

伍光辉　中国古代小说研究与方志文献　《华中学术》2017 年第 3 期

严忠良　湖北旧志目录述要　《荆楚学刊》2017 年第 5 期

夏增民　任桐《沙湖志》之“沙湖”指谬　《武汉文史资料》2017 年第 6 期

张全晓　元代武当山志考略　《汉江师范学院学报》2017 年

第 2 期

陈积慧　《海南地方志丛刊》中的几处点校问题　谢国先　《长江师范学院学报》2017 年第 5 期

刘显钊　钦廉地区旧志整理随想　《公共图书馆》2017 年第 3 期

孙文杰　宁　燕　古籍整理新成果　方志研究新典范——《新疆图志》整理本评介　《出版广角》2017 年第 20 期

刘恒秀　两本湖北曲艺志书的比较研究　《歌海》2017 年第 2 期

李克和　论《佛山忠义乡志》的文化特色　《佛山科学技术学院学报（社会科学版）》2017 年第 4 期

张全晓　清代武当山志著录疏误补正　《宗教学研究》2017 年第 3 期

陈　坤　明代四川提学官参与《四川总志》修纂考论　《攀枝花学院学报》2017 年第 1 期

苗怀明　说唱艺术志书类文献研究述略　《民族艺术研究》2017 年第 3 期

曹　雪　古代地方志中存在的问题——以云南地方志为典型　《昭通学院学报》2017 年第 2 期

杨彦红　地方志与社会史研究——以《民国平凉县志》为例　《陇东学院学报》2017 年第 4 期

邓　明　兰州地方文献述略　《甘肃广播电视大学学报》2017 年第 6 期

王文远　清末民初川西北地区 9 种屯志述略　《攀登》2017 年第 4 期

段琼慧　康海《武功县志》与韩邦靖《朝邑县志》比较　《新疆地方志》2017 年第 1 期

马雪兵　曹　宇　《新疆志略》文献初探　《伊犁师范学院学报（社会科学版）》2017 年第 4 期

七　方志与地方史研究

杨园章　明代府志对当地卫所武官群体的记载及其体例设置　《中国地方志》2017 年第 6 期

王忠敬　南宋地方志与风俗观的变迁——以南宋地方志《风俗门》为中心的考察　《中国地方志》2017 年第 8 期

徐　鹏　侈风中的“清流”——论明清浙江地方志中的妇女消费生活　《中国地方志》2017 年第 9 期

李晓溪　寺庙权力中心的转移与佛教方志的文本建构——以清代《黄梅老寺中山志》为中心　《中国地方志》2017 年第 9 期

朱绍祖　河南旧志商人传记略析　《中国地方志》2017 年第 9 期

刘　阳　明代中朝官修地理志书中的鸭绿江、图们江地理认识　《史学史研究》2017 年第 3 期

周　毅　从康熙六十年《安庆府志·列女传》看地方志女性历史书写的模式化　《史学史研究》2017 年第 3 期

吴铮强　明代方志复原宋元地方祠庙体系可能性探讨——以《弘治温州府志》祠庙记录为例　《唐宋历史评论》2017 年辑刊

彭　志　清代方志文庙舞佾图考论　《北京舞蹈学院学报》2017 年第 6 期

阮　岷　礼成乐备，人和神悦——清代地方志中祭孔舞谱辨析　《北京舞蹈学院学报》2017 年第 6 期

袁　茵　河北方志所见民间演剧史料考论　《戏曲艺术》2017 年第 4 期

王忠敬　南宋地方志与地方官的祠祀活动——以《祠庙门》为中心的考察　《宋史研究论丛》2017 年辑刊

任　柳　陈婷婷　明清与民国时期贵州方志中民俗书写变化研究　《河北北方学院学报（社会科学版）》2017 年第 6 期

黄亚明　从族谱和志书考证岳西桑皮纸的源流　《大众文艺》2017 年 16 期

崔　凤　刘晓艳　从贵州方志墓志看明至民国时期妇女的社会地位　《名作欣赏》2017 年第 36 期

北京：地名志 地名词典编纂方法科学高效　《中国地名》2017 年第 6 期

王美翔　清代及民国晋中地区方志所载丧葬演出习俗考论　《兰台世界》2017 年第 12 期

郑明月　清代守节妇女的劳动生活：以地方志为中心　《兰台世界》2017 年第 23 期

于富业　地方志档案促进“家庭家教家风”建设的对策——以《民国义县志（三）》中孝悌资料为例　《兰台世界》2017 年增刊 2 期

王小芳　古代运城人民生活的一面镜子——论运城方志中的民生文学　《运城学院学报》2017 年第 5 期

赵艳霞　“所殃惟民”与“端在司牧”——明清山西地方志中的祥异观　《长治学院学报》2017 年第 3 期

张　捷　泰兴桐竹园若干史料及与三凤堂世系关系——基于方志、家族史料和口述史料的三重证据分析　《江苏地方志》2017 年第 3 期

李　蓝　何　玲　邓亚文　《中国方志所录方言汇编》试析　《常熟理工学院学报》2017 年第 6 期

侯　倩　山水方志的宋诗辑佚价值——以《中华山水志丛刊》为中心　《嘉兴学院学报》2017 年第 5 期

高国金　邓秀丽　农书与方志所见泰山农业文化　《山东农业大学学报（社会科学版）》2017 年第 3 期

吴海蓉　《中国方志所录方言汇编》方言词考释　《贺州学院学报》2017 第 3 期

王鲁民　李　帅　以地方志为基础的中国传统建筑分类探讨　《建筑师》2017 年第 2 期

林立强　吴巍巍　从福建地方志看“海丝”的中外交往及启示　《福建史志》2017 年第 5 期

孙泽仙　台湾方志中海洋文化类方言词汇及其词义的隐喻引申　《闽台文化研究》2017 年第 2 期

江许婷　武夷山区明清地方志所见的茶与生活　《农业考古》2017 年第 5 期

王建华　基于程序的清代地方救灾结构分析——以晋东南地方志为中心的考察　《齐鲁学刊》2017年第5期

熊帝兵　刘亚中　从地方志看乾隆年间亳州水灾及其应对　《华北水利水电大学学报（社会科学版）》2017年第5期

任梦池　刘慧敏　清代商州方志中李白商州诗探析　《商洛学院学报》2017年第5期

周广骞　临清城垣"三修"及与漕运关系略考——基于对清代临清方志文献的研究　《殷都学刊》2017年第4期

童　琴　从地方志看鄂州岁时民俗词语变化　《湖北第二师范学院学报》2017年第11期

代梦茜　丰都风俗探析——以地方志为中心　《中国高新区》2017年第14期

刘正刚　徐玉玲　明清韩江中上游蛋民探析——以兴宁旧志为中心　《韩山师范学院学报》2017年第4期

杜云南　明清肇庆府方志建构的贞女形象　《肇庆学院学报》2017年第4期

贾　益　元明清云南方志中"百夷"等称谓的流变　《西南民族大学学报（人文社科版）》2017年第9期

李　昇　论巴渝方志民俗文献的内容及研究价值　《重庆文理学院学报（社会科学版）》2017年第3期

马国君　我国粮食作物地域性差异的生态价值探微——以清代方志"谷之属"所涉农作物为例　《贵州社会科学》2017年第6期

贾　益　从"种人"纪述到"人种"之分——元至清地方志中的滇西民族分类　《云南社会科学》2017年第6期

单　丽　从方志看中国霍乱大流行的次数——兼谈霍乱首次大流行的近代意义　《中国历史地理论丛》2017年第1期

尹　雁　试论元代佛教寺院的地域分布——基于元、明《一统志》和地方志的考察　《中国历史地理论丛》2017年第4期

孙启忠　柳　茜　李　峰　陶　雅　明清时期方志中的苜蓿考　《草业学报》2017年第9期

孙启忠　柳　茜　陶　雅　徐丽君　民国时期方志中的苜蓿考　《草业学报》2017年第10期

赵　毅　清代宁夏地方志与宁夏府城社会　《陇东学院学报》2017年第6期

路其首　明清时期张掖关公信仰研究——以地方志为中心的考察　《河西学院学报》2017年第4期

张　磊　明清河西地方志中的"仙释"及其解读　《青海民族大学学报（社会科学版）》2017年第3期

程建平　重视汲取饶信文化故事中的精神养分　《光华时报》2017年12月12日

八　方志馆研究

包鸿梅　方志馆与图书馆、档案馆馆际交流合作探索　《才智》2017年第22期

姚文文　论方志馆建设的新使命　《黑龙江史志》2017年第11期

周　亚　方志馆研究的多元视角　《上海地方志》2017年第4期

袁大顺　张国萌　孙　铭　梧桐山下，凤凰来栖，运河古埠，多元相容——聊城市图书馆、档案馆和方志馆建筑方案设计　《中外建筑》2017年第8期

游桃琴　关于方志馆的定位与功能的思考——以江西省方志馆为例　《新疆地方志》2017年第4期

九　方志开发利用

管仁富　略论史志工作信息化　《中国地方志》2017年第1期

刘京臣　他者视阈中的数字方志建设——以燕行录中的蓟州为中心　《中国地方志》2017年第5期

开发地方志资源　服务"一带一路"建设中国地方志指导小组办公室青年课题组　《中国地方志》2017年第7期

刘益龄　地方志网站建设的现状、困境及对策——基于全国省级方志网站的分析研究　《中国地方志》2017年第8期

李秋洪　地方志与社会学：传统学术与现代学科的结合　《中国地方志》2017年第9期

刘雪芹　张玉叶　地方志与乡土教育——以上海中小学生乡土教育现状为个案的研究　《中国地方志》2017年第9期

周　维　省级地方志微信公众平台的现状和发展探析　《中国地方志》2017年第10期

李　涛　创新发展军事志编纂成果的开发利用　《军事历史》2017年第2期

蒙　曼　《中国影像方志》：大手笔写大文章　《中国新闻出版广电报》2017年6月21日

杨海峰　中华文化走出去 方志文化勇担当　《中国青年报》2017年10月9日

彭卿云　适当建设地志博物馆行助于博物馆多样化　《中国文物报》2017年11月14日

林忠玉　试论方志文化对地方文化的作用——以《三坊七巷志》重塑和发展福州三坊七巷文化为例　《史志学刊》2017年第5期

丁惠义　影像方志的实践与探索——以《杨王村志》等为例　《上海地方志》2017年第2期

金一超　浅谈网络自媒体环境下地方志文化的普及传播　《上海地方志》2017年第3期

符思念　树立方志文化自信 推进方志文化建设　《上海地方志》2017年第4期

金一超用好自媒体 普及方志文化　《社会科学报》2017年11月9日

曾永志　毛文飞　"VR+方志"的可能路径初探　《福建史

志》2017 年第 4 期

欧长生　从方志微信公众号开发利用看志鉴数字化传播　《福建史志》2017 年第 4 期

俞　杰　弘扬优秀传统文化，服务“一带一路”与闽台交流合作　《福建史志》2017 年第 5 期

薛　培　体育文化视野中地方志利用的重要性　《福建体育科技》2017 年第 4 期

刘起林　《铁血湘西》：“正史”形态的文学地方志　《湖南工业大学学报（社会科学版）》2017 年第 4 期

陈　波　地方志在传承海南优秀传统文化中的积极作用　《海南日报》2017 年 3 月 22 日

余　璐　Web3.0 视角下的地方志信息化平台建设构想　《广西地方志》2017 年第 6 期

赵　峰　试论新媒体时代地方志文化的传播　《广西地方志》2017 年第 3 期

诸葛计　地方志与爱国主义　《广西地方志》2017 年第 4 期

王德华　年谱存风骨 寺志长精神　《云南政协报》2017 年 5 月 31 日

李　娜　包　平　方志类古籍中物产名与别名关系的可视化——基于社会网络分析技术视角　《图书馆论坛》2017 年第 12 期

乔建萍　志书为谁而修　《银川日报》2017 年 8 月 9 日

王　昱　青海地方史志文献是宝贵的历史文化资源　《青海日报》2017 年 2 月 24 日

岳月美　赵　颖　试析如何提升依法治志水平　《新疆地方志》2017 年第 2 期

艾合买提·肉孜　用地方志的历史据证，增强对中华文化的认同　《新疆地方志》2017 年第 2 期

陈　忠　利用《新疆通志·宗教志》为“去极端化”发挥积极作用　《新疆地方志》2017 年第 3 期

赵燕秋　坚持文化自信 承载民族传统文化 提升方志文化自觉　《新疆地方志》2017 年第 3 期

刘　星　弘扬方志文化 增强文化自信 为实现总目标提供历史据证和智力支持　《新疆地方志》2017 年第 4 期

陈　忠　廖运建　“一带一路”视野下“互联网 + 地方志”创新研究　《新疆地方志》2017 年第 4 期

陈　忠　利用《宗教志》价值功能服务新疆社会稳定和长治久安总目标　《新疆社科论坛》2017 年第 5 期

陈李茂　也说方志对地方语言文化研究的史料价值——以广东化州吴川地区为例　《名作欣赏》2017 年第 9 期

毛珏珺　地方志事业与“一带一路”建设　《地方文化研究》2017 年第 6 期

唐长国　洪民荣　陈　畅　《上海地方志》服务“一带一路”建设的路径与方法　《黑龙江史志》2017 年第 10 期

时统宇　《中国影像方志》是一部现代启示录　《文艺报》2017 年 6 月 7 日

梁娥　潘　源　《中国影像方志》的艺术特征和审美研究　《电影评介》2017 年第 11 期

·年鉴论文索引

一　综论

陈　敏　中美地方综合年鉴的语类差异比较研究　《中国年鉴研究》2017 年第 1 期

牟国义　清末预备立宪时期年鉴编纂活动考察　《中国年鉴研究》2017 年第 1 期

莫秀吉　年鉴实用性述论　《中国年鉴研究》2017 年第 2 期

张昊鹏　创意学术年鉴集合出版 开拓学术存史新境界——“中国社会科学年鉴系列”出版综述　《中国年鉴研究》2017 年第 2 期

范锐超　转型升级 创新发展——2016 年年鉴理论研究成果综述　《中国年鉴研究》2017 年第 2 期

冷晓玲　我国年鉴出版历程与发展态势　《中国社会科学报》2017 年 5 月 23 日

姜　坤　第二届北京市年鉴编校质量评比述评　《北京地方志》2017 年第 1 期

刘　新　地方综合年鉴定位与创新思考　《天津史志》2017 年第 3 期

庄倩倩　简述地方综合年鉴的创新性　《天津史志》2017 年第 6 期

刘传仁　转型升级中的年鉴事业发展思考　《史志学刊》2017 年第 6 期

许辰君　浅谈年鉴落实《规划纲要》修志为用原则　《黑龙江史志》2017 年第 2 期

方书生　近代中国年鉴的特征与启示　《上海地方志》2017 年第 4 期

王丹薇　谈年鉴地方特色的体现——以《张家港年鉴》为例　《史鉴》2017 年第 3 期

刘新峰　综合年鉴与地方志资料年报关系实证研究——兼论综合年鉴文献属性的实现路径　《羊城今古》2017 年第 2 期

姚敏杰　关于志书“沉淀说”的商榷——兼及志书、年鉴和史书的区别　《广西地方志》2017 年第 1 期

黄卓生　编纂地方志书和年鉴需商榷的几个问题　《重庆地方志》2017 年第 1 期

刘德元　论年鉴规范、创新与传播　《新疆地方志》2017 年第 2 期

梁滨久　关于志鉴的作品性质与著作权属问题　《今古大观》2017 年第 3 期

刘德元　民歌与年鉴　《巴蜀史志》2017 年第 2 期

二　地方综合年鉴编纂

颜小忠　地方综合年鉴记述年度地情的思考　《中国年鉴研究》2017 年第 2 期

任一丁　高校年鉴框架设计的比较分析　胡少诚　《中国年鉴研究》2017 年第 1 期

谢　华　刘赛宇　浅谈概况条目在湖南科技年鉴中的编撰应用——以产业园区及基地为例　《科技创新导报》2017 年第 26 期

王钦双　关于区级综合年鉴条目设置规范化问题的思考——以《北京东城年鉴》编纂为例　《北京地方志》2017 年第 3 期

王旭英　对年鉴统稿工作的几点认识　《天津史志》2017 年第 4 期

李淑建　浅谈年鉴综合性条目　《天津史志》2017 年第 5 期

课题组　综合年鉴编纂要突出全面性、系统性、地域性和年度性　《天津史志》2017 年第 6 期

马塾琴　年鉴条目撰写认识　《天津史志》2017 年第 6 期

阳晓儒　地方综合年鉴综合情况篇目编写探析——以 8 部地市级综合年鉴为例　《史志学刊》2017 年第 1 期

李　鑫　省级综合年鉴编纂的三重创新方向　《史志学刊》2017 年第 5 期

孙磊石　用为续修志书服务的理念定位铁路年鉴框架设计　《黑龙江史志》　2017 年第 5 期

武晓敏　浅谈年鉴条目内容的编辑　《黑龙江史志》2017 年第 8 期

刘树波　由岳峰　论地方综合年鉴的编纂创新　《黑龙江史志》2017 年第 22 期

孙　超　提高年鉴信息含量的新思路　《哈尔滨史志》2017 年第 1 期

柳云飞　王达云　地方综合年鉴框架创新对策研究　《哈尔滨史志》2017 年第 2 期

张福平　综合年鉴编写：如何储备充足的“鉴能”　《哈尔滨史志》2017 年第 5 期

赵　峰　试论地方综合年鉴事类条目　《上海地方志》2017 年第 1 期

吕鲜林　年鉴资料搜集原理之浅议：资料搜集的先决条件——社谱全息格式化式认知模式建构　《上海地方志》2017 年第 2 期

侯桂芳　区县年鉴凸显地方特色浅议　《上海地方志》2017 年第 2 期

郭大勇　地方年鉴体例的创新　《上海地方志》2017 年第 4 期

余显幕　年鉴编辑的功夫在“编外”　《浙江方志》2017 年第 3 期

陆志荣　创新编纂方法 打造精品年鉴——基于《嘉善年鉴》编纂实践的认识与思考　《浙江方志》2017 年第 5 期

罗　捷　论如何加强县级地区综合年鉴条目设置的规范化　《宁波史志》2017 年第 2 期

张新贵　地方综合年鉴编纂必须坚持以人为本　《江苏地方志》2017 年第 2 期

殷国富　年鉴随文图照选编的实践与思考　《江苏地方志》2017 年第 3 期

王世伟　试论年鉴编校合一的可行性　《江苏地方志》2017 年第 4 期

桑　荟　地方综合年鉴编纂的整体性思维　《江苏地方志》2017 年第 5 期

焦学健　《南通年鉴》框架设计的自我演变与创新研究　《江苏地方志》　2017 年第 6 期

葛玉峰　年鉴的装帧设计——以《扬州年鉴》为例　《苏州工艺美术职业技术学院学报》2017 年第 4 期

陈源发　浅谈如何突出地方综合年鉴的地方特色——以《大田年鉴》编写为例　《福建史志》2017 年第 3 期

杜育和　县级地方综合年鉴框架设计常见问题评析　《江西地方志》2017 年第 3 期

江西省地方志办公室年鉴处　《江西年鉴》编纂工作的得与失　《江西地方志》2017 年第 4 期

吴晓红　《十堰年鉴》的规范创新发展之路　《湖北方志》2017 年第 3 期

王　钢　省级地方综合年鉴框架设计原则的理论思考——《湖北年鉴》框架设计创新实践启示　《湖北方志》2017 年第 3 期

石红英　《山东水利年鉴》栏目编排优化调整思路　《山东水利》2017 年第 3 期

李升宝　浅析年鉴编纂的现状和创新　《广东史志》2017 年第 1 期

阳晓儒　省级综合年鉴编纂比较研究——以 2015 年卷《广东年鉴》《广西年鉴》为例　《广东史志》2017 年第 3 期

朱彩云　地级市综合年鉴的“工业 · 重点企业”篇目编辑要领　《广东史志》2017 年第 4 期

詹跃华　年鉴条目撰写应避免“四化”倾向　《广西地方志》2017 年第 1 期

许家康　关于年鉴附录的考察与思考　叶建维　《广西地方志》2017 年第 2 期

许家康　年鉴大事记脞议　《广西地方志》2017 年第 3 期

詹跃华　论地方综合年鉴条目的立体性　《广西地方志》2017 年第 6 期

陈平军　县级综合年鉴编纂常见错误及矫正举隅——以《紫阳年鉴（2016）》编纂为例　《重庆地方志》2017 年第 2 期

王　伟　就“年鉴所署年份”的一点思考　《贵州史志林》2017 年第 2 期

余朝林　敖　波　浅谈地方综合年鉴图片编辑与设计　《贵州史志林》2017 年第 3 期

刘金恩　浅谈年鉴条目的规范化　《云南史志》2017 年第 2 期

唐建平　谈年鉴体例和编纂思路　《甘肃史志》2017 年第 1 期

马晓春　突出特色设篇目　探索创新出精品——《康乐年鉴》编辑中篇目设置的几点体会　《甘肃史志》2017 年第 2 期

王文生　略述地方综合年鉴条目编写的基本方法　《甘肃史志》2017 年第 4 期

詹跃华　谈地方综合年鉴框架设计　《新疆地方志》2017 年第 3 期

王玉琴 县（区）年鉴编纂中存在的问题及应对措施——以宁夏为例 《新疆地方志》2017年第3期

郭翠凤 综合年鉴编纂工作的关键——以《招远年鉴（2011）》为例 《新疆地方志》2017年第4期

李 庆 郭 慧 反射机制下半智能报表实现年鉴智能排版技术的研究与应用 《电脑迷》2017年第2期

三 专业年鉴编纂

刘 迪 中国博物馆机构年鉴刍议 《中国年鉴研究》2017年第1期

张长生 企业年鉴编纂业务的研究 《北京地方志》2017年第3期

刘江霞 徐彦红 基于现状分析的高校年鉴编纂情况述评 《兰台世界》2017年第6期

邢秋萍 专业年鉴编写：如何储备充足的“鉴能”——拾零所阅专业年鉴内容为例 《黑龙江史志》2017年第12期

盛 况 试论高校年鉴新的生长点 《上海地方志》2017年第1期

王德维 冉四清 胡必要 浅谈水文年鉴汇编及其质量控制 《江苏水利》2017年第1期

杨 波 企业年鉴编纂的研究与实践 《江苏科技信息》2017年第36期

唐剑平 高校年鉴质量问题和发展对策研究 《浙江方志》2017年第2期

李 媛 代益荣 潘小会 周 雪 董媛 论陕西学前师范学院文化系2015年年鉴编撰的实践意义 《新西部》2017年第18期

黄梓根 何 旭 中国高校年鉴研究的现状、问题及方向 《高教探索》2017年第8期

刘建军 邢小丽 郭宝群 田文君 水文年鉴数据入库方法介绍 《东北水利水电》2017年第11期

冯 钰 关于进一步做好科协年鉴编纂工作的思考 《科协论坛》2017年第11期

张泉荣 谢运山 姚允龙 水文年鉴复刊过程中的数据处理 《人民长江》 2017年第12期

程立海 行业年鉴出版质量的流程管理研究——以《中国测绘地理信息年鉴》为例 《新闻研究导刊》2017年第23期

鲍玲莉 理 文 顾 伟 李银银 李 燕 信息化背景下的高校年鉴编纂工作研究 《办公室业务》2017年第19期

汪 昕 浅析年鉴的作用和编纂——以《山东新闻出版广电年鉴》为例 《现代视听》2017年第12期

黄 谦 基于烟草企业发展视域下年鉴编写工作探讨 《经贸实践》2017年第6期

郭 琳 国有企业年鉴编纂中存在的问题及对策研究 《企业改革与管理》2017年第20期

白雪丽 为未来征集今天——《陕西历史博物馆年鉴》编撰之现状与思考 《陕西历史博物馆馆刊》2017年第1期

钱伯章 李 敏 能源市场处于转型期，长期转变正在进行中——2017年世界能源统计年鉴解读 《中国石油和化工经济分析》2017年第12期

范俊涛 博物馆年鉴与博物馆档案 《自然博物》2017年第1期

杨 波 企业年鉴的创新实践 《科技视界》2017年第13期

四 年鉴质量

李 江 编纂出版精品年鉴要论 《中国年鉴研究》2017年第2期

俞慧军 提高地方志综合年鉴质量的实践与思考 《河北地方志》2017年第5期；《黑龙江史志》2017年第14期；《湖北方志》2017年第2期；《云南史志》2017年第2期；《宁夏史志》2017年第5期

许家康 再论专业（行业）年鉴内容质量控制要领 《史志学刊》2017年第1期

用新意识引领地方综合年鉴编纂质量提升——关于年鉴编纂意识与编纂质量问题的理性思考 孟亚男 《今古大观》2017年第1期

郑雨苹 吴朝庭 年鉴精品建设的实践探索与启示——以《福建科技年鉴》精品工程试点为例 《福建史志》2017年第6期

俞富江 浅谈如何提高年鉴的编校质量——以《桐乡年鉴》为例 《广东史志》2017年第3期

高常立 综合年鉴条目编写质量把关要做到“八项注意”《广东史志》 2017年第5期

余正道 张永兴 刘 刚 县市区综合年鉴精品化策略研究 《巴蜀史志》 2017年第2期

耿俊杰 地方综合年鉴质量计划与控制研究 《巴蜀史志》2017年第4期

关于提高年鉴品质的实践与思考——以《武侯年鉴》编纂实践为例 《巴蜀史志》2017年第5期

詹跃华 谈衡量年鉴编纂质量的几项重要指标 《新疆地方志》2017年第1期

张小莲 如何编写优质年鉴稿件 《新疆地方志》2017年第2期

程立海 行业年鉴出版质量的流程管理研究——以《中国测绘地理信息年鉴》为例 《新闻研究导刊》2017年第23期

五 年鉴管理与实践

郑 锦 高校年鉴工作可持续性初探 《中国年鉴研究》2017年第2期

马艾民 对年鉴编纂队伍建设的调查与思考——以吉林省地方志工作机构从业人员为调查对象 《中国年鉴研究》2017年第2期

杨文宇 编撰企业年鉴建好“微型档案室” 《中国石油企业》2017年第11期

张 勇 王 静 坚持年鉴编纂正确方向 推动郭沫若研究蓬勃发展 《中国社会科学报》2017年11月14日

唐　旗　坚定信心　提升质量　推进我市综合年鉴编纂上水平　《天津史志》　2017 年第 1 期
徐　勇　再谈天津市各区综合年鉴的公开出版问题　《天津史志》2017 年第 1 期
田润宇　英文版年鉴编纂发行工作中存在的问题与对策论析——结合海南的实践　《史志学刊》2017 年第 4 期
马艾民　高效指导年鉴业务之我见　《今古大观》2017 年第 3 期
俞富江　提高年鉴编辑群体素质　《黑龙江史志》2017 年第 8 期
林佐明　从服务金融业改革发展大局出发 做好期刊年鉴出版工作　《黑龙江金融》2017 年第 9 期
孙志红　浅谈如何做好市级综合年鉴组稿工作——打好提高年鉴时效和质量基础　《福建史志》2017 年第 1 期
王丽莎　李鹏　浅谈高校年鉴编纂工作——以《沈阳农业大学年鉴》编纂为例　《文化学刊》2017 年第 11 期
章玲苓　《上海交通大学年鉴》20 年实践与思考　《上海地方志》2017 年第 4 期
蒋　华　潘道德　树立供给侧意识 创新综合年鉴编纂——《滨海年鉴（2016）》编纂工作的实践与思考　《江苏地方志》2017 年第 1 期
吴　铮　浅谈年鉴的组稿约稿工作——以《杭州年鉴》《杭州文化年鉴》为例　《浙江方志》2017 年第 6 期
林忠玉　地方综合年鉴的组稿和编审　《福建史志》2017 年第 2 期
邓水龙　坚持质效齐抓　致力打造精品年鉴——《南昌年鉴》编辑工作的几点体会　《江西地方志》2017 年第 4 期
张小莲　年鉴撰稿人如何编写优质年鉴稿件　《广东史志》2017 年第 2 期
郭大勇　将年鉴做大做新做美　《广西地方志》2017 年第 2 期
冯　钰　关于进一步做好科协年鉴编纂工作的思考　《科协论坛》2017 年第 11 期
马艾民　年鉴主编应把握的几个重要数字　《新疆地方志》2017 年第 4 期
郭　嘉　地方性社科年鉴组稿工作中遇到的问题与对策探析　《新疆社科论坛》2017 年第 4 期
郑　锦　年鉴数字编辑“七巧”　《新闻传播》2017 年第 5 期
张　月　抢抓机遇 开拓创新 全面推进年鉴编纂工作　《图们江报》2017 年 6 月 13 日

六　年鉴研究与评介

李新祥　曾静平　论《中国互联网年鉴》的出版价值、框架设计与编纂组织　《出版科学》2017 年第 1 期
张立华　山东大学历史上的第一本年鉴——1936 年《山大年刊》的出版及其特色　《山东档案》2017 年第 6 期
乔云霞　体系完备且具有史家精神的信史——读《中国新闻传播教育年鉴（2017）》《出版参考》2017 年第 22 期
杨丹玫　周　钢　牛景琳　开中国新闻传播教育史先河——读《中国新闻传播教育年鉴（2016）》　《新闻前哨》2017 年第 2 期
钱伯章　李　敏　能源市场处于转型期，长期转变正在进行中——2017 年世界能源统计年鉴解读　《中国石油和化工经济分析》2017 年第 12 期
郭淑敏　民国《美术年鉴》的编辑特色述评　《设计艺术》（山东工艺美术学院学报）2017 年第 1 期
杜丙旭　用照片记录城市发展——评《中国建筑设计年鉴（2016）》　《全国新书目》2017 年第 7 期
陆　奇　事业蓬勃发展 文献特色鲜明——读《山西师范大学年鉴（2013、2014）》点评　《黑龙江史志》2017 年第 9 期
王志超　三十年打造一块靓丽的文化品牌——评《山西年鉴（2016）》　《史志学刊》2017 年第 3 期
徐补生　品牌再铸方志辉煌——评《山西年鉴（2016）》《史志学刊》2017 年第 3 期
陈　强　记录中国新闻传播教育历史与现实的著作——评《中国新闻传播教育年鉴（2016）》《新闻与写作》2017 年第 7 期
张陈艳　张星霞　生态批评视阈下的《沙乡年鉴》山水意象解读　《安徽文学》（下半月）2017 年第 14 期
宋春秀　刘启鹏　《哈尔滨年鉴》和张宏雷美丽的三十年《哈尔滨史志》2017 年第 4 期
以工匠精神铸就精品年鉴——试论《武汉年鉴》的编纂创新　《武汉年鉴》编辑部　《湖北方志》2017 年第 6 期
朱彩云　从专业年鉴的规范性评析《江苏卫生年鉴》（2014 卷）　《广东史志》2017 年第 1 期
陈　义　《中山年鉴·2016》（稿）评议　《广东史志》2017 年第 3 期
车光杰　一部值得推崇的精品年鉴——《大理州年鉴》（2016）编撰特色评介　《云南史志》2017 年第 2 期
周能汉　优秀年鉴的发展设想——读《昭通年鉴》（2016）的启示　《云南史志》2017 年第 4 期

七　年鉴资源开发利用

阳晓儒　省级综合年鉴与生态环境保护——以《江苏年鉴（2014）》《山东年鉴（2014）》《广西年鉴（2014）》为例　《中国年鉴研究》2017 年第 1 期
王继杰　地方史料价值的认识与研究——《上海年鉴（1854）》整理与研究述要　《中国年鉴研究》2017 年第 2 期
林忠玉　浅议年鉴信息化的发展态势　《中国年鉴研究》2017 年第 2 期
崔　震　网络年鉴创新途径的探索　《中国年鉴研究》2017 年第 2 期
齐　凯　王爱凤　浅析互联网信息背景下年鉴的编纂出版《中国集体经济》　2017 年第 3 期

张　君　扎实做好盐改形势下年鉴编纂工作 更好发挥存史资政育人功能——《中国盐业年鉴》编纂出版工作十年回顾　《中国盐业》2017 年第 8 期

崔　震　以《世界年鉴》和《南非年鉴》为例谈谈年鉴电子书的出版　《北京地方志》2017 年第 3 期

王　岩　用互联网思维破解年鉴资料整理难题的思考——以高校年鉴编纂为例　《北京地方志》2017 年第 4 期

赵淑萍　强化云平台对志鉴编纂的基础性支撑　《天津史志》2017 年第 1 期

范海红　浅谈年鉴的内实与外用——以《宝坻年鉴 2016》为例　《天津史志》2017 年第 4 期

闫志利　侯小雨　刘　燕　职业培训发展的省际差异、关联因素及对策建议——基于 2014 年中国教育统计年鉴数据分析　《河北科技师范学院学报》（社会科学版）2017 年第 2 期

汪建中　韩维柱　我国基础教育信息化发展的区域差异研究——基于中国教育统计年鉴 2011 年—2014 年数据分析　《内蒙古科技与经济》2017 年第 10 期

游桃琴　大数据思维方式对地方综合年鉴工作创新的启示　《史志学刊》　2017 年第 4 期

缴世忠　对强化地方综合年鉴实用性的思考——以《廊坊年鉴》2015 年卷为例　《今古大观》2017 年第 5 期

王淑红　如何提高地方年鉴的实用价值　《黑龙江史志》2017 年第 20 期

金久仁　我国基础教育资源配置的省域差距研究——基于《中国教育统计年鉴》2013 年数据分析　《黑龙江教育学院学报》2017 年第 1 期

桑　芸　提升地方综合年鉴文献价值的思考　《江苏地方志》2017 年第 1 期

王永超　严文强　汤　淏　孙　琳　王雪芬　"互联网 +"思维对提升科技年鉴编纂质量和信息资源利用率的研究　《江苏科技信息》2017 年第 7 期

张　莹　刘迎春　高校档案数字化建设与年鉴编纂关系探析　《沿海企业与科技》2017 年第 2 期专周燕华　业年鉴如何服务"名城名都"建设——以《宁波检验检疫年鉴》为例　《宁波史志》2017 年第 4 期

吴　玮　年鉴编纂对高校建设发展的意义及做法——以西安航空职业技术学院为例　《郑州铁路职业技术学院学报》2017 年第 1 期

贺　坤　增强地方综合年鉴可读性的途径研究　《羊城今古》2017 年第 4 期

田润宇　关于省级地方综合年鉴资源开发利用的思考——以海南省的年鉴情况为例　《广西地方志》2017 年第 5 期

曾志明　浅析年鉴为续志提供基础资料的依据和途径——以桂林续志和同期年鉴为例　《广西地方志》2017 年第 5 期

张　凯　提高地方综合年鉴实用价值的途径——以桂林市为例　《广西地方志》　2017 年第 5 期

宋林佳　基于四川省统计年鉴的城镇职工基本养老保险参保情况及相关指标研究　《四川劳动保障》2017 年第 5 期

周训安　年鉴在"一带一路"建设中的意义及助力探究　《新西部》（理论版）2017 年第 1 期

吴　勋　王雨晨　高黎力　国家审计机关地位与审计功能的实现——基于《中国审计年鉴》的分析　《西安财经学院学报》2017 年第 4 期

梅桂花　汪建中　宋文超　我国义务教育信息化基础设施建设城乡差异性研究——基于《中国教育统计年鉴》的统计与分析　《科技经济导刊》2017 年第 20 期

朱克朋　樊士德　劳动力成本变动与我国制造业产品的出口竞争力——基于 WTO 数据库和各统计年鉴数据库的匹配数据　《产业经济评论》2017 年第 4 期

李积鹏　叶长文　我国成人高校教师队伍的现状分析及对策研究——基于《中国教育统计年鉴》相关数据　《西北成人教育学院学报》2017 年第 4 期

田润宇　关于省级地方综合年鉴资源开发利用的思考——以海南省的年鉴情况为例　《广西地方志》2017 年第 5 期

汤　淏　王永超　孙　琳　严文强　科技年鉴在地方科技志编修中的作用与思考　《甘肃科技》2017 年第 6 期

那　威　孙永宽　侯　静　武　涌　我国民用建筑时间序列面积统计年鉴数据分析　《暖通空调》2017 年第 11 期

马晓雯　刘雄伟　基于统计年鉴的深圳市建筑终端能耗发布模型与计算方法　《暖通空调》2017 年第 11 期

韩云环　郑子彦　肖　宇　马柱国　基于统计年鉴和 MODIS 的中国区域土地利用/覆盖变化特征研究　《气候与环境研究》2017 年第 6 期

代晓东　王余宝　毕晓光　路用瑞　梁继航　2016 年世界能源供需情况分析与未来展望——基于《BP 世界能源统计年鉴》与《BP 世界能源展望》《天然气与石油》2017 年第 6 期

薛文谦　提升年鉴应用价值的几点思考——以《深圳年鉴 2014》为例　《史鉴》2017 年第 1 期

张　巍　互联网环境下年鉴营销之思考　《出版参考》2017 年第 22 期

齐　凯　王爱凤　浅析互联网信息背景下年鉴的编纂出版　《中国集体经济》2017 年第 3 期

陈婉婉　李士进　胡金龙　高祥涛　一种新的水文年鉴数字化方法　《计算机与现代化》2017 年第 1 期

· 志鉴著述选介

【《方志百科全书》】　1 月，《方志百科全书》编委会编纂的《方志百科全书》由方志出版社出版。主编段柄仁。该书被列入"2013—2025 年国家辞书编纂出版规划"。该书条目分类目录

按方志总论、志书编修、志书选介、方志人物、方志工具书、方志管理6个分支编排，条目与正文按条目标题汉语拼音字母顺序并辅以汉字笔画、起笔笔形顺序排列，设条目1251个、检索知识主题约4900个，图片约1000幅，有专文、大事年表等。全书144.7万字。（范锐超）

【《中国历代方志整理与研究——第四届中国地方志学术年会论文集》】 5月，《中国历代方志整理与研究——第四届中国地方志学术年会论文集》由方志出版社出版。主编邱新立。该书是以“弘扬方志文化、发掘历史智慧”为主题的第四届中国地方志学术年会论文集。该书就方志与核心价值观、方志发展史、方志纂修与比较、方志学家及其思想、方志收藏与整理、方志开发利用6个部分，包括《略论习近平同志系列重要讲话对地方志工作的现实指导意义》《浅议社会主义核心价值观与地方志工作》等文章82篇。全书101.3万字。（范锐超）

【《精品志书与第二轮市县志编纂创新——第五届中国地方志学术年会论文集》】 5月，《精品志书与第二轮市县志编纂创新——第五届中国地方志学术年会论文集》由方志出版社出版。主编邱新立。该书分领导讲话、通过评选的参会论文、未通过专家评选未能参会论文、提交年鉴的三部志稿编纂情况说明与年会会议纪要、会议日程4部分，包括《〈厦门市志（1996——2005）〉等三部志稿人物篇点评意见》等114篇文章。全书121.4万字。（范锐超）

【《“一带一路”与地方志创新——第六届中国地方志学术年会论文集》】 5月，《“一带一路”与地方志创新——第六届中国地方志学术年会论文集》由方志出版社出版。主编冀祥德。该书围绕贯彻落实《全国地方志事业发展规划纲要（2015—2020年）》，发挥地方志资源优势，扎实推进“一带一路”国家重要战略建设等内容展开研讨。同时，从地方志的角度，对我国在南海所拥有无可争辩的主权进行阐述，包括《广东历代方志中的南海史料》等89篇文章。全书120万字。（范锐超）

【《携手奋进共创未来——首届全国方志馆馆长论坛论文集》】 10月，《携手奋进共创未来——首届全国方志馆馆长论坛论文集》由方志出版社出版。主编刘玉宏。该书包括讲话致辞、主题发言、其他参会论文和附录4部分，每一部分按方志馆建设、方志馆功能、方志馆展览、方志馆馆藏方志文化等主题归纳，同一主题论文按行政区划排序，收录《在首届全国方志馆馆长论坛上的讲话》《对方志馆建设现状与发展问题的若干思考》《吉林省方志馆特色与功能定位述论》《论馆藏对方志馆发挥社会功能的重要意义》等文章41篇。全书28.1万字。（范锐超）

【《中国地情报告（2017）》】 12月，中指办编纂的《中国地情报告（2017）》由方志出版社出版。主编冀祥德。该书是中指办主持的“一体两翼”工程图书。由总报告、指数报告、发展战略、科技创新、城镇建设、文化旅游、民生福祉、生态文明8部分组成，汇集19篇相关研究报告。其中，“指数报告”部分对161个中国历史文化名镇保护性发展指数进行发布。全书43.3万字。（范锐超）

【《中国方志发展报告（2017）》】 12月，中指办编纂的《中国方志发展报告（2017）》由方志出版社出版。主编冀祥德。该书由总报告、专题报告以及附录组成，反映我国新编地方志事业发展的状况，研究分析新方志事业在不断开拓创新的历史进程中取得的成绩，面临的形势，遇到的问题以及如何应对。该书重点反映2015年至2016年促进地方志事业转型升级的有益探索和创新举措。全书32.3万字。（范锐超）

【《中国方志区域发展报告（2017）》】 12月，中指办编纂的《中国方志区域发展报告（2017）》由方志出版社出版。主编冀祥德。该书由总报告、有关地方志工作机构、课题组提交的专题报告以及附录汇编而成，记载 2015 年至 2016 年各省级区域全面贯彻党中央、国务院对地方志工作的新部署、新要求和中指组及其办公室顶层设计的思路、措施。全书 35.7 万字。（范锐超）

【《中国年鉴发展报告（2017）》】 12 月，中指办编纂的《中国年鉴发展报告（2017）》由方志出版社出版。主编冀祥德。该书由 2 篇总报告、11 篇区域报告、8 篇专题报告、若干篇子报告和附录组成。该书就年鉴事业发展的重大理论和实践问题进行系统研究，回顾年鉴发展的历史，反映年鉴事业的发展状况，分析年鉴事业取得的成绩和面临的问题。全书 47.1 万字。（范锐超）

【《中国方志馆研究（第一辑）》】 12 月，国家方志馆编纂的《中国方志馆研究（第一辑）》由方志出版社出版。主编刘玉宏。该书设志馆建设、收藏保护、展览研究、信息方志、旧志研究、地域文化、志馆风采等栏目，注重对现实问题的探讨，尤其重视对方志学、方志馆建设具有战略性、前瞻性、重大现实指导性问题的研究。全书 24.3 万字。（范锐超）

【《中国古代地方志》】 9 月，《中国古代地方志》由中国商业出版社出版。作者王俊。该书分地方志的产生及其概况、地方志体例与编辑整理、秦汉魏晋时期的地方志、隋唐五代时期的地方志、宋元时期的地方志、明代的地方志、清代的地方志 7 章，在介绍方志的名称、种类、性质与特征等有关知识的基础上，沿着先秦到民国的历史发展轨迹，讲述方志从孕育、诞生、定型、发展到繁盛的全过程。全书 20 万字。（范锐超）

【《民国时期地方志所见基层图书馆史料汇考》】 12 月，《民国时期地方志所见基层图书馆史料汇考》由国家图书馆出版社出版。编著吴澍时。该书包括民国时期北京、天津、河北、山西、内蒙古、辽宁、吉林、黑龙江、上海、山东、江苏、浙江、福建、安徽、河南、湖北、湖南、江西、广东（含海南）、广西、四川（含重庆）、云南、贵州、陕西、甘肃、宁夏、青海等省市地方志中基层图书馆 316 种史料，另附民国时期基层图书馆政策法规。书中史料以县市级及以下的图书馆、图书室、流通图书馆、阅报所、讲演所、读书会，以及巡回文库、巡回讲演、展览、壁报等资料为主，偶有文献资料中包含国立图书馆或省立图书馆的内容，亦未剔除，一并收录，以保留史料的完整性。全书 25 万余字。（范锐超）

【《地方志数字化加工规范研究》】 12 月，《地方志数字化加工规范研究》由学苑出版社出版。作者李坚。该书依据地方志文献特性和应用需求研究地方志数字化加工规范体系，拟研制 8 个数字化加工规范，包括地方志专门元数据规范、地方志卷目数据标引规范、地方志图像数据规范、地方志文本数据规范、地方志语料数据规范、汉字集外字描述规范、文字认同描述规范、中国古今地名数据描述规范。（范锐超）

【《地方志数字化加工规范应用指南》】 12 月，《地方志数字化加工规范应用指南》由学苑出版社出版。作者白鸿叶。该书包括地方志专门元数据规范应用指南、地方志卷目数据标引规范应用指南、地方志图像数据规范应用指南、地方志文本数据规范应用指南、汉字集外字描述规范应用指南、文字认同描述规范应用指南、地方志语料数据规范应用指南、古今地名数据描述规范应用指南 8 章，记述方志数字化、知识化和可视化的基础。（范锐超）

【《方志年鉴论文集（2016）》】 6 月，北京地方志学会编纂的《方志年鉴论文集（2016）》由知识产权出版社出版。该书收录论文 32 篇，分方志编纂系列、年鉴编纂系列和地方志开发利用系列 3 部分，内容涉及地方志的历史源流、方志理论、首轮修志经验及对第二轮修志的思考，年鉴编修理论、实践及对年鉴编纂平台建设的思考，地方志开发利用相关问题。全

书 20 万字。 （范锐超）

【《新编张凤雨地方志理论文集》】 3 月，《新编张凤雨方志理论文集》由方志出版社出版。作者张凤雨。该书是“河北省方志理论研究系列丛书”中的一部。该书分综合论谈、专业志编纂、附件研究 3 部分，收录文章 36 篇。全书 30.5 万字。 （范锐超）

【《冀皖方志论坛》】 4 月，河北省志办、安徽省志办编纂的《冀皖方志论坛》由河北人民出版社出版。该书分河北篇、安徽篇 2 部分，收集河北省、安徽省各级地方志编纂工作者在第二轮修志过程中对遇到问题的思考、研究以及心得体会的文章 40 余篇，全书 29.8 万字。 （范锐超）

【《冀皖方志论坛（第二辑）》】 12 月，河北省志办、安徽省志办编纂的《冀皖方志论坛（第二辑）》由河北人民出版社出版。主编杨洪进。该书分河北、安徽 2 篇，收录文章 57 篇。全书 32.4 万字。 （范锐超）

【《缴世忠地方志理论文集》】 年内，河北省志办组织出版的“河北省方志理论研究系列丛书”中的《缴世忠地方志理论文集》出版，共收录文章 85 篇，计 42.1 万字。 （张耀鑫）

【《让中国地方志走向世界——方志论丛》】 12 月，吉林省地方志编委会立项项目“让中国地方志走向世界——方志论丛”由吉林文史出版社出版。作者金恩晖。全书分方志理论探索、著名学者与方志、中国地方志整理与《中国地方志总目提要》、东北（含吉林）地方志源流及《东北地方志中的边疆问题史料类编》、吉林省地方志整理与《打牲乌拉志典全书》研究五辑，精选出 47 篇整理、研究方志的成果，加上中外学者评论 8 篇，结集而成为一部专论地方志的著作。 （常京锁）

【《南京名志导读·府志篇》】 12 月，江苏省南京市志办编纂的《南京名志导读·府志篇》由南京出版社出版。该书从现存的南京志书中，挑选出六朝、宋、元、明、清、民国等历史时期具有代表性的《丹阳记》、景定《建康志》、至正《金陵新志》、洪武《京城图志》、万历《应天府志》、康熙《江宁府志》二种及嘉庆《江宁府志》、光绪《续纂江宁府志》、《首都志》10 部府志分别进行解读。导读文章深入浅出，对各部志书的体例和内容作了介绍，对来龙去脉进行探讨，对其成就与价值作出评价。此外，秉承古代典籍“左图右史”的传统，挑选各志书珍稀版本的书影作为插图，增加阅读趣味。 （朱崇飞）

【《上海方志研究论丛（第三辑）》】 6 月，上海市志办、上海市地方史志学会编纂的《上海方志研究论丛（第三辑）》由上海书店出版社出版。该书收录文章 56 篇，从上海市地方史志学会会员在 2013 年至 2016 年间发表在《中国地方志》《上海地方志》等学术刊物和中国地方志学术年会、上海市地方史志学会学术年会上的数百篇学术论文中精选而成。全书 33.5 万字。 （翟辉）

【《柯桥区史志研究论文集萃》】 4 月，浙江省绍兴市柯桥区史志办编纂的《柯桥区史志研究论文集萃》由二十一世纪出版社集团出版。该书汇集近年柯桥区在党史、地方志等领域的理论研究成果。全书 31.4 万字。 （绍兴市志办）

【《山东史志事业创新发展的实践与探索》】 11 月，山东省史志办编纂的《山东史志事业创新发展的实践与探索》由方志出版社出版。该书分省志编纂、市县志编纂、年鉴编纂、信息化建设、方志馆建设、乡镇村志编修、旧志整理、方志期刊与理论研究、人才培训、史志资源开发利用、先进集体和个人、转型升级 12 个部分。全书 33 万字。 （山东省史志办）

【《齐鲁方志人》】 11 月，山东省史志办编纂的《齐鲁方志人》由方志出版社出版。该书记

录山东省史志办和各市县方志人的工作精神和取得的工作成绩，以及山东方志事业发展经验。（范锐超）

【《方志山西（2017 年上半年卷）》】 12 月，《方志山西（2017 年上半年卷）》由三晋出版社出版。主编张志仁。该书选取山西省志办微信公众号“方志山西”1 月至 6 月所发表的短文约 100 篇，包括编志信息、山西人物、山西史事等与地方志相关的内容。全书 129.8 万字。（范锐超）

【《方志学广论》】 3 月，《方志学广论》由安徽大学出版社出版。作者林衍经。该书是安徽大学历史学文库系列之一，设导论、方志的起源和发展、方志理论的产生和发展、地方志的编纂、方志批评、方志应用、地方志和方志学的前瞻等 14 章，系统阐述方志学的基础理论，回顾方志学的发展历史，厘清方志学的性质，重点阐述方志学的内容结构，认为方志学的基础理论、方志编纂学、方志批评学、方志应用学，以及方志发展史是方志学学科体系的基本构成。全书 35.8 万字。（范锐超）

【《甘肃志鉴编研文选》】 7 月，甘肃省史志办编纂的《甘肃志鉴编研文选》由甘肃文化出版社出版。该书由甘肃史志、年鉴编纂工作研究、工作体会、编制过程介绍的文集组成。全书 31.5 万字。（范锐超）

【《岭峤志语》】 6 月，《岭峤志语》由中山大学出版社出版，作者陈泽泓。全书分为五大部分，集合作者近年来关于方志基础理论研究的 111 篇文章，附录部分收录作者数十年来修志治学的感悟心声及其与黄勋拔、甄炳昌等方志学者交游的回忆性文章。全书约 115 万字。（广东省志办）

【《简明方志编纂教程》】 9 月，《简明方志编纂教程》由广东人民出版社出版，作者陈泽泓。该书共 15 讲，前 13 讲分别论及方志定义、功能与性质，方志发展史，方志编纂原则、体裁、体例，资料征集与整理，方志编纂工作以及方志自然部类、经济部类、政治部类、文化部类、社会部类等各部类诸多方面；后 2 讲分别为志稿例析和专题论述名镇（村）志编写。全书约 22 万字。（广东省志办）

【《命名实体识别在方志内容挖掘中的应用研究：以广东福建台湾三省〈方志物产〉为例》】 12 月，《命名实体识别在方志内容挖掘中的应用研究：以广东福建台湾三省〈方志物产〉为例》由中国农业出版社出版。作者朱锁玲。该书分绪论，方志整理及《方志物产》资料整理，命名实体识别概述，《方志物产》全文数据库及地名识别系统设计和构建——以广东、福建、台湾《方志物产》为例，《方志物产》内容挖掘研究 5 部分，以农史资料《方志物产》为语料，借助命名实体识别技术实现《方志物产》的地名识别；通过对识别结果的统计分析，开展《方志物产》内容挖掘研究；利用 GIS 专题地图对《方志物产》中物产分布、物产引进和传播等相关内容进行可视化展示，使方志类古籍资源的时空特性得以揭示。（范锐超）

·学会活动与理论研讨

【沈阳市地方志学会活动】 年内，辽宁省沈阳市地方志学会开展方志宣传、送书下乡、方志理论研究、编印《〈沈阳综合年鉴〉编辑手册》，做好《沈阳方志信息》编发、报送市领导并邮送全市近 200 个市直部门、相关企事业单位。（俄文亮）

【吉林省地方志学会学术年会（2016）召开】 4 月 13 日，吉林省地方志学会学术年会（2016）在吉林省敦化市召开。年会以文与会，收到论文 70 篇，评选出优秀论文一等奖 7 篇、二等奖 11 篇、三等奖 14 篇，来自全省地方志系统的论文作者和应邀市（州）志办主任 80 余人参加会议。会议为年会获奖优秀论文作者

颁发证书，并对2016年学会工作进行总结，部署2017年主要工作。（李雯）

【吉林省推进“方志理论研究三百工程”】 年内，吉林省继续推进“方志理论研究三百工程”。该工程主要内容是：“2016年至2020年，在全省地方志系统确立100个研究课题，完成100项研究成果，培养100名专业人才，从中产生20—30名省级修志专家”。通过专题学术报告会、志鉴业务培训班、参加中指办举办的各类学术活动等方式，提升全省方志工作者理论研究能力。（李雯）

【第二届黑龙江省地方志系统论文征集评比活动开展】 1月，黑龙江省志办组织开展第二届黑龙江省地方志系统论文征集评比活动。活动收到报送论文160余篇，评选出特别奖2篇、一等奖5篇、二等奖10篇、三等奖15篇。研讨会论文刊发在《黑龙江史志》。（由岳峰）

【哈尔滨市地方志学会第五届会员代表大会召开】 6月29日，黑龙江省哈尔滨市地方志学会第五次会员代表大会在哈尔滨市召开。会议审议通过第四届常务理事会工作报告和《哈尔滨市地方志学会第五届理事会理事、常务理事、会长、副会长、顾问、秘书长、副秘书长选举办法》，选举产生市地方志学会第五届理事会、常务理事会及会长、副会长、顾问和秘书长、副秘书长。（刘新惠）

【哈尔滨市地方志学会组织开展“发掘京旗文化，服务中心工作”参观考察活动】 8月25日，黑龙江省哈尔滨市地方志学会以“发掘京旗文化，服务中心工作”为主题，组织市志办、市方志馆职工及学会会员近百人赴五常市拉林满族镇开展参观考察活动。（刘新惠）

【上海市地方史志学会换届会员大会召开】 10月24日，上海市地方史志学会第五届会员代表大会召开。全市50多家会员单位代表、100多名理事参加会议。会议审议通过第四届理事会工作报告、财务报告和学会章程修改报告，选举产生第五届理事会理事、监事、常务理事。（翟辉）

【上海市年鉴学会换届会员代表大会召开】 12月19日，上海市年鉴学会第四次会员代表大会召开。全市70多名理事、20多家会员单位代表参加会议。会议审议通过第三届理事会工作报告、财务报告和学会章程修改报告，选举产生第四届理事会理事、监事、常务理事；颁发了2017年全国地方志成果（年鉴类）获奖证书，并向外国专家Boyd Fife和Carol Fife颁发《上海年鉴》特殊贡献荣誉证书。同日，上海市年鉴学会会长扩大会议召开。（上海市志办）

【苏州市方志学会年会暨谱牒研究会成立大会召开】 1月13日，江苏省苏州市地方志学会年会暨谱牒研究会成立大会召开。市地方志学会12个成员单位的常务理事、理事和会员代表50多人参加会议。会议宣读学会工作报告、财务报告，审议学会部分常务理事和副会长调整事项（说明和表决）。会议进行学会论文获奖者代表和组织工作优胜单位颁奖仪式，对下一步成立谱牒研究会等内设机构提出要求。（李海宏）

【苏州市地方志学会开展“读地方志书，知历史地情”进社区活动】 8月23日和29日，江苏省苏州市地方志学会组织开展“读地方志书，知历史地情”文化讲坛活动，分别为苏州市姑苏区龙港苑社区和解放社区居民做关于苏州地情文化的讲座，内容涵盖苏州街巷、苏州园林、苏州山水等10个专题。（李海宏）

【苏州市地方志学会召开方志文化资源开发利用研讨交流会】 9月21日，江苏省苏州市地方志学会召开方志文化资源开发利用研讨交流会。市地方志学会所辖4市6区成员单位代表交流各市、县、区的方志文化开发利用等情况。会上，对方志文化资源开发利用研究进行辅导。会议强调要按照学会工作计划，开展好方志文化资源开发利用调研和考察活动；注重学会平台的建设，利用学会各种成熟形式搞活学会工作；充分利用激励政策，有目的地树立典型。会后，与会成员与帮扶联系地贵州省铜仁市、江口县、雷山县、贵阳市等地方志工作部门，签订友好合作协议书，考察学习名镇志、名山志编纂情况等。（李海宏）

【常州市志办参与举办档案与抗战史研究学术研讨】 7月5日，江苏省常州市志办、市档案局、市中共党史学会、市档案学会联合举办档案与抗战史研究学术研讨暨纪念抗战全面爆发80周年大型图片展活动。研讨会共收到论文26篇，其中6篇论文获优秀奖、9篇论文获入围奖。与会人员集体观看图片展，该图片展展出各类珍贵图片120余幅，其中20余幅图片是首次面世。（李海宏）

【镇江市“家风·家训·家谱”研讨会召开】 8月4日，江苏省镇江市地方志协会联合镇江市润州区人民法院家事审判研究院召开镇江市“家风·家训·家谱”研讨会。市地方志协会、润州区人民法院、市档案局、市图书馆、镇江日报社等家谱研究专家等20余人参加会议。与会人员就家风家谱家训的整理研究心得、开发利用进行交流探讨，阐述家训对家人及世人所起的重要教育作用与影响。（武文明）

【淮安市志办开展地情文化和理论研究】 年内，江苏省淮安市志办在各类媒体刊发一批地情研究和理论研究文章。包括申请并获批市社科类研究课题1项，即《运河文化遗产与淮安城市建设研究》；参加第六届中国地方志学术年会，《“海上丝绸之路”视阈下的淮安古代对外交流》一文入选论文集并在会上交流宣读；发表《“运河之都”淮安与济宁比较研究》《淮安运河研究的现状与思考》2篇运河研究论文；参与市历史文化研究会、市文广新局等部门组织的淮安包容文化、漕御文化等专题研究，完成明代状元丁士美资料收集整理工作，并在省市报刊发表地情文化研究文章10余篇。（李海宏）

【杭州市地方志学会第二次代表大会召开】 5月18日，浙江省杭州市地方志学会第二次代表大会召开。会议选举产生新一届理事会、常务理事会、会长、副会长、秘书长，聘任7位学会顾问，修改通过新的学会章程，部署今后一段时间的学会工作；审议并通过《杭州市地方志学会第一届理事会工作报告》《杭州市地方志学会第一届理事会财务收支情况报告》《杭州市地方志学会章程》（修改草案）；向7名专家颁发顾问聘书。来自杭州市志办、杭州市方志馆、13个区（县、市）地方志工作机构、市直有关部门、驻杭高校、有关学会的代表和专家70多人参加会议。（冯跃民）

【宁波市鄞州区地方史志研究会第二次会员代表大会召开】 5月18日，浙江省宁波市鄞州区地方史志研究会第二次会员代表大会召开，100余人出席会议。会议总结4年多的工作；6位优秀史志工作者介绍各自史志研究成果；组织《地方文史研究者的素养和能力》讲座和《宁波各大图书馆地方文献以及数字化检索》业务培训；审议通过研究会章程修正案，选举产生新一届会长和理事。（高曙明）

【宁海县史志研究会成立大会召开】 11月17日，宁海县史志研究会成立大会召开，宁海县社会各界60名会员参加会议。会议审议通过研究会章程，选举产生第一届理事会理事、监事会监事以及会长、副会长、监事长、秘书长等，通过理论部、党史部、方志部、年鉴部、宣传部等下设部门及人员组成。（高曙明）

【海宁史志学堂开课】 年内，浙江省海宁史志学堂开设4堂课，其中2堂课为史志内容，分别为《近代海宁名人管庭芬》《志书的质量保障与编纂人员的综合修养》讲座。史志学会会员、文史爱好者和市志、镇志、专业（部门）志修志人员到史志学堂听课。

（嘉兴市志办）

【衢州市举办“兰台讲堂”】 5 月 11 日，浙江省衢州市志办组织“兰台讲堂”。讲座以“让地方志走进社会”为题，介绍地方志的基本特征，凸显地方志的资料性文献价值；梳理地方志主要作用和发展过程；分析存史、资政、教化的内涵，对浙江地方志发展史作重点叙述；以《浙江通史》和《浙江通志》的关系为例，就史志关系进行详细剖析；地方志事业的创新与发展问题。市直各单位分管地方志工作领导及志书、年鉴撰稿人员等 200 余人参加。

（衢州市志办）

【龙游县地方志学会推动余绍宋研究】 年内，浙江省龙游县地方志学会抓好省级课题《余绍宋方志思想与实践》的研究工作，研究课题分成《一代方志大家》《余绍宋方志论丛》《余绍宋致祝康祺书信集》3 本书。《一代方志大家》为研究性专著，其后两本为相应资料汇编，作为《一代方志大家》的补充和佐证。后两本书完成编辑。

（衢州市志办）

【福建省地方志学会常务理事（扩大）会议在福鼎召开】 7 月 6 日至 7 日，福建省地方志学会常务理事（扩大）会议在福鼎市召开。省地方志学会会长，副会长、秘书长，副秘书长及部分理事等 30 多人参会。

（欧长生　孙洁斐）

【2017 年度江西省方志理论研讨会召开】 12 月 28 日，江西省志办、省地方志学会联合主办的 2017 年度江西省方志理论研讨会在南昌市召开。会议以“方志理论研究与实践探索、总结交流完成‘两全目标’的成绩与基本经验”为主题，围绕方志事业转型升级、依法治志、方志理论、方志文化、方志信息化、年鉴研究、地方史研究、旧志研究等多个议题进行了探讨。省内地方志专家学者 40 多人参会。

（朱岳）

【山东全省方志理论研讨会召开】 11 月 7 日，山东全省方志理论研讨会在曲阜市召开。会议收到方志理论研究论文 70 篇，淄博、济宁、日照、临沂等市的优秀论文作者作典型发言。与会人员就当前方志理论研究的热点、难点问题进行交流。各市史志办负责人、业务科（处）长与优秀论文作者代表等 80 余人参会。

（山东省史志办）

【古都开封第三届历史文化及其现代价值研讨会召开】 10 月 27 日，河南省开封古都学会、开封市史学会主办，开封市史志办和市文物局承办的古都开封第三届历史文化及其现代价值研讨会召开。会议围绕宋以后开封历史的探讨研究、开封省会文化的保护利用与开发、国际文化旅游名城建设、大宋文化的研究与利用、中原文化与开封等议题进行研讨。开封文化部门专家学者，河南大学、开封大学、开封文化艺术职业学院等高校的教授和研究人员等约 200 人参会。

（汪朝霞）

【湖南省地方志学会学术年会暨常务理事会召开】 3 月 20 日，湖南省地方志学会学术年会暨常务理事会在长沙市召开。会议对学会如何开展学术研究和充分利用地方志学会平台为地方志事业服务展开讨论，增补学会常务理事，通报学会的会费缴纳等情况，常务理事对如何开展学会 2017 年以及以后工作进行讨论。会上，论文作者代表宣读论文，省地方志学会的常务理事、论文作者以及市州志办方志科长、年鉴科长和省地方志编委会全体干部职工 120 多人参会。学会秘书处将征集的 53 篇论文结集成《湖南省地方志学会学术年会论文汇编》。

（蔡素云）

【“湘志杯”2017 年全国地方志理论研究征文活动举办】 年内，湖南省地方志编委会、省地方志研究与传播中心、省地方志学会联合举办“湘志杯”2017 年地方志理论研究征文活动。征文内容为地方志理论研究、地方志编纂研究、地方志法治建设研究、旧志点校与研究、年鉴理论与编纂研究、地方志传播与应用研究、地方志发展史研究。活动共征集到论文105篇，其中86篇论文符合参评资格，从中评出一等奖8篇、二等奖18篇、三等奖24篇，并予以奖励。（易可倩）

【《广州大典》与岭南家书家训家风学术研讨会召开】 12月29日，广东省广州市志办、市社会科学界联合会主办，市地方志学会与广州大典研究中心承办的《广州大典》与岭南家书家训家风学术研讨会在广州市召开。与会专家学者探讨《广州大典》的历史文化价值和开发利用价值。同时，广州市志办结合研讨会的最新研究成果，对《广州大典》进行转化和创新，在市地方志新馆专设岭南家书家训家谱家风展览。（郑剑锋）

【南宁市地方志学术委员会成立】 6月，广西壮族自治区南宁市地方志学术委员会成立。学术委员会由来自南宁市地方志、地方文史、工业、农业、商业及科技等领域的24名专家组成，主要职责是参与地方志编纂、评审，编制地方志事业发展规划，推进地方志理论研究及优秀成果评选等，并组织专家参与《横县志（1986—2005）》《马山县志1986—2005》审查验收。（钟婉悦）

【四川省推进方志理论研讨】 年内，四川省召开2017年四川省方志理论研讨会。会议围绕如何做好第三轮修志工作准备、地方志开发利用的途径和方式、地方志机构设置及人才队伍建设等问题开展理论研讨。21个市（州）和省直部门地方志工作机构提交近100篇理论研讨文章，编印成《2017年四川省方志理论研讨会论文集》。四川省志办印发《2017年全省地方志工作重点研究课题及任务分工方案》，完成“地方志工作机构设置、人员配备与素质结构模型研究”“地方志与地方史兼容发展问题”“‘一纳人、八到位’之基层实践问题研究”三个重点研究课题；完成省政府办公厅政务课题《四川优秀传统文化与“一带一路”联袂“走出去”》调研撰写任务。（刘艳平）

·期刊出版

【《北京地方志》】 年内，《北京地方志》杂志出刊4期。第四期增设“学习宣传十九大”栏目。全年共刊登文章56篇，中特载8篇，学习宣传十九大2篇、志鉴论坛14篇、地方志开发利用暨方志馆建设论坛5篇、工作交流9篇、地情文化14篇、运河文化4篇，另选录4篇初稿并刊登评审意见。（王韧洁）

【《天津史志》扩版】 年内，《天津史志》全新改版，由48页增至64页，出刊6期。该刊由天津市地方志编修委员会主管，天津市志办主办。（唐旗）

【《河北地方志》改版】 年内，《河北地方志》全面改版，出刊6期。该刊由设置方志论坛、年鉴编纂、读志心得、名村介绍、最美方志人、新书推介、大美雄安、抗战史略等栏目，增加图照使用。（张耀鑫）

【《史志学刊》】 年内，山西省志办主办的《史志学刊》出刊6期。4月，国家新闻出版广电总局认定为第二批学术期刊；9月，被“国家期刊库”（NSSD）全文收录。（张瑞琴）

【《太原地方志》】 年内，《太原地方志》出刊4期，刊登稿件90余篇。该刊新增抗战记忆、市情摘报、家风故事等。

（刘雁珍　张裕晋）

【《营口春秋》】 年内，辽宁省营口市史志办、市委党史研究室主办的《营口春秋》出刊4期，36万字。（由林鹏）

【《朝阳史志》】 年内，辽宁省朝阳市史志办主办的《朝阳史志》出刊4期，40万字。该刊改版后由原来48页增加到76页，新开设赵尚志与东北抗日联军、朝阳领军人物、云蒙山与中华文明起源等栏目。为便于收藏保管和使用，扩大刊物影响力，市史志办装订《朝阳史志》(2017) 合订本100册。（由林鹏）

【《昌图史话》】 年内，辽宁省昌图县史志办主办的《昌图史话》出刊4期，印刷2余万册，120余万字，刊载图片200余幅。该刊主要栏目有封面故事、人物春秋、党史在线、红色风景、史海钩沉、烽火年代、沧桑岁月、地标产品、地名趣谈、人文之旅、读史杂记、文物欣赏、他山之石、文史书架等。（由林鹏）

【《大连方志》】 年内，大连市委党史研究室（市志办）主办的《大连方志》出刊2期（总第19期、第20期），刊发文章35篇、图片139张，约9万字。该刊根据组稿情况，适时调整栏目设置和栏目名；结合时令特点编发稿件；利用网络、微信公众号的平台组稿，多方面挖掘稿源。（刘成）

【《今古大观》】 年内，吉林省地方志编委会、吉林省地方志学会主办的《今古大观》出刊6期，70余万字。（常京锁）

【《黑龙江史志》】 年内，《黑龙江史志》出刊12期。该刊定位为服务全省中心工作、贯彻黑龙江省志办党组各项要求、为全国方志界搭建研讨交流平台。（由岳峰）

【《哈尔滨史志》】 年内，《哈尔滨史志》由季刊改版为双月刊，出刊6期，约36万字。该刊重新设计封面、封底，注重系统性、连续性；在原有固定栏目基础上，新增读志用志、城市记忆、吾志吾人、名人研史等栏目。（刘新惠）

【《上海滩》】 1月至12月，《上海滩》杂志共出刊12期。该杂志是由上海通志馆主办的、讲述上海历史风情和当代上海精彩故事的月刊。（杨婧）

【《江苏地方志》】 年内，《江苏地方志》出刊6期，刊载147篇文章，83万字。该刊走访省政协文史委、大学、研究所、博物馆民俗部、文化创意产业园、楹联社等单位，就组织优质稿源、增强期刊社会影响力方面进行探讨和交流，同时积极推动传统媒体与新媒体融合，利用“风雅江苏”微信平台定期推送《江苏地方志》中鉴赏性、可读性、文化性较强的地情文章。（李海宏）

【《扬州史志》】 4月，江苏省扬州市档案局（市方志办）主办的《扬州史志》改版工作完成，开本改成异形16开，页码增加到88页。年内，该刊出刊4期；调整期刊编委会，增设家风家训、口述历史等新栏目。（李海宏）

【《浙江方志》】 年内，《浙江方志》出刊6期。该刊设修志工作、方家约稿、志鉴论苑、史事稽考、浙人浙事、读志用志等主要栏目。（浙江省志办）

【《杭州月志》】 年内，《杭州月志》出刊12期，共收录杭州重要时事317条、地情研究文章42篇、方志动态162条，51.03万字，图片381张。该刊立足杭州市情，以一月一刊的形式，记录杭州每个月的大事要事，同时宣传杭州历史文化，为全市各级领导干部提供市情资料和资政参考。在2017年度全市内刊质量评比中，《杭州月志》被评为“杭州市综合质量十佳内刊”“杭州市编校质量十佳内刊”。（袁啸马）

【《宁波史志》】 年内，《宁波史志》出刊4期。该刊栏目设置相对固定，坚持党史方志内容并重。（高曙明）

【《慈溪史志》】 年内，《慈溪史志》季刊完成增幅扩版，出刊4期，共30余万字。（高曙明）

【《温州史志》】 年内，浙江省温州市委党史研究室（市志办）主办的《温州史志》出刊4

期，该刊累计出刊 121 期。　（温州市志办）

【《鹿城方志》】　年内，浙江省温州市鹿城区志办主办的《记忆鹿城》改名为《鹿城方志》，一年分“春夏卷”“秋冬卷”两期，出刊两期。该刊设战略、回顾、探索、纵横、老城、人物、艺苑 7 个专栏。　（温州市志办）

【《湖州史志》】　年内，《湖州史志》出刊 4 期，约 30 万字。　（湖州市志办）

【《德清史志》】　年内，《德清史志》出刊 1 期，约 5 万字。　（湖州市志办）

【《嘉兴档案史志》】　年内，《嘉兴档案史志》出刊 4 期，总计出版 63 期。该刊主要设理论论坛、地方志研究、嘉兴记忆、知青档案、史海钩沉、“兰台”手记等栏目。该刊采用文字和图片等形式，反映全市档案史志的工作动态、编研成果、学术论著等。　（嘉兴市志办）

【《南湖档案史志》】　年内，浙江省嘉兴市南湖区史志办与档案局联合主办的《南湖档案史志》出刊 2 期。该刊设有卷首语、专题、时代风采、史志纪事、人物春秋、尘封档案、往事寻踪、乡土风情、鸳湖随笔等栏目。

（嘉兴市志办）

【《平湖史志》】　年内，《平湖史志》出刊 4 期。该刊设有方志视窗、文史丛谈、党史专题、往事回首、平湖人物、史志动态、编读交流、史海纵横等栏目。　（嘉兴市志办）

【《海盐史志》】　年内，《海盐史志》出刊 4 期，累计出刊 53 期。该刊改版后，除历年固定栏目及特色栏目外，新增海盐记忆、专题写真、人生亲历、本期传递等。　（嘉兴市志办）

【《海宁档案史志》】　年内，《海宁档案史志》出刊 4 期。该刊设馆藏介绍、特载、方家约稿、史志学堂、潮乡人文、本期专题、海宁影像、争鸣手记、兰台手记、附录、图片传真等栏目。

（嘉兴市志办）

【《史志参阅》】　1 月，浙江省诸暨市史志办创办资政刊物《史志参阅》每月一期，专送市四套班子领导和相关部门，供决策参考。该刊全年编印 12 期，其中《关于强化管理发挥府山烈士墓作用的建议》《关于加强绍兴籍重要党史人物遗迹保护开发利用的建议》得到市委书记批示。　（绍兴市志办）

【《越地春秋》】　年内，《越地春秋》出刊 4 期。该刊新增大禹研究、民国人物等栏目，发掘越地历史文化，及时传递史志动态，为领导资政、区域建设提供参考。　（绍兴市志办）

【《武义方志》】　12 月，浙江省武义县志办主办的《武义方志》编印 1 期，约 12 万字。该刊设置要文特载、峥嵘岁月、史事钩沉、人物春秋、方志丛坛、民俗纪趣、古迹寻踪、志鉴动态 8 个栏目，记述武义县的各个历史时期风貌。

（金华市志办）

【《龙游史志》】　年内，《龙游史志》出刊 1 期，累计出刊 16 期。该刊曾于 2013 年停刊。

（衢州市志办）

【《临海史志》】　年内，《临海史志》出刊 3 期。该刊常设志稿选登、三台人物、旧志点校等栏目，每期字数约 10 万字，发行量 300—500 本。其中，第 2 期为专刊《市委市政府执政纪事（2016）》，记载 2016 年临海市委、市政府重大活动及取得的成就。　（台州市志办）

【《天台方志》】　年内，浙江省天台县志办的《天台方志》出刊 4 期，采用稿件 32 篇，近 15 万字，图片 97 幅。该刊设地情研究、序跋选辑、文风绘影、曲艺赏析、来信选载、名人留踪、书评选辑、抗战老兵、修志动态等栏目。

（台州市志办）

【《安徽地方志》】 年内，《安徽地方志》出刊4期。该刊专注于修志编鉴理论研究和工作指导，兼顾有关地方文化研究、地方经济建设等方面的内容。 （史五一）

【《福州史志》】 年内，《福州史志》出版4期，刊登文章80篇，32万字。设有特载、海上丝绸之路、志鉴论坛、史海钩沉、专题研究、三山人物、地情民俗、榕城随笔、方志动态等栏目，分送市领导、市直机关和各省市方志机构等，已被市档案馆收藏。该刊被中国社科院中国社会科学评价中心《中国人文社会学期刊评价报告（AMI）》引文数据库收录为来源刊。 （欧长生 孙洁斐）

【《江西地方志》】 年内，江西省志办、省地方志学会主办的《江西地方志》出刊6期，刊发文章90篇、工作动态信息52条、彩色图文信息29条。刊发文章涉及地方志业务问题、二轮志书编纂、南海主权、“一带一路”倡议、扶贫攻坚等。 （朱岳）

【《萍乡史志》】 年内，《萍乡史志》出刊4期。该刊前身是创办于20世纪80年代后期的《萍乡党史通讯》《萍乡市志通讯》。复刊号7月出版，9月出版湘赣边界秋收起义专刊，10月出版纪念斑竹山起义90周年专刊，12月出版红色邮政专刊。 （朱岳）

【《山东史志》】 年内，《山东史志》出刊4期，刊登各类文章53篇，40余万字。该刊自2017年第1期开始由黑白印刷改为四色彩印和胶装。内容上，一是增加地方史及地域文化研究的内容，如设立“山东省历史地图集撷萃”栏目，精选、刊发图集的部分内容，“古地图”栏目陆续展示国内外多家图书馆、博物馆、档案馆收藏的几百幅古地图，其中包括藏于美国国会图书馆的明清时期手绘《山东运河全图》《山东海航图》；二是活跃版面设计，对封面和内文版式、书眉等进行重新设计。 （孙杰）

【《史鉴》】 年内，山东省青岛市史志办主办的《史鉴》出刊4期，刊登历史、地情和方志理论等文章100余篇。面向全市各级党政领导、部分大企业负责人、10区（市）领导以及全市近200个《青岛市志》承编单位发行。同时，寄送到全市166个镇、街道一级行政单位，配发到各区（市）交通、旅游等重要公共场所，并将每期内容录入青岛市情网。

（青岛市史志办）

【《崂山春秋》】 年内，山东省青岛市崂山区档案局、区史志办、区委党史研究室合办的《崂山春秋》年内出版4期，每期发稿20余篇。 （青岛市史志办）

【《城阳纵横》】 年内，山东省青岛市城阳区档案局、城阳区史志办主办的《城阳纵横》出刊4期，每期发稿20余篇。（青岛市史志办）

【《即墨古今》】 年内，山东省青岛市即墨市史志办主办的《即墨古今》出刊2期。

（青岛市史志办）

【《泰安市情》】 1月，山东省泰安市史志办主管、市情研究会主办的《泰安市情》纪念万里同志诞辰100周年专刊出版。设权威论坛、本刊特载、万里生平、往事回眸、万里在东平、回忆万里、纪念万里等栏目。5月，改版后的《泰安市情》出刊1期，以突出市情为重点内容，黑白两色印刷改为彩色印刷，纸张由轻型纸改为特种纸，设置13个栏目，全方位宣传泰安的历史、现状及发展前景。

（山东省史志办）

【《单州古今》】 6月，《单州古今》出刊1期。该刊主要设特辑、青联视界、廉政单县、善（单）天下、吕后研究、红色湖西、乡音·乡情、单州文苑、消息等栏目，重点介绍在吕后研究、红色湖西研究等方面的活动情况和取

得的研究成果。（山东省史志办）

【《河南史志》】 年内，《河南史志》出刊6期，发表稿件140篇，约40万字。该刊主要栏目有重要文献、志鉴编纂、理论探索、读志用志、新志评述、经验交流、地方法规、指导意见、修志人物、史志资料、史海钩陈、地方史话、动态信息等。（汪朝霞）

【《湖北方志》】 年内，《湖北方志》内刊出版6期。（湖北省志办）

【《湖南年鉴·文献与人物》】 年内，《湖南年鉴·文献与人物》出刊22期。该刊设置本期策划、文献、志鉴、人物四大板块，常设栏目有志乘名篇、方志典故、方志人物、志人志事等16个。（任国瑞）

【《广东史志》】 年内，《广东史志》出刊6期，该刊主要刊载有关广东历史文化和地方志研究的文章。（广东省志办）

【《羊城今古》】 年内，广东省广州市志办主管、市地方志学会主办的《羊城今古》出刊4期，刊发66篇文章，累计出版150期。该刊年内设加强全国地方史志期刊工作的意见、广州市举行第九次地方志工作会议、“中国梦·方志情”首届全国方志馆讲解员大赛、广州市情专题开放日活动等专题；设立珠江潮汐栏目，刊发“广州建设人与自然和谐城市的战略选择”等8篇城市发展战略研究类文章。（张丽蓉）

【《韶关史志》】 年内，广东省韶关市委党史研究室、市志办主办的《韶关史志》（季刊）创刊，出刊2期。该刊常设栏目有理论研究、史海钩沉、县市连线和工作动态，动态栏目有特载、古村古道、民风民俗、他山之石等。（广东省志办）

【《深圳史志》】 年内，《深圳史志》（季刊）改版，出刊4期。改版后，设卷首语、特区史研究、党史研究、志鉴探讨、深圳往事、亲历者回忆、香江史话、书评、大事记、诗苑10个栏目，更突出挖掘历史第一手资料，并增设纪念重大历史事件、重要工作两个栏目；重新设计封面和中间彩页，增加卷首语和英文目录。（广东省志办）

【《珠海史志》】 年内，广东省珠海市委党史研究室、市志办主办的《珠海史志》（季刊）创刊。该刊设学习十九大精神、改革开放、党史研究、方志论坛、年鉴研究、人物春秋、口述历史、地情古今、成果之窗、修志人物、资政启示、家训家风、工作作风等栏目。（广东省志办）

【《广西地方志》】 年内，广西壮族自治区志办主管、自治区志办和广西地方志协会主办的《广西地方志》出刊6期，刊发稿件113篇，约70万字。该刊设特载、编纂论坛、志鉴研究、史海纵横、典籍整理、八桂一览、大事记、信息看台等栏目。在广西行业类期刊编校质量检查中，广西新闻出版广电局组织有关专家对2017年4月出版的16种行业类期刊进行检查，《广西地方志》以差错率最少（万分之1.45）排名第一。（周珍朱）

【《海南史志》】 年内，海南省中共党史学会、省地方志学会主办的《海南史志》出刊6期。该刊设两学一做、党史研究、方志论坛、红色记忆、琼州人物、史海拾贝、志坛文苑、史志动态、传统村落等栏目。（郑昕）

【《重庆地方志》】 5月，《重庆地方志》季刊创刊，大16开，年内出刊3期，填补了重庆市十多年来省级地方志刊物的空白。该刊刊载有关重庆地情和方志研究文章，设修志要闻、方志研究、读志用志、方志艺海、山城纵横、名特辑录、动态信息等栏目。（杨祖静）

【《巴蜀史志》】 年内，《巴蜀史志》出刊6期、增刊1期。该刊在办好时政辑要、封面故事、志鉴研究、读志用志、史料之窗、蜀中人物、资治探索等栏目同时，推出庆祝建军90周年、编读往来、家风家训等专栏，利用封三介绍省书画名家的生平和作品。（刘艳平）

【《贵州史志林》】 年内，《贵州史志林》出刊4期。该刊设工作研讨、理论研讨、地方史研讨等专栏。（贵州省志办）

【《人文贵阳》】 年内，贵州省贵阳市志办主办的《人文贵阳》编发了26期，专刊4期，每期2000册。该刊收录了史志研究文章、贵阳历史人文资料200余万字，文章1000余篇。（蒋颖）

【《云南史志》】 年内，《云南史志》出刊4期。（郑灵琳）

【《西藏地方志》】 年内，《西藏地方志》出刊4期，刊登文章49篇，约26万字。（徐文玉）

【《陕西地方志》】 年内，《陕西地方志》出刊6期，刊发论文67篇，其中有关地方志、地方史论文共32篇。（丁喜）

【《西安地方志》】 年内，《西安地方志》改版，改版后论述西安历史的同时，更加注重地域性。全年刊发6期，30万字。（黄立峰）

【《甘肃史志》】 年内，《甘肃史志》出刊4期。该刊设特载、工作论坛、文件选编、续志研究、篇目选登、史地考证、历史回眸、陇原人物、旧志整理、乡情民俗、志鉴动态、成果展示、史志随笔等栏目。（石战涛）

【《宁夏史志》】 年内，《宁夏史志》出刊6期，刊登文章80余篇。自1985年创刊，累计出刊189期。从当年第4期开始，改为全彩印刷。设特载、专载、理论研究、塞上春秋、史地寻踪、塞上人物、民情风俗、古迹遗踪、丝路文化、学术园地等。（张明鹏）

【《新疆地方志》】 年内，《新疆地方志》汉文版和维吾尔文版分别出刊4期。该刊设志书评述、方志论谈、工作研究、年鉴编纂、为现实服务、史海拾贝等栏目。（陈忠）

·通讯简报

【《〈北京志〉编纂工作月（年）报》】 年内，北京市志办编印第二轮《北京志》月报，编纂工作月报第94期（2016年12月份）至第105期（2017年11月份）共12期，年报1期。月报记录各分志当月的进展情况，撰写全面工作小结。截至2017年底，累计编发月报105期、年报8期，127万字。（王韧洁）

【北京市《区县修志动态》】 年内，北京市志办编印《区县修志动态》第46期（2017年2月）至第51期（2017年11月）共6期，年报1期。《区县修志动态》记录全市各区第二轮修志进展情况、修志业务培训、领导考察调研、修志创新做法等相关内容。截至2017年底，累计编发《区县修志动态》51期、年报5期，总字数47万字。（王韧洁）

【《太原方志简讯》】 年内，山西省太原市志办编印《太原方志简讯》44期，编发稿件100余篇，计13万字。（刘雁珍 张裕晋）

【吉林省地方志机构通讯简报】 吉林省各级地方志机构全年编印通讯简报3种，共42期。其中，吉林省地方志编委编印《吉林省方志工作通讯》40期；吉林市地方志编委会编印《吉林市志鉴通讯》1期；长春市九台区志办编印《九台地情》1期。（周玉顺）

【《黑龙江方志信息》】 年内，《黑龙江方志信息》累计编印21期。该刊以特载的形式刊

发《黑龙江省疆域建制沿革考略》。（由岳峰）

【《哈尔滨市情活页》】 年内，黑龙江省《哈尔滨市情活页》编印12期，约110万字。该活页先后推出临空经济区、自贸试验区、飞地经济、学习贯彻十九大精神、支持省会城市建设、聚焦深圳等专题。（刘新惠）

【江苏省《省志工作简报》】 年内，江苏省《省志工作简报》编印6期，约3万字。

（朱莉萍）

【《嘉兴档案史志信息》】 年内，浙江省《嘉兴档案史志信息》编印12期。截至年底，累计编印184期。（嘉兴市志办）

【《南湖档案史志简报》】 年内，浙江省嘉兴市南湖区史志办与区档案局联合编辑《南湖档案史志简报》电子版。该刊为季刊，全年编印4期。（嘉兴市志办）

【《衢州方志简讯》】 年内，浙江省《衢州方志简讯》编印7期。截至年底，累计编印58期。（衢州市志办）

【《常山地方志工作简报》】 年内，浙江省《常山地方志工作简报》编印6期。截至年底，累计编印77期。（衢州市志办）

【《温岭市志通讯》】 年内，浙江省《温岭市志通讯》编印2期。每期除送相关单位和人员外，还寄送至全市各个镇、街道的文化礼堂。

（台州市志办）

【《修志简讯》】 年内，福建省地方志编委会主办的内部工作通讯《修志简讯》编印13期，约7.2万字，其中专刊1期。

（欧长生　孙洁斐）

【《莱芜史志》】 6月，山东省莱芜市史志工作简报《莱芜史志》编印1期。该期收录市史志办各科室及莱城区、钢城区史志办反映第二轮志书编修、名镇名村志文化工程推进、旧志整理、年鉴组稿、市情网站改版、方志馆建设、“两学一做”学习教育、国家文明城市创建等工作进展的动态共10篇。

（山东省史志办）

【《广州地方志简报》】 年内，广东省广州市志办主办的《广州地方志简报》，编印13期，其中专刊6期，每期印发300份。（王娜）

【《海南史志工作信息》】 年内，海南省委党史研究室（省志办）主办的《海南史志工作信息》编印32期，刊载信息116篇，其中市县单独供稿24篇。（郑昕）

【《四川地方志简报》】 年内，四川省志办主办的四川地方志简报编印28期，在四川地方志网站发布全省地方志系统重要信息。向四川省电子政务外网系统报送信息122条、采用121条，向四川党政网信息摘要报送信息112条、采用27条。（黄绚）

【《西藏方志纪要》】 年内，西藏自治区志办主办的《西藏方志纪要》编印1期，简报编印22期。（邹廷波）

【《青海地方志通讯简报》】 年内，青海省志办编印地方志通讯4期、地方志工作动态50期。（马渊）

【《新疆地方志信息》】 年内，新疆维吾尔自治区主办的《新疆地方志信息》编印35期。

（陈忠）

【《兵团史志工作简讯》】 年内，新疆生产建设兵团史志办主办的《兵团史志工作简讯》编印3期，刊载各类信息、稿件、文章60余篇，3万字。（王兴鹏）

依法治志与督促检查

·依法治志

【地方志纳入中华优秀传统文化传承发展工程】 1月25日，中共中央办公厅、国务院办公厅印发《关于实施中华优秀传统文化传承发展工程的意见》，在重点任务中明确要求："加强中国共产党史国史及相关档案编修，做好地方史志编纂工作，巩固中华文明探源成果，正确反映中华民族文明史，推出一批研究成果。"将地方志纳入中华优秀传统文化传承发展工程。（朱文清）

【地方志纳入《国家"十三五"时期文化发展改革规划纲要》】 5月7日，中共中央办公厅、国务院办公厅印发《国家"十三五"时期文化发展改革规划纲要》，其中第八部分传承弘扬中华优秀传统文化专栏19"中华文化传承发展工程"中明确强调："加强中国共产党史、中华人民共和国史编修，加强地方史编写和边疆历史地理研究。完成省、市、县三级地方志书出版工作。开展旧志整理和部分有条件的镇志、村志编纂。"将地方志工作纳入中华优秀传统文化传承发展工程，从国家层面明确了地方志在建设社会主义文化强国、增强国家文化软实力、实现中华民族伟大复兴中国梦的重要作用。（朱文清）

【北京市志办权力清单调整】 年内，北京市志办在市政府各部门权力清单调整中保留了6类8项与地方志工作相关的行政权力，包括行政许可（以行政区域名称冠名的地方志组织编纂许可）；行政确认（对地方志书、地方综合年鉴进行确认，对市级综合年鉴公开出版批准，对以县级以上行政区划名称冠名、列入规划的地方志书进行审查验收）；行政给付（为社会免费提供地方志资料）；行政奖励（对北京市地方志工作先进集体和先进个人的奖励）；行政检查（组织、指导、督促和检查地方志工作）；其他权力（对部门志、行业志、乡镇志、街道志编纂方案进行备案）。（王韧洁）

【北京市志办依法行政】 年内，北京市志办按照市政府审改办、市法制办要求，做好"放管服"、政务服务信息平台建设等各项工作，深入开展"为官不为""为官乱为"专项治理，全年依法完成16项行政许可事项审批。（王韧洁）

【山西省将修志编鉴写入省政府工作报告】 1月14日，山西省省长楼阳生在山西省第十二届人代会第七次会议上所作的《政府工作报告》中明确要求"做好修志编鉴工作，发挥资政育人作用"，将地方志工作纳入2017年省政府重点工作任务。（张瑞琴）

【山西省政府办公厅转发《关于进一步加强地方志工作的实施意见》】 2月23日，山西省政府办公厅转发了省志办《关于进一步加强地方志工作的实施意见》。该意见要求充分认识地方志工作的重要意义，准确把握地方志工作总体要求，多措并举推进"两全目标"落实，立足长远拓宽地方志工作路径。（张瑞琴）

【呼和浩特市《关于加快推进地方志工作的通知》印发】 年内，内蒙古自治区呼和浩特市政府办公厅印发《关于加快推进地方志工作的通知》。该通知明确加快推进第二轮修志、年鉴全覆盖和蒙古文志书翻译等重点工作任务，对方志馆建设、信息化建设、修志队伍建设和依法治志工作提出具体要求。

（徐曼雅　孙志杰）

【辽宁省志办推进地方志立法】　年内，辽宁省志办推进地方志立法工作，组织起草《辽宁省地方志工作规定》，撰写《辽宁省地方志立法可行性和必要性》等相关材料，报送省政府法制办公室。经审查，《辽宁省地方志工作规定》被列入2018年度辽宁省政府立法规划。

（丁玉恒）

【辽宁省推进依法治志建设】　5月，辽宁省沈阳市志办印发《关于全面做好志鉴编修工作的通知》。鞍山市史志办制定《鞍山市史志办公室“十三五”史志规划纲要》《关于促进全市地方志事业发展的意见》《鞍山市史志办公室2018—2020年工作规划》等文件。6月，锦州市政府印发《关于促进全市地方志事业发展的实施意见》。7月，朝阳市市委办公室、市政府办公室印发《关于加强地方志编修进度的通知》。（丁玉恒）

【辽宁省《关于加快地方志编修进度的通知》印发】　4月20日，辽宁省政府办公厅印发《关于加快地方志编修进度的通知》。该通知就高度重视修志编鉴工作、认真制定“时间表”“路线图”、强化督促检查向有关部门提出明确要求，明确各省志分志承编部门完成终审时间原则上控制在2018年底，强调各地区、各部门要把修志编鉴作为“硬指标”“硬任务”，逐级落实责任，明确质量要求，保证编修进度，抓细抓实，确保按时完成任务。（丁玉恒）

【《吉林省地方志工作条例》修订】　7月28日，《吉林省地方志工作条例修正案（草案）》通过省政府第七次常务会议讨论。9月27日，《吉林省地方志工作条例修正案（草案）》通过省人大常委会第三十七次会议审议。《吉林省地方志工作条例修正案（草案）》，主要依据国务院《地方志工作条例》和国务院办公厅《规划纲要》对地方志工作提出的新要求，结合吉林省实际，并借鉴20余个省（区、市）现有法律、法规、规章的相关内容。（常京锁）

【吉林省《关于加快推进全省地方志信息化建设的意见》印发】　9月，吉林省地方志编委会印发《关于加快推进全省地方志信息化建设的意见》。该意见要求完成全省统一地方志网络平台搭建，解决全省各地地方志网络基础设施差、开展信息化建设难等问题，为开展全省地方志信息化建设提供有力的硬件保障和技术支撑。（于泳生）

【黑龙江省《关于开展全省第二轮修志工作和地方综合年鉴编纂工作督查的通知》印发】　6月28日，黑龙江省委办公厅、省政府办公厅印发《关于开展全省第二轮修志工作和地方综合年鉴编纂工作督查的通知》。该通知通报全省第二轮省、市、县三级地方志书编纂工作按照规划进度要求进展较为缓慢的省志和市（地）、县（市、区）志的情况，将未完成地方志书评审任务的第二轮修志承编单位和尚未完成一年一鉴、公开出版地方综合年鉴任务的承编单位列入省委、省政府督办事项，要求各市（地）和各承编单位要高度重视地方志工作，按照国家和省有关规定，增强依法修志意识，自觉把地方志工作作为各级党委、政府及有关单位的一项重要职能，健全修志机构，配备专职人员，给予经费和条件保障，确保“两全目标”任务按时完成。（徐萍）

【江苏省将修志编鉴写入省政府工作报告】　2月6日，江苏省省长石泰峰在江苏省第十二届人民代表大会第五次会议上所作的《政府工作报告》中明确要求“实施文脉整理与研究工程，做好地方志和年鉴的编修工作”。3月1日，江苏省政府印发《省政府2017年度十大主要任务百项重点工作责任分工方案》，要求做好地方志和年鉴的编修工作，《江苏历代方志全书》，第二轮《江苏省志》和市、县（市、区）志，《江苏名酒志》《中国东海水晶志》《“6·23”特大龙卷风冰雹盐城抢险救灾暨灾后重建志》3部特色专业志，《江苏年鉴》和99部市、县（市、区）综合年鉴列入省政府年度百项重点工作考核指标。（武文明）

【江苏省志办推进地方志立法】 年内，江苏省志办推进地方志立法工作，《江苏省地方志工作条例》立法工作被省人大常委会和省政府列入立法调研项目。省委常委、南京市委书记张敬华，副省长王江等省领导先后作出批示，提出明确要求。省志办成立立法工作小组，组织人员到立法较早的省份学习考察，并列出5个调研课题，由13个设区市志办分别开展调研，组织召开中指办、省人大有关专门委员会、省政府法制办等不同层面专家论证会，形成《江苏省地方志工作条例（草案）》，正式报送省人大常委会教科文卫委员会、法制工作委员会和省政府法制办。10月23日至26日，省人大常委会副主任许仲梓带领部分省人大常委会委员、省人大代表到省志办和南京、扬州、宿迁等地专题调研全省地方志工作，并就地方志立法进行座谈交流。经多次修改完善，形成《江苏省地方志工作条例（草案送审稿）》报省政府，被省人大常委会和省政府列入2018年立法正式项目。省政府法制办启动立法程序，完成第一轮意见征求工作。（武文明）

【南京市志办法律顾问制度建立】 年内，江苏省南京市志办贯彻落实南京市委办公厅、市政府办公厅《关于推行法律顾问制度和公职律师公司律师制度的贯彻实施意见》文件精神，研究制定南京市志办法律顾问制度及规则，涵盖法律顾问制度的总体要求，法律顾问的条件、职责、权利和义务等内容。12月27日，市志办和江苏圣典律师事务所签订《聘请常年法律顾问合同书》，聘请该所贾政和律师团队担任市志办常年法律顾问，以充分发挥其在重大决策论证、重要文件起草、地方志法律法规宣传普及等方面的作用，为推进全市“依法治志”工作提供法律意见和服务。（王艳荣）

【《关于加快推进宁波市地方志事业发展的若干意见》印发】 4月7日，浙江省宁波市政府办公厅印发《关于加快推进宁波市地方志事业发展的若干意见》，5月8日起施行。该意见以第二轮修志、年鉴编纂为重点，确定指导思想、基本原则、总体目标和主要任务，要求到2018年基本完成第二轮《宁波市志》编纂任务，全面完成区（县、市）第二轮修志任务，完成县级志书编纂出版；到2020年市、县两级政府直属部门和部分部省属驻甬单位完成部门（行业）志编纂任务，60%乡镇（街道）和所有中心村完成本地志书编纂出版任务；到2017年，实现区（县、市）综合年鉴全面实现“一年一鉴、公开出版”；到2020年，政府重要直属部门均编纂发行部门（行业）年鉴。（高曙明）

【《湖州市全面推进地方志事业繁荣发展的实施意见》印发】 3月20日，浙江省湖州市政府办公室印发《湖州市全面推进地方志事业繁荣发展的实施意见》。该意见分总体要求、主要任务、保障措施三部分内容，明确“十三五”期间湖州市地方志事业发展10项重点工作。该意见要求到2020年全面完成全市第二轮修志任务，实现市、县（区）综合年鉴编纂工作全覆盖。（湖州市志办）

【衢州市《关于推进地方志事业发展的实施意见》印发】 4月24日，浙江省衢州市政府办公室印发《关于推进地方志事业发展的实施意见》。该意见提出“十三五”期间衢州地方志工作的指导思想、基本要求、总体目标、主要任务和保障措施，强调坚持全面发展，突出衢州本地特色，努力实现从一项工作向一项事业转型；到2018年全面完成第二轮修志任务和实现市、县（市、区）两级综合年鉴全覆盖，到2020年全面启动第三轮修志工作，统筹推进全市地方志事业发展。（衢州市志办）

【常山县《关于推进地方志事业发展的实施意见》印发】 7月4日，浙江省常山县政府办公室印发《关于推进地方志事业发展的实施意见》。该意见提出今后一段时期常山县地方志工作的指导思想、基本要求、总体目标、主要任务和保障措施，要求坚持全面发展，突出常山本地特色，努力实现从一项工作向一项事业转型；到2020年全面启动第三轮《常山县志》编纂工作，统筹推进全县地方志事业发展。

（衢州市志办）

【《厦门市地方志事业发展规划纲要（2016—2020年）》印发】 7月6日，福建省厦门市政府办公厅印发《厦门市地方志事业发展规划纲要（2016—2020年）》。该规划分工作基础与发展形势、指导思想与基本原则、总体目标与主要任务、保障措施、加强组织领导五部分内容。该规划纲要要求到2020年全面完成第二轮地方志书编修规划任务，做好第三轮修志的准备工作；市、区综合年鉴在逐年编纂、公开出版的基础上，不断提升编纂质量，向全国一流年鉴目标迈进；逐步启动地方史编写工作；持续推进地方志工作法治化、规范化建设；加快信息化和方志馆（书库）建设，构建多层次读志传志用志平台，努力开创厦门地方志事业发展新局面。该规划是厦门市首个关于地方志事业的专项规划。（郑欣）

【《石狮市“十三五”地方志事业发展规划》印发】 3月28日，福建省石狮市政府办公室印发《石狮市“十三五”地方志事业发展规划》。该规划提出，到2020年，石狮市要逐步健全地方志工作法规制度体系，基本形成地方志编修体系、质量保障体系、资源开发利用体系、理论研究体系、工作保障体系“五位一体”的地方志事业发展综合体系。

（欧长生　孙洁斐）

【《德化县“十三五”地方志事业发展规划》印发】 3月，福建省德化县政府办公室印发《德化县“十三五”地方志事业发展规划》。该规划总结“十二五”期间德化县地方志事业发展取得的成就，提出今后五年的指导思想、基本原则和目标任务，明确组织领导和保障措施。这是德化县首个地方志事业发展规划性文件。

（欧长生　孙洁斐）

【宁德市建立县级综合年鉴工作评价体系】 7月，福建省宁德市地方志编委会印发《宁德市县级地方综合年鉴工作评价办法》《宁德市县级地方综合年鉴工作规范》，在福建省率先建立县级综合年鉴工作评价体系。该评价体系分为“机制类”和“成效类”，下设18项二级指标，从年鉴工作机制保障以及如何抓好年鉴工作的具体措施着眼，制定分层次量化评分标准。

（欧长生　孙洁斐）

【宁德市开展地方志法规宣传月活动】 年内，福建省宁德市地方志编委会印发《地方志法规宣传月活动方案》，明确宣传重点、活动形式和工作要求。市地方志编委会利用广播电视、报纸、网络、LED显示屏、悬挂横幅等多媒体方式，多渠道宣传中央领导关于地方志工作的重要讲话、批示，地方志法规和地方志工作动态等，营造浓厚宣传氛围；开展志书进机关、进社区、进农村、进校园活动，共赠阅地情书籍400多册。（欧长生　孙洁斐）

【三明市开展地方志法规宣传月活动】 年内，福建省三明市地方志编委会开展地方志法规宣传月活动，组织编印《地方志工作法规文件汇编》一书并向各县（市、区）和市直单位发放800余册，为志鉴编修提供指导和参考。

（欧长生　孙洁斐）

【《江西省志办贯彻落实〈全国年鉴事业发展规划（2016—2020年）〉实施意见》印发】 7月10日，江西省志办印发《江西省志办贯彻落实〈全国年鉴事业发展规划（2016—2020年）〉实施意见》。该意见明确江西省、市、县（市、区）级综合年鉴一年一鉴全覆盖任务出版时间表，省志办负责对该实施意见落实和执

行情况进行督促检查。（朱岳）

【山东省实现省、市、县三级规划纲要全覆盖】 截至8月24日，山东省17市、137个县（市、区）全部制定印发史志事业发展规划纲要或实施方案，山东省实现省、市、县三级规划纲要全覆盖。（山东省史志办）

【河南省《关于进一步做好地方史志编纂出版工作的意见》印发】 6月，河南省史志办、省新闻出版广电局联合印发《关于进一步做好地方史志编纂出版工作的意见》。该意见明确，坚持和健全工作体制机制，进一步加强法治建设；坚持和完善评审验收制度，进一步加强质量建设；加强协调管理，进一步形成联动配合格局。该意见要求，各级地方史志机构要将地方史编写纳入工作范畴，统一规划、统一管理，切实加强对承担编纂任务单位（包括参与修史修志的社会力量）的业务指导和监督检查。该意见明确未经地方史志机构评审验收，并出具明确意见的地方史书志书，省内各出版单位不得擅自公开出版；作为内部资料的地方史书志书，刊印前也须征求地方史志机构的意见。（程茜）

【《周口市地方史志事业发展规划（2016—2020年）》印发】 4月1日，河南省周口市政府办公室印发《周口市地方史志事业发展规划（2016—2020年）》。该规划总结“十二五”期间周口市地方史志工作取得的成绩，指出工作中存在的问题，明确今后五年周口市地方史志事业发展的指导思想、基本原则、总体目标、工作任务、保障措施，提出到2020年基本形成地方史志编修体系、理论研究体系、质量保障体系、资源开发利用体系、工作保障体系“五位一体”的地方史志事业发展综合体系的总体目标。（汪朝霞）

【《茂名市地方志事业发展“十三五”规划（2016—2020年）》印发】 7月18日，广东省茂名市政府办公室印发《茂名市地方志事业发展“十三五”规划（2016—2020年）》。该规划指明茂名市地方志事业发展的基础，明确指导思想与基本原则，制定“十三五”期间的总体目标与主要任务，确定茂名市地方志事业发展的保障机制。该规划要求加强督促检查，健全完善督查通报机制，强化责任落实，建立健全以“一纳入、八到位”为主要内容的全市地方志工作年度考评机制，每年对各地和市直单位进行一次检查评估和通报。（广东省志办）

【《东莞市地方志事业发展规划（2016—2020）》印发】 2月22日，广东省东莞市政府办公室印发《东莞市地方志事业发展规划（2016—2020）》。该规划明确指导思想与基本原则，确定到2020年规划、编纂出版名志名鉴名史5部以上，全面完成全市自然村落历史人文普查，做好第三轮修志准备，中心镇和有关街道综合年鉴全面实现一年一鉴、公开出版，志、鉴、史编修全面协调发展，存史功能更加完备等。（广东省志办）

【广西壮族自治区志办优化行政权力运行流程】 年内，广西壮族自治区志办根据自治区政府关于公布政府部门权责清单等要求，开展行政权力运行流程优化工作，在梳理法规和职能的基础上，按照各类行政权力事项实施优化，明确每一个工作环节的承办机构、实施依据、办理要求、办理时限等内容。12月20日，自治区政府印发《关于公布自治区政府部门行政权力运行流程的通知》，其中含有自治区志办7项行政权力运行流程图。此外，自治区志办还对14个设区市志办的行政权力运行流程图进行审核，印发审核意见书14份，修改行政权力运行流程项目96份，审核指出共性问题5个。该项工作获自治区政府办公厅致信感谢。

（杨文光）

【海口市推进依法治志】 年内，海南省海口市委办公厅、市政府办公厅印发《〈海口市志（1997—2010）·人物卷〉收录标准》，海口市志办印发《海口市地方志书编纂规范》《海口

市地方综合年鉴编纂出版实施办法》，编印《海口市地方志工作手册》。（海口市志办）

【《琼中黎族苗族自治县史志工作规划（2017—2020)》印发】 9月13日，海南省琼中县委、县政府印发《琼中黎族苗族自治县史志工作规划（2017—2020)》。该规划包括面临的形势、指导思想与基本原则、总体目标与主要任务、保障措施四个部分。该规划明确琼中县于2018年完成年鉴“补课”任务，争取实现“一年一鉴”目标，2018年底出版发行《营根镇志》；2019年全面完成《中国共产党琼中历史(1926—1978)》《琼中县志（1991—2010)》编纂出版工作；2020年前启动《中国共产党琼中历史（1979—2002)》编写工作。（蔡红艳）

【重庆市《武隆区地方志工作管理办法》印发】 9月，重庆市武隆区政府办公室印发《武隆区地方志工作管理办法》。该办法内容涉及地方志范畴，政府对本行政区域地方志工作的领导，地方志工作主管机构及其职责，地方志编纂人员、地方志资料的收集管理，地方志的编纂程序、书籍的出版及其著作权，表彰和奖励等19条。该办法是武隆区首份地方志工作规范性文件。（重庆市武隆区志办）

【四川省推进依法治志】 年内，四川省志办以《规划纲要》《四川省地方志事业第十三个五年发展规划（2016—2020年)》为遵循，以省委办公厅、省政府办公厅《关于进一步加强和改进新形势下地方志工作的意见》为保障，制定实施意见。21个市（州）均出台地方志“十三五”发展规划并在“四川地方志”网站发布，大部分县（市、区）出台当地地方志“十三五”发展规划。广元、自贡、雅安、眉山、资阳市及甘孜州印发《关于进一步加强和改进新形势下地方志工作的意见》。全省地方志系统共办理行政执法证151个。（刘艳平）

【贵州省地方志事业列入省政府文化专项发展规划】 3月9日，经贵州省政府批准，省文化厅、省新闻出版广电局、省档案局、省发展和改革委员会联合印发《贵州省“十三五”文化事业和文化产业发展规划》。该规划明确“十三五”时期地方志事业发展实施文化精品、文化基础建设、文化品牌活动、文化交流提升、人才高地建设等工程，为贵州省地方志事业发展提供了重要政策支撑和资金安排依据。（贵州省志办）

【云南省《关于进一步加强和推进地方志工作的意见》印发】 5月，云南省志办印发《关于进一步加强和推进地方志工作的意见》。该意见分规划引领，坚持地方志事业科学发展；依法治志，确保地方志事业全面发展；夯实基础，推动地方志事业持续发展；统筹协调，促进地方志事业繁荣发展4部分12条。该意见指明今后一段时间内全省地方志工作努力方向，推进地方志事业发展转型升级。（郑灵琳）

【西藏自治区《关于进一步规范地方综合年鉴编纂出版工作的通知》印发】 5月4日，西藏自治区志办印发《关于进一步规范地方综合年鉴编纂出版工作的通知》。该通知根据个别地方对地方综合年鉴工作重视不够等问题，对地方综合年鉴编纂从把好政治、保密、数据、体例、结构、文字等重要关口及框架设计、审批程序等提出具体要求。（达瓦扎西）

【《宁夏回族自治区地方志事业发展实施方案(2016年—2020年)》印发】 4月，宁夏回族自治区政府办公厅印发《宁夏回族自治区地方志事业发展实施方案（2016年—2020年)》。该方案明确要求力争到2020年完成49部首修与续修合一的专业（部门）志和13部续修专业（部门）志，继续保持27部省、市、县三级综合年鉴正常出版，并对旧志整理、地方志质量建设、信息化建设、资料征集、地方志资源开发、理论研究等工作提出具体要求。（张明鹏）

·督促检查

【《〈北京市地方志事业发展规划纲要（2016—2020年）任务分工方案〉2017年度重点任务督查落实预案》印发】 4月5日，北京市志办、市委督查室、市政府督查室联合印发《〈北京市地方志事业发展规划纲要（2016—2020年）任务分工方案〉2017年度重点任务督查落实预案》，将“两全目标”列入北京市“十三五”规划以及全国文化中心建设、传承发展中华优秀传统文化等相关工作任务分工，将第二轮修志工作任务列为市委、市政府督查室2017年重点督查任务。市志办加大组织协调和督促检查力度，落实和完善三审制度，建立修志进度通报制度。截至年末，第二轮《北京志》68部分志共接收初审稿54部，占比80%，比2016年提高20%；进入终审环节20部，占比30%，比2016年提高22%。其中，完成初审评议46部，处于复审阶段12部，处于终审阶段5部，处于出版阶段12部，出版见书3部。18部区（县）志全部通过初审，提交复审稿16部，占比89%，比2016年提高72%。其中，进入终审环节12部，进入出版环节4部。 （姜坤）

【北京市志办调研市监狱局地方志工作】 2月28日，北京市志办党组书记、主任陈玲、副主任张恒彬一行到市监狱局调研地方志工作。双方就志书和年鉴编纂、修志工作和典型宣传、地方志开发利用、建立宣教合作机制等问题进行交流。 （王韧洁）

【北京市志办调研市委党校《北京抗日战争志》编纂工作】 4月20日，北京市志办党组书记、主任陈玲带队赴市委党史研究室，就《北京抗日战争志》编纂工作进行调研。（王韧洁）

【河北省政府开展地方志工作督查】 年内，河北省政府督查室把地方志年度工作列为2017年度督办考核事项，要求各级地方志工作机构严格按照《河北省县级年鉴启动规划表》，及时启动年鉴编纂工作。3月14日，省政府办公厅发文对2016年河北省县级年鉴编纂启动情况进行通报。3月15日，省政府办公厅发文对编纂进度严重落后于启动要求的9家承编单位进行通报。4月19日至24日，根据省政府领导批示要求，省政府督查室会同省志办一行4人，对全省23个市、县（市、区）的地方志编纂工作进行实地督查。8月29日，省政府督查室对省商务厅、省供销合作社、省外（侨）办、省发展改革委、省工信厅等5家单位地方志编纂工作进行集中督导。 （鲍秋芬 张海）

【山西省政府开展地方志工作督查】 2月21日，山西省人大常委会教科文卫工作委员会印发《关于开展地方志工作条例执法情况调研的通知》，就贯彻落实国务院和山西省《地方志工作条例》及《规划纲要》开展执法调研。3月10日，省政府办公厅印发《关于全省修志编鉴“两全目标”完成情况的通报》，推动志鉴编纂进展缓慢的市县和省直厅局加大工作力度。4月7日，省政府督查室印发《关于对全省志鉴“两全目标”完成情况开展专项督查的通知》，决定对各市、县政府，省直有关厅局的“两全目标”完成情况进行督查，实地重点督查太原、大同、朔州、吕梁、长治等5市，18个县志编纂进度缓慢的县（市、区），19个未开展综合年鉴编纂工作的县（区），21个省志编修进展缓慢的省直单位。8月25日，省政府将修志工作进展缓慢的8个省直单位、太原市7个县（市、区）、大同市1个县、吕梁市及其所属的10个县（市、区）列入省政府“13710”督办系统。 （张瑞琴）

【辽宁省政府开展地方志工作督查】 4月20日，辽宁省志办按照省政府办公厅印发的《关于加快地方志编修进度的通知》要求，做好“时间表”“路线图”的催报和整理工作。7月6日至8月18日，辽宁省志办主任鄢钢城一行5人先后到丹东、鞍山、营口、铁岭、锦州、本溪、辽阳、葫芦岛、朝阳、阜新、盘锦、大连、沈阳、抚顺就市、县（市、区）“两全目标”任务落实情况进行督促检查，专题调研各有关市、县（市、区）志书、年鉴编纂出版，信息化、方志馆建设，地情资源开发利用及机构编制、人员配备、出版经费等情况，分别召开14个市座谈会议，听取14个市、87个县（市、区）志办负责人工作汇报。9月8日，省志办在本溪市召开2017年辽宁省“两全”目标推进会，对完成“两全”目标进行再动员、再部署。　（丁玉恒）

【上海市志办开展第二轮修志工作督查】 10月至12月，上海市志办对《上海市志（1978—2010）》各承编单位的第二轮修志工作进行督查。督查工作分承编单位自查、上报《进度表》和编纂工作报告、督查复核、通报和督办等4个阶段开展。9月底，市志办下发《关于开展二轮新编地方志书编纂工作督查的通知》，向未进入市级评议阶段的《上海市志（1978—2010）》78家承编单位发出通知。至12月初，收到所有承编单位的情况反馈。11月至12月，市志办派出督查组赴市文广局等承编单位进行实地督查。根据各承编单位反馈及市地方志办督查复核，截至12月，《上海市志（1978—2010）》148部分志、分卷中，出版4部，进入评议、审定、验收阶段20部，未启动8部，启动后暂停9部。其余107部正在编纂的志书中，完成率在40%以下的有21部，40%（含）至60%的有43部，60%（含）以上的有43部。在107部正在编纂的志书中，承诺2018年送审的有38部，承诺2019年送审的有66部，承诺2020年送审的有3部。总体来说，《上海市志（1978—2010）》各分志、分卷编纂进展顺利。　（翟辉）

【浙江省志办开展地方志工作督查】 年内，浙江省志办针对“两全目标”完成情况开展督促检查。9月21日与11月3日，《浙江通志》总编俞文华，常务副总编、浙江省志办主任潘捷军，及相关副总编分别到省工商行政管理和省民政厅督促检查《浙江通志》有关卷编纂工作。10月12日至13日，潘捷军一行到嘉兴市调研，对尚未完成“两全目标”的部分县（区）进行督导，并与已经完成“两全目标”的部分县（区）就地方志事业转型升级进行座谈。　（浙江省志办）

【玉环市督查通报县志编纂工作】 7月3日，浙江省玉环市委督查室、市政府督查室联合印发《关于〈玉环县志（1989—2016）〉编纂工作进展情况的督查通报》。　（台州市志办）

【江西省志办首次开展地方志工作联合督查】 7月至9月，江西省志办联合省政府法制办对全省11个设区市19个县（区）地方志工作开展联合督查。督查主要内容包括学习宣传贯彻《地方志工作条例》《规划纲要》以及《江西省实施〈地方志工作条例〉办法》《江西省地方志事业发展规划纲要（2016—2020年）》等情况，“一纳入、八到位”的落实情况，“两全目标”进展情况；方志馆（地情资料库）建设情况，地方志工作宣传与信息化工作情况，地情资源开发与旧志整理情况，地方志理论研究情况，地方志工作机构围绕党委、政府中心工作开展地情服务等资政情况，地方志工作机构性质、编制、人员、干部使用、经费保障等情况等，重点督查市、县（市、区）两级“两全目标”完成情况。省志办结合督查过程中发现的问题向全省通报督查结果。　（朱岳）

【新余市志办开展地方志工作联合督查】 8月24日，江西省新余市志办联合市法制办组成督查组，对县（区）地方志工作情况进行督查。督查重点是第二轮地方志书和地方综合年鉴，各类专志（年鉴）、乡镇志、村志的编纂情况，地情资料库的建设情况和在开展地方志工作中遇到的主要困难和问题，以及下一步工作计划。督查组先后到渝水区、分宜县史志办，详细了解县（区）地方志工作情况，并对照省志办督查内容，进行逐条梳理和督查。　（朱岳）

【吉安市志办开展地方志工作督查】 4月16日至27日，江西省吉安市志办对吉安市13个县（市、区）地方志工作开展调研督查。市志办在各县（市、区）召开座谈会，听取工作汇报并进行交流探讨。 （朱岳）

【抚州市志办开展地方志工作督查】 4月15日至5月15日，江西省抚州市志办与市政府法制办组成联合督查组，对全市11个县（区）的地方志工作“两全目标”和“一纳入、八到位”落实情况进行专项督查。督查分成五组进行，采取“听、看、查、馈”方式，县（区）政府分管领导或到史志办听取工作汇报，或听取督查组情况反馈。6月14日，市政府办公室印发《关于全市地方志工作督查情况的通报》。通报下发后，乐安县作出延长县志下限的决定，拨出修志专款，搭建编写班子，完善篇目，志书编纂工作正式运转；临川区召开年鉴编纂动员大会，对编纂人员进行培训；南城县召开动员大会，启动年鉴编纂。 （朱岳）

【淄博市政府开展《淄博市地方史志事业发展规划纲要（2016—2020）》落实情况专项督查】 10月18日至20日，山东省淄博市政府督查室与市史志办组成联合督查组，赴八个区（县）督查《淄博市地方史志事业发展规划纲要（2016—2020）》落实情况。督查组采取召开座谈会和到方志馆新馆现场实地察看的方式，对各区（县）史志工作“一纳入、八到位”落实情况，综合年鉴“一年一鉴、公开出版”落实情况，特别是方志馆建设的规划与进度情况进行督查。各区（县）分管区（县）长就《规划纲要》实施情况作详细汇报，区（县）政府办公室、编办、发改委、财政局、人社局、史志办等部门参加座谈。

（山东省史志办）

【淄博市史志工作“三全”目标推进会召开】 11月15日，山东省淄博市史志工作“三全”目标推进会召开。省政府办公厅党组成员、省史志办主任刘爱军，淄博市副市长申延军出席会议并讲话。淄博市委书记周连华会见刘爱军一行。淄博市各县（区）政府分管负责人、史志办主任等参会。 （山东省史志办）

【枣庄市史志工作“三全”目标推进会召开】 7月25日，山东省枣庄市史志工作“三全”目标推进会召开。省政府办公厅党组成员、省史志办主任刘爱军，枣庄市副市长刘吉忠出席会议并讲话。枣庄市委书记李同道，市委常委、秘书长朱国伟会见刘爱军一行。枣庄市各区（市）政府分管负责人、史志办主任等参会。 （山东省史志办）

【烟台市史志工作“三全”目标推进会召开】 5月26日，山东省烟台市史志工作“三全”目标推进会召开。省政府办公厅党组成员、省史志办主任刘爱军，烟台市副市长张波出席会议并讲话。烟台市市长张永霞、市委副书记王继东、副市长王晓军会见刘爱军一行。各县（市、区）政府分管领导、史志办主任参会。

（山东省史志办）

【潍坊市政府开展史志工作“三全”目标落实情况督查】 8月，山东省潍坊市政府办公室发出通报，对全市史志工作“三全”目标落实情况进行督查。通报要求各县（市、区）加强史志机构队伍建设，着力解决占用史志机构编制、人员在编不在岗等问题，杜绝“挂空衔”现象。9月7日，潍坊市史志工作“三全”目标推进会召开。省政府办公厅党组成员、省史志办主任刘爱军，潍坊市副市长李平，省政府督查室副主任鲍彩耀出席会议并讲话。潍坊市市长李宽端会见刘爱军一行。潍坊市各县（市、区）政府分管领导、史志办主任等参会。

（山东省史志办）

【济宁市史志工作“三全”目标推进会召开】 12月14日，山东省济宁市史志工作“三全”目标推进会召开。省政府办公厅党组成员、省史志办主任刘爱军出席会议并讲话，济宁市委常委、统战部部长白山主持会议并讲话。济宁

市委书记王艺华会见刘爱军一行。济宁市市直单位有关人员，各县（市、区）政府分管负责人、史志办主任等参会。（山东省史志办）

【日照市史志工作“三全”目标推进会召开】 9月26日，山东省日照市史志工作“三全”目标推进会召开。省政府办公厅党组成员、省史志办主任刘爱军，日照市副市长林彦芹出席会议并讲话。日照市委书记刘星泰、市长齐家滨会见刘爱军一行。各县（市、区）政府分管领导、史志办主任参会。（山东省史志办）

【德州市市长陈飞督查史志工作】 3月14日，山东省德州市市长陈飞审定市史志办《关于落实〈山东省地方史志事业发展规划纲要(2016—2020年)〉督查情况的反馈意见的工作方案》，肯定开门修志、建设特色方志馆的思路。他明确要求，《德州市志》编纂工作要继续采用购买服务方式，聘请专家把关，确保质量；责成分管副市长和秘书长牵头，负责统筹协调，确保全市方志馆到2020年实现面积达标、功能齐备、设施完善的目标。

（山东省史志办）

【滨州市史志工作“三全”目标推进会召开】 9月21日，山东省滨州市史志工作“三全”目标推进会召开。省政府办公厅党组成员、省史志办主任刘爱军，滨州市副市长潘青出席会议并讲话，省政府督查室督查专员郝首庆等参会。滨州市委书记张光峰、市长崔洪刚会见刘爱军一行。滨州市各县（区）政府分管领导、史志办主任等参会。（山东省史志办）

【滨州市政府开展“三全目标”推进落实情况督查】 11月14日至17日，山东省滨州市史志办与市政府督查室组成市政府督查组，到全市7区（县）督查史志“三全目标”推进完成情况。督查组采取召开座谈会和实地查看方志馆新馆建设现场的方式，对各区（县）第二轮修志、综合年鉴“一年一鉴、公开出版”及方志馆规划建设情况进行督查。各区（县）分管领导就“三全目标”推进落实情况作汇报，区（县）政府督查局及史志办等部门参加座谈。

（山东省史志办）

【湖南省政府开展地方志工作督查】 11月13日至21日，湖南省政府办公厅组织省地方志编委会等单位有关人员，对娄底、邵阳、怀化、永州四市的地方志工作进行督查，重点督查“一纳入、八到位”工作机制落实和“两全目标”工作进展情况，并向全省通报督查情况，对今后工作提出具体要求。（张征远）

【长沙市市委、市政府开展地方志工作督查】 3月2日至21日，湖南省长沙市委督查室、市政府督查室、市志办联合对全市地方志工作开展情况进行专题督查，分别深入到湖南湘江新区、13家省级以上园区、54家市直单位、9个县（市、区），采取听取汇报、查阅资料、座谈调研等形式进行现场督查。督查内容主要是《关于长沙市地方志事业发展规划纲要(2015—2020)任务分解的通知》贯彻落实情况，重点包括各区（县、市）将地方志工作纳入国民经济和社会发展规划、政府工作任务情况，以及认识、领导、机构、编制、经费、设施、规划、工作等到位情况和年鉴编纂情况等。（曾牧野）

【广东省人大教科文卫委立法调研组赴深圳调研】 9月4日，广东省人大常委会委员、教科文卫委副主任温捷香一行率立法调研组赴深圳市史志办调研并召开座谈会。深圳市史志办主任黄玲汇报深圳史志系统多年来在编史修志、方志馆建设、人才队伍、地情资源开发利用以及为中心工作服务领域的工作与成果。

（广东省志办）

【广东省志办开展地方志工作督查调研】 年内，广东省志办分多个调研组分赴云浮、广州、佛山、茂名、湛江等地就《广东省地方志工作条例》立法、地方志能力建设、贯彻落实中共中央办公厅、国务院办公厅《关于实施中华优秀传统文化传承发展工程的意见》等工作开展调研，重点督办自然村落历史人文普查、综合年鉴“一年一鉴、当年出版”推进情况。2月22日至24日，广东省志办党组书记陈华康率队会同省法制办组成调研组到云浮市调研，与云浮市市长王胜、副市长何婧、市政协副主席廖鹏洲会见并进行工作交流。2月23日，广东省志办党组成员、副主任丘洪松率队到广州市志办调研。3月1日，陈华康率队到佛山市调研，并到顺德区乐从镇沙边村、沙滘村实地考察自然村落历史人文普查工作。3月1日至3日，丘洪松率队分别到茂名市、湛江市和阳江市调研。3月5日至9日，省志办副巡视员吕克坚率队到潮州市、汕头市、揭阳市和汕尾市调研。3月8日至9日，省志办主任温捷香率队到河源市调研，并到紫金县、东源县督查。3月15日至16日，陈华康率队到肇庆市调研，与肇庆市委书记赖泽华、分管地方志工作副市长陈宣群就进一步加强地方志工作进行交流。3月15日，丘洪松率队到深圳调研，在福田区座谈，并对石厦、水围街等地开展历史人文普查工作进行实地考察。3月21日至22日，温捷香率队到韶关市调研，重点推进《惠能志》编纂。3月22日至24日，温捷香率队到清远市调研，参加2017年清远市史志工作会议。3月23日，吕克坚率队到东莞市调研。4月10日至11日，陈华康率队到江门市调研，与江门市委书记林应武会谈，就进一步做好地方志工作进行深入交流，考察新会区茶坑村、开平市自力村和仓东村自然村落历史人文普查工作。4月26日至27日，陈华康率队到梅州市调研，与梅州市市长方利旭会谈，考察平远县华城镇、水寨七都村，梅县区松口镇和雁洋镇。5月15日至17日，陈华康率队到惠州市调研，与惠州市委书记陈奕威、市长麦教猛进行会谈，就进一步做好地方志工作深入交流，考察惠州市有关地情项目。12月28日至29日，陈华康率队到韶关市、清远市调研，研究部署新时代地方志工作，并分别与韶关市市长殷焕明、政法委书记李安平、副市长许志新，清远市副市长李新全就进一步加强地方志工作进行交流。（广东省志办）

【广西壮族自治区志办开展地方志工作督查】

年内，广西壮族自治区志办紧盯“两全目标”，创新工作方式，将未出版的专志按编纂进度分类，制定合理督查调研方案，有针对性地开展专志、县志督查调研工作。年内，自治区志办分别到自治区党委统战部、自治区商务厅、自治区住建厅、自治区侨办、自治区文化厅、广西地震局、自治区环保厅7个单位开展督查调研工作，及时掌握专志编纂情况，有针对性地解决各承修单位在修志过程中遇到的问题。全年到52个市、县（市、区）修志单位督查、调研和指导。对2017年在编的市、县志稿开展检查、指导，对岑溪市、梧州市、富川瑶族自治县、贺州市等市、县志的初稿提出修改意见；对召开评稿会后志稿修改工作进行跟踪，指导横县志办、玉林市玉州区志办、南宁市邕宁区志办等解决志书评审会上专家组指出的问题。通过市、县志督查工作，相关市、县领导进一步重视地方志工作，推动地方志编纂进度。（苏麟忠　符松柏）

【南宁市开展地方志行政执法检查】 年内，广西壮族自治区南宁市志办完成权力清单、责任清单两单融合，上报地方志工作督促检查、对违反规定出版地方志书或综合年鉴及未按规定参与或配合地方志编纂行为查处的提请、地方志资料征集、市级地方志书审核、市级综合年鉴出版批准5项行政权力，制定行政权力流程。3月，市志办召开市县（区）志办主任会议，提出地方志依法治志新要求，将行政执法检查与绩效考评合并。12月开始，市志办组织开展地方志行政执法检查，对各区（县）、开发区，市直党群机关、政府机关，市直属参公事业单位和双管单位进行行政执法检查；同时对列入年度南宁市机关绩效考评范围的各区（县）、开发区，市直党群机关、政府机关，市直属参公事业单位和双管单位113个单位进行绩效考评。市志办制定《2017年区县、市直机关地方志工作绩效考评扣分细则》。《南宁市志(1991—2005)》终审后修改单位按期返稿率95%以上，《南宁年鉴（2017）》承编单位按期交稿率80%，比上年同期提高30%。

（钟婉悦）

【四川省志办开展地方志工作执法调研】　年内，四川省志办党组书记、主任马小彬，省志办党组成员、机关党委书记王孝平，省志办党组成员、副主任赵行分别带队前往达州、资阳、内江、广元、雅安等市，开江、渠县、乐至、安岳、威远、隆昌、汉源、石棉、芦山等县开展地方志工作执法调研，对贯彻落实《规划纲要》《四川省地方志事业第十三个五年发展规划（2016—2020年）》和省委办公厅、省政府办公厅《关于进一步加强和改进新形势下地方志工作的意见》等情况进行跟踪调研和督促检查。绵阳、乐山、雅安、眉山、资阳等市组织开展贯彻“十三五”规划纲要实施意见专项检查，对工作推动不力的进行通报。德阳、广元、宜宾、眉山等市地方志工作纳入市委、市政府目标考核、签订责任书，明确目标任务。

（刘艳平）

【贵州省开展地方志行政执法检查】　10月24日至25日，经贵州省“双随机”监管平台抽取，贵州省志办副主任归然带队，省志办会同省人大教科文卫委员会、省法制办组成联合检查组，对省经信委、省农委、民航贵州安全监督管理局开展地方志行政执法检查。检查组通过听取汇报、查看资料发现，三家单位进度与省政府办公厅《关于全面推进第二轮贵州省志编纂工作的通知》要求相比仍严重滞后。检查组指出，受检单位要提高对依法治志、依法修志的认识，从法治高度加强对志书编修的领导，重视志书编修工作；受检单位要成立工作专班，抽调或聘请人员专门编修志书，创造编修人员专心工作、安心修志的条件，确保如期完成任务；受检单位要倒排工期，列出时间表和任务图，确保按时完成编修任务；各单位要加快编修进度，从历史文化、政策谋划等高度出发，进一步丰富和完善志书内容，充分实现志书编修“执笔著信史，彰善引风气”的功能和作用。根据检查情况，检查组对省经信委、省农委下达执法检查反馈意见书，对民航贵州监管总局下达督办意见书，要求被检单位按要求及时整改落实，并将视整改落实情况进行跟踪复查。

（贵州省志办）

【云南省志办开展地方志工作调研】　年内，云南省志办到大理州、德宏州、腾冲市等地开展地方志工作调研。临沧市、瑞丽市、勐腊县、巍山县等地分管地方志工作的政府领导带队赴省志办汇报地方志工作进展，曲靖市、楚雄州、西双版纳州、丽江市和镇雄县等多个州（市）、县地方志工作机构负责人赴省志办汇报地方志工作。4月23日，省志办主任任玉华、省政府办公厅人员一行赴梁河县回访云南省第十二届人大代表、梁河县人社局原副局长蚌兴红，对其在省第十二届人大四次会议上提出的《关于帮助解决德宏方志馆建设部分资金的建议》进行续办续复。

（郑灵琳）

【陕西省志办到榆林督查】　5月20日至23日，陕西省志办督查组一行4人到榆林市督查地方志“两全目标”、地情网站建设、“讲好陕西故事”活动等任务落实情况。督查组先后前往府谷县、定边县、靖边县、米脂县、绥德县、清涧县等地督查调研全省地方志工作会议精神及“两全目标”任务落实情况，查看志稿，并与县志办人员进行座谈。督察组要求进一步贯彻落实《规划纲要》，做到“认识、领导、机构、编制、经费、设施、规划、工作”到位，按照省政府“追赶超越”的工作要求，落实2018年前全面完成第二轮志书编纂和地方综合年鉴公开出版的目标任务，强化县委领导、政府主持的修志工作机制体制，着重加强目标责任考核，采取有效措施，找准工作方向，加快工作进度，确保工作质量，确保如期完成第二轮修志编鉴工作。

（丁喜）

【青海省建立“两全目标”督查通报制度与工作约谈制度】 11月，青海省政府办公厅印发《关于全省地方志编纂“两全目标”进展情况的通报》。同时，省政府办公厅以信函的形式向各市（州）政府和省志承编有关单位负责人通报当地、本单位志书编修及综合年鉴编纂覆盖情况。年内，青海省建立地方志编纂“两全目标”工作约谈制度。主管副省长与1个州和1个省直单位负责人约谈，省志办领导与6个县的政府分管领导约谈，进一步强调完成“两全目标”是各级政府及相关单位的法定任务，要求履行法定职责。（马渊）

【青海省建立“两全目标”工作督促检查责任制】 年内，青海省志办印发《第二轮三级志书及综合年鉴编纂工作督促检查责任制办法》，将“两全目标”工作督促检查任务分解到办公室各处社及全体干部，做到全员督促、全面覆盖、实时跟进、整体推进。省志办全年对全省8个市（州）及所属相关县（市、区、行委）及省志编纂工作滞后的30余家单位开展督促检查和工作指导。（马渊）

【兵团史志办开展“两全目标”工作调研督查】 10月5日至13日，新疆生产建设兵团史志办副主任何喜清带队到第四师可克达拉市、第五师双河市、第九师、第十师北屯市进行调研督查。重点督查全国地方志系统“两全目标”工作推进会暨援藏援疆工作座谈会精神贯彻落实情况，“两全目标”任务完成进度和对口援助工作的具体对接情况等，并深入团场具体指导各团场第二轮志书编写。（王兴鹏）

【兵团第八师石河子市开展第二轮修志工作督促检查】 7月4日至10日，新疆生产建设兵团第八师石河子市史志办副主任冀建民率队对14个团场和石河子镇的第二轮修志工作进行督促检查。重点检查各单位修志工作中的人员配备、工作进展状况和存在的问题等。（张岩）

【第十师北屯市开展第二轮修志督促检查】 7月25日至26日，新疆生产建设兵团第十师北屯市史志办以评审《一八四团志》为契机，组织部分团场史志主编赴一八四团、一八二团、一八八团，通过查资料、听汇报、评书稿、谈打算、以会带培等方式，督导检查各单位第二轮修志工作进展情况。（严芹）

工作会议

· 地方志工作会议

【2017 年北京市地方志工作会召开】 4 月 28 日，2017 年北京市地方志工作会召开。北京市副市长、市地方志编委会副主任王宁出席会议并讲话。会议宣读北京市市长、市地方志编委会主任蔡奇的贺信，总结过去一年工作，部署 2017 年工作，表彰过去五年在全市地方志工作中作出突出成绩的先进集体和先进个人，20 家单位、186 名个人受到表彰。市委、市政府各部委办局，《北京志》各承编单位，各年鉴编纂单位地方志工作主管领导及地方志工作机构负责人，北京市地方志工作先进集体和先进个人代表参加会议。 （姜坤）

【河北省地方志机构主任会议召开】 1 月 12 日，河北省地方志机构主任会议召开。会议部署 2017 年全省地方志工作。河北省各设区市及省管县（市）志办主任、省志办全体人员参加会议。 （郑小明）

【内蒙古自治区地方志工作电视电话会议召开】 5 月 5 日，内蒙古自治区地方志工作电视电话会议召开。自治区副主席白向群出席会议并讲话。会议宣读自治区主席布小林关于地方志工作的批示，对贯彻落实《规划纲要》《内蒙古自治区地方志事业发展实施方案（2016—2020 年）》精神及自治区政府办公厅《关于签订地方志工作目标责任书的通知》《关于印发全区地方志工作“三全”目标任务“时间表”“路线图”的通知》精神等作出部署，安排下一步重点任务。自治区地方志编委会成员单位负责人，自治区有关委办厅局及企事业单位分管地方志工作负责人，自治区志办全体人员，各盟、市分管地方志工作的副盟、市长，各旗县（市、区）分管地方志工作的副旗县（市、区）长，各盟市、旗县（市、区）地方志工作机构负责人及全体工作人员参加会议。（李洋）

【辽宁省各市地方志（史志）办公室主任会议召开】 3 月 30 日，辽宁省各市地方志（史志）办公室主任会议召开。会议贯彻落实第一次全国地方志工作经验交流会暨 2017 年全国地方志工作机构主任工作会议精神，通报中指组开展年鉴评优工作的有关事项，交流全省各市志（史志）办 2016 年主要工作及 2017 年工作安排。会议就 2017 年学习贯彻习近平总书记重要讲话精神、推进志书和年鉴编写出版全覆盖、推进依法治志、推进旧志整理工作、推进理论研究和学科建设、强化人才队伍建设、加快信息化建设、提高服务大局能力等方面工作作部署。全省 14 个市志（史志）办主任参加会议。 （丁玉恒）

【沈阳市区县（市）地方志办公室主任工作会议召开】 11 月 13 日，辽宁省沈阳市全市区县（市）地方志办公室主任工作会议召开。会议强调，编纂年鉴工作是国务院办公厅《规划纲要》的刚性要求，写入省政府《关于促进全省地方志事业发展的意见》和沈阳市政府《关于推进全市地方志事业发展的实施意见》中，必须高度重视、大力推进。全市 13 个区县（市）地方志工作机构负责人参加会议。

（佟文亮）

【吉林省地方志工作机构主任会议（2017）召开】 2月23日，吉林省地方志工作机构主任会议（2017）召开。中指办主任冀祥德，吉林省地方志编委会党组书记、副主任李云鹤，党组成员、副主任赵飞、孟亚男，副巡视员谢奎江出席会议。会议传达全国地方志机构主任会议精神，总结2016年全省地方志工作开展情况，部署2017年全省地方志工作任务，对长春市地方志编委会等12家全省地方志系统信息化建设先进单位进行表彰。各市（州）、县（市、区）地方志工作机构负责人，省地方志编委会机关及直属事业单位人员110余人参加会议。 （任帅）

2月23日，吉林省全省地方志工作机构主任会议（2017）在长春市召开

【黑龙江省地方志机构主任工作会议召开】 5月10日至11日，黑龙江省地方志机构主任工作会议召开。会议传达第一次全国地方志工作经验交流会暨2017年全国地方志机构主任工作会议精神和黑龙江省第十二次党代会精神，通报全省志鉴编修进展情况和第二届地方志系统论文征集评比活动情况。省志办主任隋岩作题为《贯彻顶层设计，夯实发展基础，不断开拓全省地方志事业新局面》工作报告。各市（地）、省直管市地方志工作机构主任、相关科（处）室负责人，省军区、省农垦总局、省森工总局地方志工作机构负责人和省志办全体人员参加会议。 （徐萍）

【哈尔滨市区、县（市）培训会议暨志办主任会议召开】 6月27日至28日，黑龙江省哈尔滨市区、县（市）培训会议暨志办主任会议召开。会议总结2016年工作，部署2017年工作，对存在的“一纳人、八到位”未有效落实、志书编纂工作进展不平衡、年鉴离“一年一鉴，公开出版”要求差距较大、为中心工作服务思路没有打开等问题提出要求。市志办全体人员，各区、县（市）志办主任或主编参加会议。 （刘新惠）

【江苏省地方志工作会议召开】 1月11日，江苏省地方志工作会议召开。会议总结2016年度全省地方志工作，安排部署2017年工作任务。会议指出，2017年全省地方志工作要立足“一大主业”、突出“四个转变”，即要围绕修志编鉴“一大主业”，由被动承接向主动对接转变，由“边际”工作向贴近中心大局转变，由传统修志编鉴向现代多元开发转变，由相对单一的文化服务向经济社会综合服务转变。徐州等10家市志办、省卫生和计划生育委员会代表作交流发言。13个设区市志办主任，各县（市、区）志办负责人，部分省志承编单位代表，省志办各处室（社、馆）负责人150人参加会议。 （武文明）

【浙江省各市方志机构负责人年度工作会议召开】 1月11日至12日，浙江省各市方志机构负责人年度工作会议召开。会议表彰全省地方志系统服务农村文化礼堂建设“十佳”典型案例和“十佳”先进个人，通报全国地方志系统年度工作会议精神和省政府办公厅《关于推进地方志事业发展的实施意见》的有关情况，交流2016年度工作情况及2017年工作思路。各市志办和有关县（市、区）志办主要负责人参加会议。 （浙江省志办）

【杭州市地方志办公室主任会议召开】 2月28日，浙江省杭州市地方志办公室主任会议召开。会议传达2017年全国和全省地方志机构主任工作会议精神，明确贯彻落实《规划纲要》、浙江省政府办公厅《关于推进地方志事业发展的实施意见》、杭州市政府办公厅《关

于贯彻落实〈全国地方志事业发展规划纲要（2015—2020 年）〉的实施意见》有关要求，总结 2016 年全市地方志工作，研究分析存在的问题，部署 2017 年工作。13 个区（县、市）志办负责人，杭州市志办和市方志馆全体人员参加会议。（冯跃民）

【宁波市党史地方志工作会议召开】 3 月 20 日，浙江省宁波市党史地方志工作会议召开。市委常委、市委秘书长施惠芳出席会议并讲话。会议要求各级党委、政府要切实加强和改进党对党史、地方志工作的领导，进一步健全领导机制、加大经费保障、重视队伍建设、形成工作合力，为党史、地方志事业繁荣发展创造良好环境和条件，推动史志工作再上新台阶，为宁波建设国际港口名城、打造东方文明之都做出新的更大贡献。各区（县、市）党委分管领导、党史研究室（志办）主任、市直及部省属驻甬有关单位分管负责人 200 余人参加会议。（高曙明）

【安徽省辖市志办主任会议召开】 3 月 20 日至 21 日，安徽省辖市志办主任会议召开。会议传达全国地方志机构主任工作会议精神，并对《安徽省地方志事业发展规划（2016—2020）》出台背景、过程和任务设定进行解读。省辖市暨省管县志办主要负责人、省志办各处委负责人参加会议。（章慧丽）

【2018 年江西省设区市地方志办公室主任会议召开】 12 月 28 日，2018 年江西省设区市地方志办公室主任会议召开。会议深入学习贯彻党的十九大精神和习近平新时代中国特色社会主义思想，传达贯彻副省长李利对全省地方志工作的批示、全国地方志机构主任工作会议精神，总结 2017 年工作，布置 2018 年任务。会议要求，各设区市地方志工作机构要认真传达贯彻落实会议精神，进一步增强创新意识、担当意识和法治意识，切实抓好全年重点工作，全面推进江西省地方志事业转型升级和科学发展。11 个设区市志办主任及秘书科负责人、省志办各部门负责人等参加会议。（朱岳）

【山东省各市史志办主任工作会议召开】 8 月 1 日，山东省各市史志办主任工作会议在遵义市干部学院召开。省政府办公厅党组成员、省史志办主任刘爱军主持会议并讲话，省史志办副主任翟世林、郭永生出席会议。会议听取各市史志办主任关于第二轮修志、综合年鉴编纂、方志馆建设“三全目标”任务贯彻落实情况的汇报，就进一步贯彻落实好“三全目标”任务提出明确要求。各市史志办主任，省史志办各处馆长等参加会议。（山东省史志办）

【山东省各市史志办主任工作会议召开】 12 月 27 日，山东省各市史志办主任工作会议召开。省政府办公厅党组成员、省史志办主任刘爱军出席会议并讲话，省史志办副巡视员王兴合，省史志办副主任翟世林、李刚出席会议。会议传达省委书记、省人大常委会主任刘家义，省委副书记、省长龚正，省委常委、组织部部长杨东奇，省委常委、宣传部部长王清宪等省领导批示精神，李刚主持会议。会上，各市史志办就深入贯彻落实各项工作任务，结合各自工作实际进行讨论交流。各市史志办主任、省史志办处级干部等 70 余人参加会议。

（山东省史志办）

【河南省地方史志工作会议召开】 2 月 21 日，河南省地方史志工作会议召开。会议总结 2016 年重点工作开展及完成情况，明确 2017 年河南省史志事业发展总体要求和主要任务：完成第二轮三级志书编纂出版工作，完成省、市、县三级综合年鉴全覆盖，继续做好旧志整理出版工作，推动乡镇志编纂工作健康有序开展，加强库馆网站等基础设施建设，围绕大局开展好地情开发利用工作，努力开展地方史志科研工作，稳妥推进地方史编修，加强史志系统自身建设等。各省辖市和省直管县（市）政府分管秘书长（主任）、史志办主任（局长），中央驻豫、省直有关单位史志编辑室负责人 150 余人参加会议。（王颖　程茜）

【湖北省市（州）志办主任工作会议召开】 1月12日，湖北省市（州）志办主任工作会议召开。湖北省志办党组书记、主任文坤斗出席会议作工作报告，省志办党组成员、副主任陈剑飞传达第一次全国地方志工作经验交流会暨2017年全国地方志机构主任工作会议精神，省志办党组成员、副主任司念堂主持会议。会议要求，2017年，全省地方志系统要着力推动《规划纲要》《湖北省贯彻落实〈全国地方志事业发展规划纲要（2015—2020年）〉实施方案》目标任务落到实处，推动志书编纂工作实现转型发展，加强地方志理论研究，着力推进乡镇村志编修和《湖北备览》编纂工作。全省17个市（州）志办主任、省志办全体人员参加会议。（湖北省志办）

【湖南省2017年度市州志办主任会议召开】 3月21日，湖南省2017年度市州志办主任会议召开。省地方志编委会党组书记、副主任易介南出席会议并作题为《再接再厉，开拓创新，合力加快全省地方志事业法治化进程》的工作报告，省地方志编委会副巡视员杨盛让主持会议。会议传达贯彻第一次全国地方志工作经验交流会暨2017年全国地方志机构主任工作会议精神，回顾总结过去一年的工作，安排部署2017年主要任务。各市（州）志办主任及相关负责人分别结合本地实际情况，围绕加快"两全目标"步伐、推进依法治志、推动乡镇简志编纂工作、建设数字方志馆、启动中国名镇名村志工程、开展旧志普查整理等内容，交流探讨各地的成绩和经验。全省14个市（州）志办主任、方志科科长和年鉴科科长、省地方志编委会全体人员参加会议。（张征远）

【广东省地方志工作机构主任会议召开】 1月16日，广东省地方志工作机构主任会议召开。省志办主任温捷香作题为《乘势而上、奋发有为，全力推进方志强省建设》的工作报告，省志办党组书记陈华康主持会议。省志办副主任丘洪松、刘卫，省志办副巡视员吕克坚出席会议。会议总结回顾全省2016年地方志工作，部署安排2017年工作，通报全省各地贯彻落实"一纳入、八到位"和自然村落历史人文普查工作进度情况，广州市、惠州市、东莞市、肇庆市及佛冈县5家单位代表交流工作经验。全省21个地级市、46个县（市、区）、4个镇（街道）地方志工作机构负责人参加会议。（广东省志办）

【广州市第九次地方志工作会议召开】 9月6日，广东省广州市第九次地方志工作会议召开。广东省志办党组书记、主任陈华康，广州市政府副秘书长马曙出席会议并讲话，广州市志办党组书记、主任黄小晶主持会议并作两年来工作情况报告。会议授予市政府办公厅等208个单位"广州市地方志工作先进集体"称号，授予王越等259名个人"广州市地方志工作先进工作者"称号，授予75名从事地方志资料年报的市直各单位工作人员"年报工作先进个人"称号。广州市地方志编委会委员，市地方志资料年报承报单位、《广州年鉴》供稿单位以及部门志、行业志承编单位负责人，各区政府分管地方志工作的领导和地方志工作机构负责人，各有关镇村普查工作负责人及广州市情专家、地方志专家200余人参加会议。（广东省志办）

【广西全区地方志机构主任工作暨党风廉政建设和反腐败工作会议召开】 2月9日，广西壮族自治区全区地方志机构主任工作暨党风廉政建设和反腐败工作会议召开。自治区志办党组书记、主任李秋洪出席会议并讲话。会议传达第一次全国地方志工作经验交流会暨2017年全国地方志机构主任工作会议等会议精神，总结2016年广西地方志工作，部署2017年工作。桂林市、玉林市地方志工作机构负责人在会上作典型发言。与会人员就如何贯彻落实《规划纲要》和《广西地方志事业发展规划（2016—2020年）》，本地区怎样实现地方志"两全目标"开展分组讨论。各市、县（市、区）地方志工作机构负责人，《广西通志》各专志编辑室负责人，自治区志办各处（委）处

长、副处长 180 余人参加会议。　　（杨文光）

2 月 9 日，广西地方志机构主任工作暨党风廉政建设和反腐败工作会议在南宁市召开

【海南省史志工作机构主任会议暨省党史学会省地方志学会年会召开】　1 月 20 日，海南省史志工作机构主任会议暨省党史学会省地方志学会年会召开。海南省委党史研究室（省志办）主任毛志华出席会议并作题为《激浊扬清，积厚成势，全面推进党史工作重心转移和方志工作转型升级》的工作报告。省委党史研究室（省志办）巡视员许达民出席会议。会议对 2016 年全省史志工作及两个学会工作进行总结，对 2017 年工作进行研究和部署，表彰海南首届市县地方综合年鉴质量评比结果先进单位和海南史志系统优秀科研成果，审议通过省中共党史学会、省地方志学会会长梁振球作的两个学会年度报告，选举产生新的学会秘书长。会议强调，2017 年是坚持“一突出、两跟进”，进一步深化党史研究、实行工作重心转移和全面推进地方志从一项工作向一项事业转型升级的关键之年，要坚持政治建室、从严治室、研究立室；充分发挥以史鉴今、资治育人的独特作用，不断破解史志工作发展难题，补齐发展短板，厚植发展优势，以优异的成绩迎接党的十九大胜利召开。省委党史研究室（省志办）各处主要负责人，全省市、县史志机构主要负责人，省党史学会、省地方志学会理事等 70 余人参加会议。　　（郑昕）

【贵州省地方志工作会议召开】　2 月 24 日，贵州省地方志工作会议召开。会议宣读副省长何力关于地方志工作的批示，总结 2016 年全省地方志工作，部署 2017 年工作。省志办党组书记、主任田洪出席会议并作工作报告，省志办党组成员、副主任梁贵钢作会议总结，省志办党组成员、副主任黄远良主持会议。会议指出，全省地方志工作者要努力从围绕自身工作向围绕经济社会发展大局转变，实现地方志事业大局化；从单纯修志编鉴向同时多业并举全面发展转变，实现地方志事业全面化；从依规修志向依法治志转变，实现地方志事业法治化；从地方志工作机构修志向党委领导、政府主持、地方志工作机构组织实施、社会各界广泛参与转变，实现地方志事业社会化；从单一纸媒体志向广泛运用数字媒体志转变，实现地方志事业信息化；从修志囿于当地向把地方志推向全国、走向世界转变，实现地方志知识的全国化、国际化。各市（州）、贵安新区、省直管县（市）地方志工作机构主要负责人，省直机关修志单位相关负责人及省志办各处室主要负责人参加会议。　　（贵州省志办）

【云南省州市地方志机构主任会议召开】　11 月 28 日，云南省州市地方志机构主任会议召开。会议传达全国地方志系统“两全目标”工作推进会精神，通报全省“两双目标”工作推进情况。16 个州（市）地方志工作机构负责人和省志办全体人员参加会议。　　（郑灵琳）

【西藏自治区地方志工作推进会召开】　4 月 26 日，西藏自治区地方志工作推进会召开。自治区副主席、政府秘书长、地方志编委会副主任房灵敏出席会议并讲话。会议深入贯彻落实《西藏自治区贯彻落实〈全国地方志事业发展规划纲要（2015—2020 年）〉的实施意见》精神，通报 2016 年度全区地方志工作督查考核情况，总结经验、分析形势，表彰先进、激发活力，明确任务、凝聚共识，对下一步全区地方志工作进行再安排、再部署、再推动。自治区地方志编委会委员，西藏军区、武警西藏总队负责人，自治区（中）直部门和单位、拉萨市政府主要负责人，承担志书编纂任务的单位地方志部门负责人，自治区党委党史研究室（自治区志办）全体人员参加会议。（刘小莉）

【陕西省地方志年度工作会议暨修志工作经验交流现场会召开】 3月2日至3日，陕西省地方志年度工作会议暨修志工作经验交流现场会在渭南市召开。会议在推广“渭南模式”的基础上，总结成绩，安排部署2017年重点工作。会议要求，要不断强化对修志工作的督促检查，层层传导压力，严把审查、审验关，加快工作进度，确保志稿质量。全省各市、县地方志工作机构负责人及相关工作人员参加会议。（丁喜）

【甘肃省地方史志工作会议暨《舟曲特大山洪泥石流灾害抢险救灾和恢复重建志》首发式举行】 2月21日，甘肃省地方史志工作会议暨《舟曲特大山洪泥石流灾害抢险救灾和恢复重建志》首发式举行。副省长、省地方史志编委会主任夏红民出席会议并讲话，省志办主任张军利出席会议并作题为《强化依法修志，加快修志步伐，力促全省地方史志事业迈上新台阶》的工作报告。会议总结过去两年来甘肃省地方史志工作，研究部署2017年和今后一段时期主要工作和目标任务。期间，举行《舟曲特大山洪泥石流灾害抢险救灾和恢复重建志》首发式。全省各市、县地方志工作机构负责人及相关工作人员参加会议。（滕辉）

【青海省市州地方志工作机构负责人会议召开】 1月9日和11月6日，青海省两次召开市州地方志工作机构负责人会议。会议听取各市州地方志工作，特别是“两全目标”工作进展情况汇报，并就如何贯彻落实相关会议精神，进一步细化工作措施，发挥好地方志工作机构的组织协调和督导职能，主动担当、攻坚克难，扎实做好推进按期保质实现“两全目标”工作，统筹推进地方志事业转型升级进行安排部署。各市（州）、县（市、区、行委）政府分管地方志工作的领导及志办主要负责人参加会议。（马渊）

·年鉴工作会议

【天津市（区域）综合年鉴工作会召开】 3月7日，天津市志办召开2017年天津市（区域）综合年鉴工作会。全市16个区志办主任或负责人、开发区志办主任和《天津年鉴》编辑部主任参加会议。（张岩）

【《河北年鉴（2017）》省直组稿撰稿工作会议召开】 5月19日，《河北年鉴（2017）》省直组稿工作会议召开。5月25日，《河北年鉴（2017）》省直单位撰稿工作会议召开。省直单位年鉴撰稿人约50人参加会议。（鲍秋芬）

【《大连年鉴（2017）》编纂工作暨年鉴通讯员培训会议召开】 3月16日，《大连年鉴（2017）》编纂工作暨年鉴通讯员培训会议召开。会议总结2016年卷年鉴编纂工作，部署2017年卷年鉴编纂任务，同时召开新通讯员年鉴稿件撰写培训会议和分组会议，现场发放《大连年鉴（2016）》。会议还对编纂市情手册《数字看大连（2016）》工作提出要求。全市200余家单位的200余人参加会议。（刘成）

3月16日，《大连年鉴（2017）》编纂工作暨年鉴通讯员培训会议召开

【《江苏年鉴（2017）》省级机关组稿会议召开】 3月14日至15日，《江苏年鉴（2017）》省级机关组稿会议召开。江苏省志办副主任、《江苏年鉴》主编牟国义出席会议并就年鉴在中国的发展历程和各个时期的特点作讲解。会议总结《江苏年鉴（2016）》编纂工作，并就年鉴组稿中需要注意的问题作针对性讲解，明确《江苏年鉴（2017）》组稿工作要求。全省省级机关各单位年鉴组稿人 90 余人参加会议。

（朱崇飞）

【浙江省市县年鉴工作座谈会召开】　3 月 20 日至 21 日，浙江省市县年鉴工作座谈会召开。省志办主任潘捷军、副主任章其祥出席会议。会议对到 2020 年全省有关县（市、区）实现综合年鉴编纂出版全覆盖工作作部署。各市和部分县（市、区）地方志工作机构代表 40 余人参加会议。　（浙江省志办）

【浙江省宁波市第二次年鉴专题研讨会召开】　9 月 21 日，浙江省宁波市第二次年鉴专题研讨会暨行业、部门、企业、高校年鉴编纂研讨会召开。各编纂单位代表从领导重视、工作组织、业务探讨、队伍建设等不同方面作经验交流，6 位论文作者围绕利用年鉴载体、服务“名城名都”建设的主题宣读论文，会议就论文内容作点评。全市 23 家机关、企事业单位分管处室负责人等参加会议。　（高曙明）

【《安徽年鉴（2017）》编纂工作会议召开】　5 月 23 日，《安徽年鉴（2017）》编纂工作会议召开。安徽省志办巡视员刘成典出席会议并讲话。会议回顾《安徽年鉴》30 余年的发展历程，总结《安徽年鉴（2016）》编纂工作，部署安排《安徽年鉴（2017）》编纂工作。省直有关部门、企事业单位以及市、县（市、区）政府、国家级经济开发区、风景区办公室的《安徽年鉴》撰稿人员 200 余人参加会议。

（章慧丽）

【《山东年鉴》改革创新座谈会召开】　1 月 11 日，《山东年鉴》改革创新座谈会召开。山东省政府办公厅党组成员、省史志办主任刘爱军主持座谈会，省史志办副主任翟世林、郭永生出席座谈会。会议围绕《山东年鉴（2017）》《山东省情概览（2017）》《山东地方史志年鉴（2017）》进一步改革创新进行研讨。各处馆主要负责人、年鉴工作处全体人员参加会议。

（山东省史志办）

【山东省年鉴工作座谈会召开】　5 月 5 日，山东省年鉴工作座谈会召开。省史志办副主任郭永生出席会议并讲话。会议交流《山东年鉴（2017）》供稿及县级综合年鉴“一年一鉴、公开出版”情况，部署《山东地方史志年鉴（2017）》供稿任务，研究山东参加全国地方志优秀成果（年鉴类）评审活动的年鉴。各市史志办分管主任、年鉴科（处）长、省史志办各处馆有关人员 40 余人参加会议。

（山东省史志办）

【《山东年鉴（2018）》市县组稿培训会议召开】　11 月 23 日，《山东年鉴（2018）》市县组稿培训会议召开。山东省政府办公厅党组成员、省史志办主任刘爱军出席会议并讲话。会议回顾总结《山东年鉴（2017）》编纂工作，安排部署《山东年鉴（2018）》市县组稿、撰稿任务。各市史志办分管主任、年鉴科（处）长，部分县（市、区）史志办年鉴主编或副主编 110 余人参加会议。　（山东省史志办）

【《山东年鉴（2018）》省直部门组稿培训会议召开】　11 月 29 日，《山东年鉴（2018）》省直部门组稿会议召开。山东省史志办副巡视员王兴合出席会议并讲话。会议回顾总结《山东年鉴（2017）》编纂工作，安排部署《山东年鉴（2018）》省直部门组稿、撰稿任务。省直有关部门、单位，有关企业年鉴撰稿人 130 余人参加会议。　（山东省史志办）

【青岛市史志办年鉴工作座谈会召开】　5 月 10 日至 11 日，青岛市史志办年鉴工作座谈会召开。市史志办党组成员、巡视员王现军出席会议。会议贯彻落实山东省年鉴工作座谈会精神，部署《山东地方史志年鉴（2017）》编纂工作任务。市史志办处（社）长、区（市）史志办分管领导、编纂人员30余人参加会议。

（青岛市史志办）

【《湖北年鉴（2017）》撰稿工作会议召开】 3月10日，《湖北年鉴（2017）》撰稿工作会议召开。湖北省志办党组书记、主任文坤斗主持会议并讲话。会议传达《省政府办公厅关于印发〈湖北年鉴（2017）〉编纂方案的通知》，并对2016年度《湖北年鉴》撰稿先进单位和优秀撰稿人进行通报表扬。会上就即将出台的《湖北省年鉴事业发展规划（2016—2020年）》（讨论稿）、《湖北省地方综合年鉴备案管理办法（试行）》（讨论稿）进行讨论。各市（州）、直管市、神农架林区志办分管年鉴工作负责人以及《湖北年鉴》省直各撰稿单位负责人参加会议。（湖北省志办）

【《广东年鉴（2017）》编纂工作会议召开】 3月14日，《广东年鉴（2017）》编纂工作会议召开。广东省志办党组书记陈华康出席会议并讲话，省志办副巡视员吕克坚主持会议。广东年鉴社社长莫秀吉作《〈广东年鉴（2017）〉编纂大纲》说明及撰稿要求辅导，副社长陈宏亮作题为《持之以恒，砥砺前行，为人民群众提供更加丰富的文化滋养》的报告。会议印发《广东年鉴》业务规范、“工业”分目编写规范、“市县概况”文稿写作要求等材料。各省直及中直驻粤编写单位、地级市编写组稿件负责人或撰稿人约150人参加会议。

（广东省志办）

【广西综合年鉴全覆盖工作推进会召开】 3月1日，广西综合年鉴全覆盖工作推进会召开。广西壮族自治区政府副秘书长吴建新，自治区志办党组书记、主任李秋洪出席会议并讲话。会议要求，各地要扎实推进年鉴编纂工作，按照加快进度、体现特色、注重质量要求，到2018年全面实现全自治区三级综合年鉴全覆盖目标，确保按期保质完成《全国年鉴事业发展规划（2016—2020年）》确定的三级综合年鉴全覆盖任务。会上，实现综合年鉴全覆盖的南宁、防城港、玉林、崇左4市地方志工作机构负责人，实现综合年鉴“一年一鉴、公开出版”的陆川县、天等县、南宁市青秀区3县（区）地方志工作机构负责人先后作交流发言，介绍各自经验做法。与会人员还就综合年鉴编纂工作面临的形势和困难，推进综合年鉴全覆盖工作的对策措施等议题进行讨论。各市地方志工作机构负责人，地方综合年鉴编纂工作滞后的县（市、区）党委或政府分管领导、地方志工作机构负责人，部分综合年鉴编纂工作先进的县（区）志办主任等130余人参加会议。（秧新明）

【《海南年鉴（2017）》组稿会议召开】 3月10日，《海南年鉴（2017）》组稿会议召开。海南省委党史研究室（省志办）副主任、《海南年鉴》副主编陈波出席会议并讲话。会议对2016年海南地方综合年鉴编纂工作作总结，对《海南年鉴（2017）》组稿工作进行安排部署。会议要求，要统一思想认识，落实发展理念，推动年鉴事业与时俱进；要理顺工作机制，加强撰稿人员队伍建设，确保年鉴编纂工作继续提质增效；要着力突出亮点，精心打造特色，组织编纂好《海南年鉴（2017）》；要转变工作思路，继续采取弯道超车，加快推进市县年鉴编纂进度，努力向实现省、市、县（区）年鉴编纂工作全覆盖的目标迈进。会议对2016年度《海南年鉴》撰稿工作成绩突出的84名优秀撰稿人进行表彰。省直、中央驻琼单位办公室负责人和年鉴撰稿人，市县政府办公室负责人和年鉴撰稿人，市县地方志工作机构负责人和撰稿人，以及省委党史研究室（省志办）相关业务处负责人等160人参加会议。（李鑫）

【贵州省2017年全省年鉴工作推进会议召开】 4月21日，贵州省2017年全省年鉴工作推进会议召开。省志办副主任归然出席会议并讲话。会议提出“十三五”期间贵州省年鉴“三步走”的整体思路：2016年前，理顺全省年鉴编纂和管理体制，全省年鉴归口地方志办公室编纂管理；到2018年，实现省、市、县三级综合年鉴全覆盖；到2020年，实现年鉴管理工作规范化、常态化，形成科学规范的年鉴编纂和管理工作体系。会议对2016年全省年鉴工作取得的成绩和经验进行总结，对2017年全省年鉴工作安排部署，对《贵州省年鉴工作管理办法》《贵州省地方综合年鉴编纂质量规范（试行）》开展讨论。会议表彰2016年《贵州年鉴》先进工作站，传达省政府办公厅《关于做好2017年〈贵州年鉴〉组稿工作的通知》，安排《贵州年鉴（2017）》市（州）、县（区）组稿工作。省志办与尚未启动年鉴编纂工作或未实现“一年一鉴、公开出版”的镇宁、雷山、独山等8个县签订年鉴编纂出版责任书。各市（州）、贵安新区、部分县的地方志工作机构负责人、年鉴编纂机构负责人、《贵州年鉴》编审校对专家参加会议。

（贵州省志办）

【《兵团年鉴（2017）》组稿培训会议召开】 1月13日，《兵团年鉴（2017）》组稿培训会议召开。会议对《兵团年鉴（2016）》组稿、编纂、出版发行工作作全面总结，对《兵团年鉴（2017）》组稿及编纂工作作出安排部署，对年鉴条目编写及编纂体例进行业务培训。会上还表彰通报《兵团年鉴（2016）》优秀组稿人并颁发证书。（王兴鹏）

专业培训与考察交流

·专业培训

【北京市精品年鉴工程启动培训会举办】 4月18日至19日，北京市志办召开北京市精品年鉴工程启动培训会。会议介绍北京市精品年鉴工程情况及首批被列为精品年鉴工程年鉴的基本情况。全市各年鉴编纂单位主管领导及编纂人员、市志办有关人员等80余人参加培训。（王韧洁）

【北京市2017年全市各区地方志编纂和地方史编修培训班举办】 5月3日至5日，北京市2017年全市各区地方志编纂和地方史编修培训班举办。培训班讲授《区县地方志稿中存在的主要问题及解决方法》《地方志记述的若干政治法律问题》等课程。各区第二轮志书主编主笔、各区志办负责人及科室业务人员等130余人参加培训。（王韧洁）

【2017年第一次北京市年鉴业务培训班举办】 5月22日至24日，2017年第一次北京市年鉴业务培训班举办。培训班讲授《年鉴编纂基本原则及技艺》《年鉴条目编写》《社科研究中年鉴统计数据的使用》《传统媒介数字化建设的路径选择与实现方式》《方志年鉴编纂工作中的语言文字规范》等课程。全市各年鉴编纂单位编纂人员150余人参加培训。（王韧洁）

【北京市传统村落志编纂业务培训会召开】 6月21日至22日，北京市传统村落志编纂业务培训会召开。培训班就村志编纂进行授课。有关区地方志工作机构负责人、业务人员和首批传统村落志各项目单位人员70余人参加培训。（王韧洁）

【北京市修志单位宣传报道员培训班举办】 6月22日至23日，北京市修志单位宣传报道员培训班举办。培训班讲授《历史是如何层积的》《做战地摄影记者，用生命拍摄新闻图片》《史学、文学与人学》等课程。全市各修志单位60余人参加培训。（王韧洁）

【2017年《北京年鉴》业务培训班举办】 9月26日至27日，2017年《北京年鉴》业务培训班举办。培训班讲授《年鉴提速增效的必要性与可行性》《关于年鉴编纂规范的几个注意问题》《互联网+背景下的大数据应用》等课程。全市各年鉴编纂单位编纂人员70余人参加培训。（王韧洁）

【《北京市地名志》编纂培训班举办】 9月28日至29日，北京市志办、市地名普查办联合举办《北京市地名志》编纂培训班。培训班介绍北京地名管理的有关情况，对《北京市地名志编纂细则》等文件作说明，讲授《北京地名的发展脉络与文化之源的探寻纠谬》等课程。市志办、市地名办、各区志办和规划分局100余人参加培训。（王韧洁）

【2017年度北京市地方志系统主编业务培训班举办】 10月26至27日，北京市志办、北京地方志学会举办2017年度北京市地方志系统主编业务培训班。培训班讲授《综合志书复审稿有关问题》《分志区志主编在志稿修改中应把握的一二三四》《地方志稿若干问题探讨》

等课程。全市修志单位 90 余名主编、主笔和部分志办主任参加培训。（王韧洁）

【2017 年第二次北京市年鉴业务培训班举办】 11 月 1 日至 3 日，2017 年第二次北京市年鉴业务培训暨理论研讨会举办。培训班讲授《年鉴的创新发展与精品打造》《编校疑难解析》《编辑地图插图应注意的重点问题》《年鉴编纂实例分析》等课程。全市各年鉴编纂单位编纂人员 120 余人参加培训。（王韧洁）

【北京市精品年鉴工程 2017 年第二次培训班举办】 11 月 23 日至 24 日，北京市精品年鉴工程 2017 年第二次培训班举办。培训班总结在打造全国精品年鉴过程中可供借鉴的经验，讲授《理想中的精品年鉴》等课程，并针对《北京海淀年鉴（2017）》（初稿）、《中关村年鉴（2017）》（初稿）、《北京工业大学年鉴（2017）》（初稿）中存在的问题，进行逐页逐条地分析与讲解。全市各年鉴编纂单位主管领导及编纂人员、市志办有关人员等 60 余人参加培训。（王韧洁）

【北京市第二次传统村落志编纂业务培训班举办】 11 月 27 日至 28 日，北京市第二次传统村落志编纂业务培训班举办。培训班就口述资料、资料长编及村志编纂的经验和问题进行授课，并对《北京市特色乡镇村志书编纂工作实施方案》进行说明。相关区志办负责人、业务人员和传统村落志各项目单位人员参加培训。（王韧洁）

【北京市地方志资料工作培训班举办】 12 月 7 日至 8 日，北京市地方志资料工作培训班举办。培训班从制度建设、资源建设、平台建设、项目建设等方面对全市地方志资料和开发利用工作情况作说明，并讲授《地方志资源开发利用的理论与实践》等课程。会上还对 2015 年度至 2016 年度全市地方志资料年报工作开展较好的 40 家单位和 34 名个人进行通报表扬。全市 83 家承参编单位 120 余人参加。（王韧洁）

【河北省志编纂业务培训会召开】 2 月 21 日，河北省志编纂业务培训会召开。培训班围绕资料核实、图表制作以及怎样处理各编章之间的交叉重复等问题进行授课。《河北省志》各承编单位主编及编辑部人员 130 余人参加培训。（张海）

【山西省志办举办“晋志讲堂”】 年内，山西省志办举办“晋志讲堂”17 讲。“晋志讲堂”是省志办提高干部队伍能力和加强干部队伍建设的重要举措，邀请办内外专家进行专题讲座，内容涉及新形势下的新目标、地方志的基本知识、志鉴编辑与校对、方志的体裁、公开出版需注意的问题、公文的写作、民法总则的变化、党的十九大精神解读等。全省各市、县志鉴编纂人员及省志办全体人员 200 余人参加培训。（王婷）

【内蒙古自治区第二轮志书与年鉴业务培训班举办】 11 月 31 日至 12 月 1 日，内蒙古自治区第二轮志书与年鉴业务培训班举办。培训后召开第二次盟市地方志工作机构负责人座谈会，自治区志办听取自治区各盟市地方志工作机构负责人关于落实“三全目标”工作情况的汇报。全区各盟市地方志工作机构主要负责人、有关业务人员，各旗县（市、区）地方志工作人员及自治区志办全体人员 180 人参加培训。（李洋）

【2017 年辽宁省年鉴编纂业务培训班举办】 6 月 27 日至 29 日，2017 年辽宁省年鉴编纂业务培训班举办。培训班讲授《年鉴发展与创新》《市级综合年鉴编纂如何突出特色》《如何打造精品年鉴》等课程。全省各市、县（市、区）及省直机关地方志（史志）工作机构主管年鉴负责人和年鉴编纂人员 120 余人参加培训。（梁忠音）

【辽宁省“两全目标”推进会暨志鉴编纂业务培训会议召开】 9月8日，辽宁省“两全目标”推进会暨志鉴编纂业务培训会议召开。会议就如何提高志书编纂质量和编纂精品年鉴进行授课。全省市、县两级志鉴编修人员240余人参加培训。（梁忠音　丁玉恒）

【吉林省年鉴业务培训班（2017）举办】 4月27日至28日，吉林省年鉴业务培训班（2017）举办。长春市双阳区、珲春市、延边州3家年鉴编纂单位作经验交流。与会人员进行讨论交流并汇报讨论情况。全省各市（州）、县（市、区）年鉴编纂单位110余人参加培训。（闫佳函）

【吉林省年鉴业务进修班（2017）举办】 5月25日至27日，吉林省年鉴业务进修班（2017）举办。长春市、公主岭市、延吉市3家年鉴编纂单位介绍经验。吉林省连续编纂出版三年以上的年鉴编纂单位60余人参加培训。（闫佳函）

【第一期吉林省地方志系统信息化建设培训班举办】 6月20日，第一期吉林省地方志系统信息化建设培训班举办。培训班传达2016年全国地方志系统信息化工作会议精神，就已建成的吉林省地方志系统统一网络平台情况做介绍，并指出当前全省地方志信息化工作存在的问题，部署下一阶段工作任务。各市（州）参会人员就网站建设及志鉴数字化情况进行交流。全省各市（州）地方志工作机构网络管理员17人参加培训。（李铮）

【吉林省志书总纂第五次集中培训班举办】 6月21日至23日，吉林省地方志工作机构志书总纂第五次集中培训举办。培训班讲授《从出版角度谈志书编纂》等课程。吉林省76名志书总纂、省地方志编委会全体人员参加培训。（任帅）

【吉林省志书总纂第六次集中培训班举办】 10月24日至26日，吉林省志书总纂第六次集中培训举办。培训班讲授《志书结构的统驭》等课程。吉林省84名志书总纂、省地方志编委会全体人员参加培训。（任帅）

【《吉林省志》编写人员培训班举办】 6月22日，《吉林省志》编写人员培训班举办。培训班讲授《从出版角度谈志书编纂》《如何编写志稿》等课程。《吉林省志》27家编纂单位60余名编写人员参加培训。（高岩）

【吉林省年鉴业务研讨班（2017）举办】 6月28日至30日，吉林省年鉴业务研讨班（2017）举办。研讨班传达中指办《关于印发〈中国年鉴精品工程实施方案〉的通知》精神，讲授《精品年鉴展示与分析》课程。与会人员针对《中国年鉴精品工程实施方案》和关于提升年鉴编纂质量、打造精品年鉴应重点解决的问题及对策展开研讨。全省各级年鉴编纂单位的领导和业务骨干30余人参加培训。（闫佳函）

6月28日，吉林省年鉴业务研讨班（2017）在梅河口市召开

【吉林省青少年“知家乡爱家乡”系列方志读物编纂培训班举办】 10月27日，吉林省青少年“知家乡爱家乡”系列方志读物编纂培训班举办。培训班介绍《“知家乡爱延边”三字经》的创意起源、内容编写及提炼等创作中的思路和体会，分享编纂经验。各市（州）地方

志工作机构主要负责人及吉林省青少年“知家乡爱家乡”系列方志读物主创人员20余人参加培训。（李雯）

【《吉林年鉴（2018）》撰稿人培训班举办】 12月26日，《吉林年鉴（2018）》撰稿人培训班举办。培训班上宣读《吉林年鉴编纂委员会关于通报表扬〈吉林年鉴（2017）〉优秀撰稿人的通知》，回顾《吉林年鉴（2017）》供稿情况并为撰稿人讲解撰稿注意事项和《吉林年鉴（2018）》稿件的写法，对《稿件报送要求》进行说明。吉林省直各部门和中直驻吉林省机构及市（州）、县（市）160余名撰稿人参加培训。（闫佳函）

【黑龙江省推进“两全目标”任务落实志鉴编纂业务培训班举办】 9月5日，黑龙江省推进“两全目标”任务落实志鉴编纂业务培训班举办。培训班针对志书和年鉴编纂问题进行授课，旨在进一步贯彻落实《规划纲要》《黑龙江省地方志事业发展规划纲要（2016—2020年）》，确保“两全目标”任务全面完成。全省各地各部门志鉴编纂业务骨干196人参加培训。（黑龙江省志办）

【2017年度哈尔滨市资料年度化工作培训会议召开】 11月8日，2017年度哈尔滨市资料年度化工作培训会议召开。市直各委办局、中省直在哈单位负责资料年度化工作的相关人员以及市志办全体人员116人参加会议。（刘新惠）

【2017年度上海市地方志系统青年专题培训班举办】 10月18日至19日，2017年度上海市地方志系统青年专题培训班举办。培训班邀请复旦大学和上海视觉艺术学院教授为学员讲课。市志办以及各区地方志系统青年70余人参加。（吴韵）

【上海市地方志编纂研修班举办】 年内，上海市志办与复旦大学合作举办上海市地方志编纂研修班。研修班开设18门课程，依托复旦大学的学术资源，为上海地方志系统培训专业相关知识，提高市、区地方志系统队伍的专业素养、业务水平和工作能力，推进地方志理论研究和工作研究，为修志实践提供理论指导。（窦鸿雨）

【上海市市级志书编纂人员业务培训班举办6期】 年内，上海市市级志书编纂人员业务培训班举办6期，包括举办全市各修志单位参加的培训班和针对商务、水务等系统的专题培训班等。培训班邀请方志研究专家、方志编纂专家以及方志编纂工作者授课，并组织学员进行分组研讨，有效推进《上海市志（1978—2010）》编纂工作。培训班培训市志编纂人员300余人。（翟辉）

【江苏省部分市辖区年鉴编纂业务培训班举办】 3月24日，江苏省部分市辖区年鉴编纂业务培训班举办。培训班讲授《年鉴发展史》《区级年鉴特质把握》《区级年鉴框架设计》《年鉴编辑规范》等课程，邀请南京市建邺区、栖霞区和常州市武进区、张家港市志办负责人介绍县区年鉴编纂具体做法和经验。6个设区市、14个市辖区志办年鉴编纂负责人围绕区级年鉴全覆盖进行讨论交流。新挂牌成立的市辖区志办、尚未做到一年一鉴和公开出版的市辖区志办负责人以及部分市辖区志办年鉴处处长30余人参加培训。（朱崇飞）

【江苏省2017全省综合年鉴培训班举办】 4月26日，江苏省2017年全省综合年鉴培训班举办。培训班分别对第四届江苏年鉴奖评奖综述及《江苏省年鉴事业发展报告（2017）》编纂方案、《江苏省地方综合年鉴编纂规范》修改进行说明，结合全省第四届年鉴奖评选时发现的框架设计、内容选择、条目撰写、装帧设计等方面的问题作分析点评，并就年鉴编纂规范和几项重点工作作说明。全省市、县（市、区）年鉴负责人120余人参加培训。（朱崇飞）

【《江苏援藏援疆建设志·西藏篇》编纂工作对接暨业务培训会议召开】 11月30日，《江苏援藏援疆建设志·西藏篇》编纂工作对接暨业务培训会议召开。会议阐述编纂《江苏援藏援疆建设志·西藏篇》的重要意义，要求抓好责任落实，确保时序进度，按时完成编纂工作。培训会讲授《地方志书编纂的方法和要求》《〈江苏援藏援疆建设志·西藏篇〉资料搜集及资料长编编写》《〈江苏援藏援疆建设志·西藏篇〉影像志培训辅导》等课程。 （朱莉萍）

【《江苏援藏援疆建设志》编纂工作对接暨业务培训会召开】 12月25日，《江苏援藏援疆建设志》编纂工作对接暨业务培训会召开。会议要求，各地、各有关部门成立领导小组，制定编纂方案，明确工作任务。要抓好责任落实，安排专人负责搜集资料，提供线索，联系援建干部人才，定期报送相关资料，确保《江苏援藏援疆建设志》2019年5月完成验收、交付出版。省有关部门和单位分管领导，省对口支援西藏拉萨市前方指挥部、省对口支援新疆伊犁州前方指挥部相关人员，省志办和相关设区市、县（市、区）志办负责人等150余人参加会议。 （朱莉萍）

【2017年南京都市圈城市年鉴工作研讨会暨业务培训会召开】 11月23日至24日，2017年南京都市圈城市年鉴工作研讨会暨业务培训会召开。培训会以“牢固树立精品意识，不断提升业务水平，全面提高年鉴质量，着力打造精品年鉴”为主题，讲授《中国年鉴精品工程建设问题》课程，皖、苏2省8市志办主任以及8位论文作者分别进行交流发言，从不同角度交流年鉴工作的做法、经验和体会，在创新年鉴工作思路、提高整体质量和水平、打造中国精品年鉴等方面达成共识。皖、苏2省8市志办主任、副主任和年鉴编辑部负责人以及部分区县志办负责人等约100人参加会议。

（朱崇飞 王艳荣）

【浙江省2017年全省方志系统市县新上岗人员培训班举办】 3月30日至31日，浙江省2017年全省方志系统市县新上岗人员培训班举办。省志办主任潘捷军、副主任章其祥等分别为培训班授课。各市、县（市、区）地方志机构近年来新上岗的负责人及业务骨干近100人参加培训。 （浙江省志办）

【浙江省地方志系统援藏援疆志书编纂业务培训班举办】 11月28日至12月1日，浙江省地方志系统援藏援疆志书编纂业务培训班举办。西藏那曲地区、新疆阿克苏市、新疆生产建设兵团第一师以及浙江省各有关市县指导专家70余人参加培训。 （浙江省志办）

【《杭州年鉴（2017）》审稿暨业务培训会召开】 8月15日至18日，《杭州年鉴（2017）》审稿暨业务培训会召开。会议讲授年鉴发展史、审稿常见问题和注意事项等，明确审稿任务分工、审稿相关要求。参会人员认真审读《杭州年鉴（2017）》排版稿，就字词、语法、标点符号、数字用法、内容规范等方面提出针对性改进意见。27个市直部门及其他年鉴供稿单位撰稿人员40余人参加会议。

（郦晶）

【杭州市主城区区志编纂业务交流会召开】 11月29日，浙江省杭州市主城区区志编纂业务交流会召开。会议强调，各城区要确保完成“两个全覆盖”目标要求，切实增强使命感和紧迫感，深刻认识编纂工作中的短板，克服专业人才和专业知识缺乏等困难，在地方志中找寻自己的位置和精神家园。杭州市6个主城区的30余名区志执行主编、编辑参加会议。

（王惟惟）

【安徽省地方志系统信息化和方志馆工作培训班举办】 11月7日至8日，安徽省地方志系统信息化和方志馆工作培训班举办。培训班讲授《方志馆建设研究》等课程。市、县（市、区）志办主任、分管信息化和方志馆工作的副

主任及信息化和方志馆工作业务人员近120人参加培训。（章慧丽）

【安徽省年鉴编纂业务培训班举办】　12月7日至8日，安徽省年鉴编纂业务培训班举办。培训班讲授《年鉴评审常见问题与精品质量建设》《年鉴如何编以致用》《安徽年鉴工作的若干问题》等课程，分析安徽省年鉴工作的历史与形势，明确安徽省完成“两全目标”和“精品年鉴”的时间进度安排，强调安徽省各级年鉴编纂单位要按照国家和安徽省年鉴事业发展规划要求，树立精品意识，提升年鉴质量，进一步打造全国精品年鉴。培训班上，获全国地方志优秀成果（年鉴类）评审活动特等年鉴的《肥东年鉴（2016）》《黟县年鉴（2016）》和一等年鉴的《宁国年鉴（2016）》代表作交流发言。各市、县（区）年鉴编纂工作者120余人参加培训。（章慧丽）

【安徽省镇村志编纂业务培训班举办】　12月14日至16日，安徽省镇村志编纂业务培训班举办。培训班讲授《乡镇村志编纂的若干问题》《名镇志、名村志编纂的篇目设置与体裁运用》《乡镇志编纂中的若干要点》等课程，并就镇志编纂和村志编纂经验进行研讨。16个市及所辖县（区）志办主任、业务人员和镇村志主编130余人参加培训。（章慧丽）

【福建省城市区志编纂研讨培训会召开】　1月4日至6日，福建省城市区志编纂研讨培训会召开。培训会在评议《蕉城区志》《三元区志》两部志稿的基础上，研讨如何进一步提高第二轮区志编纂质量，加快编纂进度，注重培训福建省区志编纂队伍，提升业务能力，为全面完成好福建省第二轮城市区志编纂任务打牢基础。（欧长生　孙洁斐）

【2017年《福建年鉴》撰稿人业务培训班举办】　2月28日至3月2日，2017年《福建年鉴》撰稿人业务培训班举办。省地方志编委会原副主任苏炎灶、广州年鉴社社长阳晓儒和上海市志办年鉴处处长王继杰，分别从《福建年鉴（2016）》存在问题和解决方案，部门年鉴条目设置、资料搜集和条目撰写规范，依法编鉴、年鉴基本知识等方面进行授课。省直有关单位和各市、县（区）政府办、地方志编委会（办）等承编单位代表约180人参加培训。（欧长生　孙洁斐）

【2017年福建省年鉴主编业务培训班举办】　5月9日至12日，2017年福建省年鉴主编业务培训班举办。培训班讲授《地方综合年鉴主编的职责和总纂要求》《年鉴篇目设置与创新》《年鉴主编在质量控制中的主导作用》《新闻编辑与年鉴出版》等课程。省地方志编委会年鉴工作处业务人员和各市、县（市、区）地方志编委会（办）年鉴主编、总纂约110人参加培训。（欧长生　孙洁斐）

【2017年福建省地方综合年鉴编辑培训班举办】　6月28日至29日，2017年福建省地方综合年鉴编辑培训班举办。培训班讲授《年鉴框架及装帧设计》《年鉴编辑实例分析》《年鉴条目编辑》《年鉴图表编辑》等课程。省地方志编委会年鉴工作处业务人员、各设区市地方志编委会（办）分管年鉴工作的副主任、年鉴科科长、编辑，平潭综合实验区党史方志研究中心主任、年鉴编辑，各县（市、区）地方志编委会（办）主任、年鉴编辑约110人参加培训。（欧长生　孙洁斐）

【2017年福建省二轮市、县（区）志编纂业务培训班举办】　8月28日至31日，2017年福建省二轮市、县（区）志编纂业务培训班举办。培训班重点针对未完成第二轮修志工作的市、县（区）地方志工作机构修志人员进行培训。市、县（区）地方志工作机构修志业务骨干90余人参加培训。（欧长生　孙洁斐）

【第二轮福建省志分志编纂业务培训班举办】　12月1日，第二轮福建省志分志编纂业务培训班举办。培训班讲授《志稿编写与总纂工

8月28日至31日，2017年福建省二轮市、县（区）志编纂业务培训班举办

作》《志书质量控制》等课程。部分省志分志承编单位责任部门负责人、主编、副主编及编写人员，省地方志编委会相关业务人员近100人参加培训。（欧长生　孙洁斐）

【南昌市全市年鉴编辑工作培训会召开】 1月10日至11日，南昌市史志办分3组召开全市年鉴编辑工作培训会。培训会总结2016年卷《南昌年鉴》编辑工作，肯定好的做法和取得的成绩，指出存在的问题和不足；通报2016年卷《南昌年鉴》优秀稿件评选结果，共27个撰稿单位获奖，其中一等奖3个、二等奖6个、三等奖18个；介绍2017年卷《南昌年鉴》编目大纲调整情况，并就做好年鉴编辑工作进行安排部署，提出具体任务和要求。市各单位负责年鉴编辑工作人员130余人参加培训。（南昌市史志办）

【齐鲁名镇名村志文化工程启动会议暨编修培训班举办】 4月28日，齐鲁名镇名村志文化工程启动会议暨编修培训班举办。培训班讲授名镇名村志文化工程的重要意义、名镇名村志与传统镇村志的区别、编纂过程中应注意问题、加强编纂组织管理、发挥名镇村志的社会效益等课程内容。各市史志办分管副主任、名镇名村志文化工程联络员、名镇名村志主编等70余人参加会议。（山东省史志办）

【山东省精品志书编修培训班举办】 6月26日至30日，山东省精品志书编修培训班举办。培训班讲授地方志事业的新形势、新定位、新目标、新举措，提高志书质量解析，全国信息化建设，政府网站发展指引，方志文献体裁运用与编纂，方志编纂基本理论与方法，年鉴篇目设置与创新发展，从年鉴发展史看地方年鉴编写，中国名镇志、名村志丛书编纂实务，旧志整理等课程内容。新疆、西藏、青海、云南、甘肃、内蒙古6省（区）41名史志工作者，山东省各市、县（市、区）史志办分管业务主任、主编及部分省志承编单位修志人员等170余人参加培训。（山东省史志办）

【青岛市史志办地情网站工作暨业务培训会议召开】 3月23日，青岛市地情网站工作暨业务培训会议召开。会议总结前期全市地情网站工作，安排部署2017年度工作，并开展网站管理员业务培训。各区（市）史志办主任、分管副主任和网站管理员36人参加会议。（青岛市史志办）

【河南省乡镇志编纂业务培训班举办】 9月20日至22日，河南省乡镇志编纂业务培训班举办。培训班围绕怎样做好乡镇志编纂政治标准的把握、乡镇志基础知识、篇目设计、资料征集、历史问题、入志人物、出版印制，以及自然、经济、政治、文化、社会各部类如何编写等方面进行业务培训和指导。省史志办对口援疆受援单位新疆哈密市史志办5名史志工作者，省内各市、县（市、区）史志办分管业务主任、主编及部分省志承编单位修志人员等200余人参加培训。（汪朝霞）

【湖南省地方志系统业务培训班举办】 6月20日至22日，湖南省地方志系统业务培训班举办。培训班分年鉴编纂业务培训班和名镇名村志培训班两个专题培训班同时举办，分别讲授《名镇名村志编纂实务及经验推介》《镇村志编纂基本方法与名镇名村志编修》《接地气才有生命力——张家界市实施名镇名村志文化工程的实践与体会》《提高地方综合年鉴编纂质量的几个问题》《年鉴条目编撰及案例分析》

《坚持依法编鉴推动年鉴事业》等课程。各市(州)志(史志)办分管年鉴及名镇名村志工作的领导，方志科、年鉴科负责人，有关县(市、区)志(史志)办负责人或业务骨干200余人参加。 (张征远)

【《长沙年鉴》和长沙市地方志资料年报业务培训会召开】 3月23日，《长沙年鉴》和长沙市地方志资料年报业务培训会议召开。会上宣读2016年《长沙年鉴》组稿和地方志资料年报工作的表彰通报，部署2017年工作，并就年鉴和年报工作应注意的问题展开业务知识培训。市政府办公厅、市教育局、长沙警备区、长沙县史志档案局4家先进单位代表作交流发言。全市160余家年鉴和地方志资料年报组稿承编单位近200人参加培训。 (曾牧野)

【广东省地方志机构新进人员培训班举办】 5月16日至25日，广东省地方志机构新进人员培训班举办。会议对《广东省地方志事业发展规划(2016—2020年)》作解读，各处(社、馆)长分别讲解各方面的工作要求，邀请专家讲授广东地方史、修志编鉴、信息化、方志馆、资料年报编报、旧志整理、论文写作以及出版印刷等方面课程。广东省各市、县(市、区)及广东省方志馆57人参加培训。

(广东省志办)

【广东省地方志机构新任主任暨能力提升培训班举办】 7月11日至18日，广东省地方志机构新任主任暨能力提升培训班举办。培训班对《广东省地方志事业发展规划(2016—2020年)》以及优秀传统文化传承发展进行解读，讲授广东地方史、修志编鉴、信息化、方志馆、旧志整理以及出版印刷等方面课程。全省各地新任志办主任及业务骨干80人参加培训。

(广东省志办)

【广东省地方志信息化与方志资源开发业务培训班举办】 8月8日，广东省地方志信息化与方志资源开发业务培训班举办。会议介绍中指组、省委省政府有关信息化工作的决策部署，全省地方志信息化工作现状及“十三五”时期的主要工作任务，传达2017年全国地方志系统信息化工作会议暨信息化研究会年度会议精神，并对2017年下半年全省地方志信息化工作提出要求。省志办有关人员及全省各市、县(市、区)地情网站新进人员30人参加培训。 (广东省志办)

【广东省市县地方志工作专题培训班举办】 12月14日，广东省市县地方志工作专题培训班举办。培训班讲授《地方志与理政》课程。各市、县(市、区)政府分管地方志工作负责人、地方志工作机构主要负责人参加培训。

(广东省志办)

【2017年广州市部门志、行业志及地方志资料年报编纂业务培训班举办】 7月26日，2017年广州市部门志、行业志及地方志资料年报编纂业务培训班举办。培训班通报市地方志资料年报报送情况及广州市在线修志(“互联网+地方志”)开发情况，剖析工作中存在的问题，要求2017年的资料年报报送、审核、验收工作通过该系统完成。培训班采取集中动员与分班授课的方式进行，并进行经验介绍和讨论交流。广州市相关市直部门及企业志书编纂人员110余人参加培训。 (刘德敏)

【深圳市2017年度全市史志鉴业务培训班举办】 4月6日至7日，广东省深圳市2017年度全市史志鉴业务培训班举办。培训班对2016年全市党史及地方志资料年报、自然村落历史人文普查和年鉴供稿工作成绩突出的126个单位和270名个人进行表彰，讲授《深化改革开放加快转型升级》《古文献与历史研究》《明清时期的古籍整理》《关于文化遗产与保护的思考》《方志学研究》《年鉴稿件存在问题及解决办法》等课程。各区(新区)及市直各有关单位、各街道党史联络员、地方志资料年报编纂人员、自然村落历史人文普查工作人员及年鉴供稿作者200余人参加培训。 (广东省志办)

【《广西年鉴》《广西图鉴》2017年卷组稿培训班举办】 3月10日，《广西年鉴》《广西图鉴》2017年卷组稿培训班举办。培训班总结《广西年鉴》《广西图鉴》2016年卷的编纂工作，对2017年卷的编纂工作进行部署，讲授《年鉴性质、功能和编写要领》课程，围绕《广西年鉴》《广西图鉴》供稿、撰稿、编辑等议题进行分组交流。中直驻桂单位、自治区直属单位、各市及部分县（市、区）《广西年鉴》《广西图鉴》编辑（写）组负责人或撰稿人等160余人参加培训。（秧新明）

【2017年广西第一期地方志业务培训班举办】 4月25日至27日，2017年广西第一期地方志业务培训班在三江县举办。培训班讲授《志鉴编纂出版常见法律错误及其纠正》《认真做好志稿的总纂》《谈谈人物如何入志》《内文记述》《细化规范，增强编效——以〈关于规范《柳州市志（1991—2005）》编纂实务的若干意见〉为例》等课程，并围绕贯彻落实《规划纲要》、《关于实施中华优秀传统文化传承发展工程的意见》、《广西地方志事业发展规划（2016—2020年）》、如何解决志书编纂过程中存在的各种问题进行讨论。自治区50余个市、县（区）志办，20余个《广西通志》专志编辑室主任、总纂和修志业务骨干等100余人参加培训。（孙仿）

【2017年广西第二期地方志业务培训班举办】 7月28日，2017年广西第二期地方志业务培训班在南宁举办。培训班讲授《认真解决广西通志专志编纂常见的问题》《二轮〈广西通志〉专志编纂及评审工作应注意的问题》等课程。自治区30余个《广西通志》专志编辑室主任、总纂和修志业务骨干等70余人参加培训。（孙仿）

【2017年广西第三期地方志业务培训班举办】 10月23日至25日，2017年广西第三期地方志业务培训班在天等县举办。培训班讲授《人物传编写》《志书总纂务必全程把好“三关”》《关于大事记的若干问题》《市县志篇目基本要求和存在的突出问题》《地方志如何记述民族内容》等课程。自治区60余个市、县（区）志办修志业务人员100余人参加培训。（孙仿）

【《海南年鉴（2017）》新撰稿人培训会召开】 3月24日，《海南年鉴（2017）》新撰稿人培训会召开。培训会上对年鉴条目的内涵、分类、选题选材、编写要求等进行讲解，并结合2016年年鉴稿件情况进行点评。省直机关和中央驻琼单位10余名年鉴新撰稿人参加培训。（郑昕）

【海南省2017年史志系统干部培训班举办】 4月24日至28日，海南省2017年史志系统干部培训班举办。培训采用户外拓展、现场教学、学员论坛等教学方式，课程设置包括对党中央大政方针和最新理论成果解读，对国情省情阐释分析，对行政人员综合素质具体指导，对党史、方志相关的业务培训。全省史志系统干部47人参加培训。（郑昕）

【2017年海南省地方志业务培训班举办】 8月20日至26日，2017年海南省地方志业务培训班举办。培训班讲授《习近平总书记系列重要讲话精神解读》《方志文化建设》《挖掘方志资源，做好地方志事业转型升级》《二轮修志中的热点与难点问题分析》《地方综合年鉴的编写与创新》《上海市方志编撰工作经验介绍》《创新思维与心智模式转变》等课程。省志办、省志部分承编单位与各市、县（区）地方志业务骨干51人参加培训。（符思权）

【《海口年鉴（2017）》编纂业务暨地方志资料年报工作培训班举办】 2月27日，《海口年鉴（2017）》编纂业务暨地方志资料年报工作培训班举办。会议分析2016年卷年鉴稿件编纂情况及稿件主要存在的问题，对年鉴如何反映社会热点（年度大事）、如何收集图片，各种类型条目内容的要素写法进行讲解，对志书、年鉴、年报的异同进行说明，重点讲述地方志资料年报的定义、特点与要求。海口市年鉴撰稿单位和资料年报责任人160人参加培训。（吴钟宝）

【重庆市全市“两全目标”攻坚业务培训会议召开】 8月30日至9月1日、9月13日至15日、9月20日至22日，重庆市志办分3期召开全市地方志系统“两全目标”攻坚业务培训会议。会议采取先进区县作经验交流发言与专家授课相结合的方式，讲授地方志基础理论和编纂原则、名镇（村）志的概况及编纂、大事记编写、年鉴条目设置与撰写、综合年鉴的编辑、志书编纂工作流程、志书编辑出版等课程。全市38个区（县）和万盛经济开发区地方志工作机构工作人员及志鉴主编、主创、主审人员300余人参加培训。（杨祖静）

【四川省市（州）、县（市、区）志办主任培训班举办】 4月6日至7日，四川省市（州）、县（市、区）志办主任培训班举办。培训班讲授传承中华优秀传统文化、加强网站建设、信息化建设、方志馆展陈以及优化科学工作方法等课程。全省21个市（州）、183个县（市、区）志办主任参加培训。（黄绚）

【四川省方志系统领导干部培训班举办】 6月2日至8日，四川省方志系统领导干部培训班在清华大学举办。培训班学员实地参观国家方志馆“方志中国”展览，听取中指组领导及专家学者讲座14次。21个市（州）、26个县（市、区）及5个省直部门地方志工作机构负责人65人参加培训。（黄绚）

【四川省方志系统青年干部一、二期培训班举办】 7月3日至8日、7月18日至21日，四川省方志系统青年干部第一、二期培训班分别举办。学习采用全军事化管理，除课堂理论学习外，还进行爬雪山、过草地等体验式教学活动。21个市（州）志办和7个省直部门修志机构领导、青年干部67人参加培训。（黄绚）

【《四川省志》各分卷承编单位主任（主编）学习培训班举办】 11月6日至7日，《四川省志》各分卷承编单位主任（主编）学习培训班举办。培训班上，四川省政府督查室就完成“两全目标”，抓好《四川省志》分卷进度提出要求，出版社专家作专题政策解读，省政府办公厅、省商务厅、省公安厅、省烟草专卖局代表作交流发言。《四川省志》各分卷承编单位、部分部门志编纂单位80人参加培训。（黄绚）

【成都市地方志系统业务培训班举办】 10月9日至12日，四川省成都市志办举办地方志系统业务培训班。培训班讲授方志渊源、方志文化传播与运用、巴蜀文化传承等课程。全市地方志工作机构主任、业务骨干90余人参加培训。（成都市志办）

【贵州省第二轮省志编纂业务培训班举办】 6月29日，贵州省第二轮省志编纂业务培训班举办。培训班讲授《关于志书记事的几个问题》《图片的选择与规范性运用》《凡例、概述、无题引言编纂的基本原则》《大事记、附录的编纂要点》《志书的文体文风》《志书的行文规范》等课程。40余家省志参编单位编纂人员70余人参加培训。（贵州省志办）

【贵州省地方志信息化业务培训班举办】 10月18日至21日，贵州省地方志信息化业务培训班举办。培训班讲授地方志信息化建设发展概述、解读《关于推进贵州省地方志信息化建设的实施意见》、大数据时代背景下的地方志修用实践探索与思考、地方志网站管理、地方志全文数据库建设等课程。全省9个市（州）及所辖县（市、区、特区）地方志工作机构信息化工作负责人93人参加培训。（贵州省志办）

【2017年贵阳市地方志业务培训班举办】 5月14日至19日，2017年贵阳市地方志业务培训班举办。培训班讲授《地方志资源的挖掘与利用》《地方志的编纂研究与历史地理学》《中国文化的发展与地方志》《中国传统文化与个人

修养》《王阳明心学——致良知》《综合年鉴的编纂与创新》《大数据与政府治理创新》《现代干部心理冲突与调适（阳光心态）》等课程。贵州省志办、贵阳市直各单位、贵阳市属高校第二轮志书和年鉴撰稿人及贵阳市17个区（县、市）志办业务骨干87人参加培训。（金玫）

【云南省地方志系统业务培训班举办】 7月25日，云南省地方志系统业务培训班举办。培训班讲授《云南历史概要》《云南民族文化的保护传承与地方志》等课程，还对地方志基本知识、编纂方法、体裁运用及常见问题分析等内容进行讲解。全省地方志工作者80余人参加培训。（郑灵琳）

【2017年西藏自治区地方志工作业务培训班举办】 11月7日至10日，2017年西藏自治区地方志工作业务培训班举办。培训设5节专题课程，讲授编纂理论，点评志鉴内容，同时开展学员讨论交流、小组汇报和培训总结。自治区、市（州）、县三级志鉴编纂业务骨干100余人参加培训。（达瓦扎西）

【陕西省地方志系统人员综合能力提升培训班举办】 4月10日至14日，陕西省地方志系统人员综合能力提升培训班举办。培训班着眼“两全目标”，紧扣陕西省第二轮修志工作实际，讲授地方志编修、年鉴业务及传统文化等课程。全省省、市、县（区）地方志工作机构近80人参加培训。（丁喜）

【陕西省市县（区）志综合业务培训班举办】 11月22日至23日，陕西省市县（区）志综合业务培训班举办。培训班讲授市、县（区）志编纂出版问题、主编如何履行志稿审读后的职责、信息化建设与地方志工作等课程。第二轮志稿未进入终审环节的有关市、县（区）地方志工作机构主管业务领导、主编及业务人员120余人参加培训。（丁喜）

【甘肃省地方综合年鉴业务培训班举办】 10月17日至18日，甘肃省地方综合年鉴业务培训班在兰州市举办。6名省、市（州）、县（市、区）三级地方综合年鉴主编按照不同专题，进行授课辅导和交流发言。（滕辉）

【甘肃省第二轮志书编纂业务培训班举办】 10月20日至21日，甘肃省第二轮志书编纂业务培训班在兰州市举办。省、市两级地方志工作机构6名专家围绕不同课题进行辅导。各市（州）、县（市、区）、省志承编单位编辑及业务骨干70余人参加培训。（滕辉）

【新疆维吾尔自治区地方志书精品工程编纂人员培训班举办】 5月18日至24日，新疆维吾尔自治区地方志书精品工程编纂人员培训班举办。培训班以“促进地方志转型升级，为实现社会稳定和长治久安提供强有力的智力支持”为主题，就地方志书总纂和新疆第二轮志书编纂的思考进行授课。培训班还以“坚定信念、矢志不渝”“依靠群众、勇于胜利”“实事求是、敢闯新路”为题，开展红色故事会，聆听红军后代的宣讲，追忆前辈人生坐标等现场教学。各地（州、市）、县（市、区）、自治区各委办厅局修志工作者144人参加培训。（陈忠）

【新疆生产建设兵团史志工作业务培训班举办】 6月14日至15日，新疆生产建设兵团史志工作业务培训班举办。培训班讲授党史资料征集及编纂、编修第二轮志书的理论与实践、第二轮志稿编写具体问题分析、年鉴编纂基础知识及师团综合年鉴编纂实践等课程。兵团各师史志工作者参加培训。（王兴鹏）

·考察交流

【北京市志办赴贵州、四川考察交流】 5月11日至16日，北京市志办副主任张恒彬率北京市地方志考察团赴贵州省、四川省地方志系统，就志书编纂、年鉴编纂与指导、网络年鉴建设、管理制度建立的做法，以及贯彻落实地方志事业发展的新任务、新要求，谋划地方志事业发展的新思路、新举措等进行考察交流。

（王韧洁　黄绚　成都市志办）

【北京市志办赴江苏、浙江考察交流】　7月11日至14日，北京市志办党组书记、主任陈玲率北京市地方志考察团赴江苏省、浙江省地方志系统，就地方志编纂工作、机构建设、志鉴编纂、开发利用、法制建设、信息化建设、方志馆建设等进行考察交流。（王韧洁）

【北京市志办赴河南考察交流】　7月24日至28日，北京市志办副主任张恒彬率北京市地方志考察团赴河南省志办和郑州市、开封市和平顶山市地方志工作机构，就基层志书编修和年鉴工作进行考察交流。（王韧洁）

【河北省志办赴广东考察交流】　4月10日至12日，河北省志办一行3人赴广东省，通过座谈交流、实地参观等形式，就地方志工作好的做法与经验进行考察交流。（鲍秋芬）

【山西省志办赴杭州市方志馆考察交流】　4月22日，山西省志办主任张志仁一行3人赴杭州市方志馆，就方志馆的建馆理念、布展思路、筹建过程等情况进行考察交流。

（浙江省志办）

【山西省志办赴北京考察交流】　8月30日，山西省志办主任张志仁、副主任刘益龄一行4人赴北京市方志馆进行考察交流。两地互赠志鉴图书。（王婷）

【内蒙古自治区志办赴北京、山西、贵州、青海、甘肃考察交流】　年内，内蒙古自治区志办领导班子成员分别带队赴北京市、山西省、贵州省、青海省、甘肃省，就地方志工作经验、第二轮修志和年鉴编纂的做法、方志馆建设和信息化建设情况等进行考察交流。

（内蒙古自治区志办）

【内蒙古自治区志办和上海市志办代表团访美研讨交流】　7月3日至5日，应美国新泽西州西温莎市政府、美国侨报社邀请，内蒙古自治区志办和上海市志办代表团一行8人访问美国，开展年鉴编纂研讨交流。其间，代表团先后与耶鲁大学图书馆、新泽西州西温莎市政府、《新泽西年鉴》编辑部、美国侨报社座谈，并就年鉴的国际合作进行交流。代表团考察美国历史博物馆、美国国会图书馆等，了解有关内蒙古、上海的志书、年鉴收藏情况，交流《内蒙古年鉴》和《上海年鉴》编纂出版情况。

（内蒙古自治区志办　上海市志办）

【吉林省地方志编委会赴四川、重庆考察交流】　4月17日至21日，吉林省地方志编委会副主任李正奎率吉林省地方志考察团赴四川省志办、成都市志办、成都市龙泉驿区志办、重庆市志办、重庆市巴南区志办，就市县级志书指导、审查程序、资料年报、资料长编制度、地方志事业转型发展中如何充分发挥资政作用等工作进行考察交流。（任帅　黄绚）

【哈尔滨市志办赴安徽、浙江、河北、北京、吉林、辽宁等地考察交流】　3月27日至4月1日，黑龙江省哈尔滨市志办党组书记、主任赵竹帛一行7人赴安徽省合肥市志办、芜湖市志办及浙江省杭州市方志馆考察交流；7月9日至14日，哈尔滨市志办副主任李春华一行6人赴河北省石家庄市志办、保定市志办和北京市方志馆就年鉴编纂工作考察交流；7月11日至13日，赵竹帛一行7人赴吉林省延边州、吉林市考察交流；8月14日至17日，哈尔滨市志办一行4人赴辽宁省营口市志办考察交流；9月12日至14日，赵竹帛一行9人赴辽宁省沈阳市志办就历史文化保护开发等考察交流；10月23日至25日，赵竹帛一行9人赴吉林省长春市志办考察交流。（刘新惠）

【哈尔滨市志办赴俄罗斯阿穆尔国立大学考察交流】　10月5日至9日，黑龙江省哈尔滨市志办一行4人赴俄罗斯阿穆尔国立大学考察交

流。双方就进一步加强哈尔滨俄侨历史文化研究工作进行交流，并在建立机制化合作等方面达成共识，签署合作协议。（刘新惠）

【哈尔滨市志办赴俄罗斯莫斯科、圣彼得堡考察交流】 11月13日至18日，黑龙江省哈尔滨市志办副主任李春华、市方志馆馆长赵颖雪一行2人赴俄罗斯莫斯科、圣彼得堡考察交流。李春华、赵颖雪拜会俄罗斯国家文学博物馆馆长，双方就进一步加强马迭尔时期历史研究、哈尔滨俄侨历史文化研究等工作进行交流，并在历史资料和图片共享、2018年夏季以多种形式巡展达成合作意向以及建立机制化合作等方面达成共识。16日，李春华、赵颖雪出席在圣彼得堡举办的哈尔滨老俄侨座谈会，并与老俄侨和俄侨后代见面，听取他们介绍在哈尔滨工作、生活情况。（刘新惠）

【上海市志办赴浙江考察交流】 3月22日，上海市志办党组书记、主任洪民荣一行赴浙江考察，与浙江省志办主任潘捷军、副主任章其祥及相关处室负责人举行座谈。（浙江省志办）

【江苏省志办赴吉林考察交流】 7月4日至7日，江苏省志办党组书记、主任漆冠山，副主任蔡金良一行4人赴吉林省地方志编委会学习交流。7月6日，双方在吉林省地方志编委会机关举行赠送《江苏历代方志全书》仪式。吉林省地方志编委会党组书记、副主任李云鹤出席仪式并接受漆冠山赠书。双方就旧志整理方面的基本情况和做法、地方志工作立法、地方志资源开发利用、编纂名镇（村）志或特色志等方面的做法和经验进行交流。（李雯）

【江苏省地方志代表团赴丹麦、挪威考察交流】 8月11日至18日，应挪威斯基科姆市政府和丹麦哥本哈根议会邀请，江苏省地方志代表团赴丹麦、挪威两国进行学术访问和交流活动。代表团先后访问丹麦国家档案馆、丹麦国家历史博物馆、挪威国家图书馆，还顺访挪威弗洛姆铁路博物馆、加姆勒卑尔根博物馆、卑

7月6日，江苏省志办向吉林省地方志编委会赠送《江苏历代方志全书》

尔根大学图书馆、奥斯陆维格兰雕塑博物馆等。访问团向两国有关文献收藏机构的专业人士简要介绍中国地方志编纂的优良传统、地方志机构的设置、工作内容，介绍江苏地方志工作的历史和当前开展的工作以及取得的成效，并赠送《江苏旧志集成》电子书籍，并就信息互通和相关资料的交流达成合作意向。

（武文明）

【江苏省地方志系统赴新疆考察交流】 9月16日至21日，江苏省志办党组书记、主任漆冠山率江苏省地方志系统调研组一行赴新疆，先后到伊犁州直昭苏县、特克斯县、巩留县、霍城县、霍尔果斯市开展第二轮志书、年鉴编纂情况调研，并就江苏省即将启动的《江苏援藏援疆建设志》编纂工作与伊犁州等受援地区进行对接和讨论。（陈忠）

【江苏省地方志代表团赴缅甸、泰国交流】 10月11日至18日，应缅甸仰光国家文化艺术大学、曼德勒古迹国家博物馆和泰国泰中艺术文化交流中心、清迈大学语言学院邀请，江苏省地方志代表团赴缅甸、泰国，就国外公共文化服务体系建设及历史文化资源开发利用、文化传承情况进行学术交流。代表团先后访问仰光国家文化艺术大学、曼德勒古迹国家博物馆和泰国泰中艺术文化交流中心、清迈大学语言学院，就江苏省地方志书、年鉴的展示推广进行交流，达成旧志资料共享

和互通合作意向。（武文明）

【浙江省志办赴吉林考察交流】 8 月 20 日至 21 日，浙江省志办主任潘捷军一行 9 人赴吉林省地方志编委会，就第二轮志书编纂、年鉴编纂、地情资源开发利用和方志馆建设等方面工作考察交流。调研组参观吉林省方志馆。（张圣祺）

8 月 20 日，浙江省志办主任潘捷军一行赴吉林省地方志编委会考察交流

【安徽省志办赴北京、江苏考察交流】 6 月 5 日至 8 日，安徽省志办一行 6 人先后赴北京市方志馆、国家方志馆和江苏省常州市方志馆，就安徽省方志馆《展陈大纲》的编写及布展工作进行考察交流。调研组先后参观北京市方志馆“北京地情展”、国家方志馆“方志中国”展、常州方志馆方志地情展。（章慧丽）

【安徽省志办赴新疆皮山县调研对接地方志援疆工作】 7 月 26 日至 31 日，安徽省志办巡视员刘成典一行 7 人赴新疆维吾尔自治区皮山县开展修志编鉴对口帮扶工作。双方就重视支持修志编鉴工作、第二轮修志及年鉴编纂、志书质量、队伍建设、“两全目标”、地方志数字化建设等内容进行交流，并就援疆工作意向达成初步意见。（章慧丽　陈忠）

【福建省地方志编委会赴新疆昌吉调研对接地方志援疆工作】 8 月 3 日，全国地方志系统援藏援疆工作会议座谈会结束后，福建省地方志编委会主任陈秋平一行赴福建省对口援疆的昌吉回族自治州，调研对接地方志援疆工作。（欧长生　孙洁斐）

【福建省地方志编委会赴黑龙江考察交流】 8 月 10 日至 11 日，福建省地方志编委会副主任林浩一行赴黑龙江省志办，就年鉴、省志、机关党建工作、方志馆建设和运行管理等工作进行考察交流。（欧长生　孙洁斐）

【福建省地方志编委会赴宁夏考察交流】 9 月 11 日至 14 日，福建省地方志编委会副主任林浩一行赴宁夏回族自治区考察交流，双方对《闽宁扶贫协作志》稿进行评审，就志稿定位、篇章设置、资料选用、内容记述、图片选取、行文规范等方面提出修改意见、建议。（欧长生　孙洁斐）

【山东省史志办倡议发起的中德莱布尼茨研究中心成立】 5 月 24 日，中德莱布尼茨研究中心成立仪式暨“莱布尼茨与中国文化”国际学术研讨会在济南市举行。该中心由山东省史志办倡议发起。德国下萨克森州州长斯特凡·威尔，柏林—勃兰登堡科学院莱布尼茨全集编辑部主任、汉诺威莱布尼茨大学莱布尼茨研究所所长、世界莱布尼茨学会秘书长、山东省史志办与德国交流顾问李文潮，山东省政府办公厅党组成员、省史志办主任刘爱军，省编办副主任邵长才，省教育厅总督学孟庆旭，省外办副主任李永森，山东社会科学院院长张述存，山东师范大学党委书记商志晓、校长唐波等出席成立仪式，德国下萨克森州政府代表团成员以及来自德国、美国、日本等国家的莱布尼茨研究学者参加。（山东省史志办）

【山东省史志办赴挪威、瑞典考察交流】 6 月 9 日至 16 日，山东省政府办公厅党组成员、省史志办主任刘爱军率山东省史志办考察交流团一行 3 人赴挪威、瑞典考察交流。其间，考察交流团分别拜访挪威国家档案局卑尔根分

局、奥斯陆电影农场历史纪录片公司、瑞典韦斯特曼省博物馆、瑞典远东博物馆、乌普萨拉博物馆等历史文化研究机构，拜会挪威国家档案局卑尔根分局局长运格韦·奈德波、奥斯陆电影农场历史纪录片公司负责人阿兰·米莉甘、瑞典韦斯特曼省博物馆馆长马格努斯·伽格、瑞典远东博物馆负责人李东、《安特生传》作者之一克里斯蒂娜等。双方就历史文化研究与合作、搜集山东旧志等问题进行交流。

（山东省史志办）

【山东省史志办赴内蒙古、河南、江苏考察交流】 8月14日至19日，山东省史志办副主任郭永生一行3人赴内蒙古自治区志办、锡林郭勒盟党史志办及锡盟西乌珠穆沁旗党史志办、兴安盟志办，就史志系统信息化建设工作考察交流。9月19日至23日，郭永生一行3人赴河南省史志办、开封市史志办、江苏省志办和常州市志办，就史志系统信息化建设工作考察交流。（山东省史志办）

【河南省史志考察团赴江苏、浙江考察交流】 3月6日至9日，河南省史志办主任管仁富率河南省各省辖市、省直管县史志办主要负责人赴江苏省常州市方志馆、浙江省杭州市方志馆、杭州市余杭区方志馆，与江苏省志办、常州市志办、浙江省志办、杭州市志办就史志事业发展，尤其是方志馆建设的一系列理论和实践问题，如方志馆的功能、定位、规划设计、馆藏建设、运行管理等问题进行考察交流。

（王颖）

【河南省委党史研究室赴兵团史志办考察交流】 8月13日，河南省委党史研究室副主任贺明洲一行赴新疆生产建设兵团史志办，就开展中华人民共和国成立后河南支边援疆的历史资料征集工作考察交流。（王兴鹏）

【湖北省志办赴新疆考察交流】 8月3日至8日，湖北省志办主任吴凤端一行赴新疆博尔塔拉蒙古自治州、博乐市、精河县、阿拉山口市、温泉县、新疆生产建设兵团第五师史志系统和乌鲁木齐市志办，就人员培训、队伍建设、志鉴编纂质量把关、志鉴出版经费等方面援助情况进行考察交流。考察团还前往湖北省援疆工作指挥部，与指挥部党组书记冯伟交流座谈，通报湖北地方志系统援疆工作情况，进一步了解有关援疆相关政策和工作要求。

（湖北省志办）

【湖北省志办赴北京考察交流】 2月28日，湖北省志办副主任陈剑飞一行赴北京市志办，就方志馆建设及信息化建设工作考察交流。

（湖北省志办）

【湖北省志办接待台湾“湖北文献社”访问】 4月6日，台湾“湖北文献社”负责人汪大华一行到湖北省志办交流。湖北省志办主任文坤斗、副主任陈剑飞会见汪大华一行并就《八千里云月五十载乡情》一书相关事宜举行座谈。7月6日，台湾“湖北文献社”负责人汪大华一行来湖北省志办交流。湖北省志办主任吴凤端会见汪大华一行并举行座谈。

（湖北省志办）

【广东省志办赴四川考察交流】 3月28日，广东省志办副主任丘洪松一行赴四川省志办，就《四川省地方志工作条例》制定、修订、执行等工作情况与经验进行考察交流。（黄绚）

【广东省志办赴河南、陕西考察交流】 5月22日，广东省志办副主任丘洪松一行赴河南省史志办，就方志资源开发利用及信息化建设等工作进行考察交流。5月24日，考察团赴洛阳市志办，就志书编纂、方志馆建设、地情资料开发利用、新形势下史志工作发展的方向进行考察交流，洛阳市志办向广东省志办赠送《中国河洛文化文献丛书》《洛阳地方文献大典》和《唐宋牡丹文化》等书籍。5月25日，考察团赴陕西省志办，参观陕西省方志馆，并就方志资源开发利用及信息化建设等工作进行考察交流。

（广东省志办）

【广州市志办赴香港、澳门开展交流】 6月19日至21日，广东省广州市志办主任黄小晶、副主任胡巧利一行赴香港特别行政区志办、岭南大学香港与华南历史研究部、香港特区政府新闻处、香港大学图书馆开展交流与合作，各方就推动《珠江三角洲城市群年鉴》改编为《粤港澳大湾区城市群年鉴》达成共识，签订《粤港澳大湾区城市群年鉴》香港内容供稿协议，合作每年在粤港两地出版发行《粤港澳大湾区概览》(繁体字版)，合作共建互联网发布平台，签订合作共建粤港澳大湾区地情数据中心协议书。6月26日至27日，广州市志办赴澳门特别行政区政府新闻局、澳门大学社会科学学院、澳门理工学院中西文化研究所开展交流与合作，就推动《珠江三角洲城市群年鉴》改编为《粤港澳大湾区城市群年鉴》达成共识，形成《粤港澳大湾区城市群年鉴》澳门内容供稿协议，就合作编纂《粤港澳大湾区城市群大事纪略》并提供澳门方面稿件达成初步意向，各方将合作共建粤港澳大湾区地情数据中心。　(贺坤)

【广西壮族自治区志办赴美国考察交流】 6月20日，应美国国会图书馆邀请，广西壮族自治区志办副巡视员王艳珍一行3人赴美国国会图书馆、美国国家档案馆等考察交流广西地方志、年鉴、古籍文献和档案存藏等情况。考察组先后深入美国国会图书馆主题展厅、藏书厅、亚洲文献部，搜寻、查阅馆藏的广西历代方志、年鉴和古籍文献，学习借鉴图书馆在保护和利用地方文献方面的经验。双方举行座谈会，就广西文献资源网络数字化共享问题进行探讨。考察组还给图书馆赠送明万历《广西通志》整理影印本和《广西古建筑志》《广西之最》《广西简志》等。　(刘妍)

【广西壮族自治区志办赴辽宁考察交流】 7月11日，广西壮族自治区志办副主任邓敏杰一行4人赴辽宁省志办，就第二轮修志、信息化建设等经验做法和方志馆建设、地情资料年报、地方志期刊、理论研究等工作进行考察交流。　(刘妍)

【海南省志办赴云南、广西考察交流】 2月20日至22日，海南省委党史研究室(省志办)派出调研学习小组赴云南、广西，就史志资政工作考察交流，着手推动海南省《执政实录》编纂工作。　(钱堃)

【海南志办赴贵州、广西、广东考察交流】 3月20日至23日，海南省委党史研究室(省志办)副主任陈波率调研组赴贵州、广西、广东地方志系统，就省志终审验收、省志总述和大事记编纂及特色志编修工作进行考察交流。　(张永翠)

【四川省志办赴广东考察交流】 2月13日至16日，四川省志办机关党委书记王孝平一行5人赴广东省志办、广州市志办、清远市史志办、佛冈县史志办等单位，就如何贯彻落实中共中央办公厅、国务院办公厅《关于实施中华优秀传统文化传承发展工程的意见》以及地情资源开发利用、干部队伍人才建设等问题进行考察交流。　(黄绚)

【四川省志办赴江苏、浙江考察交流】 6月20日至24日，四川省志办机关党委书记王孝平带队，资阳市政府副市长周齐铭及乐山、巴中、资阳市志办负责人等参加的学习考察组，赴江苏省、浙江省，围绕“传承发展优秀传统文化，方志系统怎么办”及方志馆建设、使用、管理、服务工作等问题进行考察交流。　(黄绚　马琦敏)

【四川省志办接待四川大学古籍所来访】 8月8日，四川大学古籍所所长、国际儒学研究院院长、《巴蜀全书》总编纂、《儒藏》工程首席专家舒大刚一行5人到四川省志办交流工作，四川省志办党组书记、主任马小彬会见舒大刚一行并召开座谈会。会上，双方就传承和发展中华传统文化的理念进行交流，就四川省志办旧志整理工作和四川大学《巴蜀全书》编

辑出版工作交换意见，就进一步加强交流与合作达成意向。（黄绚）

【成都市志办赴吉林、内蒙古考察交流】 7月9日至13日，四川省成都市志办党组书记、主任高志刚一行12人赴吉林省、内蒙古自治区，就第二轮市志编纂、方志馆建设、地情资源开发利用、信息化建设、精品志鉴编修等工作进行考察交流。（成都市志办）

【成都市志办赴陕西、北京考察交流】 7月24日至28日，四川省成都市志办副主任王家球一行赴陕西省西安市、北京市等地，就第二轮志书编修、精品年鉴编纂、地情资源开发利用以及信息化、方志馆、队伍建设工作进行考察交流。（成都市志办）

【成都市志办赴广西、广东考察交流】 10月31日至11月3日，四川省成都市志办党组书记、主任高志刚一行赴广西壮族自治区志办、广东省广州市志办，就第二轮市志编纂、方志馆建设、地情资源开发利用、信息化建设、精品志鉴编修等工作考察交流。（成都市志办）

【陕西省地方志考察组赴新疆考察交流】 4月12日至18日，陕西省志办副主任史天社率陕西省地方志考察组一行赴新疆维吾尔自治区志办，就志鉴编纂、地方志资源开发利用、地方志信息化等内容进行考察交流。（陈忠）

【陕西省志办赴四川考察交流】 5月2日至5日，陕西省志办党组书记、主任秦向东一行19人赴四川省志办，就落实国务院《地方志工作条例》和《规划纲要》特别是在推动“两全目标”方面的具体举措和创新办法进行考察交流。（黄绚）

【陕西省志办赴吉林考察交流】 8月10日至11日，陕西省志办党组书记、主任秦向东一行赴吉林省地方志编委会，参观吉林省方志馆，并就第二轮志书编纂、地情资源开发利用、资料基础建设和方志馆建设等工作进行考察交流。（周玉顺）

【陕西省志办赴西藏阿里调研对接地方志援藏工作】 9月16日至22日，陕西省志办党组书记、主任秦向东一行赴西藏就地方志对口支援开展工作对接和调研。西藏自治区志办主任汪德军接待调研组一行，并就地方志工作和对口支援交流意见。阿里地委书记朱中奎，地委副书记、地区行署专员、地区地方志编委会主任彭措分别作出批示。9月18日至22日，调研组深入札达、普兰、噶尔、革吉、改则等5县，就地方志工作进行实地调研。（丁喜）

【西安市志办赴四川考察交流】 3月16日，陕西省西安市志办副主任姚敏杰一行10人赴四川省成都市志办，就第二轮志书编纂、集成整理珍稀文献、开发利用地情资源服务中心工作、资料建设、方志馆和数字方志馆建设等进行考察交流。（成都市志办）

【宁夏回族自治区志办赴福建考察交流】 3月20日至24日，宁夏回族自治区志办主任负有强一行6人赴福建省，就开展《闽宁扶贫协作志》编纂工作调研和资料搜集工作进行考察交流。（张明鹏）

【宁夏回族自治区志办赴北京考察交流】 4月6日，宁夏回族自治区志办主任负有强一行6人赴北京市志办，参观北京市方志馆建设及布展和管理运行情况，并就志书编纂、年鉴编辑、人员培训等进行考察交流。自治区志办向北京市志办赠送《宁夏通志》一套。（张明鹏）

【新疆生产建设兵团志办赴新疆维吾尔自治区志办考察交流】 8月9日，新疆生产建设兵团志办副主任何喜清、陈旭赴新疆维吾尔自治区志办，就落实“两全目标”的经验和做法、如何贯彻落实全国地方志系统对口援藏援疆工作座谈会精神等工作进行考察交流。（陈忠）

【兵团史志系统积极开展援建对接工作】 8月至9月，新疆生产建设兵团志办副主任陈旭分两批带领第一师、第三师、第九师、第十一师、第十二师史志办负责人赴浙江、江苏、北京等相关省市志办就援助工作进行对接。9月26日至28日，兵团史志办副主任何喜清带领第二师团场史志办负责人到河北省志办完成对接工作。年内，兵团14个师市史志工作机构均与对口援疆前方指挥部开展了工作对接。

（王兴鹏）

机构队伍

·机构设置

【北京市地方志编纂委员会办公室】 北京市地方志编纂委员会成立于1988年，下设办公室，负责本市地方志工作的市政府直属事业单位，人员参照公务员法管理。办公室内设秘书处（人事处）、市志指导处、区县志指导处、研究室、年鉴指导处、开发利用处6个处室和机关党委；下属2个事业单位，分别为北京年鉴社和北京市方志馆（北京市地情信息中心），均为相当于正处级全额拨款事业单位，其中北京市方志馆（北京市地情信息中心）为纳入北京市工资规范管理的事业单位。年内，办公室参照公务员法管理的事业编制37人，在编36人；北京市方志馆纳入工资规范管理事业编制29人，在编25人；北京年鉴社全额拨款事业编制5人，在编4人。（王韧洁）

【天津市地方志编修委员会办公室】 天津市地方志编修委员会办公室1984年成立，是天津市政府负责地方志工作的职能部门，副局级事业单位，人员参照公务员法管理，归口市政府办公厅。办公室内设秘书处、规划研究处、市志指导处、区县志指导处、年鉴指导处5个处，人员编制25人，在编22人。市志办所属事业单位天津市地方志馆（正处级），编制7人，在编5人。（唐旗）

【河北省地方志编纂委员会办公室】 河北省地方志编纂委员会办公室为正处级参照公务员法管理事业单位。办公室内设秘书科、省志总编室、市县指导科、年鉴科、宣传发行科、资料科6个科室；人员定编31人，领导职数设为正职1人（正处级），副职3人（副处级）。非领导职数设为正处级调研员1人、副处级调研员1人。2017年人员在编19人，处级以上人员4人，处级以下人员15人，其中工勤人员3人。办公室下设河北年鉴社（正科级事业单位），人员定编3人，在编2人。（郑小明）

【山西省地方志办公室】 2009年2月16日，山西省机构编制委员会决定将山西省史志研究院分设为中共山西省委党史办公室、山西省地方志办公室。7月，山西省地方志办公室独立办公。2010年3月，山西省政府办公厅印发《关于山西省地方志办公室职能配置、内设机构和人员编制的方案》，确定山西省地方志办公室是省政府直属正厅级事业单位，是省政府主管全省地方志业务的工作部门和省级地方志编纂部门。人员编制51人。办公室内设综合处、人事处（机关党委）、省志一处、省志二处、市县志处、年鉴期刊处、旧志处、专志处、开发利用处、省情信息处10个处，下设直属单位山西省方志发展中心。（王婷）

【内蒙古自治区地方志编纂委员会办公室】 内蒙古自治区地方志编纂委员会办公室1982年9月9日成立，是自治区地方志编纂委员会办事机构，是隶属于自治区政府办公厅副厅级的参照公务员法管理事业单位。办公室在自治区党委、政府的领导下，统一组织、管理、指导、协调、督促和检查全区地方志编纂工作。办公室内设综合处、自治区志业务处、盟市志业务处、地情资料处4个处。定编27人，年内在编25人。（李洋）

【辽宁省地方志工作机构】 辽宁省省、市、县三级修志机构共有115个。辽宁省人民政府地方志办公室为独立机构，副厅级单位，由省政府办公厅领导；14个市地方志工作机构中，机构独立的5个（沈阳、丹东、锦州、辽阳、盘锦），属政府办公厅（室）的2个（铁岭、葫芦岛），与党史办公室合并的6个（大连、鞍山、本溪、营口、阜新、朝阳），与社科院、党史办、社科联合并的1个（抚顺）。100个县（市、区）共有地方志工作机构94个；其中机构独立的6个，属政府办公厅（室）的36个，与党史办公室合并的28个，与档案局（馆）合并的18个，与党史办公室、档案局（馆）合并的6个。辽宁省人民政府地方志办公室及14个地级市地方志工作机构均参照公务员法管理。辽宁省三级地方志工作机构定编631人（其中省级19人、地市级241人、县区级371人），年内在编532人（其中省级19人、地市级220人、县区级293人），聘用144人（其中地市级7人、县区级137人）。 （由林鹏）

【吉林省地方志编纂委员会】 年内，吉林省地方志编纂委员会编制36人，在编35人。其中，年龄结构方面，50岁以上15人，50岁以下20人（40岁以上8人、40岁以下12人）；学历方面，博士学历2人，研究生学历4人，大学本科学历21人，大学专科8人；从事地方志工作3年以上的31人。直属事业单位吉林省方志馆编制15人，在编15人。其中，年龄结构方面，50岁以上3人，50岁以下12人（40岁以上11人、40岁以下1人）；学历方面，研究生1人、本科13人、大专1人；管理人员5人，聘任专业技术人员10人，其中正高1人（研究馆员）、中级7人（馆员6人、助理研究员1人）、初级2人（助理馆员1人、研究实习员1人）。 （周玉顺）

【黑龙江省地方志办公室】 黑龙江省地方志办公室下设秘书处、机关党委、省直指导处、市县指导处、编纂处、研究室、省情信息处，人员编制43人。截至2017年底，全办在编人员35人，其中正厅级1人、副厅级2人、正处级10人、副处级6人、正科级12人、副科级3人、科员1人。 （由岳峰）

【上海市地方志办公室】 上海市地志办公室设秘书处（组织人事处）、市志工作处、专志工作处、区县工作处、年鉴工作处（《上海年鉴》编辑部）、研究室（信息处）6个处室，编制35人，年内在编34人。下属公益一类事业单位2个，上海通志馆编制25人，在编18人；当代上海研究所编制10人，在编5人。上海市16个区均成立地方志办公室，实行参照公务员法管理。其中，1个区单独设立，6个区与党史办公室合署办公，5个区与档案局（馆）合署办公，4个区与党史办公室和档案局（馆）合署办公。 （童庆荣）

【江苏省地方志编纂委员会办公室】 江苏省地方志编纂委员会办公室1986年成立，为省政府直属副厅级参照公务员法管理事业单位，现有班子成员4名。办公室内设秘书处、省志编纂指导处、市县指导处、研究室（信息处）、年鉴工作处、机关党委6个处室，下设省方志馆、江苏年鉴杂志社2个正处级公益一类事业单位。全办人员编制共71人（参公46人、事业25人），年内在职职工57人，离退休人员28人。2017年，办公室加大干部培养使用，逐步理顺层级关系，形成良好的用人机制。共调整任用处以上干部19人次。其中，从内部处长中提拔1名班子成员，开省志办成立30多年来的先河；提拔使用正处长5人、正处级5人、副处长4人、副处级4人。推荐1名80后处级干部到市县挂职锻炼。 （武文明）

【浙江省人民政府地方志办公室】 浙江省人民政府地志办公室下设综合处、省志工作处（《浙江通志》总编室）、市县工作处和研究室4个处室。截至2017年底，定编20人，在岗人员40人。其中在编人员中，具有正高研究职称5人，副高研究职称4人；具有博士学位2人，硕士学位13人；省宣传文化系统“五个

一批”人才1人。 （浙江省志办）

【福建省地方志编纂委员会】 福建省地方志编纂委员会1984年成立，为省政府直属全额拨款正厅级事业单位。2007年12月被批准为参照公务员法管理单位，内设秘书处、省志辅导处、市县志辅导处、志书编辑处、年鉴工作处5个处和机关党委，办有方志书库、省情网站、《福建史志》刊物及“方志福建”微信公众号等。2017年，单位编制44人，厅级领导职数3人，厅级非领导职数1人，15人具有研究生学历，其中5人有博士学位。

（欧长生　孙洁斐）

【江西省地方志编纂委员会办公室】 江西省地方志编纂委员会办公室1983年12月成立，是省政府直属参照公务员法管理的全额拨款事业单位。办公室内设秘书处、方志处、年鉴处、指导处、机关党委5个处室，均为正处级机构，下设机关后勤服务中心和江西省方志馆2个事业单位。编制57人，在编51人。

（朱岳）

【山东省地方史志办公室】 山东省地方史志办公室1981年成立，原名山东省地方史志编纂委员会办公室，1995年改为现称，为省直属全额拨款副厅级事业单位，隶属省政府办公厅领导。2007年被批准为参照公务员法管理单位，主要职责是负责山东省史志资料的编纂和指导工作。办公室内设人事秘书处、省志编审处、市县基层志编纂指导处、年鉴工作处、信息工作处5个处，编制45人，参照公务员法管理；省方志馆为省史志办所属全额拨款事业单位，编制16人。史志办领导班子编制主任1人，副巡视员职位1人，副主任3人。全省17个市都设有史志机构，隶属市政府或市政府办公室领导，其中副厅级单位2个、正处级单位11个、副处级单位4个，全部参照公务员法管理。 （山东省史志办）

【河南省地方史志办公室】 河南省地方史志办公室是由省政府办公厅代管的事业单位，参照公务员法管理。办公室内设综合处（机关党委）、省直工作处（地方史理论规划处）、市县工作处（地方史编修指导处）、年鉴工作处、信息资料工作处5个处室。截至年底，人员编制49人，在编42人。其中，厅局级1人，县处级20人，乡科级及以下19人，工勤人员2人。在编人员中研究生4人，大学本科31人，大学专科10人。10月13日，河南省机构编制委员会办公室印发《关于调整省史志办内设机构的通知》，同意省史志办内设机构省志工作处挂地方史理论规划处牌子，市县志工作处挂地方史编修指导处牌子，增加副处级领导职数2名。 （王颖　程茜）

【湖北省地方志编纂委员会办公室】 湖北省地方志编纂委员会办公室原名为湖北省地方志纂修委员会办公室，于1980年9月经省政府批准同意由省编制委员会发文成立，核定事业编制15人（含工勤人员），由省社会科学院代管。1980年12月，省政府发文正式成立湖北省地方志办公室。2017年，省志办有人员37人（在编35人，在岗不在编2人），其中主任1人、副主任2人，内设机构正处领导1人、副处领导6人，副厅级非领导1人、正处级非领导1人、副处级非领导3人，科级及以下22人（含工人1人）。 （湖北省志办）

【湖南省地方志编纂委员会】 湖南省地方志编纂委员会为参照公务员法管理的公益一类事业单位，正厅级，归口中共湖南省委宣传部管理，内设综合处（对外加挂人事处牌子）、省志编纂处、市县志工作指导处、年鉴工作处（与湖南年鉴编辑部两块牌子，一套人马）4个处，设有机关党委、机关纪委、机关工会、机关妇委会、地方志学会等组织，下辖二级机构湖南省地方文献研究所（与湖南方志馆两块牌子，一套人马）。至年末，省地方志编委会机关实有在编人员43人，聘用社会人员11人。其中，参公人员37人，工勤人员6人；湖南省地方文献研究所实有在编人员3人。省地方志编委会机关和二级单位所有在编在岗人员中，厅级干部4人，处级干部20人，其他干部职工22人。其中，男性26人、女性20人；少数民族3人；博士1人，硕士6人，研究生学历1人，本科学历30人，专科学历7人，高中学历1人；具有高级职称的8人、中级职称9人；平均年龄39.7岁，35及35岁以下14人，36—50岁17人，51—59岁15人。（张征远）

【广东省人民政府地方志办公室】 广东省人民政府地方志办公室为正厅级事业单位。内设人事秘书处、方志处、年鉴处、地方史处、方志资源开发处5个处，下设正处级事业单位广东年鉴社和广东方志馆。共有人员编制66人，其中办机关42人、广东年鉴社14人、广东方志馆10人。（广东省志办）

【广西壮族自治区地方志编纂委员会办公室】 年内，广西壮族自治区地方志编纂委员会办公室内设秘书处、通志工作处、市县志工作处、古籍整理处、地情信息处、年鉴处和机关党委。编制52人（干部编制44人、工勤人员编制8人），在编46人。其中，主任1人，副主任2人；处级干部20人；科级干部16人；工勤人员7人。有高级职称人员4人，占干部人数10.5%。年内，14个设区市均设立有地方志工作机构，其中独立常设机构7个、与党史研究室合署5个、挂靠政府办公室2个，均为正处级事业单位，参照公务员法管理。111个县（市、区）地方志工作机构中，独立常设机构60个，与党史办合署35个，与党史办、档案局（馆）合署3个，挂靠政府办公室8个，其他5个。自治区直属有关部门（单位）、中直驻桂有关单位设立《广西通志》专志编辑室43个。年内，广西地方志工作机构有专职修志人员990人，在职在编人员781人，聘请人员209人。其中，硕士22人，大学本科492人，大学专科278人，高中及以下27人；厅级干部3人，处级干部69人，科级干部472人，科员及以下232人；高级职称21人，中级职称93人，初级及以下职称83人。（刘妍）

【海南省地方志办公室】 2002年1月，中共海南省委党史研究室和海南省地方志办公室合并，设立海南省史志工作办公室（保留中共海南省委党史研究室和海南省志办牌子），作为省委省政府的工作机构，隶属省委，负责海南中共党史和地方志研究编纂工作，为正厅级事业单位。2004年3月，海南省史志工作办公室更名为中共海南省委党史研究室（海南省志办）。省委党史研究室（省志办）内设秘书处（机关党委、工会）、资料征集处、党史一处、党史二处、科研宣教处、省志编审处、市县志指导处、年鉴工作处8个处。年内，在编人员40人，其中管理人员36人，工勤人员4人。36名管理人员中，厅级干部3人，处级领导干部14人，处级非领导职务8人，科级干部14人；硕士研究生7人，大学本科25人，大学专科8人。（郑昕）

【重庆市地方志办公室】 重庆市地方志办公室为参照公务员法管理、财政全额拨款的正厅级行政类事业单位。6月8日，《重庆市地方志办公室机构编制调整方案》获市政府批准。重庆市地方志办公室内设处室按职能职责划分调整为综合处、市志工作处、年鉴工作处、区县志指导处、文献工作处、信息处6个处。编制25人，在编21人，其中正厅级领导干部2人（含1人任市政协常委，实际不参与市志办工作）、副厅级领导干部1人、处级干部9人；硕士研究生学历3人，本科学历15人，大专学历3人。（熊英）

【四川省地方志工作办公室】 四川省地方志工作办公室是省政府直属正厅级事业单位，2006年实行参公管理。2015年7月3日，四川省政府办公厅下发通知，四川省地方志编纂委员会更名为四川省地方志工作办公室。四川省志办编制39人，2017年底在编35人。办公室内设综合处（与机关党委合署办公）、省志工作处、市县志工作处、政策法规宣传处和省情信息工作处（挂四川省方志馆牌子）5个处。四川年鉴社为直属事业单位，1986年成立，编制11人，其中财政全额拨款5人，自收自支6人；2017年年末在职人数5人，均为全额拨款。四川省21个市（州）级地方志工作机构中，成都市地方志编纂委员会办公室为副局级单位，自贡市、泸州市、德阳市、绵阳市、遂宁市、内江市、乐山市、南充市、宜宾市、广安市、巴中市、雅安市、眉山市、资阳市、阿坝藏族羌族自治州、甘孜藏族自治州、凉山彝族自治州17个地方志办公室为正县级单位，攀枝花市、广元市、达州市3个为副县级单位。市（州）级地方志工作机构全部实行或参照公务员法管理；183个县级地方志工作机构中，181个实行或参照公务员法管理（2个为事业单位），占全部县级地方志工作机构数量的98.9%。21个市（州）级地方志机构中，成都市、自贡市、绵阳市等13个市（州）地方志办公室为独立机构，泸州市、内江市、德阳市、宜宾市、巴中市、雅安市、凉山彝族自治州7个市（州）地方志办公室与党史办合并，攀枝花市地方志办公室归口市政府办管理。年内，全省各级地方志工作机构定编1286人，在编1139人。在编人员中，大学专科以上学历1108人，占总人数的97.28%。

（黄绚　雷雨露）

【贵州省地方志编纂委员会办公室】　年内，贵州省档案局（贵州省地方志编纂委员会办公室）内设办公室、政策法规处、业务一处、业务二处、业务三处、业务四处、业务五处、业务六处、业务七处、业务八处、业务九处、业务十处、宣传处、人事处、机关党办、离退休处16个处室；编制132人，在编120人。在编人员中，硕士学历1人，本科学历98人，大专学历17人，高中以下学历4人。（吕勇）

【云南省地方志编纂委员会办公室】　1981年8月17日，云南省政府发文成立云南省志编审委员会。1982年8月20日，省政府办公厅颁发通知，将其更名为云南省志编纂委员会。1986年10月12日，云南省政府作出《关于加强领导，确保质量，克期完成全省地方志编纂工作的决定》，将云南省志编纂委员会更名为云南省地方志编纂委员会。编纂委员会下设办公室，编制24人，在编21人。（郑灵琳）

【西藏自治区地方志办公室】　西藏自治区地方志编纂委员会及其办公室1996年成立，编委会主任由自治区主席担任，办公室挂靠自治区党委办公厅，与自治区党委党史研究室合署办公，为参照公务员法管理事业单位。自治区地方志办公室2001年升为副厅级单位，领导职数一正三副，内设综合处、党史研究处、地方志处、刊物编辑部，均为副处级。2010年增设业务指导处和编审处（正处级），其他部门升为正处级。2016年，增设年鉴编纂处（正处级），编制3人。自治区地方志办公室编制32人，在编23人。7个地（市）均成立地方志编委会及常设的地方志办公室，均为正科级参照公务员法管理事业单位，其中拉萨、那曲两地独立办公，日喀则、山南、林芝、昌都、阿里5个地（市）均与党史研究室合署办公。

（达瓦扎西）

【陕西省地方志办公室】　1982年6月2日，陕西省政府印发《关于开展地方志编纂工作的通知》，成立以省委书记陈元方为主任的陕西省地方志编纂委员会，确定其为省政府直属的正厅级事业单位，主要任务是负责全省地方志编纂的规划、指导、审查和出版工作。1996年6月，省政府第13次常务会议决定成立新的省地方志编纂委员会，省长程安东任编委会主任，常务副省长贾治邦任副主任；原省地方志编纂委员会更名为省地方志办公室。会议还决定，《陕西年鉴》交由省地方志办公室主办。省地方志办公室为省政府直属事业单位，内设秘书处、省志处、市县志处、出版发行处（保留《陕西地方志》编辑部名义）、监察室，编制39人。1997年9月，省机构编制委员会办公室同意成立《陕西年鉴》社，为省地方志办公室下属事业单位，编制5人。11月8日，省政府办公厅就有关《陕西年鉴》交由省地方志办公室编辑的具体问题下发通知。其后，陕西各地市、县原先未由各级地方志工作机构主办的地方综合年鉴陆续交由地方志工作机构主办。截至年底，省地方志办公室事业定编 41 人，实有 48 人。（丁喜）

【甘肃省地方志工作机构机构设置】 甘肃省地方史志办公室为正厅级全额拨款事业单位，参公管理，内设秘书处、省志编纂处、市县志指导处、出版发行处、年鉴处。截至年底，甘肃省共有市（州）、县（市、区）两级地方志工作机构 101 个，其中市（州）级地方志工作机构 14 个、县（市、区）级地方志工作机构 86 个。全省地方志工作机构定编人员总计 636 人，年内在编人员实有 621 人，聘用人员 98 人。（刘加力）

【青海省地方志编纂委员会办公室】 1986 年 6 月，青海省委批准成立青海省地方志编纂委员会，下设办公室，为青海省社会科学院代管的县级事业单位。1986 年 9 月，省编委下发《关于青海省地方志编纂委员会增设机构、增加编制的通知》，同意下设办公室、省志编写处、业务指导处 3 个县级处室，核定编制 13 人。1986 年 12 月，省编委下发《关于省地方志编纂委员会增加事业编制的批复》，编制从 13 人增加到 16 人。1994 年 3 月，省编委下发《关于省地方志编纂委员会隶属关系的批复》，将省地方志编纂委员会纳入省政府办公厅管理；同年 11 月，根据省委、省政府《关于青海省党政群机构设置的通知》规定，省编委批复确定省地方志编纂委员会为省政府办公厅管理的事业单位，下设省地方志编辑部为工作机构，内设总编办公室、省志编写处、业务指导处等 3 个处室，列事业编制 20 人，其中总编 1 人、副总编 1 人，县处级领导职数 6 人。1995 年，根据省政府领导批示精神，省编委下发《关于省地方志编纂委员会设置年鉴编辑处和增加事业编制的批复》，同意成立年鉴编辑处，增加事业编制 2 人，编制总数达到 22 人，其中县处级领导职数 7 人。2002 年，在全省事业单位机构改革中，省地方志编纂委员会编辑部更名为省地方志编纂委员会办公室，为省政府办公厅代管的社会公益类厅级事业单位，内设综合处、业务指导处、青海年鉴社。2007 年，根据省人社厅文件批复，省地方志编纂委员会办公室被纳入参照公务员法管理事业单位。2017 年，人员编制 22 人，在编 20 人，其中厅级领导 1 人、县级领导 6 人、县处级非领导 4 人、其他人员 9 人。（马渊）

【宁夏回族自治区地方志编审委员会办公室】 宁夏回族自治区地方志编审委员会挂靠宁夏社会科学院，事业单位编制，处级单位。办公室内设业务指导科、年鉴指导科、资料征集科、综合科；编制 15 人，在编 14 人，处长 1 人，副处长 1 人。其中正高职称 1 人、副高级职称 8 人、中级职称 5 人。年内，全区共有 24 个市、县（市、区）地方志工作常设机构，共有专职编修工作人员 100 余人，在编人员全部实行参照公务员法管理。（张明鹏）

【新疆维吾尔自治区地方志编纂委员会】 新疆维吾尔自治区地方志编纂委员会内设机关党委、综合处、地县志工作处、新疆年鉴工作处、新疆通志工作处、编译处、信息处；编制 48 人，在编 46 人。（陈忠）

【新疆生产建设兵团志办公室】 年内，新疆生产建设兵团党委党史研究室（兵团志办公室）下设综合处、党史处、方志处、年鉴处 4 个处；核定人员编制 16 人，其中领导职数 3 人，包括主任 1 人、副主任 2 人。在编人员全部参照公务员法管理。年内，退休 1 人，调出 2 人，调入 1 人，年末在岗 12 人（含 1 人为援疆干部）。（王兴鹏）

【全国铁路系统修志机构】 年内，全国铁路有 19 个史志机构。其中，中国铁路总公司档案史志中心，为正局级单位；铁路局档案史志室 18 个，其中副处级单位 11 个、正科级单位 7 个。全国铁路有史志工作人员 72 人，在编 51 人，非在编 21 人。在编人员中，副高级专业

技术人员12人，中级专业技术人员23人，初级专业技术人员16人。（姚岳山）

·表彰先进

【吉林省地方志编委会表彰全省地方志系统信息化建设先进单位】 2月23日，吉林省地方志编委会对12家全省地方志系统信息化建设先进单位进行表彰。受表彰的先进单位有：长春市地方志编委会、吉林市志办、辽源市地方志编委会、通化市志办、白城市地方志编委会、延边朝鲜族自治州地方志编委会、公主岭市志办、吉林市丰满区志办、吉林市船营区志办、永吉县志办、临江市史志办。（周玉顺）

【吉林年鉴编委会表彰《吉林年鉴（2017）》优秀撰稿人】 年内，吉林年鉴编委会印发《关于表彰〈吉林年鉴（2017）〉优秀撰稿人、优秀组稿人等的决定》，表彰王跃进等159名优秀撰稿人、付春红等7名优秀组稿人、宋锴等5名图片报送先进个人。（赵德新）

【宁波市开展“最美史志人”评选活动】 12月，浙江省宁波市志办启动“最美史志人”推选宣传活动。在各级各部门推荐、审核、遴选的基础上，经综合审定，评选出30人为宁波市“最美史志人”。（高曙明）

【厦门市志办参与金砖会晤筹备并获表彰】 9月，金砖国家领导人第九次会晤在厦门市举行，福建省厦门市志办积极配合相关部门收集、整理、撰写相关材料，并全员参加金砖国家领导人第九次会晤期间公交随车平安志愿者活动，借机宣传厦门地方志，展示方志人风采。其中市志办工作人员李艳玲、赖银河被厦门市委、市政府评为“金砖国家领导人厦门会晤筹备及服务保障工作先进个人”。（郑欣）

【广州市志办表彰地方志工作先进集体、先进工作者】 3月，广州年鉴编委会授予广州市委办公厅等50个单位“广州年鉴编纂工作先进集体”称号，授予丁浩等100人“广州年鉴编纂工作先进工作者”称号。9月6日，在广州市第九次地方志工作会议上，广州市志办授予广州市政府办公厅等208个单位“广州市地方志工作先进集体”称号，授予王越等259名个人“广州市地方志工作先进工作者”称号，授予75名从事地方志资料年报的市直各单位工作人员“年报工作先进个人”称号。

（胡建平）

人　　物

·领导名录

中国地方志指导小组办公室

指导小组秘书长、办公室党组书记、办公室主任：冀祥德（2017年3月兼任指导小组秘书长、办公室党组书记）

办公室副主任：刘玉宏（2017年12月调离）
邱新立

北京市地方志编纂委员会办公室

党组书记、主任：陈玲

党组成员、副主任：侯宏兴　张恒彬

副巡视员：运子微

天津市地方志编修委员会办公室

主任　关树锋

河北省地方志编纂委员会办公室

主任：杨洪进

副主任：宋士青　杨胜旗　王　蕾

山西省地方志办公室

党组书记、主任：张志仁

党组成员、副主任：赵群虎　刘益令

内蒙古自治区地方志编纂委员会办公室

主任：胡满达（蒙古族）

常务副主任：查干浪涛（蒙古族）

副主任：孟秀芳（女）

辽宁省人民政府地方志办公室

主任：鄢钢城（2017年2月任职）

副巡视员：麻志杰

副主任：林燕燕

吉林省地方志编纂委员会

党组书记、副主任：李云鹤

党组成员、副主任：李正奎　孟亚男
赵　飞

黑龙江省地方志办公室

党组书记、主任：隋岩（2017年7月调离）
何伟志（2017年12月任职）

副主任：袁建勋
石再军（2017年10月退休）
章　磊

上海市地方志办公室

党组书记、主任：洪民荣

副主任：生键红

江苏省地方志编纂委员会办公室

党组书记、主任：漆冠山

党组成员、副主任：蔡金良　牟国义
方亚光

浙江省人民政府地方志办公室

主任：潘捷军

副主任：章其祥

福建省地方志编纂委员会

主任：陈秋平

副主任：俞　杰　林　浩

副巡视员：戴振华

江西省地方志编纂委员会办公室

党组书记、主任：梅　宏

党组成员、副主任：周　慧　杨志华

山东省地方史志办公室

主任：刘爱军

副巡视员：王兴合（2017年6月任命）

副主任：翟世林
郭永生（2017年11月退休）
李刚（2017年10月任职）

河南省地方史志办公室

党组书记、主　任：管仁富

党组成员、副主任：
冯普友（2017年3月任职）

周慧杰（2017 年 3 月任职）

湖北省地方志编纂委员会办公室

党组书记、主任：

文坤斗（2017 年 4 月调离）

吴凤端（2017 年 5 月任职）

党组成员、副主任：司念堂　陈剑飞

湖南省地方志编纂委员会

党组书记、副主任：易介南

党组成员、副主任：邓建平

黄俊军（2017 年 10 月任职）

副巡视员：杨盛让

广东省人民政府地方志办公室

主任：温捷香（2017 年 7 月免职）

党组书记：陈华康（2017 年 7 月兼任主任）

党组成员、副主任：丘洪松　刘　卫

副巡视员：吕克坚

广西壮族自治区地方志编纂委员会办公室

党组书记、主任：李秋洪（2017 年 12 月免去党组书记）

党组书记：梁金荣（2017 年 12 月任职）

党组成员、副主任：唐中克　邓敏杰

副巡视员：秦邕江（2017 年 2 月退休）

王艳珍（2017 年 12 月退休）

海南省地方志办公室

主任：毛志华

副主任：陈波（2017 年 8 月退休）

赖永生（2017 年 7 月任职）

秦武军（2017 年 7 月任职）

巡视员：许达民（2017 年 9 月退休）

厅级干部：徐　冰（保留副厅待遇）（2017 年 7 月免职）

重庆市地方志办公室

主任：姚　红（2017 年 11 月调离）

副主任：夏小平

四川省地方志工作办公室

党组书记、主任：马小彬

党组成员、副主任：

赵　行（2017 年 8 月任职）

党组成员、机关党委书记：

王孝平（2017 年 8 月调离）

邓　瑜（2017 年 9 月任命）

贵州省地方志编纂委员会办公室

主任：田　洪

副主任：归然　黄远良　梁贵钢

云南省地方志编纂委员会办公室

主任：任玉华

副主任：陈天武　袁丽萍

西藏自治区地方志编纂委员会办公室

主任：汪德军

副主任：赤列旦增　王会世（援藏干部）

陕西省地方志办公室

党组书记、主任：秦向东

党组成员、副主任：史天社　吴玉莲

副巡视员：李保国　张世民

甘肃省地方史志办公室

党组书记、主任：张军利

党组副书记、副主任：郝宗维

党组成员、副主任：

车安宁（2017 年 7 月免职）

李振宇

张正龙（2017 年 11 月任职）

副巡视员：石为怀（2017 年 11 月任职）

青海省地方志编纂委员会办公室

主任：高煜（2017 年 11 月退休）

副主任：杨松义

宁夏回族自治区地方志编审委员会办公室

主任：贠有强

副主任：张明鹏　张万静

新疆维吾尔自治区地方志编纂委员会

党组书记、副主任：廖运建

党组成员、副主任：刘星　阿不都拉·阿吾提

副巡视员：阿不都肉甫·艾力

新疆生产建设兵团志办公室

副主任：何喜清（主持工作）

班永杰（援疆干部，2017 年 7 月免职）

陈　旭（援疆干部，2017 年 7 月任职）

曹　蕾（2017 年 8 月任职）

·人物选介

杨富中 1963年11月出生，河南省桐柏县人，中共党员，大学本科学历。2012年8月任河北省邯郸市志办主任。到任后，发挥自身优势，顽强拼搏、敢于争先，团结和带领修志人员，历经4年，克服资料征集难，人员、经费、办公场所设备短缺等困难，2016年10月将《邯郸市志》5卷750万字全部出齐。同时，加强对全市地方志工作督导和指导，使邯郸市修志编鉴工作进入快车道，2017年11月全市列入省政府的12个县（市、区）第二轮修志任务全部完成任务，18个县（市、区）综合年鉴编纂实现一年一鉴、公开出版，方志微信公众号全部上线运行，在全省率先也是唯一实现市级和县级第二轮修志、综合年鉴编纂和方志微信公众号“三个全覆盖”目标。同时，杨富中对方志理论进行深入探索和思考，有9篇方志论文先后在《河北地方志》《重庆地方志》《浙江方志》等期刊上发表，并在河北省地方志理论研讨会、冀皖方志理论研讨会、第七届中国地方志学术年会、首届全国年鉴论坛等会上进行交流。在他的影响和带领下，邯郸市方志理论研究工作于2013年至2017年连续5年荣获全省地方志系统入选优秀论文数量市县双第一。 （郑小明）

李成斌 1957年10月出生，中共党员，大专学历。李成斌自1986年起从事地方志工作，2001年担任辽宁省铁岭市志办主任。30年间，他参与、主持两轮《铁岭市志》编纂工作，主持编纂《铁岭年鉴》17卷，主持完成《辽宁旧方志·铁岭卷》整理出版工作，参与全省省、市、县三级志稿评审30余次。李成斌在辽宁省完成两个首创：一是首创对未按时报送志稿的承编单位进行督查，二是首创在市图书馆开辟地方志阅览室。因业绩突出，李成斌先后获得“铁岭市精神文明先进个人”、省政府授予的“辽宁省地方志先进工作者”等荣誉称号，并被辽宁省志办通报表扬。2017年10月，在他即将退休之际，辽宁省志办组织召开李成斌从事方志事业30年座谈会，对他30多年爱岗敬业、辛勤耕耘、甘于奉献、恪尽职守、无怨无悔，为方志事业付出给予充分肯定。

（赵丹　梁忠音）

叶红钢 1965年1月出生，中共党员，大学学历。2007年8月担任辽宁省辽阳市志办党组书记、主任。曾兼任辽宁省历史学会常务理事、大连大学东北史研究中心客座教授等。从事地方志工作期间，叶红钢勇于打破传统观念和常规模式，不断探索志书、年鉴编纂理论及方法，在丰富志书内涵和增强志书记述深度方面取得了显著的成效，其做法得到中指办领导的充分肯定。2015年，辽阳市志办被人社部、中指组评选为全国方志系统先进集体。2016年，他代表辽宁省在第一次全国地方志工作经验交流会上介绍经验。叶红钢长期从事辽阳地方历史文化研究，著有《襄平杂记》《丁令威与辽城鹤》（合著），主持整理《千华山志》，主持开展《辽阳历史文化丛书》编纂工作（完成20项成果），主持编撰《辽宁地域文化通览·辽阳卷》《中国国家人文地理·辽阳卷》《辽阳旧影》《辽阳大事图志》等。叶红钢常年坚持开展历史文化讲座，在各级报刊发表文章20余篇。 （赵丹　梁忠音）

田桂珍 女，1962年8月出生，中共党员。1990年调入黑龙江省黑河市志办工作，现任黑河市志办党组书记、主任。曾参与《黑河地区志》编纂工作，该志荣获全国首届地方志奖二等奖。她作为副总编，策划编修《黑河简史》，该书荣获黑龙江省图书特别奖。黑河市年鉴工

作率先在全省实现市、县（市、区）编纂出版全覆盖，主编的《黑河年鉴》多次在全省年鉴评选中获得奖项。组织参与和搜集整理《苏联红军出兵东北解放黑河》《黑河自然灾害大事记》《黑河史话》《中俄地方关系简况》《黑河政区概览》等地情资料书籍，受到社会各界的好评。积极参与中国名镇（村）志丛书编纂工作，其主编的《瑷珲镇志》入选第二批中国名镇志丛书，是黑龙江省推出的首部名镇志，主编的《新生村志》入选第二批中国名村志丛书。黑河市志办推荐的瑷珲镇在2016年度中国历史文化名镇保护性发展指数评估中，总得分排名第14位，也是黑龙江省唯一入围的中国历史文化名镇。田桂珍现任中国地方志学会方志学研究会理事；多次荣获全省地方志系统先进工作者，2010年荣获全国地方志系统先进工作者；在她的带领下，黑河市志办多次荣获全省地方志系统先进集体，2017年荣获黑龙江省人力资源和社会保障厅表彰的先进集体。（徐萍）

张尚金　1939年出生，江苏常州市武进区人。江苏省政府表彰的先进工作者。曾任武进县委宣传部副部长兼党史办公室主任、县志办主任，县广播电视局局长、党组书记，江苏省志办市县指导处处长，苏州大学社会学院兼职教授等。2007年3月退休后，担任常州市吴稚晖研究会会长、常州市武进地方文献研究会会长、延陵季子网站站长、《常武文史研究》主编等。1981年起，他从事专兼职地方文献（史、志、鉴、谱等）编纂研究工作近40年，著有《开创广义方志学之我见——张尚金文论集》，与人合作编著《年鉴学浅论》，主编和与人合作编纂出版《武进县志》（获1993年全国地方志优秀成果一等奖）、《武进编史修志文论集》、《江苏名村志》（获1994年江苏省地方志优秀成果一等奖）、《武进志（1986—2007）》、《武进辞典》、《毗陵前文荡张氏宗谱》、《中国近现代文化学术名人——吴稚晖》、《院士风采》、《延陵季子史料集》、《吴稚晖学术研究文集》、《南京市鼓楼区志》、《江苏省志·人物志》《南京市志》，即将出版《武进人物》《武进史纲》《蒲公英（博物馆教育读本）》等19部书籍，共2000多万字。在江苏省及省以上报刊（含公开出版的书籍）发表文章150多篇。参与编纂、审核、校正省、市、县、乡、村各类地方（专业）志鉴300多部，达数千万字。曾入选《中国当代方志学者辞典》。（吉祥）

劳乃强　1947年3月出生，浙江省金华市人。1964年下乡插队到浙江省龙游县，曾任湖镇陆家村陆家小学、下库初中教师。1984年调入龙游县文化局，先后在县文联、县志办、县政协任职。任1991年版《龙游县志》副主编。2000年1月调入龙游报社任《龙游报》副主编，2004年4月调入龙游县广播电视总台。2004年6月借用到龙游县党史研究室、县志办，任新编《龙游县志》主编至今。他是浙江省作家协会会员，先后撰写出版散文集《古樟与红曲酒》《龙游商帮——无远弗届》；标点整理本《徐侍郎集》《盈川集》《童子鸣集》；主编《龙游诗选》《沐尘畲族乡志》《龙游地方文化丛书》等。他还负责《余绍宋日记》、民国《龙游县志》点校统稿等。

（衢州市志办）

乔方辉 女，中共党员，本科学历，正高职称。1986年进入菏泽市史志办工作至今。历任编辑、副科长、科长、副总编、方志馆馆长等职，现任菏泽市史志办副总编、市方志馆馆长、编审。兼任中国民俗学会会员、山东省民俗学会常务理事、菏泽市民俗学会副会长等。先后参与编修、总纂《菏泽地区志》《菏泽市志》《菏泽年鉴》《菏泽牡丹志》等多部志鉴类书籍；专著有《山东黄河民俗》《山东民间玩具》《菏泽民俗》等。2004年创办菏泽市情网站运行至今，2013年创办菏泽市方志馆。共发表论文100余篇，先后19次荣获山东省史志成果优秀论文一、二、三等奖和山东省民俗学会优秀论文二、三等奖。2003年至2004年，与山东电视台合作，拍摄大型民俗专题片《齐鲁民俗》，2014年8月至12月在菏泽电视台《百姓讲坛》栏目开设《民俗讲座》16期，受到广泛好评。菏泽方志馆先后于2014年、2017年两次荣获山东省优秀方志馆。2017年8月，获中指办、国家方志馆“全国方志馆工作通报表扬个人荣誉称号”。

郑久芳 女，1963年1月出生，湖南省耒阳人，中共党员，研究生学历，副编审职称。1982年参加工作，1986年调入耒阳市志办，先后任编辑、编辑组长、市志办副主任，主任、党组书记，《耒阳市志》《耒阳年鉴》主编。2015年12月，耒阳史志机构合一，任耒阳市史志办主任、党组书记。主编的首轮《耒阳市志》分获全国、全省新编地方志优秀成果一等奖，第二轮《耒阳市志》获湖南省新编地方志优秀成果三等奖；编辑和主编的《耒阳年鉴》有12卷先后获得省以上奖励。她在志苑笔耕三十载，先后主编和编辑过5000余万字的志鉴及地情资料等书刊。担任市（史）志办主任期间，该办于2005年被人社部、中指组联合表彰为“全国地方志系统先进单位”，她个人于2010年被人社部、中指组联合授予“全国地方志系统先进工作者”。湖南日报等媒体曾以《文章不写半句空　用心打磨万代香》《致力修志不言悔》《志苑女英才，妙手写春秋》进行过报道，其个人也被收入《当代湘籍著作家大辞典》。（张征远）

李秋洪 男，1957年11月出生，广西壮族自治区贺州市人，中共党员，研究生学历，研究员。曾长期从事社会学、社会心理学、方志学等学科的研究，先后担任广西社会科学院副院长，防城港市委常委、副市长。2008年6月担任广西地方志办公室党组书记、主任。2017年12月被聘任为自治区政府参事。主持或参与过多项国家社会科学基金项目和中外合作研究课题；出版有《实用旅游心理》《人类生育心理与行为》《中国农民的心理世界》《广西民族交往心理》《民族的向往与追求——民族经济心理的比较研究》5部个人专著，与人合著有10余种。在《中国社会科学》《民族研究》《学术论坛》等学术刊物发表过社会学、社会心理学、文化人类学、方志学和其他方面的学术论文与短论100余篇；为自治区党委宣传部、统战部等部门撰写过多篇调研报告。总纂《广西通志（1979—2005）》，主编《广西简志》《广西北部湾经济区简志》《广西通志·照片志》《广西通志·方志志》以及《广西之最（精编版）》《广西开发区志》《广西重点镇志》《广西图

鉴》等地方志书和地情图书10余部。2008年至2017年任《广西年鉴》和《广西地方志》主编。1996年被评为广西优秀专家，1999年入选广西十百千人才工程第二层次人选，享受国务院特殊津贴专家。独自或共同获广西社会科学研究优秀成果二等奖6次、三等奖7次，全国青年社科研究成果优秀成果奖2次。

（孙仿）

熊世忠　1964年3月出生，重庆市梁平区人，大学学历，副教授。2007年3月调任重庆市万州区志办副主任。先后担任《重庆市万州区志》以及《万州三峡移民志》《中国共产党万州地方组织志》《万州年鉴》等志鉴执行总编辑；指导评审出版部门志、行业志30余部。在地方志成果宣传运用方面，先后为区级部门、党校、大中专院校、社区村居讲授历史文化专题50余场次，为挖掘地域历史文化、促进文旅融合发展提出一系列建议并得到采用，为区纪委编写出版《廉耀万州》，向全区党员干部发放1万余册，反响良好。2011年6月被万州区委授予优秀共产党员称号，2012年7月被重庆市委授予优秀共产党员称号，2012年至2014年连续3年在全区年度考核中评为优秀，2015年被区委宣传部等部门组织评选为万州区十佳读书人。

（杨祖静）

苏铁生　男，1935年出生。原四川省富顺县志办主任、《富顺县志》主编、《自贡市志》副总纂。主要著作有1986年版《富顺县地方概况》，获四川省社会科学地方志一等奖；1993年版《富顺县志》，获《四川日报》《中国地方志》书评肯定；1997年版《自贡市志》，获自贡市社科成果一等奖、四川省社科成果三等奖。论文有《试论新方志的科学性与史学风格》《风俗志辑纂小识》等。曾任华夏地方志研究所特约研究员。曾获富顺县首批有突出贡献的拔尖人才、自贡市优秀共产党员、四川省先进工作者等荣誉称号。退休后致力于地方文化振兴，被评为“富顺县文化守望者”，2015年编成《富顺古诗三百首》。

（黄绚）

曾祥麟　1937年出生，四川省郫县（今成都市郫都区）人。作家，郫都区作协名誉主席，1957年开始发表小说，著有《祥麟诗集》《往事如磐》等。1985年起担任两轮《郫县志》副总编辑，从事地方志编纂及地方史研究近50年，1995年《郫县志》获全国地方志优秀成果一等奖，并在1995年第4期《中国地方志》上发表《个中甘苦我自知——一位修志工作者的自白》一文。

（成都市志办）

宁超　1932年11月出生，一名天恩，山西省临汾市人，大学学历。1949年7月参加中国人民解放军，在西南军政委员会工作。1954年至1958年就读于云南大学历史系，毕业后分配到云南省历史研究所、云南省东南亚研究所工作，曾任云南省东南亚研究所副所长。1984年3月任云南省地方志编委会副主任委员、省志办主任，研究员，1994年11月离休。他是云南省首轮地方志事业的开创者、领导者、组织者、策划者和实施者。在首轮地方志启动阶段，他走遍云南省直各部门、地州市和大部分县，通过召开工作会

议、发文件、出简报、督促检查等方式宣传开展地方志编纂的目的、意义和要求，推动楚雄州、德宏州率先将地方志编纂列入民族地方自治条例，使地方志工作从立法角度得到保障。至20世纪80年代中期，云南省基本形成省、地（州、市）、县（市、区）三级地方志编纂机构网络，拥有专业编纂人员近千人，参与地方志编纂的队伍上万人。从1985年开始，他推动云南省志办与省委政策研究室联合组织全省17个地（州、市）的128个县（市、区）编辑出版《云南地州市县概况》。1986年，经云南省委批准，由云南省志办出版发行《云南年鉴》。他主编的《滇国、滇越国、哀牢国、擅国、八百媳妇国史料汇编》，为泰国研究泰族起源和迁徙提供了历史资料，并因此与泰国总理府中文史料研究委员会建立合作关系。至20世纪末期，云南省地方志编纂工作基本完成，《云南省志》分志82卷、地州市志17部、县志128部大部分出版。在从事地方志工作的10年间，宁超担任《云南省志》副总纂，主编《云南年鉴》和《云南地方志》刊物，并任中国地方志协会理事、云南省地方志学会理事长、云南省历史学会理事。晚年出版专著——《应时集》，收录其各个时期的史学研究文章。2016年4月，宁超逝世，享年84岁。

汪德军　1963年8月出生，中共党员。1985年8月参加工作，先后在西藏自治区党委党史资料征集委员会办公室、区党委政策研究室、区党委办公厅信息综合处、昌都地区左贡县（作为全区优秀干部挂职锻炼两年，任县委副书记）工作。2013年起任西藏自治区党委党史研究室（区志办）主任。汪德军从事史志工作20多年来，致力于对西藏历史特别是对中国共产党在西藏历史的研究，先后主持或参与《当代中国的西藏》（上下卷）、《毛泽东足迹》、《新西藏》（大型电视文献片）、《光辉的历程　不朽的丰碑——纪念西藏自治区成立五十周年》等10多项重大课题、电视片撰写、拍摄。撰写《从编修背景看西藏地方志的特点及价值》《新时期西藏经济发展辉煌的30年》《辉煌四十年》等理论文章近百篇，并多次荣获国家级、自治区级奖项。累计总编志书20余部、审读志书60余部，主持召开志稿评审会议近百场，每年在党史讲座或史志业务培训上授课5场次以上。被聘为国家国防教育师资库入库专家、西藏自治区党委党校客座教授。自担任西藏自治区党委党史研究室（自治区志办）主任以来，多次召开全区党史、地方志工作会议，多次邀请全国史志专家举办党史、地方志业务培训，积极推进史志研究工作，全力攻克地方志“两全目标”，多项工作取得重大突破。

何成才　1959年10月出生，甘肃省民乐县人，中共党员，本科学历。1980年12月参加工作，先后在民乐县农业办公室、县委农村工作部工作，1984年2月调入张掖地委农村工作部工作。1988年8月至1997年10月在张掖地委研究室、地委政策研究室工作，先后任副科级调研员、综合科副科长、科长。1997年11月任张掖地委政策研究室副主任兼地方史志办公室副主任（主持工作），2006年任张掖市史志办主任。参与主编《张掖地区志》（副主编），主编《张掖市志》《张掖民间传说故事》《金张掖史话》《张掖概览》《古诗话甘州》《诗咏金张掖》《张掖大事记》及《张掖春秋》（1—7集），连续主编自1996年以来的《张掖综合年鉴》9部，指导编写并审定部门志、专业志（史）、乡（镇）志、

村志、家族谱牒40多部。参与整理校点《甘州府志校注》《甘镇志》《创修临泽县志》《东乐县志》《创修民乐县志校注》等旧志。兼任甘肃省地方史志学会理事、张掖市史志学会副会长、张掖市社会科学联合会常委、敦煌学与河西民族史研究所兼职研究员，张掖市委党校客座教授。2010年11月荣获“全国地方志系统先进工作者”称号。（刘加力）

刘霞　女，1962年出生，回族，笔名安静、韵竹、刘安，中共党员，本科学历，副编审，高级政工师。宁夏年鉴学会理事、宁夏国史学会理事、石嘴山市史志学会副会长、石嘴山市作家协会会员。1983年毕业于西北民族学院汉语言文学专业，先后在石嘴山师范学校任语文教师，在石嘴山区文化馆、石嘴山区志办、惠农区志办工作及任职。多年来，致力于教育、群众文化和地方史志年鉴编纂工作。在各类报刊发表新闻报道、论文及文学作品300余篇。在地方志工作机构工作期间，先后参与总纂、编辑出版《石嘴山区志》《惠农县续志（1996—2003）》《惠农区志（2004—2007）》《惠农风情》《石嘴山区文明市民广播学校课本》，并担任部分志书的副主编。主编出版《惠农史话》《惠农年鉴》。担任《石嘴山市第一人民医院志》《惠农区财政志》特邀编审。先后为《石炭井区志》《新世纪石嘴山》《大武口区审计志》《石嘴山回族百年实录》《石嘴山记忆·石嘴山市老工业企业历史回顾（一）》《惠农文史资料》《宁夏通志·文化卷》《宁夏通志·艺文卷》《宁夏非公有制年鉴》撰稿。编写的《石嘴山区文化馆志》辑入文化部社会文化司主编的《中国文化馆志》。自2001年以来，先后编辑《宁夏年鉴》《石嘴山年鉴》稿件50余万字。参与《石嘴山市志》《陶乐县志》《石炭井区志》《大武口军事志》《石嘴山区志》《惠农区志》《惠农县续志》《惠农史话》等志书审稿工作。论文《识志读志用志爱志》获2003年全区第五届“群星杯”业余文艺比赛暨全区第三届群众文化专业岗位技能大赛铜奖。2005年，被自治区政府评为全区地方志先进工作者。论文《在市场经济条件下文化单位如何发展试论》获石嘴山市“康贝杯”群众文化专业岗位技能大赛优秀作品奖，《搞好企业范围中群众文化的重要性》获首届全区“广夏杯”群众文化专业岗位技能大赛优秀奖。论文《论社会文化的多元化是先进文化的具体体现》获《科学中国人杂志社》荣誉证书并入选《科学中国人十年优秀论文选》集，《高扬惠农精神旗帜，打造滨河园林城市新惠农——论惠农精神的产生传承及其在社会发展中的作用》获宁夏社会科学院“宁夏精神”研讨会征文优秀奖。（张明鹏）

文　献

· 修志文件

关于制定到2020年实现“两全”目标“时间表”“路线图”及转发西藏、青海相关材料的通知

（中指组字〔2017〕1号）

各省、自治区、直辖市地方志编委会（办公室），新疆生产建设兵团志办公室：

根据国务院办公厅《全国地方志事业发展规划纲要（2015—2020年）》（以下简称“《规划纲要》”）的规定：“到2020年，完成第二轮地方志书规划任务，省、市、县三级地方志书全部出版”和“一年一鉴，公开出版，实现省、市、县三级综合年鉴全覆盖”的“两全”目标要求，一年多以来，各省（自治区、直辖市）、新疆生产建设兵团采取多种措施深入贯彻落实，特别是西藏自治区、青海省明确了“两全”目标完成的“时间表、路线图”，取得了诸多实效。根据中国地方志指导小组领导指示，现将中共西藏自治区委员会办公厅、西藏自治区人民政府办公厅印发的《西藏自治区贯彻落实〈全国地方志事业发展规划纲要（2015—2020年）〉的实施意见》（藏党办发〔2015〕43号，见附件4）和《青海省地方志办公室关于明确志书编修及综合年鉴编纂工作“时间表、路线图”的情况报告》（见附件5）转发你们，并就按期保质实现“两全”目标要求如下：

一、高度重视实现“两全”目标的重大意义

党的十八大以来，以习近平同志为核心的党中央高度重视地方志工作，党和国家领导人多次发表重要讲话、作出重要批示；中共中央办公厅、国务院办公厅印发《关于实施中华优秀传统文化传承发展工程的意见》，在重点任务中明确要求“做好地方史志编纂工作，巩固中华文明探源成果，正确反映中华民族文明史，推出一批研究成果”；《中华人民共和国国民经济和社会发展第十三个五年规划纲要》明确提出“加强修史修志”。当前，全国地方志事业发展正处于转型升级的关键时期，作为地方志事业发展的主业和根基，做好志鉴编纂工作，到2020年实现“两全”目标，是引领事业全面协调可持续发展的重中之重。全国地方志系统务必高度重视，将按期保质完成“两全”目标作为核心任务，明确完成的“时间表、路线图”，到2020年全面实现省省有志鉴、市市有志鉴、县县有志鉴，为全面建成小康社会献礼。

二、认真制定实现“两全”目标的“时间表、路线图”并建立督查通报机制

2017年是完成“两全”目标的关键年，虽然各地采取了强有力措施，但就目前来看，依然存在重视程度不够、贯彻落实措施不到位、任务和时间不明确、督促检查弱化等问

题。截至2016年9月底，全国第二轮修志省级志书规划2467部、出版537部、完成率为21.77%，地市级志书规划389部、出版193部、完成率为49.61%，县级志书规划2942部、出版1695部、完成率为57.61%；省级综合年鉴实现公开出版全覆盖，地市级综合年鉴按年公开出版294种、占应有344种的85.47%，县级综合年鉴按年公开出版1799种、占应有3201种的56.2%。从统计数据看，实现"两全"目标时间紧、任务重。鉴于此，中国地方志指导小组要求，各省（自治区、直辖市）、新疆生产建设兵团务必参照西藏自治区、青海省就实现"两全"目标制定"时间表、路线图"的做法，明确目标任务，逐级层层签订工作责任书，明确质量要求、进度安排和完成时限。同时，把实现"两全"目标纳入各级党委、政府督查工作计划，进行集中督查和工作评比，对后进地区、部门实行问责制，督导推进工作落实和进度跟进。各省级地方志工作机构要按季度统计进度并进行通报。

三、认真做好数据的采集和上报

为便于了解掌握"两全"目标完成进度，中国地方志指导小组决定建立统计通报制度，请各省（自治区、直辖市）、新疆生产建设兵团按照《到2020年全面完成第二轮志书编纂任务统计表》（附件1）、《第二轮修志成果统计表》（附件2）、《到2020年全面实现地方综合年鉴编纂全覆盖统计表》（附件3）进行统计和填报，于2017年3月31日将纸质版（加盖公章）上报中国地方志指导小组办公室（附件3、4请报至方志处，附件5请报至年鉴处），并将电子版发至相应处室邮箱。同时，建立联络员制度，各省级地方志工作务必明确1名联络员，负责数据的填报和更新和日常的沟通联系。中国地方志指导小组办公室将根据上报数据每半年在全国通报一次，对进度落后地区进行督查督促。

中国地方志指导小组
2017年2月14日

关于印发《全国地方志优秀成果（年鉴类）评审活动实施方案》的通知

（中指组字〔2017〕2号）

各省（自治区、直辖市）地方志编委会（办公室）、新疆生产建设兵团志办公室、全军军事志指导小组办公室、武警部队政治部编研部、国务院有关部委局史志机构：

为贯彻落实《全国地方志事业发展规划纲要（2015—2020年）》《全国年鉴事业发展规划（2016—2020年）》和第一次全国年鉴工作会议精神，全面展示年鉴编纂成果，进一步提升年鉴编纂质量，大力推动年鉴事业持续健康发展，充分发挥年鉴工作在我国经济社会发展和社会主义文化强国建设中的作用，中国地方志指导小组和中国地方志学会决定于2017年上半年在全国地方志系统开展全国地方志优秀成果（年鉴类）评审活动。

现将《全国地方志优秀成果（年鉴类）评审活动实施方案》印发给你们，请按照方案要求认真组织实施，确保本次年鉴质量评审活动顺利进行、圆满完成。

中国地方志指导小组　中国地方志学会
2017年3月20日

全国地方志优秀成果（年鉴类）评审活动实施方案

为保证全国地方志优秀成果（年鉴类）评审活动顺利进行，特制订本方案。

一、指导思想

以马克思列宁主义、毛泽东思想、邓小平理论、“三个代表”重要思想和科学发展观为指导，贯彻落实党的十八大和十八届三中、四中、五中、六中全会精神，贯彻落实习近平总书记系列重要讲话精神和治国理政新理念新思想新战略，贯彻落实《全国地方志事业发展规划纲要（2015—2020年）》《全国年鉴事业发展规划（2016—2020年）》和第一次全国年鉴工作会议精神，全面展示年鉴编纂成果，进一步提升年鉴编纂质量，大力推动年鉴事业持续健康发展，充分发挥年鉴工作在我国经济社会发展和社会主义文化强国建设中的作用。

二、评审范围

参评年鉴的范围为2015—2016年公开出版的省、市、县三级地方综合年鉴，专业年鉴（军事年鉴、武警年鉴不要求公开出版），各年鉴编纂单位选取其中一部参评。

三、奖项设置

分省级综合年鉴、市级（含副省级城市）综合年鉴、县级（含直辖市所辖区县）综合年鉴和专业年鉴（含军事年鉴、武警年鉴）四个系列进行评审，分别设特等年鉴和一、二、三等年鉴。

四、组织领导

（一）评审活动由中国地方志指导小组、中国地方志学会主办，中国地方志指导小组办公室、中国地方志学会年鉴研究会承办。

（二）成立全国地方志优秀成果（年鉴类）评审活动领导小组（以下简称“领导小组”），作为本次评审活动的领导机构和评审结果终审机构。组长由中国地方志指导小组领导担任，副组长由中国地方志指导小组办公室领导担任，成员由中国地方志指导小组办公室、全军军事志指导小组办公室、武警部队政治部编研部有关负责人员，以及中国地方志学会、中国地方志学会年鉴研究会的领导担任（领导小组成员名单另行通知）。领导小组下设办公室，办公室设在中国地方志指导小组办公室，由中国地方志指导小组办公室年鉴处负责日常工作。

（三）成立省级综合年鉴、市级（含副省级城市）综合年鉴、县级（含直辖市所辖区县）综合年鉴和专业年鉴四个评审组，负责各地各部门所推荐年鉴的审读、复评等工作，成员由年鉴专家学者和具有丰富年鉴编纂实践经验的人员组成。

五、评审步骤

（一）评审分初评、复评、终审三个步骤进行。

（二）各省（区、市）地方志编委会（办公室）、新疆生产建设兵团志办公室负责本地域年鉴优秀成果初评工作。各省（区、市）和新疆生产建设兵团四个系列年鉴的推荐名额计算方法为：省级综合年鉴为2015—2016年年鉴的其中一卷；市级（含副省级城市）综合年鉴、县级综合年鉴均为2015—2016年公开出版年鉴的10%，专业年鉴为2015—2016年公开出版年鉴的5%，均按四舍五入计算。

初评工作要坚持公平、公正、公开的原则，认真设置、严格履行工作程序，依照中国地方志指导小组《地方综合年鉴编纂出版规定（试行）》，推选出高质量的年鉴；推荐时不区分等次。

（三）领导小组办公室负责国务院部委局（含中央企业、协会、学会等，下同）志鉴机构所编年鉴的初评工作。

（四）领导小组办公室负责组织、协调四个评审组，对年鉴进行审读、复评；四个评审组提出获奖等次，报领导小组审定。

（五）全军军事志指导小组办公室和武警部队政治部编研部分别按照2015—2016年本系统年鉴出版种数的10%（按四舍五入计算）核定推荐名额，报领导小组办公室同意后执行；初评和复评分别由全军军事志系统和武警编研系统组织实施，提出获奖等次，报领导小组审定。

六、推荐标准

（一）按照中国地方志指导小组《地方综合年鉴编纂出版规定（试行）》进行推荐。评审活动以百分制量化，具体分值分配如下：

1. 框架覆盖全面、分类科学、层次清晰、领属得当、编排有序。（10分）

2. 条目选题选材有效、新颖、准确、系统，信息含量大，记述要素齐全。（20分）

3. 资料准确，内容真实，客观反映取得的成绩和存在的问题。（10分）

4. 信息资料具有为现实服务的价值和存史的价值。（10分）

5. 框架、内容年度特点和地方特色突出。（10分）

6. 记、图、表、录等表现形式配合得当，使用规范。（10分）

7. 具有完备的检索系统。（5分）

8. 各层次标题简洁、准确、规范。（5分）

9. 使用记叙文、说明文等文体，文风朴实，记述流畅。（10分）

10. 语言文字、标点符号、汉语拼音、数字、计量单位使用和图片选用等，符合国家有关法律、法规和规章、规定。（5分）

11. 其他方面。（5分）

（二）有下列问题之一者，不予推荐。

1. 思想政治观点错误。

2. 违反国家有关法律法规，违反党和国家的民族政策、宗教政策、对外政策及对港澳台政策等。

3. 差错率超过万分之一。

七、奖励办法

中国地方志指导小组、中国地方志学会联合发文通报表扬。根据国务院《地方志工作条例》规定，建议年鉴主管部门对获奖年鉴单位给予表彰和奖励。

八、评审费用

本次评审，复评、终审等阶段的费用由中国地方志指导小组办公室和中国地方志学会年鉴研究会负责筹措；初评阶段的费用，由各地各部门根据本地实际情况自行解决。

九、报送方式

（一）各省（区、市）地方志编委会（办公室）、新疆生产建设兵团志办公室负责将本地域推荐的年鉴统一报送到领导小组办公室；国务院部委局志鉴机构编纂的年鉴由该志鉴机构或其主管部门单独报送到领导小组办公室。报送时，需寄送参评年鉴4本，并同时填写报送《各省（区、市）推荐参评年鉴情况表》（附件1）、《全国地方志优秀成果（年鉴类）评审活动申报表》（附件2）与《各省（区、市）2015—2016年公开出版年鉴情况表》（附件3）；报送截止时间为2017年5月20日，逾期不再接受申报。

（二）全军军事志指导小组办公室和武警部队政治部编研部于2017年5月20日前分别提出军事年鉴和武警年鉴获奖等次，并报送领导小组办公室。

十、时间安排

（一）2017年3月，中国地方志指导小组、中国地方志学会联合下发全国地方志优秀成果（年鉴类）评审活动通知。

（二）2017年5月，各地各部门向领导小组办公室报送推荐的年鉴。

（三）2017年6月，领导小组及其办公室组织复评、终审。

（四）2017年7月，中国地方志指导小组、中国地方志学会对获奖年鉴单位发文通报表扬，并在第二次全国年鉴工作会议上通报表扬。

关于印发《方志馆建设规定（试行）》的通知

（中指组字〔2017〕3 号）

各省（自治区、直辖市）地方志编委会（办公室）、新疆生产建设兵团志办公室、全军军事志指导小组办公室、武警部队政治部编研部：

为全面推动方志馆建设，中国地方志指导小组根据国家有关法律法规和国务院办公厅《全国地方志事业发展规划纲要（2015—2020年）》，结合全国方志馆建设工作实际，制定了《方志馆建设规定（试行）》，现予印发，请结合本地、本单位实际情况执行。

中国地方志指导小组

2017 年 6 月 12 日

方志馆建设规定（试行）

第一条 为全面推动方志馆建设，进一步推进地方志事业科学发展，充分发挥方志馆在社会主义文化建设中的重要作用，依据国家有关法律法规和《全国地方志事业发展规划纲要（2015—2020 年）》，结合全国方志馆建设工作实际，制定本规定。

第二条 方志馆是收藏研究、开发利用地方志资源，宣传展示国情、地情的公共文化服务机构。

第三条 方志馆具有收藏保护、展览展示、编纂研究、专业咨询、信息服务、开发利用、宣传教育、业务培训、文化交流等功能。

第四条 方志馆建设应坚持以人为本、立足地情、突出特色、服务社会的原则。

第五条 省（自治区、直辖市）、市（地、州、盟）、县（市、区、旗）应建立方志馆。鼓励有条件的乡镇（街道）、村（社区）建立方志馆。

第六条 方志馆建设应纳入当地经济社会发展、文化建设和城市建设总体规划，统筹推进与安排，所需经费列入同级人民政府财政预算。

第七条 方志馆一般应独立建设。确需与其他设施合建的，应自成体系，相对独立。

第八条 方志馆选址应符合当地建设总体规划，应考虑人员相对集中、交通便利、市政配套设施良好等因素，符合安全与环保等要求。

第九条 方志馆建筑规模应与行政区划级别、经济社会发展水平和服务人口数量等相适应，分为大型馆、中型馆和小型馆。大型馆为省级馆，建筑面积一般应不少于 20000 平方米；中型馆为市级馆，建筑面积一般应不少于 10000 平方米；小型馆为县级馆，建筑面积一般应不少于 5000 平方米。有条件的地区可适当增加建筑面积。

第十条 方志馆应设收藏保护区、展览展示区、编纂研究区、学术交流区、信息技术区、公共服务区、行政办公区等主要区域，并建设与之相配套的附属设施。

第十一条 方志馆应按信息化要求，建立门户网站、数据库、电子阅览系统等，充分利用云计算、大数据等互联网技术，为社会提供服务。

第十二条 各级方志馆在建设实体方志馆的同时，应建设数字方志馆。

第十三条 方志馆应设公共停车场地、人员安全集散场地、绿化用地等。

第十四条 方志馆建筑设计应充分体现地域特点、文化特色，注重实用性与时代性，符合方志馆特有功能与技术要求。

第十五条　方志馆建设应严格执行国家有关建筑、消防、抗震、承载、安全、防潮、防虫、防光、防尘、防污染、节能等标准与规定。

第十六条　方志馆机构设置和人员编制要与其履行职能的要求相适应，一般应按照专业要求配备相应的人员。

第十七条　国家方志馆的建设办法另行规定。

第十八条　其他部门、行业的方志馆建设，参照本规定相关条款执行。

第十九条　解放军、武警部队的方志馆建设，在执行中央军委有关规定的前提下，参照本规定相关条款执行。

第二十条　本规定由中国地方志指导小组及其办公室负责解释，自颁布之日起施行。

关于对全国地方志优秀成果（年鉴类）的通报表扬

（中指组字〔2017〕4号）

各省、自治区、直辖市地方志编委会（办公室），新疆生产建设兵团志办公室，国务院有关部委局、中央直属企事业单位史志机构：

为深入贯彻落实国务院《地方志工作条例》和《全国地方志事业发展规划纲要(2015—2020年)》(国办发〔2015〕64号)，推动年鉴事业科学发展，充分发挥年鉴在我国经济社会发展和社会主义文化强国建设中的重要作用，中国地方志指导小组、中国地方志学会组织开展全国地方志优秀成果（年鉴类）评审工作，评审范围是全国地方志系统2015—2016年编纂并公开出版的各级各类年鉴。据统计，全国地方志系统2015—2016年编纂并公开出版各级各类年鉴共3512部。

在各地各部门评选推荐的384部年鉴基础上，经专家小组评审、全国地方志优秀成果（年鉴类）评审活动领导小组办公室复审与领导小组终审，在省级综合年鉴、地市级综合年鉴、县区级综合年鉴、专业年鉴中确定特等年鉴31部，一等年鉴58部，二等年鉴87部，三等年鉴114部，提名年鉴80部。经研究，对以上370部年鉴进行通报表扬。

根据国务院《地方志工作条例》“对在地方志工作中作出突出成绩和贡献的单位、个人，给予表彰和奖励”的规定，建议本级人民政府对获得通报表扬年鉴的编纂单位和相关人员给予表彰和奖励。

希望获得通报表扬的年鉴编纂单位再接再厉，开拓创新，编纂出更高质量的精品佳作，为实现年鉴事业转型发展作出新的更大贡献。同时，也希望各单位学习先进，高度重视年鉴质量建设，以“为当代提供资政辅治之参考，为后世留下堪存堪鉴之记述”为目标，编修出更多经得起时代和历史检验，具有鲜明时代特征、年度特点和地域特色的精品年鉴。

附件：全国地方志优秀成果（年鉴类）通报表扬名单

（370部）

特等年鉴(31部)

·**省级综合年鉴**（2部）

《上海年鉴（2016）》《江苏年鉴（2015）》

·**地市级综合年鉴**（6部）

《温州年鉴（2016）》《淮安年鉴（2016）》《淄博年鉴（2016）》《武汉年鉴（2016）》《长沙年鉴（2016）》

《乌鲁木齐年鉴（2015）》

·**县区级综合年鉴**（17部）

《醴陵年鉴（2016）》《乳山年鉴（2016）》《陵水年鉴（2015）《天津市北辰年鉴（2016）》《肥东年鉴（2016）》《三水年鉴（2016）》《北京海淀年鉴（2016）》《太仓年鉴（2016）》《黟县年鉴（2015）》《长沙县年鉴（2015）》《越秀年鉴（2015）》《丰润年鉴（2016）》《红塔年鉴（2016）》《海门年鉴（2016）》《金湖年鉴（2016）》《漳浦年鉴（2016）》《璧山年鉴（2016）》

·**专业年鉴**（6部）

《国家电网公司年鉴（2016）》《上海文化年鉴（2016）》《中国财政年鉴（2016）》《中国—东盟年鉴（2016）》《中国考古学年鉴（2015）》《北京经济技术开发区年鉴（2016）》

一等年鉴（58 部）

· 省级综合年鉴（5 部）

《山东年鉴（2016）》《福建年鉴（2015）》《北京年鉴（2016）》《黑龙江年鉴（2015）》《广东年鉴（2016）》

· 地市级综合年鉴（9 部）

《连云港年鉴（2016）》《杭州年鉴（2016）》《成都年鉴（2016）》《常州年鉴（2016）》《厦门年鉴（2016）》《海口年鉴（2016）》《南昌年鉴（2016）》《吉林市年鉴（2016）》《宁波年鉴（2016）》

· 县区级综合年鉴（32 部）

《延吉年鉴（2016）》《临安年鉴（2016）》《龙湾年鉴（2016）》《宁国年鉴（2016）》《武进年鉴（2016）》《南山年鉴（2015）》《海安年鉴（2016）》《邓州年鉴（2016）》《柳北年鉴（2015）》《太原市迎泽区年鉴（2015）》《雨花年鉴（2015）》（江苏）《玄武年鉴（2016）》《高港年鉴（2015）》《如东年鉴（2016）》《桐乡年鉴（2016）》《洞头年鉴（2016）》《德化年鉴（2016）》《浏阳年鉴（2015）》《北流年鉴（2015）》《秀峰年鉴（2015）》《成华年鉴（2016）》《江阳年鉴（2016）》《华蓥年鉴（2016）》《观山湖年鉴（2016）》《道真年鉴（2016）》《会泽年鉴（2016）》《平罗年鉴（2016）》《克拉玛依区年鉴（2016）》《奉贤年鉴（2016）》《建邺年鉴（2016）》《东阳年鉴（2015）》《麒麟区年鉴（2015）》

· 专业年鉴（12 部）

《广东建设年鉴（2016）》《上海经济年鉴（2016）》《杭州文化年鉴（2015）》《中国会计年鉴（2016）》《珠江三角洲城市群年鉴（2016）》《中国信息产业年鉴（2016）》《中国林业年鉴（2016）》《中国金融年鉴 2016 年刊（中文版）》《上海科技年鉴（2016）》《山东建设年鉴（2016）》《杭州经济技术开发区年鉴（2016）》《黑龙江农垦年鉴（2016）》

二等年鉴（87 部）

· 省级综合年鉴（7 部）

《新疆年鉴（2016）》《吉林年鉴（2016）》《安徽年鉴（2016）》《湖北年鉴（2016）》《湖南年鉴（2016）》《青海年鉴（2016）》《内蒙古年鉴（2016）》

· 地市级综合年鉴（14 部）

《福州年鉴（2016）》《深圳年鉴（2015）》《中山年鉴（2016）》《玉林年鉴（2016）》《曲靖年鉴（2016）》《开封年鉴（2016）》《南宁年鉴（2016）》《哈尔滨年鉴（2016）》《沈阳综合年鉴（2016）》《安庆年鉴（2016）》《常德年鉴（2015）》《定西年鉴（2016）》《通辽年鉴（2016）》《楚雄州年鉴（2016）》

· 县区级综合年鉴（48 部）

《兴义年鉴（2016）》《二七年鉴（2016）》《集美年鉴（2016）》《普陀年鉴（2015）》《鄞州年鉴（2016）》《义乌年鉴（2015）》《萧山年鉴（2016）》《广德年鉴（2016）》《武侯年鉴（2016）》《雅安市名山区年鉴（2016）》《贵阳白云年鉴（2015）》《桦甸年鉴（2016）》《浦东年鉴（2016）》《青岛西海岸新区 · 青岛市黄岛区年鉴（2016）》《石河子年鉴（2016）》《北京石景山年鉴（2015）》《东营区年鉴（2016）》《淮阳年鉴（2015）》《让胡路年鉴（2015）》《栖霞年鉴（2016）》《西乡塘区年鉴（2015）》《石林年鉴（2016）》《克拉玛依市白碱滩区年鉴（2015）》《昌黎年鉴（2015）》《洪雅年鉴（2016）》《安宁年鉴（2015）》《澄江年鉴（2016）》《宣威年鉴（2016）》《开原年鉴（2016）》《宽城年鉴（2015）》《海港区年鉴（2015）》《河津年鉴（2016）》《德惠年鉴（2015）》《江源年鉴（2016）》《和龙年鉴（2016）》《靖江年鉴（2016）》《射阳年鉴（2015）》《东海年鉴（2016）》《铜山年鉴（2015）》《海宁年鉴（2016）》《长兴年鉴（2015）》《屯溪年鉴（2015）》《长丰年鉴（2016）》《台江年鉴（2016）》《清流年鉴（2015）》《垦利年鉴（2016）》《涧西年鉴（2016）》《郏县年鉴（2016）》

· 专业年鉴（18 部）

《云南小康年鉴（2015）》《长江年鉴（2016）》《中关村年鉴（2016）》《中国农业年鉴（2015）》《中国质量监督检验检疫年鉴（2016）》《南宁铁路局年鉴（2015）》《重庆教育年鉴（2015）》《中国气象年鉴（2016）》《秦皇岛经济技术开发区年鉴（2016）》《江西科技年鉴（2014）》《江苏科技年鉴（2016）》《中国卫生和计划生育年鉴（2016）》《北京工业大学年鉴（2015）》《北京工业年鉴（2016）》《山东地方史志年鉴（2016）》《中国中医药年鉴（行政卷 2016）》《福建科技年鉴（2015）》《中国标准化年鉴（2016）》

三等年鉴（114 部）

· 省级综合年鉴（9 部）

《广西年鉴（2015）》《江西年鉴（2015）》《河北年鉴（2016）》《四川年鉴（2016）》《河南年鉴（2016）》《海南年鉴（2015）》《贵州年鉴（2016）》《云南年鉴（2015）》《陕西年鉴（2016）》

· 地市级综合年鉴（18 部）

《大连年鉴（2016）》《广州年鉴（2016）》《济南年鉴（2016）》《大理州年鉴（2015）》《银川年鉴（2016）》《桂林年鉴（2016）》《宜宾市年鉴（2016）》《九江年鉴（2016）》《岳阳年鉴（2016）》《泉州年鉴（2016）》《齐齐哈尔年鉴（2015）》《朔州年鉴（2015）》《自贡年鉴（2016）》《克拉玛依年鉴（2015）》《西宁年鉴（2015）》《东莞年鉴（2016）》《东营年鉴（2016）》《信阳年鉴（2016）》

· 县区级综合年鉴（64 部）

《乐亭年鉴（2015）》《蒲县年鉴（2014）》《舒兰年鉴（2016）》《兴化年鉴（2016）》《绩溪年鉴（2016）》《全椒年鉴（2014）》《鼓楼年鉴（2015）》《湘阴年鉴（2016）》《北京朝阳年鉴（2016）》《敦化年鉴（2015）》《柯桥区年鉴（2015）》《北京东城年鉴（2016）》《浉河年鉴（2016）》《金普年鉴（2016）》《虞城年鉴（2016）》《夷陵年鉴（2016）》《威远年鉴（2015）》《望城年鉴（2016）》《普宁年鉴（2016）》《天河年鉴（2015）》《阳东年鉴（2016）》《高要年

鉴（2016）》《宝安年鉴（2016）》《自流井年鉴（2015）》《攀枝花市西区年鉴（2016）》《内江市东兴区年鉴（2015）》《普安年鉴（2016）》《福泉年鉴（2016）》《和田市年鉴（2016）》《沁水年鉴（2015）》《宁化年鉴（2016）》《高青年鉴（2016）》《崂山年鉴（2015）》《兰陵年鉴（2016）》《海丰年鉴（2016）》《容县年鉴（2015）》《马山年鉴（2015）》《阳朔年鉴（2015）》《个旧年鉴（2015）》《兰州市城关区年鉴（2015）》《孝义年鉴（2014）》《灵石年鉴（2016）》《湖里年鉴（2015）》《石狮年鉴（2016）》《诸城年鉴（2016）》《台前年鉴（2015）》《中原区年鉴（2016）》《固始年鉴（2016）》《汉阳年鉴（2016）》《龙湖年鉴（2016）》《江油年鉴（2016）》《西充年鉴（2016）》《行唐年鉴（2015）》《曲周年鉴（2016）》《天桥年鉴（2016）》《屏山县年鉴（2016）》《和硕年鉴（2015）》《惠东年鉴（2015）》《乳源年鉴（2016）》《民和回族土族自治县年鉴（2014）》《哈密市年鉴（2015）》《建阳年鉴（2016）》《内乡年鉴（2016）》《芙蓉年鉴（2015）》

·专业年鉴（23 部）

《郑州铁路局年鉴（2016）》《宝钢年鉴（2016）》《浙江外事年鉴（2015）》《首都经济贸易大学年鉴（2015）》《广东卫生和计划生育年鉴（2016）》《广西环境年鉴（2015）》《中国建筑业年鉴（2016）》《中国农产品加工业年鉴（2015）》《河北经济年鉴（2016）》《江苏统计年鉴（2016）》《黑龙江统计年鉴（2016）》《中国国土资源年鉴（2015）》《上海金融年鉴（2016）》《南昌铁路局年鉴（2014）》《甘肃水利年鉴（2015）》《中国水利年鉴（2016）》《陕西科技年鉴（2016）》《安徽统计年鉴（2016）》《浙江财政年鉴（2016）》《中国畜牧兽医年鉴（2015）》《中国渔业年鉴（2015）》《海南农业年鉴（2015）》《四川教育年鉴（2015）》

提名年鉴（80 部）

·省级综合年鉴（3 部）

《宁夏年鉴（2016）》《西藏年鉴（2015）》《天津区县年鉴（2016）》

·地市级综合年鉴（12 部）

《唐山年鉴（2016）》《长春年鉴（2016）》《山南年鉴（2016）》《平顶山年鉴（2015）》《沧州年鉴（2015）》《芜湖年鉴（2016）》《德阳年鉴（2016）》《襄阳年鉴（2016）》《贵阳年鉴（2015）》《鞍山年鉴（2015）》《遵义年鉴（2016）》《三门峡年鉴（2016）》

·县区级综合年鉴（47 部）

《大同市南郊区年鉴（2016）》《珲春年鉴（2015）》《青阳年鉴（2014—2015）》《庐江年鉴（2014）》《济源年鉴（2015）》《滑县年鉴（2015）》《云安年鉴（2016）》《旺苍年鉴（2016）》《正安年鉴（2016）》《洪洞年鉴（2015）》《高平年鉴（2015）》《锡林浩特年鉴（2015）》《定海年鉴（2016）》《嵊州年鉴（2015）》《泰和年鉴（2015）》《樊城年鉴（2016）》《霞山年鉴（2015）》《新丰年鉴（2016）》《平远年鉴（2016）》《青秀年鉴（2016）》《凯里年鉴（2016）》《钟山年鉴（2015）》《抚顺县年鉴（2015）》《大石桥年鉴（2014—2015）》《杨浦年鉴（2016）》《邵武年鉴（2016）》《招远年鉴（2016）》《曲阜年鉴（2016）》《东昌府年鉴（2016）》《曹县年鉴（2016）》《杞县年鉴（2016）》《化州年鉴（2015）》《吉木萨尔年鉴（2016）》《汝州年鉴（2016）》《筠连县年鉴（2015）》《万源年鉴（2016）》《渑池年鉴（2016）》《通江年鉴（2016）》《东兴年鉴（2015）》《长武年鉴（2016）》《富县年鉴（2016）》《石城年鉴（2016）》《南康年鉴（2016）》《桑日年鉴（2016）》《丹江口年鉴（2016）》《长阳年鉴（2016）》《开平年鉴（2015）》

·专业年鉴（18 部）

《贵州交通运输年鉴（2015）》《长安年鉴（2016）》《湖南统计年鉴（2016）》《中国品牌农业年鉴（2016）》《浙江公安年鉴（2016）》《天津规划年鉴（2016）》《武当山年鉴（2016）》《山西省住房与城乡建设年鉴（2016）》《浙江统一战线年鉴（2016）》《广东财政年鉴（2016）》《温州公安年鉴（2016）》《大连理工大学年鉴（2016）》《杭州科技年鉴（2016）》《中国茶叶年鉴（2013—2016）》《中国休闲农业年鉴（2015）》《青海交通年鉴（2015）》《浙江商务年鉴（2016）》《山东商务年鉴（2016）》

中国地方志指导小组　中国地方志学会

2017 年 8 月 5 日

关于印发《关于做好影像志工作的意见》的通知

（中指组字〔2017〕5号）

各省（自治区、直辖市）地方志编委会（办公室）、新疆生产建设兵团志办公室：

为传承发展中华优秀传统文化，全面客观、系统科学地开发利用地方志资源，自2017年4月以来，中国地方志指导小组办公室启动了中国影像志工作。影像志工作是实现全国地方志事业转型升级的新内容，是地方志工作适应时代发展和社会需求的新突破，是宣传普及方志文化的新手段。各级地方志工作机构务必高度重视，根据国务院《地方志工作条例》和国务院办公厅《全国地方志事业发展规划纲要（2015—2020年）》有关要求，将其纳入工作范畴。现将《关于做好影像志工作的意见》印发给你们，请认真贯彻执行。

中国地方志指导小组

2017年9月27日

关于做好影像志工作的意见

为深入贯彻国务院《地方志工作条例》和中共中央办公厅、国务院办公厅印发的《关于实施中华优秀传统文化传承发展工程的意见》《国家“十三五”时期文化发展改革规划纲要》，以及国务院办公厅《全国地方志事业发展规划纲要（2015—2020年）》，适应全国地方志事业转型升级需要，结合中国地方志指导小组办公室（以下简称中指办）已启动中国影像志的工作实际，全面推动全国地方志系统影像志工作，制定本意见。

一、指导思想

高举中国特色社会主义伟大旗帜，坚持以马克思列宁主义、毛泽东思想、邓小平理论、“三个代表”重要思想、科学发展观为指导，全面贯彻党的十八大和十八届三中、四中、五中、六中全会精神，深入贯彻习近平总书记系列重要讲话精神和治国理政新理念新思想新战略，深入贯彻国务院《地方志工作条例》和中办、国办系列文件的规定和要求，充分展示在党的领导下各地取得的辉煌成就和沧桑巨变，全面展示各地自然、政治、经济、文化、社会的历史和现状，深刻解读中华文化的源远流长和博大精深，继承和发扬中华传统文化根脉，弘扬社会主义核心价值观，以喜闻乐见的方式开发利用地方志资源、宣传推广方志文化，为树立中国特色社会主义道路自信、理论自信、制度自信、文化自信，为全面建成小康社会、实现中华民族伟大复兴中国梦贡献方志力量。

二、基本原则

——坚持正确方向。坚持走中国特色社会主义文化发展道路，坚持为人民服务、为社会主义服务的方向，严把政治关、史实关，为传承和发展中华优秀传统文化、服务各地经济社会建设、培育和践行社会主义核心价值观、树立文化自信提供丰富、优秀的精神文化产品。

——坚持依法治志。严格遵照国务院《地方志工作条例》，由中国地方志指导小组及其办公室依法负责统筹规划、组织协调、督促指导，省、市、县级地方志工作机构依法履行组织、指导、督促和检查等职能。

——坚持规范管理。深入贯彻“一纳入、八到位”，遵循“党委领导、政府主持、地方志工作机构组织实施，社会各界广泛参与”的工作机制，建立规范的申报批准、审查验收制度，将影像志工作纳入各级地方志工作机构的管理范畴。

——坚持实事求是。因地制宜、分类实施、求真务实，一切从实际出发，结合当地经济社会发展水平稳步推进。

——坚持质量第一。存真求实，确保质量，确立精品意识，制作出经得起历史检验、具有鲜明时代特征和地域特色，堪存堪鉴的影像志成果。

——坚持改革创新。发挥地方志资源优势，创新服务手段，贴近人民群众需求，用喜闻乐见的方式积极推动影像志进机关、进农村、进社区、进校园、进企业、进军营，普及方志文化。

三、主要内容

为便于统筹和宣传推广，发挥整体优势，打造文化品牌，全国地方志系统影像志统一纳入中国影像志系列，统一品牌，统一标识，未经批准，不得使用。

（一）中国影像志·省市县系列

以各省区市（包括香港特别行政区、澳门特别行政区、台湾省）的省市县三级行政区域为拍摄对象。

（二）中国影像志·名系列

以入选中国名镇志、中国名村志、中国名街志、中国名山志、中国名水志、中国名酒志等名志工程的镇、村、街、山、水、酒为拍摄对象。

（三）中国影像志·其他系列

中国地方志指导小组及其办公室根据实际需要拍摄的其他影像志。

四、组织实施

（一）加强领导

中国地方志指导小组及其办公室负责统筹规划、组织协调、督促指导影像志各项工作，研究解决组织实施中的重大事项等。

各省级地方志工作机构负责本省区市影像志工作的组织实施，结合本地实际制定相应的工作措施、管理办法。

（二）分类实施

中国影像志·省市县系列在中指办的统一领导下，由各省级地方志工作机构负责具体组织实施，各省区市根据本地实际可以出台相应的工作措施。

中国影像志·名系列由中指办统一组织实施，有关子系列的组织开展另行发文确定。

中国影像志·其他系列由中指办根据实际需要适时推出。

（三）宣传推广

中国影像志·名系列由中指办联合相关媒体开展宣传推广；中国影像志·省市县系列和其他系列，在中指办的统一领导下，由各省级地方志工作机构负责宣传推广，并择优推荐至中指办在全国进行专题宣传。

（四）汇总留存

中国影像志各项成果需统一报送中指办备案。中指办将汇总建立中国影像志资料库，配合“三网一馆”（中国方志网、中国地情网、中国国情网、国家数字方志馆）逐步向社会公众开放。

五、工作要求

（一）高度重视

各省级地方志工作机构要进一步提高认识，把影像志工作作为地方志事业转型升级、宣传普及方志文化的重要内容，进一步加强领导，精心组织，稳步推进各项工作。

（二）统一品牌

全国地方志系统影像志工作，必须始终树立品牌意识、精品意识，统一到中国影像志的品牌下，始终坚持把影像志拍摄成“动”的信史，为当代提供资政辅治之参考，为后世留下堪存堪鉴之记述。

（三）强化管理

坚持“党委领导、政府主持、地方志工作机构组织实施、社会各界广泛参与”的工作体制，依法逐步建立健全影像志的组织开展、审查验收、公开宣传的审核批准制度，强化责任落实。敢抓敢管，真抓真管，对违反《地方志工作条例》，未经许可擅自拍摄、制作、传播影像志的行为，提请和协调有关部门依法进行查处。

（四）提供保障

坚持“一纳入、八到位”，将影像志工作

纳入各级地方志工作机构日常工作内容，积极探索引入社会力量参与和市场机制。

（五）加大宣传

积极探索宣传推广的路径、方法、措施，积极联合各种媒体和社会力量，通过推广影像志提升方志文化的社会认知度、普及度，增强方志文化自信，让地方志成果走进千家万户。

关于印发《地方综合年鉴编纂出版规定》的通知

（中指组字〔2017〕6号）

各省（自治区、直辖市）地方志编委会（办公室）、新疆生产建设兵团志办公室、全军军事志指导小组办公室、武警部队政治部编研部、国务院有关部委局史志（年鉴）机构：

为确保地方综合年鉴编纂出版质量，中国地方志指导小组根据国家有关法律法规和国务院办公厅《全国地方志事业发展规划纲要（2015—2020年）》，结合地方综合年鉴编纂出版实际，在充分总结经验、广泛征求意见的基础上，修改制定了《地方综合年鉴编纂出版规定》，现予印发，请结合本地、本单位实际情况执行。

中国地方志指导小组

2017年12月21日

地方综合年鉴编纂出版规定

第一章　总　则

第一条　为了提高地方综合年鉴编纂出版质量，推动年鉴事业科学发展，充分发挥地方综合年鉴在促进经济社会发展中的作用，根据国务院《地方志工作条例》，制定本规定。

第二条　本规定所称地方综合年鉴，是指系统记述本行政区域自然、政治、经济、文化、社会等方面情况的年度资料性文献。

第三条　本规定适用于以县级以上（含县级）行政区域名称冠名的地方综合年鉴（以下简称“年鉴”）。

第四条　年鉴编纂出版坚持以马克思列宁主义、毛泽东思想、邓小平理论、“三个代表”重要思想、科学发展观和习近平新时代中国特色社会主义思想为指导。

第五条　年鉴编纂出版应遵守国家关于保密、著作权、出版、广告等方面的法律、法规或规章，遵守党和国家关于民族、宗教和对外关系等方面的法规或政策，维护国家利益、民族团结和社会稳定。

第六条　年鉴编纂应做到观点正确，框架科学，资料翔实，内容全面，记述准确，出版符合国家相关标准。

第二章　框　架

第七条　年鉴框架应涵盖年度内本行政区域的基本情况。

第八条　年鉴框架应做到分类科学，层次清晰，领属得当，编排有序。

第九条　年鉴框架应体现年度特点和突出地方特色。

第十条　年鉴框架应保持相对稳定，可依据年度特点和事物变化情况作适当调整。

第十一条　年鉴框架分类应参照相关分类标准，结合社会实际分工和本行政区域特点进行。

第十二条　年鉴框架结构一般分为类目、

分目、条目三个层次。

第十三条　年鉴各层次标题应准确、规范、简洁，能够揭示所记述内容的特点，避免重复。

第三章　资　料

第十四条　年鉴资料应反映本行政区域自然、政治、经济、文化、社会、生态建设等方面的基本情况，以及与本行政区域密切相关的内容。

第十五条　年鉴主要辑录上一年度的资料，一般不上溯下延。

第十六条　年鉴资料应具有为现实服务的价值和存史的价值。

第十七条　年鉴资料应具有连续性和可比性，能正确反映事物发展的脉络和轨迹。

第十八条　年鉴资料应真实，人名、地名、时间、事实、数据、图片、引文等应准确。未经核实的资料不得收录。

第十九条　年鉴采用的数据应以统计部门提供的为准，未列入统计范围的，以业务主管部门提供的为准。数据不一致时，应加以说明。

第二十条　年鉴编纂单位应拓宽资料搜集渠道，资料除依靠各供稿单位提供外，还要通过查阅档案、报刊和提炼网络信息，以及调查访问等方式进行搜集。

第四章　内　容

第二十一条　年鉴内容应存真求实，客观反映经济社会发展中取得的成绩和存在的问题。

第二十二条　年鉴内容记述应综合运用多种形式，一般以条目为基本记述单元。

条目分为综合性条目和单一性条目等类型。综合性条目反映年度内各个领域发展变化的总体情况和主要特点，具有高度的概括性；单一性条目一事一条，基本要素齐全。

第二十三条　条目。条目编写应做到：

（一）选题选材注重有效性、完整性和新颖、准确、系统。

（二）有效信息含量大，避免空洞无物和简单重复。

消除部门工作总结、报告痕迹。不应记述非部门主要职能的信息。

（三）坚持述而不论，寓观点于记述之中。

（四）标题中心词突出，题文相符。

（五）条目排列有序，并避免单个条目构成分目。

第二十四条　大事记。选录大事要得当，做到重要事项不漏，时间、地点、人物（单位）、结果等要素齐备。可将编年体和纪事本末体相结合。

第二十五条　图片。年鉴应有卷首专题图片、随文图片。

图片选用注重典型性、资料性，突出反映重大事件、重要成果和热点问题。

图片要清晰、美观；文字说明应简洁、准确，要素齐全。

随文图片应图文相符，以图释文。

慎用少用领导人、会议照片，忌用人物标准照。

第二十六条　地图。地图选用应遵守国家关于地图管理的法规和有关规定、办法，需经过有审核权的测绘地理信息行政主管部门审核，标注审图号。

第二十七条　表。表格包括表题、表体以及必要的表注等。

表格内容要准确，设计要规范。

第二十八条　附录。附录主要收录具有重要参考价值的资料。

第二十九条　其他形式。年度内具有特殊意义的资料可采用特载、特辑、专文、专记或其他形式集中汇辑。

第三十条　人物记述可采用简介、名录、表等形式，入鉴人物应严格掌握标准，人物记述应做到客观、准确、公允。

第三十一条　年鉴应设编辑说明，主要介绍年鉴编纂的指导思想、记述的时空范围、栏目的设置情况、资料的来源等事项。

第三十二条　年鉴具有工具书性质，应有完备的检索系统。

年鉴应编制详至条目的中文目录，根据需要可编制英文目录或少数民族语言目录。

索引应提供丰富的检索信息，名称概念清晰，标目符合主题原意，标引准确。

第三十三条　年鉴内容记述应减少交叉重复，多处记述同一事物的应各有侧重。

第三十四条　年鉴使用记叙文、说明文等文体，文风要朴实，记述要流畅。

第三十五条　年鉴使用规范、统一的简称和缩略语，名称、时间、地点、事实、数据、计量单位、术语等的表述应前后一致。

第五章　出　版

第三十六条　年鉴编纂应建立健全审读、审核和校对制度，确保质量。

第三十七条　语言文字、标点符号、汉语拼音、数字、计量单位使用和索引编制、图片选用等，应符合国家有关法律、法规和规章、规定。

第三十八条　编辑校对应符合国家出版物质量管理的规定。

第三十九条　封面设计应庄重大方，完整著录年鉴名称与卷号、编者名、出版者名。年鉴名称、卷号要醒目。

年鉴名称，一般冠以行政区域名称，如"××年鉴"。如两级行政区域名称相同，下级年鉴名称另加"市（州）""县（区）"字样，如"××市（州）年鉴""××县（区）年鉴"。市辖区与其他市辖区行政区域名称如不存在同名情况，其年鉴名称冠以行政区域名称，如"××年鉴"；如存在同名情况，其名称冠以上一级行政区域名称，如"××市××年鉴"。

年鉴卷号，以出版年份标识，标注在年鉴名称后，如"2020"。

第四十条　版式设计应疏密得当，留白页少，字体、字号选择要既能区别结构层次，又有较好的视觉效果。

第四十一条　版权页刊载版本记录应完整。

第四十二条　一般采用16开本，文字横排。

第四十三条　印刷、装帧应符合国家出版物质量标准。

第四十四条　制作出版电子版年鉴，应遵守国家关于电子出版物管理的规定。

第四十五条　年鉴应逐年编纂，做到当年编纂当年出版。

第六章　附　则

第四十六条　各省、自治区、直辖市地方志工作机构可根据本规定，结合本地区实际，制定实施细则。

第四十七条　专业年鉴、乡镇（街道）年鉴等其他年鉴可参照本规定执行。

第四十八条　本规定由中国地方志指导小组办公室负责解释。

关于印发《全国信息方志与数字方志建设工程实施方案》的通知

（中指办字〔2017〕16号）

各省、自治区、直辖市地方志编委会（办公室），新疆生产建设兵团志办公室：

为贯彻落实《全国地方志事业发展规划纲要（2015—2020年）》《全国地方志信息化发展规划（2016—2020年）》的要求，大力推进全国地方志信息化建设，中国地方志指导小组办公室制定了《全国信息方志与数字方志建设工程实施方案》。现印发给你们，请认真贯彻执行。

中国地方志指导小组办公室
2017年2月10日

全国信息方志与数字方志建设工程实施方案

为深入贯彻落实习近平总书记关于信息化工作的系列重要讲话精神，以及《国家信息化发展战略纲要》《“十三五”国家信息化规划》《全国地方志事业发展规划纲要（2015—2020年）》《全国地方志信息化发展规划（2016—2020年）》要求，大力推进全国地方志信息化建设，中国地方志指导小组办公室（以下简称中指办）决定实施全国信息方志与数字方志建设工程。现结合全国地方志系统信息化工作实际，制定本方案。

一、建设内容和工作目标

全国信息方志与数字方志建设工程的建设内容主要包括中国方志网、中国地情网、中国国情网、国家数字方志馆、地方志综合办公平台、地方志新媒体传播平台，简称“三网一馆两平台”。

总体目标：到2020年，建成集方志信息发布、地情国情宣传、爱国爱乡教育于一体，国家、省、市、县四级网站联网，在全社会有较大影响的地情资料网站群；依托国家数字方志馆，建成全国规模最大的地方志全文数据库（包括目录数据库、提要数据库）；积极推进全国地方志系统综合办公平台和地方志新媒体传播平台建设；依托国家方志馆建成国家地方志大数据中心；互联网与地方志融合发展进一步深化，“互联网＋地方志”成为开发利用地方志资源的重要手段，充分发挥地方志在公共文化服务体系建设中的重要作用。

（一）三网（中国方志网、中国地情网、中国国情网）

建设内容：分期分批建设全面、系统、权威的中国方志网、中国地情网、中国国情网。

1. 中国方志网是中指办的门户网站，是全国地方志系统的信息发布、业务指导、在线服务和互动交流平台，实现权威及时的信息发布、精准到位的业务指导、便捷开放的在线服务、顺畅高效的互动交流。

2. 中国地情网是全国地情网站的集群，致力于各地地情网站资源的整合与开发，努力打造全国地情信息的发布、展示、检索、服务和共享平台。

3. 中国国情网是充分利用国家数字方志馆的海量资源，按政治、经济、社会、文化、生态文明五大方面，对数字资源进行整合、统计和分析，为社会提供我国国情的展示、咨询、检索等方面的服务。

工作目标：到2020年，建成全国地方志系统关注度高、影响力大的信息发布、地情展示和国情资源开发利用平台，实现全国地方志系统的信息共享共用。

（二）一馆（国家数字方志馆）

建设内容：国家数字方志馆是地方志全文数据库的基础平台。通过开发全国地方志资源管理系统，把全国的数字化志书、年鉴、地情资料、旧志、史志期刊、音视频、图片等资源集中起来，建设地方志数字资源中心。利用虚拟技术，对“方志中国”“魅力中国”展览以及各省特色展览进行三维全景展示，打造全国地情教育网上展厅。加强国家地方志大数据中心基础设施建设，为国家数字方志馆建设提供重要保障。注重网络安全，保障网络与信息系统安全稳定运行。依托地方志大数据，开展统计分析和开发利用。深化与境外相关机构在数字方志资源方面的交流与合作。

工作目标：到2020年，建成国家数字方志馆和若干省级数字方志馆，建成国家地方志大数据中心，打造全国最大的地方志全文数据库（含目录数据库、提要数据库），实现全国数字方志资源的共享共用，为全社会提供方便快捷的地情检索与数据分析服务。

（三）两平台（地方志综合办公平台和地方志新媒体传播平台）

1. 地方志综合办公平台

建设内容：开发全国地方志系统的邮件收发、公文流转、信息交流、即时通讯、视频会议等功能模块。开发中指办内部公文流转、信息交流、通知公告、通讯录管理、资料共享（如规章制度、图片、视频）、即时通讯、个人日程管理等功能模块。开发综合办公平台移动端，实现移动电子审批、移动公文发布、移动数字方志馆查询等功能。在综合办公平台的基础上，开发方志信息在线统计系统、方志成果综合管理系统两大业务系统。方志信息在线统计系统，实现全国志书、年鉴、地情书、旧志整理、方志著述等成果，《全国地方志事业发展规划纲要（2015—2020年）》“两全”目标完成进度，以及方志馆建设、信息化建设、机构队伍建设等情况的在线上报、自动汇总和统计分析。方志成果综合管理系统，实现对各地三级志书、年鉴、地情书等规划出版成果、旧志整理成果、史志期刊成果进行全过程管理。包括年度计划管理、年度成果管理、总体进度管理、综合评价等。

工作目标：到2020年，地方志综合办公平台实现中指办与省市县三级地方志工作机构之间，以及中指办内部便捷高效的协同办公；不断加强全国各级地方志工作机构之间的业务指导和交流以及全国地方志成果的综合管理。

2. 地方志新媒体传播平台

建设内容：包括地方志系统微信矩阵、方志中国手机报以及中国方志网手机客户端、手机版网站等新媒体的建设、开发和利用。

工作目标：到2020年，不断扩大微信矩阵、手机客户端矩阵规模，基本实现地方志系统新媒体的全覆盖，不断提高地方志新媒体的影响力。

二、实施步骤

2015年：

1. 建成具有较强前瞻性、兼容性，体现国家级门户网站气魄和风格的中国方志网、中国地情网。12月1日，中国方志网、中国地情网正式开通。

2. 初步拟定国家数字方志馆建设方案，为建设地方志全文数据库奠定基础。

3. 开通方志中国微信和方志中国手机报。7月1日，方志中国微信公众号正式开通；9月1日，方志中国手机报正式开通。

2016年：

1. 进一步完善中国方志网栏目设置及相关功能；积极推进中国地情网二期建设。

2. 制定成熟的国家数字方志馆建设方案，完成项目立项；初步拟定地方志资源管理标准以及志鉴资源数据加工技术和数据格式标准规范等。

3. 制定建设方案，稳步推进地方志综合办公平台建设。

4. 进一步完善方志中国微信平台和方志中国手机报的栏目和功能。

2017年：

1. 中国地情网二期正式上线；制定建设方案，稳步推进中国国情网建设；开发中国方志网手机版网站。

2. 加快推进国家数字方志馆建设，建成国家数字方志馆平台；开展国内志鉴资源数字化情况调研；出台地方志资源管理标准以及志鉴资源数据加工技术和数据格式标准规范；完成“方志中国”展览的网上虚拟展示。

3. 适时启动地方志综合办公平台建设，实现中指办与省级地方志工作机构的互联互通。

4. 进一步扩大地方志新媒体矩阵的规模。

5. 启动国家大数据中心基础设施建设，制定工作方案，完成项目可行性研究论证。

2018年：

1. 完善中国方志网、中国地情网栏目设置及相关功能，实现与新开通的省、市、县三级地方志工作机构网站联网；中国国情网正式上线。

2. 第一次对国家数字方志馆平台进行功能优化和栏目调整，推进志鉴数字资源的入库工作；开发国家数字方志馆手机客户端；在“方志中国”展览网上虚拟展示的基础上，积极推进省级方志馆特色展览的网上虚拟展示；实现“魅力中国”展览的网上虚拟展示。

3. 继续推进地方志综合办公平台建设，将地方志综合办公平台延伸到市级地方志工作机构。

4. 利用新技术、新载体，推动地方志新媒体的创新发展。

5. 正式实施国家地方志大数据中心建设，在国家方志馆内建设标准化机房，完成数据迁移，并与中国社会科学院云平台实现数据的互相备份。

2019 年：

1. 进一步完善和优化中国方志网、中国地情网、中国国情网的功能和栏目，稳步推进与新开通的省、市、县级地方志工作机构网站的联网；开发中国地情网手机版网站；启动中国方志网英文版网站建设。

2. 第二次对国家数字方志馆平台进行功能优化和栏目调整，加快推进志鉴数字资源入库工作；开发视频采编系统，丰富网上课堂的功能；进一步推进省级方志馆特色展览的网上虚拟展示。

3. 继续推进地方志综合办公平台建设，将地方志综合办公平台延伸到县级地方志工作机构，完善相关功能，提高办公效率。

4. 推动地方志新媒体传播平台与综合办公平台的融合发展。

5. 继续推进国家地方志大数据中心建设，完成国家地方志大数据中心的硬件升级和带宽扩容。

2020 年：

1. 中国方志网、中国地情网、中国国情网融合发展，相互促进。继续扩大与新开通的市、县级地方志工作机构网站的联网，初步建成中国地情资料网站群；开发中国国情网手机版网站；中国方志网英文版网站上线试运行。

2. 第三次对国家数字方志馆平台进行功能优化和栏目调整，基本完成已出版志鉴数字化资源的入库工作；积极推进市县级方志馆特色展览的网上虚拟展示。

3. 基本完成地方志综合办公平台建设。开发综合办公平台移动端，实现移动电子审批、移动公文发布等功能。

4. 继续推动地方志新媒体传播平台与综合办公平台深度融合发展。

5. 进一步完善国家地方志大数据中心建设，不断增加国家地方志大数据中心硬件设备和带宽。

三、保障措施

（一）成立领导机构

成立全国信息方志与数字方志建设工程领导小组，负责项目的规划设计、组织协调和督促指导。领导小组办公室设在中指办信息处，具体负责领导小组安排部署的工作任务。各级地方志工作机构尤其是省级地方志工作机构，应根据工作需要确保相对固定的机构和人员负责相关工作。

（二）组建专家团队

邀请计算机软硬件、信息化、图书馆、地方志等方面的权威专家组建专家团队，对项目立项、招投标、组织实施、项目验收等进行全过程参与，保证项目实施的科学化、规范化。

（三）保障经费投入

中指办通过各种途径积极筹措资金，保证“三网一馆两平台”建设所需经费。各级地方志工作机构应根据所承担的任务，积极向当地财政部门申请资金。

（四）完善工作机制

实行项目化管理，明确工作任务、工作要求和工作制度，落实工作责任，一级抓一级，层层抓落实，形成领导重视、分工明确、共同推进的工作格局。

关于公布入选中国年鉴精品工程“中国精品年鉴”的通知

（中指办字〔2017〕64 号）

各省（自治区、直辖市）地方志编委会（办公室）、新疆生产建设兵团志办公室，全军军事志指导小组办公室，武警部队政治部编研部：

为贯彻落实《全国地方志事业发展规划纲要（2015—2020 年）》《全国年鉴事业发展规划（2016—2020 年）》，稳步推进中国年鉴精品工程，经过评审和中国年鉴精品工程学术委员会评选，现公布入选中国年鉴精品工程“中国精品年鉴”名单（共三部）：

一、《山西年鉴（2016）》

编纂单位：山西省地方志办公室

编委会主任：楼阳生

二、《温州年鉴（2016）》

编纂单位：温州市人民政府地方志办公室

主　　编：魏仕阔

三、《北京海淀年鉴（2016）》

编纂单位：《北京海淀年鉴》编纂委员会

编委会主任：于军

根据国务院《地方志工作条例》“对在地方志工作中作出突出成绩和贡献的单位、个人，给予表彰和奖励”的规定，建议本级人民政府对“中国精品年鉴”编纂单位和相关人员给予表彰和奖励。

希望各单位学习先进，高度重视年鉴质量建设，为后世留下堪存堪鉴之记述，编修出更多经得起时代和历史检验，具有鲜明时代特征、年度特点和地域特色的精品年鉴。

中国地方志指导小组办公室

2017 年 5 月 18 日

关于启动民族地区与贫困地区年鉴资助工程的通知

（中指办字〔2017〕71 号）

各省（自治区、直辖市）地方志编委会（办公室）、新疆生产建设兵团志办公室：

为贯彻落实《全国地方志事业发展规划纲要（2015—2020 年）》《全国年鉴事业发展规划（2016—2020 年）》，确保“两全”目标中“年鉴全覆盖”目标顺利实现，针对当前少数民族地区和部分经济欠发达地区因经费紧缺出现年鉴公开出版困难的情况，经中国地方志指导小组领导同意，中国地方志指导小组办公室决定启动民族地区与贫困地区年鉴资助工程。

现将《民族地区与贫困地区年鉴资助工程实施方案》印发给你们，请认真组织实施。

民族地区与贫困地区年鉴资助工程实施方案

为贯彻落实《全国地方志事业发展规划纲要（2015—2020 年）》（以下简称《规划纲要》）和《全国年鉴事业发展规划（2016—2020 年）》（以下简称《年鉴规划》），确保民族地区与贫困地区年鉴资助工程顺利实施，结合全国年鉴工作实际，制定本方案。

一、重要意义

党中央、国务院高度重视地方志工作，为包括年鉴事业在内的地方志事业发展提供了重要战略机遇。国务院办公厅 2015 年 8 月印发的《规划纲要》要求，到 2020 年要做到地方综合年鉴由地方志工作机构组织编纂，一年一鉴，公开出版，实现省、市、县三级综合年鉴全覆盖。当前，全国年鉴事业发展正处于关键时期，确保到 2020 年完成“年鉴全覆盖”目标，是全国地方志系统面临的一项核心任务。实施民族地区与贫困地区年鉴资助工程，是全面贯彻落实《规划纲要》《年鉴规划》的一项重要举措，是解决三级综合年鉴编纂实践中存在的困难和问题的一项重要举措，是支持民族地区与贫困地区文化建设的一项重要举措，也是年鉴工作者紧扣时代脉搏，坚持创新发展，传承弘扬中华优秀传统文化的一项重要举措。各省（自治区、直辖市）、新疆生产建设兵团地方志工作机构应高度重视，增强责任意识，作为一项重要政治任务抓好落实，加强组织领导，切实做好报批工作，并以此为契机，按时高质量完成省、市、县三级综合年鉴编纂任务。

二、资助对象

经国务院扶贫开发领导小组办公室认定的国家级贫困县（区、旗、县级市）的综合年鉴优先资助，中西部地区、少数民族边疆地区存在经费困难的地级市和未列入国家级贫困县（区、旗、县级市）的综合年鉴酌情资助。

三、资助与出版

中国地方志指导小组办公室、方志出版社给予出版资助，一般每10万字资助1.2万元，最高资助额度为20万元。

受资助的年鉴由方志出版社出版，统一版式，统一装帧，统一风格。

四、申报与审批

（一）申报

符合资助条件的年鉴编纂单位，应于每年5—10月填写《民族地区与贫困地区年鉴资助工程申报表》（见附件）一式三份，连同编纂成熟的年鉴稿，逐级上报。各省级地方志工作机构应按照中国地方志指导小组《地方综合年鉴编纂出版规定（试行）》有关要求，严把质量关，审批一部，向民族地区与贫困地区年鉴资助工程领导小组办公室报送一部。

（二）审批

民族地区与贫困地区年鉴资助工程领导小组办公室根据各地申报情况不定期上报领导小组，经批准后，以中国地方志指导小组办公室文件正式公布资助名单。

五、组织领导

（一）成立民族地区与贫困地区年鉴资助工程领导小组

组　长：李培林

副组长：冀祥德

成　员：刘玉宏　邱新立　于伟平

负责此项工程的组织领导、申报年鉴的审批等。

（二）成立民族地区与贫困地区年鉴资助工程领导小组办公室

主　任：冀祥德

副主任：刘玉宏

领导小组办公室依托中国地方志指导小组办公室年鉴处和方志出版社设立，负责日常的组织协调以及调研、组织出版、宣传等工作。

中国地方志指导小组办公室
2017年5月17日

关于印发《中国年鉴精品工程实施方案》的通知

（中指办字〔2017〕72号）

各省（自治区、直辖市）地方志编委会（办公室）、新疆生产建设兵团志办公室，全军军事志指导小组办公室，武警部队政治部编研部：

为贯彻落实《全国地方志事业发展规划纲要（2015—2020年）》《全国年鉴事业发展规划（2016—2020年）》，确保中国年鉴精品工程顺利推进，现将《中国年鉴精品工程实施方案》印发给你们，请认真组织实施。

中国年鉴精品工程实施方案

为贯彻落实《全国地方志事业发展规划纲要（2015—2020年）》（以下简称《规划纲

要》)和《全国年鉴事业发展规划(2016—2020年)》(以下简称《年鉴规划》),确保中国年鉴精品工程顺利实施,结合全国年鉴工作实际,制定本方案。

一、重要意义

党中央、国务院高度重视地方志工作,为包括年鉴事业在内的地方志事业发展提供了重要战略机遇。国务院办公厅2015年8月印发的《规划纲要》要求,到2020年要做到地方综合年鉴由地方志工作机构组织编纂,一年一鉴,公开出版,实现省、市、县三级综合年鉴全覆盖,同时还要求坚持存真求实,确保质量,将精品意识贯穿于年鉴编纂出版工作全过程。坚持质量第一原则,树立精品意识,提高年鉴质量、打造精品年鉴,是今后一个时期全国年鉴工作的一项核心任务。实施中国年鉴精品工程,是全面贯彻落实《规划纲要》《年鉴规划》的重要举措,是培育精品意识和精品年鉴、提高年鉴质量的重要手段,是发挥年鉴存史、资治、教化功能的根基所在,也是年鉴工作者紧扣时代脉搏,坚持创新发展,传承弘扬中华优秀传统文化的关键步骤。各级地方志工作机构应高度重视,增强责任意识,加强组织领导,切实做好推荐、评审、宣传推介等各项工作,并以此为契机,促进年鉴质量保障体系建设,全面提高年鉴质量。

二、申报范围

(一)中国年鉴精品工程试点单位编纂的地方综合年鉴。

(二)中国年鉴精品工程试点单位编纂的专业年鉴。

(三)年鉴工作重视程度较高、编纂基础条件(包括人员、经费、经验等)较好、连续编纂出版两卷以上年鉴、有打造精品年鉴积极性的年鉴编纂单位编纂的年鉴。

(四)在全国地方志优秀成果(年鉴类)评审或各省(自治区、直辖市)年鉴质量评比中获得二等以上奖次的年鉴。

三、评选条件

按照中国地方志指导小组《地方综合年鉴编纂出版规定(试行)》,设定以下评选条件:

(一)观点

以马克思列宁主义、毛泽东思想、邓小平理论、“三个代表”重要思想和科学发展观为指导,贯彻落实习近平总书记系列重要讲话精神和治国理政新理念新思想新战略,坚持辩证唯物主义和历史唯物主义的立场、观点和方法,政治观点正确。遵守宪法和法律,维护国家统一、主权和领土完整,维护民族团结,弘扬社会主义核心价值观,体现社会主义时代精神,继承和发扬传统文化。

(二)框架

框架应涵盖年度内本行政区域(部门或行业)的基本情况,做到分类科学,层次清晰,领属得当,编排有序,突出年度特点和地方特色。各层次标题应简洁、准确、规范。

(三)资料

资料应全面、系统,真实、准确,具有时代性、年度性和地方性(部门或行业特色),具有为现实服务的价值和存史的价值。

(四)内容

全面、客观、系统记述本行政区域(部门或行业)自然、政治、经济、文化和社会等方面的年度情况,存真求实,客观反映经济社会发展中取得的成绩和存在的问题。

(五)条目编写

选题选材注重有效性、完整性和新颖、准确、系统;综合性条目反映年度内各个领域发展变化的总体情况和主要特点,具有高度的概括性,单一性条目一事一条,基本要素齐全;信息含量大;坚持述而不论,寓观点于记述之中;排列有序。

(六)检索系统

具有完备的检索系统,有中文、英文目录,其中中文目录详至条目;索引名称概念清晰,标引准确。

(七)行文

使用记叙文、说明文等文体,语言精炼,文风朴实,记述流畅;使用规范、统一的简称和缩略语,名称、时间、地点、事实、数据、计量单位、术语等表述前后一致。

（八）编辑、版式

编校质量高，全书差错率不超过万分之零点五。版式设计美观大方。

四、评选程序

评选工作坚持公平、公正、公开原则，严格按照自下而上、择优推荐的方式进行。

（一）中国年鉴精品工程试点单位编纂的年鉴直接进入评选程序。

（二）符合申报范围的年鉴编纂单位，应于每年8月底前填写《中国年鉴精品工程申报表》（附件1）一式五份，连同编纂成熟的年鉴稿，逐级上报。

（三）各省（自治区、直辖市）地方志工作机构应组织有关保密、档案、历史、法律、经济、军事等方面不少于5名专家，对申报的年鉴稿进行评审。通过评审后，填写《中国年鉴精品工程专家评审表》（附件2）一式五份，由参加评审的专家签名并加盖本省（自治区、直辖市）地方志工作机构公章，连同《中国年鉴精品工程申报表》、改定的年鉴稿一并报送中国年鉴精品工程办公室。报送时间截至每年9月底。

（四）中国年鉴精品工程办公室集中提交中国年鉴精品工程学术委员会，至少组织一次评审会议进行评审。评审通过，以中国地方志指导小组办公室文件正式公布入选名单。公布时间一般为每年11月底前。

（五）入选的年鉴稿，由中国地方志指导小组办公室、方志出版社向编纂单位颁发证书和奖牌。入选的年鉴稿，按照中国年鉴精品工程要求统一标识、统一版式、统一风格。如为以书代刊，由方志出版社统一组织出版；如为期刊，自行安排出版。

五、评选要求和管理

（一）中国年鉴精品工程在实施过程中坚持质量第一原则，入选年鉴不设比例，成熟一部，评审通过一部，入选一部，严格标准，宁缺毋滥。

（二）各省（自治区、直辖市）地方志工作机构应严把质量关。

（三）中国年鉴精品工程实行动态化管理，按年度组织申报工作，每年一次。入选的年鉴，仅限于该卷年鉴出版时使用中国年鉴精品工程的有关标识，其他卷不得使用。

（四）入选年鉴的年鉴编纂单位，应服从中国年鉴精品工程办公室在评审、修改、研讨以及专家指导等方面的统一安排。

（五）入选年鉴的年鉴编纂单位，实行专家联系人制度，由中国年鉴精品工程办公室确定两名专家进行全程指导。

（六）申报中国年鉴精品工程的年鉴编纂单位，采取自愿原则。在各省（自治区、直辖市）地方志工作机构组织评审、中国年鉴精品工程学术委员会组织评审过程中，各年鉴编纂单位经报本省（自治区、直辖市）地方志工作机构或中国年鉴精品工程办公室批准，可选择退出。

六、组织领导

（一）成立中国年鉴精品工程学术委员会

主　　任：李培林

常务副主任：冀祥德

副　主　任：刘玉宏　邱新立

成员：由中国地方志指导小组办公室、方志出版社、全国地方志系统、高等院校和科研机构的相关专家学者组成，负责选定中国年鉴精品工程试点单位、审定中国年鉴精品工程“中国精品年鉴”入选年鉴。

（二）成立中国年鉴精品工程办公室

主　任：冀祥德

副主任：刘玉宏

中国年鉴精品工程办公室依托中国地方志指导小组办公室年鉴处和方志出版社设立，负责日常的组织协调以及调研、组织出版、宣传等工作。

（三）成立各省（自治区、直辖市）地方志工作机构协作组

各省（自治区、直辖市）地方志工作机构成立中国年鉴精品工程协作组，负责协调本地区精品年鉴的评审、申报、宣传推介等工作。协作组由各省（自治区、直辖市）地方志工作机构主要负责人或分管负责人担任组长，成员由有关方面专家至少5人组成，并设专门联络

员一人。协作组及联络员名单报中国年鉴精品工程办公室备案。

七、奖励与宣传

（一）入选的年鉴，在下一年度开展的全国地方志优秀成果（年鉴类）评审活动中，直接推荐进入二等以上等次年鉴的评审，不占用各省（自治区、直辖市）的报送名额。同时，鼓励各地在优秀年鉴评审活动中优先推荐。

（二）入选的年鉴，由中国地方志指导小组办公室在发文公布时，建议本级人民政府根据国务院《地方志工作条例》关于“对在地方志工作中作出突出成绩和贡献的单位、个人，给予表彰和奖励”的规定，对年鉴编纂单位和人员给予表彰和奖励。

（三）入选的年鉴，中国地方志指导小组办公室将在全国范围进行宣传推介，总结编纂经验向全国推广。各省级地方志工作机构应在本地区组织专门的品读活动，宣传推广先进典型，以全面提升年鉴质量。

（四）中国地方志指导小组办公室适时组织入选年鉴的编纂单位开展研讨交流活动，提供学习交流机会。

八、经费保障

（一）中国地方志指导小组办公室负责承担各省（自治区、直辖市）地方志工作机构报送后的有关评审、研讨、宣传推介以及专家指导等费用。

（二）各省（自治区、直辖市）地方志工作机构负责承担本省（自治区、直辖市）组织评审、报送以及在本地开展宣传推介等相关费用。

（三）各年鉴编纂单位负责承担年鉴稿修改、印制等费用。

附件：

1. 中国年鉴精品工程申报表（略）
2. 中国年鉴精品工程专家评审表（略）

中国地方志指导小组办公室
2017 年 5 月 17 日

关于民族地区与贫困地区年鉴资助工程 2017 年首批资助的通知

（中指办字〔2017〕184 号）

各省（自治区、直辖市）地方志编委会（办公室）、新疆生产建设兵团志办公室：

为贯彻落实《全国地方志事业发展规划纲要（2015—2020 年）》《全国年鉴事业发展规划（2016—2020 年）》，稳步推进民族地区与贫困地区年鉴资助工程（以下简称年鉴资助工程），经各省（自治区、直辖市）地方志工作机构组织申报、年鉴资助工程领导小组审核，现公布入选年鉴资助工程 2017 年首批资助名单（共 9 部）：

一、河北省（1 部）

《宣化区年鉴（2016）》

二、内蒙古自治区（4 部）

《杭锦年鉴（2015—2016）》《磴口县年鉴（2017）》《红山年鉴（2015）》《商都年鉴（2017）》

三、山东省（1 部）

《临朐年鉴（2016）》

四、广西壮族自治区（2 部）

《蒙山年鉴（2016）》《桂平年鉴（2016）》

五、新疆维吾尔自治区（1 部）

《裕民年鉴（2015）》

请以上年鉴编纂单位与中国地方志指导小组办公室年鉴处联系，及时报送终审稿，尽快确定落实资助的有关事宜。

中国地方志指导小组办公室
2017 年 11 月 6 日

北京市地方志编纂委员会办公室
中共北京市委督查室
北京市人民政府督查室
关于印发《〈北京市地方志事业发展规划纲要（2016—2020年）任务分工方案〉2017年度重点任务督查落实预案》的通知

（京志办〔2017〕8号）

各区人民政府，市委、市政府相关委办局，《北京志》各承参编单位：

2016年12月，市地方志办、市委督查室、市政府督查室联合印发了《关于将〈北京市地方志事业发展纲要（2016—2020年）任务分工方案〉纳入督查考核的通知》（京志办〔2016〕35号），各区、各部门、各单位按照通知要求，及时报送了2017年度督查落实预案。联合督查组对各单位报送的2017年度督查落实预案进行了汇总和分析，研究制定了《〈北京市地方志事业发展规划纲要（2016—2020年）任务分工方案〉2017年度重点任务督查落实预案》（以下简称《2017年度重点任务督查落实预案》）。

现将《2017年度重点任务督查落实预案》印发给你们，请认真组织实施，确保各项重点任务圆满完成。已经完成第二轮《北京志》分志编纂出版任务的单位，请继续按照向联合督查组报送的2017年度督查落实预案中其他任务认真组织落实。请各区、各部门、各单位于每半年末（6月30日、12月31日）向联合督查组报送督查落实预案半年进展情况，联合督查组将定期对各责任单位工作进展情况进行通报，并结合重点任务落实情况进行现场督查。

北京市地方志编纂委员会办公室　中共北京市委督查室　北京市人民政府督查室

2017年4月5日

单位名称		任务内容	2017年度推进计划
主责单位	责任单位		
市地方志办	市政府新闻办	宣传修志成果	1. 出版《志说北京》和《志书撷英》文集，形象化、通俗化地宣传北京地域文化，传承中华文化的优秀传统 2. 根据志书和年鉴出版情况，组织媒体宣传报道
		充分利用各类媒体，大力宣传地方志工作机构贯彻落实党和国家大政方针的新举措、地方志工作服务经济社会发展的新成绩、地方志工作者投身现代化建设的新贡献，为地方志工作营造良好的社会舆论氛围	1. 做好全市地方志工作会议的宣传工作，并广泛宣传双先表彰先进集体、先进个人的优秀事迹 2. 召开新闻发布会，宣传方志事业新举措和新成绩 3. 参展北京市文化创意产业博览会，展示修志成果，提升方志影响力 4. 继续办好北京日报《志说北京》栏目和《志书撷英》栏目，继续扩大品牌效应 5. 组织做好“两会”方志文化服务筹备工作，研究制定工作方案

续表

<table>
<tr><th colspan="2">单位名称</th><th rowspan="2">任务内容</th><th rowspan="2">2017 年度推进计划</th></tr>
<tr><th>主责单位</th><th>责任单位</th></tr>
<tr><td>市地方志办</td><td>市规划国土委市民政局</td><td>做好北京市第二次全国地名普查成果转化相关工作</td><td>1. 召开全市地名志地名典编纂工作部署会，全面启动地名志地名典编纂工作
2. 加强沟通，建立日常工作机制
3. 收集资料，开展工作培训</td></tr>
<tr><td>市地方志办</td><td>市农委
市民政局</td><td>启动乡镇（街道）志、村（社区）志组织编纂工作，做好名镇志、名村志组织编纂工作</td><td>1. 联合起草印发本市乡镇村修志文件
2. 启动传统村落志第一批编纂工作，制定篇目，收集资料，编纂工作取得阶段性进展</td></tr>
<tr><td rowspan="2">市地方志办</td><td rowspan="2">市人力社保局</td><td>完善人才培养工作机制，制定地方志人才培养规划，探索地方志人才培养、引进等政策和措施，选拔培养从事地方志事业的高素质人才，为其营造良好的工作环境</td><td>1. 会同有关部门研究制定人才培养、引进、激励、使用的政策和措施
2. 制定地方志人才队伍建设规划</td></tr>
<tr><td>定期组织表彰活动，对在地方志编纂、管理和开发利用等方面作出突出贡献的先进集体、先进个人依据有关规定给予表彰和奖励</td><td>1. 召开表彰大会进行表彰
2. 研究提出进一步完善表彰工作的意见和方案</td></tr>
<tr><td>市地方志办</td><td>市教委
市文化局
市档案局</td><td>加强与高等院校、科研机构、公共图书馆、档案馆等单位的交流与合作。
发挥地方志资源在地方公共文化服务中的重要作用，推动方志文化进机关、进农村、进社区、进校园、进企业、进军营，推动城乡方志文化建设，展示北京历史文化变迁，培育北京历史记忆</td><td>1. 做好地情图书出版工作
2. 开展方志文化成果巡展工作
3. 完成村情文化研究
4. 研究制定地方志书公共服务管理办法</td></tr>
<tr><td>市地方志办</td><td>市新闻出版广电局</td><td>继续按计划出版《北京旧志》丛刊</td><td>探索建立政府与高校合作的北京地方文献整理研究协同创新中心，搭建整理平台、研究平台、收藏平台、出版平台和队伍建设平台，建立整理、研究、出版环节既相对独立、分工明确，又串联统一、密切协作的北京旧志整理研究体系</td></tr>
<tr><td>市地方志办</td><td>市教委
市社科联</td><td>注意吸收高等院校、科研机构等相关学科的专家学者参与地方志工作</td><td>提出市级地方志专家标准和条件，多途径推荐市级专家库人选</td></tr>
<tr><td>市地方志办</td><td>市财政局</td><td>聘请熟悉情况、经验丰富的退休老同志参加修志编鉴工作，按有关规定给予相应的报酬和提供必要的办公条件</td><td>对地方志编修工作中聘用退休干部及聘用费标准落实情况进行调研</td></tr>
</table>

续表

单位名称		任务内容	2017 年度推进计划
主责单位	责任单位		
市地方志办	市财政局	市、区两级地方志工作机构所需工作经费、业务经费列入本级财政预算，保证必要投入。《北京志》各分志的编纂经费列入各承编单位的部门预算，由市财政部门核定安排。《北京志》各分志出版经费由市财政承担，区（县）志的出版经费由各区财政承担	调研市、区两级地方志工作、业务经费预算情况，加大区级财政投入，研究制定完善市、区两级财政地方志预算管理体系的指导意见
		不断改善地方志工作条件和资料收藏条件。各级财政部门要根据实际需要，结合财力，逐步加大对志鉴编纂出版、开发利用、资料收集整理和地方志数字化、网络化建设等方面的投入	调研市、区两级地方志工作条件投入情况，协调各级财务部门加大投入力度
市地方志办	市编办 市财政局	坚持和完善“党委领导、政府主持、地方志编委会及其办公室组织实施、社会各界广泛参与”的工作体制，把地方志工作纳入区域经济社会发展规划和各级政府工作任务，切实做到认识、领导、机构、编制、经费、设施、规划、工作到位	1. 加强沟通，建立日常工作机制，为落实“一纳入、八到位”及完善市级领导体系和工作体系提出政策建议 2. 进一步理清市地方志办内设机构及所属事业单位的职能职责，落实机构、编制、经费到位
市地方志办	市编办	地方志工作机构的设置和人员编制，要与其有效履行职能、顺利开展工作的要求相适应	调研全市地方志工作机构设置和人员编制情况，提出适应新形势新职能新任务要求的地方志工作机构设置和人员编制的意见
市地方志办	市政府 法制办 市政府 督查室	联合相关部门依法定期对本行政区域地方志工作开展执法检查和行政督查，细化检查标准，突出检查重点，增强检查实效，着力解决地方志工作中的突出问题	1. 加强沟通和调研，建立日常工作机制 2. 开展行政督查，探索形成地方志执法检查的指标和体系
市地方志办	市政府法制办	1. 市、区两级地方志工作机构要按照《条例》及《办法》，依法履行组织、指导、督促和检查地方志工作的职责，建立健全配套制度体系，进一步规范地方志工作 2. 对于违反《条例》及《办法》有关规定，以及未按规划纲要和编纂方案完成编纂出版任务的，依照有关规定予以处理	1. 加强沟通，建立日常工作机制 2. 开展调研，适时启动修订《北京市实施〈地方志工作条例〉实施办法》的前期立法调研工作
市地方志办	市委督查室 市政府 督查室	市、区两级地方志工作机构及有关部门要结合实际，制定本规划实施方案，提出年度工作计划，做到年初有部署、年中有检查、年末有考核，确保实现本规划纲要提出的目标任务	加强沟通，建立日常工作机制，对重点任务适时开展现场督查
		北京市地方志编纂委员会及其办公室要对本规划纲要落实和执行情况进行督促检查	1. 汇总并掌握全市督查落实预案制定情况，联合印发《北京市规划纲要》任务分工方案 2017 年督查落实预案 2. 对督查落实预案执行情况进行督查，研究制定 2018 年督查落实预案

北京市地方志资源开发利用规划（2017—2020 年）

（京志办〔2017〕1 号）

为贯彻《全国地方志事业发展规划纲要（2015—2020 年）》《北京市国民经济和社会发展第十三个五年规划纲要》和《北京市地方志事业发展规划纲要（2016—2020 年）》精神，科学谋划地方志开发利用工作，充分发挥地方志资源的开发利用在首都经济社会发展和全国文化中心建设中的重要作用，努力开创地方志开发利用新局面，推动本市地方志事业科学发展和京津冀地区协同发展，根据国务院《地方志工作条例》及《北京市实施〈地方志工作条例〉办法》，结合本市地方志工作实际，特制定本规划。

一、指导思想

高举中国特色社会主义伟大旗帜，以马克思列宁主义、毛泽东思想、邓小平理论、“三个代表”重要思想和科学发展观为指导，深入贯彻落实党的十八大与十八届三中、四中、五中、六中全会精神和习近平总书记系列重要讲话精神，全面落实第五次全国地方志工作会议和北京市地方志编纂委员会扩大会议要求，牢牢把握首都城市战略定位，围绕中心，服务大局，牢固树立创新、协调、绿色、开放、共享的发展理念，解放思想，实事求是，改革创新，锐意进取，以首善标准依法全面推动首都地方志资源开发利用事业发展繁荣，落实京津冀协同发展战略，增强城市文化软实力和国际影响力，为率先全面建成小康社会、建设国际一流的和谐宜居之都作出更大贡献。

二、基本原则

1. 坚持正确服务方向。坚持走中国特色社会主义文化发展道路，坚持为人民服务、为社会主义服务的方向，通过开发利用地方志资源和成果，为弘扬优秀传统文化、建设全国文化中心提供有力支撑，为培育和践行社会主义核心价值观提供丰富、优秀的精神文化产品。

2. 坚持依法开发利用。认真落实国务院《地方志工作条例》及《北京市实施〈地方志工作条例〉办法》，市、区两级地方志工作机构依法履行组织、指导、督促和检查地方志开发利用工作职责，鼓励社会各界依法参与并提供支持，建立依法开发利用的长效机制。

3. 坚持改革创新发展。结合社会主义文化发展需要和首都文化建设的实际，继承和弘扬中华民族优秀文化传统，开展地方志资源的开发利用研究，总结和汲取现有地方志资源开发利用的经验教训，深化改革，与时俱进，推动理论创新、制度创新、管理创新、方法创新，不断提高地方志资源服务经济社会发展的能力。加强地情资源挖掘、信息化建设、方志馆（室）功能开发、旧志整理与研究等基础性工作，通过论坛、专题研讨、文献出版、视频拍摄、展览展示、文化共建等多种手段推动地方志资源开发利用全面协调可持续发展。

4. 坚持服务质量第一。全面提升地方志资源开发利用水平和服务大局能力，坚持存真求实、确保质量，将质量意识、精品意识贯穿于地方志资源开发利用的全过程，打造无愧于时代、无愧于人民、无愧于历史、无愧于民族的文化精品，为党政机关、社会团体和人民群众提供高质量的开发利用成果。

三、总体目标

到 2020 年，通过对全市各级各类地方志资源开发利用的组织、指导、协调和带动作用，推动全市地方志资源建设、地方志信息化建设和方志馆（室）建设全面发展，逐步形成开发利用的规范化、系统化。

全市地方志资源的深加工能力得到提高，服务渠道进一步拓宽，服务功能进一步增强，服务手段进一步完善，形成一批服务于党政机关决策、人民群众喜闻乐见、经得起历史检验的有代表性的开发利用精品成果。

全市地方志资源的开发利用水平整体提升，并逐步探索建立起一套既与国家统一管理相衔接，又具有首都特色的地方志资源开发利用体系，开创全市地方志资源开发利用新局面。

四、主要任务

（一）加强地方志资源建设，夯实地方志资源开发利用基础

1. 规范和完善地方志资料工作。建立和完善地方志资料工作制度，推行地方志资料年报制度，依法加大收（征）集地方志资料工作力度，大范围、多渠道地收（征）集、购置与本市有关的地情资料，形成地方志资料收（征）集工作的常态机制。各区、《北京志》各承参编单位要建立资料收集、保管、使用等制度，使地方志资料工作规范化、制度化。要运用社会调查、口述史等方法，大力拓展资料收（征）集范围和渠道，建立能够全方位适应地方志编纂、地方志资源开发利用和方志文化建设需要的地方志资料保障机制。

2. 加强地方志资料的开放与共享工作。各区、《北京志》各承参编单位通过购置、征集、交换、接受捐赠等多种方式加强本单位、系统内有关北京地情图书、文献资料、图片、音视频和其他各类地情资料收集工作的同时，不断提高不同地区、部门间地方志资源的开放和共享水平，为地情数据库等基础设施建设，为地方志资源的挖掘、整理和开发利用奠定坚实基础。

（二）加快地方志信息化建设，提高地方志资源信息化、网络化水平

1. 完善地情网站建设。根据《全国地方志信息化发展规划（2016—2020）》的文件精神，结合本地和行业实际，制定地方志信息化发展指导意见。完善“北京地情资料网”建设，加快各区地情资料网和《北京志》各承参编单位的地方志信息化建设，积极推进有条件的乡镇（街道）、村（社区）开展信息化建设，实现地方志资源的数字化、网络化和资源共享。

2. 推动地方志资源数字化建设。推动地方志全文数据库和地情资源数字化建设，服务于地方志大数据中心建设和中国特色新型智库建设，为党政机关、社会团体和广大人民群众提供开放便捷的检索、查阅与咨询服务。

（三）加强全市各级各类地方志（地情）馆（室）建设，打造开发利用的服务平台

1. 完善北京市方志馆建设。进一步加强对北京市方志馆建设的指导服务，努力建设成为地方志、地情资料的收藏展示中心，市情、地情的研究咨询中心，地方文化的交流活动中心和爱国主义的教育基地。

2. 加强全市各类方志（地情）馆（室）建设。各区要把方志馆、乡情馆、村史馆（室）建设纳入地方公共文化服务体系建设当中，有条件的区要尽快建成方志馆。《北京志》各承参编单位要加强资料室建设。充分发挥首都地方志的文化资源优势，进一步加强对全市各乡（镇）、村史馆（室）建设的指导服务。

（四）拓展和完善部分开发利用的示范项目，推出一批服务地区经济社会发展的精品文化成果

1. 鼓励地情研究与地情文献出版。各区、《北京志》各承参编单位要科学合理地开发利用地方志资源，挖掘地方志资源的现实价值、历史价值，充分利用现有志书、年鉴及编纂过程中收集的各类地情资料，在完成志书编纂的同时，推出相关专题编研成果。有条件的地区和部门要充分发挥地方志的智库作用，适时推出一批高水平的信息资料、研究成果和政策建议，服务于全市各级领导和机关决策。要充分发挥首都深厚的历史文化资源优势，推出一批有助于地情知识积累和地方文化宣传、人民群众喜闻乐见、有一定社会影响力的地情文化丛书。

2. 鼓励开展地方史及地情视频的拍摄与宣传。针对行业（事业）发展史及有较大文化保护和传承价值的地情资料，特别是年代久远、濒临消失的地方文化资料，应当积极开展口述史及地情视频的拍摄工作，并加强与电视台、电台、报刊、网络等各类媒体的合作，采取多种形式宣传北京地情知识和北京地方文化，提

高地方文化资源的宣传、保护和开发利用水平。

3. 鼓励开展地方文化展览项目。各区、《北京志》各承参编单位要通过展览展示等手段，进一步加强地方志资源和地方文化成果的宣传力度，充分展示地方文化事业发展的成果，彰显北京深厚的历史文化，留住北京历史文化的记忆。

（五）鼓励开展地方文化共建，积极探索京津冀地方志资源协同开发利用新模式，深入推进地方志文化“六进”工作。

各区、《北京志》各承参编单位要充分发挥地情资源优势，按照资源整合与文化共享的原则，加强地区和部门联动，积极与所属部门和相关单位以及基层乡镇、村（社区）、学校、企业、部队等加强方志文化合作与文化共建活动的开展，积极探索京津冀地方志资源协同开发利用的新模式、新经验，推动方志文化进机关、进农村、进社区、进校园、进企业、进军营，形成一批具有良好社会反响和较大社会影响力的文化成果，促进基层文化建设和首都及京津冀地区地方经济社会全面发展。

五、保障措施

（一）落实法制要求，提高依法行政水平

1. 加强法制宣传。进一步加强宣传有关地方志资源开发利用的规章制度，使各级领导、各有关部门和社会各界树立依法开发利用的法制意识，增强全社会依法开发利用的主动性和自觉性。

2. 落实法制监督。按照国务院《地方志工作条例》和《北京市实施〈地方志工作条例〉办法》中有关地方志开发利用的基本要求。市、区两级地方志工作机构要依法履行好组织、指导、督促和检查地方志开发利用工作的职责，建立、健全与之配套的制度规范体系，规范地方志开发利用工作依法开展。

（二）完善体制机制，落实“一纳入、八到位”

1. 加强领导。坚持和完善“党委领导、政府主持、地方志编委会及其办公室组织实施、社会各界广泛参与”的工作体制，把地方志开发利用工作纳入本地区经济社会发展规划和各级政府工作任务，切实做到认识、领导、机构、编制、经费、设施、规划、工作到位。各区、《北京志》各承参编单位要重视开展地方志开发利用工作，明确一名分管领导具体负责地方志开发利用工作，确保领导到位。

2. 健全工作机构。地方志工作机构的设置和人员编制，要与其有效履行职能、顺利开展工作的要求相适应。按照德才兼备的原则，配齐配强地方志工作机构的领导班子，并形成合理的年龄梯次结构，将地方志开发利用工作纳入本机构职能范围，并根据所承担的任务和工作量，配备一定数量的工作人员。

（三）确保经费投入，改善工作条件

1. 地方志开发利用工作所需经费要纳入本级财政预算。市、区两级地方志开发利用工作所需经费列入本级财政预算，保证必要投入。

2. 不断改善地方志开发利用工作条件和资料收藏条件。各级财政部门要根据实际需要，结合财力，逐步加大对开发利用项目、资料收集整理和地方志数字化、网络化建设等方面的投入。

（四）健全奖惩机制，加强宣传保障

1. 完善地方志开发利用工作奖惩机制。定期组织表彰活动，对在地方志开发利用方面作出突出贡献的先进集体、先进个人给予表彰和奖励。对于违反国务院《地方志工作条例》和《北京市实施〈地方志工作条例〉办法》有关规定，未开展地方志开发利用工作的，依照有关规定依法予以追责。

2. 加强宣传保障。设计宣传主题，创新宣传形式，推出地方志宣传精品。大力宣传地方志开发利用工作服务经济社会发展的新成绩、新贡献，为地方志开发利用工作营造良好的社会舆论氛围。

北京市地方志编纂委员会办公室
2017 年 1 月 12 日

天津市《落实〈全国年鉴事业发展规划（2016—2020年）〉实施方案》

年鉴事业是地方志事业的重要组成部分，在我国经济社会发展和社会主义文化强国建设中发挥着重要作用。天津作为中国四大直辖市之一、北方重要的工商业城市、历史文化名城，有着深厚的历史文化底蕴，年鉴工作在促进天津经济社会发展和文化强市战略中有着重要的意义。为了推进我市年鉴事业科学发展，推动年鉴事业为全面建成高质量小康社会、建设社会主义现代化大都市作出更大贡献，根据国务院《地方志工作条例》、国务院办公厅《全国地方志事业发展规划纲要（2015—2020年）》（以下简称《规划纲要》）、中国地方志指导小组《全国年鉴事业发展规划（2016—2020年）》（以下简称《年鉴规划》）和《天津市地方志事业发展“十三五”规划（2016—2020年）》，结合我市年鉴工作实际，制定本实施方案。

一、指导思想与基本原则

（一）指导思想

以马克思列宁主义、毛泽东思想、邓小平理论、“三个代表”重要思想、科学发展观和习近平新时代中国特色社会主义思想为指导，全面贯彻党的十九大精神，认真落实市第十一次党代会部署，贯彻落实国务院《地方志工作条例》、第五次全国地方志工作会议和天津市地方志工作会议要求，围绕市委市政府中心工作，服务全面建成小康社会、全面深化改革、全面依法治国、全面从严治党战略布局，贯彻落实习近平总书记对天津工作“三个着力”重要要求，解放思想，实事求是，锐意进取，依法全面推进天津年鉴事业发展繁荣。

（二）基本原则

1. 坚持正确方向。坚持走中国特色社会主义文化发展道路，坚持为人民服务、为社会主义服务的“二为”方向，通过编纂年鉴和开发利用年鉴资源，为全市各行各业提供丰富、优秀的文化产品。

2. 坚持依法治鉴。贯彻落实国务院《地方志工作条例》、国务院办公厅《规划纲要》和中指组《年鉴规划》，增强依法治鉴意识。市地方志编修委员会办公室依法统筹规划、组织协调、督促指导全市年鉴工作；各区志办依法履行组织、指导、督促和检查年鉴工作职责，规范年鉴编纂行为。

3. 坚持全面发展。以年鉴编纂为主业，开发年鉴副产品，统筹兼顾质量建设、队伍建设、理论研究、开发利用、信息化建设等工作，实现年鉴事业全面协调可持续发展。

4. 坚持改革创新。认真总结我市年鉴工作的经验和教训，适应经济社会发展形势和时代需要，在遵循基本规范的前提下，进一步深化改革，准确定位，与时俱进，推进理论创新、制度创新、管理创新、方法创新。

5. 坚持质量第一。坚持存真求实，确保年鉴质量。将精品意识贯穿于年鉴编纂出版工作全过程，严把政治关、史实关、体例关、文字关、出版关，编纂出经得起时代和历史检验、具有鲜明时代特征、年度特点和天津地域（部门、行业）特色的年鉴。

6. 坚持编鉴为用。发挥年鉴资源优势，全面提升开发利用水平；拓宽用鉴领域，增强服务大局能力，为各级党政机关、企事业单位、社会各界和人民群众服务；利用多种媒体，加大宣传力度，提高年鉴的社会影响力。

二、总体目标与主要任务

（一）总体目标

到2020年，全面实现市、区两级综合年鉴全覆盖，推动年鉴工作改革创新，加强对各类专业年鉴编纂的业务指导和管理，加快信息化建设，基本形成包括年鉴编纂体系、理论研究体系、质量保障和评价体系、资源开发利用体系、工作保障体系在内的年鉴事业综合发展体系，努力实现天津年鉴事业发展新跨越。

（二）主要任务

1. 大力推进市、区两级地方综合年鉴工作。到2018年，实现16个区地方综合年鉴全覆盖。到2020年，全面实现市、区两级综合年鉴全覆盖，做到一年一鉴，公开出版；进一步理顺市级年鉴管理体制，做到《天津年鉴》由市地方志编修委员会办公室统一组织编纂。缩短年鉴编纂出版周期，提高时效性。鼓励有条件的地区编纂外文版年鉴。积极探索“互联网+”背景下的年鉴编纂。

2. 重视军事、武警、行业、部门、企业、高校等各类年鉴编纂工作。加强对已开展和准备开展年鉴编纂工作的行业、部门、单位的业务指导和管理。鼓励和支持有条件的乡镇（街道）、村（社区）开展年鉴编纂，并做好业务指导和管理。

3. 加强年鉴理论研究。充分发挥《天津史志》期刊的理论研究平台作用。积极组织市、区两级综合年鉴和专业年鉴编纂研讨活动。开展年鉴编纂、年鉴应用、年鉴管理等理论问题研究，编写出版《年鉴编纂手册》《年鉴百科知识》等工具书。鼓励和支持我市年鉴工作者在国家级刊物发表有关年鉴理论研究与编纂实践方面的论文，定期或不定期组织学术研讨活动，形成浓郁学术氛围。

4. 加强人才队伍建设。重视人才选拔、培养和使用，加强专兼职结合、结构合理的人才队伍建设，培养和引进一批高端人才，建设一支高素质的年鉴编纂、研究队伍，造就一批年鉴理论研究专家和学术带头人。

5. 深化年鉴质量建设。严格执行中指组《地方综合年鉴编纂出版规定》，规范编纂出版流程，完善年鉴质量评议、审查验收制度，严把质量关。鼓励区县综合年鉴和部门专业年鉴申报中国年鉴精品工程，打造4—6部在全国有影响力的年鉴，提升我市年鉴在全国的地位。按照国家和天津市有关规定进行优秀年鉴成果评比，逐步将年鉴纳入天津市哲学社会科学奖评比。

6. 加快年鉴信息化建设。将年鉴信息化建设纳入信息方志与数字方志建设工程，利用已有信息基础设施和数据资源，加快年鉴信息化建设步伐。逐步建立年鉴数据库。实现市、区、乡镇（街道）年鉴资源共享，面向社会提供优质服务。

7. 提高年鉴资源开发利用水平。加强对年鉴资源的深加工，通过编辑（写）资政报告、年鉴简本、地情书籍、区情概览等，充分发挥年鉴存史、资政、育人功能。依托方志馆和地情网站，免费为社会各界提供公共文化服务。做好《中国年鉴发展报告》“天津篇”的编纂工作。

8. 扩大学术交流与合作。采用调研和考察，举办学术研讨会、年鉴成果展示等多种形式，加强与香港、澳门和台湾地区年鉴编纂机构的学术交流与合作。服务天津文化“走出去”战略，在全国推介一批高质量的年鉴成果，充分展示年鉴的价值，增强我市年鉴的影响力。

三、保障措施

（一）法治保障。进一步明确各级人民政府对年鉴工作的主体责任，加强地方志工作机构履行组织、指导、督促和检查年鉴工作的职责，确保年鉴编纂工作依法开展。各区志办要联合区人大、区政府法制办和区政府督查室，推动国务院《地方志工作条例》和市政府《天津市地方志工作办法》的贯彻落实，加大地方志工作法规规章的宣传、执行力度，定期开展执法监督检查，依法纠正、查处执行不力和违法行为。

（二）组织保障。坚持和健全党委领导、政府主持、地方志工作机构组织实施、社会各界广泛参与的工作体制；坚持将地方志工作纳入各区国民经济和社会发展规划、各级政府工作任务，做到“认识、领导、机构、编制、经费、设施、规划、工作”到位（统称“一纳入、八到位”）的工作机制。各区志办要有固定的年鉴工作部门和编纂人员，部门设置和人员编制，要与其有效履行职能，顺利开展工作的要求相适应；按照德才兼备原则和专业要求，配齐配强人员，并保持队伍稳定。

（三）制度保障。健全地方志工作机构主导、社会各界有序参与编鉴的途径和方式。加强督促检查，健全和完善目标考核责任制、督查通报制，强化责任落实；健全和完善编鉴业务制度和主编责任制，确保在年鉴编纂的每个环节上均有章可循、有序推进。

（四）经费保障。各区人民政府和有条件的专业年鉴编纂单位应将年鉴工作所需经费列入本级财政预算，加大专项资金支持力度。

（五）队伍保障。建立天津市年鉴专家库。制定年鉴人才培养、引进等政策措施。完善教育培训制度，分级实施对年鉴主编的专项培训，实现编鉴人员岗前培训全覆盖、培训工作常态化；与高等学校、科研机构联合举办专业进修班，支持年鉴编纂人员接受专业继续教育。按照国家和天津市有关规定开展先进集体和先进工作者评选表彰活动，建立干事创业的激励机制，营造良好氛围。

（六）宣传保障。借助各类新闻媒体，大力宣传年鉴工作贯彻落实党和国家大政方针以及天津市委、市政府决策部署的新举措、年鉴工作服务经济社会发展的新成绩、年鉴工作者投身全面建成小康社会建设社会主义文化强市过程中的新贡献。挖掘年鉴资源的现实价值，设计宣传主题，创新宣传形式，推出一批贴近社会现实、人民群众喜闻乐见、有较大社会影响力的年鉴宣传精品。

各区各有关部门要结合自身工作实际，根据本规划要求，制定本区本部门年鉴事业发展规划或实施方案，加大组织推动力度，全面提高年鉴工作水平，提高年鉴编纂质量，确保我市年鉴事业平稳、有序、健康发展。

天津市地方志编修委员会办公室对本实施方案的落实和执行情况进行督促检查。

河北省人民政府办公厅
关于2016年全省县级年鉴编纂启动情况的通报

各市（含定州、辛集市）人民政府，各县（市、区）人民政府：

为贯彻落实《全国地方志事业发展规划纲要（2015—2020年）》和《河北省地方志事业发展规划（2016—2020年）》，推动省、市、县三级地方综合年鉴到2020年实现全覆盖，一年一鉴，公开出版，省地方志办公室督导组2016年7月至8月赴各市（含定州、辛集市）及所属县（市、区）督促年鉴编纂落实工作。现将有关情况通报如下：

一、县级年鉴启动进展情况

按照《河北省县级年鉴启动规划表》要求，2016年全省应有31个县（市、区）启动地方综合年鉴编纂工作。截至目前，仍有12个县（市、区）未完成年鉴启动工作，分别是石家庄市裕华区、灵寿县、高邑县、无极县，唐山市开平区、丰南区，沧州市献县、运河区，衡水市枣强县，邢台市桥西区、柏乡县、南和县。

二、存在的主要问题

（一）认识不到位。有的县（市、区）政府对《地方志工作条例》《河北省地方志工作规定》落实不到位，对《全国地方志事业发展规划纲要（2015—2020年）》和《河北省地方志事业发展规划（2016—2020年）》学习不到位，对编纂年鉴重要性认识不到位，没有把年鉴工作摆上重要工作日程，部分县（市、区）由于二轮志书编纂任务未完成，没有启动年鉴编纂工作。

（二）机构、人员不稳定。有的县（市、区）长期占用地方志工作机构的编制和人员从事其他工作；有的县（市、区）地方志工作机构只有1人且为兼职；有的为聘用人员且年龄结构不合理、专业素质不高、队伍不稳定，无法开展年鉴工作。

（三）经费不足。一些县（市、区）的年鉴工作经费没有列入财政预算，经费得不到保障，无法启动年鉴工作。

三、下一步工作要求

（一）提高认识。各市、县（市、区）政府要切实加强对地方志工作的领导，真正把地方志工作纳入当地国民经济和社会发展规划，所需经费列入本级财政预算，为地方志工作机构配备必要的工作人员，提供相应的办公条件，充分发挥地方综合年鉴在当地经济建设中的作用。

（二）纳入考核。按照省政府领导要求，省政府督查室将把地方志年度工作列为督办考核事项。各级政府督查机构要将年鉴工作列入2017年重点督查考核事项，各级地方志工作机构要严格按照《河北省县级年鉴启动规划表》要求，及时启动年鉴编纂工作。

（三）强力推进。省、市地方志工作机构要切实履行职责，不断加强对全省年鉴编纂工作的业务指导和培训，建立年度工作进度报告制度，推进地方综合年鉴全覆盖工作，确保到2020年实现省、市、县三级地方综合年鉴全覆盖，一年一鉴，公开出版。

河北省人民政府办公厅
2017年3月14日

关于河北省志编纂进展情况的通报

省政府有关部门：

2016年6月，省政府办公厅印发了《河北省地方志事业发展规划（2016—2020年）》（冀政办发〔2016〕20号）（以下简称《规划》），对河北省志编纂进度和编纂质量提出了明确要求。为切实做好省志编纂工作，省地方志办公室于2016年3—9月对省志承编单位进行了督导调研，多数承编单位领导重视，措施得力，能够按照《规划》要求的时间节点完成阶段性任务。但编纂进度总体不平衡，影响了年度计划的完成。现将有关情况通报如下：

河北省志共72卷，目前已初审33部，复审16部，终审9部，4部正在印刷。但是，文件通知省环境保护厅承编的《环境保护志》、省商务厅承编的《开发园区志》、省工业和信息化厅承编的《信息产业志》、省文化厅承编的《文化志》、省教育厅承编的《教育志》、省人力资源和社会保障厅承编的《人事志》、省人大常委会办公厅承编的《人民代表大会志》、省委党史研究室承编的《共产党志》和省委统战部承编的《民主党派工商联志》，没有按照《规划》要求完成年度编纂任务。

编纂河北省志是省政府的法定职责，是各承编单位必须完成的法定任务。没有按《规划》要求完成编纂任务的单位，要进一步加强领导，采取措施，在下一个时间节点把工作赶齐。

各承编单位要进一步增强责任感、使命感和紧迫感，提高对编纂河北省志重要性的认识，真正做到认识到位、领导到位、人员到位、经费到位、工作条件到位。按照省政府领导要求，省政府督查室将把此项工作列为督办考核事项。各单位的编委会要切实负起领导责任，领导调整的，要及时补充；配齐与任务相适应的编纂人员，保证人员相对稳定；落实工作所需经费；对照《规划》要求，高质量完成阶段性任务，确保河北省志编纂工作顺利进行。

河北省人民政府办公厅
2017年3月14日

河北省地方志编纂委员会
关于做好乡（镇、街道）、村（社区）志编修工作的通知

（冀志编委〔2017〕1号）

各市（含定州、辛集市）地方志编纂委员会：

为深入贯彻落实《河北省地方志事业发展规划（2016—2020年）》，传承和弘扬优秀传统文化，更好地服务我省新型城镇化和新农村建设，经省政府同意，现就做好我省乡（镇、街道）、村（社区）志编修工作通知如下。

一、高度重视乡（镇、街道）、村（社区）志编修工作

乡（镇、街道）、村（社区）志作为全面系统的地情资料文献，是完整记录乡（镇、街道）、村（社区）历史与现状，留住乡愁的重要载体。做好乡（镇、街道）、村（社区）志编修工作，全面梳理本地地理、历史、经济、物产、教育、文化、风俗、人物等状况，对传承传统文脉、展现本土特色，抢救和保存乡土文化、民俗文化，满足农民文化需求有着重要作用。各级各有关部门要把乡（镇、街道）、村（社区）志的编修作为本地文化建设的重要内容，纳入当地经济社会发展规划，成立编纂委员会，组织相关编纂人员，提供必要的办公场所和办公经费，切实做好资料搜集、篇目设计、志稿撰写、内部评审等工作。有条件的乡（镇、街道）、村（社区）要启动修志工作，形成省、市、县、乡镇、村志完整的成果体系。

二、切实保证乡（镇、街道）、村（社区）志编修质量

志书编写要深入贯彻习近平总书记系列重要讲话精神，坚持辩证唯物主义和历史唯物主义，全面客观地反映乡（镇、街道）、村（社区）的历史与现状。严格遵守《地方志工作条例》《河北省地方志工作规定》及市、县（市、区）制定的地方志工作规范，认真贯彻《地方志书质量规定》《关于第二轮地方志书编纂的若干意见》《河北省地方志书质量标准》及国家和省有关出版印刷规定。

体例上，要坚持志体，横排门类、纵述史实，生不立传，述而不论的基本编纂原则。横排门类要横不缺要项、事以类从，分类标准统一，层次清晰分明；纵述史实要主体要素齐备，全面反映事物的起始、现状、发展变化全过程，做到纵不断主线；切忌滥用党政领导人的题词和照片；事类忠于事实，不加分析评论，不作直接褒贬，做到述而不论；以下限年份的本行政辖区为记述范围。志书名称冠以下限时期规范的行政区域名称，在本行政区域名称前冠以上一级行政区域名称；为全面反映入志事物的发展脉络，各志上限尽量追溯至事物发端，下限一般断至各志启动编修年份。

内容上，要记述完整，详今明古、详略得当，重点突出；求真存实，反映事物基本特征，加大记述深度；政治观点正确，用正确的观点统帅资料；要坚持创新，注重加强历史特性、时代特点、地方特色等个性内容的记述，内容不求面面俱到，版面字数控制在40万字左右，图文比例达到1：3左右，资料以微观为主。重点记述1949年新中国成立后的发展历史和现状，尤其是改革开放以来的重大变化和发展成就。突出个性特点，避免千志一面。

资料上，要全面系统、真实准确。反映事物发生、发展过程的资料连贯完整，人、事、物、时间、地点、过程等要素齐备；突出微观资料的同时，使用好宏观资料和典型资料，突出时代特点和地域特色；注重使用原始资料，重要资料来源注明出处，有歧义但不可或缺的资料，要一并收录；加大对口述和调查材料的运用，挖掘第一手资料。组织和动员专家学者、老干部、老党员、老教师以及知情人、当

事者参与资料搜集和志书编修工作。

行文上，要严谨朴实、简洁流畅。采用述、记、志、传、图、表、录、索引等体裁，以志为主，使用规范的现代语体文记述；不用总结报告、新闻报道、文学作品、教科书、论文等写法；以第三人称记述，使用口语、方言、俗语适当，不滥用时态助词，慎用评价词语，不用模糊、空泛词语；文字、数字、计量单位、标点符号的用法等符合国家有关出版规定；时间、空间概念表述准确具体，指代明确。

三、科学严谨组织实施

各县（市、区）地方志编纂委员会负责组织本行政区域乡（镇、街道）、村（社区）志编修工作，要结合实际，制定志书编修工作方案，明确总体思路和实施方案。县级地方志机构具体负责组织指导、统筹规划、审查备案、志稿终审等工作，及时研究解决编修过程中遇到的问题，依法纠正和查处不规范的修志行为。乡（镇、街道）、村（社区）志经县级地方志机构审查验收后方可出版，出版后报省、市地方志办公室备案。省地方志办公室将志书编修情况和志书质量作为对市、县（市、区）地方志工作考核的重要内容，每年推荐一批精品乡（镇、街道）、村（社区）志申报“中国名镇名村志文化工程”项目。

河北省地方志编纂委员会
2017 年 1 月 20 日

山西省人民政府办公厅转发省地方志办公室关于进一步加强地方志工作实施意见的通知

（晋政办发〔2017〕9 号）

各市、县人民政府，省人民政府各委、办、厅、局：

省地方志办公室《关于进一步加强地方志工作的实施意见》已经省人民政府同意，现转发给你们，请认真贯彻执行。

山西省人民政府办公厅
2017 年 2 月 23 日

关于进一步加强地方志工作的实施意见

为贯彻落实中共中央办公厅、国务院办公厅《关于实施中华优秀传统文化传承发展工程的意见》《地方志工作条例》（国务院令第 467 号）、《全国地方志事业发展规划纲要（2015—2020 年）》（国办发〔2015〕64 号）及《山西省地方志工作条例》《山西省地方志事业发展规划纲要（2015—2020 年）》（晋政办发〔2016〕4 号）精神，按照楼阳生省长在《政府工作报告》中提出的“做好修志编鉴工作，发挥资政育人作用”要求，现就进一步加强全省地方志工作提出如下意见。

一、充分认识地方志工作的重要意义

编纂地方志是中华民族的优秀文化传统，是一项承上启下、继往开来、功在当代、利在千秋的重要事业。地方志承载着丰厚的精神文化资源，具有“存史、资政、教化”的重要功能。2014 年 2 月，习近平总书记在首都博物馆考察时强调要“高度重视修史修志”。2014 年 4 月，李克强总理对地方志工作作出“修志问道，以启未来”的重要批示。各市、县政府和有关部门要树立方志文化自信，提高方志文化自觉，以高度的责任感和使命感，把地方志作为重要的文化基础事业来谋划，作为重要工作任务来完成，切实发挥地方志记录历史、传承文明，为治国理政提供历史智慧，为培育社会主义核心价值提供精神滋养的积极作用。

二、准确把握地方志工作总体要求

深入学习贯彻党的十八大和十八届三中、四中、五中、六中全会精神和习近平总书记系列重要讲话精神，全面落实国家及山西省地方志事业发展规划纲要，坚持正确方向、依法治志、全面发展、改革创新、质量第一和修志为用的基本原则，按照“一个指引、两手硬”的重大思路和要求，围绕省委、省政府中心工作，深入研究省情地情，加强对历史与现实相结合的重大课题的专项研究，积极开展资政育人工作，为全省经济社会发展提供有效服务。

三、多措并举推进“两全”目标落实

国家及山西省地方志事业发展规划纲要提出到2020年全面完成第二轮省市县三级志书编纂出版任务、实现省市县三级综合年鉴编纂出版全覆盖的目标要求，全力以赴推进“两全”目标的落实已经成为当前全省地方志工作的重心。近年来，经过广大地方志工作者的努力，全省地方志工作取得了一些成效，但是，与“两全”目标的实现还有较大距离。目前，《山西省志》仍有21个省直单位、市县志还有18个县（市、区）修志工作进展缓慢，综合年鉴有19个县（市、区）尚未开展工作。“两全”目标的实现时间紧迫、任务艰巨，各市、县政府和省直有关部门要抓紧采取有效措施，切实加以推进。

（一）加强对“两全”目标完成情况的督促检查。省政府将对工作滞后的市县和省直部门开展重点督查；省人大教科文卫委也将牵头赴部分市县和省直部门开展以“抓落实、促进度”为目标的《地方志工作条例》执法调研。各市、县政府和省直有关部门要建立健全与地方志工作相适应的考核评价和激励约束机制，形成“层层负责、传导压力、解决问题、促进工作”的良好氛围，尽快扭转工作不利局面。

（二）各市、县政府和省直有关部门要切实加强对地方志工作的领导。要进一步坚持和完善党委领导、政府主持、地方志工作机构组织实施、社会各界广泛参与的工作体制，把地方志工作纳入经济社会发展规划，摆上重要议事日程，做到认识到位、领导到位、机构到位、编制到位、经费到位、设施到位、规划到位、工作到位，为顺利实现“两全”目标提供坚实的保障。

（三）各级地方志工作机构要加强业务工作指导。省市县三级地方志工作机构要密切配合、通力协作，认真做好修志人员业务培训工作，切实提高专职工作人员的整体素质。要进一步完善业务指导办法，做好评审和审查验收工作，确保地方志成果质量。广泛吸纳社会各界学有所长的专家，建立省、市、县三级专家库，为省市县三级志书和综合年鉴编纂提供指导和服务。

（四）树立法治意识，依法推进地方志工作。加强国务院及山西省地方志工作条例的学习宣传和贯彻落实，形成依法修志、依法治志的共识。进一步明确做好地方志工作是法律赋予各级政府和各部门的责任，依法履职，责无旁贷。要依照条例规定，检查机构和人员、保障经费和办公条件的落实情况；对不按照规定完成编纂任务的，要严格限期改正，严肃追究责任。

四、立足长远拓宽地方志工作路径

在认真做好当前重点工作的同时，要着眼地方志事业的长远发展，积极谋划，全面开展地方志各项工作。一要组织编纂各级各类地情资料书，为展示、研究省情地情夯实基础；二要加强对乡镇（街道）、村（社）志编纂的指导和管理，为留住“乡愁”和文化记忆提供源头活水；三要继续做好旧志整理工作，为弘扬三晋历史文化提供服务；四要进一步做好地方志资源的开发利用，为经济社会发展提供资鉴参考；五要加强信息化建设，办好网站、微信公众号等平台，实现省市县三级互联互通、资源共享；六要大力推进山西省方志馆建设，使之成为山西省标志性文化基础设施；七要有计划、有步骤开展地方史编写和方志理论研究。

山西省人民政府办公厅关于全省修志编鉴工作“两全目标”完成情况的通报

（晋政办函〔2017〕25号）

各市、县人民政府，省人民政府各委、办、厅、局：

地方志是重要的文化基础事业，具有存史、育人、资政的重要作用。2015年8月，国务院办公厅印发《全国地方志事业发展规划纲要（2015—2020年）》，明确提出到2020年全面完成省市县三级规划志书编纂出版、省市县三级综合年鉴编纂出版的“两全目标”任务。2016年1月，省政府办公厅印发《山西省地方志事业发展规划纲要（2015—2020年）》，对完成全省修志编鉴工作“两全目标”作了具体安排。2016年12月，中国地方志指导小组要求，2018年基本完成修志编鉴工作“两全目标”。

在各级各部门的共同努力下，全省修志编鉴工作朝着“两全目标”稳步推进。截至2016年底，83部省志中，36部已出版，21部完成送审稿，5部完成初稿，21部进度缓慢（详见附件1）。11部市志中，3部已出版，5部已评审，3部正在编纂（详见附件2）。119部县志中，51部已出版，31部已评审，19部正在编纂，18部进展缓慢（详见附件3）。131部综合年鉴中，54部已出版，58部完成编纂未出版，19部未开展编鉴工作（详见附件4）。

目前，全省修志编鉴工作与2018年基本完成“两全目标”、2020年全面完成“两全目标”相比还有较大差距，与国家“把地方志工作纳入国民经济和社会发展规划、各级政府工作任务之中，做到认识到位、领导到位、机构到位、编制到位、经费到位、设施到位、规划到位、工作到位”的“一纳入、八到位”工作要求相比还有差距，时间紧，任务重，需要进一步加大工作力度。

各级各部门要贯彻落实好楼阳生省长在今年《政府工作报告》中提出的“做好修志编鉴工作，发挥资政育人作用”要求，切实加强组织领导，认真做好修志编鉴各项工作，确保按期完成“两全目标”。一要高度重视，认真履职。各市、县政府要认真贯彻落实国家《地方志工作条例》《山西省地方志工作条例》，做到“一纳入、八到位”，保障修志编鉴工作顺利开展。二要精心组织，加快编纂。各志鉴承编单位要对号入座，制定时间表、路线图，集中力量加快未出版志鉴的编纂工作，确保2018年底前基本完成、2020年全面完成“两全目标”任务。省地方志办公室要加强业务指导和督促。三要精益求精，提高质量。坚持质量第一的原则，严格执行国家《地方志书质量规定》《地方综合年鉴编纂出版规定（试行）》和《山西省第二轮修志行文规定》《山西省地方志审查验收暂行规定》，确保出版的各类志鉴指导思想正确、体例结构科学、内容全面完整、资料丰富翔实、行文规范流畅、时代和地方特色鲜明，多出精品佳志。

附件：1.《山西省志》编纂进展情况通报表（略）

2. 全省市志编纂进展情况通报表（略）

3. 全省县（市、区）志编纂进展情况通报表（略）

4. 全省综合年鉴编纂进展情况通报表（略）

山西省人民政府办公厅

2017年3月10日

关于对全省志鉴“两全目标”完成情况开展专项督查的通知

晋政办函〔2017〕25号

各市县人民政府，省直有关厅、局：

为贯彻落实《地方志工作条例》《山西省地方志工作条例》和《全国地方志事业发展规划纲要（2015—2020年）》（国办发〔2015〕64号）《山西省地方志事业发展规划纲要（2015—2020年）》（晋政办发〔2016〕4号）精神，确保到2020年全面完成第二轮省、市、县三级志书编纂出版和省、市、县三级综合年鉴编纂出版全覆盖的目标任务，省政府决定开展全省志鉴“两全目标”完成情况专项督查。现将有关事项通知如下：

一、督查目的

这次督查的总体要求是，认真贯彻落实两个《条例》，两个《纲要》精神，按照《政府工作报告》的部署要求，坚持目标导向、问题导向，开展全面自查和实地督查，推进全省志鉴“两全目标”任务的如期完成。主要是，逐级逐项检查全省志鉴“两全目标”推进落实情况；着力解决工作不积极、不主动、不到位等突出问题，对工作不作为、慢作为的责任单位和责任人要依法依规追究责任，切实推动各级各部门履职尽责，确保两个《纲要》确定的目标任务全面完成。

二、督查时间

4月10日——5月15日，全面自查。

5月下旬，实地督查（具体时间另行通知）

三、督查对象

各市、县人民政府，省直有关厅局。实地重点督查：太原、大同、朔州、吕梁、长治等市人民政府，17个县志编修滞后的县，19个未开展综合年鉴编纂工作的县，21个省志编修进展缓慢的省直单位。

四、督查重点

本次督查重点是国办发〔2015〕64号和晋政办发〔2016〕4号文件精神贯彻落实情况，特别是“两全目标”完成情况。

（一）第二轮市县志书编纂出版情况。目前统计，仍有3部市志、19部县志正在编纂，17部县志进展缓慢。

（二）市县两级综合年鉴编纂出版情况。目前统计，市县综合年鉴有58部完成编纂未出版，19县未开展编纂工作。

（三）第二轮省志编纂出版情况。经2013年省政府督查后，仍然有些省志承编单位重视不够、行动迟缓，与省政府要求差距较大。目前统计，《山西省志》有21部完成送审稿，5部完成初稿，21部编修进展缓慢。

五、督查方式方法

（一）全面自查。各市、县人民政府和省志承编单位要按照督查重点和要求，坚持问题导向，对照国家和省里时限要求，认真深入开展自查，直面存在的问题和差距，查找分析原因，提出抓落实的有效办法。5月20日前，各市县和省志承编单位以正式函件形式向省政府上报“一报告、两清单”，并抄报省地方志办公室。

（二）实地督查。在自查的基础上，省政府将派出督查组赴各市、县和省志承编单位进行实地督查，综合运用听取汇报、召开座谈会、调阅工作日志台账、查阅会议纪要、个别访谈主要领导等方式，“三督三察”，全面了解情况。

（三）“一报告、两清单”。主要采取用“一报告、两清单”检验督查成果，即综合督查（自查）报告（3000字以内）、督查发现问题清单、不落实的典型事项清单。自查和实地督查既要向省政府提供督查发现问题清单，又要查找不落实的典型事项。

（四）核查问责。对督查中发现的问题，

各单位要及时进行整改，省政府督查室将适时进行复核督查，对不作为、慢作为及弄虚作假等行为要严肃问责。

联系人：刘万森

联系电话：0351－3046477　15035689220

电子邮箱：szfdcs401@126.com

联系人：郝世文

联系电话：0351－5681316　13333433176

电子邮箱：1402915169@qq.com

附件：志鉴编纂工作进展不达进度的单位名单（略）

山西省人民政府督查室

2017年4月7日

内蒙古自治区人民政府办公厅关于签订地方志工作目标责任书的通知

（内政办字〔2017〕26号）

各盟行政公署、市人民政府，自治区各有关委、办、厅、局，各有关事业单位：

为按时完成国家和自治区规划的地方志工作目标任务，根据国务院《地方志工作条例》（国务院令第467号）和《内蒙古自治区地方志工作规定》（自治区人民政府令第189号）赋予各级政府领导和管理地方志工作的职能职责，自治区人民政府决定与各盟市及承担二轮修志任务的自治区有关部门、单位签订地方志工作目标责任书。

一、签订地方志工作目标责任书的必要性

为贯彻落实《国务院办公厅关于印发全国地方志事业发展规划纲要（2015—2020年）的通知》（国办发〔2015〕64号）精神，2015年12月23日，自治区人民政府办公厅印发了《内蒙古自治区地方志事业发展实施方案（2016—2020年）》（内政办发〔2015〕141号），对全区地方志工作提出三项具体要求。一是到2020年，完成第二轮地方志书规划任务，自治区、盟市、旗县（市区）三级地方志书全面出版；二是到2020年，做到地方综合年鉴由地方志工作机构组织编纂，一年一鉴，公开出版，实现自治区、盟市、旗县（市区）三级综合年鉴全覆盖；三是到2020年，全面完成第一轮、第二轮盟市、旗县志蒙古文翻译出版任务。为完成国家和自治区地方志目标任务，从全区地方志工作的实际考虑，自治区人民政府分管地方志工作的领导将与各盟行政公署、市人民政府以及承担二轮修志任务的自治区有关部门、单位签订目标任务完成责任书，保证全区在2020年完成国家和自治区规划的地方志目标任务。

二、有关具体要求

（一）《地方志工作目标责任书》经自治区人民政府分管领导审签后，由自治区地方志办公室代表自治区人民政府以适当方式分别与各盟市和自治区有关部门、单位分管领导履行相关手续。

（二）各盟市及自治区有关部门、单位分管领导要按照《地方志工作目标责任书》确定的地方志目标任务，认真组织谋划，层层抓好落实，确保按时完成任务。

（三）在目标任务推进过程中，自治区人民政府将对各盟市及自治区有关部门、单位进行督查，对于目标任务推进滞后的地区和部门、单位予以通报。对未按时完成目标任务的地区和部门、单位，届时要追究相关领导责任。

2017年2月22日

辽宁省人民政府办公厅关于加快地方志编修进度的通知

（辽政办明电〔2017〕36号）

各市人民政府，省政府有关厅委、直属机构，各有关单位：

为贯彻落实《国务院办公厅关于印发全国地方志事业发展规划纲要（2015—2020年）的通知》（国办发〔2016〕64号）要求，确保到2020年，完成第二轮省、市、县三级地方志书全部出版和省、市、县三级地方综合年鉴全覆盖的目标任务，经省政府同意，现就有关事项通知如下：

一、高度重视修志编鉴工作。各地区、各部门要高度重视地方志工作，切实加强组织领导，积极营造地方志事业发展的良好环境，加快推进第二轮地方志书编修和地方综合年鉴编纂工作，把修志编鉴作为“硬指标”“硬任务”，逐级落实责任，明确质量要求，保证编修进度，抓细抓实，确保按时完成任务。

二、认真制定“时间表”“路线图”。各地区、各部门要研究制定本地区、本部门到2020年实现“两全”目标的“时间表”“路线图”，认真填报《到2020年完成志书出版时间表》（附件2）、《到2020年完成县（市、区）地方综合年鉴编纂任务时间表》（附件3）。为确保省志复审、终审及后期修改按期完成，各省志承编部门完成终审时间原则上控制在2018年底，新启动的省直部门时间可后延至2019年上半年。

三、强化督促检查。省政府地方志办公室要加大督促检查力度，每半年对全省第二轮修志及编鉴进展情况进行通报，并向省政府报告。建立联络员制度，各市地方志工作机构、《辽宁省志》各分志承编单位要明确1名联络员，每季度报告志鉴编修进展情况。

各市地方志工作机构、省直各部门要于5月5日前，将时间表报省政府地方志办公室。

附件：1. 省志承编单位及修志任务表（略）

2. 到2020年完成志书出版时间表（略）

3. 到2020年完成县（市、区）地方综合年鉴编纂任务时间表（略）

辽宁省人民政府办公厅

2017年4月20日

中共黑龙江省委办公厅　黑龙江省人民政府办公厅关于开展全省第二轮修志工作和地方综合年鉴编纂工作督查的通知

（厅字〔2017〕33号）

各市（地）委和人民政府（行署），省委各有关部委，省直各有关单位：

根据国家统一部署，黑龙江省自2003年4月正式启动全省第二轮修志工作。按照黑龙江省第二轮修志工作总体规划，编纂任务包括省志100部，市（地）志13部，县（市、区、局）志143部。时间断限为1986—2005年。截至目前，黑龙江省第二轮省、市、县三级地方志书编纂工作按照规划进度要求进展较为缓慢，省志分志只有32个部门完成任务，占全部编纂任务的32%，有的部门修志工作刚刚启动，有的部门尚未启动；市（地）、县（市、区、局）志有79个单位完成任务，占全部编纂任务的51%。地方综合年鉴尚有131个未实现连续公开出版，占全部编纂任务的90%。2020年为国家明确的“两全目标”（省、市、县三级地方志书全部出版；地方综合年鉴连续公开出版，实现省、市、县三级地方综合年鉴全覆盖）完成时限，时间紧，任务重，难度大。

各市（地）和各承编单位要高度重视地方志工作，按照国家和省有关规定，增强依法修志意识，自觉把地方志工作作为各级党委和政府及有关单位的一项重要职能，健全修志机构，配备专职人员，给予经费和条件保障，确保“两全目标”按时完成。为此，省委、省政府决定将未完成地方志书评审任务的第二轮修志承编单位和尚未完成一年一鉴、公开出版地方综合年鉴任务的承编单位列入省委、省政府督办事项开展督查。经省委、省政府领导同志同意，现将有关事项通知如下：

一、督查时间

2017年7月10日至2020年12月31日。

二、督查范围

《黑龙江省志》承编单位和市（地）政府（行署）。

三、督查内容

（一）第二轮修志编纂出版情况。省、市、县三级志书要在2018年年末基本完成初稿及评议，2019年年末完成终审，2020年年末完成出版。

（二）地方综合年鉴完成情况。市（地）政府（行署）要确保市（地）、县（市、区、局）两级地方综合年鉴一年一鉴，公开出版。

四、督查方式

督查采取自查和组织检查两种方式，从2017年7月10日开始至2020年12月31日结束，共分两个阶段进行。

第一阶段：自查阶段（2017年7月10日至8月末）。各市（地）政府（行署）和承编单位要按照国家和省有关要求，对本地本单位承担的修志、编鉴工作任务进行自查，并撰写自查报告；结合本地本单位实际，形成修志、编鉴工作方案，确定完成初稿、评议、终审、出版的时间表、路线图。自查报告和工作方案经本地本单位领导审定同意后，列入省委、省政府督办事项中的省直承编单位，于2017年8月底前报省地方志办公室。

第二阶段：组织检查（2017年9月初至2020年12月末）。各承编单位，每季度将第二轮修志编纂情况报省地方志办公室。志稿完成后报上级地方志工作机构组织评议、终审，通过终审的志书承编单位要将出版经费纳入预算。各市（地）政府（行署），每半年将地方综合年鉴编纂情况报省地方志办公室。省委办公厅、省政府办公厅将分别对各地各承编单位采取查看相关材料、听取工作汇报、选择重点抽查等方式进行督查。

五、意见反馈

督查结束后，督查组将各地各承编单位地方志书、地方综合年鉴完成情况正式反馈给各地各单位。

六、通报结果

督查结果在一定范围内予以通报。

中共黑龙江省委办公厅
黑龙江人民政府办公厅
2017年6月28日

关于贯彻落实《上海市地方志事业发展规划纲要（2016—2020年）》的通知

（沪志办〔2017〕1号）

各部委办局、市级机关、人民团体、各区、驻沪部队和相关企事业单位修志机构：

上海市人民政府办公厅以沪府办发〔2016〕55号印发了《上海市地方志事业发展

规划纲要（2016—2020 年）》，请你们按规划纲要要求并结合各自工作实际，认真学习领会，贯彻执行。

上海市地方志办公室
2017 年 1 月 4 日

上海市地方志事业发展规划纲要（2016—2020 年）

为推进上海市地方志事业科学发展，根据《地方志工作条例》《中华人民共和国国民经济和社会发展第十三个五年规划纲要》《全国地方志事业发展规划纲要（2015—2020）》和《上海市实施〈地方志工作条例〉办法》《上海市国民经济和社会发展第十三个五年规划纲要》，制定本规划纲要。

一、工作基础和发展机遇

多年来，在上海市委、市政府的领导下，在中国地方志指导小组的指导下，经过全市各级地方志工作机构和地方志工作者的不懈努力，上海市地方志事业以修志编鉴为主业，各项工作平稳、有序、健康发展，正呈现良好发展态势。

（一）机构体系和工作格局基本形成

按照地方志工作纳入各地国民经济和社会发展规划、地方各级政府工作任务和确保认识到位、领导到位、机构到位、编制到位、经费到位、设施到位、规划到位、工作到位的要求，上海已经形成较为完整的地方志工作机构体系和具有特色的地方志编纂、收藏、研究和宣传工作格局。市、区县地方志工作机构健全，各区县、各有关部门和单位在地方志工作中各司其职，协调发展。

（二）修志工作进展良好

根据上海市第二轮新编地方志书编纂规划，2010—2020 年，全市将完成 148 部《上海市志（1978—2010）》分志、分卷，70 部上海市级专志和 25 部区县续志编纂工作。截至 2015 年底，市志编纂启动率达到 95%，专志编纂启动率达到 70%，区县续志编纂启动率达到 96%。

（三）综合年鉴市、区全面覆盖

《上海年鉴》已连续出版 20 年，并发行英文版、电子版和网络版。各区全部公开出版综合年鉴，提前实现《全国地方志事业发展规划纲要（2015—2020）》提出的 2020 年综合年鉴全覆盖的目标。全市拥有行业、部门年鉴近百种。在全国年鉴评比中，上海市获奖等级和数量均居前列。

（四）地情资料编纂成果不断涌现

编纂出版《上海通志（干部读本）》《汶川特大地震上海市对口援建都江堰市志》《汶川特大地震上海市救灾援助实录》等重要地情资料。整理出版《上海府县旧志丛书》《上海乡镇旧志丛书》和《民国上海市通志稿（第一册）》《上海市年鉴（1935）》等具有较大影响的典籍资料。各区、各部门、各单位根据自身特色，编纂出版 500 余本部门志、专业志、专题志和特色地情图书。

（五）宣传和研究成效明显

开展多种形式的地方志法规宣传活动，营造修志、读志、用志的地方志文化氛围。发挥广播、电视、报刊、图书、网站、微信、微博等作用，宣传地方志工作和成果。通过课题、论文、著作、研讨和论坛，提升地方志研究水平。

上海地方志工作要继续按照党和国家对地方志工作提出的新任务、新要求，适应经济社会发展的新形势，明确在改革发展大局中的目标任务，科学规划，积极创新，实现新的发展。要进一步加强到 2020 年全面完成第二轮修志工作的推进力度，加强地方志工作队伍建设，加强地方志工作创新和资源开发利用，不断提升地方志工作成效和作用。

二、指导思想和基本原则

（一）指导思想

高举中国特色社会主义伟大旗帜，全面贯

彻党的十八大和十八届三中、四中、五中、六中全会精神，以马克思列宁主义、毛泽东思想、邓小平理论、“三个代表”重要思想、科学发展观为指导，深入贯彻习近平总书记系列重要讲话精神，坚持社会主义文化前进方向，坚持以人民为中心的工作导向，坚持改革创新道路，发挥地方志“存史、育人、资政”作用，为上海经济社会发展提供历史借鉴和智力支持，为培育和践行社会主义核心价值观提供优秀精神文化产品，开创具有时代特征、上海特点和全国影响的地方志事业新局面。

（二）基本原则

1. 坚持依法治志。贯彻落实国家地方志法规和规划纲要，健全完善上海市地方志工作规章，宣传依法治志的意义，树立依法治志的理念，培育依法治志的环境，完善依法治志的制度。市、区县地方志工作机构要依法履行组织、指导、督促和检查本行政区域内地方志工作的法定职责；根据地方志工作规划和编纂方案，有编纂任务的相关单位要依法承担地方志工作职责。

2. 坚持全面发展。围绕中心、服务大局，加强修志编鉴著史，统筹兼顾地方志资源开发利用、文献收藏保护、理论研究，推进信息化建设、通志（方志）馆建设、人才队伍建设等各项工作。

3. 坚持继承创新。传承和弘扬中华民族修志优良传统，深化对地方志工作规律和特点的认识，找准时代定位，紧跟时代步伐，勇于改革、敢于创新、善于作为，思想上不断有新突破、理论上不断有新发展、工作上不断有新举措。

4. 坚持质量第一。将求真务实精神和精品意识贯穿于规划、编纂、评审、出版全过程，严把政治关、史实关、体例关、文字关、出版关，打造无愧于时代、无愧于人民的精品佳志，为后世留下堪存堪鉴之记述。

5. 坚持修用并举。顺应发展趋势，创新用志理念，拓展用志广度，加大用志力度，用好地方志资源，形成修用结合的良性互动机制，使地方志成为上海的“精神名片”。

6. 坚持开放共享。创新体制机制，动员社会力量，营造众手成志的工作格局。推进地方志成果社会共知，提高地方志资源社会共享水平，发挥地方志贵在史识、重在致用的重要作用。

三、总体目标和主要任务

（一）总体目标

全面完成上海市第二轮新编地方志书编纂规划，推进专题志和区县部门志、专业志等编纂工作；坚持综合年鉴市、区全覆盖，提升综合年鉴和行业、部门年鉴质量；完成上海通史重修，积极探索地方史规划、编纂、指导和管理工作；加强信息化建设，完成上海市地情资料数字化工程；推进市、区县通志（方志）馆建设，上海通志馆新馆建成运行。基本建成由志鉴史编纂工作体系、质量保障体系、收藏保护体系、开发利用体系和理论研究体系组成的上海地方志事业发展综合体系。

（二）主要任务

1. 全面完成第二轮修志目标。落实工作责任、细化工作任务、创新工作方式，以2020年为节点，按照年度推进和落实资料收集、初稿撰写、评审验收和出版工作。

2. 创新年鉴编纂工作。鼓励探索创新，优化体例结构，突出内容特色，拓展形式载体，扩大应用范围，服务社会发展。提高市、区县综合年鉴的时效性、权威性、影响力。加强业务指导和质量管理，支持行业、部门年鉴编纂工作，打造品牌年鉴。

3. 强化地方志质量建设。严格执行地方志书质量规定、地方志书评审验收办法和地方综合年鉴编纂出版规定等规范，完善资料报送、质量评价、评审验收、批准出版以及修订、重修、再版的制度。坚持主编（总纂）负责制，实行目标责任管理。支持社会组织等社会力量参与地方志工作，发挥专家学者在编纂、评审、研究等方面的重要作用。

4. 拓展地方志资料收（征）集和保护。探索地方志资料年报制度。地方志承编单位妥善保管资料，及时向同级通志（方志）馆移交。运用社会调查、口述历史等方法，拓展地方志资料收（征）集范围和渠道，建立地方志资料库，充实市、区县通志（方志）馆馆藏。

5. 开发利用地方志资源。加强对地情文献资料专门研究，编纂出版一批具有上海文化特色的地情书籍和反映上海乡土历史的普及性成果。挖掘地方志丰富的历史经验和启迪，发挥地方志的智库作用。有条件的区县政府、部门、单位可以开展地方史编写工作。推动方志文化进机关、进农村、进社区、进校园、进企业、进军营。加强重大事件资料的收集整理和编纂工作，整理具有重要价值的地方志文献，抢救和保护近现代上海历史文化遗产。

6. 加快信息化建设。推动地方志 + 互联网，发挥新媒体作用，完善各级地情网站内容功能，建立地方志收藏、编修、研究、宣传、服务信息技术平台。推动“数字化上海市地情资料库”和数字化市、区县通志（方志）馆建设。探索地方志信息化标准工作，实现全市地方志资源互联互通、共建共享。

7. 推进地方志理论研究。开展地方志基础与应用研究，以创新的理论成果指导工作实践。发挥学术团体、报刊杂志、研讨会等平台作用，营造学术氛围，推出一批有分量的研究成果。扩大对外学术交流与合作，增强地方志文化影响力。

8. 加强地方志人才队伍建设。采取思想教育与业务指导相结合、专职与兼职相结合、在岗与挂职交流相结合、培养与引进相结合等措施，建立人员稳定、结构合理、政治素质高、业务能力强的人才队伍，形成一批具有全国影响的地方志专家。制定学术带头人制度，探索修志人员专业技术岗位设置。加强地方志工作机构与高等院校、科研院所合作，鼓励和支持专业培养、继续教育与人才交流。完善培训制度，经常性开展有针对性的培训。

四、保障措施

（一）法治保障

贯彻落实《地方志工作条例》《上海市实施〈地方志工作条例〉办法》，健全完善上海市地方志规章制度。加大地方志法规规章的宣传和执行力度，定期开展执法监督检查，依法纠正执行不力和违法行为。

（二）组织保障

坚持和完善党委领导、政府主持、地方志工作机构组织实施、社会组织等社会力量参与的工作体制。各区县政府、各有关部门和单位加强对本行政区域、本系统、本单位地方志工作的领导。健全各级地方志编纂委员会，发挥统筹规划、组织协调、督促指导作用。加强地方志工作机构建设，按照德才兼备原则和专业要求，配齐、配强工作队伍。

（三）制度保障

健全和完善地方志编修工作由地方志工作机构主导、社会各界有序参与的途径和方式。市、区县地方志工作机构加强督促检查，落实目标考核责任制、督查通报制。完善地方志工作评估激励机制，表彰作出突出成绩和贡献的单位与个人。

（四）工作保障

将地方志事业所需经费列入本级财政预算。各区县政府、各有关部门和单位根据地方志事业与经济社会发展需要，加大经费投入力度，健全工作机构，制定实施方案，保障人员编制，稳定编修队伍，完善工作条件，完成编修任务。

（五）宣传保障

创新形式，大力宣传地方志服务上海经济社会发展的新成绩、新贡献。挖掘地方志资源的现实价值，推出一批人民群众喜闻乐见的宣传精品。鼓励全社会利用地方志资源，弘扬地方志文化，推动社会进步。

各区县政府、各有关部门和单位要结合实际，创造性地开展工作，确保本规划纲要落到实处。

上海市地方志办公室负责对本规划纲要的落实和执行情况进行督促检查。

省政府办公厅关于转发省地方志办公室“6·23”特大龙卷风冰雹盐城抢险救灾暨灾后重建志编纂方案的通知

（苏政传发〔2017〕161号）

盐城市人民政府，阜宁、射阳县人民政府，省各有关部门和单位：

省地方志办公室制定的《“6·23”特大龙卷风冰雹盐城抢险救灾暨灾后重建志编纂工作方案》已经省人民政府同意，现转发给你们，请认真组织实施。

江苏省人民政府办公厅

2017年5月17日

“6·23”特大龙卷风冰雹盐城抢险救灾暨灾后重建志编纂工作方案

2016年6月23日，阜宁、射阳部分地区遭受龙卷风冰雹特别重大灾害。灾情发生后，在党中央、国务院亲切关怀下，在省委、省政府坚强领导下，市县两级党委政府认真落实上级指示精神，紧急行动、科学组织，社会各界齐心协力、积极参与，抢险救灾取得重大胜利，灾后重建扎实推进。为记录这一重大历史事件，全面客观记述灾情灾害、抢险救灾和灾后重建全过程，弘扬抢险救灾精神，传承后世，启迪后人，经省政府领导同意，决定组织编纂《“6·23”特大龙卷风冰雹盐城抢险救灾暨灾后重建志》（以下简称《“6·23”盐城抢险救灾暨灾后重建志》）。为做好《“6·23”盐城抢险救灾暨灾后重建志》编纂工作，特制定本方案。

一、总体要求

根据《地方志工作条例》《江苏省实施〈地方志工作条例〉办法》等规定，全面、客观、系统记述江苏省坚决贯彻党中央、国务院决策部署，奋力做好盐城市“6·23”龙卷风冰雹特别重大灾害抢险救灾、过渡安置和灾后重建工作的全过程，充分体现中国共产党牢记宗旨、关切人民福祉的执政理念和社会各界的无私大爱，真实展现盐城受灾地区灾后重建的崭新面貌。

二、基本原则

坚持政治严肃性原则，符合党和国家的路线、方针、政策，坚决和党中央保持一致；坚持资料真实性原则，入志资料真实客观，入志内容科学严谨；坚持质量基础性原则，高标准、严要求，一丝不苟、精益求精。

三、编纂任务

《“6·23”盐城抢险救灾暨灾后重建志》拟设11章，约50万字。

（一）时间断限

全志记述时限原则上为2016年6月23日至2017年12月。“抢险救灾”的内容记述时限为2016年6月23日至2016年7月。“过渡安置”“灾后重建”等内容记述时限为2016年6月23日至2017年12月。

（二）记述内容

重大灾情突发情况；中央、省领导重要指示、批示；市委、市政府部署要求；各级党委和政府及各有关部门组织抗灾救援情况；灾情发生造成的人员伤亡和财产损失、灾后人员安置情况；各地组织开展救援捐助情况；医疗行业抢救伤员情况；解放军指战员、武警部队官兵参加抢险救灾情况；建设、交通、供电等部门抢救、抢险、抢修及保障供给等情况；财政专项经费调拨使用，民政、总工会、红十字会、慈善总会等组织救援和社会捐助等情况；志愿者行动和新闻媒体宣传报道情况；灾后重建系列情况等。

（三）进度要求

2017 年 5 月，成立编纂机构，制订编纂方案，完成篇目设计。

2017 年 6 月，全面启动编纂工作，建立工作网络，各相关单位明确工作分工，责任到人。省级机关向省地方志办公室报送负责编写的人员名单，盐城市及阜宁、射阳县有关单位向盐城市地方志办公室上报负责编写的人员名单。

2017 年 7 月—8 月，完善图文资料的征集与整理。

2017 年 9 月—12 月，根据篇目，编纂初稿；修改完善篇目和志稿，重点收集整理灾后重建资料。

2018 年 1 月—3 月，盐城市地方志办公室统稿总纂，组织评审并补充修改完善志稿。

2018 年 4 月—6 月，盐城市地方志办公室完成终校、终审。

2018 年 7 月—8 月，省地方志办公室完成验收，交付出版。

四、组织领导

为确保《“6·23”盐城抢险救灾暨灾后重建志》的编纂质量，高效率、高水平完成编纂工作，成立编纂委员会及其他编纂工作机构。

（一）《“6·23”盐城抢险救灾暨灾后重建志》编纂委员会组成及其职能

为便于开展工作，成立《“6·23”盐城抢险救灾暨灾后重建志》编纂委员会，领导编纂工作。编委会的职责主要是负责全志编纂出版的统筹规划、组织协调、督促指导、评审验收等工作。

编纂委员会主任由省政府办公厅负责同志担任，副主任由省民政厅、省地方志办公室、省应急办主要负责同志和盐城市政府分管负责同志担任。成员包括省委宣传部、省发展改革委、省经济和信息化委、省教育厅、省民政厅、省财政厅、省人力资源社会保障厅、省住房城乡建设厅、省交通运输厅、省农委、省水利厅、省商务厅、省卫生计生委、省审计厅、省新闻出版广电局、省统计局、省档案局、省红十字会、省慈善总会、省地方志办公室、盐城市政府分管负责同志，盐城市地方志办公室、阜宁县政府、射阳县政府主要负责同志。

《“6·23”盐城抢险救灾暨灾后重建志》设主编一名，副主编若干名，具体负责志书的编纂工作。主编由省政府办公厅主任担任，副主编由省地方志办公室、盐城市政府、盐城市地方志办公室有关负责同志担任。

编委会下设编辑工作办公室。

（二）《“6·23”盐城抢险救灾暨灾后重建志》编辑工作办公室组成及其职能

编辑工作办公室设在盐城市政府，办公室主任由盐城市政府分管负责同志兼任，副主任由省地方志办公室、盐城市地方志办公室有关负责同志担任，成员由盐城市直机关、阜宁、射阳县有关负责同志组成。编辑工作办公室主要职责是落实编委会部署要求，督促指导编辑室开展工作。

（三）《“6·23”盐城抢险救灾暨灾后重建志》编辑室

编辑室设在盐城市地方志办公室。主任由盐城市地方志办公室负责同志担任。主要职责是加强沟通协调，把握工作进度，承担志书的统稿总纂、评审等工作。

（四）各承编、参编单位组建编纂工作小组

各单位工作小组具体负责所在单位的编纂工作，负责资料征集、资料长编的编纂和初稿编写工作。选派对“6·23”特大龙卷风冰雹盐城抢险救灾暨灾后重建工作情况熟、政策水平高、协调能力强、文字功底好的人员组成编辑班子，并吸收有关专家和学者参加撰稿、审稿工作。

五、经费保障

《“6·23”盐城抢险救灾暨灾后重建志》

所需编纂出版工作经费由盐城市列入财政年度预算，专款专用。

附件：《“6·23”盐城抢险救灾暨灾后重建志》编纂工作机构及人员名单（略）

省地方志办公室
2017年5月

省政府办公厅关于印发《江苏援藏援疆建设志编纂工作方案》的通知

（苏政传发〔2017〕335号）

各设区市人民政府，省各有关部门和单位：

《江苏援藏援疆建设志编纂工作方案》已经省人民政府同意，现印发给你们，请认真贯彻执行。

江苏省人民政府办公厅
2017年9月27日

江苏援藏援疆建设志编纂工作方案

20多年来，我省认真落实中央决策部署，全力做好援藏援疆工作，先后派出九批援藏援疆干部，全方位、多层次、宽领域开展对口支援，有力推动了西藏和新疆经济社会各项事业快速发展。为全面记述我省援藏援疆工作重要历史，展示江苏对口支援成果，省委、省政府决定编纂《江苏援藏援疆建设志》。具体方案如下：

一、总体要求

深入贯彻落实习近平总书记系列重要讲话精神和党中央治国理政新理念新思想新战略，认真贯彻落实中央对口援藏援疆工作的部署要求，依照《地方志工作条例》《江苏省实施〈地方志工作条例〉办法》等规定，坚持政治严肃性、资料真实性、质量基础性原则，全面、系统、客观地记述江苏对口支援西藏、新疆建设的各项计划、措施、成就和经验，为增进民族团结和地区交流作出贡献。

二、工作任务

《江苏援藏援疆建设志》拟设“西藏篇”和“新疆篇”两篇，共约150万字，计划2019年5月完成。

（一）时间断限

全志记述时限原则上为1994年至2017年，部分内容可根据实际情况适当上溯和下延。

（二）记述地域

重点记述江苏对口的西藏拉萨市、新疆伊犁州、克州和新疆生产建设兵团第四师、第七师范围内的民生援助、扶贫援助、产业援助、智力援助等方方面面，也包括在江苏地域内的援助工作。

（三）进度安排

2017年9月，成立编纂机构，进行调研对接，制订并完善编纂方案，召开会议全面启动编纂工作；

2017年10月，建立工作网络，各相关单位明确工作分工，责任到人，制定篇目，开展资料收集工作；

2017年11月至12月，完善篇目，资料收集并整理，开展编纂人员培训工作；

2018年1月至6月，根据篇目，编纂初稿，修改完善篇目和志稿；

2018年7月至12月，完成初稿，组织评审并修改完善志稿；

2019年1月至3月，完成复审、终审并修改志稿；

2019 年 4 月至 5 月，完成验收，交付出版。

三、组织领导

为高效率、高质量开展编纂工作，成立《江苏援藏援疆建设志》编纂委员会及其编纂工作机构。

（一）《江苏援藏援疆建设志》编纂委员会。编纂委员会主任由省长担任，副主任由省委、省政府分管领导担任，委员由省级机关相关部门和单位、承担对口支援任务的设区市政府以及省对口支援西藏拉萨市前方指挥部、省对口支援新疆伊犁州前方指挥部、省对口支援新疆克州前方指挥部主要领导担任。编委会下设办公室，负责编纂出版的统筹规划、组织协调、督促指导等工作。《江苏援藏援疆建设志》设主编一名，副主编若干名，具体负责志书的编纂工作。

（二）《江苏援藏援疆建设志》编辑室。编辑室设在省地方志办公室，具体负责资料征集和志稿编写工作。选派对援藏援疆工作情况熟、政策水平高、协调能力强、文字功底好的人员组成编辑班子，吸收有关专家和学者参加撰稿、审稿工作。

四、经费保障

《江苏援藏援疆建设志》编纂涉及的日常办公设备设施、调研、聘请专家、人员培训、编辑资料长编、编纂出版等经费，由省地方志办公室编制预算，按程序报批后列入财政预算。

附件：《江苏援藏援疆建设志》编纂工作机构及人员名单（略）

江苏省志办关于做好全省地方志系统援藏援疆工作的意见

（苏志办〔2017〕61 号）

各有关市、县（市、区）志办：

对口援藏援疆是党中央、国务院从战略和全局高度作出的重大决策部署，对于决胜全面建成小康社会、夺取新时代中国特色社会主义伟大胜利、实现中华民族伟大复兴的中国梦具有深远意义。省委省政府历来高度重视对口援藏援疆工作，多次对支援西藏拉萨市、新疆克州和伊犁州工作进行专题部署安排，动员全省上下增强工作合力，高起点高要求落实对口支援各项任务。中国地方志指导小组在新疆伊犁专题召开援藏援疆工作座谈会，要求进一步细化地方志援藏援疆工作举措，推动“两全目标”落实。为深入贯彻中央和省委、省政府决策部署，认真落实中国地方志指导小组关于援藏援疆的工作要求，现就做好全省地方志系统援藏援疆工作提出如下意见。

一、总体要求

认真贯彻落实党的十九大精神和习近平新时代中国特色社会主义思想，全面把握中央和省委关于援藏援疆工作的一系列重要决策，立足西藏、新疆地方志工作面临的困难和问题，深刻认识全省地方志系统援藏援疆的特殊重要性，切实增强进一步做好援藏援疆工作的自觉性。坚持对口支援原则，与中央和省委确定的对口援藏援疆关系保持一致，确定各级地方志工作机构对口援助关系。要把解决当前困难与长远发展结合起来，以解难题、办实事为重点，开拓思路、完善机制，加强合作交流、人员培训、业务指导，全面推进西藏、新疆受援地地方志工作，确保边疆地区“两全目标”如期完成。

二、认真组织编纂《江苏援藏援疆建设志》

要把组织编纂好《江苏援藏援疆建设志》与做好地方志援藏援疆工作相结合。按照省政府办公厅转发的《江苏援藏援疆建设志编纂工作方案》要求，将《江苏援藏援疆建设志》编纂任务纳入年度重点工作，明确进度，落实责任，抓好组织协调和具体工作的落实。要切实加强指导服务，加大人员力量，加快工作节奏，统筹协调、整体推进，确保按时完成《江苏援藏援疆建设志》编纂工作任务。

三、对口支援西藏、新疆地方志工作具体任务

（一）加强对接联络。加强与西藏、新疆有关志办联系沟通，及时了解他们在修志编鉴过程中存在的困难和需求，尽快形成援助共识，达成对口支援协议。

（二）加强干部交流。积极向组织人事部门、对口支援综合协调部门汇报沟通，推荐业务骨干到西藏、新疆有关志办参加修志编鉴工作。支持西藏、新疆有关志办选派优秀业务骨干到江苏地方志系统挂职或交流任职。

（三）加强业务指导。通过多种形式，为西藏、新疆有关志办举办修志编鉴业务培训班、专题研讨会，把志鉴编修的先进经验传授给受援地志办。组织业务骨干为西藏、新疆有关志办评审、修改志（鉴）稿。

（四）加强经费投入。主动协调财政等有关部门加强对西藏、新疆有关志办经费、物质、装备等方面的投入。对特别困难的地区，要积极筹措经费，帮助出版志书和年鉴。

四、加强组织领导

省志办要加强统筹协调全省地方志系统援藏援疆工作。各有关市、县（市、区）志办要把援藏援疆工作列入重要议事日程，不断创新支援形式，改进援助方法，增强工作实际效果，推动江苏和西藏、新疆地方志事业在中国特色社会主义新时代取得新的更大的发展。

江苏省地方志办公室
2017 年 12 月 14 日

关于实施方志文化六大工程助推历史文化名城建设的意见

（杭志办〔2017〕6 号）

各区（县、市）地方志办公室：

2017 年 1 月，中共中央办公厅、国务院办公厅印发《关于实施中华优秀传统文化传承发展工程的意见》（简称《意见》）。《意见》第三部分重点任务第一项“深入阐发文化精髓”中明确强调：“加强党史国史及相关档案编修，做好地方史志编纂工作。”《意见》从国家层面明确了地方志在建设社会主义文化强国，增强国家文化软实力，实现中华民族伟大复兴中国梦的重要作用，对地方志事业转型升级具有十分重要的意义。为切实贯彻落实《意见》精神，杭州市地方志系统将立足已有工作基础，继续发挥工作优势，推进地方志事业转型升级，在今后一段时期（2017—2020 年）内实施“方志文化六大工程”。

一、指导思想

以《意见》精神为指导，紧紧围绕《全国地方志事业发展规划纲要（2015—2020 年）》总体目标和主要任务，坚定方志文化自信，以依法治志为重要保障，以“一纳入、八到位”为总体要求，以“方志文化六大工程”（志鉴“两全”工程、古籍整理保护工程、留住乡愁工程、城市记忆工程、方志文化普及工程、方志资料数字化工程，简称“六大工程”）为主要抓手，以更加奋发昂扬的精神，以更加积极有为的举措，以善始善终、善作善成的担当，全面推动杭州市地方志事业转型升级，为赓续文化传统，保存历史文脉，助推历史文化名城建设做出贡献。

二、主要任务

（一）志鉴“两全”工程

《意见》要求，要“巩固中华文明探源成果，正确反映中华民族文明史，推出一批研究成果”。编修地方志是中华民族优秀文化传统，历史悠久，连绵不断。修志问道，以启未来。修志编鉴是历史赋予地方志工作者的神圣使命，必须不折不扣地加以完成。

1. 工作基础。一是地方综合志书。市本级已完成第一轮、第二轮市志编纂出版工作。各区（县、市）完成首轮志书编纂出版的 9 家，为上城、江干、萧山、余杭、富阳、桐庐、淳安、建德、临安；完成二轮志书编纂出版的 7 家，为萧山、余杭、富阳、桐庐、淳安、建德、临安；已启动二轮志书编纂的 6 家，为上城、下城、江干、拱墅、西湖、滨江。此外，编有综合简志的 2 家，为萧山、余杭。二是地方综合年鉴。全市编有市、区（县、市）级综合年鉴 9 种，均为“一年一鉴”连续出版。此外还有非连续出版的街道综合年鉴《望江年鉴》。

2. 目标任务。一是全面完成第二轮修志任务。到 2018 年，全市基本完成第二轮修志任务；到 2020 年，全面完成第二轮修志出版任务。尚未修志的城区和正在修志的城区要加大力度，加快进度，确保高质量如期完成志书编纂出版任务。已出版第二轮志书的区（县、市），要全面总结第一轮、第二轮修志工作的经验教训，认真研究第三轮修志的组织管理、续修方式等，为启动第三轮修志做好理论准备、资料收（征）集、队伍培训等工作，适时启动第三轮修志。二是大力推进年鉴编纂出版。到 2018 年，各区（县、市）基本实现综合年鉴“一年一鉴”全覆盖，做到地方综合年鉴由地方志工作机构组织编纂。积极参与中国年鉴精品工程。推动年鉴工作改革创新、提质增效，增强服务经济社会发展的能力。地方志工作机构应加强对部门（行业）年鉴的业务指导。

3. 2017 年工作。一是做好修志工作。已经启动第二轮修志的城区，要加快编纂进度。杭州市志办做好《杭州市志（1986—2005）》中《索引》《志余》以及《杭州图志》编纂工作。二是做好年鉴工作。未开展年鉴编纂工作的城区，要把该任务列入工作计划，适时启动。已实现“一年一鉴、公开出版”的地区，要与时俱进，进一步提高年鉴编纂质量，改进编纂模式。

（二）古籍整理保护工程

《意见》要求，要“实施国家古籍保护工程，完善国家珍贵古籍名录和全国古籍重点保护单位评定制度，加强中华文化典籍整理编纂出版工作”。根据《中国地方志联合目录》统计，我国现存方志古籍 8200 余种，10 万余卷，几乎占中国存世古籍的十分之一。做好旧志古籍整理工作，是继承和保护中华优秀传统文化的重要方面。

1. 工作基础。近年来，杭州市地方志系统在抓紧二轮修志和年鉴编纂工作的同时，还重视对历代名志、佳志的整理。历年来，杭州市志办整理出版南宋“临安三志”，明万历、清康熙、乾隆和民国时期的《杭州府志》，康熙《钱塘县志》《仁和县志》《径山志》《西湖佳话古今遗迹》《西湖新志》《西湖志类钞》等 31 部旧志。萧山区、余杭区、富阳区、临安市、桐庐县等区（县、市）地方志办公室共整理出版古籍 60 余种。整理的古籍以历代方志为主，兼顾其他古代地方文献。整理形式主要为影印，其次为点校。

2. 目标任务。本着对历史负责的精神，有计划地对历代旧志典籍开展整理抢救工作，防止杭州历史典籍文献遗失，为杭州历史文献保存做出贡献。一是做好现存旧志典籍的普查工作，适时编订《杭州市旧志典籍目录》。二是做好旧志典籍的整理保护工作。在现存旧志典籍中，各级地方志工作机构要择其善者，有计划地做好整理保护工作。争取到 2020 年，市本级和各区（县、市）基本完成精品旧志典籍的整理出版工作。有条件的可以开展旧志点校工作。

3. 2017 年工作。杭州市志办做好《武林梵志》《湖山便览》的整理出版。萧山区志办做好《魏骥集》的出版发行。余杭区志办做好《龚定盦（ān）全集》《香宇集》《西溪集》等旧志典籍的整理。富阳区志办完成《康熙富阳县志》的出版发行。淳安县志办继续推进《民国淳安县志》整理工作。

（三）留住乡愁工程

《意见》要求，要“加强历史文化名城名

镇名村、历史文化街区、名人故居保护和城市特色风貌管理，实施中国传统村落保护工程”，“加强‘美丽乡村’文化建设，发掘和保护一批处处有历史、步步有文化的小镇和村庄”。地方志在保护文化遗存中责无旁贷，编修名镇志、名村志就是留住乡愁、记住乡思、记录乡俗、铭记乡音的乡村文化抢救工程，需要全市地方志系统积极介入和指导。

1. 工作基础。一是乡镇（街道）志编纂。全市共编有乡镇（街道）志 32 部。二是村（社区）志编纂。如杭州市志办编有《下姜村志》，各区（县、市）共编有村（社区）志 28 部。三是宗谱整理。富阳区志办出版“富阳历代宗谱选编丛书”（《富阳历代宗谱艺文选编》《富阳历代宗谱序记选编》《富阳历代宗谱诗词选编》）。四是家规家训整理。如建德市志办整理出版《建德家训》，与有关部门联合举办家规家训书法作品巡回展活动，反响热烈。

2. 目标任务。一是编好镇村志。各级地方志工作机构要指导有条件的乡镇（街道）、村（社区）做好志书编纂工作，积极参与中国志书精品工程、中国名镇志文化工程和中国名村志文化工程。二是加大宗谱的开发利用力度。各区（县、市）地方志工作机构要做好宗谱普查工作，基本掌握一个地区宗谱资源的数量，对其中质量上乘的宗谱有计划做好整理工作，挖掘中华民族优秀传统文化的精髓。三是编纂“留住乡愁系列丛书”。梳理名镇、名村的历史脉络和文化底蕴，按不同主题、不同系列连续出版“留住乡愁系列丛书”。四是留住即将消失的乡村史料。在城市化大力推进的过程中，对于整村拆迁、撤村建居、城中村改造工作中即将消失的村落，要及时收集整理其资料，编纂如《正在消失的村落》等相关书籍，留住历史文脉和乡村记忆。

3. 2017 年工作。杭州市志办做好乡镇（街道）志、村（社区）志的普查工作；策划“留住乡愁系列丛书”第一辑。拱墅区志办指导 7 个未修志的街道做好街道志编写启动工作，并全面启动 35 个撤村建居社区（经合社）志书编写，指导部分城市社区结合实际编写社区志。萧山区志办继续指导《航民村志》《凤凰村志》等编纂工作。余杭区志办帮助启动《临平志》的编纂工作。建德市志办推动《乾潭镇志》《钦堂乡志》《浙江新化志》出版，启动《大同镇志》编修工作，继续推进更楼淤合、大同富塘等村修志。临安市志办继续跟进《於潜镇志》《青山水库志》等志书编纂。

（四）城市记忆工程

《意见》要求，要“深入挖掘城市历史文化价值”，“推进城市修补、生态修复工作，延续城市文脉”，“编纂出版系列文化经典”。地方志工作机构要关注城市的转型发展，记录城市的伟大变迁，延续城市的历史文脉、保留城市的历史记忆。

1. 工作基础。一是编纂地情书。杭州市志办编有《为杭州喝彩》《杭州：辛亥革命百年图志》《杭州文化年鉴（2015）》《杭州日记（2015）》等。全市区（县、市）地方志机构编纂的地情资料达 40 余部。二是编纂口述历史。萧山区志办整理了百余万字的《萧山市志·口述历史》初稿。余杭区志办出版《口述余杭历史》第一册、第二册。三是出版史志期刊。市本级有《杭州月志》，区（县、市）有《萧山记忆》《余杭史志》《富阳史志》《桐庐史志》《淳安史志》《建德往事》《史志新苑》《临安史志》。

2. 目标任务。深度开发地方志文化资源，加强方志成果转化利用。围绕党委政府中心工作和经济社会发展需要，编纂干部群众喜闻乐见的地情资料，积极发挥方志文化资政、育人的作用，扩大方志文化影响。一是编纂地情丛书。如杭州市志办编纂“杭州市情丛书”，萧山区志办编纂“萧山丛书”，余杭区志办编纂“余杭民国研究丛书”等。二是做好口述历史整理。市和区（县、市）地方志工作机构要精选题材，以改革开放 40 周年、中华人民共和国成立 70 周年为契机做好口述历史的采访、整理、出版工作。三是办好史志期刊。不断丰富史志期刊的栏目内容，改进版面设计，提升期刊文化品位，使之成为机关干部和普通读者喜闻乐见的文化刊物。

3. 2017 年工作。杭州市志办着力编纂好《杭州市情》《辉煌十年》《创业创新在杭州》《杭州治水简志》等地情书。上城区推进《上城区近现代工业史话》《上城名人旧居系列丛书》《峰会记事——上城区服务保障 G20 杭州峰会专记》等专题书籍编纂。萧山区志办做好以《萧山丛书》为代表的乡邦文献的挖掘和整理工作。余杭区志办做好《余杭民国历史文化研究专题集》（暂名）和有关章太炎研究书籍的编纂出版。富阳区志办编好《名人笔下的富阳》《富春诗赋》。桐庐县志办持续推进“微村志”编撰，探索编好《桐庐日记》。建德市志办编纂“建德史志丛书”第三辑，出版《建德往事》第八辑。继续办好各级史志期刊。

（五）方志文化普及工程

《意见》要求，要“充分发挥图书馆、文化馆、博物馆、群艺馆、美术馆等公共文化机构在传承发展中华优秀传统文化中的作用”，“挖掘和整理家训、家书文化，用优良的家风家教培育青少年”，“挖掘和保护乡土文化资源，建设新乡贤文化”。地方志源远流长，影响深远，要做好普及工作，让方志文化服务社会大众，让更多人了解地方志、利用地方志。

1. 工作基础。一是参加杭州市社会科学普及周活动。杭州市志办以杭州市地方志学会为载体，参加每年的杭州市社会科普周活动，通过广场咨询、举办讲座、书籍发放等形式，向广大市民宣传方志文化。二是做好地情书籍下乡活动。如桐庐县志办每年都通过“桐庐百姓日”活动为载体，向市民赠阅地情书籍和史志宣传教材；建德市志办向多个企业、学校、机关，以及乡镇（街道）、社区（行政村）的文化礼堂和图书室，仅 2016 年就免费赠送 5000 余册价值约 5 万余元的史志书籍等。三是做好方志文化“六进”工作。萧山区志办参与萧山区“讲好萧山故事、学好文明礼仪”宣讲活动。四是以方志馆为载体，开展方志文化普及宣传工作。如杭州市方志馆举办“杭州历史文化大讲堂”，组织中小学生、机关干部开展爱国爱乡教育活动等，宣传杭州历史文化。余杭区志办以余杭方志馆为载体，开展“方志进企业”“方志进社区”“方志进校园”活动。五是积极参与农村文化礼堂建设。如萧山区志办在《萧山市志》出版后，面向全区农村文化礼堂进行赠阅；富阳区志办指导新登镇塔山村和五里桥村文化礼堂、东梓关村史馆等建设；建德市志办指导乾潭镇幸福村、寿昌镇绿荷塘村等 8 处农村文化礼堂建设；淳安县志办指导千岛湖镇江滨社区、新北社区文化礼堂建设；临安市志办先后帮助板桥镇上田村等 12 个村完成村史挖掘、整理工作，每年为到农村文化礼堂创建村放映红色电影 100 场。

2. 目标任务。市和区（县、市）地方志工作机构要高度重视地方志成果的宣传和开发利用。通过举行首发式、发行座谈会、社会科学普及宣传周等活动，向社会广泛宣传推广第二轮修志工作成果成就。发挥好方志馆的阵地功能，发挥好史志期刊、地情网站、微博、微信公众号等的宣传功能。大力推动地方志文化进机关、进农村、进社区、进校园、进企业、进军营，进一步发挥地方志“存史、资政、育人”作用，积极参与各级组织的文化宣传普及活动，继续参与农村文化礼堂建设，更好地为全省经济和社会发展大局服务。

3. 2017 年工作。杭州市志办充分发挥市方志馆的阵地功能，通过举办讲座、组织参观、开展活动等，向群众传播方志文化；积极参加 2017 年杭州市社会科学普及周活动，扩大方志文化宣传力度；加强与共建社区、学校、企业、机关之间的联系，开展方志文化互动活动。各区（县、市）地方志工作机构在做好现有渠道宣传的基础上，不断拓展方志文化宣传范围、宣传内容、宣传形式，在各地农村文化礼堂建设、好家风好家训整理宣传工作中继续发挥应有作用。

（六）方志资料数字化工程

《意见》要求，要“构建准确权威、开放共享的中华文化资源公共数据平台”，“实施中华文化新媒体传播工程”。地方志机构要进一步加强地方志工作的信息化建设，让地方志成果更多、更快地被大众共享。

1. 工作基础。地方志信息化是地方志工作发展的必然趋势，是对地方志传统功能的创新、延伸和发展，市本级和各区（县、市）积极适应信息化时代要求，不断加强地方志数字化建设，近年来取得较快的发展。一是建设地情网站。杭州、萧山、富阳、桐庐、余杭、临安、拱墅都建有地情（史志）网站。其中，杭州地情网有部分志鉴可供下载，萧山史志网建成可供全文下载的数据库，余杭史志网建成数字图书馆。二是开通微信、微博。富阳、余杭、萧山、临安开通新浪官方微博，杭州、桐庐、余杭、富阳、临安、萧山、江干开通微信公众号（其中桐庐首创“微村志”公众号新模式），拱墅区在拱墅区党建网开辟“拱墅史志”专栏，江干区在区党建网开辟“江干史志”专栏等。

2. 目标任务。适应互联网、大数据时代要求，探索“互联网＋方志”工作新模式，加强新媒体在方志宣传领域的运用，加强和完善市和区（县、市）两级地情网站和微信公众平台建设，并精心运营，为公众提供有效的地情信息服务。加快建设“数字方志馆”，打造杭州地情信息数字资源库，逐步推进地方志工作数字化、网络化。

3. 2017 年工作。杭州市志办建成数字方志馆一期工程，实现现有地情编纂成果全部上线的目标。各区（县、市）完善地情网站建设，未建成网站的地区争取立项。继续办好已有的微博、微信公众号，在形式、内容上不断创新，争取更多的点击量和关注度。

三、组织保障

（一）统一思想，加强领导

把地方志工作纳入实施中华优秀传统文化传承发展工程，是贯彻落实习近平总书记系列重要讲话精神和李克强总理、刘延东副总理重要批示、重要讲话精神的重要举措，是全面落实“十三五”规划“加强修史修志”任务的具体措施。全市地方志工作机构要充分认识《意见》颁布的重要意义，立足地方志机构职能，发挥地方志“存史、资政、育人”功能，对照“六大工程”目标任务，找准发力点，积极有为，为地方志事业转型升级奠定坚实的基础。各级地方志工作机构牢固树立依法治志理念，依法履行组织、指导、督促和检查等职责，争取党委政府对地方志工作的支持力度，妥善解决地方志事业发展过程中碰到的实际问题，落实“六大工程”所需要的人员、经费、设施等保障条件。

（二）科学谋划，精准实施

为了更好地实施“六大工程”，市和区（县、市）地方志工作机构要认真学习贯彻《意见》精神，对照《全国地方志事业发展规划纲要（2015—2020 年）》和省市的实施意见，结合自身工作实际，科学规划，精心布局，积极推进。杭州市志办要做好统筹牵头工作，把“六大工程”打造成为系列化、常规化、品牌化的方志成果；要梳理各区（县、市）地方志工作，将其纳入“六大工程”，使之成为全市实施中华优秀传统文化传承发展工程、打造历史文化名城的重要组成部分。各区（县、市）地方志工作机构要因地制宜，充分做好调查研究工作，在已有工作基础和条件上，积极参与到“六大工程”中来，做到年年有创新，年年有成果。

（三）善始善终，善作善成

各级地方志工作机构在确定年度目标任务后，要精心组织，合力推进，善作善成。一是确定专人专事。各区（县、市）地方志工作机构明确专人负责“六大工程”的沟通联络工作，便于杭州市志办从整体上把握其进度，指导工作的顺利进行。二是建立定期交流机制。根据工作需要适时召开工作交流会，总结经验，分享体会，推动工作。三是精心编纂，注重质量。每项工程、每项成果都要全力以赴、精益求精，切实做到留存后世，资于治道。

杭州市人民政府地方志办公室
2017 年 4 月 6 日

宁波市人民政府办公厅
关于加快推进宁波市地方志事业发展的若干意见

各区县（市）人民政府，市直及部省属驻甬各单位：

为进一步传承和弘扬地方历史文化，更好地服务我市全面深化改革大局，推进我市东方文明之都建设，经市政府同意，现就加快推进全市地方志事业发展提出如下意见。

一、指导思想和基本原则

（一）指导思想

以党的十八大和十八届三中、四中、五中、六中全会精神为指导，以“四个全面”战略布局为统领，以创新、协调、绿色、开放、共享的发展理念为引领，贯彻落实《国务院办公厅关于印发全国地方志事业发展规划纲要（2015—2020 年）的通知》（国办发〔2015〕64 号），按照《浙江省人民政府办公厅关于推进地方志事业发展的实施意见》（浙政办发〔2016〕166 号）、《中共宁波市委办公厅宁波市人民政府办公厅关于进一步加强党史和地方志工作的意见》（甬党办〔2015〕25 号）、《宁波市地方志事业发展规划（2016—2020 年）》（甬政办发〔2015〕111 号）以及全市党史地方志工作会议和全市地方志工作推进会的决策部署，以二轮修志、年鉴编纂为重点，大力拓展地方志工作领域，丰富地方志成果表现形式，推进地方志事业体系化建设，形成自 20 世纪 80 年代以来的第二个地方修志编史高潮，为提升东亚文化之都影响力，推进我市跻身全国大城市第一方队作出新的贡献。

（二）基本原则

坚持依法修志原则。要进一步贯彻国务院《地方志工作条例》（国办发〔2015〕64 号）及省、市实施办法，落实依法修志的法定职责，切实把部门（行业）志和基层志编修工作纳入工作大局。

坚持统筹推进原则。要建立试点总结、推广普及、协作推进等制度，统筹谋划志书编修工作，合理安排人力、物力、财力，确保修志工作有序推进。

坚持分类指导原则。要根据工作实际以及地缘、地情，对各编修单位进行分类，开展有针对性的培训指导。

坚持质量第一原则。要树立精品意识，坚持质量第一，突出时代特征和地方特色，朝着编修精品佳志的方向努力。

二、总体目标

地方志事业发展呈现新局面。经过四年努力，修志编鉴主业更加突出，地方志工作领域明显拓展并向基层广泛延伸，“一业为主、各业协调”的地方志事业发展格局基本形成，存史、资政、育人等地方志功能全面发挥。

二轮修志规划任务全面完成。到 2017 年，区县（市）综合年鉴全面实现一年一鉴，公开出版，编纂质量显著提高；到 2018 年，全面完成区县（市）二轮修志任务，基本完成二轮《宁波市志》编纂任务，并在全国第二轮修志工作中争创佳绩，市、县两级综合年鉴全覆盖。到 2020 年，政府重要直属部门均编纂发行部门（行业）年鉴。

部门（行业）志成果初具规模。到 2020 年，市、县两级政府直属部门和部分部省属驻甬单位完成部门（行业）志编纂任务，企事业单位志编纂出版工作实现突破性进展。

基层志书编纂成果形成系列。到 2020 年，60% 的乡镇（街道）和所有的中心村完成本地志书编纂出版任务；家（族）谱志编纂质量明显提高，并形成系列。

文献整理和地情研究成效显著。到 2020 年，地方历史文献整理形成品牌效应，市、县联动推出一批地方历史文献影印或点校成果，并有一批地方史和地情研究成果编纂出版。

地方志工作平台作用发挥明显。到2020年，各区县（市）均建有方志馆，网站、期刊质量明显提高，建有完善的资料年报制度和资料库（数据库），地方志宣教影响力较强。

三、主要任务

（一）全面完成市县志书出版。市、县两级地方志部门要按时间节点狠抓进度，其他部门要及时补充完善资料，共同加快推进二轮综合志书编纂工作，确保2018年全面完成县级志书编纂出版，基本完成《宁波市志》编纂任务；要严把质量关，国家试点单位和省级创优单位的志书必须达到国家、省级优秀志书要求，其他各地志书力求达到省内先进水平；要不断强化地方志业务制度和主编（总纂）责任制，完善地方志质量评议、审查验收制度，探索创新组织管理、运作模式和编纂方式，确保地方志编修的各个环节上均有章可循、有序推进；要及时总结经验，待各地志书出版后，全面启动第三轮修志的资料收（征）集、队伍培训及理论准备等工作，并做好志书的发行、宣传与利用工作。

（二）大力提高年鉴编纂出版水平。市、县两级地方志部门要认真履行组织和编纂职责，其他部门要按要求提供资料和初稿，加快编纂进度，缩短编纂周期，到2017年底，实现市、县综合年鉴一年一鉴，公开出版；到2018年，区县（市）要实现志书下限以后年份，每年都编有年鉴，年鉴质量逐步提升，跻身全国先进行列，成为有价值、有影响力的工具书。积极推进专业年鉴编纂工作，到2020年，争取在政府直属部门实现全覆盖。鼓励有条件的乡镇尝试编纂综合年鉴。建立健全年鉴编纂业务制度，优化编纂程序和栏目设置，创新编纂方式，举办不同层次的研讨，不断提升编纂质量。探索创新年鉴装帧，编纂出版精编本、实用手册等年鉴副产品，为使用年鉴提供方便。

（三）普遍开展部门（行业）志编纂。市、县地方志部门要统筹规划，督促指导全市所有市直、县直和部省属驻甬单位及重要企事业单位编修部门（行业）志。上轮志书下限距今超过20年的单位应着手第二轮修志工作。本轮志书下限不能早于2015年。开展《宁波市志丛书》编修工作，今年要启动市级部门（行业）志编修工作。各区县（市）要按照形成系列的要求尽快启动本级部门（行业）志纂修工作，到2020年，争取市、县政府直属部门基本完成部门（行业）志编修工作，每个区县（市）有5家以上的企事业单位完成志书编修工作。市、县直属部门要做好所辖有代表性的重点企事业单位（银行、医院、学校等）志书的统筹谋划和编纂指导工作。地方志工作机构要将关口提前，从制订工作方案、设计志书纲目开始加强督查和业务指导，做好审查验收等工作。

（四）逐步推进乡镇（街道）志编纂。各区县（市）政府要加强领导，认真制定工作规范，督促、鼓励和支持所有乡镇（街道）编纂地方志书，特别是卫星城、中心镇、特色小镇和历史文化、经济名镇编纂地方志书。上轮志书下限超过20年的乡镇（街道）要及时启动第二轮修志工作。已编纂发行乡镇（街道）史等地情书的，应扩展、补充编纂成正式的乡镇（街道）志。本轮志书下限不能早于2015年。从2017年起，各区县（市）每年至少要启动2—3部乡镇（街道）志编纂工作，到2020年，实现中心镇（街道）全覆盖，争取60%以上的乡镇（街道）完成乡镇（街道）志编纂出版任务。县级地方志部门要做好试点工作，抓好工作督查和业务指导，探索创新乡镇（街道）志编纂模式，分批逐步推进，严把审查验收关。各乡镇（街道）要将修志工作纳入议事日程，确定分管领导和责任科室，组织专门的写作班子，选配好主编，提供好必要的经费和工作条件。

（五）有重点地推动村（企业）志编纂。各乡镇（街道）要督促、鼓励和支持村（社区）开展志书编纂工作。上轮志书下限距今超过20年的，可着手第二轮修志工作。已编纂发行村（社区）史等地情书的，应扩展、补充编纂成正式的志书。今年要争取各乡镇（街道）均启动村（社区）志编纂工作，到2020

年，实现中心村、历史文化名村、重要社区全覆盖。从2018年起，各乡镇（街道）每年都有村（社区）志出版，到2020年，争取所有中心村完成志书出版。乡镇（街道）要切实承担起村（社区）志纂修的领导职能，加强工作部署和督查，并给予必要的人力、财力及其他工作条件上的支持。区县（市）地方志部门要加强工作督促和业务指导，做好试点及其经验总结、推广等工作，分期分批推进村（社区）志编纂。

（六）有序推开家（族）谱志编修。要因势利导，保护民间修谱热情，积极鼓励和支持各地人口聚居的家族特别是望族编修家（族）谱志。各区县（市）每年要引导和启动2—3部家（族）谱志，并从2018年起每年都有成果推出。地方志部门要加强对谱志工作的业务指导，出台相应的编修规范和审查验收制度，参照志书标准，以新的观点、办法、体例和内容指导编修工作，确保家（族）谱志要素更加齐备、内容更加丰富、资料更加翔实。

（七）协同开展文献整理与地情研究。进一步完善地方历史文献的整理，整合市、县两级资源，建立全市地方历史文献整理工作领导机构和政府主持、社会广泛参与的工作机制。摸清家底，编制历史文献分类目录，到2020年，争取基本完成主要旧志、家谱和乡贤文献等收集工作。继续推进《宁波历史文献丛书》整理出版，加强与高校、科研院所、图书馆、档案馆等单位的交流与合作，选择重要旧志影印出版，适时开展点校、提要、考录、辑佚工作。深化地方志理论研究，完善专题研讨会制度，继续开展地方志市级课题发布工作，积极争取各级社会科学与软科学课题，推出一批地方志研究精品成果。将地方史编写纳入地方志工作范畴，进行统一规范管理，规划、指导各地深入挖掘地情资料，适时出版地方史等地情书籍。

（八）扎实建设地方志工作平台。各地、各部门要全力支持市方志（党史）馆场馆改造、文物史料征集、设计布展等工作，把市方志（党史）馆建设成为我市重要的文化基地。各区县（市）要根据实际情况统筹建设方志馆，并充分利用已有的信息基础设施和数据资源，逐步建立以数字化志书、地情资料为基础的关系型海量数据库，到2020年，基本完成主要志书、年鉴、地情文献资料数字化。建立健全地方志书、年鉴等撰修平台及其资料征集平台，推行地方志资料年报制度并形成常态机制，加大依法收（征）集地方志资料力度，大力拓展资料收（征）集范围和渠道。继续办好地方志刊物，加强与主流媒体的合作，开辟专版、专栏，提高品位。

四、加强领导和保障

（一）强化领导，明确责任。建立健全党委领导、政府主持、地方志部门组织实施、社会各界广泛参与的工作体制。市级各部门要认真落实好地方志工作责任，明确分管领导、责任处室和联络员及撰稿人，及时研究部署工作。各区县（市）政府要把地方志工作摆上重要议事日程，定期研究和部署地方志工作，协调解决出现的重大问题，把地方志工作纳入到党政目标管理考核体系中；分管领导要经常听取地方志工作汇报，每年为地方志部门办好一两件实事；要健全工作机构，按照德才兼备原则和专业要求，配齐配强地方志部门的领导班子，确保地方志部门的机构设置和人员配备，能与其有效履行职能、顺利开展工作的要求相适应；要把地方志工作所需经费列入本级财政预算，并加大地方志工作法规规章的宣传、执行力度，定期开展执法监督检查，依法纠正、查处执行不力和违法行为。

（二）加强督导，健全制度。市、县两级地方志部门要建立督查和指导网络，加强业务指导。实施志书主编专项培训，实现修志人员岗前培训全覆盖、培训工作常态化。建立协作组，通过组织召开“以评代训”协作会议，加强学习交流，共同提升修志水平。派出能力强、业务好的骨干与各地、各部门进行对口联系，加强地方志工作的指导和督查。建立业务推进制度，明确纂修部门、承编部门每年的具体工作任务、工作进度，定时对进展情况进行检查、通报和督促。完善质量控制制度，推行承编单位责任制和以主编为中心的责任编辑负责制。严格执行两级三审的地方志书验收制度，使用财政性资金编纂的其他志书和年鉴，编纂单位要事先拟定编纂方案，报县级以上人民政府地方志工作机构备案，待志书出版后，及时按规定报送备案。鼓励不使用财政性资金编纂的其他志书和年鉴按照前述规定报送备案。

（三）注重宣传，强化激励。按照国家有关规定开展修志工作先进集体和先进工作者评选表彰活动，大力宣传先进典型及其坚守使命、淡泊名利、锲而不舍、甘于奉献的精神，建立干事创业的激励机制，营造良好氛围。各级地方志部门要适时组织开展地方志优秀成果评选活动，通过先进示范和点评研讨，推动地方志书、年鉴、谱志、地方史等编修工作。各部门在编修过程中，可适时开展志书、年鉴优秀稿件评选活动，给予一定的奖励，以激励各单位提供高质量、高水平的初稿和资料。

本意见自2017年5月8日起施行。

附件：2017年宁波市部门（行业）志建议启动项目表（略）

宁波市人民政府办公厅

2017年4月7日

厦门市人民政府办公厅关于印发《厦门市地方志事业发展规划纲要（2016—2020年）》的通知

（厦府办〔2017〕121号）

各区人民政府，市直各委、办、局，各开发区管委会，各高等院校：

《厦门市地方志事业发展规划纲要（2016—2020年）》已经市政府研究同意，现印发给你们，请认真组织实施。

厦门市人民政府办公厅

2017年7月6日

厦门市地方志事业发展规划纲要（2016—2020年）

为推进厦门市地方志事业科学发展，充分发挥地方志工作在全市经济社会发展中的重要作用，更好地服务厦门“五大发展”示范市建设，根据国务院办公厅《全国地方志事业发展规划纲要（2015—2020年）》和《福建省地方志事业发展规划纲要（2016—2020年）》，结合我市实际，制定本规划纲要。

一、工作基础与发展形势

地方志是中华民族特有的文化基因，是探索地情规律、提炼历史智慧、提升治理能力的文献宝库。编修地方志是中华民族优秀文化传统，历史悠久，连绵不断。“十二五”期间，全市地方志系统深入贯彻落实地方志法规制度，切实加强地方志法治化建设，地方志事业发展取得可喜的成绩，多项工作在全省乃至全国方志界产生了示范作用和较大影响。

（一）工作体制机制基本建立。形成党委领导、政府主持、地方志工作机构组织实施、社会各界广泛参与的工作体制。

（二）依法治志取得进展。单位名称由“厦门市地方志编纂委员会办公室”变更为“厦门市人民政府地方志办公室”，明确了方志办作为政府工作机构的行政管理职能。

（三）二轮修志有序推进。《厦门市志》完

成篇目修订、志稿编辑和分纂工作，并提交第五届中国地方志学术年会评审，《翔安区志》《集美区志》《湖里区志》《海沧区志》等相继出版。

（四）年鉴编纂精益求精。厦门一市六区的地方综合年鉴在全省率先全部开编，全部公开出版，年鉴编纂整体水平处于全省领先、全国先进。

（五）信息化建设稳步推进。先后完成网络提速、OA 办公系统搭建、门户网站改版升级等信息化基础设施建设，并利用新媒体传播利用地方志。

（六）地方志资源开发利用成绩显著。坚持修用并举，传用结合，通过开展各种活动不断拓宽地方志服务社会经济发展的领域和空间，传承发扬厦门优秀历史文化。

“十二五”期间，全市地方志工作取得了显著成绩，但也存在着制约事业发展的问题，如：少数地方和部门对地方志工作重要性认识不够；部分区级地方志工作机构不健全，编制、人员严重不足；方志队伍青黄不接，人员结构不合理；方志馆建设进展滞后等。这些问题必须通过进一步深化改革，采取有效措施加以解决。

“十三五”是厦门市地方志事业发展的重要机遇期，我市地方志工作机构必须全面贯彻党中央、国务院的文件精神，全面落实省委省政府和市委市政府的决策部署，乘势而上，顺势而为，明确目标，科学规划，全面推进厦门市地方志事业繁荣发展。

二、指导思想与基本原则

（一）指导思想

全面贯彻党的十八大和十八届三中、四中、五中、六中全会精神，以中国特色社会主义理论体系为指导，深入贯彻习近平总书记系列重要讲话精神，按照全国第五次地方志工作会议精神和全省第八次地方志工作会议部署，围绕市委、市政府中心工作，服务全市经济社会发展大局，解放思想，实事求是，改革创新，统筹推进全市地方志事业协调健康发展。

（二）基本原则

1. 坚持正确方向。坚持走中国特色社会主义文化发展道路，为党立言、为国存史、为民修志，为践行和培育社会主义核心价值观提供精神养分和历史智慧。

2. 坚持依法治志。坚持依法修志、用志、传志、管志，倡导“开门修志”“众手成志”，汇聚社会各方力量，积极参与地方志工作。

3. 坚持全面发展。以修志编鉴为主业，统筹兼顾地方志资源开发利用、地情书籍编纂、信息化建设、方志馆建设、旧志整理和理论研究等工作，实现地方志事业全面协调可持续发展。

4. 坚持改革创新。继承和弘扬中华民族修志的优良传统，认真总结地方志工作经验教训，围绕开创厦门特色地方志事业的目标，深化改革，与时俱进，推动理论创新、制度创新、管理创新、方法创新。

5. 坚持质量第一。坚持存真求实，确保地方志质量。正确处理质量与进度的关系，将精品意识贯穿于地方志编纂出版工作全过程，严把政治关、史实关、体例关、文字关、出版关，编纂出版经得起历史检验、具有鲜明时代特征和地域特色的地方志成果。

6. 坚持修志为用。以特色志书服务方志文化传播，以创新方式服务经济社会发展，以信息平台服务公共文化需求，拓宽开发利用领域，增加开发利用途径，不断提高方志机构为党政机关、社会各界和人民群众服务的能力和水平。

三、总体目标与主要任务

（一）总体目标

到 2020 年，全面完成第二轮地方志书编修规划任务，做好第三轮修志的准备工作；市、区综合年鉴在逐年编纂、公开出版的基础上，不断提升编纂质量，向全国一流年鉴目标迈进；逐步启动地方史编写工作；持续推进地方志工作法治化、规范化建设；加快信息化和方志馆（书库）建设，构建多层次读志传志用志平台，努力开创厦门地方志事业发展新局面。

（二）主要任务

1. 全面完成第二轮地方志编修规划任务。2020 年全面完成全市第二轮地方志书编修规划任务。其中，市志方面，2016 年逐步解决编纂难点和遗留问题，2017 年总纂并报省方志委审查验收，力争 2018 年底交付出版；推动《思明区志》《同安区志》2017 年全部出版。此外，全面总结前两轮修志的经验教训，为启动第三轮志书编修做好队伍建设、资料征集和理论准备等工作。

2. 全面推进地方综合年鉴争先进位。努力编纂精品佳鉴，不断缩短出版周期。2016 年，市、区两级综合年鉴全面实现一年一鉴、公开出版，到 2020 年均做到当年出版。不断提升综合年鉴编纂质量，到 2020 年，争取市本级年鉴和 1—2 个区级年鉴进入全国一流年鉴行列。大力开发利用年鉴资源，为社会各界读鉴用鉴提供方便。

3. 加强特色志鉴编纂和旧方志保护整理工作。指导市属机关、企事业单位和有条件的镇（街道）、村（社区）开展志鉴编纂工作，参与中国名镇（村）志文化工程，重点抓好 1—2 个典型，发挥示范和引路效应。加强对专业志、部门志和地情书籍编纂工作的业务指导。保护旧方志典籍，收集、整理、保存厦门各时期的旧方志，重新点校出版部分学术价值高的厦门旧方志。

4. 加快地方志信息化建设。至 2020 年，按照统一标准、分级建设、资源共享、安全保密的原则，加入福建省“数字方志”工程，建设“厦门地情数据库”。同时，将厦门地情网建设成为地情数字文献资料、图片资料较为齐全，公众查找使用方便的网站。

5. 推进方志馆（书库）建设。至 2020 年，明确方志馆建设思路，推进方志馆建设。加强全市方志书库专业化、标准化建设，重点建设市本级及 1—2 个区级方志书库，构建多层次读志、用志、传志免费开放平台。

6. 深化地方志资源开发利用。组织社会力量编纂地情书籍，举办读志用志、服务社会活动，利用各类媒体广泛宣传地方志成果，推动方志文化进校园、进机关、进农村、进社区、进企业、进军营，培育地方历史记忆。

7. 扩大方志文化交流与合作。加强与国内外高等院校、科研、图书、档案等单位的交流与合作，尤其是加强与台湾、金门地区相关机构和团体的交流合作，开展资料交换、族谱对接、学术研讨等活动。开展与厦门有关的“海丝”文献史料的收集整理工作。

8. 扎实做好地方志资料工作。加大依法征集地方志资料力度，建立和完善地方志资料征集、保存、管理制度，建立并逐步完善地方志资料年报制度。拓展资料收集范围和渠道，与机关企事业单位、高校、科研院所、图书馆、档案馆等协作开展田野调查、社会调研，搜集口述史和音像影像资料。

9. 深化地方志质量建设。严格执行中国地方志指导小组《地方志书质量规定》《地方综合年鉴编纂出版规定》和《福建省地方志书编写通则》《福建省地方综合年鉴管理办法》等，推动地方志质量标准化建设，完善主编负责制和总纂“一支笔”统稿、志稿评议、审查验收等制度，落实地方志编纂、出版、印刷三环节无缝衔接。

10. 加强地方志队伍建设。保证市、区两级方志机构稳定，建立健全人才引进、选拔、培养、使用、交流的良性机制，打造一支高素质的地方志工作队伍。定期组织业务人员外出学习交流，开阔眼界，汲取经验。支持专业继续教育，进一步提升地方志工作人员的业务水平和能力。建立市级地方志专家库，为全面提高地方志工作水平提供智力支持。

四、保障措施

（一）法治保障。进一步贯彻落实国务院《地方志工作条例》《福建省实施〈地方志工作条例〉办法》等地方志法规规章。每年定期组织开展全市地方志法规宣传月活动，加大地方志普法力度。定期组织开展执法监督检查，保障地方志工作法规落到实处。

（二）制度保障。健全地方志工作机构主导、社会各界参与修志编鉴的途径和方式。建立督查通报制度，完善目标考核责任制。健全完善地情资料收（征）集及管理制度、修志编鉴业务制度和主编（总纂）责任制，保证在组织启动、篇目设计、资料征集和资料长编编写、初稿编纂、总纂统稿、稿件评议、审查验收、出版发行、报送备案等环节均有章可循、有序推进。

（三）机制保障。进一步完善市级地方志书、综合年鉴运行机制，各区可根据实际完善相应工作运行机制。探索与高等院校、科研院所和研究团队等合作建立地方志学术研究和培训基地。探索项目与经费结合机制，汇集全市方志系统合力。适时建立地方志工作评估激励机制。

（四）经费保障。改善地方志工作条件，保障必要工作经费。市、区两级人民政府要把地方志事业经费列入本级政府财政预算，建立健全同经济发展相匹配、同人民群众需求相适应、与地方志事业发展相配套的财政保障机制。各承编单位也要将修志编鉴经费列入本部门单位预算，确保工作正常开展。

（五）宣传保障。不断强化与传统媒体和新媒体的合作力度，努力挖掘厦门地方志资源的现实价值、历史价值，深化宣传主题，创新宣传形式，推出一批人民群众喜闻乐见、有较大社会影响力的地方志宣传精品。

五、加强组织领导

（一）坚持和健全党委领导、政府主持、地方志工作机构组织实施、社会各界参与的工作体制。市、区两级人民政府和各承编单位要把地方志工作摆上重要议事日程，主要领导关心过问，分管领导定期听取专题汇报，研究部署地方志工作，统筹解决人、财、物等实际问题。

（二）坚持和落实“一纳入、八到位”（将地方志工作纳入全市国民经济和社会发展规划、各级政府工作任务中，“认识、领导、机构、编制、经费、设施、规划、工作”到位）的工作机制。地方志工作机构的设置和人员编制，要与其有效履行职能、顺利开展工作的要求相适应，确保编制人员在编在岗。按照德才兼备原则和专业要求，配齐配强地方志工作机构的领导班子。各区应设立地方志工作机构，并适当配备专职人员。市方志办每年向市政府报告各区地方志机构“一纳入、八到位”落实情况。

（三）各区人民政府和各承编单位要根据本规划纲要的要求，结合工作实际，制定本区、本部门地方志事业发展规划或实施方案，全面提高地方志工作水平，确保全市地方志事业平稳、有序、健康发展。

（四）市方志办要对本规划纲要落实和执行情况进行督促检查，并将督查情况报告市政府。

厦门市人民政府办公厅
2017 年 7 月 7 日

关于印发《江西省地方志编纂委员会办公室贯彻落实〈全国年鉴事业发展规划（2016—2020 年）〉实施意见》的通知

（赣志办发〔2017〕6 号）

各设区市、县（市、区）地方志办公室：

现将《江西省地方志编纂委员会办公室贯彻落实〈全国年鉴事业发展规划（2016—2020 年）〉实施意见》印发给你们，请认真贯彻执行。

江西省地方志编纂委员会办公室
2017 年 7 月 10 日

年鉴事业是地方志事业的重要组成部分，在我省经济社会发展和文化强省建设中发挥着重要作用。为推进全省年鉴事业科学发展，根据《江西省实施〈地方志工作条例〉办法》《江西省地方志事业发展规划纲要（2016—2020）》和《全国年鉴事业发展规划（2016—2020 年）》（中指组字〔2016〕8 号），结合当前年鉴事业发展实际，制定本实施意见。

一、发展基础

自 1983 年省地方志办公室成立以来，在省委、省政府高度重视和正确领导下，经过各级地方志工作机构、年鉴编纂单位和广大年鉴工作者不懈努力，我省年鉴工作取得巨大成就，初步形成省、市、县三级综合年鉴与专业年鉴全面发展的年鉴事业格局，在服务党委、政府和相关部门科学决策，辅助科学研究，宣传地方（行业、部门）情况，提升国民文化素质，保存年度文献等方面发挥了积极作用。

截至 2017 年 4 月，《江西年鉴》连续出版 15 部，市、县综合年鉴编纂出版 300 多部；11 个设区市实现综合年鉴一年一鉴全覆盖，100 个县（市、区）中，55 个实现综合年鉴一年一鉴，覆盖率 55%。一些地区还编写了一批地情手册、地情概览等年鉴衍生品。逐步建立健全质量保障机制，年鉴质量不断提高。理论研究的氛围渐趋浓厚，产生了一批理论成果。培养了一大批专兼职年鉴编纂人员，年鉴队伍素质不断提高。各地落实依法治鉴的要求，年鉴事业发展得到可靠保障。

目前，全省年鉴事业呈现出良好发展态势和前所未有的机遇，但也存在着制约事业发展的一些突出问题，主要是：少数地区和部门对年鉴工作重要性认识不够，相关法规规章落实不到位；机构不够健全，编制、人员和经费不足；人才队伍青黄不接，年鉴编纂队伍不够稳定；年鉴质量有待进一步提高；年鉴编辑培训体系有待进一步完善；信息化与开发利用工作比较滞后等。这些问题需要在发展中通过深化改革、不断创新加以解决。

二、指导思想与基本原则

（一）指导思想

全面贯彻落实党的十八大和十八届三中、四中、五中、六中全会精神，以江西省委第十四次党代会精神为指引，按照第五届中国地方志指导小组会议、第五次全国地方志工作会议要求，服务于决胜全面建成小康社会，建设富裕美丽幸福江西的战略目标，解放思想，实事求是，锐意进取，改革创新，充实和拓展年鉴成果，大力提升年鉴工作在经济社会发展和建设文化强省中的地位，努力推动三级综合年鉴全覆盖，依法全面推动全省年鉴事业发展繁荣。

（二）基本原则

1. 坚持正确方向。坚持走中国特色社会主义文化发展道路，坚持为人民服务、为社会主义服务的方向，通过编纂年鉴和开发利用年鉴资源，为社会提供丰富、优秀的文化产品。

2. 坚持依法治鉴。贯彻落实《江西省实施〈地方志工作条例〉办法》和《江西省地方志事业发展规划纲要（2016—2020）》，增强依法治鉴意识。省地方志办公室依法统筹规划、组织协调、督促指导全省年鉴工作；市、县两级地方志工作机构依法履行组织、指导、督促和检查年鉴工作职责，规范年鉴编纂行为。

3. 坚持全面发展。以年鉴编纂为主业，统筹兼顾质量建设、队伍建设、理论研究、开发利用、信息化建设等工作，实现年鉴事业全面协调可持续发展。

4. 坚持改革创新。认真总结年鉴工作的经验教训，适应经济社会发展形势和时代需要，在遵循基本规范的前提下，深化改革，准确定位，与时俱进，推动理论创新、制度创新、管理创新、方法创新。

5. 坚持质量第一。坚持存真求实，确保年鉴质量。将精品意识贯穿于年鉴编纂出版工作全过程，严把政治关、史实关、体例关、文字关、出版关，编纂出版经得起时代和历史检验、具有鲜明时代特征、年度特点和地域（部门、行业）特色的年鉴。

6. 坚持编用并举。编鉴为用，充分发挥年鉴资源优势，全面提升开发利用水平；拓宽用鉴领域，增强服务大局能力，为党政机关、企事业单位、社会各界和人民群众服务，形成编用结合、良性互动机制。

三、总体目标与主要任务

（一）总体目标

到 2020 年，全面实现省、市、县三级综合年鉴一年一鉴全覆盖，推动年鉴工作改革创新，加强对各类专业年鉴编纂的业务指导和管理，加快信息化建设，基本形成包括年鉴编纂体系、理论研究和学科建设体系、质量保障和评价体系、资源开发利用体系、工作保障体系在内的年鉴事业综合发展体系，努力实现全省年鉴事业发展新跨越。

（二）主要任务

1. 大力推进省、市、县三级综合年鉴工作。加强年鉴管理，实现一年一鉴。加大保障力度，缩短年鉴编纂出版周期，确保年内出版。积极探索“互联网+”背景下的年鉴编纂。鼓励和支持有条件的乡镇（街道）、村（社区）开展年鉴编纂，并做好业务指导和管理。

2. 加强县（市、区）级综合年鉴编纂出版工作。加大人员、经费保障力度，按照时间节点，有序推进一年一鉴编纂工作。到2020年，全面实现县（市、区）综合年鉴一年一鉴全覆盖。

3. 重视各类专业年鉴编纂工作。加强对已开展和准备开展年鉴编纂工作的行业、部门、单位的业务指导和管理。

4. 推动各级各类年鉴公开出版。设区市综合年鉴实现公开出版，推动有条件的县（市、区）综合年鉴和各类专业年鉴公开出版。

5. 深化年鉴质量建设。严格执行《地方综合年鉴编纂出版规定》，规范编纂出版流程，完善年鉴质量评议、审查验收制度，严把质量关。开展全省年鉴质量评比活动，做好全国地方志优秀成果（年鉴类）质量评比推荐工作。

6. 深化年鉴理论研究。充分发挥江西省地方志学会和《江西地方志》理论研究平台的作用，活跃学术研讨，营造良好氛围，推动理论创新。积极组织省、市、县三级综合年鉴和各类专业年鉴编纂研讨活动。加强与有关学科交流合作，开展年鉴学、年鉴编纂、年鉴应用等理论问题研究。

7. 加强人才队伍建设。打造专业性强，综合素质高，有战斗力、凝聚力的年鉴编纂队伍。重视人才的选拔、使用和培养，拓宽人才渠道。建立灵活的用人机制，实行专职和兼职相结合，吸纳社会力量参与地方年鉴编纂工作。

8. 加快年鉴信息化建设。将年鉴信息化建设纳入全省信息方志与数字方志建设工程，充分利用已有信息基础设施和数据资源，加快年鉴信息化建设步伐，逐步建立年鉴数据库。实现省、市、县年鉴资源共享，面向社会提供优质服务。

9. 提高年鉴资源开发利用水平。加强对年鉴资源的深加工，通过编辑（写）资政报告、年鉴简本、地情书籍等，充分发挥年鉴存史、育人、资政功能。依托江西省方志馆和中国赣网，免费为社会提供公共文化服务。

10. 扩大对外交流与合作。坚持开门编鉴，采用多种形式，加强与国外和港澳台地区的年鉴编纂机构、高等院校、科研机构、档案机构、图书馆等单位的交流与合作。

四、组织领导与保障措施

（一）组织领导

年鉴工作要坚持和健全党委领导、政府主持、地方志工作机构组织实施、社会各界广泛参与的工作体制；坚持将地方志工作纳入各地国民经济和社会发展规划、地方各级政府工作任务，做到“认识、领导、机构、编制、经费、设施、规划、工作”到位（统称“一纳入、八到位”）的工作机制。市级地方志工作机构要有固定的年鉴工作部门和编纂人员，县级地方志工作机构要有固定的年鉴编纂人员。

（二）保障措施

1. 法治保障。进一步明确各级人民政府对年鉴工作的主体责任，加强地方志工作机构履行组织、指导、督促和检查年鉴工作的职责，确保年鉴编纂工作依法开展。省、市、县地方志工作机构定期开展对《地方志工作条例》《江西省实施〈地方志工作条例〉办法》执行情况的监督检查，推动依法修志编鉴。

2. 制度保障。健全地方志工作机构主导、社会各界有序参与编鉴的途径和方式。加强督促检查，健全和完善目标考核责任制、督察通报制，强化责任落实；健全和完善编鉴业务制度和主编（总纂）责任制，确保在年鉴编纂的每个环节上均有章可循、有序推进。

3. 经费保障。积极争取地方各级人民政府将年鉴工作所需经费列入财政预算，加大专项资金支持力度。

4. 队伍保障。建立省级年鉴专家库。聘请专家、学者参与年鉴编纂工作，提高编纂水平。发挥中青年业务骨干主力军作用，培养专家学者型的编鉴队伍。完善业务培训制度，建立分层次分类型长效培训机制。全省各级地方志工作机构每年开展相关业务培训和编鉴人员岗前培训。按照国家有关规定开展先进集体和先进工作者评选表彰活动，营造干事创业的良好氛围。

5. 宣传保障。利用地情信息网、杂志、简报和微信公众号等，增加公众对年鉴事业的了解。挖掘年鉴资源的现实价值，设计宣传主题，创新宣传形式，推出一批贴近社会现实、人民群众喜闻乐见、有较大社会影响力的年鉴宣传精品。

市、县两级地方志机构和有关部门年鉴编纂机构要结合本地区本部门工作实际，加大组织推动力度，全面提高年鉴工作水平，提高年鉴编纂质量，确保全省年鉴事业平稳、有序、健康发展。

省地方志编纂委员会办公室负责对本实施意见落实和执行情况进行督促检查。

附：江西省县（市、区）级综合年鉴一年一鉴全覆盖任务出版时间表（略）

山东省人民政府办公厅
关于2016年度山东省优秀史志成果的通报

（鲁政办字〔2017〕73号）

各市人民政府，各县（市、区）人民政府，省政府各部门、各直属机构，各大企业，各高等院校：

2016年，全省史志系统认真学习贯彻党的十八大和十八届三中、四中、五中、六中全会精神，深入贯彻习近平总书记系列重要讲话精神，贯彻实施《山东省地方史志事业发展规划纲要（2016—2020年）》，传承弘扬优秀文化，开拓创新，锐意进取，涌现出一批好成果、好典型。为充分发挥典型的示范引导作用，进一步促进全省史志事业转型升级、科学发展，经省政府同意，省史志办组织开展了2016年度山东省优秀史志成果评选活动。经过对申报成果严格评审，《山东省志·外经贸志（1991—2005）》等史志成果被评为2016年度“山东省优秀史志成果”。现通报如下：

优秀省志分志：《山东省志·外经贸志（1991—2005）》、《山东省志·海洋与渔业志（1986—2005）》、《山东省志·民俗志（1840—2005）》（上、下）、《山东省志·金融志（1991—2005）》、《山东省志·工业志（1986—2005）》（中册）、《山东省志·环境保护志（1996—2005）》。

优秀市县级志书：《苍山县志（2016版）》、《岱岳区志（1985—2013）》、《济南市志（1986—2010）》（第四、五、八册）、《青岛市志（1978—2005）·经济卷（中）》、《青岛市志（精编）》（卷七）、《枣庄市志（1986—2005）》、《单县志（1986—2010）》、《烟台经济开发区志（1984—2003）》、《济南市历下区志（1986—2005）》、《安丘市志（1986—2013）》、《莒县志（1997—2010）》、《莱芜市钢城区志（发端—2005）》、《商河县志（1991—2010）》、《博兴县志（1986—2007）》、《鄄城县志（1991—2010）》。

优秀基层（专门）志：《泰安市地方税务志》、《景芝酒志》、《古现东村志》（烟台开发区）、《东关村志》（平阴县）、《博山区饮食志》、《桑梓店镇志》（济南市天桥区）、《胜坨镇志》（东营市垦利区）、《章丘市妇幼保健院志》、《得利斯集团公司志》、《五莲县水利志》、《沂水县建设志》、《文登南桥村志》、

《潍坊市审计志》、《白浮图镇志》（成武县）、《丁坞镇志》（乐陵市）、《莱芜民革十年》、《怀仁镇志》（商河县）、《孟子故里山水志》（邹城市）。

优秀年鉴：《山东年鉴（2016）》、《济宁年鉴（2016）》、《日照年鉴（2016）》、《菏泽年鉴（2016）》、《济南年鉴（2016）》、《莱芜年鉴（2016）》、《泰安年鉴（2016）》、《聊城年鉴（2016）》、《威海年鉴（2016）》、《天桥年鉴（2016）》、《招远年鉴（2016）》、《诸城年鉴（2016）》、《曲阜年鉴（2016）》、《乳山年鉴（2016）》、《武城年鉴（2016）》、《曹县年鉴（2016）》、《郓城年鉴（2016）》、《崂山年鉴（2016）》、《沂水年鉴（2015）》、《泗水年鉴（2016）》、《东营区年鉴（2016）》、《山东地方史志年鉴（2016）》、《山东人力资源和社会保障年鉴（2016）》、《山东中小企业年鉴（2016）》、《山东旅游年鉴（2016）》、《山东省农业科学院年鉴（2015）》、《山东建设年鉴（2016）》。

优秀信息化建设成果：东营市情网、“淄博史志”微信、招远市情网、济宁市情网、肥城市情网、东明县情网。

优秀方志馆：临沂市方志馆、菏泽市方志馆、济宁市方志馆、费县方志馆。

优秀旧志整理成果：《续修平阴县志》（民国点校本）、《莘县志》（清光绪点校本）、《莱芜县志》（清宣统）、《续修莱芜县志》（民国）、《莱芜县乡土志》、《利津县旧志集成》（清康熙、乾隆、光绪，民国）、《山东青州府临淄县乡土志》（清光绪）、《费县志》（清光绪）、《庆云县志》（民国）。

优秀地情研究成果：《山东省历史地图集（远古至清）》、《山东抗战研究丛书（沂蒙）》、《沂蒙史志典藏书系》（临沂市史志办）、《广饶新志稿》（广饶县史志办）、《莱芜记忆》（莱芜市政协）、《记忆中的市北（第七辑）》（青岛市市北区史志办）、《家·城阳（小学版）》（青岛市城阳区史志办）、《东原星火——万里在东平早期革命活动资料专辑》（东平县史志办）、《德州大事记》（德州市史志办）、《“一带一路”视野下的地方志创新路径探索》（聊城市史志办孙善英）、《黄河口老物件》（东营市史志办）、《天南地北章丘人》（章丘市史志办）。

山东省人民政府办公厅
2017 年 4 月 26 日

山东省人民政府办公厅
关于印发《全省方志馆建设管理规范》的通知

（鲁政办字〔2017〕177 号）

各市人民政府，各县（市、区）人民政府，省政府有关部门：

《全省方志馆建设管理规范》已经省政府同意，现印发给你们，请认真贯彻执行。

方志馆是重要的公共文化服务平台，是地方文化建设必不可少的组成部分，与博物馆、图书馆、档案馆、规划馆等共同构成公共文化服务体系，在展览展示地情、收集保存利用地方文献、传承地方文脉等方面具有不可替代的独特功能。建好方志馆，有助于提升地方文化基础设施建设水平，有助于构建完善的公共文化服务体系，有助于服务地方经济社会文化更好发展。

各级、各有关部门要把方志馆建设纳入重要工作日程，明确分管领导，狠抓任务落实，确保按照《省委办公厅省政府办公厅关于印发〈山东省传承发展中华优秀传统文化工作方案〉的通知》（鲁办发〔2017〕45 号）要求，到 2020 年实现省、市、县三级方志馆全面建成。省史志办要加强对方志馆建设的指导，定期对方志馆建设情况进行调度和督促检查，推动全省方志馆建设顺利进行。

山东省人民政府办公厅
2017 年 11 月 6 日

全省方志馆建设管理规范

第一章 总 则

第一条 为促进方志馆事业发展，加强和规范方志馆基础设施建设，提高建设项目决策水平，加速方志馆建设标准化、规范化和现代化进程，实现和保障人民群众利用方志馆的权利，满足人民群众基本的知识、信息和文化需求，根据有关法律法规和《全国地方志事业发展规划纲要（2015—2020 年）》《山东省地方史志事业发展规划纲要（2016—2020 年）》及中指组《方志馆建设规定（试行）》等文件规定，制定本规范。

第二条 方志馆事业属于社会公益性事业，方志馆建设属于公共文化服务基础设施建设，要纳入当地经济社会发展、文化建设和城市、县城总体规划，纳入政府投资计划，所需经费列入同级人民政府财政预算，在编制管理、建设指导等方面给予支持保障。

第三条 方志馆是收藏研究、开发利用地方志资源，面向社会、服务当代、传承文化、资政存史、宣传展示地情的公共文化服务机构，具有收藏保护、展览展示、编纂研究、信息咨询、开发利用、宣传教育、业务培训、文化交流等功能。

第四条 方志馆建设要贯彻执行国家发展文化事业和加强公共建筑工程建设管理的方针政策，以人为本，科学规划，规模适当，功能优先，经济适用，环保节约，构建覆盖全社会的普遍均等、惠及全民的方志馆服务网络。

第五条 方志馆建设除执行本规范外，还应符合国家其他有关标准、规范、规定的要求。

第二章 建设规范

第六条 方志馆建筑规模要与行政区划级别、经济社会发展水平和服务人口数量等相适应，合理确定建设规模。根据我省实际，市级馆建筑面积 2000 平方米以上，县级馆 1000 平方米以上。有条件的地方可按中指组规定增加建筑面积，市级馆建筑面积不小于 10000 平方米，县级馆不小于 5000 平方米。申报国家方志馆分馆的，面积不小于 20000 平方米。

第七条 方志馆选址要符合当地城市、县城建设总体规划，考虑人员相对集中、交通便利、市政配套设施良好等因素，符合安全与环保等要求。方志馆建筑设计要充分体现地域特点、文化特色，注重实用性与时代性，符合方志馆的特有功能与技术要求。

第八条 方志馆一般应有固定的独立馆舍，与其他设施合建的，应自成体系，相对独立。支持鼓励方志馆采取与其他公共文化设施合建等方式扩大面积，实现优势互补、资源共享。方志馆建设要严格执行国家有关建筑、消防、抗震、承载、安全、防潮、防虫、防光、防尘、防污染、节能等标准与规定。

第九条 方志馆设收藏保护区、展览体验区、编纂研究区、学术交流区、信息技术区、公共服务区等主体功能区，并建设与之相配套的附属设施。设置公共停车场地、人员安全集散场地、绿化用地等。

第十条 按照信息化要求，方志馆应建立门户网站、资源库、电子阅览系统等，充分利用云计算、大数据、各类信息共享平台等互联网技术，为社会提供服务。

第十一条 各级方志馆在建设实体方志馆

的同时，应建设数字方志馆。

第三章　管理规范

第十二条　加强方志馆人才队伍建设和资金保障。各级方志馆应按照每1000平方米配备工作人员3—5人的要求配备相应人员。可采取建立志愿者队伍等方式，满足方志馆日常管理和运行需要。

第十三条　各级方志馆要在健全管理制度、丰富馆藏内容、开展特色服务、扩大对外交流、提高信息化管理水平等方面不断完善提高，切实履行职责，积极发挥作用。

山东省人民政府办公厅
2017年11月6日

山东省人民政府办公厅
关于全省第二轮市、县（市、区）志编纂工作进展情况的通报

（鲁政办字〔2017〕202号）

各市人民政府，各县（市、区）人民政府：

为全面贯彻落实党的十九大精神，认真落实《政府工作报告》和《山东省续修新方志工作纲要》《山东省地方史志事业发展规划纲要（2016—2020年）》部署要求，确保在2018年全面完成第二轮修志任务，经省政府同意，现将全省第二轮市、县（市、区）志编纂工作进展情况通报如下：

一、总体情况

修志是各级政府的法定职责。近年来，在省委、省政府坚强领导下，各市、县（市、区）扎实推进第二轮修志工作，成效明显。截至11月底，全省市级志书完成出版、评审10部，5部计划近期评审；县级志书完成出版、评审115部，7部计划近期评审。同时抓好志书评审等质量控制关键环节，实现了质量和进度同步推进。

二、主要问题

目前，全省第二轮市、县（市、区）志编纂工作进展不平衡。市级志书中进度较慢的有2部，分别是《潍坊市志》和《临沂市志》。县级志书中进度较慢的有15部，分别是枣庄市的《台儿庄区志》《滕州市志》，烟台市的《长岛县志》《海阳市志》，潍坊市的《潍城区志》《寒亭区志》《青州市志》，济宁市的《兖州市志》，临沂市的《兰山区志》《罗庄区志》《河东区志》《蒙阴县志》《郯城县志》《平邑县志》，滨州市的《阳信县志》，其中《长岛县志》进度严重滞后。存在的主要问题：

1. 组织领导不够有力。部分县（市、区）重视程度不够，缺少刚性工作措施，未能及时解决工作中存在的人员、经费保障不到位等问题，致使编纂工作进展迟缓。

2. 协调配合不够紧密。个别供稿单位担当意识不强，对编纂工作中出现的问题不能及时解决，工作不够积极主动，资料缺失严重。

3. 编纂质量有待提高。编纂业务力量薄弱，形成的初稿总体质量不高，特别是贯彻落实中央和省委、省政府重大决策部署等展现不充分、不到位，致使初稿反复修改，延误工期。

三、下一步要求

2018年全面完成第二轮修志，是省委、省政府确定的重要工作任务，是以实际行动贯彻落实党的十九大精神的具体体现。目前，距最后完成时限仅剩一年，时间十分紧迫。尚未完成第二轮修志任务的市、县（市、区）要进一步提高政治站位，强化责任担当，加大工作力度，确保按时完成。

1. 加快进度，抓好攻坚。各有关市、县（市、区）要按照2018年全面完成修志任务的时间节点倒排工期，进一步明确评议、出版等

时间节点，细化分解任务，加快工作进度，集中时间和精力，打好攻坚战。同时强化精品意识，严格执行志书质量标准，确保编纂出经得起历史检验的精品佳志。

2. 加强领导，搞好保障。各有关市、县（市、区）要切实加强领导，及时研究解决工作中的突出问题，落实必要的人员、经费等条件，做好保障工作。

3. 加强督查，狠抓落实。各有关市、县（市、区）要加大督查力度，确保按时完成第二轮修志任务。省史志办要加强业务指导。省政府办公厅将定期调度和督促检查修志工作进展情况。

附件：全省第二轮未完成市、县（市、区）志进展情况表（略）

山东省人民政府办公厅

2017 年 12 月 18 日

山东省人民政府办公厅
关于第二轮《山东省志》编纂工作进展情况的通报

（鲁政办字〔2017〕203 号）

《山东省志》各分志牵头单位和承编单位：

为全面贯彻落实党的十九大精神，认真落实《政府工作报告》和《山东省续修新方志工作纲要》《山东省地方史志事业发展规划纲要（2016—2020 年）》部署要求，确保在 2018 年全面完成第二轮修志任务，经省政府同意，现将第二轮《山东省志》编纂工作进展情况通报如下：

一、总体情况

《山东省志》是省政府主持编修的法定志书。今年以来，各分志牵头单位和承编单位认真贯彻落实《政府工作报告》关于“继续抓好第二轮修志”的部署，加强组织领导，加快工作进度，提高编纂质量，取得新的进展。截至 11 月底，《山东省志》74 部分志中，已完成编纂出版的 49 部，占总数的 66%；正在总纂和完成评议的 13 部，占总数的 18%；形成初稿尚未评议的 6 部，占总数的 8%；尚有 6 部未完成初稿，占总数的 8%。

二、存在的问题

目前，第二轮《山东省志》74 部分志中尚有 25 部没有出版，其中 6 部进展较慢，分别是《宗教志》、《出版志》、《报业志》、《文物志》、《文化志》、《工业志》（下册）。存在的主要问题：

1. 组织领导不够有力。部分至今还没有完成初稿的单位重视程度不高，未能及时解决人员、经费保障不到位等问题，致使编纂工作进展迟缓。有的单位至今没有成立分志编委会，没有确定主编，没有形成环环相扣的工作责任体系。

2. 协调配合不够紧密。有的牵头单位履行牵头职责不到位，没有及时与承编单位共同研究谋划，对承编单位的重大问题不协调、不解决。有的承编单位担当意识不够强，工作推诿、拖延，不主动、不积极。

3. 编纂质量有待提高。有的承编单位缺少高水平执行主编统筹把握，形成的志稿总体站位不够高，特别是贯彻落实中央和省委、省政府重大决策部署等展现不充分、不到位。有的志稿篇目设计不够合理，在编纂过程中不断调整，延误工期。

三、下一步要求

2018 年全面完成第二轮修志，是省委、省政府确定的重要工作任务，是以实际行动贯彻落实党的十九大精神的具体体现。目前，距最后完成时限仅剩一年，时间十分紧迫。尚未完成第二轮《山东省志》编纂任务的单位要进一步提高政治站位，强化责任担当，加大工作力度，确保按时完成。

1. 加快进度，抓好攻坚。各有关单位要按照2018年编纂出版的进度要求，进一步明确评议、送审、出版等时间节点，细化分解任务，加快工作进度，集中时间和精力，打好攻坚战。同时强化精品意识，严格执行志书质量标准，确保编纂出经得起历史检验的精品佳志。

2. 加强领导，搞好保障。各有关单位要切实加强领导，及时研究解决工作中的突出问题，落实必要的人员、经费等条件，做好保障工作。

3. 加强督查，狠抓落实。省史志办要加强对《山东省志》各分志编纂的业务指导。省政府办公厅将定期调度和督促检查修志工作进展情况。

附件：第二轮《山东省志》未出版分志进展情况表（略）

山东省人民政府办公厅
2017年12月18日

关于印发《齐鲁名镇名村志文化工程实施方案》的通知

（鲁史志办发〔2017〕4号）

各市、县（市、区）地方史志办公室：

现将《齐鲁名镇名村志文化工程实施方案》印发给你们，请结合本地实际，认真抓好贯彻落实。

山东省地方史志办公室
2017年3月24日

齐鲁名镇名村志文化工程实施方案

为贯彻落实《山东省地方史志事业发展规划纲要（2016—2020年）》关于“实施齐鲁名镇志、名村志文化工程，推出100部名镇志、名村志精品”的要求，传承和弘扬齐鲁优秀传统文化，更好地服务新型城镇化和新农村建设，确保山东省在中国名镇名村志文化工程实施过程中走在前列，制定本方案。

一、指导思想

以邓小平理论、“三个代表”重要思想、科学发展观为指导，深入贯彻习近平总书记系列重要讲话精神，坚持辩证唯物主义和历史唯物主义的立场、观点和方法，全面、客观、系统记述我省城镇化进程和新农村建设成果，充分利用地方志体裁的独特优势，传承和抢救乡土历史文化，激发爱国爱乡情怀，为加快经济文化强省建设提供历史智慧和现实借鉴。

二、目的意义

实施齐鲁名镇名村志文化工程，系统客观地记录乡村发展历程，对传承乡村文脉、重塑文化特色，满足群众文化需求；对展示乡村发展脉络，摸索乡村发展经验，发挥资政教化功能；对丰富史志工作内容，完善史志成果体系，促进史志事业转型升级均具有重要意义。

三、总体设计

齐鲁名镇名村志文化工程以打造精品佳志为目标，力争用2—3年的时间，通过创新组织编纂模式和体例内容，出版100部左右彰显齐鲁特色、富有文化底蕴的名镇名村志。范围包括：

（一）历史文化名镇名村

主要以住房和城乡建设部、国家文物局评定的中国历史文化名镇名村为入选对象。对历史上曾经作为政治、经济、文化、交通中心或者军事要地，或者发生过重要历史事件，或者其历史人物、传统产业、历史上的重大工程对本地区的发展产生过重要影响，或者能够集中反映本地区文化特色、民族特色，或者作为某种文化、习俗发源地或传承地的镇、村，可酌情收录。

（二）经济名镇名村

主要以经国家权威组织评定的全国经济百强镇、村，省级权威组织评定的经济强镇、村为入选对象。

（三）其他特色名镇名村

主要以获得国家级、省级荣誉称号的具有某方面特色的镇、村为入选对象，如全国文明镇、村，全国特色景观旅游名镇、特色旅游名村，全国绿化百佳镇等，或由相关部门或行业协会认定，获得“××之都”“××之镇”“××之乡”等称号的特色镇、村。

（四）新农村建设示范（试点）村

主要以被省级及以上机构命名的，符合“生产发展、生活宽裕、乡风文明、村容整洁、管理民主”的建设社会主义新农村总要求的“新农村建设示范（试点）村”为入选对象。

乡、街道及社区可参照以上标准申报。

四、编纂要求

质量要求参照中国地方志指导小组办公室印发的《中国名镇志文化工程实施方案》《中国名村志文化工程实施方案》。在坚持志体的前提下，体裁运用、篇目设置、资料选择等作适当创新。以记载镇、村域范围内的微观资料为主。根据不同类型特点，有选择性地记述域内自然、政治、经济、文化、社会、生态的历史与现状，重在突出“名”与“特”的内涵，从而达到执简驭繁、文约事丰、易于阅读、利于传播的目的。

（一）志名、编者名、断限

以下限时的行政区域名称冠名，如《××镇志》《××村志》。编者名统一使用为“××市××县××镇志编纂委员会”或“××市××县××镇××村志编纂委员会”。全志统一标注“齐鲁名镇志文化工程”或“齐鲁名村志文化工程”标识（logo）。

为全面反映入志事物发展脉络，志书上限尽量追溯至事物发端；下限一般断至志书启动编修年份，个别重大事项可适当下延。

（二）体例

采用纲目体，横排门类，纵述史实。篇目设置不求面面俱到，但要做到主线清晰、大事必录。合理运用述、记、志、传、图、表、录等体裁。以志为主，述而不论。

（三）资料

入志资料应丰富、真实、准确、典型，能够反映事物发生、发展、演变过程，补市县志所不足。注重选用特色资料、微观资料，注重收录调查资料和口述资料。

（四）图照

卷首设本行政区域位置图、行政区划图。志中随文配图，图下设说明文字，图文并茂。图、照选用应注重典型性、资料性、艺术性，无广告色彩，无个人标准像和领导工作照，无修饰加工。各志图照与文字比例为1∶3。

（五）行文

使用规范的现代语体文记述，不用总结报告、新闻报道、文学作品、教科书、论文等写法。除引文外一律采用第三人称。文字应朴实、严谨、简洁、流畅、优美，可读性强。

五、组织申报和审查验收

（一）申报

逐级填写《齐鲁名镇志文化工程申报表》或《齐鲁名村志文化工程申报表》，经县级史志机构推荐，市史志办审核后报送省史志办。成熟一个，上报一个。

（二）评选

省里成立齐鲁名镇名村志评审委员会，对申报的镇村志进行评议审定。

（三）验收

志书编纂完成后，由县级史志机构初审，市史志办复审，省史志办终审验收。

（四）推荐

对通过终审的志书，省史志办选择推荐申报中国名镇名村志文化工程。

六、出版资助

凡通过终审的志书，省里将给予每部价值1—2万元的出版资助。

七、组织领导

成立齐鲁名镇名村志文化工程领导小组。

组长：刘爱军

副组长：翟世林　郭永生

办公室主任：李刚

成员：由各市史志办负责人和省史志办处馆负责人担任。

办公室设在省史志办市县基层志编纂指导处，负责日常工作。

八、实施步骤

（一）第一阶段（2017年4月至11月）

全面实施齐鲁名镇名村志文化工程，选择10—20部镇村志作为第一批试点，4月份，召开启动会和部分主编培训班，各市史志办分管副主任、名镇名村志文化工程联络员、名镇名村志主编参加。11月份，推出第一批成果，举办首届齐鲁名镇名村志论坛暨新闻发布会。对部分名镇、名村拍摄专题片。

（二）第二阶段（2017年12月至2018年12月）

形成影响较大、质量较高的名镇名村志成果群，加大宣传力度，扩大社会影响，探索开发利用途径，初步形成齐鲁名镇名村志文化工程品牌。

山东省地方史志办公室

2017年3月24日

山东省地方史志编纂委员会关于印发《山东省地方综合年鉴编纂出版业务规范》的通知

（鲁史志编发〔2017〕6号）

各市、县（市、区）史志办，省直各部门、有关企事业单位，中央驻鲁单位：

现将《山东省地方综合年鉴编纂出版业务规范》印发给你们，请认真遵照执行。

山东省地方史志编纂委员会

2017年12月23日

山东省地方综合年鉴编纂出版业务规范

第一章　总　则

第一条　为规范全省地方综合年鉴编纂出版，提高年鉴编纂出版水平，推动年鉴事业科学发展，根据国务院《地方志工作条例》《山东省地方史志工作条例》和《地方综合年鉴编纂出版规定》，结合我省实际，制定本规范。

第二条　本规范所称地方综合年鉴（以下简称“年鉴”），是指县级及县级以上系统记述本行政区域自然、政治、经济、文化、社会和生态等方面情况的年度资料性文献。

第三条　年鉴编纂出版坚持以马克思列宁主义、毛泽东思想、邓小平理论、“三个代表”重要思想、科学发展观、习近平新时代中国特色社会主义思想为指导，坚持辩证唯物主义和历史唯物主义的立场、观点和方法，坚持围绕中心、服务大局，充分发挥存史、资政、教化作用。

第四条　年鉴编纂出版要严格执行党和国家关于民族宗教、对外和对港澳台事务有关政策或法规，遵守国家关于保密、著作权、出版、广告等有关法律、法规或规章。涉及重大敏感性问题，必须严格执行新闻宣传有关规定。

第五条　年鉴编纂要从本地实际出发，体现时代特征、年度特点和地方特色，编纂质量达到观点正确、框架科学、资料翔实、内容全面、特色鲜明、记述准确、编写规范，出版符合国家相关标准。

第二章　框　架

第六条　年鉴框架设计应体现分类的科学性、年度的变化性、区域的特殊性、结构的合理性、编排的规范性。

第七条　年鉴框架要依据本行政区域经济社会发展特点，结合实际社会分工，参照相关分类标准，按所记述的年度资料属性进行合理分类。

第八条　年鉴框架应涵盖年度内本行政区域的基本情况。大致包括以下方面：（一）本地概要情况；（二）中国共产党、人民代表大会、人民政府、政治协商会议、民主党派和工商联、群众团体、法治、军事等；（三）经济管理、农业、工业、建筑业、商贸等；（四）交通运输、邮政电信、财政、税务、金融业、城乡建设、环境保护等；（五）科技、教育、文化、卫生和计划生育、体育等；（六）人民生活、社会保障、民族、宗教等。

第九条　年鉴框架一般分类目、分目和条目等层次，也可在分目和条目之间增设一个层次。

各层次标题应准确、规范、简洁，能够揭示所记述内容的特点，避免重复。

第十条　年鉴框架应保持主体结构相对稳定，依据经济社会发展变化与时俱进、改革创新，体现稳定性与创新性的有机结合。

第三章　资　料

第十一条　年鉴资料应反映上一年度本行政区域自然、政治、经济、文化、社会、生态等方面的基本情况，以及与本行政区域密切相关的内容，一般不上溯下延。

第十二条　年鉴资料应做到一、二、三次文献比例适当，以二、三次文献为主。可采用参见、互见等形式避免交叉重复。

第十三条　年鉴资料应具有连续性和数据的可比性，能准确反映事物发展变化的脉络和轨迹。

第十四条　年鉴资料必须真实，人名、地名、时间、事实、数据、图片、引文等应准确。未经核实的资料不得收录。

第十五条　年鉴采用的数据应以统计部门提供的为准，未列入统计范围的，以业务主管部门提供的为准。数据不一致时，应加以说明。

第十六条　年鉴编纂单位应拓宽资料搜集渠道，资料除依靠各供稿单位提供外，还要通过查阅档案、报刊和提炼网络信息以及调查访问等方式进行搜集。

第四章　内　容

第十七条　年鉴内容应存真求实，客观反映经济社会发展中取得的成绩和存在的问题。

第十八条　年鉴内容记述应综合运用文字、图片、表格等形式，文字记述以条目为主体，辅以特载、专文（专记）、大事记、人物、附录等多种记述形式。

第十九条　条目分为综合性条目和单一性条目等类型。综合性条目反映年度内各个领域发展变化的总体情况和主要特点，具有高度的概括性；单一性条目一事一条，基本要素齐全。

条目选题选材注重有效性、完整性和新颖、准确、系统，突出新事、大事、特事、要事，反映社会热点。

条目一般由标题、释文、作者署名三个部分组成。标题精练、简约、规范，题文相符，中心词突出并前置。释文资料完整系统，一般应具备时间、地点、事件、人物、原因、结果等要素。作者署名文末。

条目编写应坚持述而不论、据实而书、直陈其事，寓观点于记述之中。消除部门工作总结、报告痕迹。不记述部门非主要职能的信息。

条目排列有序，避免单个条目构成分目。

第二十条　图片包括专题图片和随文图片。图片选用注重典型性、资料性和存史性，地方特色或年度特点鲜明，突出反映重大事件、重要成果和热点问题。

图片要清晰、美观，文字说明简洁、准确，反映的事物、时间、地点以及主要人物的姓名、位置、时任职务等要素齐全。应署作者或提供者姓名。

随文图片应与正文内容相符，以图释文。

使用领导人照片要严格把关，少用会议、楼堂馆所照片，不用人物标准照。

第二十一条　年鉴应刊载地图。地图的选用和绘制应遵守国家相关的法律法规，需通过有审核权的测绘地理信息行政主管部门审核，有审图号。行政区划图应使用最新版并与记述年度相关行政区划内容一致。

第二十二条　表格应包括表题、表体及表注。表格设计合理、要素齐全、数据准确，与正文内容有机组合、数据一致，摆放位置合理。

第二十三条　特载一般收录本行政区域具有重大影响和存史价值的重要文献。

第二十四条　专文（专记）一般收录对发生在本行政区域某一方面或某一问题撰写的重要专题文章。

第二十五条　大事记主要选录年度内本行政区域重大事件、活动和举措，做到重要事项不漏，准确无误，时间、地点、人物（单位）、结果等要素齐备，以时为序，采用编年体或纪事本末体记述。

第二十六条　入鉴人物要严格掌握标准，一般包括先进人物、新闻人物、著名专家学者、重要逝世人物等。可采用简介、名录、表等形式记述。人物记述应做到客观、准确、公允，重点介绍主要经历、重要事迹和成就。

第二十七条　附录收录年鉴正文不便收录的其他重要资料，一般为原文照录或摘录。

第二十八条　年鉴应设编辑说明，主要介绍年鉴编纂的指导思想、记述的时空范围、栏目设置、资料来源等事项。

第二十九条　年鉴应有完备的检索系统，包括目录和索引。目录置于卷首，详至条目，完整地体现年鉴的框架结构和整体内容，根据需要可编制英文目录。索引置于卷尾，一般为主题索引。

第五章　行　文

第三十条　年鉴行文应遵循国家语言文字规范和标准，使用现代语体文记述，用词准确、规范、精练、朴实，语句流畅。忌用模棱两可、感情色彩强烈、夸张性词语，杜绝虚浮之语和溢美之词。

第三十一条　年鉴的文体，除专文、引文外，均应为记述文体或说明文体。

第三十二条　年鉴行文除一次性文献外均应使用第三人称，人物直书其名，必要时可在姓名前冠以职务或职称；会议、组织、机构、法律法规、文件、专项活动等专有名称，除通用简称外，第一次出现时一律使用全称并括注规范简称，续文中可使用规范简称；外国国名、地名、人名、机构名称、学术名词等，均应译成中文，并视需要括注外文，译文一般以新华社或人民出版社的译名为准。

除入鉴人物外，记述内容涉及人物的，应以事系人，人随事出。

第三十三条　使用缩略语应准确传递本意，不产生歧义，避免使用地域性、专业性或行业性较强的缩略语。缩略语首次使用时应括注具体内容。英文缩略语使用应符合有关新闻出版规范。

第三十四条　涉及国家领土主权和港澳台用语，民族、宗教用语，国际关系用语，军事、计划生育工作用语，以及灾害、疫病、重大交通事故、安全生产、刑事案件和社会稳定等重大敏感性事件，严格执行国家相关规定，规范统一表述。

第三十五条　时间表述要准确，应写明具体年、月、日，避免使用模糊不清的时间代词；以月、日为标志的事件或节日，用汉字数字表示时，只在一、十一和十二月后用间隔号；当直接用阿拉伯数字表示时，月、日之间均用间隔号（半角字符）。

第三十六条 同一事物名称、事实、数据、时间、地点、计量单位、术语表述全书要统一。

第三十七条 标点符号、数字、计量单位等，按国家有关规定使用。

第六章 出 版

第三十八条 年鉴编纂应建立健全审读、审核和校对制度。编辑校对应符合国家出版物质量管理的规定，差错率不超过万分之一。

第三十九条 年鉴封面应印有年鉴名称、年度卷号、编者名和出版者名。封底应有条形码、书号及定价。

年鉴一般以本行政区域名称中的地名专名冠名（如：××年鉴），若使用地名专名产生歧义，可以行政区域名称冠名（如：××区年鉴），或冠以上一级行政区域名称（如：××市××年鉴）。年鉴名称使用国家标准字体，不使用个人题签。

年度卷号以记述年度的下一年份标识卷号。

封面、封底设计美观大方，年鉴名称、卷号醒目。

第四十条 年鉴书脊应有年鉴名称、年度卷号和出版者名。

第四十一条 年鉴主书名页（扉页）的信息要素及其版式应与封面一致。

第四十二条 年鉴版权页内容要全面、规范。

第四十三条 年鉴版权页后应设置编纂委员会成员名单、年鉴编审人员名单等。编辑说明置于年鉴编审人员名单之后。

第四十四条 年鉴正文排版设计疏密得当，版心规格合理，版面利用率高，留白少。

第四十五条 年鉴印刷、装订质量符合国家出版物质量标准。

第四十六条 年鉴开本一般采用16开本，文字横排。

第四十七条 年鉴应逐年编纂，连续出版。要在出版年度内由国家新闻出版广电行政部门审定的正规出版社公开出版。在保证质量的前提下，提速增效，缩短周期，增强为现实服务的能力。

第七章 附 则

第四十八条 专业年鉴、乡（镇、街道）年鉴等其他年鉴参照本规范执行。

第四十九条 本规范由山东省地方史志办公室负责解释。

河南省地方史志办公室 河南省新闻出版广电局
关于进一步做好地方史志编纂出版工作的意见

（豫史志联〔2017〕16号）

各省辖市、省直管县（市）史志办（局），各省辖市、省直管县（市）文化广电新闻出版局，各图书出版单位：

编史修志是中华民族优秀文化传统，历史悠久，连绵不断。新中国成立后特别是改革开放以来，我省地方史志工作取得丰硕成果。党的十八大以来，党中央、国务院对地方史志工作提出了新任务新要求。近日，中共中央办公厅、国务院办公厅接连印发《关于实施中华优秀传统文化传承发展工程的意见》《国家“十三五”时期文化发展改革规划纲要》，明确要求：“做好地方史志编纂工作，巩固中华文明探源成果，正确反映中华民族文明史，推出一批研究成果”“加强地方史编写和边疆历史地理研究。完成省、市、县三级地方志书出版工作。开展旧志整理和部分有条件的镇志、村志编纂”。为了深入贯彻落实习近平总书记关于要“高度重视修史修志”“把历史智慧告诉人们”的重要讲话精神，李克强总理关于“修志问道，以启未来”“直笔著信史，彰善引风气”的重要批示精神，进一步规范编纂出版程序、提高史志成果质量，根据《地方志工作条例》《全国地方志事业发展规划纲要（2015—2020年）》，中宣部办公厅、国家新闻出版广电总局办公厅《关于进一步做好地方史编写出版工作的通知》，《河南省地方志工作规定》《河南省地方史志事业发展规划（2016—2020年）》和相关出版规定精神，现提出如下意见。

一、坚持和健全工作体制机制，进一步加强法治建设

坚持和健全党委领导、政府主持、地方志工作机构组织实施、社会各界广泛参与的工作体制，以及“一纳入、八到位”（将地方志工作纳入各地国民经济和社会发展规划、地方各级政府工作任务，认识、领导、机构、编制、经费、设施、规划、工作到位）的工作机制。各级政府要切实担负对地方史志工作的主体责任，加强地方史志工作机构履行组织、指导、督促和检查职责的能力建设，确保地方史志工作依法开展。坚持在两轮修志实践中建立的行之有效的业务规范和工作制度，并根据新情况建立和完善保障质量的各种规章制度，加强督促检查，强化责任落实。

推动《条例》《规定》的贯彻落实，逐步建立健全地方性法规规章。加大地方史志工作法规规章的宣传、执行力度，定期开展执法监督检查，依法纠正、查处执行不力和违法行为。各地区各有关部门要结合工作实际，根据《条例》《规定》和两个《规划》要求，制定本地区本部门地方史志事业发展法规规章和实施方案，切实加强分类指导，加大组织推动力度，全面提高地方史志工作水平，确保全省地方史志事业沿着法治化轨道有序健康发展。

二、坚持和完善评审验收制度，进一步加强质量建设

坚持质量第一、存真求实，努力编纂出版经得起历史检验、具有鲜明时代特征和地域特色的地方史志成果。正确处理质量与进度的关系，将精品意识贯穿于地方史志编纂出版工作全过程，严把政治关、史实关、体例关、文字关、出版关。按照《地方志工作条例》“以县级以上行政区域名称冠名、列入规划的地方志书经审查验收，方可以公开出版”的要求，《河南省地方志工作规定》明确了县级以上综合志书评审验收标准和程序，各地必须严格执行；以县级以上行政区域名称冠名的部门志、行业志等史书志书和旧志整理也要参照执行。按照《河南省人民政府办公厅关于做好乡镇志编纂工作的通知》要求，各地区各部门要健全制度、规范程序、严格审核，确保乡镇史书志书编纂质量。村庄（社区）编修史志书籍，也要参照乡镇志评审验收程序执行。各级地方史志机构要切实担负起业务指导、评审验收责任，坚决杜绝不合格的史书志书（稿）交付出版。

三、加强协调管理，进一步形成联动配合格局

各出版行政管理部门和出版单位要坚持把好地方史书志书出版质量关，加强出版环节的质量监督管理，严格按照国家新闻出版相关法律法规的规定进行编校、设计、印刷、出版，确保出版质量。要做好地方史书志书出版的统筹规划、内容把关等工作，对涉及党和国家领导人工作生活情况，涉及党史、军事重大事件和人物，涉及外交、民族、宗教、边疆等内容，要严格履行重大选题备案程序，确保正确出版导向。地方史志机构要将地方史编写纳入工作范畴，统一规划、统一管理，切实加强对承担编纂任务单位（包括参与修史修志的社会力量）的业务指导和监督检查。未经地方史志机构评审验收，并出具明确意见的地方史书志书，省内各出版单位不得擅自公开出版；作为内部资料的地方史书志书，刊印前也须征求地方史志机构的意见。

各地区各部门要坚持文化自信，展现历史自觉，切实负起责任，严格质量标准，加强统筹协调，努力编纂出版“资政辅治”“堪存堪鉴”的地方史志成果，更好地服务于决胜全面小康、让中原更加出彩的战略目标。

2017 年 6 月 16 日

湖南省地方志编委会关于建立省级方志专家库的通知

（湘志编〔2017〕33 号）

各市（州）、县（市、区）人民政府地方志工作机构，省直各单位史志编纂机构，各有关高校、科研院所，委机关各处、所：

为贯彻落实《全国地方志事业发展规划纲要（2015—2020 年）》（国办发〔2015〕64 号）、《湖南省人民政府办公厅关于进一步加强地方志工作的意见》（湘办发〔2016〕11 号）和《湖南省地方志事业发展规划纲要（2016—2020 年）》，深入发掘、传承和弘扬湖湘文化，更好地服务经济社会发展和文化强省建设，经研究，决定组建省级“方志专家库”。现将有关事项通知如下：

一、组织领导

省地方志编纂委员会成立“方志专家库”建设工作领导小组，负责湖南省“方志专家库”专家的推选等工作。

组　长：易介南

副组长：邓建平、杨盛让

成　员：张征远、郑　茁、龚　峰、黄俊军、隆清华、刘运华、任国瑞

领导小组下设办公室，邓建平同志兼任办公室主任，黄俊军、隆清华、刘运华、任国瑞为办公室副主任，负责日常工作。

为认真做好专家推选等工作，市（州）、县（市、区）人民政府地方志工作机构也应成立相应机构，明确具体人员，加强组织领导，确保推选工作有序、有效开展。

二、入选范围

专家库成员以全省地方志系统内的专家为主，同时吸纳省内高校、科研机构及社会各界从事史志编纂和理论研究或参与过地方志资源开发利用等工作的教授、专家、学者。

三、入选条件

省地方志专家库专家人选应具有较高的政治素养和职业操守，遵纪守法，热爱地方志事业，熟悉地方志工作及相关的法律、法规和政策，身体状况与学识水平能够支撑其独立完成或共同承担相关工作，并具备以下任一条件：

（一）从事地方志业务工作十年以上或具有史志编审等相关专业副高级（含）以上职称；

（二）担任地方志工作机构正处级（含）以上职务五年（含）以上；

（三）主编或主持编纂一部（含）以上第一、二轮省级地方志书或两卷（含）以上省级地方综合年鉴、部门年鉴、专业年鉴；

（四）在全省政治、经济、文化、社会和自然环境等领域从事系统性研究，并具有省直厅局以上表彰奖励的相关研究成果；

（五）在省级以上公开发行的刊物上发表过地方史志研究类论文；

（六）在地方志相关领域具有显著成果的，可破格推荐入选。市（州）、县（市、区）应当根据各地实际，科学制定专家推选标准和要求，将在修志、编鉴和地方志资源开发利用等方面有突出贡献或具有较高业务水平的人员推选入专家库。

四、工作程序

按照逐级推选、加强管理的基本要求，认真开展专家库的建设工作。

（一）认真推荐。严格按照有关标准要求，开展专家推荐工作。推荐内容包括被推荐人的个人简历、工作履历、主要工作或研究成果、学历学位和职务职称等。

（二）初选。市州地方志工作机构和省直各单位、有关高校推荐专家人选，推荐单位要形成书面初选意见，连同相关资料报省地方志

编纂委员会。

（三）复选。湖南省地方志编纂委员会认真考察初选对象的政治表现、专业能力，确定专家人选。

（四）颁发聘书。由湖南省地方志编纂委员会根据入选专家的特长，按照政治、经济、文化、社会和自然环境等领域分类，明确其为一项或若干项领域的专家，颁发相应聘书。

五、工作职责和相关待遇

（一）专家的基本职责：

1. 参与有关地方志文献的编纂、审稿等工作；

2. 积极开展地方志业务知识传授或业务指导；

3. 参与地方志有关成果奖的评选活动。

（二）专家的相关待遇：

1. 根据有关规定和要求，可以参加地方志学术交流和学习研讨等活动；

2. 根据有关规定，可以获得讲课费、审稿费、编辑费、稿费等有关经济报酬。

湖南省地方志编纂委员会

2017 年 5 月 9 日

重庆市地方志办公室
关于印发《重庆市地方综合年鉴编纂出版细则》的通知

（渝志办〔2017〕39 号）

市政府有关部门，各区县地方志工作机构：

现将《重庆市地方综合年鉴编纂出版细则》印发给你们，请遵照执行。

2017 年 9 月 7 日

重庆市地方综合年鉴编纂出版细则

第一章　总　则

第一条　为了规范重庆市地方综合年鉴编纂出版，提高质量，发挥地方综合年鉴在促进地方经济社会发展中的作用，根据国务院《地方志工作条例》和中国地方志指导小组《地方综合年鉴编纂出版规定》，制定本细则。

第二条　本细则所称地方综合年鉴，是指重庆市和重庆市各区县（自治县，含万盛经开区，下同）人民政府地方志工作机构组织编纂，系统记述本行政区域自然、经济、政治、文化和社会各方面情况的年度资料性文献。

第三条　地方综合年鉴的编纂必须坚持以马列主义、毛泽东思想、邓小平理论、“三个代表”重要思想和科学发展观为指导，贯彻习近平总书记系列重要讲话精神和党中央治国理政新理念新思想新战略，实事求是记录本行政区域年度自然、经济、政治、文化和社会等各个领域的发展变化，充分体现时代特色和地域特色。

第四条　编纂出版地方综合年鉴要严格遵守国家关于保密、著作权、出版、广告等方面的法律、法规或规章，遵守党和国家关于民族、宗教、军事、科技和对外关系等方面的法规或政策，维护国家利益、民族团结和社会稳定。

第五条　年鉴撰稿单位应指定专人搜集资料、撰写初稿，并保持撰稿人员的相对稳定。

第六条　年鉴编纂应做到：观点正确，框架科学，资料翔实，记述准确，编写规范，编辑出版符合国家标准。

第七条　地方综合年鉴应逐年编纂，公开出版，并同时制作电子版年鉴。各区县综合年鉴出版后 3 个月内，报市地方志工作机构备案。

第二章　框　架

第八条　地方综合年鉴的框架是指其总体结构设计，是年鉴的基本结构，是年鉴编纂所依循的设计蓝图。年鉴框架设计应做到覆盖面广、分类科学、层次清晰、逻辑严谨、领属关系得当、编排有序。年鉴框架内容一般由特载、专辑（专记）、大事记、统计资料、各类条目、人物、附录及图照等部分构成。

第九条　年鉴框架在保持基本稳定的前提下，应随着实际情况的变化有所调整，有所创新，体现稳定和创新的统一。

第十条　地方综合年鉴依据2003年3月国家统计局颁布的《国家经济行业分类》标准，并结合本行政区域社会分工实际和特点进行编排。

第十一条　年鉴框架结构要符合年鉴体例，做到结构栏目化，主体内容条目化。年鉴内容框架设计一般分类目（部目）、分目和条目 3 个层次，或类目（部目）、分目、栏目（子目）和条目 4 个层次。年鉴框架各层次标题应简洁、准确、规范。

第三章　资　料

第十二条　年鉴主要收录反映本行政区域自然、经济、政治、社会、文化等方面的基本情况，以及与本行政区域密切相关的资料。

第十三条　年鉴主要辑录年度性资料，一般不上溯或下延。

第十四条　年鉴资料应突出时代性、年度性和地方性，具有为现实服务的价值和存史的价值。

第十五条　年鉴资料应当具有连续性和可比性，能正确反映事物发展的脉络和轨迹。

第十六条　年鉴资料应真实，人名、地名、时间、事实、数据、图片、引文等应准确。

第十七条　年鉴采用的数据应以统计部门提供的数据为准，未列入统计范围的，以业务主管部门的数据为准。数据不一致时应加以说明。

第十八条　年鉴编纂单位应拓宽资料搜集渠道，年鉴资料除依靠各供稿单位提供外，还要通过查阅档案、报刊和提炼网络信息，以及调查访问等形式搜集。

第四章　内容和体裁

第十九条　地方综合年鉴应内容翔实，存真求实，去繁求简，客观反映经济社会发展中取得的成绩和存在的问题，字数一般在 30 万—80万之间。

第二十条　地方综合年鉴内容记述的主要形式是条目，也可根据实际情况采用其他形式进行记述。条目分为综合性条目和单一性条目等。除主要使用图、表外，还可使用特载、专文、大事记、人物、文献、附录等各种体裁。

第二十一条　条目。条目编写应做到：

（一）选题选材注重时效性、完整性和新颖、准确、系统。

（二）所立条目应为独立主题，记载年度内发生的事件。综合性条目反映年度内各个领域发展变化的总体情况和主要特点，具有高度的概括性；单一性条目一事一条，资料完整。条目一般应具备时间、地点、事件、人物、原因、结果等6个要素。综合性条目文字一般不超过 2000 字，单一性条目文字一般不超过 500 字。

（三）条目一般由标题、释文、作者署名3个部分构成。条目标题应简洁明确、见题知义、题文相符，一般不出现人名，中间不使用标点符号，中心词前置，使用简化称谓要避免改变原意或产生歧义；条目标题顶格书写，加方头括号（【】），后空一格写正文。综述类、概况类条目可分段书写，其他条目一般不分段。条目作者名署正文下一行，顶后格加圆括号。

（四）条目编写使用第三人称，据实而书，直陈其事，方便检索，突出新事、大事、特事、要事；内容记述至多分三层，第一层序码为一、二、三，第二层序码为1.2.3.，第三层序码为（1）（2）（3）；各部类内容重复、交叉时，按主题、主体、主办方归类，避免简单重复。

（五）综合性条目分为综述类和概况类两种，综述类条目置于分目之下，概况类条目置于栏目之下；综合反映年度内不同分目和栏目所记事物发展变化的全貌和趋势，应包括基本情况、主要成绩、存在问题及重要数据等几个方面的要素，注意资料信息的连续性和可比性。一般来说，综合性条目的信息含量应占全书的7%。为便于检索，综合性条目标题应冠以表明所记事物的定语。

（六）条目排列有序。一般以时间为序排列，也可以轻重主次排列，或分门别类排列，使条目之间的排列体现一定的逻辑顺序。

第二十二条　图照。图指地图，包括政区图、交通图、地形图、规划图等，一般置于卷首。照指照片，包括黑白和彩色照片，有的分插于正文之中，有的集中附于卷首、卷中或卷尾；照片选用注重典型性、资料性，突出反映重大事件、重要成果和热点问题；图片要清晰美观，文字说明应简洁、准确、要素齐全。年鉴中原则上不使用党和国家领导人照片，如确需使用，须按程序报批，经批准后方可使用。

第二十三条　表。表是增加年鉴信息容量的重要体裁，应广泛应用。表格分专业表格和综合统计、分类统计表格两部分。表格可随文穿插于各有关栏目、分目中，也可置于专设的统计资料栏目和卷末的附录中，做到文表对应和统一。

表格制作务必科学准确，其要素包罗表题、表栏、表项和表框。

表题即表格的名称。除专项统计表外，表题一般应具有时间、单位、事项3个要素。表题居中排列，一般不加“表”字，如“2015年各区县（自治县）吸收合同外资情况”。

表栏是表示表格中各项目类别的名称，居于表格首列或首行，表示主要项目类别的表栏一般居于表格的首行（也称表头）。

表项是表格中纵向或横向自成系列的一组项目栏，所有表项构成表身。

表框是决定表格尺寸大小的外部框架。表框一般以三线表的形式呈现（即不设纵向边线）。

第二十四条　特载。是地方综合年鉴展示个性魅力的一种特殊体裁。主题一般为具有重大影响和具有重要存史价值的大事、要事、特事；主题应根据每个年度的不同情况进行筛选。记载要系统、完整并有深度；取材范围广泛，表现形式灵活，可以超出时限，一般置于卷首彩页之后。

第二十五条　专文。是指对发生在年度内或是连续几年内具有特别重大意义和存史价值的事件或某项工作进行专门系统记述。除客观反映事件的真实过程外，可以对事件产生的原因，所处的时代背景和经验教训等作适当记述。专文可以专门邀请权威人士撰写，编排位置可灵活处理。

第二十六条　大事记。主要记载本行政区域年度内具有重要意义和史料价值的事件、活动、举措等。选录大事要得当，做到重要事项不漏，记述要素齐备。撰写原则为常事不书、以时为序、以事系人、详略有别，可将编年体和纪事本末体相结合。编排位置可灵活处理。

第二十七条　人物。入鉴人物应经过严格筛选，一般收录革命烈士、当年逝世的社会影响较大的各界人士；在世的模范人物、新闻人物、社会名流、专家学者等；各级领导人名录，在年鉴上登载领导人名录是重要的史实记载，十分严肃，务必准确完备。人物一般置于百科（政治、经济、文化、社会等类目）之后。

第二十八条　文献。主要收录年度内对本行政区域政治、经济、文化、社会发展具有重要影响或重大标志意义的重要文献，包括重要法规、规章，领导重要讲话、重要文件，有特殊意义的书目、文摘等，一般置于百科之后。

第二十九条　附录。是对年鉴正文起补充、拓展、丰富、参考作用的辑录型资料，收录范围包括统计资料类、专题资料类、指南便览类等，篇幅约占全书比例的8%左右，置于百科之后。

第三十条　检索系统。包括目录和索引，所占版面应为全书的8%。目录置于正文之前，完整地体现年鉴的框架结构和整体内容；索引，一般为主题词索引，置于卷尾，可按汉语拼音字母顺序编排。为体现年鉴的资料性，便于查阅，索引量应大于目录量。

第五章　编写规范

第三十一条　语言。要求准确、规范、简洁、朴实。准确，即用词恰当，逻辑严密，符合一般语法要求；规范，即使用规范的现代汉语，忌用仅在行业内通用的简称；简洁，即开门见山，直陈其事，用简练严谨的语言，向读者提供高浓缩的信息；朴实，即用词把握分寸，如实记事，忌用空话浮词及宣传与广告色彩的语言，慎用“最大”“国内领先”“国际领先”“第一”等文字，对人物、事物的褒贬，应寓于事实的叙述之中。

第三十二条　文体。除专文、引文外，均应为记述体或说明体。人物直书其名，必须说明职务、职称、学衔的冠于姓名之前；会议、组织、机构、法律法规、文件、专项活动等专有名称，除通用简称外，第一次出现时一律使用全称并括注简称，续文中可使用简称；外国人名、地名、机构名称、学术名词等，均应译成中文，并视需要括注外文，译文一般以新华社和人民出版社的译名为准。

第三十三条　数据。

（一）重要数据必须是反映全年（即1—12月）和全局情况的。例如反映某行业的主要指标，必须是该行业所有经济成分企业全年的情况。若数据仅反映局部情况，必须在使用时对其作出明确的范围界定。例如，某一行业工业总产值仅指国有企业，必须明确表述为“全行业国有企业工业总产值××”，而不能表述为“全行业工业总产值××”。

（二）重要数据必须确定使用标准，例如确定年终统计报表为标准。一旦标准确定，则每年以此为撰稿使用的数据来源。数据的统计范围、口径应相对稳定。若数据的使用标准或统计范围和口径有变化，应加以说明。

（三）重要数据均需与上年或其他有较大比较价值的年份作比较，反映其增减变化。凡有累计数的，须提供累计数。

（四）使用一系列相互关联的数据或使用表格，必须经过严密计算，分数之和与总数吻合，前后一致，避免相互矛盾。

第三十四条　数字的使用。

（一）凡世纪、年代、公历年（月、日）、年龄、数字、分数、百分比、机器型号和统计数字等，一律用阿拉伯数字表示，如20世纪90年代、1991年3月30日、35岁、23人、78个、10年、20%、3RD型、1/4等。

（二）数字作为名词、形容词或成语的组成部分，习惯用语、叙述性语句中涉及的不定数（概数），汉语中长期使用已经稳定下来的包含汉字数字形式的词语，应当用汉字表示。如：星期三、四书五经、五四运动、十一届六中全会、二八年华、不二法门、八九不离十、相差十万八千里、十几个、七八百人、二期工程、原因有二，等等。

（三）历史朝代和年号用汉字表示，先写公元时间，后用“()”注明朝代年号。公元年不写“公元”二字，公元前则应写全。例如“1774年（清乾隆三十九年）”“公元前111年(汉武帝元鼎六年)”。

（四）千（含千）以下的数字一律用阿拉伯数字写全。超过千位数的，除精确数字用阿拉伯数字写全外，一般以万或亿为单位，小数点后保留2位数（小数点后两位数为0或末位数为0，0不保留）。如：18000写成1.8万，437800写成43.78万，57000000写成5700万，而不作5千7百万。

（五）文章中的行文顺序用汉字表示，如一、二，或（一）、（二）；条目中用阿拉伯数字表示，如1、2或（1）、(2)。

第三十五条　计量单位名称、符号、代号的使用。

（一）一律采用1984年颁布的《中华人民共和国法定计量单位》。所有单位均应写中文全称，不使用符号或简称，例如应写50千米、234米、700吨、25千克、1000立方米、80平方米。

（二）一律不再用已废止的计量单位，如斤、两、担、公担等，应换算成相应的法定计量单位表示，如公斤、克、吨等。不再使用亩制单位，应换算成公顷或平方米、平方公里。（1公顷=15亩；666.67平方米=1亩；1平方公里=1500亩）。

（三）一律不再使用已废止的复合字作单位符号，应写成“海里”“千瓦”。

（四）文中表示计量的数字与单位不交叉使用，如4.5米不写成4米5，即数字之间不插单位；20℃不写成“摄氏20度”，即单位之间不插数字。

第三十六条　时间和纪念日表示。

（一）时间概念清楚明确，一般不使用时间代名词（如今年、去年、明年、上个月等）而用具体时间（如1990年、1992年、3月）。在有明确的基础时间概念时，可用“上年”的概念，如可表述为1991年工农业总产值23.43亿元，比上年增长4.5%。

（二）可使用“全年”“年内”的时间概念。

（三）使用一连串相同的时间概念，首次出现时应写全，以下的可省略。例如，全年社会总产值500.54亿元，比2015年增长10.9%；国内生产总值428.34亿元，比2015年增长10.2%；国民收入50.71亿元，比2015年增长14.6%……，可写成全年社会总产值500.54亿元，比2015年增长10.9%；国内生产总值428.34亿元，增长10.2%；国民收入50.71亿元，增长14.6%……。

（四）年份一律写全数，不得省略，例如2011年不能简写成11年。

（五）叙述年鉴记载当年某月某日的事情，可省略年，直接写某月某日。

（六）用月和日表示的重大历史事件，应用间隔号“·”将月和日隔开并加引号，如“一二·九”运动；用月和日表示节日，不用间隔号，并加引号，如“五一”。

第三十七条　名称和称谓的使用。

（一）名称应尽量用全称，不用简称，特别是不用只在某个地区或行业、单位流行而不为一般读者所熟悉的简称。名称太长，使用不便，可用简称，但首次出现时必须写全称，并用括号注明“以下简称×××”。可用惯用的简称，例如“政协”“妇联”“民革”等。

（二）不使用不规范的行业术语，杜绝自创词语。

（三）一般不用“我省”“我市”“我县”等第一人称称谓，而用“重庆市”“渝中区”“奉节县”等称谓，亦可用“全市”“全县”等称谓。

（四）人名一般直写其名，不用“同志”称呼；可用职称、职务等表示身份的称谓。对华侨、华人等人士，以“华侨、香港居民、澳门居民、台湾同胞、外籍华人”的称呼为准。涉台用语遵照中共中央台湾工作办公室、中共中央宣传部、中共中央对外宣传办公室联合下发的《关于正确使用涉台宣传用语的意见》执行。

第六章　编辑　出版

第三十八条　年鉴编辑应建立健全审读、审核和校对制度，以确保质量。

第三十九条　语言文字、标点符号、汉语拼音、数字、计量单位使用和索引编制、图照选用等，应符合国家有关法律、法规和规章、规定。

第四十条　编辑校对应符合国家出版物质量管理的规定，以书号形式出版的，差错率不超过万分之一；以刊号形式出版的，差错率不超过万分之二。

第四十一条　地方综合年鉴应有自身特色，公开出版后开本应连续统一，外观一致。文字横排。

第四十二条　版面设计一般分为两栏，版心规格合理，版面利用率高，留白填充自然。

第四十三条 封面设计应庄重大方，年鉴名称、卷号要醒目。封面应印有书名、年度卷号、使用全称的编者名和出版者名，出版者名印于封面下方。书脊应有书名、年度卷号和出版者名，出版者名印于书脊下方。封面和书脊以阿拉伯数字标明出版年份，不标年鉴所记内容年份，即以所记述年度的下一年份标识卷号。书脊的设计要注意保持连年整齐划一。主书名页（扉页、内封）置于书芯或插页前，应有书名、编者名、出版者名等。背面为版权页。版权页后应设置编辑说明、编纂委员会成员名单、编辑部（年鉴社）人员名单等。封底应印上刊号、期号及条码和定价。

第四十四条 版权页刊载版本记录应完整。

第四十五条 印刷、装帧应符合国家出版物质量标准。

第四十六条 制作出版电子版年鉴，应遵守国家关于电子出版物管理的规定。

第四十七条 年鉴应逐年编纂，连续出版，做到在出版年度内出版。

第七章 附 则

第四十八条 重庆市行业年鉴、部门年鉴、专业年鉴的编纂可参照本细则执行。

第四十九条 本细则由重庆市地方志办公室负责解释。

第五十条 本细则自印发之日起施行，原《重庆市地方综合年鉴出版细则（试行）》（渝志办发〔2013〕28号）停止执行。

重庆市地方志办公室
2017年9月7日

重庆市地方志办公室
关于印发《第二轮重庆市志出版指导意见》的通知

（渝志办〔2017〕40号）

市政府有关部门，有关单位：

现将《第二轮重庆市志出版指导意见》印发你们，请遵照执行。

2017年9月7日

第二轮重庆市志出版指导意见

为进一步增强第二轮重庆市志出版的科学性、统一性，确保志书质量，根据国务院《地方志工作条例》（国务院令第467号）、《出版管理条例》（国务院令第343号）和《重庆市人民政府办公厅关于开展第二轮重庆市志编纂工作的通知》（渝办发〔2007〕39号）等有关规定及市政府要求，结合第二轮重庆市志出版工作实际，制定本意见。

一、装订形式

第二轮重庆市志出版图书为精装本。

二、开本

（一）志书统一为大度16开本。

（二）成品尺寸：285mm×210mm。

（三）版心尺寸：245mm×175mm。

三、护封

（一）成品尺寸：293mm×217mm。

（二）用纸：250克铜版纸覆哑膜。

（三）格式。

1. 护封正面（古黄色）。

首 行：“重庆市志”84 磅黑体居中横排。

第二行：“分志名”。楷体居中横排（字的磅值视字数情况而定）。

第三行：志书断限（××××—20××）（23.7 磅小标宋横排居中）。

第四行：编纂单位（字的磅值视字数情况而定）。

第五行：出版社名。“×××××出版社”，置于护封正面下端（19.5 磅黑体横排）。

2. 书脊。

书脊为圆脊。

上端：重庆市志（黑体横排居中）。书名下分行居中横排分志名、断限、编纂单位（黑体横排居中）。

下端：出版社名（黑体横排居中）。

封底：底色为古黄色。左下角放条形码，条形码下印定价。

3. 折口。

前后折口宽度均为90mm。

四、封面

（一）用纸：3mm 硬壳纸板，文字烫金（字体排列同护封）。

（二）内容：均与护封相同。

（三）颜色：紫红色（漆布）。

五、环衬

（一）环衬用纸为 230 克黄色皮纹纸。

（二）尺寸同内文（285mm×210mm）。

（三）前后均加环衬，前环衬后、后环衬前加硫酸纸。

（四）可衬放本地区行政区划分色地图。

六、印装顺序

志书按照以下顺序印装：扉页、版权页、署名、彩插、序言、凡例、目录、正文（包括综述、大事记）、附录、编后记。

七、扉页

（一）用纸：128 克铜版纸。

（二）内容：扉页 1 上下依次为书名、主修、主审、总编辑；扉页 2 上下依次为书名、断限、编纂单位名称和出版社名称。

八、版权页

要素齐全，排于扉页 2 背面。

九、署名及格式

（一）扉页 1：志名《重庆市志》（84 磅黑体，居中，天头到重庆市志的距离 69mm），志名下依次居中横排 3 行：主修、主审、总编辑（2 号黑体，居中，行距 5mm），重庆市志与主修间距 40mm。（背白）

（二）扉页 2：志名《重庆市志》（84 磅黑体，居中，天头到重庆市志的距离 69mm）。

（三）分志名、断限、编纂单位、出版社（字的磅数视字数情况而定）。

（四）扉页 2 后背图书在版编目（CIP）数据、责任编辑、封面设计、版权页。

（五）编纂委员会名单、编纂人员名单、审查验收机构人员名单。

1. 编纂委员会名单标题用 2 号小标宋，上下各空 2 行；名单用小 4 号宋体。

2. 编纂人员名单标题用 2 号小标宋，上下各空 2 行；名单用小 4 号宋体。

3. 承编单位初审人员名单和市地方志办公室复审人员名单，用小 4 号黑体排单位名，用小 4 号宋体排人员名单。

4. 各级审稿单位（保密、档案），用小 4 号黑体排单位名，用小 4 号宋体排人员名单。

十、彩页

（一）用纸：128 克铜版纸。

（二）彩页分类编排，按时间先后，集中装订于序言之前。

十一、序言

通栏横排。

十二、凡例

通栏横排。

十三、目录

篇章体：总述（综述、概述）、大事记、编后记用 5 号黑体靠左排列；篇、附录用 4 号黑体占 4 行，居中排列；章，用 5 号黑体靠左排列；节，用 5 号宋体，退 2 格排列。

十四、正文

（一）用纸：70 克双胶纸。

（二）书眉：单页，排一级标题名（篇、章名称）；双页，排志书书名。书眉线为单线通栏；页码，左双右单。篇（章）排暗码。

（三）正文：用5号宋体，按每页42行（不含书眉）每行43字横排。

（四）正文版式。

1. 篇章体。通栏横排。篇，小1号小标宋占7—8行居中；章，2号小标宋占6行居中；节，4号黑体占4行居中；目，右退2字5号黑体占1行，前加序号“一”“二”“三”……子目，横排右退2字5号楷体占1行，前加序号“（一）”“（二）”“（三）”……

2. 表格。表格按照其所反映的内容插排在正文适当位置，表序号用5号宋体置于表格标题左上侧，顶格，占1行。表题应完整、简洁，用5号黑体居中占1行。表格两侧不封口。涉及计量单位的，在表题右下侧用小5号宋体字标注计量单位，占1行，右侧与表格边缘对齐。表内文字用小5号宋体字。表内数字上下对齐，千位数以上不使用分节号，有小数的可保留两位小数点后两位。表内无内容的，以短横线标注。表脚注释用小5号宋体字。表格跨页，续表可不用表题，但需在续表左上角用小5号宋体标注“续表”。

3. 注释。简短文字注释，加圆括号采用文内注。较长文字注释，采用页下注的方式，用小5号宋体、序号用“①”“②”“③”……

4. 图。志书中的“示意图”“随文图”按篇（篇）章编序号（如图1—1、图2—3）。示意图的序号、标题、内文及注释的位置、字体、字号与“表格”相同。随文图图解用小5号仿宋。

5. 全书同类型、同层次体裁的字型、字号、序数号应保持一致。

十五、大事记

通栏横排。

十六、附录

版式同正文。

十七、编后记

通栏横排，标题用小1号小标宋，占7—8行，正文用5号宋体。

十八、出版管理

（一）重庆市地方志办公室是市志评审和质量把关工作部门。

（二）出版社终审验收、质检后的志稿，不得再作大篇幅的改动，如确有内容需要改动时，应报请本级编纂委员会和重庆市地方志办公室同意。

（三）市志出版前的付印样稿需报送市地方志办公室审批。志书出版后，编纂所收集到的全部资料整理后存留修志机构备查。

（四）以行政区域冠名的地方志书为职务作品，其著作权由组织编纂的负责地方志工作的机构享有，参与编纂的人员享有署名权。

十九、报备

根据相关规定，各编纂单位出版的志书（含内部出版志书），应在正式出版30日内将成品书100—300套，及PDF和TXT电子版两套，送重庆市地方志办公室备案。

重庆市地方志办公室关于印发《重庆市综合志书志稿评审量化标准》的通知

（渝志办〔2017〕41号）

市政府有关部门，各区县地方志工作机构：

现将《重庆市综合志书志稿评审量化标准》印发给你们，请遵照执行。

2017年9月8日

重庆市综合志书志稿评审量化标准

为切实有效提高志书编纂质量，根据国务院《出版管理条例》《地方志工作条例》《全国地方志事业发展规划纲要（2015—2020年）》和中国地方志指导小组《地方志书质量规定》等有关规定，结合重庆市地方志书编纂工作实际，特制定综合志书志稿量化标准，在初审、复审、终审验收时使用。

一、一票否决标准

新方志编纂必须坚持以下原则：

（一）要坚持以马列主义、毛泽东思想、邓小平理论、“三个代表”重要思想、科学发展观为指导，贯彻习近平总书记系列重要讲话精神和党中央治国理政新理念新思想新战略，在符合法律、法规和政策规定的基础上实事求是地记载本区域的历史和现状。

（二）要坚持用辩证唯物主义和历史唯物主义的立场、观点和方法去分析问题和记述问题；以翔实、准确的史实资料说话，不能违背国家的政策法规。

（三）特殊事件和人物表述正确。对2007年11月—2017年7月期间政治活动的记述应与中央决定一致，中央没有明确的应与市第三次、第四次党代会报告一致；不收录和引用市委、市政府已宣布废止和失效的文件；不正面使用带有违规违纪违法者个人色彩的各种表述；对违规违纪违法的入志人物的记述应从严把握，以事系人，公务活动原则以机构名称或职务名称出现，任（免、撤）职时间以组织决定为准，免（撤）职理由应记述清楚。

违背以上原则实行一票否决，不予通过评审。

二、具体量化标准

（一）审前审查（10分）

档案、外事、民族宗教、保密、军事等方面的问题，评审前后应征求相关部门意见，没有书面意见的缺一项扣2分。（10分）

（二）内容全面（8分）

内容反映本行政区域内自然、政治、经济、文化、社会的历史和现状。

1. 内容完整，门类齐全，横不缺要项，纵不断主线。（5分）

2. 门类与内容“名实相符”，无“有门无类”“有名无实”的情况。（3分）

（三）资料翔实（15分）

1. 资料准备工作细致、扎实、规范，基础资料翔实。（4分）

2. 入志史料真实、准确。（3分）

3. 入志史料全面、系统。（3分）

4. 入志史料有代表性和权威性。（3分）

5. 注重资料的创新形式。（2分）

（四）记述准确（10分）

1. 界限明确。一是时间界限明确，不随意突破上下限；二是区域界限明确，“越境不书”。（2分）

2. 处理好“述”“论”关系。记述事物、事件和人物，寓观点于记述之中，做到“述而不论”。在“专记”“概述”“无题序”等形式中可适当议论，要注意“论”的分寸把握，不可喧宾夺主。（3分）

3. 尽可能避免交叉重复。必要的交叉记述的事物，应从不同的角度记述，或此详彼略或用互见法。（2分）

4. 遵循“生不立传”原则。为人物写传要写出有血有肉的历史人物，注意抓住人物的个性特征和典型事迹，切忌写成人物颂或人物简历。不符合立传条件的重要人物，可采取人物简介或人物表，或者以事系人、人随事出的手法记述。记述人物力求准确、客观、公允。（3分）

（五）体例严谨（22分）

1. 凡例规范。凡例要体现编纂的指导思想、原则、时空范围、体裁、人物收录标准、

资料来源、行文规范、特殊问题处理等要求，清楚明确。(3 分)

2. 按“事以类聚”“类为一志”横排门类。(3 分)

3. 坚持志体。遵循方志编纂的基本原则，包括横排门类、纵述史实、述而不论等，做到全面、系统和客观地记述本行政区域内自然、政治、经济、文化、社会的历史和现状。（4 分）

4. 封面标注规范。（包括志名、分志名、时限、编纂单位、出版单位等）(2 分)

5. 以志为主，述、记、志、传、图照、表、录等种体裁运用得当，附录、索引等编排规范。(4 分)

6. 篇目设置科学合理，升降格适当。篇目设置符合“事以类聚”“类为一志”的基本要求，整体布局合理，结构严谨，归属得当，层次分明，排列有序。类目的升格或降格使用得当、依据充分。(3 分)

7. 标题简明准确，题文相符，同一门类各级标题不重复。切忌新闻报道式、文艺式、工作总结式、标语口号式、广告式、论文式标题。(3 分)

（六）特色鲜明（10 分）

志书的特色指的是个性特点、地域特色、时代特征三个方面。

1. 个性特点指在坚持横排门类、纵述史实、述而不论的前提下具有自身特色、特点。(4 分)

2. 地域（行业）特色指力求体现区域（行业）特色，与外地（或同行业）同类志书比较有独特性。(3 分)

3. 时代特征指的是第二轮志书主要记述的是改革开放以来的“现状”，因此应凸显改革开放、科学发展的时代主旋律、主脉络。(3 分)

（七）文风端正。(15 分)

1. 语体规范。使用规范的现代语体文记述。除引文和特殊情况外，以第三人称记述，不用第一人称。(4 分)

2. 文字规范、精练。使用规范汉字，用词概念准确，符合现代汉语语法规范。行文严谨、朴实、简洁、流畅。(3 分)

3. 运用知识规范。无知识性和常识性错误。(2 分)

4. 简称规范。(1 分)

5. 图、表要素齐全，全书图、表编号统一。(1 分)

6. 统计数据使用科学。(1 分)

7. 引文注明出处。注释符合学术规范，便于查找原文。注释形式全书统一。(1 分)

8. 数字、量和单位、标点符号的使用规范、统一，符合国家有关标准的规定。(2 分)

（八）其他（10 分）

评审者可根据志稿质量自行评分，并说明缘由。

三、分值的运用

按本标准评审得分低于 70 分的志稿，不予通过评审。

专业志书志稿评审参照本标准执行。

贵州省人民政府办公厅
关于全面加快推进第二轮贵州省志编纂工作的通知

（黔府办函〔2017〕79 号）

各市、自治州人民政府，贵安新区管委会，各县（市、区、特区）人民政府，省政府各部门、各直属机构：

根据《中共贵州省委办公厅贵州省人民政府办公厅印发〈第二轮贵州省志编纂工作方案〉的通知》（黔委厅字〔2012〕4 号）和省

人民政府办公厅关于印发《贵州省贯彻落实〈全国地方志事业发展规划纲要（2015—2020年）实施方案〉的通知》（黔府办函〔2016〕183号）要求，第二轮贵州省志（64部）编纂任务须在2018年底前完成。截至目前，未出版的有56部、未终审的有48部、未复审的有19部、未完成初稿的有13部，较2018年完成编纂工作的目标任务还有较大差距。为全面加快第二轮省志编纂工作进度，确保如期完成目标任务，现将有关事项通知如下：

一、高度重视编纂工作

地方志是存史、育人、资政的重要载体。编纂第二轮贵州省志，对于我省记录当代、保存历史、传承文明、发展文化、激发自豪感和自信心、推动省内外文化交流合作、提供促进经济社会发展的历史借鉴和智力支持具有特殊重要意义。第二轮贵州省志各承编单位一定要统一思想、高度重视，把编纂第二轮贵州省志纳入本单位重点目标任务同谋划、同部署、同落实、同考核，确保做到认识到位、领导到位、组织到位、人员到位、经费到位、设备设施到位、规划到位、工作到位，坚决按时保质完成第二轮贵州省志编纂目标任务。

二、落实编纂工作责任

各承编单位主要负责同志为编纂工作总责任人，每年至少2次召开专题会议研究部署相关志书编纂工作，解决问题、落实经费、加快进度、督办任务；要明确1位分管负责同志为编纂工作具体负责人，组建志书编纂工作组，落实集中办公场所和设备设施，根据编纂任务量明确1名处长和若干名固定人员集中办公开展编纂工作，做到任务不完成工作组不解散；要于2017年5月31日前细化完善本单位编纂工作实施方案，进一步明确任务书、时间表、路线图、责任人，倒排工期、挂图作战，军令状式加快进度完成志书编纂工作。

三、确保志书编纂质量

各承编单位要严格执行国家《地方志书质量规定》，坚持质量第一、存真求实，将精品意识贯穿于第二轮贵州省志编纂出版工作全过程，严把政治关、史实关、体例关、文字关、出版关，确保编纂出版的志书指导思想正确、体例结构准确、内容全面完整、资料丰富翔实、行文规范流畅、时代和地方特色鲜明、经得起历史和人民检验；要避免志书初审、复审、终审搞形式、走过场，确保审查到位、修改意见到位、整改到位、进度到位、质量到位。对于达不到质量要求的志书，不予审查通过，待其整改达到质量要求后再予上会审查。省地方志办要加强督导、严格把关。

四、加强业务培训指导

5月26日前，各承编单位要将编纂工作总负责人（本单位主要负责同志）、具体负责人（本单位分管负责同志）和编纂工作组全体人员名单报送省地方志办。6月23日前，省地方志办要对各承编单位具体负责人和编纂工作组全体人员完成集中培训，确保其优质高效开展编纂。日常编纂工作中，省地方志办要采取定期培训、上门服务指导等方式帮助解决各承编单位遇到的具体困难和问题，协助承编单位全力推进修志工作。

五、强化编纂督查调度

省地方志办要加强对第二轮贵州省志编纂工作进度和完成情况的督查调度，实行随时调度、双周督查、每月通报、半年评估。对于编纂工作滞后的承编单位，在全省进行通报批评，并视情扣减省直目标绩效管理档案（地方志）工作考核分数。

附件：第二轮贵州省志编纂工作进度安排表（略）

贵州省人民政府办公厅
2017年5月17日

云南省地方志编纂委员会办公室
关于进一步加强和推进地方志工作的意见

(云志办〔2017〕5号)

各州、市、县、区地方志工作机构，各志鉴承编单位：

为贯彻落实《国务院办公厅关于印发全国地方志事业发展规划纲要（2015—2020年）的通知》（国办发〔2015〕64号）、《云南省人民政府办公厅关于印发云南省地方志事业发展规划纲要（2016—2020年）的通知》（云政办发〔2016〕61号）和第六次全省地方志工作会议精神，做好“十三五”时期全省地方志工作，扎实推进地方志事业发展转型升级，现就进一步加强和推进地方志工作提出如下意见：

一、规划引领，坚持地方志事业科学发展

（一）全省地方志工作经过三十多年的发展，取得了巨大成就，形成以修志编鉴为主，旧志整理、信息化建设、理论研究、开发利用等工作共同开展的事业格局，形成了一批具有重要历史文化价值的优秀史志成果。两个《规划纲要》对地方志工作提出了新的更高要求，我们必须认真贯彻落实，建立健全志鉴编修、理论研究、开发利用、质量保证和工作保障体系。

（二）《云南省地方志事业发展规划纲要（2016—2020年）》是未来几年我省地方志事业发展的纲领性文件，我们必须把思想和工作统一到省政府的决策部署上，不折不扣贯彻实施，要按照规划引领、依法推进、夯实基础、协调发展的要求，及时制定本地工作规划或实施办法，要将贯彻落实地方志事业发展规划作为推动地方志事业发展的重要手段；要积极争取，将地方志工作纳入当地国民经济和社会发展规划，纳入当地政府年度工作任务，认真落实两个《规划纲要》的要求。

（三）两个《规划纲要》要求到2020年全面完成第二轮修志规划任务，省、市、县三级地方志书全部出版；实现省、市、县三级综合年鉴全覆盖，一年一鉴，公开出版。这是硬指标、硬任务，必须保质保量按时完成。我们要根据规划总体要求，制定详细工作计划，倒排工期、明确责任、强化督导，确保按期完成任务。

二、依法治志，确保地方志事业全面发展

（四）按照国务院《地方志工作条例》和《云南省地方志工作规定》要求，建立依法治志的长效机制。坚持和完善“党委领导、政府主持、地方志工作机构组织实施、社会组织和力量积极参与”的工作体制。地方志工作机构要定期通报地方志工作情况，联合有关部门，对本行政区域内地方志工作定期依法督促和检查，并将检查结果报送同级人民政府和上级地方志工作机构。

（五）各级地方志工作机构要依法做到“三个坚持”，即：坚持依法修志，依法组织、指导、督促和检查地方志工作，依法搜集、保存、使用地方志文献和资料，依法开展旧志整理、方志理论研究等工作；坚持依法用志，不断拓展地方志服务社会的方式、形式和途径；坚持依法管志，培养和树立法治意识和法治思维，逐步建立依法组织、实施和管理地方志工作的体制，逐渐形成法治化工作的新格局。

（六）要积极争取党委和政府对地方志工作的支持，选拔高素质的修志人才，优化修志队伍结构，保持修志工作队伍基本稳定；要把地方志理论研究与培养地方志人才紧密结合，通过进修培训、学历提升、学术交流、建立人才梯队等多种形式，培养造就一批具有较高理论素养、较强业务能力的高层次人才队伍，切实提高修志队伍的整体业务素质和履职能力。

三、夯实基础，推动地方志事业持续发展

（七）要严格按照《地方志书质量规定》和《地方综合年鉴编纂出版规定》等要求，制定质量管理、质量监督等工作规范，对志书、年鉴的规划、编纂、审查、验收及出版工作的质量严格把关。编纂的志书、年鉴应当“观点正确、体例严谨、内容全面、特色鲜明、记述准确、资料翔实、表达通畅、文风端正、印制规范”。要始终坚持质量第一的原则，树立精品意识，努力修出精品佳志。

（八）严格实行“主编责任制”。地方志工作机构和志鉴承编单位，应慎重选拔责任心强，熟悉地情，热爱地方志工作，有较高理论水平和文化素养的人才担任主编，并充分支持主编的工作。经验证明，严格实行“主编责任制”是保证志鉴编纂质量的关键。

（九）积极参与中国地方志指导小组办公室实施的“十大工程”和各类地方志理论研讨会、培训会，以及各类地方志优秀成果评选活动，努力提高我省各类志书、年鉴编纂水平和质量，提升修志队伍的业务能力，扩大我省地方志成果的影响力。

四、统筹协调，促进地方志事业繁荣发展

（十）要坚持“志、鉴、库、馆、网、研、刊、会、用、训”科学协调发展。深入总结首轮和二轮修志工作经验，通过开展地方志学术活动、编辑方志刊物、举办理论研讨会、开展业务培训、组织课题研究和成果评审、鼓励个人撰写论文、出版专著、建立人才培养机制等形式，深化地方志理论研究和学科建设，促进地方志事业全面健康发展。

（十一）要加快地方志成果数字化，推进地方志网站建设，积极开展数字方志馆建设，推动全省地方志系统网络互联、资源共享。要利用互联网技术、依托地方志信息资源平台，向社会提供优质便捷的查询服务。有条件的地方要适时把方志馆建设列入当地经济社会发展规划，使方志馆早日成为地方志和地情资料收藏展示平台、地情研究咨询中心、地方文化对外交流窗口和爱国主义教育基地。

（十二）地方志工作机构应当围绕中心、服务大局，开展地情资源研究，为各级党委、政府提供决策参考。指导编纂一批体现云南民族、地方特色的名镇志、名村志，充分挖掘、展现云南地方文化特色。整合资源、创新形式，编写介绍名人、名山、名川、名产等具有浓郁地方特色的适合不同对象阅读的地情读物或乡土教材，使地方志成果更加贴近社会需求，发挥地方志在历史文化遗产保护、旅游开发、民族文化建设等公共文化领域的重要作用。大力宣传云南丰富多彩的地理、人文资源，增强地域文化的辐射力、影响力，服务云南经济文化建设。

近日，中共中央办公厅、国务院办公厅印发的《国家“十三五”时期文化发展改革规划纲要》中明确强调“完成省、市、县三级地方志书出版工作。开展旧志整理和部分有条件的镇志、村志编纂”。这是继2016年3月在《中华人民共和国国民经济和社会发展第十三个五年规划纲要》中明确提出“加强修史修志”，2017年1月中办、国办印发《关于实施中华优秀传统文化传承发展工程的意见》中明确要求“做好地方史志编纂工作，巩固中华文明探源成果，正确反映中华民族文明史，推出一批研究成果”后，又一次把地方志工作纳入国民经济和社会发展规划，纳入党中央、国务院部署的工作任务之中；又一次从国家层面明确了地方志在传承弘扬中华优秀传统文化，推进文化发展改革，建设社会主义文化强国中的重要作用，充分体现了党中央、国务院对地方志工作的高度重视和殷切期望。地方志工作者和工作机构要以此为契机，“修志问道，直笔著史”，紧紧围绕“两全目标”，为社会主义文化强国建设贡献“志”力。

云南省地方志编纂委员会办公室

2017年5月31日

中共西藏自治区委员会办公厅 西藏自治区人民政府办公厅关于印发《2016年度地方志工作督查考核实施方案》的通知

各地、市委，各行署、政府，区（中）直有关部门和单位：

经自治区党委、政府领导同志同意，现将《2016年度地方志工作督查考核实施方案》印发给你们，请按要求认真做好自查自评及迎接考核准备工作。

中共西藏自治区委员会办公厅
西藏自治区人民政府办公厅
2017年1月5日

2016年度地方志工作督查考核实施方案

为深入贯彻落实全区地方志工作会议和《西藏自治区贯彻落实〈全国地方志事业发展规划纲要（2015—2020年）〉的实施意见》（藏党办发〔2015〕43号，以下简称《实施意见》）精神，扎实有力推动全区地方志事业发展，圆满实现到2020年地方志工作“两个全面”的目标任务，根据《西藏自治区实施〈地方志工作条例〉办法》《西藏自治区地方志工作考核办法（试行）》（藏委厅〔2016〕56号，以下简称《考核办法》）要求，现就做好2016年度地方志督查考核工作，提出如下实施方案。

一、目标任务

坚持公开透明、客观公正，正向激励、追责严明的原则，坚持上级考核与单位自查相结合、书面审查与实地督查相结合、日常检查与集中考核相结合、定性评价与定量考核相结合，对自治区志各承编单位及7地市贯彻落实全区地方志工作会议和《实施意见》精神情况、《西藏自治区地方志目标责任书》任务进展执行情况、地方志鉴编纂业务推进情况进行全面督导考核，及时培植和推广先进典型，及时发现并解决存在的问题，及时督导并推动工作落实，为到2020年实现全区地方志工作“两个全面”的目标任务奠定坚实基础。

二、督查考核对象

督查考核的重点对象是自治区志各承编单位和7地市，同时对部分县（区）进行延伸督查考核。

三、阶段安排

（一）动员部署。2017年1月16日，召开全区地方志工作督查考核动员培训会，对督查考核工作进行动员部署，并进行集中培训。

（二）督查考核。分两个阶段进行，第一阶段：2017年1月17日至24日，深入自治区志各承编单位开展督查考核；第二阶段：2017年2月13日至20日，深入7地市开展督查考核。

（三）情况通报。督查考核工作结束后，自治区地方志办公室汇总情况，形成督查考核情况报告，经报请自治区地方志编纂委员会批准，以自治区党委办公厅、政府办公厅名义印发督查考核通报，以自治区地方志办公室名义向承编单位和地市印发督查考核结果通知书。

（四）评先评优。根据督查考核结果，经自治区地方志编纂委员会研究，确定2016年度全区地方志工作先进地市、先进单位和先进工作者，并以自治区党委办公厅、政府办公厅名义印发通知进行表扬。

四、督查考核内容

（一）综合考核。根据《考核办法》要求，

重点对领导机制建设、地方志工作机构建设、地方志工作人才和队伍建设、地方志事业发展的支持保障、地方志工作推动落实情况逐项进行考核评分。

（二）地方志书工作考核。根据地方志书年度工作进度及编纂出版任务完成情况进行考核。根据《实施意见》要求，2016 年应完成志书编纂出版任务的，必须坚决完成（以志书编纂出版或志稿送出版社编辑为准）；2017 年应完成志书编纂出版任务的，2016 年应达到终审水平；2018 年应完成志书编纂出版任务的，2016 年应达到复审水平；2019 年和 2020 年应完成志书编纂出版任务的，2016 年应达到初审水平。如未达到上述要求标准的，地市按照每部志书 1—3 分的分值扣分，自治区志承编单位按照每部志书 3—5 分的分值扣分。已完成一、二轮志书编纂任务的地市和单位，根据《实施意见》精神，对特色志、乡镇志、藏文版等新一轮志书编纂任务执行情况进行考核。

（三）地方综合年鉴工作考核。根据地方综合年鉴工作进度及编纂出版任务完成情况进行考核。其中，地市 2016 年应做到一年一鉴，公开出版，但未完成任务的，按每部年鉴 1—2 分的分值扣分，各地市所辖县（区）向《西藏年鉴》提供稿件的情况，纳入地市考核工作中综合评分。自治区各相关承编单位，未向《西藏年鉴》提供稿件或未及时提供稿件、稿件质量不过关的，根据实际情况酌情扣分。

（四）其他工作考核。根据《考核办法》中的加分事项和一票否决事项进行考核。

五、人员组成及分工

督查考核工作在自治区地方志编纂委员会的领导下，由自治区地方志办公室牵头协调，自治区党委督查室、政府督查室共同参与完成，具体分工如下。

第一组

组　长：次仁平措　自治区党委副秘书长

成　员：李　洪　自治区党委督查室副调研员

邹廷波　自治区地方志办公室干部

尼玛次仁　自治区党委办公厅驾驶员

联络员：邹廷波　15692614589

督查考核分工：负责自治区政府办公厅、检察院、民宗委、民政厅（区残联等单位参与）、财政厅、商务厅、文化厅、新闻出版广电局、统计局（国家统计局西藏调查总队）、社科院、国税局、气象局等 12 家自治区志承编单位和那曲地区、那曲县、双湖县、申扎县。

第二组

组　长：才旦南杰　自治区政府副秘书长

成　员：范晓燕　自治区地方志办公室业务指导处副处长

龙　波　自治区政府督查室干部

赵乐广　自治区政府办公厅驾驶员

联络员：范晓燕　13989082166

督查考核分工：负责自治区人大常委会办公厅、组织部（编办）、发展改革委、人力资源社会保障厅、交通运输厅（青藏铁路公司拉萨办事处等单位参与）、旅游发展委、审计厅、体育局、地勘局、民航西藏区局、档案局（馆）、粮食局等 12 家自治区志承编单位和拉萨市、达孜县、林周县、当雄县、山南市、乃东区、桑日县、扎囊县。

第三组

组　长：汪德军　自治区地方志办公室主任

成　员：平措次仁　自治区党委督查室科长

何仕林　自治区地方志办公室干部

拉　琼　自治区地方志办公室驾驶员

联络员：何仕林　13518901258

督查考核分工：负责自治区政协办公厅、高级人民法院、教育厅、科技厅、工业和信息化厅、公安厅（边防、消防等单位参与）、住房城乡建设厅、卫生计生委（红十字会等单位参与）、外侨办、质监局、团区委、工商联、拉萨海关等13家自治区志承编单位和林芝市、巴宜区、工布江达县、波密县，昌都市、卡若区、八宿县、左贡县。

第四组

组　长：王会世　自治区地方志办公室副主任

成　员：李光飞　自治区政府督查室干部

薛　腾　自治区地方志办公室干部

尼玛扎西　自治区党委办公厅驾驶员

联络员：薛　腾　13638979672

督查考核分工：负责自治区司法厅、环境保护厅、水利厅、农牧厅、总工会、妇联、文联、西藏出入境检验检疫局、通信管理局、邮政管理局、银监局（保监局、证监局等单位参与）、文物局、测绘局等13个自治区志承编单位和日喀则市、江孜县、拉孜县、萨嘎县，阿里地区、噶尔县、普兰县、日土县。

自治区地方志办公室负责做好督查考核组的协调服务工作。

联系人：范晓燕

联系电话：6338111转8829，6331355；13989082166

六、工作要求

（一）明确任务、强化协调。开展地方志工作督查考核，是贯彻落实《实施意见》的必然要求，是推动实现地方志工作“两个全面”目标任务的重要保障。自治区地方志办公室要在自治区地方志编纂委员会的领导下，切实加强对地方志督查考核工作的牵头统筹和综合协调，自治区党委督查室、政府督查室要大力支持、主动参与，共同完成好督查考核工作任务。各督查考核组要严格落实组长负责制，认真学习掌握自治区党委、政府及地方志编纂委员会关于新形势下加快推进地方志事业发展的决策部署要求，学习掌握《实施意见》《考核办法》等制度规定精神和本次督查考核工作要求，确保督查考核工作取得实效。各地市、自治区志各承编单位和各相关县（区）要切实做好迎接考核工作准备，明确1名联络员（联络员名单请于1月10日前报送自治区地方志办公室），并及时与对应的督查考核组联络沟通，确保工作衔接紧密有序。

（二）注重方式、提高实效。各地市、自治区志各承编单位要根据《考核办法》要求，本着客观公正、实事求是的原则，对年度地方志工作进行认真自查自评，并将自查工作总结和自评结果报送自治区地方志办公室和督查考核组。地市的自查自评中应包括对所辖县（区）地方志工作的考核情况和分值权重。考核结束后，要根据通报和通知书要求，周密研究、落实责任，扎实推进各项整改措施，并及时上报整改结果，确保各项整改措施落到实处。各督查考核组要采取听、查、核相结合的方式，听取被考核地市和单位地方志工作开展情况汇报，查阅相关文件和台账资料，检查自查自评结果和志鉴编纂实际情况，确保督查考核结果的公正性和公信力。督查考核工作结束后，要形成综合考评材料、每个被督查考核单位的基本鉴定材料，报送自治区地方志办公室。自治区地方志办公室要加强对各地市和自治区志各承编单位自查自评结果、各督查考核组考核结果的审查，在此基础上，做好日常工作考核评分，科学严谨地计算出综合评分，提出评先评优、约谈问责、通报批评等方面的意见建议，报送自治区地方志编纂委员会审定。

（三）坚持原则、严守纪律。各地市、各承编单位、各督查考核组要将从严从实要求贯穿地方志工作自查自评、督查考核、综合考评全过程，严肃认真、求真务实，坚持标准、严格考评，确保督查考核结果经得起检验。各督查考核组要严格遵守中央八项规定精神和区党委“约法十章”“九项要求”，加强队伍组织管理、纪律管理，严格自我要求，树立督查考核工作人员清正廉洁、敬业担当的良好形象。督查考核人员在督查考核期间的住宿费、差旅费及车辆相关费用等由各派出单位按规定报销。

西安市人民政府办公厅关于做好我市地方志事业发展工作的通知

各区、县人民政府，市人民政府各工作部门、各直属机构：

为深入贯彻落实《国务院办公厅关于印发全国地方志事业发展规划纲要（2015—2020年）的通知》（国办发〔2015〕64号）和《陕西省人民政府办公厅关于印发省地方志事业发展规划（2016—2020年）的通知》（陕政办发〔2016〕76号）精神，充分发挥地方志资政、存史、教化等作用，使地方志工作更好地为全市经济社会发展和文化强市建设服务，现就做好我市地方志事业发展工作有关事项通知如下。

一、总体要求

（一）指导思想。深入贯彻党的十八大和十八届三中、四中、五中、六中全会精神以及习近平总书记系列重要讲话精神，认真落实第五次全国地方志工作会议精神，紧紧围绕市委、市政府中心工作，坚持依法修志、改革创新、质量第一、修用结合的原则，推动全市地方志事业全面协调可持续发展。

（二）总体目标。完成全市第二轮修志任务、做好第三轮修志工作准备，实现区县综合年鉴编纂工作全覆盖，加快地方志信息化和方志馆建设，推进地方志成果的开发利用。通过4年的努力，基本建成具有西安特色的地方志编修体系、理论研究和学科建设体系、质量保障体系、资源开发利用体系、工作保障体系等“五位一体”的地方志事业发展体系，不断开创我市地方志事业发展新局面。

二、主要任务

（一）全面完成二轮修志规划任务。在保证质量第一的前提下，于2018年全面完成市、区（县）两级二轮志书编纂任务，2020年市、区（县）两级二轮志书全部印刷出版。市、区（县）两级地方志办公室在完成二轮修志任务的同时，要全面总结经验教训，并启动三轮修志的准备工作；鼓励各区县、部门和驻地单位开展行业志、部门志、专业志编纂工作。市、区（县）地方志办公室要做好各类志书的审核管理工作；全市地方志系统要积极推行地方志资料年报制度，逐年统一征集第三轮修志资料。要积极探索和运用口述史、影像志等方式，进一步拓宽地方志资料搜集渠道，拓展志书表现形式。

（二）大力推进年鉴工作全覆盖。市、区（县）两级地方志办公室依法履行组织、指导、督促、检查和编纂年鉴工作职责，规范年鉴编纂行为。严格执行《地方综合年鉴编纂出版规定》，不断提高《西安年鉴》编纂质量。要大力提升年鉴数字化、网络化水平，积极参与中国年鉴精品工程。年鉴撰稿单位要将年鉴工作列入本单位工作计划，确保按时保质完成撰稿任务。各区县要加强综合年鉴编纂工作，已启动综合年鉴编纂工作的区县，要确保于2018年前做到一年一鉴并公开出版；尚未启动综合年鉴编纂工作的区县，要积极创造条件，立即启动综合年鉴编纂工作，务必于2020年前实现一年一鉴并公开出版。

（三）加强地情资料开发利用。市、区（县）两级地方志办公室要依托西安深厚的文化底蕴和丰富的地情资源，以体现西安地域特色为主题，积极挖掘整理西安地情资料和历史文化，主动开展地情书籍编纂工作；将地方史编写纳入地方志工作范畴。由市地方志办公室牵头帮助指导条件成熟的区县启动地方史编写工作，丰富地方志成果的表现形式。指导有条件的镇（街道）、村（社区）做好史书编纂工作。

（四）加快方志馆和地方志信息化建设。加快西安方志馆建设步伐。各区县也要结合实际，积极建设本区县方志馆。目前还暂不具备条件的区县，要建好地情资料室，为下一步方志馆建设积累各类文献资料；不断提升全市地方志信息化建设水平，努力打造方便快捷的地方志服务平台和对外交流展示品牌。未完成地情网站建设的区县，要加快建设步伐并投入使用，形成我市地情网站群。

（五）进一步加大地方志宣传力度。全市地方志系统要贴近西安经济社会发展实际，贴近人民群众的需要，进一步拓宽服务渠道，增强服务功能，创新服务手段。坚持开放治志理念，围绕方志文化“六进”（进机关、进农村、进社区、进校园、进企业、进军营）要求，充分利用各类媒体和网站，广泛宣传地方志法规条例和各类成果，扩大地方志工作的影响。全市地方志系统要围绕推进中国特色社会主义伟大事业、实现中华民族伟大复兴的战略任务，着眼“追赶超越”定位，贯彻“五个扎实”要求，积极开展社会主义核心价值观教育，针对广大群众特别是青少年开展国情教育、市情教育和乡情教育，讲述好西安故事，发挥好地方志资源在全市地方公共文化服务中的作用。

（六）进一步加强理论研究与学术交流。全市地方志系统要结合工作实际，围绕解决地方志编纂、地方志事业发展的重大问题，加强地方志理论研究，积极为社会经济发展和文化建设服务；要加强地方志专业人才队伍建设，重视人才选拔、培养和使用；加强地方志学术交流活动，依托社会和高校、科研力量，逐步建立我市地情研究和方志研究专家队伍；各区县要加强对专业志鉴工作人员定期岗位培训和继续教育，建立一支具有一定专业和理论功底、又具有实践能力的地方志常备队伍。

三、保障措施

（一）进一步加强组织领导。进一步明确和落实各级政府依法对地方志工作的主体责任，加大政府关心和支持地方志事业发展的力度，强化责任落实；各区县要将地方志工作纳入到国民经济和社会发展规划、文化事业发展规划和政府工作任务之中，形成党委领导、政府主持、地方志工作机构组织实施、专家参与、相关部门积极配合的机制。

（二）进一步健全保障机制。各区县要认真贯彻落实国务院关于地方志工作“一纳入八到位”要求，明确地方志工作机构的职责，落实地方志工作人员；要确保区县地方志办公室有独立的办公场所和资料查阅场所。要按照各级政府关于地方志事业发展规划的要求，规划好本区县地方志工作，并认真抓好贯彻落实。市级机关各部门要明确地方志工作兼职人员1至2人，并保持工作人员的相对稳定；市、区（县）地方志工作所需经费，要列入本级政府的财政预算，确保经费及时到位。市级各部门要将地方志工作所需经费列入本部门年度经费预算，保证本部门地方志工作的正常需要。

（三）进一步加强监督检查。要强化地方志法规规章的执行力度，推动执法监督检查常规化，依法纠正、查处执行不力和违法行为。及时调整和补充市、区（县）地方志编纂委员会成员，切实发挥编委会作用。编委会主任、副主任要主动听取和研究地方志工作。

各区县各部门要根据本通知要求，结合工作实际抓好贯彻落实。市地方志办公室要加强分类指导、督促检查，全面提高我市地方志工作水平。

西安市人民政府办公厅
2017年2月7日

甘肃省地方史志办公室
关于继续开展二轮省志编纂工作集中攻坚行动的通知

（甘志办发〔2017〕4号）

各责任领导、各责任人：

为了尽快改变全省二轮省志编纂进程相对滞后的状况，保证省志编纂工作按照规划时限全面完成，省史志办于2016年组织和动员全体领导干部和业务人员力量，开展了二轮省志编纂工作集中攻坚行动。经过一年的努力，集中攻坚行动取得了明显成效，年内编纂完成并提交复审省志12部（包括《舟曲特大山洪泥石流抢险救灾和恢复重建志》），一年完成任务量占到2004年全省二轮志书修编开始到2015年12年间所完成16部的75%，是2015年完成任务量的3倍。为进一步总结和发扬成功经验，群策群力，继续打好集中攻坚战，改变全省二轮省志编纂进程严重滞后的局面，经室务会议研究，决定集全室之力，在抓好常规工作的同时，继续集中开展二轮省志编纂工作集中攻坚行动。现将有关事项安排如下：

一、明确工作责任。继续成立五个攻坚小组，每个小组有一名责任领导全面负责。每组确定四至五名责任人，其中名列最前的一名处级干部为第一责任人。列入攻坚小组的省志编纂处一名人员为第二责任人，其余人员为责任人。每个攻坚小组可采取集中统一调度、责任包干到人等各种行之有效的办法，包抓好本组二轮省志编纂每个阶段、各个环节的工作，直至完成终审及出版任务。2016年已提交复审、但未完成终审任务的《农业志》《国土资源志》《人物志》仍由原攻坚小组负责完成。

二、确保按规划时限完成编纂任务。各攻坚小组要对照《甘肃省地方志事业“十三五”发展规划》中《“十三五”时期二轮省志编纂规划表》对每部志书编纂的时限要求，加强督促检查，强化指导服务，保证按规划时限完成各自承担的任务。全部志书编纂工作必须确保在2020年之前全面完成。要把规划确定的2020年全面完成二轮省志编纂的时限作为确保任务完成的最后底线，具体完成时限只能提前，绝不能滞后。根据2016年以来二轮省志编纂工作已全面提速的工作形势，各攻坚小组要积极协调、分类指导、主动服务，按照每部志书编纂实际进展情况和工作需要，适当确定提前完成任务的时限，为全面完成规划任务赢得主动。

三、做好分类指导、科学调度。各攻坚小组要针对所包抓志书编纂进程中的不同情况，强化科学调度，坚持分类指导。对形成初稿的承编单位，要促其加快进度，尽早进入审稿及出版阶段；对正在编纂的承编单位，要加强指导调度，促其尽快形成初稿进入审稿阶段；对尚未启动的承编单位，要采取特殊有效的措施，促其立即启动工作，早日形成初稿；对需我室组织编纂的志书，要立即采取措施，组建起专兼职结合的专门班子，尽快拿出编纂大纲，尽早进入编纂阶段，带头按时限完成编纂任务。

四、强化对集中攻坚行动的组织领导。各攻坚小组的责任领导、责任人要高度负责，拿出集中攻坚的切实举措，强力推动工作责任落实。各攻坚小组要全面加强日常工作，每月集中汇总一次进展情况，及时发现问题解决问题，确保工作顺利推进。室务会议每季度召开一次专题会议听取各攻坚小组工作进展成果的汇报，及时发现问题、强化工作措施。

附件：1. 二轮省志编纂集中攻坚行动分工负责表（略）

2. “十三五”时期二轮省志编纂规划表（略）

甘肃省地方史志办公室

2017年2月7日

甘肃省地方史志办公室
关于进一步规范地方综合年鉴编辑审核工作有关问题的通知

（甘志办发〔2017〕15号）

各市（州）地方史志办公室：

地方综合年鉴是系统记述本行政区域自然、政治、经济、文化、社会等方面情况的年度资料性文献。编辑出版地方综合年鉴，是国务院《地方志工作条例》以及省政府《甘肃省地方志工作规定》赋予省、市（州）、县（市、区）三级地方志工作部门的一项法定任务，旨在真实准确地记载本地区每个年度经济建设、政治建设、文化建设、社会建设、生态文明建设等各方面综合情况，为地方党委、政府和社会机构及时提供工作决策及各类问题研究的基本情况和相关依据。规范编辑出版地方综合年鉴，具有重要的存史、资政意义。由省政府主管、省地方史志办公室主办的《甘肃年鉴》编辑出版以来，入鉴内容进一步丰富，编辑出版质量进一步提升，服务工作决策、服务社会的作用进一步显现。《甘肃年鉴》被引证总卷次、引证文献数量等在46个省级（含副省级）地方综合年鉴中名列前茅。各市（州）、县（市、区）地方综合年鉴近年来开办数量逐年增加，编辑出版质量逐步提高，并向一年一鉴健康发展，在促进地方各项事业发展中发挥了综合年鉴的应有作用。但各级史志部门在规范编辑出版地方综合年鉴的业务工作中还存在不少差距，尤其是在篇目设置、编辑质量、审改把关、版式设计、审稿程序等方面还存在有待改进的方面。为了进一步提升地方综合年鉴编辑出版质量，努力打造精品年鉴，提升服务社会功效，现就进一步规范地方综合年鉴编辑审核工作有关问题通知如下：

一、科学设置年鉴篇目

1. 篇目是年鉴的成书之本，是编辑工作的规划蓝图和实施方案。科学设置年鉴篇目，是做好年鉴编辑出版工作的基础。年鉴篇目应参照国民经济行业分类标准，结合社会实际分工和本地特点设置，做到科学合理、层次清晰、领属得当、编排有序。

2. 年鉴篇目应涵盖本行政区域的全面情况，并突出年度特点和地方特色。

3. 年鉴篇目要适应地方经济社会事业发展的新需求，灵活、科学地拓宽篇目设置内容空间，及时进行适当调整。

4. 年鉴要突出工具性特点，建立较完备的检索系统。各层次标题应规范、简洁、准确，目录应详至条目。

二、着力提升编辑质量

1. 把好资料取舍关。信息性是年鉴的生命，要在尊重原稿的基础上合理取舍资料，提取重要信息进行编辑。对要素不全的供稿，要按照篇目设置的需要补齐缺项。对质量较差、难以入鉴的供稿，要加强与供稿单位的协商沟通，并开展必要的业务辅导和工作指导，力求供稿单位提供合乎要求的入鉴资料。

2. 把好条目设置关。要坚持“一事一条”原则，合理设置条目。条目排序应遵循先综合性后单一性、先重要性后一般性、先常规性后动态性的原则。条目名称应规范准确，避免题文分离、文不对题现象。

3. 把好敏感内容关。对涉及政治、军事、民族、宗教等敏感内容，要增强政治意识，坚持政治原则，严守保密纪律。要严格按照党的民族、宗教工作各项方针、政策，准确把握记述各类敏感内容。对确实把握不准的，应送有关部门审核。

4. 把好语言文字关。地方综合年鉴要使用记叙文、说明文等文体，做到文风朴实、语言流畅、文字简练。语言文字、标点符号、数字使用、计量单位应符合《中华人民共和国国家通用语言文字法》《出版物汉字使用管理规定》《标点符号用法》《出版物上数字用法的规定》

等国家法律、法规和规定。

5. 把好动态内容关。在坚持编好常规、固定条目的同时，适度增加动态性条目，突出反映本年度、本地区阶段性重点工作和发生的重大变化。

三、合理创新版式设计

1. 地方综合年鉴要重视版式、版面设计，做到疏密得当、层次分明、新颖美观；装帧应简朴、庄重、严谨，设计风格应具有稳定性、鉴赏性。各地综合年鉴可设计各具特色的Logo标识、不同色块和添加表格底色等。

2. 地方综合年鉴可以在卷首部分开辟图片专栏，直观、生动地反映全省和各地区在改革、开放、发展等方面取得的显著成绩和发生的重大变化。

3. 地方综合年鉴在编辑过程中，要重视对照片、图片的征集和遴选，适当增加随文图片载量。照片、图片的使用，必须符合国家法律法规和相关规定。照片应要素齐全、主题突出、典型美观、放置合理。

四、坚持“一年一鉴”，分年度连续公开出版

1. 认真贯彻落实国务院《全国地方志事业发展规划纲要（2015—2020年）》和省政府《甘肃省地方志事业“十三五”发展规划》，确保在2020年前实现省、市（州）、县（市、区）三级地方综合年鉴全覆盖目标。各市（州）、县（市、区）要早安排、早部署，把地方综合年鉴编辑出版作为主要工作，切实抓好落实。

2. 地方综合年鉴编辑必须一年一鉴，分年度连续公开出版。要按照当年编辑、当年出版的要求，制订科学合理的编辑流程，强化编辑出版各环节的有效衔接，努力提高编辑出版工作效率。

3. 新启动地方综合年鉴编辑工作的地方，要坚持年鉴的年度性原则，编辑出版反映上一年度全面情况的年鉴，不再补历史欠账，不得编辑多年合编本。

4. 地方综合年鉴出版卷号应与出版年份一致，同时制作出版电子版。

五、严格执行审核程序

（一）基本原则

1. 各级地方综合年鉴要坚持以马克思列宁主义、毛泽东思想、邓小平理论、“三个代表”重要思想为指导，全面贯彻落实科学发展观和习近平总书记系列重要讲话精神。

2. 严格执行国务院《地方志工作条例》和省政府《甘肃省地方志工作规定》以及相关法律法规和政策规定。

3. 坚持初审、复审、终审三级审核制度，严格落实分级审读、逐级把关、下管一级的原则。

（二）审核主体

1. 《甘肃年鉴》初审、复审、终审三级审核主体分别为：初审主体为《甘肃年鉴》组稿各报送单位，复审主体为《甘肃年鉴》编辑部（年鉴工作处），终审主体为省地方史志办公室。

2. 市（州）年鉴初审、复审、终审三级审核主体分别为：初审主体为市（州）年鉴组稿各报送单位，复审主体为市（州）地方史志办公室，终审主体为市（州）人民政府。

3. 县（市、区）年鉴初审、复审、终审三级审核主体分别为：初审主体为县（市、区）年鉴组稿各报送单位，复审主体为县（市、区）地方史志办公室，终审主体为县（市、区）人民政府。

（三）审核程序

1. 初审：各单位报送的年鉴组稿资料，经各报送单位依据相关程序审阅后，按时间要求及时报送各级地方综合年鉴编辑部门。

2. 复审：各级地方综合年鉴编辑部门对入鉴资料进行认真修改、反复校对并装订成册后，提交本市（州）、县（市、区）地方史志办公室进行复审。

3. 终审：各级地方综合年鉴编辑部门根据复审意见对年鉴进行修改后，由地方史志办公室报本级市（州）、县（市、区）政府终审，并报上级地方史志办公室审核。

4. 参与地方综合年鉴复审终审人员应有代表性和一定的年鉴业务知识。复审、终审工作应组织严谨、程序合规，并提交书面审议意见。

（四）审核重点

1. 地方综合年鉴记述内容应符合事实、无常识性差错。

2. 地方综合年鉴记述的内容要符合党的路线、方针、政策和国家法律、法令，符合国家规定的统计口径和对外宣传政策。

3. 地方综合年鉴要符合保密规定及相关出版要求。

4. 地方综合年鉴涉及政治和政策敏感性的内容要经有关主管部门审查，涉及重要统计数据的应经同级统计部门审核。

甘肃省地方史志办公室
2017 年 4 月 10 日

青海省人民政府办公厅
关于全省地方志编纂“两全目标”进展情况的通报

（青政办函〔2017〕223 号）

各市、自治州人民政府，省政府各委、办、厅、局：

为深入贯彻《国务院办公厅关于印发全国地方志事业发展规划纲要（2015—2020 年）的通知》（国办发〔2015〕64 号，以下简称《规划纲要》）精神，确保按时保质完成“到 2020 年完成第二轮地方志书规划任务，省、市、县三级地方志书全部出版”和“到 2020 年做到地方综合年鉴由地方志工作机构组织编纂，一年一鉴，公开出版，实现省、市、县三级综合年鉴全覆盖”的目标任务（简称“两全目标”），经省政府同意，现将全省地方志编纂“两全目标”进展情况通报如下。

一、全省地方志编纂“两全目标”工作进展情况

（一）全省第二轮三级志书编纂出版工作进展情况。

全省第二轮三级志书规划编纂 116 部。截至目前，已出版 26.5 部，占规划数的 22.84%。按志书成稿指标统计，共完成 69.5 部，占规划数的 59.9%；正在撰写初稿 44.5 部，占规划数的 38.36%；正在搜集资料 1 部，占规划数的 0.86%；未启动 1 部，占规划数的 0.86%。

（二）省、市、县三级综合年鉴全覆盖工作进展情况。

全省规划到 2020 年实现“一年一鉴、公开出版”（简称“达标”）的综合年鉴共 52 部。截至目前，已实现“达标”17 部，占规划数的 32.7%；已启动编纂但尚未“达标”29 部，占规划数的 55.8%；尚未启动编纂 6 部，占规划数的 11.5%。

二、面临形势和存在的主要问题

修志是国家行政管理的必要组成部分，是各级政府和有关部门义不容辞的职责，必须不折不扣地完成。《规划纲要》明确了 2020 年是时间红线，实现“两全目标”是刚性指标、硬任务。国家已把实现“两全目标”上升到开创世界文化创举的高度，其意义十分重大。我省“两全目标”完成情况与国务院和省委省政府的要求、与全国同行相比，存在较大差距。主要表现在：一是“两全目标”工作整体进展缓慢。虽然大部分省志承编单位已完成修志任务，但还有个别单位二轮志书编修工作推进乏力，个别地区工作进展滞后，影响了全省整体进度。二是对“两全目标”任务落实重视不够。个别地区和省志承编单位对完成“两全目标”任务认识不到位，领导重视和支持不够，影响了地方志工作的有序开展。三是落实“两全目标”措施不得力。主动作为意识不强，没有立足现实条件积极想办法、出实招，没有采取切实可行的措施解决编纂修志过程中遇到的困难和问题，影响了“两全目标”进度。

三、提高认识，强力推进，确保按时保质完成“两全目标”

做好地方志工作是各地、各部门的法定职责，“两全目标”是地方志工作的重要组成部分，也是各级政府、省直相关部门履职尽责必须要完成的法定任务。各级政府和省志各承编单位主要负责同志要切实履行好第一责任人职责，引起高度重视，协调解决问题，抓好督促落实。各地、各部门要加快工作进度，恪守时间底线，根据省志办印发的实现“两全目标”时间表、路线图，制定更加详尽的推进时间表和切实可行的推进措施，严格按计划进行落实；要增强质量意识，坚持抓进度与抓质量并重，确保进度与质量的有机统一；要针对缺少人员的实际，进一步拓宽修志思路，采取向修志专业机构进行承包、聘请修志专家、返聘老同志参与编纂等方式，加快推进“两全目标”按时保质完成。各级地方志办公室要认真履职尽责，主动担负起督促、检查、指导职能，及时掌握工作进度。各级政府督查部门要把“两全目标”完成情况纳入督查工作计划，适时进行行政督察、工作约谈、公开通报。

附件：1. 第二轮省级志书编纂工作进度表（62 部）（略）

2. 第二轮市州、县级志书编纂工作进度表（54 部）（略）

3. 省、市州、县三级综合年鉴编纂工作进度表（52 部）（略）

2017 年 11 月 3 日

宁夏回族自治区地方志事业发展实施方案（2016—2020 年）

为进一步推动我区地方志事业科学发展，充分发挥地方志工作促进经济社会发展和文化建设的重要作用，根据《国务院办公厅关于印发全国地方志事业发展规划纲要（2015—2020 年）的通知》（国办发〔2015〕64 号）和《宁夏回族自治区地方志工作发展规划（2008—2020 年）》，结合我区地方志工作实际，制定本实施方案。

一、重要意义

地方志是记载自然、政治、经济、社会、文化历史和现实的重要资料宝库，是传承和彰显中华文明的重要载体。近年来，自治区坚持把地方志工作作为重要的文化基础工作来抓，各级地方志工作机构认真履职，广大地方志工作者努力拼搏，全区地方志工作机制日益完善，地方志事业呈现出良好的发展态势，区、市、县三级首轮修志任务全面完成，《宁夏通志》填补了宁夏没有省级综合志书的空白，地方综合年鉴在全国率先实现区、市、县三级全覆盖，多部志书、年鉴在全国地方志书首轮优秀成果评比中获奖，为推动我区文化事业发展作出了积极贡献。

在新的历史发展阶段，按照“四个全面”战略部署，党和国家对地方志工作提出了新任务新要求，强调要高度重视修史修志，把历史智慧告诉人们。地方志工作要适应经济社会发展新形势，明确在发展改革大局中的目标任务，科学规划，积极创新，有序推进地方志事业持续健康发展。各地、各部门（单位）要深刻把握新形势新要求，优化发展思路，强化工作举措，深化改革创新，努力开创宁夏地方志事业发展新局面，为加快开放富裕和谐美丽宁夏建设、与全国同步建成小康社会提供有力支撑。

二、目标任务

（一）总体目标。到 2020 年，全面完成第二轮修志规划任务，在区、市、县三级综合年鉴全覆盖的基础上，确保按规划正常出版。加强对社会修志编鉴工作的指导管理，加快信息化和方志馆建设，做好第三轮修志工作的各项准备，基本形成地方志编修、理论研究、质量保障、开发利用、工作保障的地方志事业发展体系。

（二）主要任务

1. 完成第二轮修志规划任务。到2020年，完成剩余11部市、县（区）志书出版任务（见附件1）。全面总结第一轮、第二轮修志工作经验，客观分析存在的问题和困难，认真研究第三轮修志的组织管理、运作模式、续修方式等，为启动第三轮修志做好资料收（征）集、队伍培训及理论准备等工作。

2. 推进行业（部门）、乡镇（街道）、村（社区）等志书编纂。制定志书编纂相关工作制度，加强对行业、部门和单位志书编纂工作的业务指导和管理。力争到2020年，完成49部首修与续修合一专业（部门）志书和13部续修专业（部门）志书的编修出版工作（见附件2）。鼓励各市、县（区）积极开展镇志、村志编修工作，自治区地方志办公室及时指导帮助解决志书编修工作中存在的问题和困难。支持、鼓励自治区有关部门、单位开展未作具体规划但具有地方特色的名山、名产、名胜志、工业园区志、经济开发区志、能源化工基地志、企业志、学校志等志书的编修出版工作。

3. 做好地方综合年鉴和行业年鉴编辑工作。理顺年鉴编辑和管理工作机制，地方综合年鉴统一由所在地地方志工作机构组织编辑，一年一鉴，争取公开出版（见附件3）。鼓励各级党政机关、企事业单位开展本部门、本单位的年鉴编辑出版工作，进一步完善和规范年鉴编辑工作。

4. 开展旧志整理。地方志工作机构加强与自治区有关高等院校、科研院所和各级公共图书馆、档案馆等单位的交流合作，深入开展旧志整理，抢救保护文化遗产，力争整理出版一批反映宁夏历史发展和文化遗产传承的代表性作品。

5. 加强地方志质量建设。严格执行中国地方志指导小组制定的《地方志书质量规定》《地方综合年鉴编纂出版规定》和宁夏地方志办公室制定的《各类志书、年鉴及地情资料类书籍送审制度》等志书、年鉴编纂出版有关规定，不断加强地方志质量保障体系。自治区各类志书、年鉴及地情资料类书籍的编辑出版工作要坚持正确方向和质量第一，严格实行志书编修出版初审、复审、终审“三审”定稿和自治区地方志办公室批复出版制度，严把政治关、史实关、体例关、文字关、出版关，打造一批经得起历史检验、具有鲜明时代特征、代表宁夏文化形象的优秀志书、年鉴成果。积极开展志书、年鉴质量评比活动，推荐优秀志书、年鉴参加国家级优秀学术成果评比活动。

6. 加快地方志信息化建设。充分利用已有信息基础设施和数据资源，加快推进我区地方志信息化基础设施建设，加强对不同载体的地方文献收集、保护和开发利用，推动信息标准化工作。在现有银川、吴忠两市地方志网站的基础上，继续优化网络资源，加快志书、年鉴及地情资料类书籍的数字化进程，努力实现地方志资源共享，面向社会提供优质服务。

7. 提高地方志资源开发利用水平。坚持修志为用，加强地方志资源的深加工，拓展服务渠道，增强服务功能，创新服务手段，更好贴近经济社会发展实际，贴近人民群众需要，推出好水川战役、绥西抗战、唐肃宗灵武登基等一批专题性较强的地方历史书籍，为全区人民提供更好的区情普及读物。

8. 完善地方志资料保障机制。加大地方志资料收（征）集力度，认真做好地方志资料长编工作。推广运用社会调查、口述史等方法，拓展资料收（征）集范围和渠道，为第三轮修志做好资料准备。加强地方志资料的集中收藏、保存和管理，逐步建立能够适应地方志事业发展需要的资料保障工作机制。

9. 加强地方志理论研究和学术交流合作。自治区地方志办公室要进一步做好《宁夏史志》的编辑出版工作，加强地方志基础理论和编纂实践研究，推动理论创新、制度创新、管理创新、方法创新。支持地方志工作人员申报地方史志研究课题，鼓励开展方志理论研究，不断提高理论水平。加强与周边省（区）地方志工作机构的学术交流，积极协办全国和地区性的志书、年鉴学术会议，不断提升我区地方志工作水平。

三、保障措施

（一）加强组织领导。各地、各部门按照党委领导、政府主持、地方志工作机构组织实施、社会各界广泛参与的工作体制，坚持“一纳入、八到位”的工作机制开展工作，将地方志工作纳入各地经济社会发展规划、各级政府工作任务之中，做到认识到位、领导到位、机构到位、编制到位、经费到位、设施到位、规划到位、工作到位。各市、县（区）要将地方志工作所需经费列入财政预算，确保地方志工作经费与地方志事业发展相适应。承担编纂任务的各级党政机关、社会团体、企业事业单位和其他组织要将编纂地方志工作列入年度工作计划，认真组织实施。各级地方志工作机构要充分发挥统筹规划、组织协调作用，加强与有关部门、单位的沟通配合，确保高质量完成各项目标任务。

（二）坚持依法治志。全面贯彻落实《国务院地方志工作条例》和《宁夏回族自治区〈地方志工作条例〉实施办法》，逐步健全完善地方性法规规章，强化地方志工作机构的组织、指导、督促和检查职责，确保地方志工作依法开展。加大地方志工作法规规章的宣传、执行力度，定期开展执法监督检查，依法纠正、查处执行不力和违法行为。

（三）加强队伍建设。按照德才兼备原则和专业要求，加强地方志工作人员队伍建设，选拔、培养和引进一批高端人才，建设一支高素质的地方志编修和研究工作队伍。建立自治区级地方志专家库，聘请各行各业专家学者参与地方志工作，健全地方志工作机构主导、社会各界有序参与修志编鉴的途径和方式。采取多种形式，分层次分类型加强队伍教育培训。

（四）强化督促检查。各地、各部门要结合工作实际，根据本方案明确的工作任务和主要内容，制定推进本地区、本行业、本部门地方志事业发展的工作计划，强化责任落实。自治区地方志办公室要加强对全区的修志工作的检查、督促和指导，对发现的问题，及时督促整改落实，重大问题上报自治区地方志编审委员会研究解决。

（五）建立激励机制。由自治区地方志编审委员会办公室根据我区地方志事业发展实际，适时对全区地方志工作成效进行总结评估，并按照国家和自治区有关规定，开展先进集体和先进工作者评选活动，提请自治区地方志编审委员会审定后以自治区地方志编审委员会名义予以表彰，营造干事创业的良好氛围。

宁夏回族自治区人民政府办公厅
2017年4月27日

·领导讲话摘要

认真落实“四个到位”“四个一”　扎实做好通讯工作 为全面推进地方志事业转型升级提供保障

——在2017年全国地方志通讯工作座谈会上的讲话

（2017年1月10日）

冀祥德

大家好！“朝沧梧而夕北海”，今天，我们在国家历史文化名城北海市隆重聚会，召开全国地方志通讯工作座谈会。在此，我谨代表中国地方志指导小组办公室（以下简称中指办），向各位代表表示热烈的欢迎！向给予本次会议大力支持的北海市委、市政府领导，以及为承办这次会议付出艰辛劳动的广西壮族自治区地方志编纂委员会办公室、北海市地方志编纂委员会办公室的同志们表示衷心的感谢！

这次会议的主题是：进一步学习贯彻落实习近平总书记系列重要讲话精神，贯彻落实第五次全国地方志工作会议精神和《全国地方志事业发展规划纲要（2015—2020 年）》（以下简称《规划纲要》）有关要求，通过总结交流系统内通讯工作开展以来的经验与教训，强化通讯信息员队伍建设，提高通讯工作质量，加大地方志工作宣传力度，为在全国范围内全面推进地方志事业转型升级提供有力保障，营造良好宣传舆论氛围。

中指办历来重视通讯工作，1996 年就创办了《中国方志通讯》，搭建了全国地方志系统交流经验、沟通信息的平台，及时报道全国地方志工作的最新进展和变化，宣传介绍各地好的经验和做法，反映遇到的问题和困难。随着我国经济社会不断发展，地方志工作不断推进，通讯工作也不断创新。2007 年改版《中国方志通讯》，增加了版面，扩大了信息量，在内容上注意到区域、行业的平衡；在发行范围上，除各省级、地市级及国务院部委局的有关地方志工作机构外，还扩大到四川、河南两个试点省的县级地方志工作机构。2012 年，组织召开了全国地方志系统统计联络员和《中国方志通讯》联络员工作会议，组建了 39 人的联络员队伍，搭建了交流平台。2013 年，《中国方志通讯》进一步改版，增加了目录，配以插图，在形式上做到图文并茂。截至 2015 年底，《中国方志通讯》共印发了 763 期。

当前，地方志正处于历史上最好的发展时期，党中央国务院高度重视地方志工作。习近平总书记就传承弘扬中华传统文化发表一系列重要讲话，从国家战略发展的高度，强调要“高度重视修史修志”，要在传统文化中寻找经验，把握规律，探求真理，将修史修志工作与中国梦的实现有机结合起来。李克强总理为地方志工作作出三次重要批示。其中，“修志问道，以启未来”明确了新时期地方志事业的定位；“直笔著信史，彰善引风气”明确了当代地方志工作者的定位，“为当代提供资政辅治之参考，为后世留下堪存堪鉴之记述”明确了地方志工作者的使命与担当。刘延东副总理两次接见全国地方志会议代表并发表重要讲话、两次作出重要批示。王勇国务委员出席《汶川特大地震抗震救灾志》出版座谈会并发表重要讲话。在两年多的时间内，中央领导同志如此密集地就地方志工作作出重要批示、发表重要讲话，足见党中央、国务院对地方志工作之重视，地方志工作之重要。

近两年，中国地方志指导小组（以下简称中指组）及其办公室强化调查研究和顶层设计。中指组组长王伟光、常务副组长李培林已经调研了 30 个省（自治区、直辖市）和新疆生产建设兵团。通过充分调研，发现问题，解决问题。2015 年 8 月国务院办公厅颁布了《规划纲要》，2016 年“加强修史修志”载入《中华人民共和国国民经济和社会发展第十三个五年规划纲要》，全国地方志事业喜事连连，大事不断，迎来了千载难逢的发展机遇。

根据中指办的整体部署，确定 2015 年为调研年、培训年，主要目标是摸清全国地方志基本情况，掌握影响地方志事业大发展的突出问题，分析原因，寻找对策，并针对全国地方志工作者亟须培训的现状，加大培训力度。在调研的基础上，将 2016 年确定为改革年、创新年，主要目标是加强全国地方志工作顶层设计。围绕《规划纲要》的贯彻落实，中指办推出了全国地方志“十大工程”；召开了第一次全国地方志基层基础工作会议、第一次全国地方志系统信息化工作会议、第一次全国方志馆工作会议、第一次全国地方志科研工作会议、第一次全国地方史志期刊工作会议等 10 多个全国性会议；制定《〈全国地方志事业发展规划纲要（2015—2020 年）〉实施方案》《全国年鉴事业发展规划（2016—2020 年）》《全国地方志信息化发展规划（2016—2020 年）》《关于加强全国地方志科研工作的意见》《关于加强全国地方史志期刊工作的意见》等全国性专项规划和指导性文件。通讯工作方面，中指办也加强了顶层设计，加大了工作力度，重拳出击，以适应地方志事业高位运行态势。一是加大科学规划力度，起草了《关于加强全国地方志通讯工作的意见（征求意见稿）》（以下简称《意见》），这次会议有项议程就是要听取大家对这个《意见》的意见、建议；二是紧紧围绕“互联网＋地方志”，加大改革创新的力度，开通方志中国微信和方志中国手机报，并不断完善发布内容和形式，仅2016年就分别发布256期、48期；三是加大传统通讯形式的改革力度，将《中国方志通讯》改版为《方志中国》，申请了内部准印号，并创新版式设计，合理设置栏目，加强组织领导，规范审批流程，半个月出版一期，实现了由杂牌军向正规军的转变，目前已出刊18期。创刊《中国方志》报，共出版10期。微信、手机报、《中国方志》报、《方志中国》内刊等已经成为各地展示工作新进展、新变化、新动态的重要阵地，成为各地交流好经验、好做法、好举措的重要平台，成为宣传地方志事业全面转型升级的重要载体。

2017年被中指组确定为督查年、落实年，主要目标是全面督促检查落实《规划纲要》的11项任务，特别是实现“两全”目标。为了配合督查工作，推动目标任务的贯彻落实，今年的通讯工作也将有更多举措。例如，通过统一信息报送平台，完善通讯考核奖励制度，加大培训力度等，内搭平台，外塑形象，有重点、抓亮点、破难点，一方面要忠实记录地方志事业全面转型升级的历史，当好系统内的“史官”；一方面要为地方志事业的全面转型升级收集信息，做好研判，当好系统内的“参谋”。

为了切实加强地方志通讯工作，我讲几点意见。

一、始终做到“四个到位”

“四个到位”是对地方志工作机构负责人的基本要求，是通讯工作顺利开展的根本保障。实践证明，只有做到“四个到位”，通讯工作才能有声有色、有板有眼，也才能真正发挥应有的作用。

一是认识到位。这是做好通讯工作的前提。只有深刻认识，才能增强工作的自觉性与主动性。通讯工作是各级地方志工作机构的一项基础性工作，是上情下达、下情上报的重要渠道，是宣传地方志工作、展示方志人风貌的主要窗口，是服务各级地方志工作机构领导科学决策、推动工作的重要手段，是地方志工作不可或缺的重要组成部分。各级地方志工作机构要从推动地方志事业全面转型升级的高度，从贯彻落实《规划纲要》的高度，充分认识通讯工作的重要性，使通讯工作真正成为引领地方志事业转型升级的“风向标”，指导各级地方志工作机构开展工作的“导航仪”，服务领导科学决策的“智囊团”，同时通过通讯工作及时掌握各地的整体工作状况、重要工作进展、上级重大决策落实等情况，搭建经验交流、互相学习的平台。

二是领导到位。这是做好通讯工作的关键。只有领导重视，高位推进，措施得力，推动工作才能有力度、有章法、有成效。各级地方志工作机构领导要把通讯工作列入重要议事日程，有组织、有计划地开展通讯工作，努力形成“主要领导亲自抓、分管领导具体抓、相关人员共同抓”的局面。首先，认真研究，统筹安排通讯工作；其次，建章立制，通过制度推进通讯工作；再次，加强督促、检查和对重大信息的审核把关，指导和支持通讯员开展工作。

三是人员到位。这是做好通讯工作的基础。只有保证齐整、稳定、高素质的通讯员队伍，工作才能得以有效推动，否则就是纸上谈兵。目前，我们队伍的建设情况不容乐观，当务之急就是要配齐专（兼）职通讯员，把政治觉悟高、业务水平精、事业心强的高素质人才选派到通讯员岗位上。在具体的工作开展中，要形成有分管领导把关、职能处室负责、业务处室配合、通讯员落实，共同开展工作的局面。同时，要通过培训、交流、研讨等方式，提高通讯员的理论素质和业务能力。在这里要强调一下，要相对稳定人员，不要频繁变更通讯员，以免影响工作的连续性。分管信息的领导、联络员因工作变动调整的，要及时以书面形式报送中国地方志指导小组办公室规划处备案。

四是工作到位。这是做好通讯工作的目的。只有工作到位，通讯工作才能切实发挥应有的作用，这项工作也才有价值、有意义。“又好又快”应该是衡量通讯工作到位与否的一个重要标准。要注重通讯工作的时效性，在“快”字上下功夫。信息报送的时机在很大程度上决定了信息的质量和价值，要努力实现“第一时间收集、第一时间整理、第一时间报送”的目标。同时，要注重通讯工作的质量，在“好”字上下功夫。要有责任意识，要在第一时间摸准情况，掌握客观真实的第一手情况、第一手资料。要有精品意识，对信息文本要精雕细琢，做到文字精练、语言精准。

二、始终做到“四个一”

2014 年 5 月 8 日，习近平总书记在视察中办并同中办各单位班子成员和干部职工代表座谈时，对中办工作提出了“五个坚持”的要求，并指出：“要围绕大局反映情况、报送信息，做‘千里眼、顺风耳’，把各方面新情况新问题、贯彻落实党中央方针政策的意见和建议、干部群众关注的热点焦点问题等及时收集上来，归纳综合，分析研判，第一时间报送党中央，为党中央科学决策提供重要依据。”我认为，这也是对通讯员工作最好的诠释。通讯员就是地方志工作的“千里眼、顺风耳”，通讯员就是要“身在兵位，胸为帅谋”，主动对地方志事业全面转型升级中的重点工作、重点问题进行深入研究，多出大主意、好主意。要当好“千里眼、顺风耳”，做好参谋，我认为就是要做到“四个一”。

一是高处看一看。通讯工作一定要与中心工作紧密结合，要围绕大局反映情况。地方志工作当前的中心就是贯彻落实《规划纲要》，当前的大局就是全面转型升级。因此，通讯工作就是要紧紧围绕落实《规划纲要》的任务书、路线图，围绕各个时期部署的重点工作来开展全程全方位信息跟踪；对地方志全面转型升级中的好经验、好做法进行总结提炼；对地方志事业全面转型升级中的难点问题开展深入调查研究。就是要整体掌握本地地方志事业转型升级的现状，提醒存在的问题。这样，通讯工作才能站在高处、立足全局、紧贴大局，通讯工作才能真正走入领导的视野，才能真正做到为领导服务、为地方志工作者服务，为地方志事业服务。

二是深处挖一挖。通讯工作的首要任务是如实反映地方志事业发展的现状，展示地方志工作取得的成绩。重要任务就是提供依据，做好研判，当好参谋。这都需要深入思考，找准着力点、突破点。首先，要深挖线索，全面收集涉及地方志事业转型升级各方面的信息，确保不遗不漏。其次，要深挖亮点，立足中心工作，深入挖掘地方志事业转型升级的特色工作、亮点工作，确保可借鉴；再次，要深挖原因，针对地方志事业转型升级中遇到的问题，发掘深层次原因，及时提出意见和建议，确保有操作性。

三是细处分一分。精心是态度，精细是过程，精品是成果，通讯工作亦然。在海量信息中，去伪存真、去粗取精是通讯员必备的素质。首先要全面掌握各项工作的进度，了解动态，全面搜集信息，做到胸有成竹；其次，对收集的信息，要全方位、多部分地进行辨别分析、综合判断，确保情况掌握准确；再次；要将所掌握的情况横向、纵向多方比较，细处琢磨，找变化，寻差距；最后要细致编写，这样信息参考的价值就大，被采用的可能性也高。

四是实处究一究。通讯工作要如实反映地方志工作实际，不仅仅是总结地方志转型升级的成绩和经验，更重要的是探究地方志事业发展中存在的困难和问题。首先要善于从工作实际中发现问题。问题发现得越早，掌握得越及时，了解得越充分，解决的效果就会越好。其次要鼓励大胆反映问题。在信息采用上，我们要优先采用这类信息。例如，对于“两全”目标的完成难度在哪？需要协调解决的困难是什么？需要中指办做什么？这些都是很好的信息点。再次，要积极探究问题。要沉下来仔细琢磨问题，探究解决问题的方法，及时上报。通过发现问题，反映问题，探究问题，积极促进制约地方志转型升级问题的解决，有效推动《规划纲要》的贯彻落实，确保任务目标的圆满完成。

同志们，在刚刚结束的地方志系统广东“两会”上，中指组常务副组长李培林同志提出了要全面推进地方志事业转型升级，2017 年是在全国范围内推进地方志从一项工作向一项事业转型升级的第一年，也是关键的一年。在地方志各项工作中，通讯工作担负着“导航仪”“风向标”“智囊团”的重任，大家要充分认识召开这次会议的重要意义，将这次会议作为督促检查各地《规划纲要》贯彻落实的一个重要方面；要以这次会议召开为契机，对《意见》《全国地方志系统通讯工作先进单位和优秀通讯员评选办法（试行）》进行充分讨论，制定出台一项符合实际、规范科学、指导性强的专项规划，逐步实现顶层设计的全覆盖；要加强交流，学习兄弟省市的成功经验做法，共同推进全国地方志系统通讯工作。

同志们，“时来易失，赴机在速”，希望大家抓住地方志事业发展的大好机遇，始终做到“四个到位”“四个一”，为实现“两全”目标，推进地方志事业全面转型升级作出贡献。长风破浪会有时，直挂云帆济沧海。相信通过大家的共同努力，地方志通讯工作可以当好地方志事业发展的“千里眼、顺风耳”。

再过两个星期，中华民族的传统佳节——春节就要到了，在这万象更新、辞旧迎新的时刻，我谨代表中指办给大家拜个早年，并通过大家向全国地方志工作者致以 2017 年新春的问候，祝愿大家新春快乐，万事如意，身体健康，鸡年大吉！

地方志事业发展要以维护国家利益为导向

——在“南海主权与地方志论坛”上的总结讲话

（2017 年 1 月 15 日）

冀祥德

经过一天的紧张研讨，“南海主权与地方志论坛”即将胜利闭幕。这是地方志发展史上具有标志性意义的一次重要论坛，是地方志工作围绕国家经济社会发展中心、服务大局的一项重要举措，是方志学与法学、社会学等学科交叉融合研究的一次重要尝试。在各位专家学者的共同努力下，论坛达到了预期目的，取得了圆满成功。下面，我谈几点看法。

一、论坛的主要特点

与以往中国地方志指导小组办公室（以下简称中指办）举办的全国性论坛和学术研讨活动，主要关注地方志事业发展、地方志理论研究等本系统、本专业的内容相比，这次论坛体现出一些新特点。

（一）站位高，规格高

论坛以“南海主权与地方志”为主题，通过整理、挖掘历朝历代和当代关于南海的史料，全面梳理中国人民发现、开发利用、管辖南海的资料，用无可辩驳的事实，从历史、法律的角度证明南海诸岛自古以来就是中国的领土。这种紧扣国家重大发展战略，以地方志资料为依据，邀请多个学科专家参与，以维护国家核心利益为目的展开深入研讨的形式，在全国地方志历史上是首次，充分体现了地方志在维护国家主权方面的地位和作用，充分体现了地方志以国家利益为导向的价值追求，充分体现了方志人“修志问道”的使命担当。

论坛的举办，得到了中国地方志指导小组（以下简称中指组）领导的大力支持，中国社会科学院院长、中指组组长王伟光出席会议并发表重要讲话，中国社会科学院副院长、中指组常务副组长李培林出席会议并主持开幕式，中共海南省委常委、宣传部部长许俊出席会议并致辞。各省（自治区、直辖市）、新疆生产建设兵团、全军、武警部队及香港特别行政区地方志工作机构的主要负责人出席会议并发言，充分体现了中指组和全国地方志系统对论坛的高度重视，是全国地方志系统规格最高的一次学术论坛。

（二）针对性强，学术品位高

近两年，南海问题极为复杂和敏感，牵动着全党、全国人民的心。在以习近平同志为核心的党中央的坚强领导下，运筹帷幄，坚守国家的核心利益，巩固睦邻友好格局，攻克难点，筑牢支点，打造亮点，应对热点，推动南海问题重回对话协商解决的正确轨道，进一步巩固了总体稳定良好的周边环境，使利用南海问题搅乱地区稳定的图谋彻底破产。面对国家的重大发展战略，如何充分发挥地方志的优势、体现价值，主动出击，有所作为，是当前地方志事业转型升级需要重点考虑的问题。有为才能有位，有位更要有为。正是为了把地方志事业摆在国家总体战略布局中更高的位置，体现地方志更大的价值，经报请中指组领导批准，中指办策划和组织了这次论坛，目的就是围绕中心、服务大局，让地方志在国家经济社会建设中能发声、善发声，能作为、善作为，全面提升地方志的地位和影响力。

各位专家学者围绕如何将地方志理论研究、地方志资源开发利用等和南海问题研究、南海主权维护有机结合起来，进行了深入的思考，提出了一系列颇具创新价值的观点、意见。特别是部分论文运用国际关系研究、史学研究、法学研究等不同研究方法，以地方志资料为素材，作了比较深入的论证和分析。论坛的主题发言，内容涉及国际视野下的南海问题研究、地方志的资料收集与南海问题研究、志书人物记述与方志人和南海问题研究、地方志视野下的南海主权维护等，涉及面广，内容丰富，既体现了地方志的学科属性，又结合其他学科的知识进行了深入研究，具有较高的理论价值和实践价值。

（三）参与面广，实践性强

这次论坛的举办，得到了全国地方志系统，以及中国社会科学院边疆研究所、国际法研究所，中国南海研究院、泉州师范学院、天津今晚报社、福州市政府数字办等高等院校、科研机构和其他有关单位的高度关注，提交论文近40篇，有20人在论坛上作了发言。方志学作为集政治学、经济学、历史学、法学、社会学、文学、考古学、民族学、统计学等多学科知识于一体的综合性学科，多学科交叉的特征十分明显。这次论坛由不同学科的专家学者共同研究一个问题，就是方志学综合性学科特征的体现。

在论坛举办之前，我们还召开了《中国南海志》《三沙市志》编纂启动会，正式启动了具有十分重要意义的两部志书的编纂工作。论坛对地方志资源中关于南海的记述进行了全面梳理，并利用历朝历代留存下来的史料进行深入讨论，既是论坛本身的成果，同时也为《中国南海志》《三沙市志》的编纂工作提供了丰富的史料和理论依据。短短的一天半时间，连续举办这两次重要的活动，目的是要把论坛的成果和两部志书的编纂紧密结合起来，相互借鉴，相得益彰。

二、论坛的主要收获

论坛的举办，不仅是工作层面的，还有地方志理论研究、学科建设，甚至是引领事业发展的思路和方向等多层面的收获，有不少值得总结和提炼的做法和经验。

（一）对地方志中关于南海的史料进行了全面梳理

从南海研究的情况看，不论是以往，还是当前，学界在论证南海主权属于中国时，大量引用历朝历代的地方志书或地域研究成果、史书，比如东汉时杨孚的《异物志》、南宋的《琼管志》、明代的《琼州府志》、清末的《新译中国江海险要图志》、民国的《南海诸岛位置图》，还有祖祖辈辈中国人民经验积累而成的《更路簿》等。通过论坛的举办，大家对历朝历代的志书、史书，以及其他文献中关于南海的史料进行了比较全面的梳理，特别是涉及南海海域的几个省份——广东、海南、广西的地方志工作机构，做了大量的工作，整理出了比较系统、全面的成果。因此，论坛既是一次重要研讨，同时也是一次动员和号召，对发动全国地方志系统对南海资料进行全面普查和梳理，具有重要的意义。

（二）对地方志如何围绕中心、服务大局开拓创新进行了重要探索

第五届中国地方志指导小组成立以来，十分关注地方志围绕中心、服务大局问题，王伟光组长、李培林常务副组长多次在讲话中提出明确、系统的要求。地方志事业发展要有所作为，必须紧紧围绕党和国家、各级党委政府的重大决策，提供一系列的服务。只有这样，才能引起各级领导的重视，才能让各级党委政府了解地方志、了解地方志的价值，地方志才能提供资政辅治之参考，社会效益才能更加凸显。这次论坛紧紧抓住南海主权这一国家核心利益，通过文化软实力发声，占领学术高地，抢占制高点，以此来服务中央的总体战略布局。这种做法，需要在今后的工作中继续总结和完善，以便充分发挥地方志的“存史、资治、教化”功能。

（三）对地方志资源开发利用体系的完善进行了深入研究

地方志资源是一座极为丰富的重要宝库，内容包罗万象，在世界上独一无二。十余年来，中指办每年都会对全国地方志系统成果进行统计，从统计的结果看，每年都在以十分可观的数量增长。特别是《全国地方志事业发展规划纲要（2015—2020年）》颁发后，提出到2020年实现“两全”目标和基本形成地方志编修体系、理论研究和学科建设体系、质量保障体系、资源开发利用体系、工作保障体系“五位一体”的地方志事业发展综合体系。最近几年，第二轮修志、综合年鉴编纂成果将会大幅度增加，部门志、行业志、乡镇村志编纂将会遍地开花，地方志资源宝库会得到极大丰富。但从目前看，地方志资源的开发利用还不够，虽然不能说是“锁在深闺无人识”，但也远远没做到“天下无人不识君”。这次论坛的举办，是对地方志资源开发利用的一次十分重要的尝试，在思路、方向、方法、路径等方面，有了不少创新，提供了样板和重要借鉴。

（四）对地方志成果提高学术水平进行了有力推进

如何提高地方志的学术质量、学术水平，为科研提供服务，这在以往提得不多、关注度还不够。这次王伟光组长在讲话中专门提出地方志工作者要有政治意识、学术意识、服务意识，地方志成果要讲求学术质量，要以学术为本、质量求胜，是对地方志工作提出的新要求和新期望。现在，很多研究史学、社会学、经济学、人类学的学者十分关注地方志成果，大量使用地方志材料。但同时，我们也毋庸讳言，不少学者对新方志还是提出了批评，认为有些资料考证不严谨、学术价值不高，有些志书编纂不够规范等，大大影响了地方志成果的学术质量，大大降低了学术影响力，这是必须引起高度重视并且花大力气解决的问题。通过论坛的举办，我们清楚地认识到，地方志资源一方面具有十分重要的历史价值、资料价值，能够为国家经济社会发展提供极为丰富的历史智慧和现实参考；另一方面，地方志资源又具有重要的学术价值，能够为社会科学甚至是自然科学研究提供重要的素材。这些经验，值得我们深入总结和提炼。

（五）对地方志理论研究和学科建设进行了全面研讨

2016年，中指办在推动地方志理论研究和学科建设方面花了大量的精力，比如提出了方志学一级学科建设目标，根据地方志事业发展需要，在中国地方志学会下面设立了5个二级研究会，举办了一系列的培训班、理论研讨会等，进一步明确了地方志理论研究和学科建设的方向。从一系列的理论探讨中我们认识到，

地方志理论研究、学科建设具有的十分重要的特征是多学科交叉。如果不融合多学科的研究方法，不借鉴相关学科的理论研究成果，地方志理论研究就不能深入，指导地方志编纂实践针对性就不够强。因此，我们提出方志学应该是集政治学、经济学、历史学、法学、社会学、文学、考古学、民族学、人类学、统计学等多学科知识于一体的综合性学科。从这次论坛大家提交的论文来看，最大的亮点就是把地方志的资料、理论研究的方法和其他学科的研究紧密结合起来，为继续推进地方志理论研究和学科建设提供了范例。

三、几点要求

这次论坛最大的成果，是王伟光组长发表了主题鲜明、针对性强、要求具体的重要讲话。同时，论坛主题发言中很多专家学者提出的观点、意见也需要进行消化。针对论坛结束后的贯彻落实，提几点要求。

（一）深入学习贯彻中指组领导的讲话精神

王伟光组长以“坚定自信放大格局拓展功能助推实现中华民族伟大复兴中国梦”为题作了讲话，讲话除了针对论坛本身提出的要求外，突出的主题就是在新的历史时期，在全国地方志事业发展转型升级的关键阶段，如何构建高效完善的地方志资源开发利用体系，作了全面系统的阐述。在讲话中，他明确提出要明确方志文化的“五个定位”，包括在传承中华优秀传统文化、在服务经济社会发展、在弘扬社会主义核心价值观、在中华文化“走出去”战略、在宣示中华人民共和国国家主权中的定位，深刻阐述了地方志事业发展的地位和作用。同时，讲话还明确了地方志资源开发利用要树立“三种意识”，包括政治意识、学术意识、服务意识；要坚持“五个拓宽”，包括拓宽资政辅治路径、地情教育路径、社会服务路径、科研利用路径、数字化开发路径等。这是为全面贯彻国务院办公厅印发的《全国地方志事业发展规划纲要（2015—2020 年）》提出的到 2020 年基本形成地方志资源开发利用体系而提出的系列工作要求。在座的各位地方志工作机构负责同志回去后，要认真组织本省（自治区、直辖市）、本系统、本部门的同志进行学习，深刻领会，把明确“五个定位”、树立“三种意识”、坚持“五个拓宽”作为地方志资源开发利用的目标方向和行动指南。

（二）始终坚持以维护好国家利益为地方志工作的价值导向

通过这次论坛的举办，我们系统梳理了地方志中关于南海的资料，比如中国人民发现、和平开发利用南海的记述，还有行使主权的资料，以及一些历史人物资料等，挖掘了一些目前还没有发现和被利用的珍贵资料，得到了南海问题研究专家的高度肯定。论坛虽然结束，大家还要继续深入挖掘史料，做好资料的积累和开发利用、宣传报道等，以维护好南海主权这一国家核心利益。同时，要更加深刻认识到，地方志工作要彰显价值，引起党和国家与各级党委政府的高度重视，就必须始终坚持把握好地方志成果作为“官书”的特性，以维护好国家利益为最高标准，树立正确的价值导向，充分发挥地方志成果的社会效益。

（三）继续创新地方志围绕中心、服务大局的路径和方法

最近几年，地方志工作之所以能够引起党和国家领导与各级党委政府的高度重视，关键在于能够做到围绕中心、服务大局，采取了不少好的措施，出了很多高质量的成果，积累了丰富的经验。这次论坛为大家提供了良好的借鉴，今后，要把地方志如何围绕中心、服务大局摆在更加突出的位置，作为地方志事业发展的重要组成部分来抓，不断创新路径和方法，全面展示方志文化的魅力，真正做到有为有位。地方志工作者不能“两耳不闻窗外事，一心只修方志书”，还是要睁开双眼看世界。要全面了解掌握党中央、国务院与各级党委政府当前和今后一个时期的重大决策、重要部署，结合地方志工作本身的特点、优势，出好点子、服好务。

（四）不断完善地方志资源开发利用体系

到 2020 年，基本形成地方志编修体系、理论研究和学科建设体系、质量保障体系、资

源开发利用体系、工作保障体系“五位一体”的地方志事业发展综合体系，是《规划纲要》明确的总体目标，地方志事业“五位一体”全方位发展，一个也不能少。地方志资源开发利用的好与坏，决定了地方志事业社会影响力的大与小，决定了方志文化的普及和推广的程度。因此，大家一定要高度重视，深入总结提炼以往的好经验、好做法，把地方志资源开发利用这一篇大文章做好，把地方志事业做大做强，做成各地的文化品牌和文化亮点。

（五）不断提高地方志成果的学术水平和学术影响力

要抓住专家学者的心，要在学界有影响力，要全方位推进地方志理论研究和学科建设，最关键还是要不断提升地方志成果的学术水平和学术影响力。质量是志书的生命，也是地方志事业发展的根基所在。地方志成果的质量，归根结底就是学术质量，一部体例严谨、考据精细、文风清新、编纂规范的精品佳志，总是会流传后世，总是会得到学界的肯定。所以，大家一定紧紧拧住地方志成果学术质量这颗关键的螺丝钉，不断提高学术水平和影响力，让地方志成果成为具有证据属性的最权威的地情资料文献。

在首届全国方志馆馆长论坛上的讲话

（2017 年 4 月 21 日）

冀祥德

草长莺飞四月天，正是江南最美时。今天，首届全国方志馆馆长论坛在有着“上有天堂下有苏杭”美誉的苏州市顺利召开了。我代表中国地方志指导小组办公室、国家方志馆，对大家的到来表示热烈的欢迎！对江苏省地方志办公室，苏州市委市政府、苏州市地方志办公室为本次论坛的举办给予的大力支持，表示衷心的感谢！

第六届中国苏州创博会举办期间，中国地方志指导小组办公室、江苏省地方志办公室和苏州市地方志办公室，联合在苏州举办首届全国方志馆馆长论坛，其意义主要有三：一是地方志在新时期围绕经济社会发展中心工作开拓创新的一个重要举措。中国苏州创博会自开办以来，在国内外引起了强烈的反响。在今天上午的启动仪式上，我们也看到了来自国家部委、海内外有关专家人士济济一堂，共同见证了这一令人激动人心的时刻。“方志中国”场馆布展、承载内容和散发出的浓郁文化产业气息，都让我们倍受鼓舞。

地方志作为包含自然、经济、政治、社会、文化等各大部类的百科全书，自然也应当在文化创博园中有重要的一席之地。尤其是近年以来，虽然党中央、国务院高度重视地方志工作，全国的地方志工作者也辛勤耕耘、凝心聚力取得了巨大成就，但是与相关行业和部门相比，社会对地方志的认可度还不够高，人民对地方志的熟悉程度还不够深，其中关键的原因就在于，地方志围绕着修一本书、做一项工作的时间过久，因而从中央到地方、到寻常的百姓，都不熟知我们从事的这样一项工作。党的十八大以来，尤其是第五届中国地方志指导小组换届以来，特别是 2016 年我们提出要在全国范围内全面推进地方志从一项工作向一项事业转型的形势之下，地方志如何以国家利益为导向，如何围绕着国家经济社会和各级党委政府的中心工作去开拓创新，成为让千家万户、社会各界、党委政府重视地方志的一个重要抓手。所以在本次中国苏州创博会上，经苏州地方志办公室提议，江苏省地方志办公室同意申办“方志中国”展览，中指办对此高度重视，党组立即进行研究，并报上级同意，在较短的时间内就在创博会馆区布建起了一个特点鲜明、吸引力强的场馆。虽然场馆面积不大，但从大家的反馈情况来看，展陈效果确实是值得点赞的。文化部副部长项兆伦、江苏省委常委、宣传部部长、统战部部长王燕文等领导以及各省市地方志参会代表、参观群众，都一致认为我们这个场馆是最有特点、最有文化的，充分肯定了我们“方志中国”展的布展是成功的。这说明我们抓住机遇，在第六届中国苏州创博会的园区搞方志成果展，以服务于党委政府中心工作的这一举措做对了。

二是方志成果展和首届全国方志馆馆长论坛在苏州的举办，是对地方志全面的从一项工作向一项事业转型的重要推动。长期以来，社会各界和我们地方志系统的工作者，都认为地方志是一个慢吞吞的机构，有些省份十年、二十年甚至从成立地方志机构到现在，都在编写着一本志书。即使编写出书的单位，对于志书如何使用、如何发挥它的价值，思考较少，行动更少，实践实在是少。在新的历史时期下，我们提出地方志必须要摒弃“一本书主义”，地方志工作不仅是编写一本志书，我们现在是“志、鉴、馆、网、库、会、刊、用、研、史”十业并举。十业并举中的“馆”就是指我们的方志馆。

刚才漆冠山主任在讲话中也谈到了，方志馆区别于博物馆和规划馆，最根本之处就在于博物馆记述历史，规划馆规划未来，而方志馆是把历史和未来有机结合的一个不可或缺的场馆。在全国严格控制楼堂馆所建设的形势下，2015 年 8 月国务院办公厅印发《全国地方志事业发展规划纲要（2015—2020 年）》（以下简称《规划纲要》），明确提出“加快方志馆建设”，原因就是方志馆承载着博物馆、档案馆、图书馆、文化馆、规划馆等各个场馆都不能替代的功能和作用。

就博物馆和规划馆而言，博物馆所谓对历史的记述是碎片化、点状的，并没有把历史发展的源流和传承的过程全面而系统地记述下来。比如说我们走进任何一个博物馆，都不可能看到从事物的发端开始，包括自然、经济、政治、文化、社会五大部类齐驱并进的传承记述。只有方志馆，不仅把博物馆中这些碎片化的知识点连接到一起，还有纵深的、历史洞察的记述，把我们中华文化延绵不断的发展、演变与传承过程真实而客观地记述下来，这就是漆冠山主任讲的方志是从历史走来。规划馆也是如此，规划到位，但不一定行动到位。而地方志则记述、行动都到位，它是对经过论证的规划、可行的计划、能够实现的计划来予以记述，这也是方志馆的一个重要的不同之处。

方志馆建设，应该说这几年也取得了很大的成就和突破。截至目前，全国已建成 470 多个方志馆，国家方志馆“魅力中国”展览正在推进，拥有 2 万余平方米展厅的国家方志馆黄河分馆将于今年底正式开放，选址铜陵的国家方志馆长江分馆正在推进，下一步考虑筹建草原分馆、一带一路分馆、长征分馆、知青分馆等，要把方志人之家建到各个地方，要让事业有承载之处。我们常说，只有方志馆才是地方志的“一亩三分地”，所以从去年以来，也加强了对方志馆的建设力度。去年我们专门成立了中国地方志学会方志馆研究会，举办了第一届全国方志馆培训班，召开了第一次全国方志馆工作会议。今天，我们又在苏州举办首届全国方志馆馆长论坛，按照玉宏主任的设计，我们的方志馆馆长论坛不仅是让那些已经有方志馆的馆长同志们来参加，还要大量地吸收，特别是欢迎没有建设方志馆的地方志机构的负责人和党委政府的负责人也参加进来，让他们认识一下建设方志馆的意义。

另外，方志馆的理论研究方面，《中国方志馆研究》在积极筹备，今年即将创刊；中指办的顶层设计和 2017 年的工作规划之中，今年还将陆续举行中国地方志学会方志馆研究会年会、第二次全国方志馆工作会议、第二届方志馆业务培训班等等。本届方志馆馆长论坛，是落实地方志从一项工作向一项事业转型的重要标志。

三是首届馆长论坛选择在苏州市举办，是对江苏省和苏州市地方志工作的充分肯定。江苏省是方志大省，这是众所周知的。漆冠山主任从市政府重要部门的领导岗位调任地方志工作以后，善作善成，善战善为，善于捕捉工作的重点、抓住工作的要点，尤其是如何围绕经济社会发展中心去抓好抓实地方志工作，他既有科学思考，也有务实举措。所以，经过这些年的努力，江苏省不仅仅是全国的方志大省，已经成为全国的方志强省。江苏省方志办首次在全国举办分管地方志的市县长培训班，在全省范围内推动名镇志、名村志的编纂，以及率先推出名酒志、承办中国地方志指导小组办公室中国名酒志文化工程等等，都是方志强省的有力体现。

近年来，在苏州市委市政府和江苏省地方志办公室的领导下，苏州地方志工作者团结一致、奋发有为、敢于开拓、大胆创新，尤其是近两年苏州市地方志工作取得了突出成绩，多项工作走在了全国的前列。苏州的地方志工作者，尤其是领导班子善于动脑、敢于担当、不怕困难，工作快节奏、有韧劲。本次会议选择在苏州召开，特别是三天的时间在江苏先后搞了6个活动，充分说明当前地方志工作中，有一种速度叫方志速度，有一种节奏叫方志节奏。方志节奏是什么？方志节奏是3天搞6个全国性的大活动，方志节奏就是忙得饭都没时间吃、火车都差点没赶上。当然，我们还有一种精神，叫方志人精神。方志人精神除去我们写在《规划纲要》里“修志问道、直笔著史”的精神以外，今天我要再提出一个方志人精神——“仙人掌精神”。假如各行各业汇成一个庞大的植物园的话，我们不是国色天香的牡丹，也不是香气扑鼻的梅花，我们是什么？我们是仙人掌，不为人所知、很难为人所喜爱，甚至因为“直笔著史”而偶尔刺人，这就是我们的精神。我们还应该看到，所谓“仙人掌精神”是指，在我们方志人身上体现了仙人掌与其他植物不同的品格和特征。仙人掌的特征是“三耐一强”：一是耐炎热。从地上植被看，各地拔地而起的华丽楼堂中找不到方志人的身影。二是耐干旱。从地下根系看，地方志工作机构少有人关怀，专业人才严重不足。三是耐贫瘠。长期以来，地方志地位边缘，待遇低下，但方志人在贫瘠的田地里照样成长，没有肥沃的土壤依然健硕。四是生命力强。在澳大利亚的南澳洲，农场主一次引进多个物种，种在贫瘠的土地上，不浇水也不灭虫，任其自由生长。结果最后他发现长得最快、最富有生命力，很快就遍布庄园各处的就是仙人掌。这就是仙人掌顽强的生命力，我们地方志机构现在就是要有这样的“仙人掌精神”。只要给地方志一粒种的土地，它就能生根发芽，不断拓展，把地方志功能向社会各界和千家万户拓展。以网站建设为例，抓住地方志信息化的契机，我们建了中国地情网乃至县情网、镇情网、村情网，我们叫“一网情深”。在新疆，我们建设出了地域特色和少数民族特色；在内蒙古，建设了蒙古文网站，实现了双语翻译，这是继蒙古文志书翻译之后，地情网站建设的又一特色——这就是我们的“仙人掌精神”。

作为我国重要的公益性公共文化场馆之一，方志馆的建设一直备受重视。《规划纲要》和中共中央办公厅、国务院办公厅联合印发的《关于实施中华优秀传统文化传承发展工程的意见》，都指明了方志馆的发展方向。各级方志馆怎么建？建成什么样？通过论坛，希望大家踊跃发表高见。本次论坛我们要解决以下问题：第一，解决方志馆独特的功能和定位问题。要论证清楚方志馆的不可或缺性，要让各级志办、方志馆属地的市长、市委书记、省长、省委书记知道，有了规划馆、博物馆、图书馆，不能没有方志馆。第二，要论证我们建成一个怎样的方志馆。第三，方志馆建成以后怎么解决像博物馆、规划馆门可罗雀的问题，要发挥其他场馆不可替代的、服务社会的作用。第四，怎样通过方志馆建设推动地方志真正从一项工作向一项事业转型。方志馆建成后，我们的事业如何开拓创新？未来的地方志机构和地方志工作者是一个怎样的定位和功能？未来的方志事业是一个怎样的发展蓝图？都需要我们借着方志馆的建设来进一步描绘。

再次感谢江苏省地方志办公室、苏州市委市政府以及苏州市地方志办公室承办本次会议，再次感谢各位代表莅临本次会议并贡献你们的智慧！

立足地方志实际　坚持互联网思维
扎实推进地方志信息化建设转型升级

——在2017年全国地方志系统信息化工作会议暨信息化研究会年度会议上的讲话

(2017年7月8日)

冀祥德

在樱红柳绿、生机盎然的盛夏时节，我们齐聚鸭绿江畔，在万里长城的最东端起点和万里海疆的最东端起点——丹东市，召开2017年全国地方志系统信息化工作会议暨信息化研究会年度会议。首先我代表中国地方志指导小组及其办公室对大家的与会表示热烈欢迎；对辽宁省地方志办公室、丹东市委市政府和丹东市地方志办公室，对会议筹备的辛勤付出表示衷心感谢!

刚才刘主任宣读了全国地方志信息化工作通报表扬决定，为受到表扬的单位和个人颁发了荣誉证书。他们是全系统信息化工作机构和地方志信息化工作者的优秀代表，让我们再次以热烈的掌声向受到通报表扬的单位和个人表示祝贺!

党中央、国务院高度重视地方志工作，习近平总书记、李克强总理、刘延东副总理等党和国家领导人就地方志工作多次发表重要讲话、作出重要批示。2015年8月，国务院办公厅印发《全国地方志事业发展规划纲要(2015—2020年)》(以下简称《规划纲要》)。2016年3月，“加强修史修志”被写入国家“十三五”规划。2017年1月，中办、国办印发的《关于实施中华优秀传统文化传承发展工程的意见》中特别强调要“做好地方史志编纂工作，巩固中华文明探源成果，正确反映中华民族文明史，推出一批研究成果”。2017年5月，中办、国办印发的《国家“十三五”时期文化发展改革规划纲要》明确强调：“加强地方史编写和边疆历史地理研究。完成省、市、县三级地方志书出版工作。开展旧志整理和部分有条件的镇志、村志编纂。”面对党中央、国务院高度重视地方志的大好形势，全国地方志事业正处于高位运行的发展态势。

党的十八大以来，我国互联网事业快速发展，网络安全和信息化工作扎实推进，取得显著进步和成绩。2016年是国家信息化发展史上重要的一年。习近平总书记多次发表重要讲话、作出重要指示；党中央、国务院出台一系列有关信息化的法规、政策和规划等。这些都为全国地方志信息化发展提出了要求，指明了方向，明确了目标。与此同时，中指组及其办公室高度重视信息化工作，中指组及其办公室领导在不同场合对信息化工作提出了具体要求。下一步全国地方志系统要深刻领会党中央、国务院关于信息化建设的重大决策部署，努力把中指组及其办公室领导的要求落实到位。

下面，我讲三点意见。

一、总结成绩，正视问题，切实增强做好地方志信息化工作的信心

2016年，全国地方志系统信息化工作机构紧紧围绕中心、服务大局，认真贯彻落实《规划纲要》对地方志信息化工作的新任务、新要求，立足实际、主动作为，推动全系统信息化工作顺利完成预期目标，取得了预期效果。主要表现在以下四个方面：

(一) 顶层设计实现新突破。2016年是全国地方志系统顶层设计年。根据《规划纲要》的要求，全系统立足实际，积极稳妥开展信息化规划、制度制定工作。中指办分别于9月、12月出台《全国地方志信息化发展规划

(2016—2020年)》(以下简称《信息化发展规划》)和《全国信息方志与数字方志建设工程实施方案》(以下简称《实施方案》),统筹协调全国地方志信息化工作,有力推进全国地方志信息化事业科学发展。各地也稳步推进信息化规划、制度的制定工作,为全系统信息化工作的开展提供了制度保障。

(二)全国信息方志与数字方志建设工程取得新成效。一是全国地方志网站群覆盖面进一步扩大。中指办进一步优化中国方志网功能和栏目,顺利通过国务院办公厅四个季度的政府网站普查;中国地情网二期已经开发完成,明天将向大家进行演示。河北省情网、内蒙古区情网蒙文版、内蒙古区情网手机版、宁夏方志网、重庆地情网正式上线,吉林、黑龙江、山东、湖北、广西、四川、贵州、陕西等省完成网站改版升级,“辽宁省地方志”网站获批“辽宁省地方志·政务”中文域名等等。二是数字方志馆建设稳步推进。2016年5月13日,国家数字方志馆正式揭牌。目前国家数字方志馆平台建设稳步推进。北京、江苏、陕西、湖南等省数字方志馆已经建成并投入运营,一些市县的数字方志馆陆续建成上线。三是方志新媒体矩阵进一步扩大。不断完善方志中国微信和方志中国手机报发布内容和形式,方志中国微信发布256期,方志中国手机报发布48期。方志新媒体矩阵初具规模:天津、河北、山西、内蒙古、湖北、湖南、福建、宁夏、四川、安徽、重庆、广西、陕西、江苏等省(区、市)新开设微信公众号,目前已开通省级方志微信23个,市、县级方志微信200多个。内蒙古、贵州开通手机报,湖北、河北、江苏、广西、四川开通今日头条号或一点资讯号。四是办公平台和编纂业务系统建设取得新进展。年内,《浙江通志》在线编纂信息系统用户达2400余名,收录的资料超过6亿字,数据规模超过1T。吉林省方志委办公自动化(0A)系统正式应用于实际办公,实现了无纸化网上办公。安徽开始使用“中国通”年鉴在线编纂云平台编纂《安徽年鉴》。五是地情资源开发利用实现新突破。2016年2月,山东史志地理信息系统——俯瞰齐鲁上线运行,实现了“地理信息+地方史志”的深入融合和创新发展。上海以“地方志知多少”网络和微信知识竞赛活动为依托,开展地方志社会认知度调查。

(三)信息化机构队伍建设取得新进展。一是全系统信息化机构设置进一步规范。山东省史志办省情资料处独立并更名为信息工作处;安徽省方志办资料处更名为信息处。二是注重业务培训。11月,第一期全国地方志信息化业务培训班在云南普洱举办。此期培训班领导重视、内容丰富、覆盖面广、反响很大。各地也非常注重业务培训。年内,四川省地方志信息化工作培训、广西地方志系统网站建设培训等业务培训班先后举办,效果良好。

(四)全系统信息化工作机构沟通联系建立新机制。继2008年武汉会议、2011年济南会议后,2016年4月,在贵阳召开全国地方志系统信息化工作会议。会议决定每年召开一次全系统信息化工作会议,总结上一年工作,安排部署本年度任务,形成了定期沟通联系机制。

总结过去一年的工作,各地牢固树立“互联网+地方志”理念,加快推进网站、数据库、新媒体平台等建设。地情网站群覆盖面逐步扩大,地方志数据库(数字方志馆)规模快速扩容,方志业务信息系统建设加速推进,方志新媒体矩阵初具规模,信息化制度建设逐步健全等等。

这些成绩的取得离不开全国地方志系统信息化工作机构和广大信息化工作者的努力和心血。正是为了表扬先进、激励后进,充分展现近年来全国地方志信息化建设成果,进一步推动全国地方志信息化建设跨越式发展,充分发挥信息化在全国地方志事业转型升级中的重要作用,中指办和中国地方志学会信息化研究会组织了全国地方志信息化工作通报表扬活动,这是全国地方志系统首次组织的通报表扬。经过自下而上逐级推荐、专家评审,中指办党组研究等环节,确定信息化工作通报表扬单位21个、通报表扬个人40名。希望大家以他们为榜样,见贤思齐、创先争优,汇聚起推进地方志信息化建设的强大正能量。

在肯定成绩的同时，我们应清醒地看到，对照党中央国务院对信息化建设的新要求、新部署，以及《信息化发展规划》确定的目标，我们在很多方面还有很大的提升空间，包括贯彻落实习近平总书记“4·19”“5·17”重要讲话精神的措施不多，效果不够明显；全国信息方志与数字方志建设工程的推进力度不够；信息化标准建设亟待实现突破；信息报送制度亟待建立；信息化队伍整体素质亟待提高，等等。

二、认清形势，抢抓机遇，准确把握今年工作的努力方向

今年是贯彻落实《信息化发展规划》的开局之年，是深入实施全国信息方志与数字方志建设工程的关键之年。做好今年的地方志信息化工作，必须把握时代背景，明确工作思路，突出工作重点。

（一）准确把握地方志信息化面临的时代背景。近几年来，国家相继实施网络强国战略、“互联网+”行动计划、国家大数据战略；《中华人民共和国网络安全法》《“十三五”国家信息化规划》相继颁布实施。这一系列顶层设计的出台，勾勒出中国网信战略的宏观框架，明确了中国网信事业肩负的历史使命，为深入推进网络强国战略指明了前进方向，为进一步做好网络信息化工作提供了根本遵循。地方志信息化事业是中国网信事业的重要组成部分，在互联网和经济社会融合发展的大背景下，地方志信息化工作的目的就是利用互联网让全体人民共享方志文化成果，促进方志基本公共服务均等化。2016年12月，李培林常务副组长在第一次全国地方志工作经验交流会暨2017年全国地方志机构主任工作会议上把地方志事业信息化列为地方志事业转型升级的“六大转变”之一，要求“从单一纸媒体志向广泛运用数字媒体志转变，实现地方志事业的信息化”。明确了地方志信息化工作在地方志事业中的定位，指明了地方志信息化工作的努力方向。可以说，地方志信息化建设在地方志事业发展的大好形势下，同样面临着难得的战略机遇。

（二）明确2017年地方志信息化工作思路。2017年信息化工作的总体思路是，以习近平总书记“4·19”“5·17”重要讲话精神为指导，以贯彻落实《规划纲要》和《信息化发展规划》为主线，以全国信息方志与数字方志建设工程为抓手，进一步继续推进顶层设计，深入推进“三网一馆两平台”建设，在制度体系、标准体系建设等方面取得新突破，促进全系统信息化工作上台阶、上水平，为促进地方志事业转型升级贡献应有的力量。

（三）突出2017年地方志信息化工作重点。今年要着重抓好以下几个方面工作。一是有序推进全国信息方志与数字方志建设工程。完成中国国情网一期的开发并正式上线。完成国家数字方志馆一期项目建设，搭建国家数字方志馆平台。中国国情网建设方案讨论稿已经发给大家，请各位积极建言献策。推进各地地情网站建设，进一步扩大全国地方志网站群的覆盖面。鼓励各地方志新媒体建设，壮大方志新媒体矩阵规模。适时开展《信息化发展规划》《实施方案》落实情况的调研督查。二是加快信息化相关标准规范的制定。启动地方志信息化标准体系建设。完成方志资源文本资源、图像资源数据加工标准的文本起草和调研论证工作。两个标准的讨论稿已经发给大家，请大家结合实际畅所欲言，多提建设性的意见和建议。通过集思广益、群策群力，扎实推进标准制定工作。三是大力加强信息化业务培训。邀请信息化主管部门、图书馆、高等院校、科研院所、地方志等方面的专家，年内拟举办1—2次不同类型、不同层次的培训班，提高全国地方志信息化工作队伍的业务能力和综合素质。四是探索信息化研究会发挥作用的有效途径。在全国信息方志与数字方志建设工程、标准体系建设、业务培训中要发挥信息化研究会理论研究、业务探讨、咨询建议等作用。这次会议也是和信息化研究会年度会议套开，希望大家围绕如何更好地推进信息化研究会工作进行深入研讨。

三、科学谋划，统筹协调，确保2017年各项工作任务顺利完成

一个行动胜过一打纲领。我们要深入贯彻

落实《规划纲要》关于信息化工作的新任务、新要求，科学谋划、统筹协调，圆满完成2017年各项工作任务，推动《信息化发展规划》的贯彻落实。

（一）把握规律科学干。一是坚持互联网思维。互联网思维是指在互联网、移动互联网、大数据、云计算等科技不断发展的背景下，对原来行业形态进行重新审视的思考方式。具体到地方志系统，就是树立“互联网+地方志”理念，促进地方志事业的创新发展，打造地方志事业转型升级的信息化引擎。二是坚持问题意识和问题导向。就是承认矛盾的普遍性、客观性，善于把认识和化解矛盾作为打开工作局面的突破口。因此，对于地方志信息化发展的薄弱环节、需要迫切解决的问题，我们要有一个客观、准确的评价和把握。什么问题紧迫就解决什么，努力拉长短板。三是注重网络信息安全。网络信息安全无小事。地方志大数据安全关乎地方志事业的未来。我们要高度重视网络信息安全，健全制度、落实责任，加强网络信息安全标准化工作，积极稳妥推进地方志信息化工作。

（二）撸起袖子加油干。一是增强责任意识。地方志信息化发展是一个系统工程，从某种意义上说，代表和引领着地方志事业转型升级和科学发展的方向。全国地方志工作者要切实增强责任意识，明确目标定位和工作标准，形成工作合力。二是发挥后发优势。不可否认，受观念、资金、队伍、体制等因素影响，地方志信息化建设与其他行业、领域相比还有不小的差距。我们要发扬方志人精神，发挥后发优势，努力实现“弯道超车”。三是积极主动作为。地方志系统信息化工作者要敢想敢干、勇于担当，克服等靠要思想，最大限度地发挥创造潜能，追求实实在在的工作成效。

（三）落实责任务实干。一是制定任务清单。各地要结合自身工作实际，制定时间表、路线图、任务书，明确责任人、标准和时限要求，倒排工期，严格落实清单销号制度。二是突出工作重点。全国地方志信息化工作者要树立系统思维，在工作中坚持总体推进和重点着力相结合，做好常规性工作的同时，突出重点、把握关键，“好钢用在刀刃上”，避免低水平重复。三是严格监督考核。中指办要启动地方志信息化工作监督考核办法制定工作，通过通报表扬、开展督查督办等活动，推动各项工作有力有效落实。

同志们，今年地方志信息化建设的目标任务已经明确。让我们立即行动起来，心往一处想、劲往一处使，同频共振、同向发力，为提高地方志信息化工作水平，树立方志文化自信，提高方志文化自觉，全面推进地方志转型升级贡献应有的力量！

最后，预祝此次会议圆满成功，祝各位代表身体健康，工作顺利！

以习近平新时代中国特色社会主义思想为指导
全面推进地方志工作转型升级

——在中国地方志学会方志学分会2017年年会、第二期全国年鉴主编培训班暨《中国年鉴研究》创刊发布座谈会上的讲话

（2017年10月29日）

冀祥德

深秋时节，沉浸在党的十九大刚刚胜利闭幕的喜悦中，我们在江南历史文化名城常州召

开中国地方志学会方志学分会2017年年会、第二期全国年鉴主编培训班暨《中国年鉴研究》创刊发布座谈会。这次会议得到了江苏省地方志办公室、常州市委市政府领导的高度重视和大力支持。在此，我谨代表中国地方志指导小组办公室（以下简称中指办），向关心重视这次会议的江苏省地方志办公室、常州市委市政府的领导和为筹备这次会议付出艰辛劳动的江苏省地方志办公室、常州市地方志办公室的同志们表示衷心的感谢！向参加会议的各位专家、各位代表表示热烈的欢迎！

5天前，党的十九大胜利闭幕。大会是在全面建成小康社会决胜阶段、中国特色社会主义进入新时代的关键时期召开的一次十分重要的会议。会议主题是：不忘初心，牢记使命，高举中国特色社会主义伟大旗帜，决胜全面建成小康社会，夺取新时代中国特色社会主义伟大胜利，为实现中华民族伟大复兴的中国梦不懈奋斗。习近平总书记在开幕会上作了振奋人心的报告。报告系统总结了党的十八大以来取得的伟大成就和发生的历史性变革；深刻阐释了中国特色社会主义进入了新时代的重大判断和新时代中国共产党的历史使命；深刻阐述了新时代中国特色社会主义思想以及坚持和发展中国特色社会主义的基本方略；深刻阐述了决胜全面建成小康社会、开启全面建设社会主义现代化国家新征程的宏伟蓝图；深刻阐述了推动构建人类命运共同体的伟大构想。报告主题鲜明、立意高远、求实创新，将新时代中国特色社会主义思想同马克思列宁主义、毛泽东思想、邓小平理论、“三个代表”重要思想、科学发展观一道，确立为党必须长期坚持的指导思想，实现了我党指导思想的与时俱进，是我们党在中国特色社会主义进入新时代的政治宣言，是对中国特色社会主义认识的新飞跃，是指导全党全国各族人民在新时代进行伟大斗争、建设伟大工程、推进伟大事业、实现伟大梦想的行动纲领。

这次会议的主题就是紧紧围绕深入学习贯彻党的十九大精神，用习近平新时代中国特色社会主义思想统领地方志工作，全面推进地方志事业转型升级。下面，我就全国地方志系统如何深入学习贯彻党的十九大精神，在地方志走进新时代的新的历史条件下，在全国范围内全面推动地方志转型升级，在实现中国梦的同时实现方志梦，谈几点意见：

一、认真学习，深刻领会，将全面学习贯彻党的十九大精神作为当前全国地方志系统的首要任务

当前和今后一个时期，全国地方志系统的首要任务，就是要深入学习贯彻党的十九大精神，组织各种形式的学习宣传、贯彻落实活动，深刻领会、准确把握党的十九大的精神实质和丰富内涵，迅速掀起学习贯彻党的十九大精神的热潮。要通过深入学习贯彻党的十九大精神，牢牢把握中国特色社会主义进入新时代的新论断，牢牢把握在全面建成小康社会的基础上分两步走在本世纪中叶建成富强民主文明和谐美丽的社会主义现代化强国的新方略，牢牢把握我国社会主要矛盾已经转化为人民日益增长的美好生活需要和不平衡不充分的发展之间的矛盾的新特点，牢牢把握全面推进依法治国的总目标是建设中国特色社会主义法治体系、建设社会主义法治国家的新部署，牢牢把握深入推进党的建设新的伟大工程的新要求，等等，切实把思想和行动统一到党的十九大精神上来，切实把智慧和力量凝聚到贯彻落实党的十九大提出的各项任务上来。要通过深入学习贯彻党的十九大精神，立足地方志工作实际，充分思考和认识党的十九大精神在全国地方志事业转型升级过程中的重大指导意义，充分思考和认识坚定文化自信、不断铸就中华文化新辉煌、以我为主加强中外人文交流、在历史进步中实现文化进步等新论述对地方志工作的新期待、新要求，充分思考和认识中国特色社会主义进入新时代大背景下地方志工作的地位和作用，充分思考和认识方志人在把我国建成富强民主文明和谐美丽的社会主义现代化强国过程中所肩负的新使命。要通过深入学习贯彻党的十九大精神，坚决拥护以习近平同志为核心的党中央，自觉用习近平新时代中国特色社会主义思想武装头脑、指导实践，恪尽职守，勤勉工作，不辱使命，不负重托，在新时代既要有新气象，更要有新作为，作出新的历史业绩，为实现党的十九大确定的新的宏伟目标作出更大贡献。

二、明确地方志事业发展的历史新方位，深入推进地方志事业转型升级，按时保质全面实现“两全目标”

习近平总书记在十九大报告中强调：“经过长期努力，中国特色社会主义进入了新时代，这是我国发展新的历史方位。”习近平总书记还明确提出：“从十九大到二十大，是‘两个一百年’奋斗目标的历史交汇期。我们既要全面建成小康社会、实现第一个百年奋斗目标，又要乘势而上开启全面建设社会主义现代化国家新征程，向第二个百年奋斗目标进军。”作为中国优秀传统文化百花园中灿烂绚丽的一枝，地方志事业也迎来了新的历史起点和新的历史方位，更需要不断创新发展和全面推动转型升级，在全面建成小康社会和建设社会主义现代化强国的道路上发挥自己应有的作用，为实现“两个一百年”的奋斗目标献上厚重的志礼。

近年来，全国地方志事业的顶层设计不断完善，工作任务更加清晰。2015年8月国务院办公厅印发《全国地方志事业发展规划纲要(2015—2020年)》，明确要求“到2020年，完成第二轮地方志书规划任务，省、市、县三级地方志书全部出版”，“做到地方综合年鉴由地方志工作机构组织编纂，一年一鉴，公开出版，实现省、市、县三级综合年鉴全覆盖”。两年多来，全国各级地方志工作机构采取多项措施、多种手段，坚持依法治志，认真贯彻“一纳入、八到位”，强力推进“两全目标”，取得了许多重要的成绩，地方志事业正在从“一本书主义”转变为“志、鉴、库、馆、网、用、会、刊、研、史”十业并举，呈现出全面开花、全面结果的前所未有的大好局面。同时，也要比较清醒地看到，长期以来制约地方志事业发展的一些重大问题，如地方志事业发展不平衡现象比较突出，少数地区和部门对地方志工作重要性认识不够，相关法规规章落实不到位，机构不健全与编制、人员和经费不足，志鉴质量有待进一步提高，人才队伍青黄不接以及人员素质亟待提升，信息化与方志馆建设比较滞后，方志文化作用有待彰显等，当前这些问题虽然大大好转，但并没有得到根本解决，地方志工作长期以来处于边缘化的状态也还没有得到根本改变。

站在新的历史起点和新的历史方位，全国地方志系统深入学习贯彻党的十九大精神，重中之重的任务就是按时保质全力推动实现“两全目标”，以实现“两全目标”为龙头，全面推进地方志事业转型升级。但是，“两全目标”绝不是轻轻松松、敲锣打鼓就能实现的。就目前的完成现状来看，形势尚不容乐观。一是工作进度上推进得还不够理想，任务仍然比较艰巨。截至2017年第一季度末，全国第二轮三级志书共出版2464部，仅占规划总数5652部的44%，尚有3188种未公开出版；地方综合年鉴方面，全国353个市（州、盟）、2844个县（市、区）中，实现公开出版综合年鉴只有2058种，只占约64.74%，地市级综合年鉴尚有45种、县区级综合年鉴尚有1094种未实现公开出版。二是质量有待进一步提高，任务也仍然比较艰巨。地方志是“官书”，必须始终坚持质量第一原则，在质量上严格把关。“两全目标”实现之时，光有数量上的达标是远远不够的，更重要的是要有一批能够充分展示地方志的当代价值及永恒魅力的高质量地方志成果。近年来，中指办大力推进中国志书精品工程、中国年鉴精品工程，就是要在全国树立一批志鉴标杆，以点带面，最终推动完成“两全目标”。全国志鉴编纂质量也有很大的提高，从目前推进效果看，中国志书精品工程只推出了《汶川特大地震抗震救灾志》、天津市《北辰区志（1979—2009）》、《常州市志（1986—2010）》3部，《威海市志》即将出版，中国年鉴精品工程也只推出了《山西年鉴（2016）》《温州年鉴（2016）》《北京海淀年鉴（2016）》3部。在打造精品志书、精品年鉴的过程中，特别是在去年、今年举行的全国地方志优秀成果（年鉴类）质量评审活动中，发现当前志鉴成果在政治、史实、保密、体例、资料、文字、出版等方面还存在种种问题，让我们深感地方志质量建设任重而道远。今天上午，还要隆重举行《常州市志（1986—2010）》首发式暨立功表彰会，就是要充分表明对志鉴质量的高度重视，让精品意识更加深入人心。面对困难和问题，全国方志人要在党的十九大精神的巨大鼓舞下和习近平新时代中国特色社会主义思想的指引下，破除藩篱、积极进取，共同推动“两全目标”圆满完成。

三、紧贴党的十九大精神，紧跟时代步伐，不断推动地方志理论创新，为把方志学建成一级学科提供理论支撑

实践是理论的源泉，实践没有止境，理论创新也就没有止境。习近平总书记在十九大报告中指出：“我们必须在理论上跟上时代，不断认识规律，不断推进理论创新、实践创新、制度创新、文化创新以及其他各方面创新。”当前地方志事业正处于发展的关键时期，全面推进转型升级，把方志学建成一级学科，更需要不断推进理论创新，并在不断推进理论创新的基础上不断推进实践创新。唯其如此，我们才能不辜负党和国家重托，在全面建成小康社会和建成社会主义现代化强国的过程中永葆地方志的活力。

近年来，中国地方志指导小组及其办公室把地方志理论研究和学科建设摆在重要的位置，积极谋划、主动作为，采取了一系列积极举措，不断推进地方志理论创新，探寻地方志发展规律，提出把方志学建成一级学科。采取的主要举措有：一是进一步完善中国地方志学术年会制度。2016 年，以“‘一带一路’与地方志创新”为主题、2017 年以“转型升级：地方志进入新时代”为主题进行深入研讨，引起强烈的反响，进一步将学术年会打造成在全国具有重要影响力的学术平台。二是进一步发挥中国地方志学会的学术平台作用。自 2015 年 12 月中国地方志学会换届会议后，新一届学会自去年以来陆续成立了信息化、年鉴、方志馆、史志期刊、方志学、编辑出版 6 个分会，并确立了每个分会每年举办一次学术研讨会的制度，如今年 4 月方志馆分会在江苏苏州举办首届全国方志馆馆长论坛，史志期刊分会 8 月在新疆伊犁举办“继承中华传统，弘扬方志文化”论坛，年鉴分会 8 月在黑龙江齐齐哈尔召开精品年鉴与年鉴编纂创新研讨会，以及今天召开的方志学分会 2017 年年会，都是加强学会学术平台作用的积极步骤。三是进一步加强地方史志期刊的学术阵地功能。在《中国地方志》期刊不断推进名刊建设、向为推动实现“两全目标”倾斜的基础上，中指办克服人员少、任务重的重重困难，经过多方努力，创刊出版《中国年鉴研究》双月刊，今年年底前还将创刊出版《中国方志馆研究》年刊，为全国地方志工作者和各方面专家学者创建更多的学术阵地，以正确的政治导向、理论导向、学术导向引领地方志理论创新，推动地方志事业科学发展。四是进一步为讲好中国故事搭建学术舞台。今年 9 月，中指办在北京举行走向世界的中国方志文化国际学术研讨会，会上分享海内外相关研究成果，整合资源、汇聚力量，共同推动方志文化以其独特的载体形式和丰富的人文内涵走向世界，讲好中国故事，与各国人民分享中国智慧、中国经验。习近平总书记在十九大报告中强调，要“加强中外人文交流，以我为主、兼收并蓄”，要“推进国际传播能力建设，讲好中国故事，展现真实、立体、全面的中国，提高国家文化软实力”。可以说，方志人用自己的实际行动坚定不移地贯彻落实习近平新时代中国特色社会主义思想，也充分说明方志人在推进国际传播能力建设、提高国家文化软实力方面是可以大有作为的。

在相当长的一个时期内，方志学理论研究滞后于实践创新的问题十分突出。下一步，我们要重点抓好三个方面的理论创新：一是要牢牢坚持用习近平新时代中国特色社会主义思想为指导。要坚持正确的政治方向和科学的思维方式，破除落后的思想和思维模式，牢固树立与时俱进、开拓创新的理念。二是要深入开展调研。理论来源于实践，没有前期大量细致的实际调研工作，地方志理论创新就成了无本之木、无源之水，地方志理论研究和学科建设就会流于形式，无法起到真正指导实践、引领实践的作用。三是要以中国地方志学会及其6个分会为龙头，团结联系全国各地的地方志研究团体、研究人员，开展更加积极有效的工作，争取在全国地方志系统内形成人人争研究、个个能研究的态势，营造出上下联动、内外合力的浓厚的理论研究氛围。

四、坚持以人为本、人才强志，培本固元，为地方志事业发展提供坚强人才保障

人才队伍是事业发展长盛不衰的重要基础和根本保障。习近平总书记在十九大报告中强调："要坚持党管人才原则，聚天下英才而用之，加快建设人才强国。实行更加积极、更加开放、更加有效的人才政策，以识才的慧眼、爱才的诚意、用才的胆识、容才的雅量、聚才的良方，把党内和党外、国内和国外各方面优秀人才集聚到党和人民的伟大奋斗中来。"当前，地方志事业正处于全面推进转型升级、实现"两全目标"最为关键的时期，与历史上其他时期相比，更加需要慧眼识才、大胆用才、精心育才，全力集聚培养一支能吃苦、能战斗、能奉献、能胜利的高素质人才队伍。

近年来，中指办一直以积极、开放、有效的人才政策，采取一系列积极举措精心培育地方志人才，为地方志事业发展强本固基，提供坚强保障。采取的主要举措有：一是进一步加大队伍培训力度。在以往每年举办一期全国地方志工作机构新任负责人培训班的基础上，今年起改为每年举办两期，5月在陕西延安举办第一期、9月在贵州遵义举办第二期全国地方志工作机构新任负责人培训班。在去年分别举办第一次全国性的援藏援疆、名镇志、年鉴、地方史志期刊、方志馆、信息化培训班的基础上，今年3月又在上海举办中国名村志文化工程编纂业务培训班、6月又在山西晋城举办2017年全国地方史志期刊主编培训班、7月又在西藏山南举办第二期援藏志鉴编纂业务培训班、9月又在浙江丽水举办第二次全国方志馆业务培训班，这次又在常州举办第二期全国年鉴主编培训班，11月还将在广州举办第二期全国地方志信息化业务培训班。每次培训班前，中指办都针对不同的培训对象、不同的工作任务，提前研究制定培训计划，确定授课教师，全方位推进培训班的常态化、系统化和科学化。二是今年7月启动建立"中国地方志专家库"工作。该库包括方志专家库和年鉴专家库两个子库，旨在培育和打造高端专家队伍，充分发挥优秀专家的示范带动作用。目前，各地推荐报送工作已完成，下一步计划进行评选。三是加大挂职锻炼、干部遴选工作力度。去年以来，中指办选调2名同志分别到西藏自治区地方志办公室、新疆生产建设兵团志办公室挂职锻炼，接收2名地方同志到中指办挂职帮助工作，遴选考录2名地方基层公务员。

地方志横陈百科，包罗万象，地方志人才既需要掌握多学科知识，又需要具备相当高的专业素养。但培育人才，特别是地方志人才，远不是一蹴而就的，需要顺应新时代的要求，及时转变观念，进行科学规划、积极创新。习近平总书记在十九大报告中提出，要"努力形成人人渴望成才、人人努力成才、人人皆可成才、人人尽展其才的良好局面，让各类人才的创造活力竞相迸发、聪明才智充分涌流"。我们要以此为目标，继续发扬"修志问道、直笔著史"的方志人精神，大力营造爱学习、勤学习的风气，通过建立地方志人才队伍培训常态机制、不断完善用人机制和激励机制，不断提升地方志人才队伍的政治素质和业务本领，让地方志人才的"创造活力竞相迸发、聪明才智充分涌流"。

同志们，今天的会议是全国地方志系统在党的十九大胜利闭幕后召开的一次十分重要的会议。会议包括三个独立的环节：一是中国地方志学会方志学分会2017年年会，二是第二期全国年鉴主编培训班，三是《中国年鉴研究》创刊发布座谈会。此外，会议间隙还要举行中国精品志书《常州市志（1986—2010）》首发式暨表彰会，以及江苏方志成果展。可以说，志鉴两翼齐飞，涉及理论研讨、队伍培训、期刊建设、质量建设、成果展览多个方面，内容丰富多样。我们要乘着党的十九大胜利召开的东风，认真进行学术研讨，认真进行学习交流，认真开好这次会议。

同志们，不忘初心，天下为公，地方志事业的初心就是“修志问道，直笔著史”。我们从事的是志载天下、为公为民的神圣事业，我们留下的是传承百代、历久弥新的千秋伟业。党的十九大开启了全面建成小康社会、建设社会主义现代化强国的新征程，中国特色社会主义进入新时代，全国地方志事业也走进新时代。希望全国地方志工作者站在新的历史起点上，以习近平新时代中国特色社会主义思想为指导，以高度的政治责任感和历史使命感，撸起袖子加油干，一张蓝图绘到底，不忘地方志存史、资政、教化之初心，牢记“为当代提供资政辅治之参考，为后世留下堪存堪鉴之记述”之使命，奋马扬鞭，砥砺前行，在新时代创造出新辉煌！

最后，预祝会议取得圆满成功，并祝各位代表身体健康，心情愉快，工作顺利！

新时代肩负新担当，新征程绘就新蓝图

——在首届全国年鉴论坛暨《中国方志发展报告（2017）》《中国年鉴发展报告（2017）》出版座谈会上的讲话

（2017 年 12 月 21 日）

冀祥德

隆冬时节，在全国掀起深入学习贯彻党的十九大精神的热潮和即将迎来改革开放 40 周年之际，我们在改革开放的前沿阵地“鹏城”深圳市召开首届全国年鉴论坛暨《中国方志发展报告（2017）》　《中国年鉴发展报告（2017）》出版座谈会，具有独特的意义。这次会议得到了广东省人民政府地方志办公室、深圳市委市政府领导的高度重视和大力支持。在此，我谨代表中国地方志指导小组办公室（以下简称中指办），向关心重视这次会议的广东省人民政府地方志办公室、深圳市委市政府的领导和为筹备这次会议付出艰辛劳动的广东省人民政府地方志办公室、深圳市史志办公室的同志们表示衷心的感谢！向参加会议的各位专家、各位代表表示热烈的欢迎！

仲冬鹏城势翼然，鼎新气象冠山川。深圳市是改革开放的最前沿，是改革开放的试验田。2012 年党的十八大闭幕不久，习近平总书记就来到深圳考察，宣示将改革开放继续推向前进的坚定决心。习近平总书记深刻指出，改革开放是当代中国最鲜明的特色，是我们党在新的历史时期最鲜明的旗帜。改革开放是决定当代中国命运的关键抉择，是党和人民事业大踏步赶上时代的重要法宝。可以说，深圳不只有亮丽的深圳速度，更有近 40 年改革开放伟大实践积淀的深圳精神，先行先试、勇立潮头的深圳为推进改革开放伟大事业作出了巨大的贡献。将近两个月前胜利闭幕的党的十九大强调不忘初心、牢记使命，高举旗帜、团结奋进，极大地增强了全党全国人民为实现中华民族伟大复兴的中国梦而奋斗的信心和力量，具有极其重大的历史意义。党的十九大闭幕仅一周，习近平总书记带领新一届中共中央政治局常委参观中共一大会址和浙江嘉兴南湖红船，重温入党誓词。习近平总书记强调，“‘红船精神’同井冈山精神、长征精神、延安精神、西柏坡精神等一道，伴随中国革命的光辉历程，共同构成我们党在前进道路上战胜各种困难和风险、不断夺取新胜利的强大精神力量和宝贵精神财富。”产生于革命年代的“红船精神”，不但是革命时期党领导人民取得反帝反封建斗争胜利的精神支柱，也是新时期党领导人民不断取得改革开放和社会主义现代化建设伟大胜利的力量源泉。一定程度上说，一部深圳改革

发展史，就是一部深圳人民继承和弘扬“红船精神”的首创史、奋斗史、奉献史。今天，我们把三个较为重要的会议合在一起在深圳举办，就是要学习深圳改革开放开天辟地、敢为人先的首创精神，在新时代继承发扬“红船精神”，并将其与学习贯彻党的十九大精神和习近平新时代中国特色社会主义思想贯通起来，从中汲取前进力量，凝聚起全国地方志系统锐意进取、埋头苦干的磅礴精神力量，激励和鼓舞广大地方志工作者用伟大精神推动伟大实践，以更大力度、更宽视野推动地方志在新时代为发展中国特色社会主义文化和全面建成小康社会作出更大贡献。

近两年来，围绕贯彻落实《全国地方志事业发展规划纲要（2015—2020 年）》（以下简称《规划纲要》），中指组及其办公室以巨大的勇气和强烈的责任担当，强化顶层设计，奋力开拓创新，坚定方志文化自信，积极推进“两全目标”，全面推动转型升级，取得了不小的成果。可以说，全国地方志事业就像深圳这座城市一样，飞速发展，地方志事业的转型升级就像深圳的改革开放一样，在积极探索中快速、稳步推进。转型升级是当今地方志事业最鲜明的特色，是地方志进入新时代最鲜明的标识，是决定地方志事业科学发展的关键抉择和重要路径。

这次会议的主题是：深入贯彻落实党的十九大精神，不断提高年鉴研究理论水平，深入推进全国地方志“一体两翼”用志工程，全面推进地方志事业转型升级。下面，围绕会议主题，结合对地方志走进新时代的一些个人思考，我谈几点意见：

一、深入贯彻落实党的十九大精神，正确把握地方志进入新时代的历史脉搏

当前和今后一个时期全国地方志系统的首要政治任务，就是认真学习宣传和全面贯彻落实党的十九大精神，学习贯彻习近平新时代中国特色社会主义思想，切实把思想和行动统一到党的十九大精神上来。党的十九大报告指出，中国特色社会主义进入了新时代。学习贯彻党的十九大精神，一个重要方面就是要深刻领会“新时代”的丰富内涵，准确把握我国发展新的历史方位，更好地肩负起新时代的历史使命。与此同时，地方志工作者在新时代也要正确把握历史脉搏，踩准时代发展节奏，找准自身的时代定位和发展方向，形成新思路，采取新办法，解决新矛盾，实现新目标。

党的十九大开启了全面建成小康社会、建设社会主义现代化强国的新征程，中国特色社会主义进入新时代，全国地方志事业转型升级也进入新时代。思深方益远，谋定而后动。地方志事业在新时代要有传承、有创新、有发展，就要以坚定的方志文化自信和永不满足的创新意识，打造出更多新时代的精品佳作，逐步走进世界文化舞台中央。一是要坚持以国家利益和地方党委政府中心工作为根本出发点。近年来，中指办积极组织编写《中国南海志》《三沙市志》以及国家社科基金抗日战争研究专项工程项目《中国抗日战争志》，同时还鼓励各地编写地方抗日战争志，就是在这方面作出的积极努力，旨在引领方向，真正做到让历史说话，用史实发言。二是要坚持以人民为中心。近年来，中指办已经启动编纂的一系列中国名镇志、名村志、名酒志、名山志等专题志书、特色志书，就是希望让地方志接地气、走进寻常百姓家。我们希望，今后要让每一个中国人都能在地方志中找到自己的位置。三是要坚持服务国家“走出去”战略。今年 9 月，中指办在北京举行的“走向世界的中国方志文化”国际学术研讨会，得到了国内众多权威媒体的关注与宣传，其组织规模之大、宣传范围之广、影响之深远，在地方志系统中史无前例。12 月初在乌镇召开的第四届世界互联网大会上，《中国名镇志・乌镇志》中英文版作为大会的特别礼物被赠予参会的国内外重要嘉宾。这是极具中国特色的地方志书首次以中英文双语版本的形式亮相重大国际会议，反响非常热烈。此外，中指办正在组织翻译出版《汶川特大地震抗震救灾志》总述和大事记卷，各地也陆续编纂出版年鉴英文版。未来我们还需要在更广范围、更深层次传播“方志声音”，让地方志成为全世界人民的共同精神财富。

二、新时代要有新气象，全面推进“两全目标”要有新作为

明确方位才能找准方向，把握大势才能赢得未来。地方志事业站在新的历史起点和新的历史方位，当前的核心目标任务就是全面实现“两全目标”。从现在到2020年，是全面实现“两全目标”的决胜期，明确今后三年每个阶段所要实现的发展目标，与时俱进地擘画地方志事业发展的时间表、路线图，具有鲜明实践特色和深远历史意义。

随着全国地方志事业的顶层设计不断完善，工作任务更加清晰，中指组及其办公室为全力推动实现“两全目标”，主要做了两方面工作：一方面，狠抓完成进度。中指办从去年起在全国地方志机构主任工作会议召开期间，同时召开全国地方志工作经验交流会，反复强调要深刻认识按时保质完成“两全目标”的重大意义，把完成“两全目标”当作头等大事来抓。为解决完成“两全目标”存在的困难和问题，今年8月在新疆伊犁召开全国地方志系统“两全目标”工作推进会暨援藏援疆工作座谈会，会后成立全国地方志系统推进“两全目标”工作督查组，研究制定关于援藏援疆工作的意见，确保统一思想，协调步骤，各地联动，举全国之力共同推动完成“两全目标”。为解决全国地方志工作发展不平衡、不充分的问题，特别是少数民族地区和部分经济欠发达地区在经费保障与人员保障上存在较大困难的问题，中指办先后实施民族地区与贫困地区志书出版资助工程、民族地区与贫困地区年鉴出版资助工程。为全面准确掌握全国地方志工作进展情况，尤其是各地“两全目标”完成情况，中指办决定在以往统计工作的基础上制定按季度统计的全国地方志系统统计制度，并筹划研发在线统计系统。此外，中指办还针对不同的对象、不同的工作任务，近两年除分别举办全国性的援藏援疆、名镇名村志、年鉴、地方史志期刊、方志馆、信息化等培训班外，今年起还将以往每年举办一期的全国地方志工作机构新任负责人培训班改为每年举办两期，全方位推进业务培训的常态化、系统化和科学化，为更高效推进“两全目标”提供坚强的组织保障和人才保障。二是狠抓完成质量。我们深信，只有进度和数量上的增长是远远不够的，在赶进度的同时还要严把质量关，努力推出一批能够充分展示地方志的当代价值及永恒魅力的高质量地方志成果，只有这样，才能使“两全目标”工作有序、扎实地向前推进。近年来，中指办大力推进中国志书精品工程、中国年鉴精品工程，就是要在全国树立一批志鉴标杆，以点带面，使志鉴质量有明显提升，并从中涌现出更多精品佳作。与此同时，中指办从今年开始将原先每4—5年举办一次的全国地方志优秀成果（年鉴类）质量评审活动改为每年举办一次，并在去年刚刚举办一次的基础上今年又举办一次，明年还计划开展一次地方志书质量评审活动，旨在检阅志鉴成果质量，表扬先进，以先进带动后进，确保志鉴编纂质量。此外，今年7月启动筹建的包括方志专家库和年鉴专家库两个子库的“中国地方志专家库”，也是强化质量建设的一项重大举措，必将为志鉴质量建设提供强有力的智力支持与技术支持。

到2020年全面实现“两全目标”，实现省省有志鉴、市市有志鉴、县县有志鉴的伟大的世界文化创举，这是《规划纲要》赋予的法定任务，必须不折不扣地执行，没有任何讨价还价的余地。但就目前的形势看，任务仍然比较艰巨。截至2017年第一季度末，全国第二轮三级志书共出版2464部，仅占规划总数5652部的44%，尚有3188种尚未公开出版；地方综合年鉴方面，全国353个市（州、盟）、2844个县（市、区）中，实现公开出版综合年鉴只有2058种，只占约64.74%，地市级综合年鉴尚有45种、县区级综合年鉴尚有1094种未实现公开出版。面对困难和压力，我们必须紧紧围绕到2020年全面实现“两全目标”的核心目标任务，一手抓进度，一手抓质量，两手都要抓，两手都要硬。要梳理清楚今后三年每个阶段的具体目标、任务，研究切实可行的办法、拿出实实在在的举措，一个时间节点一个时间节点往前推进，确保干一件成一件，干一项成一项，一级抓一级，以钉钉子精神全面抓好落实。2018 年，我们至少要保证基本实现省市县三级志鉴启动编纂，工作滞后的地方都要以高度的责任感、使命感，积极行动起来。

三、新时代提出新任务，要不断开拓创新，通过实施“一体两翼”工程实现地方志资源开发利用的新进展

秉纲而目自张，执本而末自从。习近平总书记在十九大报告中强调，要“增强改革创新本领，保持锐意进取的精神风貌，善于结合实际创造性推动工作”。创新驱动是引领发展的第一动力，《规划纲要》也明确将“坚持改革创新”列为一条基本原则。在新的历史时期，国家需要地方志作出更大贡献，地方志事业发展也必须走改革创新之路。中国地方志“一体两翼”工程就是地方志顺应新时代要求主动作为的一项重大创举，也是以创新思维、勇于开拓的精神参与现代国家治理体系建设的积极尝试。

中国地方志“一体两翼”工程，是明确写入《规划纲要》的任务，也是中指办为贯彻落实《规划纲要》推出的全国地方志“十大工程”中的一项工程。“一体两翼”中的“一体”是《中国地情报告》，“两翼”分别是《中国方志发展报告》《中国年鉴发展报告》，目的在于系统分析上一年度中全国各地地情概况、志鉴编修状况，以及地方志资源开发利用等方面工作开展情况，针对全国以及某一区域地方志事业发展状况和热点问题进行年度性的分析与研讨，以专业化的角度、专家学者的视野，开展系统性回顾、理论性分析和前瞻性预测。《中国地情报告》在“一体两翼”工程中具有主导性作用，其定位为年度资政类研究报告，旨在为政府决策咨询提供资政信息。其首卷《中国地情报告（2017）》已完成编写，正在印刷，12 月 29 日将在北京人民大会堂举办首届中国地情论坛暨《中国地情报告（2017）》出版座谈会。目前，山西省已经连续三年编写出版《山西省情报告》，新疆也着手编写《新疆区情报告》。下一步，在编纂《中国地情报告》充分积累经验的基础上，中指办将积极支持各省（区、市）根据实际情况编写出版省（区、市）的地情报告。

《中国方志发展报告（2017）》实际为《中国方志发展报告》的第二卷。2016 年 8 月，首卷《中国方志发展报告（2015）》出版问世，获得了良好的社会反响。在第二卷编纂过程中，做了两方面的重大调整：一是充分参考皮书类编纂出版的习惯，确定了以出版年度作为报告书名。二是与改名相呼应，将报告从 2015 年度的单一年度内容调整为包含 2015—2016 年两个年度的内容，同时将首卷中区域报告部分的内容单独摘出来扩充成书，定名为《中国方志区域发展报告（2017）》，从而使《中国方志发展报告（2017）》的素材更精、内容更优、框架更合理、特点更鲜明，也更加符合报告类图书的编写要求。同样，《中国年鉴发展报告（2017）》是《中国年鉴发展报告》的首卷，也包括 2015—2016 年的内容。今天召开的两部报告出版座谈会，主要是发布研究成果，总结交流编写经验，并就两部报告的 2018 卷编写工作进行研讨。

与“两全目标”一样，“一体两翼”工程也是法定任务，是国家层面部署的刚性任务。各地必须高度重视，统一认识，将推进“一体两翼”工程与实现“两全目标”同等看待。大家知道，正因为近几年全国地方志系统主动作为、主动发声，地方志的地位才得到显著提升，社会影响力才不断增强。所以，任务虽然艰巨，但还是希望与会各位撰稿人坚定信心，群策群力，共同把这项任务完成好，编写出更多高质量的报告，发挥更大的作用。

四、新时代带来新要求，要积极探索，推动理论研究水平要达到新高度

新时代呼唤新理论，新理论引领新实践。近年来，中指组及其办公室紧密结合新的时代条件和实践要求，以全新的视野深化对地方志事业发展规律和方志理论建设规律的认识，把理论研究摆在重要位置，提出把方志学建成一级学科，并以此为契机培养方志学后备人才。为此，中指办积极谋划、主动作为，采取了一系列积极举措，主要包括：进一步完善中国地方志学术年会制度，将学术年会打造成在全国具有重要影响力的学术平台；进一步发挥中国地方志学会的学术平台作用，确立了信息化、年鉴、方志馆、史志期刊、方志学、编辑出版6个分会每个分会每年举办一次学术研讨会的制度；多次召开理论研讨会和学术会议，与高等院校、科研机构合作培养硕士、博士研究生，联合培养博士后等，开展方志学理论与实践，以及方志学与相关联学科交叉研究，推进方志学学科体系建设和高层次人才培养。

在正确的政治导向、理论导向、学术导向引领下，中指办在推动年鉴理论创新上也取得了可喜成绩。一方面，中指办克服人员少、任务重的重重困难，经过多方努力创刊出版《中国年鉴研究》，并于今年10月在常州举行创刊发布座谈会，目前第二期即将出刊。下一步，要进一步强化期刊的学术阵地功能，将《中国年鉴研究》打造成在全国具有重要影响力的学术刊物。另一方面，充分发挥中国地方志学会年鉴分会的组织和引导作用，召开一系列年鉴学术研讨会，积极开展年鉴基础理论、应用理论研究，并力求做到理论研究和工作实践的紧密结合。中指办、中国地方志学会年鉴分会2017年8月在齐齐哈尔召开的精品年鉴与年鉴编纂创新研讨会和这次的首届全国年鉴论坛，都是在不同层面加强学术平台作用的积极举措。这次论坛的设计初衷，就是要整合各种年鉴学术研讨会，形成论坛制度，希望像中国地方志学术年会那样，全力打造一个具有品牌意义的年鉴理论研讨平台。这是一个美好的开始，也是长途跋涉中的一个加油站。希望参加论坛的各位代表珍惜这次难得的学术交流机会，围绕论坛“年鉴进入新时代与年鉴事业转型升级”的主题认真进行学术研讨和交流，畅所欲言，开阔视野，激荡思想火花，为年鉴事业科学发展贡献一份智慧力量。

同志们，这次会议是全国地方志系统在党的十九大胜利闭幕后召开的一次重要会议。会议包括三个独立的环节：一是首届全国年鉴论坛，二是《中国方志发展报告（2017）》出版座谈会，三是《中国年鉴发展报告（2017）》出版座谈会。可以说，志鉴两翼扶摇，涉及理论研讨、平台建设、成果发布等多个方面，内容丰富多彩。我们要借着深入学习贯彻落实党的十九大精神的大好契机，认真进行学术研讨，认真进行学习交流，认真开好这次会议。

同志们，我们要不忘初心、牢记使命，坚持学而信、学而思、学而行，发扬“修志问道、直笔著史”的方志人精神以“高铁”般的方志速度和质量与效益并重的方志效率，用浓烈的方志情怀，激发方志担当的勇气，展现最灿烂的方志文化自信，把地方志事业转型升级不断引向深入，在新时代创造出更加辉煌的业绩！

最后，预祝会议取得圆满成功！再过10天，就是新的一年了，在这里也祝大家在新的一年里身体健康，心情愉快，工作顺利！

继续保持高位运行态势　决胜“两全目标”
做“活”做“热”地方志事业

——在2018年全国地方志机构主任工作会议、第二次全国地方志工作经验交流会上的总结讲话

（2017年12月27日）

冀祥德

在全体与会代表的共同努力下，2018年全国地方志机构主任工作会议、第二次全国地方

志工作经验交流会暨中国名山志文化工程启动仪式圆满完成各项议程，马上就要闭幕了。下面，我代表中国地方志指导小组办公室（以下简称中指办）对会议作总结。

四年来，我们牢记方志家国情怀，肩负方志使命担当，树立方志自信，发扬方志人精神，创造出方志速度、方志效率，勠力同心，砥砺前行，地方志事业发生了深刻的变化。这次会议不仅是深入学习贯彻习近平新时代中国特色社会主义思想和党的十九大精神的一次重要会议，而且是梳理地方志四年来的深刻变化及明确新时代地方志事业内涵、发展方向的一次重要会议。这次会议系统梳理第五届中国地方志指导小组（以下简称中指组）成立以来全国地方志工作取得的成绩，分析了存在的问题，挖掘了新时代地方志事业新内涵，明确了地方志事业转型升级的新要求，谋划部署了全国地方志系统未来五年的工作，进一步统一了思想，达成了共识，凝聚了力量，是一次成功的年度主任工作会议和经验交流会。

一、四年来的主要经验

四年内，中指组及其办公室观大势，谋全局，着力顶层设计，开拓创新，真抓实干，实施依法治志，在全国范围内全面推动地方志从一项工作向一项事业转型升级，为地方志跨越式发展绘蓝图、制规划、定措施，取得了骄人成绩，得到了社会各界和全国地方志系统的充分肯定。各级地方志工作机构及广大地方志工作者实字当头，干字为先，取得了令人满意的好成绩，积累了行之有效的经验。这些经验，可以说是明珠熠熠。其中，山东省创造出“围绕一个目标、提高两个站位、突破三个重点、落实‘六全’任务，促进山东史志事业实现创新发展、持续发展、领先发展”的先进经验，四年时间获得山东省领导批示113次，成为推动全国地方志事业发展的重要力量，为新时代地方志事业转型升级提供了有益参考，这也是我们选择在济南召开这次会议的原因。

博观而约取，厚积而薄发。认真梳理这些经验，对于地方志的高质量发展具有十分重要的意义。为此，我们认真梳理了31个省，以及山东、天津、黑龙江、陕西、宁夏等省部分市县的好做法，形成了十条经验，希望大家继续坚持、落实、深化和发扬。

（一）必须坚持正确的政治方向。地方志必须坚持四项基本原则，坚决与以习近平总书记为核心的党中央保持思想上、政治上、行动上的一致。四年来，在第五届中指组的带领下，各级地方志机构积极组织学习党的十八大和十八届三中、四中、五中、六中全会精神，学习党的十九大精神及习近平新时代中国特色社会主义思想，与党中央保持思想上、政治上、行动上的高度一致，深刻认识并解决好地方志工作“为了谁、依靠谁、我是谁”的问题，在事关大是大非和政治原则问题上，划清是非界限，澄清模糊认识，做到为党立言、为国存史、为民修志。例如，新疆坚持以马列主义、毛泽东思想和中国特色社会主义理论体系、习近平总书记系列重要讲话精神为指导，运用辩证唯物主义和历史唯物主义的方法，坚持实事求是的原则，客观、全面、系统地记述了民族地区自然、政治、经济、文化和社会的历史与现状。四川强化思想政治建设，把牢正确政治方向，推动“两学一做”学习教育常态化制度化，落实从严管党治党责任，切实转变工作作风，等等。

（二）必须抓住机遇、乘势而上。“来而不可失者时也，蹈而不可失者机也。”机遇对事业的发展至关重要。党的十八大以来，党中央和国务院高度重视地方志工作，习近平总书记、李克强总理、刘延东副总理多次就地方志工作作出重要指示、批示。中办、国办出台一系列重要文件，将地方志工作纳入国民经济和社会发展规划，纳入党中央、国务院部署的工作任务，加强地方志顶层设计，明确地方志发展道路。回顾四年的发展历程，全国各级地方志工作机构正是紧跟时代、抓住机遇，才获得跨越性的发展。例如，山东紧抓发展机遇，围绕走在全国前列，积极贯彻落实党中央国务院的战略部署、中指组的规划部署以及省委省政府决策部署，积极发挥史志“存史、资政、教化”作用，树立方志文化自信，弘扬优秀齐鲁文化，赢得重视，彰显价值，等等。全国地方志系统要继续抓住机遇、乘势而上，高质量持续地方志的黄金时代。

（三）必须坚持“党委领导、政府主持、地方志工作机构组织实施、社会各界广泛参与”的工作体制，明确“一纳入、八到位”的工作要求。第五届中指组成立以来，在完善地方志事业发展保障体系的问题上做出了卓越的贡献，深入基层开展调研，从省到市、到县，有的甚至到乡镇和村，了解地方志工作的实际情况，针对各地普遍存在的机构、编制、经费等问题，提炼形成了“一纳入、八到位”总体要求，并由刘延东副总理在与第五次全国地方志工作会议部分代表座谈时明确提出，将地方志工作纳入各地经济社会发展规划之中，做到认识到位、领导到位、机构到位、编制到位、经费到位、设施到位、规划到位、工作到位。在中指组的积极推动和督促下，各地积极落实“一纳入、八到位”。例如，北京在首都发展大格局中谋划地方志事业发展蓝图，将地方志事业纳入首都总体发展一体规划、整体工作一体部署和重点工作一体督查，激发事业发展的动力和活力，等等。实践证明，“一纳入、八到位”是推进地方志高质量发展的牛鼻子，贯彻落实得好，地方志事业发展就红红火火、后劲充足。

（四）必须坚持依法治志。依法治志，是依法治国的应有内涵，是依法治国方略在地方志事业中的必然体现，也是开拓地方志事业发展新局面的根本要求。四年来，各地坚持依法治志，通过地方志立法、建章立制、督促检查考核等深化制度化、法治化建设。例如，山西、吉林、安徽、山东、四川、江苏等省以地方立法为抓手，为地方志高质量发展提供法治保障。北京、天津、山西、上海、安徽、福建、江西、广东、广西、四川等省（区、市）将地方志工作纳入政府绩效考核体系，提升了地方志工作的法治化水平，有效地开创了各区地方志工作新局面。北京、河北、河南、湖北、海南、西藏等省（区、市）建立督促检查考核机制，山西将地方志工作进展缓慢市县列入省政府“13710”督办系统，取得阶段性成果，成效显著。上海、河北、福建、湖南、甘肃、宁夏等省（区、市）开展法规宣传，尤其宁夏坚持连续多年开展形式多样的“5 · 18”地方志宣传推介活动，普及方志知识，提升地方志的社会影响力，等等。

（五）必须坚持科学规划、统筹发展。四年来地方志发生质的变化，取得令人惊叹的成绩与科学的顶层设计、全面的统筹规划密切相关，这是新时代赋予的最重要经验之一。《全国地方志事业发展规划纲要（2015—2020年)》(以下简称《规划纲要》）的出台，“十个指头弹钢琴”“志、鉴、馆、网、库、用、刊、会、研、史”全面铺开，地方志事业发展综合效应明显。在中指组及其办公室的带领下，各地注重谋划布局，构建地方志事业发展格局。例如安徽结合全省地方志工作实际，先后提出“三个定位”“三个服务”“六大建设”“七个讲”“九个扎实推进”和“六项工程”的总体工作思路，从总体上定好位，布好局，把好安徽省地方志事业的方向。贵州通过“四个转变”和“六项措施”，合理布局，科学谋划，推动省志编纂取得新成效。陕西、重庆等省（市）着眼全局，服务发展，突出重点，补齐短板，牵住“两全目标”这个牛鼻子，以重点突破推动全面建设，等等。

（六）必须坚持“创造性转化、创新性发展”。创新是引领发展的第一动力，要调动全系统积极性、主动性、创造性，才能推动地方志高质量发展。中指组及其办公室以国家利益为导向、以经济社会发展为中心、以人民为中心开拓创新，陆续推出全国地方志“十大工程”，聆听时代的呼唤，回应时代的要求。12月29日，在北京人民大会堂召开的首届中国地情论坛、首届全国名村论坛就是我们创造性转化、创新性发展的重要成果。各地不断创新工作理念、工作方式、工作手段，打造地方特色。河北、安徽重视地方志科研创新，连续举办三届“冀皖方志理论研讨会”，扩大了交流范围，提升了方志理论研究水平。吉林省创新实施“吉林省方志理论研究三百工程”。福建省创新思路，率先用文艺晚会形式表现地方志，从地方志角度拍摄、展示红色文化，拓宽了工作领域。湖南省在充分调研的基础上，以永州为试点，有效推进“一年一鉴，公开出版”全覆盖工作，等等。

（七）必须坚持“互联网＋地方志”。依托互联网，地方志事业理念不断提升，管理不断创新，领域不断拓展。中指组及其办公室适应新形势，有步骤地推进“三网一馆两平台”建设。各地加快推进网站、数据库、新媒体平台等建设。例如内蒙古、上海、江苏、浙江、福建、山东、湖南、广东、广西、四川、新疆等省（市、区）打造“互联网＋地方志”模式，推动志鉴信息化和数字化建设步伐。尤其内蒙古经过数年努力，通过购买服务形式，完成了以内蒙古区情网汉文网站、蒙古文网站、手机网站、内蒙古地情网站集群、方志内蒙古微信公众平台、多功能数据库等为主要内容的“四网、两平台、双系统、一库（馆）”的发展战略格局，等等。

（八）必须坚持质量第一、打造精品。质量是地方志的生命。近年来中指组及其办公室推出中国志书精品工程、中国年鉴精品工程，研究出台一系列质量制度，严把地方志质量关。各级地方志工作机构不断完善质量控制体系，制定编纂规范，健全志稿评议、审查验收、质量评估等制度，在确保志鉴质量方面做了大量工作。例如，吉林、河南、湖北、海南、云南等省（区）分别建立健全规范业务质量体系、质量控制体系、质量监督保证体系、志鉴质量保障机制、编审制度等，严格流程管理，把质量建设摆在突出位置，将精品意识贯穿于地方志工作全过程。福建省泉州市探索形成了日记、月志、年鉴、志书“四位一体”系统有效保存地情资料的工作机制，通过年鉴、月志、日记全方位整合编辑资料信息，变被动占有材料为主动占有材料，为存史修志提供全面翔实资料，从源头确保了地方志工作的高质量。广西适应时代发展需要，及时修订志书评审、出版制度，建立志书审查验评分制，从程序上和制度上保证志书的质量，等等。

（九）必须坚持以有为谋有位，服务经济社会发展大局。几年的实践证明，地方志要高质量发展，要得到各级党委、政府重视，社会各界支持，一定要把开发利用地方志文化资源摆在更加重要的位置，围绕中心、服务大局，有所作为。中指组及其办公室以“一体两翼”、名镇志、名村志等工程为抓手，不断提升服务中心工作的水平和能力。各地地方志工作机构主动作为，强化对地方志资源的深加工，为各级党委政府科学决策提供重要的借鉴和依据，为中国特色社会主义建设服务，为广大人民群众服务。例如，上海创新保护性开发利用、拓展普及性开发利用、开展各区特色性开发利用、推进研究性开发利用，翻译出版“上海地方志外文文献丛书”，编辑出版“上海地情普及系列丛书”，并启动系列研究课题及项目，留存地方历史记忆。江苏省围绕“特”字做文章，组织编纂了一批区域特色鲜明、人文气息浓厚的特色专业志书，服务中心大局，以有为谋有位，获得省委、省政府高度重视，省政府工作报告连续两年要求“做好地方志和年鉴的编修工作”。广东省着力推进方志馆建设，省、市、县三级方志馆从无到有，社会影响面逐步扩大，实现了方志馆建设的新突破。山西、黑龙江、江西、河南、云南等省紧贴中心、服务大局，编辑出版一系列地情丛书，做好资政服务，扩大地方志工作的影响力和话语权，等等。

（十）必须坚持方志人的价值导向，强化人才队伍建设。近年来，广大方志人凝心聚力，精神面貌焕然一新，并逐渐形成了群体认同的以“修志问道、直笔著史”方志人精神、“三耐一强”仙人掌精神等为核心的价值取向和主导意识。各地以机关建设为支撑，打造政治坚定、业务精通、作风过硬的队伍，奋力营造干事创业新环境，并通过多种途径，弘扬方志人精神，强化人才队伍建设。例如，山西、辽宁、内蒙古、吉林、黑龙江、浙江、安徽、福建、江西、山东、四川、贵州、宁夏等省（区）注重固本强基，以弘扬方志人精神为核心，建立健全方志人才培养长效机制。其中吉林以综合年鉴编辑人员的队伍建设为抓手，加强业务培训，强化队伍支撑，定期举办年鉴编纂人员培训班，加强实战演练，交叉点评、分层施训，取得良好效果。河南新增职能，明确机构，实现“史”“志”兼备，在全省严控人员编制的情况下，成功增设两个处，为地方史编修工作提供了组织保障和人才准备，等等。

四年内，各市县也形成了一些值得学习和借鉴的经验。如山东济南和青岛抓住志鉴主业，科学谋划，深入贯彻落实《规划纲要》。天津市西青区主动作为、统筹谋划，大力实施村村建档修志工程；北辰区发扬工匠精神，勇于担当作为，推进北辰史志事业再攀新峰。黑龙江哈尔滨围绕中心、服务大局，以有为谋有位。陕西西安狠抓地情书籍编纂和信息化工作，努力服务西安经济社会发展。宁夏银川全面推进志书、年鉴、旧志、信息化等各项工作任务，加强地方志质量建设、人才队伍建设等基础工作，服务经济社会水平进一步提升。

四年来，方志人精神面貌发生了深刻变化，形成了“方志六有”：一是有一种精神叫“方志精神”。这种精神就是“修志问道、直笔著史”的方志人精神，要修新时代中国特色社会主义之志，问全面建设社会主义现代化强国之道，启中华民族伟大复兴的中国梦实现的未来；就是“三耐一强”的仙人掌精神，要耐得住炎热（默默无闻）、干旱（人才不足）、贫瘠（待遇低下），富有极强生命力，不断艰苦奋斗精神、开拓创新，地方志功能向社会各界和千家万户拓展。二是有一种速度叫“方志速度”。长期以来，方志部门被误认为是一群白发老年人数十年修一书，似蜗牛缓慢爬行。近年来，中指办率先垂范，带头转变工作作风，系列名志工程、“一体两翼”工程等迅速开花结果，方志速度不再是蜗牛速度，而是高铁速度。三是有一种效率叫“方志效率”。在速度加快的同时，方志人抓质量、重效益蔚然成风，方志效率日益提高。四是有一种情怀叫“方志情怀”。方志人凝心聚力，在加快推进地方志事业转型升级过程中，形成了共同的职业情怀、家国情怀，结下了深厚的方志情义。五是有一种自信叫“方志自信”。地方志是中华文明的根，是中华文化的魂，在世界历史长河中，只有中国方志文化是最独特、最灿烂的明珠。在地方志的传承中，孕育了方志人自信的情怀、自信的根源。在中华文化走向世界的过程中，方志文化应该起到领头羊和排头兵的作用。当中华文化走上世界舞台的时候，方志文化应该站在世界舞台的中央。六是有一种担当叫“方志担当”。四年来，广大地方志工作者就是凭着敢于担当的精神，主动考问“在国家实现‘两个一百年’目标，在中华民族伟大复兴的中国梦的实现过程中，什么是方志人的贡献?”在冷部门做出了热事业。

经验是宝贵的，精神是可贵的。2018 年是贯彻落实“十九大”精神的开局之年，在改革开放 40 周年，在决胜全面建成小康社会、实施“十三五”规划承上启下的关键一年，全国方志人要进一步凝聚共识、激发自信、提振信心、开疆辟土、开拓创新，进一步推进地方志事业全面转型升级，开创新时代地方志工作新局面。

二、2018 年的主要工作

（一）明确方向，以习近平新时代中国特色社会主义思想为指导

当前和今后一个时期，全国地方志系统要继续认真学习、贯彻落实党的十九大精神，深刻领会和全面贯彻习近平新时代中国特色社会主义思想，切实提高政治理论水平，强化理论武装。习近平新时代中国特色社会主义思想包含着十分丰富的内容，要在全面学习的基础上，着重把握其精神实质、基本内涵和主要观点，做到学通、弄懂、做实。要充分认识、认真思考、深刻理解党的十九大精神和习近平新时代中国特色社会主义思想对全国地方志事业转型升级的重大指导意义，明确方志人在把我国建成富强民主文明和谐美丽的社会主义现代化强国中所肩负的新使命和新担当。要准确把握新时代地方志事业转型升级五大内涵，确立地方志事业发展的“两个一百年”奋斗目标，坚持以人民为中心，坚持依法治志、创新发展、协调发展和开放理念，不忘初心，牢记使

命，奋力拼搏，砥砺前行，为决胜全面建成小康社会、夺取新时代中国特色社会主义伟大胜利，实现中华民族伟大复兴的中国梦，实现广大人民对美好生活的向往作出方志人应有的贡献。

（二）依法治志，进一步推进地方志事业法治化

中指组及其办公室要积极推动《地方志工作条例》修订工作，开展《中华人民共和国地方志法》立法可行性研究。加大《地方志工作条例》落实情况的检查力度，与国务院办公厅督查室联合就《地方志工作条例》《规划纲要》贯彻落实情况开展督查，尤其是“两全目标”的完成情况。督促各地各部门根据《规划纲要》的要求，加大组织推动力度，确保《规划纲要》任务的如期完成。加大调研力度，针对推进依法治志、“一纳入、八到位”过程中发现的困难和问题，开展对策性研究，提出意见建议。

各级政府、地方志工作机构，要进一步完善地方志法规规章体系，尤其没有制定或正在制定地方志工作法规规章的地方，要力争早日出台。要严格贯彻落实《地方志工作条例》《规划纲要》，依法全面履行相关职能，推行政府权力清单制度。建立督察考核机制，进一步将地方志工作列入政府年度重点工作目标绩效考核。加大地方志法规规章的宣传力度、执行力度。

（三）全力以赴，加大二轮志书任务完成力度

2018 年，全国第二轮修志任务将进入攻坚期。规划任务已经完成的地区，要认真总结首轮、第二轮修志经验教训，做好第三轮修志启动前的准备工作和为当地发展大局服务的工作。规划任务未完成的地区，要进一步提高认识，把完成“两全目标”当作头等大事来抓，按照“时间表、路线图”蹄疾步稳推进二轮修志；切实做好行政督查，将“两全目标”的完成情况纳入各级政府的督查工作内容。中指组及其办公室要着手研究制定《关于第三轮地方志书编纂的若干意见（试行）》《关于第二轮志书政法部分编纂的若干意见》《关于第二轮志书政治部类编纂的若干意见》。稳步推进民族地区与贫困地区志书出版资助工程，积极推进中国志书精品工程。进一步深化质量建设，推动《地方志书质量规定》的贯彻落实。

（四）精准发力，进一步扩大年鉴覆盖面

中指组及其办公室要召开第三次全国年鉴工作会议，全面部署安排年鉴工作。深入推进民族地区与贫困地区年鉴资助工程，积极推动《全国年鉴事业发展规划（2016—2020 年）》贯彻落实工作，继续推进中国年鉴精品工程。启动专业年鉴试点单位工作，加强对试点单位的业务指导，加强对军事、武警、行业、部门、高校等各类专业年鉴编纂的指导和管理。各地区要继续高度重视年鉴工作，尚未理顺地方综合年鉴工作管理体制的，要加大工作力度，做到地方综合年鉴由地方志工作机构组织编纂；坚持一年一鉴，公开出版，积极推进地方综合年鉴编纂覆盖工作，争取尽早实现全国省、市、县三级综合年鉴编纂全覆盖。

（五）科学规范，有计划、有步骤开展旧志整理

中指组及其办公室要有计划地推动全国旧志整理、保护工作，继续开展与海外相关机构的交流合作；继续做好与哈佛大学哈佛燕京图书馆善本中国地方志数字化项目后期加工工作；积极推动旧志数字化建设；启动《清代方志序跋汇编·府县志卷》编辑工作。各级地方志工作机构要继续有计划、高质量地集中整理本地历代方志，让优秀遗产方便于用。要分类整理旧志资料，做到古为今用。要加强与国内外高等院校、科研院所、公共图书馆、档案馆等单位的交流、合作，开展旧志点校、提要、考录、辑佚等工作。

（六）以点带面，积极推进方志馆建设

加强方志馆建设，规范方志馆管理。国家方志馆要不断丰富方志馆馆藏，通过购买、征集多种途径增加馆藏图书资料和实物资源，做好期刊入库、整理工作；做好捐赠图书的接收、整理工作；继续开展年鉴编目工作。做好国家方志馆“方志中国”“魅力中国”展览工

作，提高服务水平。组织召开全国方志馆工作会议、全国方志馆建设经验交流会、中国地方志学会方志馆分会年会、方志馆培训会议。推动国家方志馆黄河分馆、长江分馆建设，指导国家方志馆分馆建设。深入推进全国各级方志馆申报立项和建设工作，全面提升各级方志馆的公共文化服务水平，倾力打造方志馆品牌，不断扩大方志馆的社会影响力。

（七）立足现实，大力发展“互联网+地方志”

中指组及其办公室要稳步推进全国信息方志与数字方志建设工程，完成国家数字方志馆（一期）建设和中国国情网一期项目建设，继续做好中国方志网、中国地情网、中国国情网的日常维护、信息发布、安全保障等工作；进一步做好“方志中国”微信公众平台、“方志中国”手机报。筹备召开全国地方志系统信息化工作会议暨信息化分会年会，指导各地信息化工作；研究部署信息化研究会工作。要加快推进各级地方志信息化建设步伐，支持民族地区地方志信息化建设。加快信息化相关标准规范的制定。

（八）立足国情，继续围绕“三个服务”开拓创新

中指组及其办公室要继续围绕“三个服务”开拓创新，彰显地方志价值、展示地方志魅力、提升地方志影响力。一是以国家利益为导向开拓创新。稳步推进《中国南海志》《三沙市志》《八一镇志》编纂工作，召开中国抗日战争志项目和中国地方抗日战争志工程推进会，大力推动《中国抗日战争志》编纂和中国抗日战争志系列丛书编纂。各级地方志工作机构要加强对地方志资源的深加工，做好抗战研究相关工作。二是地方志以经济社会发展为中心开拓创新。继续推进中国名镇志文化工程、中国名村志文化工程，深入推进中国名山志、中国名酒志等文化工程，启动中国名街志、名水志等文化工程，做好《中国影像方志》及中国影像志名镇系列的制作和播出工作等。继续编辑信息简报、编写地方史和地情书籍、开展专题研究，进一步拓宽服务渠道，增强服务功能，创新服务手段。三是地方志以人民为中心开拓创新。继续实施以《中国地情报告》为主体、《中国方志发展报告》《中国年鉴发展报告》为两翼的“一体两翼”工程。进一步谋划编纂社区志、居民小区志，推动方志文化进机关、进农村、进社区、进校园、进企业、进军营。

（九）强化科研，高度重视方志学一级学科建设

中指组及其办公室要扩大学术交流与合作，推动方志理论研究，培养高层次专业人才，与高等院校、科研机构合作培养硕士、博士研究生，联合培养博士后等，完善方志学学科体系建设，为方志学一级学科建设奠定理论、人才基础。承办第十七届中国社会科学院历史学部史学理论研讨会。要发挥中国地方志学会及其各分会的作用，做好中国地方志学会及分支机构管理工作；召开第八届中国地方志学术年会及年鉴、信息化、方志学、编辑出版、史志期刊、方志馆分会年会，推动方志理论研究，加强方志学术交流。充分发挥史志期刊平台和阵地作用，推进《中国地方志》名刊建设，完善《中国地方志》期刊网采编系统，严格审稿流程，完善审稿制度。优化中指办各报刊的选题和稿源，加强各刊专业性和学术性。继续做好《中国年鉴研究》《方志馆研究》，打造年鉴、方志馆理论研究新平台。召开全国地方史志期刊年度工作会议，提高全国地方志期刊工作水平。

（十）统筹规划，积极推进全国地方志系统援藏援疆工作

进入“两全目标”攻坚期，全国地方志系统要认真贯彻中央一系列援藏援疆工作会议精神，出台《关于全国地方志系统支援西藏、新疆地方志工作的意见》，落实《关于进一步做好全国地方志系统援藏援疆工作实施方案》，确保到2020年全面完成“两全目标”，全国一个县都不能少。根据实际情况，适时召开工作推进会，规范和督促在全国地方志系统的援藏援疆工作。坚持依法支援，推动全国地方志系统对口支援西藏新疆志鉴编纂协议的签订。坚

持问题导向，结合援助双方实际，牢牢把握志鉴主业，兼顾其他各业整体推进。

（十一）大力推行资料年报制度，强化地方志资料建设

要进一步加大依法征集地方志资料的力度，出台地方志资料收（征）集、保存、管理制度，为推行地方志资料年报制度并形成常态机制打好基础。要创新方式，大力拓展资料收（征）集范围和渠道，建立能够全方位适应地方志编纂、地方志事业发展和方志文化建设需要的地方志资料保障机制。

（十二）积极推动把地方史纳入地方志工作范畴，拓宽地方志疆土领地

按照《规划纲要》和中央宣传部办公厅、国家新闻出版广电总局办公厅印发《关于进一步做好地方史编写出版工作的通知》（新广出办发〔2015〕45号）的要求，继续加强对地方史编写出版工作的统筹规划、组织领导，联合相关部门出台《地方志工作规定》及《地方志编写基本规范》等规范性文件，稳步推进地方史纳入地方志工作范畴，统一规范管理，拓展地方志机构工作领域。

（十三）面向世界，向人类贡献中国方志智慧

继续组织人员赴欧美国家进行地方志学术交流，进一步走出去传播中国方志文化，推介新方志编纂成果，服务国家文化建设“走出去”的战略，让各国人民近距离或者直接感受到中华方志文化的丰富多彩和独特魅力。组织赴台湾地区进行地方志学术交流，充分发挥方志文化交流的正能量作用。

（十四）切实重视队伍建设，为国志编修培养储备人才

进一步凝练方志人精神追求，锻造方志人品格特征，形成方志人精神风骨，树立方志人胸怀情操，振奋方志人士气，扩大地方志影响，提高地方志热度。努力培养一支素质更高、视野更广、技能更强的现代化、专业化人才队伍。要完善教育培训制度，分级、分类组织业务培训，举办全国方志馆业务培训班、全国地方志系统行政管理队伍培训班、全国年鉴主编培训班、全国地方志史志期刊主编（编辑）培训班、信息化业务培训班、全国地方志工作机构新任负责人培训班。建立国家级、省级地方志专家库，选拔一批方志和年鉴专业领军人才。总结经验，继续做好干部交流和任免工作。

（十五）加强中国地方志指导小组办公室自身建设，进一步提高工作水平

中指办要继续深入学习、贯彻落实党的十九大精神，牢固树立“四个意识”，进一步深化十大意识，更加坚定地维护以习近平同志为核心的党中央的权威，更加自觉地在思想上政治上行动上同以习近平同志为核心的党中央保持高度一致。按照中共中央和社科院党建工作精神，完善机关党的工作体制机制，制定系列规章制度，认真开展党内政治生活；组织学习《中国地方志指导小组办公室管理工作制度汇编》，营造守规矩、讲纪律、循规范的工作环境；在中指办、国家方志馆各部门“四定”方案基础上制定《岗位目标责任制方案》，建立岗位目标责任制，完善处室内部管理机制；组织中指办人员开展多种形式的学习、培训，提升干部人员素质。要结合办公室工作实际，不断加强制度建设，通过建章立制，列出制度清单，建立长效机制，规范工作责任，强化刚性执行。

三、勇于创新，做“活”做“热”地方志事业

同志们，中国特色社会主义进入新时代，为地方志事业发展指明了新方向、提出了新目标，当前全国地方志事业也进入到转型升级的关键期、推进“两全目标”的攻坚期。大家要努力做“活”做“热”地方志事业，开创地方志高质量发展的新局面，首先就是要准确理解和把握这次会议的主题和精神实质。会议结束后，大家要及时向当地政府和上级主管领导汇报，尽快把会议精神传达到各级地方志工作机构以及每一位地方志工作者，把思想和行动统一到此次会议的精神上来。同时要结合本地实际，吸收各地好的经验，不断创新，形成适合自身高质量发展的新经验。

（一）统一思想，坚持以习近平新时代中国特色社会主义思想为指导

党的十九大为党带领全国人民砥砺奋进踏上新征程提供了行动指南，也为方志事业高质量发展提供了根本遵循和思想源泉。学懂、弄通、做实十九大精神和习近平新时代中国特色社会主义思想是每个方志人义不容辞的责任，是地方志事业始终在正确政治方向指引下大发展大繁荣的力量之源和不竭动力。一要有与党中央保持高度一致的自觉性，要有准确快速领会中央精神并及时用以指导实践的敏锐性。二要在深刻领会十九大精神和习近平新时代中国特色社会主义思想的基础上，提出地方志的新思想与新判断，明确地方志的新方位、新目标、新能力、新风貌和新使命。三要建立方志文化自信。要从地方志与文化、传统文化的关系入手，深刻领会方志文化自信建立的时代价值，明确建立方志文化自信不仅对地方志高质量发展有着重要意义，而且对于文化自信的进一步增强、对于社会主义文化强国的建设、对于中华民族伟大复兴中国梦的实现都有着非比寻常的意义。

（二）牢记使命，明确地方志“两个一百年目标”

中指办紧扣中国共产党决胜“两个一百年”奋斗目标的历史征程，为把以习近平同志为核心的党中央团结带领全国各族人民实现中华民族伟大复兴中国梦的过程真实记录并传承下去而提出的奋斗目标。即在2020年全面建成小康社会之时，实现省省、市市、县县有志有鉴的“两全目标”，开创一项世界文化创举，这是地方志第一个百年目标；在本世纪中叶中华人民共和国成立100周年即建成富强民主文明和谐美丽的社会主义现代化强国之际，实现中华人民共和国国志、省市县三级志书，乡镇志、村志、社区志和地方综合年鉴全覆盖，使地方志成为国家、民族、社会、各级党委政府不可或缺的伟大事业，这是地方志第二个百年目标，也是一个长期目标。目前地方志系统正处于“两个一百年”奋斗目标的历史交汇期，一要明确新任务，牢记新使命，认清新形势，切实增强地方志全面转型升级的紧迫性。二要不驰于空想，不骛于虚声，脚踏实地，将责任扛在肩上，勇于挑最重的担子，敢于啃最硬的骨头，善于接最烫的山芋，一步一个脚印走好地方志新长征路。三要勇于开拓创新，让地方志存在于社会生活的每一个角落，让每一个中国人都能在地方志里寻找到自己的位置。

（三）提高认识，坚持以地方志质量建设为发展要义

“万山磅礴，必有主峰；龙衮九章，但挈一领。”质量就是主峰、就是生命。一要强化责任意识。在2017年中央经济工作会议上，习近平总书记发表重要讲话，明确强调“推动高质量发展”。刊文中7次提到“高质量发展”，指出这是当前和今后一个时期，我国确定发展思路、制定经济政策、实施宏观调控的根本要求。这为地方志质量建设指明方向，具有很强的时代意义、理论意义和实践意义。李克强总理明确指出，地方志要“为当代提供资政辅治之参考，为后世留下堪存堪鉴之记述”。《规划纲要》也将“质量第一”作为基本原则。对于质量建设的要求，是各级地方志工作机构，以及我们每一位方志人肩上沉甸甸的责任。所以，我们要有责任意识，要将对质量建设的重视、推进贯穿至地方志工作的始终。二要培养质量观。推动高质量发展，是遵循地方志发展规律、地方志生成规律的必然要求，是方志事业长盛不衰、永葆生命力的必然要求，是以方志文化引领中华文化、建设社会主义文化强国的必然要求。推动高质量发展是当前和今后一个时期确定地方志发展思路的根本要求。三要正确处理质量与进度的关系。严把政治关、史实关、体例关、文字关、出版关，编纂出版经得起历史检验、具有鲜明时代特征和地域特色的地方志成果。经过2015的培训年、调研年，2016的改革年、创新年，2017的督查年、落实年，我们志书、年鉴出版呈井喷之势，数量之多前所未有。目前出现了重进度，轻质量，甚至无视质量的苗头。2018年我们定位在攻坚年、质量年，必须在质量上下功夫，严抓、狠抓、猛抓质量，将质量观念和质量管

理贯穿于地方志的全过程，推动全国地方志事业进入高质量发展阶段。四要加快形成推动地方志高质量发展的指标体系、政策体系、标准体系、统计体系、评价体系、考核体系，进一步探索创新提高地方志质量的手段与方法。五要加强组织领导，加强监督指导，加强责任追惩，结合本地区的地方志工作实际，开拓思路，建立有效的质量保障体系。

（四）勠力同心，全面推动地方志转型升级

当前，地方志进入从一项工作向一项事业转变，从传统的“一本书主义”到“十业并举”转型升级的关键时期。面临新的时代、新的历史方位，面对实现“两个一百年”奋斗目标的伟大任务，我们要准确把握地方志高质量发展的时代要求、主要目标、重点任务及重大举措，上下一心、团结协作、脚踏实地、多管齐下，全力推动地方志事业转型升级，实现地方志高质量发展。一要进一步明确当前工作的重点。当前，地方志工作的工作重心仍然是《规划纲要》的贯彻落实。《规划纲要》既有“两全”目标等硬任务，又有加快信息化和方志馆建设、加强理论研究、开发利用、旧志整理等弹性指标，涵盖“十业”，完成《规划纲要》既定任务，基本形成地方志编修体系、理论研究和学科建设体系、质量保障体系、资源开发利用体系、工作保障体系建设“五位一体”的地方志事业发展综合体系，就是实现地方志事业转型升级，就是推动地方志高质量发展。二要进一步强化问题意识，提高解决问题的能力。当前各地地方志事业发展不平衡、“十业”之间发展不平衡等问题严重阻碍了地方志事业的发展。我们要提高统筹规划、组织协调、督促指导的能力，从全局高度，立足长远，把握主动，精准发力，切实解决发展难题。尤其是解决“一纳入、八到位”落实不到位等难题。三是进一步弘扬“修志问道、直笔著史”的方志人精神、“三耐一强”的仙人掌精神，不断激发地方志高质量发展的内生动力。

同心掬得满庭芳。在座各位来自天南海北，但我们有一个共同的名字那就是“方志人”，我们有一个共同事业那就是“方志事业”，我们有一个共同目标那就是地方志“两个一百年”奋斗目标！历史只会眷顾坚定者、奋进者、搏击者，而不会等待犹豫者、懈怠者、畏难者。方志人要以舍我其谁的担当意识和时不我待的创新精神，勇抓机遇、开拓进取，勠力同心、埋头苦干，在新时代推动方志事业的新辉煌！

同志们，今天的奋斗筑就明天的基石。让我们聚焦目标、脚踏实地，总结经验、乘胜前行，以永不懈怠的精神状态和一往无前的奋斗姿态，在夯实基础中奋力前行，在转型升级中奋力前行，在做“活”做“热”地方志事业进程中奋力前行，为打好地方志事业第一个百年目标的攻坚之战而努力奋斗！最后祝大家新年愉快，万事如意，身体健康！

发挥地方史志期刊优势　助力地方志事业转型升级

——在“继承中华传统，弘扬方志文化”论坛暨2017年全国地方史志期刊工作会议上的讲话

（2017年8月1日）

邱新立

今天，我们在“塞外江南”新疆伊犁召开“继承中华传统，弘扬方志文化”论坛暨2017年全国地方史志期刊工作会议。此次会议时间和地点几经变化，直到一个月前才最终确定，

而且将规模和规格都作了升级。这期间，新疆地方志编委会为“新疆四会”的召开付出了艰辛的努力，廖运建书记会前更是亲自到塔城、伊犁实地考察，以确保会议的顺利召开。在此，我谨代表中国地方志指导小组及其办公室向为此次会议顺利召开付出辛勤和汗水的新疆地方志编委会、伊犁州党委和政府、伊犁州地方志办公室的各位同仁表示衷心的感谢！向参加“继承中华传统，弘扬方志文化”论坛暨2017年全国地方史志期刊工作会议的各位代表表示热烈的欢迎！

同志们，当前是我们地方志事业发展的最好机遇期。党的十八大以来，党和国家领导人多次对地方志工作发表重要讲话、作出重要批示。党中央、国务院也不断在国家层面加强对地方志工作的顶层设计。这些顶层设计的具体内容，带给了全国方志人无限的信心和鼓舞。我们要紧紧抓住这个大好机遇期，深入贯彻落实《全国地方志事业发展规划纲要（2015—2020年)》制定的各项目标任务，全面推进地方志事业的转型升级。

2017年是中指办确定的落实年、督查年，也是在全国范围内全面推进地方志从一项工作向一项事业转型升级的开局之年。在开局之年，全国地方志系统要有“一炮而红”的气势，为地方志事业转型升级迎来“开门红”，将这个“开门红”作为方志人向党的十九大贡献的“志”礼！中指办领导一直重视全国地方史志期刊工作。在去年的工作会议上，中指办将地方史志期刊工作会议由原来的两年一次改为一年一次，同时将对史志期刊编辑队伍的培训也列入中指办年度培训计划。2016年，全国地方史志期刊工作有四件值得庆贺的大事：一是召开了首次覆盖省市县三级地方史志期刊的工作会议；二是成立了中国地方志学会史志期刊研究会；三是举办了首次覆盖省市县三级地方史志期刊的编辑培训班；四是印发了《关于加强全国地方史志期刊工作的意见》。今年6月中旬，中指办在山西晋城举办了首次覆盖省市县各级地方史志期刊的主编培训班，邀请了期刊主管部门、优秀学术期刊主编、长期从事期刊数据库建设的专业人员讲授了有关期刊管理、期刊学术水平、数字化等方面的内容。此次论坛暨会议既是对一年来全国地方史志期刊工作的总结，也是对史志期刊如何服务经济社会发展大局，弘扬方志文化的探索。

2017年，全国地方史志期刊工作呈蓬勃发展的态势。有几个振奋人心的消息要向大家通报一下：一是由中指办主办的《中国年鉴研究》《中国方志馆研究》两本刊物近期就要出刊了；二是《重庆地方志》在停刊十几年后成功复刊，并在今年的中国地方志学术年会上公开亮相；三是目前还没有省级史志期刊的辽宁省、青海省也在积极筹划复刊工作。这都是史志期刊界可喜可贺的大事。这三份刊物就像史志期刊界的新生儿，需要大家的精心呵护和大力关照。当然，我们也注意到，在良好的发展态势下，史志期刊发展也遇到了困难。如安徽省地方志办公室主办的《志苑》今年因为种种原因被迫暂时停刊，内蒙古地方志办公室主办的《内蒙古地方志》也被当地新闻出版广电局要求优化栏目后再出版。因此，我们要充分认识到，史志期刊事业的发展道路肯定不是一帆风顺的，但前途肯定是光明的。全国史志期刊人一定要不忘初心，全力办好各级地方史志期刊，全心助力地方志事业发展转型升级。为此，我就此次论坛暨期刊工作会议谈几点想法。

第一，明确地方史志期刊的定位，充分发挥地方史志期刊的独特优势。地方史志期刊作为全国期刊队伍的重要组成力量，在地方志事业转型升级过程中要勇于担当，从根本上承担起为党和国家的工作大局服务，充分发挥以史鉴今、资政育人的作用。地方史志期刊是发表史志基础理论、史志编研实践和理论的重要平台，是展示地方志事业发展成果的重要窗口，是传播方志文化的重要载体。因此，史志期刊在坚持马克思主义指导，确保正确的政治方向和学术导向方面，负有重大责任，必须做到“守土有责，守土负责，守土尽责”。首先，史志期刊必须以习近平总书记系列重要讲话精神和治国理政新理念新思想新战略统领史志期刊工作，以党和国家领导人对地方史志工作的讲话和批示精神、国家对全国地方志事业发展的顶层设计，来判定稿件的优劣并进行取舍。其次，要选配好各级史志期刊主编和编辑，确保期刊主要负责人和编辑具备较高政治水平和学术水平。最后，要加强学术舆论的引导，刊载高水平的方志基础理论研究文章、刊载具备较高学术价值的志鉴研究文章、刊载具备较强可操作性和借鉴性的志鉴编纂实践文章。地方史志期刊要通过刊发高水准的文章提高期刊本身的学术影响力，并逐渐培育出两三种在全国期刊界拿得出、叫得响的优秀期刊。

第二，正确认识传承和弘扬中华优秀传统文化与地方史志期刊的关系。2017 年 1 月，中办、国办联合印发的《关于实施中华优秀传统文化传承发展工程的意见》特别提出："做好地方史志编纂工作。"2 月，《人民日报》发表专文指出，地方志研究要"为传承中华优秀传统文化、提升我国国际话语权作出新的贡献"。中国地方志指导小组组长王伟光在《求是》2016 年第 24 期撰文指出："中华优秀传统文化是中华民族的精神命脉，是中华民族的突出优势，是我们文化自信的重要来源。"文化是民族的血脉，是人民的精神家园。文化自信是更基本、更深层、更持久的力量。中华民族伟大复兴的中国梦的实现，离不开中华优秀传统文化的滋养和引导，传承和弘扬中华优秀传统文化是每一位方志人的使命与责任。中华民族创造了源远流长的中华文明，地方志书留存了丰富多彩的地域文化。在博大精深、浩如烟海的中华文化中，方志文化独树一帜，在传承中华优秀传统文化中具有独特的作用，承载着传承中华文明、弘扬历史传统的重任，是中华民族延续文脉的重要载体。广大地方志工作者要担负起守护、传播和弘扬中华优秀传统文化尤其是方志文化的职责，我们史志期刊人更是责无旁贷。中指办举办"继承中华传统，弘扬方志文化"论坛，意在对中华优秀传统文化与方志文化进行全方位的解读，向公众全力推介方志文化。此次论坛收到的文章，《中国地方志》将择优刊发。

第三，充分利用史志期刊研究会，整合全国地方史志期刊资源。目前史志期刊发展面临的最大困境是：稿源不足，稿件质量不高，这已经成为制约史志期刊发展的瓶颈。中指办主办的《中国地方志》《中国年鉴研究》《中国方志馆研究》也不同程度地存在这个问题，其他各级史志期刊可能相对会更加严重。部分期刊也采取了一些措施来解决这个问题，如积极约稿、提高稿费标准、培养固定的作者群、认真听取读者和作者意见、积极优化期刊栏目、将供稿数量纳入政府绩效考核等。这些积极有效的措施都值得我们学习和借鉴。

史志期刊研究会的会员主要是各级地方史志期刊。我们要通过史志期刊研究会这个平台把全国各级史志期刊和期刊人聚集起来，共谋发展之策，共商发展之路。通过史志期刊研究会积极推进方志理论研究、志鉴编纂实践和理论研究，通过各级史志期刊充分展示我们的研究成果。《规划纲要》要求到 2020 年，全国地方志系统要实现"两全目标"。刚才，我们参加完全国地方志系统"两全目标"工作推进会暨援藏援疆工作座谈会、"继承中华传统，弘扬方志文化"论坛暨 2017 年全国地方史志期刊工作会议的开幕式，中国地方志指导小组常务副组长李培林在开幕式上作了重要讲话，在座的各位不难感受到任务之艰巨、压力之重大。今后几年将是推进"两全目标"实现的攻坚期，也将是志鉴史研究成果的丰收期。各级史志期刊要抓住这个机会，积极组织各方面的研究力量，认真总结新中国两轮修志各项理论和实践成果，深入思考修史修志过程种种复杂现象背后隐藏的规律，理清地方志发展的骨干和脉络，从而为即将到来的第三轮修志打下坚实的理论研究和实践成果总结的基础。

第四，积极创新史志期刊传播形式，扩大史志期刊社会影响力。各级史志期刊要注重发挥互联网等新媒体、"两微一端"（微信、微博、APP 客户端）等自媒体在人们生活和工作中的独特作用，通过与这些新媒体、自媒体的融合发展，加大传播力度，扩大地方史志工作、地方史志期刊的社会影响力。有条件的地方志工作机构、地方史志期刊可以在原有期刊纸质版的基础上，推出期刊电子版，自行建立“两微一端”，通过各种载体发布最新研究成果，整合史志研究优秀成果，推介优秀论文和期刊，让更多的研究成果以最快的速度、最便捷的方式呈现给读者。

同志们，在全国范围内全面推进地方志事业转型升级的号角已经吹响！时不我待！我们要充分认识到史志期刊对地方志事业转型升级的独特优势，吹出我们史志期刊阵营、史志期刊人的最强音！

凝心聚力促发展　千方百计抓落实

——在全国地方志系统“两全目标”工作推进会暨援藏援疆工作座谈会、“继承中华传统，弘扬方志文化”论坛暨2017年全国地方史志期刊工作会议上的总结讲话

(2017年8月2日)

邱新立

在全体与会代表的共同努力下，全国地方志系统“两全目标”工作推进会暨援藏援疆工作座谈会、“继承中华传统，弘扬方志文化”论坛暨2017年全国地方史志期刊工作会议（以下简称“新疆四会”），马上就要闭幕了。下面，我代表中国地方志指导小组办公室（以下简称中指办）对会议作总结。

一、会议的总体评价

这次会议，是贯彻落实习近平总书记在省部级主要领导干部“学习习近平总书记重要讲话精神，迎接党的十九大”专题研讨班重要讲话精神，用实际行动迎接党的十九大胜利召开的一次重要会议，是推动《全国地方志事业发展规划纲要（2015—2020年）》（以下简称《规划纲要》）贯彻落实的一次重要会议，可以说是一次思想动员会，也是一次工作部署会，更是一次责任落实会。中国社会科学院副院长、中国地方志指导小组（以下简称中指组）常务副组长李培林同志在讲话中明确提出，希望与会的各单位代表高度重视，按照党中央、国务院对地方志工作的要求，切实担负起职责，把完成“两全目标”当作全国地方志系统的政治任务来抓，按时保质完成。这次会议就是要统一认识，瞄准目标，明确责任，抓好落实。会议深入交流了全国地方志系统“两全目标”工作推进情况以及援藏援疆工作开展情况，达成了共识，摸清了问题，找到了差距，形成了解决问题的好思路、好方法；同时通过总结交流地方史志期刊工作经验，开展“继承中华传统，弘扬方志文化”理论研讨，进一步明确地方志工作的定位，推动了地方志理论建设，为完成《规划纲要》目标任务夯实了思想基础和理论基础，是一次成功的工作部署会和目标推进会——是把推进“两全目标”由一句“虚口号”变成“实行动”的标志性会议，将在方志发展史上留下浓墨重彩的一笔。具体表现在：

第一，领导重视程度高。中指组及有关领导非常重视这次会议。中国社会科学院院长、中指组组长王伟光同志亲自倡议这次会议的主题。李培林常务副组长高度关注会议筹备等工作，多次对会议的召开听取汇报、提出要求，明确指示会议要开出成效，要落地有声。他还在繁忙工作中，亲临会议，并发表了很重要、很全面的讲话。新疆维吾尔自治区人民政府副主席吉尔拉·衣沙木丁同志代表自治区党委、政府到会致辞，新疆生产建设兵团党委常委、秘书长、直属机关工委书记李冀东同志也到会

致辞，西藏自治区人民政府副主席德吉同志、国务院办公厅陈翁翔同志专门出席会议。伊犁州党委和政府对此次会议从人力、财力、物力全方面提供了保障。有关领导的高度重视，确保了此次会议的成功举办。

第二，会议准备充分。会议筹备工作有几大特点：一是筹划早。今年1月，中办、国办联合印发的《关于实施中华优秀传统文化传承发展工程的意见》（以下简称《意见》）特别提出："做好地方史志编纂工作。"中指办随即动议举办"继承中华传统，弘扬方志文化"论坛，贯彻落实《意见》精神。"两全目标"工作推进会、援藏援疆工作座谈会动议时间更早，从2015年起，就着手相关准备工作，力求使会议开出实效，能切实推动相关工作。二是材料多。这次会议涉及材料特别多，有论文交流材料，有文件汇编材料，有工作交流材料（仅此一类材料，就有3种），还有通报材料等等，这都为会议的召开有内容，交流有针对性，借鉴有目标性提供了保证。三是组织严密。中指办党组非常重视这次会议，召开多次党组会议部署相关工作；还成立了专门协调小组，多次召开会议，对接完善会议筹备组织工作。从成立会务组到印发预通知，从接收会议材料到制作会议手册，从议程安排到会议接送，都要求各个相关部门提前预知，做到无缝对接，流畅沟通。同时会议承办方为了会议的圆满召开，更是明确分工，做好服务保障。廖运建书记亲自带队到伊犁实地考察，与伊犁州党委和政府领导座谈，为此次会议的顺利召开争取到了当地最大限度的支持。四是参会人员广。此次会议160余人。除全国三级地方志工作机构的同志外，为了强化督促检查工作，我们邀请国务院办公厅领导参会；为了强化理论建设，我们邀请了高校和科研院所的学者参会；为了做好对口支援工作，西藏自治区组织了由一名副主席带队、各受援地市州地方志工作分管领导参加的代表团参会，可谓是近年来规模最大的一次会议。

第三，会议内容丰富，主题明确。此次会议虽然只有一天半，但是"四会"合一，内容非常丰富。会上，李培林常务副组长作了题为"聚焦主业　履职尽责　用优异的成绩迎接党的十九大胜利召开"的主报告，强调了深刻认识按时保质完成"两全目标"的重大意义，分析了完成"两全目标"存在的困难和问题，要求把完成"两全目标"当作头等大事来抓，主题突出，要求明确，为下一步有重点、有步骤地做好《规划纲要》贯彻落实工作尤其是"两全目标"工作指明了方向。会上，中指组秘书长，中指办党组书记、主任冀祥德通报了全国"两全目标"工作推进总体情况，使各省、市、县对自己工作在全国的排名有了清晰的认识。会议还设了两个分会场。第一分会场主要是33家参会单位交流"两全目标"工作推进情况和援藏援疆工作开展情况，并对推进"两全目标"工作建言献策，大家表示将在加快完成本省"两全目标"的前提下，全力支持新疆、西藏的志鉴编纂工作。来自新疆14个受援地市州、西藏7个受援地市州的地方志分管领导或地方志工作机构主要负责人参加了这个会场的汇报交流，了解了情况，学习了经验，作了适当的沟通和交流。第二分会场主要是期刊工作交流及论文交流。大会共收到150余篇投稿，有的从不同角度对方志文化的概念和内涵进行了解读，有的从地方志事业发展的高度谈了如何做好各级地方志书、综合年鉴编纂工作，有的则是关于地方史的研究成果。我们优选了60余篇参会，有16人作了主题发言，其他作者也与大家进行了深入交流。通过相互交流、研讨，大家进一步统一了认识，拓宽了视野，看到了不足，学到了解决问题的新方法、新途径，为下一步做好《规划纲要》贯彻落实工作贡献了智慧、凝聚了力量。

二、会议的基本情况

这次会议围绕贯彻落实《规划纲要》，尤其是完成"两全目标"的主题，达成了共识，总结了经验，梳理了问题，提出了不少有价值的意见、建议，内容十分丰富。这次会议形成的宝贵财富，必将为推动《规划纲要》任务的圆满完成，推动地方志事业的健康有序发展，发挥其应用作用。

第一，会议统一了思想，为下一步《规划纲要》贯彻落实，尤其是完成“两全目标”夯实了思想基础。首先，大家在交流中进一步明确了按时保质完成《规划纲要》部署任务，尤其“两全目标”的重要意义及深远影响。大家认为，不能“在山观山”，而应从全面建成小康社会、从建设中国特色社会主义文化强国、从实现中华民族伟大复兴中国梦的高度，来看“两全目标”的完成；应从全局和战略高度、从政治大局出发、从“两全目标”法定任务完成，来看地方志系统援藏援疆工作；应从推动方志理论研究、推动方志文化大发展大繁荣、服务“两全目标”完成，来看地方志系统的期刊工作。其次，大家坚定了完成“两全目标”、开展援藏援疆、做好地方史志期刊工作的信心和决心，纷纷表示，要在中指办的统一部署下，立足本地实际，勇于创新、加快步伐、加大力度，做实规定动作，做好自选动作，确保《规划纲要》各项任务的完成。

第二，会议梳理了问题，为《规划纲要》进一步贯彻落实，尤其完成“两全目标”明确了方向和目标。通过交流沟通，一些共性、个性问题及困难浮出了水面。首先，完成“两全目标”存在的主要问题有：领导组织不够有力，“一纳入、八到位”落实不力；“两全目标”进展不平衡，部分地区推进“两全目标”落实的手段还比较单一，效果不明显；队伍的业务素质还需进一步提高；部门工作的主动性和开拓性不够强，攻坚克难的意识和能力不够强；有的志书为了赶进度，质量方面不过硬，等等。其次，在开展援藏援疆工作方面存在的问题有：一是大部分省份支援工作缺乏可持续性，大部分援建工作处在首轮修志结束、二轮修志尚未大规模启动之际；二是大部分省份支援工作难以深入，部分省（市）的援藏援疆工作局限于一次培训、一次考察、一次资金帮扶等；三是整合省（市）内市、县援助力量不够，大部分省（市）真正参与援藏援疆的市、县不多。再次，在地方史志期刊工作方面存在的问题有：期刊论文学术水平、科研水平不够；作者队伍和稿源有诸多限制，等等。问题是创新的源泉，是发展的原动力。只有解决好这些问题，我们的事业才会蒸蒸日上。

第三，会议总结了经验，为下一步切实贯彻落实《规划纲要》，尤其是完成“两全目标”提炼了行之有效的方法和举措。

首先，推进“两全目标”完成方面，多数省份都谈到了加强督查工作的重要性及其所产生的重大作用；一些省份交流了在修志工作中建立集体指导与分工负责相结合的工作制度，从组织发动、督促协调、篇目制订、资料收集、志稿撰写到志稿评审，实行一包到底、全程指导；一些省份交流了建立承编责任制、主编负责制、年终督查制、督查通报制、三结合评稿制、三审定稿制、审核验收制、驳回重修制、责任追究制等规范要求的做法。

其次，在开展援藏援疆工作方面，各地也有一些好做法、好经验，主要是“七个坚持”，即坚持主要领导亲自抓，坚持纳入省级对口支援的规划，坚持以援助对象需求为导向开展援助工作，坚持以智力援助为主，坚持畅通交流渠道，坚持整合省（市）内方志系统力量，坚持注重援建人员素质的提升，等等。

再次，在期刊工作方面，最重要的经验就是做到坚持马克思主义指导，确保正确的政治方向和学术导向，做到“守土有责，守土负责，守土尽责”。通过组织队伍对当前地方志事业发展的重点和热点问题进行研讨，加大地方史研究力度，完善期刊编校机制，扩大期刊编辑培训范围，丰富期刊编辑培训体系等，可以从一定程度上帮助解决稿源不足、作者队伍不强等问题。还有在论坛组织上值得一提的是，有的省组织全省方志工作者为此次论坛投稿，充分体现了该省对方志理论研究的重视程度和眼光，经验值得推广。

第四，会议提出了不少可供资鉴的意见、建议，为《规划纲要》进一步贯彻落实，尤其是完成“两全目标”创新了解决问题的思路。首先，在推进“两全目标”完成方面，大家建议中指组及其办公室加强实现“两全目标”的顶层设计和组织保障；建议中指组及其办公室商请国务院有关部门，推动建立全国性的地方志行政执法督查制度，建立定期通报制度，推动将完成志鉴编修情况列入地方政府绩效考评或政府督查或精神文明考核的范围；建议中指组继续加强对贫困地区、民族地区、边疆地区的资助；建议中指组及其办公室加强组织各层次的业务研讨、学习培训，加大志稿点评、精品志书评选、品牌示范等典型引领力度，提升修志人员业务能力和专业水平。其次，在开展援藏援疆工作方面，建议中指组及其办公室加强规划，强化援助效果；加强部署，细化援助工作；立足实际，扩大支援范围；针对难点，加大支援力度，等等。

三、从严要求，把握重点，切实抓好落实

关于切实抓好落实，确保在2020年前完成《规划纲要》提出的目标任务，尤其是“两全目标”，我讲几点意见：

第一，要学习好、贯彻好这次会议的精神。在全国范围内完成《规划纲要》目标任务，尤其是“两全目标”的倒计时钟声已经敲响，全面、深入开展地方志系统援藏援疆工作的序幕也已拉开。大家要准确理解和把握这次会议的主题和精神实质，将会议部署的各项工作提到讲政治的高度来认识，认真谋划，积极推进。会后，大家要及时将会议精神向当地政府和上级主管领导汇报，尽快把会议精神传达给各级地方志工作机构以及每一位地方志工作者，把思想和行动统一到此次会议的精神上来。

第二，要规划好、部署好相关工作。我们各项工作都要有规划、有目标、有措施、有保障。中指办要准确把握全国地方志工作大局，全面梳理各地工作开展情况，统筹安排相关工作。在推进“两全目标”工作的完成方面，要建立全国地方志统计分析系统；成立督促检查《规划纲要》贯彻落实工作领导小组，开展督促检查工作；积极组织全国范围内的业务研讨；推动中国志书精品工程、中国年鉴精品工程、民族地区与贫困地区志鉴出版资助工程等，开展志书、年鉴质量评级活动，推进志鉴质量建设；研究制定《关于加强第二轮修志工作的若干意见》《志书审查验收管理办法》《地方志资料收（征）集、保存、管理制度》等规章制度，确保既抢进度又保质量，等等。在援藏援疆工作方面，要在全国范围内铺开对口支援的工作网络，制定《关于全国地方志系统对口支援西藏新疆地方志工作的意见》；召开全国地方志系统对口支援西藏、新疆地方志工作经验交流会议；搭建各地与西藏、新疆沟通交流平台，建立定期协调会制度；拟将对口支援西藏、新疆地方志工作纳入年度全国地方志机构主任工作会议议程，通报工作情况，等等。

各地要结合自身实际，进一步调动省（自治区、直辖市）内方志系统力量，进一步细化责任，统筹安排相关工作。在推进“两全目标”的完成上，要制定任务完成的时间表、路线图并落到实处，要将“两全目标”完成情况纳入各地政府年度工作报告中，明确为政府工作任务，并进行督促检查等。在援藏援疆工作上，有对口援建任务的省份要积极将援藏援疆工作纳入各地对口支援的“大盘子”中，争取各地发改委、财政等部门的支持；无对口援建任务的省份要结合自身实际，主动将援助工作纳入各地修志工作任务和年度工作目标，开展援助工作。援助工作应针对前期工作，调整援助思路，创新援助方式方法，推动持续开展智力支援西部修志工作。当然，究竟采用哪种方式，是一对一帮扶、组团方式帮扶、纳入国家工程进行帮扶，还是兼而有之，可以再商量。

第三，要立足实效，开展好、推进好相关工作。首先，要明确责任。各地要认真落实中指组的部署和要求，落实好各级政府应对地方志工作承担的主体责任，切实实践好“党委领导、政府主持、地方志工作机构组织实施、社会各界广泛参与”的工作体制机制，解决好部分地区和部门说而不抓、抓而不紧、紧而不实的问题，把中指组领导针对实现“两全目标”提出的“做到省省有志鉴、市市有志鉴、县县有志鉴，一个都不能少”的要求贯穿于修志编鉴全过程，全力推进“两全目标”任务的完成。同时，积极推进对口支援省份签订援助西藏、新疆地方志工作框架协议，明确相关责任。

其次，要强化工作质量。质量是生命，没有质量，地方志各项工作就是无本之木，没有了其存在的价值。关于“两全目标”。推进“两全目标”，不能光看进度，不关注质量。要保证编纂质量，就必须严格执行《地方志书质量规定》《地方综合年鉴编纂出版规定（试行)》等规范性要求，始终把加强质量建设摆在重要的位置。同时，完善质量标准，各地要根据本地实际制定出台志书质量管理制度，严格质量标准、规范审查验收程序、明确各方责任，进一步提高工作的针对性和实效性。要充分发挥专家的作用，成立由省内外修志业务专家和知名高校学者组成的专家团队，综合地域特色、专业特长、工作进度优化评稿专家组合，在篇目拟定、评审评议、修改完善等环节跟踪指导，提高志书编修质量。当然，中指办也将加强相关规范性文件的制定工作。关于援藏援疆。开展援藏援疆工作，也要注重质量。不能光看数字，不重实际。不能光看有多少个省支援了，而要看支援的实际效果。要以援助需求为导向开展工作，加大调研力度，明确受援地区的实际需求，并以此来开展援助工作。同时，要注重培养受援地区自我“造血”功能，为各自地方志事业长远健康发展奠定坚实基础。关于史志期刊。史志期刊工作作为《规划纲要》部署的任务尤其是“两全目标”任务，担负着相关工作的理论保障，更要注重质量建设，充分发挥史志期刊的阵地和窗口作用。一是要实现省省有期刊。期刊作为理论研究阵地和方志宣传窗口，目前还有极少数省份没有省级史志期刊，这与事业发展的需求不相匹配，没有创办省级期刊的机构要积极推动这项工作；已经有期刊的机构，要不断提升办刊质量，积极往公开刊发展，争取培育出两三种在学术界、期刊界拿得出、叫得响的刊物。二是提高期刊数字化程度。各级史志期刊要积极将刊发文章上网，有条件的期刊可以设立自己的微信公众号，利用各种网络平台，加快传播速度，拓展传播范围，扩大传播影响力。三是充分发挥史志期刊研究会的凝聚力，扮演好“期刊人之家”的职能作用，为全国地方史志期刊提供交流平台。

同志们，盛世修志，志鉴盛世。习近平总书记指出：“要抓实、再抓实，不抓实，再好的蓝图只能是一纸空文，再近的目标只能是镜花水月。”今后一两年，是贯彻落实《规划纲要》尤其是推进“两全目标”完成的要劲儿时期，也是狠抓落实的关键时期，我们既要充满信心，又要咬紧牙关，脚踏实地，一步一个脚印地走，一个小目标接着一个小目标地完成。我们应努力做到，到2020年，不仅实现省省、市市、县县有志鉴，而且有高质量的志鉴。

最后，我代表主办方感谢大家来参加会议，也感谢大家在会议上的积极参与。

在全省志鉴“两全目标”推进会上的讲话

(2017年5月4日)

山西省副省长　王赋

今天我们召开全省志鉴“两全目标”推进会，主要是贯彻落实国家和我省关于方志工作的总体要求，推进全省修志编鉴“两全目标”按期完成。

地方志是重要的文化基础事业，省委省政府高度重视，认真贯彻落实国家部署要求，切实加大工作力度，先后制定了《山西省地方志工作条例》《山西省地方志事业发展规划纲要(2015—2020年)》。特别是今年的《政府工作报告》中，楼阳生省长专门提到，要做好修志编鉴工作，发挥资政育人作用。今年2月，省政府办公厅又转发了《关于进一步加强地方志工作的意见》，明确地方志未来几年工作的基本目标、任务、措施。近年来，在各级党委、政府的领导下，广大地方志工作者辛勤工作，为传承三晋文化、辅助治晋理政作出了应有的贡献。

刚才，省地方志办公室张志仁主任对我省修志编鉴"两全目标"进展情况作了详细通报，并对下一步的工作作出安排部署，我都同意。在此，我强调三点：

一、正视差距，切实增强紧迫感和责任感

有问题不怕，但是要勇敢地去面对问题。直面问题，才能解决问题，不要回避。从刚才通报的情况看，我们的问题还很多，从全国来说，总体进度还是偏慢。原因很多，但总的来说，主要原因还是没有引起高度重视。如果说党政一把手重视了，就没有做不了的事。今天参会的都是分管领导，回去要给主管领导汇报。别认为方志工作是小事，法定责任不履行，真正叫起板来就不是小事。

要清醒认识到，完成志鉴"两全目标"是法定职责。2006年国务院公布施行的《地方志工作条例》明确规定，县级以上人民政府应当加强对本行政区域地方志工作的领导。2011年省人大公布施行的《山西省地方志工作条例》明确规定，承担地方志编纂任务的单位应当按时完成编纂任务。完成志鉴"两全目标"是地方志工作的重要组成部分，也是各市县政府、省直部门履职尽责的必然要求。

要清醒认识到，志鉴"两全目标"是国家下达的硬任务。2015年8月，国务院明确提出到2020年全面完成省市县三级规划志书编纂出版、省市县三级综合年鉴编纂出版的"两全目标"任务。时间要求十分明确，到2020年必须完成。对山西省来说，一个县、一个部门没完成，都不算完成。国务院办公厅将适时在全国开展志鉴"两全目标"专项督查。国家这些要求，我们不能不管不顾，必须心中有数，严格落实。

要清醒认识到，我省志鉴"两全目标"任务进展较慢。目前，83部省志已出版36部、完成43.4%，11部市志已出版3部、完成27.3%，119部县志已出版51部、完成42.9%，131部省市县三级综合年鉴已出版54部、完成41.2%。这些数据表明，我省志鉴"两全目标"任务进展较慢，任务还未过半，已经落下了步子。特别是5个市、18个县和21个省志承修单位的进度明显滞后，甚至有个别单位尚未启动编纂工作。从现在开始努力，也为时不晚。慢不怕，有问题也不怕，但一定要面对它。

二、落实责任，保质保量完成志鉴"两全目标"

一是对号入座，加快进度。今年3月，省政府办公厅印发了《关于全省修志编鉴工作"两全目标"完成情况的通报》，各市县、省直各部门承担的志鉴编纂任务和最新进展都一一列明了。刚才省方志办张志仁主任又作了详细通报。刚才点到的落后市、县和部门要对号入座，迎头赶上。全省志鉴"两全目标"是一个全覆盖的系统工程，是一个整体，只要有一部志鉴进度慢，就会影响全省进度，只要有一部志鉴没有按时完成，就会导致全省"两全目标"不算完成。这是国家的要求。因此，大家要奋起直追，明确时间表、路线图和责任人，集中力量，切实加快所承担志鉴的编修进度，确保2020年全面完成出版工作。

二是加强组织领导、强化人财物保障。一些市县和部门志鉴编修工作进展缓慢，很重要的原因就是领导重视不够，人财物保障不到位。我听说，一些领导极少过问地方志工作，不开会研究，不安排布置，不跟踪督促；有的县级方志办全年办公经费才几千元；有的市县志鉴已编纂完成并通过评审，竟无钱出版印刷；个别省直部门不按要求报送资料、承担编写任务等等。这些问题都必须引起重视，认真解决，人财物保障都要跟上。

三是做好督查、督导、通报。省政府督查室、省方志办要组织对志鉴"两全"工作滞后的太原、大同、朔州、吕梁、长治5市以及37个滞后县和21个省直部门开展专项督查，并配合省人大教科文卫委对《山西省地方志工作条例》进行执法调研。要定期统计通报志鉴编纂进度。对进展迟缓的市县和部门，要及时列入省政府“13710”管理系统进行督办。年底排名后三名的市县和省直单位，要报请省委书记、省长后，对一把手进行约谈。

四是提高志鉴编纂质量。在加快志鉴“两全目标”进度的同时，要保证编纂质量，不能光有数量，没有质量。必须执行国家《地方志书质量规定》《地方综合年鉴编纂出版规定(试行)》等规范要求，确保出版的各类志鉴指导思想正确、体例结构科学、内容全面完整、资料丰富翔实、行文规范流畅、时代和地方特色鲜明，多出精品佳志。省方志办要加强业务指导和质量把关。

三、强化保障，全面推动方志事业发展

今天虽然是召开志鉴“两全目标”推进会，但把大家召集在一起不容易，借此机会，我再讲讲地方志工作中的其他几个重要事项。

一是切实做到“一纳入、八到位”。各级政府要认真落实国家要求，把地方志工作纳入国民经济和社会发展规划、各级政府工作任务之中，做到认识到位、领导到位、机构到位、编制到位、经费到位、设施到位、规划到位、工作到位，保障方志事业的顺利发展。

二是加快推进山西省情（方志）馆和信息化建设。省方志馆建设要加快进度，尽快实现地情资料的数字化，包括查阅资料的电子化、信息化。硬件和软件都要跟上。力争到2020年完成省、市、县三级方志网络的互联互通，实现全省方志信息资源的共享共用，提高地方志公共服务能力。

三是提高方志资源的开发利用效率。地方志工作不能仅仅局限于修志存史，还要发挥其育人资政、服务经济社会发展大局的积极作用。好东西不要被埋没。各级方志办要围绕省委、省政府中心工作，深入研究省情地情，把地域特点精准化描绘出来，加强对历史与现实相结合的重大课题的专项研究，系统掌控，为领导科学决策提供更多历史借鉴和智力支持。要深入挖掘山西厚重的历史文化资源，讲好山西故事，助力山西美好形象的不断塑造。当前一项重点工作就是根据中国地方志指导小组统一安排，做好《中国地方抗日战争志》山西分志的编纂工作。要创新表现形式，通过群众喜闻乐见的方式让更多方志成果走入寻常百姓家，发挥地方志在丰富群众文化生活方面的积极作用。

同志们，完成志鉴“两全目标”意义重大，时间紧迫，任务艰巨。2017年至2019年这三年要尽量往前赶。我们要坚决贯彻国务院的安排部署和省委、省政府关于方志工作的各项决策，进一步提高认识、落实责任、加快进度、狠抓落实，确保到2020年全面完成修志编鉴“两全目标”，共同推动山西方志事业繁荣发展。

在江苏省志办调研时的讲话

(2017年10月20日)

江苏省副省长　王　江

这次到省方志办来，一是看望问候大家，二是就全省地方志工作作些调研。刚才，我们参观了方志馆，漆冠山同志代表省志办作了一个很好的汇报，听了以后很受启发。

地方志是传承和彰显中华文明的重要载体，也是中华民族优秀文化的瑰宝。江苏方志源远流长，文化积淀底蕴深厚，地方志事业蓬勃发展。近年来，特别是去年初省方志办主要领导调整以来，在冠山同志的带领下，方志工作形成了立足“一大主业”、突出“四个转变”

的发展思路，修志编鉴、信息化建设、志鉴资源开发利用等各项工作都走在全国前列，为推动全省经济社会发展做出了独特贡献，得到了各方肯定。在此，我代表省政府向省方志办的同志们、向全省地方志工作者表示衷心感谢！

党的十八大以来，以习近平同志为核心的党中央高度重视地方志工作，“加强修史修志”被写入国家“十三五”规划，国务院办公厅印发全国地方志事业发展规划纲要。最近，省委李强书记、吴政隆省长，黄莉新副书记、常务副省长先后对地方志有关工作作出重要批示，充分体现了省委、省政府对地方志工作的关心和重视。前天，党的十九大胜利开幕，这是在全面建成小康社会决胜阶段、中国特色社会主义进入新时代的关键时期召开的一次十分重要的大会。全省地方志系统要把学习贯彻党的十九大精神作为当前和今后一个时期的首要政治任务，深刻领会新时代中国特色社会主义思想的精神实质和丰富内涵，准确把握新时代坚持和发展中国特色社会主义的基本方略，真正用十九大精神武装头脑、指导实践、推动工作。要围绕“存史、育人、资政”的总目标，进一步提高认识、抢抓机遇、开拓创新，充分发挥地方志工作在全省经济社会发展和文化强省建设中的重要作用。关于下一阶段工作，我简要讲四点意见，供同志们参考。

一是要突出以人民为中心的导向要求。十九大报告中提出，在各项工作中要“坚持以人民为中心”。地方志是一座巨大的文化宝库，是各级党政领导、广大人民群众熟悉地情，了解地方发展历史的重要载体。要把人民群众对地方志的需求作为出发点，推进地方志供给侧结构性改革，更好地传承文明、教育人民、服务社会、推动发展。一要主动回应人民呼声和社会关切。要把握时代脉搏，创新服务方式，组织编纂好《江苏援藏援疆建设志》。按照李强书记、吴政隆省长，黄莉新副书记、常务副省长的批示精神和有关要求，认真落实省委、省政府批准的编纂工作方案，切实做好统筹协调，把控进度质量。同时，还要继续抓好《“6·23”盐城抢险救灾暨灾后重建志》编纂工作。二要主动服务经济社会建设。实体经济是江苏经济的根基所在，是做好富民“加法”的根本支撑。要抓紧编纂好一批专业特色志书，记录历史传承，推进转型升级，服务实体经济和富民产业发展。要加大《江苏名镇名村志》编纂工作力度，积极破解制约因素，保障编纂工作顺利推进，为特色小镇和美丽乡村建设提供历史智慧与经验借鉴。实施好“智慧方志”信息化工程二期项目建设，运用“用户思维”，提高“用户意识”，提供更多差别化、有特色、有针对性的方志文化资源，更好地为社会公众提供快捷、便利的地情服务。三要主动对接国家战略。积极融入“一带一路”发展战略，开展国际学术交流与合作，推动地方志成果“走出去”，展示江苏形象，讲好江苏故事。

二是要加强优秀传统文化的传承创新。总书记在十九大报告中强调，要“推动中华优秀传统文化创造性转化、创新性发展”。大家要认真贯彻总书记讲话精神，按照国家“十三五”文化发展改革规划纲要和实施中华优秀传统文化传承发展工程的有关要求，积极开发特色鲜明、实用性强的方志文化产品，使地方志工作焕发出新的生机和活力。一是推进方志文化典籍整理出版工程。江苏素有“方志之乡”的美誉，历代流传至今的旧方志约800种，占全国现存旧方志的1/10。要按照江苏文脉整理与研究工程的整体部署，确保2019年前完成《江苏历代方志全书》影印出版工作，更好地弘扬和传承江苏独特灿烂的地域文化。二是实施历史记忆培育工程。抓紧历史文化记录和保护，实施好中国名镇影像志等项目，推出更多生动活泼、精干实用的地情产品。要围绕“红色”文化、铁军精神等，开展专题研究，努力挖掘时代内涵和现实意义。三是启动江苏家（族）谱文化资源普查与整理工程。国有史、郡有志、家有谱，家（族）谱是中华民族优秀传统文化的重要组成部分。要在各地开展研究整理的基础上，研究启动江苏家（族）谱文化资源普查与整理工程，构建准确权威、开放共享的江苏家（族）谱文化资源公共数据平台，充分发挥寻根文化联系海内外血脉亲情的功能。

三是要强化政府重点工作的督查落实。今年的省政府工作报告要求“做好地方志和年鉴的编修工作”，并列入省政府2017年度十大主要任务百项重点工作考核任务，我们要不折不扣抓好落实。一要强化目标意识。各承编单位要制定推进计划，完善目标考核责任制，切实加快工作进度，确保完成二轮志书编纂任务。要重视抓好综合年鉴编纂工作，尚未开展综合年鉴编纂的市辖区，要尽快依法组织编纂，确保实现省、市、县（市、区）三级综合年鉴全覆盖。二要强化服务指导。加强对修志编鉴工作的分类指导，积极帮助承编单位解决遇到的困难，对难点较多、进度滞后的要重点推进，切实加快工作进度。三要强化督促检查。省方志办要加强对修志编鉴工作的督促检查，及时掌握情况，适时通报工作进展，上下联动，相互协作，密切配合，确保“两全”任务有序推进、按时完成。

四是要推进方志管理工作的能力建设。旗帜鲜明讲政治是党对地方志工作第一位的要求，依法治志是地方志事业发展的根本保证和基本遵循。一要贯彻落实十九大精神。全省地方志系统要按照省委省政府的统一部署，把认真组织学习贯彻党的十九大精神作为首要政治任务抓紧抓好。要深刻领会习近平总书记在十九大报告中提出的一系列新判断、新提法、新概念、新要求、新部署，把思想和行动迅速统一到中央的决策部署上来，把学习的成果体现在推动地方志事业发展和主动服务“强富美高”新江苏建设上来。二要加快《江苏省地方志条例》立法进程。要会同省政府法制办、省人大常委会教科文卫委，组织好立法调研，进一步修改完善文本，增强立法的及时性、针对性和有效性，推进全省地方志事业科学发展。三要加强地方志机构建设。督促指导各地按照要求，尽快明确职能、配备人员、解决经费、开展工作，省方志办要对落实情况开展专项督查，确保实现地方志工作机构全覆盖。要加大人才引进和交流力度，努力培养一支政治强、业务精、作风正的高素质地方志人才队伍。四要进一步为地方志工作提供保障。各地要支持地方志部门依法开展统筹规划、组织协调及监督指导本行政区域内机关、社会团体、企事业单位和其他组织的地方志工作，鼓励社会力量参与地方志事业。有关部门要大力支持地方志工作，为地方志事业发展提供保障。

在江苏援藏援疆建设志编纂工作会议上的讲话

（2017年11月8日）

江苏省副省长　王　江

今天，我们在这里召开《江苏援藏援疆建设志》编纂工作会议，主要任务是学习贯彻党的十九大精神，以习近平新时代中国特色社会主义思想为指导，深入落实省委、省政府部署要求，进一步统一思想、明确任务、落实责任，确保《江苏援藏援疆建设志》编纂任务顺利完成。

党的十八大以来，以习近平同志为核心的党中央高度重视地方志工作，“加强修史修志”被写入国家“十三五”规划，国务院办公厅印发全国地方志事业发展规划纲要，地方志工作定位更加清晰、要求更加明确、顶层设计更加完善。省委、省政府十分重视地方志工作，省委娄勤俭书记到江苏上任伊始就调阅省志、市县志和特色专业志，从中了解古今概况，熟悉江苏地情。今年8月，时任省委书记李强同志两次作出重要批示，对省方志办《关于编纂江苏援藏援疆建设志的建议》和总体思路及工作方案给予充分肯定。吴政隆省长亲自审定了编纂工作方案，担任编委会主任，并批准召开这次会议。黄莉新副书记、常务副省长专门召集有关部门，研究制定编纂方案和组织架构，在全省扶贫协作和对口支援工作推进会上对做好援藏援疆建设志编纂工作提出了要求。各地各有关部门也按照要求，迅速启动相关工作。刚才，冠山同志对编纂工作方案作了介绍，几家单位作了很好的发言，总体我都赞成。下面，我讲三点意见，供大家参考。

一、充分认识编纂援藏援疆建设志的重要意义

对口援藏援疆是党中央、国务院从战略和全局高度作出的重大决策部署，对于决胜全面建成小康社会、夺取新时代中国特色社会主义伟大胜利、实现中华民族伟大复兴的中国梦具有深远意义。党的十九大强调要“实施区域协调发展战略，加大力度支持革命老区、民族地区、边疆地区、贫困地区加快发展”。20多年来，我省坚持真情、科学、持续的理念，全方位、宽领域、多层次对口支援西藏拉萨市，新疆伊犁州、克州，新疆生产建设兵团第四师、第七师，共选派2300多名优秀干部进藏进疆工作，投入援藏援疆建设资金近130亿元，实施援建项目2000多个，资金和项目量位于全国前列，有力推动了西藏和新疆经济社会各项事业快速发展。以党的十九大精神为指导，编纂一部《江苏援藏援疆建设志》，无疑具有十分重要的历史意义和现实意义。

第一，编纂《江苏援藏援疆建设志》是围绕中心、服务大局的政治任务。作为援藏援疆工作的重要组成部分，编纂一部援藏援疆建设志，客观全面记述我省20多年来对口支援西藏新疆的历史进程，是中国特色社会主义新时代一项光荣的政治任务。我省自援藏援疆工作开展以来，投入了大量的人力、物力、财力，为西藏新疆发展做出了不可磨灭的贡献。但是，早期一些援建干部有的年事已高、身体状况较差，有的援建项目也已毁损。及时编纂《江苏援藏援疆建设志》，系统、准确、翔实地记述江苏对口支援西藏、新疆建设的各项计划、措施、成就，总结经验，留存历史，启迪后人，既十分必要，也十分紧迫。

第二，编纂《江苏援藏援疆建设志》是增进民族团结和地区交流的桥梁纽带。习近平总书记在党的十九大报告中强调，“深化民族团结进步教育，铸牢中华民族共同体意识，加强各民族交往交流交融，促进各民族像石榴籽一样紧紧抱在一起，共同团结奋斗、共同繁荣发展”。对口支援20多年来，江苏干部群众与西藏、新疆各族人民团结一心、情同手足，在全面建成小康社会的伟大征程中谱写了民族团结的新篇章。我们不仅要共同创造历史，更要共同记录历史。编纂好援藏援疆建设志，完全符合中央的决策部署，完全符合全国对口支援西藏新疆有关会议精神，必将为加强民族团结和地区交流留下重要历史见证。

第三，编纂《江苏援藏援疆建设志》是推动经济文化强省建设的重要举措和有力支撑。我省在援藏援疆工作中，积极争取政策，提升产业规划，强化招商引资，促进江苏与西藏新疆的互补发展。随着经济援建的不断加强，文化援建与交流越来越显得重要。及时收集整理对口援藏援疆资料，并将之编成志书，全面记录我省抢抓“一带一路”机遇、扩大合作交流、在深度交往交融中实现更大发展的奋斗历程，对于继承和弘扬援藏援疆精神、推进“两聚一高”新实践均具有重要的现实意义。

二、以党的十九大精神指导编纂援藏援疆建设志

不久前胜利闭幕的党的十九大是在全面建成小康社会决胜阶段、中国特色社会主义进入新时代的关键时期召开的一次十分重要的大会，大会在政治上、理论上、实践上取得了一系列重大成果，学习宣传贯彻党的十九大精神是当前和今后一个时期全省各级党组织的首要政治任务。各地、各有关部门要紧密结合学习宣传贯彻党的十九大精神，准确把握援藏援疆建设志编纂方案要求，认真抓好落实，确保编纂工作高质量有序推进。

一是要明确总体要求。编纂工作中，要认真贯彻落实党的十九大精神和习近平新时代中国特色社会主义思想，深刻领会、准确把握党的十九大精神的思想精髓、核心要义，用十九大精神武装头脑、指导实践、推动工作。要坚持正确方向，依照《地方志工作条例》等规定，全面落实中央对口援藏援疆工作的部署要求，严把政治关、史实关。要坚持质量第一原则，树立精品意识，存真求实，确保编纂出经得起历史检验、具有鲜明时代特征和地域特色的志书成果。

二是要突出记述重点。编纂《江苏援藏援疆建设志》，社会关注度高，历史影响久远。要全面客观记载援藏援疆的基本原则、思路理念、决策部署、力量组织、政策制定、项目实施、监督检查、援建方式等情况，系统总结我省突出改善民生、助力脱贫攻坚，突出增加就业、推进产业援建，突出培养人才、强化智力支持，突出民族团结、加强地区交流等成功做法，努力打造一部堪存堪鉴的援藏援疆精品佳志。

三是要挖掘先进典型。20多年来，我省广大援藏援疆干部人才不忘初心、牢记使命，扎实工作、无私奉献，为维护西藏新疆社会稳定和长治久安做出了突出贡献，树立了江苏党员干部的良好形象，赢得了西藏新疆广大干部群众的信任和尊重。要通过编纂好援藏援疆建设志，深入挖掘他们的先进典型，积极向宣传部门、新闻媒体推介他们的事迹，传承弘扬好他们的好传统、好作风、好经验，引导广大党员干部对标先进，见贤思齐，凝聚起建设“强富美高”新江苏的正能量。

四是要创新记录形式。按照十九大报告中提出的“推动中华优秀传统文化创造性转化、创新性发展”的要求，结合不久前中国地方志指导小组关于做好影像志工作的意见精神，在编纂好援藏援疆建设志文字版志书的同时，可考虑采用更先进、更现代化的记录方式，在有关单位和社会力量的支持下，以影像形式呈现历史场景，留下有文字、有声音、有图像、有人物的鲜活记忆，全面直观地展示江苏援藏援疆取得的丰硕成果。今后，各援建单位也要注意及时整理保存影像资料，以备将来使用。

三、切实加强对编纂工作的组织领导

编纂《江苏援藏援疆建设志》是一项系统工程，涉及的部门多、专业性强、工作量大、工作周期长。各地、各有关部门和单位要高度重视、摆上位置、强化举措、明确责任，确保编纂工作顺利推进。

一是要加强组织领导。为做好编纂工作，经省委、省政府同意，省里成立了由吴政隆省长任主任，省委、省政府分管领导任副主任，省相关部门和单位、承担对口支援任务的设区市政府以及省对口支援西藏、新疆前方指挥部负责同志为成员的编纂委员会。编辑室设在省方志办。省方志办作为编纂工作的责任主体，要严格执行编纂工作方案，抓紧细化编纂计划，研讨篇目大纲，做好业务指导。要主动与各承编单位沟通联系，开展撰稿培训，及时协调解决编纂工作中遇到的困难和问题。省有关部门和单位、对口援建指挥部和各有关市、县（市、区）政府及对口支援单位要高度重视这项工作，配齐配强编修队伍，抓好组织协调，全力支持配合，共同做好编纂工作。

二是要强化统筹协调。援藏援疆建设志内容丰富，从组织发动到具体实施，从经济建设到民生改善，从前方指挥到后方保障，涉及方方面面，这需要发挥大家的智慧和力量，同心协力，众手成志。省方志办要认真做好统筹谋划和牵头协调工作；省发改委要协调省相关对口援建部门做好有关资料收集工作；省新闻出版广电局、省广电总台要注意收集资料，谋划拍摄制作影像志；有对口支援任务的设区市政府分管负责同志要切实参与这项工作，督促指导有关部门按要求提供相关资料；各对口援建指挥部要做好前后方和受援地的沟通衔接工作，抓紧收集对口支援资料，配合支持拍摄各类影像资料。

三是要确保编纂进度。按照工作方案，《江苏援藏援疆建设志》2019年5月要交付出版，可以说时间紧、任务重、要求高。参与这项工作的省各部门各单位、各地党委政府、对口援建指挥部都相互联系、相互影响，任何一个部门或单位的编纂工作如果不能按计划推进，都有可能影响全志的如期出版。各地、各有关部门务必要树立全局观念和“一盘棋”思想，按照工作方案的基本要求和主要任务，精心组织，创造条件，扎实推进，及时完成工作任务，确保编纂顺利推进。省方志办要会同有关方面加强督促检查，定期通报情况。

同志们，新时代开启新征程，编纂好《江苏援藏援疆建设志》责任重大、使命光荣。希望大家以对国家负责、对人民负责、对历史负责的精神，统一思想、提高认识，精诚协作、攻坚克难，高质高效地完成编纂任务，以优异成绩向省委、省政府交上一份满意的答卷。

在《浙江通志》终审会上的讲话要点

（2017年5月19日）

浙江省副省长　成岳冲

《浙江通志》编纂工作意义重大。“国有史、地有志”。史、志是存录一国一地历史资料的重要载体，向来为国家和社会所重视。盛世修志。修志作为一项重大文化工程，伴随经济发展、社会安定而渐次展开，同时也是我国优良的文化传统。志书具有“存史、育人、资政”的功能，是传承文明、资以政事、服务未来的需要。习近平总书记曾经说过，“要马上了解一个地方的重要情况，就要了解它的历史。了解历史的可靠的方法就是看志。”可见，修志工作功在当代、利在千秋，我们要不断提高认识，自觉把这项工作做好。

《浙江通志》编纂工作工程浩大。根据工作规划，《浙江通志》共有113卷、近1亿字，篇幅长、体量大，所涉内容历史跨度非常大。而且，修志还有很多的标准要求，要处理好史、志、年鉴三种体裁之间的关系。修志书与写史不同，修好一部志书是不容易的，既要有史的修养、编纂的功夫，还要有志的定位，所以，修志工作更具体细致、耗时费功，不仅需要编纂人员有深厚的研究功底，投入大量的时间和精力，还要有沉得下心、甘坐冷板凳的奉献精神。

《浙江通志》编纂工作责任巨大。责任巨大首先体现在质量要求上。志书是官修信史，保证质量是第一原则。如果志书错误百出、贻误后世，那还不如不修。“拼尽心力筑精品”，就是要保证志书真实准确，经得起历史的检验。责任巨大还体现在进度要求上。我省要在2020年底前，全面完成113卷的《浙江通志》的编纂工作，各卷也都有准确的时限要求。现在看来，时间非常紧迫，要保质保量完成，任务非常艰巨。

今天的会议原则上通过5卷终审，这5卷志书按照2017年8月底前交付出版印刷的时间节点，倒排时间，集中精力做好扫尾阶段的各项工作：一是各编纂单位要认真梳理、研究吸收大家提出的意见建议，抓紧做好志稿的修改完善工作。该补充的资料要补充，该核实的内容要核实，该规范的格式要规范。各卷主编要做好统稿工作，从形式上、内容上再梳理一遍，对所负责的卷进行全面的再核对、校对，确保志书质量上乘。二是编纂委员会办公室、省志办要组织做好5卷志书的统筹把关，把好政治关、体例关、格式关、文字关，避免出现质量和形式上的太大差异，同时也要与第一批已出版的4卷保持整体衔接。三是出版印刷环节要严格按照《地方志书质量规定》要求，确保标准统一，出品的所有志书整齐划一。出版印刷单位要加强组织，选派精干人员做好志书编辑出版工作，把好印刷质量关。

当前，《浙江通志》编纂工作总体正在积极推进，但情况不容乐观。要在接下来的2年多时间里完成计划中的103卷，任务十分繁重。更令人担忧的是，一些老生常谈的问题依然存在，如有些编纂单位领导不够重视修志工作，组织不力、人员不到位，即便人员到位，精力也比较分散；对修志认识不高，工作要求标准不高，史料收集、整理、比对不严格，修志基础条件不理想；修志工作进程拖拉，进展不快，责任不够落实，等等。为此，对做好下一步工作，再强调几点：

一、目标是刚性的，各编纂单位必须强化意识、达成共识。《浙江通志》是我省新时期地方志工作的标志性工程，是省委、省政府部署的一项重要工作，是浙江文化强省建设的重要组成部分。修志工作有明确的目标，按照《全国地方志事业发展规划纲要（2015—2020年）》（国办发〔2015〕64 号）要求，到 2020年，全面完成第二轮地方修志规划任务，实现省市县三级综合年鉴全覆盖。省政府办公厅《关于推进地方志事业发展的实施意见》（浙政办发〔2016〕166 号）也明确提出，到 2020年全面完成《浙江通志》和第二轮市县志编修任务，实现地方综合年鉴编纂出版全覆盖。实现“两全”目标，是我们向国家作出的承诺。省政府几任主要领导都担任《浙江通志》编纂委员会的主任，也反复强调过要完成这个任务目标。因此，以《浙江通志》编纂为重点的“两全”目标，是一项刚性任务，是不能不完成的任务，是一项不能拖的硬任务。各编纂单位一定要强化意识，在思想上再认识、再提高，切实把方志编纂工作放在重要的位置，营造良好氛围。

二、任务是艰巨的，全体编纂人员必须全身心地投入。《浙江通志》编纂工作任务重、质量要求高，时间还非常紧迫，2 年多时间内要完成 103 卷，工作量和压力可想而知。参与修志的老同志要劳逸结合、保重身体；全体编纂人员要传承修志人兢兢业业、任劳任怨、心无旁骛的优良传统，齐心协力、全力以赴投入到这项艰巨的工作中去。为解决力量不足、时间紧迫的矛盾，各编纂单位要开动脑筋、创新工作机制，想尽一切办法拓宽编纂队伍，采取“专兼结合”的办法，整合更多的力量投入到编纂工作中。“专”就是有一个专门的编辑部和专门的编辑人员，“兼”就是聘请一些乐于奉献、经验丰富、情况熟悉、文字功底好，且身体状况比较好的老同志来参与修志。老同志对史实真实性具有较强的辨别能力，修志工作不管在什么时候、什么地方，离开老同志就很难开展，要充分发挥老同志的作用。同时，也可以联合高校、科研单位，借助他们的力量一道开展修志工作，鼓励动员省社科院专家参与其他单位的修志工作。

三、职责是明确的，各岗位必须履职到位。《浙江通志》编纂委员会办公室、省志办要切实履行好组织、指导、督促检查等职责，对整个编纂工作负总责；既要对时间进度负责，也要对质量负责。要进一步采取措施，抓好进度滞后单位的督促推进工作。其他各单位、各岗位的工作职责也是非常明确的，关键是要各司其职、各负其责，真正落实到位。特别要强调的是，各编纂单位的责任不可推卸，主要负责人是编纂工作的第一责任人，一定要担起这个责任，研究修志工作，创造必要的条件，检查工作进度，及时解决问题。

四、责任是很大的，相关机制必须发挥作用。浙江是习近平总书记工作过的地方，各项工作历来受到关注。习近平总书记还对浙江工作提出了“秉持浙江精神，干在实处、走在前列、勇立潮头”的更高要求。目前，修志工作没有走在全省工作的前列，更不是全国的前列。要进一步增强责任感、紧迫感、危机感，奋起直追，保质保量完成任务目标。要建立健全相关工作机制，加大依法修志的行政力度。要用好督查、通报、约谈等制度措施。近期，请省志办尽快把其他各卷的进展情况再摸一摸，把各有关单位落实领导责任、组织人员到位和工作进度质量等情况，了解掌握清楚，列出一个清单，书面向省政府主要领导报告，并在适当范围内进行通报。督查、通报的周期，请省志办研究提出意见。对督查效果不明显的单位，要约谈其主要领导。同时，要研究建立责任追究制度，不能干好干坏一个样、干与不干一个样，更不容许出现因为一个单位工作拖拉而延误修志整体工作、拖浙江方志工作后腿的情形。

希望各编纂单位和全体编纂人员进一步统一思想、提高认识，把志书编纂工作放在更加重要的位置，确保按期、高质量地完成目标任务。另外，第三批 6 卷的单位，要抓紧时间启动下一次终审会议及出版前的准备工作，把规定的工作任务做好。

在《江西省志》编纂工作第三次调度会上的讲话

（2017年12月7日）

江西省副省长　李利

今天，我们召开《江西省志》编纂工作第三次调度会，主要是深入学习贯彻党的十九大精神，围绕实现“两全目标”（到2020年省、市、县三级志书全覆盖，年鉴全覆盖），总结第二轮《江西省志》编纂工作经验，查摆问题，研究对策，进一步加大工作力度，确保按时保质完成任务。

刚才，梅宏同志通报了第二轮省志编纂工作进展情况，6家单位作了大会发言，5家单位作了书面发言，介绍了很多很好的做法和经验，请大家认真学习借鉴。下面，我讲三点意见：

一、统一思想，提高认识，切实增强省志编纂工作的责任感和使命感

地方志是“一方之全史、一方之总览”。中国素有“隔代修史，当代修志”的优良传统。《江西省志》是全面系统记述全省自然、政治、经济、文化和社会的历史与现状的资料性文献，具有存史、资政、育人的重要作用。编纂好《江西省志》，是我省文化强省建设的一项重大工程，是承上启下、继往开来、服务当代、有益后世的重要事业。各有关部门和单位一定要从全局和战略的高度，充分认识按时保质完成第二轮省志编纂任务的重要性和紧迫性，增强修志工作的责任感和使命感。

（一）是落实国家任务的需要。2015年，国务院颁布了《全国地方志事业发展规划纲要（2015—2020年）》，提出了“两全目标”，即“到2020年完成第二轮地方志书规划任务，省、市、县三级地方志书全部出版”，“到2020年做到地方综合年鉴由地方志工作机构组织编纂，一年一鉴，公开出版，实现省、市、县三级综合年鉴全覆盖”。明确了2020年是时间红线，完成第二轮省、市、县三级志书编纂工作是硬性任务。我省在2012年启动二轮省志编纂工作，是全国最后一批启动的省份。虽然总体进展顺利，但离“两全目标”完成还相差较远。我们要看到，只要有一部省志分志没有完成，不仅仅是江西“两全目标”都没有完成，还会直接影响到全国“两全目标”能否如期实现。各编纂单位一定要进一步提高对省志编纂工作意义的认识，增强紧迫感、责任感，按照“两全目标”时间要求，采取强力措施加快推进，坚决按时保质完成自己所承担的省志分志编纂任务。

（二）是传承赣鄱文明的需要。“国有史，郡有志，家有谱”。地方志忠实记录时代发展轨迹，为延续地方文脉提供完备的载体，为宣传推介地方文明充当窗口和媒介，在记载历史、凝聚人心，增强文化自信和乡土自豪感等方面发挥着独特的作用。党中央和国务院高度重视地方志工作。2014年2月25日，习近平总书记在考察首都博物馆时强调：“要高度重视修史修志，把历史智慧告诉人们。”2014年4月，在第五次全国地方志工作会议召开之际，李克强总理对地方志工作作出重要批示中指出：“修志问道，以启未来”。江西是文化大省，其悠久的历史，灿烂的文化，之所以能传承延续至今，与我们的祖先连绵不断地编修地方志密不可分。三国时东吴太常卿徐整所纂《豫章烈士传》和《豫章旧志》，是迄今所知的江西最早的地方志书。历代编纂的地方志书达1190种，位居全国第二位；保存至今的旧志有520种，位居全国第四位。当前，江西经济社会发展取得巨大成就，在改革实践中创造了许多新经验、新做法，赣鄱文明有许多新发展、新进步，这些都需要我们通过编纂好地方志，来及时记录、整理和宣传，这是我们的重要责任。

（三）是服务全省发展的需要。“治天下者以史为鉴，治郡国者以志为鉴”。省志是对省情的客观记载，是对自然和社会发展状况的综合研究，能够为现实工作提供有益的历史借鉴和决策参考。我们党和国家领导人都十分重视对地方志的利用。毛泽东主席无论是在战争年代还是社会主义建设年代，都十分重视地方志的运用，来了解当地的风土人情和把握世情，以利于做出正确决策。习近平总书记在地方任职的时候就十分重视地方志的编纂和运用，并告诫地方干部要以史为戒，认清台风活动等自然灾害对当地影响的规律，不断提高处置各类自然灾害的能力。当前，我们正处于决胜全面建成小康社会，建设富裕美丽幸福江西的关键时期，处于转型升级、攻坚克难的紧要关头，很多民生难题亟待破解，很多转型障碍亟需跨越，很多改革的硬骨头要啃下来。这都需要我们通过修志，来为党委、政府提供认识省情、了解历史、以资决策的翔实资料，为各级领导干部科学决策提供咨询服务，为推进治理体系和治理能力现代化提供有益借鉴。

二、紧盯目标，狠抓落实，按时保质完成省志编纂工作

从我省“两全目标”完成情况看，年鉴编纂方面，省本级和11个设区市已经实现地方综合年鉴一年一鉴全覆盖，100个县（市、区）中有63个实现了综合年鉴一年一鉴，任务完成过半；20个县（市、区）编纂的是多年鉴，还没有实现一年一鉴，还有17个县没有开展年鉴编纂。志书编纂方面，全省11个设区市、100个县（市、区）已基本完成第二轮修志规划任务。现在离实现“两全目标”，最薄弱的环节就是省志的编纂工作。大家要充分认识到第二轮省志编纂任务的紧迫性、严峻性和艰巨性，以高标准、严要求来推动工作，确保按时保质完成第二轮省志编纂任务。

（一）攻坚克难，加快推进。“两全目标”是一个全覆盖的系统工程，只要有一部志鉴进度慢，就会影响全省进度。刚才，梅宏同志通报了工作情况，把工作进展情况分了9类，各分志完成得如何一目了然。对此，大家一是要加快工作进度。各编纂单位要围绕工作目标，落实责任，倒排工期，确保按时按质完成任务。进度快的单位，要继续发扬成绩，巩固良好势头，争当省志编纂工作的先进典型。进度慢的单位，要认真查找和分析问题原因，一个问题一个问题加以解决，争取尽快迎头赶上。二是要借鉴先进经验。刚才，部分先进单位作了发言，讲得都很好。各编纂单位要积极借鉴这些先进单位的好经验、好做法。比如，对于缺乏修志专业人才问题，可以借鉴省信访局等单位的做法聘请修志专家、返聘老同志参与编纂工作；借鉴省委组织部聘请修志专家和动员全省组织系统干部相结合的方式修志；采取多种方式和措施，充分调动省志编纂人员的积极性、主动性和创造性。三是加强督促指导。为了督促第二轮省志编纂，省志办已经在省直有关单位进行了三轮督查，大多数单位对督查工作很重视，但也有一些单位采取应付态度。今后，省地方志编纂委办要进一步加强对《江西省志》编纂进度跟踪，对仍不重视、不落实以及推进不力的部门和单位，要进行通报批评。

（二）强化质量，打造精品。质量是志书的生命和价值所在。各编纂单位要把“质量第一”的原则贯穿到省志编纂工作全过程，坚持一手抓进度、一手抓质量，力争打造一批在全国有一定影响、经得起实践和历史检验的传世精品。一是在提高志书价值上下功夫。第二轮省志记述的时期，是我省改革开放和现代化建设取得重大成就的时期。要坚持唯物主义历史观，全面客观地记述江西在改革开放伟大实践中走过的光辉历程、取得的重要成就、积累的宝贵经验，也要记述值得借鉴的教训，以确保志书有较高权威性、学术水平和重要的文化价值、社会价值。二是在完善质量措施上下功夫。严格遵循修志规律，不折不扣地执行质量管理制度，精益求精，有错必纠。省地方志编纂委办和各编纂单位要严格按照初审、复审、验收“三审”程序对志稿进行审查，把好政治关、史实关、体例关，确保志书观点正确、资料翔实、体例严谨、行文规范，杜绝常识性错误。三是在强化编纂创新上下功夫。要推动地方志与科技深度融合，充分利用现代化手段收集、整理、加工、储存资料，积极推进篇目设置、编纂体例、编纂方法等创新，健全完善业务指导、专家评审、验收出版等制度，不断提高志书编纂工作质量和水平。

（三）修用并举，服务发展。修志与用志是方志事业的两项基本工作，修与用是一个有机整体，修是为了用，用也促进修。省地方志编纂委办和各编纂单位要围绕省委、省政府的中心工作，积极拓展修志用志新领域，努力满足经济社会发展的需要。一方面，要发挥资政作用，为党政领导决策服务。各级地方志编纂委办要加强对地域经济文化的研究，积极主动为地方领导出谋划策，使志书成为各级领导了解地情的工具书和科学决策的参考书，在经济社会发展中发挥应有的作用。另一方面，要发挥存史、育人作用，为社会各界服务。要充分利用方志馆、地情资料库和地方志网站的优势，推动方志文化进机关、进农村、进社区、进校园、进企业。注重对已出版的地方志的二次开发，编写志书简本或普及读本，推动地情教育，多为社会各界提供国情、地情信息方面的优质服务。要通过建设地情网、方志馆，开设微信公众号等方式，加快地方志资源数字化、网络化进程，努力实现共建共享，为用志工作大众化、便捷化搭建平台。

三、加强领导，强化保障，确保“两全目标”如期实现

能否按时保质完成二轮省志编纂工作，与全国同步实现“两全目标”，关键是要有领导管事、有人干事、有钱办事。

（一）组织领导要到位。各编纂单位要把修志工作列入重要议事日程，把修志工作纳入各地经济社会发展计划和各级政府任务之中，做到领导、机构、经费、队伍和条件五到位。分志编纂委员会人员有变动的要尽快调整，主要领导要亲自担任分志编纂委员会主任，亲自指导督促编纂业务。要健全主要领导为第一责任人、分管领导具体负责，工作责任层层分解到每一个人的省志编纂工作责任机制，确保责任落实到位。

（二）人才队伍要到位。省志编纂，关键在人。各编纂单位要及时把政治素质高、文字功底强、熟悉情况的同志充实到省志编纂队伍中来，尤其要选好主编，保证志稿的质量。要采取老中青搭配、专兼职相结合的方式，吸收热心地方志工作的专业人才参与修志，保持省志编纂人员相对稳定，形成符合省志编纂需要的梯队结构和人员数量。省地方志编纂委办要积极创造条件，举办业务培训班、理论研讨会，不断提高修志人员的政治素质和业务能力。

（三）工作保障要到位。各编纂单位要为省志编纂人员创造良好的办公条件，在资料搜集、志稿编纂、初审复审等环节提供充足的经费支持。省财政要按照《关于印发第二轮江西省志编纂工作方案的通知》（赣府厅字〔2012〕6号）的要求，做好验收、出版经费保障，确保已通过复审的志稿尽早提交验收和出版。

同志们，盛世修志，志载盛世。编纂《江西省志》是一项利在当代、功在千秋的伟大事业。希望大家务必高度重视，盯紧“两全目标”，攻坚克难，圆满完成第二轮省志编纂工作，为推动我省文化大繁荣大发展、为建设富裕美丽幸福江西做出新的更大贡献。

在第二次全国地方志工作经验交流会暨 2018 年全国地方志机构主任工作会议上的致辞

(2017 年 12 月 26 日)

山东省副省长　王随莲

在全国上下深入学习贯彻党的十九大精神之际，我们相聚在美丽的泉城济南，共同出席第二次全国地方志工作经验交流会暨 2018 年全国地方志机构主任工作会议。首先，我代表山东省人民政府，对会议的举办表示热烈祝贺！对各位来宾的到来表示诚挚欢迎！对大家长期以来给予山东工作的关心支持表示衷心感谢！

史志事业是记录历史、传承文明、服务当代、启示后人的重要文化事业，具有存史、资政、教化、育人的重要作用。山东省委、省政府高度重视史志工作，连续 4 年在政府工作报告中就做好史志工作作出安排，在今年 6 月召开的省第十一次党代会上，明确提出要“推进地方史志等事业创新发展”。近年来，在中指组的有力指导下，全省各级把史志工作摆上重要位置，不断加大投入力度，完善各项保障措施，第二轮修志、综合年鉴编纂、方志馆建设等重点工作顺利推进，推出了《山东简史》《山东省历史地图集》等一大批具有重要价值的优秀成果，取得了新的明显成绩。

党的十九大报告明确提出，要“坚定文化自信，推动社会主义文化繁荣兴盛”。史志工作是文化事业的重要组成部分。山东将认真贯彻落实党的十九大精神，全面落实史志事业发展规划纲要，全方位推进各项史志工作任务，更好发挥史志工作在经济文化强省建设中的重要作用，推进山东史志工作再上新台阶。

这次会议在山东召开，为我们提供了一次难得的学习机会。我们将按照会议的要求，学习借鉴兄弟省市的先进经验，开拓创新，积极作为，把山东的史志工作做得更好。真诚希望各位领导、各位来宾一如既往的关心支持山东发展，给我们的工作多提宝贵意见。

强力推进地方志事业科学发展

——在《湖北省地方志工作规定》颁布实施 10 周年座谈会上的讲话

(2017 年 3 月 28 日)

湖北省副省长　郭生练

地方志是传承和彰显中华文明的重要载体，是中华民族优秀文化的瑰宝。今年 1 月，中共中央办公厅、国务院办公厅印发《关于实施中华优秀传统文化传承发展工程的意见》，明确提出要“加强党史国史及相关档案编修，做好地方史志编纂工作，巩固中华文明探源成果，正确反映中华民族文明史，推出一批研究成果”，这为我们在新时期推进地方志事业发展指明了方向。

一、充分认识做好新时期地方志工作的重要意义

国有史，地有志，家有谱。加快推进地方

志事业发展，对于弘扬民族文化传统，增强文化自信，提高文化软实力具有重要意义。湖北是方志大省，方志的重要源头之一是楚国的《梼杌》，明清时期湖北编纂了470多种志书。改革开放以来，在省委、省政府的领导下，湖北赓续文化传统，在继承中创新，开展了社会主义新编地方志工作，先后进行两轮修志，编纂出版了一大批社会主义新方志，产生了一大批地方志新成果，为记录和传承湖北历史，推动湖北经济社会发展作出了重要贡献。当前，地方志事业正处于转型发展的关键时期，新形势、新任务对地方志工作提出了新的更高要求，我们必须从全局和战略的高度深刻认识地方志工作的重要性，进一步增强做好地方志工作的责任感和使命感。

第一，做好地方志工作是坚定文化自信的必然要求。习近平总书记强调指出“要坚持中国特色社会主义道路自信、理论自信、制度自信、文化自信，不断把中国特色社会主义事业推向前进”，“文化自信是更基础、更广泛、更深厚的自信”，等等。这些重要论述把文化自信提到了极为重要的地位，彰显了坚定文化自信的重大意义。从国家层面看，强调文化自信、文化自觉，传承方志文化基因，就是我们国家的大政方针。地方志是具有中国特色的优秀文化遗产，是具有中国特色、中国风格、中国气派的文化产品，是具有独特的优势和魅力的文化表达，在提升国家软实力进程中发挥着独特而重要的作用。全省各级政府和各有关部门要进一步深化地方志在坚定文化自信中的独特而重要作用的认识，牢固树立方志文化自信，强化方志文化自觉，传承方志文化基因，展现方志文化魅力。

第二，做好地方志工作是实施中华优秀传统文化传承发展工程的必然要求。地方志代代相传，历久弥新，是中华民族的精神积淀和精神追求的具体体现，具有独特的“存史、资政、育人”功能和价值，对传承中华文化发挥了重要作用。作为中华优秀传统文化的重要组成部分，地方志已经融入中华民族文化的血液之中，成为中华民族特有的文化基因。今年3月，中共中央印发的《关于加快构建中国特色哲学社会科学的意见》，明确提出“做好地方志编修，传承中华优秀文化”的要求。李克强总理在今年初的《政府工作报告》中再次强调要“实施中华优秀传统文化传承发展工程”。这充分说明，弘扬包括地方志在内的中国优秀传统文化已上升到国家战略高度。全省各级政府和各有关部门对此要有清醒的认识，要从战略全局高度重视和加强地方志工作，将其作为文化强省建设的一项重要基础工作来抓，不断深化对地方志事业发展地位作用的认识，在实施中华优秀传统文化传承中推动地方志事业不断创新发展。

第三，做好地方志工作是服务全省经济社会科学发展的必然要求。地方志记载了一个地方自然演进和历史沿革的重要信息，蕴含着前人成败得失的宝贵经验和丰富智慧，是十分宝贵的财富。当前，湖北省正深入学习贯彻习近平总书记系列重要讲话精神和治国理政新理念新思想新战略，深化供给侧结构性改革，统筹推进“五位一体”总体布局和协调推进“四个全面”战略布局在湖北实施。推动中央精神在湖北贯彻落实，需要我们进一步熟悉湖北省情，了解湖北历史，做好以史鉴今、以史育人工作，充分发挥地方志“为当代提供资政辅治之参考”功效，为全省经济社会科学发展提供历史借鉴和智力支持。

二、不断提高地方志工作科学化水平

2015年，《全国地方志事业发展规划纲要（2015—2020年）》明确提出：“到2020年，全面完成第二轮修志规划任务，实现省、市、县三级综合年鉴全覆盖。”我们要按照省政府办公厅印发的《湖北省贯彻落实〈全国地方志事业发展规划纲要（2015—2020年）〉实施方案》要求，进一步增强政治意识、大局意识、核心意识、看齐意识，不折不扣完成各项工作任务，促进全省地方志事业科学发展。

一是要始终坚持地方志工作的正确方向。在地方志编纂过程中必须始终坚持马克思主义的指导地位，突出社会主义新方志的本质属性，这是地方志工作的根本要求。要把坚持正确的政治方向贯穿到地方志工作的各个环节，自觉运用马克思主义的立场观点方法指导修志编鉴，如实记录中国特色社会主义革命、建设取得的伟大成就，把地方志工作放在全省“五位一体”建设的大格局中去审视、去谋划，在促进文化强省建设中实现地方志工作的价值。

二要进一步加强地方志质量管理。地方志不同于一般的研究论著，确保质量至关重要。质量是地方志事业发展的根基所在、活力所在、价值所在。要建立和完善志书、年鉴编纂出版质量保障体系和质量监督体系，强化流程管理，健全工作规范。要大力提倡“工匠精神”，精雕细琢，确保志书、年鉴质量达到高水准。要积极探索年鉴备案管理制度，完善资料报送、志稿评审、质量评价、审查验收、批准出版等制度，打造无愧于时代、无愧于人民、无愧于历史、无愧于民族的系列精品志书、年鉴。志书像字典一样，具有查阅功能，我们必须千方百计确保志书编纂质量。在编纂过程中，志书质量永远是第一位，必须要保证。

三是要积极拓展地方志工作领域。地方志工作的重心一方面是修志与编鉴，传承历史，另一方面是育人与资政，服务大局。湖北是地方志大省，历史上编纂了大量优秀的地方志，传承了辉煌的荆楚文化。经过若干年的发展，目前，地方志工作已形成了志（志书）、鉴（年鉴）、库（数据库）、馆（方志馆）、网（地情网）、用（开发利用）、会（学会）、刊（刊物）、研（理论研究）、史（地方史）“十业并举”的全面发展新格局。我们要围绕经济社会发展大局，提升地方志信息化水平，构建修志编鉴、开发利用、网馆库建设、理论研究等地方志事业发展综合体系，把地方志事业做大、做强。要通过编修、开发利用地方志成果，用人们喜闻乐见的方式利用地方志、传播地方志。要通过地方志工作，进一步激发湖北人民的文化自信，向全国和世界讲好湖北故事，传播湖北声音，阐释好湖北特色、展示好湖北形象，为加快“五个湖北”建设提供历史借鉴、精神动力和智力支持。

四是要积极推进地方志事业转型发展。要按照“基本建成具有湖北特色的地方志编修体系、理论研究和学科建设体系、质量保障体系、资源开发利用体系、工作保障体系‘五位一体’的地方志事业发展体系”要求，结合全省经济社会发展的新变化新特点，更新观念，创新思路，推动地方志工作转型发展。要通过思想理论创新，不断加深对地方志工作性质、地位、任务的认识，正确把握地方志工作与经济社会发展全局的关系，进一步找准地方志工作的社会定位，为地方志事业发展提供理论依据和制度保障。要健全地方志工作机构主导、社会各界有序参与修志编鉴的途径和方式。要适应信息化社会发展趋势，大力推进“互联网+”，推动地方志信息化建设，将传统手段与互联网新媒体结合，扩大地方志工作的社会影响力。

三、切实加强对地方志工作的组织领导

做好地方志工作是各级政府的一项法定职责。各级政府要切实加强对地方志工作的组织领导，坚持依法治志，把地方志工作纳入国民经济和社会发展规划之中，做到认识到位、领导到位、机构到位、编制到位、经费到位、设施到位、规划到位、工作到位，认真解决地方志事业发展中遇到的问题和困难。各有关部门和社会各界要自觉履行《湖北省地方志工作规定》所明确的责任和义务，全力支持地方志工作，为全省地方志事业科学发展创造良好社会环境。

一是要切实加强对地方志工作的组织领导。各级政府要按照《湖北省地方志工作规定》的要求，建立地方志工作领导责任制，做到一级抓一级，层层抓落实。要坚持和健全党委领导、政府主持、地方志工作机构组织实施、社会各界广泛参与的工作体制。要加强督促检查，健全和完善目标考核责任制、督查通报制，强化责任落实。要调动各方面力量参与支持地方志工作，建立健全鼓励、扶持、引导社会参与地方志工作的政策措施，最大限度地发挥全社会参与地方志工作的积极性。

二是要进一步发挥地方志工作机构的职能

作用。各级地方志工作机构要全面履行《湖北省地方志工作规定》赋予的各项职能，切实发挥好部门作用。要进一步加强自身建设，提升地方志工作依法行政履职的能力水平。省方志办要全面掌握全省地方志工作情况，提高统筹规划、组织协调、督促指导能力；要大力宣传方志文化，搭建交流学习平台，及时总结、推广好的经验，定期向省委、省政府报告工作进展情况。地方志工作专业性强，省、市方志办要加强业务指导，对地方志编纂工作进行质量把关。

三是要进一步加强相关部门的协作配合。地方志工作涉及面广，是一项复杂的系统工程。各有关部门要按照当地政府和地方志工作机构的安排部署，积极研究制定本部门、本系统的工作规划，在地方志工作机构的协调下，细化分工，明确责任，相互支持，密切配合，形成支持地方志事业发展的工作合力。

四是要高度重视地方志工作队伍建设和工作条件改善。各级政府要高度重视地方志工作队伍建设，地方志工作机构设置和人员编制，要与其有效履行职能、顺利开展工作的要求相适应；要按照德才兼备原则和专业要求，配齐配强地方志工作机构的领导班子。要依照有关政策法规，认真解决地方志工作机构编制、经费条件等方面的问题，为地方志工作机构办一些实实在在的事情。要按照国家有关规定开展先进集体和先进工作者评选表彰活动，建立干事创业的激励机制，营造良好氛围。

在全省市县地方志工作专题培训班上的讲话

（2017年12月14日）

广东省副省长　黄宁生

今天，全省市县地方志工作专题培训班正式开班了，这是我省提高地方志系统领导干部业务素质的重要举措。在此，我谨代表省政府，对本次培训班的顺利开班表示热烈祝贺！下面，结合本次培训班“贯彻落实党的十九大精神，坚定文化自信，推动地方志事业全面转型升级”这一主题，我谈几点意见，供大家参考。

一、认清形势，切实提高对举办本次培训班重要意义的认识

地方志工作关乎历史延续、文化传承，关乎当前建设、未来发展，是功在当代、利在千秋的神圣事业。党中央、国务院历来高度重视地方志工作。习近平总书记强调，要高度重视修史修志，让文物说话、把历史智慧告诉人们，激发我们的民族自豪感和自信心，坚定全体人民振兴中华、实现中国梦的信心和决心。习近平总书记从浙江调到上海工作，叫人把《上海通志》送到其办公室供参考。按照习近平总书记的要求，省委、省政府紧紧围绕文化强省建设发展战略，把地方志工作作为意识形态工作的重要组成部分、作为中国特色社会主义先进文化的重要内容、作为中华优秀传统文化的独特载体，着眼长远，科学谋划，统筹社会各方面力量和资源，推动地方志事业健康发展，取得了显著成效。体现在三个方面：一是工作体制机制日益完善。党委领导、政府主持、地方志工作机构组织实施、社会各界广泛参与的体制不断完善，基本形成了地方志工作纳入经济社会发展规划、“认识、领导、机构、编制、经费、设施、规划、工作”到位的“一纳入、八到位”工作机制，为地方志工作顺利开展提供了有力支撑。二是实现多个率先，工作成效显著。在全国率先完成一、二轮修志任务，率先完成旧志整理工作，率先实现省、市、县三级综合年鉴全覆盖，率先实现省、市、县三级地情网站全覆盖与资源共享，率先全面开展地方志资料年报工作和省、市、县三级地方志资源开发利用工作。编纂出版志书5亿余字，年鉴近300种，收集年报资料20亿字，图片20余万幅，出版各类地情文献4000余种，被专家学者称为“功德无量之举”的《广东历代方志集成》顺利出版，国情基地调研项目——广东省自然村落历史人文普查等重要文化工程扎实推进。通过提升编纂质量、拓展编纂范围、延伸编纂层级和丰富编纂种类，形成了一座丰富的地情信息资源宝库。三是服务经济社会发展能力明显提升。坚持修志为用，有效利用报刊、电视、网络等传播媒介推动史志资源进党校、进社区、进军营、进乡村，加快打造出版类、建议报告类、媒体类、数字类、专题展览类、影像类等一批生动活泼、形式多样的开发利用成果，《广东资政志鉴》《广东印记》《广东改革开放纪事》等一批有影响力的精品项目不断涌现，地方志社会影响力持续扩大，资政辅治、育人教化的积极作用得到充分发挥，为促进我省经济社会平稳健康发展作出了积极贡献。这些成绩的取得，是全省地方志系统广大干部职工团结拼搏、共同奋斗的结果，值得充分肯定。借此机会，我代表省政府向在座各位，并通过你们向全省地方志系统广大干部职工表示衷心的感谢和诚挚的问候！

但是，我们也要清醒地看到，我省地方志工作仍存在一些明显的短板和不足。一是对地方志工作的重视程度不够。个别地区地方志机构不健全、人员编制无法保证、资金不到位、工作职责不能有效履行的现象时有发生；全省方志馆建设起步早，但推进较慢，个别地区对此项工作不够重视。二是改革创新动力不足、办法不多。有的地方开展地方志工作缺少新思路，认为地方志是“埋首故纸堆”、千百年来一个样，缺乏改革创新动力；有的地方强调客观上存在困难，不积极主动改变现状；有的地方重“完成现阶段任务指标”、缺乏超前谋划和担当精神，制约了地方志工作转型提质。三是政策配套不足，政策执行力度也有待加强。由于长期以来“闭门修志”的模式和注重经济效益的惯性，地方志较少被政策制定部门关注，有些政策缺乏明确的地方志工作指向、难以成为地方志工作开展的依据，有的地方对政策内涵未能领会把握和融会贯通，影响了政策的执行和运用。四是志鉴史资料质量仍有待提高。部分志鉴史资料质量不高，信息使用不够高效便捷。一些地区地方志工作与经济社会发展热点、焦点和中心工作联系不够密切，对接人民群众所需所急不够深入，地方志产品开发利用力度还有待加强。对上述四个方面的问题，我们要高度重视，采取有力措施，积极推动解决。

近年来，国家先后出台了《全国地方志事业发展规划纲要（2015—2020年）》《关于实施中华优秀传统文化传承发展工程的意见》《国家“十三五”时期文化发展改革规划纲要》等重要文件，从国家层面进一步明确了地方志在建设社会主义文化强国、增强国家文化软实力、实现中华民族伟大复兴中国梦中的重要作用，为我们做好地方志工作提供了重要遵循。省委、省政府对此高度重视，书记、省长十分关心并经常过问地方志工作，在完善地方志机构和队伍建设、经费投入等方面给予了大力支持。我省也先后出台了《关于加强地方志工作的通知》《广东省地方志事业发展规划（2016—2020年）》等一系列文件，为地方志工作改革发展提供了有力的制度支撑。大家要切实将思想和行动统一到中央和省委、省政府的决策部署上来，切实增强做好地方志工作的责任感和使命感，充分发挥地方志工作优势，关心支持地方志事业发展，全力推动地方志事业全面转型升级。

二、锐意进取，推动地方志事业转型升级

当前和今后一个时期，推进全省地方志事业创新发展，关键是要认真学习贯彻党的十九大、习近平总书记对广东工作重要批示和省第十二次党代会、省委十二届二次全会精神，坚持地方志“存史、资政、育人”的使命意识和政治自觉，以贯彻落实即将出台的《广东省地方志工作条例》和加强地方志能力建设为抓手，加快建立健全省、市、县地方志工作体系和数字方志体系，通过编修地方志和开发利用地方志资源，扩大地方志产品有效供给，讲好广东故事，推动我省地方志事业转型升级。重

点要抓好以下六个方面工作。

（一）强化修志编鉴夯实主业基础。修志编鉴是地方志工作的基础，也是主业。在我省二轮修志提前完成、省市县三级年鉴全覆盖的前提下，各地要深入挖掘岭南文化特色，突出文化亮点，打造文化名片，进一步夯实主业基础。要拓展志鉴编修广度，编纂行业、部门、专题等特色志鉴，如《惠能志》《丹霞山志》等等。要延伸志鉴编修深度，原则上历史文化名镇、专业镇都要开展镇志编纂工作，切实做好中国名镇名村志工程和精品年鉴工程。要着力提高志鉴质量，加强分类指导，充分利用制度和规范，采取审查验收、评审评议等有效手段和途径，严把质量关，确保志鉴质量。2018年省政府将启动第三轮修志试点，各地要全面总结第一、二轮修志的经验教训，超前谋划、未雨绸缪做好第三轮修志准备工作。此外，要特别重视做好旧志整理工作，年鉴要严格实现“一年一鉴、公开出版”目标要求，确保不留死角、不出现中断，解决好部分地区志鉴史资料质量不高等问题。

（二）着力加强地方志资源开发利用。修志为用是地方志工作的出发点和落脚点。要坚持做好地方志资源开发利用，深入挖掘开发广东历史与岭南文化资源，全面总结广东古代理政的探索和智慧，不断提高地方志服务中心工作、服务经济社会发展和服务人民群众美好生活需求的水平。一要加强地方文献服务。加大对志书、年鉴、家谱族谱等地方历史文献资料的搜集力度，分类整理保存，科学设置目录，方便群众查阅，为广大群众提供全面丰富的历史文献服务，让广大群众共享地方志文化成果。二要加强阵地建设。在巩固已有的志书、年鉴、省情信息网等阵地的基础上，各地还要强化方志馆的地情展示功能，将方志馆建设成地情教育和爱国主义教育基地，展示地方形象的窗口，打造地方品牌、促进文化交流的重要平台。要积极推动实体方志馆的建设，目前全国在省一级都已建成方志馆，省内比较好的方志馆有广州方志馆和深圳方志馆，东莞市大朗镇建起了国内第一个镇级方志馆、南城街道建成了第一个街道方志馆。此外，一些兄弟省市的方志馆后发优势明显、特色鲜明，比如江西景德镇把方志馆作为本地区对外交流的重要展示窗口，外地游客到景德镇先参观方志馆，进而了解景德镇历史文化，加强了文化交流，这些做法值得各地学习借鉴。三要加大信息化建设力度。加快地情资料数字化进程，做大做强地情信息数据库，建立地情大数据中心和数据分析系统，开通地情信息移动服务渠道，为社会和广大群众提供高效便捷的地情信息服务，努力构建新一代地方志信息化高地。特别是要深入开展“互联网+地方志”行动，实施信息化建设系统工程，加强新媒体、互联网技术的运用，利用地方志的线上线下平台，推介特色经济、特色资源、特色文化、特色民俗风情等，充分展示地方特点、展现地方形象，扩大地方影响力。

（三）突出抓好自然村落历史人文普查。地情调查研究是地方志工作的重要内容。习近平总书记指出“让收藏在博物馆的文物、陈列在广阔大地上的遗产、书写在古籍里的文字都活起来”。各地要按照省委、省政府的部署，加大对人、财、物的保障力度，认真组织实施好全省自然村落历史人文普查。要注意做好普查资料的审核把关，做到应查尽查、全面客观。要加强对普查成果的运用，从今年底开始到2020年，省和有条件的地区要部署普查成果的开发利用工作，让普查成果真正“活”起来。同时，要确保2020年底前，高质量完成村落历史文化遗产保护现状与对策、农村传统优秀文化与社会主义核心价值观建设等一批研究课题，真正打造一批名山、名川、名产、名人等地情文献。

（四）坚持依法治志推动健康发展。目前《广东省地方志工作条例》已经过省人大常委会初审，预计将于2018年上半年出台。在省的《条例》出台后，省地方志办和各地都要认真做好《条例》的宣讲培训和执行工作，抓紧研究、完善配套实施办法，做到有法可依、有法必依。要依法履行组织、指导、督促和检查地方志工作职责，实现依法修志、依法用志和依法管志。此外，要继续健全和完善各项业务制度，确保各个工作环节均有章可循、有序推进，不断提高地方志成果质量。要健全和完善目标评估和通报机制，强化责任落实，努力推动地方志工作健康创新发展。

（五）加快提升方志文化开放水平。要积极拓展方志文化国内外传播网络，丰富传播渠道和手段，加强方志文化国内、国际传播能力建设。要加快建设广东省情国际大通道和岭南优秀传统文化展示平台，大力宣传和塑造广东形象，打造广东方志文化名片。各地要积极拓宽方志交流范围，打好乡亲牌、侨务资源牌，充分利用政府和民间等各种合作交流渠道，拓展方志文化交流合作空间，增进方志文化互信和人文交流。要加强与国内外、省内外地方志机构以及高等院校、科研机构、档案文献机构、博物馆、图书馆等单位的学术交流与合作。要利用各类新闻媒体，大力宣传地方志工作服务经济社会发展的新成果，广泛宣传地方志文化产品，不断提升方志文化开放水平。

（六）切实加强组织保障。一要加强组织领导。领导、管理和发展地方志工作，是地方各级党委、政府的重要职责。分管领导要每年抽出两三个单元的时间听取地方志工作汇报，关心过问地方志工作，集中一定精力，协调一定资源，拿出一定经费支持地方志工作。各级政府每年要研究一次地方志工作，各级地方志工作的分管领导要认真听取地方志部门的工作意见，及时了解和解决地方志工作中的困难和问题，为地方志工作开展提供支持和保障。要不断完善党委领导、政府主持、地方志工作机构组织实施、社会力量广泛参与的工作体制。二是强化工作机制。各地要坚持“一纳入、八到位”工作机制，特别是要加强经费保障，加快改善地方志工作条件和图书资料收藏保管条件，加大对民族地区和欠发达地区地方志工作的支持力度。三要重视加强机构和干部队伍建设。地方志工作机构设置和人员编制，要与其有效履行职能、顺利开展工作的要求相适应，配齐配强地方志工作机构的领导班子，特别是一些地方志工作机构已经与其他机构合署的地区，要理顺机构体制，地方志机构不能简单成为合署机构的内设部门。要依托实施南粤地方志“十百千万”人才工程和方志理论人才培养计划等重要抓手，培养一批专家型方志干部，广泛吸纳各类专家学者和熟悉地情的各界人士参与地方志工作，锻造一支政治、思想、业务过硬的人才队伍。要加大对地方志干部的任用、培养和交流力度，切实为地方志干部干事创业营造良好的发展环境。

三、学以致用，不断提升自身综合素质和能力水平

举办这次专题培训班，是贯彻落实党的十九大精神特别是习近平新时代中国特色社会主义思想的重要举措，也是贯彻落实党中央、国务院和省委、省政府重要决策部署的具体体现，十分必要、非常及时、意义重大。因此，大家要统一思想、提高认识，准确把握地方志在增强文化自信中的作用，不断增强学习的责任意识和自觉意识，确保培训班取得成效。

一要沉心静气，认真研修。大家要珍惜难得的培训机会，思想上要重视，行动上要自觉，切实把这次培训作为提高工作能力的“加油站”。要充分认识地方志工作作为意识形态工作组成部分的极端重要性和作为坚定文化自信重要抓手的突出作用，率先用创新理论来武装头脑，自觉、主动地推动地方志的传承与发展，通过阐释地方志文化，切实提高政治站位、增强文化自信，才能把地方志创新发展工作抓实抓好。大家要安排好各项工作，静下心来认真学习，切实把时间和精力集中在学习上，力求学习取得实效。

二要勤学善思，加强交流。这次培训班时间不长，但教学安排紧凑，内容丰富实用。培训班邀请的专家具有深厚的理论功底和实践素养，在座各位学员是我省各地分管地方志工作的领导干部，承担着领导和推动本地区地方志工作改革发展的重任，都有着丰富的工作经验，大家要打开话匣子，围绕地方志工作改革发展出谋献策。同时，这次学习是一个很好的交流机会，省志办专门整理汇编了“一纳入，八到位”会议材料，我看很好，大家要逐一对标，通过比学赶帮超，不断提高做好地方志工作的综合素质和能力水平。

三要融会贯通，学以致用。地方志是提升文化软实力的重要推动力量，能为各级党委政府科学决策和开展中心工作提供历史借鉴和智力支持。希望大家在学习过程中，紧密结合当前工作的重点难点问题，边学边思边研，努力把学习成果转化为推动工作的原动力。特别要针对今后如何加快推进地方志修志编鉴写史基础性主业和资源开发利用应用性主业发展、贯彻落实《广东省地方志工作条例》、加强地方志能力建设、构建数字方志体系等重大问题进行系统谋划和深入思考，确保把地方志各项工作落到实处、取得实效。这里，我建议大家带头读志用志，把地方志作为了解地情资料、汲取历史智慧、掌握发展规律的重要工具，善于利用地方志提高治理能力，努力推动地方志事业全面转型升级。

十九大后，与省志办就我省地方志事业发展做了深入交流，也向大家通报一下交流情况：

一个目标。就是继续当好全国地方志工作的排头兵。这是贯彻落实习近平总书记对广东工作批示精神中“两个走在前列”的应有之义。

出台两个文件。一是《广东省地方志工作条例》应于2018年中可出台。这是省人大立法，是建设地方志发展的法治环境重要举措，是促进广东地方志工作转型升级再上新台阶的抓手性文件。二是紧跟着积极准备省政府出台落实《广东省地方志工作条例》实施意见。

建设两个体系。一是建设省市县工作体系，加强联动协调。二是建立网上数字方志体系，充分利用新媒体、新技术，增进互动交流。

注重两个创新。去年5月，中国社会科学院院长、中指组组长王伟光在题为《以创新驱动地方志事业发展转型升级》的报告中提到了六方面的创新；理念创新、理论创新、体制机制创新、制度创新、人才创新和服务创新。我认为当前我省重点抓好两个创新。一是体制机制创新。与左邻右舍融通互动，体现地方志的价值，推动地方志与教育、旅游、文化、广播电视等行业部门融通发展，发挥更大作用。二是技术手段创新，将新技术运用到方志体系上。

做好两个主业。基础性主业就是资料整理、修志编鉴，应用性主业就是更好地开发利用地方志资源。

2018年将是我们更为繁忙的一年。繁忙就意味着有更多作为的空间，更多作贡献的空间。

在自治区地方志办公室调研座谈会上的讲话

（2017年5月18日）

广西壮族自治区主席　陈武

今天我们到自治区地方志办公室调研，参观了方志馆和史志博物馆，听了秋洪主任的介绍，我感到近年来自治区方志办认真贯彻中央、自治区的要求，积极主动履行职责，服务好全区经济社会发展大局，做了大量卓有成效的工作，各项业务提升到了一个新的水平。下面我谈几点意见。

一、全区地方志工作成效明显，值得充分肯定

通过今天的调研，我感到，我区地方志工作在志、鉴、库、馆、网、用、会、刊、研、史“十业并举”等方面取得了很多成果。

（一）志鉴编修成果丰硕。我区2000年启动第二轮修志工作至今，已出版广西通志和市县区志50多部，自治区方志办组织编纂的

《广西通志（1979—2005）》综合卷、政治卷、经济卷、文化卷、社会卷、人物大事记附卷6卷本，也于2016年出版，这是广西地方志办公室及其前身广西通志馆成立84年来承修出版的第一部省级综合志书，全国只有2部，其中广东1部，我们1部。全书约910万字，向世人集中展示了广西1979年至2005年共27年间广西经济社会文化等各项事业发展状况。创新志书编修方式，创造性地开展了《广西之最》《广西古建筑志》《广西节庆志》等众多影视志的编修，其中《广西古建筑志》获得全国出版大奖。综合年鉴编纂全覆盖工作达到90%，质量快速提升，省级综合年鉴《广西年鉴》第五次获得由中国版协年鉴工委开展的、五年一届的全国年鉴编纂出版质量特等奖，以及由中国地方志指导小组组织的全国综合年鉴编纂质量评比特等奖，南宁、柳州等一批市县综合年鉴也获得奖项。

（二）公共服务设施建设取得新进展。广西史志博物馆和广西方志馆直观生动地展示了广西的历史概貌、区情发展变化和地方志编修成果，是我区开展区情教育和爱国爱家乡教育的重要基地。市一级方志馆建设有了突破，上个月底，南宁市方志馆顺利竣工。全区地方志系统紧跟时代步伐，推动信息化建设，按照“互联网+地方志”的新理念，加快推进网站、数据库、微信公众平台等建设。依托政府公众信息服务平台——魅力广西（APP）建成广西地情移动传播平台，率先在全国建起了地情移动服务平台，成功打造“智慧方志”创新服务体系。

（三）依法治志初显成效。我区2008年7月颁布实施《广西壮族自治区实施〈地方志工作条例〉办法》，地方志工作实现了有法可依。2016年8月，自治区配套《全国地方志事业发展规划纲要（2015—2020年）》出台了《广西地方志事业发展规划（2016—2020年）》，对各级政府、部门依法履行地方志工作职责，进一步加强地方志工作提出了新的要求，对全面促进地方志事业的科学发展起到重要的推动作用。自治区方志办也根据《规划纲要》和权责清单，梳理完善了一批管理办法和规定。

（四）刊、学、研等学科建设氛围浓厚。《广西地方志》长期坚持以方志理论及方志学、年鉴学学科建设为导向，坚持指导修志编鉴实践，成为全国地方志系统影响力较强的学术期刊，被国家认定为广西首批A类学术期刊。

（五）服务中心工作，为党政提供决策参考取得明显效果。

近年来，自治区方志办积极主动贴近中心，融入大局，先后完成自治区党委政府主要领导交办的多项地情资料开发利用研究课题，提供了广西历代水旱灾情、上海支边企业在广西、广西大学院系调整和恢复重建史略、北部湾沿海地区隶属关系变化、广西历代重大战事、广西城市规划发展、广西情况概览、广西壮瑶医药等重要史料，为党委政府决策起到积极的资政参考作用。

（六）队伍建设取得新成绩。自治区方志办积极开展业务培训，选派人员挂职锻炼，实施人才梯队建设等，有效提高人才队伍建设的素质。近年来，全区有7个单位和15个人受到国家人力资源和社会保障部与中国地方志指导小组的表彰，分别获得“全国方志系统先进集体”和“全国方志系统先进工作者”荣誉称号。

这些成绩的取得，充分说明了自治区方志办的领导班子是坚强有力、奋发有为、担当负责的，干部职工是勤勤恳恳、兢兢业业、无私奉献的。在此，向你们表示感谢，也通过你们向全区地方志系统的干部职工表示慰问和敬意！希望大家再接再厉，秉持默默无闻、不求名利的崇高信念和精雕细琢、精益求精的“工匠精神”，以更加饱满的热情、以求真存实的作风继续做好地方志工作，为全区经济社会发展贡献智慧和力量。

二、深入学习贯彻习近平总书记关于地方志工作的重要讲话精神，切实增强做好地方志工作的使命感和责任感

党中央、国务院和中央领导同志对地方志修编工作高度重视。习近平总书记说过：“我来宁德的第一件事，就是要看府志、县志。要马上了解一个地方的重要情况，就要了解它的历史。了解历史的可靠的方法就是看志，这是我的一个习惯。过去，我无论走到哪里，第一件事就是要看地方志，这样做，可以较快地了解到一个地方的山川地貌、乡情民俗、名流商贾、桑麻农事，可以从中把握很多带有规律性的东西。”2014年2月，习近平总书记在国家博物馆考察时指出，要在展览的同时高度重视修史修志，让文物说话、把历史智慧告诉人们，激发我们的民族自豪感和自信心，坚定全体人民振兴中华、实现中国梦的信心和决心。2015年7月，习近平总书记在中共中央政治局第25次集体学习上指出，要整合全国学术机构和研究队伍，协调各地党史、军史、档案、政协文史资料、地方志、社科院、高校等部门和机构的力量，扶持民间研究，从军事、政治、经济、文化、社会、外交、国际等领域对抗战进行系统研究，推出高水准的权威专著和通俗读物。2014年4月，李克强总理在第五次全国地方志工作会议召开之际，专门对地方志工作作出重要批示，提出“修志问道，以启未来”的地方志工作重要论断。2015年12月，在全国地方志系统先进模范座谈会召开时，他又提出“直笔著信史，彰善引风气”的地方志工作者定位。2016年3月，国家将地方志工作写入“十三五”规划，要求“加强修史修志”。今年1月，中办、国办印发《关于实施中华优秀传统文化传承发展工程的意见》，明确指出“加强党史国史及相关档案编修，做好地方史志编纂工作，巩固中华文明探源成果”，是传承弘扬中华优秀传统文化的重要任务。就我区而言，我认为，地方志工作的重要性可以从以下几个方面理解：

第一，修编地方志是统筹经济社会发展的一项重要任务。虽然这项任务不像经济工作那样要完成具体的指标任务，直接解决群众切身的利益问题，但是修史修志历来是功在当代、利在千秋的大事，读史可以明智、可以启迪，通过修史修志可以给我们留存历史记忆，借鉴历史经验，领悟历史规律。因此我们要把地方志修编作为统筹经济社会发展的一项重要工作抓实抓好。

第二，修编地方志是传承和弘扬中华民族优秀传统文化的需要。党的十八大以来，党中央非常重视传承和弘扬优秀传统文化，习近平总书记也多次在这方面发表重要讲话，提出了道路自信、理论自信、制度自信、文化自信“四个自信”。要增强“四个自信”，我认为不仅源于新中国成立以来中国特色社会主义建设的伟大成就，还源于中华民族几千年来光辉灿烂的传统优秀文化。修编好地方志，有助于人民群众了解历史，传承和弘扬中华民族优秀文化。古人讲：“治天下者以史为鉴，治郡国者以志为鉴。”地方志书是全面系统地记述行政区域内自然、政治、经济、社会文化历史与现状的资料性文献，是一方之全史、民族之国粹、文明之根脉。连绵不断地修地方志是中华民族特有的文化基因，为传承文明与进步发挥了重要作用。广大地方志工作者承担着传承文明、记录历史、服务社会、借史鉴今、启迪后人的光荣使命。编修地方志对于推进我区社会主义物质文明和精神文明建设，推动改革开放和经济社会发展有着重要的现实意义和深远的历史意义，是一项功在当代、益泽后世的文化基础工程，是为党立德、为民立言、为国立功、为时代立鉴的德政工程。广西有着深厚的文化底蕴和修志传统。早在晋代就产生了《始安郡记》，清代嘉庆五年（1800年）编修的《广西通志》，更被誉为“省志楷模”，在中国方志史上有着十分重要的地位和影响。据统计，从有史记载至新中国成立，历代编修的广西志书共有627种，其中存世的有248种。这些重大成就，为我们做好志书修编工作积累了大量宝贵经验，也进一步激励我们继承优良传统，修好当代志书。

第三，修编地方志是各级干部学习了解把握国情区情的需要。习近平总书记说去到一个地方工作，先看那个地方的府志、史志、县志，为什么？就是掌握当地的情况。如果连当地的情况都不能准确把握，就很难正确地作出决策。各级领导干部通过地方志可以准确、全面地掌握当地情况，以便从实际情况出发，扬长避短，发挥优势，把各项工作建立在切实可靠的基础上；从历史的兴衰曲折中吸取经验教训，找出规律性的东西，少走弯路。学习地方史志，把握广西区情，了解广西的历史发展过程，是提高我们各级干部领导能力和水平的一个重要方法。各级干部特别是领导干部，不仅要自觉学习和了解熟悉区情，还要加强对区情的宣传，让更多的人了解广西、熟悉广西。“一带一路”战略实施以来，我们抓住机会大力宣传广西北海是古代“海上丝绸之路”的重要始发港。今年 4 月习近平总书记来广西视察，第一站去合浦汉代文化博物馆，参观了海上丝绸之路文物精品展览，留下了深刻印象。这就是利用史料，宣传广西的很好例子。

第四，修编地方志是进一步发挥好服务发展功能的迫切需要。地方志工作不仅是编纂志书，还承担着如何开发利用地情资源的任务。在编好地方志的情况下，把一些重要史料挖掘出来，扩大宣传，对于促进今天的改革发展也很重要。比如，韦国清同志对广西发展贡献很大，尤其有三件大事对广西影响深远：一是重视工业发展，从上海整体引进 26 家国有企业，筹建柳州钢铁厂、柳州化肥厂、西津水电站三大工程，创建柳州重型机械厂等一批骨干企业，奠定了我区工业发展基础；二是积极争取把钦廉地区正式划归广西建制，使我区拥有了北部湾出海口，为我区对外开放创造了重要条件；三是重人才抓科教，积极向毛主席、周总理汇报，争取恢复重建广西大学等高等院校，为广西的发展培养了一大批人才，现在“广西大学”校名四个字就是毛主席亲笔题写的。为这三件事，我专门请地方志办找了有关史料，读了这些史料后，我更加深刻地体会到，我们过去领导人作出的重大决策、重大战略，对于今天的发展仍然至关重要，我们现在还享受着这些决策的红利，他们的远见卓识确实让人钦佩，我们今天的发展条件好多了，还有什么理由不把广西的产业发展好、把北部湾发展好、把教育发展好？所以整理发掘这些史料，有助于后人认识这段历史，激发工作干劲，也为今天领导干部的决策提供很好的借鉴。希望大家深刻认识新形势下做好地方志工作的重要性，以对党负责，对人民负责，对子孙后代负责的责任感和使命感，做好地方志工作，把改革年代辉煌的历史、巨大的变迁、宝贵的经验、美好的人生，统统记载下来，以彰往昭来，以激励今人，教育后人。通过记载经济和社会发展的成就、经验和教训，揭示事物发展的客观规律，为领导决策提供重要的依据；通过记述淳风美俗、灿烂文化和英杰人物，积极为人民群众树碑立传，弘扬中华民族的传统美德；通过收集资料、编纂志书，形成真实可靠、内容丰富的地情资料，为改革开放、招商引资、旅游开发等经济社会发展各项工作提供优质服务。

三、服务全局，奋发有为，全面提升地方志事业科学化水平

国务院颁布的《全国地方志事业发展规划纲要（2015—2020 年）》和我们广西颁布的《广西地方志事业发展规划（2016—2020 年）》要求，到 2020 年必须全面完成第二轮修志规划任务，实现省、市、县三级综合年鉴编纂出版的全覆盖。去年，我在荔园山庄会见中国社会科学院院长、中国地方志指导小组组长王伟光的时候，谈到广西要把志、鉴、库、馆、网、用、会、刊、研、史一体化综合性文化事业，作为一项重要工作来抓。各级各部门要深入贯彻落实党中央、国务院和自治区党委、政府关于地方志事业发展的各项决策部署，坚持问题导向，持续努力，勇于担当，认真做好地方志工作，全面推动广西地方志事业上新台阶。

一是坚持党的领导，把握正确的政治方向。必须以马克思列宁主义、毛泽东思想、邓小平理论、“三个代表”重要思想、科学发展观为指导，深入学习贯彻习近平总书记系列重要讲话精神特别是视察广西的重要讲话精神，把握正确的政治导向，坚定道路自信、理论自信、制度自信、文化自信，毫不动摇地做到地方志工作为发展中国特色社会主义服务、为最广大人民群众服务。要遵循党的基本路线、方针和政策，用马克思主义的世界观和方法论观察分析、研究解决地方志工作实际问题，用历史唯物主义和辩证唯物主义指导修志工作，提高对地方志工作发展规律的认识水平。牢固树立人民群众是历史创造者的唯物史观，坚守以人为本、人民至上的价值观。坚持实事求是和严谨科学的态度，突出时代特点，采用新观点、新方法、新材料，全面真实地记录我区自然和社会的历史与现状。

二要坚定干事创业信心，迎难而上做好工作。国务院《规划纲要》和广西《发展规划》提出2020年实现“两个全面”的总目标，是国家确定的约束性指标，到2020年必须完成。尽管我区地方志事业发展有很多亮点、呈现良好的态势，但与中指组的要求还有差距，要落实好《规划纲要》的终极目标还有很多工作要做，地方志工作还有很大的提升空间。希望你们继续秉持崇高信念，以更加饱满的热情、以求真存实的作风进一步做好地方志工作。我区距全面完成第二轮地方志书编修工作的时间只剩下2年多了，截至2017年3月底，我区二轮修志计划编修的67部专志还有20部未评稿，120部市县志还有37.5部未评稿，125种地方综合年鉴有13种今年才开展编纂出版工作，离中国地方志指导小组要求的全面覆盖并实现一年一鉴的目标任务还有差距；《广西通志》专志还有29.85%的单位处在收集资料或是撰写初稿阶段，市县志还有31.25%的单位没有评稿，年鉴还有47%的单位未达标，还有很多工作要抓紧开展。各级政府要根据地方志工作实际情况，找出薄弱环节，深刻分析原因，采取倒计时安排工作，确保按时完成第二轮三级志书编修任务。如果是修志人员缺乏的，要及时调配；如果是经费不足的，要依法足额划拨；如果是基础设施缺少的，要尽快完善；如果是部门不配合提供资料的，要加强组织协调，责令相关部门按要求提供资料。自治区方志办要与政府督查室联合开展专项督查，把督查整改作为2017年全区依法治志重大任务来抓好落实，尽快把短板补上，把压力转化为动力，不断把志鉴编修等工作推上新的高度，确保2020年全面完成《规划纲要》提出的“两个全面”目标任务。

三是坚持质量为上意识，打造精品佳志。质量是志鉴的生命，要高标准、严要求来做好地方志工作。要把握好进度与质量的关系，不能只求进度、急于求成，也不能光讲质量、不顾进度。没有质量上的保证，再快的进度也没有意义。志存千古，差之毫厘，谬以千里，要在保证质量的前提下，尽可能加快进度，以“堪存堪鉴”为标准，落实好《地方志书质量规定》，建立和完善志稿评议制度、审查验收制度、出版规定等质量保障体系，切实把好志鉴的政治关、史实关、体例关、保密关，以科学求实的精神和一丝不苟的作风，全面、客观、准确地记载历史，努力打造经得起历史检验的精品志鉴。编修地方志不是简单的著书立说，而是党性、政治性和政策性很强的一项工作，各级地方志机构和广大地方志工作者，要不断增强政治意识，把坚持正确的政治方向贯穿到修志业务全过程，正确处理政治与学术、理论与实践、修志工作与中心工作的关系，始终坚持地方志工作服从和服务于经济社会发展大局的方针，把地方志工作放在全区经济、政治、文化、社会建设的全局中去谋划好。还要重视编撰之后的收藏，要把传统方法跟现代技术结合起来，用信息化等手段存好各种史料、古籍。

四是树立服务全局意识，提升服务改革发展的能力和水平。通过对广西历史的发掘宣传，能够提升广西的形象，为今天的决策提供借鉴。地方志工作机构最大的优势就是熟悉当地历史文化、熟知当地情况，掌握最宝贵资源就是志书、年鉴等地情资料和各种历史文献资料。要善于利用这种优势，开发好地方志资源，为经济社会发展和文化建设服务。要关注和研究我区经济社会发展的规律，重点围绕“三大生态”“两个建成”和民生工程等重要工作、重大事件，开展地方志编纂工作，全面系统、客观真实地记述我区的历史与现状，尤其是改革开放以来在政治、经济、文化、社会等方面取得的成就、遇到的困难和积累的经验，为人们提供翔实资料，为经济社会发展提供有益借鉴。要拓宽工作思路，拓展服务领域，更多地关注现实、服务社会，把潜在的利用价值变为现实的使用价值，努力使地方志工作能够在更高层次、更宽领域、更大范围为我区加快转变经济发展方式提供高水平、高质量的服务。广大地方志工作者要增强主动性，围绕中央的要求和广西的发展现实，整理更多广西史料，登载到广西日报等新闻媒体上，提振干部群众干事创业的信心决心，也让更多的人了解广西，认识广西。要积极运用电影、电视剧等人民群众喜闻乐见的文艺载体，展现广西的历史，扩大影响力。要创新服务方式，加强地方志系统的数字化、网络化、信息化建设，进一步完善全区地情资料网并免费向公众开放，促进志书资源社会共享。

五是抓好队伍建设，打造高素质人才队伍。队伍建设是做好任何一项工作的基本保障。志书的编纂是一项专业性很强的工作，必须建立一支素质较高、相对稳定的地方志工作队伍，才能编修出高质量的精品佳志。要将浩瀚的地情资料加以开发利用，同样需要高素质人才队伍，这样才能更及时、更准确、更有效地服务经济社会发展中心工作。因此，地方志工作机构要加强人才队伍建设，不断提高方志人才队伍的综合素质，打造一支素质高、头脑清、业务精、作风正、纪律严的志书人才队伍。

对于刚才方志办提出的请求事项，请有关部门深入研究，尽可能予以支持。

总之，希望方志办脚踏实地，奋发有为，全面推进我区地方志事业转型升级，为营造“三大生态”、实现“两个建成”、谱写建党百年广西发展新篇章作出更大贡献！

在传承弘扬中华优秀传统文化暨《广西通志（1979—2005）》出版座谈会上的讲话

（2017 年 2 月 21 日）

广西壮族自治区副主席　黄伟京

今天，我们在这里召开传承弘扬中华优秀传统文化暨《广西通志（1979—2005）》出版座谈会，主要任务是结合我区第二轮修志重要成果《广西通志（1979—2005）》的出版，就传承弘扬中华优秀传统文化，进一步加强我区地方志鉴编纂工作进行探讨。下面，我讲几点意见，供大家参考。

一、我区传承弘扬中华优秀传统文化，推动地方志鉴编纂工作取得了丰硕成果

“国有史，郡有志，家有谱”是中华民族的优秀传统文化，地方志的编修历史悠久，薪尽火传。广西历史悠久，编纂地方志已有两千多年的历史。近年来，我区地方史志事业在自治区党委、政府的正确领导和社会各界的关心支持下，经过几代史志工作者的努力，取得了一大批优秀的志鉴成果，为改革开放和现代化建设提供了有益的历史借鉴。广西第一轮修志工作从 1981 年开始正式启动，历时 30 年，共编纂出版自治区、市、县三级地方志书 181 部，总计 3 亿多字。广西第二轮修志从 2000 年启动，截至 2016 年 12 月，共出版《广西通志》1 部，编纂并出版《广西通志》专志 20 部，出版市县志 31 部，地方综合年鉴 113 种。特别是经过全区地方志工作者历时 3 年半的共同努力，《广西通志（1979—2005）》综合卷、政治卷、经济卷、文化卷、社会卷、人物大事记附卷共 6 卷（简称六卷本），正式出版发行。这是广西地方志办公室及其前身广西通志馆成立 84 年来承修出版的第一部省级综合志书，全书约 910 万字，真实地向世人集中展示了广西 1979 年至 2005 年共 27 年间广西经济社会文化等各项事业发展状况。它的出版发行，全面反映了广西各族人民在中国共产党的领导下，建设中国特色社会主义和谐社会的伟大实践，为广西历史文化的留存提供了完备的记忆载体，为社会各界了解和研究广西提供了翔实而宝贵的史实资料，为各级党委、政府和领导干部了解地情、科学决策提供了历史借鉴。这不仅是广西地方志历史上的一件喜事，也是全区经济政治文化生活中的一件盛事，更是实施好传承弘扬中华优秀传统文化发展工程的具体表现。在此，我谨代表自治区人民政府，对六卷本的出版发行表示热烈的祝贺！对支持广西地方志事业的中国地方志指导小组及其办公室的领导，向方志出版社和积极参与、配合、支持地方志工作的社会各界表示衷心的感谢！向参加编纂的全体人员以及长期战斗在一线岗位上的广大地方志工作者致以崇高的敬意！

二、充分认识做好地方志工作对于传承弘扬中华优秀传统文化的重大意义

2017 年 1 月 25 日，中共中央办公厅、国务院办公厅印发的《关于实施中华优秀传统文化传承发展工程的意见》指出："要加强党史国史及相关档案编修，做好地方史志编纂工作，巩固中华文明探源成果，正确反映中华民族文明史，推出一批研究成果"，从国家层面明确了地方志对于建设社会主义文化强国，增强国家文化软实力，实现中华民族伟大复兴中国梦的重要作用。新的形势和任务对地方志工作提出了更高的要求，我们必须要以战略目光和全局高度，深刻认识做好地方志工作对于传承弘扬中华优秀传统文化的重要意义，进一步增强做好地方志工作的责任感和使命感。

（一）做好地方志工作是传承中华优秀传统文化的重要组成部分

习近平总书记强调，"中华优秀传统文化是中华民族的突出优势，是中华民族自强不息、团结奋进的重要精神支撑，是我们最深厚的文化软实力"。在中华传统文化中，地方志自成一脉，独树一帜。地方志书是全面系统地记述本行政区域自然、政治、经济、文化和社会的历史与现状的资料性文献，通过记载各个历史时期经济社会发展成就、家乡面貌的变化、模范人物事迹等，再现了各族人民创造的光辉业绩和精神风貌，以真实资料和生动事实，激发人们热爱祖国、热爱家乡的热情。实践证明，地方志在教化人心、巩固信仰等方面具有积极作用，是践行社会主义核心价值观、加强社会主义物质文明和精神文明建设的重要推动力量。

（二）做好地方志工作是我区建设民族文化强区的必然要求

习近平总书记在首都博物馆参观北京历史文化展览时强调，"要高度重视修史修志，让文物说话、把历史智慧告诉人们，激发我们的民族自豪感和自信心，坚定全体人民振兴中华、实现中国梦的信心和决心"，这一重要论述精准地概括了史书、方志等文献典籍的当代功用和历史价值，同时也明确了新时期地方史志事业的发展方向。当前，我区正处在加快推进民族文化强区建设的重要时期，地方志工作作为一项重要的文化事业，是提升我区文化软实力不可缺少的重要支撑，是文化大发展大繁荣的重要体现。我们要深刻认识地方志工作在建设民族文化强区中的重要地位，大力弘扬我区优秀传统文化，推动我区地方史志事业繁荣发展。

（三）地方志资料开发利用在实施中华优秀传统文化传承发展工程中具有积极作用

地方志作为中华民族优秀文化的有机组成部分，是传承中华文化，弘扬历史传统的重要载体，承担着教化育人和促进发展的重要功能。我们要坚持"修志为用""方志为民"的原则，将我们千辛万苦，耗费巨资编纂出来的六卷本等地方志资料利用好，加大对地方史志的开发利用，一方面要把中华优秀传统文化全方位融入思想道德教育、文化知识教育、艺术体育教育、社会实践教育各个环节，贯穿于启蒙教育、基础教育、职业教育、高等教育、继续教育各个领域；另一方面要把中华优秀传统文化内涵更好地融入生产生活各个方面，参与到规划编制、旅游开发、环境治理、人口控制、历史文化遗产发掘保护等方面的工作，最大限度地发挥地方志资料"存史、资政、育人"的重要作用。

三、科学谋划，突出重点，全面提升地方

志工作科学化水平

坚持把传承优秀传统文化、服务经济社会发展作为根本任务，科学把握新形势下地方志工作的特点和规律，进一步明确工作重点，努力提高地方志工作科学化水平，推进地方志工作迈上新台阶。

（一）加强宣传推介，扩大地方志资源的社会认知度和影响力。六卷本已经出版发行了，我们要向全区图书馆、博物馆、档案馆等文化单位赠送六卷本，还要通过各种新闻媒体进行宣传、推介，提高六卷本的社会知名度，让更多的读者和专家知道六卷本，使社会各界了解志书、了解地方志工作。同时，广大干部特别是方志机构的领导干部，不仅自己要带头读志用志，还要指导社会读志用志，把修志和用志放在同等重要的位置，努力开创修志与用志相互促进、相得益彰的良好局面。

（二）顺应“互联网＋”发展趋势，推动地方志工作信息化发展。当前，整个社会正处于信息化时代，移动互联网、大数据、云计算等技术发展日新月异。在这种大背景下，我们地方志工作要顺应时代的发展，善于运用互联网思维，将地方志书、年鉴、地情资料等志书资料数字化、网络化、信息化，通过网络、微信、QQ等新媒体向社会各界提供个性化信息服务，通过智能搜索等功能实时向不同的人群提供所需要的志书资料，促进志书资源与社会共享，使修志的“资政”“教化”功能得到更好的发挥。

（三）深入挖掘志书资源，更好地服务经济社会发展大局。地方志所载事物，上至起源，下至成志之日，来龙去脉，记载详细，为各地提供了比较全面、系统的历史和现实状况的资料，可以为推动经济社会发展和深化改革提供智力支持，为各级领导干部了解熟悉地情提供咨询服务，为完善治理体系和提高治理能力提供历史借鉴。我们要积极主动贴近中心、融入大局，把潜在的利用价值变为现实的使用价值，扭转地方志工作停留于一般咨询服务的局面，努力使地方志工作在更高层次、更宽领域、更大范围为党委、政府科学决策提供服务。

（四）明确职责分工，确保完成“两个全面”目标任务。《全国地方志事业发展规划纲要（2015—2020年）》和《广西地方志事业发展规划（2016—2020年）》均要求，到2020年要实现“两个全面”，即全面完成第二轮修志规划任务；实现省、市、县三级地方综合年鉴编纂的全覆盖。这“两个全面”目标任务，既是《规划纲要》和《发展规划》提出的总体目标，也是重要的约束性指标。自治区方志办要对照《规划纲要》和《发展规划》提出的目标任务，认真研究制定工作计划，逐级层层签订责任书，明确质量要求，确定完成时限和责任人，推动修志编鉴“两个全面”目标任务的落实。

（五）加强组织协调，形成关心支持地方志工作的合力。地方志工作涉及面广，政策性强、是一项繁杂的公共文化建设工程，必须依靠全社会的共同努力，才能众手成书。一方面，各级党委、政府要继续高度重视和支持地方志工作，进一步建立健全党委领导、政府主持、地方志工作机构组织实施、社会组织和力量参与的地方志工作体制，认真落实地方志工作“一纳入、八到位”的总体要求，把地方志工作纳入经济社会发展规划和政府工作任务中，切实做到认识到位、领导到位、机构到位、编制到位、经费到位、设施到位、规划到位、工作到位。另一方面，地方志工作是一项专业性和业务性都很强的工作，离不开专家学者的参与和支持。在座的许多专家学者以各种方式积极参与我区地方志各项工作，在地方志书的编纂与审查验收、旧志整理、地情调查研究和地方志理论研究等方面做了大量的工作，提出了很多很好的意见和建议。希望你们积极发挥各自专长，一如既往地关心和支持我区地方志事业的发展。

同志们，传承文明、记录历史、弘扬文化、服务社会、有益后世是我们的历史责任和光荣使命，我们必须继续秉承崇高信念，大力发扬“修志问道、直笔著史”的方志人精神，开拓进取，扎实工作，努力推动全区地方志工作更上一层楼，为我区营造“三大生态”、实现“两个建成”战略目标作出新的更大贡献！

在全区地方志工作推进会上的讲话

（2017年4月26日）

西藏自治区副主席、政府秘书长、自治区地方志编纂委员会副主任　房灵敏

这次全区地方志工作推进会是经区党委、政府批准召开的一次重要会议。主要任务是，深入贯彻落实全区地方志工作会议和《西藏自治区贯彻落实〈全国地方志事业发展规划纲要（2015—2020年）〉的实施意见》精神，通报2016年度全区地方志工作督查考核情况，总结经验、分析形势，明确任务、凝聚共识，对下一步的全区地方志工作进行再安排、再部署、再推动，确保如期圆满完成地方志工作“两个全面”目标任务。

刚才，赵辉年同志通报了2016年度全区地方志工作督查考核情况，次仁平措同志宣读了区党委办公厅、政府办公厅《关于表彰2016年度全区地方志工作先进集体、先进个人的决定》。在此，我代表英杰书记、洛桑江村主任、齐扎拉主席和自治区地方志编纂委员会，向受表彰的先进集体和个人表示热烈祝贺！向为地方志工作提供大力支持、付出艰辛努力的各级各部门领导、广大修志工作人员和社会各界人士致以崇高的敬意！

下面，我讲几点意见。

一、明确目标、提振信心，2016年全区地方志工作取得可喜成效

2016年，对我区地方志事业来讲，是一个具有特殊重要意义的一年。自治区党委、政府深入学习贯彻习近平总书记“知史爱国、知史爱党”“以史鉴今、启迪后人”重要指示精神，学习贯彻李克强总理“直笔著信史、彰善引风气”重要指示精神，切实把地方志作为稳藏的重要史料、治藏的重要依据、兴藏的重要内容、建藏的重要任务，提升战略定位，强化组织领导，在地方志事业发展规划编制、责任落实、法治建设、规范创新等方面作出了重要的谋划部署。区党委书记吴英杰明确要求全区各级各部门要认清新形势、统一新认识，明确新目标、落实新举措，展现新作风、创造新业绩，坚决圆满完成好“十三五”时期我区地方志工作“两个全面”的目标任务。区党委副书记、区人大常委会主任洛桑江村强调，全区各级各部门要坚持正确方向、坚持规划引领、坚持依法治志、坚持改革创新、坚持质量标准，不折不扣完成既定的目标任务，不断推进地方志工作向前发展。区党委副书记、自治区主席齐扎拉亲自听取2016年度全区地方志工作督查考核情况和本次会议筹备情况汇报，明确要求开好会议、开出成效，持续有力推进地方志事业创新发展。

总结一年来的工作，重点狠抓了四件大事。

一是召开全区地方志工作会议，对“十三五”时期全区地方志事业发展进行了全面安排部署，逐级签订了地方志工作目标责任书。二是制定自治区地方志事业发展规划，明确提出了到2020年实现“两个全面”的目标任务，即，全面完成第一轮、第二轮修志规划任务，全面完成区、地（市）、县（区）三级地方综合年鉴编纂出版任务。三是颁布实施《西藏自治区实施〈地方志工作条例〉办法》（自治区人民政府令第135号），为地方志事业发展提供了重要的法规和制度保障。四是制定出台《西藏自治区地方志工作考核办法（试行）》等制度规定，将地方志工作任务完成情况纳入各级党委、政府督查工作计划，全覆盖式地开展了2016年度全区地方志工作督查考核活动，形成了强有力推动地方志事业创新发展的良好态势。

各地（市）、县（区）和各志书承编单位深入贯彻落实区党委、政府的决策部署要求和全区地方志工作会议精神，统一思想认识，明确目标任务，强化工作落实，改善保障条件，涌现出了一批先进典型和经验，推动和促进了地方志工作迈入新的阶段。一是组织领导更加强化。各级各部门根据全区地方志工作会议精神，成立了由党政主要领导挂帅的地方志编纂委员会（或领导小组），绝大多数地（市）、县（区）和部门召开了地方志工作会议，对贯彻落实区党委、政府决策部署要求、优质高效完成地方志编纂工作任务作出了细化安排。二是责任落实严格到位。逐级层层签订了地方志工作目标责任书，同时，根据全区地方志工作会议关于“要把志鉴编纂任务完成情况列入各级党委、政府督查工作计划”的要求，积极开展多种形式的督促检查、指导调研和考核评价工作，较好地做到了地方志工作有部署、有推动、有检查、有考核。三是工作条件不断改善。坚持把强化机构、人员、经费、设施等各要素的保障作为推进地方志工作向前发展的重要基础，指定专门的机构和部门负责地方志工作，加强人员充实和调配，解决工作经费和设施设备，较好地确保了地方志工作有明确的部门负责、有指定的人员专干、有专门的工作经费。四是工作思路不断拓展。面对地方志事业创新发展的新形势要求，各级各部门坚持一手抓规范建设，通过制度设计、规范管理，提升志鉴水平；一手抓渠道拓展，通过争取援藏支持、推进部门合作、发挥老一辈专家学者作用等有效途径，为地方志事业发展提供了重要支持。五是编纂进度明显加快。通过努力，2016年全区共总编和出版发行了9部志书，7个地（市）和23个县（区）编纂出版了地方综合年鉴，共有29部志书顺利通过了初审、复审、终审等阶段评审，为到2020年圆满实现“两个全面”目标任务奠定了良好基础。六是传志用志成效喜人。坚持发挥地方志“存史、资政、教化、育人”的功能，抓住中国共产党成立95周年等重大活动的契机，大力宣传地方志工作成果，全面系统地展示中国共产党领导西藏人民开创西藏和平解放、民主改革、社会主义建设、改革开放新局面的光辉历程，全面系统地展示西藏经济、政治、文化、社会、生态文明建设等方面取得的辉煌成就，全面系统地展示我区各族人民幸福安康的美好生活，为推进西藏长足发展和长治久安作出了应有贡献。总之，2016年我区地方志工作实践和成果充分证明，只要领导重视、组织到位，部署有力、保障跟进，地方志事业就一定能够取得大踏步的发展，就一定能够顺利圆满地实现“两个全面”的目标任务。

二、认清形势、找准差距，进一步增强推动地方志事业加快发展的紧迫感和责任感

尽管2016年我区地方志工作取得了良好的发展成就，但是距离党中央、国务院的决策精神，区党委、政府的部署要求、全国各省（区、市）的发展水平、实现“两个全面”的目标任务仍有较大差距。一是从发展水平看，全国绝大多数省（区、市）不仅全面完成了第二轮修志规划任务，而且在乡镇志、特色志编纂和方志馆建设、信息化推进等方面取得重大成果，地方综合年鉴基本做到了一县一鉴、一年一鉴、公开出版，而我区截至2016年底，仅有11家单位完成了第二轮修志任务、43个县（区）完成了第一轮修志任务，多数县一级地方综合年鉴尚未做到一年一鉴、公开出版，地方志基础相对薄弱，离构建地方志事业综合体系的要求仍有较大差距。二是从目标任务看，截至目前，我区第一轮规划的139部志书中，尚有48部志书未完成编纂出版任务，占总数的34.3%；85%左右的第二轮志书尚处于收集资料或撰写初稿阶段。到2020年仍需要完成165部志书，需要确保实现区、地（市）、县（区）三级地方综合年鉴编纂出版全覆盖。三是从组织领导看，个别地方和单位对地方志工作的重视不高、支持不够，工作部署和落实推动力度较弱；个别地方和单位未经批准，擅自延缓自治区规定的志鉴编纂任务完成时限；个别联合承担志书编纂任务的单位，牵头主导和协调配合工作不到位；个别同时承担多部志书或同时承担第一轮、第二轮修志任务的单位，对各志书的统筹部署推动力度有待于进一步强化；个别地方和单位，将志书编纂任务完全交给社会力量，缺乏主动指导督促和推动，给工作任务的及时圆满完成带来较大的制约影响。四是从质量标准看，个别地方和单位对志鉴编纂的政治、史实、保密等重要关节把关不严，存在政治站位不高、主线突出不够、保密审核不到位等问题；个别地方和单位志鉴编纂不符合规范要求，存在特色亮点不浓、资料堆积重复、编纂梳理不够等现象；个别地方和单位对各级地方志部门组织评审会时提出的意见建议重视不够，前一轮审查提出的问题在下几轮审查中依然频繁出现，严重影响了评审会的成效和志书质量的提升。

去年的全区地方志工作会议明确强调，编修社会主义新方志，不是可修可不修、想修不想修的问题，而是必须切实修好，修出质量、修出成果的重大政治任务；“十三五”时期地方志事业发展的规划任务，不是可落实可不落实、可完成可不完成的问题，而是必须坚决完成的艰巨工作任务。面对地方志事业加快发展的新形势和到2020年实现“两个全面”目标任务的新要求，全区各级各部门一定要进一步增强紧迫感和责任感，时刻认清艰巨光荣的使命，时刻对焦既定的目标任务，时刻对标志鉴编纂要求，确保我区地方志事业科学发展。特别是存在问题较多、工作进度较慢、志鉴质量较差的地方和部门，要本着缺什么、补什么，弱什么、强什么的原则，认真反思工作，找准问题和不足，明确整改方向，落实整改措施，以组织领导的强化、工作措施的细化、质量标准的提升、工作条件的改善，全力促进地方志工作快步赶上，向区党委和政府、向各族各界人民、向历史和时代交一份满意的答卷。

三、强化措施、狠抓落实，确保“两个全面”目标任务圆满完成

今年，党中央将隆重召开党的第十九次全国代表大会，同时，也是我区贯彻落实自治区第九次党代会精神的开局之年，是全面实施“十三五”规划的重要一年，抓好地方志工作、奋力推进“十三五”时期地方志事业发展具有十分重要的意义。我们一定要深入贯彻落实党的十八大、十八届三中、四中、五中、六中全会和中央第六次西藏工作座谈会精神，深入贯彻落实习近平总书记系列重要讲话精神和治国理政新理念新思想新战略，深入贯彻落实习近平总书记治国必治边、治边先稳藏的重要战略思想和加强民族团结、建设美丽西藏的重要指示，牢固树立政治意识、大局意识、核心意识、看齐意识，特别是核心意识和看齐意识，按照自治区第九次党代会的部署和全区地方志工作会议的安排要求，紧紧围绕实现地方志工作“两个全面”的目标任务，坚持正确方向，强化依法治志，推进改革创新，提升质量标准，全力促进地方志工作转型升级，坚决圆满完成好年度工作任务，以推进方志工作的实际行动和业绩，体现对以习近平同志为核心的党中央的绝对忠诚。

一要进一步强化组织领导。抓好地方志工作，组织领导是关键。各级各部门要进一步从全局战略的高度重视地方志工作，切实将地方志工作纳入各地国民经济和社会发展规划、文化事业发展规划和各级党委政府、各部门党组（党委）工作任务之中，主要领导要亲自担任地方志编纂委员会主任（或领导小组组长），亲自部署安排地方志工作，亲自指导督促志鉴编纂业务，分管负责人要切实承担起具体的落实推动职责，周密安排每一阶段的工作，严格把好每一环节的质量，督导推动每项任务的落实，为地方志事业发展提供坚强的组织领导保障。特别需要强调的是，各级各部门的党政一把手，不仅是完成志鉴编纂任务的第一责任人，而且是志鉴政治把关的第一责任人，必须亲自审读志鉴，强化方向引领，严格把关审查，坚决确保志鉴政治方向明确、政治立场鲜明、政治观点一致，确保志鉴坚定地体现党的意志、政府的主张和人民的心声。自治区人民政府与各地各部门签订的地方志工作目标责任书是硬性任务，必须坚决完成，决不允许未经批准擅自作出变更、推迟任务完成时限。逾期未完成任务的，必须向自治区人民政府作出书面检查说明，并根据具体情况进行约谈问责。

二要进一步提升质量标准。质量是志鉴的生命，也是地方志事业发展的根基所在、活力所在、价值所在。各级各部门要始终坚持质量第一的原则，树立精品意识，严格按照《地方志工作条例》及实施办法、《地方志书质量规定》《地方综合年鉴编纂出版规定》等要求，高标准高质量地完成志鉴编纂任务。要严把志鉴的立场关，坚持用辩证唯物主义和历史唯物主义的立场、观点、方法指导和谋划志鉴工作，确保志鉴准确体现中国特色社会主义的本质特征，全面反映中国特色社会主义新西藏的发展历程和成就。要严把志鉴的体例关、内容关、资料关、行文关，坚持横排门类、纵述史实、述而不论的志体要求，坚持对资料进行鉴别、考证、核实，坚持严谨、朴实、简洁、流畅的行文原则，确保志鉴观点正确、体例严谨、内容全面、特色鲜明、记述准确、资料翔实、表达通顺、文风端正，努力打造无愧于时代、无愧于人民、无愧于历史的精品佳志。

三要进一步优化保障条件。保障地方志工作条件，是《地方志工作条例》及实施办法对各级各部门明确提出的法定职责。要围绕地方志事业加快发展的现实需要，进一步强化地方志机构和队伍建设，严格落实“专人专编、专人专办”制度，扎实开展针对性培养和专业化培训，注重发挥“老一辈”专家学者的作用，努力打造一支政治强、业务精、作风正、纪律严的高素质地方志干部队伍。要切实把地方志工作经费纳入各级财政年度预算，为志鉴编纂出版、志鉴成果利用、人员培训提高提供必要的经费支持。针对区志承担单位提出的地方志编纂出版经费困难问题，自治区财政厅和地方志办公室要认真协商研究，采取提高地方志出版补助经费额度、对地方志编纂工作定额补助等方式予以妥善解决，同时，要研究制定《地方志工作经费管理办法》，明确规定要求，严格经费管理，形成长效机制。

四要进一步推进创新发展。2017 年的全国地方志机构主任工作会议提出了全面推进地方志事业转型升级的目标要求，而创新发展是转型升级的核心要义和根本任务。各级各部门要进一步强化志鉴编纂工作渠道创新，紧密志鉴编纂与对口援藏工作的结合，将方志援藏纳入对口援藏的总体计划，积极争取多方援助和支持，发挥援藏省份的优势，带动我区地方志工作水平的提升。要进一步强化志鉴工作管理创新，坚持依法治志，注重制度建设，推动方志信息化发展，加快构建规范化、制度化、现代化的地方志工作管理体系。特别是依托社会力量编纂志鉴的地方和部门一定要强化主体责任，树牢主导意识，切实加强对编纂工作的指导、把关、督促和管理，决不能一托了事、一交不管。要进一步强化志鉴成果运用创新，结合“两学一做”学习教育、“四讲四爱”主题教育等，深入读志学志，广泛传志用志，更全面地发挥地方志“存史、资政、教化、育人”的功能。

五要进一步强化落实推动。地方志事业发展，需要各级各部门密切协调、合力推动。各级地方志办公室要切实发挥牵头主导作用，主动加强与各地各部门的联系协调，经常深入基层调查研究、指导服务，及时了解掌握工作任务的推进落实情况，及时分析研判存在的问题和面临的形势，积极提出对策建议，为区党委、政府和自治区地方志编纂委员会科学决策提供参谋。各级党委、政府督查部门要继续把志鉴编纂任务完成情况列入督查工作计划，每年开展一次集中督查和考核评比，从严从实落实督查问责、督查约谈等制度规定，形成强力的督导推动工作格局。各有关主办单位和协办部门要强化大局意识，注重配合协作，明确任务目标，搞好责任分工，靠多方共同努力，坚决圆满完成好修志规划任务。

同志们，风劲扬帆正当时。当前，全区地方志工作正处在一个重要时期，既面临着大好的发展形势，又承担着艰巨的工作任务。我们一定要在区党委、政府的坚强领导下，明确目标、坚定信心，撸起袖子、埋头实干，全力推进地方志事业科学发展和转型升级，以优异的地方志工作成绩迎接党的十九大的胜利召开！

在全省地方史志工作会议暨《舟曲特大山洪泥石流灾害抢险救灾和恢复重建志》首发式上的讲话

（2017年2月21日）

甘肃省副省长、省地方史志编纂委员会主任　夏红民

今天我们召开全省地方史志工作会议暨《舟曲特大山洪泥石流灾害抢险救灾和恢复重建志》首发式，主要任务是贯彻省委十二届十九次全会暨省委经济工作会议和全省“两会”精神，进一步理清思路、强化措施，推动全省地方史志工作持续健康发展。

过去两年，全省各级地方史志工作部门认真学习贯彻习近平总书记系列重要讲话精神，按照第五次全国地方志工作会议的部署和省委、省政府要求，紧盯任务，攻坚克难，埋头苦干，扎实工作，各项工作都有了长足发展。两年间共终审出版省志专志12卷，市州志4部，县市区志15部。尤其是2016年省史志办新班子到任后，把志书编纂作为第一任务紧紧抓在手上，突出“质量”和“进度”两个重点，组织开展二轮省志集中攻坚行动，多次召开二轮省志承编单位协调会，有力地推动了全省三级志书编纂进度。目前，全省已有13个市州、71个县市区开展了综合年鉴编辑工作。其中，白银、天水、酒泉等8个市都实现了市县两级综合年鉴编辑全覆盖。今天发行的《舟曲特大山洪泥石流灾害抢险救灾和恢复重建志》，是我省地方志工作总结重大灾害抢险救灾和恢复重建经验、主动服务经济社会发展的一次成功尝试。此项工作自2012年10月启动后，通过编委会办公室和10个牵头单位、56个参编单位的密切配合和通力协作，全体编修人员不辞辛劳、广征博采，历经四年、数易其稿，今天正式出版发行，真是可喜可贺！借此机会，我代表省政府向积极支持、大力配合此项工作的有关市州、有关部门表示衷心的感谢！向参与《救灾重建志》编纂工作的所有编修人员表示亲切的问候！

从总体上看，《舟曲特大山洪泥石流灾害抢险救灾和恢复重建志》观点正确、体例完备、结构严谨、资料翔实、文风朴实、装帧精美，是一部精品佳作。作为我省的第一部专项志，全志通过全面客观的记述灾害灾情、抢险救灾和灾后重建全过程，证明只要有中国共产党的坚强领导，有社会主义制度的优越性，有“一方有难、八方支援”的中华民族的优秀品质，有人民军队的政治本色，我们就没有战胜不了的困难。通过系统总结抢险救灾和灾后重建积累的宝贵经验，对于加强灾害应急管理能力建设、提高防灾减灾工作水平都具有重大的现实意义和深远的历史意义。这部志书的出版，既是向全国人民和社会各界的真诚汇报，又是激励我们弘扬伟大的抢险救灾精神，满怀信心，砥砺奋进的宝贵资料。

下面，我就进一步做好今后一个时期全省地方史志工作，讲三点意见。

一、提高思想认识，坚定信心做好地方史志工作

地方志是横陈百科，纵述史实，系统记录一个行政区域自然、政治、经济、文化和社会等方面的历史与现状的综合性文献。党中央国务院历来高度重视地方志工作。习近平总书记就传承弘扬中华传统文化发表了一系列重要讲话，多次强调要坚持文化自信，加强历史文化建设，指出要“高度重视修史修志”；李克强总理对全国地方志工作曾经作出“修志问道，以启未来”的重要批示；刘延东副总理在第五次全国地方志工作会议上提出了“一纳入，八到位”的工作要求。2015年8月国务院办公厅

印发的《全国地方志事业发展规划纲要(2015—2020年)》，是“十三五”时期全国地方志事业发展的总规划、总思路和总要求。2016年5月省政府办公厅印发《甘肃省地方志事业“十三五”发展规划》，为全省地方史志事业繁荣发展奠定了坚实基础。

地方史志工作是我省文化大省建设和华夏文明传承创新区建设的重要组成部分，志书是中华民族优秀文化传承弘扬的重要载体，做好地方史志工作意义重大，既可以为我省文化大发展发挥重要作用，也可以为我们做大做强文化产业提供坚实基础和有力支撑。省政府积极支持地方史志工作，多次召开会议协调相关事宜，着力推动各项工作落实。各地、各有关部门要认真学习习近平总书记、李克强总理和刘延东副总理的指示、批示精神，积极贯彻落实省委省政府作出的重大工作部署，进一步统一思想、深化认识，进一步加大工作力度，强化措施，细化落实，加快进度，确保按期全面完成二轮修志任务。要以战略目光、站在全局高度深刻认识新形势下地方史志工作的重要性，切实增强做好地方史志工作的责任感和使命感，将其纳入当地文化建设的总体布局，不断推动地方史志事业健康发展。

二、明确任务目标，履职尽责完成各项工作任务

过去两年，通过各级修志工作者的不懈努力，全省地方史志事业发展实现了新突破。但还有一些地方和部门“一纳入、八到位”落实得不好、志书编纂进度与省政府确定的目标任务还有较大差距、修志队伍的业务素质还需进一步提高。有关政府及部门要认真查找工作中存在的差距和薄弱环节，采取有效措施迎头赶上。

一要坚持依法治志。2006年5月国务院颁布的《地方志工作条例》是我国历史上第一部有关地方志工作的全国性法规，结束了地方志工作无法可依的历史，标志着地方志编纂工作从此进入有法可依、依法修志阶段。2009年1月省政府颁布了《甘肃省地方志工作规定》，标志着我省地方史志工作已迈入法制化进程。全省地方史志系统要认真落实好《甘肃省地方志事业“十三五”发展规划》，以修志编鉴编史为重点，进一步明确工作职责，落实工作责任，开拓工作思路，切实做到“一纳入、八到位”(将地方志工作纳入各地经济社会发展规划之中，切实做到认识到位、领导到位、机构到位、编制到位、经费到位、设施到位、规划到位、工作到位)。要注重加强与相关部门的协同配合，通过开展法律宣传教育、组织执法检查等活动，依法调节和规范社会修志用志行为。要立足地方史志工作和省情实际，探索建立促进地方史志事业发展长效机制，推动地方史志事业全面协调可持续发展。

二要加快工作进度。我省的修志编鉴工作总体是好的，特别是2016年进度有所加快。但根据国务院办公厅《全国地方志事业发展规划纲要（2015—2020年）》和省政府办公厅《甘肃省地方志事业“十三五”发展规划》要求，完成“两全”目标（到2020年，全面完成省、市、县三级二轮修志规划任务；到2018年，县级以上综合年鉴全部启动，到2020年，全面实现一年一鉴，公开出版，省、市、县三级综合年鉴全覆盖），欠账还比较多，任务相当艰巨。二轮修志和年鉴编辑是省政府下达的指令性任务，各地、各承编单位要依法履行职责，切实加强组织领导，采取有力措施，保质保量完成编修任务。工作进度相对滞后的省志承编单位和还没有编纂出版市州志的地方，要高度重视，加强领导，倒排时间，全力推进，争取迎头赶上，确保2020年前全面完成任务，不拖全省后腿。完成志书编纂和开始年鉴编辑的地方，要积极响应并实施好中国名镇志、名村志文化工程，重视部门志、行业志、乡镇村志等各类专业志鉴和地方史的编写工作。地方史工作是党和国家赋予地方志系统又一项新的工作任务，要高度重视，扎实安排，制订计划，加强调研，尽快把此项工作开展起来。

三要提高编纂质量。志书质量是地方志事业持续发展的根基所在、活力所在、价值所在。各级修志部门要把质量第一原则贯穿到修志工作全过程和每一个环节。要坚持求真务实的工作作风，注重调查研究，科学运用资料，全面、客观、真实、准确地记载历史。要健全和完善志稿评议、质量评价、终审审查验收、批准出版等制度，规范工作程序，严格审查制度，从程序上和制度上保证志书的质量，努力把志书打造成经得起历史检验的“官书”“信史”。要正确处理进度与质量的关系，我们虽然面临总体进展不快的压力，但是也不能只注重进度而忽视质量。要加强修志理论的研究，总结经验教训，学习借鉴成功做法和经验，并充分利用现代化手段进行志书编纂，以提高志书质量。要着力加大年鉴编辑工作的创新力度，不断提高编辑质量和水平。

四要加快推进地方史志信息化建设。志书是历史典籍，具有长久的历史生命力。在信息化快速发展的大趋势下，做好地方史志信息化工作显得尤为重要。各地要切实加大对地方史志信息化建设的投入，保证所需经费。各级地方史志工作部门要善于运用信息化、数字化手段，开展实施“互联网＋地方志”行动，让地方志加快活起来，帮助人们快捷、系统、及时地查阅、使用所需资料。省史志办要按照《甘肃省地方史志信息化发展规划（2016—2020年）》的要求，抓好年度工作任务落实。要抓紧网站的升级完善，力争2017年完成一轮省市县三级志书、年鉴、期刊、部分旧志、地情资料的数字化转换，真正实现甘肃数字方志馆的目标。

五要不断提高地方志服务经济社会发展的能力。编修地方志既能保存资料、记录历史，更能服务社会、资政育人。全省各级地方志系统要充分利用地方志巨大文化宝库的资源优势，加大研究和开发利用力度，加强对各类志书年鉴的分析研究、综合加工、深度开发，提供深层次、高质量的地方史志产品，发挥好地方志在引领风尚、教育群众、服务社会、推动发展方面的作用。各地、各有关部门要以“四个全面”战略布局为引领，紧盯省委、省政府1236扶贫攻坚行动、3341项目工程、华夏文明传承创新区建设、丝绸之路经济带甘肃黄金段建设以及丝绸之路（敦煌）国际文化博览会等中心工作部署，推出一批具有时代特征、反映甘肃改革开放奔小康的优秀方志成果，为全省改革开放和经济社会建设提供丰富、全面、权威、及时、准确的地情资料和信息服务。要积极创新服务手段和方式，利用网络、期刊、媒体和音像制品等宣传、传播地方志资源，开展送志书年鉴进学校、进企业、进农村、进社区等活动，为全社会读志用志提供便利。要把地方志工作纳入公共文化服务体系建设，整合资源、科学规划建设方志馆，开展数字化、网络化建设，推进地方史志资源的整合、共享与开发利用。

三、加强组织领导，切实为地方志事业发展提供有力保障

地方史志工作不是可有可无的软任务，而是文化建设的硬指标。要继续坚持和完善党委领导、政府主持、地方史志工作部门组织实施、社会组织和力量共同参与的工作机制。各级政府和有关部门的主要领导同志要高度重视并经常过问地方史志工作，分管领导同志要定期听取工作汇报，经常进行检查指导，及时协调解决工作中存在的困难和问题。要按照“一纳入、八到位”的要求，在机构设置、人员配备、经费保障等方面抓好落实，特别是要健全和稳定县级地方志史工作部门及各级承编单位的机构、人员，保证必要的投入，不断改善修志工作条件。要加大宣传力度，广泛宣传地方志书在经济社会发展中的重要作用，营造全社会关心支持地方史志工作的良好氛围。省史志办要不断强化对全省修志编鉴工作的业务指导和督促检查，及时掌握进展情况，定期向省政府报告。地方史志工作者是地方文化建设的重要实践者和推动者，要加大对地方志工作部门干部的任用、培养、交流力度，把政治素质高、事业心强、文笔好，熟悉本行业、本地区情况的同志调整充实到地方史志队伍中来，尤其要选好主编、总纂，建设一支专兼职结合、具有较高素质的地方史志工作队伍。要积极与高等院校、科研院所、社会团体等进行合作，吸收社会各界热爱地方史志事业的专业人才参与修志工作。广大地方史志工作者要勇于肩负传承文明、记录历史、弘扬文化、服务社会的光荣使命，以对人民、对历史高度负责的严肃态度，以科学严谨、求真务实的优良作风，扎实做好地方史志编纂、管理和开发利用工作，打造能够信今传后、服务当代、惠及子孙的精品良志。

做好地方史志工作使命光荣、意义重大。希望广大修志工作者能够凝神聚力、辛勤耕耘，勇于担当、砥砺前行，努力开创地方史志工作的新局面，为文化大省建设、华夏文明传承创新区建设和经济社会发展做出新的更大贡献！

在全省地方志编纂“两全目标”工作推进会上的讲话

（2017 年 11 月 6 日）

青海省副省长　杨逢春

当前，全省上下正在深入学习宣传贯彻落实党的十九大精神。党的十九大报告明确提出：“文化自信是一个国家、一个民族发展中更基本、更深沉、更持久的力量。”“文化兴国运兴，文化强民族强。没有高度的文化自信，没有文化的繁荣兴盛，就没有中华民族伟大复兴。”地方志是中华民族文化自信的重要来源，在传承中华文明、发掘历史智慧、资政辅治育人方面具有独特的不可替代的作用。今天，我们召开会议，就是要贯彻落实党的十九大精神特别是十九大报告关于坚定文化自信的重要论述和要求，以及全国地方志系统“两全目标”工作推进会精神，推动地方志事业健康发展，确保与全国同步实现“两全目标”。刚才，马锐副秘书长传达了王建军省长对按时保质完成“两全目标”工作的要求。建军省长的要求站位高、理念新、很务实，各地和相关部门一定要认真学习领会，抓好贯彻落实。高煜主任通报了全省“两全目标”进展情况，安排部署了下一阶段工作，我完全赞同；省农牧厅、海北州政府、河南县政府、国网青海省电力公司负责同志分别做了大会交流发言，听了很受启发，希望大家相互学习借鉴。下面，我就全面贯彻落实建军省长要求，加快推进全省修志编鉴工作，讲三点意见。

一、认清形势和责任，切实增强推动“两全目标”落实的紧迫感和责任感

党的十八大以来，以习近平同志为核心的党中央高度重视地方志工作，强化顶层设计，明确目标要求。2015 年，国务院办公厅印发《全国地方志事业发展规划纲要（2015—2020 年）》，提出“到 2020 年完成第二轮地方志书规划任务，省、市、县三级地方志书全部出版”和“到 2020 年做到地方综合年鉴由地方志工作机构组织编纂，一年一鉴，公开出版，实现省、市、县三级综合年鉴全覆盖”的“两全目标”。去年 9 月，中国社会科学院副院长、中国地方志指导小组常务副组长李培林调研我省地方志工作时，强调到 2020 年全国各地都要实现“省省有志鉴、市市有志鉴、县县有志鉴，一个都不能少”的要求。今年 8 月，在新疆召开的全国地方志系统实现“两全目标”工作推进会上，再次对全面实现“两全目标”进行安排部署，并强调“两全目标”是国务院给各级政府提出的法定任务，必须按时保质完成。今年以来，建军省长两次对地方志工作作出批示，还专门就实现“两全目标”提出具体要求，明确指出：“当前，我省地方志工作的头等大事，是按时保质完成党中央、国务院提出的‘两全目标’。”但是，从刚才的通报情况来看，我省的形势不容乐观，差距较大，主要原因还是对修志编鉴工作重视不够。为此，我们要进一步统一思想，坚持问题导向和目标导向，做到三个“清醒认识”。

（一）要清醒认识到，完成“两全目标”是法定职责。2006 年 8 月国务院公布施行的

《地方志工作条例》明确规定：“县级以上地方人民政府应当加强对本行政区域地方志工作的领导。”2015年3月省政府颁布施行的《青海省地方志工作规定》明确指出：“县级以上人民政府应当加强对地方志工作的领导，将其纳入国民经济和社会发展规划。”“县级以上人民政府有关部门应当按照职责做好地方志相关工作。”“按照规划承担地方志编纂任务的国家机关、社会团体、企事业单位和其他社会组织，应当确定负责编纂工作的机构和人员，保障经费和办公条件，并接受同级地方志工作机构的工作督查和业务指导，按照质量和时限要求完成编纂任务。”因此，完成“两全目标”是地方志工作的重要组成部分，也是各级政府、省直部门单位务必履行的法定责任。

（二）要清醒认识到，完成“两全目标”是国务院下达的硬任务。国务院《规划纲要》提出的“两全目标”，明确了2020年是时间红线，完成省、市州、县三级规划志书和综合年鉴编纂出版是刚性指标，是硬任务。但凡有一个县、一个部门单位的志书没完成，就意味着全省乃至全国都没有完成，会直接影响到“两全目标”这一世界文化创举的如期实现。我们不能拖后腿，不能影响这个全局。因此，“两全目标”不是可落实可不落实、可完成可不完成的任务，而是必须要纳入本地区、本部门单位重点工作任务，进一步提高政治站位，强化责任担当，凝聚工作合力，保证人力物力财力，以最高的标准、最好的状态、最大的努力，按时保质坚决完成。

（三）要清醒认识到，完成“两全目标”形势非常严峻。截至目前，全省二轮三级志书已出版26.5部，占规划数的22.84%。按志书成稿指标统计，共完成69.5部，占规划数的59.9%，这就意味着40%的志书还没有形成初稿。按照志书编纂一般经历资料收集、组织编纂、“三审一验收”（初审、复审、终审、验收）、印刷出版等环节，乐观估计也得3至5年的时间。当前，留给各地、各部门单位的有效编纂时间仅为两年一个多月，也就是在2019年底之前必须要完成志书验收，2020年要进行印刷出版，否则就不能如期完成规划任务。但是，目前仍有个别地区和部门单位尚未启动志书编纂，令人担忧。从综合年鉴编纂来讲，仍有1个州的综合年鉴编纂还没有实现“一年一鉴、公开出版”要求；43个县级政府中实现“一年一鉴、公开出版”的9部，占县市区级规划数的20.9%；已启动编纂，但未实现“一年一鉴、公开出版”的28部，占县市区级规划数的65.1%；还有6个县级政府未启动编纂综合年鉴，占县市区级规划数的14%。因此，我省完成“两全目标”任务重，时间紧，形势非常严峻。

二、明确工作重点和方法，扎扎实实推动“两全目标”的落实

规划就是目标，任务就是责任。2020年前完成“两全目标”，对各级地方志工作而言，是头等大事，更是当务之急。

（一）进度要加快。今年年初，我省针对如期完成“两全目标”制定了时间表、路线图，对每一部志书、每一本年鉴的完成时限作出了详细的安排，得到了中国地方志指导小组的肯定，并在全国地方志系统进行了推广，这既是鼓舞也是压力、既是措施更是承诺。目前，黄南州、玉树州、果洛州及所属县政府进展比较缓慢，工作相对滞后，没有按照制定的时间表推进，务必要高度重视，强化措施，迎头赶上。各地、各部门单位要坚持“一张蓝图绘到底”，切实把控好时间节点，按月、按周制定更加详尽的推进时间表；同时，明确切实可行的推进措施，把工作任务细化分解到人，确保按计划完成编纂任务。在此，我再重申一下，志书2019年底要完成验收，综合年鉴未启动编纂的地区务必抓紧启动。

（二）质量要保证。修志编鉴是一项为党立言、为国存史、为民构筑精神家园的重要工作。在加快进度的同时，要确保编纂质量，坚持抓进度与抓质量并重。要严格执行国家《地方志书质量规定》《地方综合年鉴编纂出版规定（试行）》《青海省志行文规范》《青海省志出版印刷规范》等要求，严把志书政治关、体例关、史实关、文字关、出版关，确保志书思想观点正确、时代和地方特色鲜明、体例结构科学、内容全面完整、资料丰富翔实、行文规范流畅、记述严谨周到、印刷出版规范，使志鉴成果经得起时间和历史的检验，得到读者的认可。各地、各部门单位一把手和主管领导是完成志鉴编纂任务的第一责任人，要切实承担起志鉴政治把关的主体责任，强化方向引领，确保志鉴坚定地体现党的意志、政府的主张和人民的心声。

（三）工作要创新。缺编少人、缺少专业人才是我省各个领域普遍存在的现象，地方志这块可能更突出一些。各地、各部门单位可以尝试购买社会服务等方式，向修志专业机构进行承包、聘请修志专家、返聘老同志参与编纂等措施办法，推动修志编鉴工作，解决修志专业人员紧缺、修志力量不足的问题。省、市（州）两级地方志办公室要主动担负起督促、检查、指导职能，抓重点、攻难点，补短板、强弱项，组织业务人员经常性地深入志鉴编纂相对滞后的地区和部门单位，解剖麻雀，答疑解惑，帮助解决在修志编鉴过程中遇到的业务难题。同时，省、市（州）两级地方志办公室也要定期或不定期对本地区“两全目标”落实情况进行检查，重点督查工作滞后地区和部门单位，必要时可列入各级政府的重点督查范畴，对仍不重视、不落实以及推进不力的地区和部门进行通报批评，并对一把手进行约谈。

三、完善保障措施和工作机制，为实现“两全目标”创造良好条件

按时保质完成“两全目标”，组织领导是关键，提供保障是基础，培养队伍是根本。一要健全完善体制机制。进一步坚持和完善党委领导、政府主持、地方志工作机构组织实施、社会各界广泛参与的工作体制，切实将“两全目标”纳入各地、各部门单位工作任务之中，逐步形成“一纳入、八到位”的工作机制。地方志编纂委员会人员有变动的要尽快调整，确保有机构领导、有机构议事，主要领导要亲自担任地方志编纂委员会主任，亲自安排部署“两全目标”，亲自指导督促志鉴编纂业务，分管负责人要切实承担起具体的落实、推动职责，要通过签订目标责任书、加强工作考核、督查通报约谈等方式，层层传导压力，提升工作效能，为“两全目标”的顺利推进提供坚强的组织领导保障。未成立地方志工作机构的地区和部门单位，由政府办公室或部门单位综合办公室负责地方志编纂工作，明确具体负责人，配齐或明确工作人员。二要提供必要的物质保障。要为地方志工作机构及人员创造良好的办公条件，把地方志工作经费纳入各地、各部门单位年度预算，在志鉴资料收集、组织编纂、审查验收、印刷出版等环节提供必要的经费支持，保障基本工作条件，解决好有人管、有人写、有钱用的问题。县级发改、财政、文化新闻出版等部门要按照职责做好地方志工作。三要培养一支修志队伍。这是地方志事业可持续发展的根本。各地、各部门单位要着眼长远，在第二轮修志工作实践中锻炼队伍，挖掘人才，努力培养一支政治强、业务精、作风正、纪律严的高素质修志队伍。要大力弘扬“修志问道、直笔著史”的方志人精神，为地方志工作转型升级和地方志事业持续健康发展提供智力支撑。省志办也要积极创造条件，为基层修志人员提供培训、学习的机会，帮助基层修志人员提高业务能力。

总之，实现“两全目标”，有三个关键词：领导重视，做明白人，人力物力财力保障。做到了，问题就能迎刃而解。

同志们，完成“两全目标”意义重大，我们责无旁贷。各地、各部门单位要以习近平新时代中国特色社会主义思想和党的十九大精神为指引，全面贯彻落实党中央国务院的安排部署和省委省政府的工作要求，进一步提高认识、加快进度、狠抓质量、促进落实，确保到2020年全面完成“省有志鉴、市州有志鉴、县县有志鉴”的“两全目标”，为全面建成小康社会贡献一份“志”礼。

附　　表

全国第二轮省市县三级志书规划与出版情况统计表

（截至2017年12月31日）

单位：部

序号	项目 行政区划	省级志书		市（地）级志书		县级志书	
1	北　京	68	11	—	—	18	2
2	天　津	61	35	—	—	16	7
3	河　北	72	4	7	3	148	102
4	山　西	91	42	7	3	119	62
5	内蒙古	76	15	12	4	103	49
6	辽　宁	84	8	57	18	100	53
7	吉　林	60	30	9	8	59	52
8	黑龙江	99	19	13	4	143	81
9	上　海	218	11	—	—	25	19
10	江　苏	60	15	13	8	96	76
11	浙　江	113	4	11	6	87	43
12	安　徽	88	47	17	17	110	110
13	福　建	80	33	9	3	84	35
14	江　西	102	0	11	9	100	96
15	山　东	74	56	17	10	138	106
16	河　南	136	0	18	14	150	142
17	湖　北	83	0	17	16	97	94
18	湖　南	66	48	14	6	121	96
19	广　东	43	43	19	19	99	99
20	广　西	68	26	15	4	106	34
21	海　南	55	6	2	0	20	0
22	重　庆	86	56	—	—	39	27
23	四　川	93	32	21	16	179	166

续表

序号	项目 行政区划	省级志书		市（地）级志书		县级志书	
24	贵　州	64	17	9	2	88	53
25	云　南	68	0	16	6	128	74
26	西　藏	57	4	7	0	73	7
27	陕　西	77	23	11	1	106	27
28	甘　肃	72	16	14	7	85	46
29	青　海	62	12.5	8	1	46	14
30	宁　夏	25	25	5	1	22	15
31	新　疆	10	0	11	2	68	18
32	新疆生产建设兵团	5	4	15	1	144	12
合　计		2416	642.5	385	189	2917	1817

说明：

1.《中共新疆生产建设兵团委员会党校、新疆生产建设兵团行政学院简志》《新疆农垦科学院志》《新疆生产建设兵团勘测规划设计研究院史志》《新疆生产建设兵团航空企业管理局、新疆通用航空有限责任公司志》等4部志书在2016年兵团志办公室上报的“2016年度全国地方志系统统计”中按照地市级志书进行统计，省级志书仅有1部《新疆生产建设兵团志》。中国地方志指导小组办公室在2017年发布的各省各级进度（带书名）中，将这4部志书划入省级志书范围，使兵团省级志书增加至5部，相应的地市级志书减少4部。参照中指办的划分标准，在兵团志办公室上报的“2017年度全国地方志系统统计”中将这4部志书放在省级志书进行统计。

2. 根据国务院相关规划与西藏自治区实际，西藏自治区再次规划了二轮志书，编纂下限设为2010年。

3. 青海省志规划62部，其中，《国税》和《地税》为1部，《邮政志》和《电信志》为1部。

全国地方志系统年鉴编纂任务及出版情况统计表

（截至2017年12月31日）

单位：种

序号	地区	省级综合年鉴	地（市）级综合年鉴				县级综合年鉴				行业、部门、专业年鉴
			区划数	启动编纂	一年一鉴	公开出版	区划数	启动编纂	一年一鉴	公开出版	
1	北　京	1	—	—	—	—	16	16	16	16	23
2	天　津	1	—	—	—	—	16	16	16	6	8
3	河　北	1	11	11	11	11	168	110	70	54	20
4	山　西	1	11	11	11	11	119	116	71	71	40
5	内蒙古	1	12	8	9	8	103	54	26	5	11
6	辽　宁	1	14	14	14	14	100	54	33	30	6
7	吉　林	1	9	9	9	9	60	60	48	51	4
8	黑龙江	1	13	13	11	7	128	100	47	14	17

续表

序号	地区	省级综合年鉴	地（市）级综合年鉴				县级综合年鉴				行业、部门、专业年鉴
			区划数	启动编纂	一年一鉴	公开出版	区划数	启动编纂	一年一鉴	公开出版	
9	上　海	1	—	—	—	—	16	16	16	15	17
10	江　苏	1	13	13	13	13	96	93	93	89	46
11	浙　江	1	11	11	11	11	89	89	80	74	51
12	安　徽	1	16	16	16	16	105	105	55	76	4
13	福　建	1	9	9	9	9	84	84	84	82	10
14	江　西	1	11	11	11	8	100	86	72	22	43
15	山　东	1	17	17	17	17	137	129	127	122	96
16	河　南	1	17	17	17	17	158	120	120	66	24
17	湖　北	1	13	13	13	13	103	98	97	49	23
18	湖　南	1	14	14	13	11	122	105	91	64	22
19	广　东	1	21	21	21	21	121	121	121	121	43
20	广　西	1	14	14	14	14	111	111	90	102	60
21	海　南	1	4	4	3	4	23	23	7	19	3
22	重　庆	1	—	—	—	—	38	38	36	17	12
23	四　川	1	21	21	21	21	183	183	178	157	33
24	贵　州	1	9	9	9	9	88	88	88	86	5
25	云　南	1	16	16	16	16	129	127	122	106	11
26	西　藏	1	7	7	7	7	74	57	40	55	1
27	陕　西	1	10	10	10	8	107	107	61	42	1
28	甘　肃	1	14	13	13	9	86	79	81	13	16
29	青　海	1	8	8	6	7	43	30	23	9	7
30	宁　夏	1	5	5	5	5	22	22	22	14	0
31	新　疆	1	14	14	14	14	96	87	52	84	4
32	新疆生产建设兵团	1	14	7	7	7	—	—	—	—	3
总计		32	348	336	331	317	2841	2524	2083	1731	664

注：除行业年鉴、部门年鉴、专业年鉴出版情况统计时限为 2016 年 10 月 1 日至 2017 年 12 月 31 日外，其他项统计时限均为截至 2017 年 12 月 31 日。启动编纂、公开出版栏的统计对象为省市县三级行政区划最新一卷年鉴。

全国地方志系统行业志、部门志、专业志、乡镇村志、街道社区志、山水名胜古迹志、地情书、教材、理论著述、工具书、历代方志整理出版情况统计表

（2016年10月1日至2017年12月31日）

单位：部

序号	项目 行政区划	行业志 部门志 专业志	乡镇村志 街道社区志	山水名胜 古迹志	地情书	教材 理论著述 工具书	历代方志整理
1	北　京	0	6	0	18	2	0
2	天　津	0	1	0	2	0	0
3	河　北	22	85	0	59	5	25
4	山　西	36	28	1	45	1	24
5	内蒙古	19	2	0	20	2	4
6	辽　宁	20	6	0	20	4	5
7	吉　林	0	1	1	40	0	2
8	黑龙江	3	1	0	4	1	1
9	上　海	12	120	1	23	1	0
10	江　苏	25	42	1	46	1	11
11	浙　江	36	19	1	36	2	28
12	安　徽	10	3	0	19	0	2
13	福　建	8	5	0	21	0	11
14	江　西	32	13	3	35	1	11
15	山　东	57	79	4	50	8	45
16	河　南	26	39	1	38	1	28
17	湖　北	10	13	1	19	6	14
18	湖　南	26	17	2	34	8	12
19	广　东	17	31	0	45	7	13
20	广　西	9	3	0	17	0	11
21	海　南	3	2	0	0	0	1
22	重　庆	10	1	1	4	1	5
23	四　川	29	21	0	76	8	27
24	贵　州	20	11	0	19	5	3
25	云　南	39	14	3	17	0	12
26	西　藏	0	0	0	3	0	0
27	陕　西	42	19	4	25	1	64
28	甘　肃	14	6	0	48	0	5
29	青　海	2	0	0	0	1	0
30	宁　夏	1	0	0	4	0	1
31	新　疆	4	2	0	3	0	1
32	新疆生产建设兵团	3	0	0	0	0	0
总　计		535	590	24	792	66	366

全国地方志系统方志馆建设情况统计表

（截至2017年12月31日）

单位：个

序号	行政区划	方志馆建设情况		
		省级	地市级	县区级
1	北　京	1	—	1
2	天　津	1	—	1
3	河　北		2	14
4	山　西	1	2	5
5	内蒙古	1	7	8
6	辽　宁		1	3
7	吉　林	1	7	16
8	黑龙江	1	14	57
9	上　海	1	—	4
10	江　苏	1	7	6
11	浙　江		3	10
12	安　徽	1	9	13
13	福　建	1	3	14
14	江　西	1	8	7
15	山　东	1	17	130
16	河　南	1	8	28
17	湖　北	1	8	4
18	湖　南	1	5	15
19	广　东	1	9	10
20	广　西	1	1	
21	海　南	1		
22	重　庆	1	—	9
23	四　川		7	17
24	贵　州		4	19
25	云　南		1	2
26	西　藏	1		
27	陕　西	1	2	2
28	甘　肃		2	10
29	青　海	1		
30	宁　夏		2	1
31	新　疆	1	3	24
32	新疆生产建设兵团			
总　计		23	132	430

说明：

1. 广东省统计数据中包括地市级1个正在筹划中，未正式建设。县区级1个未建成。
2. 西藏自治区于2013年立项西藏革命建设改革纪念馆，统计在内。
3. 山西、内蒙古、安徽、福建、青海省级方志馆已经立项，重庆市方志馆在建，统计在内。

全国地方志系统信息化建设情况统计表

（截至2017年12月31日）

单位：个

项目 种类	地情网站数		数字方志馆（数据库）建设		新媒体建设	
	规划数	建成数	规划数	建成数	规划数	建成数
省级	25	31	25	22	32	34
市级	204	221	79	53	126	128
县级	668	656	230	151	201	226

全国地方志系统信息化建设情况统计明细表

（截至2017年12月31日）

单位：个

序号	行政区划	省级地情网站数		省级数字方志馆（数据库）建设		省级新媒体建设		市级地情网站数		市级数字方志馆（数据库）建设		市级新媒体建设		县级地情网站数		县级数字方志馆（数据库）建设		县级新媒体建设	
		规划数	建成数	规划数	建成数	规划数	建成数	规划数	建成数	规划数	建成数	规划数	建成数	规划数	建成数	规划数	建成数	规划数	建成数
1	北　京	1	1	1	1	1	1							16	16	1		1	1
2	天　津	1	1	1		1	1							1		1			
3	河　北	1	1			1	1	4	4			1	1	7	7			41	41
4	山　西		1				1		5		2		2		4				6
5	内蒙古	2	2	2	2	2	2	12	12					3	5				
6	辽　宁		1		1				8		1		5		2		1		
7	吉　林	1	1	1	1	1	1	11	7					59	1				
8	黑龙江	1	1	1	1			4	4			2	2						
9	上　海		1	1			1							8	11	3	2	7	10
10	江　苏	1	1		1	2	2	13	9		2	13	13		29				14
11	浙　江	1	1	1	1	1		1	8	2	2	1	3	28	31	8	2	13	16
12	安　徽	1	1	1	1	2	2	16	14	16	1	16	3		6				4
13	福　建	1	1	1	1	1	1	10	7	5	4	4	4	83	28			12	10
14	江　西	1	1	3	2	1	1	11	7	3	1	10	10		4	2	1		9
15	山　东	1	1	1	1	1	1	17	17	17	17	7	7	137	137	137	137	17	17
16	河　南	1	1	1	1	2	2	10	14	8	7	15	14	33	24	22	2	21	11
17	湖　北	1	1	1	1	1	1	16	16	1	1	7	7	45	45			32	32
18	湖　南		2	1	1	1	1	14	11				2		24				1
19	广　东	1	1			2	2	11	15	6	3	11	13	58	86	16		17	7
20	广　西	1	1	1	1		1	14	14	1			4						1
21	海　南		1	1			1							1					
22	重　庆	1	1	1	1	1	1							6	4	3	1	3	2
23	四　川	1	1	1	1	4	4	13	17	8	1	11	11	15	18	18	3	14	14
24	贵　州	1	1	1	1	3	3	4	7	3	2	6	4	4	17	7		1	3
25	云　南							1	3					1	2	2		2	8
26	西　藏																		
27	陕　西	1	1			1		11	11	1	1	9	9	106	106			7	6
28	甘　肃	1	1	1	1	1	1	9	9	8	8	3	3	56	48	10	2	10	10
29	青　海	1	1																
30	宁　夏	1	1	1		1	1	2	2			1	1	1				2	2
31	新　疆	1	1	1	1	1	1						1		1			1	1
32	兵　团																		
总计		25	31	25	22	32	34	204	221	79	53	126	128	668	656	230	151	201	226

说明：广西：根据广西壮族自治区文件要求，已建成的县级地情网已办理永久下线。

全国地方志系统工作机构情况统计表（2017年度）

（截至2017年12月31日）

单位：个

项目 种类	独立	属政府办公厅（室）	与党史办合并	与档案局（馆）合并	与党史办、档案局（馆）合并	无机构	其他
省级	22	5	2	1	0	0	2
地市级	157	68	97	19	14	1	1
县区级	651	600	818	384	296	195	76
合计	830	673	917	404	310	196	79

说明：

1. 浙江省地方志办公室隶属省社科院，宁夏回族自治区地方志办公室隶属于自治区社会科学院，统计入“其他”项。

2. 新疆生产建设兵团志办公室既属兵团办公厅又与党史办公室合并，不再计入党史办公室。

3. 北京：县区级“其他”1个：石景山区方志办与档案局合署办公。

4. 内蒙古：呼和浩特市清水河县志办、托县志办、和林县志办、玉泉区志办、赛罕区志办为临时机构，回民区无机构；包头市东河区、白云矿区无机构；阿鲁科尔沁旗、巴林左旗、林西县、克什克腾旗、元宝山区、松山区属临时机构；乌兰察布丰镇市地方志工作职能划归市委宣传部，商都县地方志工作职能划归文化促进会，集宁区无机构；鄂尔多斯市达拉特旗地方志办公室是与党史办、报社合署办公。

5. 辽宁：地市级“其他”1个：抚顺市地方志办公室是抚顺市社科院的内设机构。县区级无机构6个：大连市中山区，抚顺市新抚区、东洲区，营口市站前区、西市区，葫芦岛市南票区。

6. 黑龙江：县区级无机构的行政区划有9个：哈尔滨市松北区，佳木斯市前进区、东风区、向阳区、郊区，七台河市桃山区、新兴区、茄子河区，大兴安岭地区新林区。

7. 上海：闵行区地方志机构既是独立机构，又属于政府办公厅（室），纳入独立机构统计；金山区地方志机构既属区委办，又档案局（馆）合并，纳入属政府办公厅（室）统计。

8. 江苏：县区级无机构1个：扬州市宝应县，县区级“其他”3个：南通市崇川区地方志编纂委员会办公室、港闸区地方志编纂委员会办公室分别在崇川区委办公室、港闸区委办公室挂牌。宿迁市泗洪县地方志办公室机构、编制在县档案局，工作职能由县委党史工作委员会承担。

9. 浙江：县区级“其他”3个：义乌市志编辑部属临时机构；秀州区史志办所属秀州区委办公室；椒江地方志办公室属椒江区委办公室。

10. 福建：县区级无机构4个：厦门市湖里区、海沧区、翔安区、集美区。

11. 广西：县区级“其他”有6个：南宁市西乡塘区志办以及桂林市的象山区、叠彩区、雁山区、秀峰区、七星区志办属临时机构。

12. 海南：地市级无机构1个：三沙市；县区级无机构8个：海口市秀英区、龙华区、琼山区、美兰区，三亚市海棠区、吉阳区、天崖区、崖州区。

13. 西藏：县级地方志机构“其他”一栏中临时性机构45个，其中21个县（区）委办代管、20个县（区）政府办代管、2个宣传部代管、1个政协办代管、1个编译局代管。

14. 陕西：县区级无机构1个：咸阳市彬县。

15. 青海：市州级与档案局合并的1个：海西州；县区级与档案局合并的2个：都兰县、大柴旦行委；县区级无机构14个：海东市、天峻县、茫崖行委、大柴旦行委、玛沁县、甘德县、达日县、班玛县、久治县、玛多县、同仁县、尖扎县、泽库县、河南县；县区级临时机构6个：玉树市、称多县、囊谦县、杂多县、治多县、曲麻莱县。

16. 宁夏：县区级无机构1个：吴忠市利通区。

17. 新疆：县区级无机构1个：伊犁州霍尔果斯市，该市刚成立，地方志机构未设。

18. 新疆生产建设兵团：师级单位中，第八师石河子市志办公室是独立机构，同时与党史研究室合并，统计时只纳入独立机构。另外13个师既属于师（市）办公室，又与党史研究室合并，统计时候只纳入师（市）办公室。团（场）级单位中，图木舒克市志办既属于市办公室，又与党史研究室合并，统计时候只纳入市办公室。其他144个团（场）无地方志机构。

19. 此统计表包括部分开发区、景区等的地方志工作机构。

省级地方志工作机构情况统计表

（截至2017年12月31日）

单位：个

序号	行政区划＼项目	独立	属政府办公厅（室）	与党史办合并	与档案局（馆）合并	与党史办、档案局（馆）合并	无机构	其他
1	北　京	1						
2	天　津		1					
3	河　北		1					
4	山　西	1						
5	内蒙古		1					
6	辽　宁	1						
7	吉　林	1						
8	黑龙江	1						
9	上　海	1						
10	江　苏	1						
11	浙　江							1
12	安　徽	1						
13	福　建	1						
14	江　西	1						
15	山　东	1						
16	河　南	1						
17	湖　北	1						
18	湖　南	1						
19	广　东	1						
20	广　西	1						
21	海　南			1				
22	重　庆	1						
23	四　川	1						
24	贵　州				1			
25	云　南		1					
26	西　藏			1				
27	陕　西	1						
28	甘　肃	1						
29	青　海	1	1（不计入）					
30	宁　夏							1
31	新　疆	1						
32	新疆生产建设兵团		1	1（不计入）				
合计		22	5	2	1			2

市级地方志工作机构情况统计表

（截至2017年12月31日）

单位：个

序号	项目 行政区划	独立	属政府办公厅（室）	与党史办合并	与档案局（馆）合并	与党史办、档案局（馆）合并	无机构	其他
1	北　京							
2	天　津							
3	河　北		11					
4	山　西	9		2				
5	内蒙古	2	4	3		3		
6	辽　宁	5	2	6				1
7	吉　林	9						
8	黑龙江	8		1	4			
9	上　海							
10	江　苏	3		8	1	1		
11	浙　江	3	2	4		2		
12	安　徽	10		4	2			
13	福　建	8	1	1				
14	江　西	2	2	7				
15	山　东	12	5					
16	河　南	12	3	1	1	1		
17	湖　北	3		7	2	5		
18	湖　南	9		5				
19	广　东	8	1	7	4	1		
20	广　西	7	2	5				
21	海　南	1		2			1	
22	重　庆							
23	四　川	11	3	7				
24	贵　州	5		3	1	1		
25	云　南	10	2	3	1			
26	西　藏		2	5				
27	陕　西	6	3	1	1			
28	甘　肃	5	9	1				
29	青　海	6	1		1			
30	宁　夏	2	2	1				
31	新　疆			13	1			
32	新疆生产建设兵团	1	13	14				
合计		157	68	97	19	14	1	1

县级地方志工作机构情况统计表

（截至2017年12月31日）

单位：个

序号	项目 行政区划	独立	属政府办公厅（室）	与党史办合并	与档案局（馆）合并	与党史办、档案局（馆）合并	无机构	其他
1	北　京			11	2	2		1
2	天　津		8	2	6			
3	河　北	15	107	8	14	24		
4	山　西		43	2	72	2		
5	内蒙古		9	28	12	36	6	12
6	辽　宁	6	36	28	18	6	6	
7	吉　林	8	16	8	28			
8	黑龙江	22	40	3	56	2	9	
9	上　海	2	1	6	2	5		
10	江　苏	8	5	45	17	19	1	3
11	浙　江	6	9	46	7	14		3
12	安　徽	35	30	13	21	9		
13	福　建	71	7	1			4	
14	江　西	17	28	47	3	5		
15	山　东	54	48	24	9	2		
16	河　南	92	30	23	5	11		
17	湖　北	7	9	49	2	34		
18	湖　南	5	8	83	6	24		
19	广　东	35	22	42	17	23		
20	广　西	60	8	35		3		6
21	海　南	1		14			8	
22	重　庆	9		10	13	7		
23	四　川	75	27	66	8	7		
24	贵　州	9	2	35	31	19		
25	云　南	63	7	59				
26	西　藏		24	5				45
27	陕　西	19	18	33	20	16	1	
28	甘　肃	30	30	21	4			
29	青　海		24		2		14	6
30	宁　夏	2	3	9	3	4	1	
31	新　疆			62	6	22	1	
32	新疆生产建设兵团		1	1			144	
合计		651	600	818	384	296	195	76

全国地方志系统工作人员情况统计表（2017 年度）

（截至 2017 年 12 月 31 日）

单位：人

项目 种类	定编	在编	聘用	在编人员情况														
				行政管理人员							专业技术人员			学历学位情况				
				正厅（局）级	副厅（局）级	正处级	副处级	正科级	副科级	科员及以下	高级	中级	初级及以下	博士	硕士	本科	大专	高中以下
省级	1342	1227	71	23	62	246	245	347	88	83	44	82	29	29	269	749	143	40
地市级	4279	3861	487	7	31	424	690	1206	615	705	119	175	178	20	515	2750	547	87
县区级	14171	13132	3105	0	0	149	309	3217	3378	5628	255	541	517	6	498	8052	4291	525
合计	19792	18220	3663	30	93	819	1244	4770	4081	6416	418	798	724	55	1282	11551	4981	652

说明：

1. 黑龙江省地市级在编人员中，专业技术人员高级：2 人与副局级重复，6 人与正处级重复，2 人与副处级重复；中级：4 人与正处级重复，2 人与副处级重复，4 人与正科级重复，4 人与副科级重复；初级及以下：1 人与正局级重复，4 人与副处级重复，5 人与正科级重复，3 人与副科级重复，5 人与科员重复。区县级在编人员中，专业技术人员高级：5 人与正科级重复，1 人与副科级重复，1 人与科员及以下重复；中级：6 人与正科级重复，3 人与副科级重复，3 人与科员及以下重复；初级及以下：2 人与正科级重复，1 人与副科级重复，10 人与科员及以下重复。以上共 74 人存在“既有行政职务又有专业技术职称”情况。

2. 福建省厦门市方志办有 1 个正处（副局）级，列入副厅（局）级统计。

3. 云南省地方志办在编人员情况统计中，行政管理人员与专业技术人员存在交叉重复情况。

4. 西藏自治区县（区）级无专门地方志编制，已全部实现“专人专编”，临时抽调人员人数众多。

5. 兵团志办公室有援疆干部 1 人；地市级 1 人、县区级 125 人从其他部门调来专兼职从事方志工作；县区级有图木舒克市史志办定编 3 人，在编 1 人。

索　　引

说　　明

1. 本索引采用主题分析索引法编制，主题词以正文出现的地方志工作机构名、志书年鉴名、地情资料书名为主。特载、大事记、理论研究、文献、志鉴人物等类目以及年鉴出版等分目的内容不在标引范围内。

2. 本索引按汉语拼音音序排列（阿拉伯数字0～9放在汉语拼音前），首字相同时，则以第二字排序，依次类推。

3. 索引款后的数字和拉丁字母（a、b）分别表示内容所在的页码和栏别（a表示左栏，b表示右栏）。

0～9

A

B

C

D

E

F

G

H

J

K

L

M

N

P

Q

R

S

T

W

X

Y

Z